Intervención psicológica transdiagnóstica

Tercera generación de los tratamientos psicológicos

JOSÉ OLIVARES RODRÍGUEZ
CATEDRÁTICO DE UNIVERSIDAD DEL DEPARTAMENTO DE PERSONALIDAD,
EVALUACIÓN Y TRATAMIENTO PSICOLÓGICO. UNIVERSIDAD DE MURCIA

PABLO J. OLIVARES-OLIVARES
PROFESOR TITULAR DE UNIVERSIDAD DEL DEPARTAMENTO DE PERSONALIDAD,
EVALUACIÓN Y TRATAMIENTO PSICOLÓGICO. UNIVERSIDAD DE MURCIA

Intervención psicológica transdiagnóstica

Tercera generación de los tratamientos psicológicos

EDICIONES PIRÁMIDE

COLECCIÓN «PSICOLOGÍA»

Director:
Francisco J. Labrador
Catedrático de Modificación de Conducta
de la Universidad Complutense de Madrid

Diseño de cubierta: Anaí Miguel

Juan Ignacio Luca de Tena, 15. 28027 Madrid
Teléfono: 91 393 89 89
www.edicionespiramide.es
Depósito legal: M. 19.042-2022
ISBN: 978-84-368-4683-6
Printed in Spain

Por todo lo que sabemos que nos quieres.
Por todo lo que sabes que te queremos.

A Antonia Olivares Alcalá.
Inteligente, creativa, luchadora, abnegada, desprendida…

Índice

PARTE SEGUNDA
Los enfoques transdiagnósticos y la tercera generación de tratamientos psicológicos

Agradecimientos

A Ana María Cubillo Leivas, licenciada en Periodismo y máster universitario en Metodología de las ciencias del comportamiento y de la salud, por la Universidad Nacional de Educación a Distancia, por su disponibilidad incondicional.

Prólogo

«(…) el método manejado por la psicología naturalista no agota las posibilidades de la racionalidad científica, no es la estación término de la ciencia, ni se acompasa del todo con la condición histórica de la conducta que pretende investigar» (…) Esta metodología es y continuará siendo necesaria durante mucho tiempo; solo que, eso sí, será cada vez menos suficiente. Si algo ponen de relieve las críticas (…) [es] la necesidad, en definitiva, de que la psicología no se limite a recortar su campo de acuerdo con un método importado de otras ciencias, sino que procure ampliar su metodología conforme a lo que requiera la peculiar condición subjetiva de su objeto».

Pinillos (1980; pp. 583-584).

La importancia de seguir incrementando la mejora de nuestros tratamientos psicológicos (en su novedad y en relación con su eficacia, eficiencia y efectividad) se fundamenta en que esta es una condición necesaria no solo para que se reduzcan/eliminen los problemas/trastornos psicológicos (P/T) que presentan nuestros pacientes/clientes (P/C), sino también con carácter general para:

i) Prevenirlos (junto a sus correlatos biomédicos), ya sea respecto de potenciales retrocesos («recaídas») de quienes integran los grupos de riesgo (porque han padecido tales P/T), ya sea para que no se inicien en quienes se muestran vulnerables porque presentan variables que incrementan la probabilidad de su ocurrencia.

ii) Mejorar nuestros programas de promoción de hábitos saludables del comportamiento y fortalecer a las personas ante la posibilidad de su aparición.

Para ilustrar su relevancia vamos a tomar como referencia los datos de un informe de la OCDE[1] sobre los costes directos e indirectos que acarrearon en 2015[2] los P/T psicológicos, así como una aproximación a sus repercusiones en términos del padecimiento.

En relación con sus costes, el promedio recogido en este informe superó el 4 por 100 del PIB.

[1] «La salud de un vistazo: Europa 2018». https://www.oecd-ilibrary.org/social-issues-migration-health/health-at-a-glance-europe-2018_health_glance_eur-2018-en;jsessionid=iEQvClUPGObOExe_alHCey8-.ip-10-240-5-46.

[2] Pese a que no se incluyan, no hemos de obviar los costes en sufrimiento para quienes los padecen y los que conviven con las personas que los presentan.

Esto supuso más de 600.000 millones de euros, de los que 40.000 correspondieron a España (el 4,2 por 100 de su PIB).

Del total de los costes económicos, 190.000 millones se destinaron a sufragar el gasto directo en atención sanitaria, 170.000 millones a la inversión en los programas de la Seguridad Social y 240.000 a los costes indirectos producidos por bajas e incapacidades laborales, así como por el descenso de la productividad[3].

En 2016 el 16,67 por 100 de los habitantes de los 28 países que conformaban la UE, uno de cada seis (84 millones de personas), tenía problemas psicológicos relevantes. Además, en términos de pérdidas vitales, se estima que debido a ello murieron en 2015 más de 84.000 personas, de las que alrededor de 56.000 fueron suicidios.

Pero la relevancia de innovar o mejorar la eficacia, la eficiencia y la efectividad de los tratamientos psicológicos no solo deviene de su repercusión económica. El dato que corresponde al número de suicidios es una muestra del impacto de la intensidad del malestar que sufren quienes los presentan y padecen, así como sus familiares y amigos.

Además, en términos de costes relacionados con el sufrimiento y la duración de los P/T, hemos de recordar que muchos de estos últimos suelen aparecer por primera vez en la infancia y en la adolescencia. Este es un período evolutivo de gran vulnerabilidad, que se relaciona directamente con una menor regulación de la atención y del control sobre los problemas del comportamiento, en un entorno en el que las exigencias se incrementan de forma muy considerable y de manera muy rápida[4]. De hecho, los estudios epidemiológicos indican que el 50 por 100 de los adultos con trastornos del comportamiento informan haberlos padecido antes de los 15 años y el 75 por 100 antes de los 24 años[5].

En el informe breve de la Red PROEM[6] se indica explícitamente que:

> «La adolescencia es un período especialmente vulnerable para desarrollar problemas de salud mental, ya que el 50 por 100 de los problemas mentales aparecen antes de los 14 años. Los datos apuntan a que 110 millones de jóvenes sufren problemas emocionales (ansiedad y depresión) en todo el mundo. Solo en España se estima que 420.000 adolescentes sufren problemas emocionales, lo que representa casi el 50 por 100 de todos los trastornos mentales. Sin embargo, los problemas emocionales son los más infradetectados e infratratados.»

De todos los trastornos del comportamiento que se inician en la infancia y la adolescencia, los conocidos como «trastornos mentales comunes» (TMC), es decir, los relativos a la ansiedad y a la depresión, son los que tienen mayor impacto en la salud psicológica a lo largo de la vida, debido a su interferencia en el desarrollo de la actividad cotidiana y al sufrimiento que causan. De estos dos, según la OMS[7], los depresivos son los más frecuentes, dado que entre el 8 y el 15 por 100 de la población mundial los sufrirá en algún momento de su vida y representan el 33 por 100 del total, previéndose que en el año 2030 sean los más prevalentes.

Asimismo, los trastornos depresivos son calificados frecuentemente como «crónicos», desde el

---

[3] Estos datos no contabilizan los costes económicos sufragados individual o familiarmente, que, desafortunadamente, corresponden generalmente a la mayor parte de la carga en la inmensa mayoría de los países que integran la OCDE, porque en estos el tratamiento psicológico o es testimonial o claramente insuficiente, como ocurre en España, o directamente no se contempla como parte de la cartera de servicios de los sistemas de salud.

[4] Véase Andrews et al. (2020), Blakemore (2008), Dumontheil (2015), McCormick et al. (2018), Mills et al. (2014) y Paus et al. (2008).

[5] Kessler et al. (2005; 2007).

[6] https://redproem.es/wp-content/uploads/2019/03/Informe-Red-PROEM_Versi%C3%B3n-reducida.pdf.

[7] World Health Organization (2011).

modelo biomédico-psiquiátrico, porque más del 60 por 100 de quienes los padecen terminan recayendo, pese a la administración de psicofármacos durante períodos de tiempo que oscilan generalmente entre los 6 y los 12 meses.

Respecto a la relación entre la edad de inicio y el pronóstico del curso que seguirán los P/T del comportamiento, los datos epidemiológicos de los estudios longitudinales indican que a inicio más temprano le corresponde mayor probabilidad de que la evolución clínica cumpla los requisitos para que puedan llegar a ser considerados altamente incapacitante o «graves»[8].

En consecuencia, el inicio de los P/T depresivos en la infancia o en la adolescencia se asocia con una mayor probabilidad de deterioro del funcionamiento social y laboral, así como con menor calidad de vida, merma del rendimiento académico, dificultades en las relaciones familiares y sociales, alteraciones en la salud física y con un mayor número de intentos de suicidio y de suicidios consumados[9].

Este impacto negativo de la depresión, cuando se inicia tempranamente, también se refleja en el hecho de que, dentro de las muestras de niños y adolescentes que se han estudiado, esta suele ser comórbida con otros trastornos[10]. De hecho, más de un tercio de quienes la presentan también cumplen los criterios para un trastorno del comportamiento disruptivo, un trastorno de ansiedad o ambos[11].

De ahí que, como indicaban Kuyken et al. (2017), sea de suma importancia que se desarrollen intervenciones que, además de eficaces en entornos controlados, también resulten efectivas en el ejercicio de la práctica clínica cotidiana, tanto para tratar los P/T depresivos existentes como para abordar los procesos de vulnerabilidad que propician su aparición. En este último sentido, el objetivo es fortalecer a las personas para que puedan afrontar con las mayores garantías de éxito el desarrollo de esta fase su vida.

De hecho, se han realizado muchos intentos para desarrollar programas preventivos con la intención de reducir el riesgo de padecer P/T psicológicos en este tramo evolutivo, principal y generalmente promoviendo el bienestar y desarrollando habilidades para afrontar adecuadamente las relaciones interpersonales y la solución de los problemas[12].

Entre las dificultades a las que han tenido que hacer frente estas intervenciones inespecíficas y de carácter universal, destaca la aceptabilidad del tratamiento y la implicación en el mismo de quienes las presentan[13]. Ello se debe, en parte, a que muchas se han desarrollado basándose en modelos teóricos formulados para explicar los P/T que ya conocemos, como ocurre, por ejemplo, con los que se fundamentan en la terapia cognitiva de Beck (TCB). Su diseño refiere la información que se tiene sobre las personas cuando no están bien.

Muy probablemente este hecho contribuye de forma notable a incrementar la probabilidad de que tales intervenciones sean percibidas como poco atractivas por quienes presentan un perfil de

[8] Williams et al. (2012).

[9] Goodyer et al. (1997), Moreh y O'Lawrance (2016), Richardson et al. (2012), Wilkinson et al. (2018) y Williams et al. (2012).

[10] En el ámbito del diagnóstico basado en las categorías discretas.

[11] Goodman y Goodman (2012).

[12] Véanse, por ejemplo, los trabajos en lengua inglesa de Huppert y So (2013) y Sawyer et al. (2012), o entre nosotros los de Garaigordobil et al. (2019) y Méndez et al. (2013).

[13] Ambas están directamente relacionadas con los abandonos del tratamiento y con las «recaídas» o retrocesos en las ganancias conseguidas una vez finalizado este. De hecho, es uno de los problemas que tenemos pendientes de solución, como ya han subrayado, por ejemplo, Bados López et al. (2007), Cardi et al. (2020), DeJong et al. (2012), Hofmann y Bögels (2006) o Rodebaugh et al. (2004). De ahí la relevancia de incrementar tanto como resulte posible, entre otras, la satisfacción de los P/C con el tratamiento, el desarrollo de una buena alianza terapéutica, el aumento de la cohesión del grupo o las expectativas positivas de resultado (véase Marker y Norton, 2018, o McEvoy et al., 2009).

«riesgo bajo». Esto puede ocurrir en mayor medida, sobre todo, cuando se pretende su prevención o los contenidos del programa forman parte del argumento que se utiliza para justificar la conveniencia de participar para promover la salud e incrementar el bienestar psicológico.

Recordemos que una de las dificultades o barreras a las que ha de hacer frente cualquier tratamiento preventivo es que no se puede garantizar que no se vayan a presentar los P/T a los que se refiere, pese a que los participantes hagan lo que se les pide y estos se hayan implementado adecuadamente. Esta casuística hace que en el corto plazo no suponga ninguna ventaja dedicar tiempo a participar en ellos, sino todo lo contrario. Participar implica emplear un tiempo en aprender algo nuevo que no se necesita (castigo negativo) y cuya expectativa de resultado o utilidad individual en términos concretos no está clara (pese a que sí lo esté en términos de probabilidad).

Es decir, a los problemas relativos a la aceptabilidad, debido a las bases en las que se suele sustentar la construcción teórica del tratamiento preventivo, se le suma que tampoco se pueda «garantizar» que, en el medio y largo plazo, se produzcan en todos y cada uno de los participantes los efectos positivos que se persiguen. Así, por ejemplo, se puede morir por cualquier causa distinta a las implicadas en los accidentes de tráfico pese a conducir generalmente a velocidades superiores a las permitidas legalmente, o fallecer por cualquier problema ajeno al consumo de tabaco pese a consumir diariamente un paquete de cigarrillos.

Esta dificultad inherente a la prevención, en cualquiera de sus formatos, también es una de las potenciales explicaciones del porqué, en algunos casos, se produce la paradoja de que investigaciones psicológicas rigurosas bien diseñadas, planificadas y ejecutadas no producen los resultados que confirmarían sus hipótesis, por ejemplo, sobre la superioridad del efecto de un tratamiento psicológico más pertinente y concreto frente al de otro más inespecífico que se aplica habitualmente (TAU) o al de los grupos de control activos (GCA) o pasivos [v.gr. los grupos de control con personas en listas de espera (GCLE)][14].

Este es el caso, por ejemplo, del trabajo realizado por Stallard et al. (2013), quienes investigaron la efectividad clínica y la eficiencia de un programa de tratamiento conductual-cognitivo (TCC), adaptado para ser aplicado en población adolescente durante el tiempo de la actividad escolar («Resourceful Adolescent Programme» —$PTCC_{AA}$ en adelante—)[15], con el que se pretendía dotar a los escolares de recursos teóricos y de destrezas para que pudieran reducir preventivamente la probabilidad de aparición y de las respuestas alteradas y disfuncionales o desadaptativas (RAD) que conforman el constructo «depresión», entre los adolescentes detectados con «alto riesgo» de presentarla y padecerla.

Stallard et al. (2013) diseñaron un estudio controlado y aleatorizado (ECA) con tres condiciones experimentales, a las que asignaron aleatoriamente a los participantes (inicialmente 28 por grupo), controlando las variables que podían afectar al resultado, como, por ejemplo, el número de clases, el número de participantes por grupo, la frecuencia con que se les impartían las lecciones de Educación Personal, Social y de Salud («Personal, Social and Health Education» —EPSS en adelante—), etc.

Los participantes que fueron clasificados de «alto riesgo» fueron asignados al azar a los grupos $PTCC_{AA}$ (n = 392), a los de control, en los que se les prestaba atención durante la impartición del contenido relativo la educación personal, social y para la salud ($EPSS_A$; n = 374), y a otros

[14] Véase, por ejemplo, Challen, Machin y Gillham (2014), Sawyer et al. (2012), Spence y Shortt (2007) y Stallard et al. (2013).

[15] Curiosamente, pese a que todos coincidamos en la relevancia del contexto educativo para el desarrollo de este tipo de intervenciones, véase por ejemplo Saldaña (2002), en cambio no abundan como sería de esperar en la literatura psicológica científica, siendo una «rara avis» los que informan del fracaso en los resultados esperados.

con el mismo contenido y actividad, pero en los que no se les prestaba ninguna atención especial (EPSS; n = 298).

El $PTCC_{AA}$ fue impartido por dos personas ajenas a las escuelas y el «grupo de control (GC) con atención» contó con el apoyo adicional de dos colaboradores (coterapeutas), que facilitaban la lectura y la comprensión de los contenidos impartidos, mientras que el grupo de control de «práctica habitual» siguió el desarrollo del plan de estudios impartido por profesores del centro educativo.

Transcurridos los doce meses que duró la aplicación de la intervención, el número de participantes que fueron evaluados inmediatamente después de finalizar fue de 296 en el grupo del $PTCC_{AA}$, 308 en la $EPSS_{A}$ (GC con atención) y 242 en el de EPSS habitual (GC sin atención).

Los resultados, en relación con los costes de las intervenciones por participante, se estimaron en 41,96 libras esterlinas en el $PTCC_{AA}$ y en 34,45 en el EPSS de control de la atención. Para su cálculo se utilizó el método de Fieller, que permite estimar con el 95 por 100 de probabilidad el incremento del coste-efectividad en las distintas condiciones experimentales («cost-effectiveness ratio» —ICER—).

Es decir, el $PTCC_{AA}$ no presentó mejor relación entre coste y efectividad que los controles, pese a que el efecto del $PTCC_{AA}$ fue bueno y la deserción baja (el 80 por 100 de los participantes asistieron en un porcentaje igual o superior al 60 por 100 de las sesiones), porque la disminución de las RAD que conforman la depresión en los adolescentes de «alto riesgo», en las tres condiciones experimentales, no alcanzaron diferencias estadísticamente significativas entre ellas[16].

Para los investigadores, la razón que explicó mejor estos resultados la hallaron en los comentarios de los participantes que indicaban dificultades con la aceptabilidad y baja implicación en la realización de las «tareas para casa», las cuales resultan imprescindibles para maximizar la probabilidad del mantenimiento de los aprendizajes que se desarrollaron en el ámbito escolar.

Debido a ello, Stallard et al. (2013) indicaron que, dado que las escuelas presentan la posibilidad de acceder a un gran número y a una amplia variedad de jóvenes, la implementación de los programas preventivos requiere que previamente se pruebe su efectividad en esta población para no desaprovechar esta oportunidad[17].

En consecuencia, su investigación ilustra que no basta con que los programas de tratamiento sean eficaces en condiciones controladas; también han de ser efectivos, y, para que lo sean, una condición que parece necesaria es que se minimicen los problemas relativos a la aceptabilidad, por sus efectos directos en la implicación en el tratamiento.

Es decir, a modo de ejemplo, un compuesto químico puede ser muy eficaz para tratar un determinado problema biológico en el ámbito del laboratorio (eficacia), pero si su sabor y/o su olor no son atractivos, es muy posible que una buena parte de la población renuncie a medicarse (efectividad), pese a que con su ingestión podría beneficiarse y mejorar el estado de su salud (porque los datos de laboratorio así lo prueban)[18].

En la actualidad, en relación con los desarrollos teóricos y la investigación de las variables y los mecanismos que participan en el cambio de

[16] La diferencia ajustada de las medias del $PTCC_{AA}$ fue de 0,97, intervalo de confianza *(IC)* del 95 por 100: −0,34 a 2,28 frente a la EPSS habitual y de −0,63, IC del 95 por 100: −1,99 a 0,73 frente a la EPSS con atención.

[17] Además, en relación con la depresión, indicaron que, si el objetivo es desarrollar programas preventivos de carácter genérico y universales, entonces debe investigarse su eficacia clínica y su rentabilidad con los niños más pequeños (de 10 a 11 años), antes de que aumente la incidencia de la depresión. También recomiendan investigar la efectividad clínica de los programas escolares dirigidos a los que ya muestran RAD propias de la depresión (detección temprana).

[18] La incorporación del «mindfulness» (MFN) a los tratamientos de tercera generación (TTG) también podría tener esta función.

las RAD, así como del aprendizaje *ex novo* o del implicado en la mejora de las respuestas alternativas o incompatibles con las que participan en el mantenimiento de los P/T[19], podemos afirmar que el TCC conforma la primera línea de las directrices internacionales para los tratamientos psicosociales[20]. Este hecho lo convierte en la modalidad de tratamiento de primera elección para reducir/eliminar muchos de los problemas/trastornos psicológicos (P/T) y especialmente para los más frecuentes (los relativos a la ansiedad y la depresión —TMC, tal como hemos señalado—)[21].

Ahora bien, pese a ello, todavía seguimos teniendo interrogantes pendientes en nuestra búsqueda de las respuestas a las preguntas que nos hacemos cuando analizamos y valoramos los resultados del tratamiento psicológico (¿Qué tratamientos funcionan? ¿Para quién? ¿Por qué? ¿Cómo? ¿Cuándo?), sobre todo cuando se aplica en el marco del trabajo cotidiano del psicólogo. Es decir, respecto de su efectividad en condiciones ajenas a las del laboratorio, en las que variables como la aceptabilidad, tal como hemos visto, tienen una relevancia que generalmente está ausente en los estudios controlados aleatorizados (ECA), donde los participantes son generalmente voluntarios, o respecto del abandono del tratamiento, que en el ámbito de la práctica de la psicología clínica suele ser considerablemente alto[22].

De hecho, por ejemplo, aunque cada vez contamos con más evidencia empírica que apoya el impacto benéfico del TCC en los trastornos del comportamiento alimentario de la población adulta (TCA), la mayor parte de esa evidencia todavía no proviene de estudios sobre la aplicación de los tratamientos en el contexto de la práctica cotidiana (efectividad) sino de los ECA (eficacia).

Así, por ejemplo, Turner et al. (2015) pusieron a prueba la hipótesis de que era posible obtener resultados relevantes de la eficacia del TCC cuando se aplicaba a P/C con TCA en el marco del ejercicio cotidiano de la profesión (entorno clínico habitual), pese a ser muy conscientes de que en este ámbito generalmente se aplican pocos criterios de exclusión (heterogeneidad de la muestra) y que la adherencia a los protocolos basados en la evidencia se supervisa menos intensamente que en los ECA. Además, en este tipo de «estudios de campo» no es posible controlar el grado experto de los profesionales[23] que, por otra parte, suele ser variado, pese a que se les supervise regularmente y se les anime activamente a utilizar los manuales de tratamiento para guiar su aplicación.

Por otra parte, el programa, es decir, el diseño y la planificación del estudio de Turner et al. (2015), difirió del de otros previos como, por ejemplo, el de Byrne et al. (2011) o el de Waller et al. (2014) en dos aspectos importantes: incluyó a P/C con un IMC más bajo y el TCC integró componentes de las investigaciones de Fairburn (2008) y de Waller et al. (2007).

La muestra fue de 203 adultos que presentaban distintos diagnósticos de P/T del comportamiento alimentarios, a quienes se les ofreció la posibilidad de recibir TCC en grupo, en un servicio para el tratamiento de los TCA en régimen ambulatorio. Los P/C fueron sometidos a una evaluación de las RAD propias del TCA antes y después de la aplicación del TCC, así como en la sexta sesión del desarrollo de su aplicación (para detectar los cambios tempranos que fueran significativos). Además, también se cuantificaron las RAD de los TMC y el funcionamiento psicosocial antes y después del tratamiento.

[19] En línea con lo indicado, por ejemplo, por David et al. (2018b) y Olivares-Olivares et al. (2022).

[20] Véase Hofmann, Asmundson y Beck (2013) o Lorenzo-Luaces, German y DeRubeis (2015).

[21] http://www.nice.org.uk y https://www.div12.org/psychological-treatments/.

[22] Véase, por ejemplo, el trabajo de Bados López, Balaguer y Saldaña (2007).

[23] Para conocer su efecto, por ejemplo, en el tratamiento de la fobia social en población adolescentes, puede verse Olivares-Olivares (2011), Olivares et al. (2014) y Olivares-Olivares et al. (2015).

La deserción *(outsiders)* estuvo en línea con la de los estudios previos, porque fue similar a la informada por estos[24]: solo el 55 por 100 de los P/C terminaron el tratamiento *(completers),* sin que se identificasen factores que predijeran el abandono.

Los resultados mostraron que hubo mejoras significativas en las RAD propias del TCA, en las relativas a la ansiedad y a la depresión, así como en la medida del funcionamiento general, con cambios positivos en las actitudes alimentarias durante las primeras seis sesiones del tratamiento (dato relevante). Los TE (tamaño del efecto atribuido al tratamiento psicológico aplicado) variaron entre medianos y grandes en los análisis de los resultados de los *completers,* así como en los realizados con el procedimiento de «intención de tratar»[25].

Estos resultados también estuvieron en línea con los obtenidos en los estudios de eficacia publicados previamente. Así, se constató un cambio significativo y una reducción sustancial en las actitudes y en el comportamiento alimentario, coherentemente con lo informado por Byrne et al. (2011) y en línea con los resultados obtenidos en otros estudios sobre la eficacia y la efectividad como el de Fairburn et al. (2009).

También hubo una reducción significativa de las RAD de ansiedad y de la depresión, así como una mejora general del funcionamiento psicológico, que correlacionó con el incremento de la «la salud mental» general y con la calidad de vida informada por los P/C, es decir, en la misma dirección que los resultados hallados en los trabajos previos ya citados de Byrne et al. (2011) o Waller et al. (2014).

Además, los resultados mostraron que los P/C que cumplían criterios relativos a la AN también se beneficiaron del TCC: el cambio medio en el IMC fue de 2,6 (DT = 1,8) y, por tanto, similar al obtenido en otras investigaciones[26].

En relación con la modificación de la dirección y la intensidad de las actitudes, dada la importancia de su cambio temprano para predecir el resultado del TCC en los TCA[27], los resultados mostraron una reducción temprana y significativa de las actitudes medidas, que fue coherente con el patrón de cambio hallado por Raykos et al. (2013)[28], porque se constató en el 30 por 100 de la muestra[29].

En consecuencia, los hallazgos de este estudio confirman que, una vez más, el TCC permite obtener resultados robustos cuando se aplica en los entornos clínicos cotidianos (consultas privadas, centros de salud, unidades hospitalarias, etc.).

Por tanto, pese a sus limitaciones metodológicas, los resultados de Turner et al. (2015) son muy esperanzadores respecto de la efectividad que se puede esperar de las intervenciones validadadas en ECA, y tienen implicaciones clínicas importantes para el desarrollo de la actividad psicológica cotidiana.

Así, en primer lugar, refuerzan la base empírica que avala que el TCC puede utilizarse en los entornos en los que se desarrolla la práctica clínica habitual. También pone de manifiesto que los prejuicios y los perjuicios de algunos psicólogos, sobre la aplicabilidad del TCC validado en estudios ECA, no pueden justificar que se evite su aplicación y que los P/C no puedan recibir el mejor tratamiento disponible[30]. De igual modo,

[24] Así, Byrne et al. (2011) o Campbell (2009).

[25] Se incluyen las puntuaciones obtenidas en el pretest como datos del postest en quienes abandonan el tratamiento.

[26] Véanse, por ejemplo, las de Dare et al. (2001), Fairburn et al. (2013) o McIntosh et al. (2005).

[27] Véase, por ejemplo, Agras et al. (2000), Raykos et al. (2013) o Wilson et al. (1999).

[28] Raykos et al. (2013) han definido la respuesta rápida y temprana (producida entre la tercera y la sexta sesión de tratamiento) como un cambio cuantificado al menos en 1,52 puntos en la puntuación total del «Eating Disorder Examination-Questionnaire» (EDE-Q; Fairburn y Beglin, 1994 y 2008).

[29] En el trabajo de Raykos et al. (2013) alcanzó el 34 por 100.

[30] Véase Turner et al. (2014).

tampoco posibilitan que se justifiquen otros argumentos con los que intentar avalar la adopción del eclecticismo[31] u omitir la aplicación de componentes del TCC que son básicos[32], con la justificación, sin fundamento, de que no son adecuados para tratar a los P/C en el ejercicio cotidiano de la práctica profesional[33].

En segundo lugar, como recordaban Hogue et al. (2008), investigaciones como esta subrayan la importancia de garantizar (i) la impartición de una formación basada en la evidencia, así como la pertinencia de (ii) supervisar la aplicación del tratamiento y (iii) realizar el seguimiento de los resultados de la aplicación para su control, con los objetivos de garantizar el desarrollo de la competencia clínica de los profesionales y promover el cumplimiento del protocolo. La capacitación debe enfatizar la importancia del seguimiento de la respuesta temprana al tratamiento, por sus implicaciones para la toma de decisiones respecto de mantener el tratamiento siguiendo la estrategia diseñada para su aplicación, intensificarlo o modificarlo, dado su valor pronóstico contrastado en los TCA[34].

En síntesis, los resultados de esta investigación muestran que las aplicaciones del TCC, cuando utilizan técnicas y estrategias fundamentadas experimentalmente como el caso de los ECA, pueden aplicarse con resultados satisfactorios (aunque insuficientes) en los entornos clínicos rutinarios. Esta manera de actuar debería permitirnos reducir/eliminar la brecha entre los resultados obtenidos en los ECA y los que se obtienen al aplicar el mismo tratamiento en los entornos clínicos comunitarios. Por tanto, además de seguir mejorando lo que ya tenemos, es necesario que apliquemos y pongamos a prueba en el curso de nuestra actividad cotidiana lo que ha probado su eficacia en condiciones controladas.

No obstante, dada la evidencia empírica disponible sobre la utilidad del TCC, cuando se comparan los resultados de estudios de efectividad como el de Turner et al. (2015) con los de otros relativos a la eficacia, como los Byrne et al. (2011) o Fairburn et al. (2009), la cuestión crítica o más importante no es ya si este es efectivo y muy probablemente efectivo, sino cómo se puede reducir el número de abandonos del tratamiento para incrementar el de los P/C que se beneficien de los efectos de su aplicación.

Turner et al. (2015) lo expresaban exactamente así:

> «En general, los resultados del presente estudio demuestran que las formas de TCC basadas en la evidencia pueden administrarse con resultados sólidos en los entornos clínicos donde se desarrolla la práctica habitual. Es importante que los psicólogos apliquen esos tratamientos basados en la evidencia y supervisen los resultados de forma habitual, para garantizar el máximo beneficio disponible para los pacientes. Esta práctica debería permitirnos cerrar cualquier brecha entre los resultados del tratamiento administrado en ensayos de tratamiento rigurosamente controlados y los administrados en los entornos clínicos rutinarios.
>
> Comparando el estudio actual y otras investigaciones sobre la efectividad (por ejemplo, Byrne et al., 2011) con los estudios de eficacia (por ejemplo, Fairburn et al., 1995; 2009), la conclusión más importante no es si el tratamiento funciona en los entornos clínicos, sino la necesidad de mejorar la permanencia en el tratamiento para garantizar que se incrementa el número de pacientes que pueden beneficiarse del tratamiento» (p. 74)[35].

[31] Véase Tobin et al. (2007).
[32] Waller et al. (2012).
[33] Fairburn y Cooper (2011).
[34] Véase Raykos et al. (2014).

[35] «Overall the findings from the present study demonstrate that evidence-based forms of CBT can be delivered with strong outcomes in routine clinical settings. It is important that clinicians should deliver those evidence-based treatments and monitor outcomes as a matter of course, to ensure maximum available benefit to patients. Such practice should allow us to close any gaps between the outcomes of treatment delivered in rigorously controlled treatment trials and those de-

Y esta es precisamente una entre las muchas cuestiones pendientes que abordan las intervenciones psicológicas en las que se desarrolla la aplicación de los tratamientos de tercera generación (TTG): la reducción del elevado número de abandonos del tratamiento en el curso de la práctica cotidiana. Su propuesta radica en hacerlo a través de la implementación de variables que el diseño actual de TCC no contempla explícitamente y/o no las ha considerado objeto de investigación para mejorar sus resultados.

En consecuencia, por todo lo indicado, el estatus actual del TCC no ha de ser óbice para que «saludable y constructivamente» se critiquen sus carencias y se investiguen mejoras concretas y del conjunto de la intervención.

Este es el caso, por ejemplo, cuando se simplifica el proceso de evaluación para el diagnóstico psicológico, sin perder validez y fiabilidad, o se mejoran las estrategias asociadas con el incremento de la probabilidad de que se acepte e implique el P/C en el tratamiento, tanto durante el desarrollo de las sesiones clínicas como en el cumplimiento de las «tareas para casa» acordadas y del que depende la consolidación y generalización en el contexto natural de los aprendizajes realizados en el ámbito clínico.

El estudio de tales mejoras afecta específicamente a la innovación y al diseño, a la composición y a la aplicación del tratamiento. Esto es lo que ocurre, por ejemplo, con la investigación desarrollada en el marco de los «factores comunes» y el efecto de la focalización del tratamiento[36], en el diseño de árboles o diagramas para la toma de decisión respecto de qué componentes del tratamiento «modular» han de aplicarse y en qué orden[37], o cuando se incorporan nuevos componentes al tratamiento original como el «mindfulness» (MFN) al TCC, para dar lugar a la terapia de conducta dialéctica (TCD)[38] o a la terapia para la prevención de recaídas por la depresión (MBCT, por su nombre en inglés)[39], o en su fundamentación teórica como pretende el modelo conductual-cognitivo-transdiagnóstico (MCC-T)[40] o el modelo conductual-contextual-transdiagnostico (MC-C)[41].

Todos ellos constituyen distintos ejemplos de otros tantos intentos para conocer cómo se puede innovar y mejorar los efectos de los tratamientos conductuales (TC) y TCC en su aplicación individualizada y grupal, cuando abordamos P/T clínicamente relevantes en condiciones controladas como las del marco del laboratorio y/o cuando se desarrollan en el contexto cotidiano del ejercicio de nuestra profesión.

Ahora bien, tener éxito en la reducción/eliminación de un P/T psicológico no implica necesariamente conocer si todo lo que hemos utilizado ha servido para lograr el objetivo perseguido, ni si hemos utilizado o empleado estrategias y técnicas sin relevancia clínica (en cuyo caso, por ejemplo, estaríamos incrementado innecesariamente los costes), ni si lo que hemos hecho puede contrarrestar el efecto benéfico aportado por otros elementos presentes en el tratamiento o intensificarlo, etc.

Es más, incluso podemos llegar a tener éxito sin saber siquiera qué es lo que realmente hemos tratado, pese a que hayamos evaluado y aplicado concienzudamente nuestros tratamientos y cons-

livered in routine clinical settings.

Comparing the current study and other effectiveness studies (e.g., Byrne et al., 2011) with efficacy studies (e.g., Fairburn et al., 1995; 2009), the most important focus is no longer whether the treatment works in clinical settings, but the need to enhance retention in routine clinical settings, to ensure that more patients can benefit from proven treatments» (p. 74).

[36] En el anexo XXIII incluimos algunos ejemplos al respecto.

[37] Véase un ejemplo en el programa IPMS (Olivares y Olivares-Olivares, 2019b).

[38] Linehan (1993 a y b).

[39] Véase Segal, Williams y Teasdale (2002) o Williams y Kabat-Zinn (2013).

[40] Véase, por ejemplo, Barlow, Allen y Choate (2004).

[41] Véase Hayes et al. (2011).

tatado que las personas tratadas mejoran significativamente su calidad de vida (sic) o que, por poner otro ejemplo, el tratamiento aplicado para un P/T también reduzca/elimine otro al que no se destinaba (sin que sepamos tampoco el porqué de su efecto —sic—). Y todo ello tras un diagnóstico basado en una nosología de «reconocido prestigio» y supuestamente válido[42], pese a partir de una premisa sin sentido científico en el ámbito psicológico, como ocurre con las categorías que conforman los DSM y la CIE[43].

Así, es un hecho habitual en casi todas nuestras publicaciones sobre el TCC en grupo que se produzcan cambios en la comorbilidad, pese a no estar dirigido el tratamiento a la misma. Este se «justifica» en que los trastornos comórbidos se consideran secundarios al principal sobre el que se diseña, planifica y ejecuta la intervención[44] (sic).

Este es el marco dentro del que se sitúa el inicio del movimiento transdiagnóstico (MT) y en el que se halla el origen de los TTG, a los que dedicamos este libro.

Con carácter general, entre los antecedentes a la formulación de esta nueva propuesta se pueden identificar tres grupos de variables interrelacionadas:

- — Las asociadas con la insatisfacción con los sistemas diagnósticos categoriales que se presentan en este sistema nosológico.
- — La elevada comorbilidad asociada con esta nosología.
- — El peligro de estar promoviendo la psicopatologización y la medicalización de problemas que realmente lo son de adaptación a los acontecimientos vitales estresantes y, por tanto, propios de la vida cotidiana y resultados de aprendizajes inadecuados o disfuncionales.

Pero la idea «transdiagnóstica» no es nueva, pues ya estaba presente en la formulación de muchos de los intentos de explicar el fenómeno del comportamiento humano (alterado y adaptado)[45]. No obstante, esta no alcanza oficialmente el grado de preocupación científica hasta que Fairburn et al. (2003) realizan su propuesta explicativa de los TCA, dentro del contexto de la psicología que se desarrolla en el marco del modelo conductual (MC) y de su posterior ampliación para dar lugar al modelo conductual-cognitivo (MCC), siempre bajo las exigencias y el rigor del método científico[46].

La «reagrupación» que Fairburn et al. (2003) realizaron de las variables implicadas en la génesis, desarrollo y mantenimiento de un grupo de reacciones desadaptadas que conformaban un mismo comportamiento disfuncional, los TCA, constituyó una respuesta nueva a un problema que para los psicólogos era viejo. Suponía formalizar una nueva forma de comprender y explicar los TCA, con consecuencias importantes para su evaluación, su prevención y su tratamiento psicológico, al tiempo que oficialmente se iniciaba una nueva línea de investigación de los P/T del comportamiento.

En este nuevo contexto conceptual se considera que una variable, un mecanismo o un proceso puede ser calificado como «transdiagnóstico» cuando se puede probar que está presente en distintos P/T y, por tanto, puede participar en la explicación de su aparición y/o de su mantenimien-

[42] Es decir, que concreta lo que se pretende y muestra validez convergente con los resultados de otros instrumentos (que se construyen generalmente tomando los elementos de la categoría como propios —sic—).

[43] Denunciada ya por Eysenck, Wakefield y Friedman (1983).

[44] Véase como muestra, por ejemplo, Olivares et al. (2008).

[45] Véase, por ejemplo, Pérez-Álvarez (2017) y Sauer-Zavala et al. (2017).

[46] Por ejemplo, la TCD de Linehan se publica diez años antes que esta investigación (Linehan, 1993a y b).

to. En consecuencia, no se trata de un «factor común», tal como se entienden estos[47].

Esta nueva perspectiva para abordar los trastornos, en función de las características que comparten, es coherente con un concepto dimensional y funcional que posibilite su inclusión en categorías propias del comportamiento, lo que supone generar una alternativa a los sistemas de clasificación actuales de naturaleza fenomenológica y/o biomédica-psiquiátrica.

Además, los resultados de la investigación correlacional también parecen avalar este nuevo enfoque conceptual, como lo pone de manifiesto el estudio de las relaciones entre los constructos del neuroticismo[48] (N), del estrés, de la depresión y de la ansiedad. Así, Uliaszek et al. (2010) observaron, a través de correlaciones parciales, que el N es una variable que media entre la ansiedad estado, el estrés y la depresión, además de ser un antecedente importante de ambos estados el afecto negativo (AFN).

De hecho, en sus resultados se constata que a mayor puntuación en N mayor probabilidad de presentar alteraciones asociadas al estrés y a la depresión. Además, ambos estados afectivos (ansiedad y depresión) tienden a solaparse en mayor medida cuando se dan puntuaciones elevadas en N[49]. Así, la correlación de la depresión es más alta con el rasgo de ansiedad que con el estrés, en un rango moderado para ambas. Además, disminuye si se reduce la puntuación en N[50].

En general, los resultados muestran una asociación moderada (rango: 0,40-0,60)[51] entre los afectos negativos y la relación temporal de la depresión con la ansiedad estado y rasgo[52].

No obstante, por sí misma la posición o enfoque transdiagnóstico no delimita con claridad lo que tenemos que entender exactamente por este. De hecho, en la actualidad existen al menos dos acepciones: la que lo conceptualiza como un proceso básico, causal y funcional, y la que lo hace desde una posición descriptiva.

Pese a que el transdiagnóstico no sea solo una respuesta a las limitaciones e inconvenientes que presentan muchas de las categorías específicas de la psicopatología diagnóstica, propuestas por la psiquiatría en el DSM y en la CIE, a la hora de comprender y explicar la elevada comorbilidad que se da entre P/T del comportamiento, esta ha sido una cuestión muy importante en su inicio y desarrollo.

Sus limitaciones tienen implicaciones muy relevantes, desde el punto de vista clínico, para la evaluación y para el tratamiento de los P/T psicológicos, dado que, por ejemplo, a día de hoy, en el ámbito de la intervención individual, estas categorías diagnósticas realmente solo se utilizan como etiquetas con las que calificar el estado del P/C, es decir, a efectos de facilitar la comunicación institucional y profesional. No tienen capacidad explicativa alguna ni tampoco sirven para orientar el tratamiento en sí mismas[53]. Su papel se sustenta exclusivamente en la posición de poder en la que se enmarca la psiquiatría, por el mero hecho de ser una disciplina biomédica.

---

[47] Véase el anexo XXIII.

[48] El rasgo de ansiedad o neuroticismo se define como la tendencia persistente a desproporcionar la respuesta ante estímulos novedosos o amenazantes, así como a mostrar gran sensibilidad al castigo y al daño («sobrerreaccionar»). Hablamos de estrés cuando esta tendencia es transitoria, es decir, cuando la «sobrerreactividad» y la sensibilidad también se muestran como reacciones ocasionales, generalmente ante una intensificación o un incremento de las circunstancias vitales estresantes en su frecuencia, duración y/o intensidad. En cambio hablamos de ansiedad cuando el componente cognitivo incluye el miedo (véase a modo de ejemplo el trabajo de Boksema et al. 2006).

[49] Malouff, Thorsteinsson y Schutte (2005).

[50] Uliaszek et al. (2010).

[51] Hammen (2005).

[52] Watson (2000).

[53] Véase Olivares-Olivares et al. (2022). La explicación, cuando la hay, deviene de los modelos funcionales que se han construido *ad hoc*.

Por ello, este nuevo enfoque se muestra como una alternativa en la que:

- Las secuencias de estímulos-reacciones/respuestas que conforman el comportamiento se pueden agrupar y delimitar en términos dimensionales, que son susceptibles de ser operacionalizados y permitir, a su vez, distintas agrupaciones y categorizaciones a *posteriori* de orden superior.
- Se busca lo común dentro de las actuales categorías diagnósticas, porque se considera que ello permite que se avance en la comprensión de las variables y los procesos que participan en el inicio, desarrollo y mantenimiento de las alteraciones desadaptadas del comportamiento que producen sufrimiento a quien las presenta y/o en aquellos con los que interactúan.
- Disponemos de estrategias y técnicas de tratamiento que se han mostrado reiteradamente muy eficaces para tratar individualmente las RAD, como, por ejemplo, las centradas en las respuestas de escape/evitación (cognitivas y motoras) que están presentes en los trastornos del comportamiento por ansiedad.
- Mejorar nuestro conocimiento sobre las variables implicadas en el inicio de los trastornos del comportamiento también debería redundar en la mejora de los modelos de vulnerabilidad y en el diseño y la confección de programas de detección y prevención temprana, así como de promoción de hábitos saludables con los que fortalecer nuestro estado de bienestar psicológico, además de incrementar las posibilidades de su aplicación debido a la reducción de su número.
- Se aborda el problema de la tasa de abandonos del tratamiento desde una perspectiva distinta y complementaria a la actual, así como el riesgo de retrocesos en el control del comportamiento una vez terminado el tratamiento de los P/T que presentaba el P/C[54].
- Los datos de las investigaciones muestran beneficios que son concluyentes en bastantes casos; en otros, pese a ser indiciarios, son muy prometedores[55]. El enfoque transdiagnóstico, en línea con la intervención psicológica propia de los enfoques teóricos que conforman el MCC, propone que hay que mejorar la adherencia del P/C enfatizando su compromiso e implicación activa, y se hipotetiza que un incremento de la atención a la emoción positiva puede mejorar significativamente los resultados de la intervención[56].

En un ámbito más específico también se producen desencuentros entre algunos de los enfoques del MT y los que integran el MCC. Así, por ejemplo, la hipótesis cognitiva en la que se basa la TCB se niega en la fundamentación de los tratamientos contextuales de la tercera generación, pese a que asuman el papel de las cogniciones como se hacía en el MC.

En el MC-C se rechaza, en base a los datos proporcionados por la investigación, la hipótesis de la TCB de que su efecto benéfico se debe fundamentalmente a que los P/C reestructuran los esquemas deprimentes, que estarían en la base de la interpretación que realizan de las situaciones.

De ahí también las diferencias en la formulación del P/T en el TCC de la TCB y en los tratamientos fundamentados en el MC-C. En la primera se conjetura que resulta de un déficit o disfunción de algún mecanismo interno del P/C, que conformaría grupos específicos de alteraciones que se califican como «síntomas» distintivos

---

54 Véase, por ejemplo, Bados López et al. (2007), DeJong et al. (2012) y Hofmann y Bögels (2006).

55 Véase a modo de ejemplo los trabajos de McEvoy, Nathan y Norton (2009) y Marker y Norton (2018).

56 En línea con lo sostenido por Arkowitz, Miller y Rollnick (2015) o Fernández-Álvarez et al. (2017).

de cada uno de los diferentes P/T. Es decir, el P/T se sitúa «dentro» de la persona, y el objetivo del tratamiento es reparar la alteración (ayudar a cambiar lo que se hace mal cuando se piensa) o reponer la merma o la carencia mediante nuevos aprendizajes.

En cambio, en el marco contextual e ideográfico los P/T que estamos tomando como ejemplo se consideran producto de los aprendizajes realizados, que se mantienen en un determinado contexto sociocultural y se sitúan en el ámbito de la interacción con los otros (no solo, y ni siquiera principalmente, con uno mismo, al menos en su inicio). Además, el objetivo del tratamiento es cambiar la función de la reacción/respuesta aprendida.

Conviene recordar que la «filosofía contextual», pese a que en algunas ocasiones se plantea como una novedad, puede no serlo tanto. En el MC ya se pone el énfasis en el papel que desempeñan las contingencias que siguen a las respuestas en el inicio, desarrollo y mantenimiento de los P/T del comportamiento problemático, disfuncional o desadaptado, maximizándose la relevancia del análisis funcional actual de este (AFa) para el diseño del tratamiento individual.

Como recuerda Pérez-Álvarez (2007b), un ejemplo de este enfoque es el análisis funcional de la depresión propuesto por Ferster (1973), en el que el cambio de la respuesta se produce como secuencia del que tiene lugar en el ambiente. El cambio en el ambiente puede producirse por la acción del psicólogo, manipulando este las variables relevantes y disponiendo las condiciones necesarias para que se pueda producir con una elevada probabilidad, por ejemplo, en el ámbito institucional[57] o en los contextos clínicos[58], pero no solo. El P/C también puede producir modificaciones en el ambiente que forma parte de la situación clínica en la que se halla inmerso. Es decir, puede ser un elemento activo en su tratamiento, cambiando su respuesta, su forma actual de afrontar, actuar o reaccionar, como ocurre explícitamente en la activación conductual (AC) con la intención de cambiar la función de la acción actual que ha de pasar de disfuncional a adaptativa.

Por todo ello, entre lo que caracteriza a los tratamientos psicológicos incluidos en la «tercera generación» está la renovación e intensificación del énfasis en las variables del contexto que eran propias del MC, ahora actualizado como MC-C, y de la mayor parte de los enfoques que conforman el MCC.

En el marco del MC-C el tratamiento psicológico se concibe principalmente como ayuda al P/C. El psicólogo actúa como un consultor conductual, como asesor, colaborador o, incluso, preparador o entrenador experto en el AFa. El tratamiento de los P/T psicológicos y el P/C se desvinculan del «papel de enfermo», pasando este último a ser el que ha de afrontar la situación problemática para salir de ella («aceptación»), asumiendo la función de consultar al experto porque se implica «activamente» en la solución de su P/T del comportamiento y quiere que se le enseñe para aprender cómo hacerlo.

Pero el MT es mucho más que los tratamientos que se han desarrollado asociados al MC-C (principalmente AC[59], la terapia de aceptación y compromiso (ACT)[60] y la psicoterapia analítica funcional (PAF)[61]. Incluye a todos los enfoques que buscan los mecanismos comunes que permitan entender lo que en las formulaciones teóricas actuales no encuentra una explicación *ad hoc*. Por ejemplo, como ya hemos reiterado, ¿por qué cuando se trata un P/T considerado «primario»

[57] Esto es lo que ocurre, por ejemplo, cuando en una sala de estar se disponen enfrentados los elementos para sentarse (sillas, bancos, etc.) y se sustituye la señal de la televisión por la de la radio, a fin de hacer más probable el inicio y el mantenimiento de las conversaciones entre los ancianos de una residencia para la «tercera edad» o en un centro cultural.

[58] Esta vía ha sido objeto de especial investigación por la psicoterapia analítica funcional (Kohlenberg et al. 1999).

[59] Martell, Addis y Jacobson (2001).

[60] Hayes (2004a).

[61] Kohlenberg y Tsai (1991).

también remiten de modo generalmente considerable los llamados «P/T comórbidos» o «secundarios»?

El MT también incluye a los investigadores que, sin dejar el MCC, están desarrollando estudios en esta dirección, como ocurre con el grupo que capitanea David H. Barlow (Protocolo unificado para los trastornos emocionales —UP—), el de Peter Norton (Protocolo para los trastornos de ansiedad —tCBT—) o el de Christopher G. Fairburn (Protocolo para el tratamiento de los trastornos del comportamiento alimentario —CBT-E—).

Pero no solo a estos. Al MT también se han incorporado otros enfoques que parten de una posición principalmente cognitiva. Un ejemplo es el que se centra en la búsqueda del papel que desempeñan las imágenes en el origen, desarrollo, mantenimiento y remisión de los P/T. En este enfoque también se han desarrollado estrategias de tratamiento como la «reescritura de imágenes cognitivas»[62].

No obstante, hay otras líneas de investigación que, pese a que no tienen un modelo teórico concreto de referencia, porque son de naturaleza pragmática, y ni siquiera tienen formalmente un origen psicológico, también han hecho otro tanto. Así ocurre con la terapia interpersonal (IPT, por su nombre en inglés) y sus variantes (IPT-B e IPT-A), o el «mindfulness», introducido y desarrollado por Jon Kabat-Zinn a partir de posiciones estrictamente culturales y espirituales, el cual se aplica como tratamiento en sí mismo [programa para la reducción del estrés mediante la atención plena (MBSR)[63]] o como componente de otros tratamientos de corte conductual o conductual-cognitivo, como la terapia conductual dialéctica (TCD)[64] o la terapia para la prevención de recaídas de la depresión (MBCT)[65].

No cabe duda de que el MT es el enfoque de moda en el contexto de la investigación psicológica, pero ¿cuál es la evidencia empírica que lo respalda en general y en cada una de las líneas de investigación o variantes que se han desarrollado o integrado dentro de este? ¿Cuáles son sus retos? ¿A qué problemas ha de hacer frente?

En relación con la evidencia empírica, las líneas de investigación que integran el MT han de demostrar que estas nuevas modalidades de intervención son más eficaces y efectivas que las derivadas del MC y el MCC, es decir, que las intervenciones conductuales-cognitivas (ICC) que existen en la actualidad. Por tanto, han de probar que con su aplicación se obtienen mejoras significativas en el proceso de evaluación diagnóstica, en la consolidación y generalización de los logros, en la implicación activa de los P/C en los tratamientos, en la reducción de los abandonos del tratamiento, etc.[66] Es decir, en todo aquello que los resultados de la investigación permiten que se critique al TC y a las ICC.

Las respuestas a la primera pregunta que nos hemos formulado en el antepenúltimo párrafo son necesariamente variadas, pero, no obstante, podemos agruparlas para formar con ellas tres grandes conjuntos.

En el primero figurarían las ICC-T (intervenciones conductuales-cognitivas-transdiagnósticas) que han alcanzado cotas robustas de evidencia empírica que respalda su eficacia, como ocurre con la AC, la TCD o la CBT-E, y otras como la IPT que, pese a no adscribirse al modelo conduc-

[62] Véase Arntz (2012), Arntz y Weertman (1999) o Stopa (2009).

La reescritura de imágenes cognitivas («Imagery Rescripting» —ImRs—) la conforman un conjunto de procedimientos dirigidos a cambiar los recuerdos desagradables, haciendo que el P/C imagine que el curso de los acontecimientos cambia en la dirección deseada.

[63] Véase por ejemplo Kabat-Zinn (1982).

[64] Linehan (1987).

[65] Segal, Williams y Teasdale (2002).

[66] En el punto 1.1.1 abordamos las críticas que se han realizado y se realizan al MCC desde los enfoques que han posibilitado el nacimiento del MT y los retos que los TTG que lo conforman tienen que afrontar para probar que pueden ser realmente una alternativa a la ICC y sus estrategias de evaluación y tratamiento.

tual-cognitivo-transdiagnóstico (MCC-T), porque se han formulado en el ámbito socio-psiquiátrico, también han mostrado su fortaleza empírica en el marco de la práctica basada en la evidencia.

En el segundo se hallarían los TTG que, pese a sus notables avances, todavía no han logrado acumular la evidencia empírica suficiente para poder ser considerados incontestables. En esta situación se hallarían la ACT, el UP, la tCBT, el MBCT o el MFN.

Por último, en el tercero se encontrarían las modalidades de intervención psicológica que, como ocurre con la PAF, se hallan en la fase inicial de la validación de su eficacia. Es decir, que su investigación todavía no ha progresado significativamente, como ocurre con la TCIP (Terapia Conductual Integrativa de Pareja), que figura entre las que se hallan el punto de partida del MT. En estos casos la evidencia empírica disponible es insuficiente y se reduce prácticamente a la inicial, es decir, los datos procedentes de su investigación no han motivado a la comunidad científica psicológica lo suficiente como para que un número relevante de equipos o de profesionales independientes inviertan su tiempo y esfuerzo en profundizar en su estudio.

En cualquier caso, al igual que ocurre con la mayor parte de los TCC, en los TTG que han probado su eficacia y cuentan con evidencia robusta todavía se requieren algunos pasos más para poder afirmar que sus resultados mejoran realmente a los que se obtienen con los TC y con las ICC. Entre ellos se hayan:

- — Concretar el número de sesiones de tratamiento, tanto con carácter general como para delimitar el número más adecuado para alcanzar los objetivos en cada uno de los P/T a los que se aplica, en el marco de las poblaciones específicas que los reciben.
- — Cuantificar las tasas de abandono en las distintas poblaciones a las que se aplican.
- — Verificar el TE que les corresponde, dentro de los efectos del tratamiento, a sus formatos de aplicación y en los contextos culturales en los que se aplica.
- — Desmantelar los componentes que integran sus tratamientos multicomponentes, para conocer su peso dentro del resultado, así como el de sus combinaciones e interacciones (incluida la medicación cuando sea necesario). Ejemplos de ello son:
  - Determinar el peso del «grado experto» del psicólogo en los resultados.
  - Concretar la parte del TE que corresponde al compromiso e implicación del P/C.

Así, respecto a las tasas de abandono y al fracaso del tratamiento en la eliminación del P/T o en relación con alcanzar mejoras clínicamente significativas, pese a que el riesgo de fracaso del tratamiento siempre existe, se puede reducir enfatizando la alianza terapéutica, abordando estratégicamente los P/T y adaptando los TTG y sus variantes a las características y circunstancias del P/C. También se puede y debe estudiar el efecto de la adición de psicofarmacoterapia, el del número y la duración de las sesiones, el abordaje de vulnerabilidades específicas de naturaleza interpersonal, etc.

De igual modo, en relación con el desmantelamiento, el estudio de los componentes que conforman los TTG es una necesidad si se quiere conocer cuánto de lo que se hace tiene sentido, cuánto daría igual aplicarlo que no y cuáles de sus componentes pudieran tener un efecto incluso contraproducente (además de ineficiente)[67]. Por ejemplo, desconocemos el peso que corresponde a la AC en el TE que se obtiene cuando se aplican la IPT o sus variantes (IPT-B e IPT-A), pese a que

[67] Véase, por ejemplo, Baer et al. (2019), Barlow (2010), Haney (2021) y Olivares et al. (2005).

Esta es una tarea que también está todavía pendiente en muchos TCC.

sabemos que la AC, por sí sola, ha probado reiteradamente su eficacia en el tratamiento de la depresión, así como el resto de los componentes propios del TCC que también se aplican en esta modalidad de intervención (habilidades sociales, solución de problemas, exposición a sus miedos haciendo las tareas que teme y evita, etc., los cuales integran la IPT).

Desde nuestra posición como psicólogos, conocer cuáles son los componentes activos y en qué medida lo son es muy importante en cualquier tratamiento, pero muy especialmente en aquellos como la IPT y sus variantes. Esto es así porque, habiendo sido diseñados y planificados por científicos sin formación psicológica oficial, bajo la premisa de la práctica basada en la evidencia (ciega a los desarrollos teóricos), su probada eficacia y efectividad requiere ser explicada, y para ello hay que conocer la parte del TE que corresponde a sus componentes estrictamente conductuales y conductual-cognitivos, porque pudiera ocurrir que su bondad se pueda explicar solo o principalmente por el efecto de estos, en cuyo caso podríamos hallarnos ante la paradoja de estar corriendo el doble para no movernos del punto de partida.

En este contexto también se inserta el reto de que los TTG prueben el peso que realmente corresponde a sus innovaciones. En este sentido, en tanto que profesionales que nos dedicamos a la investigación para ayudar a reducir/eliminar el sufrimiento humano, es vital que seamos cautos. Por ello, en línea con McNally (1999), en la medida de nuestras posibilidades hemos de verificar si lo que en los TTG se muestra eficaz se corresponde con estrategias y elementos realmente nuevos, así como si lo que se incorpora como nuevo es realmente eficaz.

Abundando en ello, al hilo de los comentarios entre la Reina y Alicia, en *Las Aventuras de Alicia en el país de las maravillas* de Lewis Carroll, podemos preguntarnos: ¿en cuántas de las propuestas del MT se avanza y en cuáles se está corriendo el doble sin que en realidad nos movamos del lugar de partida?

La respuesta es una tarea que dejamos al lector para que la explicite tras la lectura de este trabajo, es decir, una vez que disponga de la información suficiente para realizar las comparaciones de las mejoras que los tratamientos ubicados en el marco del MT han logrado respecto de los que integran los tratamientos conductuales (TC) y las ICC en los distintos P/T en las que aplican.

A la delimitación y el análisis de las cuestiones planteadas en este prólogo, así como a la descripción de los procedimientos y el aval empírico con el que cuentan, vamos a dedicar las páginas de este libro.

Los contenidos los hemos estructurado, en línea con el índice que les presentamos, en dos grandes apartados. En el primero abordamos la delimitación del MT y en el segundo los enfoques transdiagnósticos y la tercera generación de los tratamientos psicológicos.

En relación con el primero, analizamos los precedentes que facilitaron el inicio del MT, su concepto genérico, las distintas posiciones de su investigación en el marco dimensional, los constructos y mecanismos que se consideran relevantes para la evaluación y el tratamiento dentro de estas modalidades de tratamiento; por último, incluimos algunas cuestiones que nos gustaría que el lector sometiera a su reflexión.

Dentro del segundo hemos agrupado los TTG y sus técnicas en cuatro grandes grupos. Al frente de estos hemos situado al «mindfulness»[68], pues, pese a su naturaleza ajena a los desarrollos teóricos propios de la psicología, el hecho de que forme parte de casi todos los TTG le confiere una función transversal, aunque también se singularice y utilice como modalidad de tratamiento en sí mismo para abordar los efectos disfuncionales del estrés (MBSR). A este le siguen los TCC-T (TCD,

[68] Entendido aquí, en línea con Linehan y Wilks (2015), como el aprendizaje de las habilidades y las destrezas implicadas en mantener nuestro cerebro «despierto» y atento de manera consciente.

MBCT, CBT-E, UP, tCBT y la ImRS), que siendo variantes o avances del MCC conforman el MCC-T. En penúltimo lugar se presentan los que son fruto de la evolución del MC (actualizado a partir de la teoría de los marcos relacionales —TMR—) y que integran el MC-C (ACT, AC, PAF y TICP). Y, por último, incluimos la psicoterapia interpersonal (IPT), que, como ya se ha reiterado, cuenta con un robusto aval empírico y que, si atendiéramos en esta clasificación del MT al orden generado por el criterio de antigüedad, deberíamos haberla situado en segundo lugar, porque por fechas es lo que le corresponde[69].

Nuestro objetivo es contribuir con este trabajo a difundir estas opciones de evaluación y tratamiento psicológico, así como facilitar el desarrollo del interés por las mismas y por su investigación, tanto por medio de la acumulación de casos tratados durante el desarrollo del ejercicio en el contexto de la práctica cotidiana como desde la investigación mediante estudios controlados y aleatorizados.

Entendemos que las posibilidades que ofrezcan los TTG han de pasar por el tamiz de nuestra labor investigadora antes de ser aplicados indiscriminadamente a nuestros P/C.

Este es nuestro reto como investigadores y como profesionales de la psicología clínica y de la salud: reducir/eliminar el sufrimiento humano derivado de los P/T psicológicos, en las condiciones más certeras y seguras que provea el conocimiento psicológico científico.

Con este fin hemos incluido en los anexos una notable colección de instrumentos de evaluación, y hemos realizado una extensa revisión bibliográfica que esperamos pueda ser de ayuda para el desarrollo de la investigación que permita contribuir a dar respuesta a los desafíos que tiene planteados el MT.

[69] Véase el cuadro 4.1 (p. 104), en el que se recogen las primeras publicaciones que pueden encuadrarse en los enfoques que conforman el MT atendiendo al orden cronológico de su aparición.

PARTE PRIMERA
Delimitación del movimiento transdiagnóstico

«Se ha producido una oleada de nuevos desarrollos en las terapias conductuales y cognitivas que se centran en procesos como la aceptación, el "mindfulness", la atención o los valores (...) Todos estos métodos (...) enfatizan el contexto y la función de los eventos psicológicos más que su validez, frecuencia o forma (...).»

Hayes, Villatte, Levin y Hildebrandt (2011; p. 141).

El estudio con fines aplicados del comportamiento disfuncional o desadaptado es un campo que se asienta sobre las propuestas explicativas que capitalizan nuestros modelos teóricos, así como sobre los desarrollos y los logros de la investigación psicológica y de las disciplinas afines a esta, incluidas las de orden biomédico y otras como la informática o la física.

Desde la década de los años 80 del pasado siglo XX venimos asistiendo al comienzo de un movimiento que, como decíamos en el prólogo, haciendo nuestra la reflexión del profesor Pinillos (Pinillos, 1980), se está avanzando cada vez más en la generación de propuestas que hagan posible la superación de las limitaciones que puede presentar el método científico a la hora de abordar la investigación y el tratamiento de nuestro objeto de estudio: el comportamiento; es decir, en la formulación de otras perspectivas desde las que mejorar nuestra forma actual de aprehender el comportamiento y las circunstancias que lo desencadenan y mantienen.

Tal reto conlleva la tarea de encontrar el camino para superar el hecho de que el método científico en su formato actual, tal como se concibe en el marco de las ciencias naturales, ni agota todas las posibilidades de la racionalidad científica (por lo que aunque siga siendo tremendamente útil no puede ser la estación término de la ciencia psicológica), ni se acompasa del todo con la condición histórica del objeto a cuyo estudio se aplica en ámbito psicológico.

Por ello, pese a que, como aventuraba el profesor Pinillos, esta metodología nos resulte todavía necesaria, y muy probablemente lo continuará siendo durante bastante tiempo, aunque cada vez se muestre menos suficiente, es un hecho que, en el marco de la psicología científica, desde su inicio mismo, se ha tratado de conciliarla y adecuarla a la peculiar condición subjetiva de una parte de su objeto de estudio.

De ahí que en el marco de este movimiento que llamamos transdiagnóstico, pese a conservar su compromiso con el rigor del método (de ahí, por ejemplo, sus críticas a la fenomenología psiquiátrica), se hayan incorporado tradiciones culturales y posiciones filosóficas como potenciales componentes de la explicación del fenómeno que es la conducta y como elementos *de facto* de la intervención en el ámbito del comportamiento disfuncional.

Esta situación epistemológica, con sus consiguientes implicaciones para la evaluación y el tratamiento, es la que abordaremos en este apartado partiendo de sus precedentes y terminando con una reflexión sobre sus implicaciones en el ámbito aplicado.

Precedentes 1

Entre los precedentes que han dado origen al inicio y desarrollo del MT se hallan: i) el cuestionamiento de la ICC, dentro del cual destacan las críticas a la capacidad explicativa del MCC y a la asunción como propias de las categorías discretas de la psiquiatría fenomenológica; ii) la reinterpretación de muchos de los hallazgos de la investigación previa, que incluso han servido de base al fundamento del propio MCC (en sus variantes conductual y conductual-cognitiva), y iii) la insatisfacción de los investigadores y el descontento de los clínicos.

1.1. EL CUESTIONAMIENTO DE LA INTERVENCIÓN CONDUCTUAL-COGNITIVA

La expansión del MC, debida a la incorporación progresiva de las variables cognitivas como parte de su arsenal explicativo, hasta conformar la propuesta del MCC y los TCC, permitió que el prestigio de los TC primero y de los TCC después se fuese incrementando de manera regular.

Este éxito se debió, en buena parte, al soporte proporcionado por la acumulación de evidencia empírica. Esta base empírica fue proporcionada por las investigaciones controladas en general y muy especialmente por los ECA. Los estudios publicados fueron reiteradamente mostrando que los psicólogos eran capaces de ayudar a resolver un número cada vez mayor de los P/T de relevancia individual y social que presentaban sus P/C.

Disponer de un modelo explicativo propio y la evidencia empírica acumulada propiciaron que los TCC pasaran a ser considerados como los de primera elección para un rango muy amplio de P/T. En este rango se incluían los más frecuentes, los conocidos como «trastornos mentales comunes» (TMC). Es decir, los relativos a las RAD que se agrupan bajo los constructos de la ansiedad y de la depresión. Además, tal calificación, y su correspondiente estatus, estaba avalada por el apoyo explícito de organizaciones de reconocido prestigio como el NICE y la APA, que además los indicaban como complementos necesarios para otro buen número de P/T psicológicos[1].

1.1.1. Problemas, críticas y retos

Pese a que este estatus se sigue manteniendo en la actualidad, algunos investigadores lo han venido cuestionando desde casi el inicio del MCC y otros se resisten a reconocerlo, defendiendo la pluralidad en la psicoterapia para afrontar los

[1] Véase Aazh y Moore (2018), Belloch (2012), Hofmann et al. (2012), Katzman et al. (2014) y Olivares-Olivares et al. (2022).

Bajo las siglas «TCC» incluimos los tratamientos predominantemente conductuales y los principalmente cognitivos como la TCB.

P/T con relevancia clínica (sufrimiento intenso e interferencia en el desarrollo de la actividad cotidiana)[2]. Entre las razones que unos y otros arguyen están, por ejemplo, cuestiones metodológicas tales como que muchos estudios publicados son de baja calidad y/o se han realizado utilizando grupos de control (o de comparación) que hoy se consideran «débiles» porque, por ejemplo, los han integrado personas en listas de espera (GCLE) en vez de utilizar grupos de control activos (GCA)[3].

Siendo cierto que hay muchas variables que influyen a la hora de poder considerar un tratamiento como la primera referencia para aplicarlo a un P/T[4], también resulta obvio que si tenemos que considerarlo como la primera elección, es decir, como el mejor tratamiento estándar que podemos tener en el campo de la psicología clínica y de la salud, entonces, como indicaban David et al. (2018b), el TCC no puede ser considerado como tal.

Sin embargo, si se define el tratamiento de primera elección («estándar de oro») como el mejor fundamentado que tenemos en este momento, entonces el TCC es sin duda el de primera elección para los P/T más frecuentes (TMC), así como para todos aquellos en los que los ECA han probado su eficacia y su eficiencia frente al resto de las opciones. Además, a ello hemos de añadir los resultados de los N = 1 en los que la aplicación del TCC se ha realizado utilizando los mejores diseños (v. gr., de línea de base múltiple, reversibles, de criterio cambiante, etc.) y que clínicamente constituyen una fuente relevante de indicios científicos.

En consecuencia, de acuerdo con los datos disponibles, desde nuestro punto de vista el TCC cumple los requisitos para ser considerado el tratamiento de referencia, es decir, como la primera elección para la mayoría de los P/T psicológicos, porque[5]:

- Es la modalidad más investigada.
- Ninguna otra intervención psicológica ha demostrado ser sistemáticamente superior a la ICC, mientras que, por el contrario, cuando se verifican diferencias sistemáticas entre distintas modalidades de intervención, estas generalmente muestran la superioridad de las que incluyen el TCC[6].

---

[2] Véase, por ejemplo, Leichsenring y Steinert (2017).

[3] Llevando esta crítica a sus extremos, también podríamos argüir que, pese a que contengan «ingredientes activos» eficaces, no todos los tratamientos psicológicos ni todas las psicoterapias muestran la misma eficacia cuando se aplican a todas las personas ni cuando se utilizan por todos los psicólogos. Es decir, pese a que, al menos desde que Paul (1966) lo pusiera por escrito, todos aceptamos que la investigación de los tratamientos psicológicos ha de ir más allá del estudio de sus efectos y debe permitirnos algún día que podamos ser capaces de responder adecuadamente a ¿qué tratamiento concreto, aplicado a quién y por quién, maximizará la eficacia para resolver este P/T que se presenta en determinadas circunstancias concretas? Lo cierto es que todo requiere su tiempo, y la prudencia es un bien escaso cuando las críticas están mediadas por las emociones. Si pese al estado de nuestro conocimiento hoy pretendiésemos ser capaces de responder ya a tales preguntas, entonces nuestras investigaciones deberían de incluir también otras variables como las clínicas y socio-demográficas, los marcadores biológicos y las preferencias de los P/C. Es decir, en línea con Simon y Perlis (2010), sin el conocimiento de las variables que moderan y nos permiten predecir la respuesta diferencial al tratamiento nos resultaría imposible responderlas adecuadamente.

[4] Véase Olivares-Olivares et al. (2022).

[5] Véase, por ejemplo, Hofmann et al. (2012), quienes analizan los efectos del TCC en una investigación que incluyó 269 metaanálisis realizados sobre los resultados del tratamiento de una extensa gama de trastornos, entre los que se hallaban, por ejemplo, los del estado del ánimo, de ansiedad, los incluidos en la categoría de «psicóticos», los del comportamiento alimentario, los provocados por el consumo de sustancias tóxicas, los somatomorfos, los relativos a problemas como la ira, el insomnio, el estrés, el dolor, el cáncer, etc., así como los de la investigación de su eficacia en poblaciones concretas (niños, adolescentes y adultos). Su conclusión es que, pese a que es cierto que algunos metaanálisis no encuentran diferencias entre los tratamientos, la mayoría de los estudios sí informan acerca de la superioridad de los TE del TCC en los TMC sobre los de los demás, ya sean delimitados como tratamientos o como psicoterapias.

[6] Véase, por ejemplo, González-Blanch y Carral-Fernández (2017) y Hofmann et al. (2012).

— Las variables implicadas en la explicación proporcionada por los distintos enfoques teóricos del comportamiento humano que conforman el MCC, en tanto que supuestamente responsables del funcionamiento de los mecanismos de cambio que promueve el TCC, han sido y son las más investigadas. Pero no solo eso, también están en consonancia con las últimas formulaciones o actualizaciones de tales enfoques, como es el caso, por ejemplo, del procesamiento de la información y de la teoría conductual-cognitiva de las prospectivas que cuentan en su haber de reconocimientos con dos premios Nobel.

Ahora bien, pese a lo indicado, si abrimos más el foco de nuestra atención y lo dirigimos también hacia el análisis de los resultados de algunas revisiones cuantitativas, sobre el alcance de los efectos de los TCC, podremos observar que, divergiendo de lo que hemos indicado, algunos investigadores están cuestionando esta modalidad de tratamiento psicológico como el de primera elección para los P/T relativos a los TMC[7]. Es más, en algún caso se informa que ahora producen TE inferiores a los que se obtenían en las primeras investigaciones del tratamiento de las respuestas depresivas[8].

Asimismo, desde hace tiempo también se viene cuestionando la magnitud del alcance de la eficacia de los componentes cognitivos que integran los TCC (recuérdese, por ejemplo, el papel de la AC como componente de la TCB en su eficacia)[9] y la coherencia y la utilidad del empleo de las psicopatologías discretas para diagnosticar los P/T psicológicos, a veces incluso desde dentro del propio MCC[10].

Además, el hecho de que algunas investigaciones muestren que otras modalidades de intervención ajenas al MCC, como la psicoterapia psicodinámica[11], la terapia interpersonal[12] u otras[13], también generan resultados positivos en su abordaje de los P/T relativos a la ansiedad y/o a la depresión, se utiliza como base empírica del argumento para enfatizar la necesidad de considerar e investigar el papel que pudieran desempeñar los factores comunes en tales resultados[14], en tanto que variables que pueden explicar el porqué el TCC no alcanza los resultados que se esperan tras su aplicación o el número de abandonos que se producen durante su aplicación[15].

Como hemos avanzado, todas estas interrogantes se aderezan con una cuestión más de orden metodológico: la propiciada porque no se hayan incluido en los ECA, con la frecuencia que hubiera sido deseable, el estudio de las variables que se considera que podrían ser relevantes para explicar el porqué no se alcanzan tasas de éxito mejores de las que se obtienen. Entre estas variables se incluyen las que se ubican bajo el paraguas ya aludido de los factores comunes, que, por otra parte, en algunos casos han probado su importancia para comprender y explicar los resultados que se obtienen cuando se controlan dentro del TCC[16].

---

[7] Por ejemplo, Baardseth et al. (2013).

[8] Johnsen y Friborg (2015).

[9] Ilardi y Craighead (1994), Hollon (1999) y Jacobson et al. (1996).

[10] Véase Belloch (2012), Eysenck, Wakefield y Friedman (1983), Hofmann (2020), Van Os et al. (2019), Pérez-Álvarez (2013) y Sandín et al. (2012).

[11] Goodyer et al. (2017) o Steinert et al. (2017).

[12] Barth et al. (2016).

[13] Goodyer et al. (2017).

[14] La hipótesis de los «factores comunes» comienza en la literatura psicológica con Rosenzweig (1936), pero no adquiere realmente relevancia hasta que Frank (1961) vuelve a ocuparse de ellas. Véase anexo XXIII.

[15] Véase por ejemplo Bados López et al. (2007) o DeJong et al. (2012)

[16] Para abordarla pueden consultarse los trabajos de Crits-Christoph y Mintz (1991), Johnsen y Friborg (2015), Loeb et al. (2005), Luborsky et al. (1997 y 1985), Norcross y

Así, por ejemplo, entre estas últimas se halla la contribución del psicólogo a los efectos del tratamiento, a través de las llamadas «habilidades terapéuticas» (habilidades o conocimiento general de los enfoques, principios, mecanismos y procesos implicados en el cambio del comportamiento, formación específica en P/T concretos, etc.), sus propias habilidades (por ejemplo, el conocimiento del modo de afrontar y solucionar los problemas que se adquieren en el tratamiento individual o en su aplicación en grupo), la fidelidad unida a flexibilidad y a creatividad en el cumplimiento con las prescripciones de los manuales de tratamiento durante la intervención, u otras como el papel de la «alianza terapéutica» en los efectos de los TC y los TCC en el marco de los ECA[17].

Sin ninguna duda todas estas cuestiones forman parte de los precedentes del MT porque han contribuido no solo a su inicio sino también a su desarrollo. Ahora bien, ¿qué alcance real tienen estas críticas? ¿Ponen realmente en cuestión el estatus actual del TCC como «tratamiento de primera elección» para los TMC y el resto de las alteraciones para las que se han mostrado eficaces y eficientes? ¿Descubren limitaciones del MCC, de la metodología científica en la que se sustentan los ECA y los TAE (tratamientos con apoyo empírico)? ¿Dónde nos encontramos?

A la primera pregunta hay que responder recordando que en la ciencia todo conocimiento es provisional y que, por tanto, los resultados de las investigaciones en los que se fundamentan las críticas tienen que ser considerados y estudiados.

Por ello, entendemos que las réplicas de las investigaciones originales han de realizarse utilizando ECA, a fin de verificar si realmente se vuelven a obtener los mismos resultados y si la explicación que han proporcionado los investigadores para argumentar la crítica puede ser compartida o, por el contrario, puede comprenderse y explicarse mejor a partir de otras variables, principios y mecanismos que han sido validados, tanto si forman parte del MCC como si son ajenos a este.

Como ya hemos indicado, nuestro punto de partida, en línea con González-Blanch y Carral-Fernández (2017)[18], es que ni todos los tratamientos son igualmente eficaces ni todos funcionan basándose en las variables que se indican en los estudios en los que se publican. Es más, como los propios autores señalan, la conclusión de que todo funciona y vale por igual conlleva eximirse del reto de desentrañar las variables que nos permitan validar o refutar nuestras hipótesis. Sin este trabajo previo tampoco podremos dotar de evidencia empírica o modificar nuestras propuestas explicativas, las que sustentan las distintas formas de intervención psicológica, de evaluación y tratamiento de los P/T psicológicos.

Para responder a tales interrogantes, en los que se cuestiona el planteamiento teórico del MCC y se critica el alcance de los resultados de las ICC, una de las opciones con las que contamos son los productos de las revisiones metaanalíticas.

Entre estas se hallan los de los metaanálisis realizados por Hofmann et al. (2012), al que nos hemos referido ya, o los del grupo de Pim Cuijpers[19]. En ellos se estudia la eficacia de las ICC para reducir/eliminar las respuestas depresivas y de ansiedad en población adulta. Sus resultados vuelven a confirmar que ni todo vale ni todo es

---

Lambert (2018), Norcross y Wampold (2019), Olivares et al. (2014), Shafran et al. (2009) y Wilson (1998a).

[17] Véase, por ejemplo, Beutler y Forrester (2014), Horvath et al. (2011), Johnsen y Friborg (2015), Kazantzis et al. (2018), Marques et al. (2019), McClintock, Anderson y Petrarca (2015), Olivares-Olivares et al. (2014), Weck et al. (2015) y Weerman y Arntz, 2007).

[18] Este trabajo constituye una excelente síntesis de revisión y de análisis y reflexión de/sobre las dificultades por las que atraviesa y a las que ha de enfrentarse y resolver la psicología como disciplina científica, dentro de su caminar epistemológico en el contexto de las intervenciones psicológicas replicables.

[19] Véanse los resultados de las revisiones metaanalíticas de Cuijpers et al. (2016a, b; 2020).

igual en el tratamiento psicológico y en las psicoterapias.

Por otra parte, no olvidemos que, en caso de presentarse resultados similares entre el TCC y las psicoterapias, la ausencia de diferencias solo permitiría afirmar que no hay superioridad. Es decir, que existe algún tipo de similitud clínica que se pone de manifiesto en los diseños de equivalencia. Pero hemos de recordar que, desde la perspectiva estadística, cuando una intervención **B** es equivalente a otra **A** y hay una tercera **C** que se ha mostrado equivalente a la primera (**B**), no está garantizado que por ello **C** sea también equivalente a **A**, porque, como indican David et al. (2018b), tal relación de equivalencia no es necesariamente transitiva[20].

Por tanto, de producirse la equivalencia de los efectos para un P/T, ello no significaría en ningún caso que ambas gocen del mismo estatus. Para que esto pudiera ocurrir la psicoterapia debería superar de forma independiente las mismas pruebas que el TCC. Solo en ese caso podríamos hablar de igualdad en el estatus[21].

Además, cuando se metaanalizan las relaciones proceso-resultado, los productos del análisis también constatan el apoyo empírico a los procesos del TCC, tanto de carácter general como respecto de los elementos o componentes específicos que participan en los mismos. Tal es el caso de la psicoeducación, la revaluación cognitiva, las estrategias conductuales, la regulación emocional y las estrategias de motivación, así como otras específicas del desarrollo de las sesiones como la formulación consensuada de objetivos y de la colaboración (contrato terapéutico), la retroalimentación, el fomento de la cohesión del grupo y las «tareas para casa»[22].

Otra de las cuestiones que es necesario aclarar en el contexto de la ICC es la relativa al peso en los resultados de los «factores comunes» (ya planteado y al que volveremos) frente al de las técnicas específicas del TCC.

De momento, como recordaban Lorenzo-Luaces y DeRubies (2018), los datos aportados por las pruebas para los TCC son mixtos y todavía se limitan a un número reducido de P/T, pero están avalados por el rigor del método. Por el contrario, las pruebas sobre la importancia de los «factores comunes» están plagadas de debilidades metodológicas y pueden tener una utilidad clínica limitada. De ahí que las investigaciones en las que se modelan las interacciones entre las características de los P/C, las variables específicas y los «factores comunes» se presentan como una oportunidad, a la vez que suponen un reto, para avanzar en el conocimiento de/sobre los procesos que median los resultados que se producen en el marco de las intervenciones psicológicas con carácter general y en el de las ICC en particular.

Así, en la revisión realizada por Kazantkis et al. (2018), de las investigaciones sobre las relaciones entre el proceso de aplicación del TCC y los resultados, hallaron que los mejores predictores fueron los de orden cognitivo y los conductuales. Los primeros son los que cuentan con el apoyo más robusto (ocho metaanálisis); los segundos también se muestran robustos, pero el número de metaanálisis que cumplieron los requisitos para ser incluidos en la revisión fue muy reducido (tres metaanálisis). Respecto de los procesos utilizados durante la sesión, para los mismos P/T, el apoyo más fuerte a la hora de predecir el resultado lo obtuvo la «alianza terapéutica» (ocho metaanálisis) seguido de las «tareas para casa» (seis metaanálisis).

[20] En la investigación de Steinert et al. (2017) podemos verlo ejemplificado.

[21] En este caso, la psicoterapia tendría que haber superado con éxito, por ejemplo, varias investigaciones clínicas e independientes de alta calidad, es decir, en las que se hubieran utilizado grupos de control con placebo u otros elementos activos, cuestión que generalmente le ha sido/es ajena.

[22] Véase Kazantzis et al. (2018).

No obstante, se precisa disponer también de información sobre el papel de otros elementos concretos de la relación terapéutica, como por ejemplo el que corresponde al «diálogo socrático» o el del llamado «empirismo colaborativo»[23]. En la revisión de Kazantzis et al. (2018), a excepción de un metaanálisis sobre el proceso de colaboración, no se encontró ninguno sobre elementos concretos de la relación terapéutica.

El estudio de esta problemática, que como ya hemos indicado es tan incipiente como crucial, requiere mucha más investigación para examinar en extensión y profundidad la gama de los procesos del TCC implicados en diversos contextos clínicos, y también, por supuesto, de toda la que pueda provenir del MT. No obstante, como se ha visto, con los datos disponibles el apoyo ya es relevante para algunos de estos cuando los tratamientos se aplican a los TMC. De ahí que el MCC-T sea una de las variantes que integran el MT (a cuyo frente se hallan los equipos de Marsha Linehan, David H. Barlow o Peter Norton).

Pero hay más retos y cuestiones relativas a la convergencia entre el rigor, la innovación y las aplicaciones clínicas que tiene que afrontar el MT en general, así como en particular las derivadas de los enfoques del MC-C y del MCC-T, para separar el grano de la paja, para seguir cimentando con solidez sus avances y probar que son más eficaces y efectivos que los TC y que los TCC, respectivamente.

Así, por ejemplo, la innovación clínica a través del uso de las imágenes cognitivas que se ha producido en el marco del TCC-T plantea, en primer lugar, el problema de concretar todo lo que se ha realizado, y determinar cuáles son las modalidades que cumplen realmente con los requisitos para poder ser consideradas eficaces en el ámbito clínico.

Muchas veces se presentan como «nuevas» técnicas o enfoques que son tan parecidos a lo que ya tenemos que, al leerlos, se tiene la impresión de que se esté «descubriendo» de nuevo América (pese a que hayan transcurrido ya casi 600 años del «descubrimiento» por Colón y no sabemos cuántos de la llegada de los primeros vikingos).

Entendemos que es necesario no olvidar que un paso necesario para la mejora de las técnicas en particular, y de los tratamientos en general, es explorar sus posibilidades, partiendo del requisito de que, antes de abordar la mejora y la aplicación de un procedimiento, este ha de poder comprenderse y explicarse dentro del marco teórico en el que se supone que se fundamenta.

En este sentido, eso es exactamente lo que nos ocurre a los psicólogos, por ejemplo, con la IPT. Su eficacia la hipotetizamos y la entendemos principalmente como fruto de sus componentes conductuales y conductual-cognitivos. Ahora bien, es posible que, cuando se estudie, desmantelándola, los análisis nos lleven a confirmar lo que también puede presumirse, es decir, que resulte necesario considerar el «ajuste» del MCC-T para poder entender mejor su eficacia.

Dos casos que entendemos que ejemplifican bien este proceso de análisis, investigación y mejora son el de la desensibilización sistemática (DS) y el del aprendizaje inhibitorio. En ambos se parte de un punto dentro del MC para encontrar formas que mejoren la eficacia de los procedimientos con los que se cuenta para el tratamiento. Seguiremos el orden temporal en el que se produjeron para recordarlos.

En la desensibilización sistemática, Wolpe (1958) conceptualizó inicialmente el papel de la relajación dentro de un proceso de «inhibición recíproca» entre respuestas antagónicas. Este planteamiento perduró hasta que Mathews (1971) hipotetizó que el efecto de la relajación en la exposición en imaginación no era el de inhibir las respuestas antagónicas de tensión, sino el de per-

[23] El «empirismo colaborativo» se delimita como el que resulta de la retroalimentación que permiten los autorregistros, de la que se puede proporcionar al P/C a partir de la observación de su comportamiento en los tests situacionales y de la que tiene lugar durante el proceso de colaboración que se produce en el «descubrimiento guiado»

mitir que pudieran producirse imágenes más vívidas y, por tanto, más creíbles. Esta reconceptualización permitió que se produjesen otros enfoques o puntos de vista bastante distintos a los iniciales, lo que, a su vez, permitió mejorar el proceso de aplicación de la DS e incrementar su eficacia.

Con la propuesta del aprendizaje inhibitorio se cuestionaron las ideas previas sobre el papel de la habituación en el tratamiento, basado en la aplicación del principio de exposición. Se propuso una explicación alternativa, centrada en los resultados del análisis de su efecto cuando estos se interpretaban a la luz del concepto de «aprendizaje inhibitorio».

Esta explicación alternativa sostenía que en la reducción / eliminación del miedo participaba un condicionamiento inhibitorio a los estímulos presentes que informan de que no se producirá el estado aversivo que esperábamos.

Ahora bien, ¿qué proceso permitió llegar hasta aquí y qué repercusiones tuvo esta explicación en el ámbito aplicado, es decir, para la mejora del tratamiento?

Como es sabido, para explicar el fenómeno de la extinción del miedo se han formulado distintas hipótesis en el marco del condicionamiento clásico. La primera es la que sostiene que tras el proceso de sensibilización puede producirse el de habituación, por la mera exposición al estímulo temido (habituación), postulando esta como el mecanismo responsable de la desaparición del miedo y del malestar asociado que producen las RAD de ansiedad.

Se entiende que ello es posible porque se produce la ruptura de la relación entre el estímulo temido y la aparición de las respuestas de ansiedad condicionadas / asociadas con este. Foa y Kozak (1986) y Foa y McNally (1986) cuestionaron este argumento y propusieron una explicación alternativa[24]: la exposición modificaría la asociación porque permitiría que se produjese el cambio de significado del estímulo mediante un mecanismo o proceso cognitivo. Este proceso cognitivo sería el responsable de que se percibiese que la presencia del estímulo ya no predice la ocurrencia de su consecuencia asociada (las RAD que conforman el estado de malestar).

Por tanto, la exposición, pese a ser una condición necesaria, no se mostraría suficiente para comprender y explicar el cambio que se observa. El papel del estímulo (asociado a su significado aversivo) estaría condicionado a la percepción; en sí mismo sería neutro. Es decir, la sensibilidad a los estímulos temidos se debería al miedo (componente cognitivo) y no a la habituación (componentes conductuales —motor y psicofisiológico—).

De acuerdo con la primera hipótesis, se esperaba que, durante las sesiones de tratamiento, mediante la exposición al estímulo temido con prevención de las respuestas de escape (motoras y cognitivas), la intensidad del miedo que estima el P/C se reduciría significativamente, es decir, alcanzaría valores próximos a cero (cuando este mismo no sea posible). En consecuencia, se con-

[24] Asumen que las emociones están representadas por estructuras de información en la memoria, las cuales, a su vez, estarían constituidas por elementos que representan cognitivamente el estímulo que es característico de la situación que da miedo (junto con las respuestas y aquellos aspectos de su significado que son relevantes para el P/C concreto).

Se hipotetiza que cuando tales estructuras se activan, entonces se desencadena el patrón de las RAD de ansiedad, que desempeña la función de un programa para evitar o escapar del peligro.

En este contexto, el procesamiento emocional se delimita como la modificación de las estructuras de memoria en las que se sustentan las emociones. Además, se considera que, durante el tratamiento mediante exposición, la activación fisiológica y la habituación actuarían como indicadores del procesamiento emocional y estarían influidas por variables concretas. Ambos, las variables específicas y los indicadores, permitirían explicar y concretar qué información se integra (o debe integrarse) en el procesamiento emocional de una estructura de miedo.

Los fracasos del tratamiento se interpretan a partir del efecto de interferencia que producirían los mecanismos de las defensas cognitivas, la excitación autonómica, el estado de ánimo y la ideación errónea respecto al cambio que se persigue de las estructuras de miedo (McNally y Foa, 1986).

jeturaba fundamental el decremento del peligro estimado por asociación con la percepción del estímulo aversivo.

Ahora bien, lo que los datos experimentales mostraban era que la reducción de la intensidad o fuerza percibida en el estímulo (credibilidad en términos cognitivos), durante y tras la exposición, no correlacionaba necesariamente con los resultados esperados. En ocasiones las mermas pequeñas en la intensidad del estímulo se asociaban con grandes reducciones en la valoración del estado de malestar (producido por las RAD), mientras que en otras ocurría lo contrario. Es decir, la reducción del malestar producido por el miedo al estímulo durante la exposición (con prevención de las respuestas de escape) no se mostraba suficiente para producir el aprendizaje esperado ni para garantizar que si se producía se mantuviera en exposiciones posteriores[25].

Esta situación fue la que llevó a reinterpretar y calificar el aprendizaje que se produce en estas situaciones como «inhibitorio», es decir, como una nueva modalidad de aprendizaje basada en el condicionamiento a otros estímulos presentes en el contexto de la exposición, los cuales informan de que no se producirá el estado de malestar asociado al estímulo temido[26].

Esta reformulación de la interpretación de los efectos de la exposición al estímulo temido, manteniendo los distintos mecanismos propuestos (habituación, extinción y condicionamientos inhibitorios en y al contexto en el que se produce la exposición), permite que podamos entender y explicar mejor la paradoja de la recuperación «espontánea» del miedo. Es decir, el hecho de que, aunque el tratamiento aplicado produzca la desaparición del malestar asociado al estímulo temido, no significa que un cambio en el contexto en el que aparezca el estímulo aversivo no pueda desencadenar otra vez las respuestas de escape / evitación (de orden motor y/o cognitivo).

Este avance en la comprensión también tuvo y tiene implicaciones importantes para el diseño y el desarrollo de la aplicación del tratamiento.

Así, Craske, Treanor, Conway, Zbozinek y Vervliet (2014), en su trabajo titulado «Maximizando la terapia de exposición desde un enfoque basado en el aprendizaje inhibitorio», recordaban que, pese a que el tratamiento mediante la exposición se muestra eficaz para reducir/eliminar los trastornos de ansiedad, un número considerable de P/C no se benefician de su aplicación o vuelven a experimentar las consecuencias del miedo desproporcionado después del tratamiento. Asimismo, indicaban que la investigación sugiere que estos P/C no habrían desarrollado el aprendizaje de los mecanismos que se conjetura que participan durante la aplicación del principio de exposición (como ocurre con el aprendizaje inhibitorio), y que, por tanto, contemplarlos durante el diseño del tratamiento debería ayudar a mejorar su eficacia.

---

25 Bjork y Bjork (1992 y 2006).

26 En línea con Myers, Ressler y Davis (2006), quienes confirmaban que sus resultados apoyaban un modelo en el que participaban diferentes mecanismos neurales en función de la demora de la extinción del miedo.

Myers et al. (2006) plantearon el problema en los siguientes términos. La extinción del miedo se define como una disminución de las respuestas de ansiedad asociadas a la exposición no reforzada a un estímulo temido (condicionado). Las pruebas conductuales muestran que la extinción es una forma de aprendizaje inhibitorio: las respuestas de ansiedad extinguidas reaparecen con el paso del tiempo («recuperación espontánea»), tras un cambio de contexto (renovación) y cuando se producen presentaciones azarosas del estímulo descondicionado (reinstauración). Asimismo, también hay pruebas que sugieren que la extinción es un proceso de «desaprendizaje», que se produciría en función de la pérdida de intensidad de las sinapsis potenciadas dentro de la amígdala. Dado que esta pérdida de intensidad se produce más fácilmente cuando las demoras temporales son pequeñas, es decir, con intervalos temporales cortos después de la inducción de una reversión de la intensidad del condicionamiento a largo plazo (y no se puede producir a partir de un determinado valor de la demora), entonces podría ser que la extinción iniciada poco después de la adquisición del miedo involucrase preferentemente la disminución de la intensidad de la asociación («desaprendizaje»), mientras que la extinción iniciada tras demoras mayores implicara la participación de un mecanismo diferente.

Craske et al. (2014) dedican su trabajo a proporcionar ejemplos que diferencian, dentro de los TCC estándar, los que se utilizarían en otros enfoques como el de «habituación al miedo» y el de la «desconfirmación de las creencias». Estos ejemplos versan sobre cómo aplicar el aprendizaje inhibitorio para optimizar el tratamiento mediante la exposición de los P/C con P/T de ansiedad. Lo hacen a través de estudios de caso en los que ilustran los métodos de aplicación para tratar distintos trastornos de ansiedad.

En todas las investigaciones referidas se analiza la aplicación del principio de exposición contemplando las posibilidades que ofrece el aprendizaje inhibitorio, como complemento de las ideas anteriores sobre la habituación. Esta posición permitió incorporar alternativas con las que mejorar el tratamiento sin abandonar el MC en el que se produjo el punto de partida y el desarrollo previo de este procedimiento. Este es el *modus operandi* al que nos referíamos párrafos atrás como una condición que entendemos necesaria para mejorar nuestro conocimiento sobre los P/T del comportamiento humano.

Por todo ello, desde nuestro punto de vista es necesaria y posible la innovación que pretende el MT a partir, por ejemplo, de cierto grado de «reinvención» o de mejora de los procedimientos de evaluación y/o de los tratamientos existentes, bien a partir de su análisis en el marco del modelo teórico de referencia y/o de la reevaluación de los componentes que se utilizan en otras modalidades de tratamiento. Este es el caso, por ejemplo, de la ImRs (reescritura de imágenes cognitivas), del UP o de la IPT.

Ahora bien, siempre y cuando se realice como parte de la actividad investigadora que resulta necesaria para el desarrollo y la mejora de las intervenciones, en el seno de un marco teórico que lo fundamente y que permita comprender y explicar la necesidad y la coherencia de su incorporación dentro de esa modalidad de tratamiento. Decimos «desarrollo y mejora» porque «inventar lo inventado» ni es propio del quehacer científico ni es coherente con el principio de parsimonia implícito en este.

Por tanto, la innovación clínica, ya sea a partir del desarrollo de enfoques completamente novedosos o mediante la revaluación de las técnicas existentes, es una actividad en la que la conexión entre la ciencia y la práctica clínica es especialmente importante. Así, por ejemplo, dentro de las nuevas propuestas de técnicas que utilizan las ImRs, a las que nos acabamos de referir, pese a que puedan derivarse y desarrollarse por distintas vías, es necesario que se pruebe que se fundamentan en mecanismos que puedan contrastarse, a fin de prevenir lo acaecido con la EMDR[27].

El reto de la integración de los enfoques teóricos que se hipotetizan como responsables del efecto benéfico de las distintas técnicas que parecen tener éxito, en su aplicación a P/T concretos del comportamiento, es fundamentarlos teórica y empíricamente[28].

Por ejemplo, si se desarrolla un TCC-T para aplicarlo a un trastorno para el que ya existen variantes del TCC bien establecidas, entendemos que es necesario que, previamente a su aplicación, en el ámbito clínico cotidiano, en primer lugar, se haya procedido al estudio riguroso de su eficiencia frente a las otras alternativas que también hayan probado su eficacia y, en segundo, que se obtengan datos que avalen para qué P/C y en qué condiciones esta alternativa es mejor que las existentes, pese a que todo ello requiera un gran número de participantes, de tiempo y de recursos[29].

En este contexto, una modalidad de investigación que está ganando cada vez más seguidores es

---

[27] Véase por ejemplo McNally (1999), Rosen et al. (1999) y Van den Hout y Engelhard (2012), en cuyos trabajos se pone de manifiesto que lo que parece que funciona no puede considerarse nuevo y lo que se formula como novedad no aporta nada a su TE.

[28] Por ejemplo, en su aplicación individual (N = 1) como paso previo a ser puestas a prueba bajo el formato de tratamientos que utilizan el enfoque modular para dotarse de mayor flexibilidad (así, Black et al., 2018, o Evans et al., 2020).

[29] Dunn et al. (2019).

la que se centra en el estudio de los mecanismos y métodos que se hipotetizan relevantes para la eficacia de los tratamientos, pese a los peligros que conlleva[30]. En relación con ellos, así como con el aprendizaje *ex novo* o el implicado en la mejora de las respuestas alternativas o incompatibles con las que participan en el mantenimiento de los P/T, el TCC ocupa un lugar de privilegio, pese a todas sus carencias, dentro de las directrices internacionales para los tratamientos psicosociales[31].

Este hecho, como ya se ha indicado, lo sigue manteniendo como el de primera elección para tratar muchos P/T psicológicos, y especialmente para los más frecuentes (TMC), como se recoge en las orientaciones formuladas en sus guías de evaluación y tratamiento por el National Institute for Health and Care Excellence[32] y la American Psychological Association[33]. Por tanto, el TCC ha sido y sigue siendo, de hecho, el «estándar de oro» en el campo de la intervención psicológica en los P/T individuales y sociales con relevancia clínica y social.

Sin embargo, como se ha subrayado, ello no es óbice para que se investiguen las posibles mejoras del conjunto de la intervención psicológica, dentro y fuera del MCC. Tal es el caso, por ejemplo, cuando se estudia en el ámbito del MT cómo reducir la complejidad del proceso de la evaluación y el diagnóstico psicológico, sin mermar su validez y su fiabilidad, modificando el diseño, la composición y/o su aplicación (como ocurre en los tratamientos «modulares» o cuando se incorporan nuevos componentes como el MFN) o su fundamentación teórica (como pretende el MCC-T y el MC-C).

Es decir, pese a que el TCC ha probado que es eficaz, eficiente y está en curso de mostrar que también es efectivo[34], todavía se puede y se debe mejorar, ya que en muchas situaciones hay P/C que no responden como se esperaba a su aplicación y/o muestran retrocesos en las evaluaciones de seguimiento.

Además, como indican Hofmann, Curtiss y McNally (2016), lo que sí se pone de manifiesto en investigaciones como las realizadas por el grupo de Pim Cuijpers, a las que ya nos hemos referido, es que, si queremos identificar los procesos básicos, tenemos que adoptar nuevas formas de análisis funcional y se necesitan nuevas metodologías que vayan más allá del enfoque tradicional del ECA.

En este sentido, Hofmann et al. (2016) proponen las llamadas «redes complejas», porque ofrecen una aproximación alternativa al modelo de «enfermedad latente». En estas, los P/T psicológicos no se consideran «expresiones subyacentes de entidades de enfermedad», sino que se ven como elementos interrelacionados de una red compleja. Este enfoque puede utilizarse para predecir el cambio terapéutico, los retrocesos y la recuperación. Una aplicación que podría proporcionar mucho juego, en este sentido, es el modelo inglés de intervención comunitaria para el tratamiento psicológico de la población, a través de la recopilación y el tratamiento masivo de los datos recogidos en grandes bases como las de los programas CORE[35] y el IAPT[36].

Pero hay más. Por ejemplo, del trabajo de Dipnall et al. (2016) podemos concluir, en el contexto de la psicología clínica y de la salud, el gran potencial que tiene la «minería de datos» *(data mining)* y el «aprendizaje automático» *(machine learning)* para transformar nuestro modo de investigar utilizando los análisis secundarios. De

[30] Véase, por ejemplo, Hofmann y Hayes (2019), Holmes et al. (2018), Olivares-Olivares et al. (2022) o Wilson (2007).

[31] Véase David et al. (2018b), Hofmann, Asmundson y Beck (2013) y Lorenzo-Luaces, German y DeRubeis (2015).

[32] http://www.nice.org.uk.

[33] https://www.div12.org/psychological-treatments/.

[34] Por ejemplo, a través de programas como el CORE (así, Barkham et al., 2006) y el IAPT (Adult Improving Access to Psychological Therapies programme: https://www.england.nhs.uk›iapt)

[35] Véase Barkham et al. (2006).

[36] Clark (2018) o Wakefield et al. (2020).

hecho, los modelos de base informática, incluidos los de redes, ya se están utilizando con éxito para predecir, por ejemplo, el comportamiento humano tributario a partir de simulaciones informáticas basadas en modelos como el de Ising[37].

Por último, queremos abundar en que el MCC también está afrontando la paradoja de proceder como en el modelo biomédico, es decir, el problema de aplicar un sistema psicopatológico integrado por categorías discretas cuando la naturaleza de los P/T psicológicos es dimensional.

Esta es una cuestión que entendemos de la mayor relevancia para el presente y el futuro de los tratamientos psicológicos. De hecho, como se ha indicado y veremos, también se halla en el inicio de la intervención transdiagnóstica, como resultado de un movimiento interno para la mejora de la capacidad explicativa del mismo MCC, así como de la eficacia y efectividad de sus tratamientos, al tiempo que se cuestiona abiertamente el peso atribuido a las variables cognitivas («cerebrocentrismo»[38]) y se plantea la necesidad del retorno o vuelta al MC para orientar el desarrollo de nuevos tratamientos. A ella dedicamos el siguiente subepígrafe.

1.1.2. La problemática generada por el uso de las categorías psicopatológicas discretas

La conquista por el TCC del prestigio que se ha descrito párrafos atrás, sin lugar a dudas, se ha debido entre otras cuestiones al compromiso con el rigor del método que ya estaba presente en las investigaciones que dieron lugar a la constitución del MC[39], pero no solo a esto. También tuvo un peso muy relevante, por una parte, la metodología inductiva, debido al gran impacto y el desarrollo del condicionamiento operante y, por otra, la hipotético-deductiva, que ha resultado la predominante.

En cualquier caso, fuese a través del resultado de falsar hipótesis o de la formulación de principios basándose en la constatación reiterada de regularidades, tanto en el MC como en su desarrollo posterior, el MCC, las afirmaciones teóricas debían y deben contar con el apoyo de los datos obtenidos en condiciones experimentales controladas (ECA), así como con la exigencia de posibilitar y facilitar la réplica de los hallazgos a través del uso de procedimientos parsimoniosos y operacionalizados que la hagan posible y la maximicen.

Pero la adhesión a los principios y los postulados de la ciencia, por buena parte de los psicólogos que conformaron el inicio y desarrollo del MCC, con sus adaptaciones y variaciones, supuso y supone ventajas, pero también produjo y conlleva limitaciones. Es decir, como hemos visto y veremos, tal adhesión ha tenido y tiene el precio que hay que asumir si se quiere construir conocimiento científico, que sea replicable además de comprensible y explicable.

El prestigio del MCC alcanza cotas muy importantes a partir de la década de los noventa del pasado siglo XX, hasta convertirse en un arma de doble filo para nuestro desarrollo como disciplina científica.

Así, tal como nosotros lo vemos, por un lado este reconocimiento supuso y conlleva que los psicólogos pudiéramos empezar a ocupar el puesto que entendemos y consideramos que nos corresponde dentro de los sistemas de salud. Pero, por otro lado, entre los investigadores que actuaban bajo el paraguas del MCC comienza a producirse

[37] Para una revisión actualizada en relación con la toma de decisiones en el marco tributario, puede verse el trabajo de Olivares-Olivares y Olivares (2022).

[38] Véase, por ejemplo, Pérez Álvarez (2018). Este vocablo trata de recoger la tendencia actual de atribuir en exclusividad al cerebro actividades que dependen de nuestro organismo como un todo, sin tener en cuenta que este es una parte inserta en tal organismo y que opera inmerso en el contexto social e histórico que le es propio.

[39] Edward Thorndike en el condicionamiento operante y John B. Watson y Mary Cover Jones en el neoconductista.

al mismo tiempo una relajación progresiva en el cumplimiento con el compromiso que requiere el rigor del método y con los fundamentos teóricos. Se empieza a abrazar a los «becerros de oro», y ello posibilita la entrada en el quehacer clínico e investigador del «caballo de Troya» que son para el fundamento teórico psicológico las categorías psicopatológicas discretas de la psiquiatría fenomenológica.

La adhesión a estas categorías supuso, entre otras cosas, poder participar en la concesión de las ayudas a la investigación competitiva, pero también que los equipos que las conseguían contrajesen la obligación de publicar los resultados. Además, permitió poder tratar a P/C cuyos costes eran financiados por las agencias de salud y por aseguradoras que sufragaban los gastos ocasionados, en todo o en parte; pero al mismo tiempo también implicó someterse al control de estas y a su presión, basada en criterios principalmente economicistas.

Asimismo, esta adhesión a la psicopatología psiquiátrica abrió la puerta a la figura del psicológico clínico en el contexto sanitario, que, en España, posteriormente permitió el acceso a su formación de posgrado PIR[40].

Esta circunstancia española implicó que la tutela durante la formación PIR estuviese, principal y fundamentalmente, a cargo de quienes hasta ese momento eran quienes regentaban y dirigían las «unidades de «salud mental», los psiquiatras, quienes además, también fruto de una circunstancia histórica, formaban parte de una disciplina considerada entonces y ahora como la «hermana menor, cuasi acientífica y pobre» de la medicina, a la vez que generalmente muy influenciada por la presión de la industria psicofarmacológica[41].

La situación dio lugar a dos hechos que tendrían una influencia capital en la evolución de la ICC. El primero fue la sustitución progresiva de los modelos funcionales explicativos de la psicología por la fe en los diagnósticos basados en categorías discuetas, las cuales se fueron imponiendo progresivamente como referencias cuasi obligadas a la hora de considerar que los resultados de una investigación pudieran optar a ser publicados y a beneficiarse de ayudas[42].

Esto ha sido y es así, hasta el punto de que, por poner un ejemplo, para fundamentar el diagnóstico de los trastornos del comportamiento en una publicación se fue imponiendo el uso de

---

[40] De hecho, como ya hemos comentado (véase Olivares-Olivares et al., 2022), lamentablemente muchos de nuestros «pires» muestran una jerga en su comunicación como psicólogos que no les diferencia en nada de la de los psiquiatras, pese a tratarse de dos profesionales con jergas y modelos complementarios y, por tanto, muy distintos a la hora de comprender, explicar y tratar los problemas del comportamiento humano.

Este fenómeno también se puede percibir en muchos de los docentes e investigadores universitarios, pues, pese a contar con formación supuestamente psicológica, cuando se leen sus publicaciones o se escucha el contenido de sus clases resulta muy difícil discriminar si el escrito y las clases corresponden realmente al conocimiento psicológico científico. Conceptos como «síntoma» frente a «respuesta o reacción» son la norma en un contexto explicativo en el que la acción de maléficos constructos subyacentes, supuestamente causantes de los P/T psicológicos, han sustituido cuasi completamente a los principios y a los hallazgos de la psicología científica. Es como si el sistema de creencias del psicoanálisis hubiera tomado posesión del corpus del conocimiento psicológico y llevase a sus portadores a hablar una jerga inconexa y absurda cuando actúan como psicólogos (que académicamente parece que lo pudieran ser por la titulación que los acredita).

[41] El enfoque biomédico del DSM, adoptado a partir de su tercera edición (APA, 1980), fue un intento por equiparar la psiquiatría con el resto de especialidades biomédicas y superar la crisis de legitimidad en la que esta se encontraba (véase Mayes y Horwitz, 2005, y Kawa y Giordano, 2012). Sus propuestas, además de muy polémicas, no solo se han mantenido en el tiempo, sino que se han incrementado y agudizado hasta generar una crisis importante con la publicación del DSM-5, que ha provocado su rechazo cuasi generalizado. Entre estas consecuencias se hallan la inflación diagnóstica, la validez de las categorías y la medicalización que están en el inicio del MT y que abordaremos.

[42] Recordemos al respecto lo ya dicho por Eysenck et al. (1983) de la evaluación basándose en las categorías diagnósticas contenidas en el DSM-III (APA, 1980) una vez que estas vieron la luz.

entrevistas estandarizadas, como la entrevista estructurada para los trastornos de ansiedad (ADIS, por sus siglas en inglés), basada en los criterios diagnósticos del DSM, tanto en su versión para adultos[43] como en la de niños y adolescentes con su variante para padres[44].

Cuasi absurdamente, esta modalidad de entrevista ha llegado a convertirse en una condición necesaria para que los comités editoriales, así como los revisores especializados en psicología clínica y de la salud, consideraran viable la publicación del informe de una investigación[45].

Infocop (2013, 18 diciembre) sintetizaba así esta problemática, con ocasión de la publicación del último DSM (American Psychiatric Association [APA], 2013):

> «La polémica se ha centrado, entre otras cuestiones, en la **falta de validez** de las diversas categorías diagnósticas, en el riesgo de presentar los diagnósticos como realidades objetivas (en vez de como juicios clínicos basados en la opinión de expertos y, por tanto, sujetos a **sesgos**), en la **escasa utilidad** de este sistema de clasificación de cara a implementar el mejor tratamiento basado en la evidencia, en su encuadre en el **modelo biológico** para la comprensión de la naturaleza de los trastornos mentales y, consecuentemente, en el protagonismo de la **medicación,** en la **descontextualización** de los problemas de salud mental de la experiencia personal y del contexto social, familiar o cultural del paciente, y, específicamente, en la **excesiva ampliación de diagnósticos** que recoge esta última versión. Tal y como han apuntado algunos medios de comunicación, cualquier persona, bajo la visión del nuevo DSM-5, podría ser diagnosticada de, al menos, cuatro trastornos mentales de reciente creación, como el trastorno por atracón (comer en exceso más de doce veces en tres meses), el trastorno de escoriación (rascado compulsivo de la piel), el trastorno de acaparamiento (dificultad persistente de desprenderse de objetos, independientemente de su valor) y el trastorno de sintomatología somática (preocupación «desproporcionada» hacia la propia salud y, al menos, manifestación de un síntoma físico, como dolor de cabeza persistente) [...] el conocido psiquiatra **Allen Frances,** uno de los principales opositores al DSM-5, que además formó parte del grupo de trabajo de la versión anterior del DSM: *"**el DSM-5 será una bonanza para la industria farmacéutica,** pero a costa de un enorme sufrimiento para los nuevos P/C falsos positivos que queden atrapados en la excesiva amplia red del DSM-5".*»

Este comentario editorial muestra la magnitud de la influencia de la psicopatología psiquiátrica, desde la publicación del DSM-III hasta la del DSM-5[46].

En la investigación psicológica, tal influencia provocó que estas pasaran a suplir absurdamente la función de nuestros primeros modelos explicativos y que descuidáramos la formulación y el desarrollo crítico de nuevas propuestas, dentro del marco de los enfoques que conformaron el MC y posteriormente el MCC, así como que se terminara imponiendo un sistema malamente descriptivo como si fuese un todo explicativo.

A renglón seguido hemos de añadir que, afortunadamente, no todo fue psicopatología psiquiátrica. Una parte de los psicólogos siguió formulando modelos explicativos y usando la nomenclatura de nuestra tradición conceptual (ansiedad, depresión, etc.) para dar cuenta de los P/T del comportamiento[47].

---

43 DiNardo, Brown y Barlow (1994).

44 Silverman y Albano (1996).

45 Véase Belloch (2012) y López y Costa (2014).

46 APA (1980 y 2013).

47 Véase, por ejemplo, el modelo formulado por Linehan (1993a) para el trastorno límite de la personalidad, el de Fairburn et al. (1993) para los trastornos del comportamiento alimentario, el de Caballo, Andrés y Bas (1997) para la fobia/ansiedad social o, en nuestro caso, la formulación y el desarrollo de nuestros modelos explicativos para la fobia/ansiedad social (Olivares, 2011; Olivares y Caballo, 2003 y Olivares-Olivares, Olivares y Macià, 2014) o el del mutismo selectivo (Olivares y Olivares-Olivares, 2018 y Olivares y Oli-

Como ya hemos indicado, a toda esta problemática contribuyó de manera muy sobresaliente el enfoque teórico propuesto por Aaron T. Beck en el seno del MCC. Su influencia durante más de veinte años en la evaluación y el TCC, enfatizando la relevancia de las variables cognitivas, se asienta en su hipótesis de la especificidad del contenido de los P/T. En esta se afirma que cada uno de los trastornos psicológicos tiene un perfil cognitivo específico que puede detectarse, identificarse y concretarse en su contenido y en la dirección de las respuestas cognitivas (disfuncionales) y en los sesgos del procesamiento de la información asociados a cada trastorno[48].

La TCB y su hipótesis de la especificidad se centra clara y principalmente en la concreción de las alteraciones disfuncionales que propician las respuestas cognitivas, lo cual casaba muy bien con las propuestas de la nosología psiquiátrica fenomenológica que se explicitaban ya en el DSM-III (APA, 1980). [49]

De esta manera la fenomenología psiquiátrica, muy probablemente alentada, ayudada e influida por los intereses de la industria psicofarmacológica (tal como indicaba Allen Frances —Infocop, 2013, 18 de diciembre—), había logrado sustituir de forma sobresaliente el compromiso de los psicólogos adscritos al MCC con los principios teóricos, por la creencia en las categorías discretas de los DSM (y en menor medida por las de la CIE, por su menor influencia en la psicología clínica; v. gr.: OMS, 1992).

Las limitaciones (cuando no incapacidades) mostradas por las categorías diagnósticas psiquiátricas para orientar el diseño y el desarrollo de tratamientos psicológicos eficaces y efectivos, tanto en el formato de grupo como en el individual, han producido, por una parte, el rechazo de quienes entienden con toda la razón que, dada su falta de fiabilidad y validez, así como su carácter descriptivo («ateórico»), no solo no aportan nada al desarrollo científico de la psicología clínica, sino que sirven para confundir dos modelos de comprensión, explicación, evaluación y tratamiento que tienen muy poco que ver en los supuestos que manejan para abordar los P/T: el biomédico y el psicológico[50].

Por otra parte, además de producir auténticos sinsentidos, en el marco de la lógica científica (*v. gr.* naturaleza dimensional *vs.* categorial de los P/T psicológicos), también ha producido anomalías conceptuales, como la existencia de la comorbilidad, al menos en el grado en el que se produce[51], mientras que, generalmente, por otro lado, la búsqueda o investigación de lo que unifica a los P/T psicológicos (principios y mecanismos o procesos) se relegaba a un segundo plano, cuando se tenía en cuenta.

Desde el punto de vista de los tratamientos psicológicos sucede algo parecido. La utilidad y eficacia de las mismas técnicas para trastornos diferentes pone también en entredicho la viabilidad del artificio discreto como categoría diagnóstica.

vares-Olivares, 2019b) o, en el ámbito de la salud, el modelo de la intervención comunitaria en los problemas y trastornos de la salud de Miguel Costa y Ernesto López (Costa y López, 1996) y el de Emilio Ribes Iñesta (Ribes, 1990).

[48] Véase Clark, Beck y Alford (1999). Para discutir los argumentos de la defensa fundamentada de esta posición pueden verse, por ejemplo, los trabajos de Beck (2019) y Hofmann, Asmundson y Beck (2013).

[49] Durante los últimos treinta años ha sido la referencia principal del enfoque biomédico en la evaluación diagnóstica y en la investigación.

[50] Véase la excelente síntesis al respecto de Moreno (2015).

[51] De hecho, se trata realmente más de una norma que de una excepción en cualquiera de los ámbitos intracategorías e intercategorías (Belloch, 2012). Las respuestas alteradas y disfuncionales que conforman y caracterizan a un trastorno concreto como, por ejemplo, el trastorno por ataque de pánico, aparecen con mucha más frecuencia de la que cabría esperar en otros trastornos que se suponen distintos. Pero, es más, respuestas alteradas que supuestamente deberían ser exclusivas de quienes muestren P/T concretos del comportamiento se presentan también en personas sin P/T psicológicos, como hemos visto en la cita de la editorial de Infocop (2013, 18 diciembre).

Esta situación se ha prolongado durante los últimos cuarenta años, dando lugar a una influencia muy intensa de la psicopatología psiquiátrica en una parte considerable de quienes investigaban y trataban en el ámbito de la psicología clínica y de la salud. No obstante, durante este tiempo también una buena parte de quienes laboraban en el marco de nuestra disciplina han seguido su progresión, al margen de esta influencia. Así, no podemos olvidar que en el resto de los enfoques que conforman el MCC no se contempla necesariamente su uso como parte de su arsenal conceptual (más allá de la comunicación con instituciones y otros profesionales), porque no se ha asumido realmente la correspondencia biunívoca entre estas y la especificidad de las alteraciones.

Esto solo ha sido explicitado por la TCB. Ni los enfoques basados en la resolución de problemas, ni la modalidad del aprendizaje social formulada por Bandura, ni el enfoque instrumental, ni el neoconductista, entre otros, han asumido la propuesta de la psiquiatría.

Desde nuestro punto de vista[52], la percepción de la generalización de su uso puede entenderse principalmente como la consecuencia del «efecto lupa», es decir, el que se produce al focalizar nuestra atención de modo intenso en la desviación del comportamiento de los investigadores y de clínicos influidos, en mayor o menor medida, por factores ajenos a la construcción y el desarrollo del conocimiento científico (pero que también lo condicionan)[53].

Además de los beneficios ya indicados, muy probablemente una parte de los investigadores del MCC se dejó influenciar o quizá persuadir de manera acrítica, probablemente guiados por el deseo de establecer diagnósticos precisos, concretos e inequívocos, que pudieran ser aceptados por la comunidad biomédica, dominante no solo en los sistemas nacionales de salud (públicos y privados), sino también en el ámbito de la investigación[54].

Un componente importante del precio fue minusvalorar enfoques y alternativas propias, como el análisis funcional, o desechar la utilidad de otros como la terapia de la activación conductual (AC), obviando o minimizando el empleo de los instrumentos y estrategias de evaluación y diagnóstico propios del MCC, que progresivamente fueron siendo sustituidos por otros que se ajustaran tanto como se pudiera a las categorías y clasificaciones del DSM de la Asociación Americana de Psiquiatría.

Todo ello hizo que una de las aportaciones más importantes del MC a la psicología, la consideración de que las respuestas adaptadas y desadaptadas se aprenden, desarrollan y mantienen siguiendo los mismos principios, quedara reducida muchas veces a un mero ejercicio testimonial en la práctica clínica y en la investigación. Es decir, que muchas veces se relegase a un segundo plano el hecho de que no constituyen mundos distintos porque las diferencias entre ellas son de orden cuantitativo (no cualitativo)[55].

En consecuencia, la sistematización categorial discreta, basada en la idea de que existen diferencias cualitativas entre los diferentes trastornos del comportamiento, va en contra de la naturaleza dimensional del comportamiento y de las agrupaciones potenciales que pudieran hacerse u observarse en su presentación (patrones de respuestas, secuencias de conductas o comportamientos).

[52] Véase Olivares-Olivares et al. (2022).

[53] Para profundizar en esta reflexión puede leerse, por ejemplo, el capítulo 1 del trabajo de Hayes, Strosahl y Wilson (2015).

[54] Este argumentario no se podría entender si olvidamos la relación asimétrica que durante mucho tiempo el psicólogo tuvo con el psiquiatra. De hecho, como se ha indicado, la psiquiatría no goza de un estatus equivalente al resto de las disciplinas biomédicas, y actualmente se halla en plena crisis de identidad como disciplina.

[55] Véase entre nosotros, a modo de ejemplo, el trabajo publicado por Aguilera Garrido y Muñoz García (2017) sobre una intervención centrada en la evaluación y el tratamiento del trastorno depresivo y la personalidad disfuncional.

Además, esta posición teórica afectó negativamente al estudio del peso que pudiera corresponder en los TE a cada una de las técnicas que participaban como componentes de los tratamientos, así como al de sus interacciones. Entramos en una situación en la que el desmantelamiento, y otros procedimientos utilizados por la investigación psicológica para calibrar la aportación de las técnicas que se utilizaban en un tratamiento, habían dejado de ser la preocupación fundamental (de hecho, desafortunadamente como veremos, en la actualidad todavía lo sigue siendo).

A ello también pudo contribuir de manera notable el prestigio de los metaanálisis como herramientas para estimar la contribución de las variables que participan en el resultado de una intervención psicológica. Estos habían pasado de ser una estrategia denostada, e incluso cuestionada en sus inicios, a concederles la capacidad de explicarlo casi todo, pese a sus claras limitaciones en muchos sentidos[56].

Así, probablemente en aras del principio de economía, podría parecerles a muchos clínicos e investigadores que carecía de sentido realizar tareas tan arduas y en ocasiones difíciles como lo son, por ejemplo, la construcción progresiva de un tratamiento (adicionando elementos), o proceder a su desmantelamiento hasta determinar la contribución relativa de todos y cada uno de sus componentes, de todas y cada de sus interacciones, al resultado final.

Estas exigencias pasaron a ser en muchos casos solo una referencia en los manuales y parte de la tarea pendiente de algunos investigadores[57]. Era menos complicado proponer tratamientos «ómnibus» o «apisonadora», publicar artículos y, en su caso, elaborar sus correspondientes manuales de tratamiento. De hecho, la «inundación» del mercado de manuales para el tratamiento no tardaría en llegar, con el consabido efecto negativo para su propia imagen[58].

De este modo, el uso de los datos como un valor en sí mismos, sin requerirse ninguna referencia a su sentido en el contexto de un modelo teórico, se generalizó, y pasó a convertirse en sinónimo de «psicología científica» para este grupo de clínicos e investigadores (sobre el que estamos poniendo nuestra lupa). Se estaba iniciando el desarrollo de su ceguera hacia la teoría, pero parece que no importaba demasiado, porque lo relevante debía ser mostrarse capaz de caminar, pese a desconocer en qué dirección lo hacíamos y por qué; es decir, aunque no supiésemos si se caminaba en círculo o en alguna dirección concreta. Lo importante era (¿es?) producir.

El resultado de la combinación endiablada del dato ciego a la teoría y la fidelidad a las categorías psicopatológicas discretas, unida en algunos casos a intereses espurios, terminó por avocarnos a todos a una situación de desconcierto en el seno del MCC.

La mayor parte de la evidencia empírica acumulada durante los últimos cuarenta años de investigación psicológica procede de tratamientos multicomponentes. Este hecho debería de ser motivo de celebración, pero no lo puede ser porque, en muchos casos, se desconoce el peso que corresponde a cada uno de sus componentes y a los de su interacción, porque ciertamente fueron aplicados generalmente utilizando diseños de ECA, pero también porque muchas veces se aplicaron a P/T que solo son ficciones lingüísticas[59], pese a

[56] «[...] Because of all the uncertain and unknown assumptions that underpin statistical inferences, we should treat inferential statistics as highly unstable local descriptions of relations between assumptions and data, rather than as providing generalizable inferences about hypotheses or models. And that means we should treat statistical results as being much more incomplete and uncertain than is currently the norm [...]» (Amrhein, Trafimow y Greenland, 2019; p. 262).

[57] Kazdin (1992).

[58] En muchísimas ocasiones carecían/carecen de fundamento empírico necesario para que se salvaguarde el derecho del P/C a que su empleo en el contexto clínico esté avalado por el conocimiento científico.

[59] Por ejemplo, en el llamado trastorno límite de la personalidad la comorbilidad puede llegar a ser el 70 por 100, y

que se solapen con hechos reales como el sufrimiento, las respuestas de escape/evitación, la interferencia en el desarrollo de la actividad cotidiana, etc.

De ahí que realmente la aceptación indiscriminada de las categorías del DSM y la CIE no tenga sentido, dado que puede ocurrir que cuando obtenemos buenos o malos resultados no sepamos a qué hay que atribuirlos, en qué razones científicas se fundamenta nuestro éxito o nuestro fracaso[60].

Pese a tener éxito en la reducción/eliminación de un P/T psicológico, podemos desconocer si todo lo que hemos utilizado ha servido, si hemos hecho y hacemos cosas sin relevancia, si lo que hacemos puede contrarrestar el efecto benéfico aportado por otros elementos presentes en el tratamiento o intensificarlo, etc.

Es más, incluso podemos llegar a tener éxito sin saber siquiera qué es lo que realmente hemos abordado cuando hemos aplicado nuestros tratamientos (aun cuando los P/C mejoren significativamente su calidad de vida —sic—) o que el tratamiento aplicado para un P/T también reduzca/elimine otro al que no se destina (sin que sepamos tampoco el porqué).

Por ejemplo, en casi todas nuestras publicaciones sobre el TCC en grupo hemos incluido el control del efecto de este sobre la comorbilidad, verificando reiteradamente cambios muy significativos en esta última (que no era objeto de nuestro tratamiento en sí misma)[61].

En consecuencia, este modo de actuar nos ha llevado a que podamos no saber por qué es mejor tratar un determinado P/T que no hacer nada o que tratarlo con un placebo, así como que podamos reducir/eliminar «de una tacada» P/T a los que no se dirigía nuestro tratamiento (porque supuestamente son entidades cualitativamente distintas), lo que cuestiona abiertamente la utilidad y la viabilidad del sistema del DSM.

Podemos tomar otros ejemplos, como los relativos al tratamiento mediante la aplicación de la exposición con prevención de respuesta, de los programas de reestructuración cognitiva o del entrenamiento en habilidades sociales. Todos estos, y muchos más, han mostrado sus efectos benéficos (con mayor o menor TE) para reducir / eliminar una amplia gama de P/T del comportamiento cuando se aplican individual y/o grupalmente[62].

Una explicación de esta paradoja, es decir, que resulte tratado lo que no se buscaba tratar, la hallamos en la hipótesis de la naturaleza dimensional de nuestras reacciones. Así, se asume que entre el comportamiento adaptado (por ejemplo, preocuparse por el bienestar de los demás) y el desadaptado o disfuncional (v.gr., estar pensando tanto como se pueda en el modo de mantener el bienestar de los demás) no existen límites precisos que se puedan concretar *a priori*. Para explicar cómo y cuándo la preocupación pierde el carácter adaptado y pasa a ser disfuncional se recurre a los valores cuantitativos de sus dimensiones (frecuencia, duración e intensidad cuando se presenta —v.gr., malestar asociado a su ocurrencia—) y a su adecuación a la situación.

Para analizar esta última supongamos que, por ejemplo, alguien decida «desnudarse para salir a la calle o vestirse con traje de fiesta para darse una buena ducha». En ambos casos se puede haber realizado correctamente la secuencia de respuestas que implican cada uno de los comportamientos implicados en el acto de desnudarse y vestirse, pero no por ello los dos dejan de estar

variar tanto de un mes a otro que la medicación administrada por los psiquiatras puede variar sustancialmente de visita en visita médica.

[60] Anderson (1935) ya afirmaba que «... es esencial que el personal [...] sepa si el éxito es debido a sus recomendaciones, o si lo es, en todo o en parte, debido a algún factor imprevisto surgido de la situación y evolucionado con ella [...] Un éxito tiene también la necesidad de ser analizado y explicado ulteriormente» (p. 166).

[61] Véase como muestra, por ejemplo, Olivares et al. (2008).

[62] Véase, por ejemplo, las revisiones de Hofmann et al. (2012) y la de David, Cristea y Hofmann (2018b) para el tratamiento en grupo.

descontextualizados de las situaciones en las que se producen y resultan disfuncionales.

En este ámbito, para explicar la transición de nuestras reacciones de los valores adaptativos a los disfuncionales, se puede hipotetizar que ello se debe, por ejemplo, a la aparición de una reacción cognitiva que podemos concretar como «Si me surge la preocupación por los demás, entonces será importante que me preocupe todo lo que pueda». Pero esta reacción, dependiendo de su frecuencia, duración e intensidad, puede producir efectos perversos sobre otras respuestas tanto por lo que se hace (exceso) como por lo que se deja de hacer (defecto).

Así ocurre cuando se comprueba con una frecuencia desproporcionada e inadecuada que nuestros hijos, padres y/o hermanos están bien, cuando se fuerzan las respuestas de escape/huida de situaciones en las que se percibe algún riesgo para ellos, o directamente se les fuerza a evitarlas porque se presupone que exponerse pudiera conllevar algún peligro (aunque no pueda concretarse cuál).

Este comportamiento desproporcionado e inadecuado termina alterando las relaciones personales de quien actúa así porque, aunque crea hacerlo correctamente, los demás comenzarán a escapar de su presencia cuando no hayan podido evitarlo antes. Esta situación, más temprano que tarde, afectará con una elevada probabilidad a la estabilidad emocional del preocupado-desproporcionado, porque llegará un momento en el que no entenderá por qué actuando como lo hace los demás no quieren estar con él/ella. Asimismo, es altamente probable que surjan alteraciones en otras respuestas psicofisiológicas y motoras que, a su vez, desproporcionarán su apetito y el ritmo de su sueño, intensificarán progresivamente su cansancio e irritabilidad, propiciarán la aparición e incrementarán la duración de los estados de tristeza, etc.

En suma, podríamos decir que puede terminar alterando la estabilidad del conjunto de la persona (efectos sistémicos), porque afecta a sus respuestas en el sistema cognitivo (percepción negativa de la experiencia subjetiva, intensificación de la preocupación), en el sistema motor (actividad desproporcionada para verificar el estado de los otros y prevenir la ocurrencia de supuestos peligros) y en el psicofisiológico (alteración del apetito, del sueño, etc.), además de a su red de apoyo social y al estado general de su salud[63].

Pero, por si fuese poco, el patrón que se acaba de ejemplificar, que podría ser característico de un trastorno de ansiedad generalizada siguiendo los estándares diagnósticos al uso de los DSM, no es muy diferente del que podemos encontrar en otros trastornos como, por ejemplo, el obsesivo-compulsivo, el del insomnio o la agorafobia. Tanto la realidad clínica como la investigación nos muestran que las variables comunes tienen más presencia de la que se les había supuesto cuando se delimitaron sus agrupaciones como categorías discretas.

Ante este conjunto de hechos tan paradójicos que afectaban a cuestiones tan básicas del quehacer científico, el camino intelectual que acabamos de describir debió hacérseles considerablemente insoportable a muchos clínicos e investigadores del ámbito psicológico, porque caminar reiteradamente a ciegas no formaba ni es parte de la formación científica.

No obstante, hemos de ser cautos y, como ya se ha indicado, en línea con McNally (1999), tenemos que verificar si lo que nos proponen los TTG cuando se muestran eficaces es realmente nuevo y si lo que se presenta como nuevo es realmente eficaz.

1.2. LOS HALLAZGOS DE LAS INVESTIGACIONES

Son muchos los investigadores y las investigaciones cuya reinterpretación o aportaciones *ex profeso* han contribuido a desarrollar las bases sobre las que se han ido asentando los preceden-

[63] Véase Belloch (2012) para un ejemplo similar.

tes del MT. Estas aportaciones han posibilitado que este cristalizase y pudiera permitirnos participar de la propuesta de una nueva explicación del comportamiento, complementaria en unos casos y alternativa en otros, que pretende reformular nuestra comprensión, predicción, evaluación y tratamiento de los P/T psicológicos. En el cuadro 1.1 presentamos, modificada, la propuesta realizada en este sentido por el profesor Bonifacio Sandín.

CUADRO 1.1

Aportaciones que han servido de precedentes al inicio y durante el desarrollo del transdiagnóstico

Autor(es)[1]	Concepto transdiagnóstico	Procesos transdiagnósticos	Trastornos implicados
Mowrer (1939) Skinner (1957) Wolpe (1969)	Principios de condicionamiento.	Reforzamiento. Extinción.	Trastornos psicológicos en general.
Eysenck (1959) Eysenck y Eysenck (1976)	Neuroticismo. Extraversión. Psicoticismo.	Hiperactivación autónoma. Activación cortical. Impulsividad.	Trastornos neuróticos, psicóticos y conducta antisocial.
Ellis (1962)	Pensamiento irracional.	Exigencia, catastrofismo, baja tolerancia a la frustración.	Trastornos emocionales.
Beck (1967) Beck y Emery (1985)	Esquemas cognitivos. Actitudes disfuncionales. Creencias disfuncionales.	Sesgos cognitivos (procesamiento de la información).	Trastornos depresivos y de ansiedad.
Reiss y McNally (1985) Taylor (1999)	Sensibilidad a la ansiedad.	Expectativas físicas. Expectativas cognitivas. Expectativas sociales.	Trastornos de ansiedad, depresivos y adicciones.
Barlow (1988)		Tendencias a la acción, incontrolabilidad/impredecibilidad. Atención autofocalizada.	Trastornos de ansiedad.
Achenbach (1966)	Interiorizados y exteriorizados.		Trastornos psicológicos.
Tyrer (1989)	Síndrome neurótico general.		Trastornos neuróticos.
Ingram (1990)	Atención autofocalizada.	Autoabsorción.	Trastornos psicológicos.
Wulfert et al. (1996)	Principios de condicionamiento.	Reforzamiento.	Alcoholismo y paidofilia.
Shafran et al. (1996) Shafran y Rachman (2004)	Fusión pensamiento-acción.	Probabilidad. Moralidad.	Trastornos de ansiedad (TOC, TAG, TP), trastornos del comportamiento alimentario.

CUADRO 1.1 *(continuación)*

Autor(es)	Concepto transdiagnóstico	Procesos transdiagnósticos	Trastornos implicados
Taylor et al. (1997)	Alexitimia.	Metacognición (regulación del afecto).	Trastornos somatoformes, de personalidad, de ansiedad, alimentarios, depresión y adicciones.
Purdon (1999)		Supresión del pensamiento.	Depresión, TEPT, TOC, TAG
Clark y Watson (1991) Watson (2009)	AN, AP e Hiperactivación autónoma.	Alto/bajo malestar / distrés. Elevada/limitada especificidad.	Trastornos depresivos. Trastornos de ansiedad.
Widiger y Clark (2000)	Anhedonia.		Depresión, esquizofrenia y fobia social.
Barlow (2002)	Vulnerabilidad biológica general.	AN, N e IC.	Trastornos emocionales.
	Vulnerabilidad psicológica general.	Incontrolabilidad.	

[1] Las referencias pueden hallarse en Sandín et al. (2012).
AN = Afecto negativo; AP = Afecto positivo; IC = Inhibición conductual; N = Neuroticismo; TEPT = trastorno de estrés postraumático; TOC = trastorno obsesivo-compulsivo; TAG = trastorno de ansiedad generalizada; TP = trastorno de pánico.

FUENTE: modificado de Sandín et al. (2012, p. 190).

En síntesis, como hemos indicado, la investigación transdiagnóstica es una respuesta científica a una de las limitaciones más importantes de los actuales sistemas de diagnóstico psiquiátrico. Es decir, al hecho de que no estén basados en variables que conforman mecanismos (supuestos etiológicos), sino en categorías discretas definidas por sus características clínicas (fenomenología).

1.3. LA INSATISFACCIÓN DE CLÍNICOS E INVESTIGADORES

Con carácter general, entre los antecedentes a la formulación de esta nueva propuesta se pueden identificar los tres grupos de variables interrelacionadas que ya hemos comentado, las cuales están asociadas con la insatisfacción en relación con:

- Los sistemas diagnósticos categoriales.
- La elevada comorbilidad que todos los estudios constatan.
- El peligro de estar promoviendo la psicopatologización y la medicalización de problemas que realmente son de adaptación a los acontecimientos vitales y, por tanto, propios de la vida cotidiana.

Veámoslos con algún detalle.

1.3.1. Con el diagnóstico psiquiátrico basado en el modelo biomédico

Como ya hemos adelantado, la insatisfacción con las taxonomías psiquiátricas[64] que siguen las

[64] American Psychyatric Association (2013) y Organización Mundial de la Salud (1995 a y b).

directrices del modelo biomédico[65] ha sido relacionada fundamentalmente con su falta de validez, tanto discriminante como conceptual y predictiva[66].

A diferencia de lo que suele ocurrir con las enfermedades biomédicas, que gozan de un sistema diagnóstico químico y físico generalmente fiable, en el ámbito de los trastornos psicológicos no contamos con una sola prueba que permita un diagnóstico inequívoco.

De hecho, los sistemas de diagnóstico oficiales, los de la psicopatología psiquiátrica, como hemos reiterado, no se basan en supuestos etiológicos, sino en la observación y agrupación de respuestas alteradas con las que se conforman categorías descriptivas y taxonomías[67].

Dado que los problemas y trastornos psicológicos no son «enfermedades mentales»[68], como ya hemos visto, aunque desafortunadamente se siga utilizando esta expresión para calificarlos, cabría esperar que los datos de la investigación también descartasen los marcadores biológicos y otras formas de diagnóstico de las enfermedades y los problemas biomédicos.

Esto es realmente lo que ha ocurrido tras más de veinte años de investigación realizada con la esperanza de que al contrastar las hipótesis neurobiológicas se confirmara la existencia de marcadores biológicos para la esquizofrenia (el trastorno paradigmático por excelencia, para esta cuestión)[69].

Es cierto que, a falta de pruebas o marcadores de orden biológico, las clasificaciones son el principal (¿y único?) recurso para el diagnóstico psiquiátrico (que no para el psicológico), porque entre sus supuestas ventajas se incluye su utilidad clínica[70].

Ahora bien, pese a ello, estos sistemas de clasificación tienen carencias sobresalientes en su validez de contenido (discriminante), en la conceptual y en la predictiva[71]. Por ello generalmente no sirven para:

- Establecer inequívocamente la presencia de un trastorno, ni tampoco descartar que se trata de trastornos diferentes.
- Delimitar con precisión el fenómeno psicopatológico al que pretenden describir, entre otras razones porque excluyen buena parte de los contenidos que conforman la vida de quienes supuestamente los presentan (P/C).
- Predecir el curso o evolución clínica ni tampoco la respuesta al tratamiento, debido a su elevada variabilidad.

Pero, más allá de la falta de validez de los diagnósticos basados en este sistema nosológico, que ha llevado a pronunciamientos públicos de responsables de instituciones como el National Institute of Mental Health (NIMH)[72], es necesario tener también presente que estos pueden con-

[65] La búsqueda a través de la investigación de la correspondencia biunívoca entre enfermedades y tratamientos (por ejemplo, si se constata una infección bacteriana entonces se aplicará su tratamiento mediante penicilina).

[66] Pérez-Álvarez (2014).

[67] Véase Belloch (2012) o Sandín, Chorot y Valiente (2012).

[68] Recuérdese, por ejemplo, a López y Costa (2014) y la reflexión de Moreno (2015) al respecto.

[69] Como recuerdan González Pando et al. (2018) no se han hallado los datos biológicos que se esperaba encontrar.

[70] Véase Sandín et al. (2012).

Recordemos que la utilidad de un sistema taxonómico está en función de su validez, y esta se define como la capacidad del sistema de clasificación para identificar y diferenciar las variables que pretende clasificar.

[71] «La validez discriminante o de contenido hace referencia a la posibilidad de identificar o discriminar claramente un diagnóstico de otro y de estos respecto a la normalidad. La validez conceptual o de constructo se refiere, por ejemplo, a qué son los fenómenos clínicos o a qué es la esquizofrenia. Por su parte, la validez predictiva es la que permite adelantar cuál será la evolución clínica y la respuesta al tratamiento. Siendo así, los diagnósticos (CIE, DSM) fallan en los tres tipos de validez» (González Pando et al., 2018: p. 146).

[72] Véase Insel (2013).

llevar importantes repercusiones sociales para quienes los reciben[73].

Además, como ya se ha indicado, al problema de su validez se une el de la fiabilidad. Como mostraban los resultados de Freedman et al. (2013), respecto de los datos de la fiabilidad promedio de los diagnósticos del DSM-5 (APA, 2013) obtenidos en las pruebas de campo previas a su edición, en población adulta e infato-juvenil, su valor generalmente no supera el valor del *coeficiente kappa* que permite calificarla como buena: el 0,6[74] (véase figura 1.1).

Por estas y otras razones, Barlow y Carl (2014) sostienen que el futuro del diagnóstico y de la evaluación psicológica se ubicará en el contexto de los diagnósticos basados en una conceptualización dimensional de los problemas y trastornos[75]. En palabras de estos autores: «Un sistema nosológico de los trastornos mentales basado en la teoría sustituirá gradualmente al actual sistema de clasificación prototípico y categórico (Barlow y Carl, 2014; p. 901; tabla 39.1).

1.3.2. Con el gran número de categorías y su elevada comorbilidad

Al problema que supone para la validez de un constructo que a una misma persona se le puedan diagnosticar simultáneamente varios trastornos del comportamiento, es decir, que cumpla los criterios para el diagnóstico de varios P/T, se le añade el hecho de que esto ocurra con una elevada frecuencia[76].

Por ello, tanto unos como otros han estado y siguen presentes. Algunos de estos problemas han girado en torno a la inflación producida por el elevado número de síndromes o categorías clínicas[77], pero si cabe son considerablemente más relevantes las implicaciones que conlleva la elevada comorbilidad (véase cuadro 1.2).

CUADRO 1.2

Ejemplos de porcentajes de comorbilidad entre el trastorno principal y otros trastornos secundarios basándose en los criterios de la Asociación Americana de Psiquiatría

Trastorno principal	Comorbilidad	Fuente
Depresión mayor	59%[1]	Clark, Watson y Reynolds (1995)[2]
Anorexia nerviosa	77%	
Abuso del consumo de sustancias tóxicas	80%	
Trastorno obsesivo-compulsivo	96%	
Trastorno límite de la personalidad	96%	Widiger y Rogers (1989)[3]

[1] Hayes et al. (2015), en el capítulo 1, refieren una investigación de Kessler et al. (2005) en la que el trastorno por depresión mayor presenta tasas muy próximas al 80 por 100.

[2] Citados por Sandín et al. (2012, p. 186).

[3] Es el promedio de la revisión de cuatro investigaciones *ad hoc,* en las que el 96 por 100 de los participantes cumplía los criterios para diagnóstico de al menos otro trastorno psicopatológico.

[73] Véase Timimi (2014) y recuérdese la revuelta social «antitest». Además, como señala Belloch (2012): «Por poner unos pocos ejemplos, sabemos que las alucinaciones, las ideas sobrevaloradas, las delirantes, o las obsesiones, no son exclusivas de las personas con diagnóstico de enfermedad y/o trastorno mental, como atestiguan las muchas investigaciones llevadas a cabo en los últimos veinte años» (p. 298).

[74] Altman (1991) considera «bueno» el valor de un coeficiente kappa que se sitúe por encima de 0,60 y «muy bueno» cuando supera el 0,80.

[75] Recuérdese lo expresado por Eysenck et al. (1983).

[76] Véase Allen et al. (2010), Brown et al. (2001), Kessler et al. (1996, 2003, 2005b, 2007).

González Pando et al. (2018), en línea con Sandín et al. (2012), refieren que se ha pasado de 106 trastornos clínicos recogidos en el DSM-I (APA, 1952) a sobrepasar los 300 en el DSM-5 (APA, 2013).

[77] En algunos casos las respuestas alteradas que recogen pueden hallarse entre las personas sin problemas del comportamiento, reflejando la naturaleza dimensional frente a la categorial. Véase, por ejemplo, el trabajo de Belloch (2012).

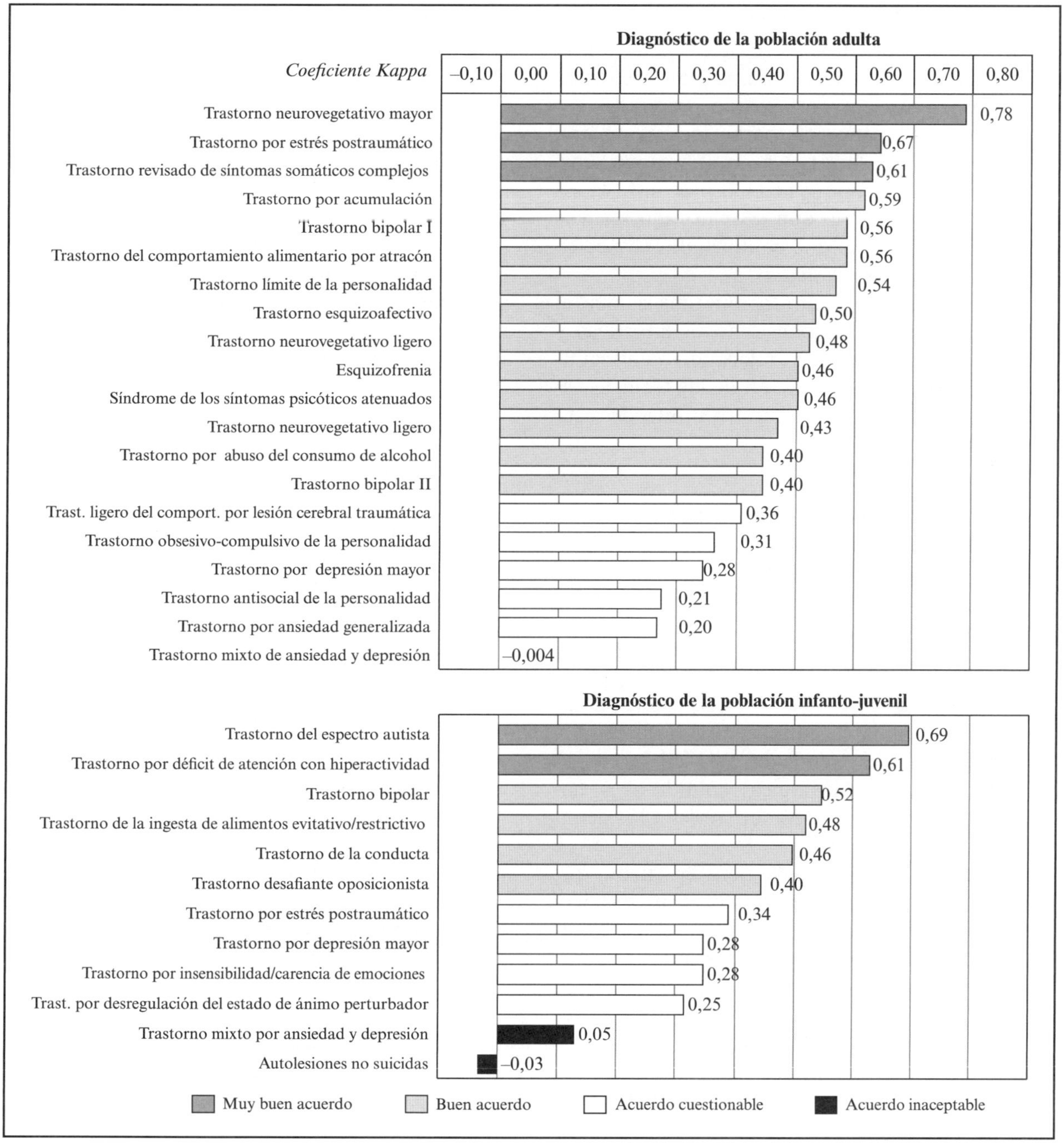

FUENTE: Freedman et al. (2013, p. 2).

Figura 1.1.—Fiabilidad promedio de los diagnósticos del DSM-5 obtenida en las pruebas de campo iniciales en población adulta e infanto-juvenil.

Esta insatisfacción también se debe al hecho de que los tratamientos psicológicos que se han desarrollado para reducir/eliminar los trastornos incluidos en sus categorías, que pretenden ser concretas, pese a mostrar paradójicamente una elevada comorbilidad, tampoco son específicos. Así, por ejemplo, aunque la TCB preconiza la especificidad, lo cierto es que se aplica a «todas las categorías concretas» que conforman el espectro depresivo *(mutatis mutandis)*.

Todo ello ha acrecentado, aún más si cabe, el interés por las dimensiones transdiagnósticas y por principios terapéuticos, relegando a un segundo plano el de la investigación de las técnicas específicas[78] (aunque desde nuestro punto de vista debieran ir en paralelo).

1.3.3. Con el peligro de promover la psicopatologización y la medicalización para tratar problemas de adaptación

Este peligro radica en empoderar al recurso químico y al aparato que lo hace posible (la industria y la psiquiatría como su brazo ejecutor[79]), frente al empoderamiento del P/C, en su propio control (estrategia psicológica), cuando ha de hacer frente a problemas de adaptación a los acontecimientos vitales estresantes.

El peligro lo es más si se tiene en cuenta que mientras que el segundo camino requiere hacer previamente frente a consecuencias aversivas, porque las positivas se producen generalmente a medio y largo plazo, en cambio el primero puede proporcionar consecuencias positivas a corto plazo[80], mientras que las negativas se presentarán en el medio y largo plazo[81].

Asimismo, en el primero el P/C y su red de apoyo social son sujetos principal y fundamentalmente pasivos (solo se les exige que cumplan con la ingesta que se prescribe), mientras que en el segundo se les requiere una implicación activa y sostenida en el tiempo. De hecho, hasta Allen Frances, psiquiatra y director de la redacción del DSM-IV, se ha revelado contra este peligro escribiendo un libro *ad hoc*[82]. Otro tanto ha realizado Thomas Insel, director del NIMH, que, según informaba una editorial de Infocop (2013, 29 de mayo):

> «[...] emitió un comunicado en el que criticaba la **falta de validez del DSM,** y anunciaba que el NIMH se desligaba de este sistema de clasificación, alentando públicamente a los científicos a no utilizarlo [...] En sus declaraciones, T. Insel desprestigiaba el manual de la Asociación Americana de Psiquiatría, al afirmar que el DSM *«no se puede considerar una biblia, sino tan solo un diccionario»*.

Pero hay más. El peligro no solo está en el hecho de confundir un diccionario con una biblia o en el desplazamiento del control desde el individuo a la ayuda química que se le presta y al aparato que se la proporciona, sino también, y muy especialmente, en que puede conllevar riesgos para la salud de quien ingiere el psicofármaco (incluido el de la propia vida[83]).

Como se ha reiterado, el malestar existente principalmente en el ámbito de la psicología clínica y de la salud por estas cuestiones contribuyó de manera decisiva al inicio del MT.

[78] Aunque entendemos que no debiera ser así, ni por lo ya indicado por Wilson (2007) respecto de la problemática que acarrearía el empleo exclusivo de los principios, ni por lo que señala Belloch (2012) respecto a los retos que supone el uso de las dimensiones diagnósticas, ni por los resultados sobre el alcance de la efectividad de los TAE que muestra la investigación meta-científica de Sakaluk et al. (2019).

[79] Véanse al respecto las editoriales de Infocop (2012, 16 de febrero, y 2012, 27 de marzo).

[80] Tómese como ejemplo paradigmático el ansiolítico, que en 5-10 minutos reduce significativamente las alteraciones que conforman el patrón de respuestas que integran la ansiedad.

[81] Véase Olivares-Olivares et al. (2022).

[82] Véase Frances (2014).

[83] Véanse, por ejemplo, los trabajos de Cipriani et al. (2016), Fernández (2017), Forsman et al. (2019), Healy, Le Noury y Jureidini (2019) y Spielmans, Spence-Sing y Parry (2020).

El inicio y desarrollo 2

«La tercera ola reformula y sintetiza las terapias cognitivas y conductuales de las generaciones previas y las dirige hacia preguntas, temas y dominios ya valorados por otras tradiciones terapéuticas, con la esperanza de aumentar su comprensión y mejorar sus resultados.»

HAYES (2004; p. 6).

2.1. EL INICIO

Como hemos visto, las contradicciones entre las premisas del MC y las que resultaron de la incorporación al MCC de enfoques como la TCB, con las implicaciones que ello tuvo para la evaluación, el diagnóstico, el tratamiento y la investigación, fueron muy probablemente una parte importante de los motivos por los que investigadores como Fairburn et al. (2003) no pudieron sino alzar su voz contra el sinsentido de la comorbilidad, al menos respecto de la frecuencia y la extensión con la que se presentaba junto a los llamados «trastornos primarios». En su caso concreto, ellos recordaron y reivindicaron la importancia de los modelos funcionales explicativos, como el que propusieron para dar cuenta de «todos los trastornos del comportamiento alimentario».

En este mismo contexto, algunos psicólogos e investigadores, como Steven C. Hayes, emprenderían el viaje de retorno al MC, y otros como David H. Barlow o Peter Norton intentarían conciliar los logros del TCC con una posición científica coherente con el MCC y con el diagnóstico de las alteraciones del comportamiento que presentamos los seres humanos.

Todos abominaban en mayor o menor medida del sistema categorial discreto tal como se presentaba en los manuales de psicopatología. Además, muy probablemente sin pretenderlo, todos terminaron formando parte de un movimiento entre cuyos objetivos está superar este sistema diagnóstico. Así, cada uno desde su posición, emprende su camino en la dirección que ya había tomado la pionera Marsha M. Linehan[1].

---

[1] Linehan (1993a y 1993b) diseñó, desarrolló y validó empíricamente la utilidad de la terapia conductual dialéctica (TCD). Su proyecto tenía como objetivo la mejora del tratamiento del llamado «trastorno límite de personalidad» (TLP).

La TCD es un tratamiento manualizado que combina los planteamientos conductual-cognitivos con conceptos como la aceptación, los valores y la atención plena. Su aplicación en grupo se combina con el seguimiento individual. El TLP exhibe una comorbilidad tan elevada y variada que resulta disparatada, requiriendo, desde la perspectiva biomédica, cambios cuasi constantes en la prescripción de su medicación de consulta en consulta.

Por ejemplo, Steven C. Hayes lo hace a partir de proclamar el cisma del modelo conductual-contextual (tratamientos contextuales) con el MCC, mientras que David H. Barlow toma posiciones practicando la «reforma desde dentro». Se iniciaba así la andadura del movimiento conocido como «transdiagnóstico»[2].

Dentro de los objetivos del MT podemos diferenciar, por una parte, la propuesta (¿epistemológica?) de reinterpretación, reconceptualización y agrupación de las psicoterapias y de los tratamientos psicológicos como «transdiagnósticos», y por otra la investigadora.

La primera está centrada exclusivamente en que los P/T psicológicos han de abordarse desde una perspectiva general, sin que medie necesariamente una delimitación concreta y específica como lo ha sido y lo es la categorial discreta, fomentada y sostenida por la psicopatología psiquiátrica.

La segunda lo hace por medio del contraste de hipótesis sobre las variables y/o mecanismos que pudieran ser comunes a los P/T del comportamiento, una vez que se ha constatado la ocurrencia reiterada de comorbilidad entre dos o más de ellos.

Es importante enfatizar que esta línea de investigación del MT no debe confundirse con la de los llamados «factores comunes» a todos los tratamientos. Responde, entre otras cosas, a la necesidad de hallar una respuesta a si la elevada comorbilidad constatada reiteradamente en los trastornos primarios es producto del azar, o lo es, por el contrario, de algún patrón, mecanismo u otra(s) variable(s) que pudiera(n) explicar por qué algunos trastornos concretos se asocian solo con otros y con la frecuencia que lo hacen.

Fairburn et al. (2003), en el ámbito de los trastornos del comportamiento alimentario (TCA), enunciaban su hipótesis al respecto en los siguientes términos:

> «[...] proponemos que en ciertos P/C uno o más de los cuatro procesos de mantenimiento adicionales interactúan con los mecanismos centrales de mantenimiento del trastorno alimentario, y que cuando esto ocurre es un obstáculo para el cambio. Los procesos de mantenimiento adicionales se refieren a la influencia del perfeccionismo clínico, la baja autoestima, la intolerancia al estado de ánimo y las dificultades interpersonales» (Fairburn et al., 2003; p. 509)[3].

Fairburn et al. (2003) ponían el acento de su argumentación en que la teoría que había sido contrastada empíricamente, cuyo objetivo era explicar los mecanismos que participaban en el mantenimiento de la bulimia nerviosa (BN), en el marco del MCC, se mostraba insuficiente para explicar los TCA.

Entendían que era necesario reformularla incluyendo cuatro mecanismos adicionales (el perfeccionismo, la baja autoestima, la intolerancia al estado de ánimo y las dificultades interpersonales), porque habían constatado que, por una parte, en ciertos P/C uno o más de estos cuatro procesos interactuaban con los mecanismos centrales de mantenimiento del trastorno alimentario y que, por otra, cuando tal interacción se producía entonces obstaculizaba el cambio, porque actua-

---

La TCD es un botón de muestra del quehacer de los psicólogos, durante los últimos cuarenta años, cuando pese a utilizar la nominalidad de las categorías discretas del DSM, para comunicarse institucionalmente y con otros profesionales, en su práctica han desarrollado modelos funcionales explicativos y tratamientos *ad hoc* que se han mostrado eficaces y efectivos (válidos y útiles).

[2] Término utilizado por primera vez por Fairburn et al. (2003), en una publicación científica de naturaleza psicológica.

[3] «[...] we propose that in certain P/C one or more of the four additional maintenance processes interact with the core maintenance mechanisms of the eating disorder and that when this occurs it is an obstacle to change. The additional maintenance processes relate to the influence of clinical perfectionism, central low self-esteem, mood intolerance and interpersonal difficulties» (p. 509).

ba como una barrera que reducía/impedía la eficacia del tratamiento.

Además, Fairburn et al. (2003) también constataban que, en el caso de los TCA, el mantenimiento de las respuestas alteradas que eran distintivas del P/T (características clínicas compartidas) generalmente estaban mantenidas por procesos psicopatológicos similares (véase figura 2.1):

> «En consecuencia, sugerimos que hay mecanismos comunes involucrados en la persistencia de la bulimia nerviosa, la anorexia nerviosa y los trastornos alimentarios atípicos. En conjunto, estas dos líneas de argumentación nos llevan a proponer una nueva teoría transdiagnóstica del mantenimiento de toda la gama de trastornos alimentarios, una teoría que abarca una gama más amplia de mecanismos de mantenimiento que la teoría actual sobre la bulimia nerviosa» (p. 509)[4].

Así, concluyeron que no necesitaban un diagnóstico diferencial de cada una de las modalidades del TCA recogidas en el DSM para tratarlas adecuadamente.

Los resultados de la investigación de Fairburn et al. (2003) ponían de manifiesto que la respuesta a su pregunta había que buscarla en los estudios diseñados para identificar mecanismos o patrones de comorbilidad característicos en los que se ponga de manifiesto la existencia de una asociación selectiva entre ellos.

El contraste de esta hipótesis les permitió verificar que en los P/C con TCA se podía identificar y probar que compartían un mecanismo común, pese a que la fenomenología del curso clínico pudiera mostrar las variaciones que ha-

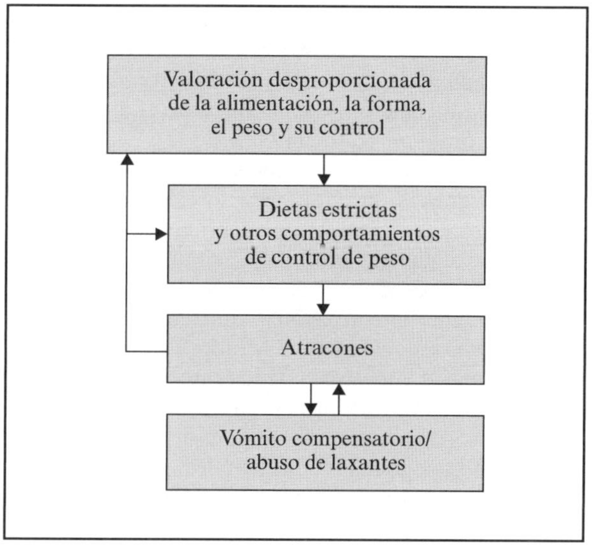

Fuente: Fairburn, Cooper y Shafran (2003, p. 511).

Figura 2.1.—Representación esquemática de la teoría conductual-cognitiva del mantenimiento de la bulimia nerviosa.

bían dado lugar a su diferenciación en el contexto del diagnóstico psicopatológico[5].

Habían demostrado que la detección de los potenciales solapamientos entre distintos trastornos tiene implicaciones muy relevantes para el avance de la evaluación y el tratamiento de los comportamientos alterados y desadaptados.

Tras la aparición de la investigación de Fairburn et al. (2003) se publicó el trabajo de Barlow, Allen y Choate (2004), en el que estos reflexionaban en los siguientes términos:

> «Más de 40 años de desarrollo de enfoques cognitivo-conductuales para el tratamiento de la ansiedad y los trastornos emocionales relacionados nos han dejado tratamientos altamente eficaces que son cada vez más ampliamente aceptados.

---

[4] «Accordingly, we suggest that common mechanisms are involved in the persistence of bulimia nervosa, anorexia nervosa and the atypical eating disorders. Together, these two lines of argument lead us to propose a new transdiagnostic theory of the maintenance of the full range of eating disorders, a theory which embraces a broader range of maintaining mechanisms than the current theory concerning bulimia nervosa» (p. 509).

[5] Véase Celis Ekstrand y Roca Villanueva (2011).
Recordemos que las actuales categorías del DSM y la CIE abarcan desde los trastornos estrictamente psicológicos hasta los biomédicos.

Sin embargo, estos protocolos manualizados se han convertido en numerosos y algo complejos, lo que merma, cuando no dificulta, la eficacia de la formación y de su difusión. La profundización en el conocimiento de la naturaleza de los trastornos emocionales revela que los puntos comunes en la etiología y la estructura latente entre estos trastornos superan las diferencias. Esto sugiere la posibilidad de aislar un conjunto de procedimientos psicológicos que conformen una intervención unificada para los trastornos emocionales. Basándonos en la teoría y los datos que surgen de los campos del aprendizaje, el desarrollo y la regulación emocional y la ciencia cognitiva, identificamos tres componentes terapéuticos fundamentales que son relevantes para el tratamiento de los trastornos emocionales en general. Estos tres componentes incluyen *a*) la alteración de las revaluaciones cognitivas precedentes; *b*) la prevención de la evitación emocional; y *c*) la facilitación de las tendencias de acción no asociadas con la emoción desregulada. Este tratamiento se lleva a cabo en el contexto de la provocación de la expresión emocional (exposición emocional) a través de señales situacionales, internas y somáticas (interoceptivas), así como a través de ejercicios estándares de inducción del estado de ánimo, y difiere de un paciente a otro solo en las señales situacionales y los ejercicios utilizados [...] Este tratamiento unificado puede representar una estrategia más eficiente y posiblemente más eficaz en el tratamiento de los trastornos emocionales [...]» (p. 205).

Desde entonces, esta aproximación a la explicación, la evaluación y el tratamiento de los trastornos del comportamiento está atrayendo a un mayor número de investigadores y clínicos.

Como indican Pascual-Vera y Belloch (2018):

> «Adoptar un enfoque transdiagnóstico supone un cambio de paradigma [...] y con ello en los sistemas de clasificación de los trastornos mentales. Como planteaban Sandín et al. (2012), esta perspectiva permite comprender los trastornos mentales sobre la base de un rango de dimensiones y procesos etiopatogénicos causales y/o mantenedores en una agrupación o familia de trastornos mentales» (p. 144)[6].

Por tanto, siendo cierto que la idea «transdiagnóstica» ya estaba presente en la formulación de muchos de los intentos de explicar el fenómeno del comportamiento humano (alterado y adaptado)[7], desde nuestro punto de vista tal visión no alcanza realmente el grado de categoría científica hasta que Fairburn et al. (2003) realizan su propuesta, dentro del contexto de la psicología que se desarrolla en el marco del MC y de su posterior ampliación para dar lugar al MCC, siempre bajo las exigencias y el rigor del método.

La «reagrupación» de las variables implicadas en la génesis, el desarrollo y el mantenimiento de un grupo de RAD, dentro de un mismo comportamiento (v. gr., el TCA), constituye una respuesta nueva a un problema que para los psicólogos era antiguo. Supone formalizar el intento de una nueva forma de comprender y explicar los trastornos del comportamiento, con consecuencias

---

[6] Recuérdese que, aunque respetemos en nuestras transcripciones el uso de la expresión «trastornos mentales» (porque entendemos que estamos obligados a dar traslado al conjunto de lo referido), no la compartimos. Para nosotros, los conceptos no están sujetos a más «enfermedades» que las que pudiera provocar su uso incorrecto. En este sentido, entendemos que «la mente», en tanto que entidad estrictamente artificial y conceptual, es ajena a la naturaleza biológica de los órganos, tejidos y sistemas que pueden enfermar porque son invadidos por patógenos o porque sufren deterioros que afectan a su funcionamiento. De hecho, ninguno de los miembros de nuestro grupo de investigación se ha tropezado todavía con las «enfermedades mentales», pese a que entre todos sumamos más cien años de dedicación a la evaluación y el tratamiento de los trastornos del comportamiento.

Desde nuestra posición nos parece más adecuado hablar de problemas y trastornos del comportamiento (P/T), porque los psicólogos trabajamos con lo que podemos observar que hacen nuestros P/C cuando piensan, sienten y actúan, y con lo que ellos nos dicen al respecto.

[7] Véase, por ejemplo, Pérez-Álvarez (2017) y Sauer-Zavala et al. (2017).

importantes para su evaluación, su prevención y su tratamiento psicológico[8].

Pero no olvidemos que, por ejemplo, la formulación de los modelos explicativos funcionales como el desarrollado para el trastorno por ansiedad social o el mutismo selectivo[9], en el marco del MCC, ya recapitulan en sí mismos la comprensión, la explicación y las pautas para la prevención y el tratamiento de los subconjuntos de respuestas alteradas que recibían y reciben distintos nombres dentro de la psicopatología.

Es decir, hemos de enfatizar que lo relevante de esta propuesta es precisamente eso: la búsqueda de los mecanismos o variables que son comunes a las alteraciones que se constatan. Sus resultados deberían permitir la construcción de las clasificaciones de tales alteraciones del comportamiento con base científica sólida, robusta, como consecuencia de haber identificado las variables y los procesos responsables de las alteraciones que presentan las respuestas que conforman el comportamiento desadaptado, constatable y común a distintas categorías diagnósticas psicopatológicas específicas recogidas actualmente en el DSM (especialmente las relativas a los trastornos de ansiedad, del estado de ánimo y del comportamiento alimentario, como se ha indicado).

En consecuencia, el enfoque transdiagnóstico es en buena medida, aunque no solo, el resultado de la formulación y contrastación de hipótesis sobre las variables y los procesos que se suponen implicados en el solapamiento de las respuestas alteradas que están presentes actualmente en categorías psicopatológicas que son consideradas discretas y distintas.

Se trata de una nueva forma de aproximarse a los trastornos del comportamiento que puede ser calificada de «convergente e integradora» y principalmente referida a los TCA, de ansiedad y del estado de ánimo, que, aunque se basa en un enfoque dimensional, también supone asumir la existencia de algún sistema de diagnóstico, como veremos a continuación[10].

2.2. EL CONCEPTO GENÉRICO DE TRANSDIAGNÓSTICO

En este contexto, se considera que una variable, un mecanismo o un proceso puede ser calificado como «transdiagnóstico» cuando se puede probar que está presente en distintos trastornos del comportamiento y, por tanto, puede participar en la explicación de su aparición y/o de su mantenimiento.

La reagrupación de los trastornos del comportamiento, en función de las características que comparten, es coherente con un concepto dimensional y funcional que posibilite su inclusión en categorías. No obstante, esta posición por sí misma no delimita con claridad lo que tenemos que entender exactamente por «transdiagnóstico». En la actualidad existen al menos dos acepciones del mismo: las que lo conceptualizan como un proceso básico, causal y funcional y las que lo hacen desde una posición descriptiva. Veámoslas.

En relación con la primera, uno de los grupos de investigación que primero se preocuparon de este asunto fue el integrado por Mansell, Harvey, Watkins y Shafran (2009). Para ellos era necesario

[8] Así, por ejemplo, Toro-Tobar et al. (2018) estudiaron la relación entre perfeccionismo, rumiación, AFP y AFN, sensitividad ansiosa e intolerancia a la incertidumbre, con estrés, ansiedad y depresión, en una muestra de adultos colombianos. Los resultados obtenidos constataron correlaciones significativas entre ansiedad y depresión, entre intolerancia a la incertidumbre y perfeccionismo, así como entre depresión, AFP-AFN y perfeccionismo. En cambio, no se obtuvieron correlaciones significativas entre el estrés y la rumiación y el estilo emocional. Además, el modelo predictivo elaborado *ad hoc* mostró que la intolerancia a la incertidumbre, la sensitividad ansiosa, el AFP y el AFN predicen las RAD de ansiedad (para $r^2 = 0,43$), depresión (para $r^2 = 0,37$) y en menor medida las del estrés ($r^2 = 0,17$).

[9] Por ejemplo, Caballo, Andrés y Bas (1997), Olivares y Caballo (2003) y Olivares y Olivares-Olivares (2018).

[10] Véase Sandín et al. (2012).

determinar si una variable, proceso o mecanismo podía ser considerado «transdiagnóstico».

Con este fin, Mansell et al. (2009) propusieron como requisitos que los criterios que se adoptaran debían de ser verificados en muestras clínicas y no clínicas, estando además presentes en un mínimo de cuatro trastornos específicos. Es decir, proponían que se probase que son variables o mecanismos que participan en un proceso básico, causal y funcional, que puede explicar la «comorbilidad» o coocurrencia de otros trastornos asociados.

Dos años después, Harvey, Murray, Chandler y Soehner (2011) diferenciaron entre constructos que consideraron básicos y los «descriptivamente transdiagnósticos». Por estos últimos entendieron, por una parte, aquellos que refieren procesos que están presentes en varias categorías diagnósticas, a modo de condiciones que pueden ser necesarias, pero no suficientes para explicar su inicio, desarrollo y mantenimiento y, por otra, aquellos que aún no están sustentados por evidencia empírica que justifique o avale que pueden ser considerados básicos para los trastornos en los que se suponen presentes. En consecuencia, mientras que los primeros guardan una relación causal con los trastornos en los que se verifica su presencia, los segundos o no lo hacen o no se ha probado todavía que esta exista.

Así, por ejemplo, si consideramos el constructo «baja autoestima», en primer lugar podemos constatar que se halla presente en un gran número de trastornos del comportamiento. Estos van desde la esquizofrenia hasta el trastorno por ataques de pánico (TAP)[11]. Este hecho fenomenológico le confiere naturaleza descriptiva, pero no necesariamente básica. Es decir, la «baja autoestima» puede ser descriptivamente transdiagnóstica, pero no puede considerarse básica o propiamente transdiagnóstica hasta que no exista una propuesta explicativa fundamentada empíricamente, que permita comprender y explicar cómo contribuye esta variable, mecanismo o proceso, al inicio, desarrollo y mantenimiento de los trastornos en los que pueda constatarse su presencia.

Por ello, pudiera ocurrir que, por ejemplo, si tratamos la «baja autoestima» que hemos cuantificado en un trastorno, no se produzca una reducción o eliminación directa del malestar, debido a que este está provocado por otras variables que participan en los procesos alterados y desadaptados, que son las que lo están desarrollando y/o manteniendo.

Por el contrario, durante muchos años se ha pensado que los TAP eran específicos[12]. Sin embargo, ahora se describen como omnipresentes y se hipotetiza que pueden darse en el contexto de cualquier trastorno[13], incluida la esquizofrenia, con la que pueden estar funcionalmente relacionados en su inicio y/o con su mantenimiento[14].

En consecuencia, las variables, mecanismos o procesos calificados como «transdiagnósticos», para ser considerados básicos han de proporcionar información sobre el desarrollo y el mantenimiento de una clase de trastornos. Se hipotetiza que esto es posible porque participan en la producción de los procesos que propician la ocurrencia de las vulnerabilidades que, al ser comunes, incrementarían la probabilidad de que las personas que las presentan se hallen dentro de la zona de riesgo. A su vez, hallarse en esta zona favorecería que se pueda presentar más de un trastorno del comportamiento que afecte directamente a su bienestar psicológico.

Esto es lo que ocurre, por ejemplo, con las variables cognitivas implicadas en «valorar desproporcionadamente la forma y el peso corporal» o en la rumiación que, más adelante, abordaremos como variable transdiagnóstica dentro de los

[11] Véase, por ejemplo, Glashouwer et al. (2013) o Holding et al. (2013).

[12] Véase APA (1994) y Barlow et al. (1986).

[13] Véase APA (2013).

[14] Sauer-Zavala et al. (2017).

constructos/mecanismos relevantes para la evaluación y el tratamiento psicológico.

Así, por ejemplo, la primera ha sido identificada como un mecanismo funcional, básico y necesario, para que se produzca el desarrollo y el mantenimiento de las respuestas alteradas y disfuncionales que conforman la anorexia nerviosa (AN), la bulimia nerviosa (BN) y los TCA que ahora se denominan «no especificados» (NOS —por su denominación inglés—) en el DSM-5 (APA, 2013)[15].

En cambio, todavía no está claro si el papel de la rumiación es el propio de una variable transdiagnóstica básica o es, por el contrario, una variable que forma parte de un grupo cuya interacción produce vulnerabilidad[16].

En cualquiera de los dos casos, su participación se considera necesaria (aun cuando pudiera no ser básica) para que se desarrolle y mantenga el grupo de trastornos emocionales entre los que se encuentran, por ejemplo, la depresión, la ansiedad o el TLP[17].

Por tanto, se espera que la búsqueda, identificación y delimitación de los procesos transdiagnósticos básicos y de las variables implicadas en su inicio y mantenimiento pueda conducir a una mejora sustantiva en el diseño y la planificación de los tratamientos psicológicos actuales.

Una prueba de esta posibilidad son las mejoras que se han producido en el tratamiento de los trastornos implicados en categorías clínicas concretas, como los TCA, y en las condiciones comórbidas que están siendo mantenidas por las mismas variables que están implicadas en el mantenimiento de la vulnerabilidad[18], como veremos a continuación.

2.3. POSICIONES DE LA INVESTIGACIÓN TRANSDIAGNÓSTICA EN EL MARCO DIMENSIONAL

Recordemos que, dado que la transversalidad de las variables transdiagnósticas reside en su dimensionalidad, el objetivo común de la investigación es su integración dentro del marco dimensional. Es decir, solo serán objeto de estudio las que puedan ser identificadas como comunes a los distintos trastornos en las que se presentan.

En línea con Belloch (2012), distinguiremos tres grupos de propuestas de agrupación: las que defienden la existencia de una dimensión general, las que proponen una dimensión específica y las que solo investigan los procesos cognitivos y las estrategias de afrontamiento del malestar psicológico (entiendo que estas son las variables principales).

Primer grupo: propuestas que defienden la existencia de una dimensión general.

Los investigadores de este grupo centran su trabajo en analizar las evidencias que avalan la existencia de dimensiones básicas que son

[15] Véase Fairburn et al. (1993) o Wilson et al. (2002).

Lo que sí está claro es que esta modalidad de pensamiento, negativo y persistente, se ha identificado como un factor de riesgo para la depresión (Nolen-Hoeksema, Wisco y Lyubomirsky, 2008). Esta actividad del sistema cognitivo implica que exista menos espacio en nuestra memoria de trabajo para ocuparse de otra información, que puede ser más positiva. Es decir, interfiere significativamente en nuestra vida cotidiana. De hecho, la rumiación se ha asociado con déficits en el control cognitivo, lo que significa que hace más difícil que podamos dirigir nuestra atención hacia tareas para conseguir nuestros objetivos, porque dificulta que podamos desviarla de la información irrelevante que nos distrae (Beckwé et al., 2014; Hallion, Ruscio y Jha, 2014).

Generalmente esta modalidad de actividad cognitiva se centra en pensar persistentemente en eventos que ya han sucedido o en hacerse preguntas que no se pueden responder, como, por ejemplo, «¿Por qué siempre me siento así?», «¿Y si solo le hubiera dicho X?» o «¿Y si solo hubiera hecho X de forma diferente?».

[16] Véase Harvey et al. (2011).

[17] Véase Baer y Sauer (2011), McLaughlin y Nolen-Hoeksema (2011) o Sauer-Zavala y Barlow (2014).

[18] Véase, por ejemplo, Farchione et al. (2012).

comunes a los trastornos emocionales, como por ejemplo los TCA, los depresivos y los de ansiedad.

Estos siguen el camino iniciado por Clark y Watson (1991) con la propuesta de su modelo tripartito, en el que la estructura explicativa incluye tres dimensiones: angustia general, hiperactividad fisiológica y anhedonia, proponiendo un diagnóstico mixto de ansiedad-depresión[19]. Las dos primeras son propias del constructo de ansiedad y la tercera específica de la depresión.

El modelo tiene su origen en el intento de explicar las diferencias entre la ansiedad y la depresión[20], pero, como recuerdan Sandín et al. (2012), además de catalogarse como un factor general de afectividad negativa, ha resultado también relevante para explicar las semejanzas entre ambos constructos dimensionales, convirtiéndose en una propuesta explicativa de lo que tienen en común.

Su estructura incluye dos dimensiones básicas del afecto: una negativa y otra positiva[21]. La primera, la DAN, se postula como un factor general, común a los constructos de ansiedad y de depresión, mientras que la segunda, la DAP, se considera un factor específico que se asocia principalmente con la depresión (caracterizada por la presencia de un afecto positivo muy mermado, es decir, escaso o nulo). A estos dos factores se añade un tercero, que se postula relevante: la «hiperactivación fisiológica», señalada como propia del constructo que agrupa a las respuestas somáticas asociadas a la angustia o ansiedad.

Entre los investigadores de este primer grupo destacan los capitaneados por David H. Barlow y por Peter Norton.

El trabajo del grupo de Barlow se caracteriza por su búsqueda de las variables o factores comunes entre los distintos trastornos emocionales. No cuestiona ni las características diagnósticas propias de cada uno de ellos ni tampoco cómo se describen y delimitan en los manuales de psicopatología psiquiátrica vigentes (DSM y CIE).

El grupo de Barlow parte de un sistema de clasificación de dos dimensiones generales o de primer nivel[22], que se fundamenta principalmente en el modelo de Clark y Watson (1991) y al que denominan ansiedad/neuroticismo/afecto negativo/inhibición conductual (ANAN/I) y extraversión/afecto positivo/activación conductual (EA-P/A). Veámoslos:

— ANAN/I. Esta dimensión la integran las reacciones alteradas por exceso, propias del eje hipotálamo-pituitario-adrenocortical, las cuales se hipotetizan como responsables de que se produzca la percepción de incapacidad para afrontar adecuadamente la respuesta a los acontecimientos que se perciben como amenazas (potenciales o reales), la hipervigilancia y el malestar generalizado y cronificado. Asimismo, todo ello se conjetura básico para que se produzcan mermas significativas en la confianza y/o en las expectativas de autoeficacia cuando se ha de hacer frente a otras

[19] La propuesta la realizaron tras revisar los datos empíricos que justificaban la delimitación del constructo que resulta de la intersección entre la ansiedad y la depresión («ansiedad-depresión mixta»), sean estas de naturaleza psicométrica o de otro orden. Estudiaron las propiedades de las medidas de ansiedad y depresión, incluyendo en estas las de la validez convergente y discriminante de las autoevaluaciones y de las evaluaciones clínicas, así como la fiabilidad entre los evaluadores en muestras de P/C y de personas sin trastornos psicológicos.

Los resultados que obtuvieron, por una parte, sugerían que la ansiedad y la depresión podían evaluarse de forma válida y fiable y que, por otra, pese a que los dos trastornos tienen en común un componente sustancial de malestar general de naturaleza afectiva, podían diferenciarse tomando como referencia factores con refrendo empírico que eran específicos de cada uno de ellos, analizando la influencia: *a*) del contexto y el contenido de la escala en las calificaciones; *b*) los estudios de análisis factorial, y *c*) el papel del bajo AFP en la depresión.

[20] Véase por ejemplo Joiner et al. (1996, 1998).

[21] Watson y Tellegen (1985) y Santed et al. (2003).

[22] Véase, por ejemplo, Brown y Barlow (2009).

situaciones o eventos que también se perciben y valoran como peligrosos.

— EAP/A. Se caracteriza por incluir, dentro del continuo que delimita su rango, el máximo valor disfuncional para el constructo «pesimismo» y el interés por el entorno.

Ambas dimensiones se consideran en última instancia como expresiones del temperamento e integran, por una parte, un componente biológico-genético que explicaría entre el 30 y el 50 por 100 de la varianza de los trastornos emocionales y, por otro, el de «vulnerabilidad psicológica», que explicaría el resto de la varianza (entre el 50 y el 70 por 100).

En este último se incluyen, a su vez, dos elementos: uno de orden específico y otro generalizado. El primero se hipotetiza vinculado intensamente con experiencias concretas[23] y el segundo sería el producto del aprendizaje derivado de la exposición a edades tempranas a acontecimientos vitales estresantes, destacando entre sus variables relevantes la existencia de un entorno afectivo inseguro y poco predecible (véase figura 6.3)[24].

Ambas dimensiones podrían integrarse, a su vez, en una general de orden superior compuesta por los que ahora conocemos como trastornos de ansiedad y del estado de ánimo.

[23] Recordemos que las experiencias son, desde el punto de vista del aprendizaje operante, estímulos discriminativos que orientan nuestras respuestas, estímulos condicionados desde la perspectiva neoconductista o el producto del aprendizaje vicario que resulta de observar el comportamiento de otro que es significativo para nosotros. Es decir, en tanto que contenidos «archivados» en nuestra memoria, son los resultados de nuestra historia de aprendizaje, respecto de qué hemos aprendido y cómo. Estos propician la ocurrencia de muchas de nuestras respuestas «automáticas» (incluidas las llamadas «intuitivas»), aunque también podamos utilizarlos conscientemente para orientar nuestro comportamiento en el momento presente o diseñar un plan de acción para el futuro.

[24] Véase Bashore Acero (2016).

Segundo grupo: propuestas de una dimensión específica.

En este caso la dimensión específica que se propone es diferente a las que se incluye en el modelo de Clark y Watson (1991), aunque pueda estar referida a un aspecto concreto de una de las dimensiones de este modelo. Esto es lo que ocurre, por ejemplo, con la ira, el perfeccionismo, la rumiación o la intolerancia a la incertidumbre, entre otras. Pero también se incluyen otros constructos, como las creencias, los valores, las características personales, las estrategias de autocontrol, etc. En consecuencia, son de naturaleza variada y diversa, pese a que todas puedan integrarse en la dimensión general del neuroticismo/afecto negativo.

El objetivo de su investigación es determinar su alcance transdiagnóstico. En este contexto destaca la investigación que se ha realizado y se está desarrollando sobre constructos como el de la intolerancia a la incertidumbre[25] y el de la sensibilidad a la ansiedad[26], el de la regulación de las emociones y el de la ira[27], los pensamientos percibidos como intrusos o el pensamiento rumiativo[28].

El perfeccionismo es una de las dimensiones que más interés ha suscitado y suscita[29]. Este deviene, por un lado, del hecho de que se trata de una variable que puede llevar al P/C a cuestionarse su propia existencia. Por otro, por su papel en trastornos tan diferentes como los TCA, los del ámbito del TOC (trastorno obsesivo-compulsivo), los trastornos de ansiedad, algunas formas de depresión y determinados trastornos del desarrollo.

[25] Véase, por ejemplo, Toro et al. (2018).

[26] Véase Sandín et al. (2005), Mas et al. (2004) o Molina, Sandín y Chorot (2014).

[27] Company, Oberst y Sánchez Fernández (2012).

[28] Fernández Marcos (2017), García Ortiz, Casanova Expósito y Rodríguez Martín (2015) o González et al. (2017).

[29] Véase Egan, Wade y Shafran (2012), Limburg et al. (2017) o Shafran et al. (2017).

Egan et al. (2012) concluyen tras su revisión que el perfeccionismo es un proceso transdiagnóstico que está presente en los trastornos de ansiedad, los TCA, la depresión, el TOC de la personalidad y los trastornos somatomorfos. Asimismo, sus resultados aportaron evidencia a favor de que este constructo puede participar en la explicación del inicio, el desarrollo y el mantenimiento de la depresión y los TCA, ya que se muestra prospectivo. De igual manera, las puntuaciones elevadas en perfeccionismo aventuran un peor resultado del tratamiento de los trastornos de ansiedad, de los alimentarios y de la depresión, subrayando la relevancia de su tratamiento conductual-cognitivo y sus efectos en la reducción de las respuestas desreguladas (alteradas y disfuncionales).

En un metaanálisis realizado posteriormente para seguir profundizando en la investigación de la relevancia clínica de los dos componentes principales del perfeccionismo (el afán perfeccionista y las preocupaciones perfeccionistas), se metaanalizaron 284 estudios. Los resultados mostraron 2.047 TE, relativos a diagnósticos clínicos de depresión, trastornos de ansiedad, TOC y TCA, así como los relativos a las RAD que los conforman y los relacionados con otras alteraciones del comportamiento como las implicadas en la autolesión deliberada, la ideación suicida, la angustia general, etc. Todos ellos dan cuenta de la extensión del rango dentro del cual este constructo tiene un efecto significativo, en mayor o menor grado[30].

Los investigadores analizaron las relaciones tras evaluar las diferencias en la magnitud de la asociación de los dos componentes o subdimensiones del perfeccionismo con los resultados con relevancia clínica y con los de las subescalas de dos medidas comunes de perfeccionismo. Los datos obtenidos apoyaron la noción de perfeccionismo y su naturaleza como factor «transdiagnóstico», al verificar que las dos subdimensiones están asociadas a diversas alteraciones del comportamiento con relevancia clínica.

En el cuadro 2.1 se presenta un resumen de estudios que avalan con sus resultados algunas de las variables candidatas a ser calificadas como «transdiagnósticas».

Tercer grupo: propuestas que sostienen e investigan principalmente el papel de procesos cognitivos y de las estrategias de afrontamiento del malestar psicológico.

Estos dos grupos de variables se postulan básicos para comprender y explicar el inicio, desarrollo y mantenimiento de los trastornos del comportamiento que estudian. Así, respecto de los procesos cognitivos, se consideran, por ejemplo, la atención selectiva o los sesgos de memoria; en las estrategias de afrontamiento del malestar psicológico se hipotetizan, por ejemplo, las que están implicadas en maximizar las condiciones de seguridad («reaseguración») o las relativas a suprimir respuestas o secuencias de cadenas respuestas de cognitivas (pensamientos).

En un estudio de revisión ya clásico, Harvey et al. (2004) concluían que habían identificado un número elevado de respuestas y patrones de respuestas comunes y muy frecuentes en una buena parte de los trastornos del comportamiento.

Entre tales alteraciones disfuncionales y/o asociadas al malestar subjetivo se hallan determinadas modalidades de procesamiento de la información, como las que producen los llamados sesgos atencionales[31], de la memoria y del razonamiento, además de los procesos y/o respuestas cognitivas concretas, como los pensamientos negativos recurrentes o las creencias metacognitivas y disfuncionales. Junto a estas también se daban otras, como las respuestas motoras y cognitivas de escape/evitación (pasiva y activa) del malestar producido por la situación temida (anticipada o

[30] Véase Limburg et al. (2017).

[31] Recuérdese la formulación de las heurísticas cognitivas en la teoría prospectiva de Kahneman y Tversky (1979).

CUADRO 2.1

Estudios que avalan las propuestas de las variables «transdiagnósticas»

Variable	Autores	Trastornos investigados	Resultados
Estrategias de regulación emocional.	Aldao y Nolen-Hoeksema (2010).	TCA, depresión, ansiedad.	Las estrategias disfuncionales para regular patrones de respuestas desadaptadas de naturaleza emocional pueden asociarse con las alteraciones que son clínicamente relevantes.
Rumiación.	McLaughlin y Nolen-Hoeksema (2011).	Comorbilidad entre DM y trastornos de ansiedad.	Variable mediadora entre respuestas de carácter depresivo y de ansiedad.
Sensibilidad a la ansiedad.	Fairholme et al. (2012).	Trastornos de ansiedad, trastornos depresivos, insomnio.	Se muestra común en los trastornos del sueño, los de ansiedad y depresivos, y en el mantenimiento del insomnio primario.
Ira.	Owen (2011).	AS, DM, TAG, TEPT, TP, Enfermedad coronaria.	Los déficits en el control de la ira están presentes en una amplia variedad de trastornos psicológicos y físicos.
Intolerancia a la incertidumbre.	McEvoy y Mahoney (2013).	AS, DM, TAG, TOC, TAP, N.	Se asocia con respuestas alteradas que conforman todos los trastornos del comportamiento, pese a que se controle el N. La relacionada con la ansiedad anticipatoria media entre el N y las respuestas alteradas que integran el TAG y el TOC. La relacionada con la inhibición media entre N y AS, TAP, DM.
Intrusiones mentales.	Belloch (2012) y Clark (2005).	TOC, TAG, TEPT, TCA, insomnio, trastornos sexuales, psicosis.	Presentes en todos los trastornos. Suscitan reacciones emocionales, valoraciones disfuncionales y estrategias similares de control/neutralización.

AS = ansiedad/fobia social; DM = depresión mayor; IU = intolerancia a la incertidumbre; N = neuroticismo TAG = trastorno de ansiedad generalizada; TCA = trastornos de la conducta alimentaria; TEPT = trastorno de estrés postraumático; TOC = trastorno obsesivo-compulsivo; TAP = trastorno de pánico; TPs = trastornos de personalidad.

FUENTE: Modificado de Belloch (2012; p. 301).

vivida). Estas últimas integran la llamada «evitación experiencial», de la que, a su vez, también formarían parte las estrategias de pensamiento que utilizamos para controlar cogniciones negativas («supresión»)[32].

Es decir, Harvey et al. (2004) constataron que, en los trastornos que habían revisado, las semejanzas superaban con creces a las diferencias a la hora de comprender y explicar los procesos conductual-cognitivos implicados en el mantenimien-

[32] Véase, por ejemplo, Beadel et al. (2013), Belloch (2012), Berry y Laskey (2012), Castro Sáez et al. (2019), Clark y Radomsky (2014), Fergus (2013), Del Pino et al. (2016), González et al. (2017), Hale y Clark (2013), Hirsch et al. (2015), Lawrence et al. (2017) o Polman et al. (2013).

to de los trastornos psicológicos. Este hecho es el que posibilita que se pueda hablar de transversalidad y dimensionalidad a la hora de estructurar el conocimiento psicológico de los trastornos del comportamiento.

Así, por ejemplo, la atención selectiva es un recurso adaptativo, de naturaleza evolutiva, que utilizamos cotidianamente sin que nadie nos tenga que enseñar, para optimizar el uso de nuestro sistema cognitivo, que es en sí limitado.

Ahora bien, si la frecuencia de empleo de esta estrategia adaptativa supera un determinado umbral, ante determinadas situaciones o configuraciones estimulares percibidas como potencialmente peligrosas, entonces se convertirá en disfuncional (por exceso) y su empleo nos afectará negativamente. Ello se debe a que este exceso mermará la eficacia para utilizar nuestra herencia cultural (normas y valores de actuación) y puede llegar a reducir / suprimir la ventaja evolutiva que conllevaba su uso adaptativo. El fiel de la balanza para determinar el umbral se puede fijar/operacionalizar a partir de la «intensidad y la duración del alivio del malestar» (estado de intranquilidad-tranquilidad) que sigue a su ejecución.

Sandín et al. (2012) presentaban agrupados los resultados de su revisión de los conceptos y los procesos psicológicos desadaptados, como recogemos en el cuadro 2.2.

CUADRO 2.2

Algunas investigaciones en las que están implicados conceptos y procesos transdiagnósticos con relevancia clínica

Autor(es)	Conceptos	Procesos[1]	Trastornos implicados
Fairburn et al. (2003)	Perfeccionismo clínico, baja autoestima, intolerancia emocional y dificultades en las relaciones interpersonales.	—	Trastornos del comportamiento alimentario.
Barlow et al. (2004)	Afectividad negativa y positiva. Hiperactivación fisiológica.	Atención autofocalizada, incontrolabilidad/impredecibilidad, tendencias a la acción, evitación, distracción, racionalización, rituales cognitivos, supresión emocional, señales de seguridad, preocupación/rumiación.	Trastornos emocionales de ansiedad y depresivos[2].
Harvey et al. (2004)	Respuestas cognitivas (atención, memoria, razonamiento, pensamiento), psicofisiológicas y motoras.	Respuestas cognitivas y psicofisiológicas implicadas en la atención selectiva, evitación atencional, memoria selectiva, memorias recurrentes, memoria sobregeneralizada, sesgos interpretativos y de expectativa, razonamiento emocional, pensamiento negativo repetitivo, creencias metacognitivas, supresión del pensamiento y respuestas de escape/evitación motoras.	Cualquier trastorno.
Aldao et al. (2010)	Estrategias de regulación emocional.	Procesos adaptativos (aceptación, revaluación y solución de problemas) y disfuncionales (supresión, evitación emocional, rumiación).	Trastornos de ansiedad, depresivos, alimentarios y adicciones.

CUADRO 2.2 *(continuación)*

Autor(es)	Conceptos	Procesos	Trastornos implicados
Egan et al. (2011)	Perfeccionismo.	Comprobación del rendimiento, respuestas de escape/evitación (incluida la dilación/ procrastinación), respuestas inadecuadas.	Trastornos de ansiedad, depresivos y del comportamiento alimentario.
Carleton et al. (2012)	Intolerancia a la incertidumbre.	Prospectiva inhibitoria.	Trastornos de ansiedad, depresivos y del comportamiento alimentario.

[1] Entendidos en nuestro caso como cadenas de estímulos y respuestas implicadas en la producción de otras respuestas, donde estas pueden desempeñar en la cadena una u otra función, basándose en su ubicación en el curso temporal de los acontecimientos.

[2] Estos son delimitados como emociones negativas frecuentes e intensas, reacciones aversivas ante las experiencias emocionales cuando se perciben como incontrolables o inaceptables y merecedoras de los esfuerzos que se requieran para escapar de las mismas cuando no ha sido posible evitarlas.

FUENTE: Modificado de Sandín (2012; p. 190).

Implicaciones clínicas 3

3.1. CONSTRUCTOS Y MECANISMOS RELEVANTES PARA LA INTERVENCIÓN PSICOLÓGICA

Con objeto de que podamos comprender mejor en qué consisten y cómo se delimitan estos constructos «transdiagnósticos» o de naturaleza dimensional, presentamos a continuación algunos de los más prominentes: sensibilidad a la ansiedad (SA), intolerancia a la incertidumbre, síndrome de afecto negativo, perfeccionismo, rumiación, intrusiones mentales, control de la ira, evitación experiencial e hiperreflexividad psicológica.

Sensibilidad a la ansiedad. Se delimita a partir del patrón de respuestas que se desencadenan ante reacciones interoceptivas asociadas a la sobreactivación somática que se perciben como peligrosas, basándose en el dato o en la creencia de que anteceden a consecuencias reales que se temen[1].

En el planteamiento del estudio realizado por Fairholme et al. (2012), estos señalaban que:

> «Las similitudes conceptuales entre los modelos recientes de insomnio y los trastornos emocionales sugieren que puede haber factores comunes que subyacen o mantienen estas dificultades. Los procesos cognitivos y conductuales inadaptados, similares a los descritos en relación con los trastornos emocionales, se han citado como mecanismos clave en el mantenimiento del insomnio primario» (p. 522)[2].

Dichos autores añaden a continuación que desafortunadamente se carecía de investigaciones sobre este potencial solapamiento.

Para verificar su hipótesis, plantearon su estudio en el que analizaron la relación entre la sensibilidad a la ansiedad (SA), las creencias disfuncionales, la fatiga, las «conductas de seguridad» (respuestas de escape/evitación ante estímulos temidos) y la gravedad del insomnio, en una muestra de P/C ambulatorios que presentaban trastornos de ansiedad y del estado de ánimo.

Los procesos clave del insomnio (creencias disfuncionales, fatiga y las respuestas de escape/evitación) se mostraban relacionados con su gravedad en todos los participantes que integraban la muestra, salvo la SA.

Hipotetizaron que la SA moderaría la relación de las creencias disfuncionales y la fatiga en función de la gravedad del insomnio.

[1] Véase Reiss y McNally (1985).

[2] «Conceptual similarities between recent models of insomnia and emotional disorders suggest there may be common factors that underlie or maintain these difficulties. Maladaptive cognitive and behavioral processes similar to those described in connection with emotional disorders have been cited as key mechanisms in the maintenance of primary insomnia» (p. 522).

Sus resultados mostraron que las relaciones entre los procesos clave del insomnio y su gravedad fueron más intensos entre los participantes que puntuaban alto en SA, apoyando la hipótesis de que existían mecanismos comunes para el insomnio y los trastornos emocionales.

Su conclusión fue que la SA podría funcionar como un mecanismo para el mantenimiento de las alteraciones del sueño en el contexto de los trastornos de ansiedad y del estado de ánimo, abriendo el camino a futuras investigaciones al respecto.

A día de hoy, la SA se ha verificado común a los trastornos relacionados con el sueño, además de a los trastornos emocionales y los propiamente del sueño, siendo especialmente relevante, desde el punto de vista clínico, en el TAP o las crisis de angustia. Estos resultados avalan la hipótesis de su naturaleza transdiagnóstica[3].

Intolerancia a la incertidumbre. Delimita la tendencia a reaccionar evitando/escapando de aquellas situaciones cuyo resultado se percibe incierto[4].

Este constructo se supone integrado por la ansiedad anticipatoria y por la inhibición ansiosa, que dan lugar a una reacción compleja. La primera se asocia con un estado de alerta cuyo fin es vigilar y prevenir/evitar acontecimientos imprevistos («intolerancia prospectiva»), y la segunda se relaciona con la detención de cualquier reacción propia tras la aparición de la duda («intolerancia inhibitoria del comportamiento»).

En consecuencia, implica la existencia de al menos un componente cognitivo, otro de orden emocional y otro conductual (respuestas psicofisiológicas y motoras). Se supone que funciona a modo de una heurística que da lugar a sesgos relevantes en el procesamiento de la información, sesgos que, a su vez, se hipotetizan responsables de que se valore erróneamente un estímulo o configuración estimular como peligroso/a, pese a no serlo realmente. El resultado último de este proceso sería la inhibición de las respuestas de afrontamiento, que son las realmente adecuadas, las que forman parte de los repertorios básicos de la conducta adaptada de quien presenta tal intolerancia.

La intolerancia a la incertidumbre (IIN) fue inicialmente propuesta como un mecanismo que participaba en el inicio, desarrollo y mantenimiento del trastorno de la ansiedad generalizada[5], pero en la actualidad se presume especialmente asociada con la SA e implicada en trastornos internalizados como los depresivos y de ansiedad (TAS, TAG, TOC, TAP, etc.)[6].

En este último sentido, por ejemplo, McEvoy y Mahoney (2013) conjeturaron que era un constructo transdiagnóstico relevante y una variable que participaba en el mantenimiento de los trastornos depresivos y de ansiedad. En su investigación analizaron su papel en las relaciones entre las respuestas alteradas que conforman los trastornos depresivos, de ansiedad y el neuroticismo.

Los resultados obtenidos no solo corroboraron los de otra investigación previa, aportando

---

[3] Véase, por ejemplo, Amodeo Escribano (2018), Bentley et al. (2013), Cai et al. (2018), Dixon et al. (2013), Fernández-Valdés (2016), Gallagher et al. (2013), Kim et al. (2017), McNally (1999), Olthuis, Watt y Stewart (2014), Osma López et al. (2014), Poletti et al. (2015) o Taylor (1999).

[4] Neville et al. (2021), McEvoy y Mahoney (2013), Thibodeau et al. (2015).

[5] Véase Dugas et al. (1995), quienes probaron la relación entre la preocupación y la resolución de problemas en una muestra de estudiantes universitarios que fueron evaluados en preocupación, resolución de problemas, estado de ánimo y depresión. Los resultados apoyaron la hipótesis de que los déficits en la resolución de problemas (orientación) estaban relacionados con la ocurrencia de una preocupación desproporcionada o excesiva (ansiedad generalizada). Además, los déficits conductuales-cognitivos-afectivos asociados con la orientación se relacionaron directamente con la merma en la capacidad de resolución de problemas de quienes se mostraban excesivamente preocupados.

[6] Arnáez et al. (2020), Carleton et al. (2014), Counsell et al. (2017), Kyrios, Hordern y Fassnacht (2015), Rosa-Alcázar et al. (2020), Shihata, McEvoy y Mullan (2017), Wake et al. (2021), Whiting et al. (2014).

evidencia en favor de su hipótesis, sino que también mostraron que cuando se controlaron las puntuaciones obtenidas por los participantes en neuroticismo, entonces, por una parte, la ansiedad anticipatoria (componente de la IIN) aparecía como la variable que modulaba la relación entre este y las respuestas alteradas que integran y conforman el TAG y el TOC. Por otra, la «inhibición ansiosa», el otro integrante de la IIN, permitía comprender y explicar las relaciones entre neuroticismo y las respuestas alteradas y disfuncionales que conforman el trastorno por depresión, el TAS[7], el TAP y el TAG.

En este contexto, Hebert y Dugas (2019) han dado a conocer una nueva investigación sobre la IIN, diseñada, planificada y desarrollada en el marco de su modelo explicativo (véase figura 3.1). Ellos entendieron que se necesitaba un nuevo modelo que permitiera establecer, de modo concreto, la relación que se detectaba entre el estado de incertidumbre, las creencias que afectan a la interpretación de la incertidumbre y las respuestas de ansiedad.

Su modelo se centra en las interpretaciones catastróficas y erróneas a las que da lugar la incertidumbre, produciendo consecuencias problemáticas de orden emocional, cognitivo y conductual (respuestas psicofisiológicas y motoras), en línea con otros modelos previos como el desarrollado por Salkovskis (1999) para el TOC o el de Clark (1986) para el TAP.

Su propuesta explicativa de la IIN, coherente con los supuestos y principios del MCC, integra la secuencia formada por los estímulos que la generan, el estado de incertidumbre, la interpretación errónea y catastrofista de tal estado y, por último, el patrón de RAD de ansiedad que conllevan preocupación y escape/evitación de la situación («conductas de seguridad»).

En este modelo, las consecuencias que siguen a las respuestas de escape/evitación (alivio de la aversión o reducción/eliminación del estado de malestar) refuerzan negativamente la IIN, que se formula como una variable disposicional que se une a los recuerdos de acontecimientos vitales estresantes y de los estados emocionales negativos.

Las razones de Hebert y Dugas (2019) para realizar esta nueva investigación son mejorar el tratamiento del TAG, entendiendo que, por un lado, ha de ser más parsimonioso y, por otro, más eficaz. En relación con este último, los resultados de la investigación de las relaciones entre la IIN y el desarrollo y mantenimiento del TAG constatan que aproximadamente el 20-30 por 100 de los participantes tratados mediante TCC ni logran una remisión completa tras el tratamiento, ni los valores de la IIN se reducen significativamente.

En consecuencia, para mejorar la eficacia del TCC desarrollaron un nuevo protocolo, centrado exclusivamente en la IIN y aplicando experimentos conductuales. El tratamiento contiene tres módulos, aplicados en doce sesiones, en las que se desarrolla: *a*) psicoeducación y entrenamiento en conciencia de la incertidumbre; *b*) experimentos conductuales dirigidos a la IIN, y *c*) prevención de recaídas.

En la medida postratamiento sus resultados mostraron disminuciones sustanciales en los valores de las respuestas alteradas que conforman el TAG, en las de los trastornos comórbidos, en otras respuestas inadecuadas y en la IIN, valores que se mantuvieron, en general, en el seguimiento de 6 meses[8].

Síndrome de afecto negativo. El cúmulo de recuerdos o historial personal de las respuestas de evitación de las situaciones aversivas, así como de las respuestas de escape cuando no se ha podido evitar la situación, constituyen lo que llamamos «afectividad negativa». Esta se considera una función de la frecuencia, duración e intensidad de las

[7] Véase Olivares-Olivares et al. (2019).

[8] Seis de los siete participantes mostraban un comportamiento que funcionalmente pudo calificarse entre moderado y alto en el postratamiento y en la medida de seguimiento.

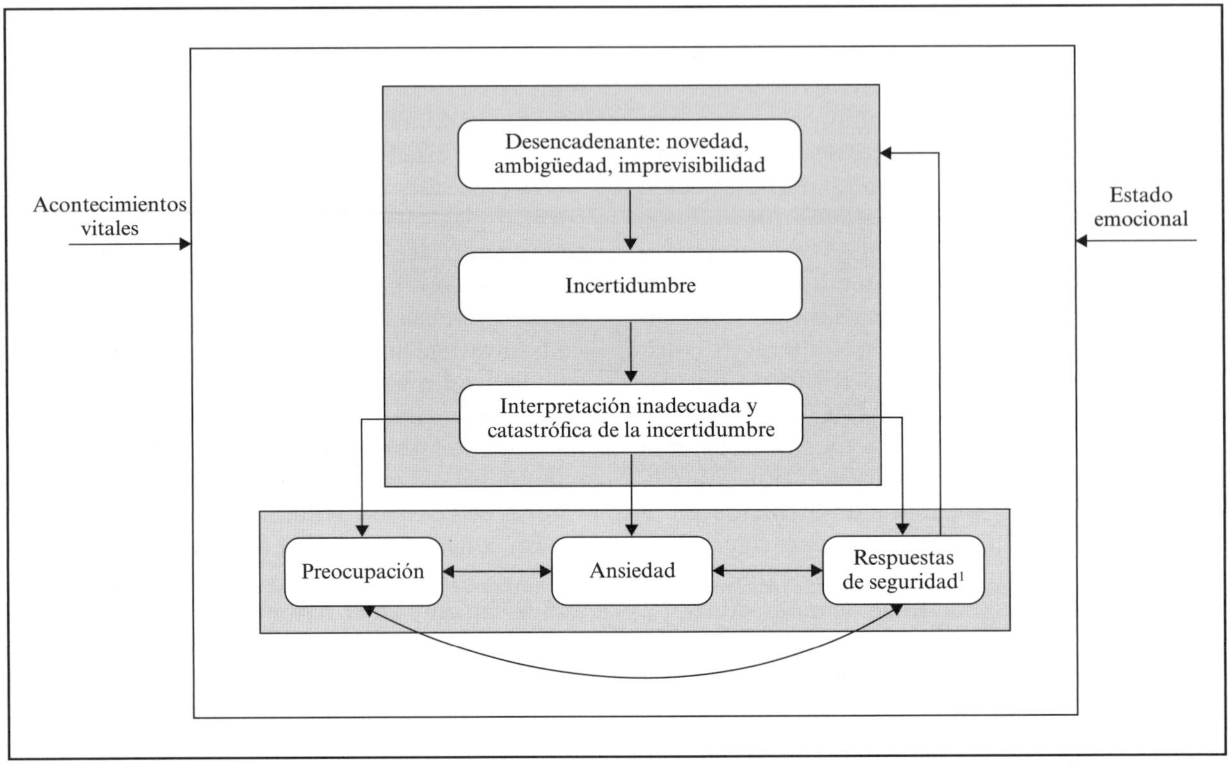

[1] Respuestas de escape y evitación.

FUENTE: Hebert y Dugas (2019; p. 422).

Figura 3.1.—Nueva conceptualización conductual-cognitiva de la intolerancia a la incertidumbre y las respuestas alteradas desadaptativas que conforman el trastorno de ansiedad generalizada.

experiencias aversivas que, estando almacenadas en nuestra memoria, se activan ante la ocurrencia del estímulo o configuración estimular a la que están asociadas. Este cúmulo de recuerdos puede conceptualizarse como un constructo dimensional que, en tanto que variable disposicional, se puede interpretar como parte de la estructura dimensional de la vulnerabilidad a presentar trastornos depresivos y por ansiedad.

Cuando Barlow et al. (2003 y 2004) situaron la prevención de la evitación emocional entre los tres componentes que consideraban fundamentales para el tratamiento de los trastornos emocionales (en general), estaban delimitando el AFN como un constructo relevante para su tratamiento unificado en todos los trastornos emocionales.

Como hemos visto, este constructo formaría parte funcional de trastornos del comportamiento como el TCA, el bipolar, los relacionados con la ira, el somatoforme o el disociativo. Como señalaron Sandín et al. (2012), el elevado solapamiento entre ansiedad y depresión (y sus implicaciones para la comorbilidad), desde la perspectiva fenomenológica, sugiere una alta comunalidad entre ambos trastornos y la posibilidad de agruparlos en un constructo de orden superior, como sugirieron Watson, O'Hara y Stuart (2008).

En la investigación publicada por Cohen et al. (2017) se analizó si la coexistencia de ansiedad social y de depresión se asociaba con un mayor deterioro funcional y con un curso más incapacitante para el desarrollo de la actividad cotidiana. El trastorno de ansiedad social se considera único entre los trastornos de ansiedad, por compartir un perfil afectivo con la depresión, caracterizado por intensidad baja del AFP y alta del AFN. Ahora bien, se desconocía si estos dos componentes del perfil afectivo del trastorno interactuaban y, en su caso, cómo contribuía la interacción a la covariación entre las respuestas de ansiedad social y las depresivas. De ahí que su objetivo fuese investigar el efecto del AFP y del AFN (autoinformados) en la varianza de la asociación entre la ansiedad social y las puntuación de las respuestas depresivas en los tres grupos de participantes que estudiaron: con trastorno bipolar tipo I (TB; *n* = 32), con trastorno depresivo mayor (TDM; *n* = 31) y controles sin trastornos psicológicos ni psiquiátricos (*n* = 30), que fueron evaluados en tres momentos distintos, mediando un intervalo de seis meses entre medida y medida.

Los resultados mostraron que las puntuaciones bajas en AFP y las medias y altas en el AFN explicaban la varianza en las asociaciones concurrentes y prospectivas entre el TAS y la depresión en el grupo de TB. En cambio, las puntuaciones altas en AFN y medias y bajas en AFP explicaron la varianza en las asociaciones concurrentes y prospectivas entre el TAS y la depresión en el grupo de TDM.

Pese a las limitaciones del estudio, debidas al tamaño de los grupos, a que las medidas fueron solo de autoinforme y que los datos del seguimiento se vieron afectados por la deserción de algunos participantes, los resultados sugieren que los mecanismos afectivos pueden contribuir a las altas tasas de coocurrencia de la ansiedad social y la depresión, tanto en TDM como en TB, con las implicaciones que pueden derivarse de ello para la evaluación y el tratamiento del TAS y la depresión en el TDM y el TB.

Entre nosotros, Toro, Alzate, Santana y Ramírez (2018) también han estudiado el papel mediador del AFN en la relación entre la IIN y las respuestas de ansiedad y del estado de ánimo desadaptadas. Sus resultados les llevan a concluir que el AFN (estado y rasgo) puede considerarse con carácter general un factor mediador entre la IIN y las respuestas de ansiedad desadaptadas y en la depresión de forma parcial.

Perfeccionismo. Como se recordará, Fairburn et al. (2003) incorporaron a su modelo explicativo de los TCA cuatro variables o factores que suponían que interactuaban con los mecanismos centrales implicados en su mantenimiento. Además, postulaban que cuando tal interacción se producía, entonces el efecto que se generaba constituía una barrera para el cambio, reduciendo los efectos del TCC. Una de esas variables era el perfeccionismo disfuncional, que es el que tiene relevancia clínica.

Pero esta variable no solo supone un factor de riesgo que incrementa la vulnerabilidad de quienes la presentan para padecer los TCA; también lo es de otros trastornos como los de ansiedad, los depresivos o los del espectro obsesivo-compulsivo, entre otros[9].

En la revisión de Egan, Wade y Shafran (2011) se verifica que, además de incrementar la vulnerabilidad a los TCA y participar en el mantenimiento del TOC, de la ansiedad social y de la depresión, el perfeccionismo también permite predecir el resultado del tratamiento en estos trastornos, porque, entre otras cuestiones relevantes, dificulta el cumplimiento del contrato terapéutico. De ahí que se postule como una variable o constructo que se puede calificar de transdiagnóstico y que ha de ser objeto de evaluación y tratamiento[10].

---

[9] Véase De Rosa (2012), Levinson et al. (2015), Oros (2005), Pamies y Quiles (2014) y Rodríguez-Jiménez, Blasco y Piqueras (2014).

[10] Véase Egan et al. (2016), Egan y Shafran (2018) y Ong et al. (2019).

Rumiación. Es un estilo cognitivo que se caracteriza por la hiperreflexión, repetitiva y persistente, en torno a cuestiones o sucesos vividos (errores, conflictos, fracasos, etc.) que tienen un impacto negativo en el estado de ánimo.

Nolen-Hoeksema (2000) indicaba que las personas con un estilo de respuesta rumiante piensan de forma repetitiva y circular sobre sus propias emociones negativas, centrándose especialmente en las respuestas de ansiedad («Me siento muy mal», «No puedo concentrarme»), preocupándose por el significado de tales respuestas («¿Por qué me pasa esto a mí?») y por su impacto facturo («¿Podré superarlo algún día?»).

La revisión realizada por esta investigadora le llevó a concluir que quienes muestran este estilo de procesar la información presentan más respuestas depresivas a lo largo del tiempo. La rumiación se asocia con la ocurrencia de trastornos depresivos, con su cronicidad y con los retrocesos, además de con los efectos de las respuestas depresivas y la aparición de RAD de ansiedad. Por todo ello, Nolen-Hoeksema (2000) conjeturó que era altamente probable que la rumiación estuviera presente en los P/C que mostraban respuestas de ansiedad y depresión («trastorno mixto»).

En un trabajo posterior, Nolen-Hoeksema y McLaughlin pusieron a prueba la hipótesis de que la rumiación podía ser considerada como una variable transdiagnóstica para los trastornos de ansiedad y de la depresión[11]. Realizaron dos estudios longitudinales a fin de verificar si la rumiación explicaba las asociaciones concurrentes y prospectivas entre las respuestas alteradas de estos dos trastornos, uno con adolescentes (N = 1.065) y otro con adultos (N = 1.317). Los resultados mostraron que la rumiación mediaba significativamente la relación concurrente entre los dos trastornos en los adolescentes ($z = 6,7$, $p < 0,001$) y de manera parcial en los adultos ($z = 5,6$, $p < 0,001$).

En los análisis prospectivos con los datos de la muestra de adolescentes, las respuestas depresivas predijeron el aumento de la ansiedad en función de la rumiación ($z = 5,26$, $p < 0,001$). Asimismo, en los adultos la magnitud de las respuestas depresivas iniciales predijo el aumento de las de ansiedad y, a su vez, la ansiedad inicial predijo el aumento de las depresivas ($z = 2,35$, $p = 0,019$ y $z = 5,10$, $p < 0,001$, respectivamente). De ahí que concluyeran su relevancia en el inicio de estos dos trastornos y la importancia centrarse en su evaluación y tratamiento.

Como indica Pérez-Álvarez (2012), en línea con Nolen-Hoeksema (2000), quienes presentan un estilo rumiante incrementan su probabilidad de sentir y pensar negativamente tras experimentar algún evento perturbador. Esta observación es importante porque permite diseñar programas de tratamiento para su prevención, dado que se supone que la rumiación es el resultado de un aprendizaje realizado durante la interacción social y que, además, media entre las respuestas depresivas y la aparición en un período de tiempo relativamente breve de las respuestas de ansiedad, y viceversa, actuando a modo de catalizador.

Asimismo, habida cuenta de que la rumia disfuncional antecede a las respuestas depresivas, el aprendizaje y la aplicación de estrategias como la orientación o focalización en la tarea o en la propia acción, la distracción de la atención, el cambio de perspectiva o el «distanciamiento», el centrarse en «el aquí» y en «el ahora», la autocompasión o el vivir en el presente, dejando fluir la experiencia a través de una observación que no implique el juicio, permiten que podamos incluir la rumia dentro los programas de promoción del bienestar psicológico como un elemento importante.

Como habíamos referido líneas atrás, el papel de la rumiación en el TLP cuenta con una propuesta explicativa, formulada y contrastada por el grupo de Edwuard A. Selvy[12]. Esta se conoce como el

[11] McLaughlin y Nolen-Hoeksema (2011).

[12] Selby et al. (2009) y Selby y Joiner (2009 y 2013).

modelo de la «cascada emocional», de la que derivaron y contrastaron sus hipótesis[13]. Su papel se hipotetiza como el de una estrategia en espiral y expansiva, que inicialmente sirve para afrontar las emociones negativas o conjuntos de alteraciones que, al percibirlas, las clasificamos y denominamos como tristeza, ansiedad, ira, etc., pero que, a su vez, participaría intensificando el bucle entre estos dos componentes (véase figura 3.2).

Como puede apreciarse en la figura 3.2, la rumiación produciría inicialmente el alivio del malestar (disminución de la intensidad de la magnitud de la emoción negativa), pero también produciría un incremento de la propia rumiación que intensificaría la atención a la situación problemática (con el consiguiente incremento del estado de alerta), y así sucesivamente. Todo ello terminaría conduciendo a la ejecución de respuestas de escape (inicialmente) que ponen en riesgo la salud, como, por ejemplo, el abuso del consumo de sustancias tóxicas, las autolesiones sin peligro para la vida o las prácticas sexuales de riesgo.

Tales respuestas de escape se muestran funcionalmente como acciones alternativas que permiten a los P/C escapar de los estados de malestar (calificados como emociones negativas), produciendo el alivio que sigue a desviar o distraer momentáneamente su atención de los pensamientos negativos y del malestar percibido. Este efecto positivo sería el responsable de su inicio y posterior desarrollo (intensificación).

Intrusiones mentales. Se delimitan como los eventos cognitivos recurrentes que interfieren la actividad que se está realizando porque utilizan al menos una parte de nuestros recursos atencionales.

Clark y Rhyho (2005) las definían como:

> «[...] los pensamientos, imágenes o impulsos intrusivos, clínicamente relevantes y no deseados, [refiriéndolos a] cualquier acontecimiento cognitivo distinto a ellos, que es identificable, indeseado, no intencionado y recurrente. [Que] Interrumpe el flujo de pensamiento, interfiere en el rendimiento de la tarea, se asocia con el afecto negativo y es difícil de controlar» (p. 4)[14].

Aunque las intrusiones mentales (IM) son prominentes en el TOC, en tanto que pensamientos automáticos y negativos, también tienen un papel relevante en la depresión, en el TEPT, en el insomnio, en los trastornos sexuales, en los TCA, etc.

Autores como Morrison (2005) subrayan su carácter egodistónico, salvo en algunos casos en los TCA. Esto lleva a que nos podamos plantear la posibilidad de su inclusión, dentro del marco de las intrusiones cognitivas, de algunas de las formas de la ideación intrusiva como la que acaece en los delirios de control del pensamiento y en las alusiones en general.

Pascual-Vera y Belloch (2018) presentaron una revisión de las respuestas cognitivas no deseadas («intrusiones mentales no deseadas») y de sus consecuencias funcionales, en tanto que constructos dimensionales que participan en la conformación del TOC, el TDC, la HIP (hipocondría) y los TCA.

Es un excelente trabajo que resume y actualiza la información empírica disponible. Las autoras abordan, en primer lugar, los resultados de los estudios acerca de la generalización y la dimensionalidad de las IM, en segundo los datos que las avalan como dimensiones que integran las respuestas alteradas comunes al TOC y a los TCA y, en tercer lugar, presentan los resultados de falsar la hipótesis del carácter transdiagnóstico sobre las IM obsesivas que se producen en el TDC, la HIP y el TCA.

---

[13] En el anexo I incluimos una explicación más pormenorizada de esta propuesta explicativa.

[14] Clark y Rhyho (2005) indicaban que «[...] we define unwanted clinical relevant instrusive thoughts, images or impulses as: any distinct, identifiable cognitive event that is unwanted, unintended, and recurrent. It interrumpts the flow of thougt, interferes in task performance, is associated with negative affect, and is difficult control» (p. 4).

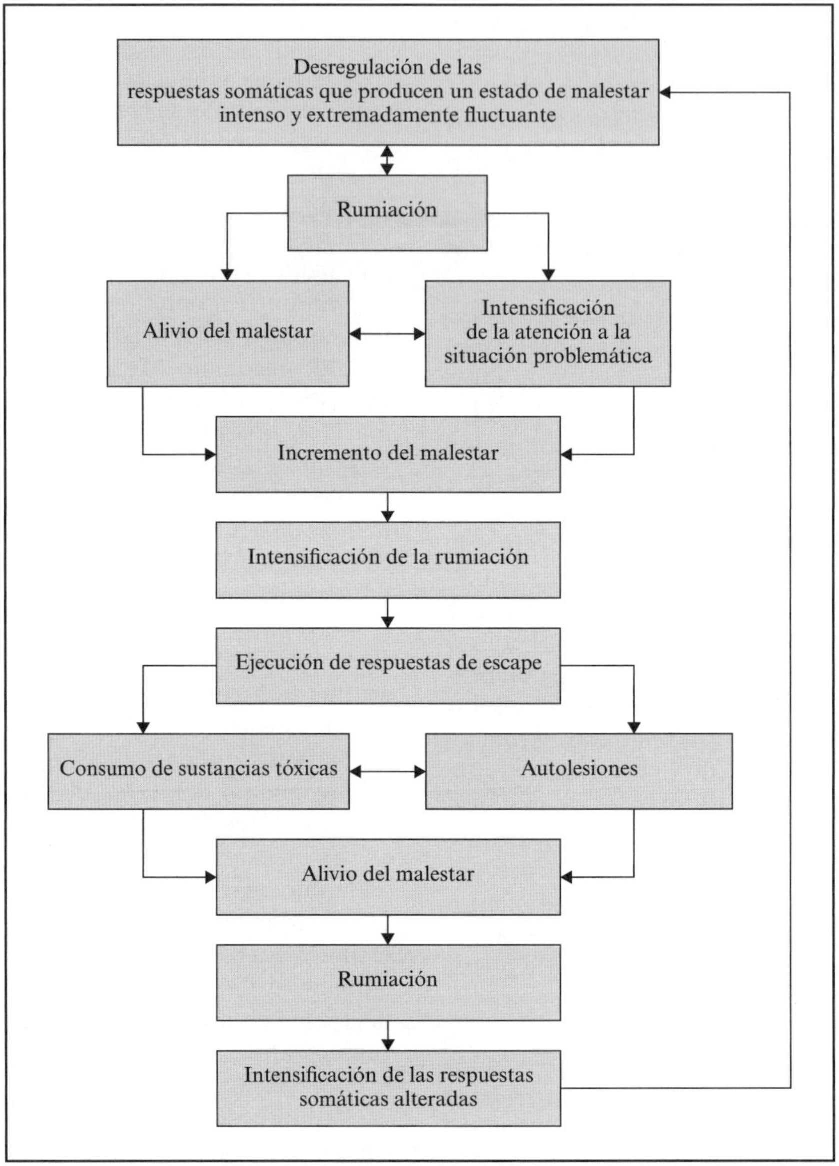

Figura 3.2.—Esbozo del proceso que conforma la «cascada de emociones».

Parten del supuesto de que el TOC es el trastorno central u organizador y, por tanto, principal, en línea con quienes conjeturan un espectro obsesivo-compulsivo. Se centran en las IM y en sus consecuencias funcionales, que constituirían la variante normativa de las RAD que estarían en la base del TOC, las cuales se hipotetizan también como potenciales variables dimensionales que estarían implicadas en el inicio y/o el mantenimiento de otros trastornos del comportamiento.

Los resultados de su trabajo proporcionan respaldo empírico a la hipótesis de que las IM y sus consecuencias funcionales son comunes a los trastornos del comportamiento considerados en su investigación y, por tanto, tienen valor transdiagnóstico.

Esta verificación contribuye a conocer, comprender y explicar mejor las relaciones que pone de manifiesto la comorbilidad entre trastornos del comportamiento que fenomenológicamente se muestran distintos.

Una conclusión importante de este trabajo es la consideración de que las diferencias entre los grupos de respuestas adaptadas-funcionales y alteradas-desadaptadas/disfuncionales sugieren una naturaleza más cuantitativa o de grado que cualitativa. Es decir, los datos al respecto están en línea con el supuesto básico del MCC de que las respuestas «normales» y «anormales» se aprenden, desarrollan y mantienen basándose en los mismos principios: sus diferencias son cuantitativas, no cualitativas.

Entre los resultados importantes de esta investigación también hay que subrayar la elevada tasa de prevalencia informada sobre la ocurrencia conjunta de los cuatro subgrupos de contenidos de las IM (TOC, TDC, HIP y TCA), así como las relaciones que se aprecian entre ellos, independientemente del ámbito sociocultural.

Ello les lleva concluir que tal tendencia puede constituir un factor de vulnerabilidad (variable disposicional) para el inicio y/o mantenimiento de estos trastornos. Por ello, el hecho de que puedan ser detectados y tratados tempranamente ayudaría y facilitaría la prevención de la ocurrencia de los trastornos investigados, que, por otra parte, como señalan las autoras, muestran cursos y edades de inicio similares.

En relación con las similitudes y las diferencias halladas en las consecuencias funcionales de los cuatro grupos de contenidos de las IM, se señala en el estudio que, en las primeras, las coincidencias sugieren la existencia de procesos comunes, es decir, de cadenas o secuencias de respuestas cognitivas, psicofisiológicas y motoras similares, relacionadas con las IM. En las segundas, en línea con la hipótesis de la especificidad de los contenidos[15], subrayan, por ejemplo, el grado de generalización de las IM alimentarias frente a las hipocondríacas, las cuales se relacionan con un incremento de la intensidad del malestar, mientras que las obsesivas destacan por el mayor impacto e interferencia en el desarrollo de las actividades cotidianas.

Las investigadoras asumen las IM como «[...] un proceso mental complejo, que tiene sus propias reglas funcionales que es necesario conocer para poder intervenir de manera eficaz cuando su aparición pone en riesgo el bienestar de las personas» (p. 144). Asimismo, defienden que:

> «[...] incorporar la investigación transdiagnóstica a la psicopatología facilita la comprensión dimensional de los trastornos mentales y contribuye a mejorar tanto los diagnósticos como, seguramente, los tratamientos. Las IM y sus respectivas consecuencias funcionales son candidatas firmes para este análisis en el TOC, el TDC, la hipocondría y los TA[16]» (p. 144).

En este marco, Çili y Stopa (2015) han postulado la naturaleza transdiagnóstica de *las imágenes cognitivas intrusivas*. Su propuesta se sustenta en la amplitud del rango de los P/T en las que están presentes y en los que desempeñan un papel relevante su mantenimiento, a través de representación de los mismos y de su relación con el sentido del yo de los P/C.

Su evaluación y tratamiento se enmarca dentro de la tradición conductual-cognitiva y la conforman un conjunto de procedimientos dirigidos a cambiar los recuerdos desagradables, en línea

[15] Según la cual los distintos trastornos psicológicos tendrán distintos perfiles cognitivos, como se pone de manifiesto «[...] en el contenido y la orientación de las cogniciones negativas y en los sesgos de procesamiento asociados con cada trastorno» (Clark, Beck y Alford, 1999, p. 127).

[16] TCA en nuestras siglas.

con lo indicado, por ejemplo, por Arntz y Weertman (1999). Dentro de estos últimos destaca la «Imagery Rescripting» (ImRs), que es una técnica que se aplica al tratamiento de recuerdos específicos sobre experiencias que, pese a pertenecer al pasado, se muestran asociadas a problemas actuales, y de la que daremos cuenta en el apartado 6.6 (pp. 250-268).

Por último, queremos indicar que la literatura muestra que los intentos de control (evitación/escape) de las IM, por parte de quien las percibe, se asocian con mayor cronicidad y comorbilidad, es decir, con mayor gravedad[17], con las implicaciones que de ello se derivan para la inclusión del componente de MFN en su tratamiento.

Control de la ira. La ira se delimita como una reacción defensiva que se integra en el constructo formado por el patrón de respuestas psicofisiológicas, cognitivas y motoras que conforman el concepto de «emoción básica»[18].

[17] Véase González Pando et al. (2018).

[18] Recordemos que por «emociones básicas» se entienden aquellas que aparecen durante nuestro desarrollo, independientemente del contexto en el que se produzcan. Desde el punto de vista evolutivo, su función es adaptativa: incrementan nuestras probabilidades de sobrevivir como individuos y así garantizar la continuidad de nuestra especie. Se suponen en la base de nuestras respuestas de escape/evitación y apetitivas, posibilitando nuestra defensa/huida ante estímulos o configuraciones estimulares peligrosas o nuestra aproximación a los estímulos placenteros (agua, comida, actividad sexual, juego...).

En su inicio son reacciones psicofisiológicas que tienen una función preparatoria para incrementar la probabilidad de que se produzcan las respuestas cognitivas y motoras adecuadas para satisfacer las demandas que las desencadenan o requieren.

Desde la dimensión transdiagnóstica del afecto, las emociones se pueden delimitar como predisposiciones a la acción, que pueden postularse moduladas por el historial de las contingencias que conforman el afecto positivo o negativo que se ha construido a través de los procesos evolutivos de selección y adaptación natural, respecto del cual puede conjeturarse que, en tanto que variable disposicional, favorecerá la acción de aproximación o de evitación / escape ante estímulos específicos o configuraciones estimulares concretas.

Desde el marco conceptual de la psicología de la personalidad, la ira es delimitada como un rasgo que permite establecer diferencias individuales estables en la propensión o tendencia a experimentarla como un estado emocional[19].

Dos cuestiones clave para justificar la relevancia de la investigación de la ira en el contexto clínico transdiagnóstico son su transversalidad y su prevalencia[20]. En relación con la primera, su ocurrencia es variable en los distintos trastornos del comportamiento[21]. Cuando se presenta, el grado de control sobre esta modalidad de reacción primaria es considerablemente menor que en la población general, lo que suele requerir de intervenciones psicológicas específicas[22].

Asimismo, esta modalidad de reacción defensiva puede invertir el valor positivo de su naturaleza adaptativa y constituir un problema psicológico relevante por exceso, en tanto que produce sufrimiento, aun cuando no interfiera de modo significativo en la actividad cotidiana de quien la presenta y, por tanto, no pueda ser calificada como «trastorno clínico».

En estos casos suele estar formando parte desde los problemas de convivencia de las parejas hasta los de la salud estrictamente física[23], alterando el funcionamiento psicosocial y mermando la adherencia a los tratamientos psicológicos

Para profundizar, puede consultarse la excelente revisión crítica de Olivera-La Rosa, Arango Tobón y Martí Noguera (2016).

[19] Owen (2011).

[20] Véase Fernández y Johnson (2016) y Owen (2011).

[21] Así, por ejemplo, los trastornos del ámbito de la depresión, el TEPT, el TLP, el TND, el TEI, el TAG, el TAS, el TN o el antisocial. Véase Novaco (2010).

[22] Véase Pérez Nieto, Redondo Delgado y León (2012).

En el estudio de Okuda et al. (2015) se hallaron asociaciones robustas entre la ira y el trastorno bipolar, la drogodependencia, las alteraciones de naturaleza psicótica, el TLP y el esquizotípico de la personalidad, además de un amplio rango de alteraciones del comportamiento que son problemáticas por su relevancia clínica.

[23] Véase Piqueras-Rodríguez et al. (2009).

y farmacológicos. De ahí su gran relevancia clínica.

En este contexto, Owen (2011) concluía su revisión indicando que los indicios hallados le permitían sostener que una puntuación elevada, en las escalas que miden la reacción de ira como un rasgo, se relaciona con la atención selectiva a las señales sociales percibidas como peligrosas, y con la tendencia a interpretar el comportamiento de los demás como un indicio de hostilidad potencial y a rumiar experiencias pasadas que se asocian con esta modalidad de reacción.

Sus hallazgos están en línea con el carácter comunal del transdiagnóstico y apoyan la validez de conceptualizarla, cuando su frecuencia es elevada, como un aspecto del funcionamiento que se mantiene, al menos en parte, por procesos cognitivos. Owen (2011) discute también el papel de las variables cognitivas y motivacionales (creencias y objetivos), que pueden anteceder en la secuencia de las respuestas que conforman los modos o sesgos hostiles de procesamiento de la información, así como al pensamiento negativo recurrente asociado con la variante de la ira que estudia.

En relación con la segunda razón, la de su prevalencia, los resultados del estudio de la Mental Health Foundation (2008) indicaron que esta se situaba en su muestra en el 25 por 100, es decir, en una de cada cuatro personas evaluadas.

En el estudio de Okuda et al. (2015) los resultados muestran una prevalencia del 7,8 por 100 en población mayor de 18 años de los Estados Unidos de Norteamérica. En esta investigación se delimitó como una reacción inapropiada, intensa o mal controlada, y se operacionalizó mediante una medida de autoinforme en la que la ira se desencadena por eventos menores que son difíciles de controlar, como los arrebatos temperamentales frecuentes, o por acontecimientos que llevan a la pérdida del control, como lo es la respuesta agresiva hacia otros a los que se golpea o a los que se les arroja objetos.

Además, en este último estudio la frecuencia de la ira fue especialmente elevada entre los varones, y dentro de estos entre los más jóvenes, relacionándose también de manera significativa y positiva con variables parentales (estilos educativos y de crianza), con los acontecimientos vividos durante la infancia y con circunstancias adversas en la edad adulta, así como con la interferencia en el funcionamiento psicosocial.

Evitación experiencial. Se delimita como una variable disposicional, transversal al menos a los problemas y trastornos de ansiedad y del estado de ánimo, que resulta del historial de respuestas de escape/evitación de/ante ciertos eventos privados desagradables y propios de la alteración de las respuestas motoras, cognitivas o fisiológicas.

Hayes et al. (1996) la definen como:

> «[...] un fenómeno que ocurre cuando una persona no está dispuesta a ponerse en contacto con experiencias privadas particulares (por ejemplo, sensaciones corporales, emociones, pensamientos, recuerdos, predisposiciones conductuales) e intenta alterar la forma o la frecuencia de esos eventos y el contexto que los ocasiona» (p. 1156).

Luciano y Hayes (2001) delimitan la evitación experiencial (EE) como un sistema dimensional que se define funcionalmente por su naturaleza verbal.

Para estos autores, la evidencia de la EE como una variable relevante del malestar psicológico la determina el hecho de que está presente en los problemas psicológicos que recogen los diferentes sistemas taxonómicos de salud psicológica. Asimismo, desde esta perspectiva, el contextualismo funcional permitiría establecer el ámbito en el que los contextos verbales actúan sobre los eventos privados y explicarían la EE, pese a que estos no sean percibidos como las causas del problema por quien lo presenta, dado que están determinados por la inmediatez de las consecuencias positivas («cortoplacismo»), pese a que a medio y largo plazo se conviertan en auténticas cárceles, limitando, cuando no impidiendo, el desarrollo de la actividad cotidiana y produciendo malestar muy intenso.

La conocida como «trampa del alivio de la aversión» es el resultado de un proceso de aprendizaje que, a partir de una respuesta inicialmente adaptativa, puede desarrollarse y consolidarse/generalizarse (reiteración) a otras configuraciones estimulares distintas.

La pérdida progresiva o decremento de la intensidad del alivio que sigue a las respuestas de evitación/escape requiere que el P/C incremente la frecuencia y/o la duración de estas para intentar mantener el estado de bienestar (o de reducción del malestar) que asocia como su efecto.

Cuando esto último ocurre, el P/C queda atrapado en un patrón de respuesta de evitación/escape, recurrente, que lo encierra en un bucle o círculo vicioso expansivo, en el que, ante la posibilidad de que ocurra o pudiera ocurrir cualquier función verbal aversiva, desencadena automáticamente la necesidad de reducirla/eliminarla, actuando del modo que se considere más adecuado (de acuerdo con su historial de aprendizaje)[24]. Si no se ha podido evitar el evento, entonces se intentará escapar, por ejemplo, poniendo en marcha rituales cognitivos, es decir, con secuencias de respuestas que se han de producir en un orden determinado y bajo condiciones estrictas y concretas, asociadas con el alivio del malestar o que se crea que pueden producirlo.

En consecuencia, la EE también puede delimitarse como una clase funcional de respuestas que se refuerzan negativamente por el efecto de evitar/reducir la exposición al estímulo o configuración estimular que se asocia con el malestar que se padece[25].

Desde la perspectiva transdiagnóstica y contextual, que abordaremos a continuación, este constructo conlleva la reducción/falta de apertura al «aquí y ahora», así como a responder de acuerdo a valores personales (estímulos discriminativos integrados en el contexto cultural personal y/o social del grupo del que se forma parte)[26].

Conceptualmente, la EE, considerada como dimensión transdiagnóstica, se halla directamente relacionada con la merma/ausencia de flexibilidad cognitiva o «psicorrigidez», y constituye el cimiento del enfoque que sustenta la ACT[27].

La relación entre inflexibilidad psicológica y presencia de alteraciones disfuncionales del comportamiento muy prevalentes ha sido ampliamente documentada en los trastornos de ansiedad, la depresión, el abuso en el consumo de sustancias tóxicas, la adicción a los juegos de azar («juego patológico»), la bulimia nerviosa, las parafilias, el trastorno-obsesivo compulsivo, el trastorno por ansiedad/fobia social, el mutismo selectivo, las alteraciones psicóticas, etc[28].

Hiperreflexividad psicológica. Este es el último factor que se ha postulado que integra las dimensiones transdiagnósticas, y se caracteriza por incluir procesos comunes a los distintos trastornos del comportamiento que han sido aludidos. Se postula como una condición básica, que resultaría relevante para la comprensión de la esquizofrenia[29]. Se delimita como una modalidad intensificada de autoconciencia, en la que aspectos prerreflexivos se constituirían en objetos de experiencia, lo que podría llevar a «desautomatizar» actividades rutinarias como pensar y estaría relacionado, por ejemplo, con la experiencia de oír voces.

3.2. ALGUNAS CUESTIONES PARA LA REFLEXIÓN

Como ya hemos indicado, son muchas las limitaciones e inconvenientes de las categorías específicas de la psicopatología diagnóstica, pro-

[24] Wilson y Luciano (2002).
[25] Véase Ruiz (2010).
[26] Patrón-Espinosa (2013).
[27] Hayes, Strosahl y Wilson (2009).
[28] Véase González Pando et al. (2018) y Ruiz (2010).
[29] Véase Pérez-Álvarez (2012 y 2017).

puestas por la psiquiatría en el DSM y en la CIE, para explicar la elevada comorbilidad que se da entre trastornos del comportamiento que se postulan se consideran diferentes.

Estas limitaciones tienen implicaciones muy relevantes, desde el punto de vista clínico, para la evaluación y para el tratamiento de los P/T psicológicos. Esto es así hasta tal punto que, tal y como se ha indicado, solo se utilizan como etiquetas a efectos de facilitar la comunicación institucional y profesional. No tienen capacidad explicativa alguna ni tampoco sirven para orientar el tratamiento en sí mismas[30]. Su papel se sustenta exclusivamente en la posición de poder en la que se enmarca la psiquiatría como efecto de estar incluida en el ámbito de la medicina, como ya hemos comentado.

Ante este estado de la cuestión, parece que resulta ineludible reorientar la manera en la que actualmente se realiza la evaluación psicológica para la adscripción de P/C a los tratamientos. En este sentido, el enfoque transdiagnóstico, basado en una conceptualización dimensional de las RAD, se muestra como una alternativa que pretende ser y estar más acorde con la realidad[31]. Esto es debido a que:

i) Las secuencias de estímulos-respuestas/reacciones que conforman el comportamiento se pueden agrupar y delimitar en términos dimensionales que son susceptibles de ser operacionalizados.

Ello posibilita la construcción de instrumentos que sean válidos (porque miden lo que se pretende), fiables (porque se pruebe que el constructo medido es estable y se pueden obtener puntuaciones similares en tiempos distintos) y estandarizados (válidos para ser aplicados a un número grande y variado de personas).

Tales instrumentos se pueden aplicar utilizando estrategias diversas o de evaluación multimétodo (entrevistas estructuradas y semiestructuradas, autoinformes y autorregistros, test situacionales, etc.), minimizando el efecto que pudiera tener el evaluador y posibilitando realmente la comunicación entre profesionales (contrariamente a lo que ocurre ahora)[32].

ii) La búsqueda de lo común dentro de las actuales categorías diagnósticas permite que se avance en la comprensión de las variables y los procesos que participan en el inicio, desarrollo y mantenimiento de las alteraciones desadaptadas del comportamiento que producen sufrimiento a quien las presenta y/o en aquellos con los que interactúan.

Esta estrategia, además de ser la que siempre ha preconizado la naturaleza científica de nuestra disciplina, también es la que puede permitirnos comprender, explicar, predecir, evaluar y tratar adecuadamente las RAD que ahora incluimos bajo el rótulo de «comorbilidad».

Hoy los datos de la investigación sugieren que, por ejemplo, cuando se aplican conjunta y parsimoniosamente las estrategias de tratamiento que se han mostrado eficaces para los trastornos que

[30] Véase Olivares-Olivares et al. (2022).

[31] Véase Belloch (2012) y Sandín et al. (2012).

[32] Recuérdese que la British Psychological Society ha dejado de utilizar los criterios del DSM-5 para el diagnóstico.

No obstante, hemos de tener presente que el movimiento transdiagnóstico sigue utilizando buena parte de los instrumentos y las estrategias de evaluación que han servido para validar los tratamientos de los trastornos específicos de los que disponemos. Así, por ejemplo, en el primero de los dos estudios piloto que aparecen en el trabajo de Ellard et al. (2010), los instrumentos de evaluación empleados fueron: Programa de entrevistas de trastornos de ansiedad para el DSM-IV - Versión «a lo largo de la vida» (ADIS-IV-L; DiNardo, Brown y Barlow, 1994), el Inventario de depresión de Beck-II (BDI-II; Beck, Steer y Brown, 1996), el Inventario de ansiedad de Beck (BAI; Beck y Steer, 1990; Steer et al., 1993), (PANAS; Watson, Clark y Tellegen, 1988), la versión revisada del Inventario obsesivo-compulsivo (OCI-R; Foa et al., 1998), la Escala para valorar la severidad del TAP (PDSS-SR; Houck et al., 2002), el Penn State Worry Questionnaire (PSWQ; Meyer et al., 1990), el Inventario de ansiedad social de interacción (SIAS; Mattick y Clarke, 1998) y la escala de trabajo y ajuste social (WSAS; Marks, 1986).

se integran bajo la denominación de «ansiedad» y/o los que lo hacen bajo la del estado de ánimo, intensificando la focalización de los factores afectivos dimensionales, se puede conseguir una mejora clínica muy importante en la reducción / eliminación de los llamados «trastornos principales» y en los considerados «secundarios» o «comórbidos».

Este hecho permite avalar la parsimonia de la planificación del tratamiento[33], dado que reduce, cuando no elimina, la necesidad del uso de distintos manuales específicos para desarrollar la intervención psicológica.

En consecuencia, como indicaban Brown y Barlow (2009), hemos de plantearnos si distanciarnos de las respuestas concretas que integran el trastorno, pese a saber que lo conforman, para aproximarnos al conjunto de las variables del «espectro neurótico», pudiera ser más parsimonioso y más preciso desde la perspectiva de la experiencia de los P/C, con las implicaciones que de ello se pudieran derivar para la implicación activa de estos en el tratamiento.

iii) Disponemos de estrategias y técnicas de tratamiento que se han mostrado reiteradamente muy eficaces para tratar individualmente las RAD, como las de escape/evitación (cognitivas y motoras), que están presentes en los trastornos del comportamiento por ansiedad.

Cuando actuamos así estamos utilizando procedimientos derivados del principio de exposición, que podemos emplear tanto para cambiar la función de las reacciones, a partir de la modificación de su frecuencia, su intensidad o/y su duración, con independencia de que se trate de respuestas disfuncionales estrictamente psicofisiológicas, motoras o cognitivas.

Si se trata de estas últimas, es decir, por ejemplo, de pensamientos irracionales y/o creencias, entonces lo haremos aplicando, v. gr., técnicas de reestructuración cognitiva y «experimentos conductuales» o, por poner otro ejemplo, actuando como lo hacemos en el control de las reacciones que conforman el constructo «ira desproporcionada o elevada» cuando se aplican tratamientos multicomponentes de desactivación o de control emocional.

Asimismo, nuestras técnicas se han mostrado eficaces para el tratamiento en grupo, aunque en muchos casos los TE no son tan robustos como cabría esperar. Una explicación razonable es la que descansa en el hecho de que mientras que la evaluación psicológica individual permite delimitar, precisar y analizar el P/T en función de la situación en la que se presenta, en cambio esto no es posible en el diagnóstico categorial discreto que generalmente sustituye a la evaluación psicológica rigurosa del estudio de caso, pero sin embargo sí lo puede ser cuando se sigue una estrategia de evaluación dimensional[34].

De ahí que entendamos necesario y muy prometedor el cambio de enfoque, porque es previsible que este posibilite la elaboración de nuevas propuestas para reorientar y, en su caso, construir nuevas clasificaciones basándose en el empleo de la evidencia científica que propugna el transdiagnóstico.

Este cambio de perspectiva en la construcción epistemológica también debería permitir que se simplifique y se mejoren los criterios para realizar la evaluación en grupo y la eficacia del tratamiento, lo que muy probablemente también incrementará su efectividad, además de su eficacia y eficiencia.

De hecho, como indicaban Kristjánsdóttir et al. (2016), el desarrollo de iniciativas de esta naturaleza para mejorar el acceso a los tratamientos psicológicos se ha visto impulsado, por una parte, por la constatación de la elevada prevalencia de los trastornos del comportamiento por ansiedad y/o depresión y, por otra, por el hecho de

[33] Mansell et al. (2009).

[34] Véase Brown y Barlow (2009).

que muchas veces no se tratan por los costes que conllevan para quienes los presentan y para la sociedad.

En consecuencia, además de disponer de tratamientos eficaces y eficientes, como ocurre con el TCC, se ha de lograr que se apliquen en el curso de intervenciones psicológicas que simplifiquen los procesos de evaluación, mejoren la aceptación y faciliten la posibilidad de que puedan acceder a ellos los P/C a los que les podrían ser útiles.

Hasta ahora se han desarrollado numerosos TCC para ser aplicados en grupo, a fin de mejorar la eficiencia económica, pero no se ha mejorado en la misma medida el acceso a los mismos, porque el TCC grupal se ha diseñado fundamentalmente en relación con criterios categoriales específicos que reducen muy significativamente el alcance de aplicación.

Por ello, Kristjánsdóttir et al. (2016) investigaron la eficacia de la aplicación de un TCC-T breve para ser aplicado en grupo, con el objetivo de tratar la ansiedad y la depresión en P/C de atención primaria. Los resultados mostraron que este TCC-T, breve y «de baja intensidad», además de mostrarse eficaz también incrementa la probabilidad de que pueda beneficiarse del mismo un gran número de P/C.

Señalamos esto último porque, como es conocido, el gran número de manuales de tratamiento que contienen otros tantos protocolos escritos hace que muchas veces los profesionales, en su día a día, perciban como un castigo la ingente tarea que supone, al margen del trabajo cotidiano, revisarlos para actualizar su conocimiento al respecto. En cambio, la estrategia transdiagnóstica puede hacer posible que se reduzca muy significativamente su número, facilitando su aplicación en el trabajo cotidiano y optimizando la posibilidad de formación y actualización profesional del psicólogo[35].

[35] Véase Addis, Wade y Hatgis (1999) o Craske et al. (2007).

iv) La mejora de nuestro conocimiento sobre las variables implicadas en el inicio de los trastornos del comportamiento también debería redundar en la mejora de los modelos de vulnerabilidad y en el diseño y la confección de programas de detección y prevención temprana, así como de promoción de hábitos saludables con los que fortalecer nuestro estado de bienestar psicológico, además de incrementar las posibilidades de su aplicación debido a la reducción de su número.

v) Otras cuestiones que requieren respuesta sobre cómo abordarlas adecuadamente son las relativas a la disminución del número de abandonos del tratamiento y la del riesgo de retrocesos durante su aplicación y una vez finalizado este[36].

De hecho, los datos de las investigaciones transdiagnósticas muestran beneficios en este sentido, que, pese a ser indiciarios, son muy prometedores[37]. El enfoque transdiagnóstico, en línea con la intervención psicológica propia de los enfoques teóricos que conforman el MCC, propone que hay mejorar la implicación del P/C. En este contexto se subraya la importancia de que este se comprometa e implique activamente y se hipote-

[36] Véase, por ejemplo, Bados López et al. (2007), Cardi et al. (2020), DeJong, Broadbent y Schmidt (2012), Hofmann y Bögels (2006) y Rodebaugh, Holaway y Heimberg (2004).

[37] Por ejemplo, McEvoy, Nathan y Norton (2009) indican que los protocolos unificados de tratamiento transdiagnóstico se asocian con una alta satisfacción del P/C, una buena alianza terapéutica, una elevada cohesión del grupo y expectativas de tratamiento positivas tras su aplicación. Asimismo, las conclusiones del metanálisis realizado por Marker y Norton (2018) muestran que la incorporación de la entrevista motivacional (EM —véase anexo II—) como complemento del TCC de los trastornos de ansiedad también mejora los resultados frente a cuando se aplica sola. Parece que esto último puede deberse a que el efecto de la combinación EM+TCC podría influir en la mejora varios aspectos del tratamiento, que irían desde la intensificación del compromiso inicial, pasando por la reducción general de las RAD y la tasa de abandonos del tratamiento.

tiza que un incremento de la atención al papel de la emoción positiva, como variable participante en la producción de las respuestas de escape/evitación y como objetivo para las exposiciones, ya que puede mejorar significativamente los resultados de la intervención[38].

[38] En línea con lo sostenido por Arkowitz y Westra (2004) o Arkowitz, Miller y Rollnick (2015). Véase al respecto, por ejemplo, el trabajo de Fernández-Álvarez et al. (2017).

PARTE SEGUNDA

Los enfoques transdiagnósticos y la tercera generación de tratamientos psicológicos

«Las terapias de tercera generación (...) no suponen un cambio revolucionario y radical (...), sino una llamada de atención sobre aspectos ya existentes y, tal vez, poco o incorrectamente valorados (...) Lo que se enfatiza es (...) el comportamiento en sí mismo, en el contexto concreto en que se presenta (...) [sabiendo que] éste puede ser circunstancial, cosa que no sucederá probablemente con la finalidad (...) Esto supone ampliar el objetivo de análisis y centrarse más en la variabilidad (valor de adaptación) que en la constancia.»

Vallejo (2007).

El MT asume que los P/T del comportamiento resultan de la interacción entre distintas variables internas y externas que concurren en quien los presenta y padece, en el marco genérico del modelo bio-psico-social.

De ahí que una parte importante de los investigadores del MT tengan como referencia el marco del MCC[1], en tanto que contribución específica de los psicólogos que confluye con las aportaciones del resto de las disciplinas científicas implicadas en la explicación del fenómeno que constituye el comportamiento humano.

En esta línea transdiagnóstica se prosigue con la elaboración de los modelos funcionales, explicativos de los trastornos del comportamiento, pero, como volveremos a recordar, ya no están centrados en una categoría discreta y concreta, ni en sus RAD, sino en la dimensión que conforma su integración como una nueva clase que se constituye basándose en las variables y los mecanismos que se ha probado o se supone que son comunes respecto de las categorías del DSM y la CIE.

Como indicaremos, en el contexto específico de los trastornos de ansiedad y del estado del ánimo, esta parte del MT, la del TCC-T, asume, basándose en la evidencia disponible, que el AFN puede ser un constructo unificador que explique la covarianza de los trastornos emocionales.

Además, esta misma evidencia permite hipotetizar la eficacia del tratamiento psicológico para cambiar los procesos afectivos que, por una parte, se consideran básicos y, por otra, responsables al menos de parte del aumento del AFN presente en todos los trastornos emocionales.

Por tanto, en el MCC-T se concluye que el tratamiento ya no tiene que centrarse necesariamente en las respuestas concretas, alteradas y desadaptadas, que conforman actualmente las categorías diagnósticas para cada trastorno en los manuales de psicopatología psiquiátrica, pese a que en última instancia las mejoras solo puedan verificarse a partir de la constatación de su cambio.

El otro gran enfoque del MT es el que se ha desarrollado dentro del MC introduciendo en este la variante «contextual» (MC-C), parte del supuesto de que las alteraciones desadaptadas que presenta el comportamiento humano se inscriben más en su biografía que en su biología, porque se asumen principalmente como parte de los contenidos que conforman el recuerdo de las experiencias vividas[2].

En este se defiende que, dada la naturaleza del fenómeno que estudiamos los psicólogos (el comportamiento), parece más adecuado emplear el

[1] Centrado principalmente en los P/T del ámbito emocional (ansiedad, depresión y otros relacionados).

[2] Véase Pérez-Álvarez (2012 y 2017).

método hermenéutico de las ciencias humanas, que el que es específico de las ciencias naturales[3], en línea con lo argumentado hace cuarenta años por el profesor José Luis Pinillos[4].

Subrayemos de nuevo que una parte importante de los investigadores que integran el MT, los que conforman el TCC-T, no parecen querer eliminar realmente las clasificaciones psiquiátricas, sino «reciclarlas», agrupándolas basándose en las variables y los mecanismos comunes que se pueden probar que existen dentro de su espectro y entre ellas, o que se postula que existen, a fin de validar protocolos unificados de tratamiento que sean eficaces para grupos de trastornos como, por ejemplo, los incluidos dentro del rango de «trastornos emocionales de la ansiedad y de la depresión».

En este ámbito, la dimensionalidad, que está en la base del MT, es coherente con el supuesto central del MC y del MCC de que las diferencias entre las reacciones adaptadas y desadaptadas son de orden estrictamente cuantitativo. Por ello, esta continuidad también redunda en la afirmación de que el comportamiento desadaptado o disfuncional no se inscribe en un mundo ajeno al de la «normalidad».

La perspectiva transdiagnóstica se apoya en la investigación empírica de los trastornos del comportamiento del P/C y de su experiencia[5].

En su conjunto, el MT centra su interés en los «ingredientes» o principios activos intersubjetivos y contextuales, de orden general, que caracterizan la relación terapéutica. Es más, en algunas de sus modalidades se sobreponen a los aspectos técnicos, porque la relación terapéutica se contempla como una variable muy relevante.

En la variante MC-C, la TMR (teoría de los marcos relacionales) es la que da sentido científico a las distintas modalidades y formatos terapéuticos que se incluyen, dado que a través de su organización e integración permite que lo adquieran, posibilitando que se puedan comprender y explicar los principios que las hacen operativas (ya sea produciendo el cambio del C*rel* y/o modificando el C*func*[6]).

Desde esta perspectiva, por ejemplo, la TREC[7] y la TCB[8] se delimitan como ejemplos de TCC destinado a cambiar el contenido del lenguaje (C*rel*) que forma parte de las secuencias de respuestas cognitivas (pensamientos e imágenes) de los P/C que calificamos como deprimidos. La primera porque su objetivo es sustituir «creencias irracionales» por «creencias racionales», y la segunda porque persigue que el P/C cambie sus esquemas cognitivos disfuncionales por otros que sean funcionales y le permitan adaptarse y responder adecuadamente a los requerimientos de la situación.

Por ello, en los TTG incluidos bajo el paraguas del MC-C, el objetivo principal es modificar el C*func*[9] para cambiar las consecuencias asociadas a las respuestas cognitivas y motoras, al modo

---

[3] Véase, por ejemplo, Pérez-Álvarez (2017).

La hermenéutica se plantea preguntas relativas a las circunstancias o condiciones en las que se produce la comprensión de un fenómeno. Pretende ir más allá del fenómeno estudiado en sí mismo y, por tanto, superar la lógica instrumental del método científico, que se pregunta solo por los medios, mientras que la hermenéutica lo hace también por los fines. De ahí que, en su ámbito, el análisis de la interpretación del lenguaje, como poseedor de un carácter que incluye todo lo conocido, se considere un elemento imprescindible para cualquier método que se fije el conocimiento como objetivo. Véase https://arjai.es/2016/08/24/que-es-el-metodo-hermeneutico/.

[4] Véase Pinillos (1980; pp. 583 y 584).

[5] Entendida por nosotros como el producto de cómo percibe, cómo se evalúa y cómo se valora el historial personal que resulta de lo que se ha aprendido, de cómo se ha aprendido y de lo que no se ha aprendido y se percibe como una pérdida de oportunidad (experiencia negativa por defecto).

[6] Esta es una clasificación preliminar, dado que muy probablemente haya en cualquier terapia operaciones que afecten al C*rel* y al C*func,* aunque puedan hacerlo en distinto grado. Su utilidad se asienta en la posibilidad de clasificar distintas modalidades de tratamiento tomando como referencia los mecanismos que se hipotetizan responsables del cambio en el comportamiento.

[7] Ellis y Grieger (1977).

[8] Beck et al. (1979b).

[9] Hayes, Follette y Linehan (2004b).

de pensar y actuar. Esta es su «marca» distintiva frente a los de la segunda generación.

Así, por ejemplo, en el caso de la TCD[10] para tratar el «distanciamiento» se enfatiza la aceptación de las secuencias concretas de pensamientos e imágenes indeseados, cambiando la actitud implícita en la respuestas de evitación/escape por la de exposición para aprender a observarlos, sin sentirse obligado a tener que hacer necesariamente algo (en relación con su contenido) que sea distinto a asumirlos. Es decir, aceptando que las cosas son como ocurren[11].

De ahí que, en el marco de los tratamientos del MC-C, la incorporación del «mindfulness»[12], como parte de los elementos activos que los conforman, haya tenido mucha relevancia para las propuestas que se han formulado dentro de su ámbito[13]. El objetivo de su inclusión es debilitar, hasta que desaparezca, el sentido que tienen los contextos verbales asociados al padecimiento, una vez que han sido identificados en la experiencia del P/C por este, y que a partir de ahí son percibidos como las causas del sufrimiento[14].

[10] Linehan (1993a).

[11] Uno de los dogmas del budismo es que el sufrimiento no se puede evitar; otro que todo cambia. En consecuencia, el origen del sufrimiento estaría en el apego a contenidos concretos archivados en nuestra memoria. Para aplicaciones tempranas de este componente de la tradición espiritual en el TCC del comportamiento adictivo puede verse, por ejemplo, Marlatt (2002) o Marlatt et al. (2004).

[12] Robins, Schmidt III y Linehan (2004) lo delimitan en términos conductuales como «[...] el proceso intencional de observar, describir y participar en la realidad sin hacer juicios, viviendo el presente y con efectividad» (p. 37).

[13] Véase Hayes et al. (2004).

[14] El tratamiento se dirige a modificar el *Cfunc,* por una parte, intensificando el debilitamiento de los componentes de literalidad, evaluación, etc., del lenguaje y, por otro, fomentando y desarrollando la exposición al contacto con el presente, con las contingencias directas que proporcionen al P/C retroalimentación sobre su comportamiento, sin que medie el lenguaje modulando las contingencias a modo de catalizador.

Los desafíos 4

El proceso para constatar las ventajas que potencialmente puede ofrecer el MT frente al MCC no está exento de desafíos, es decir, de retos y de potenciales limitaciones.

En este sentido, hay que diferenciar las dificultades a las que debe hacer frente el MT, como ya hemos avanzado. Así, por un lado, están los problemas relativos a la creación, desarrollo y validación de protocolos, estrategias e instrumentos específicos para afrontar la evaluación psicológica de los trastornos del comportamiento reconceptualizados[1] y de su consiguiente cambio en el diagnóstico (psicopatología), y, por otro, los de su concreción como TCC-T.

Siguiendo el hilo del análisis de Belloch (2012), hemos de recordar que no se debería de caer en tentación de traducir la idea de «conjunto de RAD», así como sus posibles causas, por la de una reunión armoniosa, más o menos extensa, de dimensiones conformadas por variables de distinta y variada naturaleza. Esta solución complicaría sobremanera la investigación y el ejercicio profesional[2].

Uno de los principios básicos que ha regido en la psicopatología ha sido que las respuestas alteradas consideradas de manera aislada, es decir, por sí mismas, siendo necesarias, no son suficientes para establecer o descartar la presencia de un trastorno. De esta manera, por ejemplo, para hablar de la existencia de un «trastorno de ansiedad» en el ámbito del MC y del MCC se requiere que:

— Se pueda constatar la ocurrencia de patrones estables de respuestas en contextos situacionales similares.
— Su evaluación ha de poner de manifiesto la asociación de las RAD con sus antecedentes y consecuentes, así como la adecuación o inadecuación (por exceso o defecto) de la correspondencia topográfica entre las RAD y la configuración estimular que las desencadenan.
— Los miedos no sean coherentes con el curso evolutivo, porque, como es sabido, hay algunos que aparecen de forma regular a determinadas edades y desaparecen sin re-

[1] Así, por ejemplo, el trabajo realizado por Avendaño-Prieto et al. (2018) para validar un protocolo de evaluación para el estrés, la ansiedad y la depresión en una muestra de víctimas colombianas; los de Hervás (2008) para adaptar y validar al español el estilo rumiativo y Hervás y Jódar (2008) con la Escala de Dificultades en la Regulación Emocional, el de McEvoy et al. (2018) evaluando el pensamiento negativo repetitivo y las respuestas al AFP hallando que, mientras que el primero se asoció con la ansiedad, la depresión y la manía, las segundas lo hicieron solo con la ansiedad y la depresión, o los recogidos en la revisión de Sanz Esteban (2019) respecto de la evaluación de procesos transdiagnósticos desde el marco humanista experiencial.

[2] Para una reflexión al respecto puede verse Brown y Barlow (2009).

querir generalmente ningún tipo concreto de intervención psicológica.

En consecuencia, las respuestas por sí solas tampoco son suficientes para establecer o descartar un P/T en el contexto del MCC; tenemos que disponer de información sobre los contextos espacio-temporal y evolutivo en el que aparecen las RAD para interpretar su adecuación o inadecuación.

Este mismo principio puede aplicarse a los patrones de respuesta considerados dimensionalmente, tanto en sí mismos como respecto de su frecuencia, duración e intensidad. Así, por ejemplo, la cuestión no radica únicamente en si una persona cuenta con un grado mayor o menor de aprendizaje para el afrontamiento de la incertidumbre en situaciones donde se desconoce cuál va a ser el resultado de su presencia y de su actuación. Va más allá del grado con que tolera la ambigüedad, e incluye la respuesta a cómo podemos lograr que aprenda a afrontar, con una elevada probabilidad de éxito en su actuación, un rango tan amplio como se pueda de situaciones con incertidumbre.

De igual modo, es de sumo interés conocer cómo este aprendizaje, por ejemplo, interacciona con el resto de sus repertorios básicos de conducta, produciendo o no reacciones adaptativas, incluida la valoración del P/C sobre el grado del malestar que experimenta al afrontar tales situaciones. Ello nos ayudaría a conocer y concretar cómo impacta este aprendizaje en el resto de las variables que participan en la delimitación y la explicación del P/T, y especialmente en el malestar que se experimenta.

Ahora bien, no hemos de olvidar que este trabajo no se inicia en el vacío. Como recordaba el profesor Marino Pérez Álvarez, en el marco de la psicología clínica ya contamos con alternativas a los sistemas diagnósticos psiquiátricos desde hace mucho tiempo. Es más, algunas de ellas constituyen en sí mismas sistemas diagnósticos psicológicos fundamentados y operacionalizados.

Tal es el caso, por ejemplo, de la alternativa de la terapia humanista formulada en términos del *cliente como autosanador,* el *análisis funcional de la conducta,* que «desde siempre» ha funcionado perfectamente como alternativa a los sistemas de diagnóstico tradicional, la *evitación experiencial* propuesta por la terapia de aceptación y compromiso como una alternativa transdiagnóstica a las categorías psicopatológicas del DSM y la CIE, o el *enfoque contextual* con su modelo completamente alternativo al biomédico de la psicopatología psiquiátrica (véase Infocop, 2013; 19 de diciembre).

En consecuencia, los objetivos en esta primera fase del MT, desde nuestro punto de vista, incluyen acotar y concretar, es decir, determinar cuáles son los mecanismos implicados en el inicio, desarrollo y/o mantenimiento de los patrones de respuesta (alterados o no) que propician que el P/C perciba y experimente el malestar asociado al trastorno que presenta. En cambio, en la segunda el objetivo será analizar y valorar su rango de adecuación-inadecuación a las situaciones en las que las respuestas resultan adaptadas o problemáticas, y en la tercera explicar el porqué (a partir de supuestos teóricos que sean adaptativamente relevantes).

Estos últimos son los conjuntos de patrones de respuesta que conforman las llamadas «dimensiones transdiagnósticas», que se suponen en la base y, por tanto, se consideran variables que conforman los mecanismos explicativos (la evitación experiencial, la sensibilidad a la ansiedad, la intolerancia a la incertidumbre, el síndrome del afecto negativo, el perfeccionismo, la rumiación, el control de la ira o las intrusiones mentales).

El siguiente paso es determinar los valores de la función adaptativa de los aprendizajes en situaciones representativas de las que pudieran presentarse, como, por ejemplo, dentro del rango de las que catalogamos de incertidumbre. Para ello es preciso que los estudios que se realicen utilicen muestras clínicas y no clínicas. Si se emplean pruebas psicométricas, la tarea ha de ser determinar los puntos de corte que hagan más probable predecir que si, por ejemplo, se obtienen puntuaciones que los superan, entonces nos hallamos ante una función cada vez menos adaptativa de los patrones de respuestas o aprendizajes realizados.

Todo ello nos debe permitir confeccionar un modelo explicativo que pueda dar cuenta del porqué los P/C reaccionan como lo hacen ante tales situaciones. Además, el modelo explicativo ha de ser validado empíricamente (experimental y correlacionalmente, mediante ECA y estudios longitudinales de seguimiento).

En relación con la concreción del TCC-T, en primer lugar, hay que probar que tratar es mejor que no hacerlo[3], así como que los resultados que se obtienen igualan o superan a los del TCC aplicado en grupo e individualmente, lo que requiere el control de la evolución de la comorbilidad a lo largo de toda la intervención, del rango de los P/T tratados, del tipo de población (por ejemplo, comunitaria *vs.* clínica) y del formato de aplicación utilizado en el ECA.

En este contexto, González-Robles (2019) dio a conocer los resultados de una revisión en la que concluía que: *a*) la evaluación de la comorbilidad para cuantificar el cambio clínico solo se realizaba en el 40 por 100 de los estudios revisados; *b*) los diagnósticos que habían recibido más investigación sobre la eficacia del tratamientos han sido el TAG, el TAP con/sin AG (agorafobia), el TAS y la depresión, mientras que se había prestado una atención marginal a otros como el TEPT, el TOC y el trastorno por ansiedad no especificado, y *c*) la mayoría de los tratamientos transdiagnósticos se habían realizado en el marco comunitario y en un formato individual, siendo el ordenador e Internet el formato de aplicación más utilizado para administrarlos (52 por 100).

Las investigaciones de Barlow et al. (2017) o de Norton y Barrera (2012) son dos muestras de la aplicación grupal del TCC-T. Aunque presentan carencias metodológicas notables[4], y muy especialmente la segunda, en las dos se prueba que los TCC-T aplicados pueden producir resultados equivalentes a los de los protocolos específicos para tratar, en el primer caso, la ansiedad y la depresión y, en el segundo, la ansiedad social, el trastorno por ansiedad generalizada y el producido por los ataques de pánico. Pero, además, en la primera investigación se informa de una disminución de la probabilidad de abandono y en la segunda se iguala la credibilidad del tratamiento (específico y transdiagnóstico), a lo que se ha de añadir la eficiencia de ambas frente al TCC específico.

Respecto de la aplicación del TCC-T individualmente, el reto es, al menos, igualar también la elevada eficacia del TCC que reiteradamente ha venido mostrando, desde hace ya mucho tiempo, a través de los N = 1, para una amplia variedad de P/T de ansiedad y del estado de ánimo[5]. Por ello, otro desafío de esta nueva modalidad de tratamiento es verificar en qué medida su aplicación individual iguala o mejora los resultados de su aplicación en grupo.

---

[3] Véase, por ejemplo, el trabajo de Norton y Philipp (2008) al respecto.

[4] Por ejemplo, Belloch (2012) recuerda, respecto del componente de exposición que se incluye en casi todos los TCC para los trastornos concretos de ansiedad, y también en Barlow et al. (2017), los pormenores que se han de conocer y tener presentes para que se pueda realizar una aplicación del mismo que sea eficaz y conforme con el conocimiento científico disponible. Así, Belloch (2012) señala que debe estar centrada en los temores y preocupaciones concretas del P/C, debe aplicarse con la mayor frecuencia que se pueda (intervalos breves de tiempo que sean inferiores a una semana), con la mayor validez ecológica posible y bajo la guía y orientación del psicólogo.

Ahora bien, como sabemos, ni todas estas recomendaciones se aplican siempre, ni cuando se aplican se garantiza que se ha hecho en las mejores condiciones (de acuerdo a la evidencia disponible). Como consecuencia, apostillaba Belloch (2012), es muy probable que las comparaciones entre dos protocolos de tratamiento aplicados en grupo, uno transdiagnóstico (TCC-T) y otro específico (TCC), puedan producir TE similares.

[5] Véase, por ejemplo, Barlow y Hersen (1988).

Asimismo, no debemos olvidar el principio de parsimonia y la necesidad de verificar en qué medida contribuyen cada uno de los componentes de los tratamientos multicomponentes del MT al resultado que se obtiene, así como el efecto de sus interacciones[6]. Como se ha indicado, en estas circunstancias es necesario realizar estudios de desmantelamiento (tan valorados y tan escasos).

Esta cuestión es muy relevante porque, por ejemplo, en la versión de 2011 del UP[7] la mayor parte de sus componentes (psicoeducación, reevaluación cognitiva, exposición interoceptiva y situacional y prevención de recaídas) también forman parte de TCC diseñados específicamente para abordar las categorías concretas del DSM sobre la ansiedad.

Recordemos que, con carácter general, incluyendo también el TCC-T, para que los efectos de un tratamiento sean clínicamente relevantes, la eficacia no se puede relacionar exclusivamente con el decremento de las puntuaciones entre el pretest y el postest, obtenidas a partir de medidas de autoinforme con formato de entrevista clínica o cuestionario estandarizado, ni tampoco de la valoración del profesional. Es preciso que cada uno de los afectados también lo considere y valore así.

El TCC-T debe lograr decrementos clínicamente significativos cuando los instrumentos de evaluación midan realmente las diferencias que se esperan (validez de constructo), es decir, cuenten con el acuerdo de los profesionales sobre qué instrumentos se debieran utilizar para evaluarlos, así como quién, cómo y cuándo los aplicará.

Otra cuestión que entendemos relevante en el MT es la derivada del reto que supone asumir como parte del objeto de estudio una elevada carga subjetiva, que sin duda es la antítesis del punto de partida del MC, centrado en el estudio científico de las estrategias de cambio directo del comportamiento. Parece que con esta asunción los investigadores implicados pretenden abordar la parte del comportamiento que hasta ahora la psicología científica había relegado porque el método no permitía su control (¿lo permite ahora?).

De manera coherente con sus puntos de partida, este movimiento pone el énfasis en el cambio indirecto del comportamiento, con lo que ello implica desde el punto de vista teórico y respecto de su control.

Hayes (2004a) delimitaba este movimiento como sigue:

> «Se muestra particularmente sensible al contexto y a las funciones del evento psicológico, y no tanto a su forma; de este modo tiende a enfatizar el papel de las estrategias de cambio contextuales y experienciales, más directas y didácticas. Estos tratamientos procuran alentar el desarrollo de repertorios más amplios, flexibles y efectivos, en vez de apostar por un enfoque en el que se trata de eliminar problemas definidos de forma estrecha, así como enfatizar la relevancia que poseen las cuestiones que surgen [durante el tratamiento] tanto para los clínicos como para los mismos clientes» (pp. 5-6).

En consecuencia, el objetivo del MT es constituirse en una alternativa a la concepción de la intervención psicológica propia del MC y del MCC, pero reformulando y sintetizando sus técnicas y tratamientos.

Lo que se quiere enfatizar con la expresión «tercera generación» o «tercera ola» es el comportamiento en el contexto específico en el que se produce, sin olvidar que para este movimiento lo relevante es su finalidad, porque mientras que el contexto puede ser ocasional, el fin del comportamiento es el que cuenta con una mayor probabilidad de seguir activo a través de las situaciones. De ahí la relevancia de la metodología hermenéutica.

Desde la perspectiva del MT, lo prioritario es centrarse en el valor adaptativo del comporta-

[6] Por ejemplo, en Barlow et al. (2017) se incluye la exposición como componente del tratamiento cuando este principio no cuenta con evidencia que avale su eficacia en el tratamiento de los P/T del estado de ánimo.

[7] Véase de Barlow et al. (2011).

miento, en función de la situación en la que se produce, en la importancia del comportamiento en que se priorice el contexto real y actual («el aquí» y «el ahora»), así como el concreto frente al imaginario o simbólico (el cognitivo). Es decir, se pone en cuestión el valor del sistema cognitivo de respuesta y se centra todo el esfuerzo en el cambio de la modalidad o tipo de interacción entre el P/C y el medio, no solo en modificar sus reacciones concretas. Por ello:

— Lo importante es el contexto en el que se presenta la respuesta y la función que esta desempeña (¿para qué sirve?, ¿qué produce?), no su forma o topografía.
— Los tratamientos enfatizan las estrategias de cambio contextual frente a las centradas en el cambio directo de la respuesta, buscando la construcción de repertorios de respuestas amplios, efectivos y flexibles, así como limitando todo lo que se pueda el uso de las estrategias orientadas a la reducción/eliminación de los eventos privados.
— Se propone el cambio de función del comportamiento por medio de la alteración del contexto en el que las respuestas resultan problemáticas. En el caso específico de las respuestas cognitivas, estas son consideradas «síntomas cognitivos» cuya relevancia les vendrá dada por su función, no por sí mismas, es decir, no solo por su frecuencia, duración e intensidad[8].
— La intervención psicológica se entiende como un modo de ayudar al P/C a comprender lo que se debe hacer: aceptar el padecimiento y contextualizarlo adecuadamente. El objetivo es lograr «[...] que la persona actúe con la responsabilidad de la elección personal y la aceptación de los eventos privados que conlleve ese proceder» (Luciano y Valdivia, 2006; p. 80). En palabras de Barraca (2006):

> «[...] lo importante sería lograr que el paciente aprecie que su lucha por hacer desaparecer completamente el malestar, la ansiedad, las obsesiones, la tristeza, etc., es infructuosa, al menos a la larga, y que tal actitud puede ocasionarle más y más problemas [...] propugna la comprensión, la legitimación e incluso el aprendizaje de y desde los problemas psicológicos» (p. 153).

En consecuencia, como indicaba Vallejo (2006), una de las cuestiones que estas propuestas de tratamiento plantean es la utilidad del esfuerzo que se realiza cuando se lucha contra el malestar que se experimenta. Desde esta perspectiva, el estrés, la ansiedad, el miedo, etc., han de contemplarse en relación con su valor adaptativo. Es decir, tanto el placer como el dolor se presentan como experiencias genuinamente humanas que constituyen señales necesarias para que podamos acomodar nuestro comportamiento, según nuestros objetivos y nuestros valores, que son los que determinan su finalidad.

Desde nuestro punto de vista, los desarrollos aplicados que pueden incluirse actualmente bajo la denominación de TTG pueden agruparse en tres grandes grupos, y una propuesta de añadido cuyas primeras publicaciones pueden verse en el cuadro 4.1.

[8] La sostenibilidad de esta posición teórica hace necesaria una respuesta a la siguiente pregunta: ¿Si cambiamos el valor de la frecuencia, de la duración y/o de la intensidad de una reacción / respuesta, tales cambios no afectan también a su función? Es decir, ¿el cambio en una o más de las dimensiones de una respuesta no afecta a su función? Por ejemplo, si modifico la intensidad del volumen del habla y esta pasa de ser inaudible («susurro», «cuchicheo») a ser perfectamente oíble/escuchable y entendible, ¿no paso de tener un problema a estar funcionalmente adaptado en lo que respecta a la relación emisor-receptor? Entendemos que sí, pero sin obviar el papel del contexto o situación en la que se produce y de la que forma parte.

CUADRO 4.1

Cronología de las primeras publicaciones de los enfoques que conforman el movimiento transdiagnóstico

Año	Publicación
1982	Kabat-Zinn, J. (1982). An out-patient program in behavioral medicine for chronic pain patients based on the practice of mindfulness meditation: Theoretical considerations and preliminary results. *General Hospital Psychiatry, 4,* 33-47.
1984	Klerman, G. L., Weissman, M. M., Rounsaville, B. J. y Chevron, E. S. (1984). *Interpersonal Psychotherapy of Depression.* Lanham, Maryland: Rowman & Littlefield Publishers, Inc.
1987	Linehan, M. M. (1987). Dialectical behavior therapy: A cognitive-behavioral approach to parasuicide. *Journal of Personality Disorders, 1,* 328-333.
1991	Kohlenberg, R. J. y Tsai, M. (1991). *Functional analytic psychotherapy.* Nueva York: Plenum.
1996	Jacobson, N. S. y Christensen, A. (1996). *Integrative Couple Therapy: promoting acceptance and change.* New York: Norton.
1999	Arntz, A. y Weertman, A. (1999). Treatment of childhood memories: theory and practice. *Behaviour Research and Therapy, 37*(8), 715-740.
1999	Hayes, S. C., Strosahl, K. y Wilson, K. G. (1999). *Acceptance and Commitment Therapy: An experiential approach to behavior change.* Nueva York: Guilford Press.
2001	Martell, C. R., Addis, M. E. y Jacobson, N. S. (2001). *Depression in context: Strategies for guided action.* Nueva York: W. W. Norton.
2002	Segal, Z. V., Williams, J. M. G., y Teasdale, J. D. (2002). *Mindfulness-based cognitive therapy for depression.* New York: Guilford.
2003	Fairburn, C. G., Cooper, Z. y Shafran, R. (2003). Cognitive behaviour therapy for eating disorders: A «transdiagnostic» theory and treatment. *Behaviour Research and Therapy, 41,* 509-529.
2004	Barlow, D. H., Allen, L. B. y Choate, M. L. (2004). Toward a unified treatment for emotional disorders. *Behavior Therapy, 35,* 205-230.
2005	Norton, P. J. y Hope, D. A. (2005). Preliminary evaluation of a broad-spectrum cognitive-behavioral group therapy for anxiety. *Journal of Behavior Therapy and Experimental Psychiatry, 36*(2), 79-97.

En consecuencia, nuestra propuesta de agrupación de estos tratamientos diferencia cuatro estrategias. Así, en primer lugar situamos el «mindfulness», que, pese a no tener una adscripción teórica específica, dado que su origen son las prácticas religioso-culturales del budismo, se considera en sí mismo como una modalidad de tratamiento y participa como un componente transversal de la mayoría de de los tratamientos transdiagnósticos. En segundo lugar hemos agrupado a los TCC-T, que siendo variantes o avances del MCC conforman el MCC-T. En este, las ICC-T se aplican a la evaluación y el tratamiento de las dimensiones que se supone que subyacen a los trastornos emocionales que se integran en las distintas categorías de la psicopatología psiquiátrica (ansiedad, depresión, trastornos del comportamiento alimentario, etc.). En tercer lugar ubicamos a los que se presentan como fruto de la evolución del MC, actualizado a partir de la TMR y que integran el MC-C (ACT, AC, PAF y TCIP). Y, por último, dos que entendemos cumplen los requisitos para ser considerados intervenciones transdiagnósticas (una dentro del campo del MCC-T —las ImRS— y otra sin adscripción teórica —la IPT—). Veámoslas con algo más de detalle antes de abordarlas en respectivos epígrafes y subepígrafes:

i) El «mindfulness» (MFN). Fue delimitado por Kabat-Zinn (1990) como una estrategia de meditación que se asienta en la práctica del ejercicio de centrar voluntariamente la atención en acontecimientos u objetos en el momento presente, sin hacer juicios, limitándose a aceptar y vivir el presente tal como se presenta. Su formulación como propuesta de tratamiento, realizada en el ámbito de la práctica científica, es el *Mindfulness Stress Reduction Program* (MBSR). Además, es el que se ha investigado con mayor rigor metodológico.

ii) Intervenciones adscritas al MCC-T que conforman los TCC-T. En este grupo sobresalen:

— La terapia de conducta dialéctica (TCD; Linehan, 1993a y b).
— La terapia cognitiva basada en la atención plena para el tratamiento de la depresión (*Mindfulness-Based Cognitive Therapy* —MBCT; Segal, Williams y Teasdale, 2002—).
— La terapia conductual cognitiva para el tratamiento de los trastornos del comportamiento alimentario (*Cognitive behaviour therapy for eating disorders* —Fairburn, Cooper y Shafran, 2003— y la *Cognitive behavioral therapy-Enhanced* —CBT-E, Fairburn et al., 2015—)[9].
— El protocolo unificado para los trastornos emocionales (*Unified protocol for transdiagnostic treatment of emotional disorder* —UP; Barlow, Allen y Choate, 2004—)[10].
— El protocolo para los trastornos de ansiedad (tCBT, por su nombre en inglés: *Group cognitive behavioral therapy of anxiety* —tBCT; Norton y Hope, 2005—)[11].

iii) Intervenciones que se sitúan en el marco conductual-contextual (MC-C). Entre las más relevantes se hallan:

— Terapia de aceptación-compromiso (ACT, por su nombre en inglés; Hayes, Strosahl y Wilson, 1999).
— Activación conductual (AC; Martell, Addis y Jacobson, 2001).
— Psicoterapia analítica funcional (PAF; Kohlenberg y Tsai, 1991).
— Terapia integral conductual de pareja (TCIP; Jacobson y Christensen, 1996b)[12].

iv) Nuestras propuestas de añadido que incluyen la reescritura de imágenes cognitivas («Imagery Rescripting» —ImRs—; Arntz y Weertman, 1999) y la terapia interpersonal (IPT).

La ImRs tiene en sus precedentes una larga tradición que la inscribe en casi todos los desarrollos teóricos, desde los estrictamente conductuales, con los trabajos de Joseph Wolpe, pasando por el psicoanálisis y los desarrollos psicodinámicos inspirados en el mismo, hasta los conductual-cognitivos. Además, en la actualidad cuenta con un incipiente pero notable desarrollo investigador, que puede ser inscrito en el marco del

[9] Véase Agras, Fitzsimmons-Craft y Wilfley (2017), Fairburn et al. (2008) y Fairburn y Cooper (2018).

[10] Véase también Barlow, Ellard et al. (2011) y Barlow, Farchione et al. (2011).

[11] Véase también Norton (2012a) y Norton y Hope (2008).

[12] Habida cuenta del escaso desarrollo de la investigación sobre esta modalidad de tratamiento, se presenta su conceptualización, desarrollo y estado de la investigación en el anexo XV.

MCC-T, cuyos resultados y aplicaciones clínicas se nos antojan bastante esperanzadores.

La IPT es una elección que está en línea con opiniones como la de Roy-Byrne (2017), quien, a la luz de los resultados mostrados por la investigación de Cuijpers, Donker, Weissman, Ravitz y Cristea (2016), considera que esta[13] también debería integrarse dentro del MT. Este investigador sostiene que, pese a que inicialmente se destinó al tratamiento de la depresión, a lo largo de los años no solo ha demostrado su eficacia para abordar este trastorno, sino que su aplicación se ha extendido a otros muchos «[...] en consonancia con su enfoque transdiagnóstico de la emoción en el contexto de las relaciones interpersonales» (p. 867)[14]. Es un buen ejemplo de la práctica basada en la evidencia y, por tanto, en principio ciega a la teoría.

Asimismo, incluimos estas propuestas de añadido teniendo presente la línea argumental de la reflexión de Barraca (2006) cuando señalaba que los parentescos, entre las modalidades de tratamiento incluidas en el MT, resultaban «difíciles de conjugar» (p. 56) cuando se cotejaban con la teoría y se contrastaban con la práctica clínica. Enfatizaba este investigador que tales dificultades para aglutinar sus similitudes eran prominentes, pese a que casi todas ellas coincidieran en el uso de la «aceptación», enfatizaran los valores vitales y se centraran en la evitación de la literalidad del lenguaje o subrayaran el valor del empleo del refuerzo natural en el contexto clínico.

En cualquier caso, como volveremos a repetir, el proceso que se utiliza principalmente para que el P/C aprenda a «aceptar» es el de la estrategia de meditación del MFN[15], que también se emplea para prevenir el estrés y tratar sus efectos perversos (malestar o «distrés»).

Por ello, y debido a que el MFN es una estrategia que, al igual que ocurre con la relajación muscular progresiva de Jacobson[16] o el entrenamiento autógeno de Shultz[17], no se puede adscribir a ningún modelo teórico psicológico, aunque pueda utilizarse como componente de cualquier modalidad de tratamiento, comenzaremos con su descripción / delimitación conceptual y la evidencia que lo avala, en el inicio del próximo epígrafe.

Ya hemos visto los desafíos a los que tiene que hacer frente el MT. Ahora le toca al lector reflexionar detenidamente sobre ello. Le pedimos que, una vez leídas las páginas que siguen, intente responderse él mismo: ¿podemos hablar de nuevos tratamientos en el contexto de las propuestas denominadas de «tercera generación», o más bien se trata de intentos de renovación y mejora de las ya existentes? Como indicaba Capafons (2006):

> «En un tiempo en el que aparecen reiteradamente personas que defienden haber creado una terapia o técnica nueva, es interesante analizar lo que de novedoso tiene, y, más aún, el supuesto plus de utilidad y eficacia que puede aportar a lo que ya hay» (p. 69).

Por último, queremos indicar que el contexto de aplicación del TCC-T no se ciñe al del tratamiento de trastornos del comportamiento; también incluye la prevención. Así, por ejemplo, García-Escalera, Valiente, Sandín, Ehrenreich-May y Chorot (2020) han estudiado la eficacia de un programa de TCC-T para prevenir la ansiedad, la depresión y su repercusión en variables educativas

[13] Klerman, Weissman, Rounsaville y Chevron (1984).

[14] «There also has been substantial research focused on the efficacy of interpersonal psychotherapy (IPT) over the years, beginningwith depression, but later applied to multiple other disorders, consistent with its transdiagnostic focus on emotion in the context of interper sonal relationships. Although IPT never was broadly adopted by the US psychiatric community, it is being widely imple mented in developing countries» (p. 867).

[15] Kabat-Zinn (1990).

[16] Jacobson (1938).

[17] Schultz (1932).

y de bienestar psicológico (como el ajuste escolar, la indisciplina en el aula, los problemas con los pares, la satisfacción con la vida, la calidad de vida y la autoestima). Los resultados son alentadores, dado que mientras que en el GC se constata una reducción de las expectativas académicas, estas se mantienen constantes en la condición experimental.

La incorporación del «mindfulness» a la intervención psicológica

5

«En la actualidad la investigación y la práctica de la intervención basada en mindfulness (MBI) se encuentran en una encrucijada. Ambas han experimentado un interés y un crecimiento exponencial en los últimos 15 años, con la creación de centros de investigación y clínicos dedicados al estudio y la aplicación de las intervenciones basadas en mindfulness y la consiguiente proliferación de publicaciones académicas, revistas y libros.»

(Dimidjian y Segal, 2015; p. 593)[1].

5.1. CONSIDERACIONES PRELIMINARES

Como indicaban Kuyken et al. (2017), en línea con los resultados de Stallard et al. (2013) a los que hemos aludido en nuestro prólogo/introducción, para que sea efectiva una intervención diseñada con carácter universal es conveniente que, al menos, se aborden los mecanismos psicológicos críticos que son relevantes para la mayoría de las personas y que afectan a su aceptabilidad[2].

En buena medida esto es lo que persiguen las intervenciones psicológicas cuando se fijan como objetivo aplicar tratamientos que estén basados en el entrenamiento del MFN, como tratamiento en sí mismo o cuando lo incorporan como componente, para modificar o coadyuvar en el cambio de los mecanismos básicos que se suponen que están implicados en el control del comportamiento de la mayoría de las personas.

La premisa teórica es que la salud psicológica y el bienestar se ven directamente comprometidos en la misma medida en que disminuye la capacidad para utilizar eficazmente el control ejecutivo descendente (historial de aprendizaje)[3].

Esto es especialmente relevante cuando se intenta dar cumplimiento a los objetivos que se incluyen en los planes diseñados para que las

[1] «The science and practice of mindfulness-based intervention (MBI) stands at a crossroads. It has witnessed exponential growth and interest in the last 15 years, with the establishment of research and clinical centers dedicated to the study and delivery of MBIs and an attendant proliferation of academic journals, magazines, and books» (Dimidjian y Segal, 2015; p. 593).

[2] Entendiendo por tales desde las que se hallan en una zona de riesgo extremo hasta las que no perciben ninguna necesidad de modificar su comportamiento actual, pasando por las que precisan fortalecer su resiliencia y continuando con las que se encuentran buscando mejorar su manera de reaccionar.

[3] Véase Goldstein y Naglieri (2014) para una introducción a la historia, y el desarrollo del constructo «funcionamiento ejecutivo» desde la perspectiva teórica y desde la clínica.

personas se enfrenten a estímulos o configuraciones estimulares relevantes, cuando compiten con los llamados «procesos ascendentes»[4]. Su importancia reside en que este supuesto sobre el control ejecutivo descendente es de aplicación universal, porque abarca todo el espectro del bienestar. Es decir, no solo implica a las «personas en riesgo».

En el caso de las personas con riesgo de padecer P/T interiorizados, como los TMC, los déficits en el control ejecutivo se postulan como dificultades para regular la cognición, el afecto y la respuesta/reacción frente a pensamientos y sentimientos negativos, intrusivos y distractores[5].

En el caso de las personas con riesgo de padecer problemas exteriorizados, como el comportamiento antisocial o el disruptivo, se conjetura que los déficits en el control ejecutivo producirán la alteración de la regulación de los impulsos, lo que se relaciona con la presencia de carencias a largo plazo en múltiples ámbitos del funcionamiento individual y social[6].

Asimismo, se espera que un incremento del control ejecutivo en las personas resilientes les permitirá aumentar la eficacia del empleo de la atención frente a los patrones de pensamiento que, pese a ser relativamente inocuos, en cambio son muy frecuentes. Esto es lo que ocurre, por ejemplo, con el pensamiento reiterativo («la rumiación»). Tales patrones de respuestas cognitivas pueden dificultar la concentración, distrayéndola del momento actual, del aquí y del ahora, especialmente cuando se incrementa el estrés cotidiano. En estos casos se conjetura que puede llegar a interferir significativamente en la realización de las tareas comunes y frecuentes, que son propias de la actividad cotidiana, o afectar a la realización de otras específicas y relevantes para el bienestar personal.

Este es el marco en el que Smallwood y Schooler (2006) investigaron en qué medida el llamado «vagabundeo mental» podía integrarse en los modelos ejecutivos de atención. Los datos disponibles sugerían que compartía muchas similitudes con las nociones tradicionales de control ejecutivo. Tales similitudes se muestran cuando este se produce, porque los componentes ejecutivos de la atención parecen desvincularse de la tarea principal, produciendo fallos en el proceso de su ejecución, enlenteciendo o disminuyendo el rendimiento de la actividad implicada en su resolución, así como generando representaciones superficiales del medio externo.

Uno de los problemas que planteaba la incorporación de este «devenir errático» del sistema cognitivo de respuesta, dentro de los modelos ejecutivos de atención, era que frecuentemente se constataba que se producía sin seguir una intención explícita (como ocurre en el procesamiento controlado de la información). Pero tras su estudio, Smallwood y Schooler (2006) concluyeron que esta modalidad de pensamiento, al igual que otros procesos relacionados con objetivos, puede realizarse sin que la conciencia medie explícitamente. Este hecho llevó a indicar que podía considerarse un proceso impulsado por un objetivo, aunque no estuviera manifiestamente dirigido a resolver la tarea principal.

En línea con ello, Killingsworth y Gilbert (2010) recordaban que:

> «[...] A diferencia de otros animales, los seres humanos pasan mucho tiempo pensando en lo que no sucede a su alrededor, contemplando acontecimientos que sucedieron en el pasado, que podrían suceder en el futuro o que nunca sucederán. De hecho, el «pensamiento independiente del estímulo» o «vagabundeo mental» parece ser el modo de funcionamiento por defecto del cerebro. Aunque esta capacidad es un logro

---

[4] Véase Cheung y Ng (2019), Schweizer et al. (2013), Teper, Segal e Inzlicht (2013), Wenzel, Rowland y Kubiak (2020) y Zelazo et al. (2018).

[5] Véase, por ejemplo, Carliner et al. (2016), Dalgleish, Hauer y Kuyken (2008), Dickson, Ciesla y Zelic (2017), Erten y Brown (2018), Marchica et al. (2020), Meiser-Stedman et al. (2012), Öztekin y Yılmaz (2020), Panter-Brick et al. (2015) y Payne et al. (2019).

[6] Véase la revisión de Roncero, Andreu y Peña (2016).

> evolutivo notable, que permite a las personas aprender, razonar y planificar, puede tener un coste emocional. Muchas tradiciones filosóficas y religiosas enseñan que la felicidad se encuentra viviendo el momento, y los practicantes son entrenados para resistir el vagabundeo de la mente y «estar aquí ahora».
>
> Estas tradiciones sugieren que una mente errante es una mente infeliz. ¿Están en lo cierto? [...] [tras su investigación concluyeron que] [...] una mente humana es una mente errante y una mente errante es una mente infeliz. La capacidad de pensar en lo que no sucede es un logro cognitivo que tiene un coste emocional» (p. 932).

En consecuencia, desde el marco científico puede entenderse que la hipótesis que subyace a las intervenciones basadas en el MFN es que si se potencia el control ejecutivo, frente a los desafíos que conllevan los acontecimientos vitales, entonces se reducirá el riesgo de que se produzca el «vagabundeo mental» desadaptativo para las personas vulnerables y se promoverá el desarrollo armónico para los que ya son resistentes, incrementándose en ambos casos el control y el bienestar.

Este supuesto teórico implica, entre otras cuestiones, la posibilidad de emplear como tratamiento o como componente del mismo una estrategia o técnica que permita modificar los procesos ejecutivos que se consideran básicos e implicados en la «dispersión» (de las acciones que los conforman) y de la cual suponemos que resulta, a su vez, el «vagabundo mental».

Si la elección es la aplicación del MFN en sí mismo, como único componente del tratamiento, entonces esta supone orillar la posibilidad de actuar centrándose en la reducción / eliminación de los patrones negativos de las RAD que forman parte del proceso de pensamiento disfuncional o de riesgo[7], y/o en RAD concretas propias del sistema cognitivo[8].

La intervención centrada exclusivamente en el MFN, o utilizándolo como un elemento más de un tratamiento multicomponente, es la estrategia mayoritariamente elegida por quienes se definen o se han considerado integrantes del MT, dando lugar a la llamada «tercera generación» de los tratamientos psicológicos.

Se supone que, tal como se ha indicado, el MFN cumple con los requisitos necesarios para incrementar el control sobre los procesos ejecutivos del sistema cognitivo y para que se produzca la aceptabilidad y la implicación de los participantes en el tratamiento. Se espera que se produzca este efecto tanto cuando se trata de intervenir para promocionar hábitos saludables, con los que fortalecer a los participantes para mantener/incrementar su estado de bienestar, como para prevenir los P/T o reducir el valor cuantitativo de sus dimensiones.

En cualquier caso, también se espera que cuando los participantes son vulnerables, tienen P/T o cuando están bien, se produzca una disminución del número de abandonos e incumplimientos del tratamiento, así como que se incremente el mantenimiento de los avances conseguidos frente a otras modalidades de intervención que no incluyen este componente.

Es decir, dado que el EMFN (entrenamiento en «mindfulness») implica la práctica sistemática de centrar la atención de forma sostenida e intencionada, cabe esperar que este incremente la capacidad de ejercer el control ejecutivo descendente frente a las distracciones motivadoras[9], así como que reduzca los pensamientos intrusivos y las consiguientes cadenas de respuestas «rumiantes»[10], la sobreactivación psicofisiológica y la tensión motora excesiva o desproporcionada[11].

---

[7] Como se hace en la TCB, por ejemplo.

[8] Como se actúa cuando se detectan en el curso del análisis funcional.

[9] Véase, por ejemplo, Brown, Goodman e Inzlicht (2013), Murakami et al. (2015), Sedlmeier et al. (2012) y Yoshida et al. (2020).

[10] Frewen et al. (2008), Greenberg, Reiner y Meiran (2013), Perestelo-Pérez et al. (2017) y Zhang et al. (2019).

[11] Véase, por ejemplo, Grant et al. (2017) y Roos, Bowen y Witkiewitz (2017).

Los datos avalan que los efectos del EMFN no se limitan a los grupos de personas vulnerables. Los resultados ponen de manifiesto que también puede tener efectos beneficiosos en la población sin problemas psicológicos relevantes, a través de los cambios que promueve en la función ejecutiva[12]. Esto sugiere que puede ser útil para la prevención primaria de la depresión, al permitir intervenir tempranamente y reducir/eliminar la vulnerabilidad a presentarla.

En este sentido, los resultados obtenidos en el metaanálisis realizado por Boccia, Piccardi y Guariglia (2015) sobre los mecanismos fisiológicos que subyacen a los efectos beneficiosos observados en los meditadores, a partir de los estudios de neuroimagen de los efectos de la meditación en la estructura y la función del cerebro, también abundan en los beneficios de la integración del MFN como una técnica más del tratamiento psicológico.

Los resultados de Boccia et al. (2015) indican que la meditación conduce a la activación de las áreas cerebrales implicadas en el procesamiento de la información autorrelevante, la autorregulación, la resolución de problemas, el comportamiento adaptativo y la intercepción. También muestran que, en las muestras de meditadores expertos, su práctica induce modificaciones cerebrales en las funciones y en las estructuras, especialmente en las áreas implicadas en los procesos autorreferenciales, como la autoconciencia y la autorregulación. Por tanto, parece que, en línea con lo ya intuido y defendido por Santiago Ramón y Cajal[13], los resultados demuestran que subyace un sustrato biológico asociado al efecto positivo de la práctica de la meditación, sugiriendo que el MFN podría adoptarse para prevenir trastornos del comportamiento en poblaciones clínicas y coadyuvar en su tratamiento.

Además, como se ha indicado, la aceptabilidad y la viabilidad del EMFN también se muestra prometedora[14]. Esto puede interpretarse como una prueba a favor de que previene o dificulta la aparición de los P/T psicológicos, a la vez que incrementa/produce la mejora de la salud psicológica y del bienestar asociado a esta. Se hipotetiza que su causa es la regulación que se produciría en los procesos básicos y en el control ejecutivo que operan en el ámbito de la interacción entre el riesgo y la resiliencia a través de la exposición (sin prejuicios ni autocensura)[15].

En las páginas que siguen profundizaremos en la descripción del MFN, en el modo de aplicarlo, en la problemática que tiene planteada su investigación y su validación como tratamiento, en los resultados de la investigación sobre cuál es el «ingrediente» o los «ingredientes» que realmente pueden explicar su eficacia y en qué medida la confirman los resultados de la investigación primaria y de los estudios metaanalíticos, para qué P/T y en qué medida.

---

[12] Para una revisión cualitativa puede verse Kuyken et al. (2017) y para una cuantitativa Querstret et al. (2020).

[13] En su discurso de ingreso en la Real Academia de Ciencias Exactas, Físicas y Naturales, en la Sesión del 5 de diciembre de 1897, titulado «Reglas y consejos sobre investigación científica», se refirió al constructo de la «voluntad» diciendo: «Algunos autores me han advertido en son de crítica benévola que doy demasiada importancia a la disciplina de la voluntad y poca a las aptitudes excepcionales concurrentes de los grandes investigadores. No seré yo, ciertamente, quien niegue que los más ilustres iniciadores científicos pertenecen a la aristocracia del espíritu y han sido capacidades mentales muy elevadas a las cuales no llegaremos nunca, por mucho que nos esforcemos, los que figuramos en el montón de los trabajadores modestos. Pero después de hacer esta concesión, que es de pura justicia, sigo creyendo que a todo hombre de regular entendimiento y ansioso de nombradía le queda todavía ancho campo donde ejercitar su actividad y de tentar la fortuna que, a semejanza de la lotería, no sonríe siempre a los ricos, sino que se complace, de vez en cuando, en alegrar el hogar de los humildes. Consideramos, además, que todo hombre puede ser, si se lo propone, escultor de su propio cerebro, y que aun el peor dotado es susceptible, al modo de las tierras pobres, pero bien cultivadas y abonadas, de rendir copioso fruto» (p. ix; Ramón y Cajal, 1920).

[14] Véase Emerson et al. (2020) y Moore et al. (2020).

[15] Kuyken et al. (2017).

Desde nuestro punto de vista, lo que hace que la intervención en MFN produzca los resultados que se constatan o ayude a conseguirlos, como parte de los tratamientos multicomponentes del MT, es principalmente el componente de reestructuración cognitiva que incorpora (fase psicoeducativa), la distensión a través del control de la respiración y la exposición cuando la persona se enfrenta a sí misma sin enjuiciarse, sin interpretarse, aceptándose.

5.2. DELIMITACIÓN DEL CONCEPTO DE «MINDFULNESS»

Su origen se sitúa en la intersección entre las tradiciones contemplativas y la ciencia biomédica, psicológica y educativa. De hecho, sus supuestos teóricos, su enseñanza-aprendizaje y sus prácticas se han desarrollado sobre las tradiciones y los hallazgos de estas disciplinas.

Las teorías sobre la mente-cuerpo se han producido a partir de aspectos relevantes de la reflexión y de la experiencia budista. Estos últimos son los que describen y articulan las formas en que las personas pueden llegar a reconocer la manera general de actuar que compartimos universalmente, la cual se supone que está en la base de que se produzca y se mantenga el malestar que experimentamos. Incluye una amplia gama de enseñanzas y de prácticas que no solo se encuentran en las distintas modalidades o manifestaciones de las tradiciones budistas, sino que generalmente forman parte de toda la tradición contemplativa[16], como lo prueba el hecho de que las prácticas de MFN se encuentren en muchas de las tradiciones contemplativas de culturas que aparentemente son muy dispares.

El MFN fue definido por Kabat-Zinn (1990) como una estrategia de meditación[17] que consiste en la aplicación de la habilidad (conocimiento) y la destreza (dominio de la aplicación del aprendizaje) para centrar la atención voluntariamente en un evento u objeto en el momento presente, sin juzgarlo.

En esta misma línea, Robins, Schmidt III y Linehan (2004) lo delimitaban como «[...] el proceso intencional de observar, describir y participar con efectividad en la realidad sin hacer juicios, viviendo el presente» (p. 37).

En el ámbito de la literatura científica, esta forma o modalidad intencional de observar, participar y describir el momento presente incluye dos elementos: la atención en sí misma y sus cualidades (a veces descritas respectivamente como el qué y el cómo del MFN —véase el cuadro 5.1—)[18]. Entre los atributos deseables que se asocian con la «atención plena» se hallan que esta ha de ser abierta, flexible, sin prejuicios ni juicios, amistosa, curiosa, aceptadora y compasiva.

A pesar de las dificultades que se reconocen para definir el MNF, como indicaba Baer (2019), hay consenso respecto de que el qué y el cómo resultan determinantes para delimitar la «atención plena». Así, Feldman (2009) sostiene que lo que la caracteriza «[...] no es una presencia neutra o vacía. La verdadera atención plena está impregnada de calidez, compasión e interés» (p. 173).

En la misma línea, Segal, Williams y Teasdale (2002) indican que la «atención plena» no puede reducirse solo a la conciencia o a la atención, y que, de igual modo, la utilidad de intensificar la conciencia sobre la experiencia del momento presente depende de que cuando prestamos atención seamos capaces de integrar con esta la amabilidad y la compasión, como parte de los elementos a

---

[16] Véase Williams y Kabat-Zinn (2013).

[17] Como recordaban Tang, Hölzel y Posner (2015), la meditación también puede delimitarse como una forma de entrenamiento cuyo objetivo es mejorar las capacidades psicológicas básicas de autorregulación de la atención y la emoción. Tal entrenamiento abarca una familia de prácticas complejas, que incluyen desde la que conocemos como meditación de «atención plena» o MFN hasta la meditación con mantras, el yoga, el «tai chi» o el «chi gong».

[18] Baer, Crane, Miller y Kuyken (2019).

CUADRO 5.1

Momentos que conforman el proceso intencionado de observar, participar y describir el momento presente

		Primer momento: el qué	Segundo momento: el cómo
Autor (es)	Kabat-Zinn (1994 y 2003)	Prestar atención.	Prestarla a propósito, en el momento presente y sin juzgar; con una cualidad afectuosa y compasiva, con el sentido de una presencia interesadamente amistosa, con el corazón abierto.
	Marlatt y Kristeller (1999)	Dirigir la atención completa a las experiencias presentes.	Dirigirla en cada instante, con una actitud bondadosa de aceptación.
	Bishop et al. (2004)	Autorregular la atención para que se mantenga en la experiencia inmediata.	Hacerlo con curiosidad, con apertura y con aceptación.
	Germer, Siegel y Fulton (2017)	Concienciarse de la experiencia presente.	A través de la aceptación, sin juzgar, de manera bondadosa o amable.
	Linehan (1993b)	El acto de centrar la mente en el momento presente.	Sin juicios ni apegos, con apertura a la fluidez de cada momento.

FUENTE: modificado de Baer (2019).

los que atendemos en ese instante; de no ser así entienden que incluso puede ser perjudicial.

Además, desde la perspectiva científica, la «atención plena» también puede delimitarse, por un lado, como un estado en el que están presentes estas cualidades que se atribuyen a la conciencia[19] y, por otro, como un conjunto de habilidades que se enseñan, se aprenden y se desarrollan con la práctica para alcanzar el mayor grado de destreza que resulte posible[20].

Por tanto, el MFN hace referencia al proceso que se sigue para enseñar y aprender a aceptar[21]. Como veremos, el modo de aplicar este proceso ha dado lugar a múltiples variantes (conocidas como MBP y MBI, por sus nombres en inglés), dentro de las que destaca el MBSR por ser la primera propuesta que se realizó en el ámbito de la práctica científica y la que se ha investigado con mayor rigor metodológico.

En síntesis, el MFN puede delimitarse como un constructo teórico, como un proceso psicológico relativo a la regulación y focalización de la atención sobre la experiencia (presente e inmediata) y como una modalidad de tratamiento que enfatiza la promoción de la adopción de una actitud de curiosidad, de apertura y de aceptación de la experiencia, independientemente de su connotación[22].

A esta delimitación hemos de añadir también el elemento cuantitativo. Así, la evidencia empírica muestra que, como era de esperar, la «atención plena» correlaciona negativamente con los procesos psicológicos alterados y desadaptados, mientras que lo hace positivamente con el estado psicológico saludable y con el bienestar[23].

[19] A modo de una tendencia disposicional, es decir, similar a un estilo de comportamiento que se actualiza en el momento de prestar atención.

[20] Véase, por ejemplo, Brown (2016) y Linehan (1993a).

[21] Kabat-Zinn (1982, 1990 y 2011).

[22] Germer et al. (2017).

[23] Levin et al. (2012), Khoury et al. (2013) o Quaglia et al. (2016).

No obstante, pese a los avances en su definición en el ámbito psicológico, la delimitación operativa del MFN todavía tiene planteados retos importantes que necesariamente se han de resolver, porque afectan directamente al desarrollo de la evaluación, al diseño de su aplicación y al control de su eficacia.

Esta casuística conceptual se pone claramente de manifiesto, por ejemplo, al aproximarnos a describir la problemática respecto de los instrumentos para su evaluación en general y, dentro de estos, en las medidas de autoinforme. En el siguiente subepígrafe abordamos la aproximación a la descripción de esta situación.

5.3. EL «MINDFULNESS» COMO MODALIDAD DE INTERVENCIÓN PSICOLÓGICA

El MFN se está utilizando como una modalidad de intervención psicológica, en sí misma, para desarrollar programas que promueven el bienestar asociado a la salud física y psicológica, para prevenir la reaparición de las RAD que conforman los trastornos psicológicos y para abordar directamente el tratamiento de los P/T psicológicos. En los subepígrafes que siguen nos adentraremos en estas cuestiones, la problemática en la que se hallan insertas y los resultados de los que disponemos para valorar su eficacia, eficiencia y efectividad.

5.3.1. La evaluación

La evaluación es esencial en el marco de la construcción del conocimiento científico sobre el comportamiento humano. Sin ella no podríamos llegar a comprender la relación entre los constructos que elaboramos y el funcionamiento psicológico, la salud y el bienestar. Desde la perspectiva de la psicología, la intervención basada en el MFN no es ni puede ser ajena a esta premisa.

La investigación empírica sobre el MFN se ha desarrollado muy rápidamente en los últimos treinta años. Esta se ha centrado principalmente en la medida de su eficacia terapéutica respecto de la mejora emocional, cognitiva y biológica[24]. De hecho, el cúmulo de investigación empírica ha permitido que se puedan realizar estudios metaanalíticos que han puesto de manifiesto su relación con una reducción de la afectividad negativa y con la promoción de la sensación de bienestar[25].

Tales efectos se constatan en la población clínica y en la que no tiene problemas psicológicos[26]. Además, desde la óptica estrictamente terapéutica, las modalidades concretas de su aplicación como tratamiento unicomponente (v. gr., el MBSR) o multicomponente (así, la MBCT) se han mostrado eficaces para reducir las RAD que conforman la depresión, la ansiedad y el abuso del consumo de sustancias tóxicas[27].

De igual modo, la evaluación en el marco de los estudios correlacionales ha permitido verificar la relación entre los estados de MFN y los cambios en las respuestas psicofisiológicas[28]. Así, en el trabajo de Aftanas y Golocheikine (2001) se observó que durante la meditación se produjo un incremento de la intensidad de las bandas de frecuencia alfa (α) y theta (θ) en los resultados del registro electroencefalográfico (EEG) que se pudieron asociar con el enfoque de la atención.

Ahora bien, las investigaciones con tamaños muestrales que cuenten con la suficiente potencia

---

[24] Davis y Hayes (2011), Delgado Pastor (2009) y Ramirez-Pérez, Martínez-Cuervo, Rodríguez-Medina, Alfonso-Torres y Becerra-Sánchez (2021).

[25] Véase Cramer, Lauche, Paul y Dobos (2012), Hofmann, Sawyer, Witt y Oh (2010), Kabat-Zinn (2003), Klainin-Yobas, Cho y Creedy (2012), McCarney, Schulz y Grey (2012), Piet, Zachariae y Würtzen (2012) o Vøllestad, Nielsen y Nielsen (2012).

[26] Véase, por ejemplo, Baer (2003) o Grossman, Niemann, Schmidt y Walach (2004).

[27] Véase Chiesa y Serretti (2013) o Marchand (2012).

[28] Así Cahn y Polich (2006), Delgado Pastor (2009), Dunn, Hartigan y Mikulas (1999) y Ramirez-Pérez et al. (2021).

estadística para extraer conclusiones generalizables requieren generalmente el empleo de medidas de autoinforme, como las escalas construidas a partir de cuestionarios e inventarios que, como es sabido, tienen limitaciones bien conocidas. Además, a estas se añaden problemas muy específicos en el MFN, por razones obvias[29], entre los que se hallan, por un lado, los implícitos en las críticas porque no captan adecuadamente las concepciones budistas[30] y, por otro, los relativos a sus carencias respecto de la objetividad[31].

Lo cierto es que la construcción de estos instrumentos requiere una descripción exhaustiva, que se acompañe de una delimitación concreta del constructo que se quiere medir, que se basen y fundamenten en los resultados de literatura que sea científicamente relevante[32].

Actualmente, la evaluación de MNF se realiza generalmente sobre su delimitación como una capacidad psicológica que puede medirse a partir del autoinforme. Esta opción, además de conveniente, también incrementa la eficiencia de la medida; probablemente por ello, es la forma de evaluación psicológica que más se utiliza para medir el efecto esperado de la aplicación del EMFN.

Como sabemos, pese a sus limitaciones, los instrumentos de autoinforme pueden proporcionar información fiable, válida y útil cuando se han diseñado adecuadamente para las poblaciones a las que se dirigen, están bien construidos y se aplican siendo fieles a las instrucciones.

Además, hemos de añadir que cuando están bien construidos, como suele ocurrir con los más utilizados, no solo muestran propiedades psicométricas razonables, sino que también contribuyen a que puedan realizarse contribuciones importantes a la comprensión del constructo[33].

Como recordaba Baer (2019), es poco probable que las medidas de autoinforme nos permitan captar las complejidades de la comprensión budista de la «atención plena», pero esto no tiene por qué ser excesivamente problemático porque, a fin de cuentas, el objetivo general de la mayor parte de la investigación que se está realizando es i) medir la «atención plena» a través de lo que se enseña y se aprende en los programas que están avalados por la evidencia, o ii) estudiar el rasgo MFN en tanto que tendencia disposicional a tomar conciencia sin enjuiciar (en el ámbito de actividad cotidiana y en poblaciones que generalmente no son budistas ni desde la perspectiva cultural ni desde la de la práctica espiritual).

Además, desde la psicología la investigación del efecto del MFN, y, por tanto, su evaluación, se inscribe en la intersección de la «atención plena» con la compasión, la bondad, la alegría, la ecuanimidad, la sabiduría, el comportamiento ético, etc., siendo cada una de tales intersecciones un constructo que se integra, a su vez, en un macroconstructo, multifacético y cuantificable. De hecho, ya existen instrumentos de autoinforme para medir algunos como, por ejemplo, la ecuanimidad y la compasión[34].

Los cuestionarios que más se han utilizado para medir el MFN se pueden agrupar en dos grandes categorías (véase el cuadro 5.2): los que se han diseñado para evaluar la tendencia disposicional a la «atención plena» en la vida diaria y los que miden el estado asociado a su práctica.

---

[29] Baer (2011).

[30] Chiesa (2013) afirmaba al respecto que « [...] los intentos modernos de operacionalizar el mindfulness han fracasado sistemáticamente en proporcionar una definición inequívoca que tenga en cuenta la complejidad de las definiciones originales» (p. 265).

[31] Por ejemplo, Van Dam et al. (2018) han cuestionado abiertamente las propiedades psicométricas de los cuestionarios, subrayando la urgencia de proveerse de medidas más objetivas.

[32] Véase Clark y Watson (1995).

[33] Véanse los trabajos de Goldberg et al. (2018), Goldberg et al. (2019) y Goldberg et al. (2016). En relación con la investigación de 2016 incluimos unas notas para la reflexión en el anexo Va (notas para la reflexión sobre el constructo MFN y la investigación del y con el FFMQ, pp. 534-536). En ellas se muestra cómo la exploración de resultados contradictorios y anómalos ayuda a construir el conocimiento científico.

[34] Véase Baer (2019).

CUADRO 5.2

Medidas de autoinforme de uso frecuente en la evaluación de la «conciencia plena» como rasgo y como estado

	Autor(es)	Instrumento	Propiedades psicométricas
Medida de la disposición	Buchheld, Grossman y Walach (2001).	Inventario de atención plena de Friburgo («Freiburg Mindfulness Inventory» —FMI—).	Consistencia interna aceptable (α de Cronbach entre 0,74 y 0,93). Fiabilidad elevada (coeficiente de correlación intraclase de 0,80)[1].
	Baer, Smith y Allen (2004).	Inventario de habilidades de atención plena de Kentucky («Kentucky Inventory of Mindfulness Skills» —KIMS—).	Consistencia interna aceptable (α de Cronbach entre 0,76 a 0,91)[2].
	Feldman, Hayes, Kumar, Greeson y Laurenceau (2007).	Escala de atención plena afectiva cognitiva («Cognitive Affective Mindfulness Scale-Revised» —CAMS-R—).	La consistencia interna (a de Cronbach) se sitúa alrededor del 0,80. Presenta correlación negativa con constructos como la evitación experiencial, la depresión, la ansiedad y con la rumia. Muestra correlación positiva con la claridad de sentimientos, la restructuración del estado de ánimo, la flexibilidad cognitiva y el bienestar[3].
	MAAS: Brown y Ryan (2003). MASS-A: Brown, West, Loverich y Biegel (2011).	Escala de conciencia de atención plena («Mindful Attention Awareness Scale» —MAAS—) versión adultos y para adolescentes[4].	Presenta buenas propiedades psicométricas tanto en la versión para adultos[5] como para adolescentes[6]. En esta última, en los estudios de Black et al. (2012) el valor del α de Cronbach para la consistencia interna se situó en 0,89 y 0,93, mientras que en el de Calvete et al. (2014) fue de 0,85.
	Baer, Smith, Hopkins, Krietemeyer y Toney (2006).	Cuestionario de atención plena de cinco facetas («Five Facet Mindfulness Questionnaire» —FFMQ—).	En el estudio original el valor del α de Cronbach se situó entre 0,75 y 0,92 (Baer et al., 2008). Estudios posteriores han corroborado sus propiedades psicométricas[7].

MFN = «Mindfulness».

[1] Véase, por ejemplo, Hirayama et al. (2014), Laca-Arocena et al. (2021) y Pérez-Verduzco y Laca-Arocena (2017).

[2] Hansen et al. (2009), Orozco et al. (2021).

[3] Véase Catak (2012), Rodríguez (2017), Teixeira, Ferreira y Pereira (2017) y Veneziani y Voci (2015).

[4] Véanse anexos Vb y c.

[5] Barajas y Garra (2014) y Soler et al. (2012).

[6] Black et al. (2012), Calvete, Sampedro y Orue (2014), Díaz González (2021) y Muñoz Cartes (2019).

[7] Aguado et al. (2015), Barros et al. (2014), González Vázquez y Olivera Santiago (2018), Meda Lara et al. (2015), Schmidt y Vinet (2015) y Sosa Ochoa (2019).

TABLA 5.2 *(continuación)*

	Autor(es)	Instrumento	Propiedades psicométricas
Medida del estado	Lau et al. (2006).	Escala de mindfulness de Toronto («Toronto Mindfulness Scale» —TMS—).	Consistencia interna aceptable, con un valor del α de Cronbach entre 0,84 y 0,88[8] y buena medida de la invarianza[9].
	Tanay y Bernstein (2013).	Escala del estado de mindfulness («State Mindfulness Scale» —SMS—)[10].	Buenas propiedades psicométricas, con un valor del α de Cronbach de 0,96 para el MFN corporal y 0,90 para el MFN mental. La adaptación al español muestra que su consistencia interna es buena para el total y en las subescalas. Asimismo, las correlaciones con la regulación motivacional apoyan la validez de constructo, con correlaciones positivas y significativas con autorregulación y negativas con regulación externa y desmotivación[11]. La adaptación al portugués también refrenda sus propiedades psicométricas[12].

[8] Davis, Lau y Cairns (2009), Lau et al. (2006), Yu et al. (2021).
[9] Ireland, Day y Clough (2019).
[10] Véase Anexo Ve.
[11] Ullrich-French, González Hernández e Hidalgo Montesinos (2017).
[12] Andrade, Arriaga y Carvalho (2019).

Las medidas de la disposición asumen que la «atención plena» es una capacidad humana que varía en la población general debido probablemente a razones de orden genético o constitucionales, o a aspectos relativos a la historia de aprendizaje y a la experiencia vital, las cuales influyen en la sensibilidad o tendencia a notar el momento presente y a responder ante este con apertura y aceptación, incluso sin que haya mediado la enseñanza-aprendizaje ni se hubiera producido previamente la experiencia de meditación.

Por su parte, las medidas del estado asociado a la «atención plena» evalúan el grado en que el informante ha experimentado un estado de MFN durante la práctica del ejercicio de la meditación u otra actividad realizada durante los quince minutos previos.

Como recuerda Baer (2019), las propiedades psicométricas que han mostrado ambos tipos de medidas pueden ser actualmente calificadas como «alentadoras». Pese a ello, en los párrafos que siguen comentaremos brevemente algunas de las más estudiadas; nos remitimos a las revisiones *ad hoc*[35] para una visión del conjunto de instrumentos que integran los que se hayan disponibles en este formato. Además, en algunos casos también incluiremos, como parte de los anexos, las que se han utilizado en estudios concretos para facilitar la posibilidad de su réplica.

Hay numerosas revisiones sobre las propiedades psicométricas que muestran que la consistencia interna de los instrumentos suele ser robusta[36]. En cambio, la estabilidad del constructo, medida a partir de la fiabilidad test-retest, se ha estudiado menos, aunque generalmente también se informan buenos resultados[37].

[35] Véase un resumen de las principales características y propiedades psicométricas en Tejedor Vinent (2017).

[36] Véase, por ejemplo, Ninfa (2007) y Park, Reilly-Spong y Gross (2013).

[37] Jensen et al. (2012) y Chen y Zhou (2014).

En relación con la estructura factorial, esta es robusta en el MAAS[38] y en el CAMS-R[39], mientras que en el FFMQ y el KIMS difiere entre las poblaciones de meditadores y las de los no meditadores, pero siendo generalmente consistente en los dos grupos[40].

Asimismo, la cuantificación de las relaciones entre los cuestionarios mantiene la significación[41], pese a ser variable debido muy probablemente a las diferencias en los elementos que enfatizan. La validez de constructo es robusta para el MAAS, el KIMS, el CAMS-R y el FFMQ, y mixta para el FMI[42].

Como ya hemos adelantado, los resultados de los metaanálisis han mostrado que las puntuaciones alcanzadas en estos instrumentos se muestran sensibles a los efectos del entrenamiento en «atención plena»[43]. De igual modo, los efectos beneficiosos de las MBI parecen estar mediados por los aumentos de las habilidades autoinformadas por los participantes[44], aunque los hallazgos no son robustos.

Los resultados de los metaanálisis también proporcionan un apoyo moderado a la sensibilidad diferencial de estos instrumentos al cambio asociado con el efecto del tratamiento. Es decir, generalmente muestran que las puntuaciones obtenidas por los participantes en los cuestionarios se incrementan más cuando se aplican los programas basados en MFN que cuando no están fundamentados en este[45].

No obstante, como han mostrado las investigaciones desarrolladas por el grupo de Goldberg que hemos señalado párrafos atrás[46], la «atención plena» puede mejorar tanto entre los participantes de los GCLE como en quienes son tratados mediante programas que no incluyen el entrenamiento en MFN. Esta paradoja se ha explicado señalando que muy probablemente tales programas pueden incluir procesos que favorezcan el desarrollo de la «atención plena» como, por ejemplo, los relativos a detectar y sustituir los pensamientos y sentimientos inadecuados por otros adecuados a la situación. No obstante, la paradoja persiste sin una explicación clara.

Entre las cuestiones pendientes de respuesta en el estudio del MFN se hallan, por ejemplo, saber cuál es la mejor manera de delimitar, concretar y conceptualizar los elementos esenciales del qué y el cómo de la «atención plena», a fin de centrar los esfuerzos en lo principal.

Esta falta de claridad conceptual permite que podamos ver que mientras que en la Escala de Mindfulness de Toronto se incluye una subescala de «descentramiento», asumiéndose que este es un componente del MFN, otros investigadores sostienen que son distintos[47]. Otro tanto ocurre también con el concepto de «compasión», considerado en ocasiones como el resultado de la práctica de la «atención plena» y en otras como un componente básico.

Como hemos señalado, estas cuestiones afectan de manera notable al diseño de los instrumentos de autoinforme para medir el MFN, así como a la validez de constructo y a la fiabilidad de la medida. La falta de especificidad de la medida distorsiona también los efectos del tratamiento.

En este orden de asuntos pendientes de resolver también hay que incluir el de la validez incremental de las medidas de este constructo en

[38] Jensen et al. (2012).
[39] Hayes y Feldman (2004).
[40] Gu et al. (2016).
[41] Baer et al. (2006).
[42] Véase, por ejemplo, Park, Reilly-Spong y Gross (2013). Recordemos que la validez de constructo (convergente y discriminante) se produce en la medida en que las puntuaciones en el MFN correlacionan en las formas predichas con otras medidas y si, tal como se esperaba, también difieren entre los grupos que se comparan.
[43] Véase Khoury et al. (2013), Quaglia et al. (2016) y Visted et al. (2015).
[44] Gu et al. (2015).
[45] Goldberg et al. (2019).
[46] Goldberg et al. (2016, 2018, 2019).
[47] Fresco et al. (2007).

relación con las del neuroticismo y de la afectividad negativa[48].

5.3.2. El tratamiento

Hay consenso respecto de cuáles son las características comunes que se encuentran en la base de la práctica de la «atención plena», dentro de sus distintas variantes. Así, entre ellas están que:

— Las personas pueden aprender que el modo como reaccionan habitualmente, en contextos en los que experimentan malestar/angustia, tiene su origen en hábitos aprendidos y poco útiles.
— El miedo, la negación y el pensamiento basado en la discrepancia originan e intensifican el malestar/la angustia.
— Podemos aprender respuestas y/o desarrollar secuencias de respuestas para relacionarnos adecuadamente aplicando convenientemente nuestra conciencia, el discernimiento y la práctica.
— Ofrece la posibilidad de que podamos liberarnos de nuestros automatismos[49].

Los programas o intervenciones basadas en el MFN incluyen entre los contenidos del tratamiento algunas pautas de comportamiento que son universales y, por tanto, características del conjunto de la experiencia humana. Para su aprendizaje utilizan el EMFN (en el contexto clínico) y las prácticas de MFN («tareas para casa»). Estas prácticas son actividades y ejercicios a través de los cuales se consolida el entrenamiento sistemático, para que se pueda intensificar la conciencia que tiene uno de sí mismo y de los demás, es decir, para incrementar nuestra capacidad de comprensión.

Los tratamientos de estos programas e intervenciones, pese a que se centran en contenidos de las tradiciones contemplativas de naturaleza espiritual, no incluyen sus elementos religiosos, esotéricos ni místicos. Se presentan como enseñanzas, que pueden ser objeto de aprendizaje, para ser utilizadas como herramientas con las que conseguir los objetivos que responden a las aspiraciones personales. Asimismo, se imparten de forma inclusiva y se adaptan culturalmente. Los ejercicios y su práctica en el ámbito del entrenamiento se recontextualizan para que puedan ser utilizados en entornos convencionales.

Como ya hemos anticipado, y veremos en los párrafos que siguen, estos programas e intervenciones pueden recibir la calificación de MBI («Mindfulness-Based Intervention») o MBP («Mindfulness-Based Program»), pero lo que realmente los diferencia entre sí y dentro de cada grupo es el rigor metodológico con el que se diseñan, planifican y aplican[50].

5.3.2.1. *El inicio. El Mindfulness Stress Reduction Program*

En el ámbito clínico y de la salud, que es el de nuestro interés, inicialmente se aplicó como un programa para ayudar a los participantes a afrontar el estrés (reducirlo/eliminarlo) producido por la enfermedad y el dolor, bajo el nombre de *Mindfulness Stress Reduction Program* (MBSR)[51].

---

[48] Se requiere conocer la cuantía en la que cada predictor del criterio permite explicar toda o parte del valor de su medida que no predicen otras variables. Se espera que añadiendo predictores se incrementará la cuantía en la que se predice el criterio que se mide. Véase al respecto, por ejemplo, el trabajo de Giluk (2009) y el de Vujanovic et al. (2010).

[49] Gethin (1998).

[50] Véanse los comentarios al respecto de Dimidjian y Segal (2015; p. 593).

[51] Véase Kabat-Zinn (1982, 1987, 1990), Kabat-Zinn y Chapman-Waldrop (1988) o Kabat-Zinn, Lipworth y Burney (1985).

Para mantenerse actualizado sobre los avances en la aplicación del mindfulness al tratamiento del estrés puede utilizarse la URL del Centro para el Mindfulness de la Facultad

El MBSR es el primer programa que se diseñó, planificó y aplicó en el ámbito biomédico, como una modalidad de medicina participativa en la que se incita a los P/C a descubrir y aprovechar sus propios recursos para aplicarlos al aprendizaje, la curación y la transformación personal[52].

En su formato puede discernirse un componente psicoeducativo (explicación), otro de entrenamiento (a través de la práctica orientada en el contexto en el que se produce el aprendizaje) y un tercero de «tareas para casa» (o práctica entre sesiones).

Posteriormente también comenzó a aplicarse como componente para modular el efecto del estrés dentro del tratamiento de los trastornos por ansiedad[53]. De hecho, en el primer estudio de Kabat-Zinn et al. (1992), estos trataban de averiguar si era efectiva la aplicación en grupo de un programa para la reducción del estrés, basado en la meditación mediante «atención plena», para P/C con trastornos de ansiedad.

Pese a sus carencias metodológicas, debidas al reducido tamaño de su muestra (n = 20) y a su escasa validez externa, los resultados mostraron reducciones significativas en las medidas de autoinforme informadas sobre la ansiedad y la depresión, evaluadas con el SCL-90-R[54] después del tratamiento, que se mantuvieron en las evaluaciones de seguimiento con el mismo cuestionario. También se redujo sustancialmente el número de quienes informaron respuestas de ansiedad muy intensas (como las que conforman los ataques de pánico), pese a que no desaparecieran las RAD.

Todo ello les permitió concluir que un programa de entrenamiento en meditación, centrado en la «atención plena», podía reducir eficazmente las respuestas de ansiedad y ayudar a que los cambios se mantuvieran en P/C que presentasen un trastorno por ansiedad generalizada, un trastorno de pánico o un trastorno de pánico con agorafobia.

Estas aplicaciones iniciales se fueron diversificando y generalizando a otros ámbitos de la actuación humana para que las personas con problemas de salud crónicos y aquellas que están sometidas a estresores psicosociales que desencadenan demandas crecientes y sostenidas de respuesta pudieran aprender a afrontar y a relacionarse de manera distinta con los desafíos que constituyen los elementos que conforman las situaciones con incertidumbre en los resultados[55].

Dentro de este conjunto de aplicaciones se ha producido la aparición de otros programas o variantes basadas en el MBSR y de un elevado número de publicaciones (véase la figura 5.1). Estas variaciones se producen tanto en su enfoque teórico como en su estructura, y responden generalmente a objetivos muy específicos.

Este hecho ha propiciado que se desarrolle una amplia gama de aplicaciones en distintos contextos como los hospitales, los centros educativos, los centros penitenciarios, etc., y que cada día sea mayor el interés de los particulares y de los responsables políticos por las mismas[56], pese a las dudas razonables que todavía existen sobre su alcance real dentro de la extensa gama de P/T para los que se proponen[57], así como sobre la magnitud del TE que puede atribuírseles[58], sobre los «ingredientes» a los que realmente se les pueden atribuir los cambios que se constatan[59] y sobre la especificidad de los mismos[60].

de Medicina, de la Universidad de Massachusetts, http://www.umassmed.edu/cfm/mbsr/.

52 Kabat-Zinn (2003).

53 Kabat-Zinn et al. (1992).

54 Véase anexos IIIa y b.

55 Kabat-Zinn (2013).

56 Mindfulness All Party Parliamentary Group (2015), Mindfulness Network CIC (2016) y Ryan (2012).

57 Véase, por ejemplo, Joyce et al. (2016) o Rongen et al. (2013).

58 Véanse los trabajos de Bohlmeijer et al. (2010), Goldberg et al. (2018), Khoury et al. (2015), Xie et al. (2020) y Zhou et al. (2020).

59 Crane et al. (2017), Dimidjian y Segal (2015), Goldberg et al. (2016), MacCoon et al. (2012, 2014), Pérez-Aranda et al. (2019, 2021), Rosenkranz et al. (2013).

60 Véase, por ejemplo, MacCoon et al. (2012).

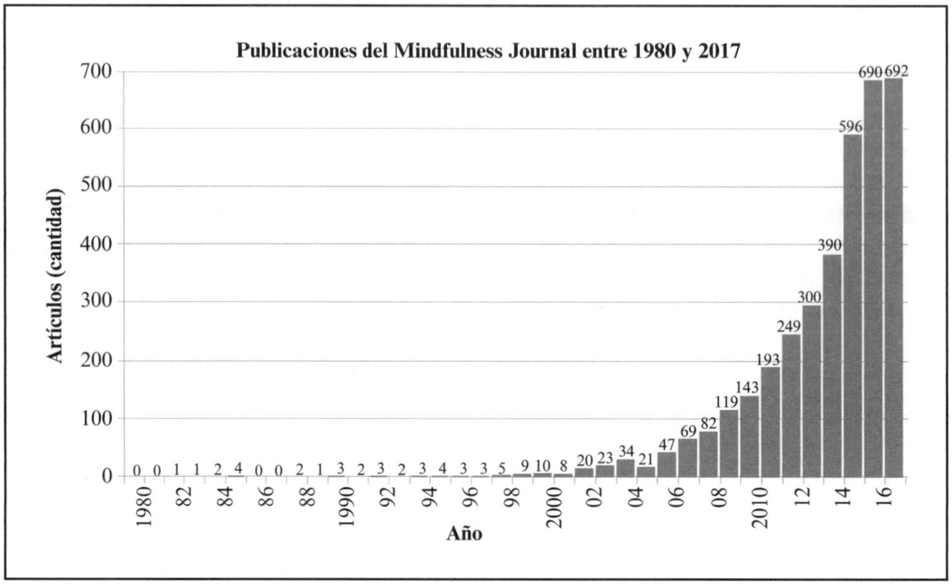

FUENTE: Baer (2019).

Figura 5.1.—Evolución del número de artículos relativos a la aplicación de la psicología para investigar la comprensión del «mindfulness» publicados en revistas especializadas.

Debido a la variedad y el rango de sus aplicaciones, el desarrollo de la investigación y el de la práctica no siempre sigue el curso deseable desde la perspectiva de su fundamentación en los hallazgos científicos. Es decir, en este contexto de gran interés, demanda y rápida proliferación de MBP y MBI, el EMFN se está aplicando en distintos ámbitos y poblaciones mediante múltiples formatos, de diferente duración y con métodos de enseñanza-aprendizaje que en muchas ocasiones no siguen las directrices de la evidencia disponible.

Todo ello está produciendo un marco conceptual confuso en el que la palabra «mindfulness» se utiliza para dar cuenta de una multitud de significados y prácticas que pueden diferir mucho entre sí. En consecuencia, se está produciendo un contexto semántico confuso, que dificulta la fundamentación y el desarrollo científico de su aplicación.

De ahí que entre los desafíos que recogen Crane et al. (2017) destaque el relativo a la fidelidad en la aplicación de los MBP/MBI. Estos investigadores recuerdan que, como hemos referido, si este no se aborda con rigor resultará muy comprometido el desarrollo científico de sus aplicaciones y la calidad de su práctica cotidiana.

Crane et al. (2017), siguiendo el hilo de la clasificación que se ha realizado sobre la evolución de los tratamientos psicológicos[61], diferencian dentro de la investigación y de la práctica del MFN dos grupos: «primera generación» y «segunda generación». Así, por ejemplo, los MBP/MBI de la «segunda ola» hacen menos hincapié en el control de la experiencia interna («primera ola») y más en cuestiones como la aceptación, la

[61] Véase Olivares-Olivares et al. (2022).

metacognición y la forma en la que las personas se relacionan con sus experiencias.

A la «primera generación» pertenece el MBSR (como modalidad de tratamiento) y la MBCT (en la que el MFN es solo un componente más del tratamiento). Algunos investigadores han informado que la evidencia que respalda a ambas es robusta y sólida, tanto en sus diseños originales como en las distintas variantes o modalidades de aplicación que se han desarrollado a partir de ellos[62].

Los MBP/MBI de la primera generación, aunque toman los elementos básicos de sus modelos de referencia y las prácticas centradas en variables propias del budismo, su fin es recontextualizar el contenido del programa y sus fundamentos teóricos, sin abandonar la corriente principal. En consecuencia, su objetivo es garantizar, tanto como resulte posible, que sus programas estén científicamente fundamentados y abarquen los desarrollos del conocimiento disponible, para promover intervenciones que produzcan estados saludables, sin preconizar valores ni afiliaciones religiosas concretas, que fomenten el bienestar y/o permitan abordar con carácter preventivo o clínico los problemas psicológicos.

Estos comparten los supuestos teóricos, incluyen generalmente la práctica de la meditación de «atención plena» y aplican el entrenamiento sistemático y sostenido mediante su práctica formal e informal, al considerarse imprescindible para la actuación del psicólogo y para la de los participantes.

Los MBP/MBI de la segunda generación comparten con los de la primera el énfasis en la práctica de la meditación basada en la «atención plena», como componente central, pero no necesariamente el resto de los requisitos que conforman una base científica y una aplicación rigurosa. Así, los de segunda generación se sustentan principalmente en la espiritualidad budista (que explicitan) y se sitúan en la fase descriptiva (correlacional) o inicial del desarrollo científico.

El fin de los MBP/MBI es proporcionar al participante experiencias de «atención y conciencia plena» utilizando como procedimiento la meditación Vispassana. Estas experiencias han de permitirle aprender a observarse, sin valorar lo que acontece, y a aceptar la experiencia, que se vivencia tal y como se presenta aquí y ahora, sin juzgarla, adoptando una actitud ingenua, de mero espectador, en la que estén ausentes la crítica, la valencia[63] y los prejuicios.

Se hipotetiza que los MBP/MBI permiten desarrollar la resiliencia a través de la enseñanza-aprendizaje de habilidades básicas para el manejo de la atención, el cuidado personal y la autorregulación emocional, así como de otras respuestas de orden motor y psicofisiológico[64].

De ahí que se entienda que es muy relevante el papel que desempeña el proceso de enseñanza-aprendizaje de las habilidades y destrezas que conforman su contenido, cuando se aplican con quienes presentan P/T y con los que muestran un funcionamiento adaptativo en el desarrollo de su actividad cotidiana. En ambos casos estas se consideran una condición necesaria para que los primeros puedan mejorar y acceder al bienestar, como una consecuencia de la reducción / eliminación de las causas que interferían significativamente el desarrollo cotidiano de su actividad, así como para que los segundos puedan seguir disfrutando o mejorar su bienestar[65].

El objetivo general es que los participantes aprendan a aplicar un procedimiento flexible para relacionarse con sus sensaciones, sus emociones y sus pensamientos. Por tanto, no pretenden que se

[62] Véase, por ejemplo, Bowen et al. (2009), Duncan y Bardacke (2010) o Kristeller, Wolever y Sheets (2014).

[63] Entendida según la tercera acepción de la RAE como «[...] conjunto de argumentos de un predicado, con mención de sus principales características semánticas o sintácticas».

[64] Véase Feldman y Kuyken (2019), Nila et al. (2016) y Pagnini et al. (2019).

[65] Véase Crane et al. (2017), Huppert (2009), López-Navarro et al. (2020) o Pardos-Gascón et al. (2021).

deje de pensar («dejar la mente en blanco»), o que logremos que no aparezcan en nuestro cerebro eventos desagradables, sino que aprendamos a diferenciarnos de nuestros pensamientos, de nuestras sensaciones y de nuestras emociones a través del conocimiento, el entrenamiento y la práctica («tareas para casa»). El fin es doble: dejar de responder de manera automática y actuar autorreguladamente. Por ello, entre los objetivos específicos de su aplicación se encuentran:

- Promover la ocurrencia de sensaciones, emociones y pensamientos para aprender a aceptarlos, se presenten como y cuando se presenten.
- Lograr que la persona permita que las reacciones automáticas de su organismo, como, por ejemplo, las controladas por nuestro SNA, se regulen por sí mismas, sin intervenir sobre ellas directamente.

5.3.2.2. *La estructura y el contenido del tratamiento*

Una vez delimitado conceptualmente el constructo MFN, vamos a realizar una aproximación a las distintas estrategias que generalmente se utilizan, dentro de los procesos de enseñanza-aprendizaje, para desarrollar la «conciencia plena» como paso previo a tratar el estado de la investigación.

Entre las que generalmente se utilizan para trabajar en el logro de los objetivos del MBSR destacan las tres siguientes:

- La exploración del propio cuerpo («escaneo corporal» o *body scan*)[66], que consiste en rastrear, detectar y percibir las sensaciones corporales asociadas a la actividad corporal («experimentar»[67]).
- El proceso de respiración, en el cual hay que centrarse y «experimentarlo» a través de cada una de las sensaciones que aparezcan.
- La meditación en la posición de sentado o el Hatha yoga.

Estas estrategias se concretan en ejercicios específicos como, por ejemplo, los incluidos en el proceso de meditación: escuchar determinado estímulo auditivo, detectar las sensaciones que se producen cuando caminamos, percibir las que se producen al teclear mientras que se escribe un mensaje o texto específico, sentir las respuestas alteradas que conforman el estado de ira (cognitivas, psicofisiológicas y motoras), percibir el estado producido en nosotros por los estímulos que nos resultan inciertos y/o fuente de peligro (los que nos producen miedo), las sensaciones que conforman el estado de aburrimiento, etc.

Así pues, el análisis del procedimiento muestra estrategias que incluyen meditación (componente cognitivo), relajación (componentes motor y psicofisiológico) y ejercicios centrados en las sensaciones corporales (componente cognitivo más psicofisiológico). Todos ellos son elementos que, como ya indicaba Vallejo (2006), recuerdan mucho a la relajación muscular progresiva, al entrenamiento autógeno (autohipnosis) y a la propia hipnosis.

Dos ejemplos concretos de aplicación del MFN lo hallamos en los trabajos de Delgado et al. (2012) y Feliu-Soler et al. (2016)[68]; el primero es utilizado para practicar la «conciencia plena» e investigar su efecto en las dimensiones del dolor crónico, producido por la inflamación de las vértebras (espon-

[66] Kabat-Zinn (2002).

[67] Nosotros interpretamos «experimentar» como el resultado o producto de la evaluación que se produce en el sistema cognitivo sobre el estado de resto de nuestro organismo. Su archivo en nuestra memoria como dato o «recuerdo» constituye parte del material que conforma el almacén donde se construye e interpreta nuestra identidad, sujeto, por supuesto, a todos los avatares que ha probado la neuropsicología que tienen lugar cuando se recupera y se vuelve a archivar la información.

[68] Si el lector lo desea, puede practicar mindfulness *online* en http://www.mindfulnets.co.

dilitis) y por la de la artritis; el segundo, para estudiar el efecto del MBSR en la reducción del estrés causado por el padecimiento de la fibromialgia.

A continuación presentamos una guía para orientar la práctica de la meditación con «conciencia plena» a título orientativo:

Primero. Dirija la atención a la posición del cuerpo, aposentándose sobre los isquiones, con la columna erguida, pero a la vez distendida y evitando la rigidez.

Para facilitar la adquisición de la postura correcta perciba las sensaciones propioceptivas, conduciendo amablemente al cuerpo hasta encontrar su propio equilibrio.

Segundo. Focalice la atención en la conciencia del estado de su cuerpo (pensamientos, sentimientos, actividad de sus órganos internos, etc.), con la intención de aceptar el valor afectivo de esa vivencia, independientemente de su valencia (ya sea positiva, negativa o neutra).

Tercero. Mantenga la atención observando el flujo de pensamientos y sensaciones que se producen en usted, así como el encadenamiento que se pueda producir entre ellos, incluyendo las instrucciones que se dé a sí mismo con la intención de recuperar la atención consciente cada vez que se note que incurre en alguna divagación o distracción.

Si se produce una distracción, identifíquela. Vea si se trata de un recuerdo, una anticipación o una fantasía, alguna preocupación u otro evento cognitivo, y tome conciencia de la eventualidad del fenómeno.

Para facilitar la refocalización de la atención en el instante presente utilice la respiración como un ancla. Centre su atención en la percepción de la respiración en las fosas nasales o en el movimiento del abdomen. Mantenga la respiración fluida y natural, sin controlarla.

Cuarto. Dirija su atención a la conciencia interoceptiva de todas las partes del cuerpo, «escaneando» las sensaciones que se estén produciendo desde sus pies hasta su cabeza. Hágalo con una actitud de apertura y ecuanimidad, manteniendo la estabilidad emocional, la igualdad y la constancia de su ánimo. Acepte todas las sensaciones, con independencia de su valencia afectiva, y sea consciente de su naturaleza transitoria.

Por ejemplo, si se presentasen sensaciones de dolor en determinadas zonas intente ser testigo de ellas, reconociéndolas en su conciencia simplemente como sensaciones físicas desagradables, a las que tratará de recibir con ecuanimidad, voluntariamente y sin oposición, es decir, aceptándolas.

Quinto. Si lo desea, puede calificar o «etiquetar» brevemente la experiencia que está viviendo como sensación, pensamiento, sentimiento, etc. Así, por ejemplo, la podemos calificar como «sensación dolorosa» o como una acción cognitiva (v. gr., estoy «pensando», «distrayéndome», «preocupándome», «recordando», «anticipando», etc.). En todo caso, el «etiquetado» debe consistir solo en un reconocimiento director del estado actual; debe estar libre de cualquier otro juicio o análisis.

Sexto. Mantenga su meditación el tiempo que quiera en cada uno de los pasos previos.

Séptimo. Cuando desee acabar, procure generar sentimientos positivos de aceptación y comprensión respecto a lo percibió, de comprensión empática y amor hacia usted mismo(a), hacia sus seres queridos, hacia todos los seres vivos que le rodean.

Recuerde los valores que quiera poner en práctica y propóngase cultivarlos en su actitud interior, así como transformarlos en acciones con las que afrontar del mejor modo las adversidades que aparezcan en su vida[1].

[1] Entre estos valores se hallan los propósitos, la aceptación, el coraje, la sabiduría, la transformación, la perspicacia, la confianza, la comprensión, la creatividad, el amor, la paciencia, la flexibilidad, la delicadeza, el buen humor, la ecuanimidad, la concentración y el discernimiento.

A diferencia de la sugerencia de esta guía, de contenido informativo y estrictamente orientativa, la que se presenta en el trabajo de Feliu-Soler et al. (2016) se estructura siguiendo el protocolo MBSR, desarrollado en la Facultad de Medicina de la Universidad de Massachusetts, para ser aplicado durante 8 sesiones y en el que se incluye la práctica diaria en casa entre 30 y 45 minutos de duración, durante 6 días a la semana y siguiendo las instrucciones contenidas en un libro de trabajo y en las cintas de audio que lo acompañan. Además, se prescribe la realización de un retiro de meditación, de un día de duración, entre las sesiones 6 y 8 del programa. Un resumen de la traducción del esquema de este programa es el siguiente:

1. Reconocer el momento presente. Introducción al programa. Fundamentos de la atención plena. Introducción a la meditación del escáner corporal.
2. Comprometerse con la respiración. Entrenamiento básico. Trabajar con las percepciones. La mente errante. Yoga consciente.
3. Practicar, practicar, practicar. No esforzarse. Meditación centrada en la atención a la respiración. Atención *vs*. desatención. Eventos placenteros.
4. El estrés y el flujo de las emociones. Eventos estresantes. Responder *vs*. reaccionar. Ver nuestros patrones. Meditación sentada. Yoga de pie. La investigación sobre el estrés y la resistencia al estrés.
5. El estrés y los pensamientos: encontrar otro lugar para estar de pie. Trabajar con los pensamientos y las emociones. Reflexiones en grupo sobre el punto medio. Grupos pequeños y grandes. Meditación sentada y Qigong.
6. Mindfulness interpersonal/comunicación consciente. Mindfulness y comunicación. Evitar la dificultad *vs*. entrar y mezclar. Meditación de la bondad amorosa. Meditación caminando. Sesión de un día: ponerlo todo junto.
7. Aplicar mindfulness. Meditación sentada. Qigong. Confianza y autosuficiencia. Consumo consciente. Cómo interiorizar la práctica. Mindfulness en la vida cotidiana.
8. Cómo actuar para que el mindfulness forme parte de tu vida. Meditación sentada y caminando. La clase nunca termina: práctica para el resto de tu vida. Evaluaciones del curso. Reflexión en grupo y conclusión.

En las MBI basadas en la evidencia, las prácticas de «atención plena» se realizan a través de ejercicios que versan sobre el qué y el cómo de esta. En la mayoría de ellos se invita a los participantes a centrar su atención en los fenómenos del momento presente, a detectar («notar») cuándo «la mente divaga» y a volver a centrar el foco de la atención en lo previsto, así como a disponer una actitud que mezcla curiosidad, afecto (amistad) y aceptación, sin dar entrada a los prejuicios ni enjuiciar lo que se observa.

Estas habilidades se aplican durante las prácticas informales a las actividades rutinarias, como poner la mesa, comer o caminar mientras se desplaza uno de un lugar a otro. En las formales o programadas se planifica un tiempo que se dedica exclusivamente a su práctica para mejorar e interiorizar su ejecución.

Algunas prácticas formales, como la meditación en la posición «sentado», se asientan en las tradiciones budistas, pero se adaptan a las circunstancias propias del tiempo que vivimos, porque los MBP se aplican en una gama muy extensa de situaciones que va desde el ámbito laboral[69] hasta el parto[70], por ejemplo.

Estos programas se basan en un modelo de experiencia humana que sitúa las formas de re-

[69] Véase, por ejemplo, el trabajo de Strauss et al. (2021).
[70] Strauss et al. (2021) y Veringa et al. (2016).

lacionarse y responder a la ansiedad/angustia en el centro de muchos P/T psicológicos. Pero el objetivo no es la angustia en sí, sino «descubrir» las formas de reaccionar y modificarlas. Para ello, a través de un entrenamiento intensivo, en prácticas formales e informales de MFN y ejercicios relacionados, en los programas se enseña a los participantes una manera distinta de relacionarse con lo que ocurre durante la exposición a la situación temida/evitada («experiencia del momento presente»), centrándose en la aproximación, en la compasión con uno mismo y con los demás y en el «descentramiento», en vez de hacerlo en la evitación (en sí misma y en la forma de lograrla).

El proceso de enseñanza-aprendizaje (tratamiento) es altamente experiencial (subjetivo). Los ejercicios para practicar la aproximación a la «plenitud mental» van seguidos de un proceso interactivo conocido como indagación, que ayuda a los participantes a identificar sus pensamientos, emociones y sensaciones, a reconocer los patrones habituales de reacción ante ellos[71] y a responder con mayor conciencia y flexibilidad.

Los resultados previstos son el incremento de la autorregulación de la atención, la emoción y la conducta (restringida a la asociación entre estímulos y sus correspondientes respuestas psicofisiológicas y motoras), así como la intensificación de la ecuanimidad, la compasión y la sabiduría (autoconocimiento).

Como hemos indicado, el primer MBP que apareció en la literatura de investigación fue el MBSR[72], siendo uno de sus objetivos recontextualizar la atención plena dentro de la ciencia, la medicina y la asistencia sanitaria con el fin de que «[...] fuera lo más útil posible para las personas que no podían acceder a este conocimiento a través de las puertas del dharma» (Kabat-Zinn, 2011; p. 288).

Pese a que la aplicación y la investigación del MFN se ha centrado principalmente en la población adulta, en el ámbito infanto-juvenil cada vez se cuenta con más evidencia empírica que apoya su eficacia.

La aplicación a los niños y adolescentes tiene lugar principalmente en el marco escolar, como parte del currículo educativo, con la finalidad de promover el bienestar, desarrollar el aprendizaje emocional y el social, así como para prevenir los problemas del comportamiento en la edad adulta[73].

Entre las aplicaciones de tales programas destacan los efectos de las que se centran en los mecanismos básicos que están claramente operacionalizados y articulados. Además, muestran sus mayores TE cuando se planifican y se controla la fidelidad de su desarrollo en relación con la planificada en el protocolo en el que se sustenta[74].

5.3.2.3. *Problemática en el marco de la práctica basada en la evidencia*

Cuando los resultados de las MBI, desarrolladas a partir de los MBP, no son los esperados, a veces se argumenta que puede deberse a los cambios en la consciencia que pueden producirse entre el pretest y el postest, porque modularían el efecto real del tratamiento aplicado. Se indica que los participantes, cuando cumplimentan las medidas de autoinforme en el pretest, pueden no ser conscientes de lo inconscientes que realmente eran al respecto, mientras que tras el EMFN su conciencia (acerca de su inconsciencia) sí sería la pertinente, produciendo un decremento en el valor de la medida que debería corresponder realmente al TE.

Pese a lo rebuscado de este argumento, parece que lo más probable, cuando esto ocurre, es que no se enseñaron/aprendieron eficazmente las ha-

---

[71] Aquí los pensamientos, las emociones y las sensaciones actúan como estímulos discriminativos y/o condicionados.

[72] Kabat-Zinn (1982).

[73] Véase Cuijpers, van Straten, Smit, Mihalopoulos y Beekman (2008) y Durlak y Wells (1997).

[74] Véanse los trabajos de Durlak y DuPre (2008) y Nind y Weare (2011).

bilidades y las destrezas implicadas en el dominio de la atención y la «conciencia plena», dado que, cuando se aplica fielmente el protocolo de tratamiento, tal efecto paradójico no suele presentarse con la suficiente fuerza como para ser detectado[75]. Es decir, cuando los protocolos de entrenamiento y los programas de tratamiento están bien diseñados, bien planificados y se aplican con fidelidad, entonces generalmente se producen los efectos esperados (en mayor o menor cuantía). Este es el contexto en el que se inserta la problemática que tienen planteada los MBP y las MBI en el marco de la PBE (práctica basada en la evidencia).

Así, cuando Crane et al. (2017) definen las que entienden que son las características esenciales de los MBP/MBI, entre ellas están las que permiten que se incluyan dentro del mismo marco en el que se inserta el MBSR. Tal es el caso de la «Mindfulness-based cognitive therapy for depression» (MBCT)[76], el «Mindfulness-based childbirth and parenting» (MBCP)[77], el «Mindfulness-based relapse prevention for substance use disorders» (MBRPSD)[78] o el «Mindfulness-based eating awareness training» (MB-EAT)[79], quedando automáticamente excluidos otros como la «Terapia dialéctica conductual»[80] o la «Terapia de aceptación y compromiso»[81] porque, pese a que ambas incluyan ejercicios de MFN entre sus componentes, son realmente tratamientos multicomponentes que se sirven de la meditación formal para mejorar sus resultados. En estas el EMFN no es en sí el tratamiento, sino parte del mismo.

En cambio, los MBP/MBI fundamentan todo su quehacer en torno a la «atención plena» y tienen un formato más generalista y más flexible, en el que se enfatiza menos el control externo del entrenamiento que se centra principalmente en los elementos psicoeducativos y en las habilidades (conocimientos).

Este es el marco en el que se están intentando desarrollar los MBP y sus correspondientes MBI basadas en la evidencia[82]. Como acabamos de ver, se trata de programas que incluyen ideas y ejercicios prácticos adaptados a partir de las tradiciones budistas. De hecho, conceptualmente se sitúan en el centro del debate que se produce, en la intersección entre lo secular y lo religioso[83], sobre la relación que debe existir entre uno y otro en el marco científico.

Ahora bien, la mayoría de las variantes que se aplican pretenden conjugar explícitamente las raíces budistas de la «atención plena» con el hecho de que, por un lado, su aplicación sea accesible para cualquier participante y que, por otro, se inserte en el marco de las disciplinas científicas relacionadas con la salud y el bienestar. Por ello, los conceptos y los ejercicios prácticos básicos generalmente se describen y se operacionalizan utilizando un lenguaje científico, pese a que también trate de ser específico de la disciplina[84]. Desde nuestro punto de vista, esta situación no beneficia la claridad y la concreción que se necesitan en el marco científico, sino todo lo contrario.

Este esfuerzo y sus implicaciones ya se pusieron de manifiesto en los resultados de la revisión de Dimidjian y Segal (2015). Estos ya constataban claramente que las intervenciones basadas en la «atención plena» se encuentran en un momento crucial, para que los resultados de su desarrollo puedan considerarse como conocimiento riguroso obtenido en el marco de la ciencia y, a su vez,

[75] Baer, Carmody y Hunsinger (2012).

[76] Segal, Williams y Teasdale (2002).

[77] En la MBCP (Veringa et al., 2016), centrada en el parto y en la crianza basados en la atención plena, los participantes sostienen cubos de hielo durante 60 segundos, que es la duración media de una contracción, mientras prestan atención a su respiración y a las sensaciones de sus manos. El objetivo de este ejercicio es reducir el miedo y el estrés asociados al parto, mediante la enseñanza-aprendizaje de una nueva forma de exponerse a las sensaciones de dolor («estar presente»).

[78] Bowen et al. (2009).

[79] Kristeller, Wolever y Sheets (2014).

[80] Linehan (1993b).

[81] Hayes et al. (2015).

[82] Baer et al. (2019).

[83] Véase, por ejemplo, Brown (2016) y Compson (2017).

[84] Véase Baer (2011).

pueda incorporarse al «corpus» teórico de la psicología científica.

Esta situación de encrucijada se debe a que, por un lado, el número de estudios y la amplitud o extensión de su aplicación a problemas con y sin relevancia clínica es cada vez mayor, sin que sea grande la magnitud de los TE. No obstante, esto no implica que con carácter general los resultados no reflejen y corroboren su utilidad en el campo de la salud pública, pero sí cuestionan su alcance. De ahí que haya que concluir que en la actualidad su eficacia es todavía limitada.

Dimidjian y Segal (2015) sugieren que para lograr la mejora que entienden necesaria es preciso que el desarrollo de la aplicación de los MBP se inscriba en un marco más amplio, como lo es para ellos el de la psicología clínica. Proponen que esta inserción se haga siguiendo el modelo de etapas propuesto por el National Institute of Health[85] (véase la figura 5.2).

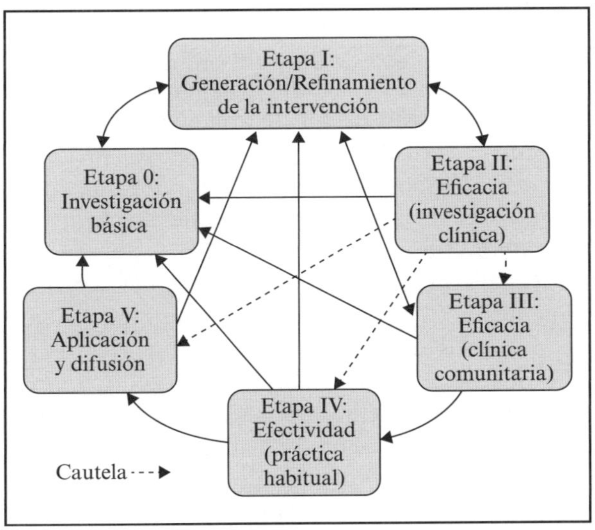

Nota: La flecha punteada indica la importancia de actuar cautelosamente si se opta por utilizar esta vía.

FUENTE: Onken et al. (2014).

Figura 5.2.—Modelo de etapas del «National Institute of Health»: vías comunes y vías que requieren precaución.

[85] Onken et al. (2014).

Como puede observarse, se trata de un modelo de desarrollo de las intervenciones integrado por seis etapas que tienen las funciones que se indican:

— Etapa preliminar o «0». Fundamentación teórica (ciencia básica).
— Primera. Generación, refinado, modificación y adaptación de la intervención y realización de nuevas pruebas piloto.
— Segunda. Aplicación de pruebas clásicas para valorar la eficacia.
— Tercera. Aplicación de pruebas en circunstancias cotidianas, que sean representativas de lo que acontece en el mundo real, para verificar la eficacia en estos contextos.
— Cuarta. Investigación de la eficacia de la intervención en el contexto aplicado.
— Quinta. Investigación de la implementación y la difusión.

El análisis de los resultados obtenidos en la investigación de Dimidjian y Segal (2015) les permitió detectar y concretar fortalezas, debilidades y carencias muy problemáticas durante el desarrollo de la aplicación de las MBI. Así, la evidencia empírica disponible era grande en la primera etapa, pero escasa en la preliminar y en la segunda y mínima en la tercera, la cuarta y la quinta.

Entre las fortalezas se hallaron, por ejemplo, la amplitud del rango de los problemas clínicos y las poblaciones a las que se han aplicado; entre las debilidades y las carencias encontraron la inexistencia de una planificación que integrara y coordinara el desarrollo sistemático de la investigación. Esta última dificulta, cuando no impide, que se pueda dar respuesta a las preguntas básicas que se formulan en cada una de las etapas referidas para orientar la investigación.

En este contexto, Crane et al. (2017) subrayan que un problema fundamental que tienen pendiente de resolver las MBI (y sus respectivos MBP) es el de la integridad de la intervención. Sin el respeto a la aplicación fiel del programa no hay posibilidad de réplica, y sin esta no se puede hablar de conocimiento científico. La fidelidad al programa es un prerrequisito transversal a todas las etapas que guían el desarrollo de la intervención en el modelo del NIH, aunque su importancia capital se sitúe en las etapas preliminar («0» en la figura) y quinta.

Asimismo, para la investigación de la eficacia clínica del desarrollo de la intervención, propia de la cuarta etapa, es una condición necesaria que se delimite muy bien la muestra y que se concreten con todo detalle los mecanismos o variables que se pretenden cambiar. Además, se requiere una planificación cuidadosa, pormenorizada, que incluya la formación y la supervisión de los profesionales, a fin de que la intervención cuente con las mayores garantías para resultar eficaz.

En la quinta etapa, la relativa a la implementación y la difusión, se plantean cuestiones como cuáles son las variables que deben controlarse porque son claves para garantizar la fidelidad en la aplicación, principalmente cuando se desarrolle en los entornos que son los propios del ejercicio profesional cotidiano.

5.3.2.4. *La investigación de los elementos y los mecanismos activos*

Como ya hemos indicado, las revisiones de la literatura psicológica sobre el MFN muestran que el interés por abordar el fortalecimiento de los procesos cognitivos ejecutivos, así como la respuesta al estrés y otros P/T del comportamiento, mediante el EMFN, ha experimentado un crecimiento exponencial, a pesar de la escasez de pruebas de que los beneficios informados sean específicos de la práctica de esta modalidad de meditación. Además, la mayor parte de la investigación al respecto estudia los efectos que tiene el MBSR en la salud, comparándolo generalmente con los de los GCLE, pese a que ahora empezamos a contar con un número cada vez mayor de comparaciones en las que se utilizan los GCA.

Los resultados del trabajo de Dimidjian y Segal (2015) también dejaron muy claro que, dado el gran número de investigaciones y aplicaciones que se realizan de las distintas variantes del MBSR, es necesario aclarar y concretar los ingredientes o componentes básicos de los programas basados en el MFN. Este conocimiento tiene implicaciones muy relevantes para la formación de los profesionales que han de aplicarlo, así como para la supervisión y su desarrollo en el contexto aplicado. De ahí que también forme parte de la problemática que sigue teniendo pendiente de resolver la investigación psicológica de las variables, los mecanismos y los procesos que participan de los efectos que se constatan al aplicar el MFN.

Ahora bien, el estudio de los componentes activos no puede limitarse a los de la intervención en sí; también han de incluir como parte imprescindible la consideración y la investigación del modo como el participante valora el tratamiento que recibe. Este componente activo también es determinante. Recordemos que, como indicaban Kuyken et al. (2017), para que tenga alguna posibilidad de ser efectiva una intervención diseñada con la pretensión de ser de aplicación universal, al menos es conveniente que aborde los mecanismos psicológicos críticos que son relevantes para la mayoría de las personas y que afectan a su aceptabilidad[86].

Sin el conocimiento del conjunto de los componentes activos implicados en una intervención no podemos interpretar adecuadamente sus resultados, ni tampoco consensuar definiciones y protocolos bien delimitados y operacionalizados. Este conocimiento ayuda a diseñar, planificar y controlar que los profesionales que aplican el tratamiento reciban la formación adecuada, así

[86] Entendiendo por tales desde las que se hallan en una zona de riesgo extremo hasta las que no perciben ninguna necesidad de modificar su comportamiento actual, pasando por las que precisan fortalecer su resiliencia y continuando con las que se encuentran buscando mejorar su manera de reaccionar.

como que los usuarios o destinatarios tengan la seguridad de que el programa y/o la intervención están bien diseñados, bien descritos, bien fundamentados y que se aplican con la precisión que se requiere.

En nuestra opinión, un excelente ejemplo de la investigación rigurosa que se está realizando en la actualidad para clarificar los principios, los procesos y las variables que están implicados en los resultados que se obtienen, los que llamamos «ingredientes o componentes activos», lo constituye el trabajo de Pérez-Aranda et al. (2021). De hecho, el estudio se enmarca dentro los intentos de clarificar cuáles son las variables, los componentes y los mecanismos responsables de las diferencias que se constatan en los resultados que se obtienen, incluyendo el estudio de la posibilidad de que se trate de un efecto de artefacto (debido a los muchos componentes compartidos entre las distintas variantes de los MBP/MBI).

Pérez-Aranda et al. (2021), a la luz del conocimiento disponible, se plantearon verificar si la resiliencia puede asociarse con la práctica de habilidades de MFN y las de autocompasión, en línea con el trabajo de Nila et al. (2016), pero yendo más allá.

Su punto de partida fue que las habilidades de MFN implican la práctica de habilidades de regulación atencional y emocional[87], las cuales, a su vez, se asocian con la capacidad de recuperación mostrada en situaciones estresantes[88]. Así, por ejemplo, Van Dam, Sheppard, Forsyth y Earleywine (2011) concluyeron que la autocompasión se comportaba mejor que el MFN a la hora de predecir la intensidad de la gravedad de las RAD y de la calidad de vida en los trastornos de ansiedad y en la depresión mixta, pero sin dejar de hipotetizar que la resiliencia emocional es un mecanismo que también está presente en el MFN[89].

Por ello, en la investigación de Pérez-Aranda et al. (2021), el principal objetivo es explorar el papel diferencial de la mediación de la resiliencia en el efecto del MFN y en el de la autocompasión en la ansiedad y en la depresión. Para ello formularon dos hipótesis en las que esperaban que el MFN y la autocompasión tuvieran efectos:

— Directos y significativos sobre la ansiedad y la depresión, pero con un TE asociado a la autocompasión superior al del MFN.
— Indirectos y significativos en la ansiedad y en la depresión a través del papel mediador de la resiliencia.

Los resultados confirmaron parcialmente la primera hipótesis. Así, se verificaron efectos directos y significativos sobre las RAD en la ansiedad y en la depresión, pero no se hallaron diferencias en el orden esperado (TE autocompasión > TE MFN). La segunda hipótesis solo encontró apoyo parcial para la depresión, por lo que las conclusiones fueron que la resiliencia puede mediar parcialmente el efecto del MFN y de la autocompasión sobre la depresión, pero no sobre la ansiedad. Las RAD de ansiedad podrían estar mediadas, de acuerdo con los resultados de la investigación, por otras variables como el «descentramiento», el «desapego» o la «flexibilidad psicológica».

Entre los primeros estudios que se han realizado específicamente para aportar evidencia sobre si la «atención plena» es realmente el «componente activo» del MBSR se halla el del grupo de Donal G. MacCoon[90]. Su objetivo fue «aislar» el efecto de la «atención plena» para probar si esta era realmente un ingrediente activo y específico[91]. Para ello diseñaron un experimento en el

[87] Véase Diedrich et al. (2014) y Hanley et al. (2017).
[88] Véase Kay (2016) y Mayordomo et al. (2016).
[89] Véase también Polizzi, Gautam y Lynn (2018).

[90] MacCoon et al. (2012).
[91] Recordemos que un GCA, para estar bien diseñado, debe incluir: expectativas de resultado positivas para el psicólogo que aplica el tratamiento y para los participantes, una relación terapéutica, una explicación alternativa y razonable

que lo pusieron a prueba frente al efecto de un GCA que, en su investigación, fue al que se aplicó al «programa de mejora de la salud» (HEP)[92]. El diseño también les permitió aportar evidencia empírica sobre la eficacia relativa del MBSR.

Se esperaba que la intervención mediante el MBSR alterara selectivamente la percepción del malestar por los participantes, generado por el carácter desagradable de los estímulos térmicos que se administraban, mientras que esto no debía ocurrir con la aplicación del HEP (sin el ingrediente relativo a la «atención plena»). En consecuencia, si se producían estos resultados entonces se podría interpretar que el MBSR era el principal responsable del efecto «analgésico» acontecido, por lo que el aprendizaje de la «atención plena» podía postularse razonablemente como el ingrediente activo (ausente en el HEP).

Es decir, si la «atención plena» regulaba el malestar percibido, entonces cabía esperar que el entrenamiento y la práctica basada en MFN produjese un efecto superior al del tratamiento basado en la música y el «fitness» (HEP), concretamente en relación con el malestar causado por un estímulo térmico[93].

Este efecto «analgésico» debía de ir poniéndose de manifiesto, durante el curso del desarrollo de la intervención, en la disminución de la cuantía del valor de los índices de malestar en los participantes del grupo MBSR, mientras que no debería experimentar cambios significativos en el HEP. Es decir, se esperaba que recibir entrenamiento y practicar la «atención plena» resultase más eficaz que seguir las instrucciones impartidas en el HEP para reducir el malestar/dolor, si se mantenían constantes las condiciones de la duración de la exposición y la del tiempo dedicado al tratamiento en los participantes de los dos grupos experimentales.

¿Qué indicaron los resultados en la investigación de MacCoon et al. (2012)? Los resultados de las medidas de autoinforme (SCL-90-R) mostraron que el HEP y el MBSR fueron eficaces para reducir la intensidad del malestar causado por la estimulación térmica que percibieron los participantes. Además, para ninguna medida primaria de resultado (SCL-90-R) se verificaron efectos de

para discutir los resultados (la justificación terapéutica), así como algún componente activo y específico que produzca resultados (véase, por ejemplo, Frank y Frank, 1993, MacCoon et al., 2011, Mohr et al., 2009 y Wampold et al. 2010).

92 El HEP fue adaptado por MacCoon et al. (2011) para satisfacer los criterios que ha de cumplir un GCA. Es decir, cumpliendo con la condición de ser ajeno a la «atención plena», además de creíble y activo.

93 Se empleó la exposición al «dolor térmico» (malestar causado por el calor) para probar el efecto de la «atención plena» (supuestamente presente solo en el MBSR). Se hipotetiza que el entrenamiento en «atención plena» reduce la probabilidad de juzgar y valorar procesos internos como el dolor, que, en este caso, fue el mismo para ambos grupos (HEP y MBSR) y que, como variable independiente, permitía dar instrucciones objetivas e idénticas a todos los participantes.

Los estímulos provocadores de malestar se generaron con un estimulador térmico estandarizado que permitía fijar el umbral del malestar de cada participante (al aplicárselo en la parte interior de la muñeca izquierda). Se utilizó un procedimiento de calibración para establecerlo en cada participante. Las temperaturas oscilaron entre 45 °C y 49 °C. No hubo diferencias en la temperatura utilizada durante la intervención.

Después de la calibración, los participantes se sometieron a 32 ensayos de estimulación térmica, divididos en 8 series de 4 ensayos cada una, incluyendo un período de descanso y la comprobación de su estado (estar cómodos).

En cada ensayo se presentaba a los participantes una señal para que se fijaran en sus emociones, sensaciones y pensamientos (variable relevante para el MBSR) o para que «se fijaran en la música» (variable relevante para la HEP: el entrenamiento basado en la música es un componente básico del HEP). Tanto el orden de las instrucciones relativas a centrarse en la música o en las sensaciones, y el de la condición de malestar (producido por el estímulo caliente o templado), se contrabalancearon en todas las series. Al final de cada prueba, los participantes cumplimentaron dos escalas tipo Likert de 11 puntos. En la primera se medía la intensidad o grado de calor percibido en relación con el estímulo aplicado (rango: 0 = «Ningún calor» - 10 = «Calor intenso pero tolerable»), y en la segunda el malestar experimentado (el grado de la molestia que producía el calor: «0 = Nada desagradable» - «10 = Extremadamente desagradable»).

grupo que alcanzaran diferencias estadísticamente significativas.

Por otra parte, los datos de la interacción «grupo × tiempo» sugieren que el HEP produjo mejores resultados en variables como «la angustia mental» (en los participantes de HEP disminuyó, mientras que en los del MBSR aumentó; otro tanto ocurrió con la depresión). Aunque estos indicios hay que tomarlos con cautela, debido al efecto cohorte[94] que los mismos autores reconocen que pudo afectar a su investigación, plantean interrogantes que siguen pendientes de clarificación.

Los resultados también mostraron que, en contra de lo hipotetizado, no se presentaron diferencias estadísticamente significativas entre los efectos principales de la práctica, ni de sus interacciones, para ninguna medida del SCL-90-R ni para las de los «síntomas médicos», en línea con estudios previos[95].

Además, hubo otros indicios de la equivalencia entre el HEP y el MBSR:

— Las dos condiciones fueron valoradas favorablemente por quienes abandonaron el tratamiento *(drop-outs)* y por quienes lo terminaron *(completers)*.
— No se produjeron diferencias en el cumplimiento con las «tareas para casa».
— La duración de las sesiones fue la misma (alrededor de 44 minutos).

En consecuencia, las pruebas atestiguaron de modo convincente que ambas modalidades de tratamiento eran creíbles y atractivas.

Por todo ello, MacCoon et al. (2012) concluyeron que el MBSR no fue más eficaz que el HEP y que, por tanto, su efecto no es mayor que el de un GCA a la hora de mejorar el bienestar percibido. Esto les llevó a cuestionar abiertamente que la «meditación plena» sea realmente el ingrediente activo del MBSR.

Posteriormente este mismo grupo, capitaneado en esta ocasión por Melisa A. Rosenkranz[96], comparó los efectos de una intervención de ocho semanas aplicando el MBSR y el HEP, para investigar la capacidad del primero frente al segundo para reducir el estrés psicológico y la inflamación inducida experimentalmente, dada la evidencia disponible que muestra que el primero puede jugar un papel importante en las afecciones inflamatorias crónicas.

Los resultados de Rosenkranz et al. (2013) muestran que, después del entrenamiento, los P/C asignados aleatoriamente al MBSR y HEP presentaron en ambos grupos reacciones comparables en el cortisol (desencadenadas por el estrés), así como reducciones equivalentes en la ansiedad/angustia, en las respuestas psicofisiológicas y físicas informadas. No obstante, el entrenamiento en MBSR se asoció con una respuesta inflamatoria posestrés que fue significativamente menor que la relacionadas con el HEP, pese a la constatación de cantidades equivalentes de hormonas asociadas con el estrés.

En consecuencia, los hallazgos sugieren que, por un lado, las intervenciones conductuales[97] diseñadas para reducir la reactividad emocional, pueden ser beneficiosas para tratar enfermedades inflamatorias crónicas y que, por otro, la práctica de la «atención plena» puede ser más eficaz que un GCA[98] en el alivio de los síntomas de estas enfermedades (inicialmente calificadas solo como biomédicas).

[94] Es el cambio que puede presentarse asociado con el año de nacimiento en el valor alcanzado por los integrantes de un grupo en relación con la variable dependiente que se mide.

[95] Véase, por ejemplo, Davidson et al. (2003) y Speca et al. (2000).

[96] Rosenkranz et al. (2013).

[97] Centradas principalmente en las respuestas motoras (dependientes de la musculatura estriada) y las psicofisiológicas.

[98] En este caso centrado en el entrenamiento de actividades de promoción del bienestar (programa HEP).

Prosiguiendo con la tarea de desentrañar la contribución de los principios activos que pueden asociarse con el MBSR, MacCoon et al. (2014) pusieron a prueba los resultados de estudios previos, en los que se había informado que el entrenamiento de la meditación durante varios meses podía relacionarse con mejoras en el control cognitivo y de la atención.

En esta investigación utilizaron una tarea visual de rendimiento continuo («visual continuous performance task» —CPT—) para probar los efectos de ocho semanas de entrenamiento en la atención sostenida mediante MFN. Compararon los efectos del MBSR frente a los del HEP[99]. Los investigadores fueron ciegos a la asignación del grupo (la desconocían). La muestra la integraron participantes sin problemas clínicos (n = 63), muestra que cumplía la condición de ser representativa de la población que generalmente participa del entrenamiento mediante MBSR. Los participantes fueron asignados al azar a MBSR (n = 31) o a HEP (n = 32). Se realizaron análisis de CPT en 29 participantes de MBSR y 25 de HEP.

Se formularon dos hipótesis. En la primera se postulaba que el MBSR incrementaría significativamente la capacidad de discriminación visual y la atención sostenida a lo largo del tiempo frente al HEP, en la medida de la CPT, y en la segunda que una mayor práctica entre sesión y sesión de entrenamiento («tareas para casa») se asociaría con el incremento de las mejoras cuantificadas.

Los resultados no confirmaron las hipótesis formuladas, pese a que encontraron mejoras en la discriminación visual similares a los efectos obtenidos tras la replicación de otras investigaciones. Los efectos del MBSR y del HEP no difirieron significativamente en su mejora de la atención sostenida, por lo que concluyeron que la sensibilidad atencional no se ve afectada por la práctica del MBSR, tal y como se enseña en el MBSR, aunque no está claro si el MFN podría afectar positivamente a la vigilancia, que es otro aspecto de la atención.

Como hemos visto, el grupo integrado por Adrían Pérez-Aranda y otros investigadores españoles también han investigado el papel de los constructos relacionados con la «atención plena», como mediadores de los resultados del tratamiento. En este caso, Pérez-Aranda et al. (2019) estudiaron, en una muestra de P/C con fibromialgia (FM), la eficacia del MBSR en la reducción del deterioro funcional y su relación con las variables y los mecanismos implícitos en los constructos «inflexibilidad psicológica» y «actuar con conciencia».

La muestra la integraron 225 P/C con FM que fueron asignados al azar a tres condiciones: solo TAU[100], MBSR + TAU y (FibroQoL[101] + TAU)[102]. Se tomó una medida de seguimiento a los doce meses de terminada la aplicación del tratamiento.

Los resultados mostraron diferencias en los TE a favor de la condición MBSR+TAU en el postratamiento (TE grandes) y en el seguimiento (TE medianos y grandes). Asimismo, la condición

[99] Ambos programas son estructuralmente equivalentes e incluyen un diseño aleatorio y longitudinal.

[100] En el estudio previo de este grupo, encabezado en este caso por Albert Feliu-Soler (Feliu-Soler et al., 2016), se indica que en España el tratamiento proporcionado es principalmente farmacológico y ajustado al perfil sintomático de estos P/C. Además, también se suele proporcionar asesoramiento sobre el ejercicio aeróbico ajustado a las limitaciones físicas que presentan los P/C.

[101] El FibroQoL es un programa psicoeducativo de tratamiento en grupo para P/C con FM basado en un documento de consenso y con evidencia empírica que lo respalda. Consta de dos componentes: uno que incluye información actualizada sobre la fisiopatología, el diagnóstico y el tratamiento de los síntomas del SFC (cuatro sesiones aplicadas por tres médicos generalistas, un reumatólogo y un psicólogo) y otro centrado en la formación en autohipnosis (cuatro sesiones impartidas por un psicólogo). En cada una de estas se explica y se practica una técnica de autohipnosis distinta. El objetivo es generar un estado de relajación profunda, explorar las sensaciones que produce el propio cuerpo, lograr el control sobre el cuerpo y el dolor, e imaginar la vida propia en un futuro sin dolor (véase Feliu-Soler et al., 2016).

[102] Estos dos componentes actúan como GCA.

MBSR+TAU también fue superior a la FibroQoL+TAU en el postratamiento (TE medianos y grandes). No obstante, en la medida de seguimiento de los efectos a largo plazo, las diferencias se redujeron hasta mostrarse solo «modestamente mejores». De hecho, la significación estadística de las diferencias a favor de MBSR+TAU solo se mantuvo en la «percepción catastrofista del dolor y de la fibromialgia».

Los cambios asociados con la aplicación del MBSR, sobre el impacto funcional de la FM, se mostraron mediados por la «inflexibilidad psicológica» y la faceta del MFN de «actuar con conciencia»[103].

En este mismo contexto de los mecanismos y los componentes activos, otro estudio realizado por el grupo de Donal S. MacCoon[104] investigó la validez discriminante del FFMQ[105]. Habida cuenta de que este es un instrumento de medida de uso muy extendido, las conclusiones e implicaciones del estudio adquieren si cabe mayor relevancia.

Los resultados mostraron que las facetas que mide este instrumento incrementaron su valor durante el curso de la aplicación del HEP y del MBSR, en relación con el GCA, pero no difirieron significativamente entre ellos. Además, los valores alcanzados por las puntuaciones en el FFMQ en el grupo MBSR y en el HEP tampoco mostraron diferencias significativas en las medidas de seguimiento, por lo que resulta muy difícil atribuir los cambios al componente activo del MBSR que se supone responsable de los mismos[106].

[103] En el anexo Va puede verse el Cuestionario de las Cinco Facetas de la Atención Plena («The Five Facet Mindfulness Questionnaire» —FFMQ—) que mide este factor.

[104] Goldberg et al. (2016).

[105] Baer et al. (2006).

[106] Los resultados muestran que los factores que se incluyen en el MFN no tienen validez discriminante. Para profundizar en la reflexión sobre esta cuestión pueden verse en el anexo Va las notas que hemos incluido en relación con el constructo MFN y la investigación del y con el FFMQ.

5.3.3. La evidencia empírica

5.3.3.1. *En los estudios específicos*

En población adulta. Dentro del contexto de la investigación del efecto del EMFN destaca sobremanera la que se ha desarrollado tomando como base el MBSR.

Como hemos indicado, desde hace ya tiempo el MBSR cuenta con evidencia empírica que respalda sus efectos benéficos en el ámbito psicológico cuando se aplica a personas con problemas de salud física, aunque todavía desconocemos su extensión y magnitud.

Así, por ejemplo, en población adulta, Janusek, Tell y Mathews (2019) han probado los efectos del MBSR, aplicado durante ocho semanas, en mujeres recién diagnosticadas de cáncer de mama, a fin de analizar su efecto no solo en la angustia psicológica, sino también en la reducción de la actividad de las células malignas y en los de niveles de las citoquinas que, por presentarse alterados, pueden comprometer el control del cáncer, comparándolos con los de un GCA (clases de recuperación del cáncer y de educación sanitaria).

Los resultados mostraron que, en comparación con el GCA, las participantes en el grupo MBSR mostraron trayectorias decrecientes en el estrés percibido, en la fatiga, en los trastornos del sueño y en las respuestas depresivas. Además, las mujeres del MBSR exhibieron trayectorias que demostraban una restauración significativamente más rápida de las células malignas, acompañada de niveles circulantes más bajos de TNF-alfa, menor producción de IL-6 y mayor producción de IFN-gamma. Ello les llevó a concluir que la aplicación temprana del MBSR a las mujeres recién diagnosticadas de cáncer de mama no solo proporciona un beneficio psicológico, sino que también optimiza la función inmunológica.

De igual modo, Seminowicz et al. (2020) evaluaron la eficacia de un programa para la reducción del estrés basado en el MBSR mejorado

(MBSR+)[107] frente a otro para manejar el estrés producido por el dolor de cabeza (Stress management for headache —SMH[108]—).

Para ello diseñaron e implementaron un ECA en el que participaron 98 adultos con migraña episódica, que fueron reclutados en un centro académico. Estos se asignaron aleatoriamente a la condición MBSR+ ($n = 50$) y a la SMH ($n = 48$). Ambas modalidades de tratamiento se administraron durante dieciséis semanas en grupo, a razón de una sesión por semana durante las primeras ocho y de una quincenal en las restantes.

Las variables dependientes fueron el número de días con cefalea (resultado clínico primario) y las relativas a los resultados considerados secundarios: la actividad de la corteza prefrontal dorsolateral izquierda (DLPFC) y la red de tareas cognitivas durante el desafío cognitivo, la conectividad en estado de reposo de la ínsula anterior dorsal derecha (daINS) con la DLPFC y la red de tareas cognitivas, y el volumen de materia gris de la DLPFC, la daINS y el nervio medio anterior (medidas utilizando la resonancia magnética). Se consideraron resultados secundarios la discapacidad relacionada con el dolor de cabeza, la gravedad del dolor, la respuesta al tratamiento, el número de días con migraña y los de los análisis de la resonancia magnética del cerebro.

Los resultados mostraron que, desde el inicio hasta transcurridas veinte semanas, se produjo una reducción del número de días con cefalea. Esta reducción fue mayor para la MBSR+ (pasando de 7,8 [IC 95 por 100, 6,9-8,8] a 4,6 [IC 95 por 100, 3,7-5,6]), mientras que los integrantes de la SMH pasaron de 7,7 [IC 95 por 100, 6,7-8,7] a 6,0 [IC 95 por 100, 4,9-7,0]) ($p = 0{,}04$). En términos porcentuales, el 52 por 100 de los integrantes del grupo MBSR+ respondió al tratamiento (reducción del 50 por 100 de los días de cefalea) mientras que solo lo hizo el 23 por 100 de los del SMH ($p = 0{,}004$).

Asimismo, la discapacidad/interferencia relacionada con las cefaleas se redujo entre los integrantes del grupo MBSR+, que pasaron de 59,6 [IC 95 por 100, 57,9-61,3] a 54,6 [IC 95 por 100, 52,9-56,4]), y entre los del grupo SMH, que las redujeron desde 59,6 [IC 95 por 100, 57,7-61,5] a 57,5 [IC 95 por 100, 55,5-59,4]) ($p = 0{,}02$).

En las medidas de seguimiento realizadas con la resonancia magnética nuclear a las veinte semanas constataron cambios relacionados con las redes cognitivas en el grupo tratado con MBSR+, pero en las tomadas al año de terminadas las in-

---

[107] El MBSR mejorado (MBSR+) incluyó doce sesiones a lo largo de cuatro meses, incluyendo ocho sesiones semanales seguidas de cuatro sesiones quincenales. Las primeras ocho sesiones adaptaron el programa MBSR programa desarrollado por Kabat-Zinn (2005) para incluir métodos de enseñanza informados por el trauma y enfatizaba la amabilidad ante la angustia. Los participantes en el estudio recibieron CD de audio y folletos y una copia personal de «Full Catastrophe Living» de Jon Kabat-Zinn.

Cada sesión incluía una práctica más prolongada, y se incluyó la meditación sobre la bondad amorosa en la segunda semana y en el retiro que se celebró entre la sexta y la octava semana. La clase de la semana ocho se adaptó para centrarse en la aplicación del aprendizaje a las migrañas antes, durante y después de un ataque, a fin de que los participantes decidieran qué prácticas del MBSR querían practicar más durante la siguiente tanda que se desarrollaría en el segundo bloque de ocho semanas del programa MBSR+. Las cuatro sesiones quincenales adicionales mejoraron el entrenamiento habitual del MBSR y la autocompasión, haciendo hincapié en la alegría simpática, la ecuanimidad y la gratitud. El formato de estas sesiones quincenales era similar al del programa original e incluía contenido didáctico y la práctica de la atención plena a través del escaneo del cuerpo, el yoga y las meditaciones.

[108] La SMH incluye doce sesiones en cuatro meses, centradas en contenidos didácticos sobre el papel del estrés y otros factores desencadenantes en las cefaleas. Tuvo un formato y un calendario similares a los de las sesiones de MBSR+, sin el retiro. Los temas incluían el estrés en el trabajo y en el hogar, el afrontamiento del estrés, la salud mental y la personalidad, la higiene del sueño, la educación sobre el dolor y los medicamentos para la migraña.

En su aplicación se hizo hincapié en la información, la discusión en grupo y el apoyo social. No se abordó el cambio de comportamiento ni el desarrollo de habilidades específicas. Cada sesión incluía un período de diez minutos de ejercicios estandarizados de estiramiento muscular. Además de los folletos educativos, los participantes recibieron un ejemplar de *The Migraine Brain* de Carolyn Bernstein.

tervenciones no se constataron diferencias estadísticamente significativas en los resultados clínicos. Por ello, Seminowicz et al. (2020) concluyeron que el programa MBSR+ es una opción de tratamiento eficaz para la migraña episódica.

También Norouzi et al. (2020) han aportado evidencia a favor de que el MBSR podría reducir significativamente las respuestas de ansiedad, las implicadas en el estrés y en la depresión, así como aumentar el bienestar psicológico entre los jugadores de fútbol iraníes retirados, cuando se comparan sus efectos con los de un GCA.

Como se ha recordado ya, en el ámbito de los problemas de salud, ya sean principalmente físicos o psicológicos, nuestra capacidad para adaptarnos y hacerles frente se relaciona directamente con nuestra capacidad de resiliencia. De ahí que Nila et al. (2016) se propusieran el objetivo de estudiar la relación entre el efecto del MBSR y esta variable. Ellos realizaron un estudio longitudinal en línea, en el que investigaron si los efectos del MBSR podían asociarse con un incremento de la tolerancia al malestar provocado por el estrés y con el de la resiliencia. Asimismo, se plantearon verificar, en el caso de que se pudieran relacionar, si estos efectos estaban mediados por variables relacionadas con la «atención plena» o MFN.

Para ello evaluaron a 49 participantes, veinte de ellos fueron evaluados antes y después de la aplicación del MBSR, comparándose los efectos con los de un GC equiparado (n = 29). Los cambios en la «atención plena» se evaluaron mediante el Inventario Integral de Experiencia de Atención Plena («Comprehensive Inventory of Mindfulness Experience» —CHIME—; Bergomi, Tschacher y Kupper, 2014)[109]. Sus resultados avalaron la hipótesis sobre el efecto mediador de las variables relativas a la aceptación, el «descentramiento» o «alejamiento» y la relatividad implícita en la práctica de la «atención plena».

Nila et al. (2016) concluyeron que el potencial de los efectos benéficos del MBSR sobre la mejora de los trastornos y alteraciones presentes no se limitaba a estos, porque también podía utilizarse como método preventivo para facilitar una respuesta más adaptativa al estrés futuro. El argumento prospectivo de tales conclusiones lo infirieron, por un lado, de la asociación que se había presentado entre la tolerancia al estrés, el estado de salud (físico y psicológico) y la práctica de la «atención plena»; por otro, basándose en la evidencia sobre el efecto amortiguador de la resiliencia frente al estrés, como ocurre, por ejemplo, en la prevención del desarrollo del TEPT (véase figura 5.3).

En población infanto-juvenil. También en este tramo evolutivo la investigación realizada permite diferenciar lo que se ha hecho en el ámbito experimental propio del laboratorio de lo realizado en marco específico de los estudios de campo.

Así, por ejemplo, entre nosotros podemos reseñar los trabajos de Gómez-Odriozola et al. (2019) con población adolescente, y Ramírez-Pérez, Martínez-Cuervo, Rodríguez-Medina, Alfonso-Torres y Becerra-Sánchez (2021) con una muestra de población infantil.

El ECA de Gómez-Odriozola et al. (2019) evalúa los efectos de una intervención que se aplica a una muestra de estudiantes que inician estudios universitarios. Este estudio piloto lo integraron 114 participantes, de los que 92 fueron mujeres (EM = 17,99 años; DT = 0,69), que se asignaron aleatoriamente a grupos cuyo número de integrantes varió entre 9 y 17. Se empleó el

[109] El CHIME incluye aspectos ya recogidos por otras medidas de MFN y otros que son originales: i) conciencia hacia las experiencias internas *(inner awareness)*; ii) conciencia hacia las experiencias externas *(outer awareness)*; iii) actuar con conciencia / estar presente *(awareness)*; iv) orientación hacia la aceptación, sin juicio y con compasión *(acceptance)*; v) orientación no reactiva y descentrada *(decentering)*; vi) apertura a la experiencia *(openness)*; vii) relatividad de los pensamientos *(relativity)*, y viii) comprensión perspicaz *(understanding)*. Véase anexo IV.

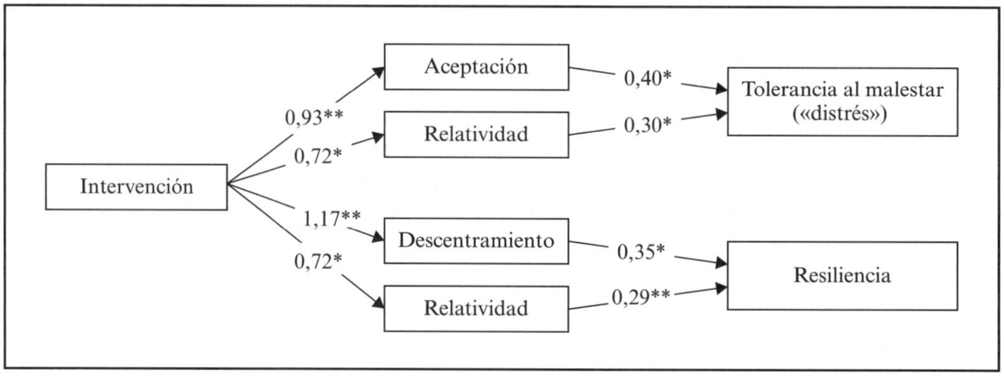

FUENTE: Nila et al. (2016; p. 39). En la intervención se codificaron: Control = 0, MBSR = 1. *Po.05. **Po.001.

Figura 5.3.—Variables mediadoras en los cambios medidos con las subescalas de la CHIME, tras la aplicación del MBSR y comparar sus efectos con los del grupo de control en la tolerancia a la angustia/ansiedad y la resiliencia.

programa Aprendiendo a Respirar[110], que se tradujo y adaptó *ad hoc*. Los participantes fueron evaluados en el pretest y el postest, incluyendo depresión, ansiedad, rumiación, autoconcepto, autocompasión, resiliencia y MFN. Los resultados mostraron una disminución significativa de las RAD propias de la depresión, de la ansiedad y de la rumiación, así como un aumento significativo de la resiliencia, el autoconcepto y algunas facetas de MFN y de la autocompasión.

La investigación piloto de Ramírez-Pérez et al. (2021) tuvo por objeto aportar indicios sobre el efecto psicofisiológico autonómico, cognitivo y psicosocial de una intervención breve aplicada a la población infantil. El diseño fue pre-post intervención, con medidas repetidas para evaluar el efecto autonómico a través de la temperatura periférica facial durante la aplicación del programa de MFN. La muestra la integraron siete niñas y cinco niños (n = 12).

La MBI breve se desarrolló en cuatro sesiones, con una duración de una hora por sesión, aplicada entre las 16:00 y las 17:00 horas y una vez a la semana durante cuatro semanas consecutivas. En cada sesión se incluyeron dos ejercicios para la práctica del MFN: el primero de focalización y el segundo de observación[111] (véase el cuadro 5.3).

Los resultados mostraron un efecto térmico significativo en la periférica facial y un incremento en el índice de velocidad de procesamiento. La primera medida se considera un indicador fisiológico de los estados inducidos por la práctica de MFN que se añade a otros cambios neurofisiológicos previamente constatados, como la modificación de la variabilidad de la frecuencia cardiaca, reducción del ritmo cardiaco, respiratorio y la presión sanguínea. Todos se consideran produc-

[110] Broderick (2013).

En esta investigación se aplicó la versión breve de 6 sesiones del MBP «Learning to Breathe» (L2B). Esta se creó para promover y facilitar el desarrollo de las MBI centradas en el estudio de los efectos asociados a la regulación emocional y las habilidades para el manejo del estrés en los adolescentes. Cada sesión tiene una duración de 60 minutos, durante los cuales se realiza una presentación breve de la temática, con actividades para facilitar la comprensión y con ejercicios para practicar la «atención plena» como, por ejemplo, el «escáner corporal» o los relativos a los movimientos conscientes. También incluye instrucciones para la realización de las «tareas para casa» utilizando recursos a distancia (visítese https://www.stress.deusto.es/ y www. mindfulbizi.es).

[111] Véase Hervás, Cebolla y Soler (2016).

CUADRO 5.3

Descripción de la MBI desarrollada en el estudio de Ramírez-Pérez et al. (2021) a partir de los ejercicios propuestos por Greenland (2018)

	Ejercicios			
Sesiones	**De atención[1]**	**Descripción**	**De observación[2]**	**Descripción**
Primera	Respirar intencionadamente durante 15 minutos. Objetivo: promover las habilidades y las destrezas implicadas en el logro del sosiego y en intensificar la concentración.	La respiración se coordina contando.	Fijar la atención durante 15 minutos. Objetivo: promover las habilidades y las destrezas implicadas en el logro del sosiego y en la intensificación de la concentración.	Se indica a los participantes que imaginen que sus pies están pegados al suelo. A continuación se realizan movimientos con las rodillas, de un lado a otro con los pies adheridos al suelo como si estuvieran clavados en él. Se coordinan los movimientos al ritmo de un tambor, variando la velocidad del movimiento en función de la intensidad del sonido.
Segunda	Dar las gracias y alimentarse (20 minutos). Objetivo: promover habilidades y destrezas para desarrollar la atención, la conciencia (darse cuenta) y aprender a redefinir.	Se promueve la alimentación consciente al ingerir una uva. Antes de comerla se pide que piensen en todas las personas que estuvieron implicadas para que esa uva llegase a sus manos en ese momento, dando gracias a cada uno/a de ellos. Después se invita a comer el fruto, siendo consciente de todas las sensaciones presentes mientras mastican y degluten.	Espera conscientemente. Duración: 10 minutos. Objetivo: promover habilidades y destrezas de concentración y en la actividad de mostrar interés.	Se explica la importancia de conectar con la experiencia que se produce en el momento presente y el efecto de la distracción durante la meditación. Los participantes adoptan una postura cómoda y se les entrega una flor, centrando en ella su atención durante unos minutos. Después se dirige la atención a los estímulos externos.
Tercera	Seguir el curso de un sonido que desaparece. El ejercicio se realiza durante 10 minutos. Objetivo: promover la habilidad y la destreza de concentrarse.	Los participantes adoptan una postura cómoda y relajada. A continuación, se les pide que presten su atención tanto como puedan en el sonido que se produce al golpear un objeto (v. gr., una copa de cristal de Bohemia). Deben levantar la mano cada vez que dejen de escuchar completamente el sonido.	Dar abrazos imaginarios. Duración: 20 minutos. Objetivo: promover las habilidades y las destrezas implicadas en mostrar interés y en conectarse.	Se les pide, una vez que están cómodamente sentados y con los ojos cerrados, que imaginen un lugar tranquilo en el que les gustaría estar con su familia o con sus amigos. Una vez que lo imaginan se les vuelve a pedir que ahora recreen lo que podrían sentir, ver, tocar, escuchar, degustar u oler en ese lugar. Se les enfatiza que presten toda la atención que puedan a las sensaciones que experimentan mientras imaginan. Por último, se les indica que evoquen pensamientos y sentimientos positivos hacia sí mismos y hacia los demás, y que se imaginen dando abrazos a todas las personas que ellos consideraran importantes.

CUADRO 5.3 *(continuación)*

	Ejercicios			
Sesiones	**De atención[1]**	**Descripción**	**De observación[2]**	**Descripción**
Cuarta	Reconocer un objeto. Duración:10 minutos. Objetivo: promover destrezas implicadas en concentrarse y darse cuenta.	Se colocaron objetos de diferentes texturas en la mano de los participantes con los ojos vendados durante cinco minutos cada uno, para manipular y reconocer el objeto.	Cadena de agradecimientos (20 min). Promover las habilidades de conectar y redefinir.	Se explica la importancia del agradecimiento; se pide que cada participante escriba tres cosas por las que estuviesen agradecidos en tiras de papel; después las decoran, las leen en voz alta y las conectan formando una cadena.

[1] Mantener la atención fija en un objetivo concreto como, por ejemplo, la luz de una vela encendida, una imagen o la respiración.
[2] Suscitar el contacto con la experiencia que se produce en el presente sin dirigir la atención a ningún estímulo particular.

FUENTE: Ramírez-Pérez et al. (2021).

tos del incremento de la intensidad del tono parasimpático (transmitido por medio del nervio vago) y se asocian a estados de calma y bienestar.

En relación con el desarrollo de la aplicación en el contexto comunitario de las MBI, dentro de un trabajo de revisión en el que se abordaba la problemática en la que se hallan insertas estas acciones, Weare (2018) concluía que:

> «[...] parece que merece la pena aplicar el mindfulness en las escuelas, ya que ha demostrado ser muy prometedor, especialmente en las áreas de promoción del bienestar psicosocial, el aprendizaje y la reducción de los problemas psicológicos, con fuertes indicios de que cuando se enseña bien, puede mejorar de forma bastante fiable la cognición, el funcionamiento ejecutivo, el comportamiento manifiesto y la salud física. Cada vez hay más pruebas de que puede ser beneficioso para los adultos que trabajan y cuidan a los jóvenes, incluidos los profesores y los padres» (p. 28)[112].

Dentro de este marco, desde nuestro punto de vista, constituye un buen ejemplo del camino que han de seguir las MBI la manera en la que se ha diseñado y planificado la aplicación del Programa de Mindfulness en las Escuelas («Mindfulness in Schools Programme» —MiSP—), que ha sido desarrollado como una intervención inespecífica para el EMFN en las escuelas de secundaria con población adolescente[113].

El MiSP se inspira en el linaje de las tradiciones contemplativas de MFN[114], en el MBSR[115] y en la MBCT[116]. Su finalidad es promover el estado psicológico saludable y el bienestar, al mismo tiempo que se enseñan-aprenden habilidades y destrezas para el fomento de la competencia social y de la emocional.

Este programa hace suyo el conocimiento de que la infancia y la adolescencia son etapas en las que asientan buena parte de las bases sobre las que pivotarán el bienestar y la salud mental en la

[112] «[...] mindfulness in schools appears to be well worth pursuing. It has already demonstrated a great deal of promise, especially in the areas of promoting psycho-social wellbeing and learning and reducing mental health problems, with strong indications that, when well taught, it can fairly reliably improve cognition, executive functioning, behaviour and physical health. There is growing evidence that it can be of benefit for adults who work and care for young people, including teachers and parents» (p. 28).

[113] Kuyken et al. (2013).

[114] Véase, por ejemplo, Goldstein y Kornfield (2001).

[115] Kabat-Zinn (1990).

[116] Segal et al. (2002).

edad adulta[117]. Por ello se ha concebido como una intervención inespecífica, de naturaleza preventiva, que se aplica en las escuelas secundarias a jóvenes dentro del rango 12-16 años[118], que no presentan problemas con significación clínica, con el objetivo de que aprendan a contrarrestar el efecto del estrés y de las experiencias desagradables o aversivas, mediante la práctica del MFN[119].

La planificación y el desarrollo de la aplicación del MiSP se ha realizado pensando en su inclusión como una parte más de la actividad escolar cotidiana. Es impartido por profesores del centro educativo, previamente entrenados *ad hoc,* a fin de que se maximice la probabilidad de:

- — Garantizar que se pueden aplicar los contenidos del manual con un alto grado de comprensión y fidelidad.
- — Poder mantener la aplicación de la intervención en el medio y largo plazo (cursos sucesivos).

El primer estudio de su viabilidad y aceptación entre alumnos y profesores fue controlado, pero no aleatorizado[120]. Se aplicó durante nueve semanas, siguiendo un manual y un guion indicativo, a jóvenes entre 12 y 16 años, investigando su eficacia y su aceptación por la comunidad educativa (profesores y estudiantes).

Sus efectos se cuantificaron a partir del bienestar estimado y la valoración de la mejora en la «salud mental» (medida a partir del estrés y de la depresión informados), comparándolos con los de un GCLE, inmediatamente después del término del programa y en una medida de seguimiento a los tres meses.

[117] Véase, por ejemplo, Ford, Goodman y Meltzer (2003) y Luthar (1991).

[118] Se espera que el aprendizaje de la autorregulación les ayude a afrontar con éxito el efecto de las variables estresoras propias de este tramo evolutivo.

[119] Huppert (2009).

[120] Kuyken et al. (2013).

El programa incluye nueve lecciones para que los alumnos, con la ayuda de sus profesores (formados *ad hoc*), aprendan a dirigir su atención a la experiencia inmediata, momento a momento, con curiosidad y aceptación, con «la mente abierta»[121]. Estas lecciones integran, como «tareas para casa», la aplicación de las habilidades aprendidas a las experiencias que proporciona la vida cotidiana para trabajar con los estados psicológicos y los factores o circunstancias estresantes[122].

La evaluación de los efectos de la aplicación del MiSP se realiza cuantificando su aceptación, el bienestar de los participantes, el estado psicológico, la práctica del MFN y comparando sus efectos frente a los de los controles activos. Veámoslos.

Medidas de aceptación. Para evaluar la aceptación del programa, en el postest los participantes rellenan un cuestionario de evaluación inmediatamente después del término de las nueve sesiones del MiSP. Este recaba información sobre el número de clases a las que han asistido, el número de veces que han practicado MFN fuera de las clases, cuánto creen haber aprendido, cuánto han disfrutado del EMFN («curso»), la utilidad de las clases, y respecto de si creen que seguirán utilizando habitualmente lo que han aprendido.

En una medida de seguimiento, que en el caso de esta aplicación fue tomada a los tres meses después del término del MiSP, se cumplimenta otro cuestionario para recabar información sobre las principales prácticas de MFN que se han aprendido (una pregunta genérica y cuatro preguntas específicas sobre prácticas concretas). La frecuencia del uso de estas prácticas, desde el término de la aplicación del MiSP, se evalúa mediante una escala de tipo Likert de seis puntos, cuyo rango va desde nunca hasta casi todos los días (véase en el anexo Vd la Escala para valorar la

[121] Bishop et al. (2004).

[122] Véase Kabat-Zinn (2003) y Meiklejohn et al. (2012).

práctica del «mindfulness» en el ámbito escolar, p. 539).

Los profesores de MiSP también participan en la evaluación de seguimiento. Califican, por un lado, la intensidad percibida en el compromiso e interés de los alumnos participantes y, por otro, el cambio percibido en lo que sus alumnos han entendido/comprendido sobre el MFN, así como la medida de la intensidad de su disfrute mientras impartieron las enseñanzas, utilizando para ello una escala de diez puntos de tipo Likert.

Medidas del bienestar. Para evaluar el bienestar se utiliza la Escala de Bienestar Psicológico de Warwick-Edimburgo (Warwick-Edinburgh Mental Well-being Scale —WEMWBS—)[123]. La WEMWBS ha demostrado tener una buena validez, consistencia interna y fiabilidad en población de habla española[124].

Estado psicológico. Se cuantifica a partir de dos medidas: la Escala de Estrés Percibido (Perceived Stress Scale —PSS—)[125] y la Escala de Depresión del Centro de Estudios Epidemiológicos (Center for Epidemiologic Studies Depression Scale —CES-D—)[126]. Cada una evalúa dimensiones específicas del comportamiento que, según la hipótesis, deberían cambiar tras el entrenamiento y la práctica del MFN.

La PSS se utiliza para evaluar la evolución de la percepción del grado de imprevisibilidad e incontrolabilidad del estrés durante el último mes. Los ítems se responden siguiendo una escala de cinco puntos (rango 0-4; nunca-muy a menudo). Esta escala ha demostrado una buena fiabilidad, validez y sensibilidad al cambio en su adaptación y validación con población de habla española[127], contando además con una versión de 14 ítems también validada[128].

Para evaluar la presencia y la gravedad de las RAD depresivas, experimentadas en la última semana, se utiliza la CES-D. Sus ítems se contestan según una escala tipo Likert de cinco puntos (rango: 1 = Nunca - 5 = Muy a menudo). En la investigación que estamos utilizando como referencia (MiSP) se utilizó una versión corta de ocho ítems[129]. En español contamos con varios estudios de validación de esta escala[130], incluido el realizado en España por Sánchez Hernández et al. (2018) de la versión para niños y adolescentes (CES-DC).

Medida de la práctica. Se evalúa mediante una escala de cinco ítems[131], con seis alternativas de respuesta en cada uno siguiendo la propuesta de Likert. Su objetivo es valorar, a través de una medida de autoinforme y de seguimiento, el grado de aplicación de lo aprendido durante los tres meses siguientes al término de la aplicación del MiSP.

En los resultados del estudio preliminar[132] se halló que la aceptación del MiSP fue alta. Además, quienes participaron informaron un decremento del valor de las respuestas depresivas tras el tratamiento (p = 0,004) y en el seguimiento (p = 0,005), así como menos estrés (p = 0,05) y más bienestar psicológico (p = 0,05) en el seguimiento que los controles. El grado en que los estudiantes del grupo MiSP practicaron las habilidades de MFN se asoció con más bienestar (p < 0,001) y menos estrés (p = 0,03), en la medida de seguimiento que se tomó a los tres meses.

---

123 Véase anexo XVIII.

124 Esta escala ha sido adaptada y validada para población de habla española por Castellvi et al. (2014) y López et al. (2013) en España y por Serrani Azcurra (2015) con población argentina.

125 Véase anexo XIX.

126 Véase anexo XVIIa.

127 Véase anexo XX.

128 Véase anexo XIX.

129 Van de Velde, Bracke y Levecque (2008, junio).

130 Véanse, por ejemplo, los trabajos de Aguilar y Berganza (1990), Camacho et al. (2009) o Villalobos-Galvis y Ortiz-Delgado (2012).

131 Véase anexo Vd.

132 Kuyken et al. (2013)

Medida de los efectos del EMFN frente a los de un control activo. En Kuyken et al. (2017) puede verse el proyecto de una nueva investigación en la que se mejora el diseño de la MiSP, planteándola como un ECA en el que se pone a prueba la eficacia y la eficiencia (rentabilidad) del EMFN en el marco escolar, para mejorar la salud psicológica, el bienestar y el funcionamiento socio-emocional en la adolescencia.

La selección de la muestra se ha diseñado para obtenerla a través de un muestreo por conglomerados. La asignación de los participantes se realizará aleatoriamente a grupos paralelos que se constituirán en los centros educativos, ya que se imparten en el contexto de un programa de educación, personal, social, de la salud y de la economía, cuyos efectos se toman como referencia para contrastar el TE del EMFN. En el diseño se prevé que participen 76 centros educativos y 5.700 alumnos, de entre 12 y 14 años, con medidas de seguimiento hasta los dos años.

5.3.3.2. *En las revisiones cuantitativas*

Recordemos que, como ya indicaban Bohlmeijer et al. (2010) en su metaanálisis, los efectos del MBSR se mostraban considerablemente limitados en su magnitud y en su mantenimiento.

Así, por ejemplo, ellos verificaron que del total de estudios publicados sobre la eficacia del MBSR en la depresión, la ansiedad y el malestar psicológico, en poblaciones de distintos rangos evolutivos, con diferentes enfermedades somáticas y crónicas, cuando se podía controlar la influencia de la calidad de los estudios en los efectos del MBSR, los resultados mostraban que solo ocho cumplían con los requisitos de un ECA.

El TE hallado para la depresión fue de 0,26 y en la ansiedad de 0,47. Sin embargo, cuando se excluyeron los de menor calidad el TE para la ansiedad fue de 0,24. Es decir, en ambos casos fue pequeño. Otro tanto ocurrió con el TE del MBSR sobre la mejora del malestar psicológico, que también fue pequeño (TE = 0,32).

La investigación les permitió concluir que los TE del MBSR eran pequeños en la depresión, la ansiedad y el malestar psicológico de personas con enfermedades somáticas crónicas. Asimismo, el estudio demostraba que la integración de la MBSR en el TC podía mejorar la eficacia de las intervenciones basadas en la «atención plena».

Cuatro años después del trabajo de Bohlmeijer et al. (2010), Goyal et al. (2014) volvieron a preguntarse, al hilo de que son muchas las personas que meditaban para reducir el estrés psicológico y los problemas de salud relacionados con el estrés, ¿qué es lo que informaban los resultados de la investigación sobre los beneficios de la meditación para la salud psicológica en la población clínica adulta?

Basándose en esta pregunta se formularon como objetivo, a través de una revisión sistemática y un metaanálisis, concretar la eficacia de los programas de MFN en el tratamiento de la ansiedad, la depresión, el estrés, el estado de ánimo positivo, la calidad de vida relacionada con la salud psicológica, la atención, el consumo de sustancias, los hábitos alimenticios, el sueño, el dolor y el peso, en diversas poblaciones clínicas.

Los criterios de su revisión les permitieron incluir 47 ECA en los que habían participado 3.515 personas.

Los resultados mostraron que los programas de MFN presentaron TE bajos para la mejora del estrés/tensión y la calidad de vida relacionada con el bienestar psicológico, así como moderados para i) la ansiedad (los TE fueron desde los 0,38 [IC del 95 por 100, 0,12-0,64] a las 8 semanas hasta los 0,22 [0,02-0,43] a los 3-6 meses); ii) la depresión (el tamaño inicial del efecto fue de 0,30 [0,00-0,59] a las 8 semanas y a los 3-6 meses de 0,23 [0,05-0,42]), y iii) a las 8 semanas en el dolor el TE fue de 0,33 [0,03-0,62]).

Asimismo, los TE asociados a la aplicación del MFN para el incremento del estado de ánimo positivo, la mejora de la atención, el consumo de sustancias tóxicas, los hábitos alimentarios, el sueño y el peso, fueron bajos o nulos. No se encontraron pruebas de que los programas de MFN fueran mejores que cualquier tratamiento activo como, por ejemplo, el farmacológico o el ejercicio físico.

Los investigadores concluyeron que los programas de MFN pueden producir reducciones pequeñas o moderadas en las RAD que conforman el estrés disfuncional y que se necesitaba diseñar estudios metodológicamente más robustos (ECA), para determinar sus efectos en la mejora de las dimensiones positivas de la salud psicológica y las negativas del estrés.

Cuatro años después, Goldberg et al. (2018) realizaron un nuevo metaanálisis con el objetivo de profundizar en los hallazgos de Goyal et al. (2014). En este se analizaron exhaustivamente los ECA que estudiaban los efectos de las intervenciones en las que se había aplicado el MFN para reducir/eliminar las RAD que conformaban los trastornos psicopatológicos, pero sin limitar la muestra a condiciones concretas, porque su fin era evaluar empíricamente el grado en el que los resultados estaban influenciados por las características del GC de cada investigación.

Entendían que una comparación pormenorizada y matizada, respecto del tipo de GC, podría proporcionarles información clínica relevante para determinar cuándo se podía tomar la decisión de implementar un tratamiento de esta naturaleza, frente a otros que también estuvieran sustentados por el refrendo empírico para abordar el mismo trastorno con una elevada probabilidad de éxito.

Por ello, mientras que en otros metaanálisis con la misma pretensión se había sugerido que las intervenciones basadas en MFN podían tener efecto en los resultados clínicos de los llamados TMC[133], y otros habían analizado la evidencia empírica existente respecto del tratamiento de otras categorías psicopatológicas concretas como, por ejemplo, el trastorno por déficit de atención e hiperactividad[134], ellos optaron por estudiar los efectos del MFN sobre las RAD concretas de cada trastorno psicopatológico. De ahí la relevancia de este trabajo, en el que analizaron i) el grado en el que el efecto de esta modalidad de intervención se comparaba con grupos de control y con otros tratamientos con eficacia establecida (como los que están basados en la evidencia) a fin de valorar su eficiencia o eficacia relativa; ii) para qué trastornos psicopatológicos concretos son más eficaces las intervenciones basadas en el MFN, y iii) las posibles fuentes de sesgo presentes en los estudios publicados.

Para estudiar la eficacia relativa codificaron los resultados en distintas categorías: sin tratamiento (por ejemplo, GCLE), con tratamiento mínimo, con GCA inespecífico, con GCA específico y con tratamiento basado en la evidencia.

En el metaanálisis se incluyeron 142 muestras no superpuestas y 12.005 participantes.

Los resultados mostraron que, en el postratamiento, las intervenciones basadas en MFN fueron superiores a la ausencia de tratamiento ($d = 0{,}55$), al tratamiento mínimo ($d = 0{,}37$), a los GCA inespecíficos ($d = 0{,}35$) y a los GCA específicos ($d = 0{,}23$). Las condiciones de MFN no difirieron de los tratamientos basados en la evidencia ($d = -0{,}004$). Asimismo, en el seguimiento, las condiciones MFN también se mostraron superiores a los GC sin tratamiento ($d = 0{,}50$), a los GCA inespecíficos ($d = 0{,}52$) y a los GCA específicos ($d = 0{,}29$), pero sin que las diferencias alcanzaran la significación estadística frente a las condiciones en la que se había aplicado el «tratamiento mínimo» ($d = 0{,}38$) ni frente a los tratamientos basados en la evidencia ($d = 0{,}09$).

En relación con los efectos asociados a su aplicación a los trastornos psicopatológicos específicos, la evidencia más consistente se produjo en el tratamiento de la depresión, el dolor, el tabaquismo y los trastornos adictivos.

[133] Khoury et al. (2013).

[134] Cairncross y Miller (2016). Puede verse también Cairncross y Miller (2020).

Goldberg et al. (2018) concluyeron que, en conjunto, los resultados apoyaban la inclusión del MFN dentro de la categoría de tratamientos potencialmente eficaces.

Zhou et al. (2020) han aportado evidencia empírica en relación con la población joven en el marco de un metaanálisis que incluyó investigación del efecto del MBSR sobre la ansiedad en población comunitaria.

Incluyeron en su muestra ECA en los que se habían comparado el MBSR con diversas condiciones de control, incluyendo grupos que habían recibido distintos cursos (impartidos mediante conferencias, educación sanitaria, el tratamiento habitual, participantes de un seminario didáctico sobre el TCC de RAD). Seleccionaron catorce estudios con 1.489 participantes.

Los resultados mostraron que el MBSR redujo significativamente las RAD, respecto de las condiciones de control en el postratamiento (diferencia de medias estandarizada = −0,14; IC del 95 por 100: −0,24 a −0,04). Sin embargo, este resultado se vio afectado por la duración de las intervenciones, especialmente las que fueron de menos de ocho semanas. Además, también se halló sesgo de publicación para las RAD de ansiedad. Pese a todo ello, el efecto del MBSR fue significativamente superior que el de las condiciones de control (avalado por el análisis de sensibilidad que mostró que el resultado era fiable), especialmente en las intervenciones que se desarrollaron a largo plazo.

También se ha evaluado la eficacia y se han investigado los mecanismos de acción y los moderadores del efecto del MBSR en población comunitaria sin problemas psicopatológicos relevantes. Así, en el metaanálisis realizado por Khoury et al. (2015) sobre 29 estudios ($n = 2668$), las estimaciones del TE mostraron que el MBSR era moderadamente eficaz en las comparaciones *pre-post* ($n = 26$; g de Hedge = 0,55; IC 95 por 100 [0,44, 0,66], $p < 0,00001$) y en las *intergrupos* ($n = 18$; g de Hedge = 0,53; IC 95 por 100 [0,41, 0,64], $p < 0,00001$), manteniéndose los beneficios en las medidas de seguimiento realizadas dentro de un rango promedio de 4-5 meses.

Los resultados sugieren efectos relevantes para tratar el estrés, moderados para las RAD de ansiedad y las depresivas, para el malestar («distrés») y la calidad de vida, así como TE bajos para la fatiga y el agotamiento laboral («burnout»). Sin embargo, la robustez de estos resultados es escasa, porque en los estudios primarios se detectaron no solo problemas metodológicos sino también una elevada heterogeneidad, debida principalmente a las diferencias en los diseños empleados, a la variante de los protocolos MBP/MBI implementados y a las variables dependientes medidas. Esta última imposibilitó que se pudieran investigar los componentes que eran responsables de la eficacia mostrada por el MBSR.

En relación con la evaluación del efecto del MBSR en la reducción del estrés producido por los problemas graves en la salud física, en el metanálisis de Xie et al. (2020) se cuantificó en la fatiga relacionada con el cáncer. Se incluyeron 15 ECA en la revisión sistemática y 3.008 participantes (MBSR = 1.502 y GC = 1.506).

Los resultados mostraron que el efecto del MBSR fue significativo sobre la fatiga entre quienes tenían cáncer (FRC), especialmente cuando era de pulmón. El meta-análisis también mostró que la aplicación durante ocho semanas del MBSR, supervisada por expertos, podía mitigar significativamente la FRC cuando se comparaban sus efectos con los del TAU y con los GCLE. El TE fue grande. Los autores concluyen que el MBSR es eficaz para el tratamiento de la FRC, así como que puede recomendarse como un complemento beneficioso para estos P/C si se aplica en combinación con su tratamiento biomédico.

En relación con el marco infanto-juvenil, en una excelente revisión (de revisiones) sobre la evidencia proporcionada por la investigación, Katherine Weare concluía, respecto del efecto del EMFN en el contexto escolar, que, además de que su popularidad está aumentando muy rápidamente, también lo están haciendo las investigaciones cuyo número está creciendo de manera exponencial (MBI)[135].

Weare (2018) señala que las investigaciones publicadas sobre las MIB informan intervenciones breves, enfocadas y basadas en el trabajo en el aula. Sobre las mismas se han realizado 3 revisiones sistemáticas y 5 metaanálisis, con 43 estudios individuales identificados en contextos escolares, que fueron publicados en revistas revisadas por pares y en libros científicos y que ella ha vuelto a revisar cualitativamente.

Asimismo, indica que en conjunto las MBI son cortas, con una media de diez sesiones, con una duración equivalente a la de media sesión de una clase lectiva y con invitación a la práctica en casa («tareas para casa» sugeridas o recomendadas).

Los programas suelen basarse en adaptaciones del contenido del curso para adultos de la terapia cognitiva de reducción del estrés basada en la atención plena (MBSR/MBCT), que incluye la conciencia de la respiración y la del momento presente (observar los pensamientos, los sentimientos, los sonidos y las sensaciones corporales que van y vienen), a la que a veces también se suma el movimiento consciente, la alimentación consciente, la relajación consciente y el escaneo corporal para tomar conciencia del propio cuerpo[136].

Los programas basados en el MFN que se ponen a prueba en las MBI se aplican basándose en supuestos teóricos de carácter universal y específicos, sin distinción entre sexos ni entre rangos de edad, solos o como componentes que se integran en un tratamiento multicomponente. Cuando ocurre esto último, generalmente incluyen el yoga, y contenidos relativos a la interacción social y a la autorregulación emocional.

Los resultados generales obtenidos por Weare (2018) en su revisión cualitativa, de las revisiones cuantitativas existentes sobre las MBI, muestran que estas:

— Son intervenciones aceptadas entre los estudiantes y los profesores («populares»).
— Sus efectos adversos cuentan con muy poca evidencia.
— Pueden tener un impacto fiable en una amplia gama de indicadores de bienestar psicológico, social y físico de los escolares.
— Cuando cumplen los requisitos mínimos del rigor metodológico, se constata que sus TE se sitúan dentro del rango pequeño-medio en el bienestar individual, la interacción psicosocial, la salud psicológica y en aspectos relativos a la cognición.
— En las medidas generales sobre las calificaciones académicas, los problemas de conducta, la salud física y el bienestar general son solo prometedores, porque es todavía demasiado pequeño el número de estudios de grupo que cumplen los requisitos de calidad necesarios para que se pueden realizar los cálculos con garantías.
— Desde una perspectiva más pormenorizada, los resultados respecto de la interacción social y de la salud psicológica indican que:

  a) Las pruebas más robustas son las relativas a los aspectos del bienestar psicosocial y la salud psicológica (habilidades de relación social, habilidades de autorregulación emocional, bienestar psicosocial general y estado psicológico general).
  b) El valor del efecto de los programas se sitúa entre pequeño y medio para las RAD propias de la depresión infantil y adolescente que se presentan en el contexto escolar, en todas las

[135] Weare (2018).

[136] Véase, por ejemplo, Gómez-Odriozola et al. (2019), Greenland (2018), Kuyken et al. (2013) y Ramírez-Pérez et al. (2021).

franjas de edad, incluso en la rumia y los pensamientos suicidas[137].

c) Los TE van de pequeños a medianos en i) la reducción de la intensidad del estrés, en las medidas de autopercepción y en las relativas a las reacciones disfuncionales para todos los rangos de edad (5 estudios, 1 de ellos un ECA, 3 ensayos controlados); ii) en la autorregulación emocional (13 estudios, 7 de ellos ECA, 2 ensayos controlados), impactos pequeños o medianos en el desarrollo del cuidado y la compasión (10 estudios) la autopercepción y el autocuidado (5 estudios), las habilidades de relación y la empatía (5 estudios).

d) En la reducción de las RAD que integran la ansiedad, en todos los rangos de edad, los efectos son positivos, pero pequeños (6 estudios, 3 de ellos ECA y 1 un ensayo controlado).

— Desde la óptica del efecto específico en las variables y los procesos cognitivos, se constata que las MBI aportan cada vez más pruebas que permiten ubicar los efectos de sus resultados entre pequeños y medios. Así, de 16 MBI revisadas:

a) 14 estudios (7 ECA, 4 ensayos controlados y 3 ensayos no controlados) mostraron impactos en la mejora de la función ejecutiva y del aprendizaje (capacidad para concentrarse y para mantener la atención) y 6 (4 de ellos ECA) en las calificaciones académicas.

b) 2 investigaciones (una un ECA y otra un ensayo controlado) mostraron efectos positivos en la mejora de la reflexión sobre los procesos de pensamiento (metacognición).

Desde la perspectiva de los cambios que se producen en las alteraciones que resultan más visibles, por su efecto en las respuestas que integran el comportamiento manifiesto (motoras y psicofisiológicas), el impacto de las MBI se sitúa principalmente entre prometedor y pequeño, salvando los casos del comportamiento problemático, en el que se sitúa entre pequeño y mediano respecto de la agresión, la hostilidad y el trastorno por déficit de atención e hiperactividad.

En este contexto, los TE de los estudios de caso único, en contextos clínicos y comunitarios (incluidos los relativos a los efectos del MFN sobre el comportamiento en la crianza de los hijos), aportan evidencia empírica prometedora.

Respecto del impacto de las MBI en la salud física, las pruebas preliminares son prometedoras respecto de los TE que podrían generarse en las respuestas psicofisiológicas (signos de salud biomédica), porque su número es todavía insuficiente para extraer conclusiones generales. Así:

a) 6 investigaciones (4 de ellas ECA) han mostrado efectos de mejora en indicadores fisiológicos de salud y bienestar en niños y jóvenes, incluyendo el ritmo cardíaco, la presión sanguínea, la producción de cortisol y la calidad del sueño.

b) 2 estudios con adolescentes (ambos ECA) han obtenido resultados que confirman su efecto positivo en los comportamientos problemáticos relacionados con la alimentación, uno en la prevención de la obesidad y otro sobre los signos de los trastornos alimentarios.

En consecuencia, con carácter general, la revisión cualitativa de los resultados de las revisiones cuantitativas realizada por Weare (2018) en el ámbito infanto-juvenil, deja clara la necesidad de que se ha de realizar más y mejor investigación, es decir, incrementar el número de los ECA y de los estudios longitudinales.

[137] Conclusión basada en 10 estudios, de los que 7 fueron ECA y 1 un ensayo controlado.

Por tanto, la investigación sobre el efecto del MFN, enseñado-aprendido en las escuelas, está todavía en sus inicios, especialmente en lo que se refiere al conocimiento que tenemos de su impacto en el comportamiento, el rendimiento académico, la salud física y el bienestar psicológico.

El calificativo que mejor describe el estado de las MBI es «prometedor», y la expresión que hace más justicia a tal estado es «dignas de ser puestas a prueba». Es decir, se precisa que:

- Se realicen más ECA, con medidas «ciego» y «doble ciego», con mayores tamaños de las muestras, con más réplicas, con más medidas obtenidas con instrumentos variados y estandarizados (diseñados y validados específicamente para esta población), que incluyan también la evaluación del rendimiento y de las respuestas psicofisiológicas, que se obtengan a partir de dos o más observadores independientes y que ofrezcan resultados del seguimiento de los efectos a largo plazo.
- Se informe no solo de los éxitos, sino también de los intentos que no se consiguen y de sus potenciales efectos adversos.
- Los estudios que informen de manera detallada sobre la implementación, a fin de que se pueda explorar el impacto en los TE del modo como se aplican las MBI (por ejemplo, sobre la manera de administrar los instrumentos de evaluación, para quién están indicados y para quién no, etc.).
- Se intente controlar la «sobreventa» y la «propaganda» de los efectos benéficos del MFN, muchas veces más fundamentada en los intereses comerciales y de los medios de comunicación que en la magnitud real de los resultados proporcionados por la investigación rigurosa.

Otras revisiones más recientes, como las realizadas por Arévalo-Proaño et al. (2019) o Cheang, Gillions y Sparkes (2019), sobre los efectos del MFN en la población infanto-juvenil, abundan en la misma dirección. Es decir, constatan que incrementan la empatía, la compasión, la atención, la concentración, la memoria de trabajo, la mejora del uso de sus habilidades sociales, de su regulación emocional, de su flexibilidad cognitiva y del control inhibitorio.

En síntesis, los resultados de los efectos de la aplicación del MFN, obtenidos por sus distintas variantes para prevenir y afrontar el estrés y otros trastornos del comportamiento, como la ansiedad o la depresión, tanto con carácter general entre la población adulta como en el contexto infanto-juvenil, muestran que son positivos, pero también ponen de manifiesto que ni son grandes ni son robustos.

La investigación sigue requiriendo más ECA que posibiliten estudios metaanalíticos más potentes. Solo así se podrán obtener respuestas concluyentes respecto de su alcance cuantitativo y en relación con el espectro de P/T en los que puede ser considerado un tratamiento de primera elección.

De momento lo único que podemos decir es que aplicarlo es mejor que no hacerlo, pero desconocemos si al actuar así estamos utilizando la mejor opción de tratamiento para nuestros P/C.

5.3.4. El «mindfulness» como componente de otros tratamientos

Existe evidencia empírica creciente sobre el efecto positivo de los enfoques de tratamiento psicológico basados en el MFN, para abordar los problemas crónicos de salud física y psicológica en la población adulta[138] y en menor medida en la población infanto-juvenil, aunque también está aumentando[139].

En este contexto, pese a que todavía los resultados no son concluyentes sobre el efecto y la

[138] Williams y Kuyken (2012).

[139] Harnett y Dawe (2012) y Weare (2018).

efectividad del alcance del MBSR[140], este también se ha incorporado como un elemento más de casi todos los tratamientos que integran la «tercera generación», como veremos, sin que ello se haya producido como una consecuencia lógica de los efectos de la investigación en condiciones aleatorizadas y controladas, como habría sido deseable. Tal es el caso, por ejemplo, cuando se aplica junto a la autocompasión o dentro de la MBCT para la prevención de recaídas en el TDM o formando parte del UP.

Ahora bien, hemos de insistir en que la incorporación de este componente no convierte a estas intervenciones en tratamientos MFN. Así, por ejemplo, reiteramos que ni la TCD[141] ni la ACT[142] pueden considerarse tratamientos MFN porque, pese a que incluyan ejercicios de «atención plena» entre sus componentes, su objetivo es usar el EMFN como un componente de cuya adición se espera un incremento de la mejora de sus resultados, no el conocimiento del efecto del MFN. Además, frente a las posiciones generalistas y flexibles de los MBP y sus MBI, el formato de estas intervenciones multicomponentes se caracteriza por lo contrario, dado que enfatiza el control externo del entrenamiento.

En todas estas modalidades de intervención los objetivos han sido conocer y valorar el TE que le corresponde al MFN en los resultados y, en su caso, estudiar la contribución al incremento de la eficacia que puede atribuirse a su incorporación en el tratamiento de un problema concreto y en una población específica[143].

[140] Véase, por ejemplo, Crane et al. (2017), Delgado et al. (2012), Didonna (2011), Germer, Siegel y Fulton (2017), Quintana y Rincón (2011) o Stahl y Goldstein (2019).

[141] Linehan (1993b).

[142] Hayes et al. (2015).

[143] Así, por ejemplo, la terapia de aceptación y compromiso (Hayes et al., 2009b), la terapia centrada en la compasión (Gilbert, 2009b), terapia dialéctica conductual (Linehan, 1993a y b), mindful self compassion (Neff y Germer, 2013) o sus aplicaciones en el marco de la llamada «psicología positiva» (Seligman y Csikszentmihalyi, 2000).

En su conjunto, la evidencia empírica disponible no es concluyente respecto al alcance de los efectos del MBSR por sí solo ni como componente de otras modalidades de tratamiento como la MBCT. Contamos con evidencia prometedora, pero también con estudios metodológicamente relevantes que ponen claramente en cuestión su alcance y el papel que se le ha supuesto a la «atención plena» como mecanismo, variable o «ingrediente activo» al que se le atribuye la eficacia y la contribución del MBSR, cuando forma parte de tratamientos multicomponentes, como ocurre, por ejemplo, con la MBCT.

Ambas cuestiones requieren todavía de más y mejor investigación porque, frente a lo que ya hemos indicado, otros estudios sugieren que los MBP y sus MBI producen mayores efectos que la psicoeducación y que los grupos de apoyo, así como resultados comparables al TCC y a los de la medicación antidepresiva de mantenimiento[144].

Un ejemplo, en este último sentido, se halla en el metanálisis realizado por Singh y Gorey (2018) sobre el efecto de los MBP aplicados al tratamiento de los trastornos de ansiedad. Lo realizaron sobre 9 ECA que, a diferencia de los estudios previos, que contaban solo con GCLE, estos incluían como GCA a los de las intervenciones cognitivo-conductuales (ICC), que son las que cuentan, por otra parte, con mayor evidencia empírica al respecto.

Los resultados no alcanzaron diferencias estadísticamente significativas [*d* de Cohen = −0,02 (IC 95 por 100 = −0,16, 0,12)], porque tanto las MBI como las ICC generan elevados TE en las comparaciones prepost, acompañados de grandes beneficios clínicos.

Ahora bien, dado que los MBP pueden requerir menor formación profesional y reducen los costes temporales para ser enseñados y aprendidos, los autores sugieren que pueden ser más efectivos en la práctica.

[144] Véase Goldberg et al. (2018) y Kuyken et al. (2016).

Como recuerdan en su revisión Baer et al. (2019), las investigaciones metaanalíticas han encontrado que la MBSR, la MBCT y los programas de intervención psicológica estrechamente relacionados con ambas modalidades de tratamiento son potencialmente beneficiosos para tratar algunos trastornos psicológicos, entre los que se incluyen los producidos por el estrés, las alteraciones del estado de ánimo y el afrontamiento de la enfermedad y el dolor[145], la compasión hacia uno mismo y hacia los demás[146], así como algunas modalidades de atención y memoria[147].

También se ha informado de efectos medibles en estructuras y sistemas neuronales[148] y se han observado efectos positivos en el decremento de la presión arterial y del sistema inmunitario en algunas poblaciones[149].

Para todo ello, como hemos indicado, se requiere de más y mejor investigación que permita replicar y clarificar la robustez de los TE, así como el grado de consolidación y generalización de los beneficios.

Estas cuestiones preliminares también son una condición necesaria para poder abordar con rigor y garantía otras, como pueden ser, por ejemplo, el papel de las «tareas para casa», dado que, por ejemplo, casi todos los programas de tratamiento surgidos en el marco del MCC-T y en el MC-C, como la MBCT, el UP o la TCD, así como el propio MBSR, enfatizan la importancia de la práctica de la «atención plena» en casa como una parte consustancial a los mismos[150]. Otro tanto ocurre respecto del conocimiento de qué intervenciones son realmente benéficas, en qué medida y en qué condiciones, así como en relación con sus potenciales efectos negativos, que, como ocurre con todas las intervenciones, siempre están presentes en mayor o menor medida, y cuyo conocimiento también ayuda a la mejora del efecto benéfico de la intervención psicológica[151].

[145] Véase Gotink et al. (2015) y Khoury et al. (2013).

[146] Khoury et al. (2015).

[147] Chiesa, Calati y Serretti (2011).

[148] Tang, Hölzel y Posner (2015).

[149] Véase Carlson et al. (2007) y Nyklícek et al. (2013).

[150] Parson et al. (2017).

[151] Dimidjian y Hollon (2010 y 2011), Foster (2016), Lindahl et al. (2017) y Mohr (1995).

La intervención conductual-cognitiva-transdiagnóstica 6

Hemos de plantearnos si distanciarnos de las respuestas concretas que conforman el trastorno, para aproximarnos al conjunto de las variables que integran todo el «espectro neurótico», pudiera ser más parsimonioso y más preciso, desde la perspectiva de la experiencia de los P/C, con las implicaciones que de ello se pudieran derivar para la implicación activa de estos en el tratamiento.

Brown y Barlow (2009).

El tratamiento conductual-cognitivo-transdiagnóstico (TCC-T), como variante o avance dentro del MCC que conforma el MCC-T, ofrece la posibilidad de diseñar intervenciones psicológicas individualizadas y en formato grupal para los P/T, que se pueden explicar a través de un modelo funcional basado en las variables y los mecanismos que comparten.

De hecho, los programas de tratamiento transdiagnóstico han sido considerados especialmente útiles para su aplicación en formato grupal a la hora de abordar los TMC, aunque también se apliquen individualmente, como se ha señalado.

En el caso concreto de los TMC, los avances en el conocimiento psicológico sugieren que puede haber más cosas que unen a los trastornos de ansiedad y del estado de ánimo de lo que antes se pensaba. Esto podría hacer innecesaria y obsoleta, además de inconveniente, la existencia de distintos y en ocasiones numerosos manuales de tratamiento específicos para cada categoría diagnóstica concreta. Además, abre la posibilidad de una aplicación más parsimoniosa de los tratamientos basados en la evidencia experimental y en la proveniente de la práctica clínica.

En los últimos años, la investigación que se ha realizado en los campos de la neurociencia, la emoción y la psicopatología funcional ha permitido identificar factores comunes de orden superior propios de los constructos relativos a la ansiedad, al estado de ánimo y a otros trastornos emocionales relacionados.

Por ejemplo, utilizando un modelo de ecuaciones estructurales, Brown, Chorpita y Barlow (1998) descubrieron que la covarianza entre los factores latentes se explicaba por los factores de orden superior del AFN y el AFP (bajo). En concreto, el AFN cargó positivamente en las cinco categorías de trastornos del DSM-IV[1].

[1] Los factores latentes aludidos fueron los correspondientes a la depresión unipolar, la ansiedad social, el trastorno de ansiedad generalizada, el trastorno obsesivo-compul-

En consonancia con este modelo estructural, las investigaciones preliminares que se han y se están desarrollando en el campo de la psiconeurociencia afectiva demuestran de forma consistente un aumento similar de la activación en estructuras neuronales que son claves y están implicadas en la generación de AFN, en personas con trastornos de ansiedad y del estado de ánimo cuando se comparan con los controles sin P/T psicológicos ni otros problemas de salud física relevantes[2].

Este patrón se ha hallado en el TAS[3], en el TEPT[4], en el TAG[5], en las fobias específicas[6] y en los trastornos depresivos[7].

Las pruebas convergentes de la contribución específica del AFN en los trastornos también provienen de investigaciones conductuales sobre la regulación de las emociones y el procesamiento emocional. Estos estudios han descubierto que quienes padecen trastornos de ansiedad y del estado de ánimo manifiestan experiencias de AFN más frecuentes e intensas que los que no los padecen[8], y también perciben estas experiencias más aversivamente[9].

Otras investigaciones sobre las características de los trastornos del estado de ánimo y de la ansiedad han permitido identificar procesos comunes de orden cognitivo, conductual (psicofisiológicos y motores) y de regulación de las emociones, que pueden ser utilizados como objetivos para valorar el efecto de los tratamientos psicológicos.

En este contexto hace ya bastante tiempo que está establecida la asociación entre los sesgos de procesamiento de la información encontrados en los trastornos de ansiedad y del estado de ánimo y las experiencias emocionales negativas[10].

Las respuestas de escape/evitación que se producen como reacciones con las que se intenta gestionar (reducir/eliminar) el aumento del AFN propiciado por las circunstancias propias de la situación y las consecuencias aversivas, incluidos los sesgos cognitivos asociados a estas, se han propuesto como una característica básica y, por tanto, común a los trastornos de ansiedad y del estado de ánimo[11].

Por otro lado, la literatura sobre la investigación de la regulación de las emociones también muestra que los déficits en estos repertorios básicos de conducta, es decir, las mermas en la capacidad para regular adecuadamente la percepción de las consecuencias de las respuestas que conforman las emociones, están asociados con los esfuerzos infructuosos que realiza la persona para evitar o reducir la intensidad de los patrones de respuestas que conforman las emociones negativas y que son frecuentes en los trastornos de ansiedad y del estado de ánimo[12].

Los tratamientos que se han desarrollado para los trastornos de ansiedad, a partir de la unificación de las categorías discretas psicopatológicas, dentro del MT inscrito como una extensión del MCC, también comparten elementos o estrategias como la reestructuración cognitiva, la prevención de las respuestas de evitación y de escape/huida o las derivadas de la aplicación del principio de exposición[13].

Además, al estudiar las relaciones temporales y estructurales entre las dimensiones del temperamento y los constructos de los trastornos de ansiedad y del estado de ánimo del DSM-IV, Brown

sivo y el trastorno de pánico con agorafobia. Véase Brown et al. (1998).

[2] Véase, por ejemplo, Etkin y Wager (2007).

[3] Véase, por ejemplo, Lorberbaum et al. (2004), Phan et al. (2006) o Tillfors et al. (2002).

[4] Véase, por ejemplo, Williams et al. (2006).

[5] Véase, por ejemplo, McClure et al. (2007).

[6] Véase, por ejemplo, Straube et al. (2006).

[7] Véase, por ejemplo, Siegle et al. (2007).

[8] Véase, por ejemplo, Campbell-Sills et al. (2006).

[9] Véase Roemer et al. (2005).

[10] Véase, por ejemplo, Beck y Clark (1997) o Watkins et al. (2008).

[11] Brown y Barlow (2009).

[12] Véase, por ejemplo, Beidel et al. (2010), Campbell-Sills et al. (2006) o Liverant et al. (2008).

[13] Barlow, Allen y Choate (2004).

(2007) halló que toda la covarianza temporal se podía explicar por el cambio en el AFN, medido durante un intervalo de dos años, avalando empíricamente la estrategia centrada en la administración de tratamientos psicológicos basados en la existencia de características transdiagnósticas de orden superior.

Como ya hemos adelantado, este resultado sugiere que el AFN puede ser un constructo unificador que explique o ayude a comprender la covarianza de los trastornos emocionales.

El hallazgo de Brown (2007) permite que pueda hipotetizarse la eficacia del tratamiento psicológico dirigido a cambiar los procesos afectivos que, por una parte, se consideran básicos y, por otra, responsables del aumento del AFN que está presente, en mayor o menor medida, en todos los trastornos emocionales. Por tanto, el tratamiento ya no tiene que centrarse necesariamente en las RAD que conforman las categorías para cada trastorno concreto, pese a que entendamos que siguen siendo una referencia básica para controlar su eficacia porque se espera que estas cambien si modificamos los procesos implicados en la producción del AFN.

Por todo ello, cabe esperar que cuando los tratamientos psicológicos se centren en las variables que están en la base del mantenimiento de las reacciones que conforman todos y cada uno de los trastornos, agrupados transdiagnósticamente, entonces resulten más eficaces y eficientes en la reducción/eliminación del AFN, que los que se han destinado a tratar por separado cada una de las categorías psicopatológicas discretas que han sido y son la base del diagnóstico del DSM y la CIE.

El hecho de centrarse en las intervenciones que se dirigen explícitamente a modificar/cambiar las variables y los mecanismos comunes que son relevantes, en y para una clase de P/T del comportamiento, es, en sí mismo, por un lado, un cambio importante y, por otro, constituye un reto, porque hemos de identificar los procesos comunes que están implicados en la génesis, el desarrollo y el mantenimiento de las RAD que conforman las reagrupaciones de las actuales categorías diagnósticas[14] y que integran la dimensión del AFN.

En consecuencia, en y desde este nuevo planteamiento, las estrategias del TCC-T han de derivarse de los modelos que tratan de explicar las alteraciones del comportamiento que se califican como psicopatologías (variables que participan en el inicio, desarrollo y mantenimiento de las RAD). Además, estas estrategias han de estar explícitamente diseñadas para cambiar los valores de las dimensiones comunes (AFN y AFP) que están presentes en todos y cada uno de los P/T que comparten la categoría, así como su funcionalidad (propiciada por tales cambios).

Por todo ello, esta posición es contraria a lo que ha venido ocurriendo con el diagnóstico para el tratamiento en grupo, dentro del MCC, el cual se ha centrado en la búsqueda de la correspondencia entre la categoría diagnóstica y el tratamiento, sin que generalmente este último fuera el producto derivado de un modelo funcional.

Como recordaban Sauer-Zavala et al. (2017), esta definición de «variables y mecanismos compartidos» en el marco del MCC-T, que son el objeto del tratamiento, es una extensión de la conceptualización realizada por Harvey et al. (2011) de los constructos transdiagnósticos básicos («mecanicistas») que, una vez identificados, delimitados y operacionalizados, permitirán que derivemos de ellos los objetivos y las estrategias de evaluación y tratamiento de las intervenciones psicológicas.

Uno de los primeros ejemplos de la aplicación de este nuevo concepto de «variables y mecanismos compartidos», en tanto que componente del tratamiento de una amplia gama de trastornos de ansiedad, es el de la aplicación del principio de

[14] Véase el trabajo de Insel et al. (2010) sobre los criterios de dominio de la investigación (RDoC) en el contexto del nuevo marco de clasificación para la investigación de los P/T del comportamiento del NIMH partiendo del concepto de dimensiones transdiagnósticas comunes.

exposición en el contexto propio del entrenamiento (el clínico) y durante el desarrollo de la actividad cotidiana entre sesión y sesión de tratamiento («tareas para casa»).

Así, aunque las pautas específicas para incorporar al tratamiento el principio de exposición pueden variar (por ejemplo, puede aplicarse de forma graduada o abrupta, durante períodos de tiempo breves o prolongados)[15], en todos los casos el objetivo es el lograr que los P/C se aproximen repetidamente a los estímulos temidos. Tal aproximación se puede realizar, por ejemplo, acortando gradualmente la distancia a los mismos (hasta resultar mínima o nula) o incrementando la duración del tiempo de exposición hasta que deje de aparecer el malestar o este resulte irrelevante para el P/C.

Como ocurre en el contexto del MCC, la incorporación de la exposición en los tratamientos para los trastornos de ansiedad se basa, por una parte, en el supuesto de que estos se mantienen porque quien presenta el P/T realiza una estimación desproporcionada del peligro que asocia a los estímulos temidos y, por otra, en la hipótesis de que el enfrentamiento reiterado con estos, ya sean objetos, animales, actividades/eventos o situaciones, puede reducir/eliminar la intensidad del conjunto de las reacciones que conforman el estado de sobreactivación desmesurado hasta que tal estimación del peligro disminuya significativamente o desaparezca[16].

Aunque hay varias explicaciones sobre el porqué los mecanismos hipotetizados hacen posible que la exposición reduzca/elimine las dimensiones de las respuestas de ansiedad, como la relativa al fenómeno de la habituación[17], el desmentido o desconfirmación de las creencias por la acumulación de evidencia[18] o la del aprendizaje inhibitorio[19], en última instancia su aplicación se fundamenta en los hallazgos que muestran su utilidad para abordar y modificar el papel de las variables que actúan como causas en su inicio y que participan en su mantenimiento.

Entre los efectos que se espera que añada el TCC-T al TCC se hallan la reducción del número de abandonos durante el tratamiento y la prevención/reducción de las «recaídas».

Estos potenciales efectos benéficos se atribuirían, por una parte, a que el tratamiento no se focaliza solo en un P/T concreto[20] y, por otra, a que al aplicarse en grupo atenuaría el efecto de algunas de las variables propias de la relación diádica que podrían actuar como amenazas que incrementan la probabilidad de abandono[21].

Asimismo, el TCC-T también se postula relevante para promocionar el comportamiento saludable y, en su caso, prevenir retrocesos en los aprendizajes realizados en los P/C que ya han superado el período de seguimiento, pero que no obstante siguen siendo vulnerables al P/T que presentaron.

En este último caso, el de la prevención, se parte de que, dado que la población general no diferencia los procesos desadaptadores («psicopatológicos») de los adaptados, estas intervenciones transdiagnósticas podrían tener efectos importantes no solo para este grupo de ex-P/C, sino también para el sistema de salud (si la voluntad política de implantarlas fuera decidida)[22]. Estas podrían destinarse desde a fomentar el ejercicio físico hasta el desarrollo de los estilos de apego adaptativos (que protegen a través del fortalecimiento del equilibrio personal), pasan-

[15] Véase, por ejemplo, Meuret et al. (2012).

[16] Véase, por ejemplo, Grillon (2008).

[17] Foa y McNally (1996).

[18] Salkovskis et al. (2006).

[19] Craske et al. (2014).

[20] Los datos disponibles no son concluyentes al respecto (véase Yulish et al., 2017). No obstante, los resultados de los ECA muestran que, cuando el tratamiento se centra en problemas concretos de los P/C, la reducción de las RAD es importante (véase, por ejemplo, Marcus et al., 2014, Poulsen et al., 2014 o Zipfel et al., 2014).

[21] Véase Belloch (2012).

[22] Sandín, Chorot y Valiente (2012).

do por los comportamientos que conllevan estilos de vida saludable o por los que fomentan y mantienen las relaciones interpersonales saludables.

Todos estos comportamientos podrían ser objeto de programas de tratamiento para la promoción de la salud y para la prevención de P/T psicológicos. Ambas son cuestiones muy relevantes para aminorar la saturación y los costes del sistema sanitario, maximizando a la vez la probabilidad de su sostenibilidad.

En síntesis, en relación con el tratamiento, la estrategia del TCC-T pasa por diseñar, planificar y aplicar intervenciones que se muestren útiles para un rango amplio de los P/T del comportamiento, reconocidos como tales por los manuales de psicopatología (v. gr., DSM-5; APA, 2013).

Como hemos visto, desde la psicopatología, esta atención debería dirigirse hacia las dimensiones en las que se sitúan las RAD, aplicando adecuadamente los componentes de las relaciones terapéuticas que se haya probado que tienen efectos benéficos en los resultados del tratamiento durante la práctica clínica. Además, hemos de añadir que los principios científicos de parsimonia y pragmatismo apoyan firmemente la factibilidad del enfoque transdiagnóstico[23].

En el contexto del TCC-T destacan las aportaciones de los grupos capitaneados por Marsha M. Linhan, Zindel Segal, Christopher G. Fairburn, David H. Barlow y Peter Norton. La primera en relación con el tratamiento del TLP mediante la TCD; el segundo en el estudio del efecto de la incorporación al TCC del MFN en la prevención de retrocesos RAD depresivas (MBCT); el tercero porque ha desarrollado un protocolo transdiagnóstico para los trastornos alimentarios que también permite tratar a todos los P/C que cumplen los criterios «no especificados» (NOS) del DSM-5 (APA, 2013), cuyo número es considerablemente elevado[24]; y el cuarto y el quinto porque han propuesto un conjunto de principios terapéuticos transdiagnósticos para los TMC que parece que guardan bastante similitud, especialmente en relación con la ansiedad[25].

Otro esfuerzo en esta dirección también lo representan los investigadores que, pese a no haber mantenido una línea de investigación regular, desde hace ya bastante tiempo comenzaron a considerar la totalidad de los principios terapéuticos existentes e iniciaron el estudio de cómo podrían integrarse para abordar los trastornos del comportamiento de manera transdiagnóstica[26].

A modo de resumen, como ya se ha indicado, TCC-T puede aplicarse de forma individual y en grupo. En ambos casos, y en función del objeto del tratamiento, se centra en la modificación de las variables y los procesos que son comunes y participan en:

— La génesis de la vulnerabilidad psicológica para presentar alteraciones del comportamiento (promoción de hábitos saludables y prevención del inicio de las RAD).
— El inicio de los P/T (detección e intervención tempranas).
— El desarrollo y/o el mantenimiento de los P/T que resultan de integrar las categorías discretas y específicas que ahora existen en otras transdiagnósticas basadas en los mecanismos que comparten. Es decir, basándose en las variables que en cada estadio del continuo de su proceso están presentes y son comunes, además de relevantes.

[23] Véase Mansell et al. (2009).

[24] Véase, por ejemplo, Fairburn y Cooper (2018).

[25] Véase, por ejemplo, Barlow et al. (2004) y Norton y Philipp (2008).

[26] Para ejemplificar esta contribución puede verse la monografía pionera de Harvey et al. (2004) en la que se abordan los procesos conductual-cognitivos de los trastornos del comportamiento, en el marco de un enfoque transdiagnóstico para su investigación y su tratamiento.

El hecho tan positivo de que sean muchos los equipos y muchas las investigaciones que se han y se están publicando sobre la validación de los TCC-T[27], nos impide ocuparnos en este manual de todos y todas. Por ello aquí solo nos referiremos, en primer lugar, a los que han desarrollado una línea de investigación *ad hoc* y, en segundo, a las investigaciones que puedan orientarnos sobre el curso que sigue en la actualidad esta línea de investigación sobre la evaluación y el tratamiento psicológico.

6.1. TERAPIA DE CONDUCTA DIALÉCTICA

«La terapia dialéctica conductual es un tratamiento modular y jerárquico que consiste en una combinación de psicoterapia individual, entrenamiento de habilidades en grupo, formación, entrenamiento telefónico y un equipo de consulta de terapeutas. Su estructura modular y jerarquizada ha facilitado su adaptación y aplicación para tratar problemas de distintas poblaciones y en distintos entornos. Las necesidades clínicas y los avances en la investigación han permitido su desarrollo [...] [No obstante] Se necesita más investigación para evaluar su funcionamiento y para quien puede resultarle útil [...]» (Linehan y Wilks, 2015; p. 97)[28].

6.1.1. Introducción

La terapia de conducta dialéctica (TCD)[29] fue desarrollada para abordar el tratamiento de la categoría diagnóstica psiquiátrica que conocemos como trastorno límite de la personalidad (TLP; APA, 2013). Es un excelente ejemplo de cómo las dificultades con las que puede encontrarse el psicólogo en el tratamiento de sus P/C pueden ser el motivo principal para buscar nuevas alternativas de tratamiento y así avanzar en la mejora y el desarrollo de la intervención psicológica.

La TCD tiene su origen en los intentos de aplicar los principios del MC y la teoría del aprendizaje social[30] al tratamiento de P/C con una elevada prevalencia de intentos de suicidio. Surge como el resultado del esfuerzo clínico por hallar un tratamiento que pudiera ser eficaz para tratar las respuestas suicidas[31] dentro de un conjunto de RAD variadas y variables en los valores de sus dimensiones.

El objetivo inicial de la psicóloga Marsha Linehan fue tratar a mujeres diagnosticadas de TLP con alto riesgo de suicidio, por presentar un his-

---

[27] Por ejemplo, Norton y Philipp (2008) ya identificaban en su revisión a siete equipos de investigación independientes que habían desarrollado protocolos de tratamiento transdiagnóstico para la ansiedad y habían comunicado los datos preliminares de sus resultados.

[28] «Dialectical behavior therapy is a modular and hierarchical treatment consisting of a combination of individual psychotherapy, group skills, training, telephone coaching, and a therapist consultation team. The inherent modularity and hierarchical structure of DBT has allowed for relative ease in adapting and applying the treatment to other populations and settings [...] More research is needed to assess how DBT skills work and for whom [...]» (Linehan y Wilks, 2015; p. 97).

[29] Dialectical Behavior Therapy (Linehan, 1993a y b).

[30] Bandura (1969) y Staats (1975).

[31] Linehan (1981).

Recordemos que en el momento en que la TCD se diseñó, los TC se centraban principalmente en el cambio de las respuestas de ansiedad, sin contemplar otra opción que no fuera la de afrontar las situaciones temidas exponiéndose directa y abiertamente a ellas (aunque fuese utilizando la recreación en imaginación). Es decir, sin admitir la posibilidad de demorar temporalmente la exposición (se suponía que el paso del tiempo facilitaba la aparición de nuevos condicionamientos y reducía el potencial efecto del tratamiento). El único objetivo considerado científicamente relevante era afrontarlas, exponiéndose a ellas cuando se presentaban o recreándolas con prevención de respuesta de escape. Sin embargo, para este tipo de P/C tal estrategia no solo no resultaba clínicamente útil, sino que además se mostraba muy contraproducente, porque no solo no mejoraban, sino que empeoraban o abandonaban. En consecuencia, a todas luces se mostraba necesario introducir un giro importante en el tratamiento.

torial de intentos previos al respecto[32]. A partir de ahí fue evolucionando hasta convertirse en el tratamiento conductual-cognitivo de naturaleza transdiagnóstica que hoy conocemos como la primera elección para este trastorno[33].

Los resultados del primer ECA en el que se pone a prueba la eficacia de la TCD se dieron a conocer en 1991. La muestra de este primer estudio se reclutó de entre los P/C más graves y con mayor tendencia al suicidio que figuraban en las bases de datos de los hospitales que tenían unidades de psiquiatría[34].

Desde su inicio, el principio que orientó el diseño y el posterior desarrollo de la TCD fue ayudar a los P/C para que tuvieran una vida que valiera la pena ser vivida[35]. De ahí que el primer borrador completo del manuscrito que formaba parte del manual de tratamiento se centrara principalmente en la mejora de las respuestas suicidas. No obstante, como las exigencias de las concesiones de subvenciones para la investigación requerían que esta versara sobre un «trastorno mental» que cumpliera los criterios diagnósticos del DSM, los primeros ensayos clínicos se centraron en el tratamiento del TLP, porque los P/C con este diagnóstico eran quienes presentaban y presentan el mayor historial de intentos de suicidio[36].

El tratamiento se centró inicialmente en enseñar a los P/C estrategias que se hubieran mostrado eficaces para resolver problemas, pero, dada la variedad y variabilidad de los que presentaban, así como la cantidad de los cambios que esta estrategia requería que hicieran en sus vidas, no tardaron en aparecer la frustración y la hostilidad hacia los psicólogos que lo aplicaban. A estas respuestas desadaptativas también les acompañaron los abandonos del tratamiento, que hicieron rápidamente acto de presencia. Estas circunstancias plantearon la necesidad de que el tratamiento cambiara drásticamente sus objetivos.

Los cambios se introdujeron, pero pese a las modificaciones en el manual de tratamiento y en su aplicación, los P/C seguían estando frustrados porque no lograban el objetivo de resolver sus problemas, de normalizar su comportamiento tal como se esperaba. Por ello resultaba evidente que los cambios eran insuficientes y se requería desarrollar nuevas estrategias de tratamiento. Entre las propuestas se hallaban la que buscaba modos distintos de actuar que resultaran de la síntesis de incorporar técnicas que, a la vez que propiciaran el cambio, también permitiesen su integración con:

- La aceptación radical del estado de P/C y el desarrollo de una relación cálida.
- La flexibilidad del protocolo para que pudiera ir adaptándose al ritmo de los cambios que se producen en estos P/C (progreso lento y episódico).
- El elevado riesgo de suicidio.
- La humildad para aceptar la naturaleza transaccional del proceso de tratamiento (sin la implicación activa del P/C no es posible el cambio).

La reflexión al respecto llevó a aceptar el estado de los P/C como el punto de partida, pero sin dejar de motivarles y «empujarles» para que superaran sus problemas, para que progresaran en las mejoras de su control. Para ello se comenzó a incluir como componentes las estrategias que, estando orientadas a la solución de problemas, a promover y facilitar el cambio del comportamiento, también podían aplicarse en el contexto de la aceptación del estado del P/C y a enfatizar la validación de su comportamiento. Esta última partía de que todo programa de intervención ha de contemplar no solo lo que se quiere cambiar, sino también el refuerzo de lo que el P/C hace tan bien como se puede en ese momento.

32 Véase Chapman (2006), Linehan et al. (1991) y y Linehan et al. (1993).
33 Linehan (1993a y 1993b).
34 Linehan et al. (1991).
35 Linehan y Wilks (2015).
36 Véase, por ejemplo, Leichsenring et al. (2011).

Sin embargo, los cambios introducidos en el tratamiento, basándose en esta síntesis que se sustentaba en la aceptación, no acabaron con todos los problemas a los que quería hacer frente la psicóloga Marsha Linehan. Dada la abundancia y la complejidad de los problemas de sus P/C, conseguir que estos toleraran temporalmente el estado de malestar que les producían sus alteraciones[37], para centrarse en otros objetivos del tratamiento, les resultaba muy difícil (cuando lo conseguían). Para muchos, el dolor que les producía el recuerdo del pasado y las circunstancias del presente eran insoportables y les provocaba comportamientos disfuncionales (incluidos los intentos de quitarse la vida como respuesta de escape definitiva).

En consecuencia, la evidencia empírica mostraba que había que volver a reconsiderar los objetivos del tratamiento. Este tenía que responder, por una parte, a la aceptación sin ambages de lo que cada uno ha de afrontar y asumir como una parte de sí mismo (su pasado, el presente y las limitaciones que ambos imponen a nuestro futuro potencial) y, por otra, al desarrollo de habilidades y destrezas que permitieran incrementar la tolerancia de la angustia, previniendo las respuestas impulsivas y las destructivas.

A partir de ese momento el problema era dónde encontrar o cómo diseñar un tratamiento basado en la aceptación que no se centrara directamente en el cambio, que su objetivo fuera enseñar a aprender a aceptarse y que cumpliera con los requisitos científicos. Recordemos que, en ese momento, los tratamientos basados en la aceptación, como, por ejemplo, la terapia centrada en el cliente[38], también tenía como objetivo el cambio del comportamiento.

La búsqueda de prácticas que estuvieran basadas solo en la aceptación, y de personas que pudieran entrenar el proceso que lleva a la aceptación, sin vincularla al cambio, condujo a Marsha Linehan al estudio de las prácticas contemplativas, que se asientan sobre la aceptación radical del momento presente tal como se presenta, sin intentar modificarlo. Pero la incorporación de este elemento como parte de un tratamiento principalmente conductual planteaba el reto de la integración científica y el de la aceptación por los propios P/C.

Marsha Linehan concluyó que tales retos solo se podrían superar si se partía y se desarrollaba un enfoque inclusivo. Este paso se dio operacionalizando conductualmente las prácticas Zen y las de otras posiciones contemplativas que se consideraron necesarias. Es decir, traduciéndolas a un conjunto de habilidades y destrezas conductuales que podían ser aprendidas por los psicólogos y enseñarse a los P/C en el marco de la ciencia psicológica[39]. Al conjunto de estos ejercicios prácticos se le denominó «habilidades de aceptación de la realidad», y se desarrolló tomando como referencia el trabajo que había realizado previamente May (1987).

Otro problema que Marsha Linehan tuvo que afrontar y resolver era el de diseñar y desarrollar un modelo explicativo que pudiera dar cuenta del TLP. Como ocurre en estos casos, la propuesta de un modelo de esta naturaleza debía cumplir al menos con dos requisitos: i) explicar las alteraciones que presentaban quienes cumplían los criterios para el diagnóstico de TLP de forma coherente con los datos proporcionados por la investigación, y ii) orientar y guiar eficazmente el diseño, las confección y la aplicación del tratamiento[40].

En 1993 Linehan dio a conocer por primera vez su propuesta explicativa, en la que se afirma

[37] Hoy conceptualizadas como «experiencias angustiosas», por la percepción del estado que provocan y que calificamos como angustia.

[38] Rogers (1946).

[39] Para orillar las connotaciones espirituales y religiosas del Zen se utilizó el término «mindfulness» para denominarlas, el cual se tomó de Langer (1989) y de Hanh (1976).

[40] Véase en Olivares-Olivares et al. (2022) los requisitos que requiere un modelo explicativo para serlo.

que el TLP es un trastorno generalizado del sistema de regulación de las emociones, es decir, las RAD que se enumeran y requieren para el diagnóstico de TLP son las que se postulan como reguladoras funcionales de las emociones o como una consecuencia natural de la desregulación de estas (Linehan, 1993a), dentro del marco de la conceptualización filosófica del quehacer humano que hace la dialéctica[41].

En palabras de Robins y Chapman (2004), Linehan propuso una explicación biológica y socioambiental del inicio, desarrollo y mantenimiento de las respuestas propias del TLP[42]. En el componente biológico postula la existencia de una disfunción del sistema de regulación de las emociones, propiciada por variables genéticas, por sucesos acaecidos durante el desarrollo del embrión y el feto o debido a otros acontecimientos traumáticos ocurridos durante la primera infancia. El componente socioambiental se delimita fundamentalmente como un entorno muy descalificador o invalidante. En este, las consecuencias que siguen al comportamiento del P/C son negativas en cualquiera de sus manifestaciones, es decir, lo adjetivarían como incorrecto, erróneo o inadecuado, descalificándolo e invalidándolo.

La interacción entre estos dos elementos, las dificultades emocionales originadas por un problema biológico y las consecuencias invalidantes que seguirían a sus respuestas, irían incrementando la desregulación emocional, haciendo que su efecto fuese cada vez más relevante, porque el P/C iría aprendiendo (desarrollando y consolidando/generalizando) patrones de respuestas de autoinvalidación (por ejemplo, mediante el diálogo interno y negativo), incrementándose cada vez más las dificultades para identificar correctamente los patrones de respuestas que conforman las emociones y, en consecuencia, para expresarlas y para regularlas.

6.1.2. Delimitación

En su delimitación actual, la dialéctica puede definirse como el discurso en el que se contrapone una concepción de la realidad (tesis) frente a sus problemas y contradicciones (antítesis), de lo cual se ha de generar una solución (síntesis) que debería conllevar un avance y una nueva comprensión del problema.

Esta concepción es la que se emplea en la TCD, esperando que el tratamiento de las personas que cumplen los criterios para el diagnóstico de TLP les pueda ayudar a conseguir la síntesis o equilibrio entre las estrategias de aceptación y las de cambio, a través de la búsqueda de soluciones.

Como recordaban van den Bosch et al. (2014), el TLP es un trastorno que interfiere muy significativamente en el desarrollo de la actividad cotidiana, incapacitando gravemente a quienes lo presentan y caracterizándose por la inestabilidad afectiva, la impulsividad y las grandes dificultades para cumplir laboralmente y para mantener relaciones.

Los P/C con TLP informan un miedo muy intenso al abandono, alteraciones de la identidad e ideas paranoides. Son muy vulnerables al riesgo de suicidio y presentan comportamientos autodestructivos de manera reiterada[43]. De hecho, su

---

[41] La inclusión del adjetivo «dialéctica» se debe a que se puede interpretar el estado de las personas con TLP como el resultado de presentar patrones de comportamiento que se perciben dicotómicos, y que ellas no son capaces de integrarlos para producir la síntesis o soluciones que les permitan avanzar en su control.

Linehan y Wilks (2015) generalizan esta posición filosófica para explicar, basándose en las continuas tensiones que se producen entre la teoría y la investigación frente a la experiencia clínica, por un lado, y por otro entre la psicología occidental y la práctica oriental, la evolución de nuestro conocimiento científico como una consecuencia de la integración teórica que se ha producido en el curso del desarrollo de la investigación de los tratamientos psicológicos. Para ilustrarlo ponen como ejemplos los trabajos de Arkowitz (1989), Norcross y Goldfried (2005), Prochaska y Diclemente (2005) o Ryle (2005).

[42] Véase Linehan (1993a).

[43] Para una revisión de la prevención, la evaluación y el tratamiento de la conducta suicida puede verse el trabajo de Sánchez-Teruel et al. (2014).

tasa de suicidios consumados es 50 veces mayor que la de la población general[44].

Los resultados a corto y medio plazo de su tratamiento son generalmente pobres, pese a que los datos de las medidas de seguimiento indican que su eficacia a largo plazo es prometedora, porque las tasas de mejoría entre quienes lo terminan se sitúan alrededor del 88 por 100 a los diez años[45]. Sin embargo, hemos de recordar que «mejoría» no implica que se dejen de cumplir los criterios para el diagnóstico, porque siguen presentándose los estados de inestabilidad afectiva (disforia), el sentimiento de vacío permanece y el miedo intenso y profundo al abandono, así como las reacciones de ira intensa[46].

En la población general, la prevalencia del TLP varía entre el 0,4 y el 1,8 por 100, con una tasa conjunta del 1,1 por 100[47]. La prevalencia a lo largo de la vida se sitúa en el 5,9 por 100 en una muestra representativa de la población adulta de los Estados Unidos de Norteamérica[48].

En población española la prevalencia de TLP registrada fue del 0,017 por 100, siendo mayor en los P/C con otros trastornos del comportamiento, especialmente los trastornos por abuso del consumo de sustancias tóxicas (0,161 por 100)[49]. Aragonès et al. (2013) señalan que los datos de su investigación muestran, por un lado, la infravaloración del diagnóstico de este trastorno en Atención Primaria (ya que el dato hallado es menor que el porcentaje estimado para la población general) y, por otro, que pese a que duplican las visitas a los facultativos (8,1 frente a 4,4), siendo además uno de los trastornos que más conflictividad presentan en el Sistema Nacional de Salud, un buen número de ellos no tienen ningún tratamiento.

[44] Véase, por ejemplo, Black et al. (2004) y Skodol et al. (2002).

[45] Zanarini et al. (2010).

[46] Zanarini et al. (2007).

[47] Korzekwa et al. (2008).

[48] Grant et al. (2008) y Zanarini et al. (2011).

[49] Aragonès et al. (2013).

En las muestras clínicas, el TLP suele ser el trastorno de la personalidad más frecuente. En muestras de P/C ambulatorios se han notificado tasas que van desde el 9,3 al 18 por 100, con un porcentaje conjunto del 11,9 por 100[50]. Los estudios de P/C que se hallan hospitalizados señalan cifras que se sitúan alrededor del 40 por 100[51].

La División 12 de Psicología Clínica de la APA (2021)[52] explicita que su premisa básica es que hay un subgrupo de P/C que experimentan las emociones con mayor intensidad que otros. Coherentemente con esta hipótesis principal, también se postula que para regular sus emociones tienden a reaccionar de forma más extrema e impulsiva, llegando, por ejemplo, a producirse lesiones e intentos de suicidio. Asimismo, se cree que la falta de conciencia y aceptación de estas experiencias emocionales, de muy elevada intensidad, es la que dificulta/impide que se aprendan adecuadamente estrategias de afrontamiento para el estado de angustia que sean más eficaces que las que utilizan los P/C.

6.1.3. La intervención

6.1.3.1. *La evaluación*

La evaluación se realiza tal como se ha descrito para las intervenciones que se desarrollan bajo las directrices de esta perspectiva teórica y enfatizando el efecto de la interacción entre el P/C y el contexto.

Por tratarse de un trastorno con graves repercusiones negativas, para la vida de quien lo presenta (incluida la propia existencia)[53] y para de quienes interactúan cotidianamente con estos P/C, la evaluación ha de realizarse del modo más

[50] Korzekwa et al. (2008).

[51] Marinangeli et al. (2000).

[52] https://div12.org/treatment/dialectical-behavior-therapy-for-borderline-personality-disorder/.

[53] Véase Ferrara et al. (2012) y Kaplan et al. (2016).

riguroso, cuidadoso y completo que resulte posible.

Sugerimos dos opciones complementarias de formatos de entrevista: «Frequency of suicide attempts/self-harming acts, as measured by the Lifetime Parasuicide Count» (LPC)[54] y la «Oxford Reasons for Parasuicide Interview» (ORPI)[55]. Asimismo, proponemos elegir y aplicar una o más de las muchas medidas de autoinforme disponibles para aplicar en el pretest, el postest y en las medidas de seguimiento, como:

— La «Suicide Ideation Scale»[56].
— The Borderline Personality Disorder Severity Index[57], SF-6D[58].
— La «Risk-Rescue Rating Scale» (RRRS)[59].
— La Escala de Columbia para evaluar el riesgo de suicidio (Columbia-Suicide Severity Rating Scale —C-SSRS—)[60].
— El Índice de gravedad del trastorno límite de la personalidad («The Borderline Personality Disorder Severity Index» —BPDSI-IV—), tanto su versión para adultos[61] como las modalidades para la evaluación de los adolescentes por ellos mismos y por sus padres (BPDSI-IV-ado y BPDSI-IV-p)[62].
— El «Medical Outcomes Study 36-Item Short Form Health Survey» (SF-36).
— El «Sheffield Health Economic Group» (SF-6D)[63].
— El «EuroQol 5 Dimensions descriptive system» (EQ-5D)[64].
— El «Brief Symptomatology Inventory» (BSI-18)[65].
— El «Borderline Symptom List 23» (BSL-23)[66].
— La Impresión clínica de la gravedad y la mejoría del trastorno límite de la personalidad[67].
— Etc.

Además, independientemente de los instrumentos con formato de entrevista y los de lápiz y papel por los que se opte, necesariamente se han de aplicar las medidas intratratamiento que se consideren oportunas, como complemento de la información que ha de obtenerse a partir de los autorregistros, generalmente camuflados bajo el formato de «Diario», que se irán cumplimentando con la mayor regularidad que se pueda (idealmente «día a día»), entre sesión y sesión de entrenamiento, reflejando en su redacción el orden que se contempla en la jerarquía de las actividades a desarrollar que se formula *a priori* para todos los P/C.

Para participar en una intervención de esta naturaleza se considera recomendable que los P/C cumplan con los siguientes criterios para ser aceptados o rechazados[68]:

---

[54] Comtois y Linehan (1999, April).

[55] Bancroft et al. (1979) y Hjelmeland et al. (2002).

[56] Véase Beck (1974) y Stefansson, Nordström y Jokinen (2012), quienes estudiaron sus propiedades psicométricas y propusieron una versión corta que mejora la capacidad predictiva de la versión larga de la SIS.

[57] Arntz et al. (2003).

[58] Brazier et al. (2006).

[59] Weisman y Worden (1972). Véase Anexo XIIIc.

[60] Véase Anexo XIIId.

[61] Arntz et al. (2003) y Giesen-Bloo et al. (2010).

[62] Schuppert et al. (2012).

[63] Brazier et al. (2006).

[64] Dolan (1997).

[65] Derogatis (2001).

[66] El BSL-23 es una versión reducida de un listado de ítems (véase Bohus et al., 2009) que permite estimar la gravedad del diagnóstico del TLP. A mayor puntuación, mayor gravedad y peor pronóstico.

En los anexos XIIIe y f se adjunta la escala y un complemento que puede proporcionar información importante sobre otros comportamientos problemáticos. Asimismo, incluimos información relevante para su uso como índice de gravedad del trastorno.

[67] Véase Anexo XIIIg.

[68] De no cumplirse los requisitos, la probabilidad de que el tratamiento resulte improductivo es muy alta, por lo que un rechazo temporal puede incluso ser beneficioso para que cuando el P/C disponga de una segunda oportunidad se ha-

Criterios de inclusión

- Cumplir los criterios del DSM-5 (APA, 2013) para el TLP, tras aplicar un psicólogo una entrevista semiestructurada siguiendo, por ejemplo, la SCID-II, la DIB-R[69] o el BSL-23.
- Obtener una puntuación superior a 24 en el índice de gravedad de la severidad (mostrar un grado severo en las alteraciones que conforman el constructo «sintomatología límite»)[70].
- Haber mostrado en el mes previo un comportamiento parasuicida y/o una puntuación mayor de 30 en el índice de gravedad de la severidad[71].
- Dominio suficiente del idioma.
- Comprender y estar de acuerdo con el procedimiento.

Criterios de exclusión

- Obtener un coeficiente intelectual menor de 80 en una prueba de inteligencia estandarizada y aplicada individualmente.
- Cumplir con los criterios de un trastorno psicótico crónico.
- Cumplir con los criterios para el diagnóstico de un trastorno bipolar.
- Presentar un patrón de consumo de drogas duras que requiera desintoxicación en régimen de internado.
- No asistir voluntariamente al tratamiento.
- Haber recibido tratamiento siguiendo el protocolo de la TCD durante el año anterior al momento en el que se solicita participar en el tratamiento.
- Incumplir con lo pactado respecto a la entrega de instrumentos de evaluación o no acudir para que se pueda hacer una evaluación exhaustiva[72].

Para valorar el riesgo después de un acto de autoagresión suicida es fundamental conocer el grado o intensidad de la intención suicida del P/C[73].

En la mayoría de los estudios, la intención suicida se identifica en la LB como la intención declarada por quien se autolesiona, pero hemos de

---

yan podido incrementar las probabilidades de beneficiarse del mismo.

[69] Zanarini et al. (1989). Véase la adaptación realizada a la población española de habla castellana por Barrachina et al. (2004).

Asimismo, en el trabajo de Andión et al. (2012) se muestran la aplicación de ambas modalidades de entrevista y sus implicaciones en relación con el pronóstico para los P/C que cumplen los criterios diagnósticos para el TLP según este provenga de una u otra modalidad de entrevista (SCID-II o DIB-R).

[70] Véase Arntz et al. (2003), Giesen-Bloo et al. (2010) y Schupert et al. (2012).

En Guy (1976) y Guy y Bonato (1970) contamos con los precedentes de la escala para valorar, a partir de la impresión clínica, la gravedad y mejoría del TLP que posteriormente validarán con población española Pérez et al. (2007). En el anexo XIIIg presentamos las dos subescalas.

Véase también el estudio de Valdivieso-Jiménez (2020) en el que se vuelve a verificar con población chilena de habla española que la severidad clínica está asociada con el número de hospitalizaciones, la ocurrencia de alteraciones psicóticas, la irritabilidad, la disfuncionalidad, el número de alteraciones relacionadas con la gravedad y con la comorbilidad en los P/C cuyo diagnóstico principal es el de TLP.

[71] Véase Anexo XIIIg.

[72] Se sugiere que los P/C participen en evaluaciones de su estado y del progreso que sean trimestrales, durante el desarrollo de la aplicación de la TCD en el período de la LB y a las 12, 24, 36 y 52 semanas de haberse iniciado la aplicación del protocolo de tratamiento.

[73] Las escalas o medidas de autoinforme que pretendan cuantificar esta intención deberían cumplir al menos con los criterios que se consideran indispensables para que sus resultados puedan ser útiles. Estos son: «i) ofrecer definiciones de ideación y conducta suicidas, conducta autodestructiva no suicida, y las evaluaciones correspondientes; ii) cuantificar el espectro completo de la ideación suicida y la conducta suicida, y medir su gravedad en determinados períodos; iii) distinguir entre conducta suicida y conducta autodestructiva no suicida; y iv) emplear un formato intuitivo que permita la integración de información de múltiples fuentes» (Al-Halabí et al., 2016; p. 134).

tener en cuenta que es frecuente que la intención suicida declarada inmediatamente después de un episodio de lesión se niegue unos días después.

Veamos a continuación una breve descripción de algunos de los instrumentos que usualmente se utilizan para su evaluación.

Las entrevistas para población adulta

Entre las distintas modalidades de las que podemos hacer uso, vamos a describir las relativas al Índice de gravedad del trastorno límite de la personalidad-IV que siguen los criterios del DSM-IV (APA, 1994), en su versión para adultos («Borderline Personality Disorder Severity Index-IV» —BPDSI-IV—)[74] y en la relativa a los adolescentes con sus dos modalidades (la de los adolescentes con TLP y la de sus padres)[75].

En ambos casos son entrevistas semiestructuradas que recogieron el reto que suponía afrontar que la inestabilidad de las alteraciones requería instrumentos capaces de evaluar el TLP desde la perspectiva del corto plazo, para cuantificar la gravedad actual del trastorno de forma fiable y válida.

En el ámbito de la población adulta con TLP este instrumento fue el Índice de gravedad del trastorno límite de la personalidad (BPDSI primero y BPDSI-IV después)[76]. Es un instrumento capaz de evaluar las alteraciones recientes del TLP, de forma detallada, proporcionando puntuaciones dimensionales para cada uno de los nueve criterios del DSM-IV, así como una puntuación total y puntos de corte.

Los nueve criterios del DSM-IV que evalúa son:

— Inestabilidad afectiva debida a una notable reactividad del estado de ánimo (así, los estados de ansiedad, irritabilidad o la disforia intensa, que pueden durar horas e incluso días, aunque esto último sea más infrecuente).
— Reacciones de ira intensa e inadecuada y/o dificultades para controlarla cuando se desencadena, como ocurre, por ejemplo, en las peleas con uso de la fuerza física de modo recurrente, en las reacciones desproporcionadas y frecuentes de mal genio o en el estado casi constante de enfado.
— Sentimientos de vacío o inutilidad que se recuerdan «desde siempre».
— Comportamientos autoagresivos, que incluyen la automutilación, los intentos y/o las amenazas recurrentes de suicidio.
— Relaciones interpersonales inestables e intensas, que se caracterizan por situarse en los extremos de la idealización o la devaluación y el menosprecio.
— Respuestas impulsivas y potencialmente perjudiciales para el P/C al menos en dos áreas, entre las que se incluyen el gasto económico, el sexo, el abuso del consumo de sustancias tóxicas o la conducción temeraria. No se incluyen en estas áreas problemáticas los comportamientos suicidas o de automutilación que se recogen en el criterio 4.
— Esfuerzos frenéticos para prevenir y evitar un abandono real o imaginado. Entre estos últimos no se incluyen los comportamientos suicidas ni los de automutilación que se recogen en el criterio 4.
— Alteración de la identidad: intenso, persistente e inestable sentido de la imagen de sí mismo.
— Ideación paranoide transitoria, que se asocia con el estrés y/o las alteraciones disociativas graves.

Además, evalúa cada criterio de TLP del DSM-IV a través de dos o más ítems (70 en total) y, por tanto, ofrece puntuaciones de gravedad que son fiables para cada uno de ellos, porque están

[74] Giesen-Bloo et al. (2010).
[75] Schupert et al. (2012).
[76] Véase Arntz et al. (2003) y Giesen-Bloo et al. (2010).

basadas en distintos indicadores de cada uno. Esta versión está avalada por su uso en distintos ensayos, cuyos resultados muestran una alta sensibilidad para detectar el cambio y buenas propiedades psicométricas[77].

Los 70 ítems que la conforman están organizados en nueve subescalas que representan los nueve criterios del DSM-IV [Abandono, Relaciones, Alteraciones de la identidad, Impulsividad (Para)suicidio, Inestabilidad afectiva, Vacío, Control de la ira y Disociación]. Para cada ítem la frecuencia de los últimos tres meses se califica en una escala de 11 puntos (rango: 0 = Nunca y 10 = Diariamente).

Los ítems de alteración de la identidad constituyen una excepción y se valoran en escalas tipo Likert de 5 puntos (rango: 0 = Ausente y 4 = Dominante, claro y bien definido sin saber quién es), multiplicado por 2,5. Las puntuaciones de los nueve criterios del DSM-IV se obtienen promediando las puntuaciones de los ítems. La puntuación total es la suma de las puntuaciones de los nueve criterios (rango: 0-90).

La concepción dimensional de las alteraciones del TLP ha sido puesta a prueba en la investigación de Giesen-Bloo et al. (2010), quienes concluyen, basándose en los resultados de los análisis factoriales confirmatorios, que tanto un modelo unidimensional como uno de nueve dimensiones basado en los criterios del DSM-IV son válidos y se muestran más capaces de predecir los cambios que otras alternativas explicativas. Esto posibilita que se pueda utilizar con garantías, es decir, como un instrumento fiable y válido para evaluar la gravedad del TLP en su conjunto y la de cada uno de los nueve criterios del DSM-IV por separado.

La investigación también ha permitido establecer normas clínicas para los puntos de corte, además de su sensibilidad y especificidad. Así, en relación con las primeras, la puntuación de corte que marca la disfuncionalidad fue de 14,93, porque se sitúa en dos desviaciones típicas por debajo de la media del grupo siguiendo el criterio de Jacobson y Truax (1991). En los P/C que puntúan por encima es altamente probable que presenten alteraciones propias del TLP. La puntuación funcional de corte (dos desviaciones típicas por encima de la media de la población sin problemas) fue de 4,12. En consecuencia, las personas con una puntuación por debajo de este valor probablemente no sean P/C con TLP. El valor del criterio *c* de Jacobson y Truax (1991)[78], que marca el punto entre los P/C con TLP y los controles sin problemas, se situó en 5,66.

La puntuación de corte disfuncional tuvo una alta sensibilidad (0,97; 105 de la muestra de 108 P/C con TLP fueron clasificados correctamente) y especificidad (1; 76 de la muestra de 76 personas que no eran P/C fueron clasificados correctamente). Para la puntuación de corte funcional la sensibilidad fue de 1 (en 108 de una muestra de 108) y la especificidad de 0,95 (en 72 de una muestra de 76).

En este estudio se propone 15 como puntuación de corte con significado clínico para la recuperación del TLP y 19 como criterio de inclusión para la investigación de los efectos del tratamiento.

Entrevistas para población adolescente

Al igual que ha ocurrido con la población adulta, en la adolescente con TLP también se echaba en falta un instrumento para valorar la gravedad que tuviese en cuenta los aspectos del desarrollo propios de este tramo evolutivo, además de la dimensionalidad de las alteraciones

[77] Véase Giesen-Bloo et al. (2010).

[78] Conocido como el Índice de Cambio Fiable (ICF), es el resultado de un procedimiento que permite determinar los cambios clínicamente significativos, proporcionando un medio adicional del análisis que se realiza a partir de las comparaciones de medias entre los grupos cuando se investigan resultados clínicos.

(frente a la concepción dicotómica de su presencia o ausencia) y los cambios a corto plazo más que en el funcionamiento a largo plazo.

Como muestra la revisión de Schuppert et al. (2012), cuando ellos se pusieron a la tarea de construir un instrumento de esta naturaleza que respondiera a tales necesidades, ya abundaban las evidencias que mostraban que era posible construir de un diagnóstico fiable y válido del TLP en esta fase de la vida, a partir de los nueve criterios del DSM-IV para este trastorno.

Este instrumento ha sido el Índice de gravedad del trastorno límite de la personalidad-IV-versiones para adolescentes y padres («The Borderline Personality Disorder Severity Index-IV-adolescent and parent versions» —BPDSI-IV-ado/p—)[79].

En ambos casos son entrevistas semiestructuradas basadas en el DSM-IV para la evaluación de la gravedad de los síntomas del trastorno límite de la personalidad (TLP) en los adolescentes.

Los resultados han mostrado que los valores de la fiabilidad interobservadores y de la consistencia interna de las nueve subescalas (siguiendo los nueve criterios del DSM-IV para el TLP) se situaron entre buenos y excelentes. La validez discriminante, concurrente y de constructo fue satisfactoria. Se obtuvieron puntuaciones de corte que optimizan la sensibilidad y la especificidad. En cambio, la concordancia entre los adolescentes y los padres/cuidadores fue modesta. Pese a ello, el conjunto de los resultados sugiere que las versiones para adolescentes y padres son válidas y fiables para la evaluación de la gravedad de las alteraciones que conforman el TLP en este tramo evolutivo.

Las consistencias internas en la subescala «relaciones» del BPDSI-IV-ado y del BPDSI-IV-p fueron marginalmente aceptables (a = 0,62 y a = 0,61). La consistencia interna de la subescala «impulsividad» del BPDSI-IV-p fue moderada.

Asimismo, los puntos de corte hallados para ambas versiones pueden orientar al psicólogo respecto de la conveniencia de iniciar un tratamiento específico para el TLP. Los resultados del análisis ROC, frente al cumplimiento de dos criterios de TLP según la SCID-11, mostraron que una puntuación de 6 en el BPDSI-IV-ado se asocia con una alta sensibilidad (0,92) y suficiente especificidad (0,82); en la BPDSI-IV-p, tomando 4 como puntuación de corte se obtuvo una sensibilidad alta (0,89) y una especificidad también alta (0,92). Además, cuando los adolescentes presentaban cinco o más alteraciones (según el SCIO-II), una puntuación de 10 en la versión BPDSI-IV-ado da una alta sensibilidad (0,92) y una excelente especificidad (l); una puntuación de 4 en la BPDSI-IV-p se asocia con una buena sensibilidad (0,86) y especificidad (0,91).

[79] Schuppert et al. (2012).

El recuento de parasuicidios durante la vida

Otros de los instrumentos que siguen este formato, y de cuya breve descripción nos ocupamos a continuación, son los que utilizan el formato de entrevista para estimar la «frecuencia de los intentos de suicidio/actos de autoagresión, según el recuento de parasuicidios en la vida» («Frequency of suicide attempts/self-harming acts, as measured by the Lifetime Parasuicide Count» —LPC—)[80].

Consta de dieciséis ítems, que son calificados por el clínico, e incluye los marcadores de parasuicidio (fecha, método, intención y tratamiento médico), registrando desde el primer intento hasta el más reciente, así como el tipo de autoagresión y el tratamiento que fue necesario[81].

La información proporcionada por este instrumento puede complementarse con la obtenida

[80] Comtois y Linehan (1999, abril).

[81] Véase en el trabajo de García-Alandete, Salvador y Rodríguez (2014) un análisis de las relaciones entre sentido de la vida, depresión, desesperanza y riesgo de suicidio en el TLP, y en Faura-García, Orúe y Calvete (2021) una revisión de los instrumentos para la evaluación clínica de las respuestas y comportamientos parasuicidas.

a partir de la Oxford Reasons for Parasuicide Interview (ORPI)[82]. Es una entrevista semiestructurada que incluye:

- Una pregunta que solicita un relato espontáneo del acto de autolesión.
- Cinco preguntas que detallan las razones y los sentimientos asociados al acto.
- Diez preguntas que establecen las circunstancias del acto de autolesión.
- Dos preguntas que detallan los intentos de suicidio/actos de autolesión anteriores.
- Un conjunto de tarjetas que el paciente utiliza para elegir el más importante de los:
  - Cinco sentimientos asociados al acto.
  - Catorce posibles motivos para el acto.
  - Tres niveles de intención suicida.
  - Tres sentimientos que experimenta actualmente en relación con la supervivencia a su autoagresión.

Otras escalas y cuestionarios

Escala de ideación del suicidio («Suicide Ideation Scale» —SIS—; Beck, 1974)[83]

Es un instrumento de medida diseñado para valorar la intención suicida. Tiene en cuenta las conductas suicidas antes, durante y después de un intento.

La integran 15 ítems que se agrupan en dos subconjuntos: del 1 al 9 y del 10 a 15. Los primeros versan sobre las circunstancias objetivas de la tentativa, y los restantes (10-15) sobre la percepción del suicida respecto de la letalidad, la premeditación, el propósito y las expectativas de rescate[84].

Cada ítem se puntúa en una escala de tipo Likert que va de 0 (menos grave) a 2 (más grave), con puntuaciones totales cuyo rango oscila entre 0 y 30. Se ha demostrado que la Escala de intención suicida (SIS) tiene un alto grado de fiabilidad entre los evaluadores ($r = 0,95$) y una consistencia interna aceptable ($r = 0,82$). La validez de constructo también ha sido constatada[85].

En esta se valoran las respuestas suicidas según un gradiente basado en la evidencia del grado de la planificación, que va desde una preparación detallada o minuciosa, la presencia de una nota y planes como la contratación de un seguro, hasta la escasa o nula planificación[86]. La intención suicida se supone inversamente proporcional al grado de impulsividad (a mayor intencionalidad suicida, menor impulsividad en el inicio y desarrollo del acto)[87].

Como complemento de las medidas previas también se puede aplicar la Escala de la gravedad o riesgo del intento de suicidio («Risk-Rescue Rating Scale» —RRRS—) o el Índice del riesgo de muerte-rescate/salvación[88], para disponer de evidencia sobre la validez convergente.

La RRRS no se puede utilizar para realizar predicciones solo basándose en sus resultados, pero sí puede emplearse cuando se considera junto con otros tipos de medida de la letalidad, como la de la intencionalidad, la de la implicación psicoso-

[82] Bancroft, Hawton, Simkin, Kingston, Cumming y Whitwell (1979) y Hjelmeland et al. (2002). Véase anexo XIIIa.

[83] Véase Stefansson, Nordström y Jokinen (2012), quienes estudiaron sus propiedades psicométricas y propusieron una versión corta que mejora la capacidad predictiva de la SIS larga.

[84] Véase en el anexo XIIIb una traducción al español de la escala.

[85] Véase, por ejemplo, Beck, Kovacs y Weissman (1979a) y Beck, Schuyler y Herman (1974).

[86] Beck (1974).

[87] Los datos obtenidos por Rodham et al. (2003) comparando a los adolescentes que se autoagreden cortándose y envenenándose apoyan este supuesto. Así, hallaron que los cortes estaban más frecuentemente asociados con baja intencionalidad letal, porque el tiempo dedicado a planificar la autoagresión, respecto de quienes se envenenan, era considerablemente mayor (más de una hora) y se asociaban con menor letalidad.

[88] Weisman y Worden (1972). Véase anexo XIIIc.

cial y la de la letalidad de la ejecución. En estos casos esta medida ayuda a valorar el pronóstico individualizado de suicidio.

Asimismo, la RRRS permite describir y cuantificar la letalidad de los intentos de suicidio. Parte de la hipótesis de que la letalidad de la ejecución, si se define como la probabilidad de infligirse un daño irreversible, puede expresarse como la relación entre las variables o factores que influyen en el riesgo y en el rescate/salvación.

Esta escala cuantifica dos variables del intento suicida: el riesgo experimentado y las circunstancias en que se llevó a cabo el rescate.

La primera (5 ítems) mide las circunstancias del intento suicida explorando la alteración de conciencia, las lesiones o la toxicidad que se produjeron como consecuencia del intento suicida, la reversibilidad de los daños que se produjeron y el tratamiento que fue administrado. A cada ítem se le otorga 1, 2 o 3 puntos (rango de la puntuación: 5-10 puntos). Se hipotetiza que, a mayor puntuación, mayor probabilidad de riesgo de muerte durante el intento suicida.

La segunda (5 ítems) evalúa las circunstancias del P/C tras el intento suicida. Estos incluyen el sitio o lugar, quién fue quien inició el rescate, la probabilidad de haber sido descubierto, la facilidad del rescate y la demora en el descubrimiento/salvación. Al igual que en la anterior variable, se otorga a cada ítem 1, 2 o 3 puntos (rango de la puntuación: 5-15 puntos; a mayor puntuación, mayor es la probabilidad de ser rescatado tras el intento de suicidio).

Mientras que en su aplicación con población adulta la RRRS ha mostrado un alto grado de acuerdo entre observadores[89], en cambio en población adolescente ha sido muy bajo[90].

Misson et al. (2010) estudiaron la posibilidad de identificar subgrupos utilizando la SIS y la RRRS, pese a la variedad y variabilidad de esta modalidad de comportamiento. Aunque se requieren estudios longitudinales y prospectivos para comprobar el valor predictivo de las puntuaciones obtenidas respecto de los actos suicidas, los resultados obtenidos por ellos en una muestra de 608 P/C, reclutados individualmente, mostraron una estructura de cuatro factores para el SIS (concepción, preparación, precauciones y comunicación) y otra de tres factores (daños médicos, aplicación y condiciones de rescate). Ambas fueron estables y clínicamente relevantes. Los intentos de suicidio graves se caracterizaron por una menor comunicación y más precauciones para prevenir el descubrimiento, mientras que los intentos violentos se asocian con actos de mayor riesgo. Ni los intentos violentos ni los graves se caracterizaron por ser más ni mejor planificados.

La escala Columbia para evaluar el riesgo suicidio (Columbia-Suicide Severity Rating Scale —C-SSRS—)[91]

La C-SSRS es una entrevista semiestructurada que recoge la aparición, la gravedad y la frecuencia de las RAD relacionadas con el suicidio durante el período de evaluación[92].

Fue desarrollada por investigadores de las universidades de Columbia, Pensilvania y Pittsburgh para evaluar la ideación y el comportamiento suicida, y ha sido traducida y validada para población de habla española[93].

La integran cuatro constructos, de los que estima su gravedad: la ideación suicida, su intensidad, la respuesta suicida y la letalidad del comportamiento suicida.

---

[89] Véase, por ejemplo, Potter et al. (1998). Para una aplicación con población adulta española puede verse el trabajo de García-Nieto et al. (2013).

[90] Véase Spirito et al. (1991).

[91] Véase anexo XIIId.

[92] Posner et al. (2011).

[93] Véase Al-Halabí et al. (2016) para su validación en España con población clínica y adulta de habla española, y Serrani Azcurra (2017) para población comunitaria argentina de habla española con edades comprendidas entre 18 y 35 años.

La escala estándar utiliza «toda la vida» como marco temporal, centrándose también en el peor momento. La versión «Lifetime/Recent» registra su evolución (en el pasado y recientemente) y la «Last Visit»[94] evalúa a partir de la última visita realizada al profesional por el P/C. Hay también una versión «Screener» que se aplica en el ámbito de los servicios de urgencias para el cribado.

La ideación suicida la integran seis ítems que son mutuamente excluyentes y se puntúan siguiendo una escala ordinal (rango de la puntuación total: 0-30): gravedad, frecuencia, duración, controlabilidad, elementos disuasorios y motivos; en cada uno de ellos el rango de respuesta es 0-5. La conducta suicida tiene dos ítems mutuamente excluyentes, que se puntúan en una escala ordinal (puntuación total: 0-10): intensidad y letalidad; rango de respuesta: 0-5. En caso de que durante la aplicación de C-SSRS algún participante manifieste una ideación suicida activa con plan o intención de actuar, se le solicita que realice una nueva evaluación.

Para cuantificar la gravedad de la ideación suicida se evalúan cinco tipos o clases de pensamientos, cuya gravedad sigue un gradiente que va desde 1 = deseos de morir hasta 5 = ideación suicida con plan específico e intención.

Para valorar la intensidad de la ideación suicida se incluye una subescala compuesta por cinco elementos. Dos hacen referencia a la frecuencia y la duración de la ideación y se responden siguiendo una escala ordinal (rango: 0-5) y los tres restantes (controlabilidad, disuasión y motivo de ideación) se miden con una escala ordinal de seis puntos (rango: 0-5).

Para medir la conducta suicida se utiliza una subescala nominal de tentativas reales, interrumpidas y fallidas (abortadas), actos preparatorios y respuesta autodestructiva no suicida.

Por último, se cuantifica la letalidad de la respuesta suicida a través de las contestaciones del P/C a los ítems de una subescala que valora la magnitud del daño biomédico ocasionado por la tentativa. Para ello, se utiliza una escala ordinal de 6 puntos (rango: 0 = No se produce daño físico - 5 = Ocasiona la muerte). Cuando el valor de la letalidad real es 0, entonces se califica la letalidad potencial de la tentativa clasificándola siguiendo una escala ordinal de 3 puntos.

[94] Véase anexo XIIId.

El *Índice de gravedad del trastorno límite de la personalidad* («The Borderline Personality Disorder Severity Index»; BPDSI)[95]

El BPDSI es una entrevista semiestructurada calificada por el clínico que evalúa la frecuencia de las RAD en el período previo de tres meses. El BPDSI-IV ha mostrado una alta fiabilidad entre los evaluadores, una consistencia interna de moderada a alta y una muy buena validez discriminante, concurrente y de constructo[96]. El BPDSI-IV se ha utilizado en varios ensayos y ha demostrado ser sensible al cambio[97]. Los P/C han informado de que durante la entrevista sienten que se reconocen sus problemas[98].

El *Medical Outcomes Study 36-Item Short Form Health Survey* (SF-36)

Es una encuesta de salud breve y de autoinforme con 36 preguntas. Proporciona un perfil de ocho escalas de salud funcional y bienestar: funcionamiento físico, rol físico, dolor corporal, salud general, vitalidad, funcionamiento social, rol-emocional y «salud mental», así como medidas de resumen de salud física y mental basadas en la psicometría y un índice de utilidad de la salud centrado en las preferencias. A mayor puntuación, mejor estado de salud[99].

[95] Arntz et al. (2003).

[96] Arntz et al. (2003) y Giesen-Bloo et al. (2010).

[97] Giesen-Bloo et al. (2006) y Verheul et al. (2003).

[98] Van den Bosch et al. (2005).

[99] Ware Jr y Sherbourne (1992). Pueden verse los resultados de la versión en español en Vilagut et al. (2005), quienes la tradujeron y la validaron.

En la evaluación del TLP por el grupo de Van den Bosch también se utiliza el SF-6D[100], que es un instrumento desarrollado por el Grupo de Economía de la Salud de Sheffield («The Sheffield Health Economic Group») como medida de la salud basada en las preferencias a partir del SF-36. Esta escala, conocida como SF-6D, se deriva de once ítems del SF-36, y se compone de seis dimensiones de salud de cuatro a seis niveles cada una[101].

El *EuroQol 5 Dimensions descriptive system* (EQ-5D)[102]

Es un sistema descriptivo que también se utiliza en la evaluación del TLP. Este tiene su origen en el método que se seguía para que los P/C que eran entrevistados describieran su estado de salud seleccionando la intensidad de cada dimensión en la que se encontraban cuando se situaban en un punto de la escala analógica visual (EVA). Por tanto, es una medida de la salud autoinformada. Consta de dos partes: el sistema descriptivo EQ-5D y la EVA1-3. Se trata de un cuestionario genérico y estandarizado, autoadministrado, sencillo de responder y con poca carga cognitiva. Su uso se ha generalizado en todo el mundo.

Consta de cinco dimensiones (Movilidad, Autocuidado, Actividades habituales, Dolor/Malestar y Ansiedad/Depresión) con tres opciones de respuesta cada una (sin problemas, algunos problemas y muchos problemas), que definen 243 estados de salud distintos. A cada uno de estos estados se le puede asignar una utilidad determinada mediante un algoritmo[103].

Como recuerda Cabasés Hita (2015), el Grupo EuroQol lanzó la versión EQ-5D-5 L en 2009, para solventar los problemas que presentaba la versión previa[104], añadiendo dos niveles en cada una de las dimensiones (sin problemas, problemas leves, problemas moderados, problemas graves y problemas extremos/imposibilidad), lo que define un total de 3.125 estados de salud. El EQ-5D-5 L ha mostrado ser una extensión válida del EQ-5D-3 L que mejora las propiedades de la medida y que está disponible en más de 120 idiomas[105]. Existe también una versión juvenil, el EQ-5D-Y[106].

El *Inventario breve de sintomatología* («Brief Symptomatology Inventory»-BSI—)[107] es otro de los instrumentos utilizados en la evaluación del TLP.

El BSI-18 se desarrolló a partir de otra versión más extensa de 53 ítems[108] y del «Symptom Checklist-90-Revised» (SCL-90-R)[109]. Es una medida de autoinforme que incluye 49 ítems agrupados en nueve escalas que, a su vez, integran nueve dimensiones primarias de síntomas psicopatológicos: psicoticismo, somatización, depresión, hostilidad, ansiedad fóbica, obsesivo-compulsivo, ansiedad (pánico), ideación paranoide y tensión nerviosa.

Derogatis y Melisaratos (1983) hallaron coeficientes de consistencia interna del BSI que iban de 0,71 a 0,85, coeficientes de fiabilidad test-re-

[100] Brazier et al. (2006).

[101] Véanse sus propiedades psicométricas en la validación realizada en español por Rebollo et al. (2007).

[102] Dolan (1997).

[103] Para las propiedades psicométricas de este instrumento en población española puede consultarse el trabajo de Cabasés Hita (2015) y Ramos-Goñi et al. (2018). Véase también https://euroqol.org/eq-5d-instruments/eq-5d-5l-about/.

[104] Pese a que el EQ-5D había mostrado su validez y fiabilidad como medida de salud, su versión original presentaba algunas limitaciones, como el «efecto techo», y muy poca capacidad para discriminar cambios pequeños, sobre todo en los estados de salud con menor calidad de vida.

[105] Véase una aplicación en https://www.mscbs.gob.es/estadEstudios/estadisticas/encuestaNacional/encuestaNac2011/informesMonograficos/CVRS_adultos_EQ_5D_5L.pdf, y una versión del cuestionario en español en https://www.ser.es/wp-content/uploads/2015/03/EQ5D_us_spanish.pdf.

[106] Puede verse en https://euroqol.org/eq-5d-instruments/sample-demo/.

[107] Derogatis (2001). Véase anexo III.

[108] Derogatis y Spencer (1993).

[109] Derogatis (1992).

test que fueron desde 0,68 a 0,91, y evidencias de una buena validez de constructo. Otros investigadores también han hallado valores similares, corroborando sus buenas propiedades psicométricas[110].

6.1.3.2. *El tratamiento estandarizado*

Como indicaban Panos et al. (2014), la historia del tratamiento psicológico y biomédico muestra la elevada dificultad que presenta el objetivo de conseguir mejoras significativas en las alteraciones que conforman el TLP. Los datos muestran la gran cantidad de resultados que dan cuenta de las elevadas tasas de fracaso de los tratamientos que se han aplicado con este fin[111].

Delimitación

Para la División 12 de Psicología Clínica de la APA (2021), la esencia del tratamiento psicológico que se aplica mediante la TCD es que los P/C aprenden habilidades y desarrollan destrezas conductuales de «atención plena» para manejar la tolerancia a la angustia/ansiedad, para desempeñarse eficazmente en las relaciones interpersonales y para regular sus emociones. Sitúa su duración dentro de un rango que tiene como límites 1 y 1,5 años, incluyendo el tratamiento individual y el de entrenamiento en habilidades y destrezas, que se desarrolla en el formato de grupo.

Las estrategias de tratamiento psicológico se articulan en cuatro grupos de procesos que se consideran básicos: validación (aceptación), resolución de problemas aplicados al cambio, habilidades y destrezas de comunicación y la gestión de casos. Los dos primeros se consideran las piedras angulares, aunque los cuatro incluyan tácticas orientadas a la aceptación y al cambio.

Los objetivos

El objetivo general del tratamiento es abordar los problemas de inestabilidad emocional, la rigidez cognitiva, las alteraciones en la identidad, las dificultades en las relaciones interpersonales, las respuestas suicidas y las impulsivas. Es decir, reducir las respuestas disfuncionales directamente vinculadas al estado de ánimo de cada P/C y enseñar-aprender a dar valor a sus experiencias, a sus emociones, a su pensamiento y a sus acciones y reacciones.

En un ámbito operativo, este objetivo general se traduce en otros específicos que, por un lado, persiguen incrementar las habilidades relativas a la toma de conciencia, la regulación emocional, la tolerancia del malestar y la efectividad en las relaciones interpersonales, y por otro tratan de disminuir las respuestas que interfieran en el desarrollo del tratamiento, las suicidas y las parasuicidas, así como las que restringen la calidad de vida al interferir de modo significativo en su actividad cotidiana. Estos objetivos específicos, ordenados jerárquicamente según se presentan, son[112]:

- Disminuir los actos suicidas y parasuicidas que ponen en riesgo la vida.
- Reducir las respuestas que interfieren en el tratamiento, como por ejemplo requerir mucha atención del psicólogo o abandonar el tratamiento prematuramente, antes de que termine.
- Mermar la frecuencia, intensidad y duración de las respuestas y los estados que disminuyen/impiden la calidad de vida como, por ejemplo, las respuestas depresoras y los estados depresivos o el abuso del consumo de sustancias tóxicas legales e ilegales.

[110] Boulet y Boss (1991) y Hayes (1997).
[111] Choi-Kain y Gunderson (2009).
[112] Véase Dimeff y Linehan (2008) o Linehan et al. (1994).

— Aumentar las habilidades y destrezas del P/C para afrontar adecuadamente las situaciones problemáticas (por ejemplo, la regulación emocional, la atención plena y el autocontrol).

Pese a que durante el desarrollo de las sesiones el psicólogo se centra principalmente en el logro de dos o más de los objetivos que se integran en estos cuatro grupos, la mayor relevancia la tendrá el problema de conducta que, siguiendo la jerarquía, se haya considerado el más importante, de entre los que se hubieran abordado durante la semana previa.

El logro de los objetivos se vincula al desarrollo de cuatro modos o formas de aplicar la TCD que, a su vez, integran los mecanismos o técnicas de enseñanza-aprendizaje o funciones que hacen posible los productos que se espera que den. Estas son:

— El formato grupal, en el que se entrenan los cuatro grupos de habilidades y en destrezas.
— El tratamiento psicológico individual (concreción de las pautas generales al caso particular).
— La prestación de ayuda telefónica entre sesiones cuando el P/C lo considera necesario (*coaching* telefónico).
— La sesión de supervisión que necesariamente ha de realizar el equipo de consulta/tratamiento. Este equipo terapéutico lo componen los profesionales a los que los P/C pueden realizarles tantas solicitudes de información como consideren necesarias y cuando así lo consideren.

En consecuencia, la TCD es un tratamiento multicomponente que utiliza la combinación del formato grupal (generalmente dos horas/semana) y del individual (generalmente una hora/semana) para desarrollar el entrenamiento en el contexto clínico a través de la aplicación de las técnicas conductual-cognitivas y las habilidades de MFN.

Las técnicas conductual-cognitivas incluyen desde el ensayo de conducta hasta el tratamiento completo para abordar el trastorno por estrés postraumático desarrollado por Foa y Rothbaum (1998), pasando por las instrucciones o la resolución de problemas. Las segundas son las requeridas para la práctica del MFN, cuya incorporación ha singularizado la TCD al subrayar el proceso de aceptación de las alteraciones emocionales, en equilibrio con la búsqueda de su cambio, como una de sus contribuciones más significativas al tratamiento del TLP.

El tratamiento en grupo constituye el marco en el que tiene lugar el entrenamiento en habilidades y destrezas en el formato de la interacción con otros y la formación de grupos de autoayuda. Se rige por un programa conductual-cognitivo, que se organiza basándose en contenidos (generalmente extraídos del «Diario» del P/C). El tratamiento se recoge en un manual, para maximizar la fidelidad en su aplicación.

El tratamiento individualizado traduce las pautas generales a específicas, para cada caso, y se adapta a las circunstancias y al ritmo de la evolución de cada uno de los P/C que participan. Se fundamenta en los principios del MCC y se organiza o estructura en torno a las metas u objetivos, previamente ordenados según una jerarquía de prioridades.

Los objetivos operativos implicados en la secuencia del desarrollo del tratamiento individual incluyen:

— Comenzar con la revisión de las tarjetas del diario.
— Centrar la atención en la jerarquía del tratamiento.
— Analizar y buscar la potencial solución de cada una las respuestas y las conductas que son objeto del tratamiento, una tras otras, siguiendo la secuencia ordenada de la cadena, que va desde las más

simples a los comportamientos más complejos.
— Entrenar la generalización de las habilidades, siguiendo el orden de dificultad ascendente en la jerarquía establecida, desde el contexto clínico seguro hasta su aplicación en las situaciones de la vida cotidiana actual.

Así como:

— Analizar los objetivos secundarios del tratamiento.
— Vigilar la aplicación de las estrategias dialécticas durante el desarrollo de las sesiones de tratamiento individual, siguiendo las recomendaciones de adherencia de la TCD[113].
— Mantener la atención telefónica a los P/C (por sus «entrenadores», 24 horas diarias los 7 días de la semana).
— Realizar una reunión semanal del equipo de tratamiento, siguiendo la agenda de la TCD y los papeles requeridos en su versión estándar.

El desarrollo temporal del tratamiento

Este se organiza dentro del manual de la TCD en tres períodos para el formato grupal. El primero dura un mínimo de un año y los otros dos se condicionan a los resultados y al acuerdo de las partes.

En el inicio del primer período se constituye el grupo (rango: 6-8 P/C), en el que trabajan dos psicólogos que actúan de coordinadores durante el desarrollo de las sesiones.

La duración aproximada de las sesiones es de dos horas y media (con descanso de media hora), y su periodicidad es semanal.

Los contenidos ya mencionados se agrupan en módulos, en el marco de la adquisición de las habilidades y destrezas (que se explican, instruyen y practican) relativas a la:

— Adquisición de la «conciencia plena» y la aceptación (módulo MFN).
— Tolerancia del malestar.
— Regulación emocional.
— Eficacia en las relaciones interpersonales.

El segundo período se inicia tras la valoración y el acuerdo de los profesionales y el P/C, transcurrido el primer año de tratamiento. Este nuevo período no se limita temporalmente. El objetivo es consolidar y generalizar los logros del primero y prevenir retrocesos. Para esto último se forman grupos de autoayuda a los que los P/C pueden adscribirse voluntariamente.

El paso de este segundo período al tercero se condiciona al control del TEPT[114].

El tercer período tampoco tiene una duración limitada *a priori*. El objetivo es que cada uno de los P/C pueda llegar a respetarse a sí mismo. Para el logro de esta meta se inicia y desarrolla el entrenamiento para la integración en los ámbitos familiar, laboral o académico.

El desarrollo del tratamiento en el formato individual no está recogido en un manual. Su proceso se compone de una fase psicoeducativa o de orientación, otra de entrenamiento y una tercera de aplicación o «tareas para casa», que incluye el contacto telefónico entre sesiones para resolver dudas. En la primera se proporciona información e instrucciones respecto del tratamiento, su duración, el modo en que funcionará la relación terapéutica, los objetivos y las normas a las que hay que comprometerse para intentar asegurar el buen funcionamiento del desarrollo de las sesiones.

Es decir, en la fase psicoeducativa se presenta al P/C el modelo biosocial de la TCD[115], para describir las emociones y enfatizar la importancia del

[113] Véase, por ejemplo, Koerner (2011).

[114] Linehan incorporó a la TCD el TCC desarrollado por Foa y Rothbaum (1998) con este fin.

[115] Véase Chapman (2019) y Linehan (1993a).

compromiso de todas las partes con el tratamiento, para que pueda resultar eficaz. Esta propuesta explicativa también se utiliza y discute durante el desarrollo del tratamiento en grupo, de un modo más genérico, a fin de ayudarles a desarrollar la comprensión y la visión de cómo su biología y sus experiencias previas de invalidación han podido influir en su dificultad para regular eficazmente las emociones.

La estructura de las sesiones, en las que generalmente se producen las tres fases comentadas, viene determinada por una jerarquía de prioridades que se conforma atendiendo a su relevancia por la interferencia en la actividad de la persona con TLP: respuestas suicidas y parasuicidas, respuestas que obstaculizan el desarrollo del tratamiento, respuestas que interfieren en la calidad de vida y respuestas que mejoran las habilidades y las destrezas.

Esta determinación *a priori* facilita al P/C y a los profesionales la concreción del contenido sobre el que versará el entrenamiento en cada sesión.

Cada sesión se inicia con un repaso al grado de cumplimiento de «las tareas para casa» que cada P/C ha debido registrar en su «Diario», antes de la sesión, o en su defecto utilizando parte del tiempo de la sesión, pero en todo caso antes de que esta dé realmente comienzo.

La revisión de tareas prioriza los logros, por muy pequeños que sean; después se abordan las dudas y los modos de resolver las que no se han podido realizar, o se han realizado solo parcialmente o inadecuadamente. Asimismo, los psicólogos supervisan la participación del P/C en grupos de autoayuda, en el tratamiento grupal y, en su caso, el grado de cumplimiento de las pautas para el uso de la medicación.

Pese a lo ya indicado, si el psicólogo detectase una alteración emocional que pudiera interferir en el desarrollo del tratamiento, esta sería la prioridad. Una vez controlada la alteración inesperada se seguiría con el plan establecido para la sesión.

El uso de estrategias para conseguir la aceptación y el cambio está presente en casi todo lo que se hace durante el desarrollo de una sesión de tratamiento. Pero, además, a ello hay que añadir la aplicación de las estrategias dialécticas, que obligan a los profesionales a controlar la situación de entrenamiento para que se produzca el equilibrio entre la aplicación de la aceptación y el cambio, tanto con carácter general como en situaciones concretas.

Flexibilidad en la aplicación

En línea con el penúltimo párrafo del apartado anterior se sitúa el hecho de que durante la intervención, debido a la variedad y variabilidad de las situaciones en las que se presentan las RAD, en la TCD se contempla y aborda la dificultad que ello conlleva, planificando el tratamiento como una secuencia de etapas determinadas, que están definidas por la combinación del grado de la disfuncionalidad que ocasionan al P/C sus RAD y por la priorización de los objetivos terapéuticos que se realiza siguiendo el orden de la jerarquía a la que previamente nos hemos referido.

En esta secuencia ocupa el primer lugar el tratamiento de las RAD que pueden ser calificadas como «graves», como ocurre, por ejemplo, cuando se dan intentos de suicidio, autolesiones, abuso del consumo de sustancias tóxicas, etc. El objetivo de esta etapa es que el P/C incremente su autocontrol y las RAD disminuyan los valores de sus dimensiones hasta interrumpirse los comportamientos a los que dan lugar.

El segundo lugar corresponde al tratamiento que tiene como objetivo aumentar en el P/C las experiencias emocionales adaptativas, adecuadas a la situación y placenteras.

Se inscriben como contenidos de la tercera etapa los comportamientos implicados en la mejora de la autoestima y de las relaciones sociales.

Por último, forman parte de la cuarta etapa los comportamientos que intensifican la integración social y otras sensaciones positivas y motivadoras, como, por ejemplo, las producidas por el sentimiento de libertad o las asociadas con el estado de bienestar.

Otras variables relevantes para la aplicación

Como ya hemos indicado, durante el desarrollo de cada sesión de aplicación del tratamiento se intenta combinar el procedimiento MFN, para conseguir la aceptación del P/T y de los principios, con las estrategias y las técnicas conductual-cognitivas que utilizamos para la superación de los P/T que presentan estos P/C. Los elementos clave en este proceso son:

- Las estrategias de validación para que el P/C se implique en el tratamiento.
- El manejo por el psicólogo de las contingencias tras las respuestas del P/C.
- La manera en que se organiza la comunicación entre ambas partes (profesionales y P/C).
- La concreción y la formulación de cada uno de los problemas que se acuerde que deben abordarse.
- Aprender a generar alternativas de solución y el mejor modo de aplicarlas.

Por último, la sesión de supervisión conlleva el compromiso de la aplicación rigurosa del tratamiento, que se considera una condición necesaria para poder lograr cambios funcionalmente relevantes en los P/C y que estén mediados por la aplicación del proceso dialéctico que actúa como catalizador.

Es decir, la investigación ha demostrado que las formas más efectivas de implementar la TCD incluyen psicólogos que evalúan consistentemente la adquisición, el fortalecimiento y la generalización de las habilidades consideradas relevantes por el manual de la TCD en las diferentes etapas del tratamiento[116]. Esta implementación es crítica cuando se trabaja con P/C que presentan una alta probabilidad de que se presenten respuestas suicidas, y se requiere mantener una regularidad en el uso de las habilidades dirigidas a la reducción de las RAD que presentan[117].

De ahí que resulte imprescindible asegurarse de que los psicólogos que la apliquen se comprometan con este modo de proceder.

En el quehacer de los psicólogos también se halla la detección, a través de los procesos de evaluación, de los obstáculos/barreras que dificulten/impidan el uso efectivo de los resultados del aprendizaje de las habilidades y de la técnica de resolución de problemas, siguiendo la evidencia empírica que provee la literatura científica[118].

Las funciones

Durante y al final de la aplicación de la TCD se espera que si el tratamiento[119] está siendo realmente un proceso activo del cambio de las RAD que conforman el TLP, se pueda verificar que se están produciendo o se han producido las siguientes funciones:

- Ayudar al P/C a adquirir y desarrollar nuevas habilidades.
- Abordar las barreras y los obstáculos que el P/C ha de afrontar durante el curso de la aplicación de las habilidades que ha adquirido y que pueden afectar a su motivación e implicación en el tratamiento.

[116] Véase Swales y Dunkley (2020). Recordemos que estas se adquieren y desarrollan en los procesos de enseñanza-aprendizaje que tienen lugar a partir del programa que rige en cada uno de los cuatro módulos a las que se refieren: MFN, regulación de las emociones, tolerancia del malestar y efectividad interpersonal.

[117] Swales y Dunkley (2020).

[118] Véase Swales y Dunkley (2020).

[119] A través de las operaciones que lo conforman, las cuales se diseñan y planifican para que promuevan y faciliten el proceso de enseñanza-aprendizaje del autocontrol de las RAD en el marco del equilibrio dialéctico entre la aceptación y la motivación por el cambio.

- Facilitar al P/C la aplicación de las habilidades que va aprendiendo y la generalización de su uso en su día a día.
- Incrementar la capacidad y la motivación del psicólogo que aplica el tratamiento.

En síntesis, el tratamiento aplicado siguiendo el protocolo de la TCD estándar combina sesiones semanales e individuales de TCC-T del P/C con su psicólogo (generalmente una sesión de una hora a la semana), tratamiento en grupo de habilidades y destrezas (generalmente con una duración de alrededor de dos horas por sesión) y, en caso necesario, consultas y reuniones semanales de los coterapeutas y los psicólogos para intercambiar información y para acordar y diseñar estrategias de actuación de los coterapeutas que son responsables del desarrollo del tratamiento (una hora por semana).

Además, el TCC-T individual se centra principalmente en cuestiones de motivación, incluyendo las relativas al valor de la vida y las de permanecer en el programa hasta que concluya, mientras que en el entrenamiento en habilidades en grupo se hallan la enseñanza-aprendizaje de habilidades básicas de MFN, de eficacia interpersonal, de regulación de las emociones, así como para afrontar las crisis y la aceptación sin cortapisas («radical»).

Por último, insistamos en que, como se ha indicado, las personas que presentan TLP mantienen posiciones cuasi-inflexibles y muy contradictorias, que pueden interpretarse en términos de tesis y antítesis que, junto a sus serios problemas de identidad y sus secuelas, afectan intensamente a lo que piensan, a lo que sienten y a lo que hacen.

La falta de capacidad de síntesis o de equilibrio se hipotetiza como la responsable de que no puedan formar parejas con un mínimo de estabilidad, ni integrarse con regularidad en el marco laboral o educativo.

Por ello, uno de los objetivos del tratamiento es conseguir la síntesis o equilibrio entre las estrategias de aceptación y las de cambio, a través de la búsqueda de soluciones que promuevan el término medio.

En este contexto, el empleo de la dialéctica pretende hacer patentes posiciones extremas cuyo efecto de ida y vuelta («boomerang») se espera que dé lugar a la ocurrencia de la posición opuesta a la de partida. Se quiere conseguir a través de su aplicación que se produzca y se desarrolle un cambio de perspectiva en el P/C que le permita asumir y aceptar las contradicciones que se constatan. Por ello, las estrategias de comunicación aúnan la aceptación con el cambio (estilo recíproco *vs.* estilo irreverente), y las de gestión de casos incluyen también la aceptación, por un lado, como una parte de la intervención que se desarrolla en el entorno del P/C y, por otro, como sostén durante el cambio que ha de producirse en su interacción con el medio en el que interactúa.

6.1.3.3. *Variantes o modalidades de aplicación de la terapia conductual dialéctica*

Desde hace ya bastante tiempo contamos con evidencia empírica que prueba que la aplicación del programa estándar de la TCD es eficaz para abordar y reducir las RAD presentes en la desregulación de las emociones y en las autoagresiones que generalmente están presentes en quienes presentan TLP, incluyendo los llamados trastornos comórbidos[120]. Es decir, en la mayoría de los estudios donde esta se ha aplicado también se ha investigado su efecto en P/C con TLP y otros trastornos asociados, tanto aplicada en su versión estándar como complementada con otros componentes[121].

Como ya hemos podido ver, la investigación muestra que la TCD estándar puede utilizarse,

[120] Véase por ejemplo Tarrier, Taylor y Gooding (2008).

[121] Véase la revisión dada a conocer hace casi veinte años por Robins y Chapman (2004), o el trabajo de Nelson-Gray et al. (2006) con población adolescente con trastorno negativista.

por ejemplo, para tratar con éxito a quienes, cumpliendo los criterios para el diagnóstico de un TLP, también presentan trastornos comórbidos del comportamiento alimentario[122], así como cuando se ha aplicado combinada con un componente de exposición prolongada para tratar a P/C con TLP que también presentan un TEPT[123].

En cambio, sabemos muy poco sobre la eficacia del tratamiento basado en programas que incluyen como componente principal la TCD, pero que difieren del formato estándar en su implementación, pese a que, como recordaban Mochrie et al. (2020), cada vez haya más evidencia empírica que sugiere que estos pueden ser eficaces para tratar no solo el TLP sino también otros trastornos del comportamiento[124].

De hecho, ya hay investigación en este sentido que apoya el uso de los mismos para tratar, por ejemplo, los P/T producidos por el consumo abusivo de sustancias tóxicas, y muy especialmente las alteraciones emocionales relacionadas con la dependencia del consumo de alcohol[125].

Del mismo modo, la evidencia empírica avala su aplicación en quienes cumplen los criterios para un TB, principalmente para incrementar las habilidades de afrontamiento y disminuir la desregulación emocional asociada[126].

Además, hay algunas investigaciones preliminares que sugieren que los módulos de la TCD para el entrenamiento en habilidades pueden utilizarse como un tratamiento independiente para los trastornos depresivos[127].

Otro tanto ocurre, desde hace mucho tiempo, por un lado, con las evidencias que indican que, aplicando los componentes de la TCD relativos al tratamiento individual, combinados con los de las habilidades que se entrenan en grupo, se pueden conseguir buenos resultados en la reducción de los valores de las RAD que conforman los trastornos del comportamiento alimentario[128] y, por otro, con los efectos benéficos de aplicar solo los módulos de habilidades específicas de la TCD para tratar la desregulación emocional y lograr reducirla significativamente[129].

Tales programas pueden delimitarse como variantes del formato estándar que incorporan componentes ajenos a esta. Es decir, se trata de adaptaciones realizadas para que pueda ser aplicada la TCD en un contexto de tratamiento distinto al que se ha utilizado para poner a prueba su eficacia a través de los ECA.

En la actualidad contamos ya con algunas investigaciones sobre la eficacia de tales variantes o adaptaciones, como ocurre, por ejemplo, con los programas para ser aplicados en régimen de internado hospitalario. Es decir, cuando se implementan para tratar a un P/C que está hospitalizado por presentar pensamientos suicidas o por haber ejecutado un intento con este fin.

Así, por ejemplo, Kröger et al. (2013) encontraron que la adaptación de la TCD para su aplicación en un entorno hospitalario, a P/C con TLP, fue eficaz para reducir los valores de las dimensiones de las RAD, propias del comportamiento suicida, que presentaban en el momento de su ingreso.

Pero pese a estos indicios de bondad, en general, dados sus elevados costes económicos, la duración de las estancias en los hospitales suelen reducirse tanto como se puede por los gestores de estas instituciones, lo que hace que generalmente sean de corta duración y que, por ende, los P/C puedan tener dificultades para adquirir todas las habilidades que integran los contenidos de los módulos del programa de la TCD en un período de tiempo tan corto.

---

[122] Linehan y Chen (2005).
[123] Así, Harned et al. (2018).
[124] Véase por ejemplo el trabajo de Panos et al. (2014).
[125] Maffei et al. (2018).
[126] Eisner et al. (2017), Lothes et al. (2014), Van Dijk, Jeffrey y Katz (2013) y Van Dijk y Zindel (2009).
[127] Valentine et al. (2015).
[128] Telch, Agras y Linehan (2001).
[129] Neacsiu et al. (2014).

Por esta razón, al ser dados de alta muchos P/C son derivados a los conocidos como «programas aplicados durante una hospitalización a tiempo parcial» (*partial hospital* —PH—) en los que se desarrollan las IPHP (tratamientos intensivos en régimen de hospital de día para adultos o adolescentes) o a los llamados «programas ambulatorios intensivos» («Intensive Outpatient» —IOP—)[130] que, como puede verse en el anexo XIIIh, se aplican en el ámbito comunitario (centros de salud e instituciones y centros de psicología privados) y difieren principalmente de los primeros en que el tiempo de aplicación del tratamiento suele ser más breve[131].

Actualmente hay muy poca investigación publicada sobre la eficacia de los programas que se hayan aplicado en el ámbito hospitalario (con internamiento completo o parcial) o en régimen ambulatorio (centros públicos de salud u otras instituciones y centros de carácter privado), en los que se hayan implementado adaptaciones o variantes del procedimiento estándar de la TCD[132].

Entre esos pocos podemos citar, por ejemplo, la investigación de Ritschel et al. (2012), en la que se estudió el efecto de aplicar, en el contexto de una unidad de un centro de salud, un programa ambulatorio e intensivo (IOP), en los cambios en las RAD de la depresión, la ansiedad, la esperanza y en el MFN.

En este estudio, el 80 por 100 de los 56 P/C que participaron cumplía los criterios para el diagnóstico de un trastorno del estado de ánimo, el 50 por 100 también cumplía los criterios de un trastorno de ansiedad y el 20 por 100 los del abuso/dependencia del consumo de sustancias tóxicas. La duración media de la permanencia en el programa fue de seis semanas. Los resultados mostraron disminuciones significativas en las RAD de la depresión y de la ansiedad, así como aumentos en las puntuaciones de esperanza.

En cuanto a los programas intensivos desarrollados en el contexto de «hospital de día», es decir, en el marco de una hospitalización parcial (PH), los resultados muestran que, por ejemplo, la TCD puede ser un tratamiento eficaz cuando se aplica en estas circunstancias a P/C con TLP[133] y en el tratamiento de las RAD de la depresión y la ansiedad, la desesperanza y el sufrimiento general, en una muestra de P/C con diagnósticos de DM, TEPT, TB y TAG[134].

Ahora bien, por las razones expuestas, los programas hospitalarios suelen ser de corta duración. En cambio, muchos P/C precisan seguir siendo tratados después del alta hospitalaria[135]. Ante esta problemática, por ejemplo, Lothes et al. (2016) investigaron el efecto del incremento de la duración del tratamiento. Los resultados indicaron que quienes más se beneficiaron fueron los P/C cuyos P/T estaban menos consolidados y generalizados (menor cronicidad) y quienes pudieron asistir al programa durante más tiempo.

Es importante destacar que estos hallazgos sugieren que, si bien la aplicación de la TCD puede adaptarse a diferentes circunstancias y mostrarse eficaz, como prueban los resultados de los programas PH e IOP[136], todavía es necesaria más investigación, por ejemplo para confirmar su robustez o para saber qué efectos tiene escalonar su aplicación partiendo de una IPHP, para seguir posteriormente con una IOP en el centro de salud

[130] Neuhaus (2006).

[131] En los programas IOP los P/C suelen reunirse tres días a la semana para el tratamiento en grupo (a razón de entre dos y tres horas cada día), y generalmente una vez a la semana para el tratamiento psicológico individual (una hora por sesión).

[132] Véase Lenz y Del Conte (2018), Lothes, Mochrie y St. John (2014), Mochrie et al. (2020) y Ritschel, Cheavens y Nelson (2012).

[133] Lenz y Del Conte (2018).

[134] Véase Lothes et al. (2014).

[135] Una opción razonable es combinar escalonadamente estos con los IOP y coordinar el trabajo del psicólogo en el ámbito hospitalario con el del psicólogo en el centro de salud.

[136] Mochrie et al. (2020).

público al que esté adscrito el P/C o el centro privado al que vaya a asistir para completar el tratamiento psicológico.

Entre los pocos estudios en los que se han dado a conocer los resultados de abordar directamente el efecto de la aplicación secuenciada, progresiva o escalonada, en la aplicación de la TCD en estas circunstancias se hallan, por ejemplo, las de Antonsen et al. (2014) y el ya referido de Mochrie et al. (2020).

Antonsen et al. (2014) diseñaron un ECA en el que participaron 113 P/C, con distintos diagnósticos de trastornos de la personalidad[137]. El objetivo era comparar el tratamiento psicológico individual aplicado en régimen ambulatorio con el tratamiento escalonado aplicado a largo plazo, este último implementado en el marco de un programa que incluía un tratamiento hospitalario de día de corta duración, seguido de un tratamiento que combinaba el formato de grupo y el individual.

Los hallazgos mostraron que, en las medidas de seguimiento realizadas a los 3 y 6 meses, los participantes del grupo de tratamiento individual alcanzaron diferencias significativas solo en el funcionamiento psicosocial, mientras que quienes participaron en el grupo tratado de forma escalonada o progresiva consiguieron una mejora generalizada.

El estudio de Mochrie et al. (2020) comparó los efectos de un programa «PH» frente a los de otro «IOP», y los de la combinación escalonada o progresiva de ambas estrategias (PH + IOP). La muestra fueron adultos que presentaban una elevada heterogeneidad en sus diagnósticos psicológicos[138].

Los resultados mostraron una reducción significativa de las RAD en los tres grupos, pero cuando se compararon no se presentaron diferencias estadísticamente significativas en las puntuaciones medias de cambio. La gravedad de las RAD que conformaban la depresión, en el momento de la admisión, predijo el resultado en el programa, pero el tipo de programa no permitió predecir si se producirían o no cambios significativos en las RAD entre la medida pretratamiento y la postratamiento.

Revisado el estado general de las variantes o modalidades de aplicación de la TCD, en los subepígrafes que siguen vamos a realizar una aproximación a sus programas más significativos.

La TCD-intensiva aplicada a población adulta en el ámbito hospitalario

Uno de los problemas a los que ha de hacer frente el tratamiento mediante la TCD es el de los abandonos[139], que cuando se aplica en régimen ambulatorio oscilan entre el 24 y el 58 por 100[140], mientras que en el hospitalario puede superar el 30 por 100[141].

Ello ha hecho que uno de los objetivos de la investigación sea el diseño de versiones que incrementen su eficiencia reduciendo los costes temporales del tratamiento, habida cuenta que mayor duración se asocia con más probabilidad de que se produzcan los abandonos. Entre las razones que se esgrimen están la reducción o pérdida de motivación/compromiso con el tratamiento y el hecho de que sea probable que se presenten agravamientos periódicos de la frecuencia, intensidad e incluso de la duración de las respuestas de autoautoagresión, que pueden hacer necesario el ingreso hospitalario abrupto y la consiguiente in-

[137] La mayoría de los estudios sobre la TCD investigan su efecto en muestras de P/C con TLP, siendo casi inexistentes los que lo hacen con muestras heterogéneas en el diagnóstico de los participantes (Mochrie et al., 2020; Stoffers et al., 2012).

[138] Véase en Anexo XIIIh la descripción de ambos formatos de aplicación.

[139] Bohus et al. (2004), Rüsch et al. (2008).

[140] Landes, Chalker y Comtois (2016).

[141] Kröger, Röepke y Kliem (2014).

terrupción de cualquier modalidad usual de tratamiento.

El ingreso hospitalario, pese a ser necesario en determinados momentos, tiene al menos dos efectos negativos: interrumpe el tratamiento ambulatorio e incrementa la probabilidad de nuevas hospitalizaciones. Es un dato contrastado que en los P/C con TLP que son hospitalizados se incrementan el número de reingresos más que en los que se hospitalizan por otros trastornos[142]. Además, a ello se suma el riesgo de suicidio[143].

Estas cifras suelen plantear un dilema para quienes tratan a personas con TLP en un entorno ambulatorio, cuando estas presentan un perfil e historial que predice la ocurrencia altamente probable de las respuestas «suicidas». El dilema muestra que, por un lado, la hospitalización parece inevitable en algunas circunstancias, pero por otro también ha demostrado ser perjudicial.

Debido a ello existe el propósito firme de los investigadores de desarrollar y validar con urgencia, en el ámbito ambulatorio y en el hospitalario, programas de tratamiento (para estos P/C) que, por un lado, sean de corta duración y, por otro, que se muestren eficaces para reducir las respuestas tendentes al suicidio, los efectos negativos de un entorno hospitalario y (rizando el rizo) mejoren el grado de cumplimiento del tratamiento ambulatorio.

En relación con la hospitalización, hay un antes y un después de que se produjese la publicación de los resultados de la investigación del SCEPTRE[144]. A partir de ahí se han desarrollado y aplicado distintas versiones de TCD en régimen de internado[145]. Las conclusiones de este estudio se unieron a las pruebas que ya existían de que la aplicación del TCD en régimen de internamiento no solo reduce las RAD, sino que los beneficios del tratamiento se mantienen tras el alta en los P/C adultos y adolescentes[146].

Además, las intervenciones que se desarrollan en el contexto de los programas de hospitalización parcial (IPHP) sirven para proporcionar servicios a quienes por la relevancia que muestran las alteraciones de sus respuestas, así como la interferencia que producen en el desarrollo de la actividad cotidiana, pueden requerir más atención que la que se les puede prestar durante la práctica de la rutina comunitaria, pese a que la gravedad no sea suficiente para justificar por sí misma una hospitalización.

Es decir, las IPHP son el medio a través del cual se proporcionan servicios a los P/C con diagnóstico de TLP, cuando el estado que presentan sus alteraciones hace que su tratamiento requiera, por un lado, algo más que lo que se le puede ofrecer y aplicar con la práctica ambulatoria cotidiana, pero, por otro, menos de lo que justificaría una hospitalización plena (por la gravedad de la alteración y por la interferencia en el desarrollo de su actividad cotidiana).

Esta modalidad de aplicación también se fundamenta en las implicaciones que tiene, no solo para acelerar el logro de los objetivos terapéuticos de los P/C, sino también para reducir los costes (económicos y relativos al sufrimiento), así como para disminuir la presión sobre las infraestructuras sanitarias que, por definición, tratan de maximizar el equilibrio entre la duración del trata-

[142] Hörz et al. (2010).

[143] Véase por ejemplo Cook y Gorraiz (2016), Kothgassner et al. (2021) y Soloff y Chiappetta (2012).

[144] Soeteman et al. (2010) concluyeron que tanto el tratamiento ambulatorio como en régimen de «hospital de día» son dos alternativas óptimas para los P/C con trastornos de la personalidad del grupo B, entre los que se incluyen el TLP, en términos de costes temporales (número de P/C recuperados/tiempo de recuperación) y de la calidad de la vida desde una perspectiva social («Quality Adjusted Life Year» —QALY—).

[145] Véase, por ejemplo, la revisión realizada por Bloom, Woodward, Susmaras y Pantalone (2012) o los resultados de los efectos a largo plazo de la evaluación de la TCD en adolescentes realizada por McDonell et al. (2010).

[146] Así se constata, por ejemplo, en las investigaciones realizadas por Bohus et al. (2004), Gratz, Lacroce y Gunderson (2006), Katz et al. (2004), Lothes, Mochrie y St. John (2014), van den Bosch et al. (2014) y Yen et al. (2009).

miento, la disponibilidad de los profesionales que participan en su aplicación y el efecto que se consigue con su implementación.

Este es el marco en el que el grupo capitaneado por Louisa Van den Bosch desarrolló una versión modificada de la TCD, que fue diseñada para aplicarse en dos fases que duran nueve meses, tras pasar los P/C la criba de los requisitos incluidos en los criterios de inclusión y exclusión que extractamos en el cuadro 6.1.

CUADRO 6.1

Criterios de inclusión y exclusión para participar en la TCD intensificada

Criterios de inclusión	1. Tener entre 18 y 45 años.
	2. Contactar de forma independiente con el centro (aun cuando hubieran sido entrenados para hacerlo).
	3. Cumplir los criterios del DSM-5 (APA, 2013) para el TLP, tras aplicar un psicólogo la entrevista semiestructurada SCID-II.
	4. Mostrar un nivel severo de «sintomatología límite» (>24 en el Índice de gravedad límite).
	5. Haber presentado comportamiento parasuicida en el último mes, previo a la medida de referencia y/o una puntuación mayor de 30 en el Índice de gravedad de severidad límite.
	6. Dominio suficiente del idioma en el que se desarrollará el tratamiento.
	7. Estar a una distancia razonable del centro donde se aplicará el tratamiento en régimen de internado.
	8. Comprender y estar de acuerdo con el procedimiento que se seguirá durante el desarrollo del tratamiento.
Criterios de exclusión	1. Obtener un coeficiente intelectual menor de 80 en una prueba de inteligencia de aplicación individual.
	2. Presentar una condición psicótica crónica.
	3. Cumplir los requisitos para el diagnóstico de trastorno bipolar.
	4. Presentar un patrón de consumo de drogas que requiere desintoxicación en régimen de internado.
	5. No asistir voluntariamente al tratamiento.
	6. Haber iniciado tratamiento mediante la TCD en el año anterior.
	7. No devolver cumplimentado el instrumento de detección o no acudir a un examen exhaustivo, pese a ser requerido repetidamente.
	8. Mostrar su desacuerdo con alguna condición de la organización de la aplicación del tratamiento.

FUENTE: Modificado de van den Bosch et al. (2014).

El tratamiento está planificado para aplicarse en dos fases. La primera se desarrolla de modo intensivo durante tres meses (12 semanas) en un centro hospitalario (internado)[147]. En la segunda se aplica la TCD estándar en régimen ambulatorio, durante seis meses.

La fase de internado tiene lugar en una unidad de tratamiento hospitalario que proporciona alojamiento a los P/C durante cinco días a la semana, en los que el personal responsable del tratamiento solo está presente durante el día. Los P/C se quedan en casa los fines de semana.

En esta fase el tratamiento incluye el entrenamiento en habilidades de TCD, tratamiento individual (45 minutos a la semana durante el programa de hospitalización y ambulatorio), consulta en caso de crisis (si fuese necesaria) y reuniones semanales de una hora del equipo facultativo. La planificación del protocolo también contempla que las actuaciones del resto del personal que colabora en la aplicación del tratamiento (coterapeutas) sean supervisadas dos veces por semana.

El tratamiento individual tiene lugar semanalmente. El orden de los temas de cada sesión se basa en el protocolo estándar de la TCD y, en consecuencia, está predeterminado. Incluye el abordaje de la conducta suicida y del comportamiento autodestructivo que interfiere el desarrollo del tratamiento, así como del comportamiento que reduce/elimina la calidad de la vida, que dificulta/impide la consolidación y la generalización de las habilidades entrenadas durante el tratamiento.

Cada sesión se inicia rellenando las tarjetas diseñadas *ad hoc* (modelo de registro) con los contenidos del Diario. Estos contenidos versan sobre las conductas problemáticas (secuencias de respuestas y estímulos para el AF), que son el objetivo principal del tratamiento, así como los relativos a los comportamientos que influyen en la consecución de los objetivos primarios. Ejemplos de estos últimos son el consumo de drogas legales e ilegales, el deseo de autolesionarse, la destreza en el empleo de las habilidades, etc.

El entrenamiento en habilidades se lleva a cabo durante los cinco días del internamiento semanal, pero la discusión de las explicaciones, así como las acciones relativas al cumplimiento de las obligaciones acordadas, se realiza en períodos concretos que se recogen en la programación del plan diario (media hora cada día), es decir, un total de dos horas y media por semana.

Las habilidades que se enseñan-aprenden son las que se incluyen en la TCD. Estas combinan las de autorregulación y de cambio con las de autoaceptación y de aceptación de los demás: las básicas del MFN, las de eficacia interpersonal y las de regulación de las emociones. Es decir, las utilizadas para afrontar las crisis y la aceptación (radical).

Cuando un P/C no puede asistir a una sesión tiene que «recuperarla», para ponerse al día, viendo las grabaciones audio-visuales que se hacen de todas ellas.

Los P/C entrenan diariamente los componentes del tratamiento relativos al MFN, practican durante dos horas la representación de papeles (teatro), reciben clases psicoeducativas sobre sexualidad, sobre el abuso del consumo de sustancias tóxicas y sobre la medicación.

Las clases también incluyen el entrenamiento en cómo actuar para aplicar adecuadamente los principios de validación y/o las habilidades y las destrezas que requiere el AF (cuando se estudian las secuencias de estímulos y respuestas contenidos en los registros, que se construyen siguiendo el formato de las tarjetas *ad hoc* —ya mencionadas— a partir de las transcripciones del contenido anotado en el Diario). Además, también se desarrolla la enseñanza-entrenamiento de cuestiones relativas a la convivencia en grupo.

Con el fin de facilitar la consolidación y la generalización de las habilidades entrenadas, los P/C y el personal que actúa como coterapeuta participan en dos sesiones psicoeducativas, de dos horas de duración, en las que se transmite información sobre el TLP y la TCD.

---

[147] En su caso fue el Centro de Trastornos de la Personalidad Jelgersma (GGZ Rivierduinen Leiden, Países Bajos).

El programa también incluye un módulo de seis sesiones en el que los P/C pueden asistir, junto con familiares y amigos, para complementar su formación u obtener información y entrenamiento específico sobre cómo aplicar o mejorar la destreza en la aplicación de todas y cada una de las habilidades entrenadas. En las cuatro sesiones siguientes, a estas seis primeras, todos los participantes han de comprometerse con la práctica entre ellos de las habilidades que se han enseñado-entrenado-aprendido.

En relación con los terapeutas y los coterapeutas hemos de indicar que su selección y su formación es una variable o componente muy importante de la TCD-intensiva. Todos los terapeutas y coterapeutas han de cumplir necesariamente los requisitos de calidad más elevados respecto de su formación, su experiencia y la supervisión. Los terapeutas y coterapeutas han de ser psicólogos o personal que pueda acreditar una formación equivalente, y en todo caso estar registrados en sus respectivos colegios profesionales.

Todos han de recibir al menos una formación introductoria de tres días en los principios de la TCD. La supervisión será ejercida por un psicólogo o, en su defecto, por otro profesional con formación equivalente. En uno y otro caso la formación del supervisor ha de ser intensa en el conocimiento y extensa en la aplicación de la TCD.

El supervisor tiene que garantizar la integridad del tratamiento mediante la evaluación sistemática de las sesiones de entrenamiento individual y las de entrenamiento grupal de las habilidades. Esta última será realizada en directo o por medio de grabaciones audiovisuales hechas por observadores que registrarán codificadamente la adherencia, previo entrenamiento específico.

La terapia conductual dialéctica aplicada a población adolescente

En la cultura occidental se ha convenido calificar como «adolescencia» al período evolutivo comprendido entre la aparición de la pubertad, que se considera el hito que da término a la infancia, y el inicio de la edad adulta, que en unas ocasiones se asocia con el fin del desarrollo del organismo y en otras con la mayoría de edad legal para ser independiente.

Desde el punto de vista psicológico y clínico, lo que hace especialmente relevante a este tramo de la vida es la frecuencia, la intensidad y la relevancia de los cambios/acontecimientos vitales a los que han de hacer frente las personas, para adaptarse a las exigencias internas que conllevan y las externas que se producen en el entorno social. De ahí que cuando a esta situación, en la que participan un número elevado de estresores, se le suma el hecho de presentar un trastorno de las características del TLP, entonces la relevancia clínica está garantizada.

Debido a este cúmulo de circunstancias, la adolescencia puede constituir un período clave para el desarrollo de las ideas suicidas y las autolesiones[148]. Además, es un hecho conocido desde hace bastante tiempo que las ideas suicidas y las autoagresiones suelen presentarse asociadas a otros P/T del comportamiento como, por ejemplo, los afectivos, los producidos por el estrés y el TLP[149].

El suicidio es infrecuente antes de los 15 años, pero los datos muestran que se incrementa de modo sobresaliente entre el final de la adolescencia y el inicio de la edad adulta[150]. En cambio, las autolesiones sí aparecen entre los 13-15 años, y cada vez se cuenta con mayor evidencia empírica que apunta a que cuanto más más temprano se inician, más se incrementa el riesgo de que su curso sea más grave[151].

De hecho, en occidente el suicidio en este tramo evolutivo es la principal causa de muerte de

[148] Wyman (2014).
[149] Nock et al. (2006).
[150] Véase, por ejemplo, Bertolote y Fleischmann (2002).
[151] Así, Ammerman et al. (2018) y Plener et al. (2015).

las chicas y la tercera entre los chicos[152]. De ahí que los intentos de consumarlo sean, junto con las ideas suicidas y las autolesiones, parte de los problemas psicológicos más importantes para los adolescentes de todo el mundo (por su frecuencia y por sus efectos).

Por otra parte, la investigación de los efectos del tratamiento sobre las ideas y el comportamiento suicida, aplicando la TCD en ECA, ha mostrado un TE pequeño en la reducción/eliminación de las autolesiones, pero no ha tenido ninguno sobre la ideación suicida[153]. Estos resultados están en línea con los de otro estudio previo en el que se revisaban los estudios controlados, no aleatorizados, que habían investigado la eficacia de la TCD, y en el que también se halló que su TE carecía de significación para la ideación suicida, pese a que, aunque reducido, sí mostraba un TE pequeño para las autolesiones[154]. Por tanto, la modificación de las respuestas cognitivas implicadas en esta modalidad de comportamiento constituye un reto para el tratamiento psicológico.

Ahora bien, ideación suicida y respuestas autolesivas no van siempre de la mano. En los resultados de los estudios epidemiológicos metaanalizados también se constata que alrededor del 23 por 100 de los adolescentes que se han autolesionado no informan que hubiese mediado ideación suicida, pese a que generalmente las autolesiones y los pensamientos suicidas se muestren relacionados[155].

Estos datos hemos de complementarlos con los obtenidos a partir de los estudios longitudinales. Sus revisiones cuantitativas concluyen que la probabilidad de que alguien que se autolesiona termine intentando suicidarse es 4,27 veces mayor que entre quienes no lo hacen. Asimismo, con independencia de la intencionalidad suicida de quienes se autolesionan deliberadamente, la probabilidad de morir posteriormente por suicidio es 1,5 veces mayor entre quienes se autolesionan que entre quienes no lo hacen[156].

En consecuencia, dada la presencia generalizada de las ideas suicidas y de las autolesiones en los adolescentes, se considera fundamental que contemos con tratamientos apropiados que nos permitan reducirlas/eliminarlas, porque están presentes en buena parte de los trastornos del comportamiento más frecuentes en esta fase de la vida[157].

Este es el contexto clínico en el que se sitúa la aplicación de la TCD a la población adolescente, como variante de la diseñada inicialmente para tratar a mujeres adultas con un historial de intentos de suicidio.

La primera variante para aplicar la TCD a los adolescentes fue diseñada por Miller, Rathus, Linehan, Wetzler y Leigh (1997), quienes adaptaron la TCD para su uso con adolescentes (TCD-A) que presentaban ideación suicida y respuestas autoagresivas, en un esfuerzo por promover el aprendizaje y la mejora de la ejecución de las habilidades asociadas a la regulación de las emociones.

En consecuencia, la TCD-A es una adaptación del protocolo estándar de la TCD para tratar la problemática específica que presentan las alteraciones de comportamiento que caracterizan al TLP en este tramo evolutivo.

Su fin es reducir/eliminar la alteración emocional generalizada (desequilibrios emocionales o desregularización emocional) y la ideación suicida[158], siguiendo un programa de objetivos terapéu-

---

[152] Véase Collaboration GBoDP (2016) y Hawton, Saunders y O'Connor (2012).

[153] Fox et al. (2020).

[154] DeCou, Comtois y Landes (2019).

[155] Véase Gillies et al. (2018). No obstante, la naturaleza de esta relación es objeto de debate, como puede verse, por ejemplo, en Hamza, Stewart y Willoughby (2012).

[156] Ribeiro et al. (2016).

[157] Kothgassner et al. (2020) y Kothgassner et al. (2021).

[158] Miller, Rathus y Linehan (2006).

Las revisiones metanalíticas ponen de manifiesto que en general las intervenciones aplicadas hasta ahora para tratar las autolesiones y la ideación suicida han mostrado una efi-

ticos jerarquizados, basándose en su dificultad, para tratar psicológicamente a los adolescentes con múltiples P/T del comportamiento[159].

La TCD-A asumió como propios los supuestos conceptuales de la TCD para adultos, incluida su teoría biosocial de la desregulación emocional y una síntesis de las estrategias de aceptación y de cambio, basadas en su concepción dialéctica del mundo.

También ha mantenido el énfasis de la TCD en los módulos de enseñanza-aprendizaje de las habilidades y las destrezas que permiten el dominio de las acciones y reacciones, así como el desarrollo de actitudes, a través del entrenamiento en la «atención plena», la regulación de las emociones, la tolerancia a la angustia/ansiedad y la eficacia en la relación interpersonal.

Además, conserva todas las características y funciones básicas de la TCD, incluyendo:

- Reuniones de equipo de los profesionales para mejorar/mantener su motivación (incluida la de los coterapeutas).
- El entrenamiento de habilidades y destrezas a través del MFN, para desarrollar la tolerancia a la ansiedad, la regulación de las emociones y la eficacia en la relación interpersonal.
- El entrenamiento en intercesión para mejorar la capacidad de respuesta y su generalización.
- El asesoramiento individual para reforzar el compromiso de cada uno de los P/C con su propio cambio.
- La filosofía que preconiza que los P/C aprendan a tomar la iniciativa en la conformación de su entorno, para aumentar la probabilidad de que se produzcan cambios que resulten eficaces para mejorar la ejecución de las respuestas y que se adecúen a las circunstancias presentes.

La TCD-A cuenta con un manual para su aplicación en régimen ambulatorio, en el que se combina la aplicación del tratamiento en el formato individual con el grupal (entrenamiento de habilidades y destrezas), aplicado con una periodicidad de una sesión por semana y con la participación de los padres[160].

Su objetivos específicos son[161]:

- Desarrollar y consolidar la «atención plena».
- Maximizar la tolerancia a la angustia/ansiedad.
- Maximizar la eficacia en las relaciones interpersonales.
- Maximizar el uso de las habilidades (conocimientos) y las destrezas (ejecución) implicadas en la regulación de las emociones.

Ahora bien, también se han introducido especificidades y se han realizado modificaciones importantes, en varias de las características básicas de la TCD, para abordar los retos específicos que presenta el comportamiento de los adolescentes.

Así, en primer lugar, a los cuatro módulos centrales de la TCD se añadió otro para el entrenamiento en habilidades conocido como «Camino del medio» («the Middle Path skills training module»). Su fin es servir para que los adolescentes aprendan a considerar múltiples perspectivas ante una misma situación. Se entrena y se aprende que cada una de ellas es importante (validación)[162].

El módulo «Middle Path» o sobre como «ir por el camino de en medio» sirve para desarrollar el aprendizaje propiciado por la interacción dialéctica, entre la aceptación de sí mismo (en el pre-

---

cacia limitada (véase Fox et al., 2020 y Kothgassner et al., 2020).

[159] Ritschel, Miller y Taylor (2014).

[160] Miller et al. (2006).

[161] Miller et al. (2006) y Rathus y Miller (2015).

[162] Rathus y Miller (2015).

sente) y el deseo de cambio (el futuro), permitiendo adquirir el conocimiento para vivir de acuerdo a las circunstancias (habilidad adaptativa). El módulo enfatiza la idea de que hay distintas perspectivas desde las que se puede contemplar una situación o resolver un problema, pero en todo caso hay que buscar siempre el equilibrio entre la aceptación y el cambio.

Además, como se ha indicado, la TCD-A incluye la participación y el entrenamiento de los padres como uno de sus elementos o componentes básicos durante su aplicación. Entre sus objetivos específicos se hallan que, en la relación con sus hijos adolescentes, los padres puedan aprender a:

- Buscar el equilibrio entre el exceso en la indulgencia y en el control autoritario.
- Diferenciar las respuestas adecuadas o adaptadas de las consideradas «psicopatológicas» o desadaptadas.
- Encontrar una solución equilibrada entre la dependencia y la independencia sin límites (respecto de la autonomía individual).

Otra modificación importante es la relativa a la duración del tratamiento en la modalidad ambulatoria. Esta se sitúa en un rango que va desde las 12 a las 24 semanas.

Por último, también se han modificado los materiales que se utilizan como apoyo del tratamiento y que se entregan a los P/C, como los que contienen ejemplos ilustrativos o los folletos sobre actividades prácticas, para adecuarlos y que reflejen las experiencias que viven los adolescentes dentro del sistema familiar.

La variante hospitalaria. La TCD-A breve e intensificada en el marco de las IPHP

La evidencia asociada con la implementación de la versión para adultos de la TDC es generalmente robusta, dentro de una IPHP. Hay varios estudios que muestran la utilidad de esta modalidad de su aplicación para disminuir una amplia gama de RAD (en las que su duración transciende lo razonable desde una perspectiva adaptativa). Entre estas se incluyen las de ansiedad, las que conforman el constructo de «la desesperanza» y el de «la hostilidad»[163].

Este hecho llevó a Lenz y Del Conte (2018) a diseñar y planificar el desarrollo de una variante de la aplicación de la TCD-A en un contexto en el que, pese a no ser en régimen de hospitalización completa, permitiera implantarla bajo el formato de «hospital de día» u «hospitalización parcial» (siguiendo el desarrollo de las IPHP)[164], que hemos ejemplificado utilizando la propuesta de Van den Bosch et al. (2014) y en línea con los resultados obtenidos en una investigación preliminar previa del mismo grupo[165].

Asimismo, coincidiendo con Van den Bosch et al. (2014), Lenz y Del Conte (2018) recordaban que:

> «[...] los programas de hospitalización parcial (PHP) [son los que se aplican para] proporcionar servicios a las personas cuyo estado de gravedad, así como su funcionamiento, puede requerir más de lo que puede proporcionarse a través de los servicios que se prestan por medio de la atención comunitaria rutinaria, pero pese a ello no está justificada su hospitalización completa [...] [preservando] el funcionamiento social y familiar al permanecer dentro de la comunidad» (p. 16)[166].

El propósito principal de su estudio fue contrastar la eficacia de la TCD-A, breve e intensifi-

---

[163] Véase Gratz, Lacroce y Gunderson (2006), Lothes, Mochrie y St. John (2014) y Yen, Johnson, Costello y Simpson (2009).

[164] Intervenciones que se desarrollan en el contexto de los programas de hospitalización parcial.

[165] Lenz, Del Conte, Hollenbaugh y Callendar (2016).

[166] «[...] partial hospitalization programs (PHPs) that provide services to individuals whose degree of symptom severity and functioning may require more than routine community care but does not justify hospitalization [...] preserving social and familial functioning by remaining within the community» (p.16).

cada, frente a un tratamiento multimodal (TAU) en el contexto de una versión de la IPHP que se desarrolla en un medio similar al del ámbito educativo. Su objetivo secundario fue aportar evidencia sobre su aplicación en un formato similar al que se utiliza para desarrollar los procesos de enseñanza-aprendizaje en el marco escolar.

Dicha comparación proporcionará una aclaración adicional de la eficacia del tratamiento asociada a la TCD-A y a los entornos en los que está más indicada su aplicación.

En línea con los resultados de los estudios previos, su hipótesis fue que las diferencias en los TE generados por la TCD-A y el TAU serían pequeñas.

La muestra de adolescentes (rango: 12-18 años) presentó P/T que fueron de moderados a graves. Estos fueron remitidos por los agentes sociales de la comunidad (servicios médicos públicos y privados, hospitales y compañías de seguros) cuando la gravedad de las alteraciones de sus RAD no permitía que fueran tratados de manera ambulatoria ni justificaba el ingreso hospitalario (el riesgo de autolesión o de daño a otros no se valoraba como inminente).

La variante de la TCD-A que se diseñó, breve e intensificada (en adelante TCD-Ai), se aplicó durante seis horas diarias, cinco días a la semana (de lunes a viernes, ambos incluidos) y durante mes y medio (seis semanas). Es decir, la duración total de la aplicación del tratamiento en el entorno clínico fue de 180 horas.

El protocolo del tratamiento y las programaciones del proceso de aplicación se revisaron semanalmente, en el marco de las reuniones que se celebraron para controlar la adherencia al protocolo y la fidelidad a las programaciones (aplicación precisa y consistente de las actividades previstas[167]). Además, se incluyeron revisores externos e independientes para comprobar la adherencia y la fidelidad de la intervención respecto del contenido terapéutico, los procesos y los desarrollos programados.

Las evaluaciones intratratamiento fueron realizadas por personal experto.

El desarrollo de las sesiones de asesoría individual y familiar fue responsabilidad de coterapeutas profesionales, con formación académica de maestría y expertos en el entrenamiento de habilidades, en los formatos individual y grupal. Todos fueron coordinados y supervisados por un psicólogo clínico.

La programación del desarrollo de la aplicación de la TCD-Ai siguió estrictamente lo indicado por Miller et al. (2006) y por Rathus y Miller (2015).

Todos los profesionales que participaron como coterapeutas recibieron formación relativa a los procesos interpersonales y a los módulos de habilidades generales de la TCD-A.

Durante la aplicación del tratamiento se controló la seguridad y se vigiló el comportamiento inadecuado e ilícito, desarrollándose de modo similar a como se opera durante la actividad escolar en los centros educativos.

En todos los espacios en los que se desarrolló la TCD-Ai se introdujeron dibujos y/o gráficos que representaban contenidos mnemónicos específicos de la TCD y pizarras para escribir en ellas las habilidades o conocimientos incluidos en la TCD-A.

Todos los coterapeutas participaron en la realización de análisis funcionales breves y en la búsqueda de soluciones para las respuestas que dificultaban la aplicación del tratamiento y el consiguiente aprendizaje, enfatizando el análisis dialéctico entre el cambio y la validación (toda acción que se propone como solución es buena, aunque haya unas que cuenten con mayores probabilidades de resultar adecuadas que otras).

Las actividades fueron el centro en torno al que se organizó el horario de cada día. Estas fueron individuales, grupales y familiares (siguiendo las directrices del protocolo de la TCD-A). Dentro del horario diario, todas las actividades estuvieron precedidas y terminaron tal como se recoge en el cuadro 6.2.

[167] Contenidas en Miller et al. (2006) y Rathus y Miller (2015).

CUADRO 6.2

Algunas características del desarrollo de la actividad individual, grupal y familiar durante el desarrollo de la TCD-Ai

Características		Descripción
Tratamiento	Individual	Su duración y su estructura estuvieron determinadas por el protocolo de tratamiento de la TCD-A. La frecuencia dependió de la fase de tratamiento. La programación de la agenda de las actividades se basó en los registros cumplimentados a partir del Diario y de los objetivos del tratamiento.
	Familiar	Fue un requisito para poder comenzar la segunda fase de la IPHP. Su frecuencia estuvo determinada por la jerarquía de objetivos y por las necesidades que surgen durante la gestión individualizada de los casos. En general, se consideró secundario al tratamiento individual.
Inicio de la sesión	Individual	La sesión comenzaba revisando los objetivos diarios y completando el registro a partir de los contenidos anotados en el Diario sobre las tareas realizadas y el uso de las habilidades enseñadas-aprendidas. Por las mañanas continuaba con la práctica de atención plena.
	En grupo	En primer lugar, se abordaban y analizaban los comportamientos individuales problemáticos. Se enfatizaba la relevancia de pedir ayuda, de pensar como lo haría un detective, de identificar las variables de control y buscar soluciones aplicando la «tormenta de ideas» (proceso de validación: todas son pertinentes, pese a que no necesariamente cuenten con las mismas probabilidades de ser adecuadas) y posteriormente jerarquizándolas siguiendo la técnica de solución de problemas (aprender a valorar en función de criterios, como, por ejemplo, las consecuencias que se esperan a corto, medio y largo plazo).
Término de la sesión en grupo		Se utilizan las relaciones con los compañeros para estimular y para validar los comportamientos. Se entregan las «tareas para casa» para que cada P/C practique su aplicación en el ámbito de actividad cotidiana, especialmente en el contexto familiar. El objetivo es consolidar y generalizar los aprendizajes. Se aplica en todas y cada una de las treinta sesiones de 90 minutos que incluyen el contenido de los cinco módulos de la TCD-A.
Conclusiones de la actividad diaria		Cada uno de los P/C realiza la evaluación del uso que ha hecho de las habilidades aprendidas, siguiendo las actividades diarias del programa y repasando los objetivos fijados para conseguir mediante la realización de las «tareas para casa».
Implicación de los padres		Requisito para el desarrollo de las tres sesiones de las habilidades incluidas en el módulo del Camino Medio («Middle Path skills»), las cuales requieren la validación de los comportamientos, la práctica del MFN, el análisis de las respuestas y el empleo de la dialéctica. El desarrollo de estas sesiones se produce en el contexto de una combinación orientada por la aplicación didáctica de la representación de papeles y la revisión de las tareas realizadas.
Programación educativa		La programación incluye el contenido planificado para mantener el nivel educativo y para abordar las «barreras» emocionales/conductuales que dificultan/impiden el comportamiento que se considera adecuado, adaptativo, durante el desarrollo de una actividad. Se centra en los aprendizajes que se han olvidado o no se han realizado, así como en el análisis de la cadena o secuencia de antecedentes-respuestas-consecuentes, para aumentar el conocimiento (habilidades) y la destreza (ejecución) del comportamiento adaptado y la autorregulación.

IPHP: Intervenciones psicológicas que tienen lugar a partir de los programas de hospitalización parcial. TCD-A: Terapia de conducta dialéctica para adolescentes. MFN: Mindfulness.

FUENTE: Modificado de Lenz y Del Conte (2018).

Las normas para regular el funcionamiento diario fueron genéricas, fuera y dentro del tiempo de desarrollo de la TCD-Ai, a fin de que permitieran orientar adecuadamente las respuestas que favorecen o mejoran el desarrollo del tratamiento, y reducen/eliminan las que lo dificultan o impiden su desarrollo.

Así, las respuestas que favorecen el desarrollo de la aplicación del tratamiento se reforzaron aplicando una economía de fichas que recompensaba el uso de las habilidades y las tareas. En cambio, las hojas de registro de los repertorios de conducta no aprendidos u olvidados, así como de las respuestas que dificultan el desarrollo de los aprendizajes (previstos en la programación) se cumplimentaron analizando las secuencias de antecedentes-respuestas-consecuentes y buscando soluciones para gestionarlas adecuadamente (basándose en las circunstancias que concurrían).

Todos los participantes cumplimentaron diariamente un informe personal sobre su progreso y la planificación de la ejecución o empleo de las habilidades enseñadas/aprendidas en el ámbito del grupo. A partir de estos se produjo la retroalimentación de cada uno de ellos y se determinaron los objetivos del tratamiento conjuntamente con los familiares, que actuaron como coterapeutas («entrenadores») durante el desarrollo de la aplicación de la TCD-Ai.

El modelo de tratamiento y los protocolos se revisaron en las reuniones semanales del equipo del PHP. En estas se controló también la adherencia y la fidelidad al plan de tratamiento, se revisaron los progresos de los participantes en línea con los objetivos formulados, se introdujeron los cambios que se consideraron necesarios en el desarrollo del programa, y se concretaron las altas y las cuestiones relativas a la gestión de los casos.

Los resultados de esta aplicación de la TCD-Ai mostraron mayor TE que los del TAU en la muestra de la población tratada, no corroborando la hipótesis de que las diferencias serían pequeñas. Es decir, pese a que ambas modalidades de tratamiento lograron TE que muestran progresos relevantes desde el punto de vista clínico, la TCD-Ai fue la intervención más eficaz, especialmente en la reducción/eliminación de las respuestas depresivas y el incremento de las habilidades de relación interpersonal.

Los hallazgos de Lenz y Del Conte (2018) son consistentes con los de investigaciones previas de la TCD con poblaciones adolescentes en otros entornos de tratamiento, al tiempo que corroboran las suposiciones relacionadas con la generalización del efecto del tratamiento. De hecho, el repaso de las magnitudes del TE, así como de los intervalos de confianza de las puntuaciones en las subescalas de Depresión y Sensibilidad Interpersonal del SCL-90-R que se utilizó, mostraron que estos se situaron dentro de los medianos para la depresión y de los grandes para la sensibilidad interpersonal.

Esto sugiere que quienes completaron el programa de la TCD-Ai desarrollaron habilidades y actitudes muy probablemente asociadas con un incremento notable de las respuestas adaptativas.

Los autores subrayan la plausibilidad de que el aprendizaje realizado por los P/C para controlar y mitigar las RAD depresivas, así como del grado en que pueden regularse a sí mismos cuando las interacciones con los demás no son las esperadas, les podrían ayudar a prevenir retrocesos (dado que incrementan la resiliencia).

En relación con las respuestas de ansiedad, los participantes en el grupo TCD-Ai mostraron una reducción que superaba en casi el 50 por 100 de una desviación típica a los del TAU, tras el tratamiento. Pese a que tales diferencias no alcanzaron significación estadística, los autores sugieren que este cambio en las alteraciones características del TLP, como el nerviosismo, la sensación de tensión, la preocupación de que algo malo va a suceder y el miedo repentino sin razón, constituye una mejora clínicamente relevante que promueve el bienestar y la participación en actividades sociales apropiadas para la edad.

Estas mejoras en las respuestas de ansiedad pueden interpretarse como el resultado del entrenamiento llevado a cabo para el manejo adecuado de habilidades de regulación emocional y de la eficacia en las relaciones interpersonales. Se puede conjeturar que el aumento de la competencia en los dominios de estas habilidades puede favorecer el afrontamiento de la realización de actividades, en vez de producir respuestas de escape/evitación como reacción ante el estado creado por la ansiedad anticipatoria.

En relación con las respuestas de hostilidad informada, que no mostraron diferencias relevantes entre los tratamientos, pese a que sí se produjeron en ambos (aunque no en gran magnitud), los investigadores hipotetizan que podría explicarse como resultado de la validación y el desarrollo del apoyo que se recibe en el entorno terapéutico creado para aplicar la TCD-Ai, porque en este los adolescentes no experimentarían respuestas de angustia/ansiedad de intensidades clínicamente significativas por no responder como lo hace la mayoría.

En consecuencia, concluyeron que se puede pensar que cuando los adolescentes con TLP se encuentran en un ámbito que los integra, al tiempo que les ofrece una explicación de lo que les ocurre y un entrenamiento que les permite el aprendizaje y el desarrollo de respuestas que facilitan el control del efecto del recuerdo de experiencias previas, en las que se han sentido distintos o humillados, así como generar y dar respuestas alternativas a gritar o discutir, entonces las RAD pueden ir disminuyendo con el devenir del tiempo. Por ello consideran que la modalidad de interacción que se produce en el entorno clínico sería la variable relevante.

6.1.3.4. *Evidencia empírica que sustenta la terapia conductual dialéctica*

Vamos a agrupar la información disponible basándose en las dos variantes o modalidades de la TCD: la que hemos llamado «TCD estándar», que es la que se aplica al tratamiento de los adultos con TLP, y la TCD-A, que tiene su propio manual en el que se incluye un protocolo con especificidades que, como hemos visto, afectan principalmente a su implementación.

Respecto de la «TCD estándar»

En general, se considera que la TCD cuenta con una fuerte evidencia empírica sobre su eficacia desde hace ya más de veinte años[168].

Ahora bien, como recordaban Panos, Jackson, Hasan y Panos (2014), pese a ello lo cierto es que hasta que se publicó en alemán el metaanálisis de Kosfelder (2007) y posteriormente en inglés el de Kliem, Kröger y Kosfelder (2010) las revisiones sistemáticas que se habían realizado eran generalmente cualitativas[169].

En el metaanálisis realizado por Kliem et al. (2010) se comparó el TE de la TDC frente al del tratamiento de apoyo («supportive treatment»), la psicoterapia centrada en la transferencia («transference-focused psychotherapy»), la terapia comunitaria aplicada por expertos («community therapy by experts»), el tratamiento usual («therapy as usual»), la terapia de validación integral con y sin la terapia de los doce pasos («comprehensive validation therapy with and without 12-step therapy») y el tratamiento psiquiátrico general («general psychiatric management»).

Los resultados mostraron que la TCD presentaba un TE moderado, en comparación con el tratamiento usual o habitual, la terapia de valida-

---

168 Chambless et al. (1998) le asignaban el estatus de «strong» (muy fuerte), de acuerdo con los criterios de Chambless y Hollon (1998). Es decir, se admitía que contaba con evidencia de alta calidad porque producía mejoras en las RAD y los resultados funcionales en el postratamiento y el seguimiento, además de conllevar poco riesgo de daño, requerir una cantidad razonable de recursos y mostrarse eficaz en entornos no relacionados con la investigación.

169 Véase Koerner y Dimeff (2000) y Scheel (2000), sin que se tuviera en cuenta en una de ellas el cambio en las RAD (Öst, 2008), además de incluir una gran variedad de trastornos junto al TLP (por ejemplo, bulimia nerviosa, atracones y depresión).

ción integral más la terapia de doce pasos y frente al de la terapia comunitaria aplicada por expertos, pero no en relación con los otros tratamientos específicos para los P/C con TLP.

La mayoría de los estudios incluidos en el metaanálisis se realizaron en P/C tratados en régimen ambulatorio. Solo en cuatro estudios estaban hospitalizados. Los criterios de exclusión de P/C individuales variaron entre los estudios. Por lo general, se excluyeron de los estudios los P/C que presentaban condiciones de esquizofrenia, trastorno bipolar I, abuso del consumo de sustancias tóxicas, retraso mental, psicosis aguda/trastorno psicótico y trastorno compulsivo. La mayoría de los casos tratados fueron mujeres cuya edad media osciló entre los 26,7 y 36,35 años.

Los resultados, incluidos los de quienes abandonaron el tratamiento, se evaluaron en diferentes intervalos de tiempo, una vez terminada la aplicación del tratamiento, utilizando los datos individuales que generalmente incluyeron un seguimiento al menos a los doce meses (rango: 3-30 meses).

Las investigaciones recogidas presentaron numerosas limitaciones, por lo que los resultados del metaanálisis han de interpretarse con precaución, pese a que los autores afirmaron que los hallazgos de la revisión apoyaban el supuesto de que la TCD era efectiva en la práctica clínica.

En otro metaanálisis publicado cuatro años más tarde por Panos et al. (2014), a fin de analizar cuantitativa y cualitativamente la eficacia de la TDC, a partir de variables explícitas como la disminución de los actos suicidas y parasuicidas, los abandonos del tratamiento y la depresión en P/C adultos con TLP, se incluyeron cinco ECA.

Sus resultados mostraron que la TCD tuvo un efecto con relevancia clínica en la reducción de los intentos de suicidio y la conducta parasuicida (*g* de Hedges agrupada = −0,622), pero solo fue marginalmente mejor que el TAU en la reducción del abandono durante el tratamiento y no mostró diferencias estadísticamente significativas frente a este en las respuestas depresivas (*g* de Hedges agrupada = −0,896).

Estos resultados llevaron a Panos et al. (2014) a concluir que la TCD era eficaz para mejorar el control del comportamiento autodestructivo y el cumplimiento del tratamiento por los P/C.

Un año más tarde, una nueva investigación metaanalítica[170] abordó el estudio del efecto de la TCD en los trastornos por consumo de sustancias tóxicas, que generalmente presentan una elevada comorbilidad entre los P/C con TLP[171]. Los resultados sugieren que la TDC también es eficaz para reducir los P/T relacionados con el consumo de sustancias tóxicas en estas personas.

Respecto de la TDC-A

Los estudios empíricos relativos a la eficacia y eficiencia de la TCD-A se están realizando desde hace muy poco tiempo. Además, en muchos casos la investigación de su eficacia se ha hecho comparando sus efectos con los de los GCLE, y para la de su eficiencia se han utilizado los protocolos habituales de tratamiento.

Esto ha hecho que los TE hayan sido generalmente grandes y que, en consecuencia, la contribución de los estudios al esclarecimiento de las variables responsables del cambio haya sido menor que cuando la comparación se realiza con otros tratamientos activos[172].

A ello hay que sumarle que generalmente estos estudios se han realizado con muestras de adolescentes tratados en régimen hospitalario o ambulatorio y sin controlar el peso que le corresponde a la medicación en los resultados[173].

En general los resultados de las investigaciones realizadas entre grupos, para contrastar el TE de la TCD-A, frente al de otras modalidades de intervención, han mostrado reducciones signifi-

[170] Haktanir y Callender (2020).

[171] Véase Linehan et al. (1999) y Owens et al. (2018).

[172] Véase, por ejemplo, Watts et al. (2015).

[173] Lenz y Del Conte (2018), McDonell et al. (2010) y Tebbett-Mock et al. (2020).

cativas de las RAD que conforman el TLP[174], entre las que se incluyen las de la ansiedad y de la depresión[175], las relativas a la ideación suicida y a las autolesiones[176], así como las que conforman los trastornos alimentarios[177].

Algunas de estas investigaciones también han aportado evidencia empírica que, además de mostrar la eficacia y la viabilidad de la TCD-A[178], también ha proporcionado información relevante para comprender y explicar qué componentes del tratamiento son eficaces y cuáles son los mecanismos implicados en el cambio con relevancia clínica en general[179] y en los problemas de conducta en particular[180].

En el contexto de las revisiones cuantitativas, Cook y Gorraiz (2016) dieron a conocer los resultados de otra investigación metaanalítica centrada en el efecto de la TCD-A sobre las autoagresiones sin intento de suicidio («Nonsuicidal self-injury» —NSSI—) y sobre la depresión, en población adolescente con diagnóstico de TLP.

De los doce ECA incluidos en el metaanálisis que informaban medidas de la depresión antes y después del tratamiento, solo seis incluían medidas del NSSI.

Los resultados mostraron que el TE medio fue grande para las NSSI (g = 0,81; IC del 95 por 100 = 0,59-1,03) y pequeño para la depresión (g = 0,36; IC del 95 por 100 = 0,30-0,42), lo que sugiere la utilidad de la TCD para reducir el valor de estas dos variables, en esta población, pese al carácter preliminar y tentativo del metaanálisis por la calidad y la cantidad de los estudios primarios.

En 2018 Hollenbaugh y Lenz[181] publicaron los resultados de otro metaanálisis, esta vez realizado para evaluar la eficacia de la TCD-A en la reducción/eliminación de las RAD de ansiedad y de la depresión, así como las que participan en las autolesiones y/o en el incremento del riesgo de suicidio (véase cuadro 6.3).

CUADRO 6.3

Estudios entre grupos de la DBT-A en comparación con ningún tratamiento o un tratamiento alternativo realizados entre 1991 y 2016

Problemas/ trastornos	Número de investigaciones	DBT-A comparada con	TE
Ansiedad	10	TA	−0,46
Depresión	8	TA	−0,46
		GCLE	−0,40
Autolesiones	3	TA	−0,36
Suicidio	8	TA	−0,47

GCLE = Grupo de control sin tratamiento; **TA** = Tratamiento alternativo; **TE** = Tamaño medio del efecto de las diferencias entre los efectos de tratamientos (los signos negativos indican la magnitud de la reducción de las alteraciones).

FUENTE: Traducido y modificado de Hollenbaugh y Lenz (2018).

Sus resultados mostraron que tratar aplicando el protocolo de la TCD-A es mejor que no hacerlo o que tratar con otras modalidades de tratamiento. Los TE, calculados a partir de la g de Hedges, se situaron entre pequeños y medianos (respecto de los grupos de control y de tratamiento alternativo).

[174] Los TE cuantificados a partir de la d de Cohen se sitúan entre medianos y grandes (véase Lenz y Del Conte, 2018).

[175] Por ejemplo, Beckstead et al. (2015), Del Conte et al. (2016), Ricard et al. (2013) o Wasser et al. (2008).

[176] Hjalmarsson et al. (2008), McDonell et al. (2010) y Mehlum et al. (2014).

[177] Salbach-Andrae et al. (2008).

[178] Katz et al. (2004) y Perepletchikova et al. (2011).

[179] Véase Lenz et al. (2016).

[180] Así Trupin et al. (2002).

[181] Hollenbaugh y Lenz (2018).

Otra de las conclusiones importantes de este metaanálisis es que la mayoría de los estudios en los que se aplica la TCD-A se han realizado en entornos hospitalarios o ambulatorios, que es, como ya se ha indicado, donde se implantan comúnmente los tratamientos psicológicos del TLP en los sistemas públicos de salud.

Esto hace que este cuerpo de evidencia no incluya los efectos de otras modalidades importantes de intervención como las que ya hemos mencionado, que se desarrollan en el contexto de los IPHP, al abordar la modalidad de la TCD intensiva propuesta por Van den Bosch et al. (2014) para la población adulta con este trastorno y la aplicación realizada por Lenz y Del Conte (2018) con población adolescente.

Una de las últimas revisiones metaanalíticas publicadas sobre los efectos de la TCD-A se ha centrado de nuevo en la frecuencia de las autoagresiones y en la ideación suicida (rango: 12-19 años)[182].

En esta se seleccionaron veintiún estudios de los que cinco eran ECA, tres ensayos clínicos controlados (ECC) y trece estudios que solo contaban con evaluaciones prepost. Se extrajeron los datos para los resultados primarios predefinidos (autolesión, ideación suicida) y secundarios (alteraciones relativas al constructo de TLP), y se calcularon los TE del tratamiento para los ECA y para los estudios con solo evaluaciones prepost tratamiento.

Los resultados mostraron que, en comparación con los grupos de control, la TDC-A alcanzó TE que fueron de pequeños a moderados en la reducción de la frecuencia de las autolesiones (g = 0,44; IC del 95 por 100: 0,81 a −0,07) y de la de la ideación suicida (g = 0,31; IC del 95 por 100: −0,52 a −0,09). Los resultados de las evaluaciones pre-post, como era de esperar, mostraron TE grandes para los resultados de los datos principales (autolesiones: g = 0,98; IC del 95 por 100: −1,15 a −0,81; ideación suicida: g = −1,16: IC del 95 por 100: −1,51 a −0,80) y para las RAD propias del TLP (g = −0,97, IC del 95 por 100: −1,31 a −0,63).

Los investigadores concluyeron que la TCD-A es superior a las intervenciones de control en la reducción de las autolesiones y las ideas suicidas entre los adolescentes, pero no muestran evidencia concluyente sobre la estabilidad de sus logros en la reducción de las alteraciones que conforman el TLP, porque la evidencia empírica a su favor solo pudo calcularse para las comparaciones pre y post tratamiento.

Con carácter general, de los análisis y la discusión de resultados de los estudios metaanalíticos que hemos presentado se desprende la necesidad de profundizar en la investigación (mediante ECA[183]) a fin de obtener resultados robustos respecto de:

— El incremento de la duración de DBT-A. Los indicios muestran que puede ser crucial para incrementar su eficacia en general y en particular para reducir/eliminar la ideación suicida. Estos resultados son coherentes con la jerarquía de la dificultad propia de los contenidos que se abordan en el tratamiento con la TCD-A, dado que la dificultad de los objetivos crece siguiendo un gradiente.
— La relevancia de la relación terapéutica. Esta ya ha sido reiteradamente puesta de manifiesto como «factor común», a través de la evidencia aportada sobre el efecto de la «alianza terapéutica», operacionalizada basándose en los constructos de la empatía, la aceptación, la congruencia del psicólogo (la ayuda se ofrece vinculada a la resolución de los asuntos acordados)

[182] Kothgassner et al. (2021).

[183] En esta revisión solo el ECA de Mehlum et al. (2014) evaluó el impacto de la TCD-A en las alteraciones que conforman el TLP, comparándolo con un GCA u otra modalidad de tratamiento alternativo.

y la retroalimentación del P/C (orientando su acción hacia la consecución de objetivos relevantes para este)[184].

En este contexto, la relación terapéutica puede requerir un refuerzo que resulte crítico para las personas con TLP[185] y, en consecuencia, cabría esperar que una mayor duración del tratamiento conllevase la posibilidad de un uso más eficaz de la relación terapéutica en el ámbito del manejo de las contingencias.

— La aportación de la inclusión en el tratamiento del adolescente con TLP y de su familia. Este estudio es necesario porque permitirá aclarar el peso que podemos atribuir a uno y otro componente, así como al efecto de su interacción, habida cuenta de que, generalmente, los adolescentes siguen viviendo en el entorno familiar en el que adquirieron sus patrones disfuncionales. Por ello, la inclusión de las familias parece una condición necesaria (aunque no suficiente) para abordar la reducción/eliminación de los comportamientos «invalidantes» que se producen dentro del contexto familiar y su sustitución por el aprendizaje de otros comportamientos adecuados y reforzantes.

En términos de contingencias, esta investigación debería aportar evidencia que sustente, en el marco familiar, el papel del refuerzo de las respuestas adecuadas y de la prestación de ayuda, para que disminuyan los comportamientos desadaptados, al tiempo que se aborda el repertorio conductual y la comunicación bidireccional entre el adolescente y sus padres. De hecho, existen evidencias que, pese a no ser concluyentes, muestran que parece que cuando los adolescentes informan mayor desregulación de las emociones en la línea de base y, a su vez, sus padres informan una mayor psicopatología y desregulación de las emociones, se benefician más del tratamiento porque los resultados muestran una mayor reducción de las autolesiones después de seis meses de tratamiento con DBT-A[186].

En relación con la evidencia empírica disponible del efecto de la TCD en el tratamiento de la ideación suicida, con independencia de la variante aplicada y de la población tratada (adolescentes y adultos), la duración de la aplicación (por ejemplo, corta o breve[187] y larga o extensa[188]) y del ámbito de aplicación (hospitalario, ambulatorio, en régimen de internado, etc.), se publicó en 2019 un metaanálisis *ad hoc*[189]. En este se agruparon los resultados de los estudios (ECA y controlados sin aleatorizar) en tres categorías: intentos de suicidio, comportamiento autoagresivo no suicida (NSSI —«parasuicidio»—) y uso de los servicios hospitalarios de urgencia.

La hipótesis fue que la TDC sería eficaz para reducir el valor de la frecuencia de cada una de las tres categorías de respuesta relacionadas con el suicidio, con independencia de la población que hubiese sido tratada y de la variante aplicada para su tratamiento.

Se identificaron 18 investigaciones controladas en las que los metaanálisis de los efectos alea-

[184] Véase, por ejemplo, Norcross (2011). Norcross y Wampold (2019) recuerdan que varios elementos de relación terapéutica cuentan con evidencia empírica que los respalda. Así la alianza en la psicoterapia individual, la alianza en la psicoterapia para jóvenes, alianza en la terapia familiar, cohesión en el tratamiento en grupo, la empatía o la recogida de información por parte del P/C a través de los autorregistros. En cambio otros se hipotetizan como «probablemente eficaces», como, por ejemplo, el consenso en el establecimiento de los objetivos o la colaboración y un tercer grupo cuyos resultados solo pueden considerarse como «prometedores» (la congruencia del psicólogo, la solución de los conflictos que producen «grietas» en la alianza o el manejo de la contratransferencia por el psicólogo) porque no hay evidencia empírica para concluir que sean eficaces.

[185] Véase Bedics et al. (2015).

[186] Véase Adrian et al. (2019) y McCauley et al. (2018).

[187] Así van den Bosch et al. (2014).

[188] Linehan (1993b).

[189] DeCou, Comtois y Landes (2019).

torios mostraron que la TDC redujo la frecuencia de las autoagresiones ($d = -0{,}324$, IC del 95 por 100 = −0,471 a −0,176) y de las visitas a los servicios hospitalarios de urgencia ($d = -0{,}379$, IC del 95 por 100 = −0,581 a −0,176), sin que el efecto de la interacción alcanzase significación estadística respecto de la ideación suicida ($d = -0{,}229$, IC del 95 por 100 = −0,473 a 0,016). Los resultados fueron coherentes con la hipótesis planteada sobre la reducción de la frecuencia del comportamiento manifiesto implicado en el TLP.

Finalmente hemos de indicar que los resultados de un estudio reciente sugieren que el tratamiento de los P/C con TLP, con intentos próximos de suicidio, deben incluir la intensificación de su entrenamiento para, por una parte, incrementar el afrontamiento centrado en el problema y, por otro, la reducción/eliminación de las habilidades y las destrezas inadecuadas que dificulten/impidan el logro de una regulación emocional que sea efectiva[190].

En la actualidad la TCD es la modalidad de tratamiento para el TLP con el mayor número de artículos de investigación publicados basados en la evidencia sobre su eficacia. La División 12 de Psicología Clínica de la Asociación Americana de Psicología señala que es uno de los tratamientos bien establecidos y con apoyo empírico robusto, dado que cuenta con un fuerte respaldo de la investigación[191].

Asimismo, las directrices del NICE señalan que hay algunas pruebas de que la TDC es más eficaz que cualquier otra modalidad de tratamiento para reducir los intentos de suicidio y las autolesiones, la ira, la agresividad y la depresión en P/C con TLP[192].

Ahora bien, pese a ello, la investigación de este tratamiento multicomponente tiene pendiente el aportar evidencia empírica que sea concluyente y que nos permita conocer el alcance de:

- El efecto de la TCD frente al de las intervenciones psicofarmacológicas, así como el de la interacción entre unas y otras. De hecho, en el metaanálisis de Kothgassner et al. (2021), al que nos acabamos de referir, ningún estudio tuvo en cuenta el efecto combinado del tratamiento farmacológico con la TCD-A, a pesar de que este es generalmente frecuente en los adolescentes con TLP[193] y de que más de la mitad de los participantes tratados en las investigaciones metaanalizadas también lo habían recibido. Es más, algunos de estos estudios consideraron la reducción de la medicación como una variable de resultado[194].
- El peso que corresponde a cada uno de los componentes que conforman esta modalidad de tratamiento y el de sus interacciones[195].
- La eficacia de la TCD para las poblaciones hasta ahora subrepresentadas en las investigaciones, como, por ejemplo, los hombres jóvenes y las personas con diversidad de género.
- La viabilidad y el TE de la TCD aplicada a distancia *(online)*, en contextos teleterapéuticos, porque ello podría permitirnos mejorar la accesibilidad para la población que requiere atención especializada para

[190] Kuehn et al. (2020).

[191] En la actualidad la División 12 de Psicología Clínica de la APA (2021) la sitúa en fase de reevaluación, siguiendo los criterios señalados por Tolin et al. (2015). Véase https://div12.org/treatment/dialectical-behavior-therapy-for-borderline-personality-disorder/.

[192] Véase National Collaborating Centre for Mental Health (2009).

En la actualidad, el NICE (2021) señala que la guía, publicada en 2009, fue revisada por primera vez en 2018 y en la actualidad se halla de nuevo en fase de revisión, a la luz de los cambios en la clasificación de la última versión de la Clasificación Internacional de Enfermedades (CIE−11).

[193] Cailhol et al. (2013).

[194] Véase Katz et al. (2004), McDonell et al. (2010) y Tebbett-Mock et al. (2020).

[195] En línea, por ejemplo, con Lenz et al. (2016).

reducir sus respuestas de autoagresión y las de ideación suicida que ponen en riesgo la vida.
- El grado en el que la validez externa de los estudios realizados nos permite generalizar sus hallazgos a las poblaciones de distintas culturas[196].
- Etcétera.

6.2. TERAPIA CONDUCTUAL-COGNITIVA BASADA EN EL «MINDFULNESS» PARA LA PREVENCIÓN DE RECAÍDAS EN LA DEPRESIÓN

6.2.1. Introducción

La terapia conductual-cognitiva integró el componente MBSR, esperando que este mejorara las posibilidades de tratar con éxito a las personas con antecedentes de depresión recurrente. El supuesto de partida era que estas aprenderían a ejercitarse en el dominio de la ejecución de habilidades concretas, lo que incrementaría sus probabilidades de mantener los logros alcanzados tras el tratamiento y prevenir/reducir los retrocesos en la aplicación de los aprendizajes realizados. Así surgió la terapia conductual-cognitiva basada en la atención plena («Mindfulness-based cognitive therapy» —MBCT—)[197].

De hecho, el desarrollo de la MBCT fue el que propició que se introdujeran e incorporaran al campo de la psicología los MBP y las MBI, orientándose desde entonces su desarrollo teórico e investigador (desde el ámbito cognitivo de nuestra disciplina) a la explicación del alivio que estas producen en el malestar y la angustia[198].

Recordemos que tal explicación implica la revisión de las argumentaciones teóricas y el análisis de los resultados de la aplicación de los MBP y sus MBI mediante el concurso de distintas disciplinas que aportan evidencia sobre el alcance de su eficacia y tratan de ofrecer discusiones fundamentadas que permitan su comprensión[199].

6.2.2. Delimitación

En este contexto, la MBCT se fundamenta y orienta su quehacer en los modelos de la depresión basados en el procesamiento de la información.

Su fin es prevenir/reducir las recaídas y potenciar la implicación de la persona en las actividades que ha de realizar para lograrlo. La oportunidad y la necesidad en la que se basa la proporcionan los datos epidemiológicos informados por sus autores: el trastorno depresivo mayor (TDM) presenta tasas de recaídas del 40 por 100 en un año y del 85 por 100 en quince años[200].

La hipótesis de la que se parte en la MBCT es que los P/C que cumplen los criterios para ser adscritos a la categoría diagnóstica TDM, si además cuentan con un historial de «recaídas», son más vulnerables a volver a sufrirlas porque se supone que, ante los estados de tristeza, se reactivan estilos de pensamiento que, por hallarse asociados con los episodios depresivos previos, facilitarían el acceso rápido a los contenidos negativos (almacenados en la memoria), que entrarían a

[196] Coherentemente con lo sostenido al respecto, por ejemplo, por Hollenbaugh y Lenz (2018) y McPherson, Cheavens y Fristad (2013).

[197] Véase Segal, Williams y Teasdale (2002) o Teasdale et al. (2000).

[198] Dimidjian y Segal (2015).

[199] Entre estas disciplinas que aportan sustento teórico y/o empírico se hallan la neurociencia cognitiva (Tang, Holzel y Posner, 2015), la investigación traslacional (Meadows et al., 2014; Strauman y Merrill, 2004) y la PBE. La evidencia empírica permite contrastar las hipótesis que se derivan de los modelos teóricos que sustentan los objetivos e innovaciones de los MBP/MBI, así como mejorar nuestra comprensión de lo que realmente funciona, en qué momento y para qué grupo de participantes, en línea con lo afirmado por Davidson (2016) siguiendo a Paul (1966).

[200] Williams et al. (2010).

formar parte principal de la información que se procesa (imágenes, pensamientos, creencias, etc.).

Los resultados iniciales han aportado evidencia que muestra que la MBCT reduce aproximadamente a la mitad el riesgo de recaída, cuando se comparan sus resultados con los del TAU y en personas que, hallándose bien, han sufrido al menos tres episodios previos de depresión[201], siendo su efecto comparable a la medicación antidepresiva en la reducción del riesgo de recaída[202].

Debido a estos resultados, la MBCT comenzó a recomendarse dentro de las directrices como una opción de tratamiento para la prevención de recaídas en la depresión recurrente[203].

6.2.3. La intervención

La intervención se desarrolla durante 60 semanas, de las que 8 corresponden al tratamiento (a razón de una sesión por semana) y 52 al seguimiento de la consolidación y generalización de los efectos.

Los P/C que integran los grupos de tratamiento se hallan en fase de remisión o recuperación de TDM, pudiendo contar con un historial de retrocesos[204].

6.2.3.1. *La evaluación*

Como ya hemos indicado, las estrategias y los instrumentos de evaluación que se aplican dentro de las modalidades de TCC-T son generalmente las propias del MCC.

En este caso la evaluación incluye el proceso de selección de los participantes que pueden beneficiarse de la aplicación de la MBCT (criterios de inclusión y exclusión; los que presentamos están referidos a los requisitos de la investigación) y las pruebas estandarizadas que permiten comparar los resultados obtenidos por cada P/C con los del grupo normativo que se utiliza como referencia. Veámoslos.

Los criterios de inclusión:

i) Tener entre 18 y 65 años.
ii) Cumplir los criterios que el DSM-V[205] requiere para el diagnóstico de un TDM recurrente. A partir del DSM-III[206] se requiere un historial que incluya dos o más episodios previos de TDM y la ausencia de una historia de manía o hipomanía.
iii) Haber dejado el tratamiento psicofarmacológico al menos durante los tres meses previos y hallarse en fase de seguimiento (recuperación/remisión del episodio de TDM).
iv) Obtener una puntuación que se sitúe dentro del rango de ausencia de depresión en la Escala de Evaluación de la Depresión de Hamilton[207].

Los criterios de exclusión:

i) Contar en el historial con antecedentes de esquizofrenia o trastorno esquizoafectivo.
ii) Cumplir en el momento de la evaluación con los criterios requeridos para el diagnóstico de TOC, TCA o trastorno por abuso del consumo de sustancias tóxicas.
iii) Presentar un trastorno mental orgánico, retraso generalizado del desarrollo o TLP.
iv) Contar en el historial clínico con un diagnóstico de distimia antes de los 20 años.

201 Véase Ma y Teasdale (2004) y Teasdale et al. (2000).

202 Kuyken et al. (2008).

203 Véase, por ejemplo, National Institute of Health and Care Excellence (2009).

204 En Teasdale et al. (2000) puede verse una excelente descripción del proceso de selección y asignación de los P/C a los grupos de tratamiento cuando se aplica la MBCT con fines investigadores.

205 APA (2013).

206 APA (1987).

207 Véanse en el anexo XVI la escala y los criterios para su corrección e interpretación.

v) Haber sido tratado con más de cuatro sesiones de TCC alguna vez.
vi) Haber recibido psicoterapia o asesoramiento en los últimos meses con una frecuencia superior a una vez al mes.
vii) Estar practicando en la actualidad estrategias de meditación más de una vez por semana o de yoga más de dos veces por semana.

Las razones por las que se se considera que es necesario excluir a los P/C con TCA, TOC, trastorno distímico previo a los 20 años o práctica actual del yoga son:

- TCA: presentan con frecuencia cuadros depresivos considerados secundarios al mismo.
- TOC: el pensamiento obsesivo (recurrente y persistente) puede interferir significativamente la aplicación de las estrategias de MFN.
- Trastorno distímico previo a los 20 años: el efecto negativo de la potencial cronicidad del cuadro depresivo (grado e intensidad de su consolidación y generalización) podría hacer ineficaz el tratamiento mediante la MBCT.
- La práctica actual de yoga con una frecuencia superior a las dos veces por semana: el efecto del yoga se solapa considerablemente con el entrenamiento en MFN.

Además, es un requisito que los P/C den por escrito su consentimiento informado en formularios *ad hoc*.

Los instrumentos de evaluación que se utilizan son la Escala de depresión de Hamilton[208] y la Escala de depresión de Beck[209].

[208] Véase anexo XVI.

[209] Véanse anexos XIa y XIb.

6.2.3.2. *El tratamiento*

Está contenido en un manual cuyo protocolo y programa tienen como fin el entrenamiento de los P/C con TDM para que tomen conciencia de los efectos de tales procesos (identificarlos) y enseñarles estrategias que les permitan reducir/eliminar la probabilidad de que se desencadenen tales asociaciones o automatismos.

Esta construido a partir de la integración de elementos propios de la TCB[210] con otros del programa del MBSR[211]. Es decir, combina el entrenamiento en MFN con los principios del MCC y describe con detalle los objetivos, contenidos y actividades que se han de realizar en cada sesión.

El programa de tratamiento se aplica durante ocho semanas, a razón de una sesión semanal de dos horas de duración. El formato de aplicación es el grupo integrado por un máximo de doce participantes.

Está diseñado para enseñar/entrenar a los P/C que están saliendo de un TDM recurrente en la intensificación de la detección de sus pensamientos, sus sentimientos y sus sensaciones corporales, así como a relacionarse con ellos de forma diferente como, por ejemplo, tratándolos como eventos pasajeros en vez de identificarse con ellos o tratarlos como si fuesen el resultado de lecturas precisas de la realidad.

El objetivo es que los P/C aprendan a «desengancharse» de sus habituales rutinas cognitivas de naturaleza disfuncional («automáticas»), y muy especialmente de los patrones de pensamiento recurrentes que se asocian con el estado depresivo. Se espera que dicho aprendizaje les permita reducir/eliminar el riesgo de futuros retrocesos y la recurrencia del TDM.

En la primera sesión de tratamiento se presentan los objetivos generales del mismo (reconocer la tendencia a poner «el piloto automático» y comprometerse con la toma de conciencia), se

[210] Beck et al. (1979).

[211] Véase, por ejemplo, Kabat-Zinn (1990).

dan instrucciones sobre cómo se desarrollarán las sesiones, se presentan las normas del programa, se realiza un ejercicio relativo a comer de manera consciente y se comienza con la práctica de la meditación explorando el propio cuerpo.

Tras esta sesión inicial de orientación individual, las restantes incluyen un plan o programa de entrenamiento y se estructuran respecto de un tema. En cada sesión se realiza el entrenamiento en MFN. Los ejercicios incluyen la alimentación consciente, la exploración del cuerpo, la meditación en la posición de sentado y el caminar atento. Asimismo, se proporcionan estrategias conductual-cognitivas para prestar atención a los pensamientos y sentimientos relacionados con los acontecimientos agradables y desagradables, y su registro como parte de las tareas del P/C.

Las «tareas para casa» son un componente básico que incluye la práctica diaria, durante 45 minutos, siguiendo las instrucciones para realizar los ejercicios de meditación con «atención plena». Generalmente se les entregan grabadas, pero pueden transmitírseles oralmente. Se incluye también la cumplimentación de autorregistros.

La función de las «tareas para casa» es, por una parte, aumentar la conciencia sin realizar juicios de valor sobre las sensaciones corporales, los pensamientos y los sentimientos que se experimentan en cada momento y, por otra, integrar la aplicación de la ejecución de las habilidades implicadas en la «conciencia plena» en el ámbito del desarrollo de la vida diaria.

Los temas básicos del programa incluyen el empoderamiento de los participantes y un enfoque en la conciencia de la experiencia en el momento. Se les ayuda a cultivar la aceptación y la flexibilidad de la respuesta, proponiendo tareas en las que los P/C se enfrentan intencionadamente a no tener en cuenta las dificultades y el malestar, y a desarrollar una perspectiva de lo que viven que no esté mediatizada por los pensamientos y los sentimientos (los cuales se conceptualizan y se viven como acontecimientos fugaces que ocurren en nuestro cerebro).

Una característica fundamental del programa de la MBCT es facilitar el aprendizaje y la adopción de un modo de ser consciente, que se caracteriza por la libertad para elegir y por la propia elección, en contraste con un modo dominado por patrones de procesamiento cognitivo-afectivo de la información que son habituales y de naturaleza automática. Es decir, a diferencia del TCC, cuyo objetivo es entrenar a las personas para que puedan cambiar el contenido de sus pensamientos y sus creencias negativas, el MBCT hace hincapié en aprender a «descentrarse» de las experiencias desagradables.

Un modo de ilustrar esta distinción, cuando se le explica a los P/C, es utilizar una experiencia que suele ser generalmente común. Este es el caso, por ejemplo, cuando se conduce por una carretera conocida y, de pronto, sin haberlo percibido conscientemente, uno de se da cuenta de que ha estado conduciendo durante kilómetros en modo «piloto automático», es decir, sin ser explícitamente consciente ni de la carretera ni de los demás vehículos. Durante ese lapsus de tiempo probablemente la atención se ha centrado en la preocupación por diseñar y/o planificar actividades o se le ha estado dando vueltas a alguna cuestión que se considera relevante. En cambio, cuando la conducción es «consciente» el conductor está atento a todo lo que acontece en cada momento (imágenes, sonidos, pensamientos, sensaciones corporales, etc.).

Se parte de que el hecho de estar atento evita que se reaccione precipitadamente y «sin sentido» a los fragmentos de la experiencia basada en los patrones antiguos de las respuestas cognitivas, que generalmente son estereotipados y habituales.

Se supone que el aumento de la «atención plena» es relevante para la prevención del retroceso (recurrencia del TDM), ya que permite la detección temprana de los patrones de negatividad (relativamente automáticos) que se suponen relacionados con este y que conforman los pensamientos repetitivos y los sentimientos asociados a los estados generados por las sensaciones corporales negativas.

Esta detección temprana, fruto de la «atención plena» que permite el procesamiento consciente de lo que acontece, posibilitaría que se percibieran las señales de alarma a su debido tiempo, que no se ignoraran. Además, también conllevaría la reducción progresiva de los patrones de negatividad que se suponen responsables de provocar los retrocesos.

La formulación de estrategias específicas de prevención de recaídas/recurrencias como, por ejemplo, involucrar a los miembros de la familia en un sistema de «alerta temprana», tener visibles sugerencias escritas que contengan las actividades que podemos realizar para afrontar la interrupción de los retrocesos inadecuados o para detener la búsqueda de los pensamientos negativos recurrentes, se incluyen también como parte de las estrategias que se desarrollan durante la fase de seguimiento de los efectos del tratamiento, es decir, una vez transcurridas las ocho sesiones programadas que lo integran.

6.2.3.3. *Variantes del tratamiento estándar*

En torno a la MBCT estándar han surgido dos variantes que se han desarrollado para ser aplicadas en los ámbitos clínico y comunitario, respectivamente. En ambas ha participado como integrante del equipo de investigación Willem Kuyken, y en ambas el componente añadido es la compasión[212].

Las razones para el desarrollo de estas variantes de la estrategia inicial de tratamiento son varias y tratan de reforzar el efecto de la MBCT, que han puesto de manifiesto resultados como los obtenidos en el metaanálisis de Van der Velden et al. (2015). Estos investigadores hallaron que del estudio cuantitativo de los 23 estudios metaanalizados sobre la aplicación de la MBCT, se concluían importantes beneficios en la reducción/eliminación de la rumiación y la preocupación, así como en el incremento de la meta-conciencia[213]. La reducción de las respuestas cognitivas repetitivas de manera recurrente (rumiación) es, pues, uno de los efectos mejor establecidos como consecuencia de la aplicación de la MBCT, pero no es suficiente, como vamos a ver.

Así, por un lado, la evidencia empírica ha mostrado que, después de la aplicación de la MBCT, las respuestas alteradas (consideradas «residuales») seguían siendo frecuentes y relevantes[214]. Por otro, los resultados también muestran que la «atención plena» y la compasión median el resultado del tratamiento. Esto es lo que ocurrió, por ejemplo, en la investigación realizada por Kuyken et al. (2010), quienes hallaron que, tras aplicar la MBCT, la reactividad cognitiva ya no desencadenaba las respuestas depresivas[215], atribuyéndolo a la participación de la autocompasión, porque en los participantes que la desarrollaron fue entre quienes ocurría con mayor probabilidad.

---

[212] Feldman y Kuyken (2011) definen la compasión como «[...] la capacidad de abrirse a la realidad del sufrimiento y aspirar a su curación», presentando una «respuesta de múltiples texturas al dolor, la pena y la angustia, incluyendo la amabilidad, la empatía, la generosidad y la aceptación» (p. 144). Asimismo, Strauss et al. (2016) la delimitan como la integración de cinco elementos «[...] reconocer el sufrimiento, comprender la universalidad del sufrimiento humano, sentir por la persona que sufre, tolerar los sentimientos incómodos, y motivarse para actuar y aliviar el sufrimiento» (p. 15).

[213] Se delimita como el proceso que supervisa y detecta alteraciones («monitorea») la calidad de la atención, así como otras cuestiones cognitivas y físicas que conforman la experiencia meditativa y producen la conciencia efectiva. Es decir, se conjetura que su función es la organización deliberada de la experiencia a través del control de las tareas del sistema cognitivo (inhibición y planificación de la acción). Su efecto es detectar la pérdida de la «conciencia plena», como ocurre, por ejemplo, cuando, en vez de centrar la atención en las sensaciones de la respiración, se piensa en una experiencia placentera y de pronto se adquiere la conciencia de que se ha distraído la atención del proceso de respiración.

[214] Véase, por ejemplo, Piet y Hougaard (2011) o Van Aalderen et al. (2012).

[215] La reactividad cognitiva generalmente predice la recaída depresiva.

Además, Gilbert y Procter (2006) también habían descubierto que uno de los posibles mecanismos que participaban en el mantenimiento de las respuestas depresivas recurrentes era el implicado en la construcción de la «baja autoestima».

Por otra parte, como recuerdan Schuling et al. (2021), todos estos hallazgos son coherentes o están en consonancia con los resultados de las investigaciones de Beck (1967) y Beck (1976), quienes los atribuyeron a la existencia de creencias básicas que se hipotetizaban responsables de la desproporción del autodesprecio ante, por ejemplo, la percepción de que se yerra.

Desde esta perspectiva, la relación entre la reactividad cognitiva y la recaída estaría relacionada con la activación de tales creencias básicas, que, a su vez, desencadenarían la autodenigración y el autoultraje, en definitiva, el desprecio de uno hacia sí mismo.

En este contexto, que el P/C aprenda a adoptar una actitud de autocompasión, que reduzca/elimine la probabilidad de que se active el mecanismo autodenigrante, puede ser considerada una habilidad muy útil, porque actuaría como una barrera que retardaría (dificultaría), o en el mejor de los casos impediría, los efectos perversos de los mecanismos implicados en la autocrítica destructiva.

En consecuencia, la autocompasión actuaría como un factor de protección que reduciría/anularía el valor de la frecuencia de aparición, de la intensidad y de la duración de las respuestas depresivas, dificultando/reduciendo o eliminando/impidiendo la reiteración cognitiva («rumiación»).

El trabajo psicológico sería, pues, el de explicitar e intensificar el aprendizaje de la (auto)compasión, dado que esta ya se enseña implícitamente en la MBCT[216], a fin de contribuir a maximizar la probabilidad de reducir la rumiación en los P/C propensos a los retrocesos en el aprendizaje y a la recurrencia de la depresión.

Esta conclusión «laboral» es la que ha llevado a formular las dos variantes de las que nos ocuparemos a continuación, en línea con lo sostenido en la literatura contemplativa, que subraya la importancia de aprender a desarrollar las habilidades que propician que puedan darse simultáneamente el MFN y la (auto)compasión. Es decir, ser capaces de concentrar intencionadamente la atención al momento presente, sin juzgar lo que acontece[217], y hacerlo en el marco de un estado personal de distensión (quietud y calma) que nos permita enfrentarnos a lo difícil con equilibrio y con compasión[218].

Aunque esta línea de investigación todavía se halla en sus inicios, los resultados son alentadores.

Así, en el metaanálisis realizado por Kirby, Tellegen y Steindl (2015), que incluyó 21 ECA sobre las intervenciones basadas en la compasión en poblaciones sin problemas clínicos, los TE fueron moderados en el incremento de la compasión, la autocompasión, las habilidades de «atención plena», la depresión y el bienestar.

De igual modo, en otro metaanálisis más reciente, Ferrari et al. (2019) hallaron que el entrenamiento en (auto)compasión se asoció con TE significativos para la población general o comunitaria [$g = 0,66$ para la depresión y $g = 0,75$ para la (auto)compasión] y en los estudios que habían utilizado análogos clínicos ($g = 0,82$ para la autocompasión).

Veamos estas variantes con algo de detalle.

Variante para el ámbito clínico

El reconocimiento explícito del alcance limitado de los efectos de la MBCT, por un lado, y por otro los indicios y resultados prometedores del efecto potencial de la (auto)compasión, como los recogidos en los trabajos que hemos comen-

[216] Véase Segal et al. (2002).

[217] Kabat-Zinn (2003).

[218] Feldman y Kuyken (2019).

tado y en otros como los de Germer (2009), Gilbert (2009a) o Neff y Germer (2013), son los que han proporcionado el fundamento para que Van den Brink y Koster (2015) desarrollaran y presentaran su propuesta de MBI conocida como «la vida compasiva basada en la atención plena» (MBCL, por su nombre en inglés).

Estos investigadores recuerdan que, pese a que la MBCT ha resultado eficaz para reducir las respuestas depresivas en población adulta cuando estas son recurrentes, el TE que se le puede atribuir en el mantenimiento de la recuperación es modesto.

Por esta razón proponen su reformulación incorporando un componente adicional de modo secuencial: al entrenamiento en los contenidos del programa de la MBCT le sigue el de la MBCL, que manipula la intensidad de un mecanismo ya implícito en el componente de MFN que integra la MBCT: la (auto)compasión[219].

Basándose en ello, Schuling, Huijbers, van Ravesteijn, Kuyken y Speckens (2021) han investigado la eficacia de la modalidad de la MBI protocolizada por Van den Brink y Koster (2015) frente al TAU de la depresión recurrente[220], y también como componente de la MBCT (a la que se incorpora durante el seguimiento, una vez concluida su aplicación)[221].

Su formato incluye ocho sesiones, que se desarrollan a razón de una por semana y en grupo, con «tareas para casa» como modalidad de práctica adicional para conseguir la consolidación y la generalización de los aprendizajes.

La MBCL aborda explícitamente el aprendizaje y la práctica de la (auto)compasión como forma de responder ante las experiencias problemáticas. Su objetivo es potenciar las variables protectoras que mejoran la resiliencia frente a los mecanismos subyacentes de vulnerabilidad que se suponen propios de esta población.

El objetivo de esta investigación fue explorar el valor añadido que aportaba el entrenamiento en compasión (MBCL). Utilizaron una muestra de conveniencia[222] de P/C con depresión recurrente, en el marco de un ensayo controlado aleatorio.

El entrenamiento se desarrolla durante la intervención paso a paso[223], en el contexto de una guía graduada en su dificultad para afrontar adecuadamente las experiencias difíciles, en un marco amable que estimula la exposición y proporciona seguridad para facilitarla, animándolos a seguir su propio ritmo a la hora de responder activamente al sufrimiento, en situaciones difíciles o dolorosas de la vida cotidiana[224].

El entrenamiento mediante la práctica es principalmente experiencial. Se estimula a los participantes para que atiendan principalmente a su experiencia directa, ya sea agradable o desagradable, en lugar de pensar en ella.

Los resultados de la observación mostraron que los participantes parecían capaces de incorporar el entrenamiento recibido y obtener beneficios importantes en términos de (auto)compasión y autocuidado. Es decir, este hecho cualitativo se infirió a partir de la constatación de que los P/C podían abordar con amabilidad las emociones y los pensamientos negativos propios de situaciones asociadas a sufrimiento, pese a ser complicado y

[219] Pese a que el objetivo de la propuesta de la MBCL es su aplicación como un entrenamiento que se desarrolla en el curso del seguimiento del tratamiento previo, que puede aplicarse como complemento de la MBCT o del MBSR en entornos clínicos y no clínicos (véase Schuling et al., 2016), nosotros nos referiremos aquí solo al contexto clínico (véase Schuling et al., 2020 y 2021), es decir, a la complementariedad de la MBCT, no del MBSR.

[220] Schuling et al. (2020).

[221] Schuling et al. (2021).

[222] Recordemos que se trata de un procedimiento que ni es aleatorio ni probabilístico, por el que la muestra se selecciona basándose en la disponibilidad de quienes participan.

[223] Véase Schuling et al. (2016).

[224] Se fomenta que el deseo de responder al sufrimiento esté en consonancia con su reconocimiento, tal como proponen Strauss et al. (2016) en su definición de la compasión.

difícil de afrontar sin acritud, sin resentimiento, sin malestar o/y sin miedo. Basándose en ello, concluyeron que el elemento crucial para explicar el comportamiento observado fue la práctica de la (auto)compasión.

Al comparar ambos componentes del tratamiento (MBCT *vs.* MBCL), algunos participantes afirmaron que durante la MBCL habían podido mantener una observación más «neutral», al no sentirse impelidos a exponerse a lo que les resultaba difícil («por la invitación» del psicólogo), pudiendo manejar mejor las respuestas de escape y evitación que están intensamente asociadas con tales situaciones.

Schuling et al. (2021) entienden que la observación sobre la facilidad-dificultad de manejar la autobservación es coherente con el supuesto básico que subyace al tratamiento mediante la compasión: la población diana es muy autocrítica y teme que si se exponen puedan experimentar las emociones que no desean sentir, ya sean negativas o positivas, y por ello escapan o directamente evitan (se resisten a) trabajar con experiencias difíciles[225].

De hecho, los investigadores indican que «la resistencia» parecía ser alta durante las primeras sesiones. Los P/C afirmaron que la exposición mientras eran amables consigo mismos a las experiencias y a las emociones que habían evitado («reprimido») durante mucho tiempo les resultaba extraña.

Schuling et al. (2021) concluyen que los resultados de este estudio cualitativo les llevan a sostener que el valor añadido del MBCL, como componente de la nueva variante de la MBCT, consiste en proporcionar a los P/C herramientas que pueden ser aplicadas inmediatamente, así como un contexto clínico seguro y autocompasivo que facilitaría su exposición progresiva a situaciones/recuerdos que desencadenan intensidades cada vez mayores de sufrimiento, sin escapar de percibirlo/experimentarlo, la cual iría (también) progresivamente produciendo la desensibilización ante los estímulos que se asocian con el miedo que desencadena las respuestas de ansiedad.

Desde nuestro punto de vista, el miedo a las emociones positivas se explicaría porque se perciben como estímulos discriminativos que anteceden a la aparición de las consecuencias negativas. Es preferible seguir estando al menos «algo mal» para «no bajar la guardia» y, como consecuencia, no tener que volver de nuevo a «pasarlo muy mal».

Schuling et al. (2021) traducen el efecto de esta variante (MBCT $\cup$ MBCL) proponiendo como explicación el supuesto de la participación de un proceso de:

— Familiarización con la bondad y la seguridad.
— Acercamiento a lo difícil.
— Aprendizaje de la ejecución de respuestas tranquilizadoras y de autocompasión.
— Incremento de la confianza para manejar el sufrimiento.
— Intensificación de la experiencia de sentirse seguro y bondadoso.

Esta explicación tentativa también incluye el supuesto de que el proceso no sería lineal, congruentemente con la teoría de la regulación de la emoción positiva y consciente formulada por Garland et al. (2015), porque los avances o pasos se reforzarían mutuamente (a modo de una secuencia de acontecimientos en los que cada uno de ellos puede adoptar distintas funciones). Este refuerzo mutuo, concebido como una espiral ascendente, explicaría el incremento continuo de las mejoras que se observan, a lo largo del tiempo, asociadas a un incremento de la calidad de la vida[226].

[225] Véase Gilbert et al. (2014).

[226] Schuling et al. (2020).

Variante para el tratamiento comunitario

Otra de las variantes de la MBCT es la «Mindfulness-based cognitive therapy for life»[227] (MBCT-L, por sus siglas en inglés). Esta también parte de los fundamentos teóricos de la psicología y se desarrolla, al igual que hemos señalado para la MBCT ∪ MBCL, siguiendo un protocolo MBI que incluye las habilidades básicas, propias del MFN y de la (auto)compasión, que están implicadas en la resiliencia frente al estrés y en el mantenimiento del bienestar de la población. Estas han sido adaptadas para poder ser enseñadas-aprendidas por la población general[228].

La finalidad de la MBCT-L es doble: fomentar la salud y contribuir a mantener el bienestar general[229], siendo su objetivo principal el entrenamiento en el manejo de la gestión del estrés.

Para ello, la MBCT-L asume como propia la teoría transaccional del estrés, muy probablemente la más influyente en este ámbito de la psicología clínica y de la salud[230]. Esta teoría sostiene que el estrés no es una propiedad de las situaciones ni una característica de las personas, sino el resultado de una transacción que se produce durante la interacción entre la situación y la persona, como consecuencia de la valoración que esta última hace de aquella.

Así, dentro del marco del MCC, la teoría transaccional del estrés afirma que, cuando tras la primera valoración se concluye que la situación supone un peligro o amenaza para la persona, esta pone en marcha la segunda evaluación para esclarecer si los recursos de los que puede disponer son suficientes para afrontar con éxito la amenaza que ha percibido.

Esta teoría se ha aplicado, desde hace ya mucho tiempo, para explicar el inicio, desarrollo y mantenimiento del estrés como un producto de la interacción de las personas con una gran variedad de contextos, incluido el laboral[231]. En relación con este último, la teoría transaccional permite comprender, explicar y diseñar el tratamiento para que las personas puedan identificar los estímulos estresores y las respuestas y los procesos que utilizan para valorarlos, así como las estrategias que usan para elegir en ese momento la respuesta que estiman más adecuada para afrontarlos.

En este mismo orden, los resultados de dos revisiones cuantitativas, realizadas con cuatro años de diferencia, constatan que tanto el entrenamiento mediante TCC como por medio de los MBP y las MBI, para el entrenamiento en la gestión del estrés, son procedimientos eficaces para reducirlo con carácter general y específicamente en el ámbito laboral[232].

Joyce et al. (2016) concluyen que sus resultados demuestran que existen intervenciones con apoyo empírico que, cuando son aplicadas en los lugares de trabajo, pueden ayudar a prevenir los P/T psicológicos y la recuperación de los empleados diagnosticados con depresión y/o ansiedad, siendo el TCC el más avalado por la evidencia empírica.

Por su parte, Querstret et al. (2020) recuerdan en la introducción a su metaanálisis que, en la población general, gran parte de la «mala salud psicológica» está relacionada con la experiencia de las respuestas inadecuadas desencadenadas por los estresores laborales (malestar —«distrés»—).

En su revisión sistemática y en el metaanálisis de los estudios realizados en muestras no clínicas, en las que han evaluado los efectos del MBSR y de la MBCT, los resultados, obtenidos a partir de los datos agrupados mediante un modelo de efectos aleatorios y de las estimaciones del TE (*g* de Hedges), incluyeron los de 49 estudios realizados en muestras no clínicas ($n = 4733$). Estos mostraron que, en comparación con el GCLE, la MBCT y el MBSR, redujeron significativamente las res-

[227] Bernard, Cullen y Kuyken (2017).

[228] Véase Feldman y Kuyken (2019) y Kuyken et al. (2017).

[229] Strauss et al. (2021).

[230] Véase Lazarus y Folkman (1984 y 1987).

[231] Lazarus (1995).

[232] Joyce et al. (2016) y Querstret et al. (2020).

puestas alteradas implicadas en la rumiación/preocupación (g = −1,13 [−2,17, −0,08]), en el estrés/malestar psicológico (g = −0,52 [−0,68, −0,36]), la depresión [g = −0,45 [−0,64, −0,26]) y la ansiedad (g = −0,44 [−0,65, −0,23]), y mejoraron significativamente la calidad de vida/bienestar (g = 0,32 [0,10, 0,54]).

La aplicación del TCC, para el entrenamiento en la gestión del estrés, conlleva aprender a identificar cómo los pensamientos (incluidas las valoraciones que realizamos), los sentimientos (producto de la evaluación cognitiva sobre el estado que resulta de nuestra percepción e interpretación de los estímulos externos e internos), las respuestas manifiestas y las sensaciones físicas (respuestas psicofisiológicas y de tensión motora) interactúan para constituir el estado que denominamos «estrés», y el uso de esta información para identificar estrategias con las que prevenir o reducir su intensidad y su duración.

Desde la perspectiva del MCC, las estrategias que empleamos para aprender a afrontar el estrés van desde identificar y reevaluar la precisión de las respuestas cognitivas relacionadas con este (valoraciones), pasando por concretar las cadenas de estímulos y respuestas (comportamientos) que contribuyen a su producción, hasta terminar con el modo de elegir las respuestas alternativas que estimamos más eficaces, para afrontar adecuadamente la situación y reducir la sobreexcitación fisiológica asociada a este estado.

Actuando de esta forma, podemos, por una parte, aprender a controlar/romper el «círculo vicioso» que actúa como mecanismo de mantenimiento del «estrés», a través de la interacción entre los pensamientos (respuestas cognitivas), los sentimientos[233], los comportamientos y las sensaciones físicas (respuestas somáticas de orden motor y psicofisiológico) y, por otra, a reemplazarlo de modo progresivo hasta sustituirlo completamente por otro que actúe como barrera para prevenir el estrés o, en su defecto, reducir significativamente su intensidad y duración.

Por otro lado, como ha mostrado el metaanálisis de Querstret et al. (2020), la evidencia empírica también señala que cada vez hay más pruebas de que las MBI reducen el estrés laboral informado por los trabajadores que no tienen problemas con significación clínica[234].

Así, por ejemplo, dentro del ámbito laboral, en la población que trabaja en los sistemas sanitarios de salud, públicos y privados, las MBI han probado reiteradamente sus efectos beneficiosos en la reducción de su estrés laboral.

El personal sanitario, por las condiciones laborales de su quehacer, se convierte en una muestra de la población que es muy vulnerable a presentar los efectos negativos del estrés. Así, siguiendo a Strauss et al. (2018), respecto de la población laboral de habla anglosajona, en una encuesta realizada en Estados Unidos se halló que el estrés es mayor entre los trabajadores sanitarios que en cualquier otro sector, ya que el 69 por 100 del personal afirma sentirse estresado y el 17 por 100 presenta intensidades elevadas en estrés[235].

El panorama es similar en otros países, como Reino Unido, porque, por ejemplo, del personal que trabaja en el Servicio Nacional de Salud (NHS) el 37 por 100 declara sentirse mal debido al estrés laboral[236]. Además, el personal del NHS tiene más probabilidades de experimentar estrés laboral en comparación con el de cualquier otra profesión del sector público, ya que el 61 por 100

---

[233] Entendido como el resultado de la valoración cognitiva que hacemos sobre el estado de nuestro organismo, que resulta, a su vez, de la evaluación del balance entre los requerimientos que entendemos que nos exige la situación para afrontarla adecuadamente y de los recursos que percibimos o creemos en ese momento que tenemos a nuestra disposición (sean reales o no lo sean).

[234] Así, Bartlett et al. (2019), Pérez-Fuentes et al. (2020), Querstret et al. (2020) o Vonderlin et al. (2020).

[235] Advisory Board (2014). Health care workers may be the nation's most stressed employees. https://www.advisory.com/dailybriefing/2014/02/13/health-care-workers-may-be-the-nations-most-stressedemployees.

[236] NHS Survey Coordination Centre (2017).

se siente estresado todo o casi todo el tiempo[237], y el absentismo por enfermedad es el más elevado de todas las grandes organizaciones que lo integran[238].

En el ámbito español también ocurre otro tanto, pero de momento parece que con menor frecuencia e intensidad[239], tanto en ámbitos de actuación que son especialmente estresantes como ocurre con los servicios de urgencias hospitalarios[240] o en momentos tan impactantes como los generados por el SARS-CoV-2 (Covid-19) en la salud mental de los profesionales sanitarios españoles[241].

En cualquier caso, además de las importantes efectos negativos de orden personal y económico que puede generar el estrés, en el contexto sanitario hay que añadir las consecuencias negativas, porque estas pueden repercutir de forma dramática en la atención y la seguridad de los P/C[242].

De ahí la relevancia de disponer de intervenciones psicológicas que resulten eficaces y efectivas y puedan a ayudar a abordar esta problemática con éxito.

Como acabamos de ver, de todo lo expuesto cabe concluir que se trata de dos estrategias de tratamiento psicológico que podrían facilitar, por una parte, el incremento de la conciencia de las valoraciones que se pueden hacer en relación con el estrés (y otras situaciones problemáticas), en la reevaluación o en la aceptación (sin mediar juicios de valor) de tales valoraciones, así como respecto de las opciones disponibles para responder ante las situaciones estresantes y problemáticas de la manera más adecuada.

Es decir, el MFN, además de favorecer la intensificación de la conciencia y de la aceptación de las circunstancias y experiencias que se producen en el presente (pensamientos, sentimientos, sensaciones, etc.), también podría resultar muy útil para valorar adecuadamente las distintas alternativas de respuesta ante la situación problemática/estresante, a fin de incrementar la probabilidad de elegir las que pudieran ser más útiles, dentro de las que se pueden utilizar.

En consecuencia, la MBCT, al integrar los componentes de la TCC como parte de las MBI, es una opción de tratamiento relevante para el estrés, porque ha probado que puede fortalecer a la persona y reducir la probabilidad de retrocesos en alteraciones y circunstancias particularmente complicadas, como lo son los retrocesos en los aprendizajes para el control de la depresión[243].

Este es el contexto en el que surge la idea de la adaptación de la MBCT para ser aplicada a muestras comunitarias. La idea se plasma en la propuesta que conocemos como «MBCT para la vida (MBCT-L, por su nombre en inglés—)[244]. Tiene su misma estructura y utiliza las mismas técnicas que la MBCT, pero añade el énfasis en el bienestar, en su apreciación y en la gratitud por lo que se tiene. De ahí que se espere que resulte más adecuada y sea más y mejor aceptada en los entornos laborales, donde ya ha demostrado ser eficaz sin que se produjeran tales énfasis[245].

La MBCT-L es una intervención grupal breve, que se aplica en grupo, durante ocho semanas (con una sesión de presentación previa que sirve para orientar —equivalente a la fase psicoeducativa del TCC—), a razón de una sesión por sema-

[237] Johnson (2015).

[238] Office for National Statistics (2017).

[239] García-Moran y Gil-Lacruz (2016).

[240] Portero de la Cruz (2019) señala que la prevalencia de morbilidad psiquiátrica en profesionales de la salud del servicio de urgencias hospitalario se sitúa en el 36,80 por 100.

[241] García-Iglesias et al. (2020).

[242] Hall et al. (2016).

[243] Por ejemplo, los resultados del metaanálisis de Querstret et al. (2020) señalan que la MBCT genera TE mayores que la MBSR para todas las variables medidas, en muestras comunitarias (sin problemas con significación clínica), pero también que ambos se asocian con beneficios para la salud y el bienestar, en línea con la evidencia empírica existente que sugiere que el MBSR y la MBCT pueden ser enfoques eficaces para tratar preventivamente a población comunitaria con problemas psicológicos subclínicos.

[244] Bernard, Cullen y Kuyken (2017).

[245] Bartlett et al. (2019) y Lomas et al. (2017).

na y con una duración de dos horas. Entre sesión y sesión de enseñanza-aprendizaje se realizan las «tareas para casa», que requieren disponer de aproximadamente 40 minutos al día para la práctica de MFN y de las técnicas propias del TCC, que también se entrenan bajo el compromiso de practicarlas.

El contenido de cada sesión incluye la revisión de las «tareas para casa», con la consiguiente aclaración de dudas y la enseñanza/discusión de las técnicas propias del TCC entrenadas durante las prácticas guiadas de MFN, así como el análisis de las experiencias que se han producido durante el entrenamiento desarrollado en la sesión.

El tratamiento se aplica bajo la guía de paraprofesionales que actúan como terapeutas tras completar su formación en la aplicación de la MBCT-L, acreditar haber completado su formación como profesores de MBCT y cumplir los criterios establecidos por la Red de Organizaciones de Formación de Profesores de Mindfulness del Reino Unido (lugar donde se ha diseñado la MBCT-L).

Además, al menos en dos ocasiones los terapeutas son supervisados durante la aplicación del tratamiento por otro profesional, el cual cumple con los criterios de supervisión establecidos por la Red de Organizaciones de Formación de Profesores de Mindfulness del Reino Unido y que cuenta al menos con la formación MBCT-L que se imparte durante dos días.

6.2.4. La evidencia empírica

Por lo que respecta al efecto de la MBCT para tratar preventivamente los retrocesos en las personas que han presentado TDM y cuentan con un historial previo de dos o más retrocesos, la evidencia empírica refrenda solo parcialmente la consecución de este objetivo, como puede verse en el metaanálisis realizado por Kuyken et al. (2016).

En este metaanálisis se delimitó como resultado primario la recaída que el retroceso se produjese dentro de las 60 semanas fijadas como período de seguimiento y utilizando una entrevista estructurada para el diagnóstico clínico[246]. En los estudios con un seguimiento mayor a los 15 meses solo se contemplaron los registros dentro del período establecido.

Kuyken et al. (2016) incluyeron los nueve ensayos que cumplían estas condiciones[247]. Participaron 1.258 P/C (EM = 47,1; DT = 11,9 años), siendo el 75 por 100 mujeres.

Los resultados de aplicar un modelo de efectos aleatorios mostraron que los P/C que fueron tratados con MBCT tenían menor riesgo de recaída que los que no la recibieron (cociente de riesgo: 0,69; IC del 95 por 100, 0,58-0,82), pero que este se reducía al 31 por 100 cuando se comparaba con las recaídas registradas en los GCA. De hecho, las comparaciones entre los tratamientos activos también indicaban un riesgo reducido de recaída (cociente de riesgo: 0,79; IC del 95 por 100, 0,64-0,97).

El análisis de la interacción entre las variables sociodemográficas (edad, sexo, educación, etc.) y psicopatológicas (edad de inicio y número de episodios previos de depresión) no tuvo relevancia estadística, pese a que se detectaron algunas pruebas que sugerían que una mayor gravedad de las respuestas depresivas antes del tratamiento se asociaba con un mayor efecto de la MBCT, al compararlo con el de las otras modalidades de

---

[246] First et al. (1995).

[247] Fueron estudios en lengua inglesa que habían sido publicados o aceptados en revistas revisadas por pares incluidas en las bases de datos: EMBASE, PubMed/Medline, PsycINFO, Web of Science, Scopus y el Registro Cochrane de Ensayos Controlados desde el primer año disponible hasta el 22 de noviembre de 2014. Los autores informan que las búsquedas se realizaron desde noviembre de 2010 hasta noviembre de 2014.

Todos fueron ensayos aleatorizados en los que se había aplicado la MBCT siguiendo su manual de intervención con el fin de prevenir recaídas, en la depresión recurrente en remisión total o parcial. Estos habían incluido en la comparación al menos una condición experimental con un tratamiento distinto a la MBCT, incluida la atención habitual.

tratamiento (TAU y otros tratamientos activos, incluidos los antidepresivos químicos).

Los autores concluyeron que la MBCT se mostraba eficaz, en línea con los resultados de otros trabajos previos[248], pero en una proporción inferior a un tercio, particularmente en aquellos P/C que presentaban las respuestas depresivas durante más tiempo.

Por otra parte, un número cada vez mayor de estudios muestran que la MBCT también puede ser eficaz para disminuir las respuestas depresivas en P/C con depresión actual. Así, por ejemplo, Strauss et al. (2014) recordaban que, debido a los resultados tan prometedores que han acompañado a su aplicación, se ha producido un movimiento para ampliarla a las personas que experimentan un episodio agudo o un trastorno de ansiedad o depresión, pese a que la MBCT no se desarrollase para ser aplicada a personas que experimentan un episodio agudo de depresión o ansiedad.

Pese a que los resultados del metaanálisis realizado por Strauss et al. (2014) les permitan concluir que, para las personas con diagnóstico de episodio actual de un trastorno depresivo o de ansiedad, los efectos de la aplicación de la MBCT recomiendan su empleo como una intervención efectiva para esta población, ellos mismos subrayan que hay buenas razones para ser cautelosos a la hora de ampliar el alcance potencial de esta modalidad de tratamiento, en particular de las MBI, porque, a diferencia de los P/C con antecedentes de depresión que no están angustiados, la MBCT y el resto de las modalidades de MBI estándar pueden no ser beneficiosos para quienes cumplen los criterios de diagnóstico de un episodio de trastorno depresivo o de ansiedad porque:

— En estas modalidades de tratamiento se invita a los P/C a tomar conciencia plena de las experiencias actuales.

Ello significa que para quienes sufren un episodio depresivo o de ansiedad es probable que sus experiencias actuales incluyan pensamientos automáticos aversivos y sentimientos desagradables que pueden ser difíciles de atender o de aceptar.

Además, una intervención con un número reducido de sesiones (las breves suelen estar alrededor de ocho) puede ser claramente insuficiente para aprender a prestar atención y aceptar tales experiencias.

Recordemos que mientras que la MBCT hace hincapié en «dejar pasar» o «descentrarse» de las experiencias desagradables, sin intentar cambiar su contenido, el TCC tiene como objetivo que el P/C aprenda a cambiarlo (tanto en sus pensamientos como respecto de sus creencias negativas), pudiendo resultar más apropiado, por ser más intuitivo.

— Los procesos cognitivos habituales, propios de los trastornos de ansiedad y depresión, pueden ser antagónicos del mecanismo de MFN y, por tanto, pueden oponerse a este nuevo aprendizaje. Tal sería el caso de la rumiación, la preocupación y los sesgos atencionales. Proponer a alguien que se despreocupe de ellos puede ser fácil, pero seguir la sugerencia puede no serlo, porque va contra la tendencia aprendida (contra la fuerza del hábito que indicaría Hull).

Intentar distraerse de las experiencias desagradables o evitarlas también forma parte de lo que es habitual en el curso de los episodios depresivos y de ansiedad. El MFN requiere aprender una forma diferente de responder a la experiencia cuando se es consciente de la misma (por lo que no se evita ni se distrae de ella). Además, requiere no apegarse a tal experiencia (por lo que no se persevera). El aprendizaje de ambos procesos (adquisición y ejecución

[248] Kuyken et al. (2013).

de las habilidades) puede ser difícil de aprender durante el curso de unas pocas sesiones de tratamiento.

— En tercer lugar, Strauss et al. (2014) recuerdan que existen dificultades para lograr motivarse y concentrarse, que también pueden suponer un reto considerable para quienes presentan un episodio depresivo o de ansiedad y, a la vez, han de afrontar la práctica del MFN.

Una cuestión fundamental en la aplicación de la MBCT, como en el resto de las MBI, es que los P/C aprendan a regular su atención, pero, una vez más, en tales condiciones puede resultar muy complicado lograrlo en un número reducido de sesiones y que el aprendizaje sea eficaz.

En cualquier caso, el componente de entrenamiento en MFN que se integra dentro de la MBCT cuenta con el aval del NICE (2009) como tratamiento psicológico para ser aplicado en la prevención secundaria de la depresión recurrente.

En este contexto, los primeros estudios sugerían que el efecto preventivo del MBCT podía ser mayor entre quienes habían experimentado tres o más episodios previos. Ahora también se dispone de resultados que avalan que el número de episodios de retroceso es un predictor de buena respuesta a este tratamiento, porque es un marcador que identifica a quienes presentan mayor vulnerabilidad, por contar con un historial temprano de eventos vitales negativos y haber sufrido depresión antes de la edad adulta[249].

A continuación, presentaremos la evidencia que respalda a las variantes referidas: la MBCL y la MBCT-L.

La MBCL cuenta con la evidencia empírica proporcionada por dos estudios pilotos y un ECA. En el primer estudio piloto[250] participó una muestra de P/C con diversos trastornos psicológicos que previamente habían sido tratados con el MBSR o con la MBCT. Los resultados mostraron una reducción de las respuestas depresivas y un aumento de las habilidades implicadas en el aprendizaje del MFN y de la (auto)compasión.

El segundo estudio piloto[251] se realizó con dos objetivos:

— Investigar las variables facilitadoras y las barreras con las que se podía encontrar la aplicación del MBCL, a fin de poder adaptarla a las necesidades de la población diana utilizando un diseño cualitativo como complemento.
— Evaluar la viabilidad, la aceptación y la eficacia preliminar de la MBCL, como intervención para aplicar durante el seguimiento de los efectos de la MBCT.

Se utilizó un diseño no controlado ni aleatorizado, cuasiexperimental, en el que participaron 17 P/C (15 mujeres y 2 varones; rango:37-71 años) con depresión recurrente, que fueron reagrupados en dos condiciones que recibieron tratamiento en dos fases consecutivas.

Los efectos de la MBCL se evaluaron cualitativamente mediante entrevistas que se aplicaron tras finalizar la intervención en los grupos. También se administraron cuestionarios que evaluaban las respuestas depresivas, la preocupación y las habilidades de autocompasión y de MFN, antes y después de ser aplicado el tratamiento. Ningún P/C abandonó la intervención. La asistencia media fue de 7,52 (DT = 0,73) sobre ocho sesiones.

Los resultados mostraron que las respuestas depresivas no se reducían en el primer grupo, pero sí en el segundo, produciéndose un aumento de la autocompasión en ambos. Los valores otorgados a la preocupación y a la «atención plena» no cambiaron entre el pre y el postest.

249 Williams et al. (2012).
250 Bartels-Velthuis et al. (2016).
251 Schuling et al. (2018).

En consecuencia, pese a los problemas metodológicos propios de un estudio de esta naturaleza, los hallazgos indicaron que la MBCL era aplicable y aceptada por los 17 P/C con depresión recurrente, que previamente habían sido tratados con la MBCT.

Los resultados fueron prometedores y dejaban clara la necesidad de volver a investigar la eficacia de la MBCL en un ECA con la muestra necesaria para asegurar una potencia estadística suficiente.

Eso fue lo que hicieron Schuling et al. (2020), quienes diseñaron y realizaron una investigación en dos fases sobre una muestra de 122 P/C, de los que 61 fueron asignados al azar a la condición MBCL + TAU y otros 61 a la TAU.

En la primera fase se realizó un ECA en el que se comparó el efecto conjunto de la MBCL más el TAU con el TAU solo. La medida principal de resultado fue la gravedad de las respuestas depresivas. Se estudiaron las posibles variables mediadoras del efecto del tratamiento. En la segunda se realizó un estudio no controlado del grupo de tratamiento y del GC, para analizar la consolidación del efecto del MBCL durante los seis meses de seguimiento.

Los resultados mostraron que los P/C que participaron en la MBCL+TAU mostraron mejoras significativas en las respuestas depresivas en comparación con quienes solo recibieron TAU (*d* de Cohen = 0,35). Los resultados a los seis meses de seguimiento mostraron que las respuestas depresivas habían ido decreciendo.

Pese a las limitaciones notables del diseño utilizado, entre las que destacan la del control de las variables inespecíficas y la falta de datos proporcionados por la planificación secuencial y prospectiva que requeriría el estudio, tal como se ha desarrollado la aplicación[252], los resultados, en línea con los de los estudios pilotos, siguen siendo prometedores.

En el ECA de Strauss et al. (2021) se investigó la eficacia de la MBCT-L en su aplicación a trabajadores sanitarios, a fin de verificar en qué medida esta MBI podía reducir el valor de la intensidad del estrés percibido, así como los valores de otras variables secundarias como el bienestar, la depresión o la ansiedad.

El MFN y la autocompasión se hipotetizaron como variables mediadoras del efecto del estrés y de la intensidad del bienestar.

Los participantes fueron asignados aleatoriamente (1:1) a un grupo MBCT-L (n = 115) o a un GCLE (n = 119).

La calidad de la aplicación de la MBCT-L se controló mediante la formación y supervisión de los terapeutas en su desarrollo, de acuerdo con un manual en el que se detalla la actuación de quienes lo administran.

Tal como se esperaba, los resultados mostraron que el MFN y la autocompasión mediaron los efectos del estrés y del estado de bienestar. La MBCT-L produjo una reducción significativa del estrés frente al GCLE (B = 2,60; 95 por 100 CI = 1,63 − 3,56; d = −0,57; p < 0,0001) y efectos benéficos sobre la depresión, la ansiedad y el bienestar, pero no en variables propias del trabajo como la fatiga laboral *(burnout)* o el absentismo.

El TE fue moderado en la variable principal (estrés) y grande en la variable secundaria (bienestar), lo cual es prometedor en comparación con otras intervenciones de este tipo[253], pero no se puede pasar de ahí, habida cuenta de las notables carencias metodológicas del ECA. Así, la validez externa es muy reducida (la muestra la integraron voluntarios mayoritariamente de sexo femenino y blancos), el GC fue pasivo (GCLE) y no se realizaron medidas de seguimiento a largo plazo, lo que impide conocer la estabilidad temporal de los

[252] Los propios autores sugieren comparar solo MBCT+MBCL con MBCT, así como utilizar la MBCT como GCA para probar la eficacia de la MBCL y analizar el potencial efecto generado por la adición e interacción de los dos componentes.

[253] Strauss et al. (2021).

cambios y discutir con qué variables se pueden asociar.

No hubo evidencia de un perjuicio o daño significativo porque, cuando se compararon las tasas de deterioro o abandono con las de otros estudios, no se hallaron diferencias relevantes[254]. De los 94 participantes que iniciaron el programa, los completaron el 73 por 100 ($n = 69$) (según la definición de «asistencia a la mayoría de las sesiones»), lo que sugiere que la aceptabilidad, así como el grado de cumplimiento de las «tareas para casa», fueron altas y comparables con el de otros estudios de MFN[255].

Los resultados de esta intervención muestran que la MBCT-L es una estrategia de tratamiento potencialmente eficaz, aceptable y accesible para que el personal sanitario priorice su autocuidado y desarrolle la resiliencia[256]. A ello hay que añadir que, al aplicarse en grupo, también maximiza su eficiencia económica al reducir significativamente los costes temporales.

Por último, en relación con el alcance de los efectos derivados de la aplicación de la MBCT, Williams et al. (2012) realizaron una investigación en la que compararon los efectos de la MBCT con los de una condición psicoeducativa de corte cognitivo, que actuó como GCA (EPC, por sus siglas en inglés), y con los del TAU en la prevención de la recaída en el TDM, en personas que contaban al menos con tres episodios depresivos previos («depresión en remisión»). La MBCT se administró siguiendo su manual, modificado para abordar las respuestas cognitivas con contenido suicida. El CPE fue igual a la MBCT, pero sin el entrenamiento en meditación.

Los resultados mostraron que durante los doce meses de seguimiento el tratamiento asignado no tuvo un efecto significativo sobre el riesgo de recaída en el TDM. Sin embargo, la MBCT se asoció una protección significativa contra la recaída para los participantes con mayor vulnerabilidad (historial de «trauma infantil»), aunque sus efectos no mostraron ninguna ventaja importante respecto del EPC y del TAU en los P/C con depresión recurrente.

[254] Véase, por ejemplo, Baer et al. (2019).

[255] Parsons et al. (2017).

[256] Véase Bohlken et al. (2020).

6.3. LA TERAPIA CONDUCTUAL-COGNITIVA MEJORADA PARA EL TRATAMIENTO DE LOS TRASTORNOS DEL COMPORTAMIENTO ALIMENTARIO

> *«El diagnóstico específico de trastorno alimentario del paciente no es relevante para el tratamiento [...] [En cambio sí lo son] las características psicopatológicas particulares [que presenta el P/C] y los procesos que parecen mantenerlas»* (p. 522)[257].
>
> FAIRBURN, COOPER y SHAFRAN (2003)

6.3.1. Introducción

Fairburn, Cooper y Shafran (2003) desarrollaron un tratamiento que innovaba y mejoraba el TCC existente para los trastornos del comportamiento alimentario, que actualmente es conocido como «Terapia conductual-cognitiva mejorada» (CBT-E)[258]. Diseñaron y aplicaron un protocolo escrito para tratar en régimen ambulatorio (siempre que se considerara apropiado) las distintas modalidades en las que se presentaban las alteraciones incluidas en estos trastornos. Otras características relevantes de esta propuesta fueron:

— Ser diseñada para que pudiera ser aplicada en las condiciones normales de la consulta ambulatoria. Es decir, a diferencia de otras

[257] «The patient's specific eating disorder diagnosis is not of relevance to the treatment. Rather, its content is dictated by the particular psychopathological features present and the processes that appear to be maintaining them» (p. 522).

[258] The Cognitive behavioral therapy-enhanced (CBT-E; Fairburn, 2008).

modalidades, podía aplicarse por los psicólogos con independencia de su sexo, porque no requería la exposición mediante el uso del espejo durante el desarrollo de las sesiones. Por tanto, no necesitaba instalaciones especiales.

— Presentar dos modalidades de aplicación determinadas por el IMC. Así, fijando el límite normal del IMC < 17,5, si este no era significativamente bajo se aplicaría la versión de 20 sesiones para la mayoría de los P/C, y si era inferior la de 40 sesiones. Inicialmente las sesiones se aplicaron con una periodicidad de dos veces a la semana; esta propuesta se modificó posteriormente, como se mostrará. Ambas versiones son esencialmente iguales en lo que respecta al estilo de su aplicación y a los contenidos, pero difieren en que la de 40 sesiones también incluye procedimientos diseñados para ayudar a los P/C a recuperar el peso.

— El protocolo de tratamiento se aplica de manera individualizada. Su naturaleza es idiográfica.

— El desarrollo de la aplicación del tratamiento se realiza en cuatro fases (que comentaremos brevemente a continuación).

En la figura 2.4 transcribimos la representación esquemática de esta variante del MCC-T diseñada y construida por Fairburn et al. (2003)

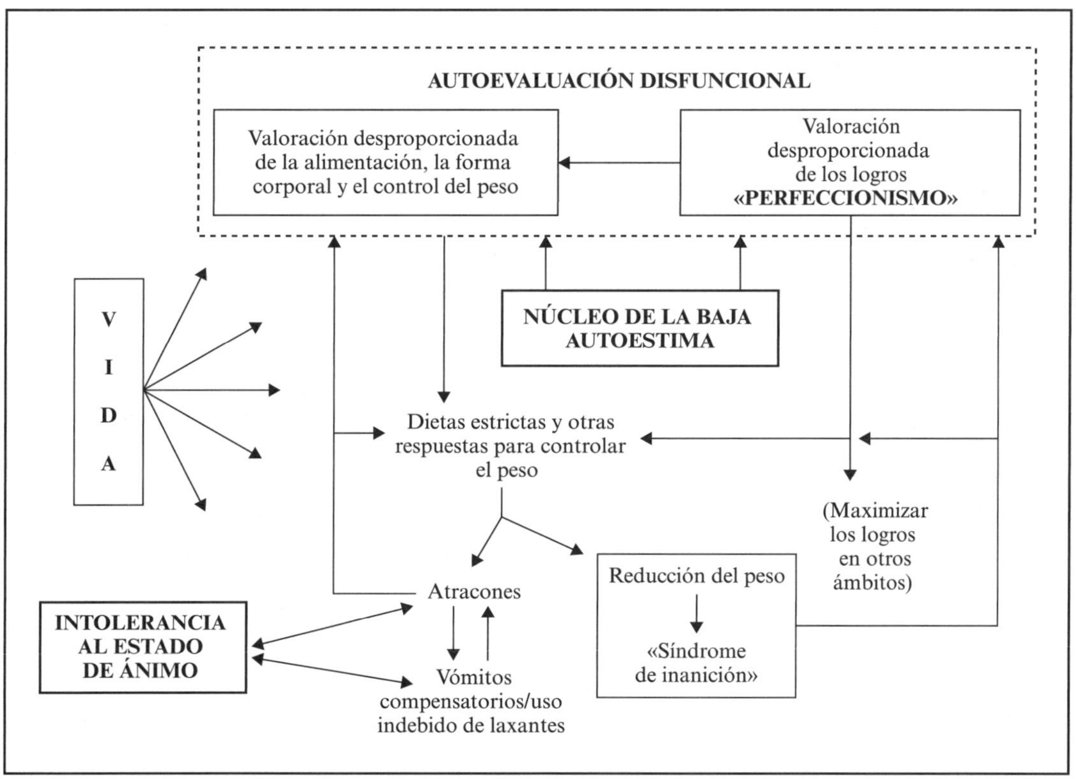

Figura 6.1.—Una representación esquemática de la teoría «transdiagnóstica» del mantenimiento de los trastornos alimentarios. La «vida» individual se interpreta como una síntesis o representación abreviada de la vida entre las personas.

para explicar el mantenimiento del conjunto de los trastornos del comportamiento alimentario (TCA).

Fairburn et al. (2003) sostenían que, en última instancia, la validez de la adecuación a los P/C concretos de los tratamientos, para los trastornos específicos, tenía que realizarse de tal modo que permitieran comprender mejor las variables o mecanismos que mantienen el trastorno clínico, en cada caso concreto, así como las que pueden explicar su eficacia.

En consecuencia, propusieron una variante que, dado que partía y ampliaba el MCC, contaba de entrada con sólidos fundamentos teóricos y empíricos.

Uno de los principales objetivos de la ampliación incluida en su propuesta de tratamiento fue identificar los perfiles específicos de los P/C para poder adaptar el tratamiento a estos, utilizando módulos específicos que se dirigiesen a todas las variables implicadas en los mecanismos de mantenimiento.

En su énfasis por el análisis psicológico de los problemas del comportamiento que se presentaban los P/C, frente a la posición de la psicopatología psiquiátrica, Fairburn et al. (2003) afirmaban que «el diagnóstico no es relevante para el tratamiento» (p. 522)[259]. En su lugar, proponían una teoría transdiagnóstica y un mismo tratamiento para todos los trastornos alimentarios basado en las variables que participan en el mantenimiento del P/T. Su punto de partida fue que todos los TCA compartían los mismos mecanismos de mantenimiento.

Además, Fairburn et al. (2003) subrayaron la naturaleza necesariamente idiográfica de las formulaciones personalizadas al implementar este nuevo marco de tratamiento. Este énfasis es el efecto directo del análisis funcional que ha sido una parte fundamental de la modificación y la terapia de conducta propia del modelo conductual en su aplicación a los casos individuales (N = 1).

A este enfoque llegaron tras el proceso de análisis y la depuración de los componentes de los TCC que se aplicaban a cada una de las variantes de los trastornos del comportamiento alimentario. Este estudio les permitió abordar una cuestión que es crucial: la corrección/modificación del tratamiento basándose en los resultados que se obtienen durante y tras su aplicación[260].

Así, pese a que desde hace mucho tiempo no falta quien argumenta que, a modo de los procesos de selección natural, la práctica clínica en el mundo real se autocorrige, porque si un método no tiene éxito adoptamos otro[261], sin embargo hay pocas pruebas que indiquen que esto ocurre así. Los escasos datos que existen sugieren que los psicólogos en particular y los terapeutas en general tienden a mantener el tratamiento que iniciaron, independientemente del resultado[262].

Controlar este sesgo es lo que Fairburn et al. (2003) intentaron al incorporar una función de autocorrección en su protocolo de tratamiento, de la que hablaremos párrafos adelante.

En un estudio preliminar, Fairburn (2004) halló resultados alentadores tras la aplicación de su variante transdiagnóstica del TCC para abordar los TCA. Además, estos se vieron pronto reforzados por los de otra investigación posterior[263], que también sugirió la superioridad de una variante de TCC que se caracterizaba por incluir más componentes y por adaptarse a las circunstancias particular de cada P/C con BN, frente a los de otro tratamiento estandarizado para la BN que se aplicó siguiendo estrictamente el manual estandarizado.

[259] «The patient's specific eating disorder diagnosis is not of relevance to the treatment. Rather, its content is dictated by the particular psychopathological features present and the processes that appear to be maintaining them» (p. 522).

[260] En el enlace https://www.youtube.com/watch?v=Ro_k943YuXI puede verse un vídeo breve sobre la CBT-E aplicada al tratamiento de la anorexia nerviosa.

[261] Véase, por ejemplo, Seligman (1995).

[262] Véanse los trabajos de Wilson (1998a) y Wilson (2007).

[263] Ghaderi (2006).

Ghaderi (2006) ya se preguntaba en el mismo título de su trabajo si el incremento de la individualización también aumentaría la eficacia de la intervención («¿Un grado mayor de individualización aumenta la eficacia del tratamiento?»). Para intentar responderse a su pregunta diseñó el ECA al que nos hemos referido en el párrafo previo. En él participaron 50 P/C con BN que se asignaron aleatoriamente a un TCC (aplicado siguiendo el manual de un protocolo escrito) o individualizado (basándose en los resultados del análisis funcional del caso).

Los resultados mostraron que ambas condiciones experimentales mejoraron significativamente en la medida de postratamiento. Además, estos se mantuvieron en el seguimiento realizado a los seis meses. No hubo diferencias clínicas que fueran estadísticamente significativas entre las dos condiciones en el postratamiento, a excepción del número de episodios bulímicos controlados, las preocupaciones alimentarias y la insatisfacción con la forma del cuerpo, que obtuvieron mejores resultados en el grupo de tratamiento individualizado. Los integrantes de ambas condiciones mejoraron en la medida de la autoestima informada, en la del apoyo social que percibían de las personas que les eran próximas y en el decremento del valor de las dimensiones de las respuestas depresivas. Estas mejoras se mantuvieron en las medidas de seguimiento.

Por último, en este estudio también se produjo un dato que adquirió el carácter de indicio significativo. Este fue que de los 10 P/C que no respondieron al tratamiento (20 por 100), la mayoría de estos (80 por 100) pertenecían a la condición en la que se aplicó el tratamiento estandarizado sin contemplar las circunstancias que participaban en el mantenimiento del TCA. Además, en comparación con los que se beneficiaron del tratamiento, quienes no respondieron se caracterizaron por regirse por reglas extremas y por la falta de contacto con las contingencias reales.

El estudio proporcionó apoyo a la idea de que era posible obtener mejores resultados si se incrementaba el grado de individualización a la hora de aplicar un protocolo manualizado y estandarizado. Tales mejoras se mostraban en la respuesta de los P/C al tratamiento y en el número de los retrocesos o «recaídas».

En otra investigación posterior, realizada por Fairburn et al. (2015), se comparó el CBT-E con la IPT, un tratamiento que también se había mostrado eficaz para tratar los TCA.

En el ensayo participaron 130 P/C que cumplieron los criterios para el diagnóstico de cualquiera de las categorías discretas de la psicopatología psiquiátrica (DSM) para los TCA ($17,5 <$ IMC $< 40,0$).

Los participantes (P/C en régimen ambulatorio) fueron asignados al azar al CBT-E o a la IPT. La aplicación de los dos tratamientos se desarrolló en 20 sesiones, a razón de una sesión por semana, con un período de seguimiento de sus efectos limitado a 60 semanas.

Los resultados fueron medidos por evaluadores ciegos e independientes. 29 participantes no completaron el tratamiento o se retiraron (22,3 por 100).

Terminada la aplicación de los tratamientos, el 65,5 por 100 de los participantes del CBT-E cumplieron los criterios de remisión (en línea con los datos de estudios previos), frente al 33,3 por 100 de los de la IPT ($p < 0,001$). En el seguimiento, la proporción de quienes cumplían los criterios de remisión aumentó, especialmente en la condición de TPI[264], pero la tasa de remisión de la TCC-E

[264] Este es un fenómeno reiteradamente constatado en los tratamientos conductuales y conductual-cognitivos. De ahí que resulte paradójico que el avance en la mejora de la tasa de remisión correspondiera a los participantes de la condición IPT y no se presentara en los de la CBT-E. Desde nuestro punto de vista, este hecho inesperado estaría mostrando que los mecanismos y los componentes responsables de la eficacia de la IPT podrían ser los conductual-cognitivos. Remitimos al lector a que analice la composición de este tratamiento y reflexione al respecto. Como indicaremos, el desmantelamiento de esta modalidad de tratamiento podría aclararlo.

siguió siendo mayor (TCC-E 69,4 por 100, TPI 49,0 por 100; $p = 0{,}028$).

6.3.2. Delimitación

El protocolo actual de la CBT-E[265] es el resultado de la investigación previa a la que nos hemos referido. Se creó, diseñó y planificó para abordar toda la gama de distintos diagnósticos de los trastornos alimentarios que se recogen en el DSM-IV (APA, 1994). Representa uno de los primeros intentos de desarrollar un tratamiento integral de las variables y mecanismos compartidos por los TCA y se basa en el modelo teórico de C. G. Fairburn, que postula que la AN, la BN y los trastornos alimentarios no especificados están mantenidos por dos mecanismos básicos: la sobrevaloración de la figura corporal y la del peso.

6.3.3. La intervención

Por todo lo indicado, el CBT-E es una modalidad de ICC-T basada en la evidencia y centrada en los TCA, es decir, que su efecto ha sido verificado en condiciones experimentales controladas y aleatorizadas.

Su fin es ayudar a los P/C con un TCA a seguir/restablecer una alimentación sana y regular, a recuperar su peso (si fuese necesario) y a abordar las RAD y los mecanismos implicados en el mantenimiento del TCA, de manera aislada o bajo el formato de las emociones.

La duración de la intervención se sitúa dentro del rango 6-12 meses. La aplicación sigue el formato de una o dos sesiones por semana, con una duración de alrededor de una hora/sesión.

Transcurridas las dos-tres primeras semanas de su inicio, si sus efectos están en línea con lo esperado, entonces o bien se pasa a una sesión con periodicidad semanal (si se había comenzado con dos sesiones/semana) o bien a una sesión con periodicidad quincenal que posteriormente, durante la subfase del desvanecimiento, puede realizarse cada tres o incluso cada cuatro semanas, dependiendo de la evolución del tratamiento.

Durante el seguimiento se programan sesiones de control de la evolución de la estabilidad de los logros, para ayudar a los P/C a gestionar cualquier contratiempo a fin de que puedan continuar con la consolidación y generalización de los avances. Estas suelen planificarse transcurridos uno, tres, seis, doce y veinticuatro meses.

En el cuadro 6.4 presentamos la distribución de las sesiones atendiendo a las fases del tratamiento.

CUADRO 6.4

Distribución de la frecuencia de aplicación de las sesiones de tratamiento y su duración

Fases	Duración (semanas)	Número de sesiones	Sesiones por semana o quincena	Duración de la sesión (minutos)
Primera	4	8	2 Ss	60
Segunda	2	2	1 Ss	
Tercera	8	8	1 Ss	
Cuarta	6		1 Sq	

Ss = Sesiones por semana. **Sq** = Sesión quincenal.

[265] Fairburn (2008). Visítese https://www.cbte.co/.

En caso de que el IMC se halle entre 15 y 17,5 entonces el tratamiento tendrá 40 sesiones, que se desarrollarán generalmente durante 40 semanas, las veinte primeras generalmente a razón de dos por semana y las restantes primero semanalmente y después quincenalmente.

6.3.3.1. *La evaluación*

El fin de la evaluación es que el psicólogo y el P/C colaboren para averiguar qué es lo que mantiene el TCA, a propuesta del primero, a fin de averiguar qué se puede hacer para que el segundo vuelva a tener el control. Para lograrlo generalmente se cuenta con la ayuda de las personas significativas con las que los P/C comparten su vida y su actividad cotidiana (pareja, padres, etc.).

El primer objetivo es concretar las dificultades de los P/C con el modo de alimentarse y con la manera en la que comen, a través del registro del peso y el control de los alimentos que integran la comida. Esta fase requiere mucho trabajo e implicación de los participantes.

El psicólogo pedirá a sus P/C que cumplimenten distintos cuestionarios y otros instrumentos de medida[266], además de llevar un registro diario sobre su autocontrol «en tiempo real», es decir, anotando lo que ocurre, experimenta (sus pensamientos/sentimientos) antes, durante y después de cada comida, así como los componentes de su alimentación.

El proceso de autoevaluación «en tiempo real» es una de las fuentes de la intraevaluación de los efectos de la aplicación del CBT-E. Los P/C presentan en el inicio de cada sesión de tratamiento sus registros para que el psicólogo los analice, y si resultara conveniente utilice la información contenida en ellos para reconsiderar el desarrollo que se había programado para la sesión y formular nuevas metas[267].

Los autorregistros y los registros de terceros permiten detectar hábitos alimentarios y sentimientos inadecuados, así como el grado en que los P/C logran comer regularmente durante el día.

Estas fuentes de información han de posibilitar que el psicólogo y cada P/C descubra y acote cuáles son los problemas que tienen que afrontar, cuáles son sus dificultades para resolverlos adecuadamente y qué metas quiere fijarse para conseguirlo (cumpliendo la condición de ser necesariamente realistas).

Las metas u objetivos operativos permitirán evaluar el progreso a lo largo del tratamiento, influyendo directamente en las modificaciones que hubieran de introducirse, en cada momento concreto de su aplicación, siempre preservando la integridad de sus líneas maestras, de sus componentes y sus principios básicos.

Asimismo, pese a que el CBT-E se aplica generalmente en grupo, cuando el tratamiento sea individual o se individualice dentro del formato de grupo (mediante el seguimiento de cada participante), los productos de la evaluación han de hacer posible que el psicólogo formule el caso de manera personalizada, para maximizar la probabilidad de lograr el cambio del comportamiento alimentario en el menor tiempo posible (el ritmo de la aplicación del CBT-E también depende del de los progresos de los P/C a los que se les aplica).

6.3.3.2. *El tratamiento*

Atendiendo a lo ya indicado, este se desarrolla a lo largo de cuatro fases o etapas (véase la figura 6.2), en las que se aborda el estilo de pensamiento distorsionado, la sobrevaloración del peso o de la forma del cuerpo, el autocontrol y las dietas.

---

[266] Eating Disorder Examination interview (EDE; Fairburn, Cooper y O'Connor, 2008), Self-report version EDE-Q (Fairburn y Beglin, 2008), Brief Symptom Inventory (BSI; Derogatis y Spencer, 1982), Short version of the Symptom Checklist-90 (Derogatis y Cleary, 1977 —en el anexo IIIa puede verse una versión en español—), la Structured Clinical Interview for DSM-IV (First y Gibbon, 2004) y escalas visuales analógicas como las utilizadas por Agras et al. (2000).

[267] Obsérvese la similitud de este modo de proceder con el que se utiliza durante la aplicación de la TCD.

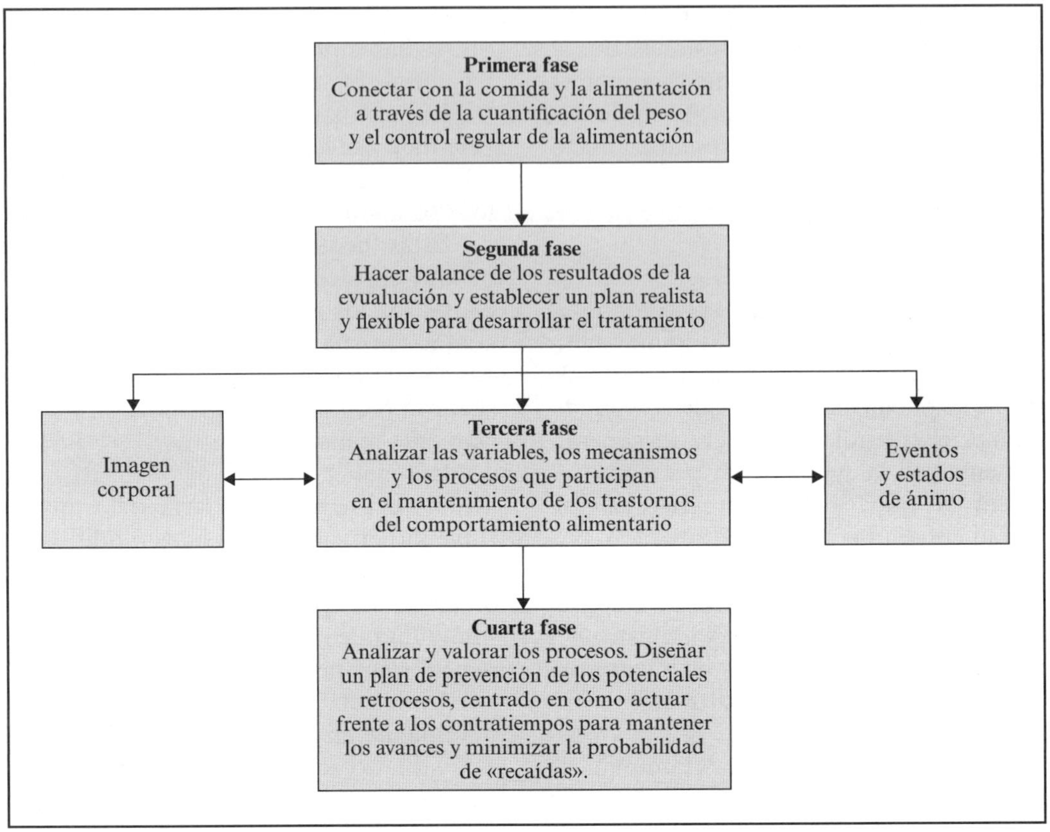

Figura 6.2.—Fases del proceso de aplicación del CBT-E.

Una parte esencial del tratamiento es lograr establecer patrones de alimentación concretos, identificados por defecto durante el proceso de evaluación (o durante el desarrollo de la aplicación del tratamiento a través del análisis de los autorregistros), que además de ser saludables también se activen regularmente.

Primera fase: psicoeducativa. Se centra en educar e involucrar al P/C en el tratamiento.

En la primera sesión se explica la fundamentación, los objetivos, la estructura, los contenidos, las actividades y la duración del CBT-E. Se aclaran las dudas que se planteen, y si fuese preciso se discute su necesidad y oportunidad.

Se subraya la importancia de la regularidad en la asistencia a las sesiones y del cumplimiento de los acuerdos relativos a pesarse semanalmente, de cumplir con el plan de alimentación y de controlar la ingesta de alimentos.

En esta fase se revisan detalladamente los progresos observados, se concretan las barreras al cambio que se hubieran podido constatar, se realiza una evaluación formal de la contribución de cada uno de los cuatro mecanismos de mantenimiento adicionales. Con toda esta información, si se estima conveniente, se revisa la formulación del caso, se reformula y se adapta, para incluir variables que no se hubieran contemplado inicialmente.

Segunda fase o de inicio del tratamiento. Es breve y de transición. En ella se revisan los progresos, se identifican las barreras específicas y se planifica la tercera etapa.

Los objetivos son valorar los progresos en la concreción de los problemas y en la evaluación, en la formulación operativa de los objetivos realistas y respecto al desarrollo de un plan o programa para aplicar el tratamiento, en el que se incluirán las habilidades y las destrezas que consensuadamente se considere necesario que el P/C aprenda. Este programa ha de caracterizarse por su flexibilidad, permitiendo que pueda modificarse consensuadamente cada vez que se considere que es necesario adaptarlo para que sirva mejor a las necesidades del P/C, en línea con la función de autocorrección que incorporaron Fairburn et al. (2003) para realizar la evaluación formal del progreso de los efectos de la aplicación del tratamiento. La evaluación sirve para identificar las barreras al cambio y el papel que puedan estar desempeñando otras variables que no se habían contemplado en el mantenimiento del problema, pese al tratamiento recibido. Los resultados de estas dos estrategias orientan que se opte o no por (re)formular parcialmente el plan que se había diseñado, para adecuarlo a las circunstancias del P/C, en la medida de lo posible.

La evaluación del progreso inicial se fundamenta en la evidencia que existe, desde hace ya mucho tiempo, de que el TCC «manualizado» se caracteriza por producir cambios tempranos que, a su vez, son el mejor predictor del mantenimiento de los logros en el tratamiento a corto, medio y largo plazo[268]. De hecho, si no se produce una mejora suficiente en esta fase inicial, es necesario modificar el tratamiento o, en su caso, combinarlo con otra modalidad (incluida la psicofarmacológica si se considera pertinente).

[268] Véase, por ejemplo, Agras et al. (2000), Fairburn (2008) o Fairburn et al. (2004).

Tercera fase. Esta es la parte más larga del tratamiento. Se centra en el análisis de los procesos que participan en el mantenimiento de las dificultades de los P/C para controlar qué, cuándo, cuánto y cómo comen.

En función de las necesidades, puestas de manifiesto por los resultados de la evaluación, los objetivos y las actividades para conseguirlos versarán sobre:

- — Abordar las preocupaciones sobre la forma y el peso.
- — Mejorar las habilidades y las destrezas para afrontar los acontecimientos cotidianos.
- — Comprobar que otras áreas importantes de la vida no quedan orilladas por la atención que le prestan los P/C a la comida.
- — Analizar y afrontar la restricción dietética extrema. La preocupación por la figura y por el peso se aborda disminuyendo la comprobación del cuerpo, el empleo de las reglas rígidas en torno a la comida, la implementación de la alimentación regular y afrontando el desafío del pensamiento distorsionado.
- — Abordar las implicaciones y el modo de solucionar el perfeccionismo desadaptativo, la baja autoestima o los problemas de relación interpersonal (cuando constituyen barreras que obstaculizan la superación del P/T del comportamiento alimentario).

Un aspecto clave es el énfasis sostenido en la modificación de las RAD que conforman la psicopatología del TCA del P/C. Ejemplos de ello son las diversas formas en las que pueden presentarse la sobrevaloración de la alimentación y el control de la forma y el peso, así como cualquier otra variable o proceso identificado como relevante para el mantenimiento de las RAD. Para tratarlas se incluyen «módulos» específicos que se centran en el perfeccionismo disfuncional, en la baja autoestima, en la intolerancia y el rechazo del estado de ánimo, y en las dificultades para mantener relaciones interpersonales satisfactorias.

Cuarta fase. En esta fase, el objetivo general es reflexionar sobre los avances conseguidos en el cambio del comportamiento alimentario, el modo como se han logrado y la viabilidad de seguir aplicando los aprendizajes realizados para mantener e incrementar los avances en el futuro, incluyendo el modo de afrontar adecuadamente cualquier contratiempo. Para conseguirlo, el P/C y el psicólogo elaborarán un plan que permita orientar la acción del primero a fin de minimizar la probabilidad de recaída. En este plan se incluyen las «tareas para casa», la incorporación opcional de estrategias complementarias y el apoyo de personas significativas.

Las «tareas para casa». El trabajo consensuado para aplicar lo aprendido en el contexto cotidiano es un componente esencial del CBT-E, junto al psicoeducativo y el de entrenamiento, como ocurre en todos los TCC.

En relación con estas tareas, a los P/C se les recuerda que la investigación ha demostrado que quienes las realizan regularmente mejoran más, lo consiguen en menos tiempo y tienen más probabilidades de mantenerse bien un vez terminado el tratamiento.

Como se ha indicado, el contenido del programa de tratamiento no se circunscribe exclusivamente a los problemas relativos al comportamiento alimentario. La individualización del tratamiento, a partir de la formulación del caso (análisis funcional), se utiliza para concretarlo y mejorarlo, más allá de la forma del cuerpo y del peso, incluyendo otros comportamientos que puedan resultar importantes para lograr la calidad de la vida del P/C como, por ejemplo, los que afectan a la relación con los amigos, la familia, el trabajo, etc.

La incorporación opcional de estrategias complementarias. El CBT-E también puede incorporar de forma opcional otras estrategias de tratamiento si resultan pertinentes y complementarias a sus componentes básicos.

Si se opta por incluirlas, entonces por una parte deberán estar diseñadas específicamente para abordar otras variables que pueden participar en el mantenimiento del P/T, como por ejemplo el perfeccionismo desproporcionado, pese a que pudieran no haberse evaluado inicialmente. Por otra parte, han de servir de ayuda para reducir progresivamente la importancia desproporcionada que los P/C le dan a la forma de su cuerpo y/o a su peso.

Asimismo, si el psicólogo lo estima conveniente, puede acordar con su P/C el análisis del papel de algunas de sus experiencias tempranas que, por el hecho de estar todavía activas en la memoria, pueden desempeñar un papel relevante como variables cognitivas (actuales) a la hora de desencadenar las creencias que participan en el mantenimiento de sus problemas en el presente.

De igual modo, si se considera oportuno porque al P/C le resulta difícil, también se pueden abordar las habilidades y las destrezas que se entiendan necesarias para mejorar la comprensión, la gestión y la expresión de las emociones que son disfuncionales para el comportamiento alimentario.

En cualquier caso, la aplicación de estas estrategias complementarias dependerá de los resultados del análisis funcional con el que se formula el caso. Todo ello en el marco y con la coherencia que requiere la propuesta modular del protocolo de tratamiento[269], que ahora también cuenta con un formato a distancia que ha probado su eficacia en el desarrollo de la competencia profesional para abordar esta problemática del comportamiento[270].

[269] Véase Fairburn y Cooper (2018) o Fairburn et al. (2008).

[270] Véase Fairburn et al. (2017) y O'Connor et al. (2018).

El apoyo de personas significativas. La participación de personas significativas para los P/C es generalmente una parte esencial de la CBT-E (sobre todo cuando se aplica en el ámbito infanto-juvenil), pero también suele ser importante en la población adulta (esposo/a, amigos, compañeros con los que se guarda una relación especial, etc.).

En el tratamiento de la población infanto-juvenil los padres suelen tener una sesión solos con el psicólogo, al inicio del tratamiento, y posteriormente pueden participar al final de las sesiones que se consensuen para determinar la mejor manera de apoyar al hijo/a. Otro tanto se hace con los adultos, siempre que se valore conveniente y haya acuerdo al respecto entre P/C y psicólogo.

6.3.4. La evidencia empírica

El CBT-E ha sido objeto de muchas investigaciones, sobre todo durante la última década, que han mostrado su eficacia, aunque los resultados no son robustos[271]. Además, la evidencia constata una deserción elevada[272], que se conjetura todavía cuando se aplica en el desarrollo de la práctica profesional cotidiana. Una de las variables que se postula que podría estar implicada en esta alta tasa de abandonos es su implementación intensiva. De igual modo, también se conjetura que este carácter intensivo podría ser una barrera que dificultase/impidiese el acceso al tratamiento a muchas personas que podrían beneficiarse de su aplicación.

En un intento de superar algunos de los problemas comentados en el párrafo previo, Waller et al. (2018) desarrollaron una versión breve de la CBT-E, compuesta por diez sesiones de TCC (conocida como CBT-T)[273] y destinada al tratamiento de los TCA de quienes no presentan pérdidas significativas de peso como, por ejemplo, la BN y el trastorno por atracón.

La evidencia preliminar producida al tratar una serie de casos de P/C adultos sugirió que el CBT-T podría tener una eficacia similar a la de la CBT-E, pero siendo más eficiente en la reducción del número de abandonos. Ahora bien, habida cuenta de que en el estudio de Waller et al. (2018) no se incluyeron comparaciones directas con el CBT-E (ni con ningún otro grupo), se desconocía realmente la razón de eficiencia entre ambas.

Para aportar evidencia empírica, con la que responder razonablemente a algunas de las cuestiones planteadas por los resultados preliminares de la CBT-T, Pellizzer (2018) y Pellizzer, Waller y Wade (2019) publicaron datos de una réplica del estudio de Waller et al. (2018). Su objetivo fue volver a utilizar la misma serie de casos para investigar si realmente se lograba reducir/eliminar las barreras que supuestamente dificultan la adhesión y la adherencia a la CBT-E, como, por ejemplo, el coste producido por su larga duración o el grado experto que se requiere del psicólogo[274].

[271] Véase, por ejemplo, Acosta Acebedo y Albarrán Ruiz (2018), Fairburn (2008), Fairburn et al. (2009) y (2015), Hart et al. (2011), Linardon y Brennan (2017) y Linardon et al. (2018).

[272] Por ejemplo, en la investigación de Fairburn et al. (2015) el 22,3 por 100 no completaron el tratamiento o se retiraron y en la revisión de Linardon, Hindle y Brennan (2018), sobre los abandonos en el marco de la ICC, los resultados mostraron que afectaba al 24 por 100 de los P/C (IC del 95 por 100 = 22-27 por 100), siendo mayor cuando se aplicó a través de Internet y el más bajo cuando se implementó presencialmente y con el BCT-E. En esta última, los indicios mostraban que los protocolos de tratamiento de mayor duración se asociaban con un menor número de abandonos. Asimismo, no se observaron diferencias significativas en las tasas de abandono entre las intervenciones con TCC y sin TCC para el conjunto de los subtipos de los TCA.

[273] Véase el anexo XXV.

[274] Los psicólogos que aplicaron el tratamiento eran jóvenes sin experiencia en el tratamiento de estos P/T (licenciados en psicología que trabajaban como asistentes). Todos recibieron un curso de formación de un día de duración, impartido por uno de los autores de la CBT-T. En este se abordaron los principios de esta modalidad de tratamiento, se detalló la aplicación del protocolo, se trataron los problemas

Pellizzer et al. (2019) utilizaron una muestra de P/C sin problemas con el peso[275], y el tratamiento fue aplicado por psicólogos en formación (inexpertos), que fueron supervisados por psicólogos expertos en la intervención en este tipo de trastornos. Participaron 26 P/C en régimen ambulatorio.

Los resultados versaron sobre las medidas de las respuestas cognitivas y otras relacionadas con los trastornos alimentarios, la calidad de vida y otras alteraciones propias de la psicopatología general. Mostraron mejoras significativas en la mayoría de las variables controladas cuando se compararon las medidas previas al tratamiento y las del postratamiento, así como en las de seguimiento (al mes y a los tres meses). Los TE en el postratamiento y el seguimiento, tomando como referencia los valores de la LB, se situaron entre medianos y grandes, apoyando la eficacia de la TCC-T. Además, los resultados fueron similares a los obtenidos en la aplicación de las versiones más largas de la TCC para los TCA en los que el tratamiento había sido administrado por psicólogos expertos.

En la actualidad está en marcha una investigación coordinada y dirigida por el profesor Philip Masson[276], en la que se ha diseñado un ECA para poner a prueba la CBT-E frente a la TCC-T.

que pueden interferir en su implementación y los que ponen en peligro la vida de los P/C. Se utilizó el juego de papeles para el entrenamiento de las habilidades y las destrezas necesarias para la administración del tratamiento. El trabajo de cada psicólogo fue supervisado semanalmente por un psicólogo experto y coautor del CBT-E. El seguimiento del manejo de los casos fue supervisado por otros dos coautores (caso por caso y sesión a sesión).

[275] Se considera que el peso adecuado que garantiza un buen estado de salud física es aquel cuyo valor de su IMC se sitúa entre 19 y 26 (19 < IMC < 26). Un IMC < 19 se considera demasiado bajo, entre 27 y 30 (27 < IMC < 30) sobrepeso e IMC > 30 se considera obesidad.

[276] https://ichgcp.net/es/clinical-trials-registry/NCT03984539#.

La duración promedio estimada para la aplicación del tratamiento es de 10 semanas para el TCC-T y de 25 para el CBT-E.

La evaluación de los resultados primarios se realiza a través de las medidas de la frecuencia de los atracones, la de los vómitos y en la de las cogniciones asociadas a los trastornos del comportamiento alimentario, las cuales se evaluarán antes del tratamiento, inmediatamente después de terminar este y en las medidas de seguimiento realizadas a los 3, 6, 12 y 24 meses tras su término.

Asimismo, se incluye la evaluación de los resultados secundarios por medio de la medida de la frecuencia de los vómitos, el cumplimiento del contrato terapéutico/la alianza terapéutica para la implicación y el cumplimiento de las actividades consensuadas, de las RAD depresivas y de ansiedad, de la pérdida de control sobre la alimentación, de la motivación (implicación), de las respuestas impulsivas y de la percepción general de la calidad de la vida. Estas se evaluarán antes del tratamiento y una vez a la semana mientras se aplica (máximo de 10 semanas para el TCC-T y hasta 25 para el CBT-E).

El diseño de esta investigación es experimental (con dos condiciones que por la similitud de sus contenidos difieren principalmente en su duración: TCC-T y CBT-E), aleatorizado (quienes voluntariamente acepten participar serán asignados al azar a una de las dos condiciones experimentales para recibir el tratamiento correspondiente, en régimen ambulatorio) y con medidas de seguimiento de los efectos del tratamiento para posibilitar la evaluación y la valoración de la consolidación y la generalización de los logros (longitudinal).

Los resultados de la evaluación serán enmascarados para quienes apliquen los tratamientos (ciego simple).

El proceso de enmascaramiento se realizará como sigue. Al comienzo de las citas de los P/C con el evaluador se les recordarán las condiciones del estudio, proporcionándoles información sobre el mismo y se les preguntará si desean participar. Si se indica interés, entonces el evaluador revisará minuciosamente el escrito de información con cada uno de los P/C. Si estos aceptan participar y firman el consentimiento informado se pasará a la evaluación pretratamiento. Luego, el evaluador informará al psicólogo que aplicará el tratamiento que el P/C desea ser incluido y participar en el estudio.

Para asegurarse de que el evaluador no tenga ninguna posibilidad de conocer el resultado de la aleatorización (grupo de tratamiento al que se adscribe el participante), el investigador principal lo asignará aleatoriamente a una de las dos intervenciones utilizando el sitio web https://www.random.org/, e informará al psicólogo correspondiente para que se inicie la aplicación del tratamiento. El investigador principal hará un seguimiento de la asignación aleatoria en un archivo de Excel al que solo él/ella tendrá acceso.

6.4. EL PROTOCOLO UNIFICADO PARA EL TRATAMIENTO DE LOS TRASTORNOS EMOCIONALES

6.4.1. Introducción

El grupo a cuyo frente se halla David H. Barlow ha desarrollado una estrategia propia de TCC-T, conocida como «UP» por las siglas iniciales de su nombre en inglés («Unified Protocol for the Treatment of Emotional Disorders»), en el marco de la intersección entre el MCC y el MT.

El diseño de esta modalidad de intervención psicológica se produce y desarrolla en el ámbito de los nuevos avances teóricos surgidos a partir de las limitaciones halladas en las categorías diagnósticas discretas, en la magnitud de los TE producidos por el TCC y en los datos e indicios sobre el efecto potencial de las vulnerabilidades biológicas y psicológicas, la comorbilidad, etc., que sugieren la existencia de variables y mecanismos comunes en los trastornos emocionales que pueden tener más relevancia que los que han servido para diferenciarlos[277].

El UP se desarrolló para aplicarlo a los trastornos de ansiedad y del estado de ánimo, así como a otros en los que la ansiedad y la alteración o desregulación de las emociones desempeña un papel importante, como ocurre en los trastornos somatomorfos y en los disociativos.

El hecho de que se centre en estas alteraciones se halla en un conjunto de razones de orden epidemiológico, económico, relativas a la eficacia, propias del principio de parsimonia o simplificación de los tratamientos (tanto en el número de los protocolos como en el de los elementos o componentes que integran), facilitación del acceso a los tratamientos y teóricas. Veámoslas brevemente:

- De orden epidemiológico: los trastornos de ansiedad y del estado de ánimo perturban la vida de millones de personas cada año. En Estados Unidos, país de referencia para los autores del UP, las tasas de prevalencia a lo largo de la vida de los trastornos de ansiedad indican que afectan al 29% de la población (1:3), mientras que los trastornos del estado de ánimo alcanzan el 21% (1:5)[278].
- De orden económico: solo los trastornos de ansiedad representan un coste para Estados Unidos de Norteamérica de más de 42.000 millones de dólares anuales[279], y ello pese a que, dados los resultados de los estudios epidemiológicos, se estaba produciendo un gran esfuerzo por lograr disponer de tratamientos eficaces para los trastornos de ansiedad y del estado de ánimo que pudieran difundirse ampliamente para, por una parte, hacer frente al riesgo que suponían para la salud pública y, por

[277] Véase McEvoy, Nathan y Norton (2009).
[278] Kessler et al. (2005).
[279] Greenberg et al. (1999).

otra, reducir tanto como fuera posible su coste. De hecho, en los dos últimos decenios se han desarrollado un gran número de TCC basados en la evidencia y dirigidos a trastornos específicos de ansiedad y del estado de ánimo[280] entre cuyos objetivos se hallaba probar que eran eficaces bajo condiciones contrastadas experimentalmente y avaladas empíricamente.

— Razones basadas en el principio de parsimonia. Durante el proceso de desarrollo de los tratamientos eficaces se había producido una proliferación de manuales de tratamiento específicos para cada diagnóstico, lo que suponía y conllevaba una carga importante de trabajo para los psicólogos que desearan ofrecer tratamientos con apoyo empírico a sus P/C, a la vez que obstaculizaba e incrementaba los esfuerzos por la generalización de la difusión de los tratamientos psicológicos basados en la evidencia. En consecuencia, en estas circunstancias se requería poner en marcha su depuración, con el fin de simplificar las opciones de tratamiento y facilitar el trabajo de los profesionales de la psicología clínica y de la salud.

— Facilitar el acceso a los tratamientos psicológicos. El ideal de cualquier tratamiento que haya probado ser eficaz y efectivo es su aplicación a todos y cada uno de quienes se puedan beneficiar del mismo, es decir, su universalización. Pero para lograr este fin es preciso que también los costes económicos, la infraestructura y las condiciones culturales lo permitan. Esto será más factible si el número de los programas de tratamiento fuese reducido, porque se haya producido previamente su selección al pasar por todos los filtros que requiere la psicología científica en su proceso de certificación de la eficacia, la eficiencia y la efectividad de los mismos, como paso previo a su aplicación a los P/C.

— De orden teórico o epistemológico. En este contexto la dicotomía «categorías *vs.* dimensión» es un clásico. El UP asume la hipótesis de la dimensionalidad de los constructos integrados por las variables comunes, a dos o más categorías diagnósticas, que participan en el inicio, desarrollo y/o mantenimiento de los trastornos del comportamiento.

En consecuencia, hace suyas las concepciones teóricas de orden dimensional, como la vuelta al concepto de N, en las que se integran las RAD de los distintos trastornos en cuya producción participan los mismos mecanismos o las mismas variables con relevancia clínica.

Además, en el momento del diseño inicial del UP, los trastornos de ansiedad se asociaban con altas tasas de comorbilidad y con una duración promedio de doce meses tanto cuando eran principales o primarios, como cuando eran secundarios o comórbidos, alcanzando estos últimos unas tasas que se situaban entre el 40 y el 80 por 100[281].

Por tanto, el diseño modular del UP se inscribe en un movimiento que se aleja de la división y parcelación diagnóstica que ya se hizo patente en el DSM-IV y que ha dado lugar a la proliferación de los protocolos de tratamiento específicos, para cada categoría diagnóstica. Protocolos que han conformado con sus resultados la conocida como PBE, que ha sido y es hasta ahora el producto que mejor muestra el gran avance que se ha producido en el desarrollo de la base empírica de la psicología clínica y de la salud (pese a su ceguera teórica).

[280] Véase Antony, Federici y Stein (2009), Barlow (2004), Norton y Price (2007) o Smits y Hoffman (2008).

[281] Kessler et al. (2005).

Como ya hemos reiterado, la implicación más importante de la posición transdiagnóstica es que pretende superar la problemática teórica que planteaba y plantea la elevada comorbilidad entre las categorías discretas, que supuestamente representaban los trastornos del comportamiento relativos a los constructos de «ansiedad» o «angustia» y del «estado de ánimo» o «depresión». La principal implicación de esta simplificación diagnóstica es que parecía que posibilitaba una planificación del tratamiento más parsimoniosa.

Esta problemática múltiple (epistemológica, epidemiológica y económica) ha hecho que se conjeturasen nuevas relaciones que necesitaban ser puestas a prueba.

Esta nueva posición es la que dio lugar a que los investigadores comenzaran a diseñar, confeccionar y evaluar protocolos de TCC-T (o unificados), destinados a modificar el valor de las dimensiones de las RAD como resultado de los cambios introducidos en la función de las variables o factores comunes que participaban en su mantenimiento. Para este fin, las muestras de P/C de las investigaciones cumplían el requisito de presentar múltiples trastornos o cumplir con los criterios requeridos para realizar un diagnóstico categorial mixto (de ansiedad y depresión)[282].

En el caso concreto del UP, el uso de módulos con la estructura y el desarrollo propio de los protocolos de TCC, para ser aplicados como tratamiento a las agrupaciones transdiagnósticas que se realizan con las categorías discretas psiquiátricas del DSM-IV (especialmente) conlleva un cambio sutil en el énfasis que se pone en el UP, por ejemplo en la reconceptualización de las respuestas de escape/evitación (dentro del marco de la «evitación emocional») y en el «miedo a ser evaluado negativamente» (dentro del contexto de los trastornos de ansiedad).

Roy-Byrne (2017) aprecia en estas sutilezas ciertos parecidos con la psicoterapia psicodinámica, que también se centra en la evitación emocional y en los patrones de comportamiento repetitivo y disfuncional, pero haciéndolo en gran medida a través del entendimiento del significado y de los motivos de ambos. Asimismo, este autor sostiene que para él lo más relevante del UP es que demuestra que la TCC transdiagnóstica también puede centrarse en las emociones, y al hacerlo acorta la brecha que lo separa de otras modalidades de tratamiento como la TCD, la IPT y la psicoterapia psicodinámica.

Siendo cierto lo que afirma Roy-Byrne (2017) en el ámbito semántico, en cambio, desde nuestro punto de vista, no lo es ni en el metodológico ni en el epistemológico. Si las psicoterapias funcionan, muy probablemente se debe no tanto a los supuestos de los que parten como a los principios de los que participan, y que han sido puestos de manifiesto y avalados empíricamente por la psicología científica.

Además, a diferencia de las disciplinas científicas (ya veremos una muestra del detalle con el que se ha construido y se sigue desarrollando y mejorando el UP), las psicoterapias que han mostrado su eficacia en situaciones controladas, bajo el paraguas de la PBE, son ciegas al porqué funcionan. Es decir, generalmente ni formulan ni contrastan hipótesis. Si lo hicieran muy probablemente se sorprenderían de por qué pueden producir TE superiores a los de los GC (cuando esto ocurre). Es decir, ni todo vale ni todo es lo mismo[283].

6.4.2. Delimitación

El objetivo del UP es modificar los mecanismos implicados en el desarrollo y mantenimiento de los patrones de respuestas disfuncionales, poniendo el acento en lo que tales P/T del compor-

[282] Así, por ejemplo, Barlow, Allen y Choate (2004), Erickson (2003), García (2004) o Norton y Hope (2005).

[283] Véase al respecto Olivares-Olivares et al. (2022).

tamiento tienen en común y relegando a un segundo plano sus diferencias[284].

El eje vertebrador del UP es el modelo explicativo en el que se sustenta y que trata de dar cuenta del origen y el mantenimiento de los trastornos emocionales (véanse las figuras 6.3 y 6.4).

El UP ha sido delimitado[285] subrayando que:

> «A diferencia de los protocolos para problemas o trastornos específicos [...] este nuevo enfoque solo está empezando a beneficiarse de los esfuerzos para establecer una amplia validación empírica [...] Los componentes que conforman este tratamiento han logrado un fuerte y amplio apoyo empírico, y los resultados iniciales [...] son prometedores. Lo que es nuevo [...] es la manera sistemática en que los componentes del tratamiento se aplican a través de los trastornos, así como los desarrollos teóricos que conducen a la reconceptualización del objetivo principal del tratamiento [basado en la conjetura de que existe una dimensión temporal de orden superior que es común a todos los trastornos de la emoción] [...] La mayor ventaja [...] es que este enfoque también tiene en cuenta la amplia comorbilidad que a menudo se encuentra entre los trastornos emocionales [...]» (p. 237).

Además, un protocolo de esta naturaleza también tiene entre sus objetivos el simplificar el trabajo del psicólogo, al presentarle la opción de elegir una modalidad de tratamiento, validada empíricamente, que le ofrece la posibilidad de conseguir al menos el mismo resultado que obtendría aplicando cada uno de los protocolos que se han mostrado eficaces para tratar cada uno de los P/T o alteraciones emocionales. Pero, además, también permite que se pueda obviar la tarea de seleccionar el protocolo que vamos a aplicar entre todos los que se superponen (dos o más para abordar el mismo P/T concreto), es decir, el que pudiera ser más adecuado para las circunstancias concretas en las que se halle su P/C.

Ahora bien, pese a los cambios que es necesario hacer para mejorar una opción de tratamiento como esta, también es preciso que lo sustantivo permanezca. En ese sentido, en todas las versiones del UP han permanecido los conceptos que le son básicos y dan forma al entrenamiento en:

- La mejora de la conciencia emocional centrada en el presente.
- La mejora de la flexibilidad cognitiva.
- El enfrentamiento con la evitación emocional y las respuestas impulsadas por las emociones.
- El afrontamiento de las exposiciones a las respuestas fisiológicas alteradas con funciones interoceptivas[286] y a otras respuestas o reacciones de orden cognitivo o motor producidas también por la situación que se vive o que se cree que se vivirá.

6.4.3. La intervención

Entre las potenciales ventajas del enfoque prescriptivo, en el que se sitúa el UP, están las que pueden derivarse de una mayor eficiencia en la administración de los procedimientos de tratamiento (frente a la posibilidad de disponer de varios protocolos para un mismo P/T), el incremento de la reducción de los costes temporales y económicos o el de la generalización por medio de los distintos contextos en los que se puede aplicar lo aprendido, entre otros.

---

[284] Por ejemplo, Barlow et al. (2011, 2017) o Wilamowska et al. (2010).

[285] Payne et al. (2014).

[286] Estas respuestas son propias de los órganos y sistemas que posibilitan el funcionamiento del cuerpo humano, y actúan como señales de alerta o alarma que «avisan» a través de su alteración (percibida como un estado anómalo que puede ser peligroso), como ocurre, por ejemplo, con la sensación de malestar o el dolor relacionados con una parte de nuestro organismo.

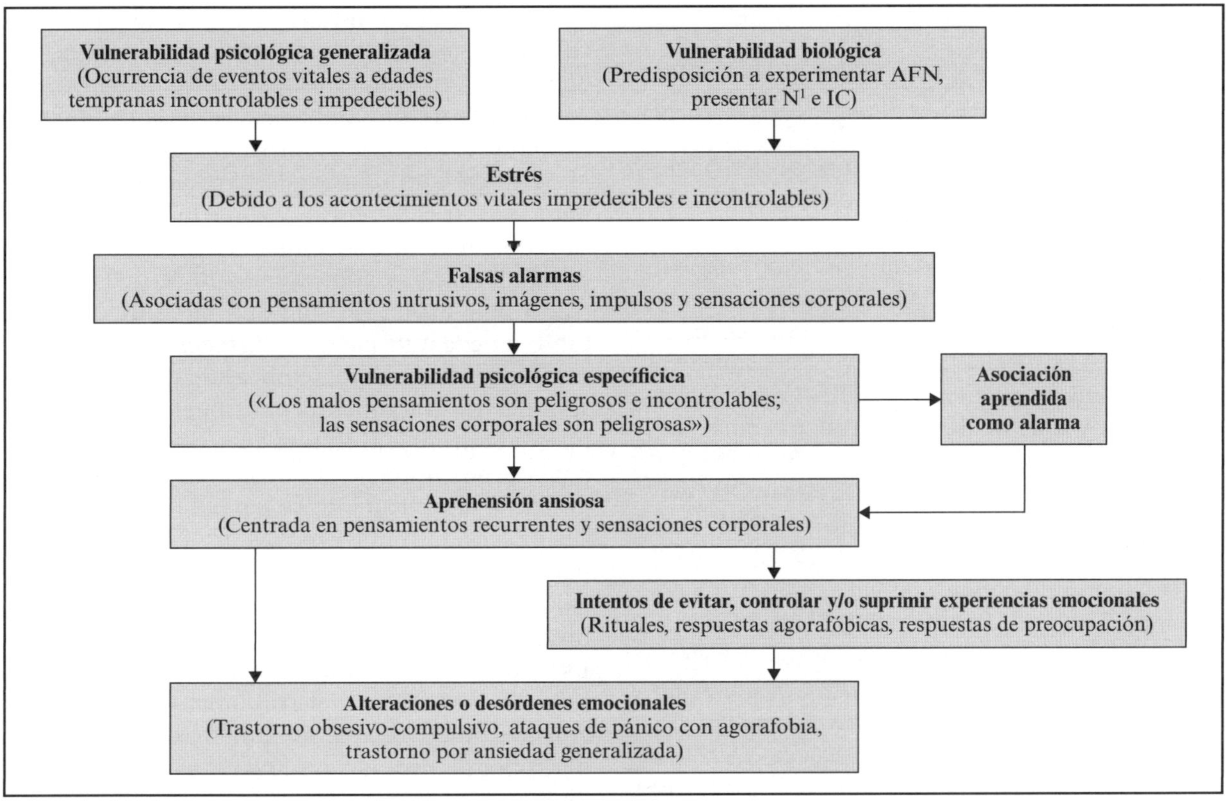

AFN = Afecto negativo. **IC** = Inhibición conductual. **N** = Neuroticismo.

[1] Barlow et al. (2014) abordaron una nueva perspectiva sobre el neuroticismo y sus orígenes, para concluir que se puede hipotetizar como una dimensión del temperamento, caracterizada por una elevada reactividad al estrés. Esta reactividad posibilitaría que se experimenten frecuentemente emociones negativas que conformarían una afectividad negativa. Esta última va habitualmente asociada, por un lado, a una percepción generalizada de que el mundo es un lugar peligroso y amenazante y, por otro, a percibirse a sí mismo incapaz para gestionar o hacer frente a eventos desafiantes (creencia). Véase en relación con esta última cuestión el trabajo de Olivares-Olivares, Caballo, Rosa-Alcázar, Macià y Olivares (2019) respecto de los efectos en el neuroticismo y la extraversión del tratamiento de la fobia social en adolescentes.

Como es sabido, históricamente el neuroticismo se ha considerado un rasgo estable y de base genética. Sin embargo. Barlow et al. (2014) afirmaron que la mejora de la comprensión de las interacciones que se producen entre nuestra herencia genética y el entorno, de modo continuo y a lo largo de la vida, sugiere que puede haber una génesis más compleja y de orden dinámico que permita construir una teoría sobre el inicio y el desarrollo del neuroticismo que integre las contribuciones genéticas, neurobiológicas y ambientales para facilitar la comprensión de este rasgo.

Esta hipótesis de trabajo se fundamenta, según los autores, en la intensa y robusta correlación que muestra el neuroticismo y la ocurrencia de consecuencias negativas para la salud humana, con carácter general, y especialmente relacionadas con la merma del bienestar psicológico, las alteraciones propias de la ansiedad y las del estado de ánimo. Partiendo de ello también postulan su relevancia para el tratamiento y la prevención de una amplia gama de alteraciones psicológicas, incluido el propio neuroticismo (véase Barlow et al., 2014).

FUENTE: Traducido y modificado de Boisseau, Farchione, Fairholme, Ellard y Barlow (2010; p. 104).

Figura 6.3.—Diagrama del origen de los trastornos emocionales en el modelo del protocolo de tratamiento unificado de Barlow.

6.4.3.1. *La evaluación*

Los instrumentos y las estrategias que se utilizan como paso previo a la aplicación del UP son los que generalmente se han utilizado en la evaluación conductual y conductual-cognitiva (incluyendo las categorías específicas de los DSM, concretamente el DSM-IV).

Así, por ejemplo, tal como ya hemos adelantado, se emplean entrevistas semiestructuradas orientadas por los criterios del DSM como la «Anxiety Disorders Interview Schedule for DSM-IV-Lifetime Version» (ADIS-IV-L; DiNardo, Brown y Barlow, 1994) y otras medidas validadas psicométricamente como el «Beck Depression Inventory-II» (BDI-II; Beck, Steer y Brown, 1996)[287], el «Beck Anxiety Inventory» (BAI; Beck y Steer, 1990; Steer, Ranieri, Beck y Clark, 1993), la «Positive and Negative Affect Scale» (PANAS; Watson, Clark y Tellegen, 1988)[288], el «Obsessive-Compulsive Inventory-Revised versión» (OCI-R; Foa, Kozak, Salkovskis, Coles y Amir, 1998), el «Panic Disorder Severity Scale» (PDSS-SR; Houck, Spiegel, Shear y Rucci, 2002), el «Penn State Worry Questionnaire» (PSWQ; Meyer, Miller, Metzger y Borkovec, 1990), el «Social Interaction Anxiety Inventory» (SIAS; Mattick y Clarke, 1998) o la «Work and Social Adjustment Scale» (WSAS; Marks, 1986).

A estas medidas de autoinforme se añaden otras específicas para la población infanto-juvenil[289], entre las que se hallan los autorregistros, que se aplican durante el desarrollo de la aplicación de los módulos de tratamiento, y los registros de terceros cuando se estima conveniente.

En este último ámbito se sitúa la evaluación mediante el «Top Problems» (TP). Es una medida idiográfica que puede ser particularmente útil para valorar el progreso durante la aplicación del tratamiento y en el seguimiento de los efectos de este en los niños y adolescentes, dado que ha mostrado una buena sensibilidad al cambio y, por tanto, puede utilizarse regularmente para obtener medidas (por ejemplo, semanalmente) durante las sesiones de tratamiento para cuantificar la respuesta temprana al tratamiento (incluidas las ganancias repentinas)[290].

Para su aplicación, se les pide a los P/C y a sus padres que enumeren las principales preocupaciones por las que buscan tratamiento y que califiquen semanalmente la gravedad de cada problema tratado durante las sesiones clínicas[291]. Esta medida facilita la discusión sobre la evolución de los efectos del tratamiento en relación con los objetivos que se han fijado, siendo generalmente necesaria para el éxito del tratamiento[292].

La evaluación mediante el TP capitaliza los puntos fuertes tanto de la práctica clínica como de la evaluación estandarizada, ya que se centra

[287] Véanse anexos XI a y b

[288] Existen validaciones para su aplicación en población adulta e infanto-juvenil de habla española. Véanse, por ejemplo, los trabajos de González-Arratia-López-Fuentes y Valdez Medina (2015), Moral de la Rubia (2011a), López-Gómez, Hervás y Vázquez (2015), Robles y Páez (2003) y Sandín et al. (1999).

En los anexos XXIVa y b incluimos una versión en español de la Escala de Afecto Positivo y Negativo (PANES) para población adulta y otra para la infanto-juvenil.

[289] Así, la Anxiety Disorder Interview Schedule for the DSM-IV and DSM-5, Child and Parent Versions (ADIS-IV-C/P; Silverman y Albano, 1996), la Distress Tolerance Scale (DTS; Simons y Gaher, 2005), el Emotion Regulation Questionnaire (ERQ; Gross y John, 2003), Emotion Regulation Questionnaire, Child and Adolescent Form (ERQ-C/A; Gullone y Taffe, 2012), las Escalas PANAS de afecto positivo y negativo para niños y adolescentes españoles (PANASN; Sandín, 2003) y mexicanos (González Arratia López Fuentes y Valdez Medina, 2015), el Mini International Neuropsychiatric Interview for Children and Adolescents (MINI-KID; Sheehan et al., 1998) o la Revised Children's Anxiety and Depression Scale (RCADS; Chorpita et al., 2000).

[290] Weisz et al. (2011).

[291] Véase por ejemplo su uso en la investigación de Milgram, Tonarely y Ehrenreich-May (2021).

[292] Nezu y Nezu (1993).

en las preocupaciones del P/C y proporciona resultados cuantitativos[293].

En el contexto de la aplicación individual del UP, la conceptualización del caso versa sobre la detección y concreción de la(s) forma(s) en las que se presentan los distintos modos que utiliza el P/C para procesar y afrontar sus experiencias emocionales. Es decir, identificando los patrones de respuestas que son comunes a tales formatos de presentación (véase la figura 6.3) y que son objeto de evaluación, y posteriormente lo serán de tratamiento si esta lo ha confirmado.

6.4.3.2. *El tratamiento*

El equipo de Barlow ha ido desarrollando distintas versiones de su protocolo[294] hasta llegar a la versión actual[295], utilizando la metodología científica y el análisis crítico de la estructura del UP y de los resultados que se asociaban con su aplicación.

Todas las versiones han incluido módulos específicos que se desarrollan durante una y tres sesiones clínicas.

Esta estructura modular y su evolución es coherente con los principios descritos por Chorpita, Viesselman y Hamilton (2005)[296]. Basándose en ellos, se espera que este formato proporcione a los psicólogos clínicos y de la salud una mayor flexibilidad en la presentación a sus P/C de los conceptos y habilidades que se consideran básicas en el tratamiento. Esta posición incrementa las oportunidades para que se adquieran las destrezas necesarias y facilita la atención individualizada.

Además, la estructura modular permite diseñar y planificar un programa de tratamiento ordenado, que puede aplicarse por módulos específicos que atienden a los resultados de la evaluación de las habilidades y las destrezas que se consideran básicas. Es decir, la evaluación posibilita que se pueda concretar qué módulos han de aplicarse, en qué orden y en qué número de sesiones.

Así, por ejemplo, en la versión aplicada por Ellard, Fairholme, Boisseau, Farchione y Barlow (2010) se había modificado el manual de tratamiento del UP para delimitar con mayor claridad los conceptos en los que se fundamenta, de acuerdo con el modelo de tres componentes de la emoción[297], así como para aumentar la conciencia del P/C sobre los efectos de la interacción de cada uno de estos componentes dentro del contexto de la experiencia del momento presente.

A manera de ejemplo, vamos a describir el rigor y la meticulosidad con la que este grupo de investigación ha ido depurando y mejorando su propuesta inicial. Así:

— Se mejoró el material de la sesión 1 original para que los P/C pudieran ampliar su comprensión sobre la función adaptativa de las emociones y promover el desarrollo de habilidades para controlar sus experiencias emocionales. Además, se introdujo una descripción del ABC de las emociones (antecedentes desencadenantes, respuestas conductuales —motoras y psicofisiológicas— y consecuencias que seguían a estas respuestas), se mejoró la delimitación de la función de un conjunto de emociones negativas entre las que estaban la ira, la ansiedad y la tristeza, y se incorporaron ejemplos que facilitaban la comprensión del modo como estas desencadenan otras RAD que dan lugar a los

[293] Así, Dour et al. (2013), Guan, Park y Chorpita (2019) y Weisz et al. (2013).

[294] Véase, por ejemplo, Barlow et al. (2017), Barlow, Allen y Choate (2004), Boisseau et al. (2010), Mansell et al. (2009) o Wilamowska et al. (2010).

[295] Véase Payne et al. (2018).

[296] En Olivares y Olivares-Olivares (2019b) puede verse su aplicación para orientar el tratamiento del mutismo selectivo.

[297] Fairholme et al. (2009).

llamados «comportamientos impulsados por la emoción».

— Se cambió de ubicación el módulo de entrenamiento en «conciencia emocional» (centrada en el presente y sin juicios de valor), que pasó de la sesión 6 a la 3, a fin de enfatizar el valor de esta como una habilidad básica que mejora la adquisición de los conceptos que se utilizan posteriormente durante el desarrollo del tratamiento, como, por ejemplo, el de la «exposición interoceptiva».
— También en la sesión 3 se añadió una adaptación de un ejercicio formal de «conciencia plena» (Segal, Williams y Teasdale, 2002), y otro que seguía a este para inducir emociones (a partir de la música seleccionada por el P/C para estimular sus emociones).
— Se modificó el protocolo inicial en las sesiones 4 y 5 que hacían hincapié en la revaluación cognitiva previa, a fin de enfatizar la flexibilidad cognitiva. Para ello se diseñó el empleo de estrategias de revaluación antes, durante y después de situaciones emocionalmente relevantes.

  Además, se incrementó el entrenamiento de los P/C para enseñarles a reconocer cómo influyen las respuestas cognitivas en el desencadenamiento y/o la intensificación de patrones relativamente estables de respuestas (las emociones) en los tres sistemas, en las respuestas psicofisiológicas y motoras (sensaciones físicas) y en el inicio y/o mantenimiento de cadenas o secuencias de estímulos-respuestas (los comportamientos), y viceversa.
— Se incrementó el uso de ejercicios de exposición interoceptiva durante la sesión 7 (del UP revisado), incrementando el protagonismo de la exposición a las señales internas y del desarrollo o la intensificación de la sensibilidad para detectar y aprehender cómo las sensaciones físicas interactúan e influyen en las respuestas cognitivas, psicofisiológicas y motoras. De hecho, todos los P/C, independientemente de su diagnóstico, tuvieron que realizar tres ejercicios básicos de exposición interoceptiva consistentes en respirar a través de una pajita fina, girar en círculos e hiperventilar.
— Se aumentó el número de las «sesiones de refuerzo», para que los P/C pudieran libremente acceder a ellas para incrementar la probabilidad de consolidar las habilidades y las destrezas de regulación de las emociones, adquiridas mediante la práctica complementaria de la exposición a sus emociones disfuncionales.

Este listado de cambios da una idea del esfuerzo que supone la elaboración y el refinamiento de un protocolo de tratamiento psicológico, sin contar los costes que conlleva disponer de la infraestructura humana y material para implantar su reiterada aplicación en condiciones controladas (para probar y garantizar su eficacia) antes de ser propuesto como alternativa de tratamiento para ser aplicada de forma generalizada.

La versión que vamos a describir a continuación, la 3.0 del UP[298], consta de siete módulos, de los que cuatro se formulan como básicos o centrales y tres como complementarios (véase cuadro 6.5), los cuales describiremos posteriormente.

Los módulos que se consideran básicos (3, 4, 5 y 6) están dirigidos al tratamiento de cuestiones y aspectos que son determinantes para el procesamiento adaptativo de la información emocional y para la regulación o control de las experiencias emocionales. Versan sobre la conciencia emocional centrada en el presente (módulo 3), la flexibilidad cognitiva (módulo 4), la evitación emocional y las conductas impulsadas por la emoción (módulo 5), y la exposición interoceptiva y centrada en la situación (módulo 6).

[298] Extraído de Boisseau et al. (2010).

CUADRO 6.5

Estructura modular del protocolo UP

1. Psicoeducación y justificación del tratamiento.
2. Mejora de la motivación.
3. Conciencia emocional.
4. Evaluación cognitiva y revaluación.
5. Contrarrestar las RIE/EDBs y la evitación emocional.
6. Exposiciones interoceptivas y situacionales.
7. Conclusión y prevención de recaídas.

RIE/EDBs = Emotion-driven behaviors[299].

Sus objetivos son: el aumento de la conciencia emocional (módulo 3), facilitar la flexibilidad en las valoraciones (módulo 4), identificar y prevenir las respuestas de escape/evitación tanto de forma específica y aislada (cognitivas y motoras) como durante el «estado emocional» (módulo 5), y exponerse a situaciones externas y a respuestas o reacciones internas (exposición interoceptiva) (módulo 6) que actúan como «señales de la emoción», porque desempeñan la función propia de un estímulo discriminativo o condicionado («señales»).

Además, el protocolo contiene otros tres módulos complementarios (psicoeducación, mejora de la motivación y prevención de retrocesos) que siguen el formato de los protocolos conductual-cognitivos estándares.

En su conjunto, tienen como fin la modificación del papel que desempeñan las variables implicadas en los mecanismos que se han mostrado relevantes para comprender y explicar por qué se produce, en mayor o menor medida, la generalización del efecto del tratamiento específico de un P/T a otros P/T comórbidos que se asocian con el mismo[300].

El UP trata de aprovechar los elementos comunes a los distintos grupos de alteraciones para abordarlos de forma simultánea, utilizando un mismo lenguaje y la aplicación de un tratamiento construido a partir de los principios y elementos comunes.

Se parte del supuesto de que esta forma de diseñar la ICC-T facilita la mejora del tratamiento de las RAD que presentan los P/C, al ayudarles a identificar sus similitudes y favoreciendo la generalización del efecto del tratamiento entre ellas.

6.4.3.2.1. La estructura modular y sus contenidos

Primer módulo. Psicoeducación y justificación del tratamiento

Una vez que se ha realizado el análisis funcional de los datos proporcionados por la evaluación psicológica, pormenorizada y funcional, sobre las alteraciones del comportamiento detectadas a partir de las emociones que se experimentan cotidianamente, se presenta a los P/C un esquema explicativo en el que se conjetura cómo podrían estar interfiriendo las mismas en su funcionamiento diario. En este esquema también se incluyen las estrategias que el P/C utilice, con el fin de gestionarlas (independientemente de su éxito en el desempeño de la tarea).

Terminada la explicación, adaptada a la capacidad de los participantes para que la puedan entender claramente, el psicólogo les informa sobre los fundamentos del tratamiento y les ayuda a comprender, adecuada y fundamentadamente, la naturaleza y la función adaptativa que realizan las emociones.

[299] RIE/EDB = Comportamientos impulsados por la intensidad o fuerza de la emoción. Este concepto introduce por primera vez en este módulo, durante la aplicación del UP, y se utiliza para ilustrar y subrayar la importancia de la función que desempeñan las emociones (véase Boiseau et al., 2010).

[300] Véase, por ejemplo, Barkowski et al. (2016), Craske et al. (2007) u Olivares et al. (2008).

El tratamiento se presenta como una manera de ayudar a ser más conscientes del número y la variedad de sus experiencias emocionales, de aprender a experimentar y a afrontar las emociones incómodas reaccionando adecuadamente.

Se les subraya que no son solo las emociones llamadas «negativas» las que pueden experimentarse como amenazas, con incomodidad o malestar, porque también puede sucederles con las llamadas «emociones positivas».

El psicólogo ha de ayudarles a reconocer que todas las emociones tienen una función adaptativa, incluidas las que experimentan como peligrosas o incómodas. A través del análisis de distintas emociones discretas, como por ejemplo el miedo, la ansiedad, la tristeza, la ira, etc., las presenta como herramientas que proporcionan información sobre el entorno y ayudan a motivarse para que se actúe de una manera concreta.

En este contexto explicativo, educativo y de reconceptualización de las ideas, se presenta la expresión «Respuestas impulsadas por la emoción» (RIE o EDB), las cuales se definen, como hemos visto, por la magnitud de la intensidad del impulso de la emoción. La relación funcional incluida en esta expresión es la que utilizaremos como idea de base para conducir el desarrollo de las discusiones posteriores al respecto.

Mediante el planteamiento indicado y una discusión general sobre las emociones, el psicólogo enseña a los P/C para que aprendan a identificar las partes en las que descompondremos la experiencia emocional. Para ello introduce y se vale de herramientas *ad hoc* que ayudan a los P/C a comprender mejor tales experiencias.

En relación con estas últimas, utiliza el modelo ABC (antecedentes, respuestas y consecuencias) de la experiencia emocional, a fin de ayudarles a entender cuándo, dónde y por qué se producen las emociones. Este formato de aprendizaje generalmente se muestra útil para hacer más manejables las experiencias emocionales intensas.

También les enseña a analizar la experiencia emocional como el producto de un patrón de respuestas integrado por reacciones fisiológicas, cognitivas y motoras (respuestas de la musculatura estriada), las cuales serán el objetivo del tratamiento en las sesiones posteriores.

Por último, el módulo termina discutiendo los aprendizajes realizados e ilustrando cómo los antecedentes y consecuentes de las RIE/EDB influyen en la manera en la que respondemos y cómo nosotros podemos modificar nuestra respuesta aplicando en el futuro este aprendizaje en situaciones similares.

Por medio de esta estrategia de discusión se les ayuda a comprender por qué y cómo sus intentos para controlar/manejar las experiencias emocionales desagradables pueden ser muy eficaces a corto plazo («trampa del alivio del estado aversivo») y también muy disfuncionales a medio y largo plazo (incremento desmedido de la frecuencia, duración e intensidad de las respuestas de escape/evitación), aunque puedan proporcionar un alivio más inmediato a corto plazo.

En este contexto, el psicólogo enfatiza la importancia de la realización repetida de la estrategia de análisis de las emociones (RIE/EDB) para evitar que se produzcan emociones fuertes, o en su defecto para amortiguar su intensidad. Ha de enfatizar la idea de que practicar repetidamente esta estrategia evita que se produzcan emociones muy intensas o, al menos, en el caso de que no sea así, reduce su intensidad. Esta reiteración de la práctica terminará generalizándose y produciendo un hábito que convertirá las RIE/EDB en un automatismo (insensible al contexto en el que se produce).

Es fundamental que en este contexto psicoeducativo y de reconceptualización, el psicólogo deje muy claro que lo que hay que atajar no es la aparición de las emociones, sino lo que producen las respuestas de escape/evitación con las que, paradójicamente, pretendemos que no se presenten o que acabe cuanto antes el estado desagradable o de malestar que asociamos con ellas.

En línea con el TCC, una vez terminada la sesión se asignan «las tareas para casa», a fin de que la práctica en el contexto habitual permita que se consolide y que se generalice el aprendizaje.

Así, se les pide que descompongan y analicen una de las experiencias emocionales que han vivido entre una sesión de entrenamiento y la siguiente, siguiendo el modelo ABC. Además, se les solicita que empiecen a registrar sus propias experiencias emocionales siguiendo el esquema de este modelo.

Este módulo del UP incluye dos formularios de registro diferentes para que pueda adaptarse a la capacidad de registro del P/C. El más sencillo («Seguimiento de las reacciones emocionales») requiere que se registre solo la secuencia ABC en cada experiencia emocional; el otro precisa que se registren y especifiquen los pensamientos (respuestas cognitivas, incluidas las de escape/evitación) y el sentimiento (producto de nuestra valoración del estado somático que producen las respuestas psicofisiológicas y motoras alteradas).

Segundo módulo. Mejora/incremento de la motivación

Sin el compromiso del P/C no es posible lograr el cumplimiento de los objetivos del tratamiento psicológico en el contexto clínico. De ahí que el objetivo de este módulo sea intensificar la disposición para implicarse activamente en y con el tratamiento, sobre todo en quienes pudieran no estar en las mejores condiciones motivacionales para «pagar el precio» que conlleva enfrentarse consigo mismos y cambiar sus respuestas actuales ante el malestar/incomodidad que asocian con las emociones intensas.

Se utilizan técnicas que son básicas para el aumento de la motivación, a través del incremento de la autoeficacia y la aceptación de la discrepancia entre la situación actual y la ideal[301].

Así, por ejemplo, se puede utilizar el método socrático para discutir cómo las respuestas de escape/evitación, del malestar asociado a las emociones intensas, afectan negativa y disfuncionalmente a su capacidad para establecer y consolidar relaciones sociales, en el ámbito informal y en el formal, con la familia y con los amigos, a la hora de buscar trabajos que puedan interesar o para asistir de forma regular a situaciones grupales como son, por ejemplo, las clases en la universidad o en la autoescuela.

La aplicación de los conceptos y los principios para mejorar la motivación puede desarrollarse a lo largo de la implementación del UP, según se considere necesario, pero hay que realizar un énfasis especial en ello durante la fase de exposición a las emociones.

En este módulo las «tareas para casa» incluyen, por ejemplo, la reflexión escrita de la búsqueda del equilibrio en la toma de decisiones. El registro de las tareas se realiza cumplimentando una hoja *ad hoc* en la que se sopesan los pros y los contras de cambiar o permanecer igual.

Tercer módulo. Desarrollo/fomento de la conciencia emocional

El concepto de «conciencia emocional» incluye la experiencia emocional en sí y las reacciones que se producen cuando ocurre.

Como hemos indicado, el psicólogo ha de introducir y reiterar la idea de que las emociones no son *per se* problemáticas, sino que el problema es cómo se reacciona ante su ocurrencia o ante el pensamiento sobre la posibilidad de que puedan presentarse cuando son indeseadas. Asimismo, también ha de subrayar que se puede reaccionar negativamente (disfuncionalmente) ante las emociones positivas.

De igual modo, ha de introducir y enfatizar la importancia de la conciencia centrada en el presente, en el aquí y ahora, para poder comprender las experiencias emocionales. En este contexto, ha de subrayar que las emociones suelen desencade-

[301] Véase Miller y Rollnick (1991) y Westra y Dozois (2006).

nar recuerdos del pasado o pensamientos sobre lo que puede ocurrir en el futuro. Por ello existe el peligro de quedarse atrapado en ellos. Cuando esto ocurre, resulta más difícil ver las emociones tal como se presentan en el momento presente y en el contexto en el que están produciéndose (antecedentes, estado corporal generado por la sobreactivación psicofisiológica y motora y por los consecuentes que se desencadenan).

El UP contiene un ejercicio de «conciencia emocional», guiado por el psicólogo, que permite a los P/C practicar el anclaje en el momento presente. La guía del profesional se debe a que la primera vez que se practica, en muchas ocasiones, los P/C no saben conducirse o les surgen muchas dudas sobre cómo están actuando.

El objetivo es incrementar la conciencia sobre cómo, por ejemplo, sus respuestas cognitivas depresivas (pensamiento y rumiación), las respuestas de evitación/escape que conforman el retraimiento social o las psicofisiológicas que se asocian con las sensaciones de fatiga, intensifican el estado de ánimo que calificamos como «depresión» (tomando como referencia los accidentes geográficos que llevan este mismo nombre).

Esta versión del UP también incluye un ejercicio de escaneo del cuerpo adaptado de Segal et al. (2002), seguido de otro de inducción de la emoción que se utiliza para ayudarles a practicar la conciencia acrítica, sin enjuiciarse, y centrada en el contexto presente de la experiencia emocional.

Las «tareas para casa» están diseñadas para ayudar a los P/C a seguir construyendo el concepto de «conciencia emocional». Se les pide que repitan el ejercicio de inducción de emociones en casa, escuchando diferentes canciones y prestando atención a las emociones que se producen, así como a la reacción que les desencadena.

También se incluye como parte de las «tareas para casa» la realización de un ejercicio diario cuyo fin es que condicionen su respiración, para que esta actúe como una señal que puedan utilizar para provocar la «conciencia centrada en el presente». En este ejercicio, se les explicita que han de centrar su conciencia en un sonido o sensación del entorno, y entonces asociarla con la ejecución de una respiración profunda.

Asimismo, se alienta a los P/C para que realicen los ejercicios de «atención plena y conciencia centrada en el presente», en los que han sido entrenados, con el doble fin de romper el bucle de la rumiación y al mismo tiempo anclar su estado de ánimo en el presente, en el contexto actual, utilizando expresiones como, por ejemplo, «Hoy estoy decaído» en vez de «Vuelvo a estar deprimido. Seguro que me pondré tan mal como la última vez. Nunca saldré de esto». Es decir, para que en vez de «alimentar» e intensificar su bajo estado de ánimo, mediante rumiaciones centradas en acontecimientos pasados o preocupaciones sobre el futuro, produzcan alternativas adaptativas en las que se incluya la aceptación de lo que les ocurre (sin enjuiciarlo negativamente).

Se termina el desarrollo del módulo cumplimentando un formulario de deberes que les ayuda a practicar deliberadamente la conciencia acrítica y centrada en el presente.

Cuarto módulo. Evaluación cognitiva y revaluación

En este módulo se aborda el aprendizaje de cómo llegar a considerar y a valorar la función que tienen las evaluaciones automáticas disfuncionales que se realizan durante las experiencias emocionales emergentes. Para ello se retoma el primer componente que se presentó en el módulo primero.

Así, una vez definida la valoración cognitiva, el psicólogo realiza un ejercicio que está diseñado para poner de manifiesto que, ante una situación concreta, son posibles muchas valoraciones distintas de la misma, pese a que no varíen sus características específicas. Para realizar este ejercicio se utiliza la presentación de una imagen ambigua[302]. Se les pide a los P/C que la vean du-

[302] En el UP utilizan concretamente una tarjeta del Test de Apercepción Temática [TAT] de Morgan y Murray (1935).

rante 30 segundos aproximadamente y que, transcurrido ese tiempo, cada uno concrete su valoración inicial (automática) antes de generar otras valoraciones alternativas.

Este ejercicio también se utiliza para ayudarles a comprender la reciprocidad de la relación entre los pensamientos y las emociones. Para ello se aplica el método socrático. Durante el desarrollo del entrenamiento el psicólogo ayuda a los P/C para que cada uno identifique sus valoraciones automáticas, las que parece que impulsan sus respuestas depresivas y de ansiedad.

A partir de aquí, el psicólogo trabaja con el/los P/C para diseñar, planificar y desarrollar una estrategia adaptativa con la que evaluar y modificar las respuestas cognitivas que calificamos como ansiosas y disfuncionales.

Para ello, en primer lugar, les pide que identifiquen posibles errores o «trampas» en su pensamiento, como «sacar conclusiones precipitadas» y «pensar lo peor». Después, siguiendo el modo de proceder en terapia cognitiva tradicional, se les enseña habilidades y destrezas de revaloración para desarrollar o aumentar la flexibilidad cognitiva.

El psicólogo introduce dos estrategias de revaloración, que ayudan, por un lado, a generar interpretaciones más realistas, es decir, basadas en la evidencia que resulta de las situaciones que provocan las emociones y, por otro, a modificar los patrones de respuesta que conforman la emoción. La primera consiste en estimar la probabilidad. Para ello se les enseña a que analicen los resultados de su experiencia pasada y a que los usen para estimar de forma realista la probabilidad de que se produzca un resultado similar. La segunda es la reconsideración de la naturaleza «catastrofista», que se asocia con el estado que caracteriza a la emoción indeseada. Su objetivo es ayudarles para que aprendan a identificar y valorar su capacidad para afrontar la emoción indeseada, en caso de que se produzca la situación temida.

Al repasar los ejemplos generados por los P/C, el psicólogo hace hincapié en que el objetivo no es eliminar todos los pensamientos relacionados con las valoraciones negativas, sino permitir que coexistan múltiples interpretaciones de una situación.

La estrategia de revaluación se enseña y entrena como un medio que, basándose en los antecedentes, altera las condiciones cognitivas en las que los P/C se enfrentan a los estímulos que provocan emociones. Es decir, modifica la percepción de la situación, esperando que ello produzca, a su vez, un cambio en la emoción que se desencadena y la reacción del P/C al estado que se asociaba con ella.

Antes de terminar la sesión se les entrega una lista sobre la que se registran las estrategias de evitación (respuestas cognitivas y motoras de escape/evitación) que se detectan antes de empezar el siguiente módulo[303]. El papel del psicólogo es prestar ayuda a los P/C para que detecten e identifiquen las formas sutiles en que pueden intentar escapar/evitar del malestar asociado a las emociones incómodas/desagradables. Así, por ejemplo, en un caso de ataques de pánico son ejemplos de estas respuestas el hecho de sentarse más cerca de las salidas para facilitar la huida, buscar la tranquilidad que proporciona la cercanía de los miembros de la familia, demorar la búsqueda de oportunidades profesionales o prestar atención solo a determinadas partes de la situación temida.

En resumen, en este módulo se aborda directamente el tratamiento de las respuestas o las secuencias automáticas de estas (comportamientos) de orden negativo, así como las creencias que participan en el mantenimiento del patrón de respuestas que calificamos como «estado de ánimo bajo»[304].

---

303 Su nombre es «Lista de comprobación de estrategias de evitación emocional» (CEASE, por sus siglas en inglés). Es una relación confeccionada a partir de las modificaciones realizadas en la Escala de maniobras de seguridad de Texas (Kamphuis y Telch, 1998).

304 Tal como se hace en la aplicación del TCC tradicional para la depresión. Véase, por ejemplo, Beck et al. (1979b).

Quinto módulo. Afrontar las respuestas desencadenadas por la emoción y la evitación emocional

En esta parte del UP, el psicólogo comienza a discutir el componente conductual de la experiencia emocional y reintroduce el concepto de respuestas desencadenadas/impulsadas por las emociones (RIE/EDB).

En primer lugar, se explica que aun cuando las RIE/EDB suelen ser adaptativas en determinadas situaciones, como por ejemplo cuando hay un peligro real e inmediato y se desencadena una respuesta de escape/evitación proporcional, en cambio son disfuncionales cuando ocurren independientemente de que haya o no peligro real y del grado de este en el contexto de la situación. Esto último es lo que pasa, por ejemplo, cuando el miedo desencadenado por el peligro que se atribuye a que pueda producirse un ataque de pánico provoca una respuesta de evitación equivalente a la que debiera de producirse para escapar si realmente se estuviera produciendo.

En este módulo se entrena a los P/C para que aprendan a identificar las RIE/EDB disfuncionales y se les guía y orienta para que investiguen cómo su implicación en las RIE/EDB mantiene las experiencias emocionales disfuncionales.

En segundo lugar, se aborda la enseñanza y el entrenamiento para que reconozcan las distintas formas en que pueden responder para evitar las emociones que temen o que no desean experimentar.

A diferencia de las RIE/EDB, que se producen como respuesta a una emoción que ya se ha desencadenado, la evitación emocional se produce antes de que aparezca la emoción. La distinción es más de carácter temporal que funcional.

Las respuestas/estrategias de evitación emocional, al igual que las RIE/EDB, pueden convertirse en automatismos que perpetúan patrones de respuesta disfuncionales. Cuando esto ocurre, el psicólogo ha de centrarse en ayudar al P/C a reconocer cómo evita experimentar las emociones o cómo modificar las situaciones para amortiguar la intensidad de las respuestas que se asocian a las mismas. Se explican tres tipos de estrategias de evitación emocional: la motora, la cognitiva y el uso de señales que se perciben como fuentes de seguridad.

La evitación motora puede ser intensa, como, por ejemplo, negarse rotundamente a ir a determinado lugar, o sutil, como, por ejemplo, cuando en un cine con bastante público se elige una fila y un asiento que, por su proximidad a la puerta, permitiría escapar más fácilmente si llegara el caso de sentir que hay que hacerlo.

La evitación cognitiva puede ilustrarse con el uso de la distracción para no pensar en las preocupaciones y en los pensamientos negativos que provocan malestar o incomodidad.

Las señales (estímulos discriminativos y condicionados que se asocian con fuentes de seguridad) son amuletos y/u otros elementos que desempeñan una función similar, como por ejemplo llevar estampas de santos, talismanes o medicamentos por si aparecieran las respuestas de ansiedad disfuncionales. Se espera que, en caso de producirse el acontecimiento indeseado, entonces la presencia de estos amuletos reduciría o anularía la intensidad de las respuestas de ansiedad producidas por la situación temida. Además, esta «esperanza» se suele mantener pese a que haga mucho tiempo que ya no se presentan las situaciones temidas.

Para ayudar a los P/C a entender cómo y por qué fallan las estrategias de evitación emocional que utilizan se realiza una versión simplificada del experimento del «oso blanco» de Wegner (1989).

En este caso lo vamos a ilustrar con la muestra que incluyen Boisseau et al. (2010) en su trabajo en el siguiente diálogo:

> «PSICÓLOGO: Para este ejercicio quiero que describas un recuerdo o una situación especialmente emotiva para ti.
>
> PACIENTE: ¿Recuerdas cuando enfermé hace unas semanas con gripe estomacal y estuve vo-

mitando mucho tiempo? Sé que ya hemos hablado de esto, pero es lo que se me quedó grabado. ¿Puedo usarlo como recuerdo?

PSICÓLOGO: Por supuesto. Por lo que me has contado, esa sería una buena situación para elegirla. ¿Puedes volver a contarme lo que pasó y qué emociones experimentaste?

PACIENTE: Solo recuerdo que tenía mucho miedo. Estaba vomitando en el retrete y haciendo constantes rituales, porque tenía miedo de que si no los hacía me podía pasar algo muy malo. No era solo el miedo. También me encontraba muy mal conmigo mismo, muy asqueado porque no podía dejar de hacerlos, ni siquiera durante un instante. Recordaba que una vez me cayó mi propio vómito encima, porque estaba tan centrado en completar el ritual que eso era más importante que llegar al baño a tiempo. Así que allí estaba, cubierto de mi propio vómito y haciendo el ritual. Me sentí horrible, ¿sabes? Como si nunca fuera a superar esto.

PSICÓLOGO: Ahora quiero que no pienses en esa experiencia. Puedes utilizar la estrategia que quieras para no pensar. Yo te diré cuando puedes volver a pensar en ello.

PSICÓLOGO: [después de unos 30 segundos] ¿Qué éxito has tenido en alejar ese recuerdo y esas emociones de tu pensamiento?

PACIENTE: Bueno, primero traté de pensar en las fotos de la pared y luego en lo que voy a hacer esta noche, cuando terminemos, pero tuve que seguir diciéndome a mí mismo que tenía que pensar en otra cosa.

PSICÓLOGO: ¿Así que sigue arrastrándote?

PACIENTE: Sí.

PSICÓLOGO: Eso es lo que pasa cuando tratamos de evitar pensar en algo, especialmente cuando tratamos de evitar ciertas emociones. Siguen apareciendo. Al decirte a ti mismo que no debes pensar en algo, tienes que pensar en ello de algún modo. Esta es la razón por la que evitar las emociones no funciona y por la que has visto que intentar distraerte de los pensamientos, como los del TOC, no funciona» (p. 11).

Una vez que se ha terminado de realizar lo contemplado en el UP sobre las RIE/EDB y la evitación emocional, entonces se introduce el concepto de «actuar de forma opuesta» a las RIE/EDB. Esta estrategia tiene como finalidad aprender a cambiar la secuencia del comportamiento emocional. El psicólogo enseña y entrena a los P/C para que produzcan acciones opuestas o generen respuestas incompatibles. En ambos casos, al ponerlas en práctica, al ejecutarlas, han de poder alterar sus experiencias emocionales.

Ejemplos de ello son caminar en medio de una multitud en lugar de evitar las zonas concurridas, o comer alimentos que se creen contaminados, pese a que no haya evidencia alguna de que realmente lo estén, en vez de tirarlos a la basura.

Las «tareas para casa» se centran, por un lado, en identificar las distintas modalidades de respuestas de evitación emocional, siguiendo las estrategias presentadas en la sesión. Por otro, requieren que los P/C registren las RIE/EDB disfuncionales y comiencen a implantar acciones opuestas o incompatibles durante el desarrollo de sus actividades cotidianas, entre sesión y sesión de tratamiento.

En consecuencia, el objetivo de este módulo es generar y/o desarrollar el conocimiento que permita entender/tomar conciencia de cómo las distintas maneras en las que se presentan las RIE/EDB, como ocurre, por ejemplo, con el retraimiento social en el curso de los trastornos depresivos, son las responsables de que se desencadene y se refuerce el pensamiento relativo al «bajo estado de ánimo» (véase la figura 6.4).

Una estrategia de tratamiento que resulta muy útil para reducir/eliminar el patrón de RAD que conforman la depresión y, por tanto, para contrarrestar las RIE/EDB, es la activación conductual.

Como podemos ver esquematizado en la figura 6.4, en este módulo los P/C también aprenden a ser conscientes de cómo las respuestas de evitación, de las situaciones y de las actividades que se temen, o que no son agradables, pueden intensificar su estado de ánimo disfuncional.

Así, por ejemplo, si como consecuencia de detectar un «estado de ánimo bajo» se evita asistir a una reunión social, entonces tal respuesta «pre-

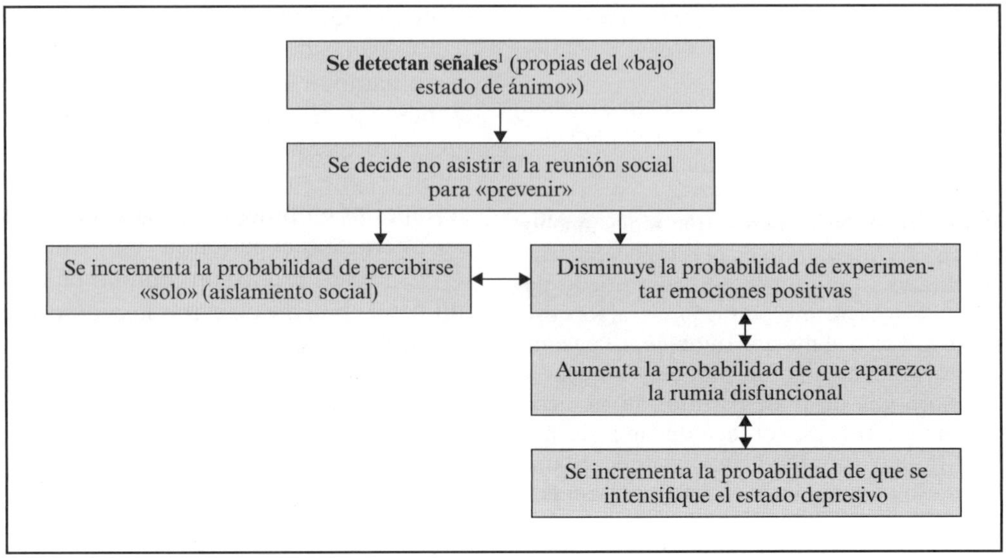

[1] Reacciones/respuestas.

Figura 6.4.—Trampa de alivio y el inicio del bucle que desencadena y/o intensifica el mantenimiento de la alteración del comportamiento que conforma el malestar asociado a la experiencia emocional.

ventiva» paradójicamente incrementa la probabilidad de que se intensifique la «sensación de aislamiento» (que se está experimentando cuando se toma la decisión de evitarla), porque, a su vez, también aumenta la probabilidad de que se desencadene la rumiación al mismo tiempo que se reduce la de experimentar emociones positivas.

Sexto módulo. Exposiciones interoceptivas y situacionales

El tratamiento en este módulo se centra en la exposición a los estímulos que desencadenan los patrones de respuestas propios de las emociones, ya sean externos o internos al P/C.

El objetivo es que los P/C incrementen su desensibilización (tolerancia) a las señales que anteceden a las emociones, propiciando que se produzca un nuevo aprendizaje de orden contextual (dado que el modelo de enseñanza-aprendizaje se basa en acontecimientos vitales y en el contexto).

En este módulo el psicólogo introduce el tercer componente de la experiencia emocional: las sensaciones somáticas (fisiológicas y/o motoras).

Para ello describe cómo estas participan en la construcción de la experiencia emocional. Lo realiza en el contexto de la enseñanza y de la práctica de las exposiciones interoceptivas, diseñadas y planificadas para que su ejecución provoque el patrón de respuestas que conforman la emoción a través de la activación física. Así ocurre, por ejemplo, cuando se respira a través de una pajita delgada y/o se corre en círculo para provocar la hiperventilación.

De este modo, el P/C comienza a identificar y a tolerar los aspectos somáticos de la experiencia emocional en la misma medida en que la exposición va produciendo la desensibilización (habituación).

Una vez terminado el entrenamiento que conlleva cada ejercicio, el P/C evalúa la intensidad de la emoción que ha experimentado, así como la similitud de esta con las sensaciones físicas que suele experimentar cuando se presentan las emociones intensas.

Las exposiciones interoceptivas se prolongan hasta que los P/C pueden exponerse completando el ejercicio, sin que se produzca ningún intento de evitar las emociones evocadas ni de escapar de ellas cuando se están exponiendo.

Las «tareas para casa» de este módulo prevén que durante el entrenamiento en el contexto clínico, lugar controlado y seguro para los P/C, se cumpla con el criterio de que el P/C está en condiciones para afrontar la práctica formal, estando solo y haciéndolo de manera repetida entre sesión y sesión de tratamiento. Cuando se verifica este prerrequisito es cuando se acuerda con él/ella que lo realice completo y un número determinado de veces al día, hasta que el malestar disminuya significativamente[305].

Las exposiciones a los estímulos externos que anteceden a la emoción persiguen el mismo objetivo que las exposiciones a los estímulos interoceptivos: incrementar la desensibilización, y con ello propiciar el aumento de la tolerancia emocional.

Además, las exposiciones a los estímulos externos permiten aprender a desarrollar y/o ejecutar estrategias de regulación de las emociones que son adaptativas e introducen nuevas experiencias contextuales. La manera en la que se diseña, planifica y ejecuta la exposición es la experiencia emocional en sí, porque propicia las circunstancias para que se produzca a través de distintos formatos, como pueden ser, por ejemplo, su ejecución en una situación segura como es el contexto clínico, en imaginación o en vivo.

La exposición se realiza en situaciones que se asocian con el inicio de emociones negativas, y de las llamadas positivas que se relacionan con estados desagradables o incomodidad.

En cualquiera de los dos casos, el psicólogo ayuda a los P/C a diseñar y construir sus jerarquías de evitación emocional a partir de la graduación y la jerarquización de las situaciones evitadas, para que pueda procederse a la exposición de manera progresiva y comenzando siempre por la menos temida/desagradable. Para ello los P/C han de calificar la angustia/ansiedad que han anticipado, e identificar y reevaluar sus valoraciones automáticas.

Además de las exposiciones realizadas durante el desarrollo de la sesión de entrenamiento en el contexto clínico, las «tareas para casa» incluyen tres exposiciones más.

Una vez que se realiza la exposición a la situación temida los P/C tienen que describir las emociones que han experimentado durante esta, así como la ocurrencia de cualquier distracción o intento de distraerse de sus emociones (respuestas de escape cognitivas). Por último, han de valorar la intensidad de su angustia o malestar durante la misma, por ejemplo entre cero (ningún malestar) y diez (máximo malestar).

En este contexto, el empleo de los ejercicios interoceptivos para producir las sensaciones físicas asociadas a las emociones, relacionadas con el miedo a tales estímulos y a la detección del patrón de respuestas implicadas en la interpretación del estímulo, permiten al psicólogo ilustrar

[305] Nosotros utilizamos un algoritmo que desarrollamos para obtener un dato que sirviera como criterio para que los adolescentes con ansiedad/fobia social supieran a partir de qué valor la exposición se convertía en beneficiosa (Olivares, 2005). El algoritmo garantiza que la decisión se tome solo cuando la intensidad de la ansiedad haya descendido al menos un punto por debajo de la mitad del valor máximo que subjetivamente le otorgue el P/C. Para ello se ha de dividir el valor de la intensidad máxima que se haya experimentado por dos, y al resultado se le ha de restar una unidad, todo ello en una escala o rango entre cero y diez (siendo cero «ninguna ansiedad» y diez «muchísima ansiedad» experimentada).

Esta fórmula permite prevenir el efecto perverso de la intensificación de la ansiedad que se produciría al escapar de la exposición (cesarla) cuando la magnitud del valor del malestar experimentado no ha hecho sino crecer o no disminuir significativamente. La mitad del máximo malestar experimentado menos una unidad lo garantiza. El recuerdo que se archiva es «cuesta, pero puedo reducirla significativamente».

la manera en que las sensaciones físicas contribuyen a que sus P/C puedan sentir las experiencias emocionales que viven, las cuales, a su vez, pueden generalizarse a las sensaciones físicas que perciben durante los estados depresivos.

En este módulo del UP las exposiciones se adaptan para que se circunscriban específicamente a los estímulos desencadenantes que conforman el «bajo estado de ánimo». Por ejemplo, la exposición a las situaciones o estímulos externos podemos utilizarlas para que los P/C incrementen la vivencia de emociones positivas, y los autorregistros y las reflexiones escritas para que se expongan a cuestionar sus creencias.

En síntesis, en este módulo se enseña y entrena a los P/C para que adquieran o aumenten su conciencia sobre cómo las respuestas físicas, así como sus sensaciones interoceptivas asociadas, como por ejemplo la pesadez o la fatiga, contribuyen a generar/desarrollar lo que llamamos «bajo estado de ánimo».

Séptimo módulo. Recapitulación y prevención de retrocesos

En este último módulo se pasa revista a los componentes principales del tratamiento, enfatizando la relevancia de mantener la conciencia centrada en el aquí y ahora (sin valorar ni enjuiciar), la modificación de las secuencias que conforman las respuestas impulsadas por la emoción (RIE/EDB), la flexibilidad cognitiva y la prevención de la evitación emocional, animándoles a seguir exponiéndose a sus emociones.

Por último, se discuten las distintas formas de actuar para mantener los logros del tratamiento, y se les recuerda que el incremento ocasional o periódico de las RAD no es necesariamente un indicio de retroceso, ya que pueden aplicar las habilidades y las destrezas que han aprendido durante el tratamiento para reconducirlas a su función adaptativa ante y en cualquier situación que puedan producirse.

6.4.3.2.2. Los formatos de aplicación

El tratamiento en grupo

En este caso los siete módulos se han de aplicar como se recoge en el cuadro 6.5, especialmente cuando se investiga su efecto, para asegurar que todos los P/C reciban cada uno de los componentes del tratamiento en el mismo orden y con el mismo número de sesiones, y así minimizar cualquier efecto que pudiera influir en su eficacia debido a la disposición temporal de su aplicación y a su duración.

En el contexto del ejercicio cotidiano de la profesión los módulos se desarrollan hasta que se completa lo previsto en su planificación, pero de manera flexible. Es decir, dentro del rango preestablecido de sesiones. El objetivo es adaptar la aplicación del UP a las diferencias individuales que presentan los P/C, dentro de lo posible.

Por ejemplo, quienes muestran una preocupación excesiva e incontrolable pueden beneficiarse de que se dedique más tiempo a que aprendan a centrarse en el aquí y el ahora sin enjuiciarse. Es decir, en desarrollar el dominio de centrar su atención en el presente sin emitir juicios, tal como se contempla en el módulo 3. En cambio, quienes muestran respuestas compulsivas y repetitivas podrían beneficiarse más de un entrenamiento prolongado que estuviera centrado en prestar atención a las respuestas de escape/evitación («evitación emocional»), así como en las consecuencias que le siguen, en términos de reacciones y cadenas de estímulos y respuestas (comportamientos) desencadenadas por el patrón de respuestas que conforman la emoción, tal como se indica en el módulo 5.

Aunque los módulos son interdependientes, porque se basan y desarrollan unos a partir de los otros, dado que se han diseñado para ser aplicados secuencialmente, pueden administrarse atendiendo a lo que le parezca más útil al psicólogo para cada P/C. Es decir, de manera flexible.

Todavía no se han publicado datos concluyentes respecto del efecto de los cambios en el orden de la aplicación de los módulos siguiendo distintas combinaciones, dentro de la lógica clínica de sus potenciales aplicaciones en el contexto grupal y en el individual. Por tanto, se carece de pautas o reglas que podrían orientar la toma de la mejor decisión para ser aplicada en cada una de las potenciales circunstancias que pudieran presentarse, dentro del continuo de flexibilidad.

El número mínimo de sesiones para el desarrollo del tratamiento es 12 y el máximo 18, con una duración de 50-60 minutos/sesión.

El UP contempla la posibilidad de que se desarrollen sesiones complementarias en el ámbito clínico, como estrategia de refuerzo de los aprendizajes, cuando se observa que los P/C no muestran el dominio necesario de las habilidades y de las destrezas aprendidas para regular adecuadamente sus emociones.

En estos casos se les entrena mediante la exposición, por un lado, a la situación que antecede y desencadena el patrón de respuestas que conforman la emoción que se quiere trabajar con ellos y, por otro, a las respuestas psicofisiológicas y motoras que la conforman cuando aparece (exposición interoceptiva).

Cada sesión del UP, como ocurre con los TCC, se desarrolla siguiendo una secuencia de tres fases: psicoeducativa, de entrenamiento y de «tareas para casa».

En los módulos básicos el componente psicoeducativo versa sobre la naturaleza adaptativa y funcional de las emociones. Estas se asumen constituidas por patrones de respuestas que se perciben como un «todo», pero que han de explicarse y entenderse en un contexto integrado por cadenas o secuencias de antecedentes, reacciones y consecuentes. En el UP los P/C son animados a que supervisen y analicen su experiencia emocional[306].

[306] Wilamowska et al. (2010).

De este modo, los participantes pueden aprender a discriminar más objetivamente el curso y las consecuencias de sus emociones, dentro del contexto en el que se producen. Esto les permite estimar en qué medida se adaptan o son coherentes con las demandas de la situación o con otras motivaciones que pudieran estar participando en su puesta en marcha y/o en su mantenimiento.

En consecuencia, durante el entrenamiento los participantes deben aprender a identificar y, en su caso, a corregir las respuestas que utilizan para regular/controlar sus emociones cuando son disfuncionales.

El tratamiento individual

En Boisseau et al. (2010) se muestra un ejemplo de la aplicación del UP en el contexto de una intervención psicológica individualizada (N = 1).

En esta aplicación se desarrolla la conceptualización del caso desde la perspectiva del UP, es decir, a partir de la teoría y la investigación que subyace al enfoque transdiagnóstico del tratamiento que se incluye en el UP, de modo coherente con la propuesta de clasificación dimensional que realizaron Brown y Barlow (2009). El desarrollo de la intervención psicológica se ilustra detalladamente en lo que respecta al proceso de evaluación (incluidas la descripción de los instrumentos empleados) y a la aplicación del UP, módulo por módulo.

Los autores ejemplifican, como transcribiremos a continuación, las relaciones puestas de manifiesto por el análisis funcional de los productos de la evaluación, es decir, el proceso de conceptualización del caso.

Tras la evaluación realizada se constató que Matt mostraba una predisposición o tendencia a experimentar AFN intenso y persistente[307], como

[307] Variable dimensional que se puede operacionalizar como el producto o resultado del historial de respuestas de escape/evitación ante los estímulos y configuraciones estimulares percibidas como peligrosas y/o desagradables.

se ponía de manifiesto en las puntuaciones elevadas que obtuvo en las medidas del N y de la IC.

El P/C mostraba una preocupación desproporcionada por las relaciones interpersonales, la familia y el trabajo, que le era difícil de controlar[308].

Generalmente el ANF se produce como respuesta a los pensamientos intrusivos y angustiosos sobre la contaminación y la blasfemia (TOC), a las «oleadas» de reacciones alteradas del sistema nervioso autónomo (SNA) y/o al aumento desproporcionado de la excitación somática (por ejemplo, en el trastorno de pánico con agorafobia).

A través del proceso de condicionamiento interoceptivo, las reacciones o respuestas que conforman la excitación fisiológica pueden asociarse al recuerdo de las experiencias emocionales intensas e incontrolables y, en última instancia, también pueden actuar como señales adicionales de amenaza o peligro[309].

Matt juzgó y valoró este AFN, intenso y persistente, como insoportable[310], lo que le llevó a realizar repetidos intentos de evitar y/o escapar, así como de controlar y/o suprimir las experiencias emocionales[311] con las que lo relacionaba. Así, por ejemplo, realizaba rituales (secuencias de respuestas cognitivas de escape/evitación) para intentar controlar el AFN (malestar) asociado a sus pensamientos intrusivos (estímulos antecedentes) y su evitación conductual (respuestas motoras) de situaciones como pasar por puentes o conducir durante recorridos de larga distancia. Eran intentos de disminuir la excitación fisiológica, y con ello la probabilidad de experimentar una nueva «oleada» de respuestas alteradas del SNA.

[308] Característica propia del TAG en el DSM-IV-TR (Véase Brown y Barlow, 2009).

[309] Véase Barlow (2002) y Bouton et al. (2001).

[310] Malestar asociado al estado que producen las RAD.

[311] Su percepción de las sensaciones que se asocian con el patrón de respuestas psicofisiológicas, cognitivas y motoras que conforman la experiencia que resulta de haberse producido y vivido el estado que delimita la emoción.

Estos intentos repetidos de evitar sus emociones fueron en gran medida infructuosos y dieron lugar a que se incrementara la frecuencia con la que se presentaba la emoción negativa (estado). Este incremento sirvió realmente para que los distintos estímulos intensificaran todavía más su capacidad provocadora de los estados emocionales que quería evitar. Por tanto, desde la perspectiva del UP, tanto las valoraciones y los juicios (respuestas cognitivas) sobre las respuestas emocionales iniciales (respuestas psicofisiológicas y motoras), así como los intentos de modificar o controlar las propias emociones (ocurrencia y/o presencia del patrón de respuestas alterado), fueron los objetivos que Boisseau et al. (2010) entendieron que debían orientar el diseño de la intervención.

En consecuencia, el objetivo del tratamiento que se aplique tiene que ser ayudar a los P/C a aprender a afrontar y experimentar emociones desagradables, respondiendo a ellas adaptativamente porque, en última instancia, el UP se delimita como el tratamiento unificado del síndrome de AFN, que incluye los trastornos del comportamiento asociados con los constructos de ansiedad y de depresión.

En todos los casos los objetivos prioritarios, siempre adaptados a las circunstancias concretas que presenten los P/C, serán:

- Aumentar la conciencia emocional (módulo 3).
- Incrementar la flexibilidad en las valoraciones (módulo 4).
- Identificar y prevenir las respuestas de escape/evitación específicas o aisladas (cognitivas y motoras) y las que pueden producirse en el curso de un «estado emocional» (módulo 5).
- Exponerse tanto a situaciones externas temidas/evitadas como a las señales interoceptivas temidas (módulo 6).

En el contexto español, en relación con el tratamiento de población adulta, González-Robles

(2019) y González-Robles et al. (2015) han presentado el proyecto detallado de una investigación en curso en la que se planifica poner a prueba un tratamiento transdiagnóstico de los trastornos emocionales en adultos vía Internet. Se trata del protocolo de TCC-T desarrollado a partir del UP para ser aplicado a población con disfunción eréctil que se denomina «Emotion Regulation» (ER, en adelante).

En el diseño se incluye la comparación de los efectos de la ER con los del tratamiento usual y su repercusión en el trastorno de depresión mayor, el trastorno distímico, el trastorno de pánico, la agorafobia, el trastorno de ansiedad social, el trastorno de ansiedad generalizada y el trastorno obsesivo-compulsivo.

Asimismo, se incluye la investigación del efecto de ambas modalidades de tratamiento en el trastorno de ansiedad no especificado y el trastorno del estado de ánimo (unipolar) no especificado. Además, figuran como objetivos secundarios el estudio de los efectos de la ER en dos dimensiones del temperamento (el neuroticismo y la extraversión en relación con la inhibición conductual y la activación conductual, respectivamente —N/IC y E/AC—), y el grado de aceptación por los P/C del programa aplicado a distancia a través de la valoración de sus expectativas y opiniones.

En este caso, como en el resto de los que desarrollan la aplicación del tratamiento a distancia, se espera que el uso de Internet ayude a difundirla, al reducir/eliminar las barreras que conlleva la aplicación presencial o «cara a cara».

El UP también cuenta al menos con una versión para ser aplicada en población adolescente norteamericana (Protocolo Unificado para el Tratamiento Transdiagnóstico de los Trastornos Emocionales en Niños —UP-A—)[312], que ha sido adaptada y planificada para su uso con población adolescente española de forma presencial («cara a cara») y «a distancia» utilizando Internet (iUP-A)[313].

El UP-A es una ICC-T para niños entre 7 y 13 años de edad, diseñada con los objetivos de valorar y tratar transdiagnósticamente la emoción negativa disfuncional, la reactividad emocional y los déficits de regulación de la emoción que son comunes en los trastornos emocionales. Es decir, los trastornos emocionales en esta población (depresión, ansiedad y trastornos relacionados).

En el estudio de la versión iUP-A, del grupo a cuyo frente se halla el profesor Bonifacio Sandín, los objetivos específicos son:

- Describir el desarrollo de una aplicación web denominada «Aprende a manejar tus emociones» (AMTE).
- Probar la eficacia del iUP-A para el tratamiento de la depresión y los trastornos de ansiedad comparando sus resultados con los obtenidos por un GCLE.
- Validar la aplicación a través de la información proporcionada por los adolescentes sobre la viabilidad, la usabilidad y la aceptabilidad (satisfacción con el programa de la aplicación AMTE).

La plataforma AMTE incluye la implementación del iUP-A para el desarrollo de la intervención psicológica. Es una plataforma compatible con el ordenador personal y con la tableta electrónica. Contiene los materiales necesarios (vídeos, tareas y ejercicios, el texto de los avatares a

[312] Véase Ehrenreich-May et al. (2017).

[313] Véase Sandín et al. (2019). En esta publicación encontrará el lector una descripción pormenorizada del proceso de la ICC-T que se ha diseñado y planificado, así como la discusión de los resultados que se esperan, el tratamiento estadístico de los datos y las limitaciones con las que ya se cuenta en el diseño de este ECA. Se trata de una investigación en curso, cuyos resultados todavía se desconocen y que ha utilizado como referencia para su desarrollo el proyecto previo de González-Robles et al. (2015) al que nos hemos referido.

través de diversos tipos de viñetas, etc.) y desempeña las funciones requeridas para la aplicación del tratamiento modular. El desarrollo de la aplicación del iUP-A se realiza a través de tres portales (el principal o del usuario y otros dos complementarios, uno para padres y otro para el psicólogo). El portal del usuario contiene los componentes básicos o principales agrupados en cinco herramientas: Módulos (véase cuadro 6.6), Tareas, ¿Cómo estoy?, Diario y Mis progresos. Incluye también los protocolos de evaluación pretratamiento, postratamiento y seguimiento.

CUADRO 6.6

Módulos del protocolo iUP-A incluidos en la aplicación Aprende a manejar tus emociones

Módulos	Contenido
1. Fomentar la motivación	Identificar los problemas principales y establecer objetivos. Introducción a la estructura, finalidad y funcionamiento del programa. Importancia de practicar. Descubrir qué te motiva a cambiar.
2. Comprender las emociones	Psicoeducación sobre las emociones y su función. Comprender las tres partes de las emociones. Entender que toda emoción tiene su antes, durante y después. Aprender sobre el círculo vicioso de la evitación emocional.
3. Disfrutar de actividades positivas	Actividades de obligación y actividades de diversión. Fomentar las actividades positivas de tiempo libre. Comprender qué es la «acción opuesta». Experimentos conductuales centrados en la emoción.
4. Tomar conciencia	Aprender y practicar la conciencia centrada en el presente. Escaneo del cuerpo. Tomar conciencia de tus propias sensaciones. Tomar conciencia del presente sin juzgar. Practicar la conciencia emocional sin enjuiciarse.
5. Aprender a pensar flexiblemente	Comprender lo que son las interpretaciones automáticas y aprender a detectarlas. Aprender a conocer y detectar las «trampas de pensamiento». Asociar pensamientos y conductas pensando como un detective y aplicando estrategias de resolución de problemas.
6. Afrontar las sensaciones físicas	Aprender a percibir las sensaciones corporales como algo natural. Comprender la asociación entre las emociones y las sensaciones corporales. La evitación interoceptiva. Ejercicios de provocación de sensaciones corporales.
7. Afrontar situaciones emocionales	Comprender lo que son las situaciones emocionales y su relación con el círculo vicioso de la evitación interoceptiva. Psicoeducación sobre la importancia de enfrentarse a las situaciones que provocan comportamientos emocionales. Aprender a realizar y practicar planes de exposición paso-a-paso a situaciones emocionales.
8. Mantener lo conseguido	Revisión de las estrategias y habilidades conseguidas a lo largo del programa y valoración de los objetivos conseguidos. Elaboración de un plan para practicar lo aprendido e identificar y afrontar futuros desafíos. Prevención de recaídas.

FUENTE: Modificado de Sandín et al. (2019; p. 202).

6.4.4. La evidencia empírica

El formato modular del UP, en sus versiones para adultos e infanto-juvenil, ha sido objeto de investigación tanto en su aplicación grupal como individual. Sus resultados se hallan todavía en fase de «esperanzadores», como vamos a ver a continuación[314].

Los efectos del UP, en su aplicación en grupo a los trastornos emocionales de la población adulta, se han ido poniendo de manifiesto en distintas publicaciones. Así, por ejemplo, en 2012 se publicó un ECA[315] en el que la muestra clínica presentaba diagnósticos heterogéneos. Esta estuvo integrada por 37 P/C con un diagnóstico principal de trastorno de ansiedad y distintos trastornos comórbidos.

Los P/C fueron asignados aleatoriamente a ser tratados inmediatamente con el UP (n = 26) o con un tratamiento diferido que se aplicó tras un período de control de 16 semanas en lista de espera (GCLE; n = 11).

El tratamiento se administró a lo largo de 18 sesiones y se realizó una medida de seguimiento de sus efectos transcurridos seis meses de su término.

La aplicación del UP se asoció con una mejora significativa en las medidas de la gravedad clínica de las respuestas de depresión y ansiedad, de la intensidad del AFN y el AFP, así como en una medida de la interferencia de las RAD en el desarrollo de la actividad cotidiana.

En cambio, los participantes que fueron asignados a la condición GCLE no mostraron cambios, o cuando estos aparecieron, después de las 16 semanas de pertenencia a esta condición, estos eran clínica y estadísticamente irrelevantes.

Los datos constataron que los resultados se mantenían a los seis meses de haber finalizado el tratamiento, verificándose la estabilidad de los efectos del UP durante ese período temporal.

Ahora bien, el ECA más relevante realizado hasta ahora con el UP es el estudio dado a conocer por Barlow et al. (2017). En este se pone a prueba el efecto de su administración a la población adulta frente otros protocolos que gozan de refrendo empírico bien establecido. Su objetivo fue determinar si el UP era al menos tan eficaz como los protocolos diseñados para tratar un solo trastorno («single-disorder protocols» —SDPs—) del ámbito de los trastornos de ansiedad.

La muestra la integraron 223 P/C (124 mujeres y 99 hombres; media de edad = 31,1; desviación típica = 11 años) que presentaban como diagnóstico primario o principal TAP (con o sin agorafobia), TAG, TOC o TAS.

Los participantes fueron reclutados, evaluados y tratados durante un período de casi cuatro años (desde el 23 de junio de 2011 hasta el 5 de marzo de 2015) en un centro de tratamiento ambulatorio.

Los P/C fueron asignados aleatoriamente a dos condiciones experimentales y un GCLE (n = 44). Las dos condiciones experimentales fueron el UP (n = 88) y otro grupo en el que se aplicó un SDP (n = 91).

Los P/C recibieron hasta 16 sesiones en la condición UP y entre 16 y 21 sesiones en la de un SDP.

La evaluación fue ciega a la gravedad del trastorno y se realizó antes de iniciarse el tratamiento, una vez terminado y a los seis meses en una medida de seguimiento.

El análisis estadístico de los resultados se realizó con el formato de «con intención de tratar». Es decir, asignando a los que abandonaron y no completaron el tratamiento la puntuación pretest en las evaluaciones realizadas al término del tratamiento y a los seis meses de haber finalizado.

Los resultados mostraron que los P/C tenían más probabilidades de completar el tratamiento

[314] Véanse a modo de ejemplo los resultados de las investigaciones de Barlow et al. (2017) en población adulta, y la de Kennedy, Bilek y Ehrenreich-May (2019) en población infanto-juvenil.

[315] Véase Farchione et al. (2012).

si se les aplicaba el UP que si recibían el SDP (*odds ratio* = 3,11; IC del 95 por 100, 1,44-6,74). Tanto el UP (*d* de Cohen, -0,93; IC del 95 por 100, −1,29 a −0,57) como el SDPs (*d* de Cohen = −1,08; IC del 95 por 100, −1,43 a −0,73) fueron superiores al GCLE respecto de la remisión/eliminación del trastorno principal.

Además, las mejoras o reducciones en el índice de la gravedad clínica, desde el inicio hasta el final del tratamiento (β, 0,25; IC del 95 por 100, −0,26 a 0,75), así como desde el inicio hasta el seguimiento de seis meses (β, 0,16; IC del 95 por 100, −0,39 a 0,70), mostraron una equivalencia estadística entre los resultados generados por la aplicación del UP y los de los SDPs.

Asimismo, los resultados del UP también mostraron que cuando los P/C presentaban trastornos comórbidos, generalmente muy frecuentes (en este estudio se situó en el 85 por 100, destacando especialmente la comorbilidad con otros trastornos de ansiedad y del estado de ánimo)[316], entonces el UP generaba más adherencia[317] y se mostraba más eficaz que los SDPs. Así, al terminar la intervención psicológica, el 62 por 100 de los asignados al UP ya no mostraban comorbilidad ni con otros trastornos de ansiedad ni del estado del ánimo, mientras que esto solo ocurrió en el 47,5 por 100 de los integrantes de la muestra que habían sido asignados a los SDPs.

Por otra parte, estos resultados obtenidos en población adulta están en línea, por ejemplo, con los obtenidos entre nosotros en población infanto-juvenil por García-Escalera et al. (2016), quienes tampoco hallaron diferencias significativas entre los efectos generados por ambas modalidades de los protocolos de tratamiento (transdiagnóstico *vs.* específicos). García-Escalera et al. (2016) informaron que:

«Los resultados sobre población adulta muestran tamaños del efecto elevados para la ansiedad (ensayos controlados aleatorizados [ECA]: *g* = 0.80; estudios no controlados: *g* = 1,02) y la depresión (ECA: *g* = 0,72; estudios no controlados: *g* = 1,08), que permanecieron estables durante el seguimiento. El análisis preliminar con población de niños y adolescentes mostró tamaños del efecto medios en ansiedad (*g* = 0,45) y depresión (*g* = 0,50). No encontramos diferencias significativas entre la TCC-T y la TCC para trastornos específicos. En general, los resultados apoyan la eficacia de la TCC-T para los trastornos emocionales» (p. 147).

Como ya hemos indicado, el hecho de que el UP consiga resultados similares, sin tener que proceder a una evaluación específica que permita discriminar y separar a los P/C por el trastorno principal, al que se les adscribe para ser asignados a grupos de tratamiento, ya es un gran avance. Lo es en relación con el quehacer psicológico cotidiano respecto a la evaluación psicológica previa, y respecto de las tareas y los costes que conlleva la infraestructura humana y material necesaria para evaluar y aplicar los tratamientos[318].

Un año antes de la publicación de Barlow et al. (2017), el grupo de Saed et al. (2016) abordó el estudio de la eficacia del UP en una muestra de P/C que presentaban TOC y RAD comórbidas de ansiedad y depresivas (TB).

Los resultados mostraron la eficacia de la aplicación del UP para reducir la gravedad y la fre-

[316] Véase, por ejemplo, Katzman et al. (2014). Se estima que solo alrededor del 20 por 100 de los diagnósticos de los P/C que presentan trastornos de ansiedad no presentan comorbilidad con otras categorías diagnósticas psiquiátricas. En la comorbilidad que presenta el 80 por 100 destaca la frecuencia de otros trastornos por ansiedad, la depresión, el trastorno bipolar, el trastorno por déficit de atención e hiperactividad y el consumo de sustancias tóxicas.

[317] Los datos muestran que asistieron y completaron tres de cada cuatro sesiones de tratamiento.

[318] Por ejemplo, en la actualidad la aplicación del protocolo de evaluación de la ADIS-IV, en cualquiera de sus versiones, requiere al menos una hora por P/C. En un programa de tratamiento en grupo de doce personas supone incrementar en al menos 24 horas los costes temporales y económicos de la intervención.

cuencia de las respuestas incluidas en los rituales obsesivo-compulsivos. Los TE fueron grandes para la reducción de los trastornos comórbidos (rango: 1,49-2,64).

En su adaptación y aplicación a la población adolescente, la eficacia del UP-A ha sido comparada en un ECA piloto con un GCA ($n = 47$), en que los participantes cumplieron los criterios para el diagnóstico de un trastorno de ansiedad primario y casi la mitad también presentaban RAD depresivas[319].

Los resultados no mostraron diferencias estadísticamente significativas entre ambas condiciones experimentales en el postest, pero sí en la respuesta al tratamiento en el seguimiento, las RAD depresivas, la desregulación de la tristeza y la reevaluación cognitiva, a favor del UP-A. Es decir, estos resultados proporcionan evidencia de que el UP-A puede ser al menos tan eficaz en el tratamiento de la ansiedad como los protocolos específicos que gozan de refrendo empírico, así como que puede producir TE mayores en otras variables implicadas en la reactividad y en la regulación de las emociones.

6.5. TERAPIA CONDUCTUAL-COGNITIVA EN GRUPO PARA LA ANSIEDAD

6.5.1. Introducción

El grupo capitaneado por Peter Norton[320] también ha elaborado y aplicado un protocolo de TCC-T denominado en español «Terapia conductual-cognitiva en grupo para la ansiedad» (*Group cognitive-behavioral therapy of anxiety* —tCBT—) que, a diferencia del UP, aborda principalmente los trastornos de ansiedad.

Fue diseñado por Peter Norton y se dio a conocer por primera vez en dos publicaciones realizadas por Norton (2008) y por Norton y Hope (2008) —en las que se hacía referencia a otros trabajos previos no publicados de Norton y Hope (2002) y Norton y Price (2005)—, y posteriormente, de manera más pormenorizada, por Norton (2012b).

La aparición del tCBT no se produjo en un ámbito inexplorado. Como indicaban Norton y Philipp (2008) en su revisión, ya había siete equipos de investigación independientes que habían desarrollado protocolos de tratamiento transdiagnóstico para la ansiedad y habían comunicado datos preliminares de sus resultados.

De hecho, en esta revisión, Norton y Philipp (2008) describen los fundamentos teóricos que subyacen a los modelos transdiagnósticos del constructo «ansiedad» y revisan cada uno de los protocolos de tratamiento que se habían presentado. Además, los resultados de esta revisión sistemática y del metaanálisis que realizaron *ad hoc* indicaron que, en general, esta modalidad de tratamiento mostraba TE muy grandes al comparar las medidas pre y postest, así como la estabilidad de los beneficios alcanzados en las medidas de seguimiento.

En 2008 también se dieron a conocer los resultados del primer estudio realizado para poner a prueba el tCBT, que se aplicó en grupo y durante doce semanas para poner a prueba su eficacia en los trastornos de ansiedad, así como para comparar a posteriori los resultados obtenidos por los grupos conformados por distintos diagnósticos.

La muestra la integraron 52 participantes con trastornos de ansiedad (la mayoría con TAP y TAS).

Los resultados mostraron que los participantes mejoraron a lo largo del tratamiento y que no se presentaron diferencias significativas entre las agrupaciones de los participantes atendiendo al trastorno de ansiedad concreto que presentaban[321]. Estos resultados proporcionaron apoyo

[319] Kennedy et al. (2019).

[320] Véase Chamberlain y Norton (2013), McEvoy, Nathan y Norton (2009), Norton (2008), Norton y Barrera (2012), Norton y Hope (2008) o Norton y Philipp (2008).

[321] Véase Norton (2008).

preliminar a la conjetura de que los P/C con diferentes diagnósticos de ansiedad podían ser tratados con un mismo protocolo y obtenerse buenos resultados.

El tCBT no tiene en cuenta las categorías psicopatológicas concretas (orilla las etiquetas diagnósticas), centrándose en el desafío y la confrontación de los P/C con los estímulos temidos, independientemente de su naturaleza específica. Se anima a los P/C a conceptualizar su propia red de miedos, y la de los demás miembros del grupo en que se han inscrito, calificándolos como desproporcionados o irracionales en lugar de etiquetarlos, por ejemplo, como un TAP primario o TOC comórbido.

6.5.2. Delimitación

El objetivo de la tCBT es verificar hasta qué punto los efectos son similares entre P/C con diferentes trastornos de ansiedad. Es decir, sin importar el trastorno concreto que se pudiera diagnosticar como primario, para centrarse en la aplicación del principio de exposición a través del desafío y la confrontación del P/C con los estímulos temidos.

6.5.3. La intervención

6.5.3.1. *La evaluación*

Como ocurre en los TCC-T, los instrumentos y las estrategias que se utilizan son las empleadas en las ICC para cuantificar las RAD de ansiedad.

Así, por ejemplo, en la tCBT se realiza una evaluación diagnóstica estructurada («Anxiety Disorders Interview Schedule for DSM-IV» —ADIS-IV—; Brown, Di Nardo y Barlow, 1994) y la severidad clínica se estima a partir de la «Clinician Severity Ratings» (CSR), integrada en la ADIS-IV, para cada categoría diagnóstica. La CSR proporciona una estimación que permite cuantificar la intensidad o grado de la gravedad de cada trastorno diagnosticado. El rango de la estimación de la CSR va desde 0 (nada grave) a 8 (extremadamente severo), siendo 4 un deterioro moderado, que se considera generalmente el punto de corte a partir del cual se considera que un trastorno tiene relevancia clínica[322].

Como particularidad, la información obtenida en la evaluación pretest se completa con la que se obtiene antes del inicio de cada sesión de tratamiento para valorar el estado de la ansiedad de cada P/C. Para ello se utiliza el inventario de ansiedad estado-rasgo, en su versión para cuantificar el estado de ansiedad (STAI-S)[323]. Su formato para evaluar la ansiedad estado lo integran 20 ítems que se puntúan siguiendo una escala tipo Likert con rango: 1 (nada, en absoluto) - 4 (en gran medida), en función del grado en que cada afirmación indica cómo se siente el P/C en ese momento[324]. La puntuación total oscila entre 20 y 80. Las propiedades psicométricas del STAI-S son robustas en múltiples y distintas poblaciones[325], con medias en las muestras con trastornos de ansiedad que oscilan entre 44 y 61[326], habiendo mostrado también sensibilidad a los efectos del tratamiento[327].

[322] Para ejemplificar su aplicación en la evaluación de los trastornos de ansiedad puede verse, por ejemplo, el trabajo de Heimberg et al. (1990).

[323] «State-Trait Anxiety Inventory-State versión» (Spielberger, 1983). Véase la versión en español de Spielberger, Gorsuch y Lushene (2011), actualizada respecto de sus propiedades psicométricas y de sus baremos, que cuentan también con el aval de otros estudios en muestras de habla española y en distintas poblaciones de distintos países (véanse por ejemplo los trabajos de Castro Magan, 2016, Fernández-Blázquez et al., 2017 y Ortuño Sierra et al. 2016).

[324] Spielberger et al. (1993).

[325] Spielberger et al. (1993).

[326] Véase Antony, Orsillo y Roemer (2001).

[327] Véase, por ejemplo, Fisher y Durham (1999).

6.5.3.2. *El tratamiento*

El tratamiento lo integran doce sesiones, que se administran a razón de una por semana, con una duración de 2 horas/sesión y siguiendo el protocolo de tratamiento manualizado de la tCBT[328].

La composición de los grupos de tratamiento difiere de la TCC porque no se centra en el diagnóstico específico del trastorno principal o primario y porque se adopta una posición más próxima a la individualización del tratamiento. La razón es que, como hemos adelantado, se supone que los mecanismos de acción son similares a los de los protocolos de TCC específicos para el diagnóstico y, por tanto, comunes a los P/T de un mismo grupo o categoría fenomenológica del DSM o la CIE.

Durante las primeras nueve sesiones se utilizan componentes que, siendo básicos para el tCBT, también son propios del TCC: la psicoeducación, el autocontrol, la reestructuración cognitiva y la exposición a los estímulos temidos.

La psicoeducación se centra en la explicación de la naturaleza de la ansiedad, en la descripción y explicación de los componentes del tratamiento y en su finalidad. Durante la primera sesión se discute el concepto de la jerarquización del miedo-evitación, y cada P/C construye una jerarquía de sus miedos con ayuda de los psicólogos que administran la aplicación el tratamiento.

La reestructuración cognitiva hace hincapié en la identificación de los pensamientos automáticos relacionados con el miedo, en su cuestionamiento cuando el contenido es catastrofista y en la desproporción o sobreestimación de las probabilidades de que realmente se produzcan los resultados negativos que aventuran.

La exposición se realiza *in vivo* o a través del juego de papeles, de carácter imaginario e interoceptivos, dependiendo de las necesidades del P/C y de la naturaleza de los estímulos temidos. El entrenamiento se realiza durante la sesión clínica y a continuación se asigna como parte del contenido de las sesiones semanales que se conforman con los registros de las «tareas para casa».

Durante las últimas sesiones, el foco de la exposición se desplaza desde el miedo actual a las percepciones y expectativas de incontrolabilidad, de imprevisibilidad o de amenaza. Esta fase del tratamiento utiliza técnicas cognitivas para identificar y cuestionar las creencias fundamentales del P/C en relación con la percepción de amenaza, la negatividad y su control sobre los acontecimientos.

Aunque el procedimiento que se utiliza es muy similar a la reestructuración cognitiva de la primera fase del tratamiento, en las últimas sesiones el énfasis no se pone en los miedos que el P/C experimenta con más intensidad, sino en la aplicación de las habilidades de reestructuración cognitiva a las circunstancias de la vida cotidiana que los producen.

Todos los psicólogos que participan en su aplicación son entrenados *ad hoc* siguiendo el protocolo del tCBT, primero a través del modelado audiovisual (observación en vídeo del proceso de su aplicación) y luego por medio del modelado en directo de otros psicólogos que ya lo han aplicado.

En el cuadro 6.7 se presenta una síntesis de la estructura y el contenido de las sesiones que integran el tratamiento.

6.5.4. La evidencia empírica

Al igual que ocurre con el UP, la evidencia disponible tampoco es concluyente respecto de la eficacia del tCBT, pese a ser muy prometedora. Veámosla a través de una revisión de las publicaciones al respecto.

Norton y Barrera (2012) dieron a conocer los primeros resultados de un ECA que comparaba la eficacia de los TCC tradicionales o específicos, es decir, diseñados con el objetivo de tratar P/C con diagnósticos concretos como el TAP, TAS y TAG con la del tCBT.

[328] Véase Norton y Hope (2002) y Norton y Price (2005).

CUADRO 6.7

Síntesis del contenido de las sesiones del Group cognitive-behavioral therapy of anxiety

Fase	Sesión	Contenido
Psicoeducativa	1.ª	Se presenta el tCBT y se explica cómo delimitamos la ansiedad y qué papel desempeñan los factores genéticos y de aprendizaje implicados en el inicio y desarrollo de los trastornos de ansiedad, así como en el de las respuestas psicofisiológicas, cognitivas y motoras que la conforman.
De entrenamiento y «tareas para casa»	2.ª	Se introduce la reestructuración cognitiva, incluyendo la discusión de los pensamientos automáticos.
	3.ª	Se profundiza en la reestructuración cognitiva identificando los errores de pensamiento, aplicando el método socrático para cuestionar los pensamientos con preguntas que favorecen la discusión y propician el desarrollo de las respuestas racionales.
	4.ª-9.ª	Se inicia y desarrolla el entrenamiento en exposición, en vivo o a través del juego de papeles, utilizando la imaginación o exponiéndose a las respuestas psicofisiológicas alteradas. La exposición se modula y adecua en función de las necesidades del P/C y de la naturaleza de los estímulos temidos. Se realiza durante el desarrollo del entrenamiento en el contexto seguro que es el contexto clínico, y se aplica en el contexto de la actividad cotidiana, entre sesión y sesión de tratamiento, como una parte más de las «tareas para casa» que se asignan semanalmente. Cuando se puede, se incluyen y se realizan exposiciones simultáneas agrupando a los participantes con problemas de ansiedad similares y que requieren exposiciones que pueden ser complementarias[1].
	10.ª-11.ª	Se profundiza y generaliza el entrenamiento en la reestructuración cognitiva, centrándose en los esquemas de carácter general.
	12.ª	Se concluye el tratamiento enfatizando el modo como se han de afrontar los estímulos estresantes y otras situaciones problemáticas, así como planificando qué hacer a partir de ahora y cómo prevenir «retrocesos».

[1] Norton y Barrera (2012) ilustran la aplicación como sigue: «En un grupo, por ejemplo, los clientes caminaron hasta una torre de oficinas vecina que tenía una cafetería muy concurrida. Un cliente con ansiedad social preguntó a varios desconocidos por una dirección; otro con miedo a la claustrofobia subió solo al ascensor de la oficina varias plantas; otro, al que le preocupaba ser observado, se sentó solo durante diez minutos en una mesa en medio de la cafetería; un cuarto que tenía miedo a la contaminación tocó las superficies de la cafetería y se abstuvo de lavarse las manos» (p. 879).

FUENTE: Modificado de Norton y Barrera (2012; p. 179).

El protocolo se aplicó durante doce semanas, a razón de una sesión por semana. La muestra estuvo integrada por 46 participantes con cualquiera de los trastornos de ansiedad indicados.

Los resultados del tCBT y los de los TCC para trastornos específicos fueron equivalentes. Además, no se constataron diferencias en la credibilidad de los tratamientos.

Norton y Barrera (2012) concluyeron que sus resultados proporcionaban apoyo preliminar a la eficacia del tCBT cuando se compara con los TCC específicos en P/C con TAS, TAP y TAG.

Los autores subrayan que esta modalidad de intervención presenta las ventajas de facilitar su difusión y de aumentar el acceso a los tratamientos basados en la evidencia para la ansiedad, sin sacrificar la eficacia.

En otro trabajo publicado ese mismo año en español por Peter T. Norton[329] también se presenta el protocolo tCBT, para el tratamiento de las respuestas de ansiedad, incluidas en los trastornos de este orden nosológico.

Norton (2012b) recuerda que durante la última década se ha venido incrementando el interés por los enfoques del TCC-T de los trastornos emocionales, y que el propósito de su trabajo es revisar los fundamentos que subyacen a los modelos de tratamiento transdiagnóstico, describir con detalle su propuesta de protocolo para el tratamiento en grupo, además de proporcionar la evidencia disponible al respecto. También enfatiza que la evidencia disponible se asocia con la mejoría de las RAD, siendo superior a la hallada en los GCLE y similar a la de los tratamientos centrados en trastornos concretos, lo que supone que, de confirmarse estos resultados en otros estudios, la ausencia de una evaluación específica no mermaría la eficacia del TCC-T.

Además, la aplicación en grupo de esta modalidad de protocolos de TCC-T se ha asociado con una buena satisfacción del C/P, con la intensificación de la alianza terapéutica y con una mayor cohesión grupal, así como con percepciones positivas del tratamiento durante el seguimiento de sus efectos.

En un estudio posterior de este equipo[330] su interés se centró en aportar evidencia empírica que permitiese clarificar el efecto en los resultados de la composición de grupos mixtos, desde el punto de vista del diagnóstico categorial de la psiquiatría fenomenológica. Para ello se investigó la relación entre la composición del grupo y el resultado del tratamiento, utilizando grupos diagnósticos distintos, con el propósito de determinar si la heterogeneidad impactaba diferencialmente en el resultado del tratamiento[331]. El tratamiento se aplicó en grupo y durante doce semanas. Se analizó la composición diagnóstica del grupo de tratamiento al comienzo y al término del mismo. Los resultados indicaron que la composición diagnóstica del grupo no tenía un impacto significativo en el resultado. Los participantes mejoraban al ser tratados en grupo, con independencia del trastorno de ansiedad al que hubieran sido adscritos.

En la actualidad el grupo de Peter T. Norton también incluye en su línea de investigación el estudio del efecto del tCBT más allá de los trastornos de ansiedad, es decir, abarcando también la depresión. Así, en un estudio reciente, D'Arcy y Norton (2021) han informado de los resultados de una investigación centrada en el hecho de que durante el desarrollo del tratamiento algunos P/C experimentan grandes mejoras en la «normalización» de los valores de las dimensiones de las RAD, es decir, lo que se conoce como «ganancias repentinas».

Como recuerdan los autores, estas ganancias se producen en un rango que va desde el 40 al 50 por 100 de los P/C con trastorno por depresión y entre el 15 y el 20 por 100 en los que presentan trastornos de ansiedad. En este caso, siguiendo una estela convergente con la investigación del equipo de David H. Barlow, el objetivo fue aportar evidencia respecto del efecto de la depresión comórbida en las «ganancias repentinas» que se constatan en quienes presentan un diagnóstico primario de ansiedad.

La hipótesis que se sometió a contraste fue que las «ganancias repentinas» se producirían con mayor frecuencia en los participantes con un trastorno por ansiedad y depresión comórbida que en los participantes que solo presentaran un trastorno por ansiedad.

[329] Véase Norton (2012b).
[330] Chamberlain y Norton (2013).
[331] Norton (2012a).

Recordemos que Ilardi y Craighead (1994) señalaron, por primera vez, que la TCB para la depresión producía gran parte de su beneficio terapéutico al principio del tratamiento. Así, tras su revisión de ocho estudios publicados entre 1981 y 1993, concluyeron que entre el 60 y el 80 por 100 de la reducción total de la depresión, medida en el postratamiento, se produjo en las primeras cuatro semanas de su aplicación. En su discusión de los resultados ya indicaban que la mayoría de las mejoras se producían antes de la introducción formal de las técnicas de reestructuración cognitiva, observación que les llevó a conjeturar que otros factores del tratamiento, probablemente no específicos, desempeñan un papel importante en la producción de la mejora constatada. Por tanto, para estos investigadores, al principio del tratamiento actuaban variables no controladas («factores inespecíficos») que actuaban como catalizadores y producían reducciones significativas en la intensidad de los sentimientos de desesperanza.

Basándose en ello, Ilardi y Craighead (1994) hipotetizaron que los «factores inespecíficos» eran la explicación y la justificación del tratamiento (componente psicoeducativo) y la asignación de «tareas para casa» (exposición). Llegaron a esta conclusión, en contra de lo sostenido por Tang y DeRubeis (1999a y b), al no hallar pruebas convincentes de que las técnicas de modificación de las respuestas cognitivas se aplicasen realmente, de forma rutinaria, antes de la tercera semana de la aplicación de la TCB.

Por tanto, dado que por un lado la mejora desproporcionadamente rápida de las alteraciones disfuncionales de las respuestas depresivas se producía durante las primeras seis sesiones (tres semanas) y que, por otro, los patrones de respuesta temporal al tratamiento (cambio «rápido *vs.* lento») eran coherentes con la hipótesis de la mediación de variables inespecíficas, la aportación de los componentes específicos de la TCB parecía poco relevante para explicar estos hechos.

En la investigación de D'Arcy y Norton (2021) los resultados confirmaron la hipótesis de que las ganancias súbitas se producían con mayor frecuencia en los participantes con ansiedad y depresión comórbida que en los participantes que solo presentaban RAD de ansiedad. Así, de los 58 adultos que recibieron tCBT, durante doce semanas, los «avances repentinos» fueron más frecuentes en el grupo de depresión comórbida que en el de los que presentaban solo ansiedad.

6.6. LAS IMÁGENES COGNITIVAS COMO OBJETO DE LA INTERVENCIÓN CONDUCTUAL-COGNITIVA-TRANSDIAGNÓSTICA

> *«El uso de manipulaciones de imágenes en el contexto del tratamiento conductual fue la idea seminal de Wolpe, y mi deuda con su pensamiento la reconozco con gratitud»* (Lang, 1977; p. 862)[332].

6.6.1. Introducción

La relevancia para el MCC del uso de imágenes cognitivas, en la investigación del alcance del condicionamiento y de la capacidad explicativa de sus variantes, deviene, en primer lugar, de que nuestras emociones son internas y, en segundo, de que frecuentemente van precedidas o seguidas por ellas. De hecho, intente el lector responderse a preguntas como ¿cuántos P/T se caracterizan por el temor a acontecimientos que no han sucedido o pudiera ser que ni siquiera sucedieran? O durante los procesos de preocupación en la rumiación ¿cuántos ensayos cognitivos se producen en el contexto de la imaginación vislumbrando las contingencias negativas que potencialmente podrían producirse?

[332] «The use of imagery manipulations in the context of behavioral treatment was the seminal idea of Wolpe, and my debt to his thought is gratefully acknowledged».

Ambas cuestiones ponen de manifiesto, por un lado, la relevancia de las líneas de investigación que tratan de aportar evidencia al respecto, a fin de sustentar nuestra comprensión teórica de los P/T de ansiedad y, por otro, las repercusiones que sus avances conllevarán para la mejora de los TCC y el incremento de la eficacia de sus aplicaciones en los ámbitos clínicos y de la salud psicológica.

Este es el marco en el que, por ejemplo, Çili y Stopa (2015) hipotetizaron la naturaleza transdiagnóstica de las imágenes intrusivas, habida cuenta del rango de los P/T en las que están presentes y conjeturando también que desempeñan un papel relevante el mantenimiento de estos, a través de su representación y de su relación con el sentido del yo de los P/C (para nosotros, con la percepción y valoración de los componentes que integran el historial de aprendizaje contenido en los archivos de nuestra memoria).

En los párrafos y páginas que siguen vamos a realizar una aproximación al estado de estas cuestiones, pero sin olvidar, por ejemplo, la reflexión de Wolpe (1993) cuando indicaba que, pese a que el movimiento cognitivista creía que todos los miedos disfuncionales se basaban en creencias erróneas y que todos podían superarse mediante la corrección cognitiva:

> «[...] (1) Existen numerosos miedos disfuncionales que, siendo demostrablemente inmunes a la corrección cognitiva, sí se pueden eliminar mediante el descondicionamiento. (2) Estos miedos basados en el condicionamiento constituyen la mayoría, pero también hay algunos basados en creencias erróneas. (3) Los defensores del punto de vista cognitivista han sobrevalorado los resultados de la terapia cognitiva, porque no se han dado cuenta del hecho de que la ansiedad condicionada a menudo se ve debilitada inadvertidamente por emociones simultáneas que compiten entre sí (efectos terapéuticos no específicos). (4) Esta sobrevaloración condujo a la ficción de que la terapia cognitivo-conductual es el mejor recurso de la terapia del comportamiento para superar la depresión no psicótica, una ficción que quedó expuesta por el rendimiento inferior de la terapia cognitivo-conductual en el Proyecto de Investigación Colaborativa del Instituto Nacional de Salud Mental. (5) Hay datos que sugieren que el uso de todos los recursos de la terapia conductual habría producido resultados notablemente superiores» (p. 141).

Es decir, habremos de ser cautelosos a la hora de generalizar el contenido de lo que sigue, porque, como el propio Wolpe (1993) reconocía respecto de los miedos, «[...] hay algunos basados en creencias erróneas [...]», pero «algunos» es un pronombre indefinido cuyo número está por determinar. De igual modo, en relación con las imágenes cognitivas, esa es una cuestión cuyo alcance le corresponde desentrañar a la psicología científica, en relación con el alcance de la naturaleza transdiagnóstica de las imágenes cognitivas. Es decir, aportando tanta evidencia como resulte posible.

En esta aproximación, en primer lugar, en línea con Pearson et al. (2015), delimitaremos el concepto de las imágenes producidas en el sistema cognitivo («imágenes mentales») como representaciones visuales de la experiencia que acompaña a la información sensorial, las cuales se desencadenan sin que exista un estímulo externo con el que se las pueda relacionar directamente.

Esta modalidad de respuestas del sistema cognitivo ha desempeñado un papel muy relevante en el desarrollo del TCC, pero en la última década se ha producido un incremento del interés por su investigación y por su aplicación en el tratamiento de una gama de P/T que cada vez se incrementa más[333].

Varios factores convergentes han contribuido probablemente a este creciente interés y uso de la imaginación debido a la mejora de las técnicas de neuroimagen, el contraste experimental del supuesto de la existencia de una relación específica

[333] Saulsman et al. (2019).

entre emoción e imaginación, los resultados de la investigación sobre la relación entre trastornos del comportamiento y las imágenes cognitivas, así como la investigación de los efectos de los recuerdos traumáticos. Veámoslos.

En primer lugar, ha habido una intensificación del interés de la ciencia por el empleo de la imaginación, que se ha visto favorecido por la mejora de las técnicas de neuroimagen debido a los desarrollos del instrumental físico como, por ejemplo, la resonancia magnética funcional, que permiten aportar evidencia empírica sobre los fundamentos neuronales de la imaginación[334], y asimismo por los trabajos experimentales que, apoyándose en la naturaleza emocional de gran parte del contenido almacenado en la memoria[335], están poniendo a prueba la existencia de una relación especial entre la imaginación y la emoción[336].

En segundo lugar, los datos avalan desde hace ya mucho tiempo[337], y cada vez más, la existencia de disfunciones en las respuestas cognitivas que afectan a la creación y reproducción/evocación de imágenes en muchos P/T del comportamiento.

En tercer lugar, se ha producido un incremento progresivo del interés de los psicólogos por las potenciales aplicaciones de los métodos desarrollados en el marco de los recuerdos traumáticos, como, por ejemplo, la reconceptualización/«reescritura» de imágenes, a otras clases de recuerdos negativos y a las imágenes problemáticas en general[338].

La intersección de estas tres líneas, fruto de la convergencia de intereses científicos y clínicos, ha dado lugar a una línea de investigación especialmente fértil entre la investigación básica y el trabajo clínico aplicado que, a su vez, delimita al menos cuatro áreas de trabajo para la investigación y para el ejercicio de la profesión respecto de la imaginación en general y las imágenes cognitivas en particular[339]:

— Como variables para formular hipótesis y contrastarlas.
— Respecto de su papel en el funcionamiento cotidiano adaptativo.
— Por su función en los P/T psicológicos.
— Por su empleo como componente del TCC-T.

6.6.2. Delimitación

6.6.2.1. *El estudio de las imágenes cognitivas*

La mayoría de nosotros estamos acostumbrados al empleo cotidiano de las imágenes cognitivas, por ejemplo cuando recordamos un acontecimiento y evocamos la situación, o cuando pensamos sobre algo que va a ocurrir y anticipamos el estado en el que nos hallaremos («viviéndolo por adelantado»).

Muchos también estamos familiarizados con las imágenes problemáticas que incluyen nuestros P/C en la descripción de su estado. Tal es el caso, por ejemplo, de las relativas a sus recuerdos angustiosos, los cuales se activan o desencadenan descontroladamente, una y otra vez, reproduciendo escenas dramáticas o haciéndoles vivir anticipadamente decepciones que los alteran y perturban como si realmente estuvieran ocurriendo.

Pues bien, a pesar de esta ubicuidad de las imágenes cognitivas, ni las personas en general ni los psicólogos en particular somos siempre conscientes de su relevancia, con las implicaciones que ello puede acarrear para el tratamiento que dise-

[334] Pearson et al. (2015).
[335] Véase, por ejemplo, Arntz, de Groot y Kindt (2005).
[336] Así, Holmes y Mathews (2005).
[337] Véase, por ejemplo, Holmes y Hackmann (2004).
[338] Así, por ejemplo, Holmes, Arntz y Smucker (2007).

[339] Véase Blackwell (2020).

ñamos y aplicamos, ya sea en el ámbito clínico o en el de la salud[340].

Desde la perspectiva de la investigación, los estudios experimentales han demostrado que el pensamiento basado en imágenes puede tener efectos particularmente intensos e importantes en los tres sistemas de respuesta y en los patrones que conforman las emociones, en comparación con el pensamiento verbal, que no se acompaña de imágenes cognitivas[341].

Como indicaban Pearson et al. (2015), es muy probable que esto se deba a la naturaleza neurológica de la representación de las imágenes cognitivas, que es muy similar a la que se produce durante la percepción real de la entrada de información sensorial. Esta similitud sería la responsable de que la cualidad de las imágenes producidas en el sistema cognitivo sea también muy similar a la que se genera mediante la estimulación de la luz en nuestro ojo. Por ello se perciben como si fueran la realidad, salvo que hagamos o podamos hacer un esfuerzo para «ponernos en situación» y diferenciarlas, en cuyo caso sí podremos ubicarlas sin dificultad en su contexto correspondiente[342].

En el ámbito clínico y de la salud psicológica es muy frecuente constatar la presencia de imágenes cognitivas que son disfuncionales dentro de un rango muy grande de P/T del comportamiento[343]. De ahí su relevancia para los desarrollos teóricos y para la intervención psicológica. Además, hemos de recordar que es muy probable que los P/C no informen de ellas salvo que se les interrogue explícitamente al respecto[344].

Por último, el conocimiento de las imágenes cognitivas, de sus propiedades y de sus funciones, nos puede permitir plantearnos opciones de evaluación y tratamiento que van desde su registro[345] hasta su «reescritura» [346], pasando por incorporarlas como parte de los elementos del entrenamiento que se produce durante la aplicación del tratamiento o conformando con ellas programas completos de TCC[347].

Debido a esta relevancia, Blackwell (2020) sostiene que podría afirmarse que la discusión sobre el efecto de casi cualquier proceso psicológico, incluyendo los fenómenos psicopatológicos y los implicados en el TCC-T, estará incompleta si no se ha considerado y ponderado el papel que le puede corresponder en ellas a esta modalidad de respuesta del sistema cognitivo.

De ahí su propuesta de analizar al menos los cuatro ámbitos en los que estas imágenes son relevantes para el desarrollo de la psicología como disciplina científica y para la intervención psicológica conductual-cognitiva: el experimental, el funcionamiento cotidiano adaptativo (dentro del intervalo de normalidad o psicológicamente saludable), las alteraciones disfuncionales (P/T) y, por último, la aplicación clínica de las técnicas basadas en su empleo en el ámbito del TCC-T.

Nosotros vamos a abordarlas reagrupando la propuesta de Blackwell (2020) en torno a la perspectiva estrictamente investigadora y a la aplicada.

En la primera abordaremos los recursos que la investigación puede aportar, bajo el formato de conocimientos, estrategias y técnicas de evaluación y tratamiento, al ejercicio de la psicología cuando se aplica a la solución de P/T con relevancia clínica.

Nos centraremos en los resultados de la investigación de las imágenes cognitivas respecto de sus funciones adaptativas (como componentes de la promoción y el mantenimiento de los estados

[340] Véase, por ejemplo, Bell, Mackie y Bennett-Levy (2015) o Blackwell (2019).

[341] Blackwell (2019).

[342] Ji et al. (2016).

[343] Ji et al. (2019).

[344] Véase, por ejemplo, Hales et al. (2014).

[345] Josefowitz (2017).

[346] Véase, por ejemplo, Strachan, Hyett y McEvoy (2020).

[347] Véase, por ejemplo, Holmes et al. (2019), Jung y Steil (2013), McEvoy y Saulsman (2014) o Taylor, Bee, Kelly y Haddock (2019).

psicológicamente saludables), de sus implicaciones disfuncionales (como fuente o parte de los P/T psicológicos) y, por último, en su relación con los patrones de respuesta complejos (como las emociones), con su influencia en el curso que sigue el procesamiento de la información o a través de su efecto concreto en los valores de las dimensiones de las respuestas psicofisiológicas y de las motoras.

En la segunda, la aplicada, como recurso para ser utilizadas principalmente durante la aplicación clínica de las técnicas que conforman los TCC en general y los TCC-T en particular.

6.6.2.2. *La perspectiva investigadora*

El estudio del papel de las imágenes cognitivas nos permite simular la realidad y estudiarlas en su relación con los patrones de respuesta complejos (como las emociones), con su efecto sobre el curso que sigue el procesamiento de la información o a través de sus consecuencias para las dimensiones de las respuestas psicofisiológicas y de las motoras.

Todas estas cuestiones se pueden abordar desde el estudio de la vida cotidiana y desde el específico de los P/T del comportamiento, desde la psicopatología. En cualquiera de los dos casos son muy relevantes, porque nos pueden permitir aportar evidencia empírica con la que probar la existencia de los mecanismos que hipotetizamos que participan en la producción del modo como respondemos o mejorar nuestra capacidad de tratamiento de los P/T.

i) Las funciones adaptativas de las imágenes cognitivas o su papel en el funcionamiento cotidiano saludable

El estudio del papel de las imágenes cognitivas en el desarrollo de nuestra vida cotidiana, dentro del marco de las actuaciones psicológicamente saludables, puede aportarnos evidencia empírica e información que nos permitan descubrir y conocer su papel. Un mayor y mejor conocimiento de sus funciones incrementará nuestra capacidad para discriminar, por ejemplo, cuándo son disfuncionales sus alteraciones y cuándo no lo son, cuándo debemos considerarlas problemáticas y cuándo no.

El interés por su estudio se remonta al inicio de la psicología experimental, como lo demuestra, por ejemplo, el trabajo de Gustav Theodor Fechner (1860/1912; Fechner, 1860 —Green, 2021—)[348], pero este interés no se ha centrado en el papel que desempeñan en nuestra actuación cotidiana adaptativa, especialmente en la memoria y el pensamiento sobre el futuro, hasta el actual siglo XXI.

En el primer grupo de este tipo de investigaciones se hallan los estudios de los mecanismos neurológicos implicados en la memoria[349], desarrollados tanto en el marco de los que inducen como los que registran la experiencia de los recuerdos voluntarios e involuntarios. En el segundo, el de los pensamientos centrados en el futuro, la investigación experimental realizada en el laboratorio y la de campo sobre la vida cotidiana[350].

Pese a que esta modalidad de investigación no está focalizada de forma directa en las imágenes cognitivas, estas son un componente importante, porque sin ellas no serían posibles los recuerdos de las proyecciones que realizamos, por ejemplo, sobre el gusto, ni muchos de los pensamientos espontáneos que tenemos y que este tipo de investigación registra y analiza.

Además, cuando son desencadenados deliberadamente y cuando se registra su aparición «espontánea», no solo se muestran frecuentes en el curso de la vida cotidiana, sino que también se constata que están implicados en funciones tan

[348] Véase la revisión al respecto de Roeckelein (2004).

[349] Véase, por ejemplo, Addis y Schacter (2008), Hassabis y Maguire (2009), Miloyan, McFarlane y Suddendorf (2019) y Schacter et al. (2012).

[350] Véase, por ejemplo, Barzykowsky y Niedźwieńska (2018), Berntsen y Jacobsen (2008), Cole y Kvavilashvili (2019), D'Argembeau, Renaud y Van der Linden (2011).

importantes como, por ejemplo, el diseño y la planificación de nuestras acciones, la toma de decisiones en el marco de la resolución de problemas, la regulación de las emociones, el mantenimiento de la imagen propia y la producción de acciones y reacciones (actuando como estímulos que motivan o impulsan las respuestas).

Piense el lector en lo que le ocurre cuando recibe un mensaje de un amigo invitándole para realizar cualquier actividad, el papel que desempeña «verse allí» participando de su compañía o, por el contrario, cómo le puede afectar el recuerdo de alguna imagen desagradable del pasado a la hora de aceptar o rechazar la invitación.

En este contexto, los sesgos, los déficits o las interrupciones en la frecuencia, así como las alteraciones de la calidad o el contenido de las imágenes cognitivas, podrían tener consecuencias importantes para el comportamiento, y fortalecer o debilitar al P/C, además de proporcionar, en su caso, información que nos permita formular objetivos adecuados para el tratamiento[351].

En la investigación citada anteriormente se analizan las funciones potenciales de las imágenes cognitivas en la actuación saludable mediante el examen de las circunstancias y los efectos de su ocurrencia.

Pese a que el procesamiento de la información, el pensamiento, pueda producirse sin que participen necesariamente las imágenes como parte de su contenido, no es lo frecuente, especialmente en los pensamientos con contenido emocional[352]. De hecho, la investigación actual está muy interesada en las consecuencias de su defecto (merma o ausencia) y en el papel de su exceso (las fantasías).

El efecto de no pensar con ni en imágenes, sino predominantemente en formas verbal-lingüísticas, ha sido objeto de reiteradas investigaciones sobre la preocupación excesiva o desproporcionada y otros trastornos del comportamiento como la ansiedad generalizada o los ataques de pánico[353]. Otro tanto ocurre con el fenómeno de la fantasía en personas que tienen tienen experiencias conscientes en las que predominan las imágenes cognitivas[354].

En relación con estas últimas, la investigación muestra, por ejemplo, que las personas tenemos diferentes patrones de respuesta emocional ante un texto escrito[355], lo que condiciona nuestra forma de responder a estos estímulos. Es decir, esta modalidad de respuesta del sistema cognitivo puede desempeñar un papel crucial cuando respondemos a la información contenida en un texto escrito.

Por todo ello, entendemos que es importante mejorar nuestra comprensión de las variables y de los mecanismos implicados en la capacidad de los estímulos para desencadenar o impulsar nuestras respuestas cognitivas, con formato de imagen, dentro de la secuencia que conforma la toma de decisiones para resolver un problema, o en cómo se producen tales respuestas y qué funciones desempeñan en la promoción y el mantenimiento del estado psicológico saludable (por exceso y por defecto —incluido el hecho de que se presenten—).

Este conocimiento nos puede ayudar no solo a mejorar nuestra fundamentación teórica, sino también a que formulemos y apliquemos estrategias de intervención psicológica que permitan tratar a quienes requieran ayuda. Nos podría servir para compensar o suplir carencias que se hallen implicadas en el desarrollo o mantenimiento de los P/T psicológicos.

ii) Imágenes cognitivas disfuncionales como fuente o parte de los P/T psicológicos

Otra forma en la que el estudio de las imágenes cognitivas puede ser útil al MCC en general, y al TCC-T en particular, es a través del descubri-

[351] Véase Blackwell (2020).

[352] Moritz et al. (2014).

[353] Behar y Borkovec (2020), Borkovec et al. (1993), Makovac et al. (2018), Skodzik et al. (2016) o Wu et al. (2015).

[354] Véase Dawes et al. (2020).

[355] Wicken et al. (2019).

miento, la documentación y la exploración de las experiencias aversivas en las que participan. Es decir, las psicológicamente dolorosas o asociadas a estados de malestar.

Esta es la parte de su investigación que cuenta con una historia más larga, debido a que abundan las descripciones en la literatura de personas que experimentan recuerdos intrusivos o catástrofes imaginadas[356].

En el marco del MCC, los primeros manuales de la TCB ya enfatizaban la conveniencia y la importancia de indagar sobre la presencia de imágenes cognitivas en el curso de los P/T del comportamiento[357]. De hecho, las imágenes aversivas, asociadas al malestar y al comportamiento disfuncional, han formado parte de las explicaciones cognitivas de los P/T en cuya fenomenología parece claro que tienen un papel importante[358]. Así, con el paso del tiempo su investigación ha ido aportando evidencia que muestra en este contexto la relevancia de su exceso y de su defecto.

Así, constituyen un problema, por exceso, en muchos P/T con relevancia clínica. Por ejemplo, en el miedo desproporcionado a la incontinencia[359], en la prolepsis («la visión» que anticipa la ocurrencia de un suceso futuro y luctuoso como el suicidio en el curso de una depresión —«flash-forwards» suicidas—)[360], en el trastorno bipolar[361], en la ansiedad generalizada[362], en los trastornos del comportamiento alimentario[363] o en los trastornos psicóticos[364].

Desde la perspectiva del defecto, resultan problemáticas cuando pese a que se desee que ocurran y no se presentan o cuando siendo adaptativas y beneficiosas para el desarrollo de una actividad las mermas en su frecuencia, en duración y/o en su calidad dificultan la rapidez y/o la precisión de la ejecución de la misma. Esto es lo que ocurre, por ejemplo, con las dificultades que presentan los P/C para generar imágenes positivas y centradas en futuro, durante el curso de un P/T depresivo. Además, por otra parte, tales dificultades se han relacionado la reducción de la intensidad del placer producido por la anticipación de la situación y/o de la actuación propia[365].

A todo ello hay que añadir que entre las cuestiones pendientes de investigar se hallan su descripción detallada, la concreción de sus consecuencias en la población en general y en grupos concretos como el infanto-juvenil[366], o entre quienes han sufrido lesiones cerebrales[367], además del estudio de su papel en los comportamientos que

---

[356] Tower (1981) ya señalaba al respecto el impacto del interés por su medida, dado «El creciente uso de las imágenes cognitivas en una gama tan variada de intervenciones clínicas como las técnicas conductuales tradicionales (por ejemplo, el condicionamiento encubierto de Cautela, 1971, 1977; la desensibilización sistemática de Wolpe, 1969); las terapias de orientación psicodinámica (la terapia de psicoimaginación de Shorr, 1972; la terapia de descubrimiento emergente de Reyher, 1978; la producción guiada de imágenes afectivas de Leuner, 1977, 1978) y las intervenciones más orientadas a la fisiología (por ejemplo, biorretroalimentación, bioenergética, hipnosis, algunas técnicas de Gestalt, ocasionalmente el psicodrama —véase Singer, 1974; Singer y Pope, 1978), ha precipitado un resurgimiento del interés por la medida cualitativa y cuantitativa de las imágenes cognitivas. Este interés por la evaluación con fines clínicos puede centrarse en cuestiones de diagnóstico, puede reflejar las necesidades de la propia intervención o puede surgir del deseo de evaluar el progreso [...]» (p. 79).

[357] Véase Beck (1976).

[358] Tal es el caso, por ejemplo, en el TOC, en el TEPT y en otros en los que su papel puede pasar más desapercibido, como ocurre en los de ansiedad/fobia social. Véase, por ejemplo, Clark y Wells (1995), Olivares y Olivares-Olivares (2018), Olivares-Olivares, Olivares y Macià (2014) o Rapee y Heimberg (1997).

[359] Pajak et al. (2013).

[360] Holmes et al. (2007b).

[361] Di Simplicio et al. (2016).

[362] Tallon et al. (2020).

[363] Kadriu et al. (2019).

[364] Malcolm, Picchioni y Ellett (2015).

[365] Hallford et al. (2020a).

[366] Chapman, Halldorsson y Creswell (2020) han realizado una revisión al respecto, y Pile y Lau (2020) han estudiado en población infanto-juvenil las relaciones entre imágenes intrusivas, la ansiedad generalizada y la tendencia a reprimir la experiencia emocional en la juventud.

[367] Murphy et al. (2019) las han estudiado en personas con lesión cerebral (tras el accidente), así como en la relación

ponen en riesgo la propia existencia como ocurre con el suicidio.

Dentro de las primeras, todavía son tareas que se han de realizar las relativas a su inventario y a su descripción pormenorizada cuando son disfuncionales, así como el estudio de sus consecuencias para el desarrollo y mantenimiento de los P/T psicológicos. Aun así, es preciso subrayar que se han producido avances importantes en este sentido, como, por ejemplo, describiendo su repercusión en otras vías sensoriales[368], en los intentos de alcanzar una delimitación más precisa de sus funciones al vincularlas con aspectos básicos de orden personal y respecto de su papel en la función transdiagnóstica.

Respecto de esta última, como ya avanzamos en los primeros párrafos de este epígrafe, Çili y Stopa (2015) conjeturaron que desempeñarían un papel relevante en el mantenimiento de los P/T a través de su representación y de su relación con el sentido del yo de los P/C. No obstante, esta hipótesis está todavía pendiente de ser contrastada en un ECA.

En relación con la formulación de modelos explicativos que incorporen de manera explícita las imágenes cognitivas, como parte de las variables que se hipotetizan responsables de los trastornos psicológicos, O'Connor y Kirtley (2018) han presentado un modelo que ellos denominan «motivacional-volitivo integrado» («Integrated Motivational-Volitional» —IMV—). Según este modelo, las imágenes cognitivas se hallan entre las variables que se hipotetizan como moderadoras volitivas del comportamiento suicida[369].

La relevancia de esta tarea investigadora deviene de la hipótesis de que una vez que se hayan identificado las alteraciones de un P/T concreto, en las que participan las respuestas cognitivas con formato de imagen y las consecuencias disfuncionales asociadas a ellas, entonces, y solo entonces, estaremos en condiciones de abordar su tratamiento con una elevada probabilidad de éxito.

iii) Las imágenes cognitivas, los patrones complejos de comportamiento y las respuestas psicofisiológicas y las motoras

Desde la perspectiva clínica, un ejemplo de la relevancia de la investigación de las imágenes cognitivas es el estudio de la asociación entre las respuestas de ansiedad y los estímulos que las desencadenan porque nos dan miedo, porque los interpretamos como peligrosos a partir de la capacidad del sistema cognitivo para crear y memorizar imágenes que actúan posteriormente como señales para activar el estado de alerta o de alarma.

Durante mucho tiempo se ha investigado el efecto del miedo utilizando guiones diseñados para provocar imágenes cognitivas. Estos guiones se utilizan para simular la exposición real a una situación temida, a modo de un análogo de laboratorio[370]. Muchas de estas investigaciones tienen su origen en las observaciones de los psicólogos clínicos y de la salud, al constatar la eficacia de la exposición en imaginación durante el tratamiento de los trastornos de la ansiedad.

Una de ellas fue la que condujo al desarrollo de la teoría propuesta y desarrollada por Peter Lang[371]. En esta se describe un modelo general de procesamiento del miedo, a partir del análisis de las imágenes asociadas al mismo en la ICC, combinando la teoría del procesamiento de la información y la psicofisiología.

---

entre el estado de ánimo deprimido y la cognición prospectiva.

[368] Véase Dobinson, Norton y Abbott (2020) en relación con la ansiedad/fobia social, y Weßlau, Lieberz, Oertel-Knöchel y Steil (2016) en las personas con P/T depresivos.

[369] Además de otras como el acceso a los medios con los que consumar el suicidio, la exposición a la respuesta suicida, la capacidad para el suicidio (delimitada como ausencia de miedo a la muerte y mayor tolerancia al dolor físico), la planificación, la impulsividad y el historial de intentos previos.

[370] Véase, por ejemplo, Lang (2016) y Lang et al. (1980).

[371] Véase Lang (1977, 1979).

El modelo propuesto por Peter Lang hipotetiza que las imágenes afectivas se entienden mejor como estructuras proposicionales que como representaciones sensoriales icónicas u holísticas. La hipótesis se puso experimentalmente a prueba siguiendo un guion que se diseñó para manipular las imágenes cognitivas mediante instrucciones, en el marco de una taxonomía de imágenes que actuaban como estímulos de las respuestas de ansiedad y empleando medidas de naturaleza bioeléctrica.

Además, en el estudio también se consideraron las implicaciones del modelo para la investigación de la modificación del comportamiento, analizando sus efectos en el proceso de la desensibilización (exposición gradual que puede realizarse indistintamente en directo y en imaginación) y en la inundación (exposición abrupta y en directo con prevención de las respuestas de escape)[372], comparando los efectos de las imágenes y los tratamientos que hacen de ellas los medios de comunicación, las imágenes asociadas al miedo y las respuestas de ansiedad situacional (en el contexto real), así como la importancia del análisis de las imágenes para el modelado público y encubierto (incluido el automodelado).

La inclusión y uso controlado de los guiones o protocolos fue muy importante, porque permitió que se intensificara la colaboración entre la investigación y la práctica clínica. Los guiones utilizados por Peter Lang permitían producir y/o evocar imágenes cognitivas que se utilizaban para estudiar las respuestas fisiológicas diferenciales a diferentes tipos de situaciones[373], así como entre personas con diferentes tipos de trastornos de ansiedad, usando un procedimiento que permitía realizar lo que habría sido casi improbable en directo.

[372] En línea con las investigaciones ya en curso sobre las posibles diferencias entre la exposición a imágenes temidas (evocadas cognitivamente) y la exposición en vivo que ya habían iniciado Marks et al. (1971) y Mathews (1971).

[373] Como las relacionadas con las situaciones temidas (estímulos fóbicos), las situaciones neutras o las positivas.

Curiosamente, esta línea de investigación muestra el estudio experimental de las imágenes cognitivas para intentar comprender aspectos de los P/T que no están relacionados con las imágenes cognitivas en sí mismas, como ocurre, por ejemplo, con las respuestas de ansiedad asociadas al miedo.

No obstante, como señala Blackwell (2021), también pueden estudiarse en sí mismas y con distintos fines, como:

- Contrastar hipótesis sobre su función en los trastornos. Por ejemplo, cuando se analizan sus efectos al ser valoradas negativamente (desde la perspectiva del observador) en el contexto de la ansiedad social[374], en la intensificación de las ansias de comer y los atracones en el marco de los TCA, o en el impulso del deseo en el contexto de los trastornos por abuso del consumo de sustancias tóxicas[375].
- Probar los efectos del TCC utilizándolas como un análogo de los recuerdos traumáticos (u otras imágenes angustiosas y aversivas)[376].
- Falsar las hipótesis sobre el desarrollo, el tratamiento y la remisión de los P/T de ansiedad, por ejemplo en el marco de los modelos de condicionamiento del miedo (y de su extinción)[377].

En relación con esta última cuestión, es decir, con el condicionamiento del miedo y la extinción de las respuestas de ansiedad, el empleo de las imágenes cognitivas permite el incremento de la

[374] Así, Hirsch et al. (2005), McEvoy et al. (2015), Reimer y Moscovitch (2015) o Spurr y Stopa (2003).

[375] Por ejemplo, Giacobbi et al. (2018), Harvey, Kemps y Tiggemann (2005), Kemps y Tiggemann (2015), Magee y Winhusen (2016), May et al. (2004) o Schumacher, Kemps y Tiggemann (2018).

[376] Engelhard, van den Hout y Smeets (2011), Moritz et al. (2018), Veale et al. (2015) o Weßlau y Steil (2014).

[377] Véase al respecto la revisión realizada por Mertens, Krypotos y Engelhard (2020).

validez ecológica de los diseños experimentales, con las implicaciones que se derivan de ello para su tratamiento.

Así, por ejemplo, la investigación ha demostrado que las respuestas de ansiedad (incluidas la evitación y la de escape) ante los estímulos asociados al miedo pueden condicionarse usando exclusivamente contingencias aversivas en imaginación (solo imaginándolas, sin que se experimenten realmente ni se hayan experimentado en la realidad previamente)[378], porque las imágenes pueden actuar como EC de las RC dentro del fenómeno de la generalización (en este caso de la generalización de la presentación real del estímulo a su imaginación por el P/C)[379].

Además, como Grégoire y Greening (2019) han probado, el recuerdo de las imágenes, su evocación, permite emplearlas como medio para reactivar los recuerdos asociados con las respuestas de ansiedad, abriendo la posibilidad de aplicar la exposición en directo para debilitar o eliminar la asociación entre los estímulos temidos y las respuestas de ansiedad que desencadenan.

Grégoire y Greening (2019) se preguntaron si las imágenes cognitivas podrían sustituir a la estimulación externa y reactivar un recuerdo condicionado aversivo. Su objetivo era probar en qué medida se atenuaría/eliminaría la capacidad de los estímulos temidos mediante la aplicación de un entrenamiento de exposición para provocar la extinción.

Para probar esta posibilidad, diseñaron un experimento en el que los participantes se sometieron a un protocolo diseñado para aplicarlo en tres días. En el primer día se realizaba el entrenamiento de adquisición del miedo, apareando uno de dos estímulos condicionados (EC) con una descarga eléctrica de intensidad leve (EI) y dejando el otro EC^- en su estado original. El segundo día se llevaba a cabo la reactivación utilizando imágenes de uno de los dos EC^+, seguida diez minutos después del entrenamiento de extinción estándar para producir su «reconsolidación». El tercer día se producía la reinstauración mediante la presentación sin señal del EI, seguida de una fase de reextinción.

Los resultados no les permitieron constatar ninguna evidencia de recuperación del miedo en el primer ensayo de reextinción, para el EC+ recordado (imágenes cognitivas evocadas), mientras que sí se volvieron a presentar las respuestas de ansiedad cuando se presentó el EC+ que no se había recordado.

Basándose en ello, concluyeron que las imágenes cognitivas evocadas fueron suficientes para romper la asociación entre el estímulo temido y las respuestas de ansiedad desencadenadas, a través del entrenamiento de exposición para la extinción.

Un paralelismo interesante proviene de los trabajos que investigan los mecanismos que subyacen al desarrollo de los recuerdos intrusivos, de los eventos intensamente estresantes («trauma»), utilizando estímulos visuales (de naturaleza cinematográfica) como análogos de eventos traumáticos, a fin de inducir/activar involuntariamente estos recuerdos y poder estudiar cuáles son las variables que están implicadas en la modulación de la intensidad de su intrusividad y en su frecuencia de ocurrencia[380].

Además, es un hecho probado que los recuerdos intrusivos se pueden generar utilizando exclusivamente la imaginación, sin que la persona haya vivido nunca el episodio traumático, por ejemplo por medio de la exposición en imaginación o viendo una película[381].

6.6.2.3. *Las imágenes cognitivas como recurso terapéutico*

Las imágenes cognitivas se han utilizado dentro de la intervención psicológica como:

[378] Véase, por ejemplo, Krypotos et al. (2020), Mueller, Sperl y Panitz (2019) y Soeter y Kindt 2012).

[379] Véase Lewis et al. (2013).

[380] Véase Iyadurai et al. (2019), James et al. (2016), Kessler et al. (2020) y Lau-Zhu, Holmes, y Porcheret (2018).

[381] Véase al respecto, por ejemplo, el trabajo experimental de Mooren et al. (2019).

— Recurso o material para realizar la evaluación del P/C cuando, a modo de un análogo de los test situacionales, se le pide al P/C que imagine lo más nítida y vívidamente que pueda una situación concreta, porque deseamos conocer qué respuestas cognitivas, psicofisiológicas y motoras se desencadenan automáticamente[382].
— Componentes del TCC cuando este las incluye bajo el formato de técnica o estrategia. Ejemplos de ello son las distintas modalidades de exposición en imaginación (gradual *vs.* abrupta, en solitario *vs.* acompañado de una figura protectora, etc.), la reconceptualización/«reescritura de imágenes» («imagery rescripting»), su inclusión como un componente más del conjunto de técnicas que conforman el TCC (como en la resolución de problemas visualizando las consecuencias esperables a corto, medio y largo plazo) o durante el desafío a los pensamientos automáticos y negativos propios.

Este es el contexto en el que se inserta el uso de las imágenes emotivas en el tratamiento de las fobias en población infanto-juvenil que aplicaron Lazarus y Abramovitz (1962) y que, entre nosotros, desarrollaron y pusieron a prueba Méndez y Macià (1988). En el trabajo de Orgilés (2014) se recoge una revisión de sus aplicaciones y en el de Berenguer Feliu y Macià (2019) se muestra una aplicación al tratamiento de un caso.

En la literatura podemos hallar revisiones sobre su aplicación y resultados como, por ejemplo, la de Edwards (2011), en las que lo que resulta sorprendente, a la vez que interesante, como indica Blackwell (2021), es la generalización del empleo de la imaginación como recurso en todas las modalidades de las psicoterapias y en el desarrollo temprano de los TC y de los TCC.

En el contexto específico del MC y del MCC, como recordaba Lang (1977), la imaginación ocupó un puesto central en el diseño, la confección y la validación experimental de la modalidad de tratamiento científico que cuenta con mayor aval en cualquier orden: la desensibilización sistemática[383]. Además, otras modalidades de TCC, como la «inoculación de estrés»[384], el «modelado encubierto»[385], la «reestructuración racional»[386] y alguna variante del tratamiento de los trastornos por ansiedad y/o depresión en la TCB[387], también las incluyen como elementos básicos.

El desarrollo de la investigación de las imágenes cognitivas, dentro marco del MCC, recapitula y refleja, en cierta medida, el desarrollo del TCC en general, ya que, como se ha indicado en la cita inicial de Peter Lang, una de las principales influencias de la investigación de este tópico proviene, por un lado, del MC a través de la exposición en imaginación[388], pero también, por otro lado, de las aportaciones del enfoque de la TCB[389] dentro del MCC.

Ambas concepciones y formulaciones han tratado de integrarse en trabajos como el realizado por Bennett-Levy et al. (2004), presentando una guía de los «experimentos conductuales realizados en el marco de la terapia cognitiva», que con el paso del tiempo se ha visto ampliada con otros experimentos como los realizados para comprobar el efecto de las creencias negativas sobre la imagen de uno respecto de sí mismo, como ocurre, por

[382] Véase por ejemplo Salom Camarena (2017) y visítese https://riunet.upv.es/bitstream/handle/10251/89381/Salom-CamarenaPaula-PresentaciA%c2%b3n_15053012645333889554299487187227.pdf?sequence=2&is Allowed=, donde puede verse una presentación *ad hoc* del proceso de confección y validación de un banco de imágenes, para su uso en población española, con el fin de generar emociones de intensidad definida que puedan ser evaluadas en estudios de neurociencia y/o para incluirlas en su diseño.

[383] Wolpe (1958).
[384] Meichenbaum (1974).
[385] Kazdin (1973).
[386] Goldfried y Davison (1976).
[387] Beck y Emery (1985) y Beck et al. (1979b).
[388] Wolpe (1958).
[389] Beck et al. (1979b).

ejemplo, cuando se padecen los efectos del TAS. Una muestra en este sentido es la investigación realizada por McManus et al. (2009) y la réplica de Warnock-Parkes et al. (2017) utilizando una tarea estrictamente conductual: el habla ante los demás.

Como recuerdan Warnock-Parkes et al. (2017), las imágenes y las impresiones negativas distorsionadas que están asociadas a ellas, respecto de uno mismo, parece que desempeñan un papel fundamental en el mantenimiento de la ansiedad social en general y del TAS en particular.

En la investigación realizada por McManus et al. (2009) se descubrió que la retroalimentación audiovisual de lo que se ha hecho puede ayudar a que los P/C tratados desarrollen una impresión más realista de cómo aparecen ante los demás, y que ello disminuya significativamente la intensidad de sus respuestas de ansiedad a la hora de relacionarse o actuar ante otros[390].

Además, en la réplica de Warnock-Parkes et al. (2017), sobre el trabajo de McManus et al. (2009), tras observar la grabación audiovisual de su actuación el 98 por 100 de los P/C la valoraron mucho mejor de lo que habían estimado que lo harían. También se constataron reducciones significativas de la frecuencia e intensidad de las respuestas de ansiedad social durante la semana siguiente de la retroalimentación audiovisual, y estas reducciones fueron mayores que las observadas tras los períodos de control.

De hecho, los resultados de McManus et al. (2009) y Warnock-Parkes et al. (2017) ayudan a comprender y explicar la contribución que puede corresponder a la retroalimentación audiovisual, más la proporcionada por los compañeros, en la aplicación del «Programa IAFS»[391], cuyos efectos benéficos se han mostrado reiteradamente[392], dentro de la estrategia de detección e intervención temprana de la fobia social en la población adolescente. Para que el lector pueda tener una idea más clara al respecto, este componente se operacionaliza y aplica como sigue:

> «La retroalimentación o *feedback* audiovisual consiste en utilizar la grabación en vídeo del ensayo de conducta o representación de papeles realizado por el participante, en la situación de entrenamiento, para ser utilizado inmediatamente después de finalizada su actuación como fuente de información con la que contrastar sus creencias respecto de esta.
>
> En el caso de la retroalimentación de los compañeros, son estos los que informan mediante su valoración y opinión de la actuación de aquel.
>
> Objetivos que este componente debe permitir conseguir son:
>
> *a*) Obtener información sobre las habilidades que realmente posee, o no posee, así como la destreza con que las utiliza.
>
> *b*) Constatar y corregir la imagen que el participante tiene de sí y de su actuación en una situación social, a través de la información objetiva que le ofrece el vídeo y la subjetiva proporcionada por sus compañeros.
>
> Podemos distinguir tres momentos en el proceso de aplicación de la retroalimentación o *feedback* audiovisual: antes de la grabación del ensayo de conducta, inmediatamente después de este y antes de exponerse a la visualización de su actuación y tras haberse observado en la grabación.
>
> • ***Antes** de la grabación del ensayo de conducta o la representación de papeles*. El psicólogo le solicita que:
>
> i) describa operativamente (forma observable) cómo piensa que le va a salir su ensayo de conducta, qué imagen cree que va a dar a los demás y
>
> ii) valore entre 0 y 10:

[390] En Olivares (2005) puede verse el manual del protocolo Intervención en Adolescentes con Fobia Social que incluye este componente, y en Balldin, Fisher y Wirtberg (2018) los resultados de una revisión sistemática de su empleo en las intervenciones con niños.

[391] Olivares (2005).

[392] Véase, por ejemplo, Olivares (2011).

— el grado en que cree que se adecuará su actuación a lo requerido por el papel que va a representar y

— la medida en la que evitaría esta situación si pudiera.

• ***Después** del ensayo o la representación (grabación) y antes de exponerse a la visualización de su actuación.* El psicólogo vuelve a pedirle que:

i) describa operativamente (en términos observables) cómo cree que le ha salido la actuación, la imagen que cree haber dado con su actuación y

ii) valore entre 0 y 10:

— el grado en que cree que su actuación se ha adecuado a lo requerido por el papel representado y

— la medida en la que desearía evitar esta situación si pudiera.

• *Exposición y confrontación con la grabación audiovisual y la valoración de los compañeros.* Ahora es cuando se expone al P/C a su actuación grabada en el vídeo y se señalan las diferencias entre cómo pensaba que iba a actuar, cómo creía que lo había hecho y cómo lo ha hecho realmente. Esta discusión sobre las discrepancias se hace en el contexto del grupo. El papel del psicólogo es orientar y guiar la discusión, del P/C con él mismo y respecto de la participación en la valoración de su actuación por parte de los demás miembros del grupo. En todo caso, el psicólogo deberá conseguir que se subrayen los aspectos positivos de la actuación (en primer lugar), los que han de mejorarse y cómo han de mejorarse (crítica constructiva —siempre en segundo lugar—).

• *Una vez observada la grabación y finalizada la discusión sobre las discrepancias.* El psicólogo vuelve a pedirle al P/C una valoración de su actuación, que habrá de transcribir en su Diario, junto a una síntesis de lo percibido antes, durante y después de la grabación de la situación de ensayo de conducta y su visualización. También se le pide que concluya respecto de cómo lo que ha aprendido en la situación de retroalimentación audiovisual puede ser generalizado a otras situaciones similares de su vida diaria» (pp. 63-65).

El empleo de la retroalimentación audiovisual de los P/C con TAS parece que podría estar implicado en la reducción/eliminación del efecto de algunos sesgos de procesamiento de la información (y de las imágenes que participan en su desarrollo y mantenimiento), las cuales podrían estar dificultando la detección de las discrepancias entre las imágenes negativas que tienen de sí mismos y la forma en la que se perciben y valoran, tras verse en la grabación audiovisual y contrastar esta información con la que también le proporcionan sus compañeros del grupo de tratamiento.

Un ejemplo de la relevancia del empleo de las imágenes cognitivas, lo hallamos en el incremento del uso, en un número cada vez mayor de P/T, de la técnica de «reescritura de imágenes cognitivas» que abordamos en los párrafos que siguen[393].

6.6.3. El tratamiento

6.6.3.1. *La «reescritura de imágenes cognitivas»*[394]

Es una técnica que se aplica al tratamiento de recuerdos específicos sobre experiencias que, pese a pertenecer al pasado, se muestran asociadas a problemas actuales.

La conforman un conjunto de procedimientos dirigidos a cambiar los recuerdos desagradables, en línea con lo indicado, por ejemplo, por Arntz y Weertman (1999)[395].

Consiste en que el P/C imagine que el curso de los acontecimientos cambia en la dirección deseada[396]. Para ello se le pide que evoque o «reviva»

[393] Mertens, Krypotos y Engelhard (2020).

[394] Traducción de la expresión «Imagery Rescripting» (ImRs) con la que se denomina este modo de proceder.

[395] Véase Stopa (2009).

[396] Arntz (2012).

un recuerdo angustioso, pero imaginando que los acontecimientos se desarrollan de forma diferente. Por ejemplo, imaginándose que es capaz de defenderse y luchar en la situación en la que realmente no se defendió y huyó, o viéndose como si fuese otra persona y actuando en consecuencia[397].

Para poner a prueba en qué medida la ImRs es realmente una intervención psicológica eficaz, Morina et al. (2017) realizaron un metaanálisis con los tratamientos que se han aplicado utilizándola para modificar los recuerdos aversivos. Identificaron 19 ensayos, de los cuales siete fueron ECA, con 363 P/C adultos con TEPT (ocho ensayos), TAS (seis ensayos), TDC (dos ensayos), TDM (un ensayo), BN (un ensayo) y TOC (un ensayo).

La ImRs se administró una media de 4,5 sesiones (rango: 1-16 sesiones de tratamiento). Las estimaciones de la parte del TE que se le corresponde sugieren que es eficaz para reducir las RAD cuando se comparan las medidas en el pretratamiento con las del postratamiento y las del seguimiento, en la muestra del conjunto de las investigaciones estudiadas [*g* de Hedges = 1,22 (prepost) y 1,79 (preseguimiento), respectivamente]. La comparación del TE de la ImRs con las condiciones de control mostraron un gran TE (g = 0,90) en el postratamiento. Finalmente, los efectos de la ImRs sobre la depresión comórbida, las imágenes aversivas y las creencias también fueron grandes.

En consecuencia, pese al número limitado de los ECA, los hallazgos indican que la ImRs se muestra eficaz para tratar las imágenes negativas que integran los recuerdos aversivos, produciendo TE grandes tras su aplicación, pese a que se aplica generalmente durante en un número pequeño de sesiones respecto del total de las incluidas en el tratamiento.

Ahora bien, pese a estos resultados alentadores, la delimitación operativa de la técnica todavía está por concluir, como lo pone de manifiesto, por ejemplo, el hecho de que puedan observarse diferencias notables en la aplicación la ImRs realizada por Wild y Clark (2011), en relación con la de Arntz y Weertman (1999) que habían tomado como referencia, o la de Siegesleitner et al. (2020) respecto de estas dos[398].

Veamos estas diferencias con algo de detalle. Wild y Clark (2011) dieron a conocer los efectos de una variante de la descripción propuesta por Arntz y Weertman (1999). El procedimiento original incluye revivir y actualizar recuerdos aversivos, que generalmente son recurrentes e intrusivos, y que conforman y afianzan la creencia que los vincula. De ahí que, por ejemplo, en el ámbito del tratamiento del TAS, Wild y Clark (2011) añadieran la reestructuración cognitiva de la creencia como paso previo al inicio del proceso de aplicación de la ImRs propiamente dicha.

El objetivo de la reestructuración cognitiva es que el P/C cuestione la creencia (consolidada) y se prepare para adoptar una posición racional («adulta») a la que pueda recurrir durante el desarrollo de la aplicación de la ImRs.

Wild y Clark (2011) asumieron la sugerencia de Teasdale (1993) de que parte del efecto del impacto de imágenes cognitivas puede estar mediado por la capacidad para activar múltiples representaciones, que incrementarían las probabilidades de acceso a sus significados implícitos.

Por ello, la variante de la ImRs que utilizaron incluyó la «revivificación en imaginación»[399] junto a la estructura de las tres etapas que describieron Arntz y Weertman (1999), para tratar las imágenes cognitivas aversivas en el TAS.

Este formato incluye una etapa en la que quienes reciben el tratamiento adoptan una actitud

[397] Véase, por ejemplo, Morina, Lancee y Arntz (2017), Paulik, Steel y Arntz (2019), Romano et al. (2020) o Shibuya et al. (2018).

[398] Siegesleitner et al. (2020) han investigado el efecto de estimular a los P/C para que se imaginen a sí mismos interviniendo activamente, dentro de la nueva secuencia de imágenes que se quiere memorizar, o de que imaginen que otros les ayudan a afrontar con éxito una situación aversiva.

[399] Véase Foa y Rothbaum (1998).

compasiva hacia sí mismos, cuando recuerdan imágenes de situaciones en las que creen que no actuaron como deberían de haberlo hecho.

Wild y Clark (2011) consideraron que, dada la dificultad que suelen tener los P/C con TAS para ejercer espontáneamente la compasión consigo mismos y perdonarse, cuando recuerdan acontecimientos socialmente muy estresantes, este elemento podía ser importante para la eficacia del tratamiento.

Todas estas consideraciones hicieron que su procedimiento a la hora de aplicar la ImRs difiriera del de Arntz y Weertman (1999) en tres cuestiones:

- En primer lugar, porque incluyó una fase de reestructuración cognitiva antes de aplicar la ImRs.
- En segundo lugar, porque en la segunda fase se le pide al P/C que reviva las imágenes del incidente con el que se va a trabajar, como un adulto que es (racionalmente), pero sin pedirle concretamente que actúe e intervenga en la tarea de reescribir las imágenes racionalmente, aunque pueda hacerlo si lo desea.

  A diferencia de Wild y Clark (2011), Arntz y Weertman (1999) sí le piden al P/C que intervenga racionalmente, como adulto, en esta y en las siguientes etapas (la segunda y la tercera).

  Además, en la tercera fase o etapa lo hacen explícitamente del modo que sigue: le piden al P/C que evoque la secuencia de imágenes del recuerdo aversivo viéndose como el niño o el joven que era cuando ocurrió, pero sin que sea una condición necesaria que intervenga racionalmente al revivirlo, sin que participe «el adulto». Esta es una opción que se deja al criterio del P/C, quien puede adoptar el papel del adulto racional e intervenir durante el desarrollo de la ImRs tantas veces como lo estime conveniente o necesario en el modo que quiera. El «yo joven» puede pedir al «yo adulto» que intervenga cuantas veces quiera y pedirle que haga lo que necesita en ese momento, y este actuar en consecuencia.

  Wild y Clark (2011) introdujeron esta modificación porque, al analizar el curso del estudio piloto que realizaron previamente, observaron que cuando el P/C adoptaba el papel de «el niño» o el del «yo más joven» era cuando necesitaba aplicar la ImRs, porque era cuando se mostraba eficaz su efecto. Es decir, la ImRs se mostraba eficaz cuando revivía el suceso aversivo y traumático desde esa perspectiva (tercera etapa), no desde la del adulto (segunda etapa).
- En tercer lugar, no se retroalimentó a los P/C tras cada una de las etapas. Se pasó de una a otra manteniendo el participante los ojos cerrados durante todo el proceso, que duró 45 minutos/sesión.

En síntesis, en la primera etapa, de forma similar a Arntz y Weertman (1999), hicieron que los P/C revivieran el acontecimiento socialmente traumático como si tuvieran la edad a la que les ocurrió. En la segunda, revivieron de nuevo el suceso en imaginación, pero aplicando la razón, es decir, desde la perspectiva de un adulto que observa a su «yo más joven» mientras se desarrolla el suceso. En la tercera el P/C volvía a revivir el acontecimiento aversivo en imaginación como le ocurrió y con la edad que tenía cuando se produjo, pero estando acompañado por su «yo adulto», quien le ofrecía la información que aquí y ahora le permitía interpretar la situación, desde la perspectiva de análisis racional (reestructuración cognitiva), sobre cómo habría de comportarse ahora (incluyendo la adopción de una postura compasiva consigo mismo) si se produjese la situación que se recuerda, la que se produjo cuando su yo era más joven.

Además, en el curso de este juego de papeles, como adulto que emplea la razón puede intervenir tantas veces como lo crea necesario para «re-escribir» en su memoria la secuencia de las imágenes que ha evocado.

El cuadro 6.8 muestra un resumen de las diferentes etapas del procedimiento completo.

La variante de la ImRs propuesta por Wild y Clark (2011) incluye como componentes del tratamiento: reestructuración cognitiva (un período de reestructuración cognitiva), «reescritura de imágenes» (modificación de las imágenes de los recuerdos traumáticos revividos mediante su evocación repetida —pasos 1, 2 y 3—), uso de información (fruto del análisis racional de la situación), que actúa como mecanismo de corrección que se asocia a la imagen que se vuelve a memorizar modificada en su interpretación (tercer paso), e imágenes de compasión consigo mismo (tercer paso).

CUADRO 6.8

Resumen del procedimiento de «reescritura» de las imágenes de los recuerdos traumáticos en el TAS en población adulta

Fase 1	Reestructuración cognitiva.	Buscar pruebas a favor y en contra de la creencia encapsuladora que vincula la imagen negativa con el recuerdo traumático para lograr algún cambio de creencia.
Fase 2	Reescritura de imágenes para actualizar los recuerdos traumáticos, reinterpretarlos y memorizarlos.	Paso 1. Revive el suceso situándose en la edad a la que le ocurrió.
		Paso 2. Vuelve a revivirlo, pero ahora adoptando la perspectiva propia de un adulto, la de su edad en este momento, observando lo que le ocurre a su «yo más joven».
		Paso 3. Revive de nuevo el suceso situándose en la edad en la que ocurrió, pero acompañado de su «yo adulto», que está con él y puede intervenir tantas veces como se lo solicite para proporcionarle información con la que analizar el porqué le ocurrió y para ayudarle a adoptar una actitud compasiva hacia sí mismo cuando era más joven («yo joven»).

FUENTE: Traducido y modificado de Wild y Clark (2011; p. 436).

En este tratamiento multicomponente, la reestructuración cognitiva permite al P/C identificar un argumento intelectual convincente contrario a la creencia dada por cierta y consolidada.

La evocación repetida del recuerdo social traumático, de forma planificada y controlada, facilita y promueve que el P/C se exponga y pueda reinterpretarlo y revaluarlo (Foa y Rothbaum, 1998). La introducción de la información correctiva, como por ejemplo decirse que «Sonrojarse no es un signo de fracaso», promueve e incrementa la probabilidad de que se reinterprete y se revalúe el recuerdo traumático evocado, incrementando la probabilidad de que esta nueva información se integre en la secuencia de imágenes recordadas y produzca un nuevo recuerdo, reinterpretado a partir del previo, en el que se haya asimilado la interpretación adaptativa que sustituye a la previa (negativa)[400].

[400] Lolich y Azzollini (2017) han estudiado las implicaciones en la regulación afectiva que se derivan de la asunción de un estilo amodal o multimodal de procesamiento de información autobiográfica, en población adulta de habla española con depresión.

En este contexto, las imágenes compasivas en las que, por ejemplo, el P/C se imagina a su «yo adulto» abrazando cálidamente a su «yo joven» pueden mejorar e intensificar el sentimiento de aceptación, que es, como ya hemos indicado, un concepto o idea básica en el TAS.

Además, aplicar la mayor parte del tratamiento bajo el formato de las imágenes puede incrementar la probabilidad de que el recuerdo guardado se evoque en ocasiones posteriores como si realmente se hubiera producido, en línea con lo conjeturado por Epstein (1994)[401].

Por otra parte, como ya hemos visto al referirnos a Lang (1977, 1979), también es coherente esta posición con su indicación de que tanto las respuestas que conforman los patrones que denominamos emociones, como de forma aislada las respuestas fisiológicas y las motoras que se activan durante la evocación de las imágenes, dado que son similares a las que se activan en las situaciones reales.

Hyett et al. (2018), en línea con el control de los cambios medidos en las respuestas psicofisiológicas, han estudiado el efecto de aplicación de dos tratamientos breves en el TAS, la ImRs y la reestructuración verbal (VR), frente a un GCLE. La aplicación de la ImRs se centró en la «reescritura» de los recuerdos autobiográficos a través de la visualización en imaginación durante su evocación y la VR en el desafío de los pensamientos negativos.

Los resultados del ECA incluyeron la medida de los cambios en la reactividad psicofisiológica al estrés social (variabilidad de la frecuencia cardíaca —VFC— y respuesta electrodérmica), y medidas de las respuestas informadas de ansiedad ante la interacción social, la representación negativa de sí mismo, la evitación cognitiva, el pensamiento negativo repetitivo y el cambio o modificación de los recuerdos.

Los datos mostraron que la reactividad psicofisiológica se atenuó selectivamente tras el tratamiento con ImRs, en comparación con los grupos de RV y GCLE. Además, el efecto de la ImRs en la modulación de la reactividad autonómica se verificó en los parámetros de VFC, incluyendo la desviación estándar de los intervalos entre los latidos del corazón (IR vs. WC, d = 0,67, p = 0,021; IR vs. VR, d = 0,58, p = 0,041) y la potencia de alta frecuencia, que es un indicador de la regulación parasimpática de la emoción (IR vs. WC, d = 0,75, p = 0,034; IR vs. VR, d = 0,95, p = 0,006). En cambio, se observaron pocas diferencias de grupo en las medidas de autoinforme, por lo que los autores concluyen, en línea con Lang (1977 y 1979), subrayando la relevancia de incluir medidas de las respuestas psicofisiológicas para detectar con mayor probabilidad cambios en la reactividad fisiológica debidos al efecto de las imágenes cognitivas, dado que estas se muestran muy sensibles a los mismos[402].

También en el ámbito del TAS, Romano et al. (2020) han iniciado el estudio del efecto de los componentes que integran la ImRs. En este estudio preliminar participaron 33 P/C adultos con TAS, que fueron asignados al azar a un grupo que recibió una sola sesión de ImRs, a otro en el que se aplicó exposición en imaginación (EI) y a un tercero en el que se administró asesoramiento de apoyo (CS).

Los resultados de los recuerdos memorizados se volvieron a evaluar transcurridas 1, 2 y 12 semanas del término de la aplicación de cada una de las tres modalidades de tratamiento. Estos mostraron que el contenido de las representaciones de la memoria autobiográfica de los P/C cambió de forma distinta en las tres condiciones. Así,

[401] Véase Manes (2016), quien afirma que, a la luz de la investigación disponible, no puede sostenerse la afirmación de que la memoria humana es un fiel reflejo de aquello que pasó. Para este investigador, se asemeja más a un pupitre en el que garabateamos sobre nuestros recuerdos aquello que imaginamos que a un almacén donde guardamos una copia exacta de lo que nos ocurrió. La «reescritura» se produce cada vez que evocamos un recuerdo y lo volvemos a guardar.

[402] Véase Kunze, Arntz y Kindt (2019).

mientras que el grupo tratado con la ImRs mostró un aumento de los detalles de la memoria positiva/neutral, el de la EI incrementó no solo los detalles de la memoria positiva/neutral sino también los de la negativa, y el grupo SC no presentó ningún cambio entre el pretest y las medidas postratamiento y de seguimiento.

Aunque las valoraciones realizadas por los participantes (sobre los recuerdos evocados) no mostraron diferencias significativas entre las condiciones, en cambio la tendencia de quienes recibieron ImRs a modificar sus creencias básicas (consolidadas) de sus recuerdos negativos fue mayor que la de las otras dos condiciones experimentales.

En paralelo con el estudio de Romano et al. (2020), Knutsson et al. (2020) dieron a conocer un ECA en el que también se comparaba la ImRs con la exposición en directo, aplicados ambos tratamientos durante una sola sesión.

En el trabajo de Knutsson et al. (2020) participaron 27 P/C con TAS. Los resultados al comparar las medidas obtenidas antes del tratamiento y tras su aplicación (a las dos y a las cuatro semanas) mostraron que los participantes mejoraron en ambos grupos de tratamiento significativamente y en todas las medidas antes y después del tratamiento. En consecuencia, no hallaron diferencias significativas entre los grupos de tratamiento en las medidas de ansiedad. Sus resultados también sugieren que una sola sesión de ImRs o de exposición es eficaz para reducir la ansiedad social.

Dentro de la historia del TCC, hemos de recordar que la ImRs se inició en el contexto de los recuerdos de los traumas[403] infantiles y de la terapia basada en los esquemas cognitivos para el tratamiento de las personas con diagnósticos de trastornos de la personalidad[404]. En este marco, la justificación, o al menos un mecanismo de acción hipotético, era que, al incorporar información nueva para reconceptualizar las imágenes cognitivas, entones se modificarían los significados, las valoraciones y las emociones asociadas al recuerdo aversivo.

Desde entonces hasta aquí los resultados han ido mostrando que ImRs puede aplicarse a cualquier tipo de imagen cognitiva y en trastornos del comportamiento muy distintos. Así, se ha aplicado a la ansiedad ante los exámenes[405], en el tratamiento de la ansiedad social[406], en el trastorno por atracón dentro de los trastornos de comportamiento alimentario[407], en la depresión[408], en la autoayuda[409], en el ámbito de la psicosis para tratar la audición de voces y las pesadillas[410], a los recuerdos aversivos en el trastorno obsesivo-compulsivo[411], etc.

Además, como ya hemos avanzado, también han comenzado a ponerse a prueba las hipótesis sobre los mecanismos que subyacen a la eficacia mostrada por su aplicación como modalidad de tratamiento, incluyendo la flexibilidad en el empleo de las imágenes dentro del proceso de tratamiento[412].

Hemos de recordar que el interés por las imágenes cognitivas disfuncionales no se ha limitado a su utilidad en la aplicación de la ImRs. La investigación también se ha centrado en el desarrollo de otras modalidades de TCC en las que estas son el componente principal, y en ocasiones el único, como ocurre en el trabajo de Di

[403] Entendiendo por tal la definición de la RAE: «Emoción o impresión negativa, fuerte y duradera».

[404] Delimitados como RAD intensamente consolidadas y generalizadas que afectan de manera significativa al comportamiento cotidiano de quien cumple los criterios para su diagnóstico.

[405] Maier et al. (2020).

[406] Por ejemplo, Norton y Abbott (2016) y Wild, Hackmann y Clark (2007).

[407] Dugué et al. (2019).

[408] Brewin et al. (2009).

[409] Moritz et al. (2018).

[410] Paulik, Steel y Arntz (2019) y Sheaves et al. (2019).

[411] Basile et al. (2018) y Veale et al. (2015).

[412] Véase, por ejemplo, Hitchcock et al. (2021), Kunze et al. (2019) o Siegesleitner et al. (2020).

Simplicio et al. (2020) sobre las autolesiones, en el de Holmes et al. (2016b) con el TB, en el de McEvoy y Saulsman (2014) en el TAS, o en el de Taylor, Bee, Kelly y Haddock (2019) con las psicosis.

6.6.3.2. *El empleo de imágenes cognitivas con efectos adaptativos*

Otra línea de investigación reciente se ha centrado en el diseño de técnicas para fomentar la generación y el empleo de las imágenes con efectos adaptativos. Es decir, que facilitan la actuación adecuada del P/C a los requisitos de la situación. Algunos ejemplos de estas investigaciones provienen del ámbito de la depresión, en el que, como ya hemos avanzado, la dificultad para imaginar acontecimientos futuros de carácter positivo se ha relacionado con las respuestas que conforman los constructos relacionados con la incapacidad para sentir placer (anhedonia) y los relativos a la desmotivación.

Los tratamientos referidos a las respuestas depresivas han incluido entre sus componentes desde el entrenamiento en la producción de experiencias gratificantes[413], pasando por la generación de imágenes vívidas y específicas sobre acontecimientos futuros[414], hasta el entrenamiento cognitivo mediado por el empleo de programas computarizados que generan repetidamente imágenes positivas[415].

En otros casos, el tratamiento se ha utilizado como medio para verificar el papel de las imágenes en la actuación dirigida al logro de objetivos, a fin de comprobar, por ejemplo, si era posible aumentar el compromiso del P/C con el comportamiento saludable y deseado. El problema que se quería abordar era el propio de la prevención, es decir, el hecho de que a corto plazo las respuestas saludables supongan para quien las practica un coste (castigo negativo), sin que a medio y largo plazo el esfuerzo que conllevan pueda garantizar efectos o consecuencias positivas (incertidumbre). Para contrarrestar el efecto del castigo, en interacción con el producido por la incertidumbre, se han incluido en el tratamiento, por ejemplo, secuencias de las imágenes referidas a los pasos que son necesarios para llevar a cabo el comportamiento y las consecuencias gratificantes que le siguen.

Los resultados muestran que las imágenes cognitivas, cuando son emocionalmente relevantes para los P/C (actividades agradables y gratificantes), pueden aumentar el compromiso y la implicación de estos con la realización de las acciones planificadas (pese al coste asociado a con el castigo positivo más el de la incertidumbre y el derivado del producto de su interacción)[416].

Como hemos visto, al aproximarnos al empleo de las ImSR al TCC del TAS, el interés por la investigación de los efectos potencialmente benéficos de las imágenes centradas en la compasión también ha constituido una línea importante del estudio de este quehacer[417]. De hecho, actualmente existe una gran variedad de investigaciones centradas en la manipulación del procesamiento autobiográfico para tratar los trastornos relacionados con el estado de ánimo, la ansiedad y el estrés, que ponen a prueba el efecto de las imágenes y los recuerdos[418].

En la revisión de Hitchcock et al. (2017), estos concluyeron que la investigación sobre los «autobiographical episodic memory-based training» (AEMT), para el tratamiento de los trastornos relacionados con la ansiedad y el estrés,

[413] Véase, por ejemplo, Linke y Wessa (2017).

[414] Véanse los trabajos de Hallford, Sharma y Austin (2020b) y Hallford et al. (2020c).

[415] Así, por ejemplo, Blackwell et al. (2015) o Dainer-Best, Shumake y Beevers (2018).

[416] Véase, por ejemplo, Renner, Murphy, Ji, Manly y Holmes (2019) o Solbrig et al. (2018).

[417] Véase, por ejemplo, Campbell et al. (2019), McEwan y Gilbert (2016) y Naismith et al. (2019).

[418] Hitchcock et al. (2017).

aún no se encuentra en una etapa en la que se puedan extraer conclusiones robustas respecto a su eficacia, debido a los problemas metodológicos que presentan las investigaciones. El número de estudios que cumplieron con los criterios de inclusión fue muy pequeño. Los resultados muestran que los AEMT todavía son solo una vía potencial de tratamiento para los trastornos afectivos.

En línea con esta conclusión, Qu y Sas (2018), tras su revisión de cuatro intervenciones que han demostrado ser eficaces en la práctica clínica dirigida a las deficiencias o alteraciones que son características de la memoria autobiográfica en los P/C con depresión (sobregeneralización, sesgo negativo y el pensamiento negativo repetitivo), indicaban que sus diseños deben mejorar, no solo en relación con el uso de las tecnologías electrónicas e informáticas, sino también en la intensificación del recuerdo positivo y enriquecido, en el análisis y en la revaluación de los recuerdos negativos, así como en el empleo de la imaginación episódica relacionada con el futuro.

En la actualidad se están desarrollando programas de tratamiento, como los informados por Hallford et al. (2019, 2020b y c), que están dirigidos a facilitar el acceso a distancia a las intervenciones psicológicas para los P/C que no reciben apoyo ni responden a los tratamientos actuales. Estos programas («de baja intensidad») tienen como objetivo la modificación de los mecanismos cognitivos que participan en el mantenimiento de los recuerdos negativos, que supuestamente dificultan, cuando no impiden, el cambio psicológico.

Cuando se aplican a la depresión, se incluyen en el tratamiento recuerdos específicos (incluidas las imágenes cognitivas) y se utiliza generalmente una versión computerizada («computerised version of Memory specificity training» —c-MeST—). Su objetivo es modificar en población con P/T depresivos los déficits hallados, en el recuerdo detallado de experiencias pasadas, mediante la práctica repetida de la recuperación de la memoria autobiográfica.

Un ejemplo en este sentido es el diseño proyectado por Hallford et al. (2019) y puesto a prueba por Hallford et al. (2021) en un ECA.

El objetivo del protocolo descrito por Hallford et al. (2019) era evaluar la eficacia de la c-MeST en P/C jóvenes y adultos (rango; 15 25 años) que cumplan los criterios para el diagnóstico de TDM. Estos serán asignados al azar al c-MeST, para recibir tratamiento durante siete sesiones y en dos semanas, o a un GCLE. Se incluyen medidas prepost y de seguimiento a uno y tres meses. Se evaluarán, además de las RAD que conforman el diagnóstico principal de TDM, la evolución del estado depresivo y el aumento de la especificidad de la memoria autobiográfica (como mediador primario del cambio), así como otras variables como la rumiación y la evitación cognitiva, que se postula que contribuyen a reducir los recuerdos que se activan en la memoria.

En el ECA realizado por Hallford et al. (2021) se pone a prueba la hipótesis de que el entrenamiento en especificidad de la memoria (MeST) remedia los déficits en el recuerdo pormenorizado de experiencias pasadas, a través de la práctica repetida de la recuperación de la memoria autobiográfica. En esta investigación, el objetivo fue evaluar la eficacia en P/C con TDM de una versión computarizada y administrada en línea (c-MeST).

La muestra la integraron 245 adultos (88,4 por 100 mujeres; edad media de 46,4) que cumplían los criterios para el diagnóstico de un TDM. Estos fueron asignados al azar al programa c-MeST o al GCLE.

Los resultados mostraron que los integrantes del grupo c-MeST obtuvieron puntuaciones significativamente más altas que los del GCLE en la especificidad de la memoria en todas las medidas que se tomaron (d = 0,53-0,93), y menor número de RAD depresivas durante el seguimiento a un mes (d = 0,57) y a los tres meses (d = 0,67).

Como consecuencia, concluyeron que, por un lado, los cambios en la especificidad de la memoria muestran el efecto mediador de la c-MeST sobre los «síntomas» depresivos y que, por otro, la c-MeST puede mejorar la especificidad de la memoria y las respuestas depresivas en personas con un TDM, así como el ritmo de su recuperación.

En relación con el efecto de imaginar el futuro, frente al del recuerdo del pasado, Schubert et al. (2020) concluyeron, tras su revisión metaanalítica, que, en el tratamiento del afecto, el primero alcanzaba un TE entre moderado y robusto, que es mayor que el que se ha obtenido en relación con la evocación del pasado.

El estado del conjunto de las líneas de investigación, a las que nos hemos referido en relación con el tratamiento psicológico y en algún caso sobre su uso en la evaluación, muestra la gran cantidad de investigadores y equipos que están interesados en explorar las posibilidades de las distintas formas de aplicar las imágenes cognitivas en el TCC-T. Sin embargo, todavía son escasos los tratamientos que gozan del suficiente refrendo empírico como para poder ser etiquetados como TAE o PBE[419].

En este contexto no es de extrañar que Forooshani et al. (2020) concluyeran, tras su metaanálisis, que sus resultados no sugerían que el tratamiento para la mejora de los P/T psicológicos se centrara exclusivamente en el desarrollo de intervenciones para modificar el contenido de la memoria autobiográfica. Además, enfatizaban que la falta de un número suficiente de ECA de alta calidad también sigue siendo una laguna importante en este campo de investigación.

¿Qué implicaciones tiene para el psicólogo clínico y de la salud la situación en la que se halla el conocimiento con el que contamos respecto de las imágenes cognitivas, en tanto que científico que practica una profesión?

Las preguntas que un psicólogo se formula antes de abordar la evaluación son determinantes para el modo como diseñará, confeccionará o adaptará el tratamiento que posteriormente aplique. De ahí que, si no se pregunta por el papel que pueden tener o estar desempeñando las imágenes cognitivas, se corre el riesgo de omitir aspectos importantes del historial de aprendizaje (contenidos y procesos) que conforma la experiencia de los P/C. Dentro de ese historial, las imágenes cognitivas pueden actuar como estímulos relevantes en la generación de las respuestas de ansiedad y en la creación de los estados de angustia, para entender el deterioro que se constata en el comportamiento o incluso riesgo que corren los P/C en función del tipo de imágenes que, por ejemplo, anteceden o siguen a las respuestas suicidas o a las autolesivas[420].

El análisis funcional y los modelos funcionales deberían orientar la inclusión de técnicas de tratamiento de las imágenes o el uso las imágenes como componentes del tratamiento que sean las más eficientes, dentro de las eficaces[421], pero sin olvidar que también es probable que en muchas situaciones ni resulte necesario ni se estime conveniente emplear técnicas basadas en imágenes

[419] Ejemplos de ello son el tratamiento mediante la exposición prolongada de Ehlers, Clark, Hackmann, McManus y Fennell (2005) o el tratamiento centrado en el trauma para el TEPT de Foa, Hembree y Rothbaum (2007).

El concepto de tratamiento con apoyo empírico (TAE) ha evolucionado, en el marco de la Asociación Americana de Psicología, al de práctica basada en la evidencia (PBE), es decir, práctica basada en los resultados de los estudios experimentales. Para una reflexión sobre este cambio puede verse el trabajo de Botella et al. (2020, 20 octubre) o la descripción que realiza la profesora Elena Miró en su bloc (http://wpd.ugr.es/~emiro/psicoterapia-basada-en-la-evidencia/) sobre la psicoterapia basada en la evidencia y, a modo de ejemplo de implementación de la PBE en el contexto de la práctica cotidiana, el trabajo de Boswell et al. (2018).

[420] Véanse por ejemplo los trabajos de Hales et al. (2011) y Weßlau et al. (2015).

[421] Véase, por ejemplo, el modo como emplea Josefowitz (2017) los registros del pensamiento al respecto.

cognitivas. Valorar y concretar su utilidad es una cuestión importante[422].

No podemos olvidar que las imágenes cognitivas, en tanto que estímulos o respuestas, por sus propiedades y por sus potenciales efectos disfuncionales en el comportamiento, juegan un papel relevante. De ahí que, desde nuestro punto de vista, es necesario que nos preguntemos, cuando diseñamos una intervención psicológica, en qué medida las imágenes pueden desempeñar un papel en los mecanismos implicados en la alteración del comportamiento que queremos abordar y cómo participan en esta para poder diseñarla con rigor e implementarla adecuadamente.

Como concluía Blackwell (2021), tanto la investigación como los resultados clínicos muestran que las imágenes cognitivas puede tener efectos importantes en las emociones, en las cogniciones, en las creencias y, en general, en todo el comportamiento. Por tanto, su campo constituye un reto que nos debe llevar a averiguar cuál es su potencial real y la mejor forma de aprovecharlo para mejorar las posibilidades de tratamiento de los P/T que presentan nuestros P/C.

6.7. MÁS EVIDENCIA EMPÍRICA SOBRE LOS EFECTOS LA INTERVENCIÓN CONDUCTUAL-COGNITIVA-TRANSDIAGNÓSTICA

La investigación a través de ECA de la eficacia de los TCC-T para los P/T psicológicos, utilizando las distintas modalidades de grupos de control (GCLE y GCA), con diagnóstico basado en los criterios del DSM, ha sido analizada por Reinholt y Krogh (2014), quienes realizaron una revisión sistemática y un metaanálisis de los estudios publicados en los diez años previos.

Los resultados de este metaanálisis, obtenidos a partir de once estudios en los que se habían participado 1.933 personas, mostraban que el TCC-T se asociaba generalmente con un resultado positivo: los P/C que lo recibían obtenían mejores resultados que los que integraban los GCLE y el TAU. Además, las mejoras atribuibles al tratamiento se mantuvieron en las medidas de seguimiento.

No obstante, a excepción de una investigación, todos los estudios incluidos en este metaanálisis se consideraron asociados a un alto riesgo de sesgo. En el que no presentó este sesgo, se comparó el TCC-T con el TCC específico para el trastorno concreto y sus resultados sugerían que el efecto del TCC-T era tan robusto como el del TCC específico para los trastornos con diagnóstico psicopatológico discreto. Este estudio apoyó con cautela las pruebas de la eficacia del TCC-T y reclamó más calidad y más investigación.

Dos años más tarde, en el metaanálisis realizado por García-Escalera, Chorot, Valiente, Reales y Sandín (2016), que ya recogía más del triple de estudios (n = 48) que el previo de Reinholt y Krogh (2014), en los que también habían participado un número muy superior de P/C (n = 6.291 participantes), sus resultados mostraron que los tamaños del efecto fueron:

- i) Elevados en la población adulta para los P/T de ansiedad (ECA: g = 0,80; estudios no controlados: g = 1,02) y la depresión (ECA: g = 0,72; estudios no controlados: g = 1,08) y se mantuvieron estables durante el seguimiento.
- ii) Medios para la ansiedad (g = 0,45) y la depresión (g = 0,50) en la población infanto-juvenil, en un análisis preliminar.
- iii) No mostraron diferencias significativas entre los producidos por la aplicación del UP y los de los TCC específicos que se habían diseñado para abordar P/T diagnosticados con categorías psiquiátricas discretas, en línea con lo que hallarían

[422] Véase por ejemplo el trabajo de Waller (2009).

más tarde Barlow et al. (2017), y coherentemente con lo que previamente habían señalado Reinholt y Krogh (2014).

En 2015 Kristjánsdóttir et al. (2016) realizaron una investigación en la que evaluaron la eficacia de un TCC-T breve diseñado para tratar la ansiedad y la depresión, en P/C de atención primaria y durante cinco semanas.

La muestra la integraron 287 P/C adultos que fueron asignados al grupo de ansiedad o al de depresión, contabilizándose el número de diagnósticos comórbidos.

Se utilizó un diseño mixto (ANOVA) para evaluar los efectos diferenciales del tratamiento (ansiedad y depresión) y el número de diagnósticos (comorbilidad).

Tras las cinco semanas de tratamiento se verificó que el número de trastornos comórbidos no afectó al resultado, pero sí se hallaron diferencias pre-post que fueron significativas en cada uno de ellos (pese a que alcanzasen relevancia estadística cuando se compararon ambos).

Los resultados del estudio muestran la viabilidad del TCC-T breve, de baja intensidad, aplicado en grupo y para una amplia gama de P/T del estado de ánimo y de ansiedad en atención primaria. Su relevancia está directamente relacionada con la esperanza de incrementar la posibilidad de acceso al tratamiento psicológico a un gran número de P/C.

En el contexto del ECA, Alatiq (2021) también ha aportado evidencia de la eficacia del TCC-T frente a un grupo de asesoría o consejo psicológico. En su investigación la muestra estuvo integrada por 276 participantes (175 en el grupo de TCC-T y 101 en el grupo de asesoramiento). De estos, 110 P/C (39,9 por 100) completaron el tratamiento y 166 (60,1 por 100) lo abandonaron.

Los resultados muestran TE grandes y robustos para los que completaron el tratamiento, en el grupo transdiagnóstico y el de asesoramiento.

Para los P/C que decidieron abandonar el TCC-T, los TE fueron de magnitud media para todos los P/T tratados, mientras que en las sesiones de asesoramiento solo alcanzó la magnitud media para la medida de ansiedad.

Por tanto, los datos de los resultados de los TCC y de los TCC-T muestran su equivalencia en términos de eficacia, cuando se aplican a los trastornos del comportamiento relativos a los P/T de orden emocional (ansiedad, depresión, ira, etc.). Ahora bien, los segundos resultan más eficientes porque simplifican la intervención psicológica en lo que respecta al número de protocolos (y de los componentes que los integran) y de los P/T que se pueden tratar a la vez en el formato de grupo. Estas son sus grandes ventajas.

El enfoque transdiagnóstico en el marco conductual-contextual y la teoría del marco relacional

7

7.1. LA PSICOLOGÍA CONDUCTUAL Y EL MARCO TRANSDIAGNÓSTICO

Lo relevante del transdiagnóstico, desde la perspectiva de la psicología contextual, es que este permitiría superar en buena medida las dificultades de un modelo exclusivamente taxonómico y enlazar con la fenomenología, cuyo fin es captar las estructuras esenciales o núcleos experienciales de los fenómenos a partir de la observación y la reflexión.

Desde esta perspectiva se entiende que el enfoque transdiagnóstico privilegia la relación terapéutica, porque centra la atención en el componente subjetivo de la alteración desadaptada que percibe la persona. Tal alteración se define como el fruto de la intersección que se produce en el marco de una configuración concreta y única de circunstancias en las que participan eventos, acciones e inacciones, así como las experiencias que se perciben como resultado (porque se entiende que también conforman la situación que vive el P/C).

Las variables que son clave en tales interacciones son la persona y sus circunstancias. De ahí que el objetivo sea captar y comprender lo que se delimita como «núcleos esenciales», es decir, como estructuras o formas alteradas de la subjetividad *(gestalt),* que se situarían más allá de las RAD y de su descripción (análisis topográfico).

No interesa el estudio de la evolución de las RAD en sí mismas, sino el de su significado, en el contexto de la vida de la persona, para comprender y explicar su función y su sentido. La estrategia del psicólogo ha de ser la de escuchar, para intentar comprender el sentido personal de las reacciones desadaptadas y ayudar al P/C a sobrellevar (aceptar) y poner en perspectiva sus propias experiencias (sin enjuiciarlas).

El principal objetivo del MC-C es que los P/C actúen de modo flexible consigo mismos, a la hora de equilibrar o adecuar sus respuestas/reacciones a sus valores.

En respuesta a ¿qué es la psicología contextual?, el Madrid Institute of Contextual Psychology[1] responde en los siguientes términos:

> «La psicología contextual es un término que deriva de la llamada Ciencia Contextual [...] En el caso del enfoque contextual, la filosofía [que da sentido a su investigación] [...] es el contextualismo funcional. Desde esta posición filosófica, se considera la conducta[2] de las personas

[1] https://micpsy.com/psicologia-contextual/.

[2] Como ya hemos explicitado, nosotros seguimos diferenciando los conceptos de estímulo, repuesta, conducta y comportamiento, pese a que también pueda contemplarse esta concepción holística de la conducta.

Entendemos la conducta como el resultado de asociar un estímulo y una reacción o respuesta, con independencia de que funcionalmente toda reacción pueda desempeñarse indistintamente como respuesta o como estímulo, dependiendo del momento temporal que se considere dentro de la secuencia de estímulos y respuestas que conforman las conductas en su contexto y no de forma aislada o fraccionada. Para ello, se pone el foco en la función que cualquier evento llega a adquirir. Esto incluye la función que la propia conducta tiene para otras conductas y la función que genera por el significado o contexto general en el que se ubique. Además, no se busca solo poder predecir el comportamiento, sino también influir en él. Dicho de otra forma, se pretende identificar los determinantes y efectos de la conducta para ser mucho más efectivos en la intervención que se requiera.

A diferencia de otras perspectivas mecanicistas, la persona se entiende como un «todo» que está en constante interacción con el contexto, con una historia particular y única y donde las causas de cualquier acción se relacionan con la función presente unida a la historia personal que lo hacen posible.»

Este enfoque, que ubica sus raíces en el marco teórico del MC, ha encontrado en la teoría del marco relacional (TMR) la fundamentación que le permite postular la superación de las limitaciones que, tal como hemos podido ver, presentaba el condicionamiento instrumental para explicar e integrar las respuestas del sistema cognitivo (imágenes y autoverbalizaciones, principalmente), dentro del conjunto de los principios y las leyes que nos permiten comprender y explicar el comportamiento humano.

Como veremos, en este ámbito las respuestas desencadenadas por estímulos verbales presentan ventajas e inconvenientes (desde el punto de vista adaptativo). Así, las reacciones que están producidas o regladas por este tipo de señales tienen objetivos concretos, pero este mismo hecho puede convertirse en una clara desventaja o limitación, en función de las circunstancias, si las reacciones siguen a tales estímulos «ciegamente», «mecánica» y literalmente (contexto de literalidad).

que integran la secuencia que denominamos comportamiento, así como que puedan interpretarse por la función que desempeña en cada caso y contexto.

Esto es lo que ya señalaban Hayes et al. (1996) cuando, al abordar la explicación de la función del lenguaje, indicaban entre sus beneficios el hecho de que nos ayude a demorar nuestras respuestas (aquí y ahora), aunque ello implique recibir consecuencias degradables o menos agradables que las que obtendríamos inmediatamente si las ejecutáramos.

El lenguaje se interpreta en este contexto como un gran aliado. En cambio, cuando pretendemos cambiar, reducir o suprimir patrones de respuesta que se han instaurado como un todo en nuestro sistema cognitivo, a lo largo de nuestra historia de aprendizaje (las emociones son un buen ejemplo), puede que nos encontremos con serias dificultades en nuestro intento de ejercer el (auto)control sobre nosotros mismos.

El establecimiento de relaciones, sean de tipo causal, temporal, espacial, etc., entre estímulos verbales y nuestras reacciones[3] se ha producido y desarrollado en el marco individual dentro de un intento de obtener, en nuestro ámbito de conocimiento, los mismos beneficios que se producen en otros contextos como el físico, el químico o el biológico, por poner algunos ejemplos.

Ahora bien, habida cuenta de que las relaciones entre los estímulos y las respuestas gobernadas por reglas se caracterizan por su rigidez, entonces, tal como muestra la evidencia disponible, hay que asumir que, por un lado, las reglas verbales, por su carácter normativo, necesariamente reducen el conjunto de las reacciones disponibles y con ello sus potenciales contingencias adaptativas y, por otro, incrementan la disponibilidad de respuestas socialmente pertinentes que resultan muy útiles[4].

Esta es la problemática en la que se inserta el lenguaje en marco de la psicología clínica y de la salud, desde la perspectiva de la psicología contextual.

[3] Que dan lugar a conductas y que se puedan formular «reglas» o modos establecidos de actuar.

[4] Hayes (1989).

En relación con su estudio, el condicionamiento clásico y el operante, tal y como se conocían en la década de los años 50 del pasado siglo XX, presentaban importantes limitaciones a la hora de explicar cómo y por qué las respuestas cognitivas en particular, y el pensamiento en general (procesos, imágenes, etc.), podían ser considerados como una modalidad más del comportamiento aprendido, pese a sospecharse que las respuestas cognitivas en general, y las autoverbalizaciones en particular, se aprendían como el resto de las respuestas que no proceden directamente de nuestra herencia, como ocurre con las incondicionadas o reflejas, que son objeto de estudio del condicionamiento clásico pavloviano.

En relación con el aprendizaje del lenguaje, Chomsky (1959) ya ponía de manifiesto las limitaciones del condicionamiento operante cuando afirmaba que la variedad y complejidad del discurso humano, incluida la creatividad que se pone de manifiesto en su desarrollo, no se podían explicar con esta modalidad de aprendizaje fundamentada por Skinner, porque sería tal la cantidad de condicionamientos que se tendrían que producir que resultaría inviable.

La teoría de los marcos relacionales (TMR) ha pretendido dar respuesta a esta supuesta «inviabilidad», así como al resto de las limitaciones indicadas, a partir de la formulación de los «condicionamientos derivados», que ocurren sin requerir un entrenamiento *ad hoc*. La TMR hipotetiza esta modalidad de condicionamiento para explicar la generación del pensamiento como una variante más del comportamiento[5].

Este desarrollo teórico se produce en el marco del condicionamiento operante, y tiene como objetivos comprender y explicar la cognición y el lenguaje[6]. El fundamento teórico y empírico de esta propuesta se produce a partir de los hallazgos publicados por Sidman (1971).

Este autor describe el comportamiento de una persona con microcefalia, que, pese a que tenía serios problemas de aprendizaje, se consiguió que, mediante entrenamiento, relacionara las palabras que se le decían (A) con imágenes (B). A partir de ahí logró relacionar imágenes (B) con sus correspondientes palabras escritas (C) y relacionar estas últimas con sus imágenes asociadas (C-B). Además, también consiguió pronunciar las palabras que estaban escritas (C-A).

Es decir, partiendo de un aprendizaje concreto se habían producido otras relaciones «no entrenadas». Sidman (1971) llamó a este fenómeno «equivalencia de estímulos» (clase o grupo de equivalencia) y puso en marcha la construcción de los cimientos de lo que se conocería más tarde como la TMR.

En la figura 7.1 podemos ver una representación gráfica de este fenómeno, conocido también como «derivación» en el marco de la relación de equivalencia.

Hemos de recordar que, antes de la formulación de la TMR, las discusiones sobre la generalización del control que ejercen los estímulos sobre nuestras respuestas se limitaban a los estímulos antecedentes. Además, el argumento básico para explicarla se fundamentaba en las similitudes físicas que estos generalmente presentaban. Sin embargo, en la cotidianidad nuestras respuestas están controladas a menudo por estímulos que son físicamente muy distintos de los que participaron en el aprendizaje inicial de la asociación, es decir, en la adquisición del comportamiento.

Por tanto, cabe pensar que la generalización se produce a partir de características que sobrepasan la mera similitud física entre los estímulos. De hecho, por ejemplo, tanto el pequeño Albert

[5] Desde nuestra posición, integrado por secuencias de estímulos y respuestas, en las que éstas pueden desempeñar también la función de aquellos basándose en su posición en el proceso temporal que determina la secuencia.

[6] Véase Hayes (1991 y 1994) y Hayes, Barnes-Holmes y Roche (2001).

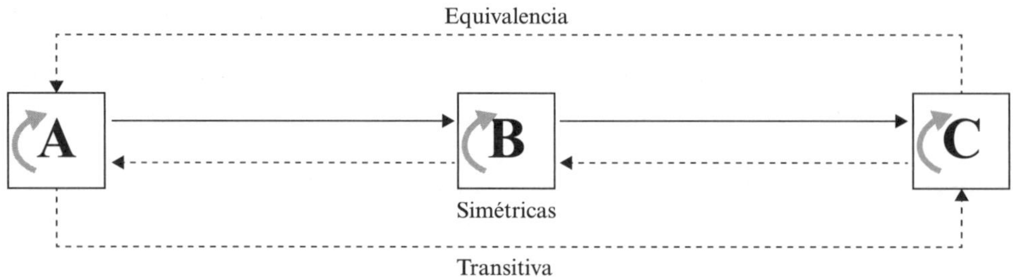

→ = Relaciones producto del entrenamiento ----- = Relaciones derivadas no entrenadas.

↶ = Reflexividad: Todo estímulo/respuesta se puede intercambiar consigo mismo (A = A, B = B, C = C).

Simetría: La relación que se establece entre dos estímulos/respuestas es válida en los dos sentidos que la conforman, porque puede invertirse (Si A = B, entonces B = A).

Transitividad: Generalización de las propiedades entre dos estímulos discriminativos que están relacio nados por un tercero que actúa como puente para que se produzca la transferencia (Si A = B y B = C, entonces, A = C).

Equivalencia[1]**:** Resultado de la combinación de la simetría con la transitividad.

[1] Resulta de establecer una relación entre los elementos del conjunto que tienen en común alguna característica o propiedad. La relación establecida posibilita que podamos reagrupar los elementos del conjunto en clases de equivalencia, es decir, en subgrupos o «paquetes» de elementos unidos por la similitud que les confiere la característica común.

«La formación de clases de equivalencia de estímulos es un fenómeno por el cual, a partir del entrenamiento de un número de relaciones entre estímulos, se constata la formación espontánea de otras relaciones no entrenadas entre ellos, particularmente relaciones de simetría, transitividad y simetría combinada con transitividad (equivalencia)» (Arismendi y Fiorentini, 2014; p. 6).

FUENTE: Modificado de Gómez-Martín, López-Ríos y Mesa-Manjón (2007).

Figura 7.1.—Representación gráfica de las asociaciones producto del entrenamiento y de las que se derivan o producen «espontáneamente» en el marco de una clase de equivalencia simple.

como los perros de Paulov mostraban respuestas de ansiedad (el primero) y de salivación (los segundos), asociadas a estímulos antecedentes que, por otra parte, eran muy diferentes de los que inicialmente habían estado implicados en el aprendizaje de la asociación. Así, Albert mostraba respuestas de ansiedad ante un abrigo de piel, las barbas de un papá Noel o una máscara, pese a que el aprendizaje se produjese inicialmente a partir de la asociación entre el ruido intenso y la presencia de un pequeño ratón blanco.

Es decir, estímulos muy diferentes físicamente pueden desencadenar respuestas similares de ansiedad, mostrándose funcionalmente equivalentes. De igual modo, también discriminamos entre estímulos muy parecidos. Por ejemplo, diferenciando una persona de otra, pese a que ambas sean tremendamente parecidas, como ocurre con los hermanos que son gemelos univitelinos o cuando van muy maquilladas y, por tanto, guardan una gran similitud por el exceso y los tipos de aditamentos que utilizan[7].

[7] En consecuencia, el estudio de la equivalencia funcional de los estímulos antecedentes también lleva aparejada otra

Ahora bien, cuando nuestra capacidad para discriminar, y en consecuencia para actuar adecuadamente, no responde a lo esperado, pese a las diferencias o similitudes abrumadoras que puedan existir entre los estímulos, entonces se producirán los P/T en nuestro comportamiento y este dejará de ser adaptativo. Como veremos, la TMR también aborda esta cuestión, por ejemplo en relación con las respuestas de escape/evitación y su carácter funcional/adaptativo y disfuncional/desadaptativo.

Volviendo a las relaciones de equivalencia, como hemos visto en el caso de la persona con microcefalia, decimos que un conjunto de estímulos es equivalente cuando muestra las propiedades de reflexividad, simetría, transitividad y equivalencia que acabamos de comentar. Esta es la explicación conductual de este fenómeno.

Abundando en el ejemplo, en línea con Sidman (1994), supongamos que consideramos tres estímulos: A, B y C. Diríamos que son equivalentes para un P/C si y solo si este:

a) Hace coincidir cada estímulo consigo mismo (reflexividad).
b) Después de aprender que A es lo mismo que B, responde como si B fuera lo mismo que A (simetría).
c) Tras aprender que B es lo mismo que C, responde como si A fuera lo mismo que C (transitividad).
d) Responde como si C fuese lo mismo que A (equivalencia).

En los experimentos, la equivalencia de los estímulos se suele enseñar-aprender mediante el entrenamiento a través de emparejamientos sencillos a partir de distintas clases de estímulos como, por ejemplo, los perros, los árboles y las mesas, a los que llamaremos Clase 1, Clase 2 y Clase 3, respectivamente[8].

Como recuerdan Sturmey, Doran y Ward-Horner (2020), cada clase puede contener estímulos con diferentes formatos (por ejemplo, fotos, dibujos y palabras escritas) como ocurre con una foto de un perro, un dibujo de este animal y su nombre escrito («perro»), a los que podemos llamar A1, A2 y A3 respectivamente.

Para el entrenamiento, se elige y presenta un estímulo, extraído al azar de la muestra [por ejemplo la foto de un perro (A1)], seguido de la presentación de dos o más estímulos de comparación [por ejemplo las palabras «perro» (A3), «árbol» (B3) y «mesa» (C3)]. A continuación, el participante selecciona uno de los estímulos de comparación y se le proporciona retroalimentación para las respuestas correctas (por ejemplo, A3) e incorrectas (por ejemplo, B3 o C3).

Este proceso de aprendizaje presenta varias notas características e interesantes para el psicólogo, por sus implicaciones. En primer lugar, como se ha indicado, surgen muchas relaciones que no se han enseñado ni explícita ni implícitamente.

Así, por ejemplo, después de aprender las relaciones A1-B1 y B1-C1, se puede constatar que los participantes también responden adecuadamente a cuestiones relativas a las relaciones no entrenadas, como A1-C1 y C1-A1. En segundo lugar, si se enseña-aprende una nueva relación como, por ejemplo, la palabra «chien» (D1), asociada con un miembro de la clase C1(«perros»), pueden surgir otras muchas relaciones que no se habían entrenado[9], como D1-B1, D1-A1, A1-D1 y A1-D1.

Las clases de equivalencia pueden tener un número considerable de componentes, y con la incorporación de cada nuevo componente se produce un aumento exponencial del número de re-

pregunta que requiere reflexión: ¿cómo discriminamos entre estímulos que son físicamente similares?

[8] Cuando se investigan, para prevenir el efecto de aprendizajes previos de relaciones de equivalencia los estímulos se eligen generalmente de modo azaroso, arbitrariamente, de tal modo que cada estímulo esté compuesto por sílabas o símbolos sin sentido, sin un significado que pudiera relacionarlos. Véanse, por ejemplo, los trabajos de Doran y Fields (2012) y Rippy y Doughty (2017).

[9] Fields y Verhave (1987).

laciones entrenadas y no entrenadas entre los miembros de la clase que representa el estímulo.

Además, se pueden enseñar relaciones entre las clases de equivalencia existentes que pueden dar lugar a nuevas clases que pueden ser incluso más complejas (clases de clases), con muchas relaciones de y entre los estímulos. Por ejemplo, se puede enseñar a alguien que todos los primates, aves y reptiles son vertebrados. Si lo aprende, entonces no solo establecerá relaciones dentro de las tres clases, sino que también producirá un buen número de nuevas relaciones entre todos los miembros de las tres clases.

Como señalan Sturmey et al. (2020), el comportamiento que surge tras el entrenamiento de la equivalencia de estímulos se corresponde en muchos aspectos con lo que, en el lenguaje cotidiano, se diría que es «entender una idea» (aprenhenderla). Una persona que puede señalar a un perro cuando alguien pronuncia la palabra «perro», y que también puede indicar la fotografía de un perro nuevo al oír que alguien pronuncia «chien», tras habérsele enseñado que «chien = perro», habrá incrementado el rango del campo semántico del significado del concepto inherente al vocablo «perro». Se habrá producido la asociación de equivalencia entre dos estímulos completamente distintos en su formato auditivo y en el escrito (y el fenómeno de la generalización de la reacción en los tres sistemas de respuesta inicialmente asociada a «perro» ahora también se producirá ante «chien»).

Estos dos estímulos completamente distintos se igualan porque son funcionalmente equivalentes.

También es importante indicar que la equivalencia es solo una de las modalidades de relación que pueden establecerse/presentarse entre los estímulos[10], porque es solo una de las muchas clases en las que se pueden agrupar estos cuando se relacionan con los eventos en los que participan.

De hecho, el estudio de los estímulos funcionalmente equivalentes constituye la base de la TMR, porque permite comprender y explicar cómo se desplaza o generaliza la función que es propia de un estímulo a otro nuevo o distinto que guarda con este alguna similitud. Esta es una cuestión clave para este enfoque.

Así, se postula que los estímulos relacionados actúan como una clase operante generalizada, como un conjunto que se define por su función y en el que los elementos que lo componen (estímulos y respuestas que actúan desempeñando esta función) comparten la misma contingencia que se concreta en su efecto sobre el entorno, pese a que muestren distinta topografía.

Esta característica es la que suponemos que permite a las respuestas instrumentales formar clases operantes y generalizadas a partir de una historia similar de entrenamiento[11].

Ahora bien, hay más modalidades o tipos de relación, como por ejemplo las de oposición o las de comparación (*v. gr.*, más alto-más bajo, más rápido-más lento, antes-después, mayor-menor), etc. Cuando las personas derivamos relaciones entre estímulos que son equivalentes aprendemos que todos los miembros de esa clase son funcionalmente equivalentes, al menos en parte, pese a que no sean iguales o lo sean en distinto grado. Y esto es lo que permite entender, explicar y dar respuesta a la pregunta «¿Por qué reaccionamos de un modo muy parecido ante estímulos similares y ante estímulos distintos?». Es decir, por qué reaccionamos con RAD de ansiedad ante una cucaracha, una muñeca o un toro que inesperadamente nos encontramos suelto en plena calle.

La complejidad de las relaciones que se pueden establecer entre estímulos y respuestas se incrementa cuando se forman o derivan a partir de estímulos que no son equivalentes, porque pertenecen a distintas clases.

[10] Skinner (1935).

[11] Véase Baer, Peterson y Sherman (1967) y Wilson y Luciano (2002).

Así, si una persona con ansiedad ha aprendido que «A es más peligroso que B» y que «B es más temible que C», y después aprende que «D es más peligroso que A» y que «E es tan temible como D», se estarán produciendo aprendizajes de múltiples relaciones que no son equivalentes, pese a ser derivadas[12]. De todo ello se ocupa la TMR.

7.2. LA TEORÍA DEL MARCO RELACIONAL

En nuestra aproximación a la TMR describiremos y delimitaremos algunos de los conceptos básicos que se utilizan para comprender y explicar el desarrollo de los P/T psicológicos, en el contexto de lo que ya hemos adelantado: identificar la equivalencia de distintos estímulos, diferenciarlos por su pertinencia a distintas clases de equivalencia, la confusión (disfuncionalidad) debida a la generalización inadecuada entre estímulos pertenecientes a clases de equivalencia distintas que hace que respondamos reaccionando desadaptativamente (y mostrando, por ejemplo, nuestra dificultad para diferenciar la funcionalidad o disfuncionalidad de las respuestas de escape/evitación), etc.

7.2.1. La delimitación del «marco relacional» y otros conceptos

Como se ha indicado, la investigación de los «condicionamientos derivados» se inició formalmente a principios de los años setenta del pasado siglo XX[13]. Esta permitió constatar que si aprendemos asociaciones o relaciones entre estímulos (E) y respuestas (R), como por ejemplo las que simbolizamos como A-B y B-C en la figura 7.1, entonces automáticamente se derivarán, sin requerir entrenamiento *ad hoc,* otras cuatro que representamos como B-A y C-B (simétricas), A-C (transitiva) y C-A (combinación de simetría y transitividad o equivalencia), formándose una clase de equivalencia entre A, B y C porque sus funciones son intercambiables.

Este fenómeno natural se produce y puede verificarse a través del proceso de adquisición del habla. Durante su curso aprendemos tanto por lo que se nos enseña como por lo que descubrimos de modo automático («derivación»). Cuando establecemos una asociación de esta naturaleza aprehendemos una equivalencia (se forma un «marco relacional de coordinación») que nos capacita para derivar otras relaciones sin que hayamos sido entrenados *ex profeso*.

Por ejemplo, es suficiente con que asociemos a través del entrenamiento un conjunto de fonemas o grafemas (palabra oral o escrita) con un contenido concreto (por ejemplo, con el sabor y el color del chocolate) para que se establezca la asociación que nos permita relacionar rápidamente la pasta oscura y dulce de cacao con la palabra escrita o pronunciada con la que la relacionamos. Se trata de una relación derivada que se establece por reciprocidad o implicación mutua (insistimos: sin requerir que se enseñe y se practique para aprenderla, de modo automático).

Por ello, cuando se produce una relación de equivalencia, la TMR la conceptualiza como un contexto de relaciones o «marco relacional», en el que pueden participar el condicionamiento instrumental u operante y el clásico pavloviano, dado que su delimitación a este respecto no es clara.

A partir de estos hechos, la TMR establece que las relaciones entre estímulos y respuestas se consideran una consecuencia de los marcos relacionales. Estos últimos son previos a estas y en ellos se cumplen las tres propiedades que se consideran básicas para que podamos hablar de la existencia de una relación de equivalencia[14] (véase figura 7.1 y los ejemplos utilizados *ad hoc*).

---

[12] Hayes, Barnes-Holmes y Roche (2004a).

[13] Véase Sidman (1971).

[14] Véase, por ejemplo, García García y Benjumea Rodríguez (2002), Gómez-Martín et al. (2007) y Patrón-Espinosa (2013).

En este contexto, Hayes et al. (1999a) delimitan el concepto de «marco relacional» como un patrón particular de respuestas, controladas contextual y arbitrariamente, el cual resulta de una historia de refuerzo diferencial que dota de significado (clave contextual) a los estímulos. Por ello, sostienen que este tipo de respuestas no son una reacción al contenido físico de los estímulos, sino al marco relacional, es decir, al significado de los estímulos, proporcionado por el contexto en el que se presentan (claves contextuales) durante el proceso que conforma el historial de aprendizaje, de manera que cuando se responde ante ellos tal reacción ha de enmarcarse en el ámbito de los eventos que están previamente asociados o relacionados en dicho contexto.

Dicho con otras palabras, llamamos «marco relacional» a una respuesta operante, entendida como representante canónico, que se caracteriza por presentarse ante cualquier estímulo que esté arbitraria e históricamente relacionado con otros (clase de equivalencia) y en cuyas relaciones existe una implicación mutua, de naturaleza combinatoria y que produce la transformación de funciones.

Por ello, la respuesta verbal (motora) y la simbólica (cognitiva) se consideran parte del mismo fenómeno que observó Sidman (1971). En ambos casos se comparte la relación de equivalencia de los estímulos[15]. De esta manera, cualquier estímulo verbal, dependiendo de su historial de refuerzo y del contexto, puede desencadenar una «respuesta derivada» (una transferencia o transformación de funciones) por su relación con otros estímulos[16].

El «marco relacional» es, por tanto, una clase o grupo concreto de reacciones operantes (simbolizadas en una respuesta operante canónica) que pueden desencadenarse ante distintos estímulos (generalizadas), basándose en otras que generalmente se han establecido de manera accidental y en las que se pueden identificar las tres modalidades o procesos implicados en la «derivación» de las relaciones (implicación mutua, implicación combinatoria y transformación de funciones).

La transformación de funciones se puede producir una vez que se ha establecido la función de un estímulo respecto de una respuesta o reacción. Es decir, una vez que la presencia de ese estímulo concreto desencadena esa respuesta específica en un contexto determinado.

Establecida la función del estímulo, puede ocurrir que en ese mismo medio un segundo estímulo, distinto al primero, establezca una relación con el primero (véase figura 2.8). Cuando esto ocurre en la TMR se afirma que la función de ambos queda transformada por la relación que se establece («derivación de funciones»). Así, si la «imagen del chocolate negro» se relaciona con el «chocolate negro real», entonces el primero habrá formado una relación de equivalencia con el segundo, y con ello la función del estímulo «imagen del chocolate negro» adquiere la función de desencadenar la respuesta de salivación en un determinado contexto, como mecanismo de preparación para su ingestión (pese a que el estímulo se produzca en el contexto del sistema cognitivo[17]).

Pero el cambio o transformación de la función no se produce solo por o a través de las relaciones de equivalencia, como se ha indicado. Como veremos a continuación, utilizando un ejemplo tomado de Gómez-Martín et al. (2007) respecto de los calificativos «mejor» y «peor», o el que ilustra en su trabajo García Higuera (2021), también se puede producir a partir de otro tipo de relaciones.

Así, siguiendo a García Higuera (2021), podemos ejemplificarlo en el supuesto de que en el ámbito de un centro comercial se dijese que un objeto determinado es mejor que otro. En ese caso la probabilidad de que se venda más el calificado como «mejor» se incrementara respecto del consi-

[15] Un estímulo verbal lo es cuando una parte de sus funciones están determinadas por su participación en marcos relacionales.

[16] Gómez-Martín et al. (2007).

[17] Se sugiere releer el capítulo que hemos destinado a las imágenes cognitivas.

derado «peor». Además, si alguien nos dice que el jabón que usamos en casa es peor y más caro que otro, ocurriría otro tanto con una elevada probabilidad y también muy probablemente lo adquiriríamos (al menos para probarlo). En ambos casos la TMR afirma que la función ha sido transformada porque se ha establecido una nueva relación.

Como puede verse en estos ejemplos, para la TMR la derivación de relaciones de estímulo y la respuesta verbal son las dos caras de la misma moneda, formando parte del mismo fenómeno.

En el marco del TMR, el aprendizaje de relaciones posibilitaría que se establezcan dos tipos de asociaciones entre los estímulos: las entrenadas y las que se derivan de las que se producen entre los propios estímulos. Estas últimas se establecerían basándose en claves contextuales (significados de los estímulos en ese contexto), que son de naturaleza funcional e informarían de la relación que puede darse a partir del historial de refuerzo diferencial previo. Es decir, del valor funcional abstraído del mismo que no solo es el producto de las relaciones formales entre ellos.

Esto permite que, una vez que se ha establecido la relación entre los estímulos y la respuesta operante generalizada, independientemente del marco relacional concreto en el que se aprenda, se abre un abanico de infinitas posibilidades de asociación entre los estímulos, al margen de sus propiedades formales.

En la figura 7.2 presentamos el fenómeno al que estamos aludiendo. En ella se explicita cómo se generan «redes de comprensión» complejas a partir de un número reducido de aprendizajes.

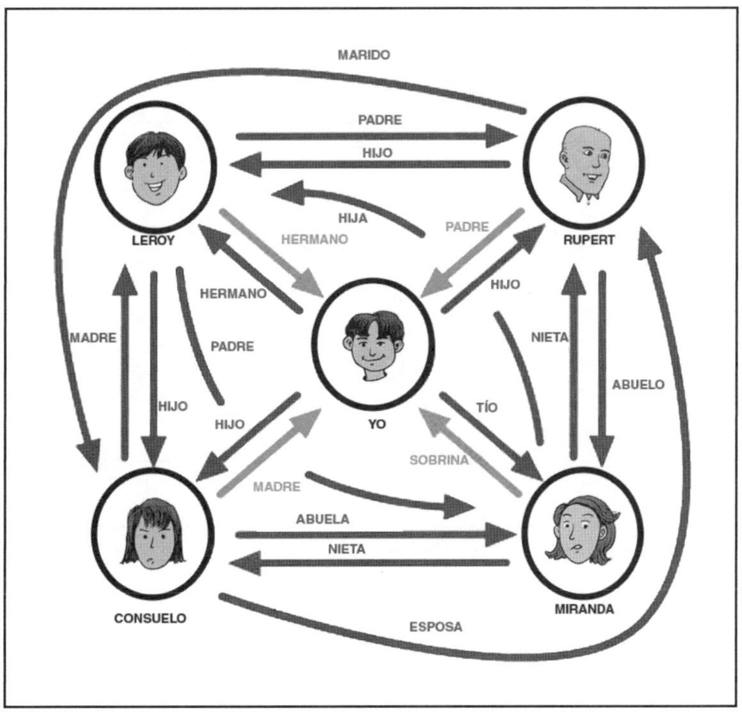

FUENTE: Obtenido y modificado de García Higuera (2021).

Figura 7.2.—Ejemplo de la formación de una red compleja de relaciones.

La figura 7.2 muestra cómo a partir de cuatro relaciones establecidas mediante aprendizaje por entrenamiento (las flechas grises) se producen o «derivan» 16 que no han sido entrenadas (las flechas negras). Este es el hallazgo que posibilita formular una explicación a las relaciones entre el lenguaje y el pensamiento.

Como ya hemos anticipado, Gómez-Martín et al. (2007) ilustran este planteamiento utilizando para ello la palabra «mejor». Ellos recuerdan que esta puede cumplir la función de una clave contextual que permita relacionar un número infinito de estímulos, dentro de un marco de comparación en el ámbito del lenguaje natural, subrayando la transformación de funciones que se producen en este proceso («condicionamientos derivados» —véase figura 7.3—). Así, estos autores indican que si afirmamos que un estímulo X es «mejor» que otro Y, entonces de tal afirmación se deriva que Y es «peor» que X en el ámbito del contexto relacional. Si en este marco se presentaran como elegibles X e Y, muy probablemente resultaría elegido X basándose en su funcionalidad.

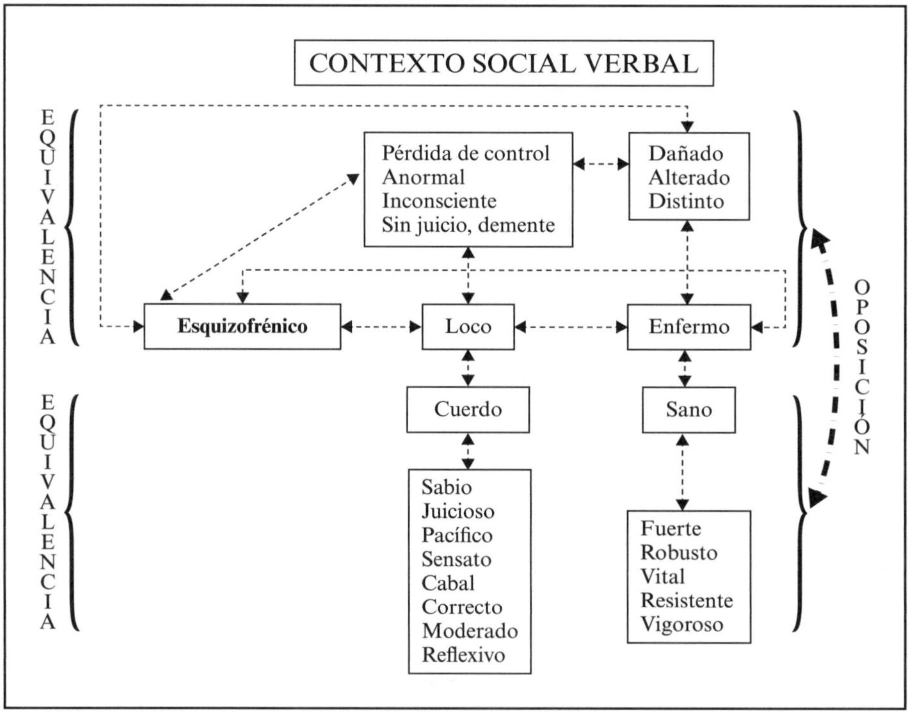

FUENTE: Gómez-Martín et al. (2007; p. 496).

Figura 7.3.—Representación de un supuesto de redes relacionales de equivalencia y de oposición para la palabra «esquizofrénico» en nuestro contexto social[18].

[18] «Los términos relacionados a través de marcos de coordinación (equivalencia) o de oposición han sido seleccionados consultando el Diccionario de la Real Academia de la Lengua Española (2001). Piénsese en los efectos iatrogénicos que puede tener diagnosticar a alguien como esquizofrénico, o, lo que es lo mismo, cuando se establece una relación de

En consecuencia, en la TMR se postula qué aprendemos por condicionamiento. En el inicio se requiere que para que se produzca una asociación al margen del azar se tiene que dar un entrenamiento específico, tan variado como resulte posible, respecto del número de estímulos que deseemos que se asocien con la reacción que queremos condicionar (aprendizaje de la respuesta generalizada). Este aprendizaje permitirá que se produzca y adquiera de forma natural el «marco relacional», el cual posibilitará que se dé la respuesta operante generalizada ante cualquier estímulo nuevo que califiquemos como equivalente a otro ya relacionado. La nueva relación se producirá sin necesidad de ningún entrenamiento («derivadamente»).

Este es el ámbito en el que se conjetura que los contextos verbales contribuyen al inicio, desarrollo y mantenimiento de los problemas psicológicos[19]. De ahí su interés para la evaluación y el tratamiento en nuestra disciplina.

En estos contextos un estímulo se conceptualiza como verbal si parte de sus funciones están determinadas por formar parte de uno o más marcos relacionales. Cuando esto ocurre, adquiere la propiedad de desencadenar respuestas relacionales derivadas, así como la transferencia o transformación de funciones cuando se relaciona con otros estímulos.

Por ello puede sostenerse que el lenguaje, cuando se utiliza adecuadamente por el emisor (con propiedad y sentido) y es escuchado e interpretado correctamente por el receptor, se muestra como una red extensa, variada y compleja de relaciones entre estímulos a través de las cuales «viajan» las funciones psicológicas, en palabras de Gómez-Martín et al. (2007; véase la figura 7.3). Esta red es de carácter dinámico y ejemplifica el tipo de respuesta que es probable que se derive en el presente, en el ámbito de un determinado contexto personal, cultural e histórico.

Asimismo, Gómez-Martín et al. (2007) también subrayan que es probable que una persona no derive al mismo tiempo todos o algunos de los elementos descritos en una red de relaciones, como la que se presenta en la figura 7.3. Los que se deriven serán el resultado de los factores que concurran en la situación presente (control contextual) y de los históricos (historial de aprendizaje). Es decir, del contexto circunstancial en el que se hallen el emisor (hablante) y el receptor (escuchante). Ahora bien, en cualquier caso la red relacional es una representación de las asociaciones establecidas en el contexto social en el que se produce.

7.2.2. Los contextos relacionales y funcionales

Para la TMR, un «marco relacional» lo conforman tres características: vinculación mutua, vinculación combinatoria y transformación de funciones[20]. Además, dentro de este pueden distinguirse dos ámbitos o contextos que resultan relevantes para los estímulos que ya estaban implícitas en el ejemplo de Gómez-Martín et al. (2007) que hemos transcrito: el contexto relacional (C*rel*) y el funcional (C*func*). De hecho, distinguir C*rel* y C*func* es una manera de agrupar y diferenciar las funciones relacionales frente a las funcionales que pueden darse en cualquier red de relaciones.

---

coordinación entre yo-esquizofrénico. Según esta red relacional, esquizofrénico estaría en una relación de coordinación con loco y enfermo, que a su vez estarían coordinados con otros tantos estímulos verbales y que serían lo opuesto de cuerdo y sano respectivamente, que, a su vez, estarían coordinados con otros estímulos verbales con funciones relacionales y no-relacionales que pueden ser valoradas como negativas (las asociadas a loco y enfermo) o como positivas (las asociadas a cuerdo y sano), y que finalmente serían transformadas y aplicables a la persona diagnosticada» (Gómez-Martín et al., 2007; p. 496).

[19] Véase Gómez-Martín et al. (2007), Hayes et al. (1999a, b), Patrón-Espinosa (2013) o Pérez Álvarez (2003).

[20] Véase Hayes et al. (2001).

El *Crel* lo conforman las señales o «claves contextuales» que especifican la modalidad de la relación más pertinente entre eventos. Siguiendo con los ejemplos utilizados por Gómez-Martín et al. (2007), si afirmamos que A = B, entonces la relación simbólica (respuesta cognitiva) que se concreta en la palabra «igual» (respuesta motora) actuaría como el *Crel* que concreta el tipo de asociación entre A y B. Por contra, en el *Cfunc* son las claves contextuales, que seleccionan funciones psicológicas (no relacionales), las que van a ser transferidas, generalizadas o transformadas.

Esta diferencia se ilustra en el formato del mensaje verbal que utilizamos para comunicarnos. Así, es distinto pedir a alguien que imagine la utilidad de una determinada fruta (*Cfunc*) que pedirle que indique de qué tipo es (*Crel*).

Las dos modalidades en las que se puede subdividir el contexto (*Crel* y *Cfunc*) delimitan, a su vez, ámbitos conceptuales cuya pretensión es comprender y explicar los hechos, con el fin de mejorar nuestra capacidad de comprensión, explicación, predicción y tratamiento de los problemas y trastornos del comportamiento[21].

A pesar de que la capacidad humana para derivar la transferencia (generalización) y la transformación de las funciones tiene claras y sobresalientes ventajas adaptativas [22], no está exenta de peculiaridades que pueden propiciar el desarrollo de P/T del comportamiento.

[21] Véase Hayes, Barnes-Holmes y Roche (2001).

[22] Así, por ejemplo, la capacidad de derivar relaciones y la que produce la transferencia o la transformación de funciones, implícitas en el lenguaje humano según la TMR, estas serían las responsables de que podamos formular reglas respecto de nuestro propio funcionamiento y del resto de los acontecimientos del orden natural. Ello nos daría una ventaja filogenética porque, desde el punto de vista evolutivo y adaptativo, podríamos utilizarla para prevenirnos y alertarnos sobre las consecuencias negativas que podrían acaecer. No obstante, iría más allá. Esta capacidad también nos permitiría desarrollar valores, conceptos éticos, disfrutar recordando eventos agradables, formular y verificar la existencia de relaciones causales...; en definitiva, actuar como humanos.

Grupos de variables que pueden participar en el inicio y mantenimiento de los problemas y trastornos del comportamiento

Las peculiaridades a las que aludíamos en el último párrafo forman parte del sistema complejo en el que inscribimos el lenguaje en general y el habla en particular. Estas se pueden agrupar en cuatro grandes conjuntos variables independientes (causas de potenciales alteraciones disfuncionales del comportamiento) que, caso de presentarse, conllevan sufrimiento para quien las muestra y/o para aquellos con los que se relaciona[23]. Veámoslas siguiendo el esquema del cuadro 7.1 que recogen Gómez-Martín et al. (2007) y Patrón-Espinosa (2013).

Primer grupo. La heurística de la literalidad y de la bidireccionalidad del lenguaje como causas de potenciales trastornos del comportamiento.

La derivación y la transformación de las funciones pondría de manifiesto que el lenguaje crea «contextos psicológicos» en los que, literalmente, se desencadenan reacciones concretas e independientes de las que hubieran podido producirse o cabría esperar que se produjesen.

Se responde a un evento o acontecimiento utilizando información de otro evento que se ha transferido basándose en las propiedades relacionales que se producen entre los estímulos (las relaciones mutuas, las combinatorias y la transformación de las funciones).

Este mecanismo asociativo, en el que rige la literalidad y la bidireccionalidad, se postula en la TMR como una de las características relevantes del comportamiento alterado y disfuncional[24].

Además, dado que prevalece la asociación establecida, y pese a todas las respuestas alternativas posibles que se hallen a nuestro alcance

[23] Véase Gutiérrez y Luciano (2006).

[24] En este contexto se califica como «inflexibilidad» o como «rigidez comportamental» (véase Gómez-Martín et al., 2007).

CUADRO 7.1

Causas de potenciales alteraciones del comportamiento con implicaciones clínicas, en el marco de la teoría de los marcos relacionales

Variables	Delimitación
La literalidad y/o la bidireccionalidad del lenguaje	Se postulan como causas que pueden explicar determinados P/T del comportamiento.
La clasificación y la evaluación	Formación de clases o categorías lingüísticas que conllevan la asignación de funciones e implicaciones para los resultados de la evaluación, así como para las posteriores (re)calificaciones del comportamiento.
La fundamentación del comportamiento y la coherencia	Razones culturalmente aprendidas que permiten a cada individuo, grupo colectividad, nación, etc., disponer de argumentos que expliquen coherentemente los hechos que acaecieron, suceden y pasarán, así como fundamentar los comportamientos que se les atribuyen o se realizan.
El control de los acontecimiento privados	Se postula como la condición necesaria para poder tener calidad de vida, para que la vida merezca la pena ser vivida.

aquí y ahora, desde el punto de vista de un observador externo pudiera parecer que «renunciamos» a ellas porque parece que optamos o que nos centramos en la interacción con nuestra proyección o anticipación del futuro, o con nuestro pasado a través del recuerdo del contexto verbal que hemos construido y mantenido. Por ello lo vivimos como si verdaderamente formara parte de nuestra realidad presente y sería el responsable de que reaccionemos como si estuviera aconteciendo.

En consecuencia, los procesos verbales pueden interferir en el desarrollo de nuestra actividad cotidiana, dificultando o impidiendo que demos las respuestas que corresponderían a la situación presente, al aquí y al ahora, con las implicaciones que de ello se derivan. Piénsese, por ejemplo, en una persona que emplea cuatro horas de su vida diaria en responder a sus obsesiones (contexto verbal) dando respuestas de escape/evitación simples o encadenadas (rituales).

Por otro lado, se hipotetiza que la interpretación literal del lenguaje impide que diferenciemos entre la respuesta producida en unas circunstancias concretas por el estímulo verbal y el modo como hemos reaccionado en otras o en el que podríamos reaccionar dentro de esas mismas circunstancias[25].

La literalidad y la bidireccionalidad del habla transforma el verbo estar en el verbo ser, falseando la realidad. El ser lo es circunstancial y momentáneo (salvo para nuestro recuerdo y nuestro concepto del yo), siendo una «la foto» en el curso dinámico que conforma la secuencia de la película de las imágenes de nuestros estados, que son los que nos confieren forma y significado en el tiempo. La secuencia que conforman los estados es el todo; el ser es la parte. Las alteraciones que presenta nuestro comportamiento son estados, no

[25] Véase Hayes (1995) para un análisis del yo como contenido y del yo como contexto en el ámbito de nuestra conducta verbal.

En este ámbito conviene recordar que los humanos tenemos como «mejor predictor del comportamiento futuro el comportamiento pasado», porque con una elevadísima probabilidad haremos lo que hemos aprendido a hacer cuando las circunstancias ambientales (externas y/o internas) sean similares (pese a que podamos cambiar y cambiemos).

una sustancia inmodificable que perdura en el tiempo.

Podemos ilustrar la literalidad del lenguaje con lo que sucede, por ejemplo, cuando algo nos produce miedo y nos decimos «Tengo miedo». Esta reacción verbal puede asociarse, de forma arbitraria y gratuita, con otras que se han concretado en el contexto social en las que se afirma que «Es malo tener miedo», pese a que experimentar el patrón de respuestas que se asocia con los estímulos que consideramos peligrosos es, en sí, una reacción adecuada porque maximiza la probabilidad de supervivencia del individuo, y con ella la de la continuidad de nuestra especie. Cuando estas categorías se emplean sin discriminar la literalidad de su significado entonces pueden resultar muy problemáticas y producir P/T del comportamiento.

Segundo grupo. A él pertenecen la formación de clases o categorías lingüísticas, la asignación de funciones y sus implicaciones para los resultados de la evaluación y las posteriores (re)calificaciones del comportamiento.

A través del lenguaje producimos y construimos una división arbitraria del mundo y de nosotros mismos (como también lo es el propio lenguaje). De hecho, coloquialmente decimos que hemos aprendido una lengua cuando «pensamos en esa lengua». Saludamos con un «¡Bon jour!» sin tener que traducir nuestro «¡Buenos días!». Expresamos lo que deseamos decir sin tener que realizar ninguna operación cognitiva *ad hoc*. De ahí que podamos afirmar que, una vez que hemos aprendido y dominamos un lenguaje (en general) o una lengua (en particular), nuestro quehacer en cualquier ámbito o contexto queda afectado por este/esta (la reacción generalmente es automática).

Este dominio del lenguaje nos permite clasificar (categorizar) lo que conocemos y lo que nos rodea, así como asignarle su función correspondiente en cada caso. Esta aplicación entre categoría y función ha sido y es muy productiva en la construcción y el desarrollo de nuestro conocimiento, porque nos permite evaluar la categoría/clase por el grado en que se produce la función que le hemos asignado y, en su caso, recalificarla o valorarla en términos discretos y estancos[26].

Así, en el marco dimensional la evaluación nos puede permitir concluir que **J** es menos inteligente que **S** o que **B** está más grave que **C**, mientras que el discreto y estanco nos llevaría a un resultado dicotómico (**D** es alto o es bajo; **F** tiene o no tiene un P/T del comportamiento).

El efecto de este proceso de categorización puede conducir a perversiones de la realidad, porque puede dificultar o impedir «la visión de conjunto», reduciendo el proceso de evaluación a una clase estanca. Este hecho impide que los elementos de una clase concreta sean valorados porque sencillamente no forman parte de la que es evaluada.

Además, produce «distancia psicológica» o «muro psicológico»[27] porque facilita la aparición de prejuicios y de estereotipos, favoreciendo la confrontación porque quienes integran una clase, grupo o categoría pueden utilizar en su relación con «los otros» los «marcos de distinción» y los «marcos de oposición» (por ejemplo, nosotros *vs.* vosotros).

Pero la literalidad en la interpretación del contenido y el contexto que produce el lenguaje va más allá de la dinámica grupal e implica también a la individual, a la relación del P/C consigo mismo. La consecuencia principal de ello es que podemos llegar a reaccionar como una variable dependiente de los valores que toman (le damos o le dan) los calificativos con los que nos caracterizamos o nos califican los demás.

Es decir, nos calificamos-delimitamos-diferenciamos y evaluamos nuestras respuestas basándo-

[26] Esto es precisamente lo que pretendía la fenomenología psiquiátrica con su sistema de categorías discretas y lo que ha motivado buena parte de la reacción transdiagnóstica.

[27] Véase Fruzzetti e Iverson (2004).

se en la interpretación literal del lenguaje. Por ejemplo, «Estaré nervioso porque soy nervioso», «Tengo miedo porque soy miedoso», etc. Tal delimitación de nuestro rango de actuación conlleva también una limitación en las consecuencias que pueden seguir a nuestras respuestas.

No evaluamos ni calificamos (salvo que se nos enseñe y entrene) basándonos en lo que hemos podido aprender, como una función de nuestro historial de aprendizaje previo, de nuestros repertorios básicos de conducta. Es decir, no lo hacemos en razón al producto que muestra el estado de nuestro historial, de nuestro conocimiento y de las circunstancias que concurren. Interpretamos y evaluamos como una función del ser (de lo que no cambia), mal que, pese a nuestra creencia, se trate literalmente de una ilusión que conformamos a partir de los datos archivados en nuestra memoria.

Al omitir las circunstancias que propician una respuesta concreta (estímulos que la desencadenan y mantienen y los repertorios básicos de conducta con los que cuenta la persona), tomamos como definitoria, de todo el comportamiento de una persona, a la respuesta o al comportamiento prominente en ese momento. El heurístico de la literalidad prescinde de todo lo demás. La parte se toma como el todo, con las implicaciones que producirá a la hora de afrontar posteriores encuentros con la persona así calificada. Una de esas implicaciones es la invalidación (del otro o de uno mismo).

Comparar para evaluar (aplicación de «marcos de comparación») produce innumerables beneficios para nuestro desarrollo personal, pero también puede generar considerables perjuicios si no se aprende a hacerlo adecuadamente. Uno de ellos es que no podamos ser conscientes de lo que realmente podríamos disfrutar aquí y ahora, de lo que tenemos. Otro, por ejemplo, es que surja la insatisfacción y la envidia. En ambos casos se omite la consideración del presente. En el primero centramos nuestra percepción hacia el pasado y/o el futuro: «Antes era mucho mejor» y/o «La próxima saldrá mejor»[28]. En el segundo la centramos hacia lo que nos falta[29].

Tercer grupo. Este incluye la búsqueda de razones que expliquen los hechos y nuestra coherencia. En ambos casos cada cultura suele proveer los cauces para encontrarlas. La TMR trata de comprender y explicar por qué tomamos como cierto el supuesto de que nuestras reacciones y nuestros comportamientos están determinados por nuestros pensamientos y por los patrones de respuestas que conforman nuestras emociones, pese a que desde sus premisas no sea así.

Su hipótesis es que a la mayoría de las personas les resulta aversiva la incoherencia verbal[30]. Esto se postula y defiende así porque, entre otras razones, el contexto social valora y refuerza la coherencia del comportamiento verbal tanto en su consistencia interna como en la externa (relación con los hechos). En la primera mediante el castigo (propio y ajeno) de la derivación de relaciones contradictorias; en la segunda a través de la promoción y el refuerzo de la armonía (en su tercera acepción de la RAE)[31].

Desde la TMR, ordenar y/o dar sentido a los productos de nuestro aprendizaje es una actividad que difícilmente podemos dejar de realizar cuando la hemos aprendido. La búsqueda de sentido de lo que hacemos impregna todas nuestras relaciones (con los demás y con nosotros mismos) durante toda nuestra existencia.

En este ámbito, «tener razón» o, lo que es lo mismo en la TMR, poder defender coherentemente una red relacional, es un valor generalmen-

---

[28] Véase Hayes et al. (2004b).

[29] Véase una aproximación a la explicación de la insatisfacción producida por nuestro contexto cultural en Pérez-Álvarez (2004).

[30] «La incoherencia verbal es aversiva para la mayoría de las personas» (Hayes et al., 2001; p. 205).

[31] «Proporción y correspondencia de unas cosas con otras en el conjunto que componen». Así, por ejemplo, «Soy un buen docente porque dedico mucho tiempo a mis alumnos».

te muy reforzado positivamente por el contexto social. De ahí que pueda llegar a ser más importante probar que se tiene razón que admitir la evidencia de que uno se ha equivocado.

Un ejemplo extremo de ello es cuando alguien, a sabiendas de que está contando una mentira, la contextualiza, la ilustra y la generaliza hasta no llegar a diferenciar lo que realmente ocurrió con lo que cuenta que acaeció, aferrándose a su «versión» para mantener la coherencia hasta extremos desproporcionados porque llega a olvidarse la función real que debieran tener nuestras respuestas[32].

En muchas ocasiones se debe a que no se ha aprendido a interpretar lo que vivimos. La circunstancia concreta en la que actuamos, en un medio específico, es tal como ocurre, y no es como nos gustaría que se produjese o que se hubiera producido. Nos digamos a nosotros mismos lo que nos digamos, la experiencia en sí misma no cambia, porque su valor absoluto permanece constante, pero, en cambio, el valor relativo que nosotros le conferimos puede producirnos mucho padecimiento.

Cuarto grupo. Lo conforman las variables implicadas en postular la necesidad de controlar los acontecimientos privados como un requisito para tener calidad de vida, «para que la vida merezca la pena ser vivida».

Habida cuenta que generalmente los estados agradables no se cuestionan como parte de la «calidad de vida», el control se centra en los desagradables, en los que producen malestar o sufrimiento, llegando al extremo de que se considere malo el sufrimiento en cualquiera de sus manifestaciones.

En este último caso, como indicaban Hayes et al. (1996), la estrategia de controlar la estimulación aversiva que produce sufrimiento o malestar es, ante todo, una fuente de problemas (produce más que resuelve). Por ello, resulta inútil y perjudicial para quien la emplea, porque puede estar intentando evitar continuamente lo que, por otra parte, es un componente de la normalidad en nuestra existencia: la aparición de tristeza, sentir miedo, experimentar frustración y rabia, etc.

En su conjunto, este es un ámbito en el que se produce el proceso que postula la TMR como marco, en el que inicialmente aprendemos a clasificar los acontecimientos como «buenos» o «malos», que en nuestro diálogo interno toma el formato concreto de respuestas cognitivas (autoverbalizaciones, imágenes), de sus secuencias y de los procesos implicados.

Esto es lo que ocurre cuando calificamos como «malas» las reacciones de nuestros órganos, tejidos y sistemas, o al percibir y valorar el acontecimiento que calificamos como «ataque de pánico» como «muy peligroso» porque desencadena un miedo desproporcionado, pese a que son completamente normales e inicialmente completamente adecuadas a la situación, es decir, útiles para advertirnos de que por ese camino no deberíamos seguir, porque nuestro modo de reaccionar ante los acontecimientos externos e internos ha llegado a su límite y ha comenzado a alterar el funcionamiento del SNA.

Así, dado que lo que nos decimos es lo que pensamos (aunque pensar sea más que esto), si hemos calificado como «peligrosas» tales reacciones corporales (y nadie nos enseña a «ponerlas en su sitio»), entonces nuestro diálogo interno podrá desencadenar por sí solo (estímulo) tales respuestas alteradas («peligrosas») a través de su evocación o recuerdo (relación que expresamente recoge el constructo de «ansiedad anticipatoria»).

En consecuencia, no es una condición necesaria que el evento o el acontecimiento se produzca realmente para que experimentemos un estado de malestar muy similar (cuando no idéntico) al que habríamos sufrido si se hubiese producido realmente la situación temida. De ahí que las respuestas de evitación/escape no se muestren suficientes para que desaparezca el estado aver-

[32] Véase Gómez-Martín et al. (2007), Festinger (1957) o Swan y Read (1981).

sivo que provoca el patrón de reacciones alteradas que conforman. Esto es lo que ocurre, por ejemplo, con el miedo desproporcionado a la evaluación negativa, que nos lleva a hablar del mismo como la ocurrencia de un trastorno por ansiedad social en las personas que presentan tal alteración de su comportamiento.

De hecho, el aprendizaje que se produce en tales situaciones termina configurando un patrón de respuestas de escape/evitación que es desadaptivo y que las teorías contextuales califican como «trastorno de evitación experiencial» (TEE)[33]. Al TEE ya nos hemos referido, al hablar de los factores o variables transdiagnósticas, como el producto que resulta de asociar un patrón de respuestas de escape/evitación (PREE) con el alivio a corto plazo que se asocia con su ocurrencia, dando lugar al fenómeno denominado «trampa del alivio de la aversión».

Esta «trampa» provoca que se entre en un bucle, en el que se queda atrapado, buscando el alivio que sigue al PREE. Este alivio, que es cada vez de menor duración e intensidad, provoca que el mecanismo implicado en la llamada «evitación experiencial» (EE) incremente la frecuencia de las respuestas de evitación/escape desproporcionadamente hasta llegar a interferir muy significativamente en la vida de quien lo presenta, además de producir un intenso malestar y padecimiento, dado que «consume» tal cantidad de tiempo para mantenerse activo que da lugar a una dedicación desmedida que dificulta/impide realizar lo que usualmente se hace.

En términos contextuales se afirma que es la función verbal aversiva (sea la que fuere) la responsable de que se produzca la necesidad de reducir/eliminar el malestar, lo que lleva a que la persona a realizar aquello que estime más adecuado para conseguirlo (de acuerdo con su historial de aprendizaje).

[33] Hayes et al. (1996).

Dado que en el historial personal el PREE se muestra como una forma de reducir/prevenir el malestar, al menos a corto plazo, es altamente probable que pueda caerse en la «trampa del alivio de la aversión», lo que desde nuestro punto de vista ayuda a entender y explicar la elevada frecuencia de ocurrencia de los P/T de ansiedad.

De ahí que cuando el bucle que caracteriza al mecanismo «PREE + refuerzo negativo» se consolida y generaliza (propiedades que pueden ser inherentes al propio lenguaje en el marco contextual, es decir, a lo que uno se dice a sí mismo), entonces la alteración del comportamiento será tal que dificultará, cuando no impedirá, el desarrollo normal de la actividad cotidiana de quien lo presenta, produciendo el fenómeno que denominamos TEE.

7.2.2.1. *Implicaciones clínicas*

En primer lugar, la distinción entre C*rel* y C*func* se utiliza para diferenciar las distintas modalidades de tratamiento cuyo objetivo es modificar o alterar el C*func* para reducir/eliminar la frecuencia, duración e intensidad de las reacciones y secuencias de reacciones verbales que conforman los contextos verbales que participan en el inicio, desarrollo y mantenimiento de los problemas y los trastornos del comportamiento[34].

Desde una perspectiva transdiagnóstica, el sentido de distinguir entre C*rel* y C*func* lo determina el hecho de que todos los elementos que conforman el primero (red relacional verbal) actúan en la misma dirección: alterando la probabilidad de que un P/C responda de modo distinto a como debiera hacerlo para que su comportamiento fuese adaptado.

En consecuencia, el objetivo del tratamiento psicológico debiera ser lograr que el P/C actúe de otra manera (cambiar el C*func*), independiente-

[34] El tratamiento aborda en primer lugar el lenguaje, a diferencia de lo que ocurre, por ejemplo, en la AC.

mente de cuáles sean sus respuestas cognitivas o la frecuencia, duración e intensidad de estas.

Así, por ejemplo, la terapia de la aceptación y compromiso (ACT, por sus siglas en inglés) preconiza aplicar procedimientos que permitan al P/C «distanciarse» de la literalidad de su diálogo interno, a fin de reducir su impacto en sus respuestas y poder percibir, desde el cambio de perspectiva, cómo está actuando realmente.

Se espera que si, por ejemplo, logramos que alguien admita sustituir en su dialogo interno «No valgo para nada» por «Otra vez he caído en darle vueltas a lo mismo», podamos romper en el medio y largo plazo la funcionalidad que estaba produciendo el *Crel* previo (pese a que inicialmente persistan las redes relacionales o pensamientos que desencadenaban «No valgo para nada»).

Asimismo, se hipotetiza que el cambio de las relaciones que conforman el *Crel* lo producirán las consecuencias que sigan a su «nueva» actividad verbal. El nuevo diálogo interno habrá de ir sustituyendo progresivamente al actual, hasta configurar un nuevo *Crel* a partir del cambio inicial que se introdujo.

7.3. TERAPIA DE ACEPTACIÓN Y COMPROMISO

> *«La ACT no se creó para romper con las tradiciones de las cuales ha surgido, ni tampoco pretende ser una panacea. Nuestra intención, como practicantes de la ACT, es ayudar, de la mejor manera posible, a quienes están sufriendo, y trabajar en el desarrollo de una práctica de la psicología que sea más respetuosa con el desafío que supone la condición humana [...] necesitamos seguir averiguando qué es lo que funciona mejor y desarrollar formas innovadoras que sirvan de ayuda. Pero, para hacerlo, tenemos que trabajar juntos, creando vínculos sólidos entre la creatividad clínica y el desarrollo del conocimiento científico [...]»*
>
> HAYES, STROSAHL y WILSON (2015; pp. 25-26)

7.3.1. Introducción

Los promotores de la terapia de aceptación y compromiso («Acceptance and Commitment Therapy», ACT en adelante) sostienen que esta reformula y sintetiza los hallazgos derivados del MC y del MCC, haciéndolos avanzar hacia el planteamiento de nuevas preguntas y la exploración de dominios que hasta ahora eran propios de otras tradiciones, de otras maneras de acceder y construir el conocimiento como la Gestalt o las terapia existenciales[35].

Luciano y Valdivia (2006) añaden que «se enmarca en una posición filosófica funcional, y se asienta en una nueva teoría del lenguaje y la cognición» (p. 79). Es decir, la ACT se presenta como un modelo de intervención psicológica sustentado en la TMR, que constituye una aproximación analítico-funcional al lenguaje y a la cognición humana, como acabamos de ver[36].

Hayes et al. (2004) indican que la ACT también se fundamenta en el contextualismo funcional introducido por Pepper (1942), según el cual los eventos psicológicos resultan de las interacciones entre los organismos y el contexto, e incluyen la historia en general (aprendizajes previos) y las condiciones particulares en las que se dan (que se habrán de tener presentes).

Desde esta perspectiva, todas las respuestas de los seres vivos tienen un propósito y se presentan en circunstancias que no se pueden obviar cuando se realiza un análisis funcional, integrando así las aportaciones del condicionamiento clásico y el operante que conforman el MC.

En relación con sus raíces operantes, Capafons y Sosa (2006) afirmaban que el objetivo de la ACT es quizá lo que le queda de skinneriano «En el resto de estrategias, vías de acción y métodos concretos no es fácil ver a Skinner, a Bijou, a Ayllon o a Solomon. Es más fácil ver a Victor

[35] Véase Hayes et al. (1999b) y Wilson y Luciano (2002).

[36] Hayes, Barnes-Holmes y Roche (2004a).

Frankl, a Ellis, Watzlawick o al mismo Erickson» (p. 100).

De hecho, la ACT participa de la hipótesis que postula el sufrimiento como dimensión. Hayes et al. (2015) sostienen que debe de haber un proceso básico que produzca con relativa facilidad el sufrimiento humano, que lo entienden propio de nuestra especie. El sufrimiento forma parte de la normalidad que la psicopatología psiquiátrica calificaría como anormal o alteración de la normalidad.

Para la ACT este hecho permite formular la hipótesis que subyace en el concepto de «normalidad destructiva», que se construye a partir de la generalización que se observa en el sufrimiento. Esta hipótesis sostiene que el sufrimiento se inicia y se desarrolla a partir de los procesos básicos que han ido evolucionando para favorecer la adaptación del ser humano: algunos procesos psicológicos humanos pueden conducir a resultados destructivos y disfuncionales al agrandar («amplificar» o exagerar) una reacción anormal (infrecuente, distinta) que pudiera existir previamente, ya sea de orden fisiológico o psicológico.

En consecuencia, en la concepción de la ACT los procesos psicológicos básicos, normales y necesarios para nuestra existencia actúan como un cuchillo de doble filo. Esta es una observación que se incluye en casi todas las tradiciones culturales (incluidas las religiosas), en las que se enfatiza que la ocurrencia del sufrimiento humano es, en gran medida, tan natural como su ausencia[37].

Enlazando con la TMR que se ha presentado, la ACT parte del supuesto de que lenguaje humano, en tanto que actividad simbólica en cualquiera de sus formatos de presentación (gestual, dibujo, escritura, producción de sonido, etc.), es el responsable de nuestros logros y de nuestras miserias.

Desde su posición, la miseria humana y la «cosificación» solo se pueden entender en el marco de nuestras conquistas, de nuestros avances como especie, porque el origen de los dos es el mismo: nuestra capacidad para simbolizar, para representar la realidad hasta confundir la representación con la realidad misma. Por ello tenemos que aprender a controlar el lenguaje para que nuestra propia creación no se vuelva contra nosotros, para impedir su «efecto boomerang».

Así, cuando nos exponemos a estímulos aversivos reaccionamos de manera previsible si nos alarmamos y damos respuestas inmediatas de huida/escape (sistema motor). Pero, al menos la primera vez que reaccionamos de este modo, tales respuestas alteradas desaparecen pasado un tiempo, una vez que ya no están presentes los estímulos aversivos (circunstancias) que las provocaron y decrece la intensificación de la actividad autonómica hasta alcanzar valores considerados normales para nuestro SNA.

En este contexto, el «sufrimiento» es el producto simbólico (cognitivo) que sigue a las secuencias de RAD que, por presentarse asociadas, posibilitan que puedan ser percibidas en conjunto que se evalúa negativamente («experiencia negativa» en el uso de nuestro lenguaje).

Si nuestra capacidad de simbolización fuese nula o muy escasa, entonces muy probablemente todo quedaría ahí. Pero, para bien y para mal, el uso del lenguaje y el desarrollo cognitivo (en el que el primero se supone que ha participado activa y relevantemente) nos permiten simbolizar, memorizar y anticipar la ocurrencia de circunstancias negativas similares, basándose en las semejanzas entre las configuraciones estimulares o acontecimientos.

Ese proceso nos faculta para predecir circunstancias y situaciones que, pese a que todavía no forman parte del historial de aprendizaje relativo a nuestras experiencias, nos permiten prevenirnos, con la ventaja que ello conlleva para preparar y organizar nuestras respuestas ante tal posibilidad. Es más, nos permite incluso activarnos cuando

[37] Hayes et al. (2015) recuerdan que El Génesis comienza reconociendo este hecho como algo común, prosaico y cotidiano.

pensamos en situaciones aversivas pasadas, «reviviéndolas» pese a que haya pasado mucho tiempo desde que ocurrieron. La llamada «ansiedad anticipatoria» está directamente relacionada con ello. Sin esta capacidad, basada en las habilidades y destrezas cognitivas que son posibles gracias a las funciones indirectas del lenguaje, el progreso humano no se produciría.

Pero el potencial de esta capacidad en ocasiones se utiliza inadecuadamente. Esto es lo que ocurre, por ejemplo, cuando reaccionamos ante una cucaracha como si fuese un león, porque «confundimos» la relación entre el estímulo y la respuesta, aplicando un procedimiento útil pero funcionalmente inadecuado para responder al estímulo con el que erróneamente se asocia.

En este contexto, el sufrimiento humano se conjetura como el resultado de aplicar inadecuadamente una estrategia psicológica de resolución de problemas que es formalmente correcta en sus relaciones, pero funcionalmente inapropiada para responder a una situación en la que sufrir es completamente normal y, por tanto, lo que requiere es que la respuesta sea de aceptación de la situación. Nada más.

7.3.2. Delimitación

Cuando se comenzó a desarrollar la ACT, en la década de los años ochenta del pasado siglo XX, se delimitó como un enfoque de tratamiento transdiagnóstico, basado en los procesos comunes y básicos que se conjeturaban implicados en la explicación del sufrimiento psicológico[38].

En este marco teórico, los P/T psicológicos se conceptualizan como formas (ineficaces) de resolver las situaciones que se presentan en la vida, que resultan del aprendizaje y se mantienen por las consecuencias que proporciona su funcionalidad en un determinado contexto sociocultural.

[38] Hayes et al. (2015).

Inicialmente se postularon dos mecanismos transdiagnósticos que se hallarían en la base de los P/T psicológicos: la evitación experiencial (EE) y la fusión cognitiva (FC). Esta propuesta ha evolucionado hasta integrar seis procesos o dimensiones básicas, y sus interacciones, dentro de un mecanismo central: la flexibilidad psicológica. Esta reformulación implica asumir que la ACT funciona no solo, pero sí principalmente, a través de un proceso de «flexibilidad psicológica» que comprende como componentes básicos:

— La fusión cognitiva-defusión (distanciamiento, desvinculación).
— La evitación experiencial-aceptación.
— La atención flexible al momento presente.
— El «yo como contexto».
— Los valores.
— El compromiso con la acción[39].

La evidencia empírica ha permitido constatar que, por una parte, la metodología de la ACT se puede integrar en otros enfoques (apoyados por la evidencia) y que, por otra, el modelo de «flexibilidad psicológica» también favorece la comprensión y explicación de procesos implicados en la regulación del comportamiento humano.

Desde el punto de vista transdiagnóstico, los datos proporcionados por la aplicación de la ACT en investigaciones concretas han mostrado resultados prometedores de su eficacia para tratar muchos y variados P/T, refrendando así el amplio intervalo dentro del cual parece que se puede utilizar el modelo de la flexibilidad psicológica para diseñar, planificar y aplicar sus metodologías[40].

El modelo de la flexibilidad psicológica se conceptualiza como un modelo unificado del

[39] Hayes et al. (2015).

[40] Los resultados han mostrado que el modelo de la flexibilidad psicológica puede ser útil para diseñar el tratamiento de P/T tan aparentemente dispares como la adicción a la heroína o la diabetes, pese a que los protocolos de tratamiento variaban de un P/T a otro y los tratamientos eran específicos para cada uno de ellos (Hayes et al., 2011 y 2015).

comportamiento humano. Ya no se habla de «modelo de la ACT», porque la «flexibilidad psicológica» se postula con mayor capacidad para diseñar tratamientos.

En esta nueva visión se enfatiza aún más, si cabe, que para aplicarla los psicólogos tienen que aprender a reconocer los procesos de flexibilidad psicológica en el momento presente (aquí y aho ra), lo que requiere dirección, entrenamiento, supervisión y orientación.

En este marco teórico se parte del supuesto de que el padecimiento tiene en la EE una de sus causas. Como ya hemos visto, este constructo se delimita como el patrón de respuestas «intencionadas» y persistentes destinadas a impedir/evitar cualquier relación con pensamientos, emociones, sentimientos, recuerdos, etc., que son calificados por la persona como negativos. Por ello, la EE es considerada una dimensión transdiagnóstica integrada en la «inflexibilidad psicológica».

Como ya referimos, en palabras de Hayes et al. (1996), la EE se produce cuando la persona:

- Evita el contacto con las experiencias privadas, ya sean las que se producen cuando se expone a las sensaciones corporales, a las emociones, a los pensamientos o a los recuerdos, por citar algunas.
- Toma las medidas que están a su alcance para alterar la forma (duración e intensidad) o la frecuencia de estos eventos y de los contextos en los que se producen (respuestas de escape).

En este contexto, la capacidad de adaptación se formula como inversa a la rigidez o inflexibilidad. De ahí que se postule que, cuando esta estrategia, inicialmente de escape, se convierte en evitación inflexible, entonces la funcionalidad del comportamiento se ve mermada en la misma proporción en que la EE se muestra inflexible.

La ACT sostiene que la posición adaptativa es la aceptación «aquí y ahora» (frente al escape y la evitación), lo que se espera que permita al P/C elegir adecuadamente un camino o dirección personal, es decir, con sentido para quien la toma. Esta exposición, deliberadamente aceptada, facilitaría la implicación o compromiso con la propia actuación y el enfrentamiento con los cambios personales necesarios para seguir el camino elegido.

El constructo «evitación experiencial» (EE) o patrón de respuestas de escape/evitación relacionadas con el recuerdo y/o la presencia de una situación calificada como aversiva, también está asociado con el «trastorno de evitación experiencial» (TEE), también llamado «evitación experiencial destructiva», que los autores sitúan en la base de la mayoría de los problemas y trastornos del comportamiento[41].

En consecuencia, abundando en lo ya indicado, desde la ACT se postula que los problemas psicológicos vendrían causados por cierta insensibilidad a las contingencias asociadas a las respuestas del P/C, como si este no se diera cuenta de que su modo de reaccionar no le está siendo útil para conseguir lo que quiere. A su vez, se conjetura que tal insensibilidad se debería a que su comportamiento no estaría controlado por el moldeado que producen las contingencias que siguen a sus respuestas, sino gobernado por reglas («Si haces A entonces dejarás de sentir y/o pensar B»)[42].

Por ejemplo, una regla en el ámbito religioso puede ser «Si rezas al Señor entonces dejarás de tener pensamientos blasfemos cuando observes injusticias». Cuando esto ocurre el P/C se muestra insensible a las consecuencias reales que le produce aplicar la regla, es decir, a que el rezo no reduzca significativamente ni elimine la frecuencia, ni la duración, ni la intensidad de los pensamientos blasfemos. Es como si sus sentidos no le proporcionaran información al respecto. Pero por si esta «ceguera» no fuese suficiente, la perversión que produce la sustitución del moldeamiento por la regla a la hora de guiar el comportamiento (para escapar de la «trampa del alivio de la aver-

[41] Hayes et al. (2015).
[42] Luciano (1999).

sión») tiene otra consecuencia negativa: el P/C deja de realizar las actividades que le serían realmente benéficas para solucionar la injusticia social, resolver su estado de ansiedad o salir de su estado depresivo, en función del caso.

Estos intentos recurrentes por controlar disfuncionalmente la experiencia privada, asociada con el malestar relacionado con los recuerdos que se activan, con las sensaciones físicas que se perciben, con las imágenes cognitivas, con las autoverbalizaciones o con la valoración que se hace sobre el estado en que se percibe uno a sí mismo (sentimientos), es lo que ya hemos referido que se ha venido a llamar TEE. Este ocurre cuando una persona actúa de manera deliberada, para evitar exponerse a sus experiencias privadas (o escapar a su exposición), actuando para alterar las variables que las producen, la forma en la que se presentan y/o la frecuencia de las mismas, limitándose a sí misma sus posibilidades de actuación, lo que además de sufrimiento también produce interferencia significativa en el desarrollo de su actividad[43].

Se cumplen los criterios para el diagnóstico de TEE cuando una persona evita el contacto con sus eventos privados (pensamientos, recuerdos, sensaciones, emociones, etc.) e intencionadamente actúa para modificar la forma o frecuencia de tales experiencias, y las condiciones que la producen[44].

Además, como hemos visto, el TEE incluye respuestas de escape/evitación que logran reducir o posponer temporalmente las consecuencias no deseadas, convirtiéndose así en efectivo a corto plazo. Caso de consolidarse y generalizarse, llegaría a limitar y/o interferir significativamente en la actividad cotidiana de la persona que lo presenta[45]. Concretando un poco más, el TEE es tenido por la ACT como un factor de riesgo cuando:

— El proceso intencionado de evitación va en contra del resultado que se desea.
— La regulación de los eventos privados es insensible al control deliberado de la regulación verbal.
— Se persigue un cambio que es posible, pero el esfuerzo que exige lleva a formas de evitación no saludables.
— No se puede cambiar o eliminar el acontecimiento que se desearía modificar o hacerlo desaparecer.

En este ámbito, el TEE se presenta como un ejemplo claro de respuestas gobernadas por reglas que actúan a modo de estímulos discriminativos que, pese a que los resultados contradicen lo que se esperaría, se mantiene la confianza en ellas. Es un ejemplo de «regulación verbal destructiva».

Otra dimensión transdiagnóstica es la fusión cognitiva. Esta también se inscribe como una variable implicada en el origen, el desarrollo y el mantenimiento de los P/T psicológicos. Hayes et al. (2011) la delimitan como el grado en el que el comportamiento es guiado por los eventos verbales (diálogo interno).

Se postula que, en la misma medida en que esto ocurre, la persona deja de tener presente la experiencia que proviene del «aquí y ahora» y orienta su comportamiento basándose en los juicios que realiza, a los resultados de sus evaluaciones, al contenido de sus recuerdos, etc., de tal manera que el comportamiento queda determinado no solo, pero sí principalmente, por el pensamiento, el cual se convierte en el proveedor principal de contingencias para regular las respuestas, tanto si se presentan solas como si lo hacen agrupadas bajo el formato de patrones/emociones.

Hayes et al. (2015) entienden que el sufrimiento puede delimitarse como el producto de la fusión entre el contenido literal del lenguaje y las cogniciones. Desde este supuesto, cuando se da la FC se genera una creencia firme en el contenido de nuestras cogniciones (imágenes y diálogo interno). La FC hace que no podamos diferenciar el pensamiento de su referente (salvo que se nos explique, instruya y entrene para ello), porque

[43] Luciano y Hayes (2001).
[44] Hayes et al. (1996).
[45] Luciano y Hayes (2001).

ambos están íntimamente unidos («estado de fusión»).

En tales circunstancias es muy probable que sigamos «al pie de la letra» las instrucciones que nos han sido transmitidas durante los procesos de socialización a través del lenguaje. Paradójicamente, si se cree que son adecuadas, aunque los resultados de su aplicación lo desmientan, el comportamiento será fiel a la creencia antes que al dato (de ahí que se explicite que su control no se produce por el moldeado de las respuestas sino por la regla).

La evidencia no puede con la fidelidad a la creencia que obedece la regla que se produce en nuestro sistema cognitivo, y que se supone que se origina u organiza culturalmente, basándose en los contenidos transmitidos en los mencionados procesos de socialización. De ahí que pensemos y creamos que el mejor modo, cuando no el único, de enfrentarnos a las dificultades y problemas (sean internos y externos) sea seguir las reglas verbales (autoinstrucciones)[46] y la acción deliberada.

Tomemos un ejemplo usado por Hayes et al. (2015). Se trata de un caso en el que un P/C presenta un TAP. Para este diagnóstico el frente del tratamiento son las RAD. Es decir, las respuestas cognitivas relativas a morirse, quedarse enfermo para toda la vida, no ser capaz de volver a casa, perder el control o volverse loco.

Cuando se produce el conjunto de alteraciones que calificamos como «ataques de pánico», el P/C puede considerar como indicios de control o de descontrol (de sus respuestas psicofisiológicas y motoras —sensaciones corporales—) el contenido de las secuencias y de los procesos de sus respuestas cognitivas, en relación con sus predisposiciones a responder de una u otra forma. Por ejemplo, sentir un miedo extremadamente intenso ante el pensamiento relativo a la posibilidad de ser capaz de tirarse por un puente o de salirse de la carretera cuando se está conduciendo y de estrellarse contra un árbol.

En esta situación, el incremento de la frecuencia, la duración y la intensidad de las respuestas de alerta («estar permanentemente atento a fin de hacer lo que sea para que no ocurra lo que se teme») puede considerarse como la mejor opción, dentro de las potenciales alternativas para solucionar el P/T.

Ahora bien, esta es una alternativa errónea para lograr la solución del problema, porque implica un incremento de número de los intentos de control del «miedo a tener miedo» y de la intensidad de las respuestas de rastreo, de detección para anticiparse y prevenirlo. Es decir, conlleva aumentar más y más la vigilancia, más y más el rastreo de comprobación del estado del estado propio y de las potenciales amenazas externas; en definitiva, estresarse más y más.

Desafortunadamente, esta estrategia o bucle, en el que participan las respuestas de atención rastreando (detectando) y los procesos cognitivos evaluando y valorando los indicios que pudieran advertir de la posibilidad de la aparición de las RAD, consideradas a su vez como indicios claros de peligro inminente (autocomprobación), no solo no es la solución, sino que es realmente parte del propio trastorno. El P/C hace lo que tiene que hacer para que le ocurra lo que no desea que acontezca, pese a que su intención sea incrementar el control para prevenirlo/evitarlo.

La dificultad a la que se enfrenta el tratamiento es lograr que el P/C aprenda que tiene que dejar de creer a su «mente». Es decir, que logre darse cuenta de que, pese a que su lenguaje y su pensa-

[46] Se definen como una intervención simbólica (por producirse en nuestro sistema cognitivo) en la que especificamos y relacionamos una secuencia de acontecimientos, incluyendo los antecedentes y concretando los consecuentes. Desde la perspectiva funcional, las reglas verbales son estímulos discriminativos porque especifican las contingencias que seguirán a las respuestas operantes. Por ejemplo, «Si no comes tendrás hambre», «Si te lavas las manos no podrás contaminar lo que toques». Como recuerda Vargas de la Cruz (2011), no se debe confundir el concepto de «regla verbal» con el de «instrucción verbal»: «Una regla se refiere a las contingencias descritas que se formulan a través de la experiencia; y la instrucción, a las contingencias que se formulan sin experiencia» (p. 58).

miento sean instrumentos tremendamente eficaces para el desarrollo de la actividad cotidiana, en este caso le están llevando una y otra vez a caer en «la trampa del alivio de la aversión».

Dado que no estamos entrenados para diferenciar cuándo el efecto del refuerzo negativo que sigue a una respuesta (alivio) es una consecuencia funcionalmente adaptativa o desadaptativa, entonces tendemos a creer que si nos reduce el malestar es válida y útil, pese a que los datos nos muestren que cada vez tenemos que dar más respuestas de escape/evitación y que el alivio que sigue a cada una de ellas es cada vez de menor duración e intensidad (se reduce menos el malestar y el nuevo estado dura menos tiempo). Es decir, no somos conscientes de que, actuando como lo hacemos, el trastorno, lejos de desaparecer, cada vez interfiere más en el desarrollo de nuestra actividad cotidiana e incrementa cada vez más nuestro sufrimiento.

Por todo ello, siguiendo a Hayes, Strosahl, Bunting, Twohig y Wilson (2004), podemos decir que la ACT puede delimitarse como una intervención de naturaleza funcional y contextual, que entiende el sufrimiento humano como producto de los procesos de FC (identificar el ser y la realidad con el lenguaje) y la EE.

Se postula que la FC y la EE afectan de modo relevante a la percepción que tenemos de nosotros mismos, de quiénes somos, porque, por ejemplo, nos llevan a interpretar erróneamente el recuerdo de nuestra colección de «estados», como si se tratase de un continuo («el yo como contexto»), pese a que ello nos impida vivir «el aquí y el ahora» como realmente es (basándose en los datos actuales), no como la «realidad reconstruida» que son nuestros recuerdos.

Nuestros pensamientos y sentimientos son importantes, pero no han de ser determinantes a la hora de planificar nuestra actuación en el presente. En cada caso habrá que valorarlos de acuerdo a los datos de la realidad, es decir, en función del contexto psicológico en el que se están produciendo, porque son el resultado del valor que toma la función basándose en las circunstancias (no se producen en el vacío).

De ahí que se postule que la FC y la EE también afectan a la capacidad de percibir lo que ocurre en nuestro interior y en nuestro exterior, así como a la pérdida de flexibilidad. La permanencia de la «historia fusionada» tiende a ser inflexible, y a ello contribuyen de manera determinante las respuestas de escape/evitación, que damos sin atender a otros datos del contexto que los que provee nuestra creencia (producto de la interacción entre la FC y la EE). Lo que hacemos depende cada vez más del control aversivo y menos del apetitivo. Prevenir es importante, pero dejar de vivir el presente por prevenir el futuro es un mal negocio. La búsqueda del equilibrio entre ambas estrategias es el objetivo.

El modelo de la ACT sostiene que pasamos por nuestra vida con escaso contacto con nuestro presente, atrapados por el pasado (los contenidos de nuestra memoria) y por la necesidad de prevenir acontecimientos negativos que podrían presentarse en el futuro. Es decir, no nos caracterizamos por nuestra constancia en intentar hacer realidad el equilibrio deseable entre nuestra vida presente, nuestro pasado y lo que no queremos que sea nuestro futuro.

En este contexto, la alternativa a la FC es la «defusión cognitiva» (DFC) y la de la EE (o evitación vivencial) es la aceptación.

La DFC se delimita como aprender a ser conscientes de nuestros pensamientos cuando los percibimos para poder distanciarnos de ellos y desvincularnos. La aceptación se conceptualiza como la implicación voluntaria (consciente) para, por un lado, «aprender a aprender» y, por otro, para aprender específicamente a ser compasivos con nosotros mismos y con los demás. Ambos aprendizajes permitirán nuestra «apertura psicológica» dentro y en ocasiones a pesar de la pluralidad y complejidad de las reacciones que hemos agrupado y calificado como «emocionales».

«Aprender a aprender» y aprender a ser compasivo con uno mismo y con los demás implican el concurso de conocimientos (habilidades) y la adquisición de destrezas que son una condición necesaria para lograr los fines que persigue la ACT. Ambos procesos de aprendizaje han de llevarnos al dominio de las habilidades y las destrezas que posibiliten experimentar conscientemente los pensamientos como tales, los sentimientos como como tales, los recuerdos como tales, etc., es decir, sin confundirlos con la realidad del contexto en el que surgieron ni con la que estamos viviendo en el presente.

Este proceso de aprendizaje ha de permitirnos que podamos observarnos «desde fuera», distanciándonos de nosotros mismos, para poder percibir y «ver sin filtros» los estímulos que configuran el contexto en el que nos hallamos en el presente. De no actuar así, muy probablemente los estímulos que conforman la circunstancia presente nos pasarán desapercibidos.

En la misma medida en que el aprendizaje avanza (tratamiento), la atención se hace más flexible y cada vez es menos dependiente del «modo automático» y más del «modo voluntario». Es decir, cada vez está más orientada y guiada por la consciencia para percibir y centrarse en los estímulos del contexto presente. En consecuencia, se espera que el tratamiento permita a los P/C aprender las habilidades y a aplicarlas con la destreza necesaria para enfrentarse adecuadamente con los resultados del análisis sobre el sentido de sus respuestas de escape/evitación, así como a implicarse en generar alternativas de respuesta que sean adaptativas, es decir, funcionalmente positivas.

Dado que la FC y la EE pueden retroalimentarse, potenciándose mutuamente, el objetivo de la intervención diseñada en el marco de la ACT no es cambiar el contenido de los eventos privados (de los P/C) sino su función.

Para el logro de este fin, las estrategias e instrumentos de evaluación intentan poner de manifiesto, en primer lugar, las paradojas o contradicciones del comportamiento. Es decir, las relaciones disfuncionales que «atraparían» a las personas en secuencias de respuestas cerradas que se retroalimentan como ocurre en la «trampa del alivio de la aversión».

De hecho, Hayes et al. (2015) afirman que la EE (denominada también «evitación vivencial» —EV—) es la consecuencia inmediata de la fusión entre los procesos cognitivos y las instrucciones (autoverbalizaciones) que inducen a suprimir (o en su defecto a controlar) las respuestas cognitivas que se asocian al contenido de los recuerdos («vivencias»). Estos últimos actuarían funcionalmente como estímulos que desencadenan el agobio o la angustia. De ahí que se hipotetice como otro proceso básico implicado en la producción de sufrimiento.

Así, en el caso del P/C con un TAP su objetivo es evitar experimentar a toda costa las respuestas cognitivas con contenido relativo a la muerte y la pérdida de control (suicidio, ataque al corazón, existencia de un tumor cerebral, tener una deformidad para toda la vida, etc.). El descontrol propio de las respuestas alteradas se vive como «pérdida de control» o con un intensísimo temor a «volverse loco».

Recordemos que la EE/EV también la puede experimentar el psicólogo durante el ejercicio de su actividad al querer evitar hallarse desorientado respecto de lo que ha de hacer, sentirse indefenso ante el sufrimiento de su P/C, etc.

7.3.3. La intervención

La intervención en la ACT persigue que se identifiquen los modos ineficaces de autorregulación que utiliza el P/C. Con este fin, el proceso de evaluación se inicia recabando la información necesaria para realizar el análisis del problema (evaluación pretratamiento) y el tratamiento se centrará en que este aprenda a distanciarse de los mismos y a sustituirlos por otros que resulten funcionalmente adecuados al contexto en el que se actúa. La intervención también incluye las medidas postratamiento, incluidas las de seguimiento de la estabilidad de los cambios que se hayan producido.

El rango del número de sesiones de evaluación y tratamiento que integran una intervención de esta naturaleza, así como el de su duración y su distribución durante el desarrollo de la aplicación, es muy variable, debido a su individualización. Así, por ejemplo, en el caso de la adulta tratada por Gómez Loaiza (2018) se llega a las 32 sesiones, por tratarse de un caso complejo, afectado de distintos problemas y trastornos, y en el del adulto joven (19 años) tratado por Morón Gaspar (2005) solo se emplean 9 sesiones para abordar su TAP con AG y corroborar su solución satisfactoria. En el primer caso la duración de las sesiones fue de 90 minutos, mientras que en el segundo fue de 60 minutos/sesión.

En el caso tratado por Gómez Loaiza (2018) la intervención incluye la evaluación pretratamiento durante cinco sesiones, de las que dos se destinaron a la entrevista y tres a la aplicación de instrumentos, a razón de una sesión por semana. El tratamiento se aplicó durante 29 sesiones, con una duración de aproximadamente hora y media por sesión, una frecuencia de dos veces por semana desde la 6.ª hasta la 26.ª y de una vez por semana entre la 27.ª-31.ª Por último, en la sesión 32, transcurrido un mes de haber terminado la aplicación del tratamiento, se llevó a cabo una nueva evaluación en la que se volvió a utilizar la entrevista y se aplicaron los instrumentos utilizados en la evaluación preliminar.

En cambio, en el de Morón Gaspar (2005), de las 9 sesiones 5 fueron de evaluación (2 pretratamiento y 3 de seguimiento), por lo que el tratamiento solo requirió 4 sesiones.

7.3.3.1. *La evaluación*

La ACT cuenta con un nutrido grupo de estrategias y cuestionarios de evaluación en las que, junto a las que son propias del MC, figuran otras relativas a los constructos que son específicos de esta modalidad de intervención. Así, por ejemplo, para la recogida de información preliminar puede utilizarse la «Radiografía del patrón de evitación experiencial», el Cuestionario sobre valores y repercusión del patrón de evitación experiencial, Reglas que regulan la vida del cliente o el Cuestionario sobre la credibilidad entre razones y acciones. Se utilizan también el Formulario narrativo de valores, el Cuestionario de valores[47], el Cuestionario de aceptación y acción, el Formulario de metas, acciones y barreras, así como una amplia batería de metáforas, paradojas y ejercicios experienciales[48].

En relación con la validez y la fiabilidad de los instrumentos que proporcionan medidas de autoinforme, Reilly et al. (2019) han realizado una revisión sistemática que tras una búsqueda en la que hallaron 65 artículos que cumplían los criterios de inclusión y ocho escalas validadas que medían valores. Las investigaciones de las propiedades psicométricas de estas últimas se evaluaron basándose en su validez de contenido, en su consistencia interna y en su validez de constructo. Los resultados mostraron que, pese a que varían significativamente en cuanto a sus propiedades psicométricas, el Cuestionario de Valores[49], la Escala de compromiso con la vida[50], en sus formas corta y larga, y la Escala de Vida Valiosa[51, 52], son las que cuentan con mayor evidencia empírica para sustentar y avalar sus propiedades psicométricas. Otras, como el Acceptance and Action

[47] Véase Anexo VI.

[48] Para una revisión de estado de la evaluación mediante instrumentos de autoinforme véase Reilly et al. (2019); para acceder a algunos instrumentos de autoinforme traducidos al español puede visitarse https://grupoact.com.ar y en inglés https://contextualscience.org/. Para aplicaciones concretas del proceso de evaluación, las metáforas y los ejercicios experienciales pueden verse los trabajos del Grupo ACT Argentina, Gómez Loaiza (2018), Luciano et al. (2001), Morón Gaspar (2005) o Páez y Gutiérrez (2012) entre otros.

[49] Smout et al. (2014). Véase anexo VI.

[50] Trompetter et al. (2013). Véase Anexo VII

[51] Jensen et al. (2015). Véase anexo VIIIa

[52] Véase en el Anexo VIIIb el Cuestionario de valores personales (Blackledge, Ciarrochi y Bailey, 2006).

Questionnaire II (AAQ-II; Hayes et al., 2004), construido para medir la evitación experiencial y la inflexibilidad psicológica, también cuentan con validación para población adulta de habla española[53].

7.3.3.2. *El tratamiento*

A la luz de la información recogida durante el proceso de evaluación, se lleva a cabo un análisis funcional del caso para determinar cuál es la mejor estrategia a seguir y diseñar, planificar y ejecutar el plan de tratamiento de acuerdo a la misma[54].

El fin de la ACT es lograr el control contextual sobre la utilidad del lenguaje. Es decir, que los datos actuales prevalezcan sobre la fidelidad a las creencias (producida por las reglas). De ahí que sea frecuente que, en el inicio de la interacción entre el psicólogo y el P/C, el primero espete al segundo que «no crea una sola palabra de lo que le diga».

El propósito de tal afirmación es subrayar que el P/C tiene que aprender a discriminar en qué contextos una respuesta verbal puede ser una ayuda y en cuáles puede ser una fuente de problemas. Pero también que, en cualquier caso, basándose en la referencia del contexto presente para controlar la utilidad del lenguaje, lo que ha de cambiarse no es la afirmación que se ha realizado de forma pública o privada (C*rel*), sino su función, es decir, si resulta útil o inútil (C*func*).

En consecuencia, desde una perspectiva general, el fin del tratamiento mediante la aplicación de la ACT es que el P/C se vea como si fuese un observador de sí mismo, desde fuera, para ser consciente de su modo de actuar y de las consecuencias que este produce realmente, de su función dentro del sistema de relaciones y de las funciones de su actuación verbal (C*func*), que están determinadas por las consecuencias que genera el uso del lenguaje.

En cambio, desde una perspectiva más concreta, el objetivo es reducir, tanto como resulte posible, el impacto de los llamados «contextos verbales de literalidad» que participan en el proceso de nuestra evaluación. Por ejemplo, el efecto que producen los contextos verbales relativos a «la necesidad» de justificarse mediante argumentos razonables o a tener que controlarse y limitar/evitar la exposición a la experiencia directa (en aquellas situaciones en las que esta puede resultar más beneficiosa que centrarse en un seguimiento estricto de las reglas verbales). Recordemos que los contextos o marcos enumerados se hipotetizan como mediadores y moduladores de la interacción entre las respuestas y las contingencias[55].

Para conseguir tal objetivo hay que disponer la situación de modo que sea el P/C quien «descubra» y «contacte» con el contenido memorizado de su experiencia. La ACT sostiene que las redes relacionales solo pueden permanecer estables o aumentar[56]. De ahí que se afirme que el psicólogo no debe de decirle al P/C qué es lo que no funciona, ni tampoco convencerle de ello, ni ofrecerle «la solución» porque, con una elevada probabilidad, sus comportamientos solo tendrían efecto en el C*rel* (en los contenidos) e incrementarían las que ya tiene el P/C.

La ACT asume que lo que el psicólogo puede hipotetizar como disfuncional, dado que se trata de respuestas verbales[57], puede no corresponderse

---

[53] Durán Parra, Guerrero Santiesteban y Cárdenas (2015) la han validado para su uso en población colombiana y Ruiz et al. (2013) para población española de habla castellana. Véase Anexo IX.

[54] Véase Gómez Loaiza (2018), Luciano, Gómez, Hernández y Cabello (2001), Morón Gaspar (2005) o Páez y Gutiérrez (2012).

[55] En este sentido es importante retomar lo que hemos dicho respecto a los inconvenientes potenciales de las respuestas/reacciones gobernadas por reglas.

[56] Hayes et al. (1999a).

[57] En la ACT la experiencia es la que tiene que guiar el comportamiento del psicólogo y el del P/C. Ambos deben

con las consecuencias que realmente mantienen las relaciones funcionales de las respuestas del P/C. Se postula que hasta que el P/C no las «descubra» y «contacte» con ellas no puede surtir efecto el tratamiento.

Esta es la razón por la que en la ACT se delimita metafóricamente la actuación del psicólogo, asignándole la función de «espejo». Es decir, que, contrariamente a lo que, por ejemplo, ocurre en el TCC, donde la relación es asimétrica y directiva, aquí el psicólogo se limita a «reflejar» lo que se proyecta sobre él, sin juzgar ni intentar que el P/C siga una dirección concreta en su actuación.

La acción del psicólogo debe ir orientada a explorar con el P/C el balance de las consecuencias positivas y negativas de su conducta verbal (¿cuál o cuáles le crean más problemas de los que le resuelven?), así como a prestarle la ayuda que requiera para que pueda detectar unas y otras basándose en su propia experiencia (percepción subjetiva de su historial de aprendizaje). Es decir, como resultado del análisis de lo que sí/no funciona en su modo de actuar, para a partir de ahí modificar el C*func* de las redes relacionales y, entre otras cuestiones, alejarse de ellas y/o debilitar sus funciones evaluativas, su papel en la mediación y modulación de la relación entre sus respuestas y las consecuencias inmediatas que se producen.

Así, abundando en las consecuencias de esta modalidad de relación psicólogo-P/C, cuyo objetivo es mejorar el C*func* del lenguaje (no el cambio del C*rel*), si el psicólogo detecta una expresión del P/C que puede encubrir una respuesta de evitación, dada para protegerse de un eventual fracaso («conducta de seguridad»), entonces sería necesario analizar tal expresión.

Pero, en cualquier caso, recordemos que el psicólogo no marcará el camino al P/C para verificar su hipótesis verbal. Es decir, «no irá por delante», ni tendrá prisa en que se produzca su «contraste», ni incentivará ni mostrará interés para que este realice el análisis. El psicólogo ha de conjeturar que, de ser como sospecha, entonces la expresión se volverá a repetir durante el curso del tratamiento, y será ese el momento para que el P/C la explore, la analice y le confirme o desmienta basándose en su experiencia, la cual es determinante para avalar una cosa o la otra[58].

Por otra parte, hay que recordar que en este ámbito no se tratan directamente las respuestas sino el contexto (para modificar la función de la respuesta en ese medio concreto). Esto implica que la solución no requiere necesariamente el cambio de la respuesta; el problema se puede solucionar simplemente aceptando su existencia (procedimiento «mindfulness»). Por ello la ACT no utiliza como criterio de respuesta problemática el exceso o defecto de los valores de sus dimensiones cuantitativas (frecuencia, duración e intensidad). Como se ha indicado, considera que el problema está en la funcionalidad, la cual depende del contexto que desencadena y mantiene la acción.

De hecho, como hemos adelantado, el tratamiento no persigue cambiar el contexto para que se modifique la respuesta inadecuada o problemática, sino para resolver o solucionar el problema. Por ello la ACT puede delimitarse como «la terapia del contexto» (o contextual) en el que se presentan las respuestas inadecuadas/problemáticas, las cuales no son consideradas en sí como unidades concretas porque se postulan como clases de respuestas, tal como ya hemos visto al abordar la TMR.

---

estar alerta respecto de sus autoverbalizaciones, de su comportamiento verbal (secuencia de estímulos y respuestas verbales), porque ambos pueden caer en la trampa de seguirla literalmente.

[58] Obsérvese la diferencia de este modo de proceder con el que se produce durante el tratamiento de una fobia específica, mediante la la aplicación de la DS estándar dentro del MC, así como la similitud, por ejemplo, con modalidades terapéuticas como la gestalt, la terapia humanista centrada en el cliente, el propio psicoanálisis o incluso el budismo, que es una tradición espiritual y cultural.

Por todo ello, desde esta perspectiva, la intervención psicológica ha de centrarse en crear las condiciones necesarias para que la persona pueda valorar la(s) paradoja(s) de su comportamiento. Estas paradojas, contradicciones o relaciones disfuncionales son las que serán sometidas a los procesos de cambio, identificados empíricamente a través de la evaluación realizada.

La investigación sobre estos procesos de cambio es la que fundamenta la selección de las técnicas específicas que se aplicarán en cada caso durante el entrenamiento/tratamiento. Es decir, en este quehacer la información de referencia es la que aporta el análisis funcional, el cual ha de poner de manifiesto los distintos modos o intentos ineficaces de autorregulación del P/C. Para cada uno de ellos se adaptarán, en cada caso, las técnicas y estrategias —incluido el contenido de la exposición de los ejercicios experienciales— que se utilicen durante el tratamiento.

Los procesos que se utilizan para fomentar la flexibilidad psicológica y lograr el cambio del comportamiento están interrelacionados e incluyen los valores elegidos por las personas. Son los que presentamos en el cuadro 7.2, agrupados en

CUADRO 7.2

Procesos utilizados para fomentar el cambio del comportamiento

Procesos de cambio utilizados predominantemente en las fases de	**Aceptación («mindfulness»)**	*Aceptación.* Aceptar la ocurrencia de los eventos privados con naturalidad, sean estos los que fueren, valorando su función adaptativa. Es decir, es el proceso de abrirse plena y voluntariamente a las experiencias/vivencias negativas aceptando los pensamientos, los recuerdos y las emociones dolorosas o desagradables. Es el proceso opuesto a la evitación vivencial o experiencial.
		Defusión cognitiva o distanciamiento. Es el resultado de aprender a cambiar los contextos de ciertas funciones perjudiciales para romper con los significados literales. Consiste en aprender a alejarse de las experiencias indeseadas, a fin de desvincularse para no quedarse enredado, atascado o atrapado en ellas. Es el proceso opuesto a la «fusión cognitiva».
		«Yo como contexto». Se define como la dimensión donde la persona es capaz de verse a sí misma desde otra perspectiva y con un lenguaje que favorece la aceptación. Consiste en mantener la perspectiva sobre uno mismo dentro de las vivencias/experiencias propias. El objetivo del proceso es ayudar a que la persona aprenda a diferenciar el *yo como contexto* del *yo como contenido*.
	Compromiso	**Contacto con el momento presente/vivir el presente.** Conlleva entrenar a las personas para observar y describir lo que ocurre en su experiencia privada sin valorarlo. Es decir, estar atento y ser consciente de las propias experiencias/vivencias.
		Valores. El proceso tiene como propósito ayudar a que las personas clarifiquen cuáles son sus valores, porque serán estos los que los actuarán como referencias para orientarlos hacia y durante el curso de las trayectorias vitales que tengan un sentido importante y valioso a medio largo plazo. A diferencia del objetivo, que está referido a acciones concretas cuyo logro puede verificarse, el valor es un fin que orienta nuestra actuación, pero que nunca se alcanza plenamente.
		Compromiso/acción comprometida. Es el último proceso de cambio que las personas han de afrontar tras superar la evitación experiencial y la fusión cognitiva. Sus acciones han de ser comprometidas y guardar una estrecha relación con los valores personales, porque los cambios solo podrán darse si se formulan metas claras que orienten la implicación en acciones dirigidas al logro de aspectos importantes de la vida.

función de la fase en la que se utilizan predominantemente[59].

Como hemos indicado, la estrategia de la ACT es fomentar el desarrollo de intervenciones indirectas; no pretende modificar el contenido de los acontecimientos privados[60], porque su objetivo es que el P/C descubra las relaciones funcionales que acontecen dentro del triángulo «contexto-comportamiento-consecuencias». El P/C ha de llegar a tener conciencia plena de tales relaciones y, basándose en ello, comprometerse en la ejecución de las respuestas que resulten coherentes con sus metas, y estas congruentes con sus valores.

Entre las técnicas que utiliza se hallan las de carácter lingüístico, como la metáfora y la paradoja, las calificadas como «experienciales» y otras de orden conductual.

Las metáforas son construcciones verbales que permiten cuestionar la lógica de la razón como mecanismo de control de las respuestas de escape/evitación. Se seleccionan por su correspondencia con los problemas del P/C y se utilizan para establecer un contexto verbal donde se cuestiona la racionalidad y se valida el conocimiento que proporcionan las contingencias directamente experimentadas[61].

Las paradojas también son construcciones verbales, pero, a diferencia de las metáforas, subrayan la contradicción entre las propiedades literales y funcionales de las reglas de evitación; por ejemplo, «Vístete despacio si tienes prisa» o «Sigue reglas para ser espontáneo». Se utilizan porque en sí mismas son consideradas poco literales. Además, ayudan a que el P/C pueda ver cómo se queda «atrapado» por sus propias palabras y a que deje de cumplir con las reglas cuando se constata que su seguimiento no es efectivo para reducir el sufrimiento.

[59] Véase Hayes et al. (2015).

[60] No tiene entre sus objetivos el de sustituir las creencias ni las respuestas cognitivas disfuncionales, como sí ocurre por ejemplo en la TCB.

[61] Véanse los trabajos de Gómez Loaiza (2018) y Morón Gaspar (2005).

Los ejercicios experienciales son procedimientos basados en «mindfulness». Su fin es fomentar la exposición en directo a los eventos internos, agradables o desagradables. Su objetivo es el propio de la exposición: reducir (debilitar)/eliminar las dimensiones de las respuestas de escape/evitación. Permiten entrenar al P/C con la intención de que se convierta en un observador de sí mismo y se exponga a sus eventos privados, para que pueda llegar a tener conciencia de su naturaleza. Se espera que ello le ayude a desvincularse de los mismos. El tiempo de exposición está en función del cambio que se constate en la capacidad del P/C para enfrentarse al contenido evitado y actuar de modo coherente con sus valores[62].

En todo caso, reiterando lo dicho, el psicólogo no dirá a su P/C qué es lo que tiene que hacer ni cómo ha de hacerlo. Se limitará a ir introduciendo preguntas, metáforas, paradojas, ejercicios de clarificación de valores, etc., relativos a la experiencia del P/C, con el fin de producir tantas oportunidades como resulte posible para que este se exponga a sus acontecimientos internos (recuerdos, malestar, sensaciones, pensamientos, emociones, etc.).

Por último, hemos de indicar que la función de la relación terapéutica en el marco de la ACT es servir como contexto que ayude a moldear el comportamiento del P/C. Por ello la actuación del psicólogo ha de ir dirigida a proporcionar la ayuda necesaria para que este:

— Clarifique sus valores y su compromiso con una actuación que sea coherente con

[62] Por ejemplo, Morón Gaspar (2005) los utiliza para desarrollar el tratamiento que ha de conducir a la construcción de la aceptación. Utiliza el ejercicio del desfile militar, el ejercicio fisicalizante y el ejercicio de exposición a sensaciones corporales. Gómez Loaiza (2018) los emplea para «alterar las funciones de los pensamientos negativos, provocando un distanciamiento cognitivo, a través de ejercicios experienciales que posibilite a la consultante romper el significado literal de los eventos privados» (p. 114).

el camino elegido. Ello supone que está dispuesto a experimentar en cada momento lo que depare el camino, sin ofrecer ninguna resistencia.

— Aprenda a distanciarse de sus recuerdos, pensamientos, sentimientos, sensaciones, etc., tomando conciencia de ellos, diferenciándolos y descubriendo sus relaciones funcionales cada vez que se presenten.

Así, por ejemplo, Morón Gaspar (2005) siguió el esquema de intervención propuesto por Hayes et al. (1999) que recogemos en el cuadro 7.3, modificado y adaptado a las necesidades y circunstancias de su caso.

Para abordar la variable «desesperanza creativa» se diseñan situaciones cuyo análisis permita que el P/C «descubra» el porqué lo que hace realmente no conduce a la solución que se busca. En ese caso se analizó cómo los intentos del P/C por controlar la ansiedad no solo no le habían funcionado, sino que además era muy previsible que tampoco le funcionasen en adelante, pese a que le estaban suponiendo un elevado coste para su vida: intentar no tener ansiedad se mostraba ineficaz para salir del P/T en el que se hallaba.

CUADRO 7.3

Fases y componentes del tratamiento de un cuadro de ataques de pánico con agorafobia

Fases		Componentes del tratamiento
1.	Abordar la desesperanza creativa	Metáforas del jardín y de la mula.
2.	Tratar los valores	Abordaje implícito desde la primera sesión.
3.	Abordar el control como problema	Metáforas del polígrafo y de las dos escalas. Metáfora «la lluvia es un problema». La regla de los eventos privados.
4.	La construcción de la aceptación	Ejercicios del desfile militar, de exposición a sensaciones corporales y a las de la actividad física.
5.	Abordar la disposición y el compromiso	Metáfora de «la burbuja en la carretera».

FUENTE: Modificado de Morón Gaspar (2005).

Para facilitar el «descubrimiento» el autor utilizó metáforas como la del jardín, en la que se deja al descubierto el coste personal que conlleva intentar controlar las «malas hierbas», pues además de que no son malas y de que nunca se acaba con ellas, en cambio la lucha por su erradicación sí quita el tiempo que podría dedicar a la mejora del cuidado de las plantas que le ayudarán a vivir mejor[63]. Las «malas hierbas» simbolizan las RAD y el jardín la vida que hay que afrontar.

El objetivo es que el P/C descubra, a través de la metáfora, que el intento de alterar su experiencia privada («malas hierbas»), en vez de aceptarla, le supone un elevado coste del que solo obtiene pérdidas reiteradas: los intentos de control provocan un incremento de la frecuencia, la intensidad y la duración de las respuestas/reacciones de ansiedad, e intensifican la percepción del estado de malestar y el miedo.

En segundo lugar, se abordaron los intentos de control como un problema en sí mismos: el control como problema.

[63] Véase Wilson y Luciano (2002).

Los datos de las observaciones y los registros del P/C pueden ayudar mucho, porque son los que gozan de mayor credibilidad para él/ella. Para el logro de su segundo objetivo (percibir que la conciencia de no poder controlar las sensaciones físicas actuaba como un catalizador que las incrementaba aún más), Morón Gaspar (2005) se valió del modelo de Clark, así como de las metáforas del polígrafo («Si tu vida depende de que un polígrafo no registre que te alteras cuando te están apuntando con una pistola para matarte, probablemente morirás»), de la de las dos escalas («Todo lo que se usa para subir también se puede utilizar para bajar») y de la metáfora de la lluvia («La lluvia solo es un problema cuando no te quieres mojar») y de la regla de los eventos privados[64].

En relación con la aceptación, la secuencia de objetivos incluye que el P/C descubra, aprenda y logre distanciarse de sus respuestas/reacciones, sean cuales sean. Ha de llegar a ser consciente de que no debe tomarlas en su literalidad, sino basándose en su funcionalidad.

El trabajo para el aprendizaje de la aceptación se realiza principalmente sobre las funciones psicológicas de los eventos privados (de ahí el nombre original de la ACT como distanciamiento comprensivo —véase Pérez Álvarez, 1996a—). En este caso Morón Gaspar (2005) lo hizo implícitamente, a partir del hecho de que su P/C:

> «[...] comenzó a dar otro significado y a abandonar la lucha con sus reacciones corporales a partir de la 3.ª sesión; sin embargo, se trabajó en ello a nivel de pensamientos, pues en la 6.ª sesión informó de que cuando pensaba que tenía que tocar en la Semana Santa se ponía muy nervioso. Se utilizó el ejercicio del desfile militar [...] con el objetivo de enseñarle a diferenciar entre «tener el pensamiento de...» y «quedar atrapado por el pensamiento de...» [...] este ejercicio no se hace con la intención de eliminar esos pensamientos, sino para enseñar a actuar (ACT) aun teniendo esos pensamientos.
>
> Además, informó de estar todavía algo nervioso. Se le indicó de nuevo que si quería ser músico, parte de ello era ponerse nervioso antes de los conciertos, pero que además todavía no estaba abierto a tener ansiedad del todo. En este momento se utilizó la metáfora de mirarse al espejo [...] [y la actividad física] para fortalecer la aceptación de sus sensaciones corporales.» (p. 491).

Por último, el autor también utilizó esta estrategia para trabajar con su P/C el mantenimiento del compromiso con sus valores. Para ayudarle a ser consciente del valor de este compromiso empleó la metáfora de la burbuja en la carretera («Aquello a lo que nos enfrentamos nos hace crecer»[65]): si se quiere llegar a ser un buen músico es necesario asumir que parte de ello es aceptar que tener ansiedad ante el hecho de actuar ante otros (conciertos, audiciones, etc.) nos ayuda a mejorar.

Otro ejemplo de proceso que se sigue para el desarrollo de una intervención sustentada en el enfoque teórico de la ACT lo tenemos en el trabajo presentando por Walser et al. (2013).

Estos investigadores, partiendo del protocolo de 12 sesiones para tratar la depresión, incluido en un manual para la guía en el uso de la ACT[66], confeccionaron dos adaptaciones del mismo. Una para realizar el entrenamiento de los terapeutas y otra para desarrollar el tratamiento de los P/C (en este caso veteranos del ejército).

A los profesionales que recibieron formación en ACT se les entregaron dos textos clínicos que hubieron de estudiar y discutir, durante el desarrollo de la formación, del aprendizaje mediante la ACT[67]. También se les proporcionó acceso a un sitio de intranet que contenía material de apoyo como, por ejemplo, artículos, ejercicios alternativos, etc., así como un tablón de anuncios para preguntas y debatir cuestiones de aplicación.

---

[64] Véase Wilson y Luciano (2002).

[65] Hayes et al. (1999).

[66] Zettle (2007).

[67] Hayes y Smith (2005) y Luoma, Hayes y Walser (2007).

Entre nosotros, González-Fernández, Fernández-Rodríguez, Paz-Caballero y Pérez-Álvarez (2018) aplicaron la ACT en formato de grupo con el objetivo de invertir los procesos implicados en la inflexibilidad psicológica. En las primeras sesiones se abordó la evitación experiencial, la atención inflexible, el apego al yo conceptualizado y la fusión cognitiva. A partir de la octava sesión, el trabajo se centró principalmente en la conexión con los valores y el compromiso con las acciones gratificantes. Las técnicas más utilizadas a lo largo del tratamiento para lograr los diferentes objetivos fueron las metáforas y los ejercicios vivenciales.

Con el fin de promover e intensificar el compromiso con las experiencias gratificantes, González-Fernández et al. (2018) utilizaron las siguientes técnicas: ensayo de conducta y modelado de comportamiento, la programación conductual, el manejo de contingencias y, ocasionalmente, solo cuando fue necesario, el entrenamiento concreto en la forma de actuar para lograr objetivos que se pretendían.

En síntesis, la ACT se presenta como una variante o enfoque dentro del MC cuya modalidad de tratamiento se formula como significativamente diferente del resto. Esta diferencia se fundamenta en que se apoya en supuestos filosóficos[68], en una teoría contextual del lenguaje y de la cognición humana (TMR)[69] y en un modelo psicopatológico basado en la ineficacia conductual (que se caracteriza por la «inflexibilidad psicológica»). Sus intervenciones se centran en el aprendizaje de procesos (principalmente a través de su «descubrimiento» por el P/C) con los que se pretende promover y fomentar la «flexibilidad psicológica».

7.3.4. La evidencia empírica

Durante la última década se han realizado varias revisiones sobre los resultados de la aplicación de la ACT a diversos P/T psicológicos y a otras tantas enfermedades biomédicas para investigar la evidencia empírica que sustenta los postulados de este enfoque[70].

En las primeras se investigaron muestras de la población con depresión y/o ansiedad que aportaron evidencia que se sugería el efecto prometedor de la ACT para tratar la depresión[71], pero solo en una de ellas se utilizaron exclusivamente estudios primarios que cumplían las condiciones para ser calificados como ECA. Los resultados de las segundas también mostraron que la ACT tenía efectos pre-post que eran al menos moderados, respecto de la reducción de las dimensiones de las respuestas alteradas que conforman los trastornos de ansiedad y/o depresión[72], aunque tales resultados tenían que ser tomados con cautela, porque el metaanálisis no estudió los resultados de los subgrupos basándose en medidas de seguimiento ni en función del grado de depresión.

En este contexto, Bai, Luo, Zhang, Wu y Chi (2020), aprovechando que durante los últimos años se ha producido un fuerte aumento de los ECA que han investigado la eficacia de la ACT para la depresión[73], realizaron una nueva revisión sistemática y un nuevo metaanálisis para actualizar la evidencia empírica disponible sobre su eficacia, en el tratamiento de los trastornos del comportamiento depresivo, pero incluyendo el estudio de la estabilidad de los efectos del tratamiento en las medidas de seguimiento, en los subgrupos establecidos a partir de los distintos grados en que

[68] Hayes (1993).

[69] Hayes et al. (2001).

[70] Hann y McCracken (2014), Molina Moreno y Quevedo Blasco (2019), Montgomery, Kim y Franklin (2011), Perea-Gil (2017) y Swain et al. (2013).

[71] Véase, por ejemplo, Ruiz (2012) o Powers, Vörding y Emmelkamp (2009).

[72] Hacker, Stone y MacBeth (2016).

[73] Así, por ejemplo, A-Tjak et al. (2018), Davoudi et al. (2017), Gao y He (2015), González-Fernández et al. (2018), Grégoire et al. (2018), Losada et al. (2015), Moghanloo, Moghanloo y Moazezi (2015), Wang et al. (2017) o Zhang et al. (2017).

puede presentarse y agruparse el trastorno, así como en los relativos a la edad de los P/C.

Los resultados obtenidos por Bai et al. (2020) muestran que la ACT es eficaz porque reduce significativamente el trastorno depresivo cuando se compara su efecto con el de un GC [DME = 0,59, IC del 95 por 100 (0,38, 0,81)]. Asimismo, el análisis de los subgrupos establecidos basándose en el continuo de gravedad mostró diferencias significativas entre los que recibieron tratamiento y el GC tanto en el postest como a los tres meses de seguimiento, en el grupo de depresión leve y en el grupo de adultos [DME = 0,62, IC del 95 por 100 (0,35, 0,90)], [DME = 0,55, IC del 95 por 100 (0,23, 0,87)], [DME = 0,65, IC del 95 por 100 (0,40, 0,91)], [DME = 0,52, IC del 95 por 100 (0,33, 0,71)], respectivamente.

No obstante, como los propios autores reconocen, los problemas metodológicos y la calidad de los estudios primarios, así como su heterogeneidad, hacen que los resultados estén todavía lejos de ser concluyentes. Se necesita más investigación para concretar los efectos para el grupo de menores[74], la depresión moderada y grave y el seguimiento a largo plazo frente al GC.

En el marco de la eficiencia, uno de los pocos trabajos en los que se ha estudiado el efecto de la ACT frente al TCC es el de Ruiz (2012). Este investigador metaanalizó 16 estudios que habían comparado los resultados diferenciales ($N = 954$) de ambas modalidades de tratamiento en distintos P/T. Los resultados de su metaanálisis, obtenidos a partir de modelos de efectos aleatorios y mixtos, mostraron que los TE medios[75] eran significativamente superiores en la[76] ACT (g de Hedges = 0,40). Ahora bien, estos resultados no alcanzaron diferencias estadísticamente significativas para las respuestas de ansiedad, y solo se obtuvo una tendencia positiva en el postratamiento para la ACT en la depresión ($g = 0{,}27$) y en la calidad de vida ($g = 0{,}25$).

Asimismo, en el metaanálisis de Ruiz (2012), realizado a partir de nueve estudios primarios que habían hecho análisis formales de mediación, los procesos putativos de cambio de la ACT se asociaron con mayor impacto que los del TCC ($g = 0{,}38$). Es decir, mientras que los procesos de cambio propuestos en la ACT parecía que se podrían relacionar con los resultados, en cambio los del TCC no mostraban ninguna asociación.

En otro estudio sobre la eficacia de la ACT (frente a grupos de control activos y pasivos) y su eficiencia en relación con el TCC, pero sobre trastornos específicos y problemas de salud física (biomédicos o somáticos), A-Tjak, Davis, Morina, Powers, Smits y Emmelkamp (2015) incluyeron 39 ECA en los que habían participado 1.821 P/C.

Los análisis estadísticos se realizaron incluyendo no solo a quienes finalizaron el tratamiento *(completers)* sino también a quienes no lo terminaron *(out-drops),* en este último caso utilizaron las puntuaciones del pretest también como puntuaciones postest («intención de tratar»).

Los resultados sobre la eficacia mostraron que el efecto de la ACT fue superior al del GCLE (g de Hedges = 0,82), al placebo psicológico (g de Hedges = 0,51) y al TAU (g de Hedges = 0,64). La ACT también fue superior en los resultados secundarios (g de Hedges = 0,30), las medidas de satisfacción/calidad de vida (g de Hedges = 0,37) y las medidas de proceso (g de Hedges = 0,56), frente a las distintas condiciones de control activo y pasivo.

Los resultados relativos a la eficiencia, es decir, a la comparación entre el efecto de la ACT y el de los tratamientos establecidos (en este caso el TCC) no mostró ninguna diferencia significativa ($p = 0{,}140$).

[74] Esta conclusión es coherente con la obtenida por Molina Moreno y Quevedo Blasco (2019).

[75] De los resultados de los estudios primarios.

[76] Conocer por qué y cómo se originan y desarrollan los cambios en el comportamiento, como efecto del tratamiento que se aplica, es muy relevante para la mejora de las intervenciones psicológicas porque permite introducir los cambios pertinentes en los mecanismos y procesos implicados.

Este conjunto de resultados permitieron que los investigadores pudieran concluir que la ACT se mostraba más eficaz que el TAU o que el placebo, así como que puede ser tan eficaz en el tratamiento de los trastornos de ansiedad, la depresión, la adicción y los problemas de salud biomédica (somáticos) como los TCC bien establecidos.

Los investigadores recordaban la necesidad de realizar más estudios primarios sobre el efecto de la ACT en la calidad de vida y en los procesos de cambio para comprender su valor añadido y su naturaleza transdiagnóstica.

Otros dos metaanálisis posteriores se volvieron a centrar en el estudio de estas dos cuestiones, pero esta vez investigando las posibilidades que ofrece su aplicación a través de Internet[77].

Así, habida cuenta de la necesidad de disponer de intervenciones eficaces para mejorar la salud psicológica y el bienestar emocional de la población, Brown et al. (2016) realizaron una investigación metaanalítica para verificar en qué medida los avances tecnológicos y la adopción generalizada de dispositivos con capacidad para Internet, que ya han facilitado el desarrollo de terapias psicológicas administradas a través de la red, sirven para estudiar la evidencia empírica que avala este formato de aplicación para el tratamiento de la ansiedad, de la depresión y la mejora del bienestar personal.

Estos investigadores realizaron una revisión sistemática de la literatura y un metaanálisis. Para ello buscaron en dos bases de datos electrónicas las intervenciones administradas a través de la web que utilizaban la ACT para el tratamiento de los trastornos afectivos o el fomento del bienestar. Solo hallaron dos ECA entre 59 artículos publicados. De estos, solo 10 fueron incluidos en la investigación, al cumplir los criterios que se habían especificado en el libro de codificación. Ahora bien, pese a ello, la variedad de condiciones de tratamiento y de las medidas de resultado que se identificaron limitaron la capacidad de sacar conclusiones robustas sobre la eficacia de la ACT administrada a través de Internet.

No obstante, Brown et al. (2016) concluyeron que este formato se mostraba eficaz para el tratamiento de la depresión. Además, también concluyeron que las tasas de adhesión a los protocolos del estudio y de finalización fueron altas, en general, lo que sugiere que la administración de este enfoque terapéutico, a través de la Web, es aceptado generalmente por los P/C y por el público en general.

Cinco años después de la aparición de la investigación de Brown et al. (2016), Thompson et al. (2021) publicaron los resultados del estudio que habían realizado, sobre el efecto de la ACT cuando se aplicaba a través de internet (iACT), principalmente cuando se dirigía al desarrollo y fomento del proceso de flexibilidad psicológica en el tratamiento de P/T de ansiedad y/o depresión, así como a la mejora de la calidad de vida en personas con diferentes alteraciones comportamentales y somáticas (incluidas las quejas no diagnosticadas).

Thompson et al. (2021) partieron del supuesto de que la accesibilidad y la baja intensidad de la relación terapéutica permitirían su aplicación (que se presuponía exitosa) en diferentes escenarios de tratamiento de los P/T y con carácter preventivo, en población adulta.

Los resultados de los 25 estudios que finalmente se incluyeron en la investigación mostraron que los efectos del tratamiento fueron pequeños en el postest, pero que se mantuvieron en las medidas de seguimiento.

Asimismo, cuando las intervenciones estuvieron mediadas por la orientación del psicólogo, la magnitud de la mejora se incrementó en los resultados de la depresión y de la flexibilidad psicológica, en comparación con los de la iACT que no contó con esta ayuda. Esta mejora también se verificó en las muestras definidas por una condición psicológica como, por ejemplo, las de personas deprimidas o con ansiedad.

[77] Brown, Glendenning, Hoon y John (2016) y Thompson, Destree, Albertella y Fontenelle (2021).

La adherencia de los participantes fue alta, pues el promedio de quienes completaron los tratamientos del iACT fue del 75,77 por 100.

Aunque los resultados son prometedores y apuntan a que la iACT puede ser eficaz, las notables limitaciones del estudio reclaman más ECA *ad hoc* y un nuevo metaanálisis centrado solo en estos últimos.

Pese a que el formato de aplicación de la ACT es generalmente el presencial, ya hemos visto que también se está aplicando a través de internet con y sin la guía de un profesional especializado (un psicólogo).

En este contexto, French, Golijani-Moghaddam y Schröder (2017) trataron de averiguar la eficacia de esta modalidad de aplicación. Con este fin realizaron una búsqueda sistemática de la literatura para localizar ECA que hubieran sido revisados por pares y en los que se investigara la eficacia de la ACT aplicada en este formato de autoayuda en la depresión, la ansiedad y/o la flexibilidad psicológica.

La búsqueda permitió hallar 13 estudios que cumplieron con los requisitos mínimos del libro de codificación, los cuales implicaban a un total de 2580 participantes. Las limitaciones metodológicas de muchos de los estudios incorporados a la investigación pusieron de manifiesto los problemas con su calidad y las cautelas con las que había que interpretar los resultados del metaanálisis.

El metaanálisis mostró TE pequeños, pero significativos, a favor de la ACT autoaplicada en los P/T de depresión ($g = 0,34$; IC del 95 por 100 [0,07, 0,61]; $Z = 2,49$, $p = 0,01$), de ansiedad ($g = 0,35$; IC del 95 por 100 [0,09, 0,60]; $Z = 2,66$, $p = 0,008$) y en la flexibilidad psicológica ($g = 0,42$; IC del 95 por 100 [0,14, 0,70]; $Z = 2,93$, $p = 0,003$).

Los resultados de French et al. (2017) sobre la eficacia de la autoadministración de la ACT, mediante la ayuda de internet o de un manual escrito, como ocurriría cuatro años más tarde con los del metaanálisis de Thompson et al. (2021), mostraron que, a mayor implicación del psicólogo en la guía u orientación de los P/C, mejores resultados se producían.

Además, French et al. (2017) también concluyeron que era poco probable que el formato alternativo a la aplicación presencial moderara la eficacia de la ACT.

El análisis de los resultados también mostró que los aumentos en la flexibilidad psicológica se asociaron con reducciones en la depresión ($rho = -0,70$, $p = 0,25$, $n = 10$) y en la ansiedad ($rho = -0,90$, $p < 0,001$, $n = 10$), apoyando empíricamente la hipótesis de que los cambios en la flexibilidad psicológica median los resultados que se obtienen.

Los autores concluyen que el formato autoaplicado de la ACT puede ser eficaz, especialmente si es supervisada por el psicólogo, pero que la prevención debe imperar en la interpretación de estos resultados debido a los pequeños TE, el número limitado de estudios y la considerable heterogeneidad de los resultados.

La ACT se ha aplicado a otros P/T psicológicos cuya investigación también ha sido objeto de revisiones sistemáticas y cuantitativas[78]. De entre ellos comentaremos brevemente el de Lee et al. (2015) para verificar su eficiencia, frente a otras modalidades de tratamiento en los trastornos del comportamiento provocados por el consumo de sustancia tóxicas.

Estos investigadores estudiaron el TE agregado que resultaba al comparar, por ejemplo, la ACT con el TCC, la farmacoterapia o el tratamiento biomédico habitual. Utilizaron diez ECA. Los resultados mostraron que el TE fue significativo y favorable a la ACT, dentro de un rango que iba de pequeño a mediano, al comparar en el postest sus efectos con los de otras modalidades de

---

[78] Véase, por ejemplo, la investigación de Lee, An, Levin y Twohig (2015) sobre el efecto de la ACT en el trastorno por consumo de sustancias tóxicas, la de Veehof, Trompetter, Bohlmeijer y Schreurs (2016) sobre el dolor crónico, o la de Secinti, Tometich, Johns y Mosher (2019) relativa a los efectos psicopatológicos asociados con el padecimiento de cáncer.

GC activo. Además, los TE en los estudios para dejar de fumar ($k = 5$) y en otros trastornos por consumo de sustancias tóxicas fueron comparables ($k = 5$).

Basándose en todo ello, Lee et al. (2015) concluyeron que la ACT se mostraba como una modalidad de tratamiento prometedora para los trastornos del comportamiento por abuso del consumo de sustancias tóxicas.

Como ya hemos indicado, una de las esperanzas que han girado en torno a los llamados «tratamientos de tercera generación» ha sido que podían reducir las tasas de abandono de los TCC y TC. El primer estudio metaanalítico que se ha ocupado de este asunto, en relación con la ACT, ha sido el realizado por Ong, Lee y Twohig (2018).

Sus objetivos fueron determinar la tasa de abandono agregada en ECA, comparándola con la de otras modalidades de tratamiento, e identificar los moderadores potenciales del abandono durante su aplicación.

Los resultados de la investigación, realizada sobre 68 ECA (4.729 participantes), mostraron que la media ponderada de las tasas de abandono cuando solo se aplicaba ACT fue del 15,8 por 100 (*IC* del 95 por 100: 11,9 por 100, 20,1 por 100) y del 16,0 por 100 cuando la intervención no solo incluía la ACT (*IC* del 95 por 100: 12,5 por 100, 19,8 por 100). Por otro lado, las tasas de abandono de la ACT no difirieron significativamente de las de los otros tratamientos psicológicos establecidos, en contra de lo que se esperaba. Además, las tasas de abandono tampoco variaron en función de las características de los P/C o la calidad metodológica del estudio. En cambio, sí se hallaron mayores tasas de abandono cuando los que aplicaban el tratamiento eran «clínicos/terapeutas» con formación de maestría (media ponderada = 29,9 por 100, *IC*: 17,6 por 100, 43,8 por 100) y cuando eran psicólogos (media ponderada = 12,4 por 100, *IC* del 95 por 100: 6,7 por 100, 19,4 por 100).

La investigación sobre los efectos de la ACT se ha realizado mayormente con P/C adultos. Esto ha motivado que resultara difícil metaanalizar los resultados de su aplicación en la población infanto-juvenil. Uno de los primeros trabajos de esta naturaleza ha sido el publicado por Fang y Ding (2020).

Estos autores (2020) metaanalizaron 14 ECA (1.189 participantes), comparando los resultados de la ACT con los del TAU y los GCLE.

Los resultados mostraron que, pese a que la ACT logró reducciones significativas de las RAD propias de la ansiedad y la depresión, entre otros trastornos del comportamiento, que fueron cuantificadas en las medidas de los resultados primarios [*DME*[79] $= -0,59$, *IC* $(-0,87, -0,31)$, $p < 0,001$; *DME* $= -0,86$, *IC* $(-1,13, -0,59)$, $p < 0,001$], sin embargo estos resultados no difirieron significativamente de los obtenidos por el TCC no contextual («tradicional»), aunque sí lo hicieron del TAU. En las medidas de resultado secundarias, así como en las relativas a la calidad de vida y el bienestar, la ACT tampoco difirió significativamente del TCC ni del TAU, pero sí se mostró superior al GCLE [*DME* = 1,74, IC (0,78, 2,69), $p < 0,001$; I2 = 82,8 por 100].

Por último, queremos volver a insistir en la provisionalidad de los resultados de las revisiones y en su carácter de indicios en los estudios comentados. El hecho de que los recojamos aquí solo tiene un fin: servir para motivar la realización de más y mejor investigación, a fin de poder disponer de datos robustos y concluyentes.

El que las revisiones sistemáticas (cualitativas) y los metaanálisis (revisiones cuantitativas) puedan generar estos datos depende exclusivamente del rigor metodológico de los ECA, de acuerdo con las directrices actuales *ad hoc*.

Por ejemplo, como ya indicaba Ruiz (2012) en su trabajo, este presentaba limitaciones notables y problemáticas. Así, por ejemplo, la mayoría de los estudios incluidos tenían un número pequeño

[79] Resulta del cociente entre la diferencia de dos medias y el valor de la estimación de la desviación típica o estándar intragrupo.

de participantes, algunas características metodológicas mejorables, y el propio metaanálisis presentaba sesgo de publicación y contenía un número reducido de estudios que, por otra parte, abarcaban una amplia y variada gama de problemas cuando este tipo de comparaciones debería realizarse sobre trastornos específicos.

De hecho, en la revisión de Bai et al. (2020), realizada sobre un mismo trastorno, los datos solo avalan que tratar la depresión con la ACT es mejor que no hacerlo (estudio de eficiencia), pero nada más.

Si se repasa la excelente y sintética revisión que incluyen en su trabajo González-Blanch y Carral-Fernández (2017), sobre las cautelas que se han de tener acerca de las amenazas que acechan a los resultados de las revisiones metaanalíticas, dados los problemas metodológicos y los sesgos que pueden incluir los estudios primarios (además de los propios del metaanálisis), podemos encontrar que la aplicación de la ACT al tratamiento de las psicosis:

> «[...] estuvo inicialmente avalada por un ensayo clínico que informaba que cuatro sesiones habían reducido a la mitad las rehospitalizaciones en P/C con psicosis en un seguimiento de cuatro meses (Bach y Hayes, 2002). Una elocuente gráfica con el análisis de supervivencia subrayaba la bondad del tratamiento respecto al tratamiento usual. El estudio ha sido citado en múltiples ocasiones en la literatura.
>
> Sin embargo, las rehospitalizaciones ni siquiera son una medida recomendada para los estudios centrados en recaídas. Más bien puede ser que su elección fuera una decisión a la vista de los datos del ensayo, una forma, por tanto, de embellecer inadecuadamente el artículo.
>
> El hecho de que los síntomas llegasen a duplicarse en el seguimiento en el grupo que recibió la ACT respecto al grupo control era interpretado por los autores como una medida indirecta de la aceptación; en definitiva, como un respaldo a la terapia. Sin embargo, el malestar emocional que los síntomas generaban, en contra de lo que podíamos suponer por la teoría de la ACT, no era menor para la ACT que para el grupo control. [Además] Sí cambiaba [...] la credibilidad en los síntomas, que se supone no es objeto de abordaje directo por parte de este tipo de terapia, sino algo más propio de la terapia cognitiva» (González-Blanch y Carral-Fernández, 2017; p. 98).

De hecho, desde nuestro punto de vista, esta problemática queda perfectamente reflejada en la discusión entre Atkins et al. (2017) y Öst (2017) por la metodología y los resultados del metaanálisis publicado en 2014 por el segundo.

La revisión y el metaanálisis de Öst (2014), fuertemente criticado por Atkins et al. (2017), incluyó 60 ECA (4.234 participantes) sobre trastornos del comportamiento, incluidos los propios del estrés laboral y trastornos somáticos.

Los resultados de Öst (2014) mostraron que en todas las comparaciones el valor del TE medio fue pequeño (0,42). Al confrontar los resultados obtenidos en 2014 con los de un estudio metaanalítico previo[80], se verificó que no había habido una mejora significativa ni en la calidad metodológica ni en el TE (en el estudio de 2008 fue de 0,68).

Además, cuando se comparó el efecto de la ACT con el de otras modalidades de TCC o TC, el más elevado fue pequeño y no alcanzó la significación estadística (TE = 0,16).

Estos resultados llevaron a Öst (2014) a concluir que la ACT aún no gozaba de refrendo empírico robusto («bien establecido») para ningún trastorno. Era probablemente eficaz para el dolor crónico y el *tinnitus,* así como posiblemente eficaz para la depresión, los síntomas psicóticos, el TOC, la ansiedad mixta, el abuso del consumo de drogas y el estrés laboral, pero habría que situarla en «fase experimental» para el resto de los trastornos y el estrés laboral.

---

80 Öst (2008).

La reacción de Atkins et al. (2017) al trabajo de Öst (2014) y la respuesta de este (Öst, 2017) merecen ser leídas con la máxima atención.

7.4. TERAPIA DE ACTIVACIÓN CONDUCTUAL

> *«[...] si se tiene en cuenta la duración de la intervención y el número de estrategias empleadas, la severidad de los cuadros en que ha tenido éxito, el rango de cambio en las puntuaciones de los cuestionarios con propiedades psicométricas más contrastadas, la ausencia de recaídas tras dos años de tratamiento, el abandono de fármacos antidepresivos y el rigor metodológico de los ensayos clínicos aleatorizados presentados como evidencia, la AC se corona como la opción terapéutica que aúna más ventajas para el clínico y el cliente»* (Barraca, 2016; p. 16).
>
> *«[...] es un tratamiento relativamente poco complicado, eficiente en términos de tiempo y no requiere habilidades complejas por parte de los P/C o del psicólogo [...]»* (Cuijpers et al., 2007; p. 318).

7.4.1. Introducción

La terapia de activación conductual (AC)[81] surge como consecuencia de los estudios realizados durante el desmantelamiento de los componentes de la TCB para la depresión.

Como ya hemos tenido la ocasión de señalar[82], dichos estudios ponían de manifiesto que un elemento clave a la hora de explicar los efectos obtenidos por la TCB era el estrictamente conductual (sistemas motor y psicofisiológico) y secundariamente el cognitivo. Desde esta perspectiva, los cambios en el comportamiento son los que se hipotetizan como responsables directos de los efectos en las emociones[83].

Así, decíamos allí y repetimos aquí que, quince años después de que se publicara la TCB[84], Ilardi y Craighead (1994) señalaron, por primera vez, que la mayor parte de los beneficios de la TCB para la depresión se producían al principio de su aplicación. Llegaron a esta conclusión tras revisar ocho estudios publicados entre 1981 y 1993. Los resultados mostraban que entre el 60 y el 70 por 100 de la reducción de las RAD que conforman el constructo «depresión» se producía en las cuatro primeras semanas. Es decir, ocurría antes de que formalmente se iniciara la aplicación de las técnicas de reestructuración cognitiva. Por tanto, concluyeron que la hipótesis cognitiva de Aaron T. Beck sobre la TCC no podía explicar esta mejora.

Esta observación llevó a Ilardi y Craighead (1994) a conjeturar que otras variables incluidas en el tratamiento tenían que ser las que estaban desempeñando un papel importante en la producción de la mejora que se constataba en las respuestas depresivas.

El planteamiento de esta hipótesis debió de estar entre las razones que animaron a Jacobson et al. (1996) a investigar el peso o porcentaje de la varianza que se podía atribuir a los distintos componentes de la TCB en su éxito al ser aplicados para tratar la depresión. Es decir, a comparar el efecto del componente integrado por las técnicas conductuales (AC), con el de estas más las del componente cognitivo (destinado al cambio de los pensamientos negativos —creencias acerca del yo, el mundo y el futuro— y asumido como el núcleo de la eficacia) y con la TCB íntegra.

Para ello diseñaron y planificaron un ECA en el que participaron 150 P/C ambulatorios con diagnóstico de TDM, que fueron asignados al

[81] Martell, Addis y Jacobson (2001).

[82] Olivares-Olivares et al. (2022).

[83] Entendidas aquí como patrones integrados por respuestas psicofisiológicas, cognitivas y motoras, que pueden ser heredados y/o aprendidos.

[84] Beck et al. (1979b).

azar a tres condiciones experimentales. En una solo se aplicó como tratamiento el componente AC («BA condition»), en otra AC más la enseñanza-aprendizaje de habilidades y destrezas para modificar los pensamientos automáticos desadaptados o disfuncionales («AT condition: Activation and the modification of dysfunctional thoughts»—) y en la tercera el protocolo completo de tratamiento de Beck (TCB; «CT condition»)[85].

Vamos a volver a detenernos en la descripción de cada una de las condiciones experimentales, para que el lector recuerde con claridad lo que se hace, dadas las repercusiones que ha tenido esta investigación para la TCB y para la AC.

La condición AC. En el manual de la TCB el primer componente que se aplica es la AC. El tratamiento consiste en identificar los problemas de conducta y poner en marcha un conjunto de acciones diseñadas para implicar activamente a las personas en su entorno natural. En esta condición la activación se desarrolla durante veinte sesiones que están centradas exclusivamente en las actividades que indicaremos a continuación.

Hemos de señalar que, como señalaron Jacobson et al. (1996a), aunque era posible estructurar todo un protocolo en torno a la AC, parece que Beck et al. (1979) optaron, en el diseño de su planificación, porque este componente se aplicase con relativa rapidez para abordar cuanto antes la aplicación de los elementos estrictamente cognitivos (los esquemas y su papel), que eran los que se postulaban realmente relevantes.

Las actividades que conforman la AC son principalmente semiestructuradas, y entre ellas se encuentran:

— Supervisar las actividades diarias.
— Evaluar la destreza en la actuación/ejecución y el placer consecuente a realizar actividades concretas.
— Asignar tareas, graduadas en su dificultad, de entre las que se prevé que produzcan en el P/C sensaciones placenteras y/o el incremento de su destreza y la consiguiente sensación de dominio.
— Ensayar cognitivamente actividades previamente programadas: los participantes se imaginan a sí mismos realizando diversas actividades con la intención de encontrar las barreras que obstaculizan su disfrute o que dificultan su realización con la destreza que sería esperable en condiciones normales.
— Discutir sobre problemas concretos como, por ejemplo, la dificultad para conciliar el sueño y la prescripción de técnicas de tratamiento psicológico para tratarlos.
— Entrenar para mejorar las carencias que presentan los P/C en las habilidades sociales (por ejemplo, en asertividad o en habilidades de comunicación).

Como indicaron Jacobson et al. (1996b), a pesar de la excelente adherencia a los protocolos de tratamiento de los terapeutas (de formación cognitiva), lo que ya implicaba un claro sesgo a favor de la TCB y garantizaba una aplicación competente de esta, los resultados no aportaron pruebas de que el tratamiento completo (TCB) produjera mejores efectos que la aplicación solo de la AC o solo de la TA, ni en el postest ni en las medidas de seguimiento que se realizaron a los 6 meses de concluir sus aplicaciones.

[85] Las hipótesis puestas a prueba también fueron tres: la de la activación, la del afrontamiento y la cognitiva. El refrendo de la primera exigía que la eficacia se debiera a lo que hace el tratamiento para que se activen los P/C e incrementar la probabilidad de que se produzcan las consecuencias reforzadoras, al actuar en las condiciones ambientales donde se espera que se presenten. El de la segunda, relativa al afrontamiento, requería que la eficacia se debiera a las habilidades aprendidas y las destrezas alcanzadas durante el desarrollo del tratamiento para relacionarse con los acontecimientos, con las secuencias de respuestas cognitivas automáticas y disfuncionales. Por último, el contraste favorable de la hipótesis cognitiva requería el refrendo empírico de que la eficacia era debida al efecto de la reestructuración cognitiva sobre los esquemas deprimentes que se hipotetizaban en el inicio («depresógenos»).

Además, AC y TA fueron tan eficaces como la TCB para modificar los pensamientos negativos alterados, las atribuciones desadaptativas y los estilos atributivos disfuncionales.

Por último, el estilo atributivo fue altamente predictivo de los resultados a corto y largo plazo en el tratamiento AC, pero no en la condición TCB.

En consecuencia, los resultados mostraron que el componente AC, aplicado en la fase inicial de la TCB, era tan eficaz como la aplicación de toda la TCB tanto al término de su aplicación como, lo que es todavía más importante y revelador, en las medidas de seguimiento de los efectos de su aplicación obtenidas dos años después de darlo por terminado, confirmando a largo plazo la estabilidad de los logros hallada en el primer seguimiento a corto plazo[86].

Pese a ello, no tardó en llegar la discusión sobre el peso del componente cognitivo frente al conductual. Así, tanto los hallazgos de Ilardi y Craighead (1994) como los de Jacobson et al. (1996) fueron contestados por Tang y DeRubeis (1999a y b), discrepando y afirmando que las técnicas de modificación de las respuestas cognitivas se aplicaban ya en las primeras sesiones y que además esto se hacía profusamente. Además, enfatizaron que en los estudios de la TCB se habían realizado dos sesiones por semana, durante las primeras cuatro semanas, y 1 una sesión por semana a partir de entonces, por lo que entre el 40-60 por 100 de las sesiones de TCB se habían producido durante las primeras cuatro semanas, lo que podría ser suficiente para que las técnicas cognitivas tuvieran un efecto muy relevante sobre las respuestas cognitivas de naturaleza depresiva.

Tang y DeRubeis (1999a y b) también disintieron de Ilardi y Craighead (1994) porque entendieron que estos asumían la homogeneidad en el ritmo de aprendizaje de los P/C. Ellos entendían que esta posición era inconsistente con los datos empíricos de los que se disponía, y en los que se podía verificar que la respuesta individual al tratamiento podía producirse de forma discreta y abrupta o de manera continua (a lo largo del desarrollo de la aplicación del tratamiento). Esto les llevó a concluir que los datos del curso temporal del cambio de las RAD no contradecían la hipótesis cognitiva de Beck.

Pero esta argumentación de Tang y DeRubeis (1999a y b) no debió de contentar a sus contemporáneos, porque, incluso cuando se ponía en cuestión la posible explicación de Ilardi y Craighead (1994), por ejemplo Hollon (1999) afirmaba que «No está claro por qué ocurre esto» (p. 305), aunque también es cierto que luego matizaba su duda, apostando por la posibilidad de que los cambios constatados pudieran estar relacionados con la repentina comprensión, por parte de los P/C, de que podían utilizar el contenido de la explicaciones cognitivas como herramientas para afrontar más eficazmente los problemas de la vida.

No obstante, pese a que Hollon (1999) mantenía su perspectiva sobre el análisis del papel de las variables cognitivas en la secuencia o proceso de aplicación, realizada a partir del manual de la TCB, en el que se contemplaba la AC como un componente relevante del tratamiento[87], también se cuestionaba el papel concreto de los pensamientos, el efecto de la exploración de las creencias básicas subyacentes al procesamiento de la información y el de la prevención de recaídas en los resultados obtenidos[88].

Pese a estas idas y venidas durante la discusión de los resultados de los argumentos de peso a favor y en contra de la AC en los TE de la TCB,

[86] Gortner et al. (1998).

[87] Junto a otros como la justificación/explicación del tratamiento, la auto-observación sistemática y la monitorización de los pensamientos (observación, registro, cuantificación, valoración y seguimiento de las respuestas cognitivas).

[88] Recordemos que la AC como modalidad de tratamiento en sí misma tiene su origen en este componente conductual que integra la TCB (tratamiento conductual-cognitivo).

otros investigadores proseguían su quehacer. Este es el caso, por ejemplo, de Dimidjian et al. (2004 y 2006), quienes siguieron aportando evidencia empírica que mostraba que la AC era tan eficaz como la medicación antidepresiva y más que la TCB en el tratamiento de la depresión grave.

Estos hallazgos, especialmente los del estudio de Dimidjian et al. (2006), tuvieron implicaciones epistemológicas y clínicas relevantes para la construcción del conocimiento psicológico y para la eficiencia de nuestro quehacer.

Desde el punto de vista epistemológico, los resultados de Dimidjian et al. (2006) supusieron afianzar la posición parsimoniosa de la AC, dentro del marco del MC, frente a la TCB, que, pese a inscribirse en el marco del MCC, hipotetiza el sistema cognitivo (sus respuestas, procesos y contenidos) como las variables responsables de la génesis, el desarrollo y el mantenimiento de las RAD que catalogamos como «depresivas».

Además, también en el contexto epistemológico, la TCB defiende la similitud entre el esquema del modelo biomédico-psiquiátrico y el del conductual-cognitivo, al postular la existencia de mecanismos internos al P/C que, al considerarse responsables de sus trastornos, son los que han de ser objeto de tratamiento. En el primero se postulan desequilibrios bioquímicos para los que se busca un tratamiento químico o físico específico[89]; en el segundo se conjetura el déficit cognitivo como responsable, para cuya restauración se habrían de aplicar técnicas específicas.

Paradójicamente, como muestra la evidencia empírica, ni en un caso ni en el otro se procede de la forma que cabría esperar: no se administra un solo antidepresivo para cada uno de los trastornos que conforman el continuo de las respuestas depresivas, sino que se tantea generalmente mediante ensayo y error cuál funciona mejor o menos mal para cada uno de ellos; tampoco se aplica un tratamiento cognitivo específico para cada uno de estos trastornos (distimia, depresivo recurrente, depresión bipolar, depresión psicótica, depresión mayor, etc.), porque se utiliza el procedimiento estándar con pequeñas variaciones/adaptaciones para cada caso.

Como recuerda Pérez-Álvarez (2007b), en este marco epistemológico la AC se inserta en la tradición y en la perspectiva del AFa de la depresión que estableció Ferster (1973), en línea con la posición de Skinner (1957/1981), en el que la depresión se delimita como el resultado, por una parte, de la merma de la frecuencia de las respuestas que van seguidas de refuerzos positivos, es decir, de la disminución de las situaciones gratificantes que son fuente de consecuencias positivas y, por otra parte, del incremento de las respuestas de escape/evitación que están reforzadas negativamente (reducción del estado de malestar).

La función de estas últimas es reducir/eliminar el malestar que se experimenta en determinadas situaciones que se perciben/recuerdan como aversivas. El decremento de las primeras y el incremento de las segundas se hipotetiza en ambos casos como el producto de cambios sobrevenidos en las circunstancias personales de manera abrupta o gradual, el cual crea una situación en la que lo que había sido valioso (placentero, interesante, reconfortante, etc.) pierde su valor y deja de ser apetecible (atractivo), o se invierte y pasa de positivo a negativo, de atractivo a repulsivo, de confortante a punitivo.

La implicación epistemológica más evidente es que «la depresión», además de ser el nombre con el que denominamos a un estado del relieve físico (producto de las circunstancias químico-físicas terrestres) y propio de la geografía, también es una situación personal en la que se está, por lo que parece que no es el resultado de un mecanis-

[89] Sustancias antidepresivas, procedimientos quirúrgicos, electroshock, etc. El *electroshock* se hipotetiza como componente activo de la terapia electroconvulsiva, que se aplica bajo anestesia general y haciendo circular controladamente corrientes eléctricas a través del cerebro. Su objetivo es producir una convulsión breve con la que se espera producir cambios en la neuroquímica del cerebro que reviertan las RAD. Su aplicación solo está recomendada como tratamiento de última elección.

mo interno que se tiene, alterado y desadaptivo («disfuncional»), y que hay que modificar para que su funcionamiento nos devuelva a la normalidad.

Por otra parte, la AC también se relaciona directamente con la posición teórica y clínica mantenida por el grupo de Peter M. Lewinsohn[90], que enfatiza la implementación de actividades agradables, así como de habilidades y destrezas para el fomento de la relación social.

Además de ser heredera de las aportaciones previas, la AC también incorporó nuevos e importantes aspectos en su propuesta como tratamiento para la depresión[91]. Entre estos aspectos, destacan:

- Su énfasis ideográfico. Se centra especialmente en las variables o circunstancias específicas de P/C que participan en el mantenimiento del patrón de respuestas alteradas y desadaptativas.
- La adecuación a las necesidades y valores de cada P/C de las actividades que se propongan. Estas han de ser relevantes para las necesidades de aquel y coherentes con sus valores. Ello implica como condición necesaria la realización del AF del caso.
- La incorporación del enfoque centrado en la «aceptación-y-cambio» propio de la ACT[92]. Este requiere que se produzca la aceptación de «el aquí y el ahora», así como implicarse en el compromiso para actuar y modificarlo, aunque no se halle uno en las condiciones ideales para abordarlo. De hecho, en el binomio «aceptación-cambio» la relación es asimétrica, porque para la AC el segundo ha de tener más peso que el primero[93], habida cuenta que el tratamiento consiste principalmente en modificar las condiciones o variables de las que depende la «experiencia depresiva».
- La asunción del concepto de «evitación» bajo el formato «conductual», frente al «experiencial» propio de la ACT.
- El tratamiento indirecto de respuestas cognitivas y los patrones de respuestas calificados como «emociones», porque, pese a reconocer su papel o función, lo conjetura secundario. Para que el cambio se produzca es suficiente con poner al P/C en contacto con las consecuencias positivas (atractivas) y ello solo puede logarse si este actúa. Es decir, a diferencia de la ACT, en esta el trabajo primero y principal es el estrictamente conductual (cambiar lo que se hace para que cambien las consecuencias: exponerse).

Desde el punto de vista clínico, la AC se muestra como alternativa psicológica y robusta frente al tratamiento para la depresión, estricta o principalmente cognitivo, químico y/o físico, del modelo biomédico-psiquiátrico o de la TCB, porque, además de devolver progresivamente al P/C a su actividad cotidiana habitual y empoderarlo a través de sus propios logros, evita «el efecto rebote» de los tratamientos químicos, reduciendo el riesgo de «retrocesos». Los resultados muestran que es al menos tan efectiva como cualquiera de las otras modalidades de intervención.

La AC contó pronto con un protocolo escrito, contenido en un manual («Depression in Context: Strategies for Guided Action») en el que se detalla su aplicación como tratamiento[94]. En paralelo con la propuesta del grupo de Jacobson y Mar-

[90] Véase Lewinson y Gotlib (1995) y Lewinson et al. (1978, 1984, 1996).

[91] Véase Hopko et al. (2003).

[92] Véase, por ejemplo, Wilson y Luciano (2002).

[93] Siendo necesaria la aceptación de la experiencia, no es suficiente para su cambio.

[94] Martell, Addis y Jacobson (2001).

tell[95] se produjo la del grupo de C. W. Lejuez[96] y, posteriormente, otra de integración realizada por Kanter, Busch y Rusch (2009), a la que siguió la publicación de una actualización del manual de tratamiento del grupo de Martell y Jacobson[97] y, ya más recientemente, en 2019, una versión electrónica del grupo de Lejuez («Aptivate!»)[98] para la población latina de habla española en Estados Unidos, que cuenta con el aval empírico de una investigación previa[99].

El objetivo de la aplicación «Aptivate!» es, por un lado, facilitar la accesibilidad al tratamiento de las personas deprimidas que hablan español en Estados Unidos, intentando paliar barreras como el estigma relacionado con la búsqueda de tratamiento psicológico, así como el provocado por el limitado dominio del inglés; por otro lado, difundir en una minoría esta modalidad de tratamiento psicológico para la depresión a través de la atención primaria.

En cualquier caso, los dos modelos de AC enfatizan aspectos concretos y presentan diferencias solo en su desarrollo aplicado, a la hora de llevar a la práctica el tratamiento, pero no difieren en sus cimientos porque ambos sostienen que el tratamiento del estado depresivo ha de realizarse estimulando y recuperando actividades que fueron positivamente relevantes para el P/C antes de presentar el P/T, es decir, valiosas para él/ella[100].

Como se ha indicado en la cita que abre nuestra aproximación a esta modalidad de tratamiento, con el paso del tiempo la AC se ha ido asentando como uno de los tratamientos de referencia para la depresión[101]. De hecho, en la actualización realizada por Martell et al. (2010) estos, además de centrarse en los componentes básicos de la AC, también abordaron la estructura del tratamiento y el estilo del comportamiento del psicólogo en su aplicación, además de describir los procedimientos para identificar los objetivos del tratamiento individualizado, las estrategias para supervisar y programar actividades «antidepresivas» (experiencias que probablemente sean gratificantes y placenteras) y disminuir las respuestas de evitación/escape y el pensamiento reiterativo. En el manual también se explican detalladamente las estrategias de resolución de problemas y de prevención de recaídas, y se incluyen formularios para la planificación de actividades y las hojas de registro de la actividad cotidiana (incluidas las «tareas para casa»), entre otros.

Para una revisión de las distintas variantes de la AC que se han protocolizado pueden consultarse los trabajos de Barraca y Pérez-Álvarez (2015) y el de Turner y Leach (2012).

7.4.2. Delimitación

La AC se ha delimitado como un tratamiento para la depresión desarrollado y asentado en bases contextuales y funcionales.

> «[...] La AC sostiene que el contexto explica más eficientemente la depresión y es también el lugar más adecuado para llevar a cabo una terapia eficaz que los supuestos factores internos, fueran estos neurobiológicos (típicamente "desequilibrios químicos") o psicológicos (por ejemplo, "esquemas cognitivos"). Asimismo, la AC sostiene que las conductas que caracterizan a las personas deprimidas juegan un papel significativo en la depresión, en vez de ser meramente síntomas de un cuadro» (Pérez-Álvarez, 2006a; 29 noviembre).

[95] Véase Jacobson et al. (2001) o Martell et al. (2001).

[96] El modelo de tratamiento propuesto por Lejuez et al. (2001a, b; 2002) lo denominaran «terapia de activación conductual para la depresión» o «terapia breve de activación conductual para la depresión». Es más breve y su manual es más concreto y estructurado que el del grupo de Jacobson y Martell.

[97] Martell, Dimidjian y Herman-Dunn (2010).

[98] Véase Dahne et al. (2019).

[99] Collado et al. (2016).

[100] Véase Barraca (2009).

[101] Véase Barraca (2016) y Barraca y Pérez-Álvarez (2015).

La AC pivota sobre las variables o circunstancias que desencadenan o provocan aquí y ahora la reacción («el contexto») y las consecuencias (beneficios o perjuicios —por defecto/ausencia o por ocurrencia—) que siguen a las respuestas que conforman esta modalidad de comportamiento y que permiten entender su «función».

Por ello, en su marco, cuando las personas muestran el comportamiento o patrón de RAD que calificamos como «depresivas», se considera que para su comprensión y explicación son relevantes tanto los eventos que se producen en sus vidas actualmente como la forma en la que estas responden ante ellos (contexto estimular y reacción al mismo).

En este sentido, un aspecto básico de la AC es conjeturar que buena parte de las respuestas que calificamos como «deprimidas» se pueden integrar dentro de la clase de respuestas operantes de «escape/evitación» que conforman la «evitación conductual» de las situaciones o contextos deprimentes.

Tales respuestas de escape/evitación se producen porque los contextos han pasado de ser atractivos/apetitivos/reconfortantes a carecer de alicientes para la persona o ser abiertamente aversivos, porque el historial de consecuencias negativas hace que se perciban principalmente como desagradables (por predominar estas sobre las positivas o confortantes).

En la AC estos contextos negativos y deprimentes se operacionalizan en términos disruptivos. Es decir, se delimitan como cambios graduales o repentinos en la pauta de refuerzo, los cuales alteran o dan lugar a interrupciones en las actividades rutinarias y cotidianas[102]. Estos se muestran en el decremento de tales actividades, en el de las interacciones sociales en general y en la frecuencia de las respuestas cognitivas repetitivas o «rumiativas».

Como indicaba Pérez-Álvarez (2006a), «[...] la 'depresión' misma es una forma de evitación», como se pone en evidencia cuando, en la búsqueda de la función de las reacciones de los P/C «aquí y ahora», en el marco de las circunstancias actuales (no de la históricas), se indagan y analizan las consecuencias que les siguen a aquellas. De ahí que en la AC se enfatice que no es la forma o topografía de las respuestas lo que importa, sino su función.

Pérez-Álvarez (2006a) clarifica esta posición ejemplificando que:

> «[...] la depresión no le "sale" a uno de ningún sitio, como le podría salir una erupción, ni tampoco le 'entra' como acaso entre una gripe. La concepción contextual de la depresión es completamente distinta a la concepción médica, sea psiquiátrica o psicológica, prisioneras de una u otra manera del mecanicismo (de hecho están interesadas en los "mecanismos de la depresión")».

En consecuencia, para la AC las variables relevantes son las relativas a las experiencias vitales (productos de la interacción), porque son las más parsimoniosas a la hora de comprender y explicar el inicio, el desarrollo y el mantenimiento de las respuestas que calificamos como «deprimidas» y como «depresivas».

Como el propio Pérez-Álvarez (2006a) recuerda, este planteamiento teórico no niega la relevancia de las cogniciones (ni del «humor») en el trastorno depresivo; lo que hace es reconsiderar el papel que les asigna la TCB como variables necesarias y suficientes para producir el cambio del comportamiento del P/C.

Desde la AC se espera que las cogniciones y el humor cambien si el P/C deja de hacer lo que hace y como lo hace, a la vez que vuelve a reaccionar como lo hacía cuando se encontraba bien[103]. De

[102] El refuerzo positivo disminuye su frecuencia significativamente y/o incrementa el del control aversivo (castigo y/o ausencia/eliminación de las consecuencias esperadas).

[103] Véase evidencia en este sentido entre nosotros, por ejemplo, en la investigación de Nieto Fernández y Barraca (2017) sobre el efecto de la AC en los pensamientos automáticos y negativos.

este modo su reacción es la responsable del cambio que se produce en la interacción (en la parte que corresponde a lo que hacemos o dejamos de hacer). Por todo ello, la «activación» de la reacción también se postula como responsable de la modificación de las respuestas cognitivas y del humor.

Tal vez sea necesario abundar un poco más en el concepto de «depresión» y el modo como se delimita en la AC, porque, al tratarse de un tratamiento destinado principalmente a un trastorno específico, la relación entre el uno y la otra se particulariza.

De acuerdo con esta perspectiva, la depresión no es algo que se tiene, sino una situación en la que el P/C está atrapado. Esta situación se caracteriza, al menos aparentemente, porque se carece de los incentivos para actuar que se esperarían, porque realmente actuar se actúa, y no precisamente poco ni en la dirección adaptativa.

La situación depresiva puede deberse en ocasiones a circunstancias concretas. Así, puede iniciarse por la pérdida súbita de algo o alguien muy significativo (el ser amado, el trabajo, un proyecto laboral, etc.). Otras veces el inicio es menos claro y concreto, pero ello no significa que no haya causas, sino que, muy probablemente por la fragilidad de nuestra memoria y por el curso progresivo de los acontecimientos que han conformado el historial de aprendizaje, no se tiene conciencia de una o más circunstancias concretas como desencadenante.

En este ámbito cabe recordar, al hilo de lo indicado por Pérez-Álvarez (2007b), que no es necesario asignar la etiología de la depresión a supuestas condiciones bioquímicas, ni que tampoco se gana nada cuando la etiquetamos como endógena. Como bien señala dicho autor, atribuir este tipo de causas a la depresión dice más de cuanto desconocemos de las condiciones personales que de lo que sabemos sobre las causas de su inicio.

En la AC la depresión se operacionaliza como un estado más entre los que es posible hallarse. El hecho de que alguien muestre una tendencia a presentar RAD depresivas se ha de entender en el contexto de su historia de aprendizaje, distinta a la de cualquier otro P/C.

Además, se sostiene que los P/C que presentan este trastorno suelen actuar de manera que, con una elevada probabilidad, con sus respuestas (acciones y reacciones) mantienen/incrementan el comportamiento deprimente.

En consecuencia, se hipotetiza que las respuestas que caracterizan la condición depresiva, en cada momento de su curso, desempeñan un papel relevante en el mantenimiento de las RAD que conforman el patrón del comportamiento «depresivo».

El enfoque teórico de la AC afirma que tales RAD, formuladas en la TCB como «síntomas»[104] y no como respuestas observables o signos[105] de la depresión, se caracterizan por aliviar el estado de malestar (función) a través del escape y de la evitación de las situaciones aversivas o desagradables para el P/C (cuando las percibe o cuando las recuerda).

Si asumimos el constructo «evitación conductual», formulado por la AC, entonces, cuando nos refiramos a las RAD que lo integran, podemos sustantivarlas como «signos» que cumplen una función en el contexto en el que se perciben, dado que pueden ser observadas (por acción u omisión) cuando se presentan en el sistema motor (no salir de casa, no realizar las actividades habituales, pasar mucho tiempo metido en la habitación con la luz apagada, etc.). En cambio, cuando se producen en el sistema cognitivo, como ocurre, por ejemplo, con «pensar en otra cosa» o «imaginar reiteradamente consecuencias completamente

[104] Los síntomas son manifestaciones de una enfermedad o de un síndrome que solo son percibidas por quien los padece, como ocurre con el dolor de cabeza, en tanto que sensación subjetiva percibida por quien tiene una infección, por ejemplo.

[105] El signo es una alteración que puede ser percibida por quien está enfermo y por quien lo observa o reconoce, como ocurre, por ejemplo, con la fiebre provocada por la infección. Por tanto, mientras que los síntomas son de naturaleza subjetiva, los signos son de naturaleza objetiva.

distintas a las que realmente cuentan con una elevada probabilidad de producirse», entonces el sustantivo adecuado en el contexto biomédico es el «síntoma».

Dado que este galimatías, que tiene todo su sentido en el modelo biomédico, no parece tenerlo en el contexto psicológico, porque resulta mucho más parsimonioso utilizar los conceptos de los que ya disponemos, proponemos al lector hablar simplemente de respuesta encubierta o manifiesta, pública o privada, como siempre hemos hecho, sin tener que recurrir a conceptos de otras disciplinas que nos son ajenos e innecesarios (salvo que queramos «traducir»).

Por esta razón, en la AC el conjunto del comportamiento «depresivo» puede calificarse como un patrón (o una forma) de evitación, pese a que, como acabamos de indicar, no siempre resulte fácil ni claro detectar y concretar las respuestas de «escape/evitación» de los P/C, sobre todo en el sistema cognitivo.

Además, al menos inicialmente, el P/C actúa escapando de, o evitando, las situaciones que le generan consecuencias aversivas. De hecho, esta reacción es casi siempre adaptativa. Por ello, solo cuando se realiza el AFa y se estudian las consecuencias que siguen a las respuestas es cuando se concreta su función inadecuada y deprimente.

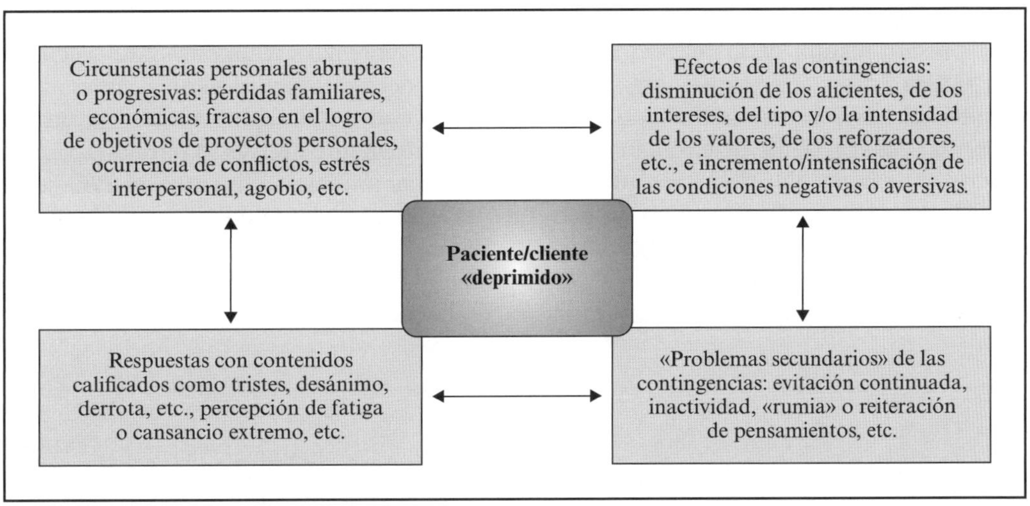

FUENTE: Modificado de Pérez-Álvarez (2007b; p. 102).

Figura 7.4.—Representación esquemática de la «situación depresiva» como el producto de la interacción entre distintas variables.

Para la AC, como para el resto de los enfoques contextuales, lo relevante no es la forma (frecuencia, duración e intensidad de las respuestas), sino la función de la respuesta, porque se entiende que esta es la que realmente dificulta/impide que el P/C se enfrente con las causas que han propiciado su situación actual y comience a «romper» el círculo vicioso en el que se encuentra (las respuestas de escape/evitación son la causa del alivio, y este el factor de mantenimiento/incremento de aquellas).

Ahora bien, no hemos de olvidar que los constructos son eso: nuestros inventos o construcciones con los que pretendemos aprehender mejor la realidad, pero hemos de recordar que solo la pueden representar, y en ningún caso la podrán sustituir.

Por ello, el constructo «evitación conductual» no ha de ser el problema principal al que tienen que hacer frente el psicólogo y su P/C. El problema primero y principal son las variables que están determinando el ambiente deprimente, depresivo o depresor. Es decir, las circunstancias que propician el estado depresivo y las acciones y reacciones de los P/C a estas, que en su conjunto se catalogan como «evitación conductual»[106].

Este enfoque teórico disiente del modelo psicopatológico-psiquiátrico y recupera las posiciones del MC (ajenas a las categorías diagnósticas concretas de la psiquiatría).

Desde esta perspectiva, se afirma que el inicio del estado depresivo resulta de la reacción esperable (véase figura 7.5), y, por tanto, «normal», que se produce ante uno o más acontecimientos vitales concretos (generalmente de carácter negativo y aversivo, como la pérdida de un ser querido, diagnóstico de una enfermedad grave, ruina económica, etc.). Se asume que tales acontecimientos pueden ocurrir abrupta o gradualmente, pero que, en cualquier caso, separan en mayor o menor medida a quien los sufre de sus fuentes habituales de refuerzo positivo.

La persistencia de las respuestas iniciales de escape/evitación que se recogen en la figura 7.6, ante los eventos vitales aversivos, provocada por el efecto del refuerzo negativo y muy probablemente favorecida/dificultada por el historial de aprendizaje (qué se ha aprendido y cómo), así como por variables de orden biológico implicadas en la percepción del estado corporal («humor»), se postula como responsable del desarrollo y posterior mantenimiento del estado aversivo.

El mecanismo psicológico con mayor peso en la persistencia sería la conocida como «trampa del alivio de la aversión» (refuerzo negativo), porque, conllevando una reducción/eliminación del malestar a corto plazo (que incluso pudiera ser necesario inicialmente para recuperarse del efecto producido por el acontecimiento vital —generalmente negativo—), al no desaparecer tras pasar un tiempo prudentemente necesario para adaptarse a la nueva situación, posibilita que el P/C se mantenga parcial o completamente alejado de sus principales fuentes de refuerzo positivo, «encadenándose» así, en el mejor de los casos, a un régimen de mínimos en la consecución del refuerzo positivo.

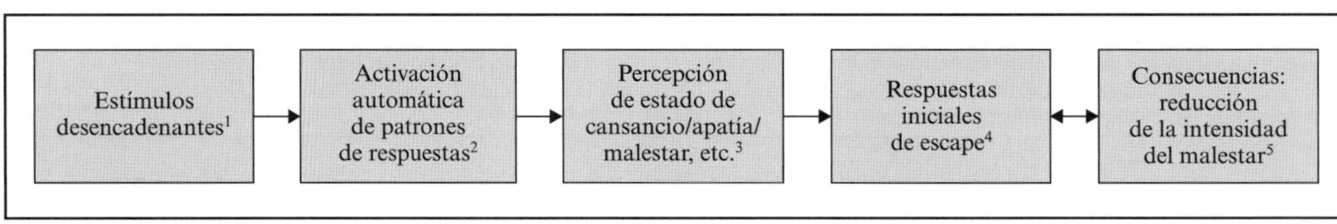

[1] Eventos vitales negativos/aversivos relativos a pérdidas relevantes y/o de riesgo/peligro.

[2] Propios de situaciones aversivas y/o inciertas respecto a lo que está aconteciendo o acontecerá (alerta/alarma).

[3] Provocado por la intensificación desproporcionada de las reacciones automáticas (heredadas y/o aprendidas).

[4] Predominantemente de escape, que pueden convertirse en evitación para prevenir el malestar/incrementar la percepción de seguridad: reducción de actividades placenteras, aumento de la delegación de obligaciones, incremento de la preocupación y de la «rumia», etc.

[5] El refuerzo negativo reduce la probabilidad de que el P/C se exponga y enfrente a los acontecimientos vitales desencadenantes.

FUENTE: Construido a partir de Martell, Addis y Jacobson (2001).

Figura 7.5.—Propuesta de diagrama de flujo para la fase de inicio del trastorno depresivo.

[106] Véase en la figura 7.4.

Las respuestas

Ya son predominantemente de evitación. Se produce el cese de casi todas o todas las actividades que eran fuente de refuerzo positivo, delegación cuasi o completa de las obligaciones propias, «rumia» cuasi permanente sobre lo que turba/preocupa intensamente, etc.

↔

Consecuencias

Se reduce progresivamente el efecto inicial sobre el decremento de la intensidad y la duración de la apatía/tristeza/malestar, etc.

La reducción progresiva de la intensidad y de la duración del alivio del estado de apatía/malestar/ tristeza (provocado por el recuerdo de los eventos negativos, por el incumplimiento con las obligaciones propias, por el reproche y la instigación de personas próximas, etc.) obliga a incrementar cada vez más la frecuencia y la generalización de las respuestas de evitación, produciendo, a su vez, el aprendizaje de la indefensión («Haga lo que haga no logro salir», «Cada vez estoy peor»).

FUENTE: Construido a partir de Martell, Addis y Jacobson (2001).

Figura 7.6.—Propuesta de diagrama de flujo para la fase de mantenimiento (consolidación y generalización) del trastorno depresivo.

En síntesis, el estado depresivo se mantendría al escapar de y/o evitar las situaciones en las que podrían presentarse los refuerzos positivos, debido a que el contacto con ellas le resultaría a la persona demasiado doloroso, desproporcionadamente amenazador, desagradable, incómodo, retador, etc., es decir, aversivo en ese momento o en ese período de su vida. En ese tiempo escapar/evitar se percibe como necesario y menos malo que enfrentarse a las situaciones indeseadas; en el medio y largo plazo, la reducción/ausencia de refuerzo positivo y la intensificación de los estresores vitales harían el resto[107].

Por todo ello, el enfoque teórico de la AC se asienta sobre bases contextuales y funcionales, y afirma que el contexto, además de ser el lugar más adecuado para desarrollar una intervención psicológica con la que tratar el estado depresivo, es también el que contiene las variables que permiten comprender y explicar mejor y más parsimoniosamente el porqué de tal estado.

7.4.3. La intervención

Como toda intervención psicológica individualizada, en esta también cabe distinguir la evaluación previa a la aplicación del tratamiento, a la que ha de seguir otra *intra* para verificar que los cambios esperados por efecto del tratamiento se producen en la dirección esperada y, por último, la de seguimiento para constatar la estabilidad y la generalización de los logros en el espacio y en el tiempo[108].

La AC requiere comprensión en profundidad de los principios conductuales y exige del psicólogo el dominio del proceso de desarrollo de la intervención desde una perspectiva funcional. De ahí que conocer la secuencia de intervención que sigue la AC sea tan fundamental como comprender y dominar las estrategias y las técnicas para su desarrollo. Es decir, resulta imprescindible saber cuándo y cómo se pasa de la fase de evalua-

[107] Véase, por ejemplo, Barraca y Pérez-Álvarez (2015), Jacobson et al. (2001), Martell et al. (2001) y Martell, Dimidjian y Herman-Dunn (2010).

[108] Para realizar nuestra propuesta, partimos de la excelente síntesis que han realizado Barraca y Pérez-Álvarez (2015, pp. 113-123), integrando los diseños de intervención derivados de los modelos de Martell et al. (2010) y Lejuez et al. (2011), a cuyo texto remitimos al lector.

ción a la de tratamiento, o de qué manera se organiza y estructura la «activación».

Hay que recordar que la AC se ha definido como una intervención estructurada, pero no estrictamente protocolizada[109]. Esto es así porque se presenta como un enfoque de naturaleza ideográfica.

Pretende ayudar al P/C a ejecutar actividades que maximicen la probabilidad de ser recompensadas porque lo fueron en el pasado (dejaron de realizarse disruptiva o gradualmente) o porque se sabe que cuentan con esta en las circunstancias en las que actuará el P/C.

Por tanto, se diseña para empoderar e implicar al P/C «deprimido» para que se «active» en la dirección conveniente, pese a no hallarse bien, a fin de que actúe/reaccione para dejar de estar mal.

Su fin es que al término de la intervención (incluidas las medidas de seguimiento y posibles actuaciones bajo el formato de «dosis de recuerdo»), el P/C reaccione congruentemente consigo mismo, es decir, que actúe de acuerdo con sus propios compromisos, metas y valores, porque ha aprendido a darle un nuevo sentido a su vida, o a retomar el previo, desarrollando una actitud activa y autónoma para buscar la manera mejor de resolver los P/T, así como para establecer o retomar los compromisos consigo mismo y con su contexto familiar, laboral y social.

Para el logro de tal fin en la AC se propone una intervención psicológica:

- Ideográfica (diseñada, planificada y desarrollada basándose en los intereses y las posibilidades reales del P/C).
- Estructurada, pero como se acaba de indicar no necesariamente protocolizada[110]. Es decir, no contempla como requisito un procedimiento protocolizado sesión-por-sesión, aunque también cuente con formatos autoaplicados en versión papel[111] y electrónica[112]. En cualquier caso, la lógica que guía el desarrollo de su aplicación posibilita que esta pueda ser estructurada sin dejar de ser flexible[113].
- Motivadora, es decir, que implique/«active» al P/C.
- Basada en la aceptación por el P/C de su estado (principio y estrategia coherentes con la posición teórica de la ACT[114]).
- Corta en su duración: generalmente entre las 20 y las 24 sesiones.

En el ámbito específico de la relación psicólogo-P/C, se caracteriza porque:

- Se explica el modelo de intervención (psicoeducación).
- Se fomenta la mejor relación terapéutica posible, basada en el respeto, el cumplimiento de los acuerdos y la confianza (sin abandonar el estatus profesional).
- Se observa, registra y cuantifica el comportamiento.
- Se guía y orienta la acción del P/C para que aprenda a aplicar nuevas estrategias (o retome otras que ya no utiliza, pero que en su día fueron fuente de refuerzos positivos y valiosos para él/ella) que le permitan enfrentarse y resolver los problemas

[109] En el Anexo XIIc puede verse una propuesta de protocolo de diez sesiones construido a partir del presentado por la profesora Fernández-Rodríguez (2017).

[110] Véase un ejemplo de aplicación de la AC utilizando un protocolo en González-Fernández et al. (2018).

[111] Véase Addis y Martell (2004).

[112] Dahne et al. (2019).

[113] Recuérdese, por ejemplo, lo indicado en este mismo sentido por Wilson (2007) en relación con los manuales que incluyen los programas que estructuran la aplicación de los protocolos de las intervenciones conductuales y conductual-cognitivas.

[114] A diferencia de esta, que aúna la aceptación y el cambio durante el desarrollo del tratamiento, la AC persigue la modificación y en su caso la creación de las circunstancias presentes (condiciones ambientales) para estar bien.

que plantea su interacción con las circunstancias que conforman el presente.

Pero nada de ello sería posible sin un buen conocimiento del punto de partida o estado del P/C, de la evolución de los efectos del tratamiento que se acuerda aplicar y de la consolidación y generalización de los cambios logrados.

De ahí la relevancia de una buena evaluación psicológica que permita diseñar/adaptar un tratamiento que logre modificar/crear las condiciones o circunstancias que posibiliten que el P/C pueda llegar a sentirse bien, a medir los efectos del tratamiento y a cuantificar su grado de consolidación y de generalización.

7.4.3.1. *La evaluación*

Dentro del proceso de la evaluación psicológica hemos de distinguir cuatro momentos: pretratamiento, *intratamiento,* postratamiento y de seguimiento.

En la evaluación pretratamiento los objetivos son:

- Concretar los cambios en el contexto que han propiciado las condiciones que dieron lugar al estado de depresión.
- Identificar el acceso a las recompensas y los factores estresantes de la vida cotidiana.
- Determinar, concretar y operacionalizar las respuestas depresivas, los estímulos que las desencadenan y las contingencias que las mantienen.
- Inventariar los recursos de afrontamiento con los que cuenta el P/C y sus repertorios básicos de respuestas saludables (¿Qué sabe hacer y con qué grado de destreza?).
- Inventariar los recursos del entorno que pueden utilizarse para reducir/eliminar las respuestas depresivas que dificultan o bloquean la implicación/«activación», así como los que son útiles para fortalecer las saludables.

Esta evaluación, como el resto, se enmarca en el contexto de colaboración que es propio de la AC y que comienza con la entrevista inicial. Durante esta se rastrea el proceso abrupto o gradual del inicio del trastorno, se observan y se registran las respuestas depresivas que se constaten durante el curso de la entrevista, y se realiza una primera aproximación al análisis del contexto del P/C y a la pérdida de su función reforzadora.

Para ello se indaga y presta especial atención a las actividades que se realizan, las rutinas abandonadas, el papel de familiares y amigos especialmente en relación con la posibilidad de que estén reforzando las respuestas de escape/evitación, sin advertirlo, mediante, por ejemplo, una atención inadecuada a su situación o realizando por ellos actividades que el P/C podría hacer.

Además de recoger información sobre los aspectos de interés señalados, en esta entrevista también se subraya la necesidad y la relevancia de que el P/C aprenda a vigilarse y registrar cualitativa y cuantitativamente, cada día, sus actividades y su estado, siguiendo el modelo de registro que se le entregará y en cuya cumplimentación también se le instruirá, antes de pedirle que lo aplique como instrumento que le proveerá información muy útil para su propio control («automonitorización»).

En el cuadro 7.4 presentamos una propuesta de modelo de registro, y a continuación, en el texto, otra propuesta modificada de la anterior como sugerencia alternativa. El objetivo es recabar información relevante, partiendo de lo que objetivamente pueda hacer el P/C en cada momento (las metas han de ser siempre realistas), para que este descubra la función de cada una de sus acciones, es decir, la influencia de estas en las consecuencias que se presentan.

Se trata de preguntas para contestar cada vez que haga algo que le produzca efectos positivos (reforzantes: gratificantes o de reducción/alivio

CUADRO 7.4

Modelo de preguntas para guiar el registro de las acciones de la actividad cotidiana, basado en la secuencia temporal del análisis funcional

¿Qué ha pasado? Descríbalo pensando en lo que ocurrió instantes antes de su reacción y en lo que pasó inmediatamente después de esta.	¿Qué consecuencias se han producido inmediatamente?	¿Cómo ha afectado inmediatamente a las recompensas, al estrés y a su agobio lo que le ha pasado?	¿Cómo se ha sentido? Si quiere, puede cuantificarlo dándole un valor entre −10 y +10.	¿Qué ha hecho?	¿Qué ha pensado?	¿Qué influencia le atribuye a lo que ha hecho en las consecuencias que se han producido?

del malestar) o negativos (tristeza, malestar, agobio, apatía, indefensión, etc.).

1. ¿Qué ha pasado? Descríbalo pensando en lo que ocurrió instantes antes de su reacción, en su respuesta y en lo que pasó inmediatamente después de producirse esta.
2. Instantes antes de que pasara:

   2.1. ¿Qué estaba haciendo?
   2.2. ¿En qué estaba pensando?
   2.3. ¿Vio, sintió o escuchó algo que pueda relacionar con el inicio de lo que ha pasado?

3. Mientras que le pasaba:

   3.1. ¿En qué pensaba?
   3.2. ¿Cómo se sentía? Si quiere, puede cuantificar cómo se sentía, dándole un valor entre −10 (muchísimo malestar) y +10 (muchísimo bienestar), siendo 0 = «Ni bien ni mal».
   3.3. ¿Qué hizo?
   3.4. Suponiendo que estuviera acompañado/a, ¿qué hicieron o dijeron quienes estaban allí?

4. ¿Qué consecuencias inmediatas produjeron lo que ha pasado en usted mismo y en quienes estaban con usted o próximos a usted?
5. ¿Cómo ha afectado a las recompensas inmediatas y al estrés o/y al agobio? ¿Aumentaron? ¿Disminuyeron? ¿No se produjeron?
6. ¿Qué influencia le atribuye a su modo de actuar en las consecuencias que se han producido?

Los resultados del autorregistro, más los registros de terceros debidamente autorizados y entrenados, nos permitirán construir nuestras LB para controlar el punto de partida y la evolución (frecuencia y duración) de las actividades realizadas, así como el de la intensidad (y la dirección) del estado de ánimo asociado a cada una de ellas en razón del tipo de refuerzo que le sigue en cada caso.

Estos datos se utilizarán también como punto de partida, junto al análisis de la función de la reacción, para formular los objetivos del tratamiento a corto y medio plazo, tras la evaluación pretratamiento y durante la *intratamiento*. De ahí su gran relevancia.

Los datos de los autorregistros y, en su caso, los registros de terceros, también pueden complementarse con los producidos por los test situacionales y con los de las pruebas estandarizadas. Estas últimas, como es sabido, nos proporcionarán datos relativos a la posición del P/C frente a su grupo de referencia sociocultural y por edad.

Si se optara por incluir en la evaluación pretratamiento pruebas estandarizadas, las más frecuentemente utilizadas son el «Behavioral Activation for Depression Scale» (BADS; Kanter et al., 2007)[115], el «Environmental Reward Observation Scale» (EROS; Armento y Hopko, 2007)[116], el «Reward Probability Index» (RPI; Carvalho et al., 2011)[117] y el Beck Depression Inventory-II (BDI-II; Beck, Steer y Brown, 1996)[118].

Una vez que el psicólogo disponga de la información suficiente para tener clara la existencia del trastorno depresivo y, por tanto, esté en condiciones de concretarle al P/C lo que le ocurre, lo citará para ponerlo en su conocimiento e indicarle las condiciones informadas que contenga el contrato terapéutico, en el que se explicitarán las obligaciones a las que se comprometen ambas partes, así como las condiciones que exige el buen desarrollo del tratamiento. Entre estas se incluirán el cumplimiento con los autorregistros, la realización de las «tareas para casa» y cualquier otra cuestión que se estime que puede facilitar/dificultar el buen funcionamiento de la relación terapéutica (puntualidad, confidencialidad, colaboración de coterapeutas —familiares y/o amigos—, duración de las sesiones, precio de cada consulta, etc.).

La evaluación *intratamiento* descansará principalmente en los datos de los registros sistemáticos de la información proporcionada por el P/C, la de terceros, el contenido de diarios, de narraciones, etc., y la que podamos obtener nosotros mismos a partir de los test situacionales que diseñemos *ad hoc* e incluso empleando cuestionarios estandarizados como el Inventario para la depresión de Beck (con la debida prudencia y siendo conscientes de su sentido, limitaciones y peligros).

El objetivo es que el P/C pueda relacionar con claridad la situación con lo que siente, piensa y hace, así como la funcionalidad de lo que hace.

Tras realizar la evaluación inicial o previa al inicio del tratamiento, en la siguiente sesión se comunicarán los resultados y a continuación se expondrán, en primer lugar, los principios que el psicólogo ha de tener presentes a lo largo de la intervención, en segundo los fundamentos en los que se asienta la aplicación del tratamiento y en tercero el procedimiento que se seguirá durante el desarrollo de su aplicación.

A modo de ejemplo, veamos brevemente algunas de las técnicas y de las estrategias que se utilizan en la AC durante el curso de la evaluación:

— **Evaluación funcional.** Su fin es evaluar las relaciones entre el entorno, un comportamiento y sus consecuencias. Es decir, comprender cómo el entorno ha establecido el comportamiento y cuáles son las consecuencias del mismo. Para ello se ha de identificar la relación entre el/los estímulo(s) y la(s) respuesta(s) de interés, a fin de determinar y concretar los antecedentes («¿Qué condiciones precedieron inmediatamente a la respuesta problemática?») y los consecuentes («¿Cuáles fueron las consecuencias o resultados que produjo esta respuesta?»).

[115] Existen traducciones adaptadas y validadas para población de habla española en España (Barraca, Pérez-Álvarez y Lozano Bleda, 2011) y en México (Sánchez-Angulo et al., 2018). En el Anexo Xa incluimos nuestra traducción y adaptación (Olivares-Olivares y Olivares, 2020).

[116] Véase la validación a población de habla española realizada por Barraca y Pérez-Álvarez (2010) para población comunitaria y la hecha por Fernández-Rodríguez, González-Fernández y Pedrosa (2020) para sobrevivientes de cáncer en España, la realizada en Perú por Chambi Mamani y Quispe Kana (2020) con muestra clínica, y la validación de Valderrama-Díaz, Bianchi-Salguero y Villalba-Garzón (2016) con muestras comunitaria y clínica de población colombiana.

[117] Véase el trabajo de traducción, adaptación y validación realizado por Reyes Buitrago (2020) para una muestra colombiana de habla española.

[118] En los anexos XIa y XIb presentamos el inventario de los ítems de esta escala y una versión breve validada por Moral de la Rubia (2013).

En consecuencia, el AFa nos debería ayudar a entender qué respuesta o respuestas se produjeron, por qué y a qué consecuencias se asociaron. Así, por ejemplo, si un P/C informa que se ha quedado en la cama todo el día, la posición del psicólogo ha de ser la de intentar entender por qué lo ha hecho, qué variables han controlado ese comportamiento. Ahora bien, recordemos que para poder concretar su respuesta a esta pregunta el psicólogo ha de realizar una evaluación que, unida a los resultados obtenidos en el AFa, le permita dar respuesta a por qué estuvo todo el día en la cama (comportamiento problemático por exceso).

— **Valoraciones de la destreza/dominio y del placer producido por las actividades que se realizan.** Ello requiere, como paso previo, evaluar qué actividades de la vida del P/C le proporcionan una sensación de placer y/o dominio en el momento presente. Este conocimiento nos permitirá incrementar la probabilidad de que podamos diseñar situaciones que produzcan en nuestros P/C experiencias gratificantes y significativas que, a su vez, aumenten la probabilidad de que se reduzca el estado depresivo.

Tal evaluación requiere que el P/C lleva un registro de sus actividades cotidianas y que califique la destreza con que las ejecuta («sensación de dominio») y el grado de placer que experimenta cada vez que las realiza, por ejemplo dentro de un rango 0-5.

Esta estrategia nos permitirá acumular evidencia empírica que permita a nuestros P/C seleccionar las actividades con mayor puntuación en cualquiera de las dos escalas (destreza y placer), para utilizarlas como parte del arsenal conductual con el que incrementar el grado de actividad en el marco de las «tareas para casa».

Uno de los objetivos de esta estrategia de valoración es que los P/C programen sus actividades diariamente, a fin de que se produzca la sensación de que son capaces de estructurar y controlar su actividad cotidiana (percepción contraria a la de estar sin hacer nada).

Por ejemplo, programar la actividad de llamar por teléfono a un buen compañero de trabajo para interesarse por cómo le va. Tras la llamada registrará el tiempo que ha estado hablando (*v. gr.*, cinco minutos), el placer experimentado por haber sido capaz de llamarlo y hablar con él (por ejemplo, 2 sobre 5) y la sensación asociada a haber sido capaz de llamarlo y la destreza/dominio del habla durante la charla (inicio, desarrollo-mantenimiento y término, *v. gr.*, 4 sobre 5).

— **Informes verbales de actividades**. Es una estrategia que se utiliza para conocer y comprender las actividades que realizan los P/C en el momento en el que se lleva a cabo la evaluación.

Estos informes permiten al psicólogo, por una parte, evaluar en qué medida los P/C están actuando de manera que haciendo lo que hacen incrementan la probabilidad de que empeore su estado porque sus comportamientos son autodestructivos (tanto por exceso como por defecto de actividad) y, por otra, acotar cuáles son los intereses de los P/C en este momento.

Como estrategia, se procede yendo de la general a lo particular. Así, podemos pedirles que cuenten lo que hicieron ayer y preguntándoles si fue un día representativo de su «día a día» en la actualidad. Si ante nuestra pregunta genérica respondieran que no hicieron «nada», entonces les haremos preguntas más concretas. Por ejemplo, «¿Qué hizo desde que se levantó hasta que se acostó por la anoche?» o, más específicamente, «¿Qué hizo ayer entre las 10:00 y las 12:00? ¿Y por la tarde?».

Además, es importante que, si fuese necesario, se reformulen las preguntas que hemos hecho para conseguir que nos informen de actividades (que es nuestro objetivo), pese a que se resistan, e incluso sugerirles actividades al hilo de lo que expresan. Por ejemplo:

P/C: «Me quedé sentado toda la mañana, sin hacer nada».

Psicólogo: «Así que estuvo sentado toda la mañana. ¿Qué hacía mientras estaba sentado?».

P/C: «Nada. Estaba sentado».

Psicólogo: «¿Sentado y pensando?».

P/C: «Sí, pensando en lo miserable que era mi vida».

Psicólogo: «Así que estuvo sentado toda la mañana y pensando en su estado depresivo... Le propongo que se plantee la posibilidad de que mañana, en vez de repetir lo de hoy, se fije como objetivo organizar su cocina, y repasar los recibos de la luz y los del agua para estudiar la evolución del gasto. ¿Qué le parece?».

— **Informes de RAD contenidas en el IDB.** Tomando como referencia los ítems contenidos en el IDB podemos evaluar qué RAD depresivas, por exceso y por defecto, están experimentando los P/C. Este rastreo nos ayudará a concretar los objetivos más apropiados para orientar el diseño y el desarrollo de la intervención.

Así, por ejemplo, el psicólogo, tras revisar el IDB del P/C, dice: «Me he dado cuenta de que ha marcado usted con un círculo la afirmación «Me cuesta tomar decisiones». ¿Puede decirme a qué se refiere exactamente?».

La información que proporcionen los P/C será de gran utilidad para identificar áreas de actividad problemáticas y formular objetivos concretos para abordarlas.

— **Revisión del programa de actividades diarias**. Otro elemento importante dentro de las estrategias para la evaluación es concretar el tipo y la cantidad de actividades que realizan los P/C. Esto permite comprender mejor sus rutinas y los efectos que tienen en la merma de sensaciones placenteras que experimentan.

Esta concreción se realiza a través de la cumplimentación por los P/C del Programa de actividades diarias (PAD), tras haberles enfatizado el psicólogo la relevancia de llevar un registro de sus actividades a fin de que podamos identificar dónde es necesario que produzcamos cambios en lo que hacemos o en cómo lo estamos haciendo.

Por ejemplo, si tras revisar el PAD de un P/C el psicólogo constata que, pese a que ya han transcurrido dos semanas de tratamiento, en la última ha realizado muy pocas actividades que le proporcionen sensaciones de dominio o de placer, entonces puede sugerirle que se tiene que plantear realizar cambios, que no puede seguir realizando las mismas actividades día tras día, de manera rutinaria.

A partir de ahí puede presentarle varias alternativas con las que podría modificar su rutina, incorporando nuevas actividades o modificando las que hace, a fin de que se incremente la probabilidad de que aparezca la sensación de dominio y de placer o bienestar asociado a lo que hace.

— **Evaluación del comportamiento durante la sesión**. En el marco de la AC el contexto clínico es un lugar privilegiado para observar el comportamiento de los P/C y evaluarlo, porque le permite al psicólogo obtener información de primera mano sobre las respuestas depresivas o disfuncionales, y las saludables o adaptativas que se producen *in situ*. Además, la información que producen estas observaciones permiten que pueda plantearle a sus P/C el AFa de las mismas, bien en el mismo instante en que se han producido o en otro momento dentro del desarrollo de la sesión. La inmediatez hace que la información resulte más eficaz para demostrarle las relaciones funcionales entre el entorno, sus respuestas y las consecuencias que estas producen.

Así, por ejemplo, si durante el desarrollo de una sesión un P/C está hablando y es interrumpido por otro miembro del grupo, que disiente críticamente de lo que estaba diciendo y esto produce en él una intensificación del estado de tristeza, agobio, etc., esta información puede utilizarse posteriormente para mostrar las relaciones funcionales entre el entorno, el comportamiento y sus consecuencias.

7.4.3.2. *El tratamiento*

Consideraciones generales

Basándose en la posición teórica descrita, el tratamiento ha de centrarse en la modificación de la interacción del P/C con el contexto (condiciones estimulares que producen/provocan/mantienen nuestras respuestas). La base del tratamiento es ayudar a (re)experimentar las consecuencias que siguen a las actividades que un día fueron placenteras, agradables o atractivas.

Se espera que el contacto que produce la activación permitirá que se recupere la práctica de las actividades que llevan asociada una elevada probabilidad de ser reforzadas positivamente («reforzadores naturales»), dando lugar, en paralelo, a la eliminación de las acciones mantenidas por el refuerzo negativo, es decir, las respuestas de escape/evitación.

No se procede modificando el contenido del sistema cognitivo ni las respuestas que se producen en el mismo, como se hace en la TCB, ni tampoco a través de la modificación de la percepción del estado corporal que tiene el P/C mediante la ingesta de psicofármacos antidepresivos y ansiolíticos u otros procedimientos físicos (propios del modelo biomédico-psiquiátrico), ni las respuestas implicadas en la conducta verbal como se hace en la ACT.

En la AC se supone que con el tratamiento aplicado las respuestas de afrontamiento, incompatibles y alternativas a las de escape/evitación, terminen sustituyendo a estas últimas y produzcan la posibilidad de que se modifique la situación deprimente. Es decir, que el P/C la abandone porque recupera una tasa adecuada de refuerzo positivo a través de su exposición a las circunstancias que lo posibilitan cuando actúa adecuadamente.

En la AC el ingrediente activo es el comportamiento del P/C (adecuado y funcionalmente adaptado o inadecuado y funcionalmente desadaptado). Ello obliga a que el tratamiento persiga modificar las consecuencias que mantienen esta última modalidad de actuación. Pero para el logro de este objetivo es condición *sine qua non* que el P/C desencadene el proceso terapéutico. Es decir, que se implique y actúe, que se «active», pese a que pueda «sentirse triste, verlo todo negro y no tener ganas de nada».

La AC enfatiza la relevancia de que en el diseño, la planificación y durante la aplicación del tratamiento se incluyan/produzcan sistemáticamente intentos de implicar y/o de intensificar la «activación»/implicación del P/C[119] en la emisión de respuestas, o en la realización de actividades[120],

[119] De acuerdo con sus posibilidades reales en el presente y respetando sus intereses y sus valores. Es necesario que al P/C se le explique y que entienda «la filosofía contextual» y el criterio funcional de nuestras (sus) reacciones/respuestas (componente psicoeducativo).

[120] Recordemos que para nosotros la conducta es el resultado de la asociación entre una reacción/respuesta y un estímulo/configuración estimular (antecedente o consecuente; externo o interno) que la desencadena y/o mantiene.

que hagan más probable que se presenten las contingencias ambientales reforzadoras para él/ella. Se espera que, cuando estas últimas se den, entonces se produzcan, a su vez, cambios en las respuestas cognitivas (pensamientos), en la percepción del estado corporal («humor») y en la calidad de vida (satisfacción).

Las actividades que se han de considerar relevantes son las que se detectan, concretan y enumeran, a partir del AFa que se realiza con los datos proporcionados por el proceso de evaluación de la conducta y en función de su relevancia para el P/C (han de ser de su interés).

De ahí que resulte básico el conocimiento de las leyes del aprendizaje, por parte del psicólogo y su comprensión por parte del P/C, así como el diseño de estrategias que lleven a este a identificar y modificar las acciones propias que inhiben, dificultan o impiden su «activación»/implicación en el afrontamiento de la situación, como ocurre cuando se dan las respuestas de escape o evitación.

Se trata pues de una modalidad de tratamiento que, como hemos indicado, enfatiza la intervención sistemática para incrementar la producción de respuestas en el P/C que a su vez incrementen la probabilidad de que se produzcan las contingencias ambientales positivas o reforzadoras, de las cuales se espera que, a su vez, generen cambios positivos en su estado (pensamientos, «humor» y calidad de vida).

El aprendizaje de nuevas estrategias de acción y reacción para afrontar los problemas[121] incluye la aceptación de los patrones de respuestas que se desencadenan automáticamente (las emociones), la percepción de cómo se siente («estado del humor» asociado a estas) y la búsqueda de nuevas alternativas de acción que maximicen la probabilidad de que se presenten/obtengan reforzadores propios del contexto en el que el P/C desarrolla su actividad.

Esta premisa, la obtención del refuerzo propio de su contexto, es la que orienta la elección de las «tareas para casa». Las actividades que se acuerden, entre sesión y sesión de tratamiento, además de implicar un cambio activo en la manera de abordar las relaciones con su entorno (familiar, laboral, social, académico, etc.) han de contar con una elevada probabilidad de ser reforzadas por los presentes (sonrisa, felicitación, afirmación mediante gestos, comentarios de reconocimiento, etc.).

La actividad del P/C se orienta en ocasiones con acrónimos que le permiten recordar cómo ha de enfrentarse a las dificultades. Así, como veremos, «ACTION» es el acrónimo de «Assess-Choose-TryOut-Integrate-Observe-NeverAbandone» (Evaluar-Elegir-Probar-Integrar-Observar-Nunca abandonar), que suele utilizarse en el entrenamiento de la prevención de «recaídas» (véase cuadro 7.5).

La aplicación del tratamiento requiere que, tal como hemos avanzado ya, el P/C se comprometa para asistir puntual y regularmente a las sesiones y autorice la colaboración de familiares y amigos. Ambas cuestiones han de estar explícitamente recogidas en el contenido del contrato terapéutico que ha debido firmar una vez constatada la existencia del P/T. Veámoslas con algún detalle:

— Compromiso. La asistencia regular, pese a no hallarse bien, maximizará la probabilidad de que se consoliden y generalicen los avances fruto del tratamiento y reducirá la de ocurrencia de «recaídas». Afrontar la desmotivación, la tristeza, la fatiga, la desgana y la apatía, el «sinsentido de la vida» y del propio tratamiento, conlleva tanto el incremento de la probabilidad de autorrefuerzo, por cumplir con lo pactado, como el refuerzo positivo que supone la atención y el reconocimiento del psicólogo. Ambas

[121] V.gr.: ¿Qué hacer cuando se llega a un lugar donde no se conoce a nadie para iniciar la conversación? ¿Cómo terminar una conversación por la razón que sea? ¿Cómo reaccionar cuando surge un imprevisto desagradable en el contexto concreto?

CUADRO 7.5

Decálogo de principios básicos en los que descansa la aplicación de la Activación Conductual

1. Si quieres cambiar lo que sienten las personas, ayúdales a cambiar lo que hacen.
2. Los acontecimientos vitales que implican cambios importantes en las rutinas cotidianas pueden producir depresión, y las estrategias de adaptación que se desencadenan o se ponen en funcionamiento, para contrarrestar las consecuencias negativas, sí se mantienen pueden bloquear las respuestas saludables no solo a corto sino también a medio y largo plazo.
3. El conocimiento de los antecedentes y consecuentes de las respuestas que una persona considera valiosas permite entender el porqué de su naturaleza antidepresiva.
4. Para superar un estado depresivo hay que estructurar y programar respuestas/actividades siguiendo un plan, cuyo cumplimiento ha de ser independiente del estado de ánimo. Este último no puede ser el que determine lo que se hace y lo que no se hace.
5. Los cambios son más probables si se inician partiendo de metas realistas y graduadas en su dificultad.
6. Dentro de las actividades que se acuerden han de priorizarse las que cuenten con mayores probabilidades de ser reforzadas de manera «natural», en el contexto en el que hayan de producirse.
7. El psicólogo desempeña la función de un entrenador que fomenta e intensifica la alianza terapéutica aplicando la empatía, la aceptación, y mostrándose congruente a la hora de prestar ayuda vinculada a la resolución de los problemas que haya que abordar.
8. Hay que entrenar el modo de afrontar y resolver los problemas manteniendo una aproximación empírica, enfatizando que todos los resultados pueden ser útiles.
9. La consigna ha de ser «No lo digas, ¡hazlo!».
10. Hay que aprender a detectar e identificar las variables que actúan como barreras para la implicación/activación del P/C en su recuperación, a fin de trabajar en su reducción /eliminación cuando no se hubiera podido lograr su prevención.

FUENTE: Traducido y modificado de Martell et al. (2010; pp. 22-34).

acciones le ayudarán a avanzar en su salida de la situación depresiva.

— Colaboración de familiares y amigos. Estos han de ser informados, y en su caso entrenados, para crear un entorno antidepresivo (red de apoyo social). Esto se logra aprendiendo a no reforzar positivamente las respuestas de escape/evitación y sí hacerlo con las de exposición y afrontamiento (implicación/activación).

Desde una perspectiva general, el objetivo del tratamiento mediante la AC es enseñar-aprender a cambiar lo que hacemos a pesar de cómo nos sentimos. Desde un punto de vista más concreto, se pretende que el diseño y la aplicación de ese proceso de enseñanza-aprendizaje permita al P/C:

— Implicarse regularmente (con constancia) en actividades placenteras y/o en el logro de metas concretas que cuenten con una elevada probabilidad de ser reforzados espontáneamente en el entorno social donde desarrolla su actividad.
— Identificar los objetivos que quiere conseguir, en coherencia con sus valores, mediante su actuación en el marco familiar, el trabajo, el ocio, etc.
— Concretar actividades que le permitan conseguir lo que se propone y percibir su

propia acción como una experiencia placentera.

En este contexto, la planificación y la programación de la agenda en el contexto clínico y en el marco de las «tareas para casa» tienen dos propósitos para el tratamiento mediante la AC:

— Incrementar la probabilidad de que pueda sugerir temas relevantes que le motiven a implicarse/activarse («Hacer suyo el tratamiento»).
— Facilitarle la comprensión del proceso que sigue el tratamiento en general y el papel de la función de nuestro comportamiento en particular.

El tratamiento propiamente dicho

El tratamiento se inicia con la fase psicoeducativa, a la que seguirán las de entrenamiento (si fuese el caso) y la de «tareas para casa».

Fase psicoeducativa. Pese a que el componente psicoeducativo estará presente durante el desarrollo de todas las sesiones, como ocurre en todos los tratamientos basados en el MC y en el MCC, en la primera sesión, la que da inicio al tratamiento, este componente será el protagonista principal, porque ocupará tanto tiempo como resulte necesario hasta que se logren los objetivos (más de una sesión si fuera preciso).

Así, con toda la información recopilada sobre la situación actual del P/C, el psicólogo elaborará una explicación, siguiendo el curso del AFa, que le permita explicar el posible inicio, el desarrollo y el mantenimiento del trastorno en el marco de las circunstancias concretas en las que se halle el P/C (véase la figura 7.7), así como los objetivos que se habrán de conseguir a corto, medio y largo plazo.

Entre los objetivos que ha de marcarse el psicólogo para esta sesión psicoeducativa (explicativa y de reconceptualización del P/T) están que el P/C:

— Comprenda por qué le ocurre lo que le pasa, a fin de reconceptualizar la comprensión de la situación deprimente.
— Conozca las posibilidades de solucionar tal situación (véase el cuadro 7.4 del registro basado en el proceso temporal del AF).

En el caso concreto que nos ocupa, el psicólogo inicia la enseñanza del P/C para que aprenda a analizar la depresión, en términos contextuales, presentándole un modelo explicativo, generalmente con el apoyo de gráficos o representaciones como la que recogemos en la figura 7.7, para representar esquemáticamente la génesis de la «situación depresiva» como el producto de la interacción entre distintas variables.

Una de ellas la conforman las circunstancias vitales que anteceden a la situación depresiva. Generalmente son eventos o acontecimientos negativos fácilmente identificables, porque son recientes y pueden identificarse como predisponentes, a partir del análisis biográfico (AFh).

Otra la integran las circunstancias que generalmente conducen al sentimiento de pérdida de valor y del interés de aquello que hasta ahora sí valoraba, debido al decremento de la tasa de refuerzo positivo. Al indagar en esta cuestión es muy probable que se detecte que los repertorios básicos de conducta (aprendizajes preliminares) necesarios para el logro de los objetivos no eran suficientes y/o pertinentes para alcanzar o mantener los logros a los que se les daba valor.

En este juego de variables y sus interacciones a menudo se confunde la situación deprimente con la tristeza, con la baja autoestima y con la pérdida significativa del autoconcepto, con el sinsentido de la vida. Es decir, con «el sentimiento depresivo», pese a que realmente este es el resultado de los efectos y de las interacciones de las variables previas, no una variable explicativa del inicio de la situación.

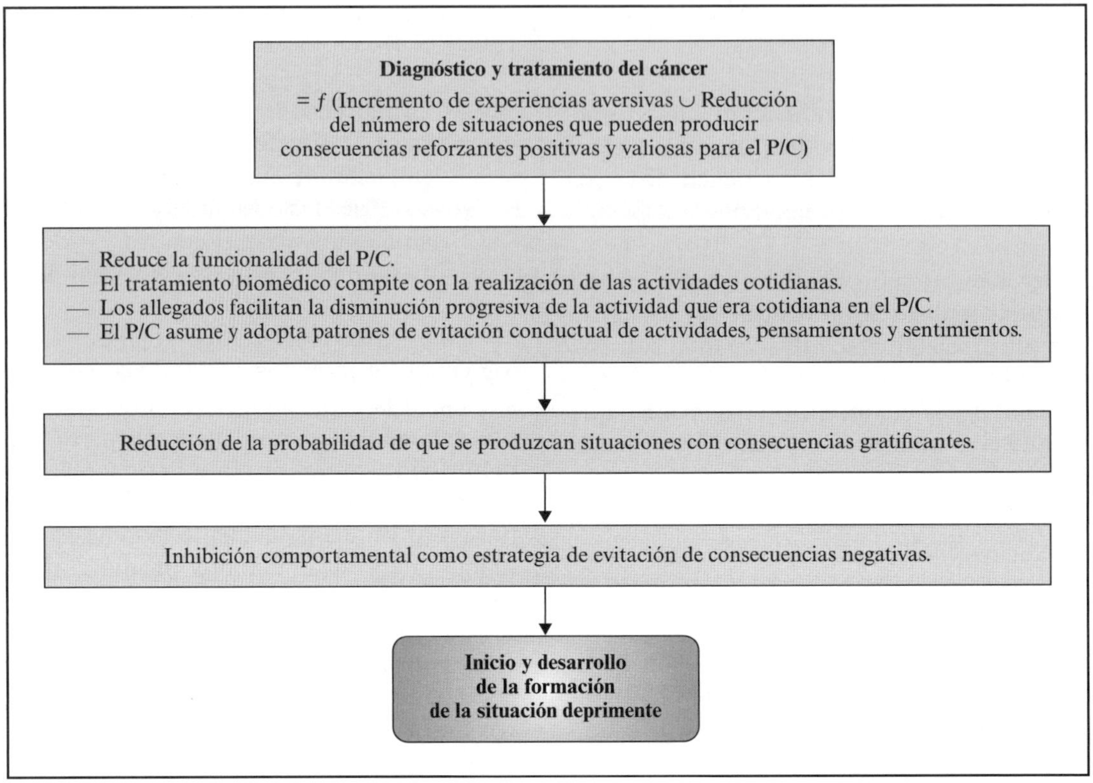

f = Función; ∪ = Unión.

FUENTE: Modificado de Fernández-Rodríguez (2017).

Figura 7.7.—Ejemplo de la formulación contextual del curso que precede al inicio de la depresión en los enfermos de cáncer.

El tratamiento tiene como objetivo que el P/C aprenda a «activarse» y aprehenda, a través del AFa de sus acciones, lo que las antecede y lo que las sigue (fuera y dentro de él/ella), por qué actúa o reacciona como lo hace. Se supone que ello le llevará a verse desde otra perspectiva, la cual le permitirá entender su comportamiento en relación con el contexto (variables antecedentes y consecuentes) y a rechazar las explicaciones basadas en causas o variables internas relativas a sentimientos o pensamientos.

El tratamiento no ha de intentar invalidar ni competir con las explicaciones con las que cuentan los P/C, en términos de causas internas, como puede ocurrir, por ejemplo, en relación con la autoestima o el autoconcepto (bienestar y seguridad se asocian con valores considerados «altos» y malestar con los considerados «bajos»). El tratamiento ha de ir dirigido a que tales constructos, tenidos por variables que causan el estado que se percibe y experimenta como agradable o desagradable, se relacionen con las variables o condiciones del medio externo, del contexto, que puedan abordarse, que sean manejables o manipulables.

Así, respecto de los constructos relativos al autoconcepto y a la autoestima, en vez de discutirlos con el P/C se afrontará la cuestión socráticamente, es decir, planteándole la variedad de las percepciones que pueden tener distintas personas sobre ellos, y a partir de ahí pidiéndole que asocie o relacione lo que le ha ocurrido u ocurre instantes antes de «sentirse con un autoconcepto elevado» o «con una autoestima elevada» (por ejemplo, sentimientos de seguridad y satisfacción) y viceversa.

Se espera que cuando el P/C constate que sus explicaciones, basándose en variables internas, las cuales tenía por ciertas y suficientes, realmente dependen de las condiciones o circunstancias externas, entonces se «active» e implique en el cambio de lo que puede hacer para modificar su situación.

Por último, otra variable relevante la conforman las respuestas que se agrupan bajo la expresión «evitación conductual», caracterizada porque se dejan de hacer las actividades que antes formaban parte de la cotidianidad del P/C. Pero una cuestión vital en esta explicación es dejar constancia de cómo la retirada de la actividad cotidiana, en el grado en el que se esté produciendo o se haya producido, se ha debido a la implicación del P/C en otras acciones y actividades que dificultan/impiden que se ejecuten las habituales y, por tanto, que puedan presentarse las situaciones en las que era altamente probable que se produjeran los refuerzos positivos considerados valiosos.

Este grupo de respuestas de escape/evitación están mantenidas por el refuerzo negativo («trampa del alivio» que participa activamente en la génesis, desarrollo y mantenimiento de la depresión). En ellas juegan un papel muy importante las respuestas cognitivas, como las que integran la «rumia» y otras como las implicadas en el aislamiento social.

En este sentido, como indicaba Pérez-Álvarez (2007a), el conjunto de variables que conforman la «evitación conductual» tienen un papel determinante en el desarrollo y mantenimiento del estado deprimente que caracteriza la fenomenología de la depresión, la cual, por otra parte, como el mismo autor señalaba, es solo un elemento dentro del círculo vicioso en el que se inscribe la situación depresiva: la depresión se postula como una situación dentro de la que el P/C está, no un mecanismo psicológico interno que procesa inadecuadamente la información (debido a uno o más supuestos), ni tampoco un producto de una reacción bioquímica alterada (también interna y fuera de su alcance).

Para el psicólogo es fundamental que su P/C entienda adecuadamente el proceso y cómo da lugar a un circuito cerrado que se retroalimenta, al que también contribuyen a mantener inadvertidamente familiares y amigos («trampa de la depresión»).

La explicación basada en el análisis de las asociaciones entre las distintas circunstancias, que conceptualizamos basándonos en su función como estímulos y las respuestas implicadas en la secuencia temporal (AFa), ha de permitir que, por una parte, quede clara la relación entre las actividades y el malestar/bienestar, es decir, entre la evitación (aislamiento) y el empeoramiento, y que, por otra, este conocimiento pueda utilizarse dentro del proceso de enseñanza-aprendizaje, en todas las sesiones que resten.

Esta será la estrategia de análisis que utilizarán ambos, tanto conjunta como separadamente, para estudiar la función y la evolución de las respuestas depresivas y de las saludables. Ambos durante el desarrollo de la sesión; solo el P/C durante las «tareas para casa» (para consolidar y generalizar el aprendizaje y para motivar la realización de las actividades que se acuerdan y programan), y solo el psicólogo cuando estudia los efectos del tratamiento y planifica tener previstas distintas alternativas para afrontar los problemas que con mayor probabilidad puedan surgir a corto y medio plazo.

En este ámbito, el psicólogo analiza y trabaja con las relaciones que pone de manifiesto el AFa del comportamiento del P/C (antecedentes, respuestas, consecuentes). La observación y el

AFa le han de permitir la detección de respuestas positivas que se fomentarán y la identificación de reforzadores en el contexto («naturales», positivos y valiosos para el P/C) que se utilizarán en y para el desarrollo de la aplicación del tratamiento.

En el caso concreto, por ejemplo, de las relaciones entre las acciones del P/C y la percepción del estado de su organismo («humor»), el psicólogo supervisará las actividades diarias para detectar relaciones funcionales entre el contexto y las RAD.

Para ello utiliza datos de los autorregistros de la actividad cotidiana, los esquemas relacionales y las descripciones de su actuación. En esta últimas el P/C incluirá qué es lo que hace (verbos y cantidades), cuándo y cómo lo hace (conocimiento de qué hay que hacer y destreza en la ejecución), dónde (en cada lugar y/o evento), con o ante quién (contexto social), qué hace el otro u otros (es decir, cómo responden a su acciones o intervenciones —consecuencias—), qué siente y qué hace él/ella (reacciones), qué ocurre tras su actuación, etc.

El AFa pondrá de manifiesto las secuencias de estímulos y respuestas que permitirán al profesional orientar el desarrollo del tratamiento. Es decir, a partir de este momento, en cada una de las sesiones restantes, el psicólogo y el P/C organizarán el tiempo de su encuentro tomando como referencia el contenido de los autorregistros y del AFa correspondiente, durante el tiempo destinado en el inicio de cada sesión al comentario de los logros y de las dificultades producidas por la realización de las «tareas para casa».

Ahora bien, pese a que, como se acaba de indicar, en las sesiones se trabaja a partir de las respuestas que cuentan con una elevada probabilidad de ser reforzadas positivamente en la situación en la que se ejecutarán, su elección está siempre tamizada por los valores del P/C, siendo estos los que orientan la selección de las acciones que han de ejecutar («activar»).

Veamos con más detalle el proceso que se sigue para determinar los objetivos del tratamiento, en cada una de las sesiones, cuando se inician estas, con el objetivo de conocer el porqué de los logros y de las dificultades cuando se han realizado las «tareas para casa» (siempre a partir de los resultados del AFa).

Formular objetivos. La formulación conjunta de los objetivos constituye una parte muy relevante del tratamiento.

Como paso previo hemos de insistir en que es imprescindible que, para que el P/C se implique y adhiera al tratamiento («se active»), el psicólogo ha de asegurarse de que entiende, comprende y comparte su fundamento.

Para ello tiene que aceptar que, independientemente de las variables que pudieran participar en el inicio de su situación deprimente (AFh), el camino para salir de esta requiere primero reducir y luego eliminar los pensamientos negativos, la tristeza, el agotamiento, la pasividad, el miedo, etc., que están participando ahora (AFa).

Este camino no pasa por buscar hasta hallar las causas de la situación deprimente, porque, muy probablemente, es una tarea sin solución. Puede ponerse el ejemplo de la fiabilidad de los testigos para cuestionar el contenido de la memoria o cualquier otro, así como el hecho de que las variables que originaron el P/T no tienen que coincidir necesariamente con las que lo mantienen en la actualidad.

En cambio, el camino sí pasa por enfrentarse con la situación, actuando tan bien como se pueda. La acción permitirá al P/C entrar de nuevo en contacto con situaciones que ahora evita y permanecer en ellas haciendo prevalecer su objetivo frente a los efectos que podrían generarle sus respuestas de escape de la misma. De hecho, si lo hace así, entonces muy probablemente, como poco, terminará sintiéndose «menos mal», porque habrá cumplido consigo mismo al volver a realizar lo que realmente le importaba. Además, las fuentes de refuerzo positivo (y valioso) volverán a ponerse en marcha (atención, sonrisas, saludos, etc.), incrementando la probabilidad de que pueda volver a enfrentarse y afrontar la situación deprimente.

No se puede esperar a estar bien para dejar de sentirse mal. Se deja de estar mal porque se actúa pese a no estar bien. Si se actúa de modo gradual, de menos a más, partiendo de metas de dificultad mínima y realistas[122], aceptando y aprendiendo de los contratiempos y de los logros a través del AFa de las secuencias de estímulos y respuestas, entonces la probabilidad de abandonar el trastorno es muy alta.

Además, el P/C ha de saber que cuenta incondicionalmente con la ayuda profesional del psicólogo, que, en su papel de entrenador, le estimulará y le ayudará a encontrar las mejores soluciones para superar las dificultades que puedan surgir durante el proceso del tratamiento.

En este ámbito, el psicólogo ha de tener muy claro cuáles son sus objetivos al ponerse al servicio del P/C[123]:

— Afrontar activamente la situación deprimente: actuar para estar bien, en vez de esperar a estar bien para actuar.
— Reducir progresivamente hasta eliminar las respuestas de escape/evitación ante las situaciones aversivas («evitación conductual»).
— Restablecer el comportamiento rutinario previo al estado depresivo y/o incentivar respuestas alternativas que progresivamente reintroduzcan al P/C en la producción de nuevas rutinas cotidianas.
— Valorar la función de las verbalizaciones del P/C en el contexto terapéutico.

En relación con el último, como hemos adelantado, en la AC se invierte el proceso respecto de la ACT y también se difiere de los requisitos del MC y del MCC (que requieren que se recopilen datos de lo que ocurre fuera del ámbito clínico). En esta no se considera necesario disponer de datos del ámbito cotidiano para formular los objetivos de tratamiento, porque, al igual que en la psicoterapia analítica funcional (PAF), se parte de la relación psicólogo-P/C como contexto terapéutico para aplicarla.

Por ello, el psicólogo ha de recordar que la aplicación de la AC incluye como condición necesaria que se considere la función de las verbalizaciones del P/C al menos lo mismo que su contenido.

Pérez-Álvarez (2007b) ejemplifica esta premisa con el siguiente ejemplo:

> «[...] la expresión de un cliente "Me siento solo" puede tener la función de "mando", en terminología skinneriana, que demanda efectivamente determinada atención social, puede tener alternativamente la función de "mando mágico", en el sentido definido por Skinner (1957/1981, p. 62), sin que en este caso "demande" una respuesta particular o, en fin, puede tener también la función de evitar el tema del que se estaba hablando. En general, es mejor estimular conversaciones acerca de actividades prácticas que alimentar conversaciones acerca de quejas reiteradas sobre la vida» (p. 104).

El papel del psicólogo ha de caracterizarse por buscar y mantener el equilibrio entre la atención a las preocupaciones del P/C, la fidelidad a los objetivos consensuados y la aplicación de las técnicas necesarias para que pueda tener éxito el tratamiento.

En este ámbito, las preguntas que le realice el psicólogo al P/C deberán mostrar su interés por el P/T que presenta este, su conocimiento del mismo y llevarle a concretar, tanto como se pueda,

---

122 La AC preconiza la calidad sobre la cantidad. Las actividades que se realizarán han de tener un sentido vital para el P/C, siempre que resulte posible.

123 Basándose en las áreas vitales que delimitan la disrupción de las rutinas implicadas en la actividad cotidiana, la evitación conductual, el afrontamiento pasivo y el contexto terapéutico. Para una revisión puede consultarse el trabajo de González-Terrazas y Campos Aguilera (2021).

los patrones de respuesta que, pese a ser inicial y provisionalmente útiles, es decir, funcionales, su persistencia los ha convertido en problemáticos e «insanos» psicológicamente, es decir, disfuncionales.

Delimitar las áreas vitales y concretar en ellas los objetivos específicos del tratamiento. Como un paso más en la delimitación, a partir del AFa de los datos recopilados, durante la evaluación pretratamiento el psicólogo y el P/C concretarán las áreas de la actividad cotidiana del segundo en las que ambos consideran que se ha de modificar el modo actual de actuar, así como los objetivos concretos que se quieren conseguir dentro de cada una de ellas. Estos últimos serán los que orienten la formulación de las actividades (acciones) que se programarán para ser realizadas entre sesión y sesión de tratamiento, salvo que las circunstancias y el AFa de los registros requieran que se varíen.

Los objetivos versarán, por un lado, sobre la ejecución de las respuestas que se hayan determinado necesarias, bien porque ahora no se dan o porque tal como se presentan no pueden ser calificadas como suficientes para afrontar adecuadamente los requisitos de la situación.

En este último caso se requiere que se incremente bien su frecuencia, bien su duración y/o su intensidad. Por otro lado, también se han de considerar las respuestas que han de reducirse/eliminarse porque, al ocurrir, mantienen o incrementan el P/T, al competir con la ejecución de las que son necesarias para salir de la situación deprimente.

Estas últimas generalmente son las respuestas de escape/evitación que, en cualquiera de sus formatos, pueden calificarse como inadecuadas, desadaptativas o «insanas», porque intensifican, consolidan y generalizan el P/T que conforman.

El criterio para seleccionar las respuestas/acciones necesarias para resolver la situación deprimente ha de ser, en primer lugar, el axiológico del P/C, y a continuación, dentro de las que pasen este primer filtro, las que, contando con mayor probabilidad de que sean reforzadas de manera espontánea o «natural», en las situaciones donde se ejecuten, también incluyan un grado de destreza que sea al menos suficiente y una valoración personal positiva. Es decir, las que culturalmente son calificadas como valiosas o adecuadas por el P/C, y este está en la mejor predisposición para ejecutarlas diestra y adecuadamente a las circunstancias que conforman la situación.

Para estimar la «capacidad reforzante» de las respuestas se puede tomar como referencia la función que tuvieron en la actividad cotidiana, en el pasado reciente o más próximo. Asimismo, han de considerarse como necesarias aquellas actividades que, al ser reforzantes en sí mismas, pueden funcionar como recompensas previas y aumentar la motivación para actuar al inicio del tratamiento.

Si surgieran dificultades para elaborar los objetivos basándose en los resultados de la evaluación pretratamiento y la aplicación del AFa, se puede recurrir a los llamados «listados de áreas vitales» para elegirlas, respetando los valores que son más importantes para cada P/C[124].

Fase de entrenamiento. Tras la primera sesión, en cada una de las restantes se ha de afrontar el estudio de los resultados del AFa que se ha realizado, como parte de las «tareas para casa» del P/C, para la formulación y programación de nuevos objetivos y en su caso el entrenamiento de las habilidades y las destrezas implicadas en la ejecución de las actividades asociadas a los mismos.

La AC incorpora a su elenco de estrategias y técnicas unas propias del MC, otras del MCC y otras de distinta procedencia (incluida la distracción o la medicación), siempre y cuando permitan abordar en mejores condiciones las situaciones a las que se tiene que exponer el P/C.

---

[124] Véase Barraca y Pérez-Álvarez (2015), Hayes et al. (1999), Lejuez et al. (2011) o Wilson et al. (2010). En el Anexo XIIa incluimos una propuesta abierta de listado de actividades a modo de ejemplo.

Así, entre las primeras se hallan:

- La planificación y programación de actividades estructuradas gradualmente.
- El ensayo verbal de las tareas.
- El manejo de las contingencias (contratos conductuales, el refuerzo positivo directo y otros modos de refuerzo positivo de las actividades acordadas para incrementar su frecuencia, la destreza en la ejecución, el placer y la satisfacción).
- El desvanecimiento estimular.
- El ensayo verbal de las acciones.
- La aplicación del principio de exposición.
- Las técnicas de desactivación somática (respiración y relajación).

Entre las segundas están:

- El entrenamiento en la solución de problemas.
- La representación de papeles respecto de las actividades asignadas *(role-playing)*.
- El entrenamiento en habilidades sociales (instrucciones, modelado, ensayo de conducta, refuerzo positivo y retroalimentación).

Por último, en el tercer grupo se incluyen:

- El MFN.
- La aceptación como estrategia de asunción de los hechos.
- La «actuación dirigida a la meta»[125]. Esta es una modificación de la «terapia del rol fijo»[126] (que constituye un antecedente del entrenamiento en habilidades sociales) y de la técnica de Alfred Adler «Acting As If» («actuar como si»).

  Respecto de esta última, Carlson y Sperry (1998) indicaban que:

> «[...] Cuando alguien tiene dificultades para actuar prosocialmente, es decir, para hablar con asertividad o responder con cierta empatía, el clínico puede animarle a actuar «como si» fuera asertivo o empático varias veces al día hasta la siguiente sesión. La razón de ser de esta estrategia de reconstrucción es que, a medida que alguien empieza a actuar y sentir de forma diferente, se convierte en una persona diferente» (p. 73)[127].

Tanto en Mosak (1979) como en Watts, Peluso y Lewis (2005), o entre nosotros en Pérez-Álvarez (1996b y 2007b), también se aborda esta técnica adleriana, subrayando que es un procedimiento para instruir al P/C para que se comporte siguiendo un objetivo que se haya propuesto, coherentemente con la manera en la que le gustaría sentirse o ser visto por los demás. Para el logro de este objetivo se diseña y entrenan las secuencias de respuestas implicadas, y una vez conseguida la destreza que se entienda necesaria y suficiente entonces se le propone que actúe «como si» fuese asertivo, por ejemplo.

Ahora bien, el matiz relevante que incorpora la AC es que se usa para conseguir un objetivo, no para trasladar al ámbito de las respuestas motoras (acción manifiesta) a las respuestas cognitivas (sentimientos). El fin es demostrarle al P/C que sus respuestas motoras («lo que hace cuando actúa») pueden cambiar cómo se siente («lo que percibe del estado de su organismo») y el modo como los otros se

[125] Véase Martell et al. (2001).

[126] Kelly (1955).

[127] «When someone has difficulty acting prosocially, that is, speaking assertively or responding with some measure of empathy, the clinician might encourage [him or her] to act «as if» they were assertive or empathic several times a day until the next session. The rationale for this reconstruction strategy is that as someone begins to act differently and to feel differently, they become a different person» (p. 73).

relacionan con ella/él (cambio en la percepción de los otros a partir del cambio producido en la actuación motora propia).

Al fin y al cabo, las respuestas que calificamos como «depresivas» (porque son características del estado que conforman) contribuyen a que el P/C se perciba (se sienta) deprimido, y con sus propias acciones contribuya directamente a producir un ambiente deprimente en el que la relación consigo mismo y con los demás (y de estos con él/ella) se ve directamente afectada y alterada.

Esta práctica de fingir y desempeñarse «como si» es calificada por Pérez-Álvarez (2007b) como el «efecto Quijote», según el cual «el fingir y el fingir una manera de estar puede forjar todo un modo de ser» (p. 106). El autor recuerda la cara y la cruz del mismo: cara cuando su práctica te hace que termines siendo capaz de superar la inseguridad, y cruz cuando este aprendizaje, transformado en modalidad de comportamiento, produzca un modo «neurótico» de comportarse (*v. gr.*, mantener un comportamiento depresivo para conseguir y retener una baja laboral que conlleve un cambio en la actividad pública y privada que afecte directamente a las relaciones sociales).

La aplicación en el marco de la AC de este conjunto de estrategias y técnicas se realiza atendiendo a las circunstancias de cada P/C, tanto en el inicio como durante el desarrollo de su tratamiento[128]. Veámoslo brevemente.

Así, la primera estrategia es la de planificación y programación de acciones y reacciones generalmente jerarquizadas. Constituye el núcleo del tratamiento mediante la AC. Las acciones o secuencias de respuestas implicadas en la realización de las actividades se utilizan como medio, para provocar la maximización de la probabilidad de que se presenten los reforzadores positivos y valiosos para el P/C, en el marco dentro del cual se desarrollaba su actividad cotidiana.

En cambio, la técnica de solución de problemas se introduce como componente del tratamiento cuando se verifica que, pese a esperarse, las respuestas de exposición que conlleva la implicación/activación que compiten con las de escape/evitación no las van desplazando. Es decir, cuando el mecanismo implícito en la contingencia positiva no va desplazando progresivamente al de la contingencia negativa (al que tiene que terminar sustituyendo, al menos en la mayor parte de las respuestas). Por ello, el tratamiento no comienza aplicando las técnicas para eliminar directamente el efecto de refuerzo negativo. Este solo se pone en marcha cuando se verifica que no ocurre, y se hace generalmente aplicando un procedimiento abreviado o simplificado.

También es una estrategia de segunda elección el empleo planificado del refuerzo positivo como parte del tratamiento, ya sea autoadministrado o aplicado por otras personas, como ocurre, por ejemplo, cuando se introduce como parte de los contratos conductuales cuyo fin es motivar al P/C hasta que su comportamiento dependa principalmente de los refuerzos que se producen en el contexto sociocultural de manera espontánea (no planificada). Este no se aplica salvo que se perciba su necesidad. Esto suele ocurrir cuando existe en los repertorios básicos de conducta un déficit en los aprendizajes realizados que dificulta significativamente o impide que se presenten los reforzadores de manera espontánea, de forma natural.

En este caso, y solo en este caso, se introduce el entrenamiento del P/C, por ejemplo, en habilidades sociales específicas, se aplica el autorrefuerzo en ensayos cognitivos o incluso, si fuese necesario, el desvanecimiento estimular con su fase aditiva, proporcionando tantas ayudas como se

[128] Kanter et al. (2010) concluían tras su revisión que «[...] las intervenciones difieren en cuanto a las herramientas utilizadas, la programación y el seguimiento de las actividades [...]» (p. 608).

entiendan necesarias para que este actúe adecuadamente. Estas ayudas las puede proporcionar el psicólogo y/o los familiares y amigos. Posteriormente se aplicará la fase sustractiva, durante la que se irán detrayendo, hasta eliminarlas completamente, y dejarlo al albur del refuerzo espontáneo proporcionado por aquellos con quienes interactúa y consigo mismo.

Otro tanto ocurre con la inclusión de los componentes MFN y la «aceptación». Esta también depende de los datos que proporcionen los registros. Así ocurrirá, por ejemplo, cuando se constaten pensamientos repetitivos («rumiaciones») que dificultan/impiden que se ejecuten las respuestas que cuentan habitualmente con una alta probabilidad de que se presente el refuerzo positivo. En estos casos se recurre a la aplicación del MFN y de la aceptación, a fin de que el P/C pueda percibir con más claridad y apreciar el efecto de los refuerzos positivos concretos en sus acciones y reacciones, en el desencadenamiento y el mantenimiento de su comportamiento disfuncional.

También es posible aplicar el tratamiento desde una perspectiva más genérica, abarcando el curso de las sesiones y el proceso de su aplicación.

Desde esta opción, el primer componente del tratamiento es el desvanecimiento estimular. La planificación general de la AC y la programación específica de cada una de las sesiones se enmarcan, como ocurre en general con los TC y los TCC, en un proceso que se inicia prestando la ayuda pertinente («componente aditivo»), una vez que se ha verificado su necesidad, a partir de los datos proporcionados por la evaluación pretratamiento. A esta fase le sigue otra de retirada progresiva de las ayudas prestadas («sustractiva») hasta dejar al P/C dependiendo exclusivamente de sus propios recursos.

Como recuerda Barraca (2016), cuando se inicia el tratamiento es importante contar con un entorno estructurado, que genere seguridad y confianza. Este tiene que proporcionar el apoyo que se considera necesario para el logro del progreso que se espera. Por eso, entiende el autor que es habitual empezar el tratamiento con dos sesiones/semana, sobre todo con los P/C que obtienen puntuaciones que su ubican dentro del intervalo de gravedad del IDB. Es decir, con los más deprimidos, para pasar posteriormente a una sesión/semana hasta que, de acuerdo a los criterios fijados como referencia para iniciar la fase «sustractiva» del desvanecimiento, comencemos a distanciar las sesiones a razón de una cada dos semanas, cada tres, cada cuatro, etc., e introduzcamos el entrenamiento en prevención de recaídas como componente final del mismo.

En este contexto, durante la fase aditiva el refuerzo social del cumplimiento de los acuerdos programados y del logro de los objetivos debe maximizarse. Durante la fase sustractiva ha de ir reduciéndose progresivamente por parte del psicólogo, de los familiares y de los amigos. Esto se consigue a través del decremento de la frecuencia de la insistencia de unos y otros en reconocer y reforzar los logros del P/C.

Obviamente, la base sobre la que se diseña el desvanecimiento estimular es la «planificación y programación de actividades», que resulta del conocimiento o modelo funcional explicativo del trastorno, de los resultados de la evaluación psicológica previa al tratamiento y del acuerdo con el P/C.

La base ha de ser el registro de las actividades realizadas y del estado de ánimo que se asocia con ellas, tanto antes del inicio del tratamiento como durante su desarrollo (entre una sesión y la siguiente). Su análisis tiene que permitir «descubrir» las relaciones entre lo que se hace, lo que se piensa y lo que se siente cuando se expone y cuando escapa/evita («patrones de evitación conductual»). El registro de unas y otras nos permitirá concretar las cuestiones problemáticas por las que hay que comenzar a introducir cambios progresivos para superar el estado depresivo en el que se halla el P/C.

Para ello, como ya se ha indicado, habremos de tener un plan estructurado, a la vez que flexible, que incluya los objetivos realistas que nos proponemos conseguir y el modo más probable en el que lo podamos hacer. Es decir, seleccionando actividades jerarquizadas en su dificultad, que cuenten con una alta probabilidad de reforzamiento en el entorno sociocultural donde se ejecutará la acción y programándolas dentro de «tareas para casa» que sean coherentes con los valores del P/C.

Además, especificaremos el lugar y el momento acordado para el desarrollo de la acción, así como su duración aproximada y, en su caso, su frecuencia, para maximizar la probabilidad de que se produzca el refuerzo positivo espontáneo propio y ajeno, así como la satisfacción personal por el logro del objetivo fijado y conseguido.

Basándose en este modelo funcional, sabemos que las respuestas predominantes en relación con las actividades que realiza el P/C deprimido son las que están mantenidas por el refuerzo negativo, siguiendo un programa de razón fija e igual a uno. Es decir, toda respuesta de escape/evitación va inmediatamente seguida por la reducción del malestar que está experimentando el P/C.

Por el contrario, las respuestas implicadas en la activación, para afrontar las actividades de las que se espera que produzcan con una elevada probabilidad refuerzo positivo y valioso para el PC, no estarán inicialmente sometidas a un programa de refuerzo de esta naturaleza, porque, o no contarán con refuerzo positivo, o este no será percibido como tal por el P/C, teniendo que comenzar su particular competición para sustituir a las primeras a partir de estas circunstancias.

Estas son las razones por las que en la selección y jerarquización de las actividades se ha de seguir un doble gradiente: de menos a más dificultad, y de las que es más probable que produzcan refuerzo positivo con mayor prontitud a las que se espera que tarden más en conseguirlo.

Por esta razón, se ha de planificar para las primeras semanas la programación de tareas fáciles, de alta probabilidad de refuerzo positivo y a ser posible valioso para el P/C. Las actividades que impliquen ejercicio físico, si se adecuan a las posibilidades del P/C, pueden cumplir con este requisito y ser un excelente complemento de otras. De hecho, la práctica diaria de actividades físicas tiene un efecto antidepresivo ampliamente reconocido[129].

Además, si por el efecto del estado depresivo fuese necesario, también se habrían de incluir en el inicio del tratamiento las actividades básicas de autocuidado. Así, por ejemplo, las implicadas en el control de los horarios para levantarse y acostarse, las relativas a la higiene personal, la del cuidado y la adecuación de la vestimenta, las requeridas para cumplir con el ritmo habitual de alimentación diaria (desayuno, comida, merienda-cena), etc.

Para facilitar el control de la ejecución de las actividades durante el desarrollo de las «tareas para casa», e incluso dentro de la propia sesión de tratamiento, se puede emplear su registro. Para ello podemos, por ejemplo, anotar cada una de las actividades en el apartado del modelo de la hoja de registro, que previamente ya hemos diseñado para recopilar información sobre la secuencia de eventos que se producen en las situaciones deprimentes, modificándolo para cada una de las que deben llevarse a cabo antes de la siguiente sesión. A continuación mostramos una propuesta de registro de actividad, a modo de ejemplo, basada en la compra de los productos frescos de consumo diario.

---

[129] Véase, por ejemplo, Bonet, Parrado y Capdevila (2017), Delgado Salazar et al. (2019), Henriksson et al. (2016), Ministerio de Sanidad, Servicios Sociales e Igualdad (2014) y Organización Mundial de la Salud (2010).

Un programa de actividad física estándar recomendado para el tratamiento de la depresión ha de estar estructurado y debe ser supervisado por el especialista que lo diseñe y planifique, adecuándolo a la situación particular de quien o quienes hayan de someterse al mismo. Con carácter general se sugiere que cuente con tres sesiones semanales de 45 a 60 minutos/sesión (rango: 10-15 semanas). Este programa de ejercicios físicos puede ser realizado individualmente o en grupo e incluye ejercicios aeróbicos y anaeróbicos (Ministerio de Sanidad, Servicios Sociales e Igualdad, 2014).

1. Actividad: realizar la compra diaria en la plaza de abastos, en una tienda o en el supermercado.
2. Instantes antes de salir para realizar la compra:

   a) ¿Qué estaba haciendo?
   b) ¿En qué estaba pensando?
   c) ¿Vio, sintió o escuchó algo que le ayudase a ir a realizar la compra?

3. Mientras que compraba:

   a) ¿En qué pensaba?
   b) ¿Cómo se sentía? Si quiere, puede cuantificar cómo se sentía dándole un valor entre −10 y +10.
   c) ¿Qué hizo?
   d) ¿Qué hicieron o dijeron quienes estaban allí?
   e) En caso de que le dijeran algo, ¿qué consecuencias le produjeron tales comentarios?

4. ¿Qué consecuencias positivas le produjo la compra mientras que la hacía? ¿Cómo se sintió después de haberla hecho? Si quiere puede cuantificar cómo se sentía dándole un valor entre −10 y +10.
5. ¿Cómo le ha afectado el hecho de realizar la compra? En términos más concretos, ¿qué efecto ha tenido en las consecuencias positivas que ha experimentado y en el estrés o/y el agobio que ha sentido? ¿Aumentaron, disminuyeron o no se produjeron?
6. ¿Qué influencia le atribuye a lo que ha hecho en las consecuencias positivas que se han producido?

El proceso de evaluación para el control *intratamiento* de los efectos, a través de la información proporcionada por los registros (provenientes del P/C, familiares y amigos y test situacionales), puede complementarse con la aplicación de los cuestionarios estandarizados utilizados en la evaluación *pretratamiento,* siempre que se cumplan los requisitos para que no se vean afectados los resultados por el recuerdo.

Tanto en un caso como en el otro es primordial recordar que la función del psicólogo es conocer las variables o circunstancias que están implicadas en cómo se siente el P/C y en cómo responde a ellas. Debe desentrañar cómo las respuestas de este participan en el mantenimiento de lo que experimenta (en este caso de sus sentimientos de desánimo, de tristeza, de abatimiento, etc.).

Recordemos que es necesario abordar las dificultades que surjan durante la realización de las «tareas para casa», además de las que se presenten en el contexto clínico. El mantenimiento de una actitud comprensiva y alentadora, unida al refuerzo de los progresos, por escasos que sean, es fundamental, aunque las tareas se realicen solo parcialmente (cosa frecuente en el inicio del tratamiento).

Estas dificultades y cualesquiera otras se abordarán siguiendo la estrategia de la solución de problemas. Este ejercicio permite consolidarla como el modo de enfrentarse a ellas y buscar las mejores alternativas de solución dentro de las posibles (a corto, medio y largo plazo).

El control al inicio de la sesión del cumplimiento y las dificultades producidas por las tareas para casa permiten identificar y concretar el papel de las variables contextuales y la acción del P/C, como parte del aprendizaje que es condición necesaria para el ulterior mantenimiento de los avances y los logros.

De hecho, en el inicio de cada sesión la primera actividad será revisar la(s) tarea(s) asignada(s) como contenido de las «tareas para casa» en la sesión previa y, en su caso, acordar con el P/C la programación de la(s) siguiente(s), siguiendo los prerrequisitos de que cuenten con una alta probabilidad de refuerzo y de que sean coherentes con su escala de valores.

Además de la revisión y del análisis con el P/C del contenido de los registros de la actividad y del estado de ánimo, como parte del trabajo que se realiza durante la sesión de tratamiento también se incluye, tal como se ha indicado, el de la funcionalidad de las respuestas de escape/evitación.

El objetivo de esta última es que aprenda a identificarlas, al tiempo que se enfatiza la relevancia de conocer su función o papel y se subrayan las dificultades que conllevará su sustitución por las respuestas de implicación/activación (exposición). El acrónimo que se utiliza para guiarla es la estrategia que se recoge bajo el término «ACTION». El significado que se le atribuye a sus iniciales es el que sigue:

A (Assess) = Evaluar y valorar la función de la acción/respuesta.

C (Choose) = Elegir la acción que vamos a ejecutar.

T (Try) = Intentarlo ejecutando la acción elegida.

I (Integrate) = Incorporar nuevas acciones a la actividad cotidiana diaria.

O (Observe) = Observar y registrar los resultados.

N (Never) = No desistir. No rendirse nunca.

Recordemos que las respuestas de escape/evitación pueden ser de orden motor o cognitivo. En este último caso su análisis se incluye en el mismo marco que las respuestas cognitivas repetitivas que se califican como «rumiación».

Es muy importante subrayar la función de las respuestas (¿Por qué se reacciona como se observa que se responde?) y el papel que desempeñan los estímulos aversivos que controlan las de escape/evitación.

La rumia inadecuada y/o desproporcionada se abordará siguiendo los principios del MC sobre la conducta verbal. Ello implica que enfatizaremos el papel de su función (no el de su contenido) y analizaremos los antecedentes y las consecuencias del pensamiento negativo en el funcionamiento del propio sistema cognitivo y en el motor. De ahí que el componente del tratamiento para abordarlas incluya la resolución de problemas, prestar mucha atención a la percepción de las respuestas somáticas (experiencia sensorial) y centrar la atención en una tarea concreta.

Este plan implica que, una vez determinadas las actividades que se programarán y su número, estas se jerarquicen atendiendo a su dificultad (de menos a más) para facilitar la consecución de los objetivos de acuerdo a criterios realistas.

Barraca (2016) indica que un criterio contrastado señala un rango entre 1-3 actividades/sesión. Ahora bien, dado que semanalmente se van incorporando nuevas actividades a las que ya vamos realizando, al cabo de dos meses podemos tener en fase de registro entre 15 y 16 actividades. El número lo irá determinando el ritmo del enfrentamiento del P/C y la calidad de sus actuaciones durante el proceso de aplicación del tratamiento[130].

La incorporación de nuevas acciones y actividades se hará basándose en dos criterios:

- Cubrir un rango amplio.
- Incorporarlas cuando haya constancia fehaciente de que la mayoría de las que se están realizando (necesariamente de menor dificultad que las siguientes) ya están proporcionando refuerzo positivo y valioso para el P/C. El objetivo es que la demora que se espera en la aparición de las consecuencias positivas, respecto de las que se incorporen, pueda ser suplida con las proporcionadas por el efecto de las precedentes. Se pretende que esta estrategia garantice el equilibro entre el esfuerzo para realizar las nuevas tareas y la gratificación que se perciba.

---

[130] Véase Barraca y Pérez-Álvarez (2015), Dahne et al. (2019), Martell et al. (2010) o Lejuez et al. (2001).

Nosotros sugerimos que la calidad se formule y determine basándose en la funcionalidad de las respuestas/acciones, el número de veces que se realiza una acción, la duración de cada una y el grado de satisfacción del P/C en cada caso.

Se iniciará la retirada progresiva del tratamiento cuando los datos muestren que al menos en 8 de cada 10 acciones el P/C tiene éxito (aparece el refuerzo positivo propio o ajeno asociado a estas). Además, también se tendrán en cuenta otros indicadores, como la reducción significativa o la eliminación por parte del facultativo correspondiente de la medicación (caso de que estuviera tomándola), la percepción del P/C, la de sus familiares y amigos, etc. Como complemento necesario del primer criterio se pasará de una sesión/semana a una cada dos, tres, cuatro, etc., hasta iniciar el seguimiento.

En la última sesión se procederá a trabajar la «prevención de recaídas». El acrónimo que utiliza la AC para este fin es «ACTIVATE». En este se resumen las acciones que hay que realizar. Así:

- «**A**ssess» conlleva evaluar y valorar los factores o variables que contribuyen a iniciar/mantener la situación depresiva.
- «**C**ounter» recuerda que hay que contrarrestar los efectos de las respuestas de escape/evitación mediante el seguimiento de la actividad estructurada y planificada, más la ayuda que supone la aplicación de la estrategia de resolución de problemas.
- «**T**ake» indica que hay que tomarse y dedicar tiempo para abordar los elementos específicos que afectan a nuestra acción.
- «**I**nclude» hace referencia la necesidad de registrar y controlar lo que hacemos («monitorizar»).
- «**V**alidate» indica que hay que validar las acciones basándose en su función, en las consecuencias que generan.
- «**A**ssign» sirve para recordar la necesidad de asignar actividades.
- «**T**roubleshoot» refiere la necesidad de detectar los problemas y buscar y desarrollar soluciones tentativas para ellos.
- «**E**ncourage» implica que hay que estimular(se), animar(se) para fomentar y potenciar la activación/implicación.

En Barraca (2016) hallará el lector una excelente y pormenorizada exposición del proceso, las dificultades previsibles y los distintos modos de afrontarlas.

De igual modo, en Barraca y Pérez-Álvarez (2015) podrá encontrar una revisión completa de las variantes relacionadas con el tratamiento de distintos P/T, así como en relación con el formato de aplicación y las características de la población tratada. Respecto a los primeros, hay que subrayar los trastornos de ansiedad en sí mismos y como efecto de los problemas de salud física (cáncer, dolor, enfermedades crónicas, etc.), además de los estados y trastornos depresivos; para los segundos, el tratamiento en el formato de grupo, de acuerdo con los distintos períodos evolutivos (adolescentes, adultos, ancianos) y en consonancia con las procedencias culturales.

En relación con el tratamiento en grupo, por ejemplo, González-Fernández et al. (2018) presentaron una investigación de la AC aplicada en este formato. En esta los objetivos fueron restablecer las actividades cotidianas rutinarias, aumentar las actividades gratificantes, eliminar el comportamiento de enfermedad y modificar los patrones de evitación conductual.

Los objetivos y tareas para cada caso y en cada sesión de la intervención se determinaron aplicando el AFa del comportamiento. Este proceso permitió a los participantes aprender a observar la relación entre lo que ocurría a su alrededor y lo que ellos hacían, sentían y pensaban. Para ello emplearon:

- La autobservación y el autoinforme.
- El ensayo y el modelado de la conducta.
- La elaboración de jerarquías de actividad.
- La programación de la conducta.
- El manejo de contingencias.
- El uso de metáforas.
- Ejercicios experienciales (para facilitar la aceptación y el distanciamiento de los pensamientos —«defusión»—).

Asimismo, cuando fue necesario, también se aplicó:

— La resolución de problemas.
— El entrenamiento en habilidades sociales.

En relación con la formulación individual de la intervención pueden consultarse, a modo de ejemplo, los trabajos de Barraca (2010) y García Hernández (2019). Respecto de su aplicación en grupo, incluimos en los anexos XIIb y XIIc un ejemplo del contenido y las actividades de la agenda de una propuesta de intervención y otro de la estructura para orientar el diseño y la confección de intervenciones en este formato.

7.4.4. Evidencia empírica

Aunque la AC se ha aplicado y se está aplicando en un número cada vez mayor de P/T psicológicos, la evidencia empírica más documentada es la relativa al tratamiento del estado depresivo.

Es cierto que, afortunadamente, en la actualidad contamos con tratamientos psicológicos para este trastorno que han probado reiteradamente su eficacia, como la TCB, que sigue siendo una modalidad avalada por incontestables evidencias sobre su utilidad, junto con otros formatos también apoyados por evidencia empírica tan robusta y sólida como la propia AC[131].

De hecho, la AC ha venido acumulando evidencia sobre su eficacia para el tratamiento de la depresión desde hace más de quince años, como lo prueban los estudios metaanalíticos.

Así, por ejemplo, en el realizado por Cuijpers, van Straten y Warmerdam (2007), sobre 16 ECA (n = 780 participantes) en los que se utilizaba la programación de actividades para que los P/C aprendieran a controlar su estado de ánimo y sus actividades diarias, además de incrementar el número de actividades agradables/placenteras y las interacciones positivas con su entorno, los resultados mostraron ya su equivalencia con la TCB, pero, a diferencia de esta, Cuijpers et al. (2007) señalaban que «[...] es un tratamiento relativamente poco complicado, eficiente en términos de tiempo y no requiere habilidades complejas por parte de los P/C o del psicólogo [...]» (p. 318).

Ahora bien, pese a este cúmulo de evidencia empírica sobre su eficacia, lo que sigue pendiente de resolver es el peso relativo de cada uno de los componentes que la integran cuando se aplica al tratamiento de la depresión. La revisión metaanalítica realizada al respecto por Cuijpers et al. (2019) concluía que los estudios de componentes[132] actualmente disponibles no tienen la potencia estadística ni la calidad suficiente para extraer ninguna conclusión significativa sobre los ingredientes clave de los tratamientos para la depresión en adultos, incluida la AC.

La eficacia de la AC también se ha estudiado en su aplicación a población infanto-juvenil que presentaba depresión y ansiedad, clínicamente significativas. Por ejemplo, Chu et al. (2016) aplicaron la AC a una muestra de adolescentes

[131] Visítese la página web de la División 12 de la APA Division https://div12.org/psychological-treatments/disorders/depression/ en la que figuraban en agosto de 2021 como tratamientos para la depresión de primera elección (evidencia empírica robusta): *Behavior Therapy/Behavioral Activation* (AC), Cognitive Therapy (TCB), Cognitive Behavioral Analysis System of Psychotherapy, Interpersonal Therapy (TI), Problem-Solving Therapy y Self-Managemente/Self-Control Therapy.

[132] Su objetivo es identificar los elementos clave de las intervenciones psicosociales que producen su efecto. En este sentido, los estudios de componentes son una herramienta importante para analizar cómo funcionan los tratamientos psicológicos y permiten identificar sus elementos o ingredientes activos. Para ello descomponen los tratamientos multicomponentes, como la AC, y comparan el tratamiento completo con otra condición experimental en la que se omite un componente (estudios de desmantelamiento) o en la que se añade un componente (estudios de adición de componentes).

(rango: 12-14 años) que presentaban ambos trastornos, enfatizando la exposición en vivo frente a las respuestas de escape y evitación. Los resultados del estudio preliminar mostraron no solo su eficacia, sino que esta modalidad de tratamiento transdiagnóstico también se muestra prometedora cuando estos dos trastornos se presentan conjuntamente, además de aportar evidencia de que su aplicación es factible en entornos escolares.

En el ámbito adulto, también ha venido probando su eficacia en el tratamiento de la ansiedad y de la depresión, tras acontecimientos vitales intensamente estresantes que se perciben inicialmente como amenazas a la propia vida. Así, por ejemplo, Fernández-Rodríguez, Villoria-Fernández, Fernández-García, González-Fernández y Pérez-Álvarez (2019) han probado la eficacia de la AC en el incremento de la calidad de vida y el estado emocional de P/C con cáncer de pulmón y de mama, durante el tratamiento de quimioterapia, y previamente Hopko, Lejuez, Ryba, Shorter y Bell (2016) en la ansiedad experimentada por P/C con solo cáncer de mama.

7.5. PSICOTERAPIA ANALÍTICA FUNCIONAL

7.5.1. Introducción

La Psicoterapia analítica funcional (PAF)[133] surge como una alternativa al TC a finales de la década de los 80 y principio de los años 90 del pasado siglo XX. Kohlenberg y Tsai (1991) observaron que los P/C («consultantes» en su argot) que espontáneamente establecían una relación terapéutica intensa y comprometida mejoraban mucho más que los demás. A partir de este hecho formularon la hipótesis de que la intensidad de la relación entre psicólogo y «consultante» podía ser un factor crucial a la hora de interpretar los efectos benéficos de una intervención psicológica.

La PAF forma parte del movimiento «análisis de la conducta clínica»[134], que se produce dentro del curso de la evolución del análisis funcional de la conducta, cuyo objetivo es el estudio funcional del lenguaje en el marco de las respuestas gobernadas por reglas y las relaciones de equivalencia entre estímulos.

Ferro-García, Valero-Aguayo y López-Bermúdez (2016) sintetizaban las principales características de este enfoque del tratamiento señalando que se fundamenta en tres pilares, formula objetivos concretos de intervención (las conductas clínicamente relevantes) y dispone de reglas que orientan y guían la actuación del psicólogo durante la intervención. Los pilares en los que se asienta son:

- La equivalencia funcional entre el ámbito clínico y el contexto cotidiano del P/C.
- El análisis del comportamiento del P/C durante el curso de la sesión clínica.
- El manejo de las contingencias y del moldeamiento que puede producirse en el contexto de la relación clínica.

En consecuencia, la PAF enfatiza la relación psicólogo-P/C porque esta es la que posibilita que pueda darse la oportunidad de reforzar y moldear las respuestas del P/C, cuando se producen durante el curso del desarrollo de la sesión clínica. Es decir, se considera la interacción que se produce en el contexto clínico como el componente básico para que pueda producirse el cambio en la reacción del P/C[135].

[133] Kohlenberg y Tsai (1987).

[134] Véase Dougher y Hayes (2000) y Kohlenberg, Tsai y Dougher (1993). Este hecho hace que sus principios se alineen con los de la TCD (Linehan, 1993a), los de la TCIP (Jacobson y Christensen, 1996b) y los de la AC (Jacobson, Martell y Dimidjian, 2001; Martell, Addis y Jacobson, 2001).

[135] Valero-Aguayo y Ferro-García (2015).

Esta posición se debe a que se asume, por una aparte, que este contexto es una condición natural en la que se presentan los P/T de modo equivalente a como se producen en su interacción social durante la vida diaria y, por otro, que las variables responsables de las RAD («de la psicopatología») que conforman los P/T psicológicos, así como su tratamiento, están directamente asociadas con las relaciones interpersonales[136]. Por tanto, el contexto clínico para la PAF no es solo ni principalmente un lugar en el que se produce el entrenamiento[137].

Además, en línea con su naturaleza idiográfica, durante la sesión clínica el psicólogo centra su atención principalmente en las respuestas verbales del P/C y los estímulos que las desencadenan y mantienen (la conducta verbal), para aplicar contingencias de refuerzo «naturales» y/o producir el moldeamiento.

La PAF asume que la relación terapéutica es sobre todo una relación verbal, porque esta modalidad de respuesta es la predominante durante el proceso de interacción. De ahí la relevancia que se le concede a que se pueda entender cuáles son las funciones de las respuestas verbales que se producen durante el curso de la relación[138].

En este contexto se ha de priorizar la atención a dos funciones del lenguaje[139] referidas, por un lado, a las variables independientes (estímulos) que participan en la evocación de la respuesta verbal operante en cada situación concreta (lenguaje expresivo —«tactos»—) y las implicadas en el refuerzo a través de una consecuencia específica y característica que se produce mediante la estimulación aversiva y cuando se dan condiciones de deprivación del organismo («mandos»)[140].

Como señala Ribes (2008), el grupo de «los tactos» es quizá la operante verbal más importante en la taxonomía que propuso Skinner (1957), definiéndolo como «una operante verbal en la que una respuesta de una determinada forma es evocada (o al menos fortalecida) por un objeto o evento particulares o por una propiedad de un objeto o evento. Damos cuenta de la fuerza mostrando que en la presencia del objeto o evento una respuesta de esa forma es reforzada característicamente en una comunidad verbal determinada» (pp. 81-82) (citado por Ribes, 2008; p. 329). Un «tacto» es una operante verbal bajo el control discriminativo de las propiedades de un estímulo no verbal.

Los «tactos» conforman la función referencial del lenguaje, desencadenada mediante la participación de la discriminación y mantenida por el concurso de reforzadores generalizados. Son los que producen las acciones verbales relativas a discriminar, identificar, nominar, calificar, describir, denotar, referir, etc.

En la operante verbal de «mando» la respuesta es reforzada por una consecuencia característica, que se halla bajo el control de condiciones de privación del organismo o de la estimulación aversiva. Por tanto, la función «mando» delimita una relación específica entre la forma de la respuesta y el refuerzo que generalmente le sigue (en cada comunidad verbal). Asimismo, estas operantes verbales conllevan la participación de variables consecuentes y/o las propias del estado del organismo, por lo que no entra en juego el mecanismo de la discriminación para que se produzca la respuesta verbal («respuestas verbales operantes no discriminadas»). Estas respuestas u «operantes verbales» agrupan acciones como mandar, requerir, pedir, etc.

---

[136] Baruch et al. (2009).

[137] Pérez-Álvarez (2006b).

[138] Las funciones verbales son las relaciones que los hablantes han aprendido, estableciendo asociaciones entre los antecedentes y los consecuentes que siguen a sus respuestas. Estas asociaciones se utilizan para afectar a quienes les escuchan («operantes verbales»). En este contexto, la función de escucha, es decir, el aprendizaje de la habilidad para ser gobernado por la respuesta verbal del hablante, resulta básica para el desarrollo de funciones verbales.

[139] En línea con Skinner (1957).

[140] Véase Ribes (2008), Skinner (1957) y Villadeamigo (2021).

El puente entre ambas funciones operantes lo conforman las respuestas operantes, que, pese a presentar una forma referencial (descriptiva —«tacto»—), realmente su función es la imperativa («mando»). Estas operantes verbales se han delimitado conceptualmente como «impuras» o «mandos disfrazados»[141]. De hecho, lo que generalmente ocurre es que la relación verbal entre dos o más personas tenga una función de «mando» pese a que se presente con una morfología de «tacto», es decir, por ejemplo, que se requiera describiendo.

Ya Skinner (1957) observó que generalmente las respuestas que parecen ser «tactos» suelen estar en realidad bajo control múltiple. En algunos casos, las fuentes suplementarias de control favorecen respuestas verbales que no se ajustan estrictamente a las convenciones de la comunidad verbal concreta. Así, por ejemplo, siguiendo a Michael, Palmer y Sundberg (2011), supongamos que deseamos persuadir a alguien por teléfono para que nos visite, pero está lloviendo y a la persona que queremos invitar no le gusta conducir con lluvia. La palabra «lluvia» es probablemente el «tacto» más intenso de los que están bajo el control del tiempo, por lo que se suponen más débiles otros que evocarán «tactos» relacionados con menor intensidad, como, por ejemplo, llovizna o chirimiri para describir la lluvia que está cayendo. Por ello, dado que la variable motivacional de una posible visita de la persona ejerce un efecto opuesto al de la lluvia o el aguacero, en estas condiciones es muy probable que la respuesta «ligera llovizna» fuese evocada ante una pregunta de esta persona sobre el tiempo que hace.

Un «tacto impuro» se califica como «eufemismo» cuando un miembro débil de una clase de respuesta se produce porque los miembros más fuertes tienen una historia de castigo en ese contexto. Esto es lo que ocurre, por ejemplo, cuando alguien tiene que dar una mala noticia, como lo es la muerte de un ser querido, a alguien con quien este vivía. Pese a que el fallecimiento es una circunstancia que controla gran variedad de respuestas asociadas (v. gr., murió, falleció, nos dejó, etc.), y todas las malas noticias tienen un historial generalizado de castigo, el familiar con quien vivía puede percibirse y considerarse como un estímulo discriminativo asociado con el castigo para todas las respuestas relacionadas con la palabra «muerte» (control divergente). No obstante, el control convergente, es decir, la suma algebraica de los distintos efectos, muy probablemente terminará evocando la función que producirá la forma más delicada de la acción verbal a la hora de comunicarle el fallecimiento (eufemismo)[142].

En la PAF se postula que este tipo de «tactos impuros» o «mandos disfrazados» tienen gran importancia porque, por un lado, permiten que identifiquemos correctamente las conductas clínicamente relevantes (CCR) y, por otro, promueven la generalización y la equivalencia funcional entre los ámbitos clínico y cotidiano del P/C.

Por ello, en esta modalidad o enfoque de la evaluación y el tratamiento psicológico, la tarea principal del psicólogo es clasificar la conducta del P/C según su función (atendiendo a las categorías de «tacto», «mando» y «mando disfrazado») y el contexto en el que se producen (concre-

141 Véase Kohlenberg y Tsai (1991).

142 Para abordar el concepto de control múltiple (divergente y convergente) puede consultarse el trabajo de Skinner (1957; capítulos 9-11) y el más de reciente de Michael et al. (2011) para una actualización y puesta al día del estado de su investigación.

El propósito del análisis de Skinner (1957) fue identificar las variables de control que son responsables de las distintas formas en las que se presenta la operante verbal. Las operantes verbales elementales ejemplifican cada tipo de control, pero, como recordaba por ejemplo Palmer (2010), la conducta verbal suele estar determinada por muchas variables que operan simultáneamente, con efectos que a veces se complementan y a veces compiten entre sí.

Además, habida cuenta de la relevancia de este fenómeno para la PAF, hay que tener presente que el control múltiple es un elemento presente en casi todo el comportamiento verbal que tiene lugar en los entornos naturales y, por tanto, tiene implicaciones relevantes para este enfoque de la intervención psicológica en los P/T del comportamiento.

to —ámbito clínico— o pluricausado —participan distintos lugares y situaciones—), así como la causa que la desencadena. De hecho, el control múltiple de las respuestas verbales es la regla y no la excepción, como hemos adelantado[143]. De ahí la utilidad de su consideración, la cual, debido a sus implicaciones clínicas y teóricas, va más allá de la de una herramienta que facilita el análisis para interpretar los comportamientos complejos.

Ferro-García et al. (2016) ejemplifican el concepto de «tacto impuro» o «mando disfrazado» como sigue:

> «En algunos casos parece que se nos anuncia algo y, por tanto, se diría que son tactos; sin embargo, un análisis detallado de la secuencia conductual nos aporta elementos suficientes para concluir que nos están mandando algo. Por ejemplo, un cliente que en una cita dijera: «hoy no tenía ninguna gana de levantarme, pensaba que no podía». El terapeuta en este caso debería cuestionar si, aun describiendo la dificultad de levantarse, no se estaría refiriendo a la conducta de evitar acudir a la cita por lo que se pudiera hablar ese día o por otras razones. Otros ejemplos de mandos disfrazados son más sofisticados y llegan a abarcar secuencias conductuales más amplias. Sería el caso de un chico de 30 años con problemas depresivos que aludió de forma sutil a un suicidio en un escrito para su pareja. El terapeuta hipotetizó que era un mando disfrazado para ella, haciendo menos probable la ocurrencia de castigo por parte de su novia. Y además, podría tratarse de un mando disfrazado para el terapeuta, al que le está pidiendo que le ayude, de manera que sirve de ejemplo de las equivalencias funcionales de determinados comportamientos dentro y fuera de la sesión» (pp. 53-54).

En este contexto no hemos de olvidar que, como señalaba Ribes (2008):

> «La distinción de la conducta verbal como un tipo de operante mantenida (y probablemente adquirida) por consecuencias mecánicas en el medio ambiente mediadas por otra persona, es, en el mejor de los casos, incompleta. Es de todos sabido que una gran parte de nuestras interacciones lingüísticas tienen lugar sin relación alguna con efectos mecánicos en el ambiente, directos o indirectos. Sus consecuencias casi siempre son directas en la forma de acciones lingüísticas de otras personas, quienes fungen, intercambiablemente, en ocasiones como escuchas y en otras como hablantes. Por ello, los episodios lingüísticos constituyen interacciones difíciles de analizar linealmente, especialmente en términos de las unidades prescritas por la triple relación de contingencia operante» (p. 328).

Por otra parte, la PAF también se caracteriza porque, además de presentarse como una modalidad de tratamiento conductista y radical, puede integrarse como un elemento más de otros tratamientos (potenciando sus sinergias), o integrar componentes de otros enfoques como parte del contenido que se aplica durante su aplicación al «consultante», siempre que el análisis funcional ponga de manifiesto su conveniencia[144].

Por todo ello, Ferro-García et al. (2016) recuerdan que una de las mayores aportaciones de este enfoque es su teoría sobre la construcción del concepto «Yo». La perspectiva de la PAF permite adoptar una posición que facilita que se pueda realizar un análisis más fino y más pormenorizado de los problemas que surgen en el estudio de las relaciones entre el constructo «personalidad» y el de su tratamiento.

7.5.2. Delimitación

Basándose en todo lo expuesto, la PAF puede acotarse como una modalidad de tratamiento operante, fundamentado en el conductismo radi-

[143] Michael, Palmer y Sundberg (2011).

[144] Kohlenberg et al. (2005), López-Bermúdez, Ferro-García y Valero-Aguallo (2010) y Tsai, Kohlenberg, Kanter y Waltz (2009b).

cal y el contextualismo[145], que enfatiza el papel de las consecuencias que se producen en el ámbito clínico y que utiliza el AFa de y en la relación terapéutica para generar relaciones intensas[146].

Muñoz-Martínez y Coletti (2015) recuerdan que en la PAF el análisis de la respuesta en el contexto en el que se produce no implica solo a los eventos físicos que rodean al P/C, ni su apariencia, porque también incluye las variables que cuentan con alguna probabilidad de afectarle (incluido su propio comportamiento), dado que la variable crítica es la función que desempeñan estas durante la interacción.

Estos autores lo ilustran a través del ejemplo de la interacción madre-hijo durante el acto de amamantar. En este caso, el niño no solo aprende que ella es el «estímulo» que anticipa la llegada del alimento, sino que durante la interacción que se produce en el amamantamiento también se genera la experiencia de «cercanía afectiva», de cuidado, la derivada de la estimulación sensorial, etc.

En este ejemplo, las respuestas o acciones de la madre, que producen en su interacción con el niño, constituirán experiencias que no están necesariamente relacionadas con la actividad de amamantar, pero sí a través de la relación funcional que se produce basándose en el principio de equivalencia funcional[147].

Tomando como referencia el principio de equivalencia funcional, la PAF plantea que es posible modificar el comportamiento de los P/C durante el desarrollo de la sesión clínica, esperando que los cambios que se produzcan en ella se generalicen a otras situaciones y circunstancias. Esta esperanza se fundamenta en las funciones que comparte la relación terapéutica con muchas de las interacciones/relaciones que se producen cotidianamente en la vida de los P/C.

De ahí que no se aborde la relación terapéutica como una variable o factor que contribuye a la producción del cambio del comportamiento, ni completa ni parcialmente (ni mediándolo ni moderándolo), sino como el contexto en el que se produce el cambio. Es decir, en línea con el marco contextual en el que se sitúa esta modalidad de tratamiento para explicar los cambios durante la interacción P/C («consultante») con el psicólogo, sin tener que recurrir a conceptos mediadores para hacerlo (se excluye de la explicación el papel de las variables cognitivas).

Coherentemente con esta delimitación, O'Brien (2016) afirmaba que la PAF es una modalidad de tratamiento conductual y contextual que utiliza los principios básicos del MC para producir el cambio del comportamiento dentro de la sesión clínica, con la esperanza de que se generalice fuera de ella, sin acudir ni contemplar ninguna explicación de orden cognitivo, porque no se consideran como variables independientes ni las respuestas cognitivas ni los procesos que se acontecen en este sistema de respuesta.

El campo de aplicación de la PAF es principalmente el de los P/T relacionados con el inicio, desarrollo, mantenimiento y término de las relaciones interpersonales. Dentro de su estudio han ocupado un lugar relevante, desde sus inicios, las dificultades para establecer la intimidad, entendida como el logro de una relación que se produce y mantiene en el contexto de un marco o zona privada de acceso restringido a una o muy pocas personas (generalmente del mismo grupo).

Cordova y Scott (2001) delimitaban la intimidad en el ámbito de la PAF como

> «[...] un proceso que surge de una secuencia de eventos en los que el comportamiento vulnerable

---

145 En este, el comportamiento se delimita como una función del ambiente, produciéndose una afectación mutua entre la reacción y el medio en el que se presenta, resultado de la interacción que se produce entre ambos. En consecuencia, se excluye una explicación en la que las respuestas pudieran estar controladas por las variables externas que las anteceden o las siguen guardando una relación de contingencia (entendiéndose por ello que el contextualismo no es mecanicista).

146 Véase Kohlenberg et al. (2010), López-Bermúdez, Ferro-García y Valero-Aguallo (2010), Tsai et al. (2009a) y Valero-Aguayo y Ferro-García (2015 y 2017).

147 Recuérdese al respecto lo indicado en la TMR.

al castigo interpersonal es reforzado por la respuesta de otra persona. Estos eventos íntimos producen un aumento de la probabilidad de que se dé un comportamiento vulnerable al castigo interpersonal en presencia del compañero que lo refuerza» (p. 75)[148].

Por un lado, este proceso estrictamente operante y adaptativo sería el responsable de la formación de asociaciones íntimas y de la percepción de que se desarrollan en un contexto seguro, es decir, no se conjetura que se produzca el castigo que se esperaría que se produjese con una elevada probabilidad en otro ámbito ajeno al de la intimidad.

Por otro, la PAF también postula que el castigo de la respuesta que se considera vulnerable a la relación interpersonal es un elemento que participa en la formación de asociaciones entre los estímulos y las reacciones que se producen en el ámbito de la intimidad, las cuales pueden dar lugar al desarrollo y mantenimiento de otras basadas en el refuerzo que pueden ser contraproducentes («destructivas») para la persona que las emite y para los que participan en su desarrollo y/o mantenimiento.

El papel del constructo «intimidad», o del proceso para llegar a percibir y calificar como tal a las relaciones interpersonales, ha sido elevado a la categoría de elemento transdiagnóstico por Wetterneck y Hart (2012), porque entienden que puede estar en la base de muchos P/T cuyo inicio, desarrollo y mantenimiento se sustenta en las dificultades que se asocian con las relaciones interpersonales, las cuales dificultan/impiden las posibilidades de mantener relaciones valiosas que favorezcan el comportamiento adaptado de las personas a su contexto[149].

Ahora bien, como Wetterneck y Hart (2012) reconocían, y O'Brien (2016) refrendaba, la PAF tiene que avanzar todavía mucho en su desarrollo teórico, porque carece de una definición aceptada de lo que ha de entenderse por «intimidad». Esta está todavía en la fase de desarrollo de las medidas que pueden resultar apropiadas para cuantificar este constructo y, como veremos al abordar el estado de la evidencia empírica con la que cuenta, todavía está en curso la planificación de una estrategia de investigación que evalúe su utilidad.

De hecho, en la revisión realizada Wetterneck y Hart (2012), la mayoría de las investigaciones sobre la intimidad contenían diferentes definiciones y conceptualizaciones del término. Por ello, como reconocen, cuando se consensue la delimitación del constructo es cuando realmente podrá comenzar a diseñarse su evaluación cuantitativa, lo que ayudará a determinar hasta qué punto los datos la avalan y cuál es su relevancia.

Ellos proponen que, una vez que se haya desarrollado una medida apropiada, se inicie la investigación del papel de la intimidad en los distintos grupos de personas con P/T con relevancia clínica, incluyendo en tal estudio su efecto en el inicio del trastorno y en la duración de la interferencia, ya que la intimidad puede verse más afectada cuanto más tempranamente se inicie el P/T.

Es decir, se espera una mayor interferencia en el desarrollo de la intimidad en la misma medida en que el trastorno interfiera el desarrollo normal a edades más tempranas, estableciendo y consolidando patrones de comportamiento desadaptados que perdurarán en el tiempo, incluyendo los que dificultan/impiden el desarrollo y/o mantenimiento de relaciones de intimidad.

Como se ha indicado, la PAF parte del supuesto de que existe una equivalencia funcional

---

[148] «[...] that intimacy is a process that emerges from a sequence of events in which behavior vulnerable to interpersonal punishment is reinforced by the response of another person. These intimate events result in an increase in the probability of behavior vulnerable to interpersonal punishment in the presence of the reinforcing partner».

[149] «Problems with intimacy and interpersonal issues are exhibited across most psychiatric disorders» (Wetterneck y Hart, 2012; p. 167).

entre el contexto clínico y el medio en el que desarrolla su actividad el «consultante» (P/C). Basándose en ello, su fin es alterar las funciones de las respuestas que resultan relevantes en el contexto clínico («conducta clínicamente relevante» —CCR—), esperando que los avances que se produzcan en la mejora de actuación del P/C se generalicen y este los aplique posteriormente durante el desarrollo de su actividad cotidiana.

Las estrategias en las que se apoya la PAF son las derivadas del principio del refuerzo y la comunicación verbal. Esta última se utiliza principalmente en la aplicación del refuerzo positivo y en las instrucciones (transmisión de información). De ahí que asigne un papel crucial al refuerzo «natural» y al moldeamiento (respuestas de aproximación a la que se considera «meta» y que se someten a refuerzo positivo) para cambiar el comportamiento del P/C durante la sesión clínica.

Por tanto, la PAF sostiene que las relaciones de contingencia son elementos básicos que se presentan durante la interacción terapéutica y que se producen en el contexto clínico[150].

7.5.3. La intervención

7.5.3.1. *La evaluación*

La evaluación en el marco del PAF se caracteriza principalmente, de manera coherente con su posición idiográfica, con la que realiza *ad hoc* el psicólogo cuando analiza el comportamiento del P/C fuera y dentro de sesión. El objetivo que persigue es concretar las funciones que comparten las respuestas del «consultante» (P/C) en ambos contextos.

Los comportamientos del P/C que son considerados e identificados como problemáticos y, por tanto, han de ser objeto de tratamiento durante el desarrollo de la sesión clínica, se denominan «comportamientos clínicamente relevantes» (CCR).

Dentro de los CCR ocupan la primera posición los relativos a la intimidad o relacionados con la respuesta íntima, definida funcionalmente como el producto del desarrollo de historias en las que el comportamiento que es percibido por quien lo ejecuta como vulnerable al castigo interpersonal[151] es reforzado por la otra persona[152].

Este CCR relativo a la intimidad puede variar en su forma de una persona a otra, pero se espera que generalmente esté referido o asociado a la asunción de riesgos interpersonales que puedan calificarse como valientes, es decir, propios de una respuesta auténtica que desprovee a quien la emite de la protección del desconocimiento. Esto es, desprotegiendo al actuante frente al que observa y escucha, al situarlo en una situación de vulnerabilidad frente a aquel ante quien se ha sincerado, por ejemplo, expresando apreciaciones personales que implican su apertura emocional[153]. Nosotros entendemos que esta delimitación del CCR de intimidad puede considerarse un subconstructo del concepto de confianza.

Para evaluar y cuantificar los CCR, debido a la naturaleza idiográfica y funcional de la mayoría de los estudios que se han publicado, algunos investigadores han empleado recuentos de su frecuencia como medidas de resultado[154] y otros de autoinforme que, por otra parte, como ya se han indicado, no se han utilizado consistentemente en todos los estudios[155] (dificultando, cuando no imposibilitando, su empleo con fines investigadores).

En relación con estos últimos, las medidas de resultado a través de los autoinformes, hay que

[150] Ferro-García y Valero-Aguayo (2007) y Ferro-García, Valero-Agullo y López-Bermúdez (2009).

[151] Sujeto con una elevada probabilidad a castigo en las condiciones o circunstancias habituales en las que se desempeña y actúa quien así lo considera.

[152] Véase Cordova y Scott (2001).

[153] Cordova y Scott (2001).

[154] Así, por ejemplo, Ferro-García, Valero-Aguayo y Vives-Montero (2006) u Oshiro, Kanter y Meyer (2012).

[155] Véase Kanter et al. (2006) y Mangabeira, Kanter y Del Prette (2012).

señalar que, además de ser escasa, se limita a los efectos del tratamiento y no mide específicamente los CCR relativos a la intimidad[156].

En general, pueden ser utilizados como ejemplos en este sentido las escalas que miden constructos similares o incluidos en otros relacionados con la intimidad, tal como se delimita en la PAF. Así ocurre, siguiendo a Leonard et al. (2014), en:

- La Escala de toma de riesgo íntimo de la Escala de autenticidad en las relaciones («Intimate Risk Taking Scale from the Authenticity in Relationships Scale» —AIRS—; López y Rice, 2006).
- El Cuestionario de relaciones cercanas («Close Relationships Questionnaire» —CRQ—; Maxwell, 1985).
- La Escala de miedo a la intimidad («Fear of Intimacy Scale» —FIS—; Descutner y Thelen, 1991).
- La Plantilla de evaluación idiográfica funcional-Cuestionario [«Functional Idiographic Assessment Template-Questionnaire» (FIAT-Q); Callaghan, 2006)].
- El clúster de intimidad de la versión original del Inventario de problemas interpersonales («Inventory of Interpersonal Problems» —IIP—; Horowitz, 1979).
- El Cuestionario de intimidad marital («Marital Intimacy Questionnaire» —MIQ—; Van den Broucke, Vertommen y Vandereycken, 1995).
- La Escala de intimidad social de Miller («Miller Social Intimacy Scale» —MSIS—; Miller y Lefcourt, 1982).

También se cuenta en el ámbito de la PAF con un instrumento específicamente diseñado para este quehacer: Escala de impacto de la PAF («FAP Impact Scale» —en adelante FAP-IS—)[157].

[156] Véase, por ejemplo, Landes et al. (2013).

[157] Kanter et al. (2012).

La FAP-IS es una escala de autoinforme de 46 ítems que permite que el psicólogo valore la eficacia de sus intervenciones a través del incremento de los comportamientos que integra, correlacionando con la percepción de una mayor cercanía e intimidad en la relación terapéutica tras el tratamiento.

Son ejemplos de los ítems que integra: «Soy genuino en mis conversaciones con...», «Digo cosas que son difíciles de decir a mis...», «Reconozco mejoras sutiles en los comportamientos de mis... durante...», «Estoy abierto a todas mis experiencias en/con...», y «Me doy cuenta de mis reacciones emocionales durante...».

Cada ítem se califica en una escala tipo Likert de siete puntos en la que: 1 = «muy en desacuerdo», 4 = «neutral/mixto» y 7 = «muy de acuerdo»).

Los resultados de la validación de Kanter et al. (2012) indicaron que la escala es fiable (buena consistencia interna: 0,94) y que las puntuaciones totales seguían una distribución normal y aumentaban alrededor de una desviación típica entre la medida de su aplicación preliminar y la del postratamiento.

El análisis cualitativo de los ítems sugirió que estos abordan varios dominios de la competencia de la PAF, incluyendo el autoconocimiento, la conciencia del P/C («consultante»), la valentía y la asunción de riesgos, el amor terapéutico y el refuerzo, los valores, darse a conocer a través de respuestas sinceras que no son requeridas ni son una reacción a la incitación externa («autodivulgación»), la competencia y las actitudes comportamentales y la implicación en el trabajo desarrollado en la sesión de tratamiento.

Ahora bien, como recuerdan Leonard et al. (2014), ni la FAP-IS ni ninguna de las subescalas a las que nos hemos referido incluyen la medida del constructo de la intimidad, tal como se delimita en la PAF. En esta, dentro de los elementos teóricos que son clave dentro de su enfoque científico contextual, se estima la medida de la función de la respuesta íntima dentro de relaciones específicas, es decir, no solo como un estado afectivo hacia otra persona, ni solo como una predisposición, ni solo como un estado propiciado por las sensaciones de comodidad que produce la intimidad, ya sea en el marco de relaciones imaginarias o con carácter general o inespecífico.

En este contexto, disponer de una escala que sea válida, fiable, breve y sensible, que permita cuantificar el cambio que se produce durante el proceso temporal en el que tiene lugar la aplicación del tratamiento de la respuesta íntima, se convierte en una prioridad metodológica, si es que se quiere aportar evidencia que valide y dé soporte empírico al mismo.

De ahí la relevancia de contar con una medida de autoinforme, sobre los cambios que se operan en las relaciones íntimas de los P/C. Su falta dificultaba el incremento de la investigación empírica, tal y como reclaman numerosos investigadores[158].

Como respuesta a esta situación, Leonard et al. (2014) dieron a conocer la escala de intimidad de la psicoterapia analítica funcional[159] («The Functional Analytic Psychotherapy Intimacy Scale» —FAPIS—), para adultos mayores de 18 años, integrada por 14 ítems que cargaban en tres factores:

- Pensamientos y sentimientos ocultos (5 ítems —«Hidden Thoughts and Feelings»—).
- Expresión de sentimientos positivos (4 ítems —«Expression of Positive Feelings»—).
- Honestidad y autenticidad (5 ítems —«Honesty and Genuineness»—).

En un primer estudio, su consistencia interna se mostró adecuada para los tres factores, siendo los valores de los coeficientes del *α de Cronbach* de 0,84, 0,85 y 0,82, para los factores 1, 2 y 3 respectivamente, y el del total de la escala de 0,87. En el segundo estudio, la consistencia interna indicó estimaciones de fiabilidad que se situaron entre buenas y excelentes para cada factor y para la puntuación total: Pensamientos y sentimientos ocultos (α = 0,86), Expresión de emociones positivas (α = 0,93), Honestidad y autenticidad (α = 0,92) y para la puntuación total (α = 0,91), con excelentes correlaciones entre las tres subescalas y la puntuación total, así como para las puntuaciones de test-retest (de las subescalas y de la puntuación total) y los coeficientes de correlación de Pearson entre las puntuaciones de las dos medidas temporales que fueron robustas y significativas.

La FAPIS presenta buena validez convergente y divergente entre los factores y la puntuación total, del FIAT, el NEO, el ICQ, el SPS, el ECRS y el BFNE.

Este conjunto de resultados muestra que son importantes para evaluar y guiar su aplicación, por un lado, en el marco teórico de la PAF y, por otro, para la investigación, los constructos relativos a los pensamientos y sentimientos ocultos, la honestidad y la autenticidad, así como la expresión de sentimientos positivos en relación con la depresión y la calidad de la relación. De igual modo, también la muestran la solidez psicométrica y la utilidad clínica para evaluar estos constructos y para analizar los procesos y los resultados de esta modalidad de tratamiento psicológico.

En esta línea de incrementar y mejorar la evaluación, para disponer de datos que permitan aportar evidencia empírica robusta, otra aportación es la de Callaghan, Follette, Ruckstuhl Jr y Linnerooth (2008). Estos propusieron un sistema de codificación conductual de la relación clínica, denominado «Escala de calificación de psicoterapia analítica funcional» («Functional Analytic Psychotherapy Rating Scale» —FAPRS—). Sus objetivos son identificar y especificar los componentes que se hipotetiza que son esenciales para provocar el cambio de las respuestas del P/C.

[158] Véase, por ejemplo, Maitland y Gaynor (2012), Mangabeira et al. (2012) o Weeks et al. (2012).

[159] Véase anexo XIV.

Los valores del grado de acuerdo entre observadores muestran cuantías para la fiabilidad dentro del rango moderado-alto. En Callaghan et al. (2008) se detalla el proceso de diseño, construcción y validación del sistema, así como el procedimiento de aplicación ilustrado con ejemplos *ad hoc*.

7.5.3.2. *El tratamiento*

En esta modalidad de intervención el papel que desempeña el psicólogo se considera determinante para el resultado del tratamiento[160]. Este papel estaba delimitado inicialmente por cinco reglas que se incluyen como acciones: identificar, reforzar, bloquear, extinguir y facilitar la generalización de los comportamientos clínicamente relevantes (CCR) a la vida cotidiana del P/C.

Las guías, orientaciones o reglas terapéuticas

Estas reglas terapéuticas son[161]:

- Observar, identificar y concretar las CCR durante la sesión clínica.
- Construir un ambiente terapéutico que evoque las CCR1 y permita desarrollar las CCR2.
- Organizar el reforzamiento positivo de las CCR2.
- Constatar las propiedades reforzantes de la respuesta del psicólogo en relación con las CCR del P/C.
- Describir las relaciones funcionales entre los estímulos antecedentes, las CCR y los estímulos consecuentes (variables que participan en el control de las CCR).

Veámoslas con algo de detalle.

En primer lugar, hemos de indicar que las reglas no pueden entenderse como pautas rígidas, ni tampoco como parte de un protocolo de secuencias preestablecidas. Las cinco reglas propuestas inicialmente son guías que pretenden orientar al psicólogo en su ejercicio profesional, que ha de desarrollarse sustentado en los principios analíticos y funcionales de la filosofía contextualista.

La primera orientación o regla es la de estar atento a las CCR. La habilidad (conocimiento) y la destreza (dominio de la ejecución del ejercicio) para observar, detectar, identificar y concretar las CCR son el resultado del proceso de aprendizaje que, como para cualquier otra modalidad de tratamiento, ha de realizar el psicólogo antes de la aplicación de la PAF.

El psicólogo ha de estar capacitado y probar que puede percibir cuándo la topografía de las respuestas del P/C, durante el desarrollo de la interacción terapéutica, está o puede estar funcionalmente vinculada con las RAD (que conforman los comportamientos problemáticos que se han de reducir/eliminar) o con las adaptadas (aproximaciones o mejorías graduales y parciales) que se quiere que sustituyan a las primeras y terminen estando mantenidas exclusivamente por el refuerzo positivo espontáneo («natural»), durante el curso de la actividad cotidiana.

Esta orientación se considera básica. Sin ella la PAF no podría ser ni eficaz ni efectiva. Cuando el psicólogo detecta la ocurrencia de una respuesta de la clase CCR, ha de responder con «espontaneidad» y «naturalidad», bien reforzándola, bien no prestándole atención (bloqueándola) o bien administrando contingentemente consecuencias aversivas para reducirla o eliminarla.

De actuar así, entonces el proceso de aplicación será positivo. Si no es así no se producirán los cambios que se esperan del tratamiento.

La práctica de esta regla se pone de manifiesto en la formulación de los «paralelismos» que realiza el psicólogo cuando compara el comportamiento cotidiano del P/C durante el desarrollo de su actividad habitual con lo que ocurre en la sesión clínica. En este contexto, las propias reac-

[160] Véase Ferro-García, Valero-Aguayo y López-Bermúdez (2016) y Kohlenberg y Tsai (1995).

[161] Kohlenberg y Tsai (1991).

ciones emocionales del psicólogo, desencadenadas por las respuestas del P/C, se constituyen en «marcadores» (estímulos discriminativos o condicionados) que podemos utilizar para verificar si realmente se trata de respuestas de la clase CCR[162]. Para ello podemos proceder como proponen Muñoz-Martínez y Coletti (2015; p. 44):

Primer ejemplo.

TERAPEUTA: «Al expresar tus quejas sobre el trato que has recibido en el área de atención psicológica de tu centro de salud, interpreto que también me puedes estar queriendo decir algo a mí. ¿Es así?».

Segundo ejemplo.

TERAPEUTA: «Observo que te cuesta mucho mirarme a los ojos cuando me hablas o cuando te hablo. Además, también veo que estás tenso, porque tienes las manos apretadas la una contra la otra y las piernas entrecruzadas, y estás haciendo fuerza con las puntas de los pies contra el suelo. ¿Es esto lo que te ocurre cuando estás en una reunión social a la que no has podido evitar ir?».

Una característica básica de esta estrategia terapéutica es que la interpretación final sobre la veracidad del paralelismo recae en última instancia en el P/C. Por ello el psicólogo plantea el problema, pero el «consultante» es el que determina si se aborda o no.

Así, el psicólogo plantea al P/C su hipótesis en relación con las asociaciones o vínculos funcionales que le parece que se están produciendo, entre las acciones y reacciones del P/C durante el desarrollo de la sesión y las respuestas problemáticas que se producen durante su actividad cotidiana. Si el P/C no reconoce la asociación funcional que hipotetiza el psicólogo, entonces este la desestima (aun cuando pueda hacerlo con carácter provisional).

Cuando esto sucede, se abren dos posibilidades que han de ser investigadas por el psicólogo, una en relación consigo mismo y la otra respecto del P/C. En cualquiera de los dos casos, el profesional ha de contrastar el rechazo que se ha producido con el historial de rechazos que debe llevar registrados. Si sus propuestas de paralelismos han sido mayoritariamente rechazadas por el P/C, entonces tiene que investigar en qué medida su habilidad (conocimiento para identificar e interpretar adecuadamente las relaciones funcionales) y su destreza interpretando y planteando las comparaciones (modo en que se formulan las comparaciones) pueden estar en el origen de los rechazos.

Si se termina descartando esta posibilidad, entonces tiene que considerar en qué medida puede deberse a que el P/C esté dando respuestas de escape/evitación, que conforman la percepción de una actitud negativista y oposicionista[163], para impedir que el psicólogo indague y ello pueda llevarle a verse obligado a tener que enfrentarse a algo que teme o que no desea, que le es aversivo. Si así fuese, entonces el psicólogo habrá de clasificar estas respuestas dentro de la clase CCR1 (respuestas problemáticas para sustituir por otras alternativas y adaptativas).

La segunda regla u orientación se centra en que el psicólogo genere las condiciones que, durante el desarrollo de la sesión, puedan incrementar la probabilidad de que se desencadenen respuestas de la clase de las CCR, aun cuando se asuma que estas podrían presentarse sin la correspondiente manipulación de las variables contextuales[164].

---

[162] Véase Tsai, Kohlenberg, Kanter y Waltz (2009b), quienes las consideran un sensor válido para detectar la ocurrencia de las CCR en el P/C.

[163] Algunos indicadores de la existencia de una actitud negativista y oposicionista pueden obtenerse a partir de preguntas como: «¿Por qué generalmente plantea cuestiones que sabe que pueden ser de mi interés solo cuando está terminando el tiempo fijado para la sesión?» o «¿Qué hace o dice que hace que me sienta incómodo?, ¿Con qué frecuencia lo hace o dice?».

[164] Tsai, Kohlenberg, Kanter, Kohlenberg et al. (2009a) incluyen en un apéndice instrumentos y estrategias que se

Esto último es lo que puede ocurrir, por ejemplo, cuando no se ha firmado previamente un contrato terapéutico en el que se expliciten los honorarios del profesional o no se han incluido en las cláusulas los costes que acuerdan asumir ambas partes cuando, por ejemplo, el psicólogo llega tarde dos o más veces consecutivas a la consulta o cuando se presenta un imprevisto que el P/C interpreta inadecuadamente y responde con ira.

La PAF admite que el psicólogo pueda hacer uso de tantas estrategias y técnicas como estime necesarias para desencadenar CCR, aunque parte del supuesto de que el mejor contexto clínico para su aplicación es el que logra que se desencadenen y ejecuten de forma «natural». De ahí que las técnicas que se utilicen en la aplicación del principio de exposición pueden resultar útiles en este sentido, con independencia de que se trabajen en imaginación, mediante tareas de recuerdo, representando papeles o actuando «como si», etc.[165].

En este contexto, un recurso con múltiples posibilidades es el uso de la interrogación para plantear cualquier cuestión que el psicólogo pueda entrever relevante, porque puede desencadenar la ejecución de CCR. Así ocurre, por ejemplo, cuando se pregunta al P/C: «¿Podrías extenderte un poco más en la descripción de lo que te hace sentirte frustrado o irritado?».

La tercera orientación está referida a la respuesta «espontánea», «natural» y contingente del psicólogo tras la ejecución de las CCR por el P/C. Tal acción del profesional puede actuar como un refuerzo de las CCR2 o como una consecuencia aversiva para que el P/C reduzca/elimine las CCR1.

El control de las contingencias permite al psicólogo maximizar la probabilidad de que se presenten o dejen de darse, es decir, de que se modifiquen las respuestas de la clase de las CCR, ya sea incrementándolas (CCR2) o haciendo que decrezcan (CCR1s). Es importante que el refuerzo administrado sea percibido por el P/C como «espontáneo» y «natural». De no ser así no cumplirá la función que pretendíamos, porque un reforzador, para que pueda serlo, en primer lugar tiene que ser significativo para quien lo recibe. Si se percibe como «forzado» o «artificial» no desempeñará el papel o función que queríamos que hiciese[166].

Los siguientes ejemplos pueden ilustrar el modo de aplicar el refuerzo para que sea percibido como creíble:

Primer ejemplo.

TERAPEUTA: «Ahora que acaba de decirme que se siente mal conmigo, porque he llegado tarde a la consulta dos veces consecutivas, puedo entender su estado. Gracias por atreverse a ser sincero, porque al ponerlo en mi conocimiento también me da la oportunidad de poder explicárselo».

Segundo ejemplo.

TERAPEUTA: «Si se rehúye hablar de lo mal que se pasa cuando se está en una reunión social o se tiene que hablar en público, se incrementa de forma innecesaria el sufrimiento personal. Le felicito por haberse atrevido a hablarlo abiertamente conmigo, sabiendo además que es tan importante para usted».

La cuarta guía o regla conlleva verificar el efecto de la respuesta del psicólogo en la del «consultante» preguntándole directamente sobre el impacto del tratamiento en su persona. Martínez-Muñoz y Coletti (2015) incluyen dos ejemplos de preguntas *ad hoc* que presentamos modi-

pueden utilizar para estructurar la aplicación de la PAF con este fin. Entre ellas se hallan el cuestionario de inicio de terapia, preguntas estándar y las «tareas para casa».

[165] Véase Greenberg y Watson (2006), Kohlenberg y Tsai (2001) o Muñoz-Martínez y Coletti (2015).

[166] Sugerimos que en caso de duda el lector repase sus conocimientos sobre el condicionamiento operante o instrumental.

ficadas en algunas palabras para adecuarlas al español de España:

Primer ejemplo.
TERAPEUTA: «¿Cree que haberle propuesto que exprese su enojo abiertamente ha facilitado las cosas para que pueda expresar lo que siente de un modo más claro y directo?» (p. 46).

Segundo ejemplo.
TERAPEUTA: «¿Piensa que haber realizado el esfuerzo de mirarme a los ojos le ha ayudado?» (p. 46).

Por último, la quinta regla u orientación subraya el papel del psicólogo como catalizador de la intervención, porque aporta a la sesión clínica interpretaciones funcionales, a partir de las relaciones que pone de manifiesto el AFa, con las que se pretende:

i) Transmitir al P/C modelos del uso del lenguaje funcional.
ii) Promover la generalización del comportamiento que ha reforzado durante el desarrollo de la sesión (CCR2).
iii) Disminuir la frecuencia de aparición de las CCR1 que han sido sometidas a control aversivo mediante el manejo de las contingencias.

Para lograrlo, el psicólogo puede, por un lado, planificar actividades que utilizará para proponérselas al P/C a modo de intentos en los que aplicar, durante el desarrollo de su actividad cotidiana, lo que previamente ha trabajado en el ámbito clínico y, por otro, ejemplificar relaciones funcionales que este pueda utilizar a partir de los antecedentes y los consecuentes de las respuestas del P/C que tenga registradas. Esto último le permitirá discriminar las situaciones en las que es más probable que sus respuestas sean reforzadas de manera espontánea en el contexto de su actividad habitual.

Veámoslo en los dos ejemplos que siguen.

Primer ejemplo.
TERAPEUTA: «Vamos a reconstruir la secuencia de lo que acaba de ocurrir. Por favor, corríjame en lo que digo si observa que no se atiene a lo que realmente entiende que ha pasado. Fíjese. Al verse retratado en el comentario que hemos hecho, usted ha comenzado a sentir malestar y probablemente vergüenza, y por eso ha dejado de mirarme (respuesta de escape con la que aliviar el malestar experimentado), contrariamente a lo que habíamos convenido que había que hacer en circunstancias como esta.

Por favor, cuando esto le vuelva a ocurrir tiene que hacer el esfuerzo de seguir prestándole atención con su mirada a la persona con la que está hablando, porque si en ese momento deja de hacerlo entonces la otra persona puede interpretarlo inadecuadamente (por ejemplo, pensando que usted es un maleducado o que es un chulo y un engreído que no valora lo que le está diciendo).

Recuerde que cuando esto nos ha ocurrido en otras sesiones y usted se ha enfrentado al malestar que experimentaba, sin dejar de mirarme, su tensión se ha ido desvaneciendo al mismo tiempo que sus sentimientos de malestar y de vergüenza. ¿Se atreve a intentar mantener la mirada en la reunión que va a mantener con sus hermanos, si alguno de ellos saca a colación comportamientos pasados cuyo recuerdo le incomoda porque le producen vergüenza y malestar?».

Segundo ejemplo.
TERAPEUTA: ¿Ha podido ver que cuando expresa su desacuerdo, reconociendo las posibles razones que pudieron llevar a la otra persona a actuar como lo hizo, pero diciendo claramente que no comparte su actuación, entonces su reacción fue menos tensa e incluso en algún caso agradecida? ¿Podría intentar hacer lo mismo con su hijo mayor cuando le plantea cuestiones que le contrarían y enfadan?

La propuesta inicial de las cinco orientaciones, guías o reglas que hemos presentado se ha modificado, reduciéndola para quedar como sigue la operacionalización del papel del psicólogo:

— Promover y reforzar los comentarios del P/C relacionados con los estímulos presentes en la situación terapéutica (manejo del control de estímulos y de las contingencias).
— Fomentar comparaciones controladas por acontecimientos que se den en la terapia y/o en la vida diaria («paralelismos» para fomentar la percepción de la generalización y potenciar/reducir la probabilidad de respuesta).
— Promover la expresión directa de deseos, peticiones y sugerencias (entrenamiento en habilidades sociales en general y en asertividad en particular).
— Utilizar las descripciones que hace el P/C de los acontecimientos de su vida cotidiana como metáforas de hechos que se retoman y se presentan en la sesión para orientar acciones dentro del proceso de tratamiento (véase el ejemplo de la quinta guía, recomendación u orientación).

En el cuadro 7.6 recogemos dos ejemplos más[167] para ilustrar cómo puede afrontar el psicólogo los problemas de la vida cotidiana que le plantea su «consultante», siguiendo las guías que acabamos de presentar en las líneas y párrafos que anteceden.

La «interacción lógica» durante la aplicación del tratamiento

En el año 2012 Weeks et al. (2012) introdujeron el concepto de «interacción lógica», dentro del curso de desarrollo de la aplicación de la PAF. El fin era clarificar y evitar confundidos respecto de qué se entiende en este contexto teórico por «conducta».

Recordemos que en el marco del MC la conducta se delimita como el resultado de la interacción entre las circunstancias antecedentes, la reacción que se produce inmediatamente después y las consecuencias que le siguen tras producirse la acción de la persona (condicionamiento instrumental), o de los apareamientos que se dan entre los estímulos que anteceden a la reacción (condicionamiento clásico pavloviano).

Dentro de la cadena o secuencia de acontecimientos en la que se presenta la conducta, la funcionalidad de los mismos ha de entenderse basándose en su orden de aparición temporal. Así, una reacción o respuesta ante un estímulo (evento con función de respuesta) pasa a desempeñar el papel de estímulo (antecedente), cambiando su función, cuando se asocia con el acontecimiento que le sigue (consecuente) o con el que la precedió.

En el contexto de este proceso de aplicación, las respuestas (acciones o reacciones) del psicólogo y las del «consultante» pueden desempeñar también la función de estímulos, en tanto que antecedentes o como consecuentes dentro de la secuencia temporal de las relaciones/interacciones entre uno y otro.

Por ello, en este marco se entiende que la «secuencia lógica» integra en el continuo temporal todos los procesos que participan, para generar el cambio que se persigue con la aplicación del tratamiento que propone el modelo teórico de la PAF.

Estos procesos van desde los implicados en desencadenar las respuestas que se han formulado como metas u objetivos, pasando por los del refuerzo de las que forman parte de la clase CCR2 y los del castigo o la extinción («bloqueo») de las que conforman las CCR1, así como los que se utilizan para promover y facilitar la generalización de los avances, logrados en el contexto seguro del marco clínico, al contexto de la actividad cotidiana en el que es más incierto (en términos

[167] En este caso tomados de Kanter et al. (2012).

CUADRO 7.6

Ejemplos de problemas de la vida diaria del «consultante», de los CCR relacionados y de las respuestas del psicólogo en el marco de la PAF

	Ejemplo A	**Ejemplo B**
Problema: «Los demás me evitan. Estoy solo».	Con su modo de actuar, siendo insensible a las necesidades y circunstancias de los demás cuando plantea sus demandas, es decir, exigiendo y con formas agresivas, el P/C se está quedando solo porque los demás lo evitan.	Para prevenir el rechazo que pudiera sufrir el P/C evita las situaciones sociales.
Ejemplos de posibles CCR1	Le pide reiteradamente al psicólogo que programe sus sesiones con él/ella en el último instante y que esté siempre disponible para que pueda consultarle cualquier duda cualquier día, sea laborable o festivo.	No toma la iniciativa para hacer peticiones al psicólogo.
	Discute con el psicólogo y/o lo critica si se le deniegan sus exigencias.	Oculta información personal al psicólogo por miedo a provocar un juicio negativo.
Ejemplos de posibles CCR2	Formula sus peticiones teniendo presentes las necesidades y los derechos del psicólogo, así como agradeciéndole su posible consideración de las mismas.	Hace peticiones y revela información personal, aun cuando pueda estar preocupado por lo que pueda pensar el psicólogo (y los demás) de lo que solicita o de lo que comenta.
	Acepta la repuesta negativa del psicólogo o consensua la solución que este le propone para dar respuesta a sus peticiones.	Reconoce explícitamente su miedo al juicio negativo, en vez de evitar la situación temida.
Posibles respuestas del psicólogo	Le explicita asertivamente el efecto que le han causado las CCR1. Expresa su sentimiento de irritación, de sentirse omitido o ninguneado por el P/C.	Le proporciona información al P/C sobre el impacto de las respuestas del tipo CRB1. Por ejemplo, le indica que no se siente considerado, que al no conocer los problemas y las necesidades del P/C no puede ayudarle, y eso desprovee de sentido a su trabajo como psicólogo.
	Le proporciona información sobre el efecto positivo de las respuestas de la clase CCR2, haciendo más probable que se acepten las peticiones cuando se plantean de manera hábil y razonadamente.	Proporciona información a su P/C sobre el impacto de las respuestas de la clase CCR2, expresándole satisfacción al conocer sus problemas y necesidades, dado que así si le podrá ser útil.

FUENTE: Traducido y modificado de Kanter et al. (2012).

de la probabilidad) que las contingencias se produzcan y cuando su signo, positivo o negativo, sea el deseado.

En el cuadro 7.7 presentamos una síntesis de este proceso.

Aplicación individual del tratamiento

Con la información obtenida durante el proceso de evaluación pretratamiento el psicólogo realizará su primera aproximación a la formula-

CUADRO 7.7

Síntesis de la secuencia del proceso de interacción durante la aplicación de la PAF siguiendo las orientaciones, guías o reglas terapéuticas

Actuación del psicólogo	Actuación del «consultante»
1. Formula un paralelismo entre el contexto clínico y el de la actividad cotidiana del «consultante» («paralelo afuera-dentro»).	2. Confirma la precisión del paralelismo.
3. Crea las condiciones para que se produzca, se recuerde o se evoque el CCR correspondiente.	4. Se implica e involucra en un CCR1.
	5. Responde de forma contingente al CCR1.
	6. Se involucra en un CCR2.
7. Responde contingentemente a la ejecución del CCR2.	
	8. Intensifica su implicación en el CCR2.
9. Pregunta al P/C sobre los efectos de su respuesta.	10. Se involucra todavía en más en el CCR2.
11. Establece un paralelismo entre lo que ocurre en la sesión y lo pasa en la vida cotidiana («dentro»-«fuera»), y le propone «tareas para casa» para realizarlas durante sus interacciones en su medio social.	12. Declara su compromiso de intentar cumplir con las «tareas para casa» propuestas para aplicarlas en su entorno cotidiano de interacción social.

FUENTE: Modificado de Martínez-Muñoz y Coletti (2015).

ción del caso, diseñando, planificando y concretando sus acciones (codificadas como T2s), así como las que podrían resultar perjudicadas e ir en detrimento del bienestar del «consultante» si no estuviesen bajo su supervisión/control o no fuesen tratadas (codificadas como T1s).

La conceptualización del caso[168] incluye como categorías que han de analizarse:

— La historia del P/C.
— Los problemas de la vida diaria.
— Las creencias problemáticas.
— Las variables que mantienen los problemas.
— Las fortalezas del P/C.
— Los CCR1.
— Los CCR2.
— Los objetivos de la vida cotidiana.
— Los objetivos del tratamiento.
— Las intervenciones planificadas.
— Los T1 (problemas registrados por el psicólogo durante el desarrollo de la sesión).
— Los T2 (las respuestas y conductas que el psicólogo formula como objetivos para el trabajo que se realiza en la sesión).

El objetivo de la formulación del caso es favorecer que se pueda producir el cambio de las respuestas del «consultante» que el psicólogo entienda necesarias durante el desarrollo de la intervención. Para lograrlo, observa e identifica las respuestas que se presentan en el contexto clínico y

[168] Véase, por ejemplo, Ascanio Velasco, Ferro-García y Bocanegra (2020), Lizarazo, Muñoz-Martínez, Santos y Kanter (2015), Singh (2016), Singh y O'Brien (2017) o Valero-Aguayo y Ferro-García (2017).

los estímulos que las desencadenan o mantienen, calificándolas como «Conductas Clínicamente Relevantes (CCR o CRB por su nombre en inglés).

La PAF distingue tres tipos de CCR, que codifica como CCR1, CCR2 y CCR3. Veámoslos:

- Las CCR1. Son las respuestas problemáticas a las que se aplica contingentemente el castigo, para que decrezcan en su duración, en su intensidad y/o en su frecuencia, cuando se presentan durante la sesión de tratamiento y pueden someterse al control de los estímulos aversivos (CRB1s por su nombre en inglés: «Punishing problematic behavior»).
- Las CCR2. Incluyen las respuestas que ya han mejorado por la administración adecuada de la contingencia de refuerzo durante el curso de la sesión clínica (CRB2s por su nombre en inglés: «Reinforcing more adaptive behavior»).
- Las CCR3. Forman parte de este grupo las interpretaciones que verbaliza el P/C respecto de su comportamiento (dentro y fuera de la sesión clínica) y de lo que cree que lo causa. Estas son moldeadas por el psicólogo aplicando interpretaciones funcionales durante las interacciones que se producen con su P/C durante el desarrollo de la sesión clínica.

Es importante insistir en que las respuestas calificadas como CCR resultan de la observación o de las medidas que toma el psicólogo sobre la función que desempeñan, no sobre su morfología o topografía (frecuencia, duración e intensidad, pese a que nosotros nos sigamos refiriendo a ellas en el texto), como ocurre en las intervenciones propias del MC que se definen como «contextuales», aunque no por ello la topografía deja de ser considerada relevante para valorar el cambio que produce la aplicación de la PAF.

Esto implica que una respuesta o acción que puede ser considerada por el «consultante» como «mejoría», y en cambio puede ser interpretada por el psicólogo como «empeoramiento», y viceversa. Tómese como ejemplo del primer caso la interpretación de una respuesta de escape o de evitación y del segundo la relativa a una respuesta de exposición o enfrentamiento en el inicio de un tratamiento.

Aplicación en grupo

A partir del trabajo de Kanter et al. (2012) hemos confeccionado el siguiente borrador como propuesta de protocolo para su aplicación grupal, pero también puede utilizarse para aplicarlo individualmente, en formato presencial o a distancia. Nuestro borrador incluye:

- Ocho sesiones de formación semanales, de dos horas de duración por sesión.
- Formación en los principios del MC, aplicados a las relaciones interpersonales y referidos a los comportamientos deseables que se trabajarán durante el desarrollo de las sesiones, los cuales se toman como referencia para generalizarlos a través de la realización de las «tareas para casa».

Estructura de la propuesta para las sesiones de tratamiento

La primera sesión se inicia con la exposición de las directrices que habrá de seguir el grupo durante el desarrollo de las sesiones, la estructura del programa (sesiones, objetivos, contenidos, actividades, etc.), la puntualidad, las faltas de asistencia, las cuestiones relativas a la confidencialidad (firma de un contrato), la revisión de las expectativas de resultado que tienen los integrantes del grupo sobre el tratamiento, sus preocupaciones y los temores, etc.

A continuación se hará un repaso breve de los principios básicos del PAF, utilizando un lenguaje inteligible para los asistentes pero riguroso. Posteriormente se pedirá a los participantes que realicen como primer ejercicio una síntesis de la historia de su vida. Por último, se les entrega el modelo de registro de las respuestas «de riesgo» que se ejecutan durante la actividad cotidiana y se les explica cómo se cumplimenta.

Sesiones 2-8. Se iniciarán con un tiempo dedicado a la puesta en común de los comentarios/reflexiones sobre los registros de las «respuestas de riesgo» ejecutadas (dificultades, logros, dudas, etc.). El psicólogo reforzará las respuestas ejecutadas correcta y adecuadamente, aclarará dudas, estimulará la generalización y la consolidación de los intentos, coordinará y reforzará la participación de los integrantes del grupo, etc., procurando que estos vayan ganando protagonismo y se impliquen, tanto como resulte posible, en la misma medida que avanza el desarrollo de la intervención.

La estructura que se propone para cada una de las sesiones y que desarrollaremos a continuación es la siguiente:

— Práctica breve de meditación.
— Ejercicios personales.
— Comentarios y ejemplos didácticos.
— «Tareas para casa».
— Miscelánea sobre la sesión.

Práctica breve de meditación para iniciar la sesión. Hacemos nuestra la propuesta de Kanter et al. (2012) de que el psicólogo intente realizar una breve meditación al principio de cada sesión, para introducir la aplicación de la PAF en un contexto de intimidad, recogimiento, sosiego y tranquilidad.

Ellos sugieren que se busque una fórmula para introducir la meditación que pueda adaptarse a cada uno de los P/C. Así, por ejemplo, el psicólogo puede comenzar diciendo:

> «Me gustaría empezar la sesión haciendo una breve meditación para ayudarte a conectar más contigo mismo y conmigo. Vamos a respirar juntos y a acomodarnos en nuestros cuerpos, para que te sientas conectado con la profundidad de tus sentimientos en nuestra sesión, para que puedas decirme tu verdad incluso cuando pueda darte miedo hacerlo, para que te sientas en paz con lo que surja, para que sientas el calor y la profundidad de mi cuidado y protección»[169] (p. 5).

Ejercicios personales. Los ejercicios personales de los participantes son los que les permiten practicar aquellas respuestas que presenten asociada una elevada probabilidad de contingencia aversiva en la relación interpersonal («comportamientos de riesgo interpersonal»), así como las de elevada probabilidad de ir seguidas de refuerzo positivo administrado espontáneamente por los presentes («natural»). Es decir, las que son relevantes para la PAF. Veámoslos:

— *Ejercicios autobiográficos*. Durante las tres primeras sesiones se realizarán ejercicios sobre el contenido de la historia que cada participante ha vivido (autobiografía). En estos se les pide que cada uno escriba una síntesis autobiográfica de lo que ha vivido, con una extensión que permita que la duración de su lectura sea entre 6 y 8 minutos.

Se les anima a que narren acontecimientos y eventos que impliquen riesgos respecto de la posible valoración negativa por los demás. Es decir, que se expongan y asuman riesgos relacionados con la expresión de emociones y con la coherencia que requiere la honestidad (respuestas propias de la clase CCR2).

Al final de la presentación de la autobiografía cada integrante del grupo dispondrá de alrededor de 30 segundos para proporcionar retroalimentación al ponen-

[169] «I'd like to start the session by doing a short meditation to help you connect more with yourself and with me. Let's take some breaths together and settle into our bodies. May you feel connected to the depth of your feelings in our session. May you speak your truth to me, even if it feels scary. May you be at peace with whatever comes up. May you feel the warmth and depth of my caring for you».

te («comentarios sinceros») sobre el contenido de su lectura o para hacer una reflexión personal sobre el historial autobiográfico que se ha presentado.

— *Ejercicios de expresión emocional y de honestidad personal.* Durante el ejercicio autobiográfico se anima a los participantes a ser sinceros a la hora de describir los principales acontecimientos positivos y negativos de sus vidas y a sentir lo que están diciendo. Por ejemplo, si un P/C dice: «Mi padrastro abusó sexualmente de mí cuando tenía 6 años», se le invita a exponerse a las emociones desencadenadas por la revelación.
— *Ejercicios de comentarios sinceros y reflexiones genuinas.* Se pide a los participantes que realicen comentarios y reflexiones breves y genuinas que refuercen el comportamiento de otros compañeros del grupo, tras escuchar sus narraciones histórico-biográficas o cualquier otra revelación personal.

El psicólogo enfatiza y ejemplifica los contenidos que se sugiere que sean premiados con la consideración, la reflexión y el comentario de quienes los escuchan. Entre estos se incluyen los comportamientos relativos a transmitir compasión y validar la acción o reacción de otros, la originalidad y la variedad de lo narrado, atreverse a revelar reacciones o experiencias similares a otras que ya han sido abordadas en las exposiciones de otros participantes, utilizar metáforas, etc.

— *Ejercicios sobre el modo de proporcionar retroalimentación.* Proporcionar retroalimentación de modo asertivo y constructivo requiere entrenamiento. El psicólogo puede modelar este ejercicio expresando ante los participantes (e incluso dándoselo por escrito) distintos modos de hacerlo, para que inicialmente puedan tenerlos como guías para orientarse en la redacción.

Así, refiriéndose a la actuación de participantes concretos podría expresar, por ejemplo, «Lo que has dicho es realmente conmovedor y me he dado cuenta de que te has emocionado bastante» o «Has actuado como un modelo digno de ser imitado por nuestro grupo cuando has descrito el modo de afrontar tu miedo y de exponerte a tu vulnerabilidad, respecto de la ansiedad, aplicando las técnicas de respiración, manteniendo el contacto visual, procurando centrarte exclusivamente en el contenido que nos estabas transmitiendo y en quienes te estaban prestando su atención. Te felicito y me congratulo de que formes parte de nuestro grupo».

— *Ejercicios de reflexión sobre el contenido del «registro de riesgos».* El registro de las respuestas que el P/C estima con una elevada probabilidad de riesgo de rechazo o de castigo, por parte de los demás, durante o tras la interacción social, debe ser diario e incluir la anotación de las respuestas que el participante ejecuta, pese a creer que presentan una alta probabilidad de ser percibidas como aversivas por los demás.

Al ser diario, el registro ha de incluir las respuestas ejecutadas durante las sesiones de tratamiento y las acciones que realiza entre sesión y sesión de aplicación de la PAF.

La consigna es que se intente ejecutar al menos una respuesta de riesgo a ser rechazado o castigado cada día.

El propósito de la tarea de registro es múltiple: *a*) intensificar la conciencia sobre las propias CCR1s (las relativas a las respuestas de escape y evitación, para que se consuman o se queden en intentos de escapar o evitar) y las CCR2s (acciones que nos fijamos como metas que valoramos conseguir); *b*) aumentar progresivamente la asunción de riesgos estratégicos para incrementar el autocontrol, y *c*) crear, desarrollar y mantener una relación de confianza entre los participantes del grupo a través de la divulgación de experiencias significativas de la vida diaria (contenidas en el registro).

En este contexto, el ejercicio de reflexión que se realiza sobre las actuaciones realizadas y anotadas en el «registro de riesgos» (véase también el apartado de «tareas para casa») permite que los participantes puedan practicar la retroalimentación empática, la cual se considera necesaria para que quien informa pueda sentirse reforzado socialmente al prestársele atención (ser escuchado o leído y valorado sinceramente).

Además, como acabamos de indicar, esta situación de «reflexión en el seno del grupo» permite que se pueda intensificar la conexión entre quien expone y quien escucha y reflexiona, en línea con la ya indicado para los ejercicios sobre los comentarios sinceros y las reflexiones genuinas.

El registro ha de incluir:

- La calificación por quien lo cumplimenta del riesgo estimado que le asigna a lo que va a hacer, dentro de una escala graduada (rango: 1 = «Mínima probabilidad» y 10 = «Máxima probabilidad»).
- Al menos descripciones breves de la respuesta ejecutada, aunque la sugerencia es que siga el mismo curso que el que hemos propuesto para la intervención psicológica fundamentada en los tratamientos de primera y segunda generación[170].

— *Ejercicios para discutir sobre las situaciones temidas y/o aversivas y las clases de respuestas de escape y evitación*. El psicólogo conducirá estos ejercicios proponiendo a los participantes que respondan describiendo del modo más detallado y extenso que puedan las preguntas que se les formule (pudiendo apoyarse para ello en las pautas de los registros de exposición).

Así, por ejemplo, podría pedir que cada uno respondiera de acuerdo a su propia experiencia a las siguientes cuestiones: «¿Qué evita generalmente cuando se relaciona con otras personas? ¿Qué efectos tienen en usted sus respuestas de escape y de evitación de las situaciones que le son aversivas o que teme cuando se relaciona con otras personas? ¿Qué tareas, personas, recuerdos, necesidades y sentimientos (por ejemplo, anhelos, pena, ira, tristeza, miedos, sea específico) evita o escapa de ellos/ellas siempre y tan pronto como puede, cuando no ha podido evitarlos? ¿Cómo influyen las respuestas de escape y de evitación en su vida diaria?».

— *Ejercicios de inventariar las pérdidas personales*. El psicólogo anima a los P/C a que participen construyendo su «inventario de pérdidas», para posteriormente exponerlo ante el grupo compartiendo lo que han querido y lo que han perdido, sus recuerdos dolorosos, las decepciones y las traiciones que han sufrido, etc.

Cada una de las revelaciones ha de ir seguida de comentarios y de reflexiones genuinas en las que se pongan de manifiesto las respuestas, las conductas y los comportamientos que, una vez que se han producido las pérdidas, les han permitido avanzar y mejorar en su autocontrol y en su autoestima.

— *Ejercicios de agradecimiento*. Estos ejercicios parten de que agradecer es una muestra de comportamiento asertivo y positivo, expresando lo que se siente de manera adecuada.

Así, en el curso del proceso de despedida (sesión 8) el psicólogo les pide a los participantes que escriban un agradeci-

[170] Véase Olivares-Olivares et al. (2022).

miento breve y sincero. Basta con la redacción de una o dos frases concretas que describan lo que recuerdan de alguien a quien quieren agradecerle algo, centrándose en lo que dijo o hizo que le ayudó a comprometerse con su recuperación e incrementar sus respuestas de la clase CRB2, o recordando una cualidad que realmente aprecia de esa persona.

El objetivo de este conjunto de prácticas, agrupadas bajo la expresión de «ejercicios personales», es provocar deliberadamente que pueda producirse públicamente el refuerzo «natural» del comportamiento entre los participantes. Por ejemplo, cuando han terminado de leer sus notas en el marco de cualquiera de los ejercicios indicados, o participando positivamente en las interacciones con los demás de cualquier otra forma (CCR2).

Además, el psicólogo también reforzará positivamente las actuaciones públicas de los participantes, pero siempre estimulando y dejando que previamente lo hagan los compañeros.

En síntesis, en los «ejercicios personales» incluiremos, entre otros:

- La retroalimentación sobre el contenido de los «registros de riesgo».
- La participación en la puesta en común con la que se inician las sesiones (2-8).
- La discusión sobre las respuestas de escape y evitación relativas a circunstancias o situaciones concretas.
- La realización de los inventarios de las consideradas «pérdidas personales», para compartirlas con los compañeros de grupo de tratamiento y exponerse a la retroalimentación proporcionada por estos.
- La expresión de puntos de vista que pudieran no ser compartidos por aquellos a quienes se dirigen.
- La realización de comentarios específicos dirigidos a compañeros concretos o al psicólogo, que se realizan en la última sesión y versan sobre cuestiones concretas que se hayan producido durante el desarrollo de las sesiones.

Comentarios y presentaciones didácticas. Por último, indicar que el psicólogo puede complementar el trabajo de los participantes a través de los «ejercicios personales», con la incorporación, a modo de complemento, de comentarios honestos y presentaciones didácticas breves, al hilo de cuestiones abordadas durante el desarrollo de la sesión. El objetivo es ilustrar y facilitar la comprensión de los conceptos que se manejan en el curso del desarrollo de la PAF sobre el comportamiento humano.

Así, por ejemplo, puede utilizar un momento que perciba adecuado, durante el curso de la sesión, para indicarles que un principio básico de la PAF es que la relación que se produce en el contexto clínico, durante el desarrollo de las sesiones, es considerada como un microcosmos de las relaciones que cada participante mantiene fuera del contexto clínico, en su actividad cotidiana. Siguiendo este razonamiento, les indicará que, explorando el modo como interactúan con él/ella, podrá hipotetizar cómo interactúan con otras personas. Es decir, el psicólogo parte del supuesto de que tanto los problemas como los comportamientos adecuados que surgen durante una relación también surgirán con una elevada probabilidad en otras personas.

«Tareas para casa». Tras cada sesión semanal se animará a los participantes para que pongan a prueba los comportamientos que se hayan moldeado, y en su caso modelado, en las sesiones previas (incluida la última), durante su interacción entre sesión y sesión con personas conocidas y desconocidas que sean para ellos importantes.

El registro de los «comportamientos de riesgo» ejecutados permite documentar la medida en la que se han podido cumplir los objetivos fijados.

Tanto si el grupo de tratamiento es a distancia como si no lo es, puede disponerse alguna estrategia que permita a los participantes remitir sus registros de las «tareas para casa» (por ejemplo, por correo electrónico) o ponerlos a disposición de todos los miembros del grupo en una plataforma web, *v. gr.*, la noche previa a la siguiente sesión del grupo.

Además, el psicólogo también puede aprovechar esta situación para elegir aleatoriamente participantes, cada semana, para que emitan su opinión/reflexión (la lectura debe durar alrededor de un minuto) sobre el grado de cumplimiento de los riesgos asumidos durante la semana y registrados (como parte de los «ejercicios personales»).

Miscelánea sobre la sesión. Por último, después de cada sesión el psicólogo puede entregar en mano o remitir a los participantes un cuestionario abierto en el que se incluyan cuestiones y preguntas de evaluación y mejora, como por ejemplo que se indique qué es lo que les ha resultado más útil de la sesión, qué se podría hacer para mejorar el desarrollo de las próximas sesiones, un inventario de sus CCR1 y CCR2, dudas que hayan surgido tras la sesión, qué dificultades le impiden todavía enfrentarse a expresar lo que piensan o sienten, etc.

Esta retroalimentación le permitirá mejorar futuras aplicaciones y abordar las cuestiones pendientes con cada uno de los participantes o en el seno del grupo.

7.5.4. Evidencia empírica

En el resumen de la presentación de la disertación doctoral de Rajinder Jitkaur Singh, firmada por William O'Brien, en calidad de asesor, este afirmaba que:

> «[...] Aunque la PAF ha existido como terapia durante más de dos décadas, hay una cantidad limitada de investigación que examine su eficacia, y la mayoría de los estudios de eficacia de la PAF utilizaron datos de un solo sujeto [considerados como un paso inicial para desarrollar prácticas basadas en la evidencia]. El presente estudio pretendía sintetizar los datos de la investigación sobre el diseño de sujetos únicos de PAF para proporcionar una estimación cuantitativa de su eficacia. Los resultados indicaron que existe una variación en la demografía de los participantes, y que los tamaños del efecto se situaron dentro del rango de «moderadamente efectivo» a «bastante efectivo» o fueron considerados «significativos» dependiendo de la métrica utilizada. En general, los resultados indican que la eficacia de la PAF es prometedora, pero es necesario realizar investigaciones con una metodología más sólida» (O'Brien, 2016; p. iii).

De hecho, Öst (2008) no encontró en su revisión ningún ECA en el que se pusiera a prueba la PAF (frente a los 13 ECA que encontró de la ACT y de la TCD, 1 de la «cognitive behavioral analysis system of psychotherapy» —CBASP- y 2 de la «integrative behavioral couple therapy» —IBCT—). En consecuencia, concluyó que la PAF no cumplía los requisitos para poder ser considerada un TAE.

El estado actual de la PAF se corresponde con el que fue descrito por Wetterneck y Hart (2012) en los siguientes términos:

> «[...] a efectos de tratamiento, los diseños de un solo sujeto o los estudios de casos controlados pueden ser ideales para probar la eficacia de la PAF en una variedad de presentaciones, ya sea como tratamiento complementario o como refuerzo de otras terapias [asimismo] la investigación de la relación de la intimidad con las variables relacionadas con el tratamiento (es decir, la alianza terapéutica), los cambios de las respuestas o las variables que predicen el cambio y el mantenimiento de las ganancias ayudaría a evaluar el valor del estudio de la intimidad» (p. 173).

Es decir, pese a que han pasado ya diez años desde la publicación del trabajo de Wetterneck y Hart (2012), los datos de la evidencia empírica disponible no permiten concluir que se haya producido en avance significativo en el desarrollo de su armonización teórica ni de su fundamentación empírica, aunque puedan apreciarse intentos prometedores.

Así, en un estudio controlado y aleatorizado, pero con insuficiente tamaño de la muestra (en el postest se evaluaron 11 sujetos por grupo) Maitland et al. (2016) compararon la eficacia de la PAF frente a un GCLE («Watchful waiting» —WW—). Pese a que las tendencias de las medidas favorecieron a la PAF, no lo hicieron en todos los casos ni estas tuvieron significación estadística. Por esta razón, pese a que la PAF mostró mejores resultados que el mero paso del tiempo (WW), no se pudo concluir otra cosa que la conveniencia de replicar la investigación con mayor tamaño de la muestra y con mayor rigor en el control experimental.

De hecho, en la revisión de Kanter et al. (2017), que incluyó estudios cualitativos, de grupo y de caso único, la conclusión fue que el apoyo empírico con el que cuenta la PAF es prometedor, pero muy insuficiente.

8 Psicoterapia interpersonal

«La IPT es una psicoterapia [...] dirigida a diagnósticos psiquiátricos concretos [...] Es un tratamiento bastante sencillo de aprender para los psicoterapeutas ya experimentados [...]»[1].

MARKOWITZ y WEISSMAN (2004, p. 138).

«Gracias a las innovaciones clínicas y a los avances científicos, la IPT ha alcanzado el estatus de tratamiento eficaz [...] [Ahora] Se necesita investigar cuáles son las variables y mecanismos implicados en el cambio, mejorar el acceso al tratamiento y adaptarse a los cambios de la psicopatología y la planificación del tratamiento. La IPT aborda la universalidad del efecto de las relaciones en la estabilidad psicológica [...]»[2].

RAVITZ et al. (2019, p. 165).

8.1. INTRODUCCIÓN

En el ámbito de las categorías nosológicas de la psiquiatría, la prevalencia de los P/T del comportamiento (mal llamados «enfermedades mentales») se considera subestimada al menos por cinco razones que afectan a los cálculos que se realizan sobre su ocurrencia real:

— Su solapamiento con los P/T neurológicos.
— La agrupación del suicidio y las autolesiones como una categoría distinta a los P/T del comportamiento.

[1] «IPT is a relatively young psychotherapy targeted to particular psychiatric diagnoses. Relative to many other psychotherapies, its characteristics are well defined and its efficacy is well understood. Nonetheless, far more remains unknown about its indications for various conditions, its optimal dosing, its combination with pharmacotherapy, its utility in different formats, and so forth. Although one of the best studied interventions in outcome research, particularly for mood disorders, IPT is only now spreading into clinical practice. It is a fairly simple treatment for already experienced psychotherapists to learn, but its effectiveness in the hands of less trained therapists is moot. Thus the spread of this still relatively «pure» treatment carries both opportunities and dangers» (Markowitz y Weissman, 2004, p. 138).

[2] «Sparked by clinical innovations and scientific advances, IPT has evolved as an effective treatment of psychiatric disorders across the lifespan for diverse patients, including underserved clinical populations. Future research to elucidate mechanisms of change, improve access, and adapt to changing frameworks of psychopathology and treatment planning is needed. IPT addresses the universal centrality of relationships to mental health, which is as relevant today as it was over 40 years ago» (p. 165).

— La confusión de todos los síndromes de dolor crónico con los P/T músculo-esqueléticos.
— La exclusión de los llamados «trastornos de la personalidad» de los cálculos del cómputo de la carga de enfermedad.
— La incorrecta consideración de la contribución de los trastornos del comportamiento a la mortalidad, por causas asociadas.

De hecho, las valoraciones cuantitativas realizadas contemplando estas cuestiones estiman que la carga de morbilidad de los P/T del comportamiento representa el 32,42 por 100 de los años vividos con discapacidad («Years lived with disability» —YLDs—) y el 13,03 por 100 de los años de vida limitados por la discapacidad («Disability adjusted life years» —DALYs—), en lugar de las estimaciones anteriores que sugerían el 21,2 por 100 de los YLD y el 7,07 por 100 de los DALYS[3].

Es decir, los algoritmos utilizados para su cálculo los subestiman en más de un tercio. Así, cuando tales cálculos se realizan considerando estos errores, los P/T del comportamiento se sitúan en el primer lugar, dentro del cómputo o «carga global de enfermedad», y a mucha distancia del segundo (enfermedades cardiovasculares y circulatorias), en términos de YLDs y de DALYs, con sus correspondientes costes individuales, sociales y económicos.

Dentro de esta «carga» ocupa un lugar preferente la aportación que corresponde a la «depresión» (véase cuadro 8.1).

Por ejemplo, en España, pese a que su prevalencia varía en las investigaciones realizadas en función de las características de las muestras, los instrumentos utilizados para cuantificarla o el tipo de trastorno estudiado, dentro del conjunto de los que conforman este constructo, los datos se sitúan en el 8,56 por 100 de la población general, oscilando en el ámbito educativo entre el 1,12 por 100 en preescolares y el 55,6 por 100 en estudiantes universitarios, y siendo la proporción de mujeres generalmente superior a la de los hombres[4].

En consecuencia, el reconocimiento de que «la depresión» es prevalente, mórbida, potencialmente mortal y que conlleva elevados costes económicos para la sociedad y de sufrimiento para quien la presenta, así como para sus familiares y amigos, ha estimulado el interés por su tratamiento psicológico desde hace ya mucho tiempo[5].

CUADRO 8.1

Prevalencia estimada a lo largo de la vida de los principales trastornos del comportamiento recogidos por los manuales diagnósticos psiquiátricos

Trastorno[1]	**Rango**
Cualquier trastorno	12-48,6%
Depresión/distimia	4,2-20,8%
Esquizofrenia/psicosis	0,3-1,6%
Demencia	0,84%-3,5%
Relacionados con el alcohol	10%
Relativos a la ansiedad	4,8-31,0%
Trastornos de control de impulsos	0,3-25,0%
Trastornos por uso de sustancias	1,3-15,0%

[1] Recogido en los manuales de psicopatología psiquiátrica (DMS-IV y CIE-10).

FUENTE: Tejada (2017).

[3] Vigo, Thornicroft y Atun (2016).

[4] Cardila Fernández et al. (2015).

[5] Véase Alsina (1982), Murray y Lopez (1996), Sagar et al. (2020) o Wainberg et al. (2017).

Es el grupo de trastornos que se conoce desde hace más tiempo, que fue denominado por Hipócrates como «melancolía» (del griego antiguo μέλας —negro— y χολή —bilis—). En la actualidad depresión y melancolía son dos conceptos que difieren en su significado. El constructo toma el nombre de «depresión» (del latín *depressus* —abatimiento—) del término utilizado en la publicación de Richard Blackmore en 1725 (véase Jackson, 1989).

En la actualidad este interés todavía se ha intensificado más, si cabe, debido a que los antidepresivos no solo no han respondido a las expectativas terapéuticas que habían generado[6], sino que, incluso en aquellos P/C que aceptan tratarse farmacológicamente (cuando pueden permitírselo[7]), el 80 por 100 abandona el tratamiento, y entre los que responden bien al compuesto químico pueden presentarse alteraciones residuales que predisponen a la reaparición de sus trastornos del estado de ánimo o incluso al suicidio[8].

Por todo ello, los tratamientos psicológicos se presentan como una alternativa realista debido a que, además de haber probado que es eficaz y segura, cuenta con una elevada demanda de la población. Además, en palabras de Turpin, Richards, Hope, Duffy y Programa IAPT (2008), ha probado que mejora la productividad laboral, la economía y la calidad de vida del P/C.

Entre las principales modalidades de intervención psicológica, con apoyo empírico, que se han mostrado más eficaces para tratar los trastornos del estado de ánimo, se hallan la TCB[9], la AC[10] y la psicoterapia interpersonal (IPT)[11].

A diferencia de la AC, la TCB y la IPT comparten el hecho de ser tratamientos orientados por un diagnóstico categorial y de naturaleza fenomenológica (DSM y/o CIE), con una duración fija (determinada antes de su aplicación), y centrados en las variables que desencadenan o mantienen las secuencias de respuestas que conforman el comportamiento en el presente, que alientan al P/C para actuar y volver a tener el control del estado de ánimo y de su funcionamiento[12].

Por otra parte, la AC y la IPT comparten el hecho de ser considerados tratamientos transdiagnósticos. Esta consideración le viene dada porque se dirige a evaluar y tratar los procesos y variables que se consideran básicos en el orden emocional[13] y, por tanto, se centra en la búsqueda de una visión más unificada de la psicopatología del comportamiento humano, así como en un enfoque más concreto del tratamiento porque se espera que las características y las circunstancias particulares de los P/C no influyan significativamente en sus efectos.

En relación con este último, también se espera que las medidas de resultado (asociadas a las variables transdiagnósticas) ayuden a acotar en qué grado se producen cambios en la regulación de las emociones que se puedan relacionar con el tratamiento aplicado.

Como veremos, el desarrollo de la IPT se contextualiza en la vuelta al estudio del papel del afecto y el de las emociones. Recordemos que estas comenzaron a ser de nuevo consideradas por la comunidad científica, en el ámbito de la investigación psicológica, en la década de 1990 del pasado siglo XX. La punta de lanza de este movimiento fue el desarrollo de la TCD, que se centró en un grupo concreto de P/C, que cumplían los criterios para el diagnóstico del TLP, los cuales se presumía que estaban demasiado «desregulados emocionalmente» para poder beneficiarse del TCC estándar[14].

Paradójicamente, pese a que como veremos la IPT es un tratamiento construido por un especialista en psiquiatría y una maestra/máster en trabajo social, doctorada en epidemiología de la discapacidad, y ambos profesores de un departamento de psiquiatría, esta modalidad de tratamiento nunca ha gozado de una amplia aceptación por la

[6] Véase Andrews et al. (2012), Fournier et al. (2010), Infocop (2021, 8 enero) o Quintana Rodríguez y Velazco Fajardo (2018).

[7] Infocop (2018, 22 de marzo).

[8] Véase, por ejemplo, Infocop (2011, 25 de marzo) e Infocop (2021, 8 enero).

[9] Beck et al. (1979b).

[10] Jacobson, Martell y Dimidjian (2001).

[11] Weissman, Markowitz y Klerman (2000).

[12] Markowitz y Weissman (2004).

[13] Así, como hemos visto, el Protocolo Unificado de Barlow trata de modificar procesos psicopatológicos que se consideran básicos, como las características temperamentales que se concretan en el neuroticismo y en la alteración o desregulación emocional, las cuales se conjeturan comunes (transdiagnósticas) a todos los trastornos de ansiedad, depresivos y afines.

[14] Shearin y Linehan (1994).

comunidad psiquiátrica estadounidense en la que vio la luz[15].

No obstante, ello no ha sido óbice para que, por un lado, fuera reconocida por el Nacional Institute of Mental Health como uno de los tratamientos que se han mostrados eficaces en la reducción/eliminación de la depresión y, por otro, para que haya encontrado una gran acogida como tratamiento psicológico de la depresión en los países en desarrollo[16].

8.2. PSICOTERAPIA INTERPERSONAL ESTÁNDAR

8.2.1. Introducción

La IPT fue desarrollada por Klerman y Weissman (1993) para tratar a P/C ambulatorios que presentaban TDM sin delirios, durante un período de tiempo concreto y previamente determinado. De ahí que a esta versión estándar o clásica también se la califique como «aguda», aplicándole el adjetivo biomédico que se emplea para delimitar una intervención rápida y concreta que se aplica a un trastorno específico, durante un período de tiempo limitado, para, como ocurre en este caso, tratar episodios o alteraciones puntuales del comportamiento, considerados como una enfermedad biomédica, mediante el empleo de las habilidades sociales[17].

La IPT tiene como fin el tratamiento de los trastornos psicológicos a partir de la evaluación y el análisis de las asociaciones que se detectan entre los conflictos actuales del P/C, sus estados emocionales y sus problemas con las relaciones interpersonales[18].

Ravitz et al. (2019, p. 165) la delimitaban como un tratamiento que es de duración limitada, centrado en el afecto y las relaciones interpersonales, que está respaldado por investigaciones que abarcan más de cuatro décadas. Añadiendo que:

— Se centra en las experiencias interpersonales estresantes asociadas con el duelo por la pérdida, con los eventos vitales que provocan cambios importantes en la vida, con las disputas y con el aislamiento social.
— Subraya y enfatiza el papel de las relaciones interpersonales en la recuperación, y constituye una modalidad de tratamiento de los trastornos psiquiátricos apoyado por la evidencia.
— Se desarrolla de acuerdo a protocolo contenido en un manual, que ha sido diseñado para ser aplicado a los P/C que cuentan con un diagnóstico categorial (DSM-IV, DSM-5 o CIE-10), destinado a población adulta y adolescente.

En sus criterios de exclusión inicialmente no se consideraban población apta para su aplicación a quienes también cumplían los criterios para el diagnóstico de un trastorno bipolar o de orden psicótico[19], pero esta situación cambió pronto y parece que sigue cambiando[20].

De hecho, en la revisión de Ravitz et al. (2019) ya se hallaron 1.119 publicaciones en inglés, de las

[15] Roy-Byrne (2017).

[16] Weissman (2020).

[17] Véase Weissman et al. (1981) y Weissman y Markowitz (1999).

[18] Markowitz y Weissman (1995) e National Institute of Mental Health (2002).

[19] Este hecho hace que podamos hablar de una versión estándar o tradicional de la IPT destinada al tratamiento de la depresión unipolar, que puede verse, por ejemplo, en los trabajos de Klerman y Weissman (1993), Klerman et al. (1984), Mufson et al. (2004) y Mufson et al. (1999), y otras que se han ido creando para adaptarla a las especificidades de las problemáticas asociadas a otras categorías diagnósticas de la psiquiatría como, por ejemplo, la realizada por Markowitz (véase Markowitz, 2005 o Markowitz, Skodol y Bleiberg, 2006) para abordar el TLP.

[20] Véanse, por ejemplo, el trabajo de Bozzatello y Bellino (2020) en relación con el TLP, o la revisión de Karam et al. (2019) respecto de los TCA, o la general de Ravitz et al. (2019).

que una parte estaba centrada en la depresión (n = 772 artículos; 69 por 100), otra en los trastornos de la alimentación (n = 135; 12 por 100), otra en los trastornos de ansiedad (n = 68; 6 por 100) y otra en el trastorno bipolar (n = 44; 4 por 100).

Es decir, en alrededor de tres décadas se han desarrollado variantes del protocolo estándar de la IPT para ser aplicadas en distintos formatos (individual, grupal, internet, etc.) y tratar distintos P/T del estado del ánimo (trastorno distímico, trastorno bipolar, trastorno depresivo mayor recurrente, etc.) en distintas poblaciones de P/C (adolescentes, ancianos, mujeres con depresiones pre y posparto, con discapacidad física, etc.) y con otros P/T tanto de orden biomédico, como el VIH o infarto del miocardio, como del comportamiento (trastornos por abuso del consumo de sustancias tóxicas, del comportamiento alimentario como la BN y la AN, el TAS, etc.[21]).

Habida cuenta de esta gama de propuestas, Etchebarne, Fernández y Roussos (2008) han realizado un esquema que permite identificarlos, clasificarlos, y que ayuda a comprenderlos en el marco del ámbito clínico en el que se han desarrollado.

8.2.2. Delimitación

Bases teóricas y empíricas. En relación con las bases teóricas, Mufson (2015) recordaba que los fundamentos de esta modalidad de tratamiento se hallan en:

— La teoría del apego, que hipotetiza que las personas experimentan angustia cuando se producen interrupciones en este[22].
— La teoría interpersonal, que asume que los déficits en el apego producen patrones de comunicación interpersonal inadecuados o desadaptados que pueden provocar dificultades para relacionarse con los demás[23].
— La teoría social, según la cual un apoyo social deficiente puede contribuir al desarrollo de la depresión, al influir en la capacidad de la persona para afrontar adecuadamente el estrés que se puede producir durante las relaciones interpersonales[24].

Esta posición sitúa a la IPT en una intersección teórica que es ecléctica, es decir, sin un modelo teórico de referencia explícito y concreto.

En relación con ello, Markowitz y Weissman (2004) señalaban que la IPT se basa en los denominados factores comunes de la psicoterapia. Se asume la existencia de una pluricausalidad de los trastornos del comportamiento, al tiempo que se conjetura que pueden ser tratados con éxito, y en poco tiempo, si se interviene a través del P/C en su contexto, tras hacerle reflexionar sobre sus expectativas, los distintos papeles que desempeña en el marco social, la manera en la que se comunica y, muy especialmente, en la calidad de sus relaciones interpersonales (véase figura 8.1).

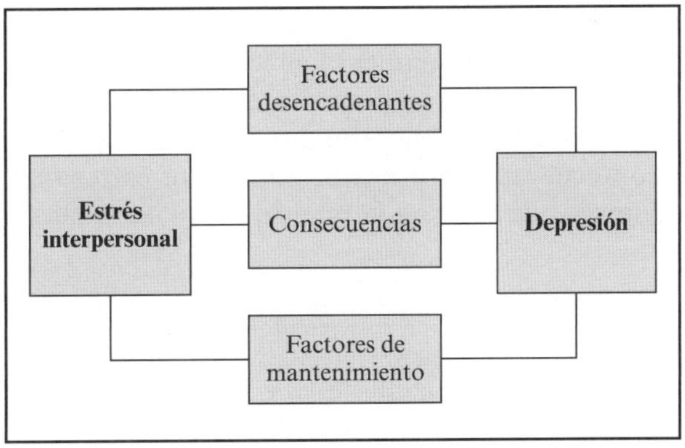

FUENTE: Modificado de Brakemeier y Frase (2012).

Figura 8.1.—El modelo interpersonal de la depresión.

[21] Véase, por ejemplo, Weissman (2020).
[22] Bowlby (1978).
[23] Véase Kiesler (1979) y Sullivan (1953).
[24] Véase Coyne (1976a y b), Joiner (1999) y Meyer (1957).

La importancia que se le supone a las relaciones interpersonales condiciona la relevancia que le otorga a la alianza entre el P/C y el profesional, que se compromete empáticamente, le ayuda a sentirse comprendido, despierta el afecto y le proporciona una explicación clara para apoyar el tratamiento y su metodología. Sobre esta base, y en relación con los trastornos del ámbito depresivo, sus dos principios básicos son que:

- La depresión es fundamentalmente una enfermedad del ámbito biomédico[25], no el producto de la culpa del P/C o de un defecto personal, que se puede tratar y eliminar.
- El estado de ánimo y la situación vital están relacionados. Este principio es la base en la que se apoya la teoría interpersonal, se pone a prueba la investigación psicosocial sobre la depresión y se utiliza, en la IPT, para establecer un vínculo práctico entre el estado de ánimo del P/C y los acontecimientos vitales estresantes que desencadenan la aparición del trastorno del estado de ánimo o le siguen como efectos del mismo.

La IPT se fundamenta en los resultados de la investigación que ha demostrado que los trastornos depresivos generalmente se producen tras acontecer un evento vital altamente estresante. Ejemplos de ello son la muerte de un ser querido (que puede producir «duelo complicado»); la confrontación o/y el conflicto con una persona que es significativa para el P/C («disputa de roles») o alguna otra circunstancia imprevista que altera y trastorna el funcionamiento cotidiano porque requiere de nuestra adaptación a los cambios que se producen.

Esto último es lo que ocurre, por ejemplo, en los cuadros depresivos que se producen al cambiar de lugar de residencia o de trabajo, cuando se inician o se terminan las relaciones interpersonales (inicio de la vida en pareja o del desarrollo de un proyecto empresarial, ruptura de una sociedad o una amistad, divorcio matrimonial, etc., cuando se presentan cambios bruscos y significativos del estado de nuestra salud o cuando acontece una circunstancia extraordinaria como, por ejemplo, ser premiado en un juego de azar con una cantidad muy elevada de dinero («adaptación a la transición y cambio de papeles»).

Asimismo, la evidencia empírica muestra que, una vez que los P/C cumplen los criterios diagnósticos para un trastorno del estado de ánimo, las alteraciones que presentan sus reacciones, por exceso o por defecto, comprometen su funcionamiento interpersonal, produciendo otros problemas asociados de los que se sienten como si fuesen los únicos responsables, olvidando el papel que le corresponde al entorno. El efecto de este hecho es el sentimiento de culpa que generalmente acompaña a este estado.

De ahí que, en el marco de la IPT, los acontecimientos vitales que siguen y/o preceden a los cambios del estado del ánimo constituyan el centro de interés del profesional y la tarea principal del P/C. El objetivo es que logre afrontarlos y resolverlos adaptativamente, es decir, utilizando las habilidades y las destrezas sociales adecuadas y reorganizando su vida del modo más parsimonioso posible dentro de lo que las circunstancias permitan.

La IPT sostiene que si el P/C puede resolver el problema vital al que se enfrenta, entonces las

[25] Aunque, como veremos, paradójicamente el tratamiento que se aplica es estrictamente psicológico y principalmente basado en técnicas conductuales y conductual-cognitivas. Además, pese a que en el protocolo de aplicación no se aborda explícitamente su relación con la teoría del apego (si se hace en su intento de fundamentarse teóricamente), su lectura permite constatar la presencia de esta posición teórica, así como la de la teoría de sistemas. De ahí que sostengamos que no tiene un modelo teórico de referencia y que es puramente pragmática, como ocurre con el movimiento de la práctica basada en la evidencia (generalmente ciego a la teoría, como venimos declarando de modo reiterado).

RAD depresivas deberían resolverse también, como lo prueba la evidencia empírica disponible al respecto, por ejemplo, para el TDM[26].

En síntesis, para la IPT la depresión se produce en la interacción de la persona con el entorno y afecta a las relaciones interpersonales y a los problemas que determinan el estado de ánimo que percibimos. Es decir, los acontecimientos vitales afectan al estado de ánimo y viceversa. El tratamiento consiste en aplicar estrategias que maximizan la oportunidad de que los P/C resuelvan lo que frecuentemente perciben como problemas interpersonales sin solución. Se espera que si consiguen cambiar sus situaciones vitales, entonces su depresión remitirá con una elevada probabilidad.

Diferencias y similitudes con otras modalidades de tratamiento psicológico. Como hemos indicado, los investigadores de este enfoque afirman que la IPT se fundamenta en la integración de la teoría relacional de Harry Stack Sullivan y la del apego de John Bowlby.

El primero, apoyándose en las teorías integradoras de naturaleza psicobiológica[27], sostenía que nadie puede estar aislado del entramado o urdimbre de las relaciones interpersonales que se producen en el contexto en el que vive y que conforman su ser. Desde esta óptica, basada en la observación clínica de un grupo social primario y en la implicación inmediata de la persona con otras significativas para ella, la personalidad se define como una función de las relaciones que se establecen entre estas y por el papel social que su conformación desempeña.

El segundo, John Bowlby, subrayaba la relevancia en las primeras etapas de la vida del «apego seguro» al cuidador, porque desde su análisis constituye la base del éxito posterior en las relaciones interpersonales.

Este eclecticismo y el pragmatismo de la IPT requieren una clarificación sobre los elementos teóricos y aplicados que la componen (véase cuadro 8.2), porque de lo contrario en ocasiones puede resultar difícil saber dónde se está, así como a qué variables hemos de atribuir el éxito cuando se produzca y qué hemos de mejorar y por qué cuando este no se presente o no se alcancen las cuotas de mejoría esperadas.

De hecho, esta problemática llevó a Markowitz, Svartberg y Swartz (1998) a tener que explicitar por qué entendían que la IPT no era una modalidad más de terapia psicodinámica. Para ello se enfrentaron a la tarea de discutir las semejanzas y las diferencias entre esta y el tipo de psicoterapia psicodinámica más parecido (la psicoterapia dinámica a corto plazo —«Short Term Dynamic Psychotherapy»: STPP—). Sus conclusiones fueron que ambas difieren en:

- — Su duración.
- — En las posiciones teóricas de referencia.
- — En sus objetivos (la IPT persigue la resolución de problemas interpersonales y la remisión de la depresión, calificada como síndrome).
- — El enfoque interpersonal y en los problemas actuales del P/C.
- — La aplicación de técnicas específicas.
- — La forma de terminar su aplicación.
- — La postura o función del profesional durante la aplicación del tratamiento.
- — En el apoyo empírico que las avalan[28].

Para profundizar en esta diferenciación hemos confeccionado el cuadro 8.2. En este hemos incluido las diferencias señaladas por Markowitz et al. (1998) entre la IPT y la STPP, así como sus semejanzas y las que entendemos que se producen entre ambas y el TCC.

[26] Markowitz y Weissman (2004) y Mufson (2015) o Mufson et al. (1999).

[27] Véase Meyer (1957) y Meyer y Winters (1951).

[28] Véase Farber (2019).

CUADRO 8.2

Síntesis de algunas de las principales diferencias y semejanzas entre la psicoterapia interpersonal estándar, la psicoterapia dinámica a corto plazo y el tratamiento conductual-cognitivo

Ámbito			Psicoterapia interpersonal	Psicoterapia dinámica a corto plazo	Tratamiento conductual-cognitivo
Modelo teórico			NO[1]	SÍ[2]	SÍ[3]
Investigación			De los resultados	De los procesos	De los resultados
Tratamiento	Manual del psicólogo		SÍ	NO	SÍ
Tratamiento	Objetivos generales del tratamiento		Remisión del síndrome. Alivio de síntomas.	Resolución de conflictos. Cambio (limitado) de la personalidad.	Aprender nuevos modos de responder y mejorar la destreza de la ejecución de las habilidades aprendidas.
Tratamiento	Contexto tempo-estructural del tratamiento	Duración	Generalmente entre 12 y 16 semanas.	Variable.	Alrededor de las 12 semanas.
Tratamiento	Contexto tempo-estructural del tratamiento	Estructura	Estructurado respecto de: *a*) número de sesiones y su duración; *b*) fases del tratamiento; *c*) la pregunta de apertura[4]; *d*) el área de los problemas interpersonales y *e*) el papel del psicólogo.	Relativamente desestructurado.	Estructurado respecto de: *a*) número de sesiones y su duración; *b*) las fases de la intervención; *c*) los sistemas de respuesta, y *d*) el papel del psicólogo.
Tratamiento	Variables de interés	Temporales	El pasado reciente, el presente («aquí y ahora») y el futuro.	«Allí y entonces». pasado remoto que tenga algún tipo de relación con el presente.	El presente («aquí y ahora»).
Tratamiento	Variables de interés	Espaciales	Fuera de la situación clínica.	Solo en la situación clínica (transferencia).	Dentro y fuera del contexto clínico.
Tratamiento	Variables de interés	Contenidos	Interpersonal.	Fundamentalmente intrapsíquico.	Variables y procesos implicados en el aprendizaje social e individual.
Tratamiento	Formulación del problema o trastorno		Explícita.	Generalmente y en gran medida tácita.	Explícita y operacionalizada.
Tratamiento	Papel del clínico		Aliado, solidario, alentador y optimista.	Observador solidario.	Aliado, directivo, solidario, reforzador, optimista.
Tratamiento	Técnicas	Interpretación	NO	SÍ	NO
Tratamiento	Técnicas	Interpretación de los sueños	NO	SÍ	NO

CUADRO 8.2 *(continuación)*

Ámbito			**Psicoterapia interpersonal**	**Psicoterapia dinámica a corto plazo**	**Tratamiento conductual-cognitivo**
Tratamiento		Ensayo de la intervención	NO	SÍ	NO
		Análisis del contenido de la comunicación	SÍ	Sí, pero limitado.	SÍ[5]
		Soporte/Apoyo	SÍ	Sí, pero variable.	SÍ
		Catarsis	SÍ	SÍ	NO
		Explorar opciones alternativas	SÍ	Sí, pero no sistemáticamente.	SÍ[6]
		Juego de papeles	SÍ	NO	SÍ
		Psicoeducación	SÍ	NO	SÍ
	Fase intermedia	«Tareas para casa»	Implícitas	NO	Explícitas, concretas y generalmente pactadas.
		Se explicitan las dificultades para resolver los problemas[7].	SÍ	NO	Sí, pero durante todo el tratamiento y en el seguimiento.
	Fase de término		Se centra en los éxitos del P/C, en la prevención de recaídas y en las conclusiones que se extraen del tratamiento.	Se produce generalmente como respuesta a la evolución de la transferencia[8].	La precede la subfase de desvanecimiento[9] y se incluye una sesión para detectar vulnerabilidades y prevenir retrocesos.

1 Posición ecléctica y pragmatismo en torno a la delimitación fenomenológica que hace la psiquiatría de las categorías diagnósticas del DSM-4 y DSM-5 y la CIE-10.

2 Equilibrios y desequilibrios producidos por la dinámica inconsistente de las fuerzas del ELLO, el YO y el SUPER-YO.

3 En el MCC equivaldría al análisis del contenido de los registros del P/C.

4 «¿Cómo han ido las cosas desde la última vez que nos vimos?».

5 Pensamientos irracionales, heurísticas, habilidades y destrezas, etc.

6 En el MCC equivale al formato de búsqueda de respuestas alternativas propias de la solución de problemas.

7 En el inicio de cada sesión clínica se explicitan las dificultades halladas a la hora de afrontar para resolver los problemas interpersonales.

8 Dentro de una fase considerada crucial por el terapeuta.

9 La primera suele iniciarse al alcanzar un criterio de ejecución adecuada del comportamiento problemático al menos del 75 por 100 y la segunda entre el 85-90 por 100.

FUENTE: Construida a partir de Markowitz, Svartberg y Swartz (1998) y Markowitz y Weissman (2004).

8.2.3. La intervención

Como hemos indicado, la IPT estándar es un tratamiento psicológico basado en el diagnóstico psiquiátrico, que toma como referencia la asociación del estado en el que se halla el P/C y la casuística de los acontecimientos vitales vividos recientemente o que se están viviendo, y limitado en el tiempo porque se desarrolla dentro de un rango que oscila entre 12-16 semanas.

Cuenta con un manual para guiar la administración de su aplicación[29] y requiere la asistencia previa a un taller de orientación, así como el entrenamiento en la práctica de la intervención de 2-3 casos supervisados (revisión de las cintas de audio o vídeo grabadas) antes de comenzar a aplicarla en el marco clínico.

Para conocer las normas que rigen la formación clínica, la Sociedad Internacional de Psicoterapia Interpersonal (ISIPT) desarrolló un sitio web que puede visitar el lector interesado para documentarse, respecto a los requisitos para disponer de la acreditación para su aplicación[30], aunque también puede acceder a la guía para su aplicación publicada por Weissman, Markowitz y Klerman (2007).

La intervención incluye una fase inicial (de evaluación, diagnóstico y formulación de objetivos), otra llamada «intermedia» o de aplicación del tratamiento, y una tercera o «final» en la que se desvanece y termina el tratamiento.

8.2.3.1. *La fase inicial*

En esta se requiere que el psicólogo identifique el diagnóstico objetivo (*v. gr.*, el TDM), el contexto interpersonal en el que se presenta el P/T y los objetivos que han de orientar la aplicación del tratamiento.

Con carácter general hemos de indicar que para diagnosticar se siguen los criterios del DSM o de la CIE y se emplean medidas de la gravedad del cuadro depresivo, como la Escala de calificación de la depresión de Hamilton (Ham-D)[31] o el Inventario de depresión de Beck (BDI)[32], a fin de confirmar el cuadro que conforman las alteraciones que presenta el P/C como una enfermedad y no como un defecto idiosincrásico, además de aplicar el Inventario interpersonal.

En este proceso de evaluación el psicólogo también puede aplicar algún inventario de relaciones interpersonales, la evaluación de los patrones de relación del P/C, la capacidad para la intimidad y, en particular, una evaluación de las relaciones actuales. A partir de esta última se conforma el tratamiento. Por ejemplo, puede que haya fallecido alguien importante y el duelo se haya complicado («duelo complicado»), que haya un enfrentamiento o confrontación con una persona importante («disputa de papeles») o que el P/C haya pasado o esté pasando por alguna circunstancia importante que le obliga a un cambio de vida («transición de papel»). Cuando no ocurre ninguna de estas situaciones, lo cual suele ser relativamente infrecuente, por defecto el tratamiento se centra en los déficits del P/C que se muestran durante sus relaciones o interacciones interpersonales.

En presencia del P/C el psicólogo relaciona el diagnóstico psiquiátrico con el enfoque interpersonal de la IPT del modo que sigue:

> «Como hemos hablado, sufres una depresión mayor, que es una enfermedad tratable y no es culpa tuya. Por lo que me has contado, tu

[29] Véase Weissman, Markowitz y Klerman (2000).

[30] www.interpersonalpsychotherapy.org.

[31] Hamilton (1960). Hay una validación al castellano realizada por Ramos-Brieva y Cordero-Villafafila (1986). Véase Anexo XVI.

[32] Véase, por ejemplo, Beck y Ohanessian (1974), Beck, Rial y Rickels (1974a) o Beck et al. (1979b). Existen traducciones y adaptaciones al español en distintos países, por ejemplo, Moral de la Rubia (2013) y Melipillán Araneda et al. (2008), y en España destaca el buen trabajo realizado con este inventario por Sanz (2013), Sanz et al. (2005) y Sanz, Perdigón y Vázquez (2003). Véanse anexos XI a y b.

depresión parece estar relacionada con lo que está ocurriendo en tu vida en este momento. Dejaste de dormir y comer y empezaste a sentirte deprimido después de la muerte de tu madre, y has tenido dificultades para asimilar esa terrible pérdida. A eso lo llamamos duelo complicado, que es una forma común y tratable de depresión. Te sugiero que dediquemos las próximas 12 semanas a ayudarte a superar ese duelo. Si puedes resolver este problema interpersonal, no solo mejorará tu vida, sino que también mejorará tu estado de ánimo» (Markowitz y Weissman, 2004, p. 137).

Esta formulación psicoeducativa condiciona el resto del tratamiento[33]. La conexión entre el estado de ánimo y los acontecimientos vitales es correlacional y práctica (no es etiológica), por lo que puede afirmarse que no se pretende explicar la depresión, sino tratarla y que remita dentro de un período de tiempo previamente determinado. Cuando el P/C muestra su acuerdo con la descripción de esta asociación se pasa a la fase intermedia.

En esta fase inicial también se incluye la implicación que conlleva el diagnóstico para el P/C: asignarle el «papel de enfermo». Se concibe como un estatus temporal que reconoce que la depresión, en tanto que enfermedad biomédica, le impide actuar como lo haría en condiciones normales, es decir, a pleno rendimiento. Asimismo, se establecen como parámetros la duración del tratamiento y la intención de que este se centre en cuestiones interpersonales recientes y relevantes para el P/C[34].

Veámoslo todo ello con algo más de detalle, explicando el desarrollo del diagnóstico (incluida la evaluación pretratamiento), la evaluación de las áreas en las que están implicadas las cuestiones interpersonales y la formulación de los objetivos que se quieren alcanzar.

El diagnóstico

La IPT se basa en la concepción de los trastornos del comportamiento como enfermedades de orden biomédico-psiquiátrico. Es decir, un trastorno del estado de ánimo equivale a otro como el producido por la hipertensión arterial, el exceso de glucosa en sangre (diabetes), o cualquier otro que responda a las intervenciones conductuales y farmacológicas[35].

El estatus médico-psiquiátrico le permite definir las RAD como síntomas, propios de un contexto sindrómico conocido, y por tanto generar la expectativa de que es curable.

Como hemos indicado, al P/C se le asigna un diagnóstico biomédico-psiquiátrico y asociado con este «papel de enfermo»[36]. Esta estrategia persigue, por un lado, concienciarlo de la relevancia y la gravedad de su estado, así como de su carácter egodistónico[37], y, por otro, que esta asociación reduzca/elimine la autocrítica al atribuir a la «enfermedad» (y a la casuística interpersonal) lo que hasta ese momento los P/C se atribuyen a sí mismos (fomentando el desarrollo y/o mantenimiento del sentimiento de culpa).

El profesional pretende aliviar la culpa y disminuir el riesgo de que los P/C deprimidos pue-

[33] Véase, por ejemplo, Markowitz y Swartz (1997), Rafaeli y Markowitz (2011) y Fernando, Cohen y Henskens (2012).

[34] Véase Weissman, Markowitz y Klerman (2000 y 2007).

[35] Desde nuestro punto de vista, por utilizar un término biomédico, se trata claramente de un mejunje que es fruto de la posición ecléctica.

[36] Véase, por ejemplo, el trabajo de Klerman, Weissman, Rounsaville y Chevron (1984) y el de Parsons (1951) para comprender mejor la justificación de esta posición tan opuesta a la concepción de los modelos MC y MCC, en los que se sostiene que no existen diferencias cualitativas entre el comportamiento considerado «normal» y el desadaptado o «anormal».

[37] Este término psiquiátrico hace referencia al hecho de que se experimente incomodidad o malestar significativo al enfrentarse a una determinada situación o problema.

dan culpar injustamente a su carácter, en lugar de a la enfermedad o a las circunstancias.

En consecuencia, se espera que se reduzca o elimine la responsabilidad que asume el P/C, y con ello el sentimiento de culpa y la frustración desencadenada por su experiencia emocional negativa. El componente psicoeducativo sería el responsable de este efecto benéfico.

En este contexto, el papel de «enfermo» también conlleva la responsabilidad de implicarse activamente en la propia recuperación, a fin de conseguir una estabilidad psicológica saludable.

Una cuestión diferencial y relevante que se produce durante esta fase, característica de los terapeutas de la IPT estándar, es que, pese a que utilicen los conocimientos psicodinámicos para «leer» los patrones psicológicos de sus P/C, evitan cuidadosamente prejuzgar si estos presentan o no trastornos de la personalidad[38].

La única pretensión del profesional es confirmar la existencia de alteraciones asociadas a los trastornos del Eje I, como son la depresión mayor o el trastorno distímico, tal como figuraban en los DSM-IV, DSM-IV-TR, CIE-10[39] o en sus equivalentes en las últimas versiones de estos manuales. No se preocupan ni ocupan de los llamados «trastornos de la personalidad».

La IPT utiliza el diagnóstico de los manuales de psicopatología psiquiátrica como un criterio de inclusión.

La evaluación de los problemas generados por la casuística interpersonal

Como ya se ha indicado, la IPT se centra en los acontecimientos que hace poco que se han vivido o en los que se están viviendo, y en el modo como reacciona el P/C ante tales circunstancias.

Los problemas del P/C se agrupan dentro de las cuatro áreas ya señaladas, generalmente delimitadas conjuntamente y siguiendo una metáfora personalizada, que determina la parte más significativa de la casuística interpersonal:

- — El duelo.
- — Las disputas por los papeles que se representan durante la interacción.
- — Las transiciones y sus consiguientes procesos de adaptación cuando se produce el cambio de un papel a otro.
- — Los déficits o carencias que presenta el P/C para un desarrollo adecuado de esta casuística.

En la figura 8.2 presentamos una representación gráfica del inventario interpersonal, que es una estrategia que utiliza la IPT y sus variantes

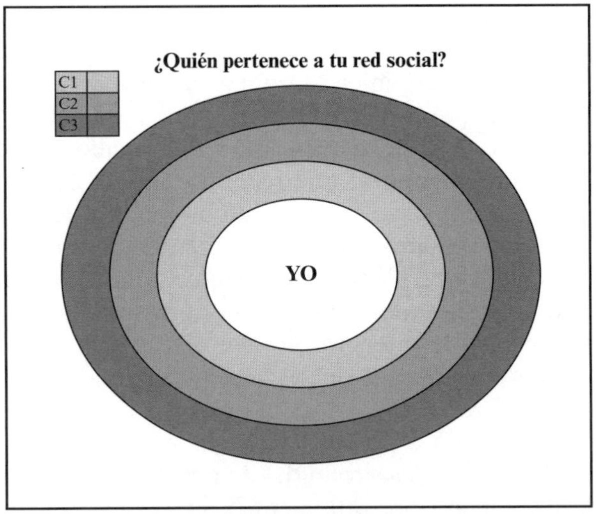

Nota: C1, C2 y C3 son los círculos que representan gráficamente la intensidad de las relaciones interpersonales, de mayor a menor. En ellos se sitúan los nombres de las personas relevantes para el paciente/cliente.

FUENTE: Brakemeier y Frase (2012).

Figura 8.2.—Representación gráfica del inventario interpersonal.

[38] Véase Markowitz (1998) y Markowitz y Weissman (2004).

[39] American Psychiatric Association (1994, 2000 y 2013) y Organización Mundial de la Salud/World Health Organization (1995 a, b y c; 2018).

para detectar y delimitar el área que contiene la problemática sobre la que se aplicará la administración del tratamiento.

Para confeccionarlo, el terapeuta explora las relaciones presentes y pasadas importantes en la vida del P/C, a fin de tener una visión general sobre su red social y poder diseñar la mejor estrategia para optimizar su situación actual (durante la fase media de la intervención).

Una vez realizado el inventario interpersonal se ha de poder contestar a la pregunta: ¿qué cambios se han producido en las relaciones que son básicas antes y durante el intervalo depresivo? La respuesta lleva a establecer el área de la problemática interpersonal que hay que abordar. Para ello, el terapeuta decide, junto con el P/C, cuál de las cuatro áreas de problemas interpersonales se adecúa mejor a su situación actúa.

La IPT enfatiza el reconocimiento de los acontecimientos vitales estresantes y/o traumáticos recientes, subrayando, a la vez, el potencial positivo que hay en el propio presente y en el futuro. A este respecto, Markowitz et al. (1998) indicaban que la IPT es «*coaching* para la vida» más que introspección.

La formulación de los objetivos del tratamiento

Tiene dos objetivos generales, que son resolver un problema interpersonal y (con ello) aliviar un episodio puntual del trastorno del estado de ánimo (ocurrido durante el proceso de «enfermedad»).

El profesional que aplica la IPT los vincula con la formulación interpersonal del problema que ya ha consensuado con el P/C, para disponerlo a implicarse durante el desarrollo de la aplicación de la fase principal de la intervención.

En un contexto más específico, Markowitz y Weissman (2004) indicaban que estos dos objetivos generales se desglosan y concretan durante la aplicación del tratamiento en:

- Desarrollar la capacidad del P/C para plantear y defender (hacer valer) sus necesidades y deseos en los encuentros interpersonales.
- Validar la ira como una señal interpersonal normal.
- Fomentar la expresión eficaz de la ira (adaptativa).
- Animar al P/C para que asuma de manera realista y graduada riesgos sociales que sean necesarios para resolver los problemas interpersonales.

A los que Mufson (2015) añadía:

- Explicar e ilustrar la relación entre las relaciones interpersonales, «los síntomas» y los acontecimientos.
- Disminuir los «síntomas depresivos».
- Mejorar las habilidades para abordar los problemas asociados a la casuística interpersonal que pueden estar contribuyendo o exacerbando la depresión.

Asimismo, en la formulación del caso se establece la vinculación entre el estado de ánimo y el medio en el que se produce, por lo que, como se ha indicado, no es etiológica sino correlacional, y en la que el profesional manifiesta explícitamente ante el P/C su comprensión del caso, por ejemplo, como sigue:

> «Según determinamos en el DSM-5/CIE-10, usted está pasando por un episodio de depresión mayor, una enfermedad común que no es culpa suya. A mí me parece que su episodio depresivo tiene que ver con la muerte de su padre y la dificultad que tiene usted para realizar el duelo. Los síntomas que usted presenta comenzaron poco después del fallecimiento. Le sugiero que durante las próximas 12 semanas intentemos resolver su problema con el duelo, que llamamos «duelo complicado». Si lo resolvemos, es muy probable que su depresión mejore»[40].

---

[40] Traducido y actualizado de Markowitz et al. (1998): «As we determined by DSM-IV, you are going through an

No hemos de olvidar que el modo como se definen los objetivos terapéuticos condiciona la manera como se aplica el tratamiento. Así, la IPT está indicada solo para los síndromes en los que previamente se ha demostrado empíricamente su eficacia (como ocurre, por ejemplo, con el TDM).

La fase inicial termina con un contrato de tratamiento escrito que contiene uno o dos focos de TPI más relevantes para el P/C y 2-3 objetivos interpersonales bien definidos dentro de cada foco de TPI, es decir, que sean realistas y alcanzables durante el período de tratamiento. También se pueden redactar objetivos generales (relativos a los «síntomas» depresivos). Por último, deben añadirse aspectos organizativos adicionales, como la frecuencia de las sesiones, su duración y la del tratamiento, etc.

8.2.3.2. *La fase intermedia*

En esta se utilizan estrategias generales y técnicas específicas para tratar los problemas que puedan presentarse en cualquiera de las cuatro áreas en las que se han agrupado durante la fase previa. En consecuencia, en esta fase se podría abordar el tratamiento de un duelo complicado, del modo de resolver adaptativamente una disputa de papeles, de la manera de realizar el duelo por la pérdida de un papel (al tiempo que se asumen los costes de la transición hasta adquirir el que lo sustituye) o para reducir el aislamiento social a fin de lograr otro tanto con los déficits del P/C que se muestran en la casuística interpersonal.

Las características principales de esta fase son la duración limitada del tratamiento (duración de la sesión y del conjunto de las sesiones), las estrategias y las técnicas que se aplican, el papel que desempeña el psicólogo y el modo como se desarrollan las sesiones clínicas. Veámoslas con algún detalle:

— **Duración del tratamiento.** La IPT tiene un límite estricto de la duración de la sesión clínica y del tiempo que se prolongarán las sesiones a razón de una por semana. Ambas están establecidas antes de su inicio. Tal como se ha indicado, el número total de sesiones clínicas para aplicar el tratamiento oscila entre 12 y 16.

  La limitación de la duración surgió como un compromiso entre las necesidades de la psicoterapia y de la farmacoterapia, en los ensayos aleatorios preliminares de la línea de investigación en la que se sustenta esta modalidad de intervención. No obstante, se ha mantenido porque ha demostrado ser una duración adecuada y una estrategia importante. Como hemos indicado, en esta posición subyace la idea de que la brevedad del tratamiento presiona al P/C y al terapeuta para que trabajen con rapidez y se impliquen en el mismo.

— **Las estrategias y las técnicas específicas.** La IPT dispone de un conjunto coherente de estrategias para cada una de las áreas en la que se agrupan los problemas asociados a la casuística interpersonal. Algunas de las técnicas se derivan de la práctica psicodinámica y otras del TCC (véase el cuadro 8.2).

  Una de las estrategias básicas es comenzar cada una de las sesiones con la misma pregunta: «¿Cómo han ido las cosas desde la última vez que nos vimos?». Se espera que el relato sitúe al P/C en lo acontecido entre la sesión previa y el inicio de esta, actuando como estímulo para desencadenar el estado de ánimo dominante

---

episode of major depression, a common illness that is not your fault. To me it seems that your depressive episode has something to do with your father's death and your difficulty in mourning him. Your symptoms started shortly after that. I suggest that over the next 12 weeks we try to solve your problem with mourning, which we call complicated bereavement. If we solve that, your depression will very likely improve» (p. 189)

y/o recordar un acontecimiento relevante que lo active.

Tras la respuesta del P/C, el profesional le ayuda a relacionar lo acontecido y el estado de ánimo que se ha producido asociado. El objetivo es que aprenda a relacionar la situación ambiental y el estado de ánimo, así como a reconocer que ambos pueden controlarse si se actúa adecuadamente.

En la IPT se sostiene que empezar la sesión clínica con un acontecimiento reciente y cargado de afecto permite que, por una parte, el contenido de la sesión pueda ser el propio del área en la que se presentan los problemas del P/C y que, por otra, estos se contextualicen en el marco del afecto (previniendo que la discusión se intelectualice o carezca de contenido afectivo).

Así, cuando el P/C narra una situación vital reciente, el psicólogo le pide que describa los acontecimientos y los sentimientos asociados, a fin de determinar las causas que han hecho posible que los resultados hayan sido positivos o negativos para él/ella.

Para ello se procede al análisis del contenido de la comunicación, lo que permite explorar lo que sucedió, cómo se sintió el P/C, qué quería o esperaba de lo acontecido en la situación y qué opciones reales tenía para conseguirlo.

En el caso de que el P/C no hubiese afrontado y manejado adecuadamente la situación, entonces el profesional utilizaría el «juego de papeles» para prepararlo antes de que volviera a intentarlo.

En la IPT se utiliza el afecto y *la catarsis* como proceso de liberación de las emociones negativas, pero partiendo de que esta última, por sí sola, es insuficiente. Se entiende que la *catarsis* puede ayudar a que el P/C traduzca la transmutación de su sentimiento a cambios concretos en su vida, que es lo que se persigue.

Por ello, en la IPT se hace hincapié en la acción más que en la exploración y más que en el *insight*. Esto se debe en parte a que los resultados de la investigación muestran que la movilización y la actividad social mejoran los efectos del tratamiento de la depresión. De ahí que el profesional apoye activamente al P/C en la búsqueda de sus deseos y de sus opciones interpersonales.

— **El papel del terapeuta.** Durante el desarrollo de la IPT en general, así como de esta fase secundaria o de aplicación del tratamiento en particular, la función del psicólogo, o del profesional responsable de su administración, es implicarse en el tratamiento apoyando al P/C. El objetivo es que este lo perciba como su aliado.

Como se ha indicado, se espera que el límite de tiempo presione al P/C para que actué y al terapeuta para que cumpla sus funciones. No hay deberes formales, ni se asignan «tareas concretas para casa» como en el TCC. Se dan instrucciones generales para cumplir, tanto como se pueda, con las acciones necesarias para conseguir el objetivo que se ha formulado como logro del tratamiento.

En consecuencia, en la IPT el terapeuta no es neutro, sino activo y directivo. Asume y representa un papel abiertamente solidario, de apoyo y de ánimo, sugiriendo estrategias o correcciones cuando lo entiende necesario, reconociendo y reforzando las acciones del P/C cuando están bien ejecutadas. Es decir, colaborando con él /ella y empoderándolo/a.

En síntesis, utiliza estrategias y técnicas que son útiles, prácticas, en un contexto optimista que pretende contrarrestar la perspectiva negativa de los P/C deprimidos.

— **Las sesiones en el contexto clínico.** La aplicación y la eficacia del tratamiento no se centra ni se vincula con el desarrollo de la IPT en el contexto clínico. Siendo este necesario, no se considera suficiente para lograr superar la depresión. En cambio, sí se considera imprescindible, para lograr que el tratamiento resulte eficaz, que el P/C afronte y resuelva los problemas que, asociados a la casuística interpersonal, surgen en las situaciones en las que desarrolla su actividad cotidiana, porque es ahí donde se produce su interacción con los demás.

En el marco clínico se enfatiza que la solución del problema pasa necesariamente por afrontar adecuadamente las situaciones de la vida real.

En las sesiones clínicas el terapeuta y el P/C repasan los acontecimientos que se han producido entre la sesión previa y la presente. Cuando el P/C tiene éxito en una situación interpersonal, el psicólogo actúa como animador, reforzando las habilidades interpersonales que se consideran adecuadas y saludables. Cuando el resultado es adverso, el profesional le ayuda a analizar lo que ha ido mal en la situación, aplica la «tormenta de ideas» para generar nuevas opciones de actuación durante las interpersonales y las representa con el P/C utilizando el «juego de papeles», a modo de ensayo para la vida real en la que este último las pone a prueba.

8.2.3.3. *La fase final*

En las últimas sesiones, el profesional le recuerda a su P/C que el término del tratamiento se acerca, al tiempo que lo empodera subrayando la competencia que ha alcanzado, ayudándole a sentirse más capaz e independiente (utiliza para ello el repaso de sus logros durante el tratamiento).

De igual modo, le recuerda que el término es, en sí mismo, un ejemplo más de las transiciones de papeles que se producen a lo largo de la vida, lo cual lleva inevitablemente aparejados aspectos positivos, otros menos buenos e incluso algunos que pueden resultar dolorosos, pero también permite valorar el logro de la independencia.

Por último, se aborda la prevención de retrocesos. En este marco, dado que la IPT también ha demostrado su eficacia como tratamiento de mantenimiento para el TDM recurrente, y que los P/C que han tenido múltiples episodios son muy propensos a tener más, ambos pueden decidir terminar el tratamiento según lo programado y, en caso de considerarse conveniente o necesario, programar sesiones de recuerdo o incluso un tratamiento continuo de mantenimiento, pero con una frecuencia entre sesión y sesión clínica mucho menor (*v. gr.*, sesiones quincenales o mensuales en lugar de sesiones semanales).

8.2.4. Adaptaciones, modificaciones y variantes

Como recuerdan en su revisión Frank, Ritchey y Levenson (2014), casi desde que se dio a conocer la IPT esta se ha utilizado como referente para construir variantes que satisficieran las necesidades de poblaciones específicas de P/C.

El primero de estos desarrollos fue el realizado por Klerman et al. (1987), quienes crearon el asesoramiento interpersonal («Interpersonal Counseling» —IPC—), que es una intervención breve inicialmente pensada para ser aplicada por paraprofesionales en atención primaria. Posteriormente se creó, diseñó y desarrolló una variante destinada a afrontar los problemas que surgen tras el término del tratamiento, a la que se denominó «psicoterapia interpersonal de mantenimiento» (IPT-M)[41]. Además, para atender a la población adolescente se adaptó la IPT para que pudiera ser aplicada de acuerdo con sus necesidades (IPT-A)[42],

[41] Frank et al. (1990; 1993).

[42] Mufson et al. (1993). Como veremos más adelante, también ha sido adaptada para ser aplicada en las escuelas

CUADRO 8.3

Descripción de algunas de las variables que integran la estructura de la ITP estándar en relación con la evaluación y el tratamiento

Variables			Descripción
Sesiones de evaluación y de tratamiento.	Número	Fase inicial[1]	3
		Fase media	7-11
		Fase de terminación	2-3
		Total	12-16
	Frecuencia Duración		Semanal 45-60 minutos
Inventario interpersonal.			Sí
Áreas de la casuística de los problemas interpersonales.			Duelo complicado, disputas y transición de papeles.
			Déficits impersonales.
«Tareas para casa» relativas a la casuística interpersonal.			No se asignan formalmente, aunque se espera que los P/C hagan cambios en su comportamiento entre sesiones.
La limitación del tiempo como acicate.			Sí

[1] Formulación del caso. Se utiliza para ello la estrategia de evaluación denominada inventario interpersonal, que consiste en una exploración sistemática y detallada de las relaciones importantes del P/C con otras personas significativas para él/ella (véase, por ejemplo, Klerman et al., 1984; pp. 143-144).

ITP estándar = Psicoterapia interpersonal estándar; **P/C** = Paciente/Cliente.

FUENTE: elaboración propia.

ocurriendo otro tanto, por ejemplo, con los enfermos de cáncer[43] o los padres con hijos con P/T psiquiátricos[44].

con un formato más flexible. Este supone una aplicación semanal durante las ocho primeras sesiones, pudiéndose aplicar las cuatro restantes durante las ocho semanas siguientes.

Asimismo, la IPT-A se ha aplicado con carácter preventivo a población adolescente análoga clínica, en el contexto educativo, en el formato de grupo con dos sesiones pregrupo y ocho sesiones de grupo de 90 minutos de duración cada una. Esta aplicación se centra principalmente en el componente psicoeducativo y en el entrenamiento en habilidades interpersonales que pueden aplicarse a diferentes relaciones y en distintas circunstancias.

[43] Véase, por ejemplo, Sotsky, Pessin y Markowitz (2021).

[44] Swartz et al. (2007).

El paso de la modificación del manual de la IPT para que pudiera aplicarse en grupo lo dio el equipo a cuyo frente estaba Denise Wilfley[45]. Algunos años después, Holly A. Swartz y sus colaboradores advirtieron que resultaba necesario diseñar una versión breve de la IPT (IPT-B)[46] que pudiera aplicarse a quienes, por distintas circunstancias, no podían beneficiarse de la versión larga.

A partir de estas adaptaciones iniciales (y en ocasiones en paralelo con ellas[47]) han surgido

[45] Véase Wilfley et al. (1993; 1998).

[46] Swartz et al. (2004).

[47] Así, por ejemplo, Graham (2006).

otras modificaciones y variantes con la pretensión de abordar y solucionar problemas de relevancia individual y social, en poblaciones clínicas concretas y/o en grupos culturales específicos[48].

Es decir, pese a que la IPT fue desarrollada como una modalidad de tratamiento individual, para ser administrada por profesionales de la «salud mental» del ámbito de la psiquiatría, ha sido reiteradamente modificada para ser aplicada en distintos formatos y contextos a una gama muy amplia de problemas de naturaleza psicológica y en ocasiones psiquiátrica[49].

8.2.4.1. *Terapia interpersonal breve*

8.2.4.1.1. Introducción

Verificar el TE que corresponde en los efectos del tratamiento a los formatos de aplicación, a los contextos culturales, a los componentes que conforman este tratamiento, así como a los efectos de sus combinaciones e interacciones (y en caso necesario con la medicación) es, junto al grado experto del profesional que la aplica y el compromiso e implicación del P/C, otra de las muchas tareas pendientes que han de afrontar quienes investigan la eficacia, la eficiencia y la efectividad de la IPT.

En este contexto, la duración de la aplicación de la IPT (el número de sesiones) es una variable relevante de la que se han ocupado investigadores como Swartz et al. (2014). Estos justificaban la reducción de la psicoterapia interpersonal breve (IPT-B) a ocho sesiones, basándose en que no se dispone de datos que muestren una relación contundente entre el incremento o la disminución del número de sesiones clínicas y el grado de mejora de los efectos de la IPT en los P/T tratados.

En consecuencia, el primer objetivo de la IPT-B es permitir que quienes no puedan asistir a 16 sesiones (debido a limitaciones externas o propias) no se vean privados de recibir tratamiento. De ahí que Swartz et al. (2014) subrayaran el papel de la ITP-B como facilitadora del acceso al tratamiento, dado que algunos P/C no pueden asistir a todas las sesiones, incluso cuando se ofrecen de forma gratuita y en un lugar adecuado[50].

Por ello, entre sus objetivos estaba proporcionar tratamiento a quienes, presentando un trastorno depresivo, no buscaban tratamiento y no disponían de recursos socioeconómicos. Con este fin elaboraron la IPT-B a partir de la guía de aplicación de la IPT estándar dada a conocer por Weissman, Markowitz y Klerman (2000).

Pese a que en sus inicios los investigadores estaban bastante preocupados porque la ITP-B pudiera ser eficaz solo para tratar problemas menores, que no resultaran incapacitantes, así como a

---

[48] Véase la revisión de Frank et al. (2014) al respecto.

[49] Véase, por ejemplo, Dagöö et al. (2014), Bandelow et al. (2015), Ravitz et al. (2019), Swartz, Grote y Graham (2014), Tavoli et al. (2020) y Weissman (2020).

Entendemos por naturaleza psiquiátrica la de aquellos P/T que tienen su origen en una alteración, de orden biológico o somático, que repercute en el comportamiento humano, interfiriendo su capacidad de adaptación (bien porque dificulta/impide que los aprendizajes se produzcan o porque altera/impide la ejecución adaptativa de lo ya aprendido). Por P/T de naturaleza psicológica entendemos los que son provocados por cualquier modalidad de aprendizaje que modifica y altera el comportamiento humano.

[50] Swartz et al. (2002).

Además, estos investigadores recuerdan que el tratamiento psicológico no escapa a las presiones económicas y organizativas que impulsan a todas las tecnologías a la búsqueda de la mayor eficiencia posible. Este es el caso en nuestra Seguridad Social, por ejemplo, del limitado número de psicólogos, las largas listas de espera y las inadecuadas prestaciones del servicio (el P/C es generalmente atendido con una frecuencia que suele superar el mes entre sesión y sesión de tratamiento psicológico). Además, como se ha indicado, los P/C pueden no disponer de recursos económicos para sufragar un tratamiento privado, la formación necesaria para afrontar los obstáculos para acceder al mismo o un estado que les impide buscar la ayuda que precisan.

De hecho, la ITP-B se aplicó inicialmente a P/C que por sus circunstancias era muy poco probable que buscaran y terminaran las 16 sesiones de la IPT (*v.gr.*, madres deprimidas de niños con enfermedades psiquiátricas o mujeres embarazadas y económicamente desfavorecidas).

quienes presentaban una casuística en la que confluyeran pocos estresores interpersonales, lo cierto es que no fue así. A pesar de estas reservas iniciales, la intensidad que imprime su diseño durante el desarrollo de la aplicación parece que resulta muy útil para motivar a los P/C que presentan una gama amplia de problemas interpersonales.

Su estructura obliga a los P/C y a los profesionales que la aplican a elegir, entre los problemas interpersonales más acuciantes, aquel que esperan que se pueda solucionar de la manera menos costosa y más rápida. Consideran que esta elección incrementa la probabilidad de que se resuelva satisfactoriamente, con las implicaciones que de ello pueden derivarse para el tratamiento de los restantes, dado que este se toma como elemento central, base o eje de la aplicación de la ITP-B para el conjunto de las alteraciones y déficits de este P/C. Es decir, proporciona un propósito y motiva la organización de los recursos personales para conseguirlo.

Esta disposición permite que, en el caso de un tratamiento de estas características, aun cuando no resulte ser un tratamiento término, pueda ser utilizado como tamiz que ayude a diferenciar a quienes pueden beneficiarse de un tratamiento corto de los que pueden requerir un tratamiento más largo, costoso y complejo.

En una investigación dada a conocer por Swartz et al. (2008), el 60 por 100 (13/22) de quienes completaron la IPT-B informaron que habían necesitado recibir un tratamiento complementario. Es decir, en seis de cada diez participantes las ocho sesiones no habían sido suficientes para permitirles proseguir afrontando, por sí mismos, el resto de sus problemas.

Por ello, para algunos P/C la IPT-B será el preludio de otro tratamiento más largo que complementará su efecto, consolidándolo y generalizándolo, o la introducción para la búsqueda de otra modalidad de tratamiento. En otros casos será una experiencia plena de tratamiento, como en ese 4:10 de la investigación de Swartz et al. (2008) que hemos citado.

8.2.4.1.2. Delimitación

La IPT-B se inserta dentro del grupo de tratamientos psicológicos que, pese a buscar reducir los costes temporales y maximizar la eficiencia de los profesionales que la aplican, no renuncia, sino que se obliga, a probar que es una modalidad de tratamiento basada en la evidencia. Es decir, contrastada en condiciones experimentales aleatorizadas y controladas.

En consecuencia, también trata de responder a la creciente necesidad, en los entornos de la práctica clínica cotidiana, de encontrar formas de ofrecer tratamientos psicológicos basados en la evidencia que optimicen la efectividad del uso de los recursos[51].

En el cuadro 8.4 pueden verse algunas de las principales diferencias entre la IPT estándar y la breve.

Entre las cuestiones que afectan directamente a la aplicación de la IPT-B se hallan:

- — El medio que se utiliza (presencialidad «cara a cara» *vs.* videoconsulta o audioconsulta).
- — El número reducido de las sesiones clínicas.
- — La formación del profesional para manejarse adecuadamente en un contexto de estrés intenso y sostenido.
- — El compromiso y la implicación del P/C con el tratamiento.

Comentémoslas brevemente:

La presencialidad. Dado que uno de los objetivos relevantes es incrementar la accesibilidad al tratamiento, por ejemplo flexibilizando la frecuencia del cumplimiento de las sesiones clínicas dentro de un rango amplio o utilizando medios que permitan su aplicación sin requerir la presen-

[51] La IPT-B se está utilizando actualmente en Inglaterra como parte de la mejora del acceso a las terapias psicológicas (IAPT), en el Servicio Nacional de Salud (Swartz et al., 2014).

CUADRO 8.4

Comparación de las diferencias en algunas variables relevantes en la psicoterapia interpersonal estándar y en su variante breve

		Variables		**IPT Estándar**	**IPT Breve**
ESTRUCTURA	Sesiones clínicas	Número	Total	12-16	8
			Fase inicial	3	2
			Fase media	7-11	5
			Fase de terminación	2-3	1
		Frecuencia		Semanal.	Flexible: se pueden completar en 12-14 semanas.
		Duración		45-60 minutos.	
	Evaluación a través del inventario interpersonal			Sí.	Sí, pero restringido. Centrándose principalmente en las relaciones.
	Áreas en las que se agrupan los problemas interpersonales			Duelo, disputas y transición de papeles.	
				Déficits impersonales.	Duelo, disputas y transición de papeles.
	Tratamiento	Objetivo: tratar la casuística interpersonal.		Sí.	Sí, pero maximizando la accesibilidad.
		Aplicadores.		Profesionales de la «salud mental» con formación específica.	Profesionales y paraprofesionales con formación *ad hoc*.
		Sesiones clínicas presenciales.		Sí.	Sí, pero se pueden sustituir por sesiones no presenciales (teléfono móvil, internet).
	Componentes del tratamiento	Sesión de compromiso[1].		No.	Opcional, pero frecuente.
		Psicoeducación.		Sí.	Sí.
		Elección de una meta realista (problema solucionable).		No.	Sí.
		Juego de papeles.		Sí.	Sí.
		Activación conductual.		No explícitamente, pero sí implícitamente.	Se anima a los P/C de forma rutinaria y explícita a participar en actividades que antes disfrutaban[2].
		Análisis del contenido de la comunicación.		Sí.	Sí.
		Soporte/Apoyo[3].		Sí.	Sí.
		Catarsis[4].		Sí.	Sí.
		Explorar otras opciones[5].		Sí.	Sí.
		«Tareas para casa» relativas a la casuística interpersonal.		No se asignan formalmente, aunque se espera que los P/C hagan cambios en su comportamiento entre sesiones.	Sí. Los P/C son formalmente requeridos para que las realicen.
		La limitación del tiempo[6].		Sí.	Sí, pero con más intensidad.

[1] Con una función equivalente a un «contrato terapéutico». Véase Swartz et al. (2007), Swartz et al (2014) y Zuckoff, Swartz y Grote (2008); [2] Esto se realiza desde que se tiene el primer contacto con el potencial P/C. Es decir, incluso antes de empezar a trabajar con el contenido del área donde se da la casuística problemática; [3] Incluye: estímulo, refuerzo social y ayuda en la mejora de las habilidades sociales, [4] Modalidad no estructurada de aplicación del principio de exposición; [5] Similar a la estrategia de solución de problemas, y [6] Como acicate para intensificar la implicación en el tratamiento.

IPT Estándar = psicoterapia interpersonal estándar. **IPT Breve** = psicoterapia interpersonal breve. **P/C** = paciente/cliente.

FUENTE: Elaboración propia a partir de la información contenida en Markowitz, Svartberg y Swartz (1998), Markowitz y Weissman (2004) y Swartz, Grote y Graham (2014).

cialidad cara a cara, en algunas investigaciones se ha incluido la opción de que las sesiones clínicas del tratamiento se desarrollen a distancia (videoconsultas y/o audioconsultas a través de internet —ordenadores, telefonía móvil y fija—), en vez de presencialmente[52].

El reducido número de sesiones clínicas. La limitación del tiempo, utilizada como componente del tratamiento que trata de ser una motivación para los profesionales y los P/C, adquiere una relevancia especial en la IPT-B porque es un elemento crucial del proceso de tratamiento[53].

Por ello, el profesional que aplica el tratamiento ha de hacer explícita su duración desde el principio y recordar en el inicio de cada sesión cuántas quedan pendientes y cuántas han tenido ya lugar.

Dado que esta presión puede tener un efecto «boomerang», especialmente en quienes cuentan con un historial de fracasos en el control de las circunstancias propias y ajenas, el profesional carga con la responsabilidad que conlleva la difícil tarea de equilibrar cuidadosamente, según su mejor entender, el sentido de la urgencia que imprime el límite del tiempo disponible para lograr su mejoría con la atención, el apoyo y la protección del P/C para que no se abrume ni se perciba incapaz de conseguirlo.

Aunque la TPI-B mantiene la estructura de la TPI estándar, también emplea una serie de estrategias para aislar los componentes más importantes de esta, con el fin de acelerar el ritmo temporal de su aplicación para desarrollarla en el tiempo previsto. Entre estas se ha de incluir la estrategia de anclar el tratamiento en las fortalezas que se constatan en el P/C, en vez de centrarse en modificar las respuestas alteradas para así intentar corregir y resolver los problemas interpersonales[54].

La formación y el entrenamiento del profesional. Los investigadores de esta línea de tratamiento señalan que el entrenamiento en su aplicación requiere tutorizar al menos dos casos (supervisados), como paso previo a enfrentarse solo al tratamiento de un P/C.

Cuando los terapeutas que aplican por primera vez la IPT-B tienen formación y experiencia en la práctica de la TPI, cuentan, por una parte, con la ventaja de conocer ya las estrategias y las técnicas de la TPI, pero, por otra, han de transitar a su aplicación «recortada» y diferente en algunos componentes, con la presión que ello implica, al tener que realizar en ocho sesiones lo que están acostumbrados a hacer entre 12 y 16 sesiones.

La formación avanzada en la IPT-B se centra en:

— Aprender a identificar los componentes clave (frente a los no esenciales) durante el desarrollo de la evaluación mediante el inventario interpersonal.
— La intensificación del ritmo que sigue el proceso de formulación del caso.
— La aplicación de las estrategias de activación conductual en una fase muy temprana del tratamiento (en relación con la ITP estándar).
— El diseño/elección y desarrollo de actividades adecuadas al P/C.
— La gestión del estrés que se produce durante la búsqueda del equilibrio entre empujar/presionar hacia el cambio rápido y mantener una postura de apoyo, de reco-

[52] Véase Jidong et al. (2021) y Swartz et al. (2014).

Hemos subrayar los muchos problemas que puede presentar este formato de aplicación (veáse por ejemplo Donker et al., 2013) y las limitaciones que de entrada conlleva para ser aplicado en personas con las características de la población a la que se dirige la IPT-B, además de la circunstancia que añade la posibilidad de que pueda ser aplicada por paraprofesionales o profesionales sin una formación psicológica suficiente.

[53] Swartz y Markowitz (1998).

[54] Swartz y Markowitz (1998).

nocimiento de sus esfuerzos y de refuerzo de sus logros (por escasos que sean).

Los terapeutas sin formación previa en la IPT-B no suelen estar tan preocupados como los terapeutas experimentados en la IPT por el límite de tiempo que impone el recorte que le hace pasar de disponer de 12-16 sesiones a solo 8 sesiones, pero necesariamente han de afrontar el reto que conlleva el ritmo vertiginoso con el que se aplica el tratamiento y al que no están acostumbrados.

En ocasiones resulta necesario que participen en el tratamiento de un caso más para adquirir las habilidades y las destrezas que requiere el dominio adecuado del desarrollo del tratamiento.

Para aplicar esta variante son condiciones necesarias sentirse cómodo manteniendo una actitud activa, disfrutar de ejercer la profesión en contextos desafiantes y ser capaz de mantener el curso de actuación que se ha programado pese a que se presenten múltiples variables distractoras.

El compromiso del P/C con la intervención. Pese a que la IPT-B cuenta con un componente de activación conductual, que tiene como objetivo maximizar la implicación del P/C en el tratamiento, cuando el profesional lo cree conveniente también se incluye una sesión denominada «de compromiso», previa al inicio del desarrollo de la aplicación del tratamiento[55]. Su finalidad es maximizar la probabilidad de que el P/C que lo asume cuente con las mayores posibilidades de beneficiarse del tratamiento.

La sesión de compromiso se basa en los principios de la entrevista motivacional (EM) [56] y en la entrevista etnográfica (EI, por su nombre en inglés)[57] que se utiliza para explorar las barreras prácticas, psicológicas y culturales que pueden dificultar/impedir el tratamiento de la depresión.

Como hemos indicado, el compromiso se promueve porque se parte del supuesto de que si expresan su consentimiento explícito entonces los P/C serán más receptivos a la psicoeducación y a las recomendaciones que se les den durante el desarrollo de la aplicación del tratamiento. Es decir, cuando los terapeutas les manifiesten razonadamente necesidades concretas, les muestren otras perspectivas para percibir el problema y/o les refieran experiencias individuales y culturalmente integradas en ellos.

Si ocurre así, entonces los terapeutas se hallarán en las mejores condiciones para ayudarles a ver cómo los beneficios potenciales de la IPT-B se alinean con sus prioridades y preocupaciones, para facilitar que se produzca el proceso de identificar y resolver la ambivalencia y las barreras que pueden interferir en el compromiso con el tratamiento.

Se supone que el componente que aporta la EI, en el marco de la sesión de compromiso, anima a los terapeutas a ser conscientes de sus propios prejuicios a la hora de atender a las cuestio-

[55] Véase Grote et al. (2007).

[56] Véase Grupo Español de Trabajo en Entrevista Motivacional en http://www.getem.org/, y Motivation Interviewing Network of Trainers (MINT) en http://www.motivationalinterviewing.org/. Véase también Miller y Rollnick (2015). En el Anexo II se presenta el formato y el contenido de esta modalidad de entrevista.

[57] Por ejemplo, Beaud (2018), Miller y Rollnick (2015), Pizarro (2014) y Schensul, Schensul y LeCompte (1999).

Miller y Rollnick (2015) la delimitan genéricamente como un procedimiento directivo que se centra en el P/C y tiene como objetivo el incremento de la motivación interna de este para lograr un cambio, utilizando para ello la exploración y la resolución de la ambivalencia. Desde una perspectiva más concreta, señalan que es una herramienta clínica, orientada hacia objetivos específicos y que presta una atención especial al lenguaje que promueve el cambio. Está diseñada para fortalecer la motivación y el compromiso de las personas para lograr un cambio específico a través de la inducción y exploración de sus razones para realizar cambios en su comportamiento, en el marco de una atmósfera de aceptación y compasión.

Por su parte, Pizarro (2014) la define como una práctica discursiva que «[...] es un proceso de co-producción de la información entre el entrevistador y el entrevistado, quienes orientan la interpretación de lo dicho a través de pistas meta-discursivas» (p. 461).

nes culturales que pueden afectar a las actitudes de los P/C hacia el tratamiento.

El contenido de la EM incluye el uso de técnicas centradas en el P/C bajo el formato de preguntas abiertas, su respuesta ante las afirmaciones, la ocurrencia de escucha reflexiva y el resumen[58] para facilitar y promover la comprensión de las preocupaciones del P/C, al tiempo que se desarrolla la discrepancia entre su comportamiento actual, sus valores y sus objetivos.

Las técnicas de la entrevista motivacional también se emplean para crear conciencia de la importancia del cambio y para enfatizar la relevancia de la motivación intrínseca para cambiar.

Los cinco componentes de la sesión de compromiso incluyen:

- — El relato de la historia desde la perspectiva del P/C e identificar un dilema básico o un problema que no se ha podido resolver.
- — La retroalimentación y la psicoeducación, a partir de los datos proporcionados por la calificación obtenida en una prueba estandarizada que cuantifica las respuestas depresivas.
- — Confeccionar el historial de tratamiento, valorar las expectativas de resultado (esperanzas depositadas en el tratamiento) y discutir las experiencias con los tratamientos previos (positivas y negativas).
- — Identificar las barreras para el cumplimiento del tratamiento y para la resolución de problemas.
- — Comprometerse para cumplir con los requisitos que conlleva la participación en la IPT-B.

Cuando se aplica esta sesión de compromiso, se hace con la intención de ayudar al P/C a identificar y estructurar sus principales preocupaciones, y a concretar las variables (culturales e individuales —psicológicas y prácticas—) que pueden interferir en su compromiso con la IPT-B y la adherencia a los requerimientos del desarrollo del tratamiento.

En caso necesario, estas técnicas también pueden utilizarse durante las sesiones de aplicación del tratamiento. Así, por ejemplo, Swartz et al. (2014) señalan que, si un P/C expresa dudas sobre su capacidad para realizar los cambios en sus relaciones, entonces el profesional puede utilizar técnicas de la EM para ayudarle a superar los obstáculos que dificultan/impiden afrontar adecuadamente los retos que debe superar durante el tratamiento.

En este tipo de situaciones se pueden emplear estrategias como las reflexiones llamadas de «doble cara»; tal ocurre, por ejemplo, cuando se le indica al P/C: «Por un lado, tienes muchas ganas de ser tratada en igualdad de condiciones por tu marido, pero, por otro, te resulta muy difícil enfrentarte a él para defender las cosas que quieres», o las relativas a la conveniencia de llegar a acuerdos utilizando un giro en el sentido de la expresión que se utiliza, como ocurre, por ejemplo, cuando se indica al P/C: «Enfrentarte a tu marido sería imposible porque probablemente te echaría de casa si lo hicieras».

Para acotar más las posibilidades de aplicación durante el tratamiento de las estrategias incluidas en esta modalidad de entrevista, transcribimos parte de la introducción del trabajo realizado por Ortiz González (2013):

> «La motivación es un estado interno de disponibilidad o deseo de cambio que está influido por factores externos e internos, y sujeto a cambios en el contexto temporal y situacional. En lo que respecta a las situaciones internas, se sabe que las experiencias personales, las necesidades de bienestar, la autoconcepción y valía propia, el sistema de creencias, los afectos y emociones son algunos de los factores que influyen en la motivación de las personas para iniciar y/o mantener alguna modificación en su comportamiento [...].
>
> La motivación tiene la finalidad de generar en las personas el deseo y la fuerza para el cam-

[58] Zuckoff, Swartz y Grote (2008).

bio [...] la recuperación de su salud y el incremento en la calidad de vida, la reinserción en su contexto familiar, escolar y/o laboral con metas claras, todo esto acompañado de un plan estructurado que le ayude a cumplir sus metas [...] se asume que la motivación es una clave para el cambio, multidimensional, dinámica y fluctuante, [que está] influenciada por las interacciones sociales, [que] puede ser modificada, [que puede ser] influenciada por el estilo del psicólogo [y que] es tarea del clínico incrementarla [...].

[En este marco] Si bien la *Entrevista Motivacional* está diseñada para el trabajo clínico «cara a cara» [...] se puede adaptar para trabajar las estrategias de manera grupal. [...] El recurso motivacional debe aplicarse durante el proceso terapéutico [...] con la finalidad de favorecer la transición de esta hacia otra etapa de cambio, fortalecer su percepción respecto a sus recursos y habilidades para afrontar situaciones [problemáticas] [...] [quedando a la consideración del entrevistador/terapeuta] emplear las técnicas y estrategias motivacionales que consideren más pertinentes, a fin de atender los intereses y necesidades de los P/C. Recuerde que no existe un procedimiento único y generalizable en las intervenciones terapéuticas, ya que está supeditado a las características individuales y necesidades de atención grupal, así como a la experiencia clínica del entrevistador» (pp. 2-4).

8.2.4.1.3. La intervención

La fase inicial

En la primera sesión la tarea del profesional es que el P/C concrete lo que le gustaría que se abordase durante el desarrollo del tratamiento.

En la segunda sesión se prosigue recopilando información y se vuelven a abordar las prioridades que había señalado el P/C en la primera para pulirlos y, en su caso, si fuese necesario, volver a examinar la elección del área en la que se situó la casuística problemática de naturaleza interpersonal que se utilizará para vertebrar el tratamiento. Como hemos indicado, el problema elegido será el eje en torno al que se desarrollará la aplicación del tratamiento en las seis sesiones clínicas restantes.

Cuando está terminando la segunda sesión, el profesional le presenta al P/C su formulación de caso[59]. Si este muestra su acuerdo con la explicación del primero, entonces se da por finalizada esta fase[60].

En esta fase, debido a las limitaciones que impone el reducido número de sesiones, los terapeutas no pueden extenderse en la casuística del inventario interpersonal sobre las áreas problemáticas.

La estrategia es realizar una revisión muy cuidadosa de las relaciones interpersonales que se consideren importantes. Se recoge información relevante sobre la familia de origen, pero sin detenerse en sus relaciones, salvo que se hallen nítidamente asociadas con el episodio depresivo que presenta el P/C en la actualidad.

La utilidad de este proceso descansa en que los P/C identifiquen a las que realmente son las personas más importantes en su vida, situándolas en orden a su proximidad con él/ella en tres círculos (C1, C2 y C3), siguiendo el gradiente de la intensidad de la relación, porque será en estas relaciones en las que habrá de centrarse para mejorarlas (véase la figura 8.2).

No cabe la menor duda de que si ya un proceso de evaluación pretratamiento puede dejar sin abordar variables relevantes para el diseño, en la planificación y la aplicación del tratamiento psicológico con este modo de proceder es bastante probable que el profesional pase por alto algún conflicto encubierto importante (en la terminología de la IPT), dado que solo cuenta con una fuente de información, en un estado contaminado por las variables que conforman el TDM y además con tiempo limitado para hacerlo.

[59] Markowitz y Swartz (1997).

[60] Equivale al proceso de evaluación pretratamiento y a la fase psicoeducativa del TCC.

La formulación del caso se realiza basándose en el «mejor supuesto» del profesional, y a partir de este se diseña la aplicación del tratamiento.

Resulta complicado imaginar la capacidad de un terapeuta sin experiencia clínica (e incluso sin formación específica en psicología —como ocurre con los paraprofesionales—) para formular un caso en estas condiciones, cuando ya es difícil incluso teniendo un grado experto fundamentado en el conocimiento teórico y las habilidades y destrezas desarrolladas durante el ejercicio de la profesión como psicólogo.

Esta premura obliga a que los terapeutas eviten centrarse en situaciones problemáticas que sean muy variables, como ocurre, por ejemplo, con las relaciones establecidas sobre el abuso, porque muy probablemente no se podrían resolver en las seis sesiones restantes.

Esto no significa que el profesional se desentienda de estas problemáticas relacionales del P/C, sino que restringe su actuación a tomar las medidas que garanticen la seguridad de este y a localizar recursos adicionales de los que pueda hacer uso, como, por ejemplo, dar cuenta y remitirlo a las unidades específicas de tratamiento para ese tipo de problemáticas o proporcionarle el acceso a otras formas de ayuda que desempeñan funciones de apoyo y acompañamiento como, por ejemplo, las que usan las líneas telefónicas.

Como señalan Swartz et al. (2014), los terapeutas que aplican la IPT-B evitan especialmente los problemas relacionados con los déficits del comportamiento que muestra el P/C en sus relaciones interpersonales, así como los que se agrupan en la IPT estándar bajo la categoría de los que no son considerados vitales.

Los déficits interpersonales solo se utilizan como objetivo de la ITP-B cuando los P/C los describen en el marco de contextos sociales empobrecidos. Este es el caso, por ejemplo, cuando tienen su origen en relaciones interpersonales escasas y de breve duración, o cuando, pese a estar muy consolidados, se presentan asociados en el presente con un evento interpersonal concreto, como por ejemplo un duelo o un conflicto interpersonal abrupto.

En estas circunstancias, y solo en ellas, los déficits interpersonales se tomarían como problemas objeto de tratamiento para la IPT-B, dado que en el resto de los casos requerirían otro de mayor duración (o distinto) para atenderlos adecuadamente.

La fase intermedia

Esta es la fase de la intervención en la que ha de producirse el incremento de la responsabilidad del P/C en su control, a través de su implicación en la realización de las actividades que se acuerdan y/o proponen. Es la fase del tratamiento propiamente dicho.

Una vez aceptada por el P/C la formulación de caso, durante el desarrollo de las seis sesiones restantes el profesional le instará y acuciará cuasicontinuamente para que asuma riesgos y produzca cambios en su comportamiento, en cualquiera de los tres sistemas de respuesta, en línea con los objetivos que se quieren conseguir y que fueron identificados y concretados en la primera sesión.

Esto implica que el profesional habrá de pedirles que se comprometan explícitamente a cambiar, pese a que reconozcan la dificultad que ello entraña debido a su estado de impotencia y de desesperanza, pero argumentado que tales sentimientos son parte del estado depresivo al que hay que «doblegar».

Como ya hemos indicado, se ha de conciliar presionar con empoderar. Esta tarea es especialmente complicada, porque ha de buscar el equilibrio entre «empujarlo»/«presionarlo» para que el P/C realice las tareas semanales que se acuerdan porque se les atribuye la posibilidad de cambio, así como mantener una posición empática, de apoyo y empoderamiento a través del reconocimiento de lo que logra hacer y el consiguiente refuerzo por haberlo hecho.

Terapeuta y P/C han de colaborar para que este último pueda resolver el problema interpersonal que consensuadamente han elegido como eje vertebrador del tratamiento. Las tareas para lograrlo pueden incluir, por ejemplo, desde la discusión con su jefe sobre un incremento salarial, porque no se atreve a pedírselo, pese a que sepa que es un aumento de su salario acorde a la complejidad y la responsabilidad de la actividad que desempeña, pasando por afrontar adecuadamente los conflictos con su pareja que ello le acarrea cuando acuerdan que hablará y luego no lo hace, o cuando consiente en intentar explorar otras oportunidades laborales, pero luego lo retrasa y pospone, etc.

La maximización de la implicación activa se produce especialmente durante las primeras sesiones de esta fase, pero no solo. En la IPT-B el profesional utiliza estrategias muy parecidas a las de la AC[61] para incrementar la probabilidad de implicar al P/C en la realización de actividades que realiza muy poco o que ya no hace porque directamente las evita. Para ello el profesional diseña, planifica y propone tareas graduadas que implican realizar actividades cuyas consecuencias se espera que sean placenteras.

Siendo cierto que la AC se formula como tal después de ser dada a conocer la IPT estándar, y de manera independiente, en ambas modalidades de tratamiento (y también en la IPT-B) los terapeutas utilizan estrategias diseñadas para aumentar la activación, la implicación en la realización de actividades potencialmente placenteras, como se hace en la TCB que sí se desarrolló al mismo tiempo que la IPT (y que contenía y contiene la AC como uno de sus componentes[62]). Por tanto, no podemos afirmar que estas estrategias sean derivadas de la AC, pero sí que son convergentes y que, por tanto, en ambos casos desempeñan la misma función y tienen un efecto similar en el cambio del comportamiento.

La planificación del inicio y el desvanecimiento de la activación conductual, que se programa para su desarrollo con cada P/C concreto cuando la IPT estándar y la IPT-B se aplican individualmente, se condiciona a la evolución de los resultados de la evaluación respecto del progreso que se va constatando. Es decir, a partir de esta información el profesional determina el cuánto, cómo y cuándo el P/C ha de dejar de realizar las actividades individuales y de relación interpersonal que le eran gratificantes, sustituyéndolas progresiva y gradualmente por otras que cada vez lo sean menos.

El profesional es el responsable de indagar y planificar esta transición evaluando *(intratamiento)* su efecto directo sobre el estado depresivo. Para ello estudia las barreras al cumplimiento de su P/C, las que le dificultan o impiden ahora su participación en las actividades que antes le eran placenteras. Además, discute con este el papel que desempeña su estado depresivo en la limitación de su participación en tales actividades, es decir, cómo y por qué lo limita/anula.

Por otra parte, hemos de insistir en que esta tarea ha de realizarla el profesional con rapidez, por lo que muchas veces es una buena estrategia proveerse de un «banco de tareas», que se confecciona sobre la marcha, para poder utilizarlo como una reserva de actividades graduadas que pueden utilizarse en esta transición, tomando como referencia las actividades que anteriormente le resultaban gratificantes, así como los problemas interpersonales evitados/temidos al inicio del tratamiento[63].

---

[61] Jacobson, Martell y Dimidjian (2001).

[62] No podemos olvidar que la «terapia cognitiva de Beck» (TCB) es realmente un tratamiento multicomponente y conductual-cognitivo (como el resto los tratamientos desarrollados bajo el paraguas teórico del MCC).

[63] Así, por ejemplo, Swartz et al. (2014) recuerdan que el terapeuta puede dedicar treinta minutos de la sesión a explorar las barreras que dificultan o impiden al P/C implicarse en la realización de actividades que le eran placenteras antes de presentar el cuadro depresivo, como paso previo a tratar la forma de resolver un conflicto interpersonal.

Toda esta actividad se realiza con el fin de conseguir, tan pronto como se pueda, una reducción de la intensidad del estado depresivo, esperando que tal alivio facilite que el P/C se implique en otras actividades que suponen afrontar desafíos necesarios para resolver sus problemas interpersonales.

Ahora bien, pese a la relevancia de tales actividades en el curso de la cotidianidad, el profesional de la IPT no hace nada para controlarlas; se limita a graduarlas como paso previo a su aplicación. Las actuaciones y el control de sus resultados quedan solo en manos del P/C (a diferencia del TCB).

La fase de finalización

El modo de terminar la IPT-B se aborda en el transcurso de la última sesión. En esta la capacidad del profesional se ve directamente influida por la premura para procesar las respuestas emocionales del P/C (frustración, abatimiento, tristeza, miedo, etc.) y darles una respuesta adecuada.

Esta sesión se dedica principalmente a revisar los logros durante el desarrollo del tratamiento, a identificar e inventariar los problemas pendientes de afrontamiento y a discutir las señales que pueden asociarse con probables retrocesos en el autocontrol de la actuación adecuada, en las situaciones que se identifican como problemáticas.

Es muy importante que el profesional subraye los logros y que el P/C termine su participación empoderado, sintiéndose capaz de afrontar nuevos retos pese a que no se prevean fáciles.

8.2.4.2. *Psicoterapia interpersonal adaptada para adolescentes*

8.2.4.2.1. Introducción

La psicoterapia interpersonal adaptada para adolescentes (IPT-A) comparte la premisa básica de la IPT: la depresión ocurre en un contexto interpersonal, afecta a las relaciones y a los problemas y estos afectan al estado de ánimo.

Los objetivos generales que se persiguen también son los mismos:

- Educar sobre la asociación entre los «síntomas» y los eventos que se producen en las relaciones interpersonales.
- Disminuir «los síntomas» depresivos.
- Mejorar las habilidades para abordar los problemas interpersonales que pueden estar contribuyendo al desarrollo o mantenimiento de la depresión.

Otro tanto pasa con las estrategias que se aplican, porque en ambas se identifican las mismas áreas problemáticas. Es decir, las dos se centran en las relaciones actuales y en la naturaleza interpersonal del problema, y ambas ayudan al P/C a controlar el contexto de la depresión, que se conceptualiza como el resultado de la formación de «los síntomas», así como con el funcionamiento social, pero no con la personalidad.

8.2.4.2.2. Delimitación

Son características específicas de la IPT-A:

A) *En el ámbito general*:

- Papel limitado del concepto de «enfermo».
- Duración de 12 semanas, a razón de una sesión por semana y con una duración de 60 minutos/ sesión.
- Participación de los padres.
- Uso del teléfono.
- Función de enlace entre las escuelas y las familias.
- Normalización de las reacciones de duelo.

B) *Relativas al número de sesiones*: 1-4 (fase inicial), 5-9 (fase media) y 10-12 (finalización).

C) *Otras en relación con*:

a) La psicoeducación, la relación acotada con el «enfermo», el inventario interpersonal y el contrato de tratamiento (compromiso).

b) La identificación de los efectos del etiquetado, la clarificación y la facilitación de la expresión y el monitoreo o registro de las emociones.

c) El desarrollo de las habilidades interpersonales utilizando el modelado (la relación terapéutica como modelo), analizando la comunicación, distanciándose de la situación problemática para «cambiar la perspectiva», aplicando una metodología para resolver los problemas interpersonales y jugando a representar distintos papeles.

d) La participación de los padres en el tratamiento:

— Durante la fase inicial: en el diagnóstico, la psicoeducación y la explicación del tratamiento.
— En la fase media: en la mejora de la comunicación, y en caso necesario participando en la resolución de problemas con el adolescente.
— En la fase de terminación: en la discusión de los resultados de la experiencia que ha tenido el adolescente en el tratamiento, en la del efecto del tratamiento en la familia y respecto de la necesidad de continuar el tratamiento.

e) Los criterios de exclusión. La aplicación de la IPT-A, tal como se presenta aquí, no está indicada si en el adolescente se detectan alteraciones psicóticas, trastornos comórbidos que requieren ser tratados en primer lugar, como el abuso del consumo de sustancias tóxicas, la ocurrencia de un episodio suicida u otro trastorno primario como el trastorno alimentario o el obsesivo-compulsivo, o si se verifica que presenta un trastorno significativo del lenguaje expresivo o receptivo o tiene menos de 12 años.

En cambio, no se considera un criterio relevante para ser excluido y no poder beneficiarse de la aplicación de la IPT-A presentar asociada una o más de las siguientes alteraciones o grupos de alteraciones, como el TDAH, el TOD, el abuso leve de consumo de sustancias tóxicas (pese a que requiere ser tratado primero), el TCA[64] y las autolesiones cuando no hay intencionalidad suicida y la frecuencia y la intensidad no muestran gravedad (en todo caso aquí también hay que valorar caso por caso antes de tomar la decisión de incluir o excluir).

8.2.4.2.3. La intervención

Veamos estas semejanzas y diferencias en el curso del desarrollo de la intervención durante cada una de las fases que sigue la misma (inicial, media y final).

Fase inicial

Se desarrolla durante las sesiones 1-4, y en ella vamos a enumerar y describir una síntesis de sus

[64] En caso de cumplir los criterios para el diagnóstico de «anorexia nerviosa», esta debe tratarse primero y después aplicarse la IPT-A. Si se trata de «bulimia nerviosa» el psicólogo deberá valorar en cada caso concreto si podría beneficiarse del tratamiento con la IPT-A.

objetivos, la primera sesión con los padres, la evaluación inicial y la revisión intratamiento de la evaluación de los «síntomas» depresivos y las listas de comprobación de las tareas del profesional en cada una de las sesiones.

i) *Objetivos*

- Identificar y diagnosticar los «síntomas».
- Transmitir información sobre la depresión.
- Asignar el papel de enfermo[65].
- Explicar cómo se entienden en la IPT-A la depresión.
- Realizar el inventario interpersonal.
- Identificar el (las) área(s) del problema.
- Firmar el contrato de tratamiento.

ii) *Primera sesión con los padres*

Esta se celebra en la primera sesión con el adolescente o entre las sesiones 1 y 2. Los contenidos y tareas versan sobre:

- Psicoeducación respecto de la depresión.
- Corregir las percepciones erróneas en relación con la depresión como enfermedad del adolescente.
- Discutir la relevancia de la confidencialidad.
- Discutir su papel en el tratamiento, basándose en lo que requieran las necesidades del caso.
- Animarles a trabajar con el profesional, en tanto que experto.
- Discutir la filosofía y los objetivos del tratamiento.

[65] Los conceptos de enfermedad y de enfermo están acotados, limitados, es decir, no implican en ningún caso estar imposibilitado.

iii) *Evaluación inicial y revisión intratamiento de la evolución de los resultados de la evaluación de los «síntomas» depresivos*

La evaluación se inicia en la primera sesión, en la que se hace una revisión y evaluación completa del estado del adolescente (véanse las tareas del profesional para la primera sesión en el subepígrafe iv).

En las sesiones siguientes solo se evaluarán/revisarán las cuestiones previamente acordadas y la ideación y/o la conducta suicida que ha de ser una preocupación permanente del profesional.

Para concretar el P/T, la ITP-A recomienda utilizar la Escala de calificación de hamilton o la Escala de calificación de la depresión infantil como guía.

El profesional realizará una evaluación diagnóstica de los problemas interpersonales utilizando al adolescente como fuente principal de la información:

- Evaluando en profundidad las relaciones más significativas de este, a través del inventario interpersonal[66], al menos en relación con los siguientes ítems:
  a) Frecuencia, contenido y contexto de los contactos con las personas significativas para el adolescente.
  b) Esta información se puede estructurar agrupándola en tres círculos concéntricos que conformen un diagrama visual (a modo de una diana), de tal modo que quede muy claro el gradiente de la relación de proximi-

[66] Recordemos que, tal y como hemos visto, es una estrategia de evaluación, a modo de entrevista abierta o no estructurada, que forma parte del proceso de recogida de información para la formulación del caso en los tratamientos individuales, y que consiste en la exploración sistemática y detallada de las relaciones con otras personas que el P/C considera importantes porque son significativas para él/ella.

dad-lejanía entre el adolescente y las personas que son importantes en su vida.

c) Cuando lo haga anote también las personas que, pese a ser teóricamente importantes, el adolescente no ha colocado dentro de los círculos que conforman la diana.
d) Los resultados del registro en el «círculo de proximidad» confeccionado con la información del adolescente puede discutirlos con él/ella durante el curso de la realización del inventario interpersonal.
e) Variables relevantes implicadas en las circunstancias y/o expectativas de las relaciones.
f) El grado en que la(s) relación(es) considerada(s) relevante(s) ha(n) cumplido las expectativas que el adolescente tenía sobre ellas.
g) Los aspectos positivos y negativos de la(s) relación(es).
h) Los pensamientos del adolescente sobre el efecto de esa(s) relación(es) en otras relaciones y viceversa.
i) La concreción de los patrones de comunicación positivos o negativos en la(s) relación(es).
j) El rastreo de cualquier acontecimiento vital significativo que pueda estar relacionado con la depresión.

— Identificando las variables asociadas con la aparición y/o persistencia de la depresión, previamente detectadas en el inventario interpersonal, a través de la exploración de áreas o circunstancias potencialmente problemáticas cuando se realizan al adolescente preguntas introductorias como:

a) ¿Te resulta difícil hacer amigos? ¿De qué manera intentas conseguirlo?
b) ¿Tienes dificultades para adaptarte a los cambios («transiciones») como, por ejemplo, al pasar de la Enseñanza Primaria a la Secundaria o de esta al Bachillerato o a la Formación profesional?
c) ¿Has perdido a alguien importante en tu vida recientemente?
d) ¿Ha habido algún cambio reciente en tu vida que consideres importante?
e) ¿Qué crees que está más relacionado con tu depresión?

— Concretando el área o circunstancia problemática interpersonal que se utilizará para centrarse en el tratamiento tras evaluar las relativas al duelo, al paso de un papel a otro, las confrontaciones o disputas de rol y los déficits interpersonales. Veámoslas brevemente:

Duelo. El adolescente ha perdido a alguien cercano y circunscribe el inicio de los «síntomas» asociado a esta muerte. Recordemos que la reacción a la pérdida no tiene por qué preceder inmediatamente a la depresión, sino que puede ser demorada.

Adaptación al cambio de papeles o transición de roles interpersonales. Se identifica como área o circunstancias problemáticas cuando el adolescente o su familia tienen dificultades para adaptarse a un cambio de vida que requiere un nuevo papel.

Estas adaptaciones son necesarias cuando se producen cambios debidos al desarrollo biológico u otros propios de la vida, como por ejemplo el divorcio de los padres, un cambio de lugar de residencia o una enfermedad de alguien de la familia que obliga a que a alguno o todos sus miembros a modificar su actividad cotidiana de manera importante.

Un cambio en el comportamiento habitual puede provocar o agravar la depresión, y esta puede hacer que el adolescente esté menos preparado para afrontar la transición.

Disputas de papeles interpersonales. Adquiere relevancia como circunstancia problemática cuando el adolescente y la persona con la que se relaciona tienen diferentes expectativas de resultado respecto de la misma, produciéndose frecuentes confrontaciones y discusiones. Las disputas en la adolescencia son frecuentemente con los padres y pueden implicar distintas cuestiones, pudiendo ser causa de intensificación o de inicio de un cuadro depresivo, irritabilidad y retraimiento.

Carencias o déficits interpersonales. Están presentes cuando el adolescente carece de las habilidades sociales para iniciar, retomar y mantener relaciones con otras personas. Los adolescentes deprimidos suelen presentar con bastante frecuencia esta carencia, por lo que, como ocurre en la ITP estándar, solo se considerará problemática si es realmente un problema importante para él o ella, pese a que sepamos que los déficits interpersonales leves también pueden preceder a la depresión porque intensifican el aislamiento social, lo que aumenta la probabilidad de que pueda darse el trastorno depresivo.

Llegados a este punto, ya estaremos en condiciones de formular el problema y de plantearnos una hipótesis que incluya una respuesta potencial a las preguntas: ¿Cómo ha llegado el adolescente a estar como se ha constatado en la evaluación? ¿Qué variables están participando en el mantenimiento del problema? ¿Qué se puede hacer para ayudarle a superar el trastorno depresivo que presenta?

La formulación que hagamos del caso debe validar la experiencia del P/C y su forma de entender el problema, para que realmente permita construir un tratamiento consensuado que justifique razonablemente la aplicación de la IPT-A.

Este es el momento en el que estaremos en condiciones de asignar al adolescente el papel de «enfermo»[67], recordando que:

a) Como ocurre en la IPT, en la IPT-A también se le da nombre de «enfermedad» al trastorno para que el adolescente sepa que se conoce y, por tanto, que no es nada extraño. Los practicantes de esta modalidad de tratamiento también ponen ejemplos de otras enfermedades biomédicas para contextualizar el cuadro depresivo dentro de la «normalidad» de su nosología.
b) Se supone que darle nombre y el papel de enfermo ha de permitirle entender que pueda afectar a su funcionamiento cotidiano y le produzca, por ejemplo, el decremento de sus notas, la reducción de su interés por actividades en las que antes disfrutaba, etc.
c) Dado que «la enfermedad» no lo inutiliza hasta el punto de impedirle colaborar para ponerse bien, es vital que se le convenza de que ha de volver gradualmente a participar con normalidad en las actividades cotidianas de la vida diaria, porque es el modo en que podrá salir de este problema.
d) El adolescente puede y debe valorar y seguir la evolución semanal de sus expectativas de rendimiento mientras está deprimido y contrastarlas con el rendimiento real.
e) El papel de enfermo permite animar a los padres a ser menos críticos con las calificaciones escolares y a apoyar más el es-

[67] Como ya hemos indicado, al igual que en la IPT, este se presenta acotado o limitado: enfermo no es sinónimo de inútil.

fuerzo que supone el incremento gradual de la participación.

Esta fase inicial concluirá con el diseño del papel del adolescente y de los padres en el tratamiento, la identificación de los objetivos generales y específicos del mismo, la concreción de las expectativas de resultado respecto de este, la planificación de la infraestructura humana y material que podamos necesitar y la formulación de objetivos operativos, en línea con los generales y los específicos que, a modo de metas realistas, resulten plenamente alcanzables.

En consecuencia, entre las últimas tareas de esta fase inicial se hallan:

— Enseñar a los adolescentes a estimar, calificar y registrar su estado de ánimo en una escala con rango 1-10 (siendo 1 = «Lo mejor que puede sentirse» o el estado de alegría y 10 = «Lo peor que puede sentirse» o el estado de mayor tristeza).
— Mostrarles cómo han de proceder para que, a partir de esta sesión, en todas las restantes, al comienzo de cada una de ellas tengan preparado para mostrarle al terapeuta:
  • La valoración media del estado de ánimo durante la semana, es decir, entre sesión y sesión clínica.
  • El dato correspondiente a la mejor valoración del estado de ánimo de la semana.
  • El dato que cuantifica el peor estado de ánimo de la semana.

Recuerde que el hecho de que el adolescente evalúe lo que ha ocurrido, para estimar y cuantificar el peor y el mejor momento de su estado de ánimo, se realiza con la intención de que le permita comenzar a relacionar los acontecimientos interpersonales con tales cambios. De ahí su valor psicoeducativo y motivacional.

iv) ***Listas de comprobación de las tareas del profesional***

Las tareas básicas que han de realizarse y comprobar que se han ejecutado en cada una de las cuatro sesiones son las siguientes:

Primera sesión:

— Revisar los «síntomas» actuales de la depresión y confirmar el diagnóstico.
— Revisar la historia psicosocial asociada al trastorno depresivo.
— Explicar la naturaleza sindrómica, la evaluación y las opciones de tratamiento del trastorno depresivo (psicoeducación).
— Asignar papel de «enfermo» (con alcance limitado).
— Explicar los objetivos, la estructura y las actividades que conlleva la aplicación de la IPT-A (psicoeducación).
— Reunirse con los padres y proporcionarles psicoeducación sobre la depresión y su tratamiento.
— Revisar y valorar el desarrollo de cada sesión y planificar la siguiente.

Segunda sesión:

— Revisar la evolución de los «síntomas» de la depresión durante la última semana y el estado actual.
— Utilizar los datos recopilados por el adolescente sobre la calificación del estado de ánimo (el de la valoración media, el de la mejor y el de la peor valoración del estado de ánimo de la semana).
— Completar el gradiente de cercanía en el diagrama de los círculos concéntricos («diana»).
— Relacionar la depresión con los problemas actuales de la vida del adolescente.
— Comenzar el inventario interpersonal.
— Evaluar con el adolescente la reciprocidad del impacto de cada una de sus relaciones

en su estado de ánimo, y el del estado del ánimo en las relaciones.
— Revisar y valorar la sesión y planificar la siguiente.

Tercera sesión:

— Revisar la evolución de los «síntomas» de la depresión durante la última semana y el estado actual.
— Utilizar los datos recopilados por el adolescente sobre la calificación del estado de ánimo (el de la valoración media, el de la mejor y el de la peor valoración de la semana).
— Continuar con la realización del inventario interpersonal.
— Revisar los aspectos positivos y negativos de las relaciones significativas.
— Revisar y valorar la sesión y planificar la siguiente.

Cuarta sesión:

— Revisar la evolución de los «síntomas» de la depresión durante la última semana y el estado actual.
— Utilizar los datos recopilados por el adolescente sobre la calificación del estado de ánimo (el de la valoración media, el de la mejor y el de la peor de la semana).
— Completar la realización del inventario interpersonal.
— Describir e identificar el área problemática específica.
— Hacer un contrato explícito entre el adolescente y el terapeuta:

  • Llegando a un acuerdo sobre el área problemática identificada.
  • Especificando los papeles del adolescente y del profesional en las sesiones.
  • Estableciendo los requisitos de asistencia y la frecuencia de las sesiones.
  • Especificando el papel de los padres u otras personas significativas para el adolescente en el tratamiento.

— Revisar y valorar la sesión y planificar la siguiente.

Fase media

Como ya hemos avanzado, esta fase (sesiones 5-9) es la de la aplicación del tratamiento propiamente dicho. Veamos cuáles son los objetivos a conseguir, la descripción de la aplicación del tratamiento, las estrategias específicas para aplicarlo en el área donde se presenta el P/T y, por último, las listas de comprobación de las tareas del profesional en cada de las cinco sesiones que la conforman.

i) Objetivos

En esta fase las tareas del profesional serán las implicadas en los siguientes objetivos:

— Controlar la evolución de los «síntomas» depresivos.
— Ayudar al adolescente en el análisis y la discusión de los contenidos de su casuística en el área problemática.
— Facilitarle la expresión sincera de sus pensamientos, sentimientos y la descripción detallada de los eventos y las circunstancia en las que se han producido las consecuencias desagradables o problemáticas.
— Reunirse con los padres y con los profesores del centro educativo.
— Establecer una alianza con los padres.
— Centrar el contenido de las sesiones del área identificada como fuente de las causas del problema.
— Ayudarle a adquirir nuevas habilidades y destrezas de negociación en las relaciones sociales y/o a mejorar las que ya posee.

Entre las estrategias y las técnicas que tiene a su disposición el profesional para el logro de estos objetivos están la psicoeducación, que le permitirá clarificar, explicar y concretar las expectativas de resultado del tratamiento aplicado al área en la que se sitúa el problema de relación interpersonal, la técnicas para desarrollar las habilidades de comunicación, las del manejo de la relación terapéutica, las técnicas de «juego de papeles» y la estrategia de aplicar las «tareas para casa».

ii) ***Descripción de la aplicación del tratamiento***

El desarrollo de la ejecución del tratamiento conlleva:

— Comenzar cada sesión con la revisión de la evolución *intersesiones* de los «síntomas» de la depresión: revisar/evaluar los acuerdos («tareas para casa»), la ideación y/o la conducta suicida, los datos relativos a la valoración media del estado de ánimo durante la semana, el de la mejor valoración y el de la peor de la semana.

La sesión se inicia con el componente psicoeducativo, que implica analizar, «descubrir», explicar y ayudar a ver el estado depresivo desde otra perspectiva (reconceptualizar el problema como producto de la interacción con el contexto).

— Trabajar en colaboración con el adolescente para aclarar el problema identificando eventos interpersonales relacionados con la depresión, preguntándole «¿Cómo has estado desde la última vez que nos vimos?».

El objetivo es detectar/identificar los estados depresivos a través de los sentimientos que los conforman y los eventos o circunstancias que los desencadenan. Para ello se ha de repasar los días de la semana que median entre sesión y sesión clínica con gran detalle, a fin de identificar el acontecimiento interpersonal problemático a partir de los sentimientos que ha desencadenado y el estado que ha producido.

Para identificar los «eventos» asociados con la depresión el adolescente ha de analizar detenidamente su comportamiento posterior al evento y discutirlo como una muestra de lo que siente.

Para que el adolescente explore y exprese sus sentimientos podemos utilizar preguntas abiertas o de carácter general, preguntas cerradas dirigidas a la búsqueda de respuestas concretas, así como declaraciones de apoyo y de reconocimiento (refuerzo social) del esfuerzo por modificar su estado.

Este trabajo se requiere buscar el equilibrio entre las técnicas directivas y las no directivas. Es decir, disponer de una estructura que les facilite enfocar sus experiencias para poder analizarlas y escuchar a los adolescentes para que desarrollen la percepción y la sensación de control sobre la situación que se está tratando.

— Trabajar en la comunicación interpersonal. El análisis de la comunicación interpersonal ha de ayudar al adolescente a comprender el impacto de sus palabras en los demás, los sentimientos que transmite con sus comunicaciones verbales y con las no verbales, los que se produjeron en cada una de las situaciones problemáticas que se analicen, la naturaleza repetitiva o cíclica de la comunicación, su capacidad para modificar los intercambios problemáticos y el afecto que posteriormente se asocia a la relación que se ha producido.

En la IPT-A esto se puede conseguir a través de la formulación de preguntas concretas como: ¿Qué dijiste? ¿Qué dijo él/ella? ¿Qué pasó después? ¿Cómo viste o qué dijo que sintió? ¿Lo que le dijiste era realmente lo que le querías transmitir? ¿Cómo recuerdas que te sentiste? ¿Podrías haberlo dicho de otra manera? ¿Cómo? De haberlo hecho así, ¿cómo crees que se habría sentido él/ella? ¿Te habrías sentido tú de forma diferente a como realmente ocurrió?

— Identificar estrategias de tratamiento que sean eficaces. Una opción es proceder de acuerdo a la técnica de solución de problemas. Podemos entrenar al adolescente para que aprenda a analizar la toma de decisiones siguiendo la secuencia de esta técnica.

Es decir, seleccionando una situación interpersonal que esté causando sufrimiento, animándole a generar posibles soluciones para reducirlo/eliminarlo, ayudándole a evaluar los pros y los contras de cada solución potencial (a corto, medio y largo plazo), pidiéndole que seleccione la solución que cuente con mayores pros y menores contras y la ponga a prueba, ensayando con él/ella la interacción necesaria para aplicar la solución que se ha seleccionado, y pidiéndole que la aplique como «tarea para casa» durante la semana que media entre esta sesión y la siguiente.

El objetivo es analizar la puesta en práctica y valorar las causas de su éxito o las implicadas en la ausencia parcial o total del logro que se esperaba, para aprender y generar alternativas de solución para la próxima aplicación.

Asimismo, se le pueden enseñar estrategias específicas para la comunicación, como saber buscar e identificar el momento oportuno para iniciarla o terminarla, utilizar adecuadamente la personalización para ensalzar y reconocer al otro cuando realmente le corresponda, y no caer en el exceso de protagonismo.

De este modo, se ha de comenzar la comunicación con afirmaciones positivas que muestren al otro que se entienden sus sentimientos, disponiendo de dos o más alternativas de solución (a fin de no quedarse sin recursos o salidas si se ha de negociar), no dar una negociación por perdida y aprender a pedir un tiempo de reflexión antes de pronunciarse cuando no encuentra una solución que le parezca buena, etc.

Para este conjunto de tareas hay dos estrategias que resultan cruciales en el marco de la IPT-A: la técnica del juego de papeles y la aplicación de lo aprendido en la sesión clínica en el contexto de la actividad cotidiana, entre sesión y sesión de tratamiento, para reforzar los logros, afrontar y entrenar el modo de resolver las dificultades halladas y progresar en la consolidación y en la generalización de los efectos del tratamiento. Esta estrategia es la de las «tareas para casa».

Veámoslas en este marco terapéutico.

La primera, el juego de representar papeles («Como si fueses...») o *role playing,* persigue tres objetivos:

- Proporcionar un lugar seguro (contexto clínico) para practicar la ejecución de nuevas habilidades y destrezas interpersonales (por ejemplo, la expresión de afectos).
- Dar al adolescente la oportunidad de ensayar y ser retroalimentado sobre el conocimiento y la destreza en la ejecución de las habilidades y las estrategias antes de intentar aplicarlas fuera en el contexto cotidiano.
- Incrementar la confianza del adolescente en sí mismo respecto de la interacción social.

La segunda, el juego de papeles, es una técnica activa en la que se prioriza el ensayo. Es decir, no se trata tanto de hablar sobre cómo se haría sino de hacerlo, de actuar como si..., y representarlo. Es normal que, pese a que el contexto clínico sea un lugar «seguro», el hecho de ensayar genere respuestas de ansiedad y, por tanto, que en algunas ocasiones se tenga que convencer inicialmente a algunos adolescentes para que lo hagan, pese a que lo modele primero el profesional. No hemos de olvidar que, en general, en estos casos hay que proceder gradualmente, tanto en la IPT-A como en cualquier modalidad de intervención.

El juego ha de ser consensuado con el adolescente. Por tanto, hay que hablar con él/ella al respecto antes de hacer nada.

Además, hemos de estructurarlo para él/ella. En consecuencia, hemos de permitirle representar el papel con el que se sienta más cómodo al principio, y luego cambiarlo gradual y progresivamente por otro que le resulte incómodo o que de momento no se atreva a representarlo.

CUADRO 8.5

Consejos para promover la buena comunicación en los adolescentes

¡BUSCA UN BUEN MOMENTO!

— Concierta citas con las personas con las que quieres hablar.
— Evita los momentos en los que esas personas estén cansadas, alteradas, etc., y comienza reconociendo algo a la persona a la que le quieres decir algo. Por ejemplo, si quieres hablar con tu madre podría comenzar así: «Mamá, sé que estás muy cansada porque has trabajado mucho hoy. Hay algo de lo que quiero hablar contigo cuando puedas. ¿Qué te parece si hablamos el sábado cuando hayamos terminado de limpiar la casa?».
— Golpea cuando el hierro está FRÍO, aunque tengas que aspirar un poco cuando el hierro está CALIENTE.

DAR PARA CONSEGUIR. EMPEZAR CON UNA AFIRMACIÓN POSITIVA QUE DEMUESTRE QUE ENTIENDES CÓMO SE SIENTE EL OTRO

— «Papá, sé lo mucho que me quieres y que quieres que nunca me pase nada, pero...».
— «Mamá, sé que hoy has trabajado muy duro y probablemente estés muy cansada. Probablemente no quieras que te pregunte nada ahora mismo, pero... ¿puedo usar el teléfono durante 20 minutos?».

UTILIZA LA PRIMERA PERSONA («YO»)

— Di cómo te sientes tú con respecto a lo que ellos hacen.
Por ejemplo: «Siento que no me entiendes cuando quieres que esté en casa a las 7 de la noche los sábados. Entonces me siento triste y enfadado».
— La gente no puede leer tu mente por mucho que parezca. PONERLO EN LAS PALABRAS QUE UTILIZA. Empieza con un «YO».
Por ejemplo: «Mamá, me siento triste cuando...»: «Papá, siento que no confías en mí».

TEN UNAS CUANTAS SOLUCIONES EN MENTE

— Si quieres solucionar algo, trabaja un poco antes. Piensa en 3 o 4 soluciones de compromiso para el problema que te preocupa antes de abordarlo.
Por ejemplo, cuando le digas a tu padre: «Papá, sé que te preocupas mucho por mí cuando salgo después de las 7 de la tarde los sábados por la noche. Pero me da mucha rabia que me llames cada cinco minutos al móvil. Te quiero y no quiero sentirme así contigo». Ten varias alternativas preparadas para sugerirle una solución alternativa a que te llame cada cinco minutos a partir de las 19 horas.

Ejemplo de potenciales soluciones alternativas:

1. ¿Qué tal si te llamo cada hora (¿cada dos horas?, ¿cada media hora?)?
2. ¿Qué te parece si te doy el teléfono de casa de mi amiga para que hables con sus padres si quieres cuando voy a su casa y que te llame si salimos de allí para que sepas a dónde vamos?
3. ¿Qué tal si te llamo cuando lleguemos al cine y luego otra vez cuando salgamos, para que sepas cuándo tienes que ir a recogerme? Te prometo que te llamaré inmediatamente si cambiamos de planes.

¡NO TE RINDAS!

— Recuerda que se necesita mucho tiempo para enseñar a alguien a hacer algo diferente. Tus padres y tus tutores están acostumbrados a manejar las cosas de la misma manera que LO HAN HECHO DURANTE AÑOS.

FUENTE: traducido y adaptado de Mufson (2015).

Por último, las «tareas para casa» son «deberes» para realizarlos entre una sesión de tratamiento y la siguiente en el contexto clínico. Este «trabajo para casa» se origina generalmente en la IPT-A como consecuencia de una discusión sobre el contenido del área problemática o en el curso de una representación de papeles durante la sesión. No obstante, también se asigna para tratar un «síntoma» o asunto particular que sigue siendo problemático, como, por ejemplo, el retraimiento social o el modo de retomar una conversación.

Sus objetivos son tres:

— Ayudar a los adolescentes a acomodarse y a asimilar nuevas habilidades y sus correspondientes destrezas cuando se ejecutan.
— Aprender a producir la sensación de ser capaz de actuar por sí mismo.
— Mejorar las relaciones que son importantes para él/ella.

Es necesario explicarles por qué se les pide que apliquen como «tareas para casa» nuevas habilidades o que mejoren algunas de las que ya tienen. En todo caso, habrán de ser adaptadas para cada uno y resultar de las carencias que sea preciso remediar o mejorar para apoyar el trabajo terapéutico en un problema concreto.

En el ámbito de la IPT-A no tienen que ser necesariamente el resultado de una prescripción estricta y concreta, pueden ser solo una sugerencia.

En relación con el diseño, la planificación y el desarrollo de una sesión con la presencia de los padres y de los adolescentes, en la IPT-A su propósito difiere según el área problemática de que se trate.

Así, si esta no involucra directamente a los padres, el propósito puede ser proporcionarles información sobre el progreso del tratamiento y obtener su apoyo para las tareas que se realizan en esta fase. En cambio, si el área del problema sí los involucra, entonces el propósito es ayudar al adolescente y a sus padres a comunicarse adecuadamente y generalmente de una forma nueva para ellos. En este caso el objetivo no es necesariamente resolver un problema o llegar a una solución, sino mejorar el proceso de comunicación.

iii) *Estrategias específicas*

Recordemos que las áreas que contempla la IPT-A como potenciales fuentes de problemas interpersonales son las relativas al duelo, la adaptación al paso de un papel a otro, las confrontaciones o disputas de papeles y la de los déficits interpersonales, que ya hemos visto. En lo que sigue abordaremos el modo como se abordan en el marco de esta variante.

Duelo. En relación con este, las estrategias son:

— Educar sobre el proceso de duelo y facilitarlo, revisar y analizar detalladamente la relación perdida.
— Describir los acontecimientos vividos (previos, durante y después de la muerte).
— Discutir la relación del adolescente con la persona fallecida y promover la aplicación de las habilidades de comunicación para que pueda hablar con otras personas sobre sus sentimientos.
— Ayudarle a encontrar formas de conocer gente nueva con la que construir nuevas redes de apoyo social que palíen el vacío existencial hasta que pueda superar la pérdida.

La adaptación a la transición o cambio de un papel a otro. Las estrategias que aplica el profesional con este fin son las de:

— Ayudar al adolescente a comprender el significado de los cambios en la fase evolutiva en la que se halla.
— Ayudarle a encontrar formas alternativas a las actuales que le permitan desempeñar el nuevo papel con menos dificultad y su-

frimiento personal (la solución de problemas es una buena técnica para ello).

- Identificar, concretar y analizar los requisitos que exige la nueva situación interpersonal.
- Evaluar y valorar los beneficios y las pérdidas que conlleva el cambio.
- Aprender y dominar nuevas habilidades y destrezas interpersonales que faciliten la transición.
- Facilitar la negociación entre el adolescente y los padres en torno a la transición, si fuera el caso.

La confrontación o disputa de papeles. El profesional que aplica la IPT-A puede hallarse frente a una de estas tres situaciones que conforman las etapas del proceso de la disputa interpersonal de papeles: etapa de renegociación (hay comunicación, pero no se resuelve el conflicto que genera la disputa), estancamiento (ya no se discute porque ha cesado la comunicación) y ruptura o disolución (solo se desea que la disputa termine, porque el adolescente entiende que ya no se puede resolver).

¿Qué puede hacer el profesional? Independientemente de la etapa en la que se halle el conflicto:

- Explorará y evaluará las expectativas de resultado del adolescente para identificar y concretar las que sean poco realistas.
- Analizará con él/ella cómo contribuyen las expectativas al mantenimiento de la disputa.
- Evaluará y le ayudará a cambiar las estrategias de comunicación que se hayan mostrado inadecuadas, sustituyéndolas por sus alternativas adaptativas.
- Le enseñará técnicas de negociación.

Los déficits interpersonales. En el supuesto de que se detectaran déficits a la hora de afrontar y desarrollar las relaciones interpersonales, las estrategias de las que hace uso el profesional son:

- Analizar funcionalmente las relaciones que se estén dando entre los «síntomas» depresivos y el aislamiento social (AFa).
- Entrenar en habilidades sociales para facilitar el uso de estrategias que reduzcan el aislamiento social mejorando las habilidades y las destrezas de su ejecución en el contexto social.
- Revisar y analizar detalladamente con el adolescente las relaciones pasadas (AFh) y las actuales (AFa), identificando patrones recurrentes adaptativos y disfuncionales.
- Entrenar las habilidades que permitan desarrollar nuevas relaciones y/o retomar y mejorar las existentes (solo cuando resulte necesario).

iv) ***Listas de comprobación de las tareas del profesional***

Las tareas de las cinco sesiones que conforman la fase media (5-9) son, con carácter general:

- Revisar la evolución de los «síntomas» de la depresión durante la última semana y el estado actual.
- Utilizar los datos recopilados por el adolescente sobre la calificación del estado de ánimo (el de la valoración media, el de la mejor y el de la peor valoración de la semana).
- Centrarse en el área problemática identificada.
- Preguntar en el inicio de la sesión por la ocurrencia de cualquier problema interpersonal durante la última semana.
- Analizar y discutir detalladamente los eventos interpersonales relacionados con la depresión y con el estado de ánimo irritable.
- Revisar el grado de cumplimiento de las «tareas para casa» acordadas o sugeridas la semana anterior.

— Revisar y valorar la sesión cuando termina y planificar la siguiente.

Fase de término

Esta fase la componen tres sesiones (10-12), cuyos objetivos son los que detallamos a continuación, así como las estrategias y las actividades del profesional para conseguirlos, las señales de alerta para detectar potenciales retrocesos y la relación de tareas del profesional cuyo cumplimiento este habrá de verificar. Veámoslos.

i) Objetivos

Los objetivos generales de esta fase son tres:

— Desvanecer la relación con el profesional.
— Fortalecer la confianza del adolescente en sí mismo para maximizar la probabilidad de afrontar futuros problemas.
— Determinar la necesidad de un tratamiento complementario.

ii) Las estrategias y actividades del profesional

Para conseguir los objetivos señalados, las estrategias y las actividades son:

— Discutir los sentimientos en torno al término del tratamiento.
— Repasar las estrategias y las técnicas aprendidas.
— Revisar y valorar los éxitos logrados por el adolescente mediante la aplicación de la técnica de solución de los problemas interpersonales y los esfuerzos que ha realizado para cambiar.
— Reconocerle la competencia alcanzada.
— Discutir la generalización de la aplicación de las estrategias desarrolladas en potenciales situaciones futuras.
— Repasar las señales o signos que anteceden a la aparición de la depresión.
— Anticipar posibles episodios depresivos en el futuro.
— Reunirse con los padres para revisar el efecto del tratamiento.

iii) Señales de alerta

Los indicios, signos o señales en el adolescente que requieren estar alerta para detectarlos si se presentan son principalmente la ocurrencia de:

— Reacciones de duelo desproporcionadas.
— Conflicto familiar entre padres e hijo/a.
— Conflicto entre el adolescente y los compañeros debido a la escasa capacidad de resolución de problemas sociales y a los déficits sociales que se detectan en este.
— Aparición de un cuadro depresivo leve o moderado como reacción a la adaptación a los cambios vitales propios de esta fase evolutiva.
— Detección de variables sociales asociadas con el trastorno depresivo que pudieran actuar como precipitantes del mismo.

Recordemos que, tal como hemos indicado en los criterios de exclusión, la aplicación de la IPT-A como la presentamos aquí no está indicada si se cumple uno o más de estos, pese a que se detecten uno o más de los signos indicados en el párrafo previo.

Las consideraciones que se incluyen allí para los criterios de inclusión y exclusión han de ser tenidas en cuenta en esta «fase de término» cuando se plantee la posibilidad de retomar la aplicación de la IPT-A o recomendar su aplicación tras haber transcurrido un tiempo desde el término de su aplicación.

iv) Listas para comprobar las tareas del profesional

Las tareas de estas tres sesiones que conforman la fase de término son:

— Revisar la evolución de los «síntomas» de la depresión durante la última semana.
— Utilizar los datos recopilados por el adolescente sobre la calificación del estado de ánimo (el de la valoración media, el de la mejor y el de la peor valoración de la semana).
— Examinar los «síntomas» que pueden advertir de un retroceso en los avances respecto del control de las RAD que conforman la depresión.
— Inspeccionar el área problemática identificada.
— Estudiar las estrategias utilizadas en el tratamiento.
— Explorar los éxitos en las relaciones interpersonales y los esfuerzos del adolescente por cambiar.
— Discutir la generalización de las estrategias y técnicas aprendidas en las situaciones que pudieran presentarse en el futuro.
— Valorar el estado de los sentimientos asociados con el término del tratamiento.
— Analizar las posibilidades de recurrencia y/o la necesidad de un tratamiento futuro.
— Modelar positivamente el final de una relación.
— Reunirse con los padres para revisar el progreso del adolescente en el tratamiento y los planes para el futuro.
— Revisar y valorar las sesiones 10, 11 y 12 y planificar la 11 y la 12.

8.2.5. Evidencia empírica

8.2.5.1. *Respecto de la terapia interpersonal estándar y para adolescentes*

Como hemos podido ver, la ITP trata los problemas relacionados con el estrés y la pérdida que tienen su origen en las relaciones interpersonales, el estilo de apego inseguro y en los déficits en el dominio de las habilidades sociales, centrándose en la creación de apoyo social y en las habilidades sociales para desarrollar el manejo adecuado de los conflictos interpersonales («disputa de papeles»), de las transiciones o adaptaciones que requiere el paso de un papel a otro en la vida y de las pérdidas interpersonales cuando el proceso de adaptación a esta no se produce en los plazos esperados y genera sufrimiento («duelo complicado»).

Es decir, se centra en los acontecimientos vitales estresantes relativos al duelo, a las disputas interpersonales, a las adaptaciones que requieren las transiciones vitales de un papel a otro, así como a los producidos por el aislamiento social y los déficits personales que se asocian con la aparición, la exacerbación o la perpetuación de las alteraciones del comportamiento que presenta el P/C en la actualidad, al tiempo que le ayuda a conectar con los apoyos sociales y a mejorar la calidad de sus relaciones[68].

La aparición de los primeros resultados de los estudios en los que se investigaba la IPT se produjo en la última década del pasado siglo XX. Fue en los años noventa cuando se conocieron las primeras pruebas que demostraban la eficacia de esta nueva propuesta de tratamiento para la depresión (TDM) a través de ECA[69] realizados con población adulta[70] (y posteriormente también con adultos mayores[71]) y en población adolescente[72].

[68] Ravitz y Watson (2014) y Weissman, Markowitz y Klerman (2007).

[69] Klerman y Weissman (1993). Gerald L. Klerman y Myrna Milgram Weissman (nombre de soltera: Diane Goldman Kemper) eran matrimonio, él doctor en medicina (psiquiatra) y ella Máster en trabajo social y doctorada en filosofía (Ph.D.) por la escuela de medicina de la Universidad de Yale, por un trabajo de investigación sobre la epidemiología de las enfermedades crónicas. Ambos eran profesores del departamento de psiquiatría de esta universidad.

[70] Véanse los metaanálisis de Cuijpers et al. (2011) y Cuijpers, van Straten, Andersson y van Oppen (2010).

[71] Reynolds et al. (2006).

[72] Mufson, Dorta, Moreau y Weissman (2004).

Dada la naturaleza pragmática de la IPT y la formación científica de sus creadores, no es de extrañar que la investigación se centrara inicialmente en probar su eficacia en condiciones controladas, antes de ser aplicada en el contexto de la práctica cotidiana, sin importar en exceso ni la fundamentación teórica ni las relaciones de causalidad entre las variables.

Esta ha sido siempre una seña de identidad de esta modalidad de tratamiento. No obstante, pese a ello todavía no se ha probado de modo contundente si las variables que se consideran relevantes por la ITP son causas del desarrollo de la depresión o si son una consecuencia del trastorno. Se ha priorizado la necesidad de que, con independencia de la naturaleza de su relación (causal o correlacional), se disponga de un tratamiento eficaz que permita tratar la asociación y ayudar a la persona que presenta un trastorno depresivo a volver a su normalidad cotidiana.

En este sentido, un ejemplo que pone de manifiesto lo que acabamos de indicar se halla en la investigación de O'Shea, Spence y Donovan (2014), en la que se pone de manifiesto la existencia de asociaciones correlacionales que diferencian a los adolescentes deprimidos de los que no lo están.

Es decir, verificaron su hipótesis de que, si se comparan los adolescentes deprimidos con los no deprimidos, los primeros mostrarían un número mayor de acontecimientos vitales negativos asociados a pérdidas interpersonales y transiciones vitales importantes, un estilo de apego más inseguro y peores habilidades de comunicación, relaciones interpersonales y apoyo social.

En consecuencia, los deprimidos informaron de un mayor número de acontecimientos vitales interpersonales negativos, un estilo de apego menos seguro y puntuaron más alto en todos los estilos de apego inseguro que los no deprimidos. Además, se hallaron puntuaciones menores en la habilidad social cuando informaban los adolescentes y cuando lo hacían sus padres, y la medida de autoinforme de la relación con los padres era peor en los informes de los padres y en los de los hijos.

Asimismo, los deprimidos informaban menor competencia social y sus padres informaron más actitudes y comportamientos parentales negativos hacia su adolescente que los de los no deprimidos.

Pese a que inicialmente el objetivo para el que fue creada la IPT era tratar solo el conjunto de los trastornos del estado de ánimo, su utilidad ha sido probada para otros P/T del comportamiento. Esta verificación ha sido realizada por distintos investigadores y grupos de investigación en aplicaciones realizadas en varios países, siempre utilizando el método científico para probar mediante ECA su eficacia.

Además, con el paso del tiempo, por una parte, el rango de los problemas y trastornos a los que se aplica se ha ido ampliando cada vez más (como veremos) y, por otra, el procedimiento inicial o estándar también ha dado lugar a otras variantes diseñadas con el fin de dar respuesta a los nuevos problemas que ha ido planteando el desarrollo de su aplicación, como veremos en los párrafos que siguen.

Para abordar la evidencia empírica (experimental y correlacional) que sustenta su aplicación, en primer lugar vamos a agrupar los resultados de las investigaciones atendiendo al trastorno tratado (depresión *vs.* otros trastornos del comportamiento no relacionados con el estado de ánimo), y distinguiendo dentro de estos el tratamiento de adultos y adolescentes, y en estos últimos el tratamiento de los trastornos depresivos del que se destina a su prevención. En segundo lugar, haremos otro tanto con la aplicación en grupo. Por último, abordaremos los estudios comparados (experimentales y de revisión) en los que se ha puesto a prueba el efecto de la IPT frente al TCC y los de seguimiento a largo plazo de los efectos de los tratamientos.

8.2.5.1.1. En el tratamiento de los trastornos del estado de ánimo

La utilidad de la IPT para el tratamiento de los trastornos del estado de ánimo se ha visto reforzada por estudios históricos como el del Programa de Investigación Colaborativa sobre el Tratamiento de la Depresión del Instituto Nacional de Salud Mental de Estados Unidos (NIMH), en el que se mostró estadísticamente comparable a la imipramina en varias medidas y mejor que los resultados obtenidos en un grupo control-placebo por los P/C más deprimidos[73].

Este estudio también proporcionó una visión de los posibles predictores diferenciales del resultado del tratamiento[74]. Además, otras investigaciones han demostrado que la IPT es eficaz para tratar la depresión postparto[75], adolescentes deprimidos[76] y adultos mayores deprimidos[77], la depresión en P/C con enfermedades médicas[78] y en adultos con otro trastorno psicológico[79]. Asimismo, otros estudios han mostrado los beneficios que produce la IPT como tratamiento de mantenimiento para la depresión recurrente[80], el trastorno distímico[81] y el trastorno bipolar[82].

En síntesis, desde sus primeras aplicaciones, numerosos ECA han aportado evidencia empírica que muestra que la IPT es eficaz en el tratamiento de la depresión[83], que puede ser más eficaz que otras modalidades de tratamiento para este trastorno[84], que puede prevenir las recaídas[85] y la aparición del TDM[86], y que, como se ha indicado, también es potencialmente eficaz cuando se aplica al tratamiento de la depresión en poblaciones con características evolutivas específicas, como ocurre con los adolescentes[87] o con los adultos mayores[88], así como cuando concurren circunstancias biomédicas relevantes, como es el caso de los P/C que también presentan un trastorno somático[89].

Pero ¿qué ocurre cuando se compara la ITP con otro tratamiento de primera elección como lo es el TCC? Veamos primero los resultados de algunas investigaciones al respecto en población adulta, siguiendo el orden temporal de su publicación, y luego los de su aplicación en población adolescente.

En población adulta:

i) En el marco del Programa de investigación colaborativa sobre el tratamiento de la depresión del Instituto Nacional de Salud Mental de Estados Unidos de Norteamérica.

La primera comparación directa de los efectos de la aplicación individual de la IPT con el TCC se produjo en el marco del programa del NIMH, pero se hizo intentando ver qué P/C y con qué características eran los que más se beneficiaban de los distintos tratamientos aplicados[90].

Se trataron en régimen ambulatorio a 239 P/C que cumplían los criterios para el diagnóstico de TDM, en el contexto de un estudio multicentro que duró 16 semanas. Los participantes fueron

[73] Véase Elkin et al. (1989). También puede verse los trabajos de Craighead et al. (2015), Taylor y Ostroff (2018) o Swartz (2019).

[74] Sotsky et al. (1991).

[75] Véase Bright et al. (2019) y Dennis et al. (2020).

[76] Véase, por ejemplo, Mufson et al. (1999; 2018), O'Shea, Spence y Donovan (2014) y Pu et al. (2017).

[77] Heiselse et al. (2015), Kok y Reynolds III (2017) y Reynolds III, Lenze y Mulsant (2019).

[78] Markowitz et al. (1998) y Schulberg et al. (1996).

[79] Véase, por ejemplo, en el trabajo de Tavoli et al. (2020) el efecto en la depresión comórbida al TAS.

[80] Véase Cosci, Guidi, Mansueto y Fava (2020), Frank et al. (1990) y Ravitz et al. (2019).

[81] Véase Mufson et al. (2015) y Weissman (2020).

[82] Gunlicks-Stoessel et al. (2016).

[83] Cuijpers et al. (2010; 2011).

[84] Barth et al. (2016).

[85] Cuijpers et al. (2011).

[86] van Zoonen et al. (2014).

[87] Véase Brunstein-Klomek et al. (2017), Hankin (2020), Mufson et al. (1999), Young, Mufson y Gallop (2010) y Young et al. (2016).

[88] Reynolds et al. (2006).

[89] Finkenzeller et al. (2009), Gois et al. (2014) y Lespérance et al. (2007).

[90] Sotsky et al. (1991).

asignados aleatoriamente a IPT, TCC, grupo de tratamiento con imipramina más manejo clínico o a un grupo de control-placebo con manejo clínico.

Se estudiaron las características sociodemográficas previas al tratamiento, el diagnóstico, el curso de la enfermedad, la función, la personalidad y las alteraciones para identificar los predictores de la gravedad de la depresión (medida con la Escala de la depresión de Hamilton) y la respuesta al tratamiento (medida con la escala de Hamilton y el Inventario de depresión de Beck).

Los resultados que describieron Sotsky et al. (1991) fueron los que siguen:

a) Terapia conductual-cognitiva. Los resultados mostraron que los P/C se beneficiaban más del TCC cuando la disfunción cognitiva inicial era poco incapacitante, la duración del episodio depresivo era más corta (a menor duración mayor probabilidad de beneficio), no había antecedentes familiares de trastorno afectivo, la edad de inicio era más tardía para el TDM y era mayor el número de episodios previos de depresión. Además, entre los que completaron el tratamiento, los P/C casados fueron relativamente más receptivos.

b) Psicoterapia interpersonal. La menor disfunción social se asoció con la respuesta completa, explicando el 12-13 por 100 de la varianza del resultado, así como buenos resultados en la reducción de la gravedad de la depresión en el conjunto de los P/C tratados.

Los hallazgos predictivos más consistentes se asociaron con quienes informaban menos disfunción social antes del tratamiento, estaban separados o divorciados, informaban más sensibilidad interpersonal y mayor satisfacción general con las relaciones sociales.

Además, había algunas pruebas de que P/C con un inicio más repentino o abrupto y con episodios depresivos calificados como «endógenos»[91] (sin que hubiera «depresión doble»[92]) se beneficiaban más de la IPT.

c) Imipramina con manejo clínico (imipramina CM). Los mejores resultados se asociaron con la mayor disfunción laboral de quienes participaron en el estudio, tanto respecto de la remisión como para la reducción de la gravedad de la depresión. Los resultados de los predictores más consistentes indicaron que, en general, los P/C que mostraban una mayor disfunción laboral respondían mejor a los efectos de la imipramina-CM, al igual que los que presentaban una mayor gravedad de la depresión y una «depresión endógena» o primaria. En cambio, los que presentaban un trastorno grave de la personalidad respondieron mal. En el conjunto de la muestra, respondieron peor a esta modalidad de tratamiento los P/C que no estaban casados, tenían una elevada disfunción cognitiva o una baja expectativa de resultado respecto del tratamiento.

d) Placebo con manejo clínico (placebo-CM). En esta condición experimental los predictores más consistentes fueron la edad (a menor edad mayor probabilidad

[91] La psiquiatría califica así al conjunto de alteraciones al que se le atribuye un origen biológico (recordemos que todavía no se ha probado la existencia de variables de este orden que causen este trastorno), que se hipotetiza, a su vez, asociada de alguna manera con la herencia y daría lugar a una supuesta predisposición genética. Esta cadena de conjeturas se supone fundamentada en que no se halla relación entre las alteraciones del P/C y los acontecimientos vitales estresantes y/o negativos.

[92] Se aplica esta denominación cuando un P/C que presenta un trastorno distímico también cumple los criterios para el diagnóstico de un episodio de TDM superpuesto.

de mejora) y las expectativas de resultado (a mayores expectativas mejores resultados). Asimismo, mejoraron menos quienes presentaron las puntuaciones más elevadas en ansiedad y mayores puntuaciones en la Escala de Hamilton, al igual que quienes presentaban «depresión doble».

ii) Resultados del metaanálisis de Zhou et al. (2017) siguiendo el Manual Cochrane para revisiones sistemáticas de intervenciones.

El objetivo fue comparar los TE de ambas modalidades de tratamiento (TCC *vs.* IPT). Se incluyeron en el estudio los datos de 946 P/C pertenecientes a 10 ECA publicados en lengua inglesa y china.

Los resultados mostraron que, además de que la calidad metodológica no fue la óptima en la mayoría de los ensayos, la diferencia media (DM) fue de −1,31, para un intervalo de confianza (IC) del 95 por 100 (−2,49, −0,12; $p < 0{,}05$) a favor de la TCC cuando los resultados se midieron con el Inventario de depresión de Beck (BDI). En cambio, las diferencias dejaron de ser estadísticamente significativas cuando se utilizaba la Escala de Hamilton (DM −0,90, IC del 95 por 100 [–2,18, 0,38]).

Los resultados medidos con el BDI de los análisis de los subgrupos de P/C que habían sido tratados solo con IPT o TCC (DM −1,26, IC del 95 por 100 [-2,78, 0,35]), así como para los que recibieron un mayor número de sesiones de tratamiento (DM −0,82, IC del 95 por 100 [-2,23, 0,59]) no alcanzaron diferencias estadísticamente significativas entre las dos modalidades de tratamiento.

En consecuencia, Zhou et al. (2017) concluyeron que las diferencias en la eficacia del tratamiento parecen variar según el instrumento que se utilice para medir el resultado. Así, el TE del TCC es superior al de la TPI para el TDM cuando se utiliza el BDI (instrumento conductual-cognitivo), y no hay diferencias significativas entre ambas según la Escala de Hamilton (instrumento médico-psiquiátrico).

iii) Tratamiento de P/C en régimen ambulatorio en dos fases: tratamiento regular y de mantenimiento.

Mulder et al. (2017) dieron a conocer un ECA realizado con una muestra de P/C con TDM, de un solo centro, que fueron asignados al azar a una condición de TCC o a otra de IPT y tratados durante 16 semanas en régimen ambulatorio para, a continuación, proseguir con un tratamiento de mantenimiento durante 24 semanas más.

Los resultados mostraron que el TCC fue significativamente más eficaz que la IPT en la reducción de las respuestas alteradas durante los diez meses que duró la aplicación de los tratamientos. Los investigadores hipotetizaron que la causa de tales resultados se debía a que el TCC permitía obtener mejoría con mayor rapidez. No hallaron predictores diferenciales de la respuesta al TCC frente a la TPI ni a las 16 ni a las 40 semanas.

Concluyeron que ambos tratamientos son eficaces a largo plazo, aunque el TCC se mostró más rápido que la IPT en el logro de las mejoras del estado depresivo.

iv) Tratamiento de P/C en los que el TDM es secundario a otro trastorno psicológico.

Tavoli et al. (2020) investigaron la eficacia de la IPT frente a la del TCC cuando se aplican en grupo a P/C con un trastorno primario de ansiedad social y un trastorno depresivo secundario o comórbido.

Participaron 40 P/C que fueron reclutados, tras una evaluación previa, y asignados al azar a ambos grupos. Los instrumentos de evaluación utilizados fueron el Inventario de fobia social (SPIN), el Inventario de depresión de Beck-II (BDI-II) y la Entrevista clínica estructural para el DSM-IV (SCID).

Ambas modalidades mostraron mejorías estadísticamente significativas en la reducción del TDM en P/C con TAS, pero el efecto de la IPT fue significativamente mayor que el del TCC en la reducción de la depresión ($f = 16{,}2$, $p < 0{,}001$)

y en la de las respuestas alteradas que conforman el TAS ($f = 12{,}4$, $p < 0{,}002$).

v) Tratamiento a distancia: TCC *vs.* IPT.

Donker et al. (2013) compararon los efectos de la ITP ($n = 620$) *vs.* TCC ($n = 610$) *vs.* GCA (MoodGYM; $n = 613$) cuando se aplican a distancia a participantes voluntarios (población general) durante un período de cuatro semanas. Los resultados se midieron mediante cuestionarios administrados en línea: la Escala de depresión del Centro de Estudios Epidemiológicos (CES-D)[93] y el Cuestionario de satisfacción del cliente (CSQ-8)[94], completados inmediatamente después de terminar el tratamiento (postest) y a los seis meses de seguimiento.

Los resultados calculados utilizando la estrategia de «intención de tratar» no mostraron diferencias estadísticamente significativas en el cambio clínico entre las condiciones experimentales. Las tres condiciones presentaron cambios fiables en el postest y en el seguimiento, con tasas consistentemente más altas para el TCC. Los participantes asignados a la IPT mostraron una satisfacción con el tratamiento significativamente menor que los del TCC y que los del MoodGYM. La tasa de abandono fue del 70 por 100 en el postest, siendo la más alta para MoodGYM.

Los investigadores concluyeron que, a pesar de la alta tasa de abandono y las bajas puntuaciones de satisfacción, su estudio sugiere que la IPT autoguiada por Internet es eficaz para reducir las respuestas depresivas, y puede ser igual a la de un GCA (MoodGYM, en este caso).

En población adolescente:

i) El tratamiento individual *vs.* grupal de la depresión en población adolescente

Rosselló, Bernal y Rivera-Medina (2008) estudiaron, en una muestra de adolescentes que cumplían los criterios para el diagnóstico de TDM, el efecto de la IPT frente al del TCC, cuando se aplicaban individualmente y cuando se trataban en grupo.

Asignaron al azar a 112 adolescentes puertorriqueños a cuatro condiciones experimentales (TCC-I, TCC-G, TPI-I, TPI-G). Los participantes fueron evaluados antes y después del tratamiento con entrevistas estructuradas para establecer el diagnóstico y con medidas de autoinforme para evaluar el resultado del tratamiento[95].

Los resultados sugieren que el TCC y la IPT son tratamientos robustos en ambos formatos. No obstante, coherentemente con los resultados obtenidos por Mulder et al. (2017) en población adulta, Roselló et al. (2008) también informaron que el TCC produjo una disminución de las respuestas depresivas y un incremento del autoconcepto, que se asoció con diferencias estadísticamente significativas a su favor (frente a los de la IPT).

ii) Tratamiento preventivo.

Hetrick, Cox, Witt, Bir y Merry (2016) publicaron los resultados de una revisión en la que estudiaban los efectos preventivos del TCC y de la

---

[93] En los anexos XVIIa y b puede verse la Escala de depresión del Centro de Estudios Epidemiológicos y una versión breve de esta.

[94] Véanse los trabajos de Roberts, Attkisson y Mendias (1984) en inglés, y en español las publicaciones de Echeburúa y Corral (1988a) y la del Servicio Andaluz de Salud (2010). En el Anexo XXIIa puede verse una copia del cuestionario en español y en el XXIIb hemos incluido otra del cuestionario para la Evaluación breve de la satisfacción de los pacientes («Short Assessment of Patient Satisfaction» —SAPS—; Hawthorne et al., 2014), que también puede ser de utilidad con este fin.

[95] Children's Depression Inventory (CDI; Kovacs, 1983), Piers-Harris Children's Self-Concept Scale (PHCSCS; Piers y Harris, 1984), Child Behavior Checklist, Adolescent and Parent version (CBCL-A —Achenbach, 1983— and CBCL-P —Bird et al., 1987—), Social Adjustment Scale for Children and Adolescents (SASCA; Beiser, 1990) y el Diagnostic Interview Schedule for Children (DISC-2.1; Costello et al., 1984 y Bravo et al., 1993).

IPT en la población infanto-juvenil. Su objetivo era determinar si las intervenciones psicológicas basadas en la evidencia (incluyendo el TCC, la IPT y MBCT) son efectivas para prevenir la aparición del trastorno depresivo en niños y adolescentes.

Sus resultados les llevaron a concluir que, en general, los beneficios positivos de la prevención de la depresión son pequeños, tanto para los resultados primarios de las respuestas depresivas autocalificadas después de la intervención como para el diagnóstico de depresión en las medidas de seguimiento de sus efectos hasta los doce meses, pero no más allá.

Además, según el marco GRADE, la evidencia fue de calidad moderada a baja y los resultados fueron heterogéneos. Los programas de prevención aplicados a poblaciones universales no difirieron en sus resultados de los de un grupo de control que utilizó la atención como placebo.

Las intervenciones dirigidas a poblaciones específicas, en particular las seleccionadas sobre la base de las respuestas depresivas, tuvieron TE más grandes, pero no se compararon con las de un grupo de control-placebo de atención.

Sus conclusiones fueron que todavía no hay pruebas suficientes para apoyar la implementación de programas de prevención de la depresión en esta población.

8.2.5.1.2. En el tratamiento de los trastornos no relacionados con el estado de ánimo

Como ya hemos indicado, los buenos resultados en el tratamiento de los trastornos del estado de ánimo también han llevado a explorar los efectos de la IPT en otras alteraciones del comportamiento (consideradas como afecciones en su contexto médico-psiquiátrico).

Así, se han constatado resultados prometedores en los trastornos por ansiedad que incluyen en sus constructos componentes interpersonales como, por ejemplo, el TAS[96] y el TEPT[97], así como en los TCA[98]. En otros casos se han realizado adaptaciones de la versión estándar para abordar el tratamiento de una gama amplia de alteraciones del comportamiento como el TDC, el TEPT o el TLP entre otros[99].

Como para muestra suele valer un botón, dentro de este conjunto de investigaciones, pese a ser todas importantes, vamos a comentar brevemente solo las relativas al TLP y a los TCA. Remitimos al lector a las citas referenciadas para los demás.

i) En relación con el tratamiento del trastorno límite de la personalidad.

Como hemos comentado, se han realizado adaptaciones específicas de la IPT para abordar las diferentes variables implicadas en las alteraciones del comportamiento que suponemos implicadas en cada uno de los trastornos aludidos. Dentro de estos, el TLP presenta un reto particular, en el ámbito del movimiento transdiagnóstico, debido a que el constructo se asocia con una frecuente, variada, amplia y cambiante comorbilidad con los trastornos del estado de ánimo y de ansiedad, así como una casuística relacional que generalmente suele ser muy grave e incapacitante.

Con este fin, Markowitz (2005) y Markowitz, Skodol y Bleiberg (2006) modificaron y aplicaron el manual de la IPT estándar, para adaptarlo a las características peculiares del TLP y para tratar las dificultades que tienen estos P/C en las relaciones interpersonales. Para ello incrementaron el núme-

[96] Véase Hoffart y Johnson (2020), La Greca et al. (2016) y Lipsitz et al. (1999).

[97] Krupnick et al. (2008), Jiang et al. (2014), Markowitz et al. (2014; 2015; 2016) y Meffert et al. (2014).

[98] Véase, por ejemplo, Karamet al. (2019).

[99] Véase Bleiberg y Markowitz (2019), Markowitz et al. (2015) Siegfried, Ayrolles y Rahioui (2018) y Weissman (2020).

ro de sesiones de tratamiento (hasta 34) y propusieron, entre otras cuestiones, una aplicación más flexible de la intervención[100].

En el contexto europeo, el grupo italiano de la universidad de Turín, a cuyo frente están Silvio Bellido y Paola Bozzatelo, partiendo de esta adaptación inicial[101] propuso una modificación que se conoce como «IPT-BPD revised» (IPT-BPD-R)[102] que, en una primera investigación, fue aplicada a una muestra de esta población conjuntamente con la medicación prescrita (fluoxetina)[103].

Los resultados mostraron que el TE de la combinación fue superior a la fluoxetina sola en las mejoras mostradas por los P/C en tres variables relevantes (las relaciones interpersonales, la inestabilidad afectiva y el descontrol impulsivo), así como en la calidad de vida percibida.

En el seguimiento a dos años los resultados se mantenían para la impulsividad, las alteraciones de las relaciones interpersonales y la calidad de vida percibida[104].

En un estudio posterior, Bozzatello y Bellino (2020) han evaluado la eficacia de la IPT-BPD-R frente a un GCLE que también incluía el control clínico («Control group in waiting list plus clinical management» —WL/CM—), en una muestra de 43 P/C con TLP que fueron asignados aleatoriamente a una de las dos condiciones experimentales. Durante el primer mes de la aplicación de la intervención abandonaron siete participantes, es decir, el 16,3 por 100.

Los resultados mostraron diferencias entre ambos grupos a favor de la IPT-BPD-R en la reducción de la gravedad de las alteraciones generales y la mejora del funcionamiento social y laboral, en los tres dominios específicos que se han señalado. En cambio, no se encontraron diferencias entre los grupos para las respuestas de autolesión y para las agresivas.

ii) Tratamiento de los trastornos del comportamiento alimentario.

Fairburn et al. (2015) compararon el TCC-E («Enhanced cognitive behavior therapy for eating disorders») con la IPT, cuya variante para los TCA es considerada un tratamiento alternativo al TCC en población adulta.

La muestra estuvo integrada por 130 participantes con cualquier forma de TCA, siempre que el valor de su IMC se situase dentro del intervalo >17,5 a <40,0. Los participantes fueron asignados al azar a las dos condiciones experimentales (TCC-E e IPT). Ambos tratamientos se aplicaron en 20 sesiones, a razón de una sesión/semana, al que siguió una fase de seguimiento de año y medio (60 semanas).

La evaluación fue realizada por evaluadores ciegos al tratamiento e independientes. Veintinueve participantes no completaron el tratamiento o se retiraron (22,3 por 100). Tras el tratamiento, el 65,5 por 100 de los participantes en la TCC-E cumplieron los criterios de remisión, en comparación con el 33,3 por 100 de los participantes en la TPI ($p < 0{,}001$). Durante el seguimiento, la proporción de participantes que cumplían los criterios de remisión aumentó, en particular en la condición de TPI, pero la tasa de remisión de la TCC-E siguió siendo mayor (TCC-E 69,4 por 100, TPI 49,0 por 100; $p = 0{,}028$).

Los resultados muestran que la IPT es una alternativa a la TCC-E, pero la respuesta a su aplicación es menor y más lenta. Esta última nota es concordante con los resultados de Mulder et al. (2017) y Roselló et al. (2008). En general, estos resultados son coherentes con los informados por Poulsen et al. (2014) en un estudio previo y con los obtenidos por Stefini et al. (2017) en un estudio posterior.

---

[100] Conocida como la psicoterapia interpersonal adaptada para el tratamiento del TLP («Interpersonal psychotherapy adapted for treating borderline personality disorder» —IPT-BPD—).

[101] Véase Markowitz (2005) y Markowitz et al. (2006).

[102] Bellino y Bozzatello (2015).

[103] Véase, por ejemplo, Bellino y Bozzatello (2015) y Bellino, Rinaldi y Bogetto (2010).

[104] Bozzatello y Bellino (2016).

iii) Los resultados de la revisión cuantitativa realizada por Linardon et al. (2017).

El objetivo del metaanálisis realizado por Linardon et al. (2017) fue estudiar la eficacia del TCC para los TCA frente a otras modalidades de tratamiento, incluida la IPT.

La revisión permitió incluir 79 ECA.

Los resultados mostraron que cuando la aplicación del TCC era dirigida por el profesional fue más eficaz que la ausencia de tratamiento (GCLE) y que los GCA (cualquier psicoterapia incluida la IPT) en P/C con BN y trastorno por atracón, especialmente cuando el TCC se administró siguiendo un manual.

El TCC dirigido por el psicólogo produjo mayores reducciones en las respuestas alteradas (psicofisiológicas, cognitivas y motoras) que la ITP en las medidas postratamiento. En las de seguimiento el TCC superó a la IPT solo en la mejora de las respuestas cognitivas alteradas.

El TCC para el trastorno por atracón también dio lugar a mayores reducciones de las respuestas alteradas del sistema motor y el psicofisiológico que las intervenciones estrictamente conductuales para la pérdida de peso y otras terapias de apoyo inespecíficas.

Linardon et al. (2017) concluyeron que las comparaciones mostraban que las mejoras del TCC superaran a las de todos los GCA, incluida la IPT, lo que ofrece apoyo a la especificidad de los tratamientos psicológicos para los trastornos alimentarios. Estas conclusiones han de tomarse con precaución, porque muchos ECA eran de baja calidad.

iv) Los resultados de la revisión sistemática realizada por Miniati et al. (2018), respecto de los estudios sobre la IPT para los TCA, cuyos resultados se presentaron descriptivamente («enfoque narrativo»).

De los 534 artículos recuperados en la revisión, solo 37 estudios cumplieron los criterios de inclusión, y 15 fueron considerados aptos para una revisión sistemática porque eran ECA (algunos incluían seguimiento a largo plazo).

Los resultados obtenidos les permitieron concluir que:

a) Con carácter general, no hallaron diferencias significativas entre la TPI y el TCC cuando se administraron a P/C con BN, salvo cuando se aplicaba el TCC-E.
b) El seguimiento a largo plazo de los P/C con BN tratados con éxito con la IPT mostraron un tiempo prolongado de remisión clínica.
c) Los resultados producidos por la IPT y el TCC se mantienen en los datos de los seguimientos realizados a medio/largo plazo en P/C con BN.
d) El TCC y su versión mejorada (TCC-E) producen cambios rápidos en la fase aguda, mientras que en la IPT estas se demoran más (los cambios se producen más lentamente, pero tienden a mantenerse a largo plazo).
e) Cuando los atracones son tratados con la aplicación de la IPT en grupo los resultados muestran que los logros se mantienen a medio plazo y se incrementan a largo plazo (se incrementa la mejoría con el paso del tiempo —este suele es un efecto muy frecuente de los TCC—).

v) Las reflexiones y conclusiones de la investigación de Agras (2019) respecto de la eficacia del TCC y la IPT en el tratamiento de los trastornos del comportamiento alimentario.

Agras (2019) señalaba que la investigación de Slade et al. (2018), basada en un análisis en red que permite comparar todos los tratamientos entre sí, demostraba que el TCC es probablemente el tratamiento más eficaz para la BN, mientras que, como hemos visto, el metaanálisis de Linardon et al. (2017) llegó a una conclusión similar, pero ligeramente más robusta, debido a que cuando la aplicación del TCC estaba dirigido por el psicólogo resultaba más eficaz que los GCLE, que la IPT y que otras modalidades de psicoterapia.

Sin embargo, Agras (2019) señalaba que las diferencias entre el TCC y la IPT tienden a desaparecer en las medidas de seguimiento de los efectos del tratamiento. Así, por ejemplo, en un ensayo que comparaba el TCC y la TPI para la BN, el TCC fue significativamente superior a la TPI en el porcentaje de los P/C recuperados al término del tratamiento[105]. Sin embargo, las medidas de seguimiento no permitieron constatar diferencias significativas entre los dos grupos. Por tanto, parece que la IPT funciona más lentamente porque no se centra directamente en las respuestas alteradas que integran el desorden alimentario de la BN sino en las casuísticas interpersonales.

No obstante, como indicaba Agras (2019), pese a que pudiera pensarse que la adición de la psicoterapia al TCC podría mejorar sus resultados, los datos obtenidos en los pocos estudios que se han realizado muestran que, por ejemplo, tratar con IPT a los P/C que no responden al TCC no mejora el resultado obtenido previamente.

8.2.5.1.3. Frente al tratamiento conductual-cognitivo en otros trastornos del comportamiento

i) El tratamiento de la ansiedad social utilizando el formato de la telefonía móvil.

Dagöö et al. (2014) adaptaron el TCC guiado que habían diseñado para su aplicación a través de internet para ser administrado utilizando el teléfono móvil (mCBT). Este se comparó con otro, también guiado para su aplicación en la modalidad de autoayuda, basado en la psicoterapia interpersonal (mIPT).

Los participantes podían acceder a la plataforma de tratamiento a través de teléfonos inteligentes, tabletas y ordenadores estándar.

Participaron 52 adultos que previamente habían sido diagnosticados de TAS, los cuales se asignaron al azar a mCBT (n = 27) o a mIPT (n = 25).

Se recopilaron datos en el pretratamiento, durante el tratamiento, en el postratamiento y en una medida de seguimiento realizada a los tres meses del término de la intervención.

En la medida de resultado primaria, utilizando la Escala de ansiedad social de Liebowitz[106], ambos grupos mostraron mejoras estadísticamente significativas. Sin embargo, la mCBT obtuvo resultados significativamente mejores que la mIPT (d de Cohen = 0,64 a favor de la mCBT). Asimismo, la proporción de los participantes del grupo de mCBT que puede calificarse como «respondedores» en el postratamiento fue superior en el mBCT (55,6 por 100) frente al mIPT (8,0 por 100).

Los investigadores concluyeron que la IPT administrada como un tratamiento de autoayuda guiado puede ser menos eficaz que el TCC para este formato.

ii) Revisando los tamaños del efecto de la IPT, el TCC y la medicación en los trastornos por ansiedad social, ansiedad generalizada y el trastorno por ataques de pánico.

Bandelow et al. (2015) realizaron un metaanálisis para comparar la eficacia pretest-postest[107] de los tratamientos psicológicos, farmacológicos y su combinación cuando se aplican a a tres trastornos de la ansiedad: TAP, TAG y TAS.

---

[105] Véase Agras et al. (2000).

[106] Véase Liebowitz (1987) y Olivares, Sánchez García y López Pina (2009) para la versión adaptada a problación infanto-juvenil de habla española.

[107] Es importante recordar que esta medida del TE puede resultar engañosa en la interpretación de los efectos de la medicación porque, entre otras cuestiones, no contempla el llamado «efecto rebote» que sigue a su retirada ni los efectos secundarios que produce su consumo. Entendemos que cuando se introduce la medicación como parte de un estudio de esta naturaleza es preciso contar con datos de las medidas realizadas en el medio y largo plazo del período de seguimiento de los efectos del tratamiento aplicado.

La muestra la integraron 234 ECA, en los que participaron 37.333 P/C. Se calcularon sus TE pre-post tratamiento.

Los resultados de las investigaciones del TCC, de la IPT y de la combinación de estos con los psicofármacos[108] permitieron calcular los TE que se indican (junto al número de investigaciones, entre paréntesis)[109]:

- TCC individual estándar = 1,30 (*n* = 93).
- TCC grupal estándar = 1,22 (*n* = 18).
- IPT = 0,78 (*n* = 4).
- TCC + psicofármacos[110] = 2,12 (*n* = 16).

Los TE de los GC fueron 1,29 para los que utilizaron las píldoras como placebo (*n* = 111), de 0,83 para los placebos psicológicos (*n* = 16) y de 0,20 para los GCLE (*n* = 50).

Los investigadores concluyeron que el TCC individual fue más eficaz que la lista de espera, el placebo psicológico y el placebo en forma de píldora. Los TE pre-post de los tratamientos psicológicos y las psicoterapias no difirieron de los placebos cuando estos eran pastillas, sin que este dato puede explicarse mejor por la heterogeneidad, el sesgo de publicación o los efectos de lealtad.

8.2.5.2. *La terapia interpersonal breve*

En los resultados de la revisión de Swartz et al. (2014) la evidencia empírica era limitada y procedía de cuatro estudios abiertos, un estudio de casos y controles y tres ECA[111]. Posteriormente no se han publicado estudios de revisión *ad hoc*, pero sí otros estudios, como el de Frías Ibáñez et al. (2016) sobre el papel de la motivación por el cambio como un predictor de la respuesta al tratamiento del trastorno distímico, o el de Grote et al. (2021) que ha estudiado los mecanismos que participan en el cambio generado por IPT-B en la depresión perinatal que presentan las mujeres.

En el estudio de Frías Ibáñez et al. (2016) la muestra estuvo integrada por 54 P/C con diagnóstico de distimia, que recibieron y completaron un tratamiento naturalístico bimensual de 16 meses de duración centrado en la IPT-B. Entre las variables predictoras potenciales se incluyeron y evaluaron la alianza terapéutica, las estrategias de afrontamiento, la autoeficacia percibida y la motivación para el cambio en el inicio del tratamiento. Los efectos del tratamiento se cuantificaron evaluando la respuesta al mismo (medida mediante la Escala de impresión clínica global y el Inventario de depresión de Beck) y la adherencia de los P/C.

---

[108] Los TE obtenidos en este estudio a partir de las investigaciones realizadas cuando se aplicaron solo psicofármacos para el tratamiento de los trastornos del comportamiento fueron superiores a los del TCC, en cualquier modalidad, así como para la TPI. Para los psicofármacos, el valor de la *d* de Cohen fue de 2,02 (1,90-2,15); 28.051 P/Cs] y para el tratamiento psicológico en general *d* de Cohen = 1,22 (1,14-1,30); 6.992 P/Cs; P < 0,0001]. Los TE fueron de 2,25 para inhibidores de la recaptación de serotonina y noradrenalina (*n* = 23), de 2,15 para las benzodiacepinas (*n* = 42), de 2,09 para los inhibidores selectivos de la recaptación de la serotonina (*n* = 62) y de 1,83 para los antidepresivos tricíclicos (*n* = 15).

Los TE del promedio pre-post en los medicamentos mostraron que estos fueron más eficaces que los tratamientos psicológicos y las psicoterapias.

En las comparaciones directas con los grupos de control, todos los fármacos investigados, excepto el citalopram, el opipramol y la moclobemida, fueron significativamente más eficaces que el placebo.

[109] Otros resultados de este metaanálisis mostraron los TE que se indican: el ejercicio físico = 1,23 (*n* = 3), los tratamientos psicológicos aplicados sin contacto cara a cara (por ejemplo, terapias por Internet) = 1,11 (*n* = 34); el reprocesamiento de la información mediante la desensibilización por movimientos oculares = 1,03 (*n* = 3); la relajación = 1,36 (*n* = 17); el MBSR = 1,56 (*n* = 4) y la terapia psicodinámica = 1,17 (*n* = 5). Es importante que el lector observe el número de investigaciones que se incluyen entre paréntesis porque fueron las que se utilizaron para el cálculo.

[110] No se informa de la existencia de estudios en los que se haya combinado la IPT + psicofármacos, pese que a su aplicación conjunta puede ser muy frecuente.

[111] Swartz et al. (2014).

Los resultados mostraron que a mayor motivación para el cambio le correspondía una mejor respuesta al tratamiento y una mayor adherencia. En cambio, la alianza terapéutica no predijo ninguna de las dos. De ahí que los investigadores concluyeran que sus resultados preliminares estaban en línea con la conveniencia de utilizar la EM como complemento de la IPT-B en el tratamiento de la distimia.

En la investigación de Grote et al. (2021) se tuvieron en cuenta los cuatro mecanismos que la investigación previa ha sugerido como posibles responsables del cambio en el marco del modelo de la TPI: disminuir el estrés interpersonal, facilitar el procesamiento emocional, mejorar las habilidades interpersonales y aumentar el apoyo social. En el estudio se comparó el efecto de la IPT-B frente al tratamiento proporcionado por los servicios mejorados de apoyo a la maternidad (MSS-Plus).

Pese a la insuficiencia del tamaño de la muestra ($n = 16$), esta se equilibró respecto a la asignación al grupo de tratamiento, el estado del TEPT y el de la depresión.

Los resultados mostraron los efectos positivos de la IPT-B en la mejora del estado depresivo, en la reducción del estrés interpersonal, en la identificación y regulación de sus emociones y en la mejora de sus habilidades sociales. En cambio, las evidencias sobre el efecto del tratamiento en el aumento del apoyo social fueron mixtas.

Además, hay un estudio con implicaciones transculturales que fue realizado por Graham (2006) en Escocia. Se desarrolló paralelamente a la versión de IPT-B utilizada en Estados Unidos de Norteamérica y se basó en la aplicación de una versión de IPT de 8 sesiones. Los dos tratamientos son muy similares, aunque se diseñaron y planificaron de forma independiente.

La prueba piloto de la IPT-B con población escocesa se llevó a cabo en entornos de atención primaria. Los P/C con un diagnóstico clínico de TDM fueron asignados aleatoriamente a la IPT-B ($n = 26$) o a un GCLE ($n = 23$). La media de las puntuaciones de LB de la Escala Hamilton fue de 17,9 (±6,6) y 17,4 (±6,6) en el grupo IPT-B y GCLE, respectivamente. El ANOVA factorial mixto de medidas repetidas demostró que la IPT-B produjo una reducción significativamente mayor de «síntomas» de depresión medidos por la Escala de Hamilton ($p < 0,01$) y el BDI-II ($p < 0,01$) en los P/C asignados a la IPT-B frente al GCLE. La gravedad inicial de las alteraciones relativas a la depresión predijo un cambio fiable y significativo a los dos meses de seguimiento, utilizando los criterios de Jacobson para el cambio clínicamente significativo[112].

La asignación a la IPT-B no se asoció con una mejora significativamente diferente del GCLE en la calidad de las relaciones interpersonales medida por la escala «Significan Others»[113] durante la corta duración del tratamiento o el seguimiento de dos meses. Los análisis secundarios demostraron que las puntuaciones más altas en depresión (peores) en el BDI-II al inicio del tratamiento se asociaron con un incremento de la mejoría tras aplicar la IPT-B[114].

En consecuencia, el estatus empírico de la IPT-B es prometedor, pero todavía se halla lejos

[112] A partir del trabajo de Jacobson y Truax (1991) se entiende que un cambio es clínicamente significativo porque se pone de manifiesto la vuelta a un funcionamiento «normal» de acuerdo con la distribución poblacional del fenómeno que se esté abordando en el marco de la salud.

Sus objetivos fueron: (i) consensuar la definición de «cambio clínicamente significativo» que pudiera ser utilizado para calificar la evolución de los efectos del tratamiento de cualquier P/T con relevancia clínica; (ii) concretar un punto de intersección entre usuarios y profesionales sobre lo que supone un cambio clínico en las expectativas de resultado del tratamiento psicológico y, por último, (iii) ofrecer un método preciso que, tomando como referencia criterios consensuados como relevantes clínicamente, permitiera clasificar el resultado del tratamiento de los P/C (empeoramiento, sin cambios, mejoría, etc.).

Véase una explicación detallada en español en el trabajo de Castillo (2010) y una aplicación concreta en el de Sanz y García-Vera (2015).

[113] Power, Champion y Aris (1988). Véase Anexo XXI.

[114] Graham (2006).

de ser robusto y requiere de la realización de un mayor número de ECA.

La IPT-B, al igual que la IPT, tienen pendiente, por un lado, la concreción del número de sesiones de tratamiento y sus tasas de abandono del tratamiento, tanto con carácter general como para delimitar el número de sesiones más adecuado para cada uno de los P/T a los que se aplica en el marco de las poblaciones específicas y en ambas modalidades de intervención. Y por otro, su desmantelamiento para saber qué peso le podemos atribuir a cada uno de sus componentes en los resultados que se obtienen y en la investigación de las tasas de abandono.

En relación con el desmantelamiento, hay que subrayar en el TE que logra el peso que puede corresponder al componente de activación conductual que integra la IPT-B y la IPT, que por sí solo ha probado la eficacia de la AC en el tratamiento de la depresión, así como el resto de los componentes propios del TCC (habilidades sociales, solución de problemas, exposición a los miedos haciendo las tareas que teme y evita, etc.) que también utiliza a la hora de explicar sus logros.

Por último, respecto de las tasas de abandono y al fracaso del tratamiento en la eliminación del P/T o en alcanzar mejoras clínicamente significativas, pese a que el riesgo de fracaso del tratamiento siempre existe y es inevitable, sí se puede mejorar su eficacia enfatizando la alianza terapéutica, abordando estratégicamente la depresión y adaptando la IPT y sus variantes a las características y circunstancias del P/C. Esto incluye el estudio del efecto de la adición de psicofarmacoterapia, el del número y la duración de las sesiones, el abordaje de vulnerabilidades específicas de naturaleza interpersonal, etc.

Referencias bibliográficas

Aazh, H. y Moore, B. C. (2018). Effectiveness of audiologist-delivered cognitive behavioral therapy for tinnitus and hyperacusis rehabilitation: Outcomes for patients treated in routine practice. *American Journal of Audiology, 27*(4), 547-558.

Abuín, M. R. y de Rivera, L. (2014). La medición de síntomas psicológicos y psicosomáticos: el Listado de Síntomas Breve (LSB-50). *Clínica y Salud, 25*(2), 131-141.

Achenbach, T. M. (1983). *Manual for the child behavior checklist and revised child behavior profile*. Burlington, VT: Department of Psychiatry, University of VermontBeiser.

Acosta Acebedo, N. D. y Albarrán Ruiz, S. (2018). *Desenlaces de la terapia cognitivo conductual en el manejo de la anorexia nerviosa: revisión sistemática y meta análisis*. Santa Fe de Bogotá, Colombia: Escuela de ciencias de la salud. Universidad del Rosario. https://repository.urosario.edu.co/bitstream/handle/10336/14236/TrabajoGradoTCC-AN.pdf?sequence=1.

Addis, D. R. y Schacter, D. L. (2008). Constructive episodic simulation: temporal distance and detail of past and future events modulate hippocampal engagement. *Hippocampus, 18*(2), 227-237.

Addis, M. E. y Martell, C. R. (2004). *Overcoming depression one step at a time: The new behavioral activation approach to getting your life back*. New Harbinger Publications, Incorporated. Nueva York: New Harbinger Press.

Addis, M. E., Wade, W. A. y Hatgis, C. (1999). Barriers to dissemination of evidence-based practices: Addressing practitioners' concerns about manual-based psychotherapies. *Clinical Psychology: Science and Practice, 6*(4), 430-441.

Adrian, M., McCauley, E., Berk, M. S., Asarnow, J. R., Korslund, K., Avina, C. y Linehan, M. M. (2019). Predictors and moderators of recurring self-harm in adolescents participating in a comparative treatment trial of psychological interventions. *Journal of child psychology and psychiatry, 60*(10), 1123-1132.

Aftanas, L. I. y Golocheikine, S. A. (2001). Human anterior and frontal midline theta and lower alpha reflect emotionally positive state and internalized attention: high-resolution EEG investigation of meditation. *Neuroscience letters, 310,* 57-60.

Agras, W. S. (2019). Cognitive behavior therapy for the eating disorders. *Psychiatric Clinics of North America, 42*(2), 169-179.

Agras, W. S., Crow, S. J., Halmi, K. A., Mitchell, J. E., Wilson, G. T. y Kraemer, H. C. (2000). Outcome predictors for the cognitive behavior treatment of bulimia nervosa: data from a multisite study. *American Journal of Psychiatry, 157,* 1302-1308.

Agras, W. S., Fitzsimmons-Craft, E. E. y Wilfley, D. E. (2017). Evolution of cognitive-behavioral therapy for eating disorders. *Behaviour Research and Therapy, 88,* 26-36.

Agras, W. S., Walsh, B. T., Fairburn, C. G., Wilson, G. T. y Kraemer, H. C. (2000). A multicenter comparison of cognitive-behavioral therapy and interpersonal psychotherapy for bulimia nervosa. *Archives of General Psychiatry, 57*(5), 459-466.

Aguado, J., Luciano, J. V., Cebolla, A., Serrano-Blanco, A., Soler, J. y García-Campayo, J. (2015). Bifactor analysis and construct validity of the five facet mindfulness questionnaire (FFMQ) in non-clinical Spanish samples. *Frontiers in psychology, 6,* 404. https://doi.org/10.3389/fpsyg.2015.00404.

Aguilar, G. y Berganza, C. E. (1990). Validación de la escala de depresión para niños y adolescentes del Centro de Estudios Epidemiológicos (CES-OC-M), para el diagnóstico de la depresión en adolescentes guatemaltecos. *Avances en Piscología Clínica Latinoamericana, 8,* 75-84.

Aguilera Garrido, S. y Muñoz García, J. J. (2017). Trastorno depresivo y personalidad desadaptativa: Evaluación y tratamiento. *Revista de Casos Clínicos en Salud Mental, 5,* 25-41.

Alatiq, Y. (2021). Transdiagnostic CBT versus counselling sessions: a naturalistic trial from Saudi Arabia. *The Cognitive Behaviour Therapist, 14,* e4. https://doi.org/10.1017/S1754470X20000628.

Aldao, A., Nolen, S. y Schweizer, S. (2010). Emotion regulation strategies across psychopathology: A metaanalytic review. *Clinical Psychology Review, 30,* 217-237.

Al-Halabí, S., Sáiz, P. A., Burón, P., Garrido, M., Benabarre, A., Jiménez, E. ... y Bobes, J. (2016). Validación de la versión en español de la Columbia-Suicide Severity Rating Scale (Escala Columbia para Evaluar el Riesgo de Suicidio). *Revista de Psiquiatria y Salud Mental, 9*(3), 134-142.

Allen, L. B., White, K. S., Barlow, D. H., Shear, K. M., Gorman, J. M. y Woods, S. W. (2010). Cognitive-behavior therapy (CBT) for panic disorder: Relationship of anxiety and depression comorbidity with treatment outcome. *Journal of Psychopathology and Behavioral Assessment, 32*(2), 185-192.

Alsina, J. (1982). *Los orígenes de la medicina occidental.* Barcelona: Labor.

Altman, D. G. (1991). *Practical statistics for medical research.* Nueva York: Chapman and Hall.

American Psychiatric Association (1980). *Diagnostic and statistical manual of mental disorders* (DSM-III). Washington D. C.: American Psychiatric Association.

American Psychiatric Association (1987). *Diagnostic and statical manual of mental disorders* (DSM-III-R). Washington D. C.: APA.

American Psychiatric Association (1994). *Diagnostic and Statistical Manual of Mental Disorders* (4th ed. [DSM-IV]). Washington D. C.: American Psychiatric Association. (Traducción al español: Masson, 1994).

American Psychiatric Association (2000). *Diagnostic and Statistical Manual of Mental Disorders* (4.ª ed. Tex Reviewed [DSM-IV-TR]). Washington D. C.: American Psychiatric Association. (Traducción al español: Masson, 2002).

American Psychiatric Association (2013). *Diagnostic and Statistical Manual of Mental Disorders* (5.ª ed. [DSM-5]). Washington D. C.: American Psychiatric Association (traducción al español: Editorial Médica Panamericana, 2014).

Ammerman, B. A., Jacobucci, R., Kleiman, E. M., Uyeji, L. L. y McCloskey, M. S. (2018). The relationship between nonsuicidal self-injury age of onset and severity of self-harm. *Suicide Life-Threatening Behavior, 48*(1), 31-37.

Amodeo Escribano, S. (2018). *Estudio de la eficacia de un tratamiento psicológico breve en la disminución de la sensibilidad a la ansiedad en pacientes con trastorno de pánico.* Tesis doctoral. Facultad de psicología. Madrid: Universidad Autónoma de Madrid. https://repositorio.uam.es/bitstream/handle/10486/681731/amodeo_escribano_susana.pdf?sequence=1.

Amrhein, V., Trafimow, D. y Greenland, S. (2019). Inferential statistics as descriptive statistics: There is no replication crisis if we don't expect replication. *The American Statistician, 73*(supl), 262-270.

Anderson, H. H. (1935). *Las clínicas psicológicas para la infancia en los EE.UU. y la obra del Dr. Healy.* Madrid: Espasa Calpe.

Andión, Ó., Ferrer, M., Di Genova, A., Calvo, N., Gancedo, B., Matalí, J. ... y Casas, M. (2012). The SCID-II and DIB-R interviews: Diagnostic association with poor outcome risk factors in Borderline Personality Disorder. *Psicothema, 24*(4), 523-528.

Andrade, C., Arriaga, P. y Carvalho, M. (2019). The Psychometric Properties of the Portuguese Version of the State Mindfulness Scale. *Mindfulness, 10*(12), 2661-2672.

Andrews, J. L., Ahmed, S. y Blakemore, S. J. (2020). Navigating the social environment in adolescence: The role of social brain development. *Biological Psychiatry, 15*(2), 109-118.

Andrews, P. W., Thomson Jr, J. A., Amstadter, A. y Neale, M. C. (2012). Primum non nocere: an evolutionary analysis of whether antidepressants do more harm than good. *Frontiers in psychology, 3,* 117. https://doi.org/10.3389/fpsyg.2012.00117.

Antonsen, B. T., Klungsøyr, O., Kamps, A., Hummelen, B., Johansen, M. S., Pedersen, G. ... y Wilberg, T. (2014). Step-down versus outpatient psychotherapeutic treatment for personality disorders: 6-year follow-up of the Ulleval personality project. *BMC psychiatry, 14,* 1-12.

Antony, M. M., Federici, A. y Stein, M. B. (2009). Overview and introduction to anxiety disorders. En M. M. Antony y M. B. Stein (eds.), *Oxford handbook of anxiety and related disorders* (pp. 3-18). Nueva York: Oxford.

Antony, M. M., Orsillo, S. M. y Roemer, L. (2001). *Practitioner's guide to empirically based measures of anxiety*. Nueva York: Plenum.

Aragonès, E., Salvador-Carulla, L., López-Muntaner, J., Ferrer, M. y Piñol, J. L. (2013). Prevalencia registrada del trastorno límite de personalidad en las bases de datos de Atención Primaria. *Gaceta Sanitaria, 27*(2), 171-174.

Arévalo-Proaño, C., Dávila, Y., Álvarez-Cárdenas, F., Peñaherrera-Vélez, M. J. y Vélez-Calvo, X. (2019). El mindfulness para mejorar procesos ejecutivos y cognitivos en niños con altas capacidades. *International Journal of Developmental and Educational Psychology. Revista INFAD de Psicología, 5,* 429-440.

Arismendi, M. y Fiorentini, L. (2014). Formación de clases de equivalencia de estímulos: comparación de la eficacia del entrenamiento por reforzamiento y por instrucciones. En *VI Congreso Internacional de Investigación y Práctica Profesional en Psicología XXI Jornadas de Investigación Décimo Encuentro de Investigadores en Psicología del MERCOSUR* (pp. 6-9). Buenos Aires: Facultad de Psicología de la Universidad de Buenos Aires. https://www.aacademica.org/000-035/465.pdf.

Arkowitz, H. (1989). The role of theory in psychotherapy integration. *Journal of Integrative and Eclectic Psychotherapy, 8,* 8-16.

Arkowitz, H. y Westra, H. A. (2004). Integrating motivational interviewing and cognitive behavioral therapy in the treatment of depression and anxiety. *Journal of Cognitive Psychotherapy, 18*(4), 337-350.

Arkowitz, H., Miller, W. R. y Rollnick, S. (eds.) (2015). *Motivational interviewing in the treatment of psychological problems*. Nueva York: Guilford Publications.

Arkowitz, H., Westra, H. A., Miller, W. R. y Rollnick, S. (eds.) (2015). *Motivational interviewing in the treatment of psychological problems*. Nueva York: Guilford Press.

Armento, M. E. y Hopko, D. R. (2007). The environmental reward observation scale (EROS): development, validity, and reliability. *Behavior therapy, 38*(2), 107-119.

Arnáez, S., García-Soriano, G., López-Santiago, J. y Belloch, A. (2020). Dysfunctional beliefs as mediators between illness-related intrusive thoughts and health anxiety symptoms. *Behavioural and cognitive psychotherapy, 48*(3), 315-326.

Arntz, A. (2012). Imagery rescripting as a therapeutic technique: review of clinical trials, basic studies, and research agenda. *Journal of Experimental Psychopathology, 3,* 121-126.

Arntz, A. y Weertman, A. (1999). Treatment of childhood memories: theory and practice. *Behaviour Research and Therapy, 37*(8), 715-740.

Arntz, A., de Groot, C. y Kindt, M. (2005). Emotional memory is perceptual. *Journal of Behavior Therapy and Experimental Psychiatry, 3,* 19-34.

Arntz, A., van den Hoorn, M., Cornelis, J., Verheul, R., van den Bosch, W. M. y de Bie, A. J. (2003). Reliability and validity of the borderline personality disorder severity index. *Journal of personality disorders, 17,* 45-59.

Ascanio Velasco, L., Ferro García, R. F. y Bocanegra, M. R. (2020). Mejorando una relación terapéutica hostil con la psicoterapia analítica funcional. *Análisis y Modificación de Conducta, 46*(173-174), 67-84.

A-Tjak, J. G., Davis, M. L., Morina, N., Powers, M. B., Smits, J. A. y Emmelkamp, P. M. (2015). A meta-analysis of the efficacy of acceptance and commitment therapy for clinically relevant mental and physical health problems. *Psychotherapy and Psychosomatics, 84,* 30-36.

A-Tjak, J. G., Morina, N., Topper, M. y Emmelkamp, P. M. (2018). A randomized controlled trial in routine clinical practice comparing acceptance and commitment therapy with cognitive behavioral therapy for the treatment of major depressive disorder. *Psychotherapy and Psychosomatics, 8*(3), 154-163.

Atkins, P. W., Ciarrochi, J., Gaudiano, B. A., Bricker, J. B., Donald, J., Rovner, G. ... y Hayes, S. C.

(2017). Departing from the essential features of a high quality systematic review of psychotherapy: A response to Öst (2014) and recommendations for improvement. *Behaviour research and therapy, 97,* 259-272.

Attkisson, C. C. y Zwick, R. (1982). The Client Satisfaction Questionnaire: Psychometric properties and correlations with service utilization and psychotherapy outcome. *Evaluation and program planning, 5*(3), 233-237.

Avendaño-Prieto, B. L., Toro-Tobar, R. A., Vargas-Espinosa, N. M. y Villalba-Garzón, J. (2018). Protocolo de Evaluación Transdiagnóstico para Estrés, Ansiedad y Depresión: un análisis con víctimas colombianas. *Trends in Psychology, 26,* 2119-2132.

Baardseth, T. P., Goldberg, S. B., Pace, B. T., Wislocki, A. P., Frost, N. D., Siddiqui, J. R. ... y Wampold, B. E. (2013). Cognitive-behavioral therapy versus other therapies: Redux. *Clinical Psychology Review, 33,* 395-405.

Bach, P. y Hayes, S. C. (2002). The use of acceptance and commitment therapy to prevent the rehospitalization of psychotic patients: A randomized controlled trial. *Journal of Consulting and Clinical Psychology, 70*(5), 1129-1139.

Bados López, A., Balaguer, G. y Saldaña, C. (2007). Outcome of cognitive-behavioural therapy in training practice with anxiety disorders patients. *British Journal of Clinical Psychology, 46,* 429-435.

Baer, D. M., Peterson, R. F. y Sherman, J. A. (1967). The development of imitation by reinforcing behavioral similarity to a model. *Journal of the Experimental Analysis of Behavior, 10,* 405-416.

Baer, R. A. (2003). Mindfulness training as a clinical intervention: a conceptual and empirical review. *Clinical psychology: Science and practice, 10*(2), 125-143.

Baer, R. A. (2011). Measuring mindfulness. *Contemporary Buddhism, 12,* 241-261.

Baer, R. A. (2019). Assessment of mindfulness by self-report. *Current opinion in psychology, 28,* 42-48.

Baer, R. A. y Sauer, S. E. (2011). Relationships between depressive rumination, anger rumination, and borderline personality features. *Personality Disorders: Theory, Research, and Treatment, 2*(2), 142-150.

Baer, R. A., Carmody, J. y Hunsinger, M. (2012). Weekly change in mindfulness and perceived stress in a mindfulness-based stress reduction program. *Journal of clinical psychology, 68*(7), 755-765.

Baer, R. A., Crane, C., Miller, E. y Kuyken, W. (2019). Doing no harm in mindfulness-based programs: conceptual issues and empirical findings. *Clinical psychology review, 71,* 101-114.

Baer, R. A., Smith, G. T. y Allen, K. B. (2004). Assessment of mindfulness by self-report: The Kentucky Inventory of Mindfulness Skills. *Assessment, 11*(3), 191-206.

Baer, R. A., Smith, G. T., Hopkins, J., Krietemeyer, J. y Toney, L. (2006). Using self-report assessment methods to explore facets of mindfulness. *Assessment, 13,* 27-45.

Baer, R. A., Smith, G. T., Lykins, E., Button, D., Krietemeyer, J., Sauer, S. ... y Williams, J. M. G. (2008). Construct validity of the five facet mindfulness questionnaire in meditating and nonmeditating samples. *Assessment, 15*(3), 329-342.

Bai, Z., Luo, S., Zhang, L., Wu, S. y Chi, I. (2020). Acceptance and commitment therapy (ACT) to reduce depression: A systematic review and meta-analysis. *Journal of Affective Disorders, 260,* 728-737.

Balldin, S., Fisher, P. A. y Wirtberg, I. (2018). Video feedback intervention with children: a systematic review. *Research on Social Work Practice, 28*(6), 682-695.

Bancroft, J., Hawton, K., Simkin, S., Kingston, B., Cumming, C. y Whitwell, D. (1979). The reasons people give for taking overdoses: A further inquiry. *British Journal of Medical Psychology, 52,* 353-365.

Bandelow, B., Reitt, M., Röver, C., Michaelis, S., Görlich, Y. y Wedekind, D. (2015). Efficacy of treatments for anxiety disorders: a meta-analysis. *International clinical psychopharmacology, 30*(4), 183-192.

Bandura, A. (1969). *Principles of behavior modification.* Nueva York: Holt, Rinehart and Winston (trad. Ediciones Sígueme, 1983).

Barajas, S. y Garra, L. (2014). Mindfulness and psychopathology: Adaptation of the Mindful Attention Awareness Scale (MAAS) in a Spanish sample. Mindfulness y psicopatología: adaptación de la escala de conciencia y atención plena (MAAS) en una muestra española. *Clínica y Salud, 1,* 49-56.

Barkham, M., Mellor-Clark, J., Connell, J. y Cahill, J. (2006). A core approach to practice-based evidence: A brief history of the origins and applications of the CORE-OM and CORE System. *Counselling & Psychotherapy Research, 6,* 3-15.

Barkowski, S., Schwartze, D., Strauss, B., Burlingame, G. M., Barth, J. y Rosendahl, J. (2016). Efficacy of group psychotherapy for social anxiety disorder: A meta-analysis of randomized-controlled trials. *Journal of Anxiety Disorders, 39,* 44-64.

Barlow, D. H. (2002). *Anxiety and its disorders* (2.ª ed.). Nueva York: Guilford.

Barlow, D. H. (2004). *Anxiety and its disorders: The nature and treatment of anxiety and panic*. Nueva York: Guilford press.

Barlow, D. H. (2010). Negative effects from psychological treatments: a perspective. *American psychologist, 65,* 13-20.

Barlow, D. H. y Carl, J. R. (2014). The future of clinical psychology: Promises, perspectives, and predictions. En D. H. Barlow (ed.), *The Oxford Handbook of Clinical Psychology* (2.ª ed., pp. 899-920). Nueva York: Oxford University Press.

Barlow, D. H. y Hersen, M. (1988). *Diseños experimentales de caso único. Estrategias para el estudio del cambio conductual*. Barcelona: Martínez Roca.

Barlow, D. H., Allen, L. B. y Choate, M. L. (2003). *Unified protocol for the treatment of emotional disorders*. Unpublished manuscript. Boston, MA: Boston University.

Barlow, D. H., Allen, L. B. y Choate, M. L. (2004). Towards a unified treatment for emotional disorders. *Behavior Therapy, 35,* 205-230.

Barlow, D. H., DiNardo, P. A., Vermilyea, B. B., Vermilyea, J. y Blanchard, E. B. (1986). Co-morbidity and depression among the anxiety disorders: Issues in diagnosis and classification. *The Journal of nervous and mental disease, 174*(2), 63-72. Chicago.

Barlow, D. H., Ellard, K. K., Fairholme, C. P., Farchione, T. J., Boisseau, C. L., Allen, L. B. y Ehrenreich-May, J. (2011). *The unified protocol for transdiagnostic treatment of emotional disorders: Client workbook*. Nueva York: Oxford University Press.

Barlow, D. H., Ellard, K. K., Sauer-Zavala, S., Bullis, J. R. y Carl, J. R. (2014). The origins of neuroticism. *Perspectives on Psychological Science, 9*(5), 481-496.

Barlow, D. H., Farchione, T. J., Bullis, J. R., Gallagher, M. W., Murray-Latin, H. ... y Cassiello-Robbins, C. (2017). The Unified Protocol for Transdiagnostic Treatment of Emotional Disorders compared with diagnosis-specific protocols for anxiety disorders: A randomized clinical trial. *JAMA Psychiatry, 74,* 875-884.

Barlow, D. H., Farchione, T. J., Fairholme, C. P., Ellard, K. K., Boisseau, C. L., Allen, L. B. y Ehrenreich-May, J. (2011). *The Unified protocol for transdiagnostic treatment of emotional disorders: Therapist guide*. Nueva York: Oxford University Press.

Barlow, D. H., Sauer-Zavala, S., Carl, J. R., Bullis, J. R. y Ellard, K. K. (2014). The nature, diagnosis, and treatment of neuroticism: Back to the future. *Clinical Psychological Science, 2*(3), 344-365.

Barraca, J. (2006). Las terapias de conducta de tercera generación: ¿parientes políticos o hermanos carnales? *Edupsykhé, 5*(2), 147-157.

Barraca, J. (2009). Habilidades clínicas en la terapia conductual de tercera generación. *Clínica y Salud, 2*(2), 109-117.

Barraca, J. (2010). Aplicación de la Activación Conductual en un paciente con sintomatología depresiva. *Clínica y Salud, 21*(2), 183-197.

Barraca, J. (2016). La Activación Conductual en la práctica: técnicas, organización de la intervención, dificultades y variantes. *Análisis y modificación de conducta, 421*(165-166), 15-33.

Barraca, J. y Pérez-Álvarez, M. (2010). Adaptación española del Environmental Reward Observation (EROS). *Ansiedad y Estrés, 16,* 95-107.

Barraca, J. y Pérez Álvarez, M. (2015). *Activación Conductual para el tratamiento de la depresión*. Madrid: Editorial Síntesis.

Barraca, J., Pérez-Álvarez, M. y Lozano Bleda, J. H. (2011). Avoidance and activation as keys to depression: Adaptation of the Behavioral Activation for Depression Scale in a Spanish sample. *The Spanish Journal of Psychology, 14,* 998-1009.

Barrachina, J., Soler, J., Campins, M. J., Tejero, A., Pascual, J. C., Alvarez, E. ... y Pérez Sola, V. (2004). Validación de la versión española de la Diagnostic Interview for Borderlines-Revised (DIB-R). *Actas Españolas de Psiquiatría, 32*(5), 293-298.

Barros, V. V., Kozasa, E. H., Souza, I. C. W. D. y Ronzani, T. M. (2014). Validity evidence of the Brazilian version of the Five Facet Mindfulness Questionnaire (FFMQ). *Psicologia: Teoria e Pesquisa, 30,* 317-327.

Bartels-Velthuis, A. A., Schroevers, M. J., van der Ploeg, K., Koster, F., Fleer, J. y van den Brink, E. (2016). A mindfulness-based compassionate living training in a heterogeneous sample of psychiatric outpatients: a feasibility study. *Mindfulness, 7*(4), 809-818.

Barth, J., Munder, T., Gerger, H., Nüesch, E., Trelle, S., Znoj, H. ... y Cuijpers, P. (2016). Comparative efficacy of seven psychotherapeutic interventions for patients with depression: a network meta-analysis. *Focus, 14*(2), 229-243.

Bartlett, L., Martin, A., Neil, A. L., Memish, K., Otahal, P., Kilpatrick, M. y Sanderson, K. (2019). A systematic review and meta-analysis of workplace mindfulness training randomized controlled trials. *Journal of Occupational Health Psychology, 24,* 108-126.

Baruch, D. E., Kanter, J. W., Busch, A. M. y Juskiewicz, K. (2009). Enhancing the therapy relationship in Acceptance and Commitment Therapy for psychotic symptoms. *Clinical Case Studies, 8,* 241-257.

Barzykowski, K. y Niedźwieńska, A. (2018). Priming involuntary autobiographical memories in the lab. *Memory, 26*(2), 277-289.

Bashore Acero, B. M. (2016). Neuroticismo y desórdenes emocionales: el papel de la regulación emocional. *Ansiedad y Estrés, 44*. http://www.ansiedadyestres.org/content/en-profundidad-b-44.

Basile, B., De Sanctis, B., Fadda, S., Luppino, O. I., Perdighe, C., Saliani, A. M., Tenore, K. y Mancini, F. (2018). Early life experiences in OCD and other disorders: a retrospective observational study using Imagery with Re-scripting. *Clinical Neuropsychiatry: Journal of Treatment Evaluation, 15*(5), 299-305.

Beadel, J. R., Green, J. S., Hosseinbor, S. y Teachman, B. A. (2013). Influence of age, thought content, and anxiety on suppression of intrusive thoughts. *Journal of anxiety disorders, 27*(6), 598-607.

Beaud, S. (2018). El uso de la entrevista en las ciencias sociales. En defensa de la «entrevista etnográfica». *Revista colombiana de antropología, 54,* 175-218.

Beck, A. T (1967). *Depression: Clinical, experimental and theoretical aspects*. Nueva York: Harper and Row.

Beck, A. T. (1974). The development of depression: A cognitive model. En R. J. Friedman y M. M. Katz (eds.). *The psychology of depression: Contemporary theory and research* (pp. 3-27). Washington, D. C.: Winston & Sons.

Beck, A. T. (1976). *Cognitive Therapy and the emotional disorders*. Nueva York: International Universities Press.

Beck, A. T. (2019). A 60-year evolution of cognitive theory and therapy. *Perspectives on Psychological Science, 14*(1), 16-20.

Beck, A. T. y Clark, D. A. (1997). An information processing model of anxiety: Automatic and strategic processes. *Behaviour Research andTherapy, 35,* 49-58.

Beck, A. T. y Emery, G. (1985). *Anxiety disorders and phobias: a cognitive perspective*. Nueva York: Basic Books.

Beck, A. T. y Ohanessian, A. (1974). Assessment of depression: The depression inventory. *Pharmacopsychiatry, 12,* 1-19.

Beck A. T. y Steer R. A. (1990). *Manual for the Beck Anxiety Inventory*. San Antonio, TX: Psychological Corporation.

Beck, A. T., Kovacs, M. y Weissman, M. (1979a). Assessment of suicidal intent; the scale for suicide ideation. *Journal of Consulting and Clinical Psychology, 47*(2), 343-352.

Beck, A. T., Rial, W. Y. y Rickels, K. (1974a). *Short form of depression inventory: Cross validation. Psychological Reports, 34,* 1184-1186.

Beck, A. T., Rush, A. J., Shaw, B. F. y Emery, G. (1979b). *Cognitive therapy of depression*. Nueva York: Guilford (Traducción al español: Desclée de Brouwer, 1983).

Beck, A. T., Schuyler, D. y Herman, I. (1974b). Development of suicidal intent scales. En A. T. Beck, H. L. Resnik y D. J. Lettieri (eds.), *The prediction of suicide* (pp. 45-56). Bowie, Md.: Charles Press Publishers.

Beck, A. T., Steer, R. A. y Brown, G. K. (1996). *Manual for the beck depression inventory-II*. San Antonio, TX: Psychological Corporation.

Beck, A. T., Steer, R. A. y Brown, G. K. (2011). *Manual BDI-II. Inventario de Depresión de Beck-II*. Madrid: Pearson.

Beckstead, D. J., Lambert, M., DuBose, A. y Linehan, M. M. (2015). Dialectical behavior therapy with American Indian/Alaska Native adolescents diagnosed with substance use disorders: Combining an evidence based treatment with cultural, traditional, and spiritual beliefs. *Addictive Behaviors, 51,* 84-87.

Beckwé, M., Deroost, N., Koster, E. H., De Lissnyder, E. y De Raedt, R. (2014). Worrying and rumination are both associated with reduced cognitive control. *Psychological research, 78*(5), 651-660.

Bedics, J. D., Atkins, D. C., Harned, M. S. y Linehan, M. M. (2015). The therapeutic alliance as a predictor of outcome in dialectical behavior therapy versus nonbehavioral psychotherapy by experts for borderline personality disorder. *Psychotherapy, 52,* 67-77.

Behar, E. y Borkovec, T. D. (2020). The effects of verbal and imaginal worry on panic symptoms during an interoceptive exposure task. *Behaviour Research and Therapy, 135,* 103748. https://doi.org/10.1016/j.brat.2020.103748.

Beidel, D. C., Rao, P. A., Scharfstein, L., Wong, N. y Alfano, C. A. (2010). Social skills and social phobia: An investigation of DSM-IV subtypes. *Behaviour research and therapy, 48*(10), 992-1001.

Beiser, M. (1990). *Final report submitted in fulfillment of requirements for the grants of the United States National Institute of Mental Health (5-ROI-MH36678-04) and the Canada Health and Welfare National Health Research Directorate Program (NHRDP 6610-I322-04).* Unpublished manuscript.

Bell, T., Mackie, L. y Bennett-Levy, J. (2015). «Venturing towards the dark side»: the use of imagery interventions by recently qualified cognitive-behavioural therapists. *Clinical Psychology & Psychotherapy, 22*(6), 591-603.

Bellino, S. y Bozzatello, P. (2015). Interpersonal Psychotherapy Adapted for Borderline Personality Disorder (IPT-BPD): A Review of Available Data and a Proposal of Revision. *Journal Psycholpgy & Psychotherapy, 5*(229), 2161-0487.

Bellino, S., Rinaldi, C. y Bogetto, F. (2010). Adaptation of interpersonal psychotherapy to borderline personality disorder: a comparison of combined therapy and single pharmacotherapy. *The Canadian Journal of Psychiatry, 55*(2), 74-81.

Belloch, A. (2012). Propuestas para un enfoque transdiagnóstico de los trastornos mentales y del comportamiento: evidencia, utilidad y limitaciones. *Revista de Psicopatología y Psicología Clínica, 17*(3), 295-311.

Bennett-Levy, J., Butler, G., Fennell, M., Hackman, A., Mueller, M. y Westbrook, D. (2004). *Oxford Guide to Behavioural Experiments in Cognitive Therapy.* Oxford: OUP Oxford.

Bentley, K. H., Gallagher, M. W., Boswell, J. F., Gorman, J. M., Shear, M. K., Woods, S. W. y Barlow, D. H. (2013). The interactive contributions of perceived control and anxiety sensitivity in panic disorder: A triple vulnerabilities perspective. *Journal of Psychopathology and Behavioral Assessment, 35,* 57-64.

Berenguer Feliu, C. y Macià, D. (2019). Tratamiento mediante imágenes y escenificaciones emotivas de un caso de fobia a la oscuridad. *Revista de Casos Clínicos en Salud Mental, 7,* 1-17.

Bergomi, C., Tschacher, W. y Kupper, Z. (2014). Konstruktion und erste Validierung eines Fragebogens zur umfassenden Erfassung von Achtsamkeit: Das Comprehensive Inventory of Mindfulness Experiences. *Diagnostica, 60,* 111-125.

Bernard, P., Cullen, C. y Kuyken, W. (2017). *MBCT for life teacher manual.* Oxford: Oxford Mindfulness Centre.

Berntsen, D. y Jacobsen, A. S. (2008). Involuntary (spontaneous) mental time travel into the past and future. *Consciousness and Cognition, 17,* 1093-1104.

Berry, L. M. y Laskey, B. (2012). A review of obsessive intrusive thoughts in the general population. *Journal of Obsessive-Compulsive and Related Disorders, 1*(2), 125-132.

Bertolote, J. M. y Fleischmann, A. (2002). Suicide and psychiatric diagnosis: A worldwide perspective. *World Psychiatry, 1*(3), 181-185.

Beutler, L. E. y Forrester, B. (2014). What needs to change: Moving from «research informed» practice to «empirically effective» practice. *Journal of Psychotherapy Integration, 24,* 168-177.

Bird, H. R., Canino, G., Gould, M., Ribera, J., Rubio-Stipec, M., Woodbury, M. et al. (1987). Use of the child behavior checklist as a screening instrument for epidemiological research in child psychiatry: Results of a pilot study. *Journal of American Child and Adolescent Psychiatry, 26,* 207-213.

Bishop, S. R., Lau, M., Shapiro, S., Carlson, L., Anderson, N. D., Carmody, J., Segal, Z. V., Abbey, S., Speca, M., Velting, D. y Devins, G. (2004). Mindfulness: A proposed operational definition. *Clinical Psychology: Science and Practice, 11*(3), 230-241.

Bjork, R. A. y Bjork, E. L. (1992). A new theory of disuse and an old theory of stimulus fluctuation. En A. Healy, S. Kosslyn y R. Shiffrin (eds.), *From learning processes to cognitive processes: Essays in honor of William K. Estes* (Vol. 2: pp. 35-67). Hillsdale, Nueva Jersey: Erlbaum.

Bjork, R. A. y Bjork, E. L. (2006). Optimizing treatment and instruction: Implications of a new theory of disuse. En L.-G. Nilsson y N. Ohta (eds.), *Memory and society: Psychological perspectives* (pp. 116-140). Nueva York: Psychology Press.

Black, D. W., Blum, N., Pfohl, B. y Hale, N. (2004). Suicidal behavior in borderline personality disorder: prevalence, risk factors, prediction, and prevention. *Journal of personality disorders, 18*(3), 226-239.

Black, D. W., Sussamn, S., Johonson, C. y Milam, J. (2012). Psychometric Assessment of the Mindful Attention Awareness Scale (MAAS) Among Chinese Adolescents. *Assessment, 19,* 42-52.

Black, M., Hitchcock, C., Bevan, A., Leary, C. O., Clarke, J., Elliott, R. ... y Dalgleish, T. (2018). The HARMONIC trial: study protocol for a randomised controlled feasibility trial of Shaping Healthy Minds. A modular transdiagnostic intervention for mood, stressor-related and anxiety disorders in adults. *BMJ open, 8*(8), e024546.

Blackledge, J. T., Ciarrochi, J. y Bailey, A. (2006). *Personal values questionnaire. Unpublished manuscript.* Wollongong (Australia): University of Wollongong. www.contextualscience.org.

Blackwell, S. E. (2019). Mental imagery: From basic research to clinical practice. *Journal of Psychotherapy Integration, 29,* 235-247.

Blackwell, S. E. (2020). Emotional mental imagery. En A. Abraham (ed.), *The Cambridge Handbook of the Imagination* (pp. 241-257). Cambridge: Cambridge University Press.

Blackwell, S. E. (2021). Mental imagery in the science and practice of cognitive behaviour therapy: Past, present, and future perspectives. *International Journal of Cognitive Therapy, 14,* 160-181.

Blackwell, S. E., Browning, M., Mathews, A., Pictet, A., Welch, J., Davies, J., Watson, P., Geddes, J. R. y Holmes, E. A. (2015). Positive imagery-based cognitive bias modification as a web-based treatment tool for depressed adults: a randomized controlled trial. *Clinical Psychological Science, 3,* 91-111.

Blakemore, S. J. (2008). The social brain in adolescence. *Nature Reviews Neuroscience, 9*(4), 267-277.

Bleiberg, K. L. y Markowitz, J. C. (2019). Interpersonal psychotherapy for PTSD: Treating trauma without exposure. *Journal of psychotherapy integration, 29,* 15-22.

Bloom, J. M., Woodward, E. N., Susmaras, T. y Pantalone, D. W. (2012). Use of dialectical behavior therapy in inpatient treatment of borderline personality disorder: a systematic review. *Psychiatric Services, 63*(9), 881-888.

Bobes, J., Bulbena, A., Luque, A., Dal-Ré, R., Ballesteros, J. e Ibarra, N. (2003). A comparative psychometric study of the Spanish versions with 6, 17, and 21 items of the Hamilton Depression Rating Scale. *Medicina Clínica, 120*(18), 693-700.

Bobes Bascarán, M. T., Bascarán Fernández, M. T., Díaz Mesa, E. M., Sáiz Martínez, P. A. y García-Portilla González, M. P (2021). Proceso de Cambio y Entrevista Motivacional. En *Evidencia y herramientas para abordar al paciente con trastornos relacionados con el alcohol [curso online]. SOCIDROGALCOHOL.* Recuperado el 29 de noviembre de 2021 de https://www.sergas.es/gal/DocumentacionTecnica/docs/SaudePublica/adicciones/Curso_Alcohol/archivos/pdf/tema_7.pdf.

Boccia, M., Piccardi, L. y Guariglia, P. (2015). The meditative mind: a comprehensive meta-analysis of MRI studies. *BioMed research international.* https://doi.org/10.1155/2015/419808.

Bohlken, J., Schoemig, F., Lemke, M. R., Pumberger, M. y RiedelHeller, S. G. (2020). COVID-19 Pandemic: Stress experience of healthcare workers a short current review. *Psychiatrische Praxis, 47,* 190-197.

Bohlmeijer, E., Prenger, R., Taal, E. y Cuijpers, P. (2010). Meta-analysis on the effectiveness of mindfulnessbased stress reduction therapy on mental health of adults with a chronic disease: What should the reader not make of it? *Journal of Psychosomatic Research, 69*(6), 614-615.

Bohus, M., Haaf, B., Simms, T., Limberger, M. F., Schmahl, C., Unckel, C. ... y Linehan, M. M. (2004). Effectiveness of inpatient dialectical behavioral therapy for borderline personality disorder: a controlled trial. *Behaviour research and therapy, 42*(5), 487-499.

Bohus, M., Kleindienst, N., Limberger, M. F., Stieglitz, R. D., Domsalla, M., Chapman, A. L. ... y Wolf, M. (2009). The short version of the Borderline Symptom List (BSL-23): development and initial data on psychometric properties. *Psychopathology, 42,* 32-39.

Boisseau, C. L., Farchione, T. J., Fairholme, C. P., Ellard, K. K. y Barlow, D. H. (2010). The development of the unified protocol for the transdiagnostic treatment of emotional disorders: A case study. *Cognitive and Behavioral Practice, 17,* 102-113.

Boksema, M. A. S., Topsa, M., Westera, A. E., Meijmana, T. F. y Lorist, M. M. (2006). Error-related ERP components and individual differences in punishment and reward sensitivity. *Brain Research, 1101,* 92-101.

Bonet, J., Parrado, E. y Capdevila, L. (2017). Efectos agudos del ejercicio físico sobre el estado de ánimo y la HRV. *Revista Internacional de Medicina y Ciencias de la Actividad Física y del Deporte, 17*(65). 85-100.

Borkovec, T. D., Lyonfields, J. D., Wiser, S. L. y Deihl, L. (1993). The role of worrisome thinking in the suppression of cardiovascular response to phobic imagery. *Behaviour research and therapy, 31*(3), 321-324.

Boswell, J. F., Thompson-Brenner, H., Oswald, J. M., Brooks, G. E. y Lowe, M. (2018). La intersección de la implementación de la psicoterapia basada en la evidencia y la investigación orientada por la práctica. *Revista Argentina de Clínica Psicológica, 27*(2), 136-156.

Botella, Ll., Fernández-Puig, V., Segura, J., Gómez, I. y Jodar, R. (2020, 20 octubre). Criterios de la Asociación Americana de Psicología para la consideración de prácticas basadas en la evidencia en Psicología. *Infocop*. https://www.infocop.es/view_article.asp?id=15065.

Boulet, J. y Boss, M. W. (1991). Reliability and validity of the Brief Symptom Inventory. *Psychological Assessment: A Journal of Consulting and Clinical Psychology, 3*(3), 433-437.

Bouton, M. E., Mineka, S. y Barlow, D. H. (2001). A modern learning theory perspective on the etiology of panic disorder. *Psychological review, 108,* 4-32.

Bowen, S., Chawla, N., Collins, S. E., Witkiewitz, K., Hsu, S., Grow, J. . . . y Marlatt, A. (2009). Mindfulness-based relapse prevention for substance use disorders: A pilot efficacy trial. *Substance Abuse, 30*(4), 295-305.

Bowlby, J. (1978). Attachment theory and its therapeutic implications. *Adolescent Psychiatry, 6,* 5-33.

Bozzatello, P. y Bellino, S. (2016). Combined therapy with interpersonal psychotherapy adapted for borderline personality disorder: A two-years follow-up. *Psychiatry Research, 30240,* 151-156.

Bozzatello, P. y Bellino, S. (2020). Interpersonal Psychotherapy as a Single Treatment for Borderline Personality Disorder: A Pilot Randomized-Controlled Study. *Frontiers in Psychiatry, 11*. doi: 10.3389/fpsyt.2020.578910.

Brakemeier, E. L. y Frase, L. (2012). Interpersonal psychotherapy (IPT) in major depressive disorder. *European archives of psychiatry and clinical neuroscience, 262*(2), 117-121.

Bravo, M., Woodbury-Fariña, M., Canino, G. y Rubio-Stipec, M. (1993). The Spanish translation and cultural adaptation of the Diagnostic Interview Schedule for children (DISC) in Puerto Rico. *Culture, Medicine, and Psychiatry, 17,* 329-344.

Brazier, J., Tumur, I., Holmes, M., Ferriter, M., Parry, G., Dent-Brown, K. y Paisley, S. (2006). Psychological therapies including dialectical behaviour therapy for borderline personality disorder: a systematic review and preliminary economic evaluation. *Health Technology Assessment, 10*(35), iii-ix. https://europepmc.org/article/nbk/nbk62398.

Brewin, C. R., Wheatley, J., Patel, T., Fearon, P., Hackmann, A., Wells, A., Fisher, P. y Myers, S. (2009). Imagery rescripting as a brief stand-alone treatment for depressed patients with intrusive memories. *Behaviour Research and Therapy, 4*(7), 569-576.

Bright, K. S., Charrois, E. M., Mughal, M. K., Wajid, A., McNeil, D., Stuart, S. ... y Kingston, D. (2019). Interpersonal psychotherapy for perinatal women: a systematic review and meta-analysis protocol. *Systematic reviews, 8,* 1-9.

Broderick, P. C. (2013). *Learning to breathe: A mindfulness curriculum for adolescents to cultivate emotion regulation, attention, and performance*. Oakland: New Harbinger.

Brown, C. (2016). Can secular mindfulness be separated from religion? En R. Purser, D. Forbes y A. Burke (eds.), *Handbook of mindfulness: Culture, context, and social engagement* (pp. 75-94). Berlín, Heidelberg: Springer-Verlag GmbH.

Brown, K. W. y Ryan, R. M. (2003). The benefits of being present: Mindfulness and its role in psychological well-being. *Journal of Personality and Social Psychology, 84,* 822-848.

Brown, K. W., Goodman, R. J. e Inzlicht, M. (2013). Dispositional mindfulness and the attenuation of neural responses to emotional stimuli. *Social cognitive and affective neuroscience, 8,* 93-99.

Brown. K. W., West, A. M., Loverich, T. M. y Biegel, G. M. (2011). Assessing adolescent mindfulness: Validation of an adapted mindful attention awareness scale in adolescent normative and psychiatric populations. *Psychological Assessment, 23,* 1023-1033.

Brown, M., Glendenning, A. C., Hoon, A. E. y John, A. (2016). Effectiveness of web-delivered acceptance and commitment therapy in relation to mental health and well-being: a systematic review and meta-analysis. *Journal of medical Internet research, 18*(8), e221. doi:10.2196/jmir.6200.

Brown, T. A. (2007). Temporal and structural relationships among dimensions of temperament and DSM-IV anxiety and mood disorder constructs. *Journal of Abnormal Psychology, 116,* 313-328.

Brown, T. A. y Barlow, D. A. (2009). A proposal for a dimensional classification system based on the shared features of the DSM-IV anxiety and mood disorders: implications for assessment and treatment. *Psychological Assessment, 21,* 256-271.

Brown, T. A., Campbell, L. A., Lehman, C. L., Grisham, J. R. y Mancill, R. B. (2001). Current and lifetime comorbidity of the DSM-IV anxiety and mood disorders in a large clinical sample. *Journal of Abnormal Psychology, 110*(4), 585-599.

Brown, T. A., Chorpita, B. F. y Barlow, D. H. (1998). Structural relationships among dimensions of the DSM-IV anxiety and mood disorders and dimensions of negative affect, positive affect, and autonomic arousal. *Journal of Abnormal Psychology, 107,* 179-192.

Brown, T. A., Di Nardo, P. A. y Barlow, D. H. (1994). *Anxiety Disorders Interview Schedule for DSM-IV Adult Version*. Oxford: Oxford University Press.

Brunstein-Klomek, A., Kopelman-Rubin, D., Apter, A., Argintaru, H. y Mufson, L. (2017). A pilot feasibility study of interpersonal psychotherapy in adolescents diagnosed with specific learning disorders, attention deficit hyperactive disorder, or both with depression and/or anxiety symptoms (IPT-ALD). *Journal of Psychotherapy Integration, 27*(4), 526-539.

Buchheld, N., Grossman, P. y Walach, H. (2001). Measuring mindfulness in insight meditation (Vipassana) and meditation-based psychotherapy: The development of the Freiburg Mindfulness Inventory (FMI). *Journal for meditation and meditation research, 1,* 11-34.

Butler, A. C., Chapman, J. E., Forman, E. M. y Beck, A. T. (2006). The empirical status of cognitive behavioral therapy: A review of meta-analyses. *Clinical Psychology Review, 26*(1), 17-31.

Byrne, S. M., Fursland, A., Allen, K. L. y Watson, H. (2011). The effectiveness of enhanced cognitive behavioural therapy for eating disorders: an open trial. *Behaviour Research and Therapy, 49,* 219-226.

Caballo, V. E., Andrés, V. y Bas, F. (1997). Fobia social. En V. E. Caballo (ed.), *Manual para el tratamiento cognitivo-conductual de los trastornos psicológicos. Trastornos por ansiedad, sexuales, afectivos y psicótios* (Vol 1; pp. 25-87). Madrid: Siglo XXI.

Cabasés Hita, J. M. (2015). El EQ-5D como medida de resultados en salud. *Gaceta Sanitaria, 29*(6), 401-403.

Cahn, B. R. y Polich, J. (2006). Meditation states and traits: EEG, ERP, and neuroimaging studies. *Psychological bulletin, 132*(2), 180-211.

Cai, W., Dong, W., Pan, Y., Wei, C., Zhang, S., Tian, B. ... y Deng, G. (2018). Reliability, validation and norms of the Chinese version of Anxiety Sensitivity Index 3 in a sample of military personnel. *PloS one, 13*(8), e0201778.

Cailhol, L., Jeannot, M., Rodgers, R., Guelfi, J. D., Perez-Diaz, F., Pham-Scottez, A. ... y Speranza, M. (2013). Borderline personality disorder and mental healthcare service use among adolescents. *Journal of Personality Disorders, 27*(2), 252-259.

Cairncross, M. y Miller, C. J. (2016). The Effectiveness of Mindfulness-Based Therapies for ADHD. A Meta-Analytic Review. *Journal of attention disorders, 21*(6), 1087054715625301. doi: 10.1177/1087054714551635.

Cairncross, M. y Miller, C. J. (2020). The effectiveness of mindfulness-based therapies for ADHD: a meta-analytic review. *Journal of attention disorders, 24*(5), 627-643.

Callaghan, G. M. (2006). The Functional Idiographic Assessment Template (FIAT) system: For use with interpersonally-based interventions including Functional Analytic Psychotherapy (FAP) and FAP-enhanced treatments. *The Behavior Analyst Today, 7*(3), 357-398.

Callaghan, G. M., Follette, W. C., Ruckstuhl Jr, L. E. y Linnerooth, P. J. (2008). The Functional Analytic Psychotherapy Rating Scale (FAPRS): A behavioral psychotherapy coding system. *The Behavior Analyst Today, 9,* 98-116.

Calvete, E., Sampedro, A. y Orue, I. (2014). Propiedades Psicométricas de la versión española de la «Escala de Atención y Conciencia Plena para Adolescentes» (MAAS-A). *Behavioral Psychology / Psicologia Conductual, 22*(2), 277-291.

Camacho, P. A., Rueda-Jaimes, G. E., Latorre, J. F., Navarro-Mancilla, Á. A., Escobar, M. y Franco, J. A. (2009). Validez y confiabilidad de la escala del Center for Epidemiologic Studies-Depression en estudiantes adolescentes de Colombia. *Biomédica, 29*(2), 260-269.

Campbell, M. (2009). Drop-out from treatment for the eating disorders: a problem for clinicians and researchers. *European Eating Disorders Review, 17,* 239-242.

Campbell, I. N., Gallagher, M., McLeod, H. J., O'Neill, B. y McMillan, T. M. (2019). Brief compassion focused imagery for treatment of severe head injury. *Neuropsychological Rehabilitation, 29*(6), 917-927.

Campbell-Sills, L., Barlow, D. H., Brown, T. A. y Hofmann, S. G. (2006). Acceptability and suppression of negative emotion in anxiety and mood disorders. *Emotion, 6,* 587-595.

Capafons, A. (2006). Presentación. *Papeles del Psicólogo, 27*(2), 69.

Capafons, J. y Sosa, C. D. (2006). ¿Hay algo nuevo en terapia psicológica? Tres propuestas y una respuesta posible. *Papeles del Psicólogo, 27*(2), 100-103.

Caparrós-Caparrós, B., Villar-Hoz, E., Juan-Ferrer, J. y Viñas-Poch, F. (2007). Symptom Check-List-90-R: fiabilidad, datos normativos y estructura factorial en estudiantes universitarios. *International journal of clinical and health psychology, 7*(3), 781-794.

Cardi, V., Albano, G., Salerno, L., Lo Coco, G., Ambwani, S., Schmidt, U. ... y Treasure, J. (2020). The feasibility of using guided self-help in anorexia nervosa: An analysis of drop-out from the study protocol and intervention adherence. *Frontiers in psychology, 11,* 707. https://doi.org/10.3389/fpsyg.2020.00707.

Cardila Fernández, F., Martos Martínez, A., Barragán Martín, A. B., Pérez-Fuentes, M. C., Molero Jurado, M. M. y Gázquez Linares, J. J. (2015). Prevalencia de la depresión en España: Análisis de los últimos 15 años. *EJIHPE: European Journal of Investigation in Health, Psychology and Education, 5*(2), 267-279.

Carleton, R. N., Duranceau, S., Freeston, M. H., Boelen, P. A., McCabe, R. E. y Antony, M. M. (2014). «But it might be a heart attack»: intolerance of uncertainty and panic disorder symptoms. *Journal of anxiety disorders, 28*(5), 463-470.

Carleton, R. N., Mulvogue, M. K., Thibodeau, M. A., McCabe, R. E., Antony, M. M. y Asmundson, G. J. G. (2012). Increasingly certain about uncertainty: Intolerance of uncertainty across anxiety and depression. *Journal of Anxiety Disorders, 26,*468-479.

Carliner, H., Keyes, K. M., McLaughlin, K. A., Meyers, J. L., Dunn, E. C. y Martins, S. S. (2016). Childhood trauma and illicit drug use in adolescence: A population-based national comorbidity survey replication-adolescent supplement study. *Journal of the American Academy of Child & Adolescent Psychiatry, 55*(8), 701-708.

Carlson, J. y Sperry, L. (1998). Adierian psychotherapy as a constructivist psychotherapy. En M. F. Hoyt (ed.), *The handbook of constructive therapies: Innovative approaches from leading practitioners* (pp. 68-82). San Francisco, CA: Jossey-Bass.

Carlson, L., Speca, M., Faris, P. y Patel, K. (2007). One year pre-post intervention followup of psychological, immune, endocrine and blood pressure outcomes of mindfulness based stress reduction (MBSR) in breast and prostate cancer outpatients. *Brain, Behavior, and Immunity, 21*(8), 1038-1049.

Carr, S. C. (2011). A global community psychology of mobility. *Psychosocial Intervention, 20*(3), 319-325.

Carrasco Ortiz, M. A., Sánchez Moral, V., Ciccotelli, H. y Del Barrio, M. V. (2003). Listado de síntomas SCL-90-R: análisis de su comportamiento en una muestra clínica. *Acción Psicológica, 2*(2), 149-161.

Carvalho, J. P., Gawrysiak, M. J., Hellmuth, J. C., McNulty, J. K., Magidson, J. F., Lejuez, C. W. y Hopko, D. R. (2011). The Reward Probability Index: Design and validation of a scale measuring access to environmental reward. *Behavior Therapy, 42,* 249-262.

Castellvi, P., Forero, C. G., Codony, M., Vilagut, G., Brugulat, P., Medina, A. ... y Alonso, J. (2014). The Spanish version of the Warwick-Edinburgh Mental Well-Being Scale (WEMWBS) is valid for use in the general population. *Quality of Life Research, 23*(3), 857-868.

Castillo, I. I. (2010). Evaluación de resultados clínicos (y III): Índices de Cambio Fiable (ICF) como estimadores del cambio clínicamente significativo. *Norte de Salud mental, 8*(36), 105-122.

Castro Magan, I. M. (2016). Propiedades psicométricas del inventario de ansiedad: rasgo-estado (IDARE). *PAIAN, 7*(1). http://revistas.uss.edu.pe/index.php/PAIAN/article/view/312.

Castro Sáez, M., Martínez Pérez, A., López-Soler, C., López-García, J. J. y Alcántara-López, M. (2019). Trastorno por estrés postraumático en niños españoles maltratados. *Ciencias Psicológicas, 13*(2), 378-389.

Casullo, M. M. (2008). *Inventario de síntomas SCL-90-R de L. Drogatis*. Buenos Aires: Facultad de Psicología de la Universidad de Buenos Aires. https://www.psi.uba.ar/academica/carrerasdegrado/psicologia/sitios_catedras/obligatorias/070_psicoterapias1/material/inventario_sintomas.pdf.

Casullo, M. M. y Castro Solano, A. (1999). Síntomas psicopatológicos en estudiantes adolescentes argentinos. *Anuario de Investigaciones, 7,* 147-157.

Catak, P. D. (2012). The Turkish version of the cognitive and affective mindfulness scale-revised. *Europe's Journal of Psychology, 8*(4), 603-619.

Cautela, J. R. (1971). Covert conditioning. En A. Jacobs y L. B. Sachs (eds.), *The psychology of private events: Perspectives on covert response systems* (pp. 109-130). Nueva York: Academic Press.

Cautela, J. R. (1977). *Behavior analysis forms for clinical intervention*. Champaign, Illinois: Research Press.

Celis Ekstrand, A. y Roca Villanueva, E. (2011). Terapia cognitivo-conductual para los trastornos de la conducta alimentaria según la visión transdiagnóstica. *Acción Psicológica, 8,* 21-33.

Challen, A. R., Machin, S. J. y Gillham, J. E. (2014). The UK Resilience Programme: A school-based universal nonrandomized pragmatic controlled trial. *Journal of consulting and clinical psychology, 82,* 75-89.

Chamberlain, L. D. y Norton, P. J. (2013). An evaluation of the effects of diagnostic composition on individual treatment outcome within transdiagnostic cognitive–behavioral group therapy for anxiety. *Cognitive Behaviour Therapy, 42,* 56-63.

Chambi Mamani, E. L. y Quispe Kana, E. D. (2020). *Propiedades psicométricas de la escala EROS en pacientes.* (Trabajo de Investigación para obtener el Grado Académico de Bachiller en Psicología). Lima: Universidad Peruana Unión. Facultad de Ciencias de la Salud. Escuela Profesional de Psicología. https://repositorio.upeu.edu.pe/bitstream/handle/20.500.12840/3779/Evelyn_Trabajo_Bachillier_2020.pdf?sequence=1.

Chambless, D. L. y Hollon, S. D. (1998). Defining empirically supported therapies. *Journal of Consulting and Clinical Psychology, 66,* 7-18.

Chambless, D. L., Baker, M., Baucom, D. H., Beutler, L. E., Calhoun, K. S., Crits-Christoph, P., Daiuto, A., DeRubeis, R., Detweiler, J., Haaga, D. A. F., Johnson, S. B., McCurry, S., Mueser, K. T., Pope, K. S., Sanderson, W. C., Shoham, V., Stickle, T., Williams, D. A. y Wood, S. R. (1998). Update on empirically validated-therapies, II. *The Clinical Psychologist, 51,* 3-16.

Chapman, A. L. (2006). Dialectical behavior therapy: Current indications and unique elements. *Psychiatry, 3*(9), 62-68.

Chapman, A. L. (2019). Borderline personality disorder and emotion dysregulation. *Development and Psychopathology, 31*(3), 1143-1156.

Chapman, J., Halldorsson, B. y Creswell, C. (2020). Mental imagery in social anxiety in children and young people: a systematic review. *Clinical Child and Family Psychology Review, 23*(3), 379-392.

Cheang, R., Gillions, A. y Sparkes, E. (2019). Do Mindfulness-Based Interventions Increase Empathy and Compassion in Children and Adolescents: A Systematic Review. *Journal of Child and Family Studies, 28,* 1765-1779.

Chen, S. Y. y Zhou, R. L. (2014). Validation of a Chinese version of the Freiburg Mindfulness Inventory-short version. *Mindfulness, 5*(5), 529-535.

Cheung, R. Y. y Ng, M. C. (2019). Mindfulness and symptoms of depression and anxiety: The underlying roles of awareness, acceptance, impulse control, and emotion regulation. *Mindfulness, 10*(6), 1124-1135.

Chiesa, A. (2013). The difficulty of defining mindfulness: current thought and critical issues. *Mindfulness, 4,* 255-268.

Chiesa, A. y Serretti, A. (2014). Are mindfulness-based interventions effective for substance use disorders? A systematic review of the evidence. *Substance use & misuse, 49*(5), 492-512.

Chiesa, A., Calati, R. y Serretti, A. (2011). Does mindfulness training improve cognitive abilities? A systematic review of neuropsychological findings. *Clinical psychology review, 31*(3), 449-464.

Choi-Kain, L. W. y Gunderson, J. G. (2009). Borderline Personality Disorder and resistance to treatment: The primary sources of resistance. *Psychiatric Times, 26*(8), 35-36.

Chomsky, N. (1959). A Review of BF Skinner's Verbal Behavior. *Language, 35,* 26-58.

Chorpita, B. F., Viesselman, J. O. y Hamilton, J. (2005). Staying in the clinical ballpark while running the evidence bases. *Journal of the American Academy of Child & Adolescent Psychiatry, 44*(11), 1193-1197.

Chorpita, B. F., Yim, L., Moffitt, C., Umemoto, L. A. y Francis, S. E. (2000). Assessment of symptoms of DSM-IV anxiety and depression in children: A revised child anxiety and depression scale. *Behaviour research and therapy, 38*(8), 835-855.

Christensen, A., Atkins, D. C., Baucom, B. y Yi, J. (2010). Marital status and satisfaction five years following a randomized clinical trial comparing traditional versus integrative behavioral couple therapy. *Journal of Consulting and Clinical Psychology, 78*(2), 225.

Chu, B. C., Crocco, S. T., Esseling, P., Areizaga, M. J., Lindner, A. M. y Skriner, L. C. (2016). Transdiagnostic group behavioral activation and exposure therapy for youth anxiety and depression: Initial randomized controlled trial. *Behaviour Research and Therapy, 76,* 65-75.

Çili, S. y Stopa, L. (2015). Intrusive mental imagery in psychological disorders: is the self the key to understanding Maintenance? *Frontiers in Psychiatry, 6,* 103.

Cipriani, A., Zhou, X., Del Giovane, C., Hetrick, S. E., Qin, B., Whittington, C. ... y Xie, P. (2016). Comparative efficacy and tolerability of antidepressants for major depressive disorder in children and adolescents: a network meta-analysis. *The Lancet, 388*(10047), 881-890.

Clark, D. A. (ed.) (2005). *Intrusive thoughts in clinical disorders. Theory, research and treatment.* Nueva York: Guilford Press.

Clark, D. A. y Radomsky, A. S. (2014). Introduction: A global perspective on unwanted intrusive thoughts. *Journal of Obsessive-Compulsive and Related Disorders, 3*(3), 265-268.

Clark, D. A., Beck, A. T. y Alford, B. A. (1999). *Scientific foundations of cognitive theory and therapy of depression.* Nueva York: Wiley.

Clark, D. H. y Rhyho, S. (2005). Unwanted intrusive thoughts in nonclinical individuals. Implications for clinical disorders. En D. H. Clark (ed.), *Intrusive thoughts in clinical disorders. Theory, research and treatment* (pp. 1-29). Nueva York: Guilford Press.

Clark, D. M. (1986). A cognitive approach to panic. *Behaviour Research and Therapy, 24,* 461-470.

Clark, D. M. (2018). Realizing the mass public benefit of evidence-based psychological therapies: the IAPT program. *Annual review of clinical psychology, 14,* 159-183.

Clark, D. M. y Wells, A. (1995). A cognitive model. En R. G. Heimberg, M. R. Liebowitz, D. A Hope y F. R. Schneier (eds.), *Social phobia: Diagnosis, assessment, and treatment* (pp. 69-92). Nueva York: Guilford Press.

Clark, L. A. y Watson, D. (1991). Tripartite model of anxiety and depression: psychometric evidence and taxonomic implications. *Journal of Abnormal Psychology, 103,* 103-116.

Clark, L. A. y Watson, D. (1995). Constructing validity: basic issues in objective scale development. *Psychological Assessment, 7*(3), 309-319.

Clark, L. A., Watson, D. y Reynolds, S. (1995). Diagnosis and classification of psychopathology: Challenges to the current system and future directions. *Annual Review of Psychology, 46,* 121-153.

Cohen, J. N., Dryman, M. T., Morrison, A. S., Gilbert, K. E., Heimberg, R. G. y Gruber, J. (2017). Positive and negative affect as links between social anxiety and depression: Predicting concurrent and prospective mood symptoms in unipolar and bipolar mood disorders. *Behavior therapy, 48*(6), 820-833.

Cohen, S., Kamarck, T. y Mermelstein, R. (1983). Global measure of perceived stress. *Journal of Health and Social Behavior, 24*(4), 385-396.

Cole, S. y Kvavilashvili, L. (2019). Spontaneous future cognition: The past, present and future of an emerging topic. *Psychological research, 83*(4), 631-650.

Collaboration GBoDP (2016). Global and national burden of diseases and injuries among children and adolescents between 1990 and 2013: findings from the global burden of disease 2013 study. *JAMA Pediatrics, 170*(3), 267-287.

Collado, A., Calderón, M., MacPherson, L. y Lejuez, C. (2016). The efficacy of behavioral activation treatment among depressed Spanish-speaking Latinos. *Journal of Consulting and Clinical Psychology, 84,* 651-657.

Company, R., Oberst, U. y Sánchez-Fernández, F. (2012). Regulación emocional interpersonal de las emociones de ira y tristeza. *Boletín de psicología, 104,* 7-36.

Compson, J. F. (2017). Is mindfulness secular or religious, and does it matter? En L. Monteiro, J. Compson y F. Musten (eds.), *Practitioner's guide to ethics and mindfulness based interventions* (pp. 23-44). Berlín (Heidelberg), Alemania: Springer-Verlag GmbH.

Comtois, K. y Linehan, M. M. (1999, April). Lifetime Parasuicide Count: Description and Psychometrics. Paper presented at the *32nd annual meeting of the American Association of Suicidology*. Houston, TX.

Conde, V. y Useros, E. (1974). El inventario para la medida de la depresión de Beck. *Revista de Psiquiatría y Psicología Médica de Europa y América Latina, 12,* 153-167.

Cook, N. E. y Gorraiz, M. (2016). Dialectical behavior therapy for nonsuicidal self-injury and depression among adolescents: Preliminary meta-analytic evidence. *Child and Adolescent Mental Health, 21*(2), 81-89.

Cordova, J. V. y Scott, R. L. (2001). Intimacy: A behavioral interpretation. *The Behavior Analyst, 24,* 75-86.

Cosci, F., Guidi, J., Mansueto, G. y Fava, G. A. (2020). Psychotherapy in recurrent depression: efficacy, pitfalls, and recommendations. *Expert Review of Neurotherapeutics, 20*(11), 1169-1175.

Costa, M. y López, E. (1996). *Educación para la Salud. Una estrategia para cambiar los estilos de vida*. Madrid: Pirámide.

Costello, A. J., Eldelbrock, C., Dulcan, M. K., Kalas, R. y Klarick, S. H. (1984). *Development and testing of the NIMH Diagnostic Interview Schedule for children in a clinic population*. Rockville, MD: Center for Epidemiologic Studies, NIMHo.

Counsell, A., Furtado, M., Iorio, C., Anand, L., Canzonieri, A., Fine, A. ... y Katzman, M. A. (2017). Intolerance of uncertainty, social anxiety, and generalized anxiety: Differences by diagnosis and symptoms. *Psychiatry research, 252,* 63-69.

Coyle, C. P. y Roberge, J. J. (1992). The psychometric properties of the Center for Epidemiological Studies-Depression Scale (CES-D) when used with adults with physical disabilities. *Psychology and Health, 7,* 69-81.

Coyne, J. C. (1976a). Depression and the response of others. *Journal of Abnormal Psychology, 85,* 186-193.

Coyne, J. C. (1976b). Toward an interactional description of depression. *Psychiatry, 39,* 28-40.

Craighead, W. E., Johnson, B. N., Carey, S. y Dunlop, B. W. (2015). Psychosocial treatments for major depressive disorder. En P. E. Nathan y J. M. Gorman (eds.), *A guide to treatments that work* (pp. 381-408). Nueva York: Oxford University Press.

Cramer, H., Lauche, R., Paul, A. y Dobos, G. (2012). Mindfulness-based stress reduction for breast cancer a systematic review and meta-analysis. *Current Oncology, 19*(5), 343-352.

Crane, R. S., Brewer, J., Feldman, C., Kabat-Zinn, J., Santorelli, S., Williams, J. M. G. y Kuyken, W. (2017). What defines mindfulness-based programs? The warp and the weft. *Psychological medicine, 47*(6), 990-999.

Craske, M. G., Farchione, T. J., Allen, L. B., Barrios, V., Stoyanova, M. y Rose, R. (2007). Cognitive behavioral therapy for panic disorder and comorbidity: more of the same or less of more? *Behaviour Research and Therapy, 45*(6), 1095-1109.

Craske, M. G., Treanor, M., Conway, C. C., Zbozinek, T. y Vervliet, B. (2014). Maximizing exposure therapy: An inhibitory learning approach. *Behaviour Research and Therapy, 58,* 10-23.

Crawford, J. R. y Henry, J. D. (2004). The Positive and Negative Affect Schedule (PANAS): Construct validity, measurement properties and normative data in a large non-clinical sample. *British journal of clinical psychology, 43*(3), 245-265.

Crits-Christoph, P. y Mintz, J. (1991). Implications of therapist effects for the design and analysis of comparative studies of psychotherapies. *Journal of Consulting and Clinical Psychology, 59,* 20-26.

Cronbach, L. J. y Meehl, P. E. (1955). Construct validity in psychological tests. *Psychological bulletin, 52*(4), 281-302.

Cuijpers, P., Cristea, I. A., Karyotaki, E., Reijnders, M. y Hollon, S. D. (2019). Component studies of psychological treatments of adult depression: A systematic review and meta-analysis. *Psychotherapy Research, 29,* 15-29.

Cuijpers, P., Cristea, I. A., Karyotaki, E., Reijnders, M. y Huibers, M. J. (2016a). How effective are cognitive behavior therapies for major depression and anxiety disorders? A meta-analytic update of the evidence. *World Psychiatry, 15*(3), 245-258.

Cuijpers, P., Ebert, D. D., Acarturk, C., Andersson, G. y Cristea, I. A. (2016b). Personalized psychotherapy for adult depression: A meta-analytic review. *Behavior Therapy, 47*(6), 966-980.

Cuijpers, P., Geraedts, A., van Oppen, P., Andersson, G., Markowitz, J. y van Straten, A. (2011). Interpersonal psychotherapy for depression: A meta-analysis. *American Journal of Psychiatry, 168,* 581-591.

Cuijpers, P., Karyotaki, E., de Wit, L. y Ebert, D. D. (2020). The effects of fifteen evidence-supported therapies for adult depression: a meta-analytic review. *Psychotherapy Research, 30*(3), 279-293.

Cuijpers, P., van Straten, A., Andersson, G. y van Oppen, P. (2010). Psychotherapy for depression in adults: a meta-analysis of comparative outcome studies. *Focus, 8,* 75-75.

Cuijpers, P., van Straten, A., Smit, F., Mihalopoulos, C. y Beekman, A. (2008). Preventing the onset of depressive disorders: a meta-analytic review of psychological interventions. *American Journal of Psychiatry, 165*(10), 1272-1280.

Cuijpers, P., van Straten, A. y Warmerdam, L. (2007). Behavioral activation treatments of depression: A meta-analysis. *Clinical Psychology Review, 27,* 318-326.

Dagöö, J., Asplund, R. P., Bsenko, H. A., Hjerling, S., Holmberg, A., Westh, S. ... y Andersson, G. (2014). Cognitive behavior therapy versus interpersonal psychotherapy for social anxiety disorder delivered via smartphone and computer: a randomized controlled trial. *Journal of anxiety disorders, 28*(4), 410-417.

Dahne, J., Collado, A., Lejuez, C. W., Risco, C., Diaz, V. A., Kustanowitz, J., Zvolensky, M. y Carpenter, M. J. (2019). ¡Aptívate!: A Spanish-language behavioral activation mobile application for delivery via primary care. *Psychological Services, 16*(2), 271-275.

Dainer-Best, J., Shumake, J. D. y Beevers, C. G. (2018). Positive imagery training increases positive self referent cognition in depression. *Behaviour Research and Therapy, 111,* 72-83.

Dalgleish, T., Hauer, B. y Kuyken, W. (2008). The mental regulation of autobiographical recollection in the aftermath of trauma. *Current Directions in Psychological Science, 17*(4), 259-263.

D'Arcy, S. y Norton, P. J. (2021). The Effect of Comorbid Depression on Sudden Gains During Transdiagnostic Cognitive-Behavioural Therapy for Anxiety Disorders. *Behaviour Change, 38*(2), 84-94.

D'Argembeau, A., Renaud, O. y Van der Linden, M. (2011). Frequency, characteristics and functions of future-oriented thoughts in daily life. *Applied Cognitive Psychology, 25,* 96-103.

Dare, C., Eisler, I., Russell, G., Treasure, J. y Dodge, L. (2001). Psychological therapies for adults with anorexia nervosa: randomised controlled trial of out-patient treatments. *British Journal of Psychiatry, 178,* 216-221.

David, D., Cotet, C., Matu, S., Mogoase, C. y Stefan, S. (2018a). 50 years of rational-emotive and cognitive-behavioral therapy: A systematic review and meta-analysis. *Journal of Clinical Psychology, 74,* 304-318.

David, D., Cristea, I. y Hofmann, S. G. (2018b). Why cognitive behavioral therapy is the current gold standard of psychotherapy. *Frontiers in psychiatry, 9,* 4. https://doi.org/10.3389/fpsyt.2018.00004.

Davidson, R. J. (2016). Mindfulness-based cognitive therapy and the prevention of depressive relapse: Measures, mechanisms, and mediators. *JAMA psychiatry, 73*(6), 547-548.

Davidson, R. J., Kabat-Zinn, J., Schumacher, J., Rosenkranz, M., Muller, D., Santorelli, S. F. et al. (2003). Alterations in brain and immune function produced by mindfulness meditation. *Psychosomatic Medicine, 65*(4), 564-570.

Davis, D. M. y Hayes, J. A. (2011). What are the benefits of mindfulness? A practice review of psychotherapy-related research. *Psychotherapy, 48,* 198-208.

Davis, K. M., Lau, M. A. y Cairns, D. R. (2009). Development and preliminary validation of a trait version of the Toronto Mindfulness Scale. *Journal of Cognitive Psychotherapy, 23*(3), 185-197.

Davoudi, M., Omidi, A., Sehat, M. y Sepehrmanesh, Z. (2017). The effects of acceptance and commitment therapy on man smokers' comorbid depression and anxiety symptoms and smoking cessation: a randomized controlled trial. *Addiction & health, 9*(3), 129-138.

Dawes, A. J., Keogh, R., Andrillon, T. y Pearson, J. (2020). A cognitive profile of multi-sensory imagery, memory and dreaming in aphantasia. *Scientific Reports, 10,* 10022. https://doi.org/10.1038/s41598020-65705-7.

De las Cuevas, C., González de Rivera, J. L., Henry-Benítez, M., Monterrey, A. L., Rodríguez-Pulido, F. y Gracia Marco, R. (1991). Análisis factorial de la versión española del SCL-90-R en la población general. *Anales de psiquiatría, 7*(3), 93-96.

De Rosa, L. (2012). Factores mantenedores del perfeccionismo desadaptativo o clínico. En *Memorias del IV Congreso Internacional de Investigación y Práctica Profesional en Psicología-XIX Jornadas de Investigación-VIII Encuentro de Investigadores en Psicología del MERCOSUR* (pp. 39-42). Buenos Aires: Facultad de psicología. https://www.aacademica.org/000-072/210.pdf.

DeCou, C. R., Comtois, K. A. y Landes, S. J. (2019). Dialectical behavior therapy is effective for the treatment of suicidal behavior: A meta-analysis. *Behavior therapy, 50,* 60-72.

DeJong, H., Broadbent, H. y Schmidt, U. (2012). A systematic review of dropout from treatment in outpatients with anorexia nervosa. *International Journal of Eating Disorders, 45,* 635-647.

Del Conte, G., Lenz, A. S. y Hollenbaugh, M. H. (2016). A pilot evaluation of dialectical behavior therapy for adolescents within a partial hospitalization treatment milieu. *Journal of Child and Adolescent Counseling, 2,* 16-32.

Del Pino, T., Peñate, W., Fumero, A., Bethencourt, J. M. y Zambrano, S. (2016). La eficacia de la reexperimentación emocional: el papel del optimismo y la alexitimia. *EJIHPE: European Journal of Investigation in Health, Psychology and Education, 6*(3), 193-205.

Delgado Pastor, L. C. (2009). *Correlatos psicofisiológicos de Mindfulness y la preocupación: eficacia de un entrenamiento en habilidades Mindfulness.* Tesis doctoral. Granada: Facultad de psicología. Universidad de Granada. https://digibug.ugr.es/bitstream/handle/10481/2177/17855044.pdf?sequence=1.

Delgado, L. C., Bravo, I., Hidalgo, A., Vila, J. y Reyes del Paso, G. (2012). Efecto diferencial de una intervención breve basada en la conciencia plena (mindfulness) y valores en las dimensiones del dolor crónico en espondilitis y artritis. *Behavioral Psychology, Psicología Conductual, 20*(3), 681-697.

Delgado Salazar, C. F., Mateus Aguliera, E. T., Rincón Bolivar, L. A. y Villamil Parra, W. A. (2019). Efectos del ejercicio físico sobre la depresión y la ansiedad. *Revista Colombiana de Rehabilitación, 18*(2), 128-145.

Dennis, C. L., Grigoriadis, S., Zupancic, J., Kiss, A. y Ravitz, P. (2020). Telephone-based nurse-delivered interpersonal psychotherapy for postpartum depression: nationwide randomised controlled trial. *The British Journal of Psychiatry, 216*(4), 189-196.

Derogatis, L. R. (1983). *SCL-90-R: administration, scoring and procedures manual II for the revised version and other instruments of the psychopathology rating scale series*. Baltimore, Maryland: Clinical Psychometric Research.

Derogatis, L. R. (1992). SCL-90-R: *Administration, scoring & procedures manual -II, for the R (revised) version and other instruments of the psychopathology rating scale series* (2.ª ed.). Towson, MD: Clinical Psychometric Research.

Derogatis, L. R. (2001). *Brief symptom inventory 18*. Baltimore, Maryland: Johns Hopkins University.

Derogatis, L. R. y Cleary, P. A. (1977). Confirmation of the dimensional structure of the SCL-90: A study in construct validation. *Journal of clinical psychology, 33*(4), 981-989.

Derogatis, L. R. y Melisaratos, N. (1983). The brief symptom inventory: an introductory report. *Psychological medicine, 13*(3), 595-605.

Derogatis, L. R. y Spencer, P. M. (1982). *The Brief Symptom Inventory: Administration, Scoring, and Procedures Manual*. Baltimore: Clinical Psychometric Research.

Derogatis, L. R. y Spencer, P. M. (1993). *Brief symptom inventory*. Upper Saddle River, NJ: Pearson.

Derogatis, L. R. y Unger, R. (2010). Symptom checklist-90-revised. *The Corsini encyclopedia of psycho-*

logy (pp. 1-2). Nueva York: John Wiley & Sons. https://doi.org/10.1002/9780470479216.corpsy0970.

Derogatis, L. R., Lipman, R. S. y Covi, L. (1973). The SCL-90: an outpatient rating scale (preliminary report). *Psychopharmacology Bulletin, 9,* 13-28.

Descutner, C. J. y Thelen, M. H. (1991). Development and validation of a Fear-of-Intimacy Scale. *Psychological assessment: A journal of consulting and clinical psychology, 3*(2), 218-225.

Di Simplicio, M., Appiah-Kusi, E., Wilkinson, P., Watson, P., Meiser-Stedman, C., Kavanagh, D. J. y Holmes, E. A. (2020). Imaginator: A Proof-of-concept feasibility trial of a brief imagery-based psychological intervention for young people who self-harm. *Suicide and Life-threatening Behavior, 50*(3), 724-740.

Di Simplicio, M., Renner, F., Blackwell, S. E., Mitchell, H., Stratford, H. J., Watson, P., Myers, N., Nobre, A. C., Lau-Zhu, A. y Holmes, E. A. (2016). An investigation of mental imagery in bipolar disorder: exploring «the mind's eye». *Bipolar Disorders, 18,* 669-683.

Díaz González, M. C. (2021). *Mindfuness en adolescentes españoles: validación de la escala MAAS-A en castellano y aplicación del programa de reducción de estrés basado en la conciencia plena como tratamiento ambulatorio en salud mental* (Doctoral dissertation). Córdoba, España: Universidad de Córdoba. https://dialnet.unirioja.es/servlet/dctes?codigo=299133.

Dickson, K. S., Ciesla, J. A. y Zelic, K. (2017). The role of executive functioning in adolescent rumination and depression. *Cognitive therapy and research, 41,* 62-72.

Didonna, F. (ed.) (2011). *Manual clínico de Mindfulness*. Biblbao: Desclèe de Brouwer.

Diedrich, A., Grant, M., Hofmann, S. G., Hiller, W. y Berking, M. (2014). Self-compassion as an emotion regulation strategy in major depressive disorder. *Behaviour research and therapy, 58,* 43-51.

Dimeff, L. A. y Linehan, M. M. (2008). Dialectical behavior therapy for substance abusers. *Addiction science & clinical practice, 4*(2), 39-47.

Dimidjian, S. y Hollon, S. (2010). How would we know if psychotherapy were harmful? *American Psychologist, 65,* 21-33.

Dimidjian, S. y Hollon, S. (2011). What can be learned when empirically supported treatments fail? *Cognitive and Behavioral Practice, 18*(3), 303-305.

Dimidjian, S. y Segal, Z. V. (2015). Prospects for a clinical science of mindfulness-based intervention. *American Psychologist, 70*(7), 593-620.

Dimidjian, S. A., Hollon, S. D., Dobson, K. S., Schmaling, K. B., Kohlenberg, R. J., Addis, M. y Dunner, D. L. (2004, mayo). Methods and acute-phase outcomes. En S. D. Hollon (ed.), Behavioral Activation, Cognitive Therapy, and Antidepressant Medication in the Treatment of Major Depression. *Symposium conducted at the annual meeting of the American Psychiatric Association*. Nueva York: APA.

Dimidjian, S., Hollon, S. D., Dobson, K. S., Schmaling, K. B., Kohlenberg, R. J., Addis, M. E., Gallop, R., McGlinchey, J. B., Markley, D. K., Gollan. J. K., Atkins, D. C., Dunner, D. L. y Jacobson, N. S. (2006). Randomized Trial of Behaviorial Activation, Cognitive Therapy, and Antidepressant Medication in the Acute Treatment of Adult. *Journal of Consulting and Clinical Psychology, 74,* 658-670.

DiNardo, P. A., Brown, T. A. y Barlow, D. H. (1994). *Anxiety Disorders Interview Schedule for DSM-IV: Lifetime version* (ADIS-1V-L). San Antonio, TX: Psychological Corporation.

Dipnall, J. F., Pasco, J. A., Berk, M., Williams, L. J., Dodd, S., Jacka, F. N. y Meyer, D. (2016). Fusing Data Mining, Machine Learning and Traditional Statistics to Detect Biomarkers Associated with Depression. *PloS One, 11,* e0148195.

Dixon, L. J., Sy, J. T., Kemp, J. J. y Deacon, B. J. (2013). Does anxiety sensitivity cause panic symptoms? An experimental investigation. *Journal of Experimental Psychopathology, 4*(2), 208-223.

Dobinson, K. A., Norton, A. R. y Abbott, M. J. (2020). The relationship between negative self-imagery and social anxiety in a clinically diagnosed sample. *Cognitive Therapy and Research, 44,* 156-170.

Dolan, P. (1997). Modeling valuations for EuroQol health states. *Medical care, 35*(11), 1095-1108.

Domínguez-Rodríguez, A., Miragall, M., García-Campayo, J., Soler, J. y Cebolla, A. (2014). Validación española de la Escala de Compromiso con la Vida (Engaged Living Scale). *Congreso de Psicologia Positiva*. Universitat Jaume I. Castellón, España. https://www.researchgate.net/publication/309549398_Validacion_espanola_de_la_Escala_de_Compromiso_con_la_Vida_Engaged_Living_Scale.

Donker, T., Bennett, K., Bennett, A., Mackinnon, A., van Straten, A., Cuijpers, P. ... y Griffiths, K. M. (2013). Internet-delivered interpersonal psychotherapy versus internet-delivered cognitive behavioral therapy for adults with depressive symptoms: randomized controlled noninferiority trial. *Journal of medical Internet research, 15*(5), e82.

Doran, E. y Fields, L. (2012). All stimuli are equal, but some are more equal than others: Measuring relational preferences within an equivalence class. *Journal of the Experimental Analysis of Behavior, 98,* 243-256.

Dougher, M. J. y Hayes, S. C. (2000). Clinical Behavior Analysis. En M. J. Dougher (ed.), *Clinical Behavior Analysis* (pp.11-26). Reno: Context Press.

Dour, H. J., Chorpita, B. F., Lee, S., Weisz, J. R. y Research Network on Youth Mental Health (2013). Sudden gains as a long-term predictor of treatment improvement among children in community mental health organizations. *Behaviour Research and Therapy, 51*(9), 564-572.

Dugas, M. J., Letarte, H., Rhéaume, J., Freeston, M. H. y Ladouceur, R. (1995). Worry and problem solving: Evidence of a specific relationship. *Cognitive Therapy and Research, 19,* 109-120.

Dugué, R., Renner, F., Austermann, M., Tuschen-Caffier, B. y Jacob, G. A. (2019). Imagery rescripting in individuals with binge-eating behavior: an experimental proof-of-concept study. *International Journal of Eating Disorders, 52*(2), 183-188.

Dumontheil, I. (2015). Development of the social brain during adolescence. *Psicología Educativa, 21*(2), 117-124.

Duncan, L. G. y Bardacke, N. (2010). Mindfulness-based childbirth and parenting education: Promoting family mindfulness during the perinatal period. *Journal of Child and Family Studies, 19*(2), 190-202.

Dunn, B. D., O'Mahen, H., Wright, K. y Brown, G. (2019). A commentary on research rigour in clinical psychological science: How to avoid throwing out the innovation baby with the research credibility bath water in the depression field. *Behaviour research and therapy, 120,* 103417.

Dunn, B. R., Hartigan, J. A. y Mikulas, W. L. (1999). Concentration and mindfulness meditations: unique forms of consciousness? *Applied psychophysiology and biofeedback, 24*(3), 147-165.

Durán Parra, Y., Guerrero Santiesteban, K. y Cárdenas, S. (2015). *Validación del Acceptance and Action Questionnaire - II (AAQ-II) en una muestra universitaria de Bogotá, Colombia.* Tesis de grado en Psicología. Santa Fe de Bogotá, Colombia: Facultad de Psicología, Universidad de Santo Tomás. https://repository.usta.edu.co/bitstream/handle/11634/3389/2016yesicaduran.pdf?sequence=1&isAllowed=y.

Durlak, J. A. y DuPre, E. P. (2008). Implementation matters: A review of research on the influence of implementation on program outcomes and the factors affecting implementation. *American journal of community psychology, 41*(3), 327-350.

Durlak, J. A. y Wells, A. M. (1997). Primary prevention mental health programs for children and adolescents: A meta-analytic review. *American journal of community psychology, 25*(2), 115-152.

Echeburúa, E. y Corral, G. (1988a). El objetivo del beber controlado en el tratamiento del alcoholismo: perspectivas y limitaciones. *Psicopatología, 8,* 17-28.

Echeburúa, E. y Corral, P. (1988b). *Manual de violencia familiar* (pp. 50-51). Madrid: Siglo XXI.

Edwards, D. (2011). Invited essay: From ancient shamanic healing to twenty-first century psychotherapy: the central role of imagery methods in effecting psychological change. En E. A. Holmes y A. Hackmann, *Oxford Guide to Imagery in Cognitive Therapy* (pp. xxxiii-xlii). Oxford: Oxford University Press.

Egan, S. J. y Shafran, R. (2018). *Cognitive-behavioral treatment for perfectionism.* En J. Stoeber (ed.), *The psychology of perfectionism: Theory, research, applications* (pp. 284-305). Nueva York: Routledge/Taylor y Francis Group.

Egan, S. J., Shafran, R., Lee, M., Fairburn, C. G., Cooper, Z., Doll, H. A. ... y Watson, H. J. (2016). The reliability and validity of the clinical perfectionism questionnaire in eating disorder and community samples. *Behavioural and cognitive psychotherapy, 44,* 79-91.

Egan, S. J., Wade, T. D. y Shafran, R. (2011). Perfectionism as a transdiagnostic process: A clinical review. *Clinical psychology review, 31*(2), 203-212.

Egan, S. J., Wade, T. D. y Shafran, R. (2012). The transdiagnostic process of perfectionism. *Revista de Psicopatología y Psicología Clínica, 17*(3), 279-294.

Ehlers, A., Clark, D. M., Hackmann, A., McManus, F. y Fennell, M. (2005). Cognitive therapy for posttraumatic stress disorder: development and evaluation. *Behaviour Research and Therapy, 43*(4), 413-431.

Ehrenreich-May, J., Kennedy, S. M., Sherman, J. A., Bilek, E. L., Buzzella, B. A., Bennett, S. M. y Barlow, D. H. (2017). *Unified protocols for transdiagnostic treatment of emotional disorders in children and adolescents. Therapist guide*. Nueva York: Oxford University Press.

Eisenlohr-Moul, T. A., Walsh, E. C., Charnigo Jr, R. J., Lynam, D. R. y Baer, R. A. (2012). The «what» and the «how» of dispositional mindfulness: Using interactions among subscales of the Five-Facet Mindfulness Questionnaire to understand its relation to substance use. *Assessment, 19*(3), 276-286.

Eisner, L., Eddie, D., Harley, R., Jacobo, M., Nierenberg, A. A. y Deckersbach, T. (2017). Dialectical behavior therapy group skills training for bipolar disorder. *Behavior therapy, 48*(4), 557-566.

Elkin, I., Shea, M. T., Watkins, J. T., Imber, S. D., Sotsky, S. M., Collins, J. F. et al. (1989). National Institute of Mental Health Treatment of Depression Collaborative Research Program: General effectiveness of treatments. *Archives of General Psychiatry, 46,* 971-982.

Ellard, K. K., Fairholme, C. P., Boisseau, C. L., Farchione, T. J. y Barlow, D. H. (2010). Unified protocol for the transdiagnostic treatment of emotional disorders: Protocol development and initial outcome data. *Cognitive and Behavioral Practice, 17,* 88-101.

Ellis, A. (1962). *Reason and emotion in psychotherapy*. Nueva York: Lyle Stuart.

Ellis, A. y Grieger, R. (1977). *Handbook of rational-emotive therapy*. Nueva York: Springer.

Emerson, L. M., De Diaz, N. N., Sherwood, A., Waters, A. y Farrell, L. (2020). Mindfulness interventions in schools: Integrity and feasibility of implementation. *International Journal of Behavioral Development, 44,* 62-75.

Endicott, J., Spitzer, R. L., Fleiss, J. L. y Cohen, J. (1976). The Global Assessment Scale: A procedure for measuring overall severity of psychiatric disturbance. *Archives of general psychiatry, 33*(6), 766-771.

Engelhard, I. M., van den Hout, M. A. y Smeets, M. A. M. (2011). Taxing working memory reduces vividness and emotional intensity of images about the Queen's Day tragedy. *Journal of Behavior Therapy and Experimental Psychiatry, 42,* 32-37.

Epstein, S. (1994). Integration of the cognitive and the psychodynamic unconscious. *American Psychologist, 49,* 709-724.

Erickson, D. H. (2003). Terapia cognitivo-conductual de grupo para trastornos de ansiedad heterogéneos. *Cognitive Behaviour Therapy, 32,* 179-186;

Erten, M. N. y Brown, A. D. (2018). Memory specificity training for depression and posttraumatic stress disorder: a promising therapeutic intervention. *Frontiers in psychology, 9,* 419. https://doi.org/10.3389/fpsyg.2018.00419.

Etchebarne, I., Fernández, M. y Roussos, A. J. (2008). Un esquema clasificatorio para las intervenciones en terapia interpersonal. *Anuario de Investigaciones, 15,* 15-30.

Etkin, A. y Wager, T. D. (2007). Functional neuroimaging of anxiety: A meta-analysis of emotional processing in PTSD, social anxietydisorder, and specific phobia. *American Journal of Psychiatry, 164,* 1476-1488.

Evans, S. C., Weisz, J. R., Carvalho, A. C., Garibaldi, P. M., Bearman, S. K. y Chorpita, B. F. (2020). Effects of standard and modular psychotherapies in the treatment of youth with severe irritability. *Journal of consulting and clinical psychology, 88*(3), 255-268.

Eysenck, H. J., Wakefield, J. y Friedman, A. (1983). Diagnosis and clinical assessment: the DSM-III. *Anual Review of Psychology, 34,* 167-193.

Fairburn, C. G. (2004, abril). The relationship between treatment research and clinical practice. Paper presented at the *International Conference on Eating Disorders of the Academy of Eating Disorders, Orlando, FL.*

Fairburn, C. G. (2008). *Cognitive Behavioral Therapy and Eating Disorders*. Nueva York, NY: Guilford Press.

Fairburn, C. G. y Beglin, S. J. (1994). Assessment of eating disorders: Interview or self-report questionnaire? *International journal of eating disorders, 16*(4), 363-370.

Fairburn, C. G. y Beglin, S. J. (2008). Eating Disorder Examination Questionnaire (EDE-Q 6.0), in Cognitive Behavior Therapy and Eating Disorders. En

C. G. Fairburn (ed.), *Cognitive behavior therapy and eating disorders* (pp. 309- 314). Nueva York: The Guilford Press.

Fairburn, C. G. y Cooper, Z. (2011). Therapist competence, therapy quality, and therapist training. *Behaviour Research and Therapy, 49,* 373-378.

Fairburn, C. G. y Cooper, Z. (2018). Trastornos alimentarios: un protocolo transdiagnóstico. En D. H. Barlow (ed.), *Manual clínico de trastornos psicológicos. Tratamiento paso a paso* (pp. 812-830). México, D. F.: Editorial Manual Moderno.

Fairburn, C. G., Cooper, Z. y O'Connor, M. E. (2008). Eating Disorder Examination (16.0D). En C. G. Fairburn (ed.), *Cognitive behavior therapy and eating disorders* (pp. 314-319). NuevaYork: The Guilford Press.

Fairburn, C. G., Cooper, Z. y Shafran, R. (2003). Cognitive behaviour therapy for eating disorders: A «transdiagnostic» theory and treatment. *Behaviour Research and Therapy, 41,* 509-529.

Fairburn, C. G., Allen, E., Bailey-Straebler, S., O'Connor, M. E. y Cooper, Z. (2017). Scaling up psychological treatments: a countrywide test of the online training of therapists. *Journal of medical Internet research, 19*(6), e214. https://www.jmir.org/2017/6/e214/.

Fairburn, C. G., Bailey-Straebler, S., Basden, S., Doll, H. A., Jones, R., Murphy, R. ... y Cooper, Z. (2015). A transdiagnostic comparison of enhanced cognitive behaviour therapy (CBT-E) and interpersonal psychotherapy in the treatment of eating disorders. *Behaviour research and therapy, 70,* 64-71.

Fairburn, C. G., Cooper, Z., Doll, H. A., O'Connor, M. E., Bohn, K., Hawker, D., Wales, J. y Palmer, R. L. (2009). Transdiagnostic cognitive-behavioural therapy for patients with eating disorders: a two-site trial with 60 week follow-up. *American Journal of Psychiatry, 166,* 311-319.

Fairburn, C. G., Cooper, Z., Doll, H. A., O'Connor, M. E., Palmer, R. L. y Dalle Grave, R. (2013). Enhanced cognitive behaviour therapy for adults with anorexia nervosa: a UK-Italy study. *Behaviour Research and Therapy, 51,* R2-R8.

Fairburn, C. G., Cooper, Z., Shafran, R., Bohn, K., Hawker, D. y Murphy, R. (2008). *Enhanced cognitive behavior therapy for eating disorders: the core protocol.* Nueva York: The Guilford Press.

Fairburn, C. G., Marcus, M. D. y Wilson. G. T. (1993). Cognitive behaviour therapy for binge eating and bulimia nervosa: A comprehensive treatment manual. En C. G. Fairburn y G. T. Wilson (eds.), *Binge eating: Nature, assessment and treatment* (pp. 361-404). Nueva York: Guilford.

Fairburn, C., Norman, P., Welch, S., O'Connor, M., Doll, H. y Peveler, R. (1995). A prospective study of outcome in bulimia nervosa and the long-term effects of three psychological treatments. *Archives of General Psychiatry, 52,* 304-311.

Fairburn, C. G., Peveler, R. C., Jones, R., Hope, R. A. y Doll, H. A. (1993). Predictors of 12 month outcome in bulimia nervosa and the influence of attitudes to shape and weight. *Journal of Consulting and Clinical Psychology, 61*(4), 696-698.

Fairburn, C. G., Walsh, B. T., Agras, W. S., Wilson, G. T. y Stice, E. (2004). Early change in treatment predicts outcome in bulimia nervosa. *American Journal of Psychiatry, 161,* 2322-2324.

Fairholme, C. P., Boisseau, C. L., Ellard, K. K., Ehrenreich, J. T. y Barlow, D. H. (2009). Emotions, emotion regulation, and psychological treatment: A unified perspective. En A. Kring y D. Sloan (eds.), *Emotion regulation and psychopathology: A transdiagnostic approach to etiology and treatment* (pp. 283-309). Nueva York: Guilford Press.

Fairholme, C. P., Carl, J. R., Farchione, T. J. y Schonwetter, S. W. (2012). Transdiagnostic processes in emotional disorders and insomnia: Results from a sample of adult outpatients with anxiety and mood disorders. *Behaviour Research and Therapy, 50,* 522-528.

Fang, S. y Ding, D. (2020). A meta-analysis of the efficacy of acceptance and commitment therapy for children. *Journal of Contextual Behavioral Science, 15,* 225-234.

Farber, E. W. (2019). Interpersonal psychotherapy and brief psychodynamic therapies. En S. B. Messer y N. J. Kaslow (eds.), *Essential psychotherapies: Theory and practice* (4.ª ed.; pp. 407-422). Nueva York: Guilford Press.

Farchione, T. J., Fairholme, C. P., Ellard, K. K., Boisseau, C. L., Thompson-Hollands, J., Carl, J. R. ... y Barlow, D. H. (2012). Unified protocol for transdiagnostic treatment of emotional disorders: a randomized controlled trial. *Behavior therapy, 43*(3), 666-678.

Faura-García, J., Orúe, I. y Calvete, E. (2021). Clinical assessment of non-suicidal self-injury: A systematic review of instruments. *Clinical Psychology & Psychotherapy*, (Online ahead of print)1-27. https://doi.org/10.1002/cpp.2537.

Feldman, C. (2009). *Buddhist Path to Simplicity: Spiritual Practice in Everyday Life* (p. 228). Nueva York: Harpercollins Publishers Thorsons.

Feldman, C. y Kuyken, W. (2011). Compassion in the landscape of suffering. *Contemporary Buddhism, 12,* 143-155.

Feldman, C. y Kuyken, W. (2019). *Mindfulness: Ancient wisdom meets modern psychology*. Nueva York: Guilford Press.

Feldman, C., Hayes, A., Kumar, S., Greeson, J. y Laurenceau, J. P. (2007). Mindfulness and emotion regulation: The development and initial validation of the Cognitive and Affective Mindfulness Scale-Revised (CAMS-R). *Journal of psychopathology and Behavioral Assessment, 29*(3), 177-190.

Feliu-Soler, A., Borràs, X., Peñarrubia-María, M. T., Rozadilla-Sacanell, A., D'Amico, F., Moss-Morris, R. ... y Luciano, J. V. (2016). Cost-utility and biological underpinnings of Mindfulness-Based Stress Reduction (MBSR) versus a psychoeducational programme (FibroQoL) for fibromyalgia: A 12-month randomised controlled trial (EUDAIMON study). *BMC complementary and alternative medicine, 16,* 1-16.

Feliu-Soler, A., Soler, J., Trujols, J., Elices, M., Pascual, J. C., Vega, D., Soto, A., Ortiz, C. y Álvarez, E. (2012). Propiedades psicométricas de la versión española de la Borderline Symptom List. Póster. *IX Congreso de trastornos de la personalidad*. Zaragoza.

Fergus, T. A. (2013). Repetitive thought and health anxiety: Tests of specificity. *Journal of Psychopathology and Behavioral Assessment, 35*(3), 366-374.

Fernández, E. y Johnson, S. L. (2016). Anger in psychological disorders: Prevalence, presentation, etiology and prognostic implications. *Clinical Psychology Review, 46,* 124-135.

Fernández, O. (2017). Riesgo de suicidio por antidepresivos. *Revista Digital de Medicina Psicosomática y Psicoterapia, 7,* 8-25.

Fernández-Álvarez, J., Díaz-García, A., González-Robles, A., Baños, R., García-Palacios, A. y Botella, C. (2017). Dropping out of a transdiagnostic online intervention: a qualitative analysis of client's experiences. *Internet Interventions, 10,* 29-38.

Fernández-Blázquez, M. A., Ávila-Villanueva, M., López-Pina, J. A., Zea-Sevilla, M. A. y Frades-Payo, B. (2015). Propiedades psicométricas de una nueva versión abreviada del State-Trait Anxiety Inventory (STAI) para valorar el nivel de ansiedad en personas mayores. *Neurología, 30*(6), 352-358.

Fernández Marcos, T. (2017). *La interferencia de las rumiaciones obsesivas en la atención*. Tesis doctoral no publicada. Facultad de psicología. Madrid: Universidad Autónoma de Madrid.

Fernández-Rodríguez, C. (2017). Terapias contextuales. Activación conductual para la depresión. *III Jornadas Internacionales de Psicología Clínica y de la Salud.* Facultad de Psicología. Universidad de Murcia.

Fernández-Rodríguez, C., González-Fernández, S. y Pedrosa, I. (2020). Psychometric validation of the Environmental Reward Observation Scale (EROS) in breast cancer survivors. *Anales de Psicología/Annals of Psychology, 36,* 74-83.

Fernández-Rodríguez, C., Villoria-Fernández, E., Fernández-García, P., González-Fernández, S. y Pérez-Álvarez, M. (2019). Effects of Behavioral Activation on the Quality of Life and Emotional State of Lung Cancer and Breast Cancer Patients During Chemotherapy Treatment. *Behavior Modification, 43*(2), 151-180.

Fernández-Valdés, J. (2016). *Relación entre Ansiedad Rasgo, Sensibilidad a la Ansiedad y Síntomas de Ansiedad en Niños y Adolescentes*. Tesis doctoral. Facultad de psicología. Málaga: Universidad de Málaga. https://riuma.uma.es/xmlui/bitstream/handle/10630/11513/TD_FERNANDEZ_VALDES.pdf?sequence=1.

Fernando, I., Cohen, M. y Henskens, F. (2012). Pattern-based formulation: a methodology for psychiatric case formulation. *Australasian Psychiatry, 20*(2), 121-126.

Ferrara, M., Terrinoni, A. y Williams, R. (2012). Non-suicidal self-injury (Nssi) in adolescent inpatients: assessing personality features and attitude toward death. *Child and Adolescent Psychiatry and Mental Health, 6,* 1-8.

Ferrari, M., Hunt, C., Harrysunker, A., Abbott, M. J., Beath, A. P. y Einstein, D. A. (2019). Self-compassion interventions and psychosocial outcomes: A meta-analysis of RCTs. *Mindfulness, 10*(8), 1455-1473.

Ferro-García, R. y Valero-Aguayo, L. (2007). Novedades y aportaciones desde la Psicoterapia Analítica Funcional. *Psicothema, 19*(3), 452-458.

Ferro-García, R., Valero-Aguayo, L. y López-Bermúdez, M. Á. (2009). La conceptualización de casos clínicos desde la psicoterapia analítica funcional *Papeles del Psicólogo, 30*(3), 255-264.

Ferro-García, R., Valero-Aguayo, L. y López-Bermúdez, M. Á. (2016). Fundamentos, características y eficacia de la Psicoterapia Analítica Funcional. *Análisis y modificación de conducta, 42*(165), 51-73.

Ferro-García, R., Valero-Aguayo, L. y Vives-Montero, M. C. (2006). Application of functional analytic psychotherapy: clinical analysis of a patient with depressive disorder. *The Behavior Analyst Today, 7,* 1-18.

Ferster, C. B. (1973). A functional analysis of depression. *American Psychologist, 28,* 857-870.

Festinger, L. (1957). *A theory of cognitive dissonance.* Evanston, IL: Row Peterson.

Fields, L. y Verhave, T. (1987). The structure of equivalence classes. *Journal of the Experimental Analysis of Behavior, 48,* 317-332.

Finkenzeller, W., Zobel, I., Rietz, S., Schramm, E. y Berger, M. (2009). Interpersonelle Psychotherapie und Pharmakotherapie bei Post-Stroke-Depression. *Der Nervenarzt, 80*(7), 805-812.

First, M. B. y Gibbon, M. (2004). The Structured Clinical Interview for DSM-IV Axis I Disorders (SCID-I) and the Structured Clinical Interview for DSM-IV Axis II Disorders (SCID-II). En M. J. Hilsenroth y D. L. Segal (eds.), *Comprehensive handbook of psychological assessment, Vol. 2. Personality assessment* (pp. 134-143). Nueva York: John Wiley & Sons, Inc.

First, M. B., Spitzer, R. L., Gibbon, M. y Williams, J. B. W. (1995). *The Structured Clinical Interview for DSM-IV Axis I Disorder With Psychotic Screen.* Nueva York, NY: Nueva York Psychiatric Institute.

Fisher, P. L. y Durham, R. C. (1999). Recovery rates in generalized anxiety disorder following psychological therapy: an analysis of clinically significant change in the STAI-T across outcome studies since 1990. *Psychological medicine, 29*(6), 1425-1434.

Foa, E. B. y Kozak, M. J. (1986). Emocional procesing of fear: Exposure to corrective information. *Psychological Bulletin, 99,* 20-35.

Foa, E. B. y McNally, R. J. (1986). Sensitivity to feared stimuli in obsessive-compulsives: A dichotic listening analysis. *Cognitive therapy and research, 10*(4), 477-485.

Foa, E. B. y McNally, R. J. (1996). Mechanisms of change in exposure therapy. En R. M. Rapee (ed.), *Current controversies in the anxiety disorders.* Nueva York: Guilford Press.

Foa, E. B. y Rothbaum, B. A. (1998). *Treating the trauma of rape: Cognitive behavioral therapy for PTSD.* New York: Guilford Press.

Foa, E. B., Hembree, E. A. y Rothbaum, B. O. (2007). *Prolonged exposure therapy for PTSD: emotional processing of traumatic experiences.* Oxford: Oxford University Press.

Foa, E. B., Kozak, M. J., Salkovskis, P. M., Coles, M. E. y Amir, N. (1988). The validation of a new obsessive compulsive disorder scale: The Obsessive-Compulsive Inventory. *Psychological Assessment, 10,* 206-214.

Ford, T., Goodman, R. y Meltzer, H. (2003). The British child and adolescent mental health survey 1999: the prevalence of DSM-IV disorders. *Journal of the American academy of child & adolescent psychiatry, 42*(10), 1203-1211.

Forooshani, S. A., Murray, K., Izadikhah, Z. y Khawaja, N. (2020). Identifying the most effective strategies for improving autobiographical memory specificity and its implications for mental health problems: A meta-analysis. *Cognitive Therapy and Research, 44*(2), 258-274.

Forsman, J., Masterman, T., Ahlner, J., Isacsson, G. y Hedström, A. K. (2019). Selective serotonin reuptake inhibitors and the risk of violent suicide: a nationwide postmortem study. *European Journal of Clinical Pharmacology, 75,* 393-400.

Foster, D. (2016). Is mindfulness making us ill? *The Guardian.* https://www.theguardian.com/lifeandstyle/2016/jan/23/is-mindfulness-making-us-ill.

Fournier, J. C., DeRubeis, R. J., Hollon, S. D., Dimidjian, S., Amsterdam, J. D., Shetlton, R. C. y Fawcett, J. (2010). Antidepressant drug effects and depression severity. A patient-level meta-analysis. *Journal of the American Medical Association, 303,* 47-53.

Fox, K. R., Huang, X., Guzmán, E. M., Funsch, K. M., Cha, C. B., Ribeiro, J. D. y Franklin, J. C. (2020). Interventions for suicide and self-injury: A meta-analysis of randomized controlled trials across nearly 50 years of research. *Psychological Bulletin, 146*(12), 1117-1145.

Frances, A. (2014). *¿Somos todos enfermos mentales? Manifiesto contra los abusos de la Psiquiatría.* Barcelona: Ariel.

Frank, E., Kupfer, D. J., Cornes, C. y Morris, S. (1993). Maintenance interpersonal psychotherapy (IPT-M). En G. L. Klerman y M. M. Weissman (eds.), *New Applications of Interpersonal Psychotherapy* (pp. 75-102). Washington, D. C.: American Psychiatric Press, Inc.

Frank, E., Kupfer, D. J., Perel, J. M., Cornes, C., Jarrett, D. B., Mallinger, A. G. ... y Grochocinski, V. J. (1990). Three-year outcomes for maintenance therapies in recurrent depression. *Archives of general psychiatry, 47*(12), 1093-1099.

Frank, E., Ritchey, F. C. y Levenson, J. C. (2014). Is interpersonal psychotherapy infinitely adaptable? A compendium of the multiple modifications of IPT. *American journal of psychotherapy, 68*(4), 385-416.

Frank, J. D. (1961). *Persuasion and healing: A comparative study of psychotherapy*. Baltimore, MD: Johns Hopkins University Press.

Frank, J. D. y Frank, J. B. (1993). *Persuasion and healing: A comparative study of psychotherapy* (3rd ed.), Baltimore, MD: Johns Hopkins University Press.

Freedman, R., Lewis, D. A., Michels, R., Pine, D. S., Schultz, S. K., Tamminga, C. A. ... y Yager, J. (2013). The initial field trials of DSM-5: new blooms and old thorns. *American Journal of Psychiatry, 170,* 1-5.

French, K., Golijani-Moghaddam, N. y Schröder, T. (2017). What is the evidence for the efficacy of self-help acceptance and commitment therapy? A systematic review and meta-analysis. *Journal of Contextual Behavioral Science, 6*(4), 360-374.

Fresco, D. M., Moore, M. T., van Dulmen, M. H., Segal, Z. V., Ma, S. H., Teasdale, J. D. y Williams, J. M. G. (2007). Initial psychometric properties of the experiences questionnaire: validation of a self-report measure of decentering. *Behavior therapy, 38*(3), 234-246.

Frewen, P. A., Evans, E. M., Maraj, N., Dozois, D. J. y Partridge, K. (2008). Letting go: Mindfulness and negative automatic thinking. *Cognitive therapy and research, 32*(6), 758-774.

Frías Ibáñez, Á., González Vallespí, L., Palma Sevillano, C. y Farriols Hernando, N. (2016). Motivation for change as a predictor of treatment response for dysthymia. *Psicothema, 28*(2), 156-160.

Fruzzetti, A. E. e Iverson, K. M. (2004). Mindfulness, accepetance, validation, and «individual» psychopathology in couples. En S. C. Hayes, V. M. Follette y M. M. Linehan (eds.), *Mindfulness and acceptance: Expanding the cognitive behavioral tradition* (pp. 168-191). Nueva York: Guilford Press.

Gallagher, M. W., Payne, L. A., White, K. S., Shear, K. M., Woods, S. W., Gorman, J. M. y Barlow, D. H. (2013). Mechanisms of change in cognitive behavioral therapy for panic disorder: The unique effects of self-efficacy and anxiety sensitivity. *Behaviour research and therapy, 51*(11), 767-777.

Gao, G. y He, J. (2015). Effects of acceptance and commitment therapy with tinnitus retraining therapy on patients with tinnitus. *China Journal Mod. Medical, 25,* 94-99.

Garaigordobil, M., Bernaras, E. y Jaureguizar, J. (2019). Evaluación de un programa universal de prevención de la depresión en niños y niñas de educación primaria. *Revista de Psicología y Educación / Journal of Psychology and Education, 14,* 87-98.

García, M. S. (2004). Eficacia de la terapia cognitivo-conductual de grupo en pacientes con trastornos de ansiedad. *Psicología en España, 8,* 89-97.

García-Alandete, J., Salvador, J. H. M. y Rodríguez, S. P. (2014). Rol predictivo del sentido de la vida sobre la depresion, la desesperanza y el riesgo de suicidio en pacientes con trastorno límite de la personalidad. *Universitas Psychologica, 13*(4), 1545-1556.

García-Batista, Z. E., Guerra-Peña, K., Cano-Vindel, A., Herrera-Martínez, S. X., Flores-Kanter, P. E. y Medrano, L. A. (2017). Propiedades psicométricas del Inventario de ansiedad estado-rasgo en población general y hospitalaria de República Dominicana. *Ansiedad y Estrés, 23*(2-3), 53-58.

García-Escalera, J., Chorot, P., Valiente, R. M., Reales, J. M. y Sandín, B. (2016). Efficacy of transdiagnostic cognitive-behavioral therapy for anxiety and depression in adults, children and adolescents: A meta-analysis. *Revista de Psicopatología y Psicología Clínica, 21*(3), 147-175.

García-Escalera, J., Valiente, R. M., Chorot, P. y Sandín, B. (2018). Presentación de la versión española del Unified Protocol for Transdiagnostic Treatment of Emotional Disorders in Adolescents (UP-A): un estudio de prevención universal en población adolescente. En *Cuarto foro de investigadores noveles. Facultad de psicología-UNED* (pp. 78-81). Madrid: UNED. https://www.researchgate.net/publication/319393160_Presentacion_de_la_version_espanola_del_Unified_Protocol_for_Transdiagnostic_Treatment_of_Emotional_Disorders_in_Adolescents_UP-A_Un_estudio_de_prevencion_universal_en_poblacion_adolescente.

García-Escalera, J., Valiente, R. M., Sandín, B., Ehrenreich-May, J. y Chorot, P. (2020). Los efectos de un programa de prevención de la ansiedad y la depresión para adolescentes en variables educativas y de bienestar. *Revista de Psicodidáctica, 25*(2), 143-149.

García García, A. y Benjumea Rodríguez, S. (2002). Orígenes, ampliación y aplicaciones de la equivalencia de estímulos. *Apuntes de Psicología, 20*(2), 171-186.

García Hernández, C. A. (2019). *Aplicación de terapia de activación conductual en un caso de trastorno depresivo grave*. Proyecto para optar al título de especialista en psicología clínica. Buramanga, Santander (Colombia): Facultad de Psicologia de la Universidad Pontificia Bolivariana. https://repository.upb.edu.co/bitstream/handle/20.500.11912/6253/digital_38296.pdf?sequence=1&isAllowed=y.

García Higuera, J. A. (2021). *Breve introducción a la teoría de los marcos relacionales*. http://www.aceptacion.es/Terapia_Aceptacion-ACT/Teoria_marcos_relacionales.html.

García-Iglesias, J. J., Gómez-Salgado, J., Martín-Pereira, J., Fagundo-Rivera, J., Ayuso-Murillo, D., Martínez-Riera, J. R. y Ruiz Frutos, C. (2020). Impacto del SARS-CoV-2 (Covid-19) en la salud mental de los profesionales sanitarios: una revisión sistemática. *Revista Española de Salud Pública, 94*(23), 1-20.

García Morán, M.ª C. y Gil-La Cruz, M. (2016). El estrés en el ámbito de los profesionales de la salud. *Persona, 19,* 11-30.

García-Nieto, R., Blasco-Fontecilla, H., Yepes, M. P. y Baca-García, E. (2013). Translation and validation of the «Self-Injurious Thoughts and Behaviours Interview» in a Spanish population with suicidal behaviour. *Revista de Psiquiatría y Salud Mental, 6*(3), 101-108.

García Ortiz, Y., Casanova Expósito, D. y Rodríguez Martín, B. C. (2015). Particularidades de los pensamientos intrusos y su supresión en pacientes con diabetes mellitus tipo 2. *Revista Cubana de Endocrinología, 26,* 6-20.

Garland, E. L., Farb, N. A., Goldin, P. R. y Fredrickson, B. L. (2015). Mindfulness broadens awareness and builds eudaimonic meaning: A process model of mindful positive emotion regulation. *Psychological inquiry, 26*(4), 293-314.

Gempp Fuentealba, R. y Avendaño Bravo, C. (2008). Datos normativos y propiedades psicométricas del SCL-90-R en estudiantes universitarios chilenos. *Terapia psicológica, 26,* 39-58.

Germer, C. (2009). *The mindful path to self-compassion: Freeing yourself from destructive thoughts and emotions*. Nueva York: Guilford Press.

Germer, C. K., Siegel, R. D. y Fulton, P. R. (2017). *Mindfulness y psicoterapia*. Bilbao: Desclée de Brouwer (original publicado en 2005 por The Guilford Press).

Gethin, R. (1998). *The Foundations of Buddhism*. Nueva York: Oxford University Press.

Ghaderi, A. (2006). Does individualization matter? A randomized trial of standardized (focused) versus individualized (broad) cognitive behavior therapy for bulimia nervosa. *Behaviour Research and Therapy, 44*(2), 273-288.

Giacobbi, P., Long, D., Nolan, R., Shawley, S., Johnson, K. y Misra, R. (2018). Guided imagery targeting exercise, food cravings, and stress: a multi-modal randomized feasibility trial. *Journal of behavioral medicine, 4,* 87-98.

Gibert Clols, M. (2015). Aplicación de la terapia dialéctico conductual en el tratamiento del trastorno límite de personalidad y de la patología dual. *Revista de psicopatología y salud mental, 26,* 81-88.

Giesen-Bloo, J., Van Dyck, R., Spinhoven, P., Van Tilburg, W., Dirksen, C., Van Asselt, T., ... y Arntz, A. (2006). Outpatient psychotherapy for borderline personality disorder: randomized trial of schema-focused therapy vs. transference-focused psychotherapy. *Archives of general psychiatry, 63*(6), 649-658.

Giesen-Bloo, J. H., Wachters, L. M., Schouten, E. y Arntz, A. (2010). The borderline personality disorder severity index-IV: psychometric evaluation and dimensional structure. *Personality and Individual Differences, 49*(2), 136-141.

Gilbert, P. (2009a). Introducing compassion-focused therapy. *Advances in Psychiatric Treatment, 15*(3), 199-208.

Gilbert, P. (2009b). *The Compassionate Mind.* Londres: Constable.

Gilbert, P. y Procter, S. (2006). Compassionate mind training for people with high shame and self-criticism: Overview and pilot study of a group therapy approach. *Clinical Psychology & Psychotherapy: An International Journal of Theory & Practice, 13*(6), 353-379.

Gilbert, P., McEwan, K., Catarino, F., Baião, R. y Palmeira, L. (2014). Fears of happiness and compassion in relationship with depression, alexithymia, and attachment security in a depressed sample. *British Journal of Clinical Psychology, 53*(2), 228-244.

Gillies, D., Christou, M. A., Dixon, A. C., Featherston, O. J., Rapti, I., García-Anguita, A. … y Christou, P. A. (2018). Prevalence and characteristics of self-harm in adolescents: Meta-analyses of community-based studies 1990-2015. *Journal of the American Academy of Child & Adolescent Psychiatry, 57*(10), 733-741.

Giluk, T. L. (2009). Mindfulness, Big Five personality, and affect: A meta-analysis. *Personality and Individual Differences, 47*(8), 805-811.

Glashouwer, K. A., Vroling, M. S., de Jong, P. J., Lange, W. G. y de Keijser, J. (2013). Low implicit self-esteem and dysfunctional automatic associations in social anxiety disorder. *Journal of Behavior Therapy and Experimental Psychiatry, 44*(2), 262-270.

Gois, C., Dias, V. V., Carmo, I., Duarte, R., Ferro, A., Santos, A. L. ... y Barbosa, A. (2014). Treatment response in type 2 diabetes patients with major depression. *Clinical psychology & psychotherapy, 21,* 39-48.

Goldberg, S. B., Tucker, R. P., Greene, P. A., Davidson, R. J., Wampold, B. E., Kearney, D. J. y Simpson, T. L. (2018). Mindfulness-based interventions for psychiatric disorders: A systematic review and meta-analysis. *Clinical Psychology Review, 59,* 52-60.

Goldberg, S. B., Tucker, R. P., Greene, P. A., Simpson, T. L., Hoyt, W. T., Kearney, D. J. y Davidson, R. J. (2019). What can we learn from randomized clinical trials about the construct validity of self-report measures of mindfulness? A meta-analysis. *Mindfulness, 10*(5), 775-785.

Goldberg, S. B., Wielgosz, J., Dahl, C., Schuyler, B., MacCoon, D. S., Rosenkranz, M. ... y Davidson, R. J. (2016). Does the Five Facet Mindfulness Questionnaire measure what we think it does? Construct validity evidence from an active controlled randomized clinical trial. *Psychological assessment, 28*(8), 1009-1014.

Goldfried, M. R. y Davison, G. C. (1976). *Clinical behavior therapy*. Nueva York: Holt, Rinehart, and Winston.

Goldstein, J. y Kornfield, J. (2001). *Seeking the heart of wisdom: The path of insight meditation*. Londres: Shambhala Publications.

Goldstein, S. y Naglieri, J. A. (2014). Introduction: a history of executive functioning as a theoretical and clinical construct. En S. Goldstein, J. A. Naglieri, D. Princiotta, y T. M. Otero (eds.), *Handbook of Executive Functioning* (pp. 3-12). Nueva York: Springer.

Gómez Loaiza, R. I. (2018). *Aplicación de la terapia de aceptación y compromiso (ACT) en un caso de trastorno depresivo mayor con último episodio grave, ansiedad grave y características psicóticas congruentes con el estado de ánimo*. (Proyecto presentado para optar al título de «Especialista en psicología clínica»). Bucaramanga (Santander, Colombia): Universidad Pontificia Bolivariana. Facultad de Psicología. https://repository.upb.edu.co/bitstream/handle/20.500.11912/5581/digital_37480.pdf?sequence=1.

Gómez-Martín, S., López-Ríos, F y Mesa-Manjón, H. (2007). Teoría de los marcos relacionales: algunas implicaciones para la psicopatología y la psicoterapia. *International Journal of clinical and health psychology, 7*(2), 491-507.

Gómez-Odriozola, J., Calvete, E., Orue, I., Fernández-González, L., Royuela-Colomer, E. y Prieto-Fidalgo, Á. (2019). El programa de mindfulness «Aprendiendo a Respirar» en adolescentes haciendo la transición a la universidad: Ensayo piloto controlado aleatorizado. *Revista de Psicología Clínica con Niños y Adolescentes, 6*(3), 1-7.

González Arratia López Fuentes, N. I. y Valdez Medina, J. L. (2015). Validez de las escalas de afecto positivo y negativo (PANAS) en niños. *Liberabit. Revista Peruana de Psicología, 21,* 37-47.

González, M., Ramírez, G., del Mar Brajin, M. y Londoño, C. (2017). Estrategias cognitivas de control, evitación y regulación emocional: el papel diferencial en pensamientos repetitivos negativos e intrusivos. *Ansiedad y Estrés, 23*(2-3), 84-90.

González de Rivera, J. L., De las Cuevas, C., Rodríguez, M. y Rodríguez, F. (2002). *Cuestionario de 90 Síntomas SCL-90-R*. Madrid: TEA.

González-Blanch, C. y Carral-Fernández, L. (2017). ¡Enjaulad a Dodo, por favor! El cuento de que todas las psicoterapias son igual de eficaces. *Papeles del Psicólogo, 38,* 94-106.

González-Fernández, S., Fernández-Rodríguez, C., Paz-Caballero, M. D. y Pérez-Álvarez, M. (2018). Treating anxiety and depression of cancer survivors: Behavioral activation versus acceptance and commitment therapy. *Psicothema, 30*(1), 14-20.

González Pando, D., Cernuda Martínez, J. A., Alonso Pérez, F., Beltrán García, P. y Aparicio Basauri, V. (2018). Transdiagnóstico: origen e implicaciones en los cuidados de salud mental. *Revista de la Asociación Española de Neuropsiquiatría, 38*(133), 145-166.

González-Robles, V. A. (2019). *Effectiveness of a transdiagnostic Internet-based protocol for the treatment of emotional disorders in public specialized mental health care* (Doctoral dissertation). Castellón: Universitat Jaume I. https://www.tdx.cat/bitstream/handle/10803/666585/2019_Tesis_Gonzalez%20Robles_Vicente%20Alberto.pdf?sequence=1.

González-Robles, V. A., García-Palacios, A., Baños, R., Riera, A., Llorca, G., Traver, F. … y Botella, C. (2015). Effectiveness of a transdiagnostic internet-based protocol for the treatment of emotional disorders versus treatment as usual in specialized care: study protocol for a randomized controlled trial. *Trials, 16,* 488. https://trialsjournal.biomedcentral.com/articles/10.1186/s13063-015-1024-3.

González-Terrazas, R. y Campos Aguilera, M. G. (2021). Activación conductual (programación de actividades) y depresión: Una mirada analítica-conductual. *Acta Comportamentalia: Revista Latina de Análisis del Comportamiento, 29*(4), 175-195.

González Vázquez, L. A. y Olivera Santiago, V. E. (2018). Validación del Five Facets Mindfulness Questionnaire (FFMQ) en un grupo de meditadores y no meditadores en Puerto Rico. *Psicologías, 2,* 51-74.

Goodman, A. y Goodman, R. (2012). Strengths and Difficulties Questionnaire scores and mental health in looked after children. *The British Journal of Psychiatry, 200*(5), 426-427.

Goodyer, I. M., Herbert, J., Tamplin, A., Secher, S. M. y Pearson, J. (1997). Short-term outcome of major depression: II. Life events, family dysfunction, and friendship difficulties as predictors of persistent disorder. *Journal of American Academy of Child and Adolescent Psychiatry, 36,* 474-480.

Goodyer, I. M., Reynolds, S., Barrett, B., Byford, S., Dubicka, B., Hill, J. ... y Fonagy, P. (2017). Cognitive behavioural therapy and short-term psychoanalytical psychotherapy versus a brief psychosocial intervention in adolescents with unipolar major depressive disorder (IMPACT): a multicentre, pragmatic, observer-blind, randomised controlled superiority trial. *The Lancet Psychiatry, 4*(2), 109-119.

Gortner, E. T., Gollan, J. K., Dobson, K. S. y Jacobson, N. S. (1998). Cognitive behavioral treatment for depression: Relapse prevention. *Journal of Consulting and Clinical Psychology, 66,* 377-384.

Gotink, R., Chu, P., Busschbach, J., Benson, H., Fricchione, G. y Hunink, M. (2015). Standardized mindfulness-based interventions in healthcare: An overview of systematic reviews and meta-analyses of RCTs. *PLoS One, 10*(4), e0124344. doi: 10.1371/journal.pone.0124344.

Goyal, M., Singh, S., Sibinga, E. M., Gould, N. F., Rowland-Seymour, A., Sharma, R. ... y Haythornthwaite, J. A. (2014). Meditation programs for psychological stress and well-being: a systematic review and meta-analysis. *JAMA internal medicine, 174*(3), 357-368.

Graham, P. (2006). An adaptation of interpersonal psychotherapy for depression within primary care (IPT-Brief) (poster). Paper presented at the *International Society for International Psychotherapy. Second International Conference*. Toronto, Canadá.

Grant, B. F., Chou, S. P., Goldstein, R. B., Huang, B., Stinson, F. S., Saha, T. D. ... y Pickering, R. P. (2008). Prevalence, correlates, disability, and comorbidity of DSM-IV borderline personality disorder: results from the Wave 2 National Epidemiologic Survey on Alcohol and Related Conditions. *The Journal of clinical psychiatry, 69*(4), 533-545.

Grant, S., Colaiaco, B., Motala, A., Shanman, R., Booth, M., Sorbero, M. y Hempel, S. (2017). Mindfulness-based relapse prevention for substance use disorders: A systematic review and meta-analysis. *Journal of Addiction Medicine, 11*(5), 386-396.

Gratz, K., Lacroce, D. y Gunderson, J. (2006). Measuring changes in symptoms relevant to borderline personality disorder following short-term treatment across partial hospital and intensive outpatient levels of care. *Journal of Psychiatric Practice, 12,* 153-159.

Green, C. D. (2021) (comp.). *Classics in the History of Psychology. Elements of psychophysics. Sections VII and XVI. Gustav Theodor Fechner (1860/1912).* https://lru.praxis.dk/Lru/microsites/hvadermatematik/hem2download/kap4_projekt_4_9_ekstra_Fechners_originale_vaerk.pdf.

Greenberg, J., Reiner, K. y Meiran, N. (2013). «Off with the old»: mindfulness practice improves backward inhibition. *Frontiers in psychology, 3,* 618. https://doi.org/10.3389/fpsyg.2012.00618.

Greenberg, L. S. y Watson, J. C. (2006). *Emotion-focused therapy for depression*. Washington: American Psychological Association.

Greenberg, P. E., Sisitsky, T., Kessler, R. C., Finkelstein, S. N., Berndt, E. R., Davidson, J. R. y Fyer, A. J. (1999). The economic burden of anxiety disorders in the 1990s. *The Journal of clinical psychiatry, 60*(7), 427-435.

Greenland, S. K. (2018). *Juegos Mindfulness. Mindfulness y meditación para niños, adolescentes y toda la familia*. Madrid: Gaia.

Grégoire, L. y Greening, S. G. (2019). Opening the reconsolidation window using the mind's eye: extinction training during reconsolidation disrupts fear memory expression following mental imagery reactivation. *Cognition, 183,* 277-281.

Grégoire, S., Lachance, L., Bouffard, T. y Dionne, F. (2018). The use of acceptance and commitment therapy to promote mental health and school engagement in university students: A multisite randomized controlled trial. *Behavior Therapy, 49*(3), 360-372.

Grencavage, L. y Norcross, J. C. (1990). Where are the commonalities among the therapeutic common factors? *Professional Psychology: Research and Practice, 21,* 372-378.

Grillon, C. (2008). Models and mechanisms of anxiety: Evidence from startle studies. *Psychopharmacology, 199*(3), 421-437.

Gross, J. J. y John, O. P. (2003). Individual differences in two emotion regulation processes: implications for affect, relationships, and well-being. *Journal of personality and social psychology, 85*(2), 348-362.

Grossman, P., Niemann, L., Schmidt, S. y Walach, H. (2004). Mindfulness-based stress reduction and health-benefits: A meta-analysis. *Journal of Psychosomatic Research, 57,* 35-43.

Grote, N. K., Lohr, M. J., Curran, M. C. y Cristofalo, M. (2021). Change Mechanisms in Brief Interpersonal Psychotherapy for Women With Perinatal Depression: Qualitative Study. *American Journal of Psychotherapy, 74*(3), 112-118.

Grote, N. K., Zuckoff, A., Swartz, H. A., Bledsoe, S. E. y Geibel, S. L. (2007). Engaging women who are depressed and economically disadvantaged in mental health treatment. *Social Work, 52*(4), 295-308.

Grupo ACT Argentina (2022). *Cuestionario de valores personales II*. https://grupoact.com.ar/.

Gu, J., Strauss, C., Bond, R. y Cavanagh, K. (2015). How do mindfulness-based cognitive therapy and mindfulness-based stress reduction improve mental health and wellbeing? A systematic review and meta-analysis of mediation studies. *Clinical psychology review, 37,* 1-12.

Gu, J., Strauss, C., Crane, C., Barnhofer, T., Karl, A., Cavanagh, K. y Kuyken, W. (2016). Examining the factor structure of the 39-item and 15-item versions of the Five Facet Mindfulness Questionnaire before and after mindfulness-based cognitive therapy for people with recurrent depression. *Psychological assessment, 28*(7), 791-802.

Guan, K., Park, A. L. y Chorpita, B. F. (2019). Emergent life events during youth evidence-based treatment: Impact on future provider adherence and clinical progress. *Journal of Clinical Child & Adolescent Psychology, 48*(sup1), S202-S214.

Gullone, E. y Taffe, J. (2012). The emotion regulation questionnaire for children and adolescents (ERQ–CA): a psychometric evaluation. *Psychological assessment, 24*(2), 409-417.

Gunlicks-Stoessel, M., Mufson, L., Westervelt, A., Almirall, D. y Murphy, S. (2016). A pilot SMART for developing an adaptive treatment strategy for adolescent depression. *Journal of Clinical Child & Adolescent Psychology, 45*(4), 480-494.

Gutiérrez, O. y Luciano, M. C. (2006). Un estudio del dolor en el marco de la conducta verbal:

de las aportaciones de W. E. Fordyce a la Teoría del Marco Relacional (RFT). *International Journal of Clinical and Health Psychology, 6,* 169-188.

Guy, W. (1976). Clinical Global Impressions. En *ECDEU Assessment Manual for Psychpharmacology, revised.* Rochville, USA: National Institute of Mental Health.

Guy, W. y Bonato, R. R. (1970). *Clinical Global Impressions.* Chevy Chase, MD: IMH.

Hacker, T., Stone, P. y MacBeth, A. (2016). Acceptance and commitment therapy-do we know enough? Cumulative and sequential meta-analyses of randomized controlled trials. *Journal of affective disorders, 190,* 551-565.

Haktanir, A. y Callender, K. A. (2020). Meta-analysis of dialectical behavior therapy (DBT) for treating substance use. *Research on Education and Psychology, 4,* 74-87.

Hale, M. A. y Clark, D. A. (2013). When good people have bad thoughts: Religiosity and the emotional regulation of guilt-inducing intrusive thoughts. *Journal of Psychology and Theology, 41,* 24-35.

Hales, S. A., Blackwell, S. E., Di Simplicio, M., Iyadurai, L., Young, K. y Holmes, E. A. (2014). Imagerybased cognitive-behavioral assessment. En G. P. Brown y D. A. Clark (eds.), *Assessment in Cognitive Therapy* (pp. 69-93) Nueva York: Guilford Press.

Hales, S. A., Deeprose, C., Goodwin, G. M. y Holmes, E. A. (2011). Cognitions in bipolar affective disorder and unipolar depression: imagining suicide. *Bipolar disorders, 13*(7-8), 651-661.

Hall, L. H., Johnson, J., Watt, I., Tsipa, A. y O'Connor, D. B. (2016). Healthcare staff wellbeing, burnout, and patient safety: a systematic review. *PloS one, 11*(7), e0159015.

Hallion, L. S., Ruscio, A. M. y Jha, A. P. (2014). Fractionating the role of executive control in control over worry: A preliminary investigation. *Behaviour Research and Therapy, 54,* 1-6.

Hallford, D. J., Austin, D. W., Raes, F. y Takano, K. (2019). Computerised memory specificity training (c-MeST) for the treatment of major depression: a study protocol for a randomised controlled trial. *BMJ open, 9*(2), e024508.

Hallford, D. J., Barry, T. J., Austin, D. W., Raes, F., Takano, K. y Klein, B. (2020a). Impairments in episodic future thinking for positive events and anticipatory pleasure in major depression. *Journal of Affective Disorders, 260,* 536-543.

Hallford, D. J., Sharma, M. K. y Austin, D. W. (2020b). Increasing anticipatory pleasure in major depression through enhancing episodic future thinking: a randomized single-case series trial. *Journal of Psychopathology and Behavioral Assessment, 42,* 751-764.

Hallford, D. J., Yeow, J. J. E., Fountas, G., Herrick, C. A., Raes, F. y D'Argembeau, A. (2020c). Changing the future: an initial test of future specificity training (FeST). *Behaviour Research and Therapy, 131,* 103638. https://doi.org/10.1016/j.brat.2020.103638.

Hallford, D. J., Austin, D. W., Takano, K., Fuller-Tyszkiewicz, M. y Raes, F. (2021). Computerized Memory Specificity Training (c-MeST) for major depression: A randomised controlled trial. *Behaviour Research and Therapy, 136,* 103783.

Hamilton, M. (1960). Rating scale for depression. *Journal of Neurology, Neurosurg and Psychiatry, 23,* 56-62.

Hammen, C. (2005). Stress and depression. *Annual Review of Clinical Psychology, 1,* 293-319.

Hamza, C. A., Stewart, S. L. y Willoughby, T. (2012). Examining the link between nonsuicidal self-injury and suicidal behavior: A review of the literature and an integrated model. *Clinical Psychology Review, 32*(6), 482-495.

Haney, K. M. (2021). Attachment therapy: Are we truly doing «no harm»? *Clinical Psychology: Science and Practice, 28*(1), 72-80.

Hanh, T. N. (1976). *The miracle of being awake*. Boston: Beacon Press. http://read.goodweb.net.cn/PDF/p32/The%20Miracle%20of%20Being%20Awake.pdf.

Hankin, B. L. (2020). Screening for and personalizing prevention of adolescent depression. *Current directions in psychological science, 29*(4), 327-332.

Hanley, A. W., Garland, E. L. y Tedeschi, R. G. (2017). Relating dispositional mindfulness, contemplative practice, and positive reappraisal with posttraumatic cognitive coping, stress, and growth. *Psychological Trauma: Theory, Research, Practice, and Policy, 9*(5), 526-536.

Hann, K. E. y McCracken, L. M. (2014). A systematic review of randomized controlled trials of Acceptance and Commitment Therapy for adults with chronic pain: Outcome domains, design quality, and efficacy. *Journal of contextual behavioral science, 3*(4), 217-227.

Hansen, E., Lundh, L., Homman, A. y Wangby-Lundh, M. (2009). Measuring Mindfulness: Pilot Studies with the Swedish Versions of the Mindful Attention Awareness Scale and the Kentucky Inventory of Mindfulness Skills. *Cognitive Behaviour Therapy, 38,* 2-15.

Harned, M. S., Wilks, C. R., Schmidt, S. C. y Coyle, T. N. (2018). Improving functional outcomes in women with borderline personality disorder and PTSD by changing PTSD severity and post-traumatic cognitions. *Behaviour research and therapy, 103,* 53-61.

Harnett, P. H. y Dawe, S. (2012). The contribution of mindfulness-based therapies for children and families and proposed conceptual integration. *Child and adolescent mental health, 17*(4), 195-208.

Hart, L. M., Granillo, M. T., Jorm, A. F. y Paxton, S. J. (2011). Unmet need for treatment in the eating disorders: A systematic review of eating disorder specific treatment seeking among community cases. *Clinical Psychology Review, 31,* 727-735.

Harvey, A., Murray, G., Chandler, R. y Soehner, A. (2011). Sleep disturbance as transdiagnostic: Consideration of neurobiological mechanisms. *Clinical Psychology Review, 31*(2), 225-235.

Harvey, A. G., Watkins, E., Mansell, W. y Shafran, R. (2004). *Cognitive Behavioural Processes across psychological disorders: A transdiagnostic approach to research and treatment.* Oxford: Oxford University Press.

Harvey, K., Kemps, E. y Tiggemann, M. (2005). The nature of imagery processes underlying food cravings. *British Journal of Health Psychology, 10,* 49-56.

Hassabis, D. y Maguire, E. A. (2009). The construction system of the brain. *Philosophical Transactions of the Royal Society B, 364*(1521), 1263-1271.

Hawthorne, G., Sansoni, J., Hayes, L., Marosszeky, N. y Sansoni, E. (2014). Measuring patient satisfaction with health care treatment using the Short Assessment of Patient Satisfaction measure delivered superior and robust satisfaction estimates. *Journal of clinical epidemiology, 67*(5), 527-537.

Hawton, K., Saunders, K. E. y O'Connor, R. C. (2012). Self-harm and suicide in adolescents. *The Lancet, 379*(9834), 2373-2382.

Hayes, A. M. y Feldman, G. (2004). Clarifying the construct of mindfulness in the context of emotion regulation and the process of change in therapy. *Clinical Psychology: science and practice, 11*(3), 255-262.

Hayes, J. A. (1997). What does the Brief Symptom Inventory measure in college and university counseling center clients? *Journal of Counseling Psychology, 44*(4), 360-367.

Hayes, S. C. (1989). *Rule-governed behavior. Cognition, contingencies and instructional control.* Nueva York: Plenum.

Hayes, S. C. (1991). A relational control theory of stimulus equivalence. En L. J. Hayes y P. N. Chase (eds.), *Dialogues on verbal behavior* (pp. 19-40). Reno, NV: Context Press.

Hayes, S. C. (1993). Analytic goals and the varieties of scientific contextualism. En S. C. Hayes, L. J. Hayes, H. W. Reese y T. R. Sarbin (eds.), *Varieties of scientific contextualism* (pp. 11-27). Reno, NV: Context Press.

Hayes, S. C. (1994). Relational frame theory: A functional approach to verbal events. En S. C. Hayes, L. J. Hayes, M. Sato y K. Ono (eds.), *Behavior Analysis of language and cognition* (pp. 9-30). Reno, NV: Context Press.

Hayes, S. C. (1995). Knowing selves. *The Behavior Therapist, 18,* 94-96.

Hayes, S. C. (2004a) Acceptance and commitment therapy and the new behaviour therapies. En S. C. Hayes, V. M. Follette y M. M. Linehan (eds.), *Mindfulness and acceptance* (pp. 1-29) Nueva York: Guilford Press.

Hayes, S. C. (2004b). Acceptance and commitment therapy, relational frame theory, and the third wave of behavioral and cognitive therapies. *Behavior Therapy, 35*(4), 639-665.

Hayes, S. C. (2015). *Terapia de aceptación y compromiso*. Biblbao: Desclée De Brouwer.

Hayes, S. C. y Smith, S. (2005). *Get Out of Your Mind and Into Your Life: The New Acceptance and Commitment Therapy*. Oakland, CA: New Harbinger Publications.

Hayes, S. C., Barlow, D. y Nelson-Gray, R. (1999a). *The scientist practitioner: Research and accountability in the age of managed care*. Boston: Allyn and Bacon.

Hayes, S. C., Barnes-Holmes, D. y Roche, B. (2001). *Relational frame theory: a post- skinnerian account of human language and cognition*. Nueva York: Plenum.

Hayes, S. C., Barnes-Holmes, D. y Roche, B. (2004a). Relational frame theory: A post-Skinnerian account of human language and cognition. *British Journal of Psychology, 95,* 265-268.

Hayes, S. C., Follette, V. M. y Linehan, M. M. (2004b). *Mindfulness and Acceptance: Expanding the Cognitive Behavioral Tradition*. Nueva York: Guilford Press.

Hayes, S. C., Strosahl, K. y Wilson, K. G. (1999b). *Acceptance and Commitment Therapy: An experiential approach to behavior change*. Nueva York: Guilford Press.

Hayes, S. C., Strosahl, K. D. y Wilson, K. G. (2009). *Acceptance and commitment therapy*. Washington D. C.: American Psychological Association.

Hayes, S. C., Strosahl, K. y Wilson, K. G. (2015). *Terapia de aceptación y compromiso. Proceso y práctica del cambio consciente (Mindfulness)*. Bilbao: Desclée De Brouwer.

Hayes, S. C., Strosahl, K. D., Bunting, K., Twohig, M. y Wilson, K. G. (2004). What is acceptance and commitment therapy? En S. C. Hayes y K. D. Strousahl (eds.), *A practical guide to acceptance and commitment therapy* (pp. 3-29). Boston, MA: Springer.

Hayes, S. C., Strosahl, K. D., Wilson, K. G., Bissett, R. T., Pistorello, J., Toarmino, D., Polusny, M. A., Dykstra, T. A., Batten, S. V., Bergan, J., Stewart, S. H., Zvolensky, M. J., Eifert, G. H., Bond, F. W., Fosyth, J. P., Karekla, M. y McCurry, S. M. (2004d). Measuring experiential avoidance: A preliminary test of a working model. *The Psychological Record, 54,* 553-578.

Hayes, S. C., Villatte, M., Levin, M. y Hildebrandt, M. (2011). Open, aware, and active: Contextual approaches as an emerging trend in the behavioral and cognitive therapies. *Annual review of clinical psychology, 7,* 141-168.

Hayes, S. C., Wilson, K. G., Gifford, E. V., Follette, V. M. y Strosahl, K. (1996). Experiential Avoidance and Behavioral Disorders: A Functional Dimensional Approach to Diagnosis and Treatment. *Journal of Consulting and Clinical Psychology, 64,* 1152-1168.

Healy, D., Le Noury, J. y Jureidini, J. (2019). Paediatric antidepressants: benefits and risks. *International Journal of Risk & Safety in Medicine, 30,* 1-7.

Hebert, E. A. y Dugas, M. J. (2019). Behavioral experiments for intolerance of uncertainty: challenging the unknown in the treatment of generalized anxiety disorder. *Cognitive and Behavioral Practice, 26*(2), 421-436.

Heimberg, R. G., Dodge, C. S., Hope, D. A., Kennedy, C. R., Zollo, L. J. y Becker, R. E. (1990). Cognitive behavioral group treatment for social phobia: Comparison with a credible placebo control. *Cognitive Therapy and Research, 14,* 1-23.

Heisel, M. J., Talbot, N. L., King, D. A., Tu, X. M. y Duberstein, P. R. (2015). Adapting interpersonal psychotherapy for older adults at risk for suicide. *The American Journal of Geriatric Psychiatry, 23,* 87-98.

Henriksson, A., Arving, C., Johansson, B., Igelström, H. y Nordin, K. (2016). Perceived barriers to and facilitators of being physically active during adjuvant cáncer treatment. *Patient Education and Counseling, 99*(7), 1220-1226.

Hervás, G. (2008). Adaptación al castellano de un instrumento para evaluar el estilo rumiativo: la Escala de Respuestas Rumiativas. *Revista de Psicopatología y Psicología Clínica, 13*(2), 111-121.

Hervás, G. y Jódar, R. (2008). Adaptación al castellano de la Escala de Dificultades en la Regulación Emocional. *Clínica y Salud, 19*(2), 139-156.

Hervás, G., Cebolla, A. y Soler, J. (2016). Intervenciones psicológicas basadas en mindfulness y sus beneficios: estado actual de la cuestión. *Clínica y Salud, 27*(3), 115-124.

Hetrick, S. E., Cox, G. R., Witt, K. G., Bir, J. J. y Merry, S. N. (2016). Cognitive behavioural therapy (CBT), third-wave CBT and interpersonal therapy (IPT) based interventions for preventing depression in children and adolescents. *Cochrane Database of Systematic Reviews, 8*. https://www.cochranelibrary.com/cdsr/doi/10.1002/14651858.CD003380.pub4/full.

Hirayama, M., Milani, D., Matheus, R., de Barros, N. y Costa, N. (2014). A percepção de comportamentos relacionados à atenção plena e a versão brasileira do Freiburg Mindfulness Inventory. *Ciência & Saúde Coletiva, 19*(9), 3899-3914.

Hirsch, C. R., Mathews, A., Clark, D. M., Williams, R. y Morrison, J. (2005). The causal role of negative imagery in social anxiety: a test in confident public speakers. *Journal of Behavior Therapy and Experimental Psychiatry, 37*(2), 159-170.

Hirsch, C. R., Perman, G., Hayes, S., Eagleson, C. y Mathews, A. (2015). Delineating the role of negative verbal thinking in promoting worry, perceived threat, and anxiety. *Clinical Psychological Science, 3*(4), 637-647.

Hitchcock, C., Smith, A. J., Elliott, R., O'Leary, C., Gormley, S., Parker, J. ... y Dalgleish, T. (2021). A randomized, controlled proof-of-concept trial evaluating durable effects of memory flexibility training (MemFlex) on autobiographical memory distortions and on relapse of recurrent major depressive disorder over 12 months. *Behaviour research and therapy, 140,* 103835. https://doi.org/10.1016/j.brat.2021.103835.

Hitchcock, C., Werner-Seidler, A., Blackwell, S. E. y Dalgleish, T. (2017). Autobiographical episodic memory-based training for the treatment of mood, anxiety and stress-related disorders: a systematic review and meta-analysis. *Clinical Psychology Review, 52,* 92-107.

Hjalmarsson, E., Kaver, A., Perseius, K.-I., Cederberg, K. y Ghaderi, A. (2008). Dialectical behaviour therapy for borderline personality disorder among adolescents and young adults: Pilot study, extending the research findings in new settings and cultures. *Clinical Psychologist, 12,* 18-29.

Hjelmeland, H., Hawton, K., Nordvik, H., Bille-Brahe, U., De Leo, D., Fekete, S. ... y Wasserman, D. (2002). Why people engage in parasuicide: a cross-cultural study of intentions. *Suicide and Life-Threatening Behavior, 32*(4), 380-393.

Hoffart, A. y Johnson, S. U. (2020). Within-person networks of clinical features of social anxiety disorder during cognitive and interpersonal therapy. *Journal of Anxiety Disorders, 76,* 102312.

Hofmann, S. G. (2020). Imagine there are no therapy brands, it isn't hard to do. *Psychotherapy Research, 30*(3), 297-299.

Hofmann, S. G. y Bögels, S. M. (2006). Recent advances in the treatment of social phobia: Introduction to the special issue. *Journal of Cognitive Psychotherapy, 20,* 45-57.

Hofmann, S. G. y Hayes, S. C. (2019). The future of intervention science: Process-based therapy. *Clinical Psychological Science, 7,* 37-50.

Hofmann, S. G., Asmundson, G. J. y Beck, A. T. (2013). The science of cognitive therapy. *Behavior Therapy, 44*(2), 199-212.

Hofmann, S. G., Curtiss, J. y McNally, M. J. (2016). A complex network perspective on clinical science. *Perspectives on Psychological Science, 11,* 597-605.

Hofmann, S. G., Asnaani, A., Vonk, I. J., Sawyer, A. T. y Fang, A. (2012). The efficacy of cognitive behavioral therapy: A review of meta-analyses. *Cognitive therapy and research, 36*(5), 427-440.

Hofmann, S. G., Sawyer, A. T., Witt, A. A. y Oh, D. (2010). The effect of mindfulness-based therapy on anxiety and depression: A meta-analytic review. *Journal of Consulting and Clinical Psychology, 78*(2), 169-183.

Hogue, A., Henderson, C., Dauber, S., Barajas, P., Fried, A. y Liddle, H. (2008). Treatment adherence, competence, and outcome in individual and family therapy for adolescent behavior problems. *Journal of Consulting and Clinical Psychology, 76,* 544-555.

Holding, J. C., Tarrier, N., Gregg, L. y Barrowclough, C. (2013). Self-esteem and relapse in schizophrenia: A 5-Year follow-up study. *The Journal of Nervous and Mental Disease, 201*(8), 653-658.

Hollenbaugh, K. M. H. y Lenz, A. S. (2018). Preliminary evidence for the effectiveness of dialectical behavior therapy for adolescents. *Journal of counseling & Development, 96*(2), 119-131.

Hollon, S. D. (1999). Rapid early response in cognitive behavior therapy: A commentary. *Clinical Psychology: Science and Practice, 6,* 305-309.

Holmes, E. A. y Hackmann, A. (2004). A healthy imagination? Editorial for the special issue of memory: mental imagery and memory in psychopathology. *Memory, 12*(4), 387-388.

Holmes, E. A. y Mathews, A. (2005). Mental imagery and emotion: Aspecial relationship? *Emotion, 5*(4), 489-497.

Holmes, E. A., Arntz, A. y Smucker, M. R. (2007a). Imagery rescripting in cognitive behaviour therapy: Images, treatment techniques and outcomes. *Journal of behavior therapy and experimental psychiatry, 38*(4), 297-305.

Holmes, E. A., Blackwell, S. E., Burnett Heyes, S., Renner, F. y Raes, F. (2016a). Mental imagery in depression: phenomenology, potential mechanisms, and treatment implications. *Annual Review of Clinical Psychology, 12,* 249-280.

Holmes, E. A., Bonsall, M. B., Hales, S. A., Mitchell, H., Renner, F., Blackwell, S. E., Watson, P., Goodwin, G. M. y Di Simplicio, M. (2016b). Applications of time-series analysis to mood fluctuations in bipolar disorder to promote treatment innovation: a case series. *Translational Psychiatry, 6,* e720.

Holmes, E. A., Crane, C., Fennell, M. J. V. y Williams, J. M. G. (2007b). Imagery about suicide in depression-«flash-forwards»? *Journal of Behavior Therapy and Experimental Psychiatry, 38*(4), 423-434.

Holmes, E. A., Ghaderi, A., Harmer, C. J., Ramchandani, P. G., Cuijpers, P., Morrison, A. P. ... y Craske, M. G. (2018). The Lancet Psychiatry Commission on psychological treatments research in tomorrow's science. *The Lancet Psychiatry, 5*(3), 237-286.

Holmes, E. A., Hales, S. A., Young, K. y Simplicio, M. D. (2019). *Imagery-based cognitive therapy for bipolar disorder and mood instability*. Nueva York: Guilford Publications.

Hopko, D. R., Lejuez, C. W., Ruggiero, K. J. y Eifert, G. H. (2003). Contemporary behavioral activation treatments for depression: Procedures, principles, and progress. *Clinical psychology review, 23*(5), 699-717.

Hopko, D. R., Lejuez, C. W., Ryba, M. M., Shorter, R. L. y Bell, J. L. (2016). Support for the efficacy of behavioural activation in treating anxiety in breast cáncer patients. *Clinical Psychologist, 20,* 17-26.

Horowitz, L. M. (1979). On the cognitive structure of interpersonal problems treated in psychotherapy. *Journal of Consulting and Clinical Psychology, 47,* 5-15.

Horvath, A. O., Del Re, A. C., Fluckiger, C. y Symonds, D. (2011). Alliance in individual psychotherapy. *Psychotherapy, 48,* 9-16.

Hörz, S., Zanarini, M. C., Frankenburg, F. R., Reich, D. B. y Fitzmaurice, G. (2010). Ten-year use of mental health services by patients with borderline personality disorder and with other axis II disorders. *Psychiatric Services, 61*(6), 612-616.

Houck, P. R., Spiegel, D. A., Shear, K. M. y Rucci, P. (2002). Reliability of the self-report version of the Panic Disorder, Severity Scale. *Depression and Anxiety, 15,* 183-185.

Huppert, F. A. (2009). A new approach to reducing disorder and improving well-being. *Perspectives on Psychological Science, 4,* 108-111.

Huppert, F. A. y So, T. T. (2013). Flourishing across Europe: Application of a new conceptual framework for defining well-being. *Social indicators research, 110*(3), 837-861.

Hyett, M. P., Bank, S. R., Lipp, O. V., Erceg-Hurn, D. M., Alvares, G. A., Maclaine, E. ... y McEvoy, P. M. (2018). Attenuated psychophysiological reactivity following single-session group imagery rescripting versus verbal restructuring in social anxiety disorder: results from a randomized controlled trial. *Psychotherapy and psychosomatics, 87*(6), 340-349.

Ilardi, S. S. y Craighead, W. E. (1994). The role of nonspecific factors in cognitivebehavior therapy for depression. *Clinical Psychology: Science & Practice, 1,* 138-156.

Infocop (2011, 25 de marzo). *8 de cada 10 pacientes con depresión abandona la medicación.* http://www.infocop.es/email_article.asp?id=3388&cat=40.

Infocop (2012, 16 de febrero). *Daniel Carlat y la alianza entre la psiquiatría y la industria farmacéutica.* http://www.infocop.es/view_article.asp?id=3844.

Infocop (2012, 27 de marzo). *El DSM-V continúa sembrando polémica debido a los conflictos de intereses de sus comités.* http://www.infocop.es/view_article.asp?id=3912.

Infocop (2013, 29 mayo). *El debate mundial generado por el DSM-5.* http://www.infocop.es/view_article.asp?id=4587.

Infocop (2013, 18 diciembre). *Más allá de las clasificaciones diagnósticas.* http://www.infocop.es/view_article.asp?id=4870.

Infocop (2013, 19 diciembre). *Alternativas a las clasificaciones diagnósticas no faltan. Entrevista a M. Pérez Álvarez, catedrático de la Universidad de Oviedo.* http://www.infocop.es/view_article.asp?id=4884.

Infocop (2018, 22 marzo). *El acceso a los tratamientos psicológicos en España y su coste-eficacia.* http://www.infocop.es/view_article.asp?id=7361.

Infocop (2021, 8 enero). *Se confirma la relación entre el uso de antidepresivos en niños y adolescentes y el aumento de suicidio: últimos estudios.* http://www.infocop.es/view_article.asp?id=15127.

Insel, T. (2013, 29 de abril). *Director's blog: Transforming diagnosis.* http://www.nimh.nih.gov/about/director/2013/transforming-diagnosis.shtml.

Insel, T., Cuthbert, B., Garvey, M., Heinssen, R., Pine, D. S., Quinn, K. ... y Wang, P. (2010). Research domain criteria (RDoC): Toward a new classification framework for research on mental disorders. *American Journal of Psychiatry, 167*(7), 748-751.

Ireland, M. J., Day, J. J. y Clough, B. A. (2019). Exploring scale validity and measurement invariance of the Toronto Mindfulness Scale across levels of meditation experience and proficiency. *Journal of clinical psychology, 75*(3), 445-461.

Iyadurai, L., Visser, R. M., Lau-Zhu, A., Porcheret, K., Horsch, A., Holmes, E. A. y James, E. L. (2019). Intrusive memories of trauma: a target for research bridging cognitive science and its clinical application. *Clinical Psychology Review, 69,* 67-82.

Jackson, S. W. (1989). *Historia de la melancolía y la depresión desde los tiempos hipocráticos a la época moderna*. Madrid: Ediciones Turner.

Jacobson, E. (1938). *Progressive relaxation*. Chicago: The University of Chicago Press (Trabajo original publicado 1929).

Jacobson, N. S. y Addis, M. E. (1993). Research on copules and couple thrapy: What do we know? Where are we going? *Journal of Consulting and Clinical Psychology, 61,* 85-93.

Jacobson, N. S. y Christensen, A. (1996a). *Acceptance and change in Couple Therapy: a therapist's guide to transforming relationships*. Nueva York: W.W. Norton & Company.

Jacobson, N. S. y Christensen, A. (1996b). *Integrative Couple Therapy: promoting acceptance and change.* Nueva York: Norton.

Jacobson, N. S. y Christensen, A. (1996c). Studying the effectiveness of psychotherapy: How well can clinical trials do the job? *American Psychologist, 51,* 1031-1039.

Jacobson, N. S. y Margolin, G. (1979). *Marital Therapy: Strategies Based on Social Learning Behavior Exchange Principles*. Nueva York: Brunner/Mazel.

Jacobson, N. S. y Truax, P. (1991). Clinical significance: a statistical approach to defining meaningful change in psychotherapy research. *Journal of Consulting and Clinical Psychology, 59,* 12-19.

Jacobson, N. S., Martell, C. R. y Dimidjian, S. (2001). Behavioral activation treatment for depression: Returning to contextual roots. *Clinical Psychology-Science & Practice, 8*(3), 255-270.

Jacobson, N. S., Dobson, K. S., Truax, P. A., Addis, M. E., Koerner, K., Gollan, J. K., Gortner, E. y Prince, S. E. (1996). A component analysis of cognitive-behavioral treatment for depression. *Journal of Consulting and Clinical Psychology, 64,* 295-304.

James, E. L., Lau-Zhu, A., Clark, I. A., Visser, R. M., Hagenaars, M. A. y Holmes, E. A. (2016). The trauma film paradigm as an experimental psychopathology model of psychological trauma: Intrusive memories and beyond. *Clinical Psychology Review, 47,* 106-142.

Janusek, L. W., Tell, D. y Mathews, H. L. (2019). Mindfulness based stress reduction provides psychological benefit and restores immune function of women newly diagnosed with breast cancer: a randomized trial with active control. *Brain, behavior, and immunity, 80,* 358-373.

Jensen, C. G., Vangkilde, S., Frokjaer, V. y Hasselbalch, S. G. (2012). Mindfulness training affects attention-or is it attentional effort? *Journal of Experimental Psychology: General, 141,* 106-123.

Jensen, M. P., Vowles, K. E., Johnson, L. E. y Gertz, K. J. (2015). Living well with pain: Development and preliminary evaluation of the valued living scale. *Pain Medicine, 16*(11), 2109-2120.

Ji, J. L., Burnett Heyes, S., MacLeod, C. y Holmes, E. A. (2016). Emotional mental imagery as simulation of reality: fear and beyond. A tribute to Peter Lang. *Behavior Therapy, 47*(5), 702-719.

Ji, J. L., Kavanagh, D. J., Holmes, E. A., MacLeod, C. y Simplicio, M. D. (2019). Mental imagery in psychiatry: conceptual & clinical implications. *CNS Spectrums, 24,* 114-126.

Jiang, R. F., Tong, H. Q., Delucchi, K. L., Neylan, T. C., Shi, Q. y Meffert, S. M. (2014). Interpersonal psychotherapy versus treatment as usual for PTSD and depression among Sichuan earthquake survivors: a randomized clinical trial. *Conflict and health, 8,* 1-10.

Jidong, D. E., Husain, N., Roche, A., Lourie, G., Ike, T. J., Murshed, M. ... y Mwankon, S. B. (2021). Psychological interventions for maternal depression among women of African and Caribbean origin: a systematic review. *BMC women's health, 21,* 1-14.

Johnsen, T. J. y Friborg, O. (2015). The effects of cognitive behavioral therapy as an anti-depressive treatment is falling: A meta-analysis. *Psychological bulletin, 141*(4), 747-769.

Johnson, S. (2015, 12 junio). NHS staff most stressed public sector workers, survey finds. *The Guardian*. https://www.theguardian.com/healthcare-network/2015/jun/12/nhs-staff-most-stressed-public-sector-workers-survey-finds.

Joiner, T. E. (1999). A test of interpersonal theory of depression in youth psychiatric inpatients. *Journal of Abnormal Child Psychology, 27,* 77-85.

Joiner, T. E., Catanzaro, S. J., Laurent, J., Sandín, B. y Blalock, J. A. (1996). Modelo tripartito sobre el afecto positivo y negativo, la depresión y la ansiedad: Evidencia basada en la estructura de los síntomas y en diferencias sexuales. *Revista de Psicopatología y Psicología Clínica, 1,* 27-34.

Joiner, T. E., Sandín, B., Chorot, P., Lostao, L., Santed, M. A., Catanzaro, S. J., Laurent, J. y Marquina, G. (1998). A confirmatory factor-analytic validation of the tripartite model of depression and anxiety among undergraduates in Spain. *Journal of Gender, Culture and Health, 3,* 147-157.

Josefowitz, N. (2017). Incorporating imagery into thought records: increasing engagement in balanced thoughts. *Cognitive and Behavioral Practice, 24,* 90-100.

Joyce, S., Modini, M., Christensen, H., Mykletun, A., Bryant, R., Mitchell, P. B. y Harvey, S. B. (2016). Workplace interventions for common mental disorders: a systematic meta-review. *Psychological medicine, 46*(4), 683-697.

Jung, K. y Steil, R. (2013). A randomized controlled trial on cognitive restructuring and imagery modification to reduce the feeling of being contaminated in adult survivors of childhood sexual abuse suffering from posttraumatic stress disorder. *Psychotherapy and Psychosomatics, 82*(4), 213-220.

Kabat-Zinn, J. (1982). An out-patient program in behavioral medicine for chronic pain patients based on the practice of mindfulness meditation: Theoretical considerations and preliminary results. *General Hospital Psychiatry, 4,* 33-47.

Kabat-Zinn, J. (1987). Four year followup of a meditation-based program for the self-regulation of chronic pain; treatment outcomes and compliance. *Clinical Journal of Pain, 2,* 159-173.

Kabat-Zinn, J. (1990). *Full Catastrophe Living.* Nueva York: Delta (Trabajo publicado en español en 2003 por Editorial Kairós, Madrid).

Kabat-Zinn, J. (1994). *Wherever you go there are: Mindfulness meditation in everyday life*. Nueva York: Hyperion.

Kabat-Zinn, J. (2002). *Guided mindfulness meditation: Body scan meditation* (compact disc recording). Stress Reduction CDs and Tapes. ISBN-1-59179-359-9.

Kabat-Zinn, J. (2003). Mindfulness-based interventions in context: Past, present, and future. *Clinical Psychology: Science & Practice, 10,* 144-156.

Kabat-Zinn, J. (2011). *Mindfulness for beginners*. Boulder, CO: Sounds True.

Kabat-Zinn, J. (2013). *Full catastrophe living: Using the wisdom of your body and mind to face stress, pain, and illness*. Nueva York: Bantam Books.

Kabat-Zinn, J. y Chapman-Waldrop, A. (1988). Compliance with an outpatient stress reduction program: Rates and predictors of program completion. *Journal of Behavioral Medicine, 11,* 333-352.

Kabat-Zinn, J., Lipworth, L. y Burney, R. (1985). The clinical use of mindfulness meditation for the self-regulation of chronic pain. *Journal of Behavioral Medicine, 8,* 163-190.

Kabat-Zinn, J., Massion, A., Kristeller, J., Peterson, L., Fletcher, K., Pbert, L., Linderking, W. y Santorelli, S. (1992). Effectiveness of a meditation-based stress reduction program in the treatment of anxiety disorders. *American Journal of Psychiatry, 149,* 936-943.

Kabat-Zinn, J., Wheeler, E., Light, T., Skillings, A., Scharf, M. J., Cropley, T. G. y Bernhard, J. D. (1998). Influence of a mindfulness meditation-based stress reduction intervention on rates of skin clearing in patients with moderate to severe psoriasis undergoing photo therapy (UVB) and photochemotherapy (PUVA). *Psychosomatic Medicine, 60*(5), 625-632.

Kadriu, F., Claes, L., Witteman, C., Norré, J., Vrieze, E. y Krans, J. (2019). Characteristics and content of intrusive images in patients with eating disorders. *European Eating Disorders Review, 27*(5), 495-506.

Kahneman, D. y Tversky, A. (1979). Prospect theory: An analysis of decisions under risk. *Econometrica, 47*(2), 263-291 (véase la traducción y publicación en *Infancia y Aprendizaje, 30,* 95-124).

Kamphuis, J. H. y Telch, M. J. (1998). Assessment of strategies to manage or avoid perceived threats among panic disorder patients: The Texas Safety Maneuver Scale (TSMS). *Clinical Psychology & Psychotherapy: An International Journal of Theory and Practice, 5*(3), 177-186.

Kanter, J. W., Busch, A. M. y Rusch, L. C. (2009). *Behavioral activation: Distinctive features*. Londres: Routledge.

Kanter, J. W., Landes, S. J., Busch, A. M., Rusch, L. C., Brown, K. R., Baruch, D. E. y Holman, G. I. (2006). The effect of contingent reinforcement on target variables in outpatient psychotherapy for depression: A successful and unsuccessful case using functional analytic psychotherapy. *Journal of applied behavior analysis, 39*(4), 463-467.

Kanter, J. W., Manbeck, K. E., Kuczynski, A. M., Maitland, D. W., Villas-Bôas, A. y Ortega, M. A. R. (2017). A comprehensive review of research on functional analytic psychotherapy. *Clinical Psychology Review, 58,* 141-156.

Kanter, J. W., Manos, R. C., Bowe, W. M., Baruch, D. E., Busch, A. M. y Rusch, L. C. (2010). What is behavioral activation? A review of the empirical literature. *Clinical Psychology Review, 30,* 608-620.

Kanter, J. W., Mulick, P. S., Busch, A. M., Berlin, K. S. y Martell, C. R. (2007). The Behavioral Activation for Depression Scale (BADS): psychometric properties and factor structure. *Journal of Psychopathology and Behavioral Assessment, 29*(3), 191-202.

Kanter, J. W., Tsai, M., Holman, G. y Koerner, K. (2012). Preliminary data from a randomized pilot study of web-based functional analytic psychotherapy therapist training. *Psychotherapy, 50*(2), 248-255.

Kaplan, C., Tarlow, N., Stewart, J. G., Aguirre, B., Galen, G. y Auerbach, R. P. (2016). Borderline personality disorder in youth: The prospective impact of child abuse on non-suicidal self-injury and suicidality. *Comprehensive Psychiatry, 7,* 86-94.

Karam, A. M., Fitzsimmons-Craft, E. E., Tanofsky-Kraff, M. y Wilfley, D. E. (2019). Interpersonal psychotherapy and the treatment of eating disorders. *Psychiatric Clinics, 42*(2), 205-218.

Katz, L. Y., Cox, B. J., Gunasekara, S. y Miller, A. L. (2004). Feasibility of dialectical behavior therapy for suicidal adolescent inpatients. *Journal of the American Academy of Child & Adolescent Psychiatry, 43*(3), 276-282.

Katzman, M. A., Bleau, P., Blier, P., Chokka, P., Kjernisted, K. y Van Ameringen, M. (2014). Canadian clinical practice guidelines for the management of anxiety, posttraumatic stress and obsessive-compulsive disorders. *BMC psychiatry, 14,* 1-83.

Kawa, S. y Giordano, J. (2012). A brief historicity of the Diagnostic and Statistical Manual of Mental Disorders: issues and implications for the future of psychiatric canon and practice. *Philosophy, Ethics and Humanities in Medicine, 7*(2), 1-9.

Kay, S. A. (2016). Emotion regulation and resilience: Overlooked connections. *Industrial and Organizational Psychology, 9*(2), 411-415.

Kazantzis, N., Luong, H. K., Usatoff, A. S., Impala, T., Yew, R. Y. y Hofmann, S. G. (2018). The processes of cognitive behavioral therapy: A review of meta-analyses. *Cognitive Therapy and Research, 42,* 349-357.

Kazdin, A. E. (1973). Covert modeling and the reduction of avoidance behavior. *Journal of Abnormal Psychology, 81,* 87-95.

Kazdin, A. E. (1992). *Research design in clinical psychology* (2.ª ed.). Needham Heights, MA: Allyn & Bacon.

Kelly, G. A. (1955). *The psychology of personal constructs*. Nueva York: Norton.

Kemps, E. y Tiggemann, M. (2015). A role for mental imagery in the experience and reduction of food cravings. *Frontiers in Psychiatry, 5,* 193. https://doi.org/10.3389/fpsyt.2014.00193.

Kennedy, S. M., Bilek, E. L. y Ehrenreich-May, J. (2019). A randomized controlled pilot trial of the unified protocol for transdiagnostic treatment of emotional disorders in children. *Behavior modification, 43*(3), 330-360.

Kessler, H., Schmidt, A. C., James, E. L., Blackwell, S. E., von Rauchhaupt, M., Harren, K. ... y Holmes, E. A. (2020). Visuospatial computer game play after memory reminder delivered three days after a traumatic film reduces the number of intrusive memories of the experimental trauma. *Journal of behavior therapy and experimental psychiatry, 67,* 101454. https://doi.org/10.1016/j.jbtep.2019.01.006.

Kessler, R. C., Berglund, P. y Demler, O. (2003). The epidemiology of major depressive disorder: Results from the National Comorbidity Survey Replication (NCS-R). *The Journal of the American Medical Association, 289,* 3095-3105.

Kessler, R. C., Angermeyer, M., Anthony, J. C., De Graaf, R. O. N., Demyttenaere, K., Gasquet, I. ... y Uestuen, T. B. (2007). Lifetime prevalence and age-of-onset distributions of mental disorders in the World Health Organization's World Mental Health Survey Initiative. *World psychiatry, 6*(3), 168-176.

Kessler, R. C., Berglund, P., Demler, O., Jin, R., Merikangas, K. R. y Walters, E. E. (2005a). Lifetime prevalence and age-of-onset distributions of DSM-IV disorders in the National Comorbidity Survey Replication. *Archives of general psychiatry, 62*(6), 593-602.

Kessler, R. C., Chiu, W. T., Demler, O. y Walters, E. (2005b). Prevalence, severity, and comorbidity of 12-month DSM-IV disorders in the National Comorbidity Survey Replication. *Archives of General Psychiatry, 62,* 617-627.

Kessler, R. C., Nelson, C. B., McGonagle, K. A., Lui, J., Swartz, M. y Blazer, D. G. (1996). Comorbidity of DSM-III-R major depressive disorder in the general population: Results from the National Comorbidity Survey. *British Journal of Psychiatry, 168,* 17-30.

Khoury, B., Lecomte, T., Fortin, G., Masse, M., Therien, P., Bouchard, V. ... y Hofmann, S. G. (2013). Mindfulness-based therapy: a comprehensive meta-analysis. *Clinical psychology review, 33*(6), 763-771.

Khoury, B., Sharma, M., Rush, S. E. y Fournier, C. (2015). Mindfulness-based stress reduction for healthy individuals: A meta-analysis. *Journal of psychosomatic research, 78*(6), 519-528.

Kiesler, D. J. (1979). An interpersonal communication analysis of relationship in psychotherapy. *Psychiatry, 42*(4), 299-311.

Killingsworth, M. A. y Gilbert, D. T. (2010). A wandering mind is an unhappy mind. *Science, 330,* 932. doi: 10.1126/science.1192439.

Kim, M. K., Kim, B., Choi, T. K. y Lee, S. H. (2017). White matter correlates of anxiety sensitivity in panic disorder. *Journal of affective disorders, 207,* 148-156.

Kirby, J. N., Tellegen, C. L. y Steindl, S. R. (2015). *Cultivating compassion: A systematic review and meta-analysis of compassion-based interventions*. PROSPERO: International Prospective Register of Systematic Reviews. CRD42015024576. www.crd.york.ac.uk/PROSPERO/display_record.asp?ID=-CRD42015024576.

Klainin-Yobas, P., Cho, M. A. A. y Creedy, D. (2012). Efficacy of mindfulness-based interventions on depressive symptoms among people with mental disorders: A meta-analysis. *International Journal of Nursing Studies, 49,* 109-121.

Klerman, G. L. y Weissman, M. M. (1993). *New applications of interpersonal psychotherapy*. Washington, D. C.: American Psychiatric Press.

Klerman, G. L., Budman, S., Berwick, D., Weissman, M. M., Damico-White, J., Demby, A. y Feldstein, M. (1987). Efficacy of a brief psychosocial intervention for symptoms of stress and distress among patients in primary care. *Medical Care,* 1078-1088.

Klerman, G. L., Weissman, M. M., Rounsaville, B. J. y Chevron, E. S. (1984). *Interpersonal Psychotherapy of Depression*. Lanham, Maryland: Rowman & Littlefield Publischefs, Inc.

Kliem, S., Kröger, C. y Kosfelder, J. (2010). Dialectical behavior therapy for borderline personality disorder: a meta-analysis using mixed-effects modeling. *Journal of consulting and clinical psychology, 78*(6), 936-951.

Kline, N. S. (1969). *Lithium: The History of Its Use in Psychiatry*. S. Kargel: Basel.

Knutsson, J., Nilsson, J. E., Eriksson, Å. y Järild, L. (2020). Imagery rescripting and exposure in social anxiety: a randomized trial comparing treatment techniques. *Journal of contemporary psychotherapy, 50*(3), 233-240.

Koerner, K. (2011). *Doing dialectical behavior therapy: A practical guide*. Nueva York: Guilford Press.

Koerner, K. y Dimeff, L. A. (2000). Further data on dialectical behavior therapy. *Clinical Psychology: Science & Practice, 7,* 104-112.

Kohlenberg, R. J. y Tsai, M. (1987). Functional Analytic Psychotherapy. En N. Jacobson (ed.), *Psychoterapists in clinical practice: Cognitive and behavioral perspectives* (pp. 388-443). Nueva York: Guilford Press.

Kohlenberg, R. J. y Tsai, M. (1991). *Functional analytic psychotherapy*. Nueva York: Plenum.

Kohlenberg, R. J. y Tsai, M. (1995). Functional analytic psychotherapy: a behavioral approach to intensive treatment. En W. O'Donohue y L. Krasner (eds.), *Theories of behavior therapy. Exploring behavior change*, (pp. 637-658). Washington: APA.

Kohlenberg, R. J. y Tsai, M. (2001). Hablo, luego existo: una aproximación conductual para entender los problemas del yo. *Escritos de Psicología, 5,* 58-62.

Kohlenberg, R. J., Tsai, M. y Dougher, M. J. (1993). The dimensions of clinical behavior analysis. *The Behavior Analyst, 16,* 271-282.

Kohlenberg, R. J., Kanter, J. W., Tsai, M. y Weeks, C. E. (2010). FAP and Cognitive Behavior Therapy. En J. W. Kanter, M. Tsai y R. J. Kohlenberg (eds.), *The Practice of Functional Analytic Psychotherapy* (pp. 11-30). Nueva York: Springer.

Kohlenberg, R. J., Tsai, M., Ferro, R., Valero, L., Parra, A. y Virues, J. (2005). FunctionalAnalytic Psychotherapy and Acceptance and Commitment Therapy: Theory, applications and its relationships with traditional behavior analysis. *International Journal of Clinical and Health Psychology, 5,* 349-371.

Kohlenberg, R. J., Tsai, M., Parker, C. R., Bolling, M. Y. y Kanter, J. W. (1999). Focusing on the client-therapist interaction. Functional analytic psychotherapy: a behavioural approach. *European Psychotherapy, 1,* 15-25.

Kok, R. M. y Reynolds III, C. F. (2017). Management of depression in older adults: a review. *JAMA, 317*(20), 2114-2122.

Korzekwa, M. I., Dell, P. F., Links, P. S., Thabane, L. y Webb, S. P. (2008). Estimating the prevalence of borderline personality disorder in psychiatric outpatients using a two-phase procedure. *Comprehensive Psychiatry, 49*(4), 380-386.

Kosfelder, J. (2007). A meta-analysis of the efficacy of dialectical behavior therapy in borderline personality disorder. *Roschung und Praxis, 36,*11-17.

Kothgassner, O. D., Goreis, A., Robinson, K., Huscsava, M. M., Schmahl, C. y Plener, P. L. (2021). Efficacy of dialectical behavior therapy for adolescent self-harm and suicidal ideation: a systematic review and meta-analysis. *Psychological medicine, 51,* 1057-1067.

Kothgassner, O. D., Robinson, K., Goreis, A., Ougrin, D. y Plener, P. L. (2020). Does treatment method matter? A meta-analysis of the past 20 years of research on therapeutic interventions for self-harm and suicidal ideation in adolescents. *Borderline personality disorder and emotion dysregulation, 7,* 1-16.

Kovacs, M. (1983). *The Children's Depression Inventory: A self report depression scale for school-aged youngsters.* Pittsburgh: University of Pittsburgh School of Medicine.

Kristeller, J., Wolever, R. Q. y Sheets, V. (2014). Mindfulness-based eating awareness training (MB-EAT) for binge eating: A randomized clinical trial. *Mindfulness, 5*(3), 282-297.

Kristjánsdóttir, H., Salkovskis, P. M., Sigurdsson, B. H., Sigurdsson, E., Agnarsdóttir, A. y Sigurdsson, J. F. (2016). Transdiagnostic cognitive behavioural treatment and the impact of co-morbidity: An open trial in a cohort of primary care patients. *Nordic journal of psychiatry, 70*(3), 215-223.

Kröger, C., Harbeck, S., Armbrust, M. y Kliem, S. (2013). Effectiveness, response, and dropout of dialectical behavior therapy for borderline personality disorder in an inpatient setting. *Behaviour Research and Therapy, 51*(8), 411-416.

Kröger, C., Röepke, S. y Kliem, S. (2014). Reasons for premature termination of dialectical behavior therapy for inpatients with borderline personality disorder. *Behaviour research and therapy, 60,* 46-52.

Krupnick, J. L., Green, B. L., Stockton, P., Miranda, J., Krause, E. y Mete, M. (2008). Group interpersonal psychotherapy for low-income women with posttraumatic stress disorder. *Psychotherapy Research, 18*(5), 497-507.

Krypotos, A.-M., Mertens, G., Leer, A. y Engelhard, I. M. (2020). Induction of conditioned avoidance via mental imagery. *Behaviour Research and Therapy, 132,* 103652. https://doi.org/10.1016/j.brat.2020.103652.

Kuehn, K. S., King, K. M., Linehan, M. M. y Harned, M. S. (2020). Modeling the suicidal behavior cycle: Understanding repeated suicide attempts among individuals with borderline personality disorder and a history of attempting suicide. *Journal of consulting and clinical psychology, 88*(6), 570-581.

Kunze, A. E., Arntz, A. y Kindt, M. (2019). Investigating the effects of imagery rescripting on emotional memory: a series of analogue studies. *Journal of Experimental Psychopathology, 10*(2), 2043808719850733.

Kuyken, W., Byford, S., Taylor, R. S., Watkins, E., Holden, E., White, K. ... y Teasdale, J. D. (2008). Mindfulness-based cognitive therapy to prevent relapse in recurrent depression. *Journal of consulting and clinical psychology, 76*(6), 966-978.

Kuyken, W., Nuthall, E., Byford, S., Crane, C., Dalgleish, T., Ford, T. ... y Williams, J. M. G. (2017). The effectiveness and cost-effectiveness of a mindfulness training programme in schools compared with normal school provision (MYRIAD): study protocol for a randomised controlled trial. *Trials, 18,* 1-17.

Kuyken, W., Warren, F. C., Taylor, R. S., Whalley, B., Crane, C., Bondolfi, G. ... y Dalgleish, T. (2016). Efficacy of mindfulness-based cognitive therapy in prevention of depressive relapse: an individual patient data meta-analysis from randomized trials. *JAMA psychiatry, 73*(6), 565-574.

Kuyken, W., Watkins, E., Holden, E., White, K., Taylor, R. S., Byford, S. ... y Dalgleish, T. (2010). How does mindfulness-based cognitive therapy work? *Behaviour research and therapy, 48*(11), 1105-1112.

Kuyken, W., Weare, K., Ukoumunne, O. C., Vicary, R., Motton, N., Burnett, R. ... y Huppert, F. (2013). Effectiveness of the mindfulness in schools programme: Non-randomised controlled feasibility study. *British Journal of Psychiatry, 203,* 126-131.

Kyrios, M., Hordern, C. y Fassnacht, D. B. (2015). Predictors of response to cognitive behaviour therapy for obsessive-compulsive disorder. *International Journal of Clinical and Health Psychology, 15*(3), 181-190.

La Greca, A. M., Ehrenreich-May, J., Mufson, L. y Chan, S. (2016). Preventing adolescent social anxiety and depression and reducing peer victimization: Intervention development and open trial. *Child & youth care fórum, 45*(6), 905-926.

Laca-Arocena, F. A. V., Bernal, A. C. L., Pérez-Verduzco, G. y Ramírez, E. C. (2021). Propiedades psicométricas del Freiburg Mindfulness Inventory en adolescentes. *CES Psicología, 14*(2), 118-139.

Lambert, M. J. (1992). Implications of psychotherapy outcome research for eclectic and integrative psychotherapies. En J. C. Norcross y M. V. Goldfried (eds.), *Handbook of Psychotherapy Integration* (pp. 94-131). Nueva York: Basic Books.

Landes, S. J., Chalker, S. A. y Comtois, K. A. (2016). Predicting dropout in outpatient dialectical behavior therapy with patients with borderline personality disorder receiving psychiatric disability. *Borderline personality disorder and emotion dysregulation, 3,* 1-8.

Landes, S. J., Kanter, J. W., Weeks, C. E. y Busch, A. M. (2013). The impact of the active components of functional analytic psychotherapy on idiographic target behaviors. *Journal of Contextual Behavioral Science, 2*(1-2), 49-57.

Lang, P. J. (1977). Imagery in therapy: an information processing analysis of fear. *Behavior Therapy, 8*(5), 862-886.

Lang, P. J. (1979). A bio informational theory of emotional imagery. *Psychophysiology, 16,* 495-512.

Lang, P. J. (2016). Imagery in therapy: an information processing analysis of fear–republished article. *Behavior therapy, 47*(5), 688-701.

Lang, P. J., Kozak, M. J., Miller, G. A., Levin, D. N. y McLean, A. (1980). Emotional imagery: conceptual structure and pattern of somato-visceral response. *Psychophysiology, 17*(2), 179-192.

Langer, E. J. (1989). *Mindfulness*. Boston, MA: Merloyd Lawrence Books.

Larsen, D. L., Attkisson, C. C., Hargreaves, W. A. y Nguyen, T. D. (1979). *Client Satisfaction Questionnaire*. En D. J. Lettier, J. E. Nelson y M. A. Sayers (eds.), NIAAA Treatment Handbook Series 2: Alcohalism Treatment Assessment Research Instruments (pp. 38-55). DHHS Publication No. (ADM) 13801, Rockville, Md.: National Institute on Alcoholism and Alcohol Abus.

Lau, M. A., Bishop, S. R., Segal, Z. V., Buis, T., Anderson, N. D., Carlson, L. ... y Devins, G. (2006). The Toronto mindfulness scale: Development and validation. *Journal of clinical psychology, 62*(12), 1445-1467.

Lau-Zhu, A., Holmes, E. A. y Porcheret, K. (2018). Intrusive memories of trauma in the laboratory: Methodological developments and future directions. *Current Behavioral Neuroscience Reports, 5,* 61-71.

Lawrence, P. J., Craske, M. G., Kempton, C., Stewart, A. y Stein, A. (2017). Intrusive thoughts and images of intentional harm to infants in the context of maternal postnatal depression, anxiety, and OCD. *British Journal of General Practice, 67*(661), 376-377.

Lazarus, R. S. (1995). *Psychological stress in the workplace, occupational stress: a handbook*. Londres: Taylor & Francis.

Lazarus, A. A. y Abramovitz, A. (1962). The use of «emotive imagery» in the treatment of children´s phobias. *Journal of Mental Science, 108,* 191-195.

Lazarus, R. S. y Folkman, S. (1984). *Stress, appraisal, and coping*. Nueva York: Springer publishing company.

Lazarus, R. S. y Folkman, S. (1987). Transactional theory and research on emotions and coping. *European Journal of Personality, 1*(3), 141-169.

Lee, E. B., An, W., Levin, M. E. y Twohig, M. P. (2015). An initial meta-analysis of Acceptance and Commitment Therapy for treating substance use disorders. *Drug and alcohol dependence, 155,* 1-7.

Leichsenring, F. y Steinert, C. (2017). Is cognitive behavioral therapy the gold standard for psychotherapy? The need for plurality in treatment and research. *JAMA, 318*(14), 1323-1324.

Leichsenring, F., Leibing, E., Kruse, J., New, A. S. y Leweke, F. (2011). Borderline personality disorder. *Lancet, 377,* 74-84.

Lejuez, C. W., Hopko, D. R. y Hopko, S. D. (2001a). A brief Behavioral Activation Treatment for Depression: Treatment Manual. *Behavior Modification, 25,* 225-286.

Lejuez, C. W., Hopko, D. R. y Hopko, S. D. (2002). *The brief Behavioral Activation Treatment for Depression (BATD): A comprehensive patient guide*. Boston, MA: Pearson Custom Publishing.

Lejuez, C. W., Hopko, D. R., Acierno, R., Daughters, S. B. y Pagoto, S. L. (2011). Ten year revision of the brief behavioral activation treatment for depression: revised treatment manual. *Behavior modification, 35*(2), 111-161.

Lejuez, C. W., Hopko, D. R., LePage, J., Hopko, S. D. y McNeil, D. W. (2001b). A brief Behavioral Activation Treatment for Depression. *Cognitive and Behavioral Practice, 8,* 164-175.

Lenz, A. S. y Del Conte, G. (2018). Efficacy of dialectical behavior therapy for adolescents in a partial hospitalization program. *Journal of Counseling & Development, 96*(1), 15-26.

Lenz, A. S., Del Conte, G., Hollenbaugh, M. y Callendar, K. (2016). Emotional regulation and interpersonal effectiveness as predictors of treatment outcomes within a DBT treatment program for adolescents. *Counseling Outcome and Research Evaluation, 7,* 73-85.

Leonard, R. C., Knott, L. E., Lee, E. B., Singh, S., Smith, A. H., Kanter, J. ... y Wetterneck, C. T. (2014). The development of the functional analytic psychotherapy intimacy scale. *The Psychological Record, 64*(4), 647-657.

Lespérance, F., Frasure-Smith, N., Koszycki, D., Laliberté, M. A., van Zyl, L. T., Baker, B. ... y CREATE Investigators (2007). Effects of citalopram and interpersonal psychotherapy on depression in patients with coronary artery disease: the Canadian Cardiac Randomized Evaluation of Antidepressant and Psychotherapy Efficacy (CREATE) trial. *Jama, 297*(4), 367-379.

Leuner, H. (1977). Guided affective imagery: An account of its development. *Journal of Mental Imagery, 1,* 73-91.

Leuner, H. (1978). Basic principles and therapeutic efficacy of guided affective imagery (GAI). En J. L. Singer y K. S. Pope (eds.), *The power of human imagination* (pp. 125-166). Boston, MA: Springer.

Levin, M. E., Hayes, S. C., Pistorello, J. y Seeley, J. R. (2016). Web-based self-help for preventing mental health problems in universities: Comparing acceptance and commitment training to mental health education. *Journal of Clinical Psychology, 72*(3), 207-225.

Levin, M. E., Hildebrandt, M. J., Lillis, J. y Hayes, S. C. (2012). The impact of treatment components suggested by the psychological flexibility model: A meta-analysis of laboratory-based component studies. *Behavior Therapy, 43*(4), 741-756.

Levin, M. E., Pistorello, J., Seeley, J. R. y Hayes, S. C. (2014). Feasibility of a prototype web-based acceptance and commitment therapy prevention program for college students. *Journal of American College Health, 62,* 20-30.

Levinson, C. A., Rodebaugh, T. L., Shumaker, E. A., Menatti, A. R., Weeks, J. W., White, E. K. ... y Liebowitz, M. R. (2015). Perception matters for clinical perfectionism and social anxiety. *Journal of anxiety disorders, 29,* 61-71.

Levinson, D. B., Stoll, E. L., Kindy, S. D., Merry, H. L. y Davidson, R. J. (2014). A mind you can count on: validating breath counting as a behavioral measure of mindfulness. *Frontiers in psychology, 5,* 1202. https://doi.org/10.3389/fpsyg.2014.01202.

Lewinsohn, P. M. y Gotlib, I. H. (1995). Behavioral theory and treatment of depression. En E. E. Beckham y W. R. Leber (eds.), *Handbook depression* (pp. 352-375). Nueva York: Guilford.

Lewinsohn, P. M., Antonuccio, D. O., Steinmetz, J. y Teri, L. (1984). *The coping with depression cour-*

se: A psycho-educational intervention for unipolar depression. Eugene: Castalia Publishing Company.

Lewinsohn, P. M., Muñoz, R. F., Youngren, M. A. y Zeiss, A. M. (1978). *Control your depression*. Englewood Cliffs, NJ: Prentice-Hall.

Lewinsohn, P. M., Seeley, J. R., Hibbard, J., Rohde, P. y Sack, W. H. (1996). Cross-sectional and prospective relationships between physical morbidity and depression in older adolescents. *Journal of the American Academy of Child and Adolescent Psychiatry, 35,* 1120-1129.

Lewis, D. E., O-Reilly, M. J., Khuu, S. K. y Pearson, J. (2013). Conditioning the mind's eye: associative learning with voluntary mental imagery. *Clinical Psychological Science, 1*(4), 390-400.

Liberman, R. P., Wheeler, E. G., de Visser, L., Kuehnel, J. y Kuehnel, T. (1987). *Manual de terapia de pareja* (4.ª ed.). Bilbao: Desclée de Brouwer.

Liebowitz, M. R. (1987). Social phobia. *Modern Problems Pharmacopsychiatry, 22,* 141-173.

Lilienfeld, S. O. (2007). Psychological treatments that cause harm. *Perspectives on psychological science, 2,* 53-70.

Limburg, K., Watson, H. J., Hagger, M. S. y Egan, S. J. (2017). The relationship between perfectionism and psychopathology: A meta-analysis. *Journal of clinical psychology, 73*(10), 1301-1326.

Linardon, J. y Brennan, L. (2017). The effects of cognitive-behavioral therapy for eating disorders on quality of life: A meta-analysis. *International Journal of Eating Disorders, 50*(7), 715-730.

Linardon, J., Hindle, A. y Brennan, L. (2018). Dropout from cognitive-behavioral therapy for eating disorders: A meta-analysis of randomized, controlled trials. *International Journal of Eating Disorders, 51*(5), 381-391.

Linardon, J., Wade, T. D., De la Piedad Garcia, X. y Brennan, L. (2017). The efficacy of cognitive-behavioral therapy for eating disorders: A systematic review and meta-analysis. *Journal of consulting and clinical psychology, 85*(11), 1080-1094.

Lindahl, J., Fisher, N., Cooper, D., Rosen, R. y Britton, W. (2017). The varieties of contemplative experience: A mixed-methods study of meditation-related challenges in Western Buddhists. *PLoS One, 12*(5), e0176239.

Linehan, M. M. (1981). A social-behavioral analysis of suicide and parasuicide: Implications for clinical assessment and treatment. En H. Glazer y J. F. Clarkin (eds.), *Depression, behavioral and directive intervention strategies* (pp. 229-294). Nueva York: Garland Press.

Linehan, M. M. (1987). Dialectical behavior therapy: A cognitive-behavioral approach to parasuicide. *Journal of Personality Disorders, 1,* 328-333.

Linehan, M. M. (1993a). *Cognitive-behavioral treatment of borderline personality disorder*. New York: The Guilford Press.

Linehan, M. M. (1993b). *Skills training manual for treating borderline personality disorder*. New York: The Guilford Press (Trabajo editado en castellano por la Editorial Paidós, Barcelona).

Linehan, M. M. y Chen, E. Y. (2005). Dialectical behavior therapy for eating disorders. En *Encyclopedia of cognitive behavior therapy* (pp. 168-171). Boston, MA: Springer.

Linehan, M. y Dexter-Mazze, E. (2008). Dialectical Behavior Therapy for Borderline Personality Disorder. En D. H., Barlow (ed.), *Clinical Handbook of Psychological Disorders: A Step-by-Step Treatment Manual* (pp. 365-462). Nueva York: Guiford Press.

Linehan, M. M. y Wilks, C. R. (2015). The course and evolution of dialectical behavior therapy. *American journal of psychotherapy, 69*(2), 97-110.

Linehan, M. M., Heard, H. L. y Armstrong, H. E. (1993). Naturalistic follow-up of a behavioral treatment for chronically parasuicidal borderline patients. *Archives of General Psychiatry, 50*(12), 971-974.

Linehan, M. M., Armstrong, H. E., Suárez, A., Allmon, D. y Heard, H. L. (1991). Cognitive-behavioral treatment of chronically parasuicidal borderline patients. *Archives of general psychiatry, 48*(12), 1060-1064.

Linehan, M. M., Schmidt III, H., Dimeff, L. A., Craft, C., Kanter, J. y Comtois, K. A. (1999). Dialectical Behavior Therapy for patients with borderline personality disorder and drug-dependence. *The American Journal of Addictions, 8,* 279-292.

Linehan, M. M., Tutek, D. A., Heard, H. L. y Armstrong, H. E. (1994). Interpersonal outcome of cognitive behavioral treatment for chronically suicidal borderline patients. *American Journal of Psychiatry, 151*(12), 1771-1775.

Linke, J. y Wessa, M. (2017). Mental imagery training increases wanting of rewards and reward sensitivity and reduces depressive symptoms. *Behavior Therapy, 48*(5), 695-706.

Lipsitz, J. D., Markowitz, J. C., Cherry, S. y Fyer, A. J. (1999). Open trial of interpersonal psychotherapy for the treatment of social phobia. *American Journal of Psychiatry, 156*(11), 1814-1816.

Liverant, G. I., Brown, T. A., Barlow, D. H. y Roemer, L. (2008). Emotion regulation in unipolar depression: The effects of acceptance and suppression of subjective emotional experience on the intensity and duration of sadness and negative affect. *Behaviour Research and Therapy, 46,* 1201-1209.

Lizarazo, N. E., Muñoz-Martínez, A. M., Santos, M. M. y Kanter, J. W. (2015). A within-subjects evaluation of the effects of functional analytic psychotherapy on in-session and out-of-session client behavior. *The Psychological Record, 65*(3), 463-474.

Loeb, K. L., Wilson, G. T., Labouvie, E., Pratt, E. M., Hayaki, J., Walsh, B. T., Agras, W. S. y Fairburn, C. G. (2005). Therapeutic alliance and treatment adherence in two interventions for bulimia nervosa: A study of process and outcome. *Journal of Consulting and Clinical Psychology, 73,* 1097-1106.

Lolich, M. y Azzollini, S. (2017). Estilos fenomenológicos de evocación de recuerdos autobiográficos en individuos con depresión mayor. *Revista de Psicología (PUCP), 35,* 125-166.

Lomas, T., Medina, J. C., Ivtzan, I., Rupprecht, S., Hart, R. y Eiroa-Orosa, F. J. (2017). The impact of mindfulness on well-being and performance in the workplace: an inclusive systematic review of the empirical literature. *European Journal of Work and Organizational Psychology, 26*(4), 492-513.

López, E. y Costa, M. (2014). *Los problemas psicológicos no son enfermedades: una crítica radical a la psicopatología.* Madrid: Pirámide.

López, F. G. y Rice, K. G. (2006). Preliminary development and validation of a measure of relationship authenticity. *Journal of Counseling Psychology, 53*(3), 362-371.

López, M. A., Gabilondo, A., Codony, M., García-Forero, C., Vilagut, G., Castellví, P. ... y Alonso, J. (2013). Adaptation into Spanish of the Warwick–Edinburgh Mental Well-being Scale (WEMWBS) and preliminary validation in a student sample. *Quality of Life Research, 22*(5), 1099-1104.

López-Bermúdez, M. A., Ferro-García, R. y Valero-Aguallo, L. (2010). Intervención en un trastorno depresivo mediante la Psicoterapia Analítica Funcional. *Psicothema, 22,* 92-98.

López-Gómez, I., Hervás, G. y Vázquez, C. (2015). Adaptación de la «Escala de afecto positivo y negativo» (PANAS) en una muestra general española. *Psicología conductual, 23*(3), 529-548.

López-Navarro, E., Del Canto, C., Mayol, A., Fernández-Alonso, O., Reig, J. y Munar, E. (2020). Does mindfulness improve inhibitory control in psychotic disorders? A randomized controlled clinical trial. International *Journal of Clinical and Health Psychology, 20,* 192-199.

Loranger, A. W., Janca, A. y Sartorius, N. (eds.) (1997). *Assessment and diagnosis of personality disorders: The ICD-10 international personality disorder examination (IPDE).* Cambridge: Cambridge University Press.

Lorberbaum, J. P., Kose, S., Johnson, M. R., Arana, G. W., Sullivan, L. K. et al. (2004). Neural correlates of speech anticipatory anxiety ingeneralized social phobia. *Neuroreport, 15,* 2701-2705.

Lorenzo-Luaces, L. y DeRubeis, R. J. (2018). Miles to go before we sleep: Advancing the understanding of psychotherapy by modeling complex processes. *Cognitive Therapy and Research, 42,* 212-217.

Lorenzo-Luaces, L., German, R. E. y DeRubeis, R. J. (2015). It's complicated: The relation between cognitive change procedures, cognitive change, and symptom change in cognitive therapy for depression. *Clinical psychology review, 41,* 3-15.

Losada, A., Márquez-González, M., Romero-Moreno, R., Mausbach, B. T., López, J., Fernández-Fernández, V. y Nogales-González, C. (2015). Cognitive-behavioral therapy (CBT) versus acceptance and commitment therapy (ACT) for dementia family caregivers with significant depressive symptoms: Results of a randomized clinical trial. *Journal of consulting and clinical psychology, 83*(4), 760-772.

Lothes, J. E., Mochrie, K. y St. John, J. (2014). The effects of a DBT informed partial hospital program on depression, anxiety, hopelessness, and degree of suffering. *Psychology and Psychotherapy, 4,* 144-147.

Lothes, J. E., Mochrie, K. D., Quickel, E. J. y John, J. S. (2016). Evaluation of a Dialectical Behavior Therapy-informed partial hospital program: Outcome data and exploratory analyses. *Research in Psychotherapy: Psychopathology, Process and Outcome, 19*(2), 150-156.

Luborsky, L., McLellan, A. T., Diguer, L., Woody, G. y Seligman, D. A. (1997). The psychotherapist matters: Comparison of outcomes across twenty-two therapists and seven patient samples. *Clinical Psychology: Science and Practice, 4,* 53-63.

Luborsky, L., McLellan, A. T., Woody, G. E., O'Brien, C. P. y Auerbach, A. (1985). Therapist success and its determinants. *Archives of General Psychiatry, 42,* 602-611.

Luciano, M. C. (1999). La psicoterapia analítico funcional (FAP) y la terapia de aceptación y compromiso (ACT). *Análisis y modificación de conducta, 25,* 497-584.

Luciano, M. C. y Hayes, S. C. (2001). Trastorno de Evitación Experiencial. *International Journal of Clinical and Health Psychology, 1,* 109-157.

Luciano, M. C. y Valdivia, M. S. (2006). La terapia de la aceptación y compromiso (ACT). Fundamentos, características y evidencia. *Papeles del Psicólogo, 27*(2), 79-91.

Luciano, M. C., Gómez, S., Hernández, M. y Cabello, F. (2001). Alcoholismo, Evitación Experiencial y Terapia de Aceptacion y Compromiso. *Análisis y Modificación de Conducta, 27,* 333-371.

Luoma, J., Hayes, S. C. y Walser, R. D. (2007). *Learning ACT*. Oakland, CA: New Harbinger.

Luthar, S. S. (1991). Vulnerability and resilience: A study of high-risk adolescents. *Child development, 62*(3), 600-616.

Ma, S. H. y Teasdale, J. D. (2004). Mindfulness-based cognitive therapy for depression: Replication and exploration of differential relapse prevention effects. *Journal of Consulting and Clinical Psychology, 72,* 31-40.

MacCoon, D. G., Imel, Z. E., Rosenkranz, M. A., Sheftel, J. G., Weng, H. Y., Sullivan, J. C. ... y Lutz, A. (2012). The validation of an active control intervention for Mindfulness Based Stress Reduction (MBSR). *Behaviour research and therapy, 50,* 3-12.

MacCoon, D. G., MacLean, K. A., Davidson, R. J., Saron, C. D. y Lutz, A. (2014). No sustained attention differences in a longitudinal randomized trial comparing mindfulness based stress reduction versus active control. *PloS one, 9*(6), e97551.

MacCoon, D. G., Sullivan, J. C., Davidson, R. J., Stoney, C. M., Young, P. D. ... y Lutz, A. (2011). *Health-enhancement program (HEP) guidelines*. Recuperado de https://minds.wisconsin.edu/bitstream/handle/1793/28198/HEP%20Guidelines%20%282011%29.pdf?sequence=6&isAllowed=y.

Maffei, C., Cavicchioli, M., Movalli, M., Cavallaro, R. y Fossati, A. (2018). Dialectical behavior therapy skills training in alcohol dependence treatment: findings based on an open trial. *Substance Use & Misuse, 53*(14), 2368-2385.

Magee, J. C. y Winhusen, T. (2016). The coupling of nicotine and stimulant craving during treatment for stimulant dependence. *Journal of consulting and clinical psychology, 84*(3), 230-237.

Maier, A., Schaitz, C., Kröner, J., Connemann, B. y Sosic-Vasic, Z. (2020). Imagery rescripting: exploratory evaluation of a short intervention to reduce test anxiety in university students. *Frontiers in Psychiatry, 11,* 84. https://doi.org/10.3389/fpsyt.2020.00084.

Maitland, D. W. y Gaynor, S. T. (2012). Promoting efficacy research on Functional Analytic Psychotherapy. *International Journal of Behavioral Consultation and Therapy, 7*(2-3), 63-71.

Maitland, D. W., Petts, R. A., Knott, L. E., Briggs, C. A., Moore, J. A. y Gaynor, S. T. (2016). A randomized controlled trial of functional analytic psychotherapy versus watchful waiting: Enhancing social connectedness and reducing anxiety and avoidance. *Behavior Analysis: Research and Practice, 16*(3), 103-122.

Makovac, E., Smallwood, J., Watson, D. R., Meeten, F., Critchley, H. D. y Ottaviani, C. (2018). The verbal nature of worry in generalized anxiety: Insights from the brain. *NeuroImage: Clinical, 17,* 882-892.

Malcolm, C. P., Picchioni, M. M. y Ellett, L. (2015). Intrusive prospective imagery, posttraumatic intrusions and anxiety in schizophrenia. *Psychiatry Research, 230*(3), 899-904.

Malouff, J. M., Thorsteinsson, E. B. y Schutte, N. S. (2005). The relationship between the five factor model of personality and symptoms of clinical disorders. *Journal of Psychopathology and Behavioral Assessment, 27*(2), 101-114.

Manes, F. (2016, 22 de febrero). *Así funciona tu memoria.* https://elpais.com/elpais/2016/02/22/ciencia/1456157540_110635.html.

Mangabeira, V., Kanter, J. y Del Prette, G. (2012). Functional Analytic Psychotherapy (FAP): A review of publications from 1990 to 2010. *International Journal of Behavioral Consultation and Therapy, 7*(2-3), 78-89.

Mansell, W., Harvey, A., Watkins, E. y Shafran, R. (2009). Conceptual Foundations of the Transdiagnostic Approach to CBT. *Journal of Cognitive Psychotherapy, 23,* 6-19.

Marchand, W. R. (2012). Mindfulness-based stress reduction, mindfulness-based cognitive therapy, and zen meditation for depression, anxiety, pain, and psychological distress. *Journal of Psychiatric Practice, 18,* 233-252.

Marchica, L. A., Mills, D. J., Keough, M. T. y Derevensky, J. L. (2020). Exploring differences among video gamers with and without depression: contrasting emotion regulation and mindfulness. *Cyberpsychology, Behavior, and Social Networking, 23*(2), 119-125.

Marcus, D. K., O'Connell, D., Norris, A. L. y Sawaqdeh, A. (2014). Is the Dodo bird endangered in the 21st century? A meta-analysis of treatment comparison studies. *Clinical Psychology Review, 34*(7), 519-530.

Marinangeli, M. G., Butti, G., Scinto, A., Di Cicco, L., Petruzzi, C., Daneluzzo, E y Rossi, A. (2000). Patterns of comorbidity among DSM-III-R personality disorders. *Psychopathology, 33*(2), 69-74.

Marker, I. y Norton, P. J. (2018). The efficacy of incorporating motivational interviewing to cognitive behavior therapy for anxiety disorders: A review and meta-analysis. *Clinical Psychology Review, 62,* 1-10.

Markowitz, J. C. (1998). *Interpersonal psychotherapy for dysthymic disorder*. Washington, D. C.: American Psychiatric Association.

Markowitz, J. C. (2005). Interpersonal therapy of personality disorders. En J. M. Oldham, A. E. Skodol y B. S. Bender (eds.), *Textbook of personality disorders* (pp. 321-334). Washington (DC): American Psychiatric Press.

Markowitz, J. C. y Swartz, H. A. (1997). Case formulation in interpersonal psychotherapy of depression. En T. E. Eels (ed.), *Handbook of Psychotherapy Case Formulation* (2.ª ed.; pp. 192-222). Nueva York: Guilford Press.

Markowitz, J. C. y Weissman, M. M. (1995). Interpersonal Psychotherapy. En E. E. Beckham y W. R. Leber (eds.), *Handbook of Depression* (pp. 376-390). Nueva York: The Guilford Press.

Markowitz, J. C. y Weissman, M. M. (2004). Interpersonal psychotherapy: principles and applications. *World Psychiatry, 3*(3), 136-139.

Markowitz, J. C., Lipsitz, J. y Milrod, B. L. (2014). Critical review of outcome research on interpersonal psychotherapy for anxiety disorders. *Depression and anxiety, 31*(4), 316-325.

Markowitz, J. C., Meehan, K. B., Petkova, E., Zhao, Y., Van Meter, P. E., Neria, Y. ... y Nazia, Y. (2016). Treatment preferences of psychotherapy patients with chronic PTSD. *The Journal of clinical psychiatry, 77*(3). ClinicalTrials.gov identifier: NCT00739765.

Markowitz, J. C., Petkova, E., Neria, Y., Van Meter, P. E., Zhao, Y., Hembree, E. ... y Marshall, R. D. (2015). Is exposure necessary? A randomized clinical trial of interpersonal psychotherapy for PTSD. *American Journal of Psychiatry, 172*(5), 430-440.

Markowitz, J. C., Skodol, A. E. y Bleiberg, K. (2006). Interpersonal psychotherapy for borderline personality disorder: Possible mechanisms of change. *Journal of Clinical Psychology, 62*(4), 431-444.

Markowitz, J. C., Svartberg, M. y Swartz, H. A. (1998). Is IPT Time-Limited Psychodynamic Psychotherapy? (¿Es la TPI una psicoterapia psicodinámica limitada en el tiempo?) *The Journal of psychotherapy practice and research, 7*(3), 185-195.

Marks, I. (1986). *Behavioural psychotherapy.* Bristol, Reino Unido: John Wright.

Marks, I., Marset, P., Boulougouris, J. y Huson, J. (1971). Physiological accompaniments of neutral and phobic imagery. *Psychological Medicine, 1,* 299-307.

Marlatt, G. A. (2002). Buddhist philosophy and the treatment of addictive behavior. *Cognitive and behavioral practice, 9,* 44-50.

Marlatt, G. A. y Kristeller, J. L. (1999). Mindfulness and meditation. En W. R. Miller (ed.), *Integrating spirituality into treatment: Resources for practitio-*

ners (pp. 67-84). Washington, D. C.: American Psychological Association.

Marlatt, G. A., Witkiewitz, K., Dillworth, T. M., Bowen, S. W., Parks, G. A., Macpherson, L. M. ... y Crutcher, R. (2004). Vipassana meditation as a treatment for alcohol and drug use disorders. En S. C. Hayes, V. M. Follette y M. Linehan (eds.), *Mindfulness and acceptance: Expanding the cognitive-behavioral tradition* (pp. 261-287). Nueva York: Guilford Press.

Marques, L., Valentine, S. E., Kaysen, D., Mackintosh, M. A., Dixon De Silva, L. E., Ahles, E. M. ... y Wiltsey-Stirman, S. (2019). Provider fidelity and modifications to cognitive processing therapy in a diverse community health clinic: Associations with clinical change. *Journal of Consulting and Clinical Psychology, 87*(4), 357-369.

Martell, C. R., Addis, M. E. y Jacobson, N. S. (2001). *Depression in context: Strategies for guided action*. Nueva York: W. W. Norton.

Martell, C. R., Dimidjian, S. y Herman-Dunn, R. (2010). *Behavioral activation for depression: A clinician's guide.* Nueva York: Guilford Press.

Martin, L. M., Plumb-Vilardaga, J. C. y Timko, C. A. (2014). Examining the relationship amongst varieties of interpersonal valuing and mindfulness processes in eating pathology. *Mindfulness, 5*(2), 111-123.

Mas, B., Pérez, E. G., Cabañero, M. y Valiente, R. M. (2004). Relajación y sensibilidad a la ansiedad. *Revista de psicopatología y psicología clínica, 9*(2), 123-138.

Mathews, A. (1971). Psychophysiological approaches to the investigation of desensitisation and related processes. *Psychological Bulletin, 76,* 73-91.

Mattick, R. P. y Clarke, J. C. (1998). Development and validation of measures of social phobia, scrutiny fear and social interaction anxiety. *Behaviour Research and Therapy, 36,* 455-470.

Maxwell, G. M. (1985). Behaviour of lovers: Measuring the closeness of relationships. *Journal of Social and Personal Relationships, 2*(2), 215-238.

May, G. G. (1987). *Addiction and grace*. San Francisco: Harper & Row.

May, J., Andrade, J., Panabokke, N. y Kavanagh, D. J. (2004). Images of desire: cognitive *Will and spirit: A contemplative psychology* models of craving. *Memory, 12*(4), 447-461.

Mayes, R. y Horwitz, A. V. (2005). DSM-III and the revolution in the classification of mental illness. *Journal of the History of the Behavioral Sciences, 41*(3), 249-267.

Mayordomo, T., Viguer, P., Sales, A., Satorres, E. y Meléndez, J. C. (2016). Resilience and coping as predictors of well-being in adults. *The Journal of Psychology, 150*(7), 809-821.

McCarney, R. W., Schulz, J. y Grey, A. R. (2012). Effectiveness of mindfulness-based therapies in reducing symptoms of depression: A meta-analysis. *European Journal of Psychotherapy & Counselling, 14,* 279-299.

McCauley, E., Berk, M. S., Asarnow, J. R., Adrian, M., Cohen, J., Korslund, K. ... y Linehan, M. M. (2018). Efficacy of dialectical behavior therapy for adolescents at high risk for suicide: A randomized clinical trial. *JAMA Psychiatry, 75*(8), 777-785.

McClintock, A., Anderson, T. y Petrarca, A. (2015). Treatment Expectations, Alliance, Session Positivity, and Outcome: An Investigation of a ree-Path Mediation Model. *Journal of Clinical Psychology, 71,* 41-49.

McClure, E. B., Monk, C. S., Nelson, E. E., Parrish, J. M., Adler, A. et al. (2007). Abnormal attention modulation of fear circuit function inpediatric generalized anxiety disorder. *Archives of General Psychiatry, 64,* 97-106.

McCormick, E. M., van Hoorn, J., Cohen, J. R. y Telzer, E. H. (2018). Functional connectivity in the social brain across childhood and adolescence. *Social cognitive and affective neuroscience, 13*(8), 819-830.

McDonell, M. G., Tarantino, J., Dubose, A. P., Matestic, P., Steinmetz, K., Galbreath, H. y McClellan, J. M. (2010). A pilot evaluation of dialectical behavioural therapy in adolescent long-term inpatient care. *Child and Adolescent Mental Health, 15*(4), 193-196.

McEvoy, P. M. y Mahoney, A. E. (2013). Intolerance of uncertainty and negative metacognitive beliefs as transdiagnostic mediators of repetitive negative thinking in a clinical sample with anxiety disorders. *Journal of Anxiety Disorders, 27*(2), 216-224.

McEvoy, P. M. y Saulsman, L. M. (2014). Imagery-enhanced cognitive behavioural group therapy for social anxiety disorder: a pilot study. *Behaviour Research and Therapy, 55,* 1-6.

McEvoy, P. M., Erceg-Hurn, D. M., Saulsman, L. M. y Thibodeau, M. A. (2015). Imagery enhancements increase the effectiveness of cognitive behavioural group therapy for social anxiety disorder: A benchmarking study. *Behaviour Research and Therapy, 65,* 42-51.

McEvoy, P. M., Hyett, M. P., Ehring, T., Johnson, S. L., Samtani, S., Anderson, R. y Moulds, M. L. (2018). Transdiagnostic assessment of repetitive negative thinking and responses to positive affect: Structure and predictive utility for depression, anxiety, and mania symptoms. *Journal of affective disorders, 232,* 375-384.

McEvoy, P. M., Nathan, P. y Norton, P. J. (2009). Efficacy of transdiagnostic treatments: A review of published outcome studies and future research directions. *Journal of Cognitive Psychotherapy, 23,* 20-33.

McEwan, K. y Gilbert, P. (2016). A pilot feasibility study exploring the practising of compassionate imagery exercises in a nonclinical population. *Psychology and Psychotherapy: Theory, Research and Practice, 89*(2), 239-243.

McIntosh, V. V., Jordan, J., Carter, F. A., Luty, S. E., McKenzie, J. M., Bulik, C. M. ... y Joyce, P. R. (2005). Three psychotherapies for anorexia nervosa: a randomized, controlled trial. *American Journal of Psychiatry, 162*(4), 741-747.

McLaughlin, K. A. y Nolen-Hoeksema, S. (2011). Rumination as a transdiagnostic factor in depression and anxiety. *Behaviour research and therapy, 49*(3), 186-193.

McManus, F., Clark, D. M., Grey, N., Wild, J., Hirsch, C., Fennell, M., Hackmann, A., Waddington, L., Liness, S. y Manley, J. (2009). A demonstration of the efficacy of two of the components of cognitive therapy for social phobia. *Journal of Anxiety Disorders, 23*(4), 496-503.

McNally, R. J. (1999). Research on eye movement desensitization and reprocessing (EMDR) as a treatment for PTSD. *PTSD Research Quarterly, 10,* 1-7.

McNally, R. J. y Foa, E. B. (1986). Preparedness and resistance to extinction to fear-relevant stimuli: A failure to replicate. *Behaviour Research and Therapy, 24*(5), 529-535.

McPherson, H. A., Cheavens, J. y Fristad, M. (2013). Dialectical behavior therapy for adolescents: Theory, treatment adaptations, and empirical outcomes. *Clinical Child and Family Psychology Review, 16,* 59-80.

Meadows, G. N., Shawyer, F., Enticott, J. C., Graham, A. L., Judd, F., Martin, P. R. ... y Segal, Z. (2014). Mindfulness-based cognitive therapy for recurrent depression: A translational research study with 2-year follow-up. *Australian & New Zealand Journal of Psychiatry, 48*(8), 743-755.

Meda Lara, R. M., Herrero, M., Blanco-Donoso, L. M., Moreno-Jiménez, B. y Palomera Chávez, A. (2015). Propiedades psicométricas del Cuestionario de Cinco Facetas de la Conciencia Plena en México. *Behavioral Psychology/Psicologia Conductual, 23*(3), 467-487.

Meffert, S. M., Abdo, A. O., Alla, O. A. A., Elmakki, Y. O. M., Omer, A. A., Yousif, S. ... y Marmar, C. R. (2014). A pilot randomized controlled trial of interpersonal psychotherapy for Sudanese refugees in Cairo, Egypt. *Psychological Trauma: Theory, Research, Practice, and Policy, 6*(3), 240-249.

Mehlum, L., Tørmoen, A. J., Ramberg, M., Haga, E., Diep, L. M., Laberg, S. ... y Grøholt, B. (2014). Dialectical behavior therapy for adolescents with repeated suicidal and self-harming behavior: A randomized trial. *Journal of the American Academy of Child & Adolescent Psychiatry, 53*(10), 1082-1091.

Meichenbaum, D. (1974). *Cognitive behavior modification.* Nueva York: General Learning Press.

Meiklejohn, J., Phillips, C., Freedman, M. L., Griffin, M. L., Biegel, G., Roach, A. ... y Saltzman, A. (2012). Integrating mindfulness training into K-12 education: Fostering the resilience of teachers and students. *Mindfulness*, (4), 291-307.

Meiser-Stedman, R., Dalgleish, T., Yule, W. y Smith, P. (2012). Intrusive memories and depression following recent non-traumatic negative life events in adolescents. *Journal of affective disorders, 13*(1-3), 70-78.

Melipillán Araneda, R., Cova Solar, F., Rincón González, P. y Valdivia Peralta, M. (2008). Propiedades psicométricas del Inventario de Depresión de Beck-II en adolescentes chilenos. *Terapia psicológica, 26,* 59-69.

Méndez, F. X. y Macià, D. (1988). Escenificaciones emotivas. Una técnica para las fobias infantiles. *Análisis y Modificación de conducta, 41,* 323-351.

Méndez, F. X., Llavona, L. M., Espada, J. P. y Orgilés, M. (2013). *Programa FORTIUS. Fortaleza psico-*

lógica y prevención de las dificultades emocionales. Madrid: Pirámide.

Mental Health Foundation (2008). *Boiling point report: Problem anger and what we can do about it*. Londres: MHF. https://www.mentalhealth.org.uk/publications/boiling-point-anger-and-what-we-can-do-about-it.

Mertens, G., Krypotos, A.-M. y Engelhard, I. M. (2020). A review on mental imagery in fear conditioning research 100 years since the 'Little Albert' study. *Behaviour Research and Therapy, 126,* 103556. https:// doi.org/10.1016/j.brat.2020.103556.

Meuret, A. E., Wolitzky-Taylor, K. B., Twohig, M. P. y Craske, M. G. (2012). Coping skills and exposure therapy in panic disorder and agoraphobia: Latest advances and future directions. *Behavior Therapy, 43*(2), 271-284.

Meyer, A. (1957). *Psychology A Science of Man*. Spingifield, Il.: Carles C. Thomas.

Meyer, A. y Winters, E. E. (1951). *The Collected Papers of Adolf Meyer: Psychiatry*. Baltimore, MD: Johns Hopkins.

Meyer, T. J., Miller, M. L., Metzger, R. L. y Borkovec, T. D. (1990). Development and validation of the Penn State Worry Questionnaire. *Behaviour Research and Therapy, 28,* 487-495.

Michael, J., Palmer, D. C. y Sundberg, M. L. (2011). The multiple control of verbal behavior. *The Analysis of Verbal Behavior, 27,* 3-22.

Milgram, L., Tonarely, N. A. y Ehrenreich-May, J. (2021). Youth Top Problems and Early Treatment Response to the Unified Protocols for Transdiagnostic Treatment of Emotional Disorders in Children and Adolescents. *Child Psychiatry & Human Development,* 1-17.

Miller, A. L., Rathus, J. H. y Linehan, M. M. (2006). *Dialectical behavior therapy with suicidal adolescents*. Nueva York: Guilford Press.

Miller, R. S. y Lefcourt, H. M. (1982). The assessment of social intimacy. *Journal of personality Assessment, 46*(5), 514-518.

Miller, W. R. y Rollnick, S. (1991). *Motivational interviewing: preparing people to change addictive behaviours*. Nueva York: Guilford Press.

Miller, W. R. y Rollnick, S. (2015). *La entrevista motivacional. Ayudar a las personas a cambiar*. Barcelona: Paidós.

Miller, W. R., Sorensen, J. L., Selzer, J. A. y Brigham, G. S. (2006). Disseminating evidence-based practices in substance abuse treatment: A review with suggestions. *Journal of substance abuse treatment, 31,* 25-39.

Mills, K. L., Lalonde, F., Clasen, L. S., Giedd, J. N. y Blakemore, S. J. (2014). Developmental changes in the structure of the social brain in late childhood and adolescence. *Social cognitive and affective neuroscience, 9,* 123-131.

Miloyan, B., McFarlane, K. A. y Suddendorf, T. (2019). Measuring mental time travel: is the hippocampus really critical for episodic memory and episodic foresight? *Cortex, 117,* 371-384.

Mindfulness All Party Parliamentary Group (2015). *Mindful nation UK*. Retrieved from http://www.themindfulnessinitiative.org.uk/images/reports/Mindfulness-APPG-Report_Mindful-NationUK_Oct2015.pdf.

Mindfulness Network CIC (2016). *Retreats for mindfulness-based teachers*. https://www.mindfulness-network.org/retreats.php.

Miniati, M., Callari, A., Maglio, A. y Calugi, S. (2018). Interpersonal psychotherapy for eating disorders: Current perspectives. *Psychology Research and Behavior Management, 11,* 353-369.

Ministerio de Sanidad, Servicios Sociales e Igualdad (2014). *Guía de Práctica Clínica sobre el Manejo de la Depresión en el Adulto*. https://portal.guiasalud.es/wp-content/uploads/2020/10/gpc_534_depresion_adulto_avaliat_resum_caduc.pdf.

Mitchell, J. E., Mussell, M. P., Peterson, C. B., Crow, S., Wonderlich, S. A., Crosby, R. D. ... y Weller, C. (1999). Hedonics of binge eating in women with bulimia nervosa and binge eating disorder. *International Journal of Eating Disorders, 26*(2), 165-170.

Moberly, N. J. y Watkins, E. R. (2008). Ruminative self-focus and negative affect: An experience sampling study. *Journal of Abnormal Psychology, 117,* 314-323.

Mochrie, K. D., John Lothes, I. I., Guender, E. y John, J. S. (2020). TCD-informed treatment in a partial hospital and intensive outpatient program: the role of step-down care. *Research in Psychotherapy: Psychopathology, Process, and Outcome, 23*(2), 109-120.

Moghanloo, V. A., Moghanloo, R. A. y Moazezi, M. (2015). Effectiveness of acceptance and commitment therapy for depression, psychological well-being and feeling of guilt in 7-15 years old diabetic children. *Iranian journal of pediatrics, 25*(4), e2436 doi: 10.5812/ijp.2436.

Mohr, D. (1995). Negative outcome in psychotherapy: A critical review. *Clinical Psychology: Science and Practice, 2,* 1-27.

Mohr, D. C., Spring, B., Freedland, K. E., Beckner, V., Arean, P., Hollon, S. D. ... y Kaplan, R. (2009). The selection and design of control conditions for randomized controlled trials of psychological interventions. *Psychotherapy and psychosomatics, 78*(5), 275-284.

Molina Moreno, P. M. y Quevedo Blasco, R. Q. (2019). Una revisión de la aplicación de la Terapia de Aceptación y Compromiso con niños y adolescentes. *International journal of psychology and psychological therapy, 19*(2), 173-188.

Molina, J., Sandín, B. y Chorot, P. (2014). Sensibilidad a la ansiedad y presión psicológica: Efectos sobre el rendimiento deportivo en adolescentes. *Cuadernos de psicologia del deporte, 14,* 45-54.

Montgomery, K. L., Kim, J. S. y Franklin, C. (2011). Acceptance and commitment therapy for psychological and physiological illnesses: A systematic review for social workers. *Health & Social Work, 36*(3), 169-181.

Moore, S., Barbour, R., Ngo, H., Sinclair, C., Chambers, R., Auret, K. ... y Playford, D. (2020). Determining the feasibility and effectiveness of brief online mindfulness training for rural medical students: a pilot study. *BMC medical education, 20,* 1-12.

Mooren, N., Krans, J., Näring, G. y van Minnen, A. (2019). Vantage perspective in analogue trauma memories: an experimental study. *Cognition and Emotion, 33*(6), 1261-1270.

Moral de la Rubia, J. (2011a). La escala de afecto positivo y negativo (PANAS) en parejas casadas mexicanas. *Ciencia Ergo Sum, 18*(2),117-125.

Moral de la Rubia, J. (2011b). Propiedades psicométricas de un formato de aplicación simplificado para el Inventario de Depresión de Beck. *Revista Mexicana de Investigación en Psicología Social y de la Salud, 1,* 1-15.

Moral de la Rubia, J. (2013). Validación de un formato simplificado del Inventario de Depresión de Beck (BDI-2). *Psicología Iberoamericana, 21,* 42-52.

Moreh, S. y O'Lawrance, H. E. (2016). Common risk factors associated with adolescent and young adult depression. *Journal of health and human services administration, 39*(2), 283-310.

Moreno, J. J. (2015). Los problemas psicológicos no son enfermedades. *Papeles del Psicólogo, 36,* 77-80.

Morgan, C. D. y Murray, H. A. (1935). A method for investigating fantasies: The Thematic Apperception Test. *Archives of Neurology & Psychiatry, 34*(2), 289-306.

Morina, N., Lancee, J. y Arntz, A. (2017). Imagery rescripting as a clinical intervention for aversive memories: a meta-analysis. *Journal of Behavior Therapy and Experimental Psychiatry, 55,* 6-15.

Moritz, S., Ahlf-Schumacher, J., Hottenrott, B., Peter, U., Franck, S., Schnell, T., Peter, H., Schneider, B. C. y Jelinek, L. (2018). We cannot change the past, but we can change its meaning. a randomized controlled trial on the effects of self-help imagery rescripting on depression. *Behaviour Research and Therapy, 104,* 74-83.

Moritz, S., Hormann, C. C., Schroder, J., Berger, T., Jacob, G. A., Meyer, B., Holmes, E. A., Spath, C., Hautzinger, M., Lutz, W. y Klein, J. P. (2014). Beyond words: sensory properties of depressive thoughts. *Cognition and Emotion, 28*(6), 1047-1056.

Morón Gaspar, R. (2005). Aplicación de la terapia de aceptación y compromiso a un caso de crisis de angustia con agarofobia: un estudio de caso. *Análisis y modificación de conducta, 31*(138), 479-498.

Morón Gaspar, R. (2006). Terapia Integral de Pareja. *eduPsykhé, 5*(2), 273-286.

Morrison, A. P. (2005). Psychosis and the phenomenon of unwanted intrusive thoughts. En D. H. Clark (ed.), *Intrusive thoughts in clinical disorders. Theory, research and treatment* (pp. 175-198). Nueva York: Guilford Press.

Mosak, H. H. (1979). Adierian psychotherapy. En R. J. Corsini (ed.), *Current psychotherapies* (pp. 44-94). Itasca, IL: Peacock.

Mueller, E. M., Sperl, M. F. J. y Panitz, C. (2019). Aversive imagery causes de novo fear conditioning. *Psychological Science, 30*(7), 1001-1015.

Mufson, L. (2015, 9 de abril). *Interpersonal Psychotherapy for Depressed Adolescents: An Introduction to Principles and Techniques* (MC006, Tuttle North/ Center). Institute ADAA (Anxiety and Depression Association of America). Meeting Miami, Florida.

https://adaa.org/sites/default/files/ADAA_ConferenceProgram-2015_web.pdf y https://adaa.org/sites/default/files/Mufson_MC006.pdf.

Mufson, L. Dorta, K. P., Moreau, D. y Weissman, M. M. (2004). *Interpersonal psychotherapy for depressed adolescents*. Nueva York: Guilford Press.

Mufson, L., Moreau, D., Weissman, M. M. y Klerman, G. L. (1993). *Interpersonal psychotherapy for depressed adolescents*. Nueva York: Guilford Press.

Mufson, L., Rynn, M., Yanes-Lukin, P., Choo, T. H., Soren, K., Stewart, E. y Wall, M. (2018). Stepped care interpersonal psychotherapy treatment for depressed adolescents: A pilot study in pediatric clinics. *Administration and Policy in Mental Health and Mental Health Services Research, 45*(3), 417-431.

Mufson, L., Weissman, M. M., Moreau, D. y Garfinkel, R. (1999). Efficacy of interpersonal psychotherapy for depressed adolescents. *Archives of general psychiatry, 56*(6), 573-579.

Mulder, R., Boden, J., Carter, J., Luty, S. y Joyce, P. (2017). Ten month outcome of cognitive behavioural therapy v. interpersonal psychotherapy in patients with major depression: a randomised trial of acute and maintenance psychotherapy. *Psychological Medicine, 47*(14), 2540-2547.

Muñoz Cartes, F. A. (2019). *Validación de la escala «mindfulness attetion awareness scale-adolescents (MAAS-A), versión española» de Calvete, Sampedro y Orue (2014), en adolescentes pertenecientes a la ciudad de Chillán*. Escuela de psicología. Facultad de Educación y Humanidades. Dpto. de Ciencias Sociales. Universidad del Bio-Bio. Chillán: Chile. http://repobib.ubiobio.cl/jspui/bitstream/123456789/2907/1/Mu%C3%B1oz%20Cartes%2C%20Felipe%20Antonio.pdf.

Muñoz-Martínez, A. M. y Coletti, J. P. (2015). La Psicoterapia Analítico Funcional: aproximaciones y alcances de una terapia conductual basada en los cambios dentro del contexto terapéutico. *Revista Argentina de Psiquiatria, 26,* 43-48.

Murakami, H., Katsunuma, R., Oba, K., Terasawa, Y., Motomura, Y., Mishima, K. y Moriguchi, Y. (2015). Neural networks for mindfulness and emotion suppression. *PloS one, 10*(6), e0128005.

Murphy, F. C., Peers, P. V., Blackwell, S. E., Holmes, E. A. y Manly, T. (2019). Anticipated and imagined futures: prospective cognition and depressed mood following brain injury. *British Journal of Clinical Psychology, 58,* 91-109.

Murray, C. J. y Lopez, A. D. (1996). Evidence-based health policy-lessons from the Global Burden of Disease Study. *Science, 274*(5288), 740-743.

Myers, K. M., Ressler, K. J. y Davis, M. (2006). Different mechanisms of fear extinction dependent on length of time since fear acquisition. *Learning & memory, 13*(2), 216-223.

Nagel, E. (1959). *Psychoanalysis, Scientific Method and Philosophy*. Nueva York: Grove Press.

Naismith, I., Kerr, S., Mwale, A. y Feigenbaum, J. (2019). A thematic analysis of compassion-focused imagery for people with personality disorder: inhibitors, facilitators and clinical recommendations. *Clinical Psychologist, 23*(3), 213-224.

National Collaborating Centre for Mental Health (2009). *Borderline personality disorder: treatment and management*. Leicester, Reino Unido: British Psychological Society.

National Institute for Health and Care Excellence (2009). *Depression: the treatment and management of depression in adults (update)*. Clinical guideline. https://www.nice.org.uk/.

National Institute of Mental Health (2002). *FY 2003 Budget*. Department of Health and Human Services: National Institutes of Health. http://www.nimh.nih.gov/about/budget/archived-budgetrequests/ cj2003.pdf.

National Institute of Mental Health (2007). *Depression* (revised): http://www.nimh.nih.gov/ health/publications/depression/nimhdepression.pdf.

Neacsiu, A. D., Eberle, J. W., Kramer, R., Wiesmann, T. y Linehan, M. M. (2014). Dialectical behavior therapy skills for transdiagnostic emotion dysregulation: A pilot randomized controlled trial. *Behaviour research and therapy, 59,* 40-51.

Neff, K. y Germer, C. (2013). A pilot study and randomized controlled trial of the mindful self-compassion program. *Journal of Clinical Psychology, 69,* 28-44.

Nelson-Gray, R., Keane, S. P., Hurst, R. M., Mitchell, J. T., Warburton, J. B., Chok, J. T. y Cobb, A. R. (2006). A modified TCD skills training program for oppositional defiant adolescents: promising preliminary findings. *Behavior Research and Therapy, 44,* 1811-1820.

Neuhaus, E. C. (2006). Fixed values and a flexible partial hospital program model. *Harvard Review of Psychiatry, 14,* 1-14.

Neville, A., Kopala-Sibley, D. C., Soltani, S., Asmundson, G. J., Jordan, A., Carleton, R. N. ... y Noel, M. (2021). A longitudinal examination of the interpersonal fear avoidance model of pain: The role of intolerance of uncertainty. *Pain, 162,* 152 160.

Nezu, A. M. y Nezu, C. M. (1993). Identifying and selecting target problems for clinical interventions: A problem-solving model. *Psychological assessment, 5*(3), 254-263.

NHS Survey Coordination Centre (2017). Briefing note: issues highlighted by the 2016 NHS staff survey in England. Oxford. http://www.nhsstaffsurveys.com/Caches/Files/20170306_ST16_National%20Briefing_v6.0.pdf.

Nieto Fernández, E. y Barraca, J. (2017). Behavioral activation versus cognitive restructuring to reduce automatic negative thoughts in anxiety generating situations. *Psicothema, 29*(2), 172-177.

Nila, K., Holt, D. V., Ditzen, B. y Aguilar-Raab, C. (2016). Mindfulness-based stress reduction (MBSR) enhances distress tolerance and resilience through changes in mindfulness. *Mental Health & Prevention, 4,* 36-41.

Nind, M. y Weare, K. (2011). Mental health promotion and problem prevention in schools across Europe: the evidence and messages for inclusive education. *Health Promotion International Journal, 26,* 29-69.

Ninfa, J. (2007). *Self-report measures of mindfulness: A review of the literature* (Master's thesis, Pacific University). http://commons.pacificu.edu/spp/6.

Nock, M. K., Joiner, T. E., Gordon, K. H., Lloyd-Richardson, E. E. y Prinstein, M. J. (2006). Non-suicidal self-injury among adolescents: Diagnostic correlates and relation to suicide attempts. *Psychiatry Research, 144,* 65-72.

Nolen-Hoeksema, S. (1991). Responses to depression and their effects on the duration of depressive episodes. *Journal of Abnormal Psychology, 100,* 569-582.

Nolen-Hoeksema, S. (2000). The role of rumination in depressive disorders and mixed anxiety/depressive symptoms. *Journal of abnormal psychology, 109*(3), 504.

Nolen-Hoeksema, S., Wisco, B. E. y Lyubomirsky, S. (2008). Rethinking rumination. *Perspectives on psychological science, 3*(5), 400-424.

Norcross, J. C. (2011). *Psychotherapy Relationships That Work: Evidence-based responsiveness.* Nueva York, NY: Oxford University Press.

Norcross, J. C. y Goldfried, M. R. (2005). *Handbook of psychotherapy integration* (2nd ed.). NuevaYork: Oxford Press.

Norcross, J. C. y Lambert, M. J. (2018). Psychotherapy relationships that work III. *Psychotherapy, 55*(4), 303-315.

Norcross, J. C. y Wampold, B. E. (2019). Relationships and Responsiveness in the Psychological Treatment of Trauma: The Tragedy of the APA Clinical Practice Guideline. *Psychotherapy, 56*(3), 391-399.

Norouzi, E., Gerber, M., Masrour, F. F., Vaezmosavi, M., Puehse, U. y Brand, S. (2020). Implementation of a mindfulness-based stress reduction (MBSR) program to reduce stress, anxiety, and depression and to improve psychological well-being among retired Iranian football players. *Psychology of Sport and Exercise, 47,* 101636.

Norton, A. R. y Abbott, M. J. (2016). The efficacy of imagery rescripting compared to cognitive restructuring for social anxiety disorder. *Journal of Anxiety Disorders, 40,* 18-28.

Norton, P. J. (2008). An open trial of a transdiagnostic cognitive-behavioral group therapy for anxiety disorder. *Behavior Therapy, 39*(3), 242-250.

Norton, P. J. (2012a). *Group cognitive behavioral therapy of anxiety: A transdiagnostic treatment manual.* Nueva York: Guilford Press.

Norton, P. J. (2012b). Transdiagnostic group CBT for anxiety disorder: efficacy, acceptability, and beyond. *Revista de Psicopatología y Psicología Clínica / Spanish Journal of Clinical Psychology, 17*(3), 205-217.

Norton, P. J. y Barrera, T. L. (2012). Transdiagnostic versus diagnosis-specific CBT for anxiety disorders: A preliminary randomized controlled noninferiority trial. *Depression and anxiety, 29*(10), 874-882.

Norton, P. J. y Hope, D. A. (2002). *Anxiety treatment program: Therapist manual.* Unpublished treatment manual.

Norton, P. J. y Hope, D. A. (2005). Preliminary evaluation of a broad-spectrum cognitive-behavioral group therapy for anxiety. *Journal of Behavior Therapy and Experimental Psychiatry, 36*(2), 79-97.

Norton, P. J. y Hope, D. A. (2008). The «Anxiety Treatment Protocol» A Group Case Study Demonstration of a Transdiagnostic Group Cognitive-Behavioral Therapy for Anxiety Disorders. *Clinical Case Studies, 7*(6), 538-554.

Norton, P. J. y Philipp, L. M. (2008). Transdiagnostic approaches to the treatment of anxiety disorders: A quantitative review. *Psychotherapy: Theory, Research, Practice, Training, 45*(2), 214-226.

Norton, P. J. y Price, E. P. (2005). *Anxiety treatment program: Client manual.* Unpublished treatment manual.

Norton, P. J. y Price, E. C. (2007). A meta-analytic review of adult cognitive-behavioral treatment outcome across the anxiety disorders. *The Journal of nervous and mental disease, 195*(6), 521-531.

Novaco, R. W. (2010). Anger and psychopathology. En M. Portegal, G. Stemmler y C. Spielberger (eds.), *International handbook of anger: Constituent, concomitant, biological, psychological and social processes* (pp. 465-513). Nueva York: Springer.

Nyklícek, I., Mommersteeg, P., Van Beugen, S., Ramakers, C. y Van Boxtel, G. (2013). Mindfulness-based stress reduction and physiological activity during acute stress: A randomized controlled trial. *Health Psychology, 32*(10), 1110-1113.

O'Brien, W. H. (2016). Abstract. En R. J. Singh, *A Meta-Analytic Review of Functional Analytic Psychotherapy Single-Subject Research.* (Doctoral dissertation). Bowling Green, Ohio: Bowling Green State University.

O'Connor, R. C. y Kirtley, O. J. (2018). The integrated motivational-volitional model of suicidal behaviour. *Philosophical Transactions of the Royal Society, B: Biological Sciences, 373*(1754), 20170268. https:// doi.org/10.1098/rstb.2017.0268.

O'Connor, M., Morgan, K. E., Bailey-Straebler, S., Fairburn, C. G. y Cooper, Z. (2018). Increasing the availability of psychological treatments: a multinational study of a scalable method for training therapists. *Journal of medical Internet research, 20*(6), e10386.

O'Hara, M. W., Pearlstein, T., Stuart, S., Long, J. D., Mills, J. A. y Zlotnick, C. (2019). A placebo controlled treatment trial of sertraline and interpersonal psychotherapy for postpartum depression. *Journal of affective disorders, 245,* 524-532.

O'Shea, G., Spence, S. H. y Donovan, C. L. (2015). Group versus individual interpersonal psychotherapy for depressed adolescents. *Behavioural and Cognitive Psychotherapy, 43,* 1-19.

Office for National Statistics (2017). *Sickness absence in the labour market: 2016*. Newport. https://www.ons.gov.uk/employmentandlabourmarket/peopleinwork/labourproductivity/articles/sicknessabsenceinthelabourmarket/2016.

Okuda, M., Picazo, J., Olfson, M., Hasin, D. S., Liu, S. M., Bernardi, S. y Blanco, C. (2015). Prevalence and correlates of anger in the community: results from a national survey. *CNS spectrums, 20*(2), 130-139.

Olivares, J. (2005). *Procotolo para la intervención en adolescentes con fobia social. Programa IAFS.* Madrid: Pirámide.

Olivares, J. (2011). Catorce años de intervención en adolescentes con fobia social (1997-2011). *Informació Psicològica, 102,* 90-109.

Olivares, J. y Caballo, V. E. (2003). Un modelo tentativo sobre la génesis, desarrollo y mantenimiento de la fobia social. *Psicología Conductual, 11*(3), 483-515.

Olivares, J. y Olivares-Olivares, P. J. (2014a). *Escala de la ideación del suicidio*. Unidad de terapia de conducta. Facultad de psicología. Murcia: Universidad de Murcia.

Olivares, J. y Olivares-Olivares, P. J. (2014b). *Evaluación de la intención suicida*. Unidad de terapia de conducta. Facultad de psicología. Murcia: Universidad de Murcia.

Olivares, J. y Olivares-Olivares, P. J. (2014c). *Escala del riesgo o gravedad del intento de suicidio*. Unidad de terapia de conducta. Facultad de psicología. Murcia: Universidad de Murcia.

Olivares, J. y Olivares-Olivares, P. J. (2015). *Escala para valorar la práctica del «mindfullnes» tras la aplicación del programa «The Mindfulness in Schools Programme».* Unidad de terapia de conducta. Facultad de psicología. Murcia: Universidad de Murcia.

Olivares, J. y Olivares-Olivares, P. J. (2016). *Escala de valoración de la vida*. Unidad de terapia de conducta. Facultad de psicología. Murcia: Universidad de Murcia.

Olivares, J. y Olivares-Olivares, P. J. (2017a). *Versión española del Cuestionario de las Cinco Facetas de la Atención Plena* («The Five Facet Mindfulness Questionnaire»). Unidad de terapia de conducta. Facultad de psicología. Murcia: Universidad de Murcia.

Olivares, J. y Olivares-Olivares, P. J. (2017b). *Versión española del Inventario Integral de Experiencias de Mindfulness* (Comprehensive Inventory of Mindfulness Experience). Unidad de terapia de conducta. Facultad de psicología. Murcia: Universidad de Murcia.

Olivares, J. y Olivares-Olivares, P. J. (2017c). *Versión española del Cuestionario de Valores* (The Valuing Questionnaire). Unidad de terapia de conducta. Facultad de psicología. Murcia: Universidad de Murcia.

Olivares, J. y Olivares-Olivares, P. J. (2018). *Mutismo selectivo. Naturaleza, evaluación y tratamiento*. Madrid: Pirámide.

Olivares, J. y Olivares-Olivares, P. J. (2019a). *Escala de percepción del apoyo social de personas significativas*. Documento no publicado. Unidad de Terapia de Conducta. Facultad de Psicología. Murcia: Universidad de Murcia.

Olivares, J. y Olivares-Olivares, P. J. (2019b). *Programa para la intervención psicológica del mutismo selectivo en contextos educativos. Protocolo IPMS*. Madrid: Editorial Pirámide.

Olivares, J. y Olivares-Olivares, P. J. (2021a). *La Escala de Intimidad de la Psicoterapia Analítica Funcional*. Documento no publicado. Departamento de Personalidad, Evaluación y Tratamiento Psicológicos. Facultad de Psicología. Murcia: Universidad de Murcia.

Olivares, J. y Olivares-Olivares, P. J. (2021b). *Versión española de la Escala de compromiso con la vida* (Engaged Living Scale). Unidad de terapia de conducta. Facultad de psicología. Murcia: Universidad de Murcia.

Olivares, J. y Olivares-Olivares, P. J. (2022). *Versión española de la Escala de valoración de la vida* (Valued Living Scale). Unidad de terapia de conducta. Facultad de psicología. Murcia: Universidad de Murcia.

Olivares, J., Olivares-Olivares, P. J., Rosa-Alcázar, A. I., Montesinos, L. y Macià, D. (2014). The contribution of the therapist's competence in the treatment of adolescents with generalized social phobia. *Psicothema, 26*(4), 483-489.

Olivares, J., Rosa-Alcázar, A. I., García-López, L. J., Bermejo, R. M. y Palomares, A. (2005). Presentación y descripción. En J. Olivares (Ed. y Dir.), *Protocolo para la intervención en adolescentes con fobia social* (pp. 25-84). Madrid: Pirámide.

Olivares, J., Rosa-Alcázar, A. I., Olivares-Olivares, P. J. y Rosa-Alcázar, A. (2008). Treatment of Young Adults with Generalized Social Phobia. *International Journal of Hispanic Psychology, 1*(2), 1-14.

Olivares, J., Sánchez García, R. y López Pina, J. A. (2009). La Escala de Ansiedad Social de Liebowitz para Niños y Adolescentes. *Psicothema, 21*(3), 486-491.

Olivares-Olivares, B. D. y Olivares, J. (2022). *El (in) cumplimiento tributario*. Madrid: Tecnos.

Olivares-Olivares, P. J. (2011). *Efectos del programa IAFS en función de una operacionalización del grado experto en el ejercicio de la psicología clínica* (Tesis doctoral). Facultad de Psicología. Murcia: Universidad de Murcia.

Olivares-Olivares, P. J. y Olivares, J. (2014). *Evaluación breve de la satisfacción de los pacientes*. Unidad de terapia de conducta. Facultad de Psicología. Murcia: Universidad de Murcia.

Olivares-Olivares, P. J. y Olivares, J. (2017). *Escala de autocontrol y autorregulación para adultos*. Unidad de terapia de conducta. Facultad de Psicología. Murcia: Universidad de Murcia.

Olivares-Olivares, P. J. y Olivares, J. (2018). Actualización de un modelo tentativo del mutismo selectivo. *Behavioral Psychology/Psicologia Conductual, 26*(1), 115-140.

Olivares-Olivares, P. J. y Olivares, J. (2020). *Escala de activación conductual para la depresión (versión modificada en español)* / «Behavioral Activation for Depression Scale» (Modified Spanish version); BADS-MSv. Manuscrito no publicado. Unidad de Terapia de Conducta. Facultad de Psicología. Murcia: Universidad de Murcia.

Olivares-Olivares, P. J., Caballo, V. E., Rosa-Alcázar, A., Macià, D. y Olivares, J. (2019). Efectos del tratamiento de la fobia social en adolescentes en el neuroticismo y la extraversión. *Behavioral Psychology/Psicologia Conductual, 27*(2), 199-216.

Olivares-Olivares, P. J., Olivares, J. y Macià, D. (2014). Fobia social. En L. Ezpeleta y J. Toro (coords.), *Psicopatología del desarrollo* (pp. 399- 420). Madrid: Pirámide.

Olivares-Olivares, P. J., Macià, D. y Olivares, J. (2014). El papel de los padres en los tratamientos psicológicos. En J. M. Ortigosa, F. X. Méndez y A. Riquelme (coords.), *Procedimientos terapéuticos en niños y adolescentes* (pp. 47-61). Madrid: Pirámide.

Olivares-Olivares, P. J., Montesinos, L., Rosa-Alcázar, A. y Maciá, D. (2015). Efectos del terapeuta en el tratamiento de adolescentes con fobia social generalizada. *Anales de Psicología/Annals of Psychology, 31,* 234-242.

Olivares-Olivares, P. J., Rosa-Alcázar, A., Rosa-Alcázar, A. I. y Olivares, J. (2022). *La intervención psicológica conductual y conductual-cognitiva.* Madrid: Pirámide.

Olivera-La Rosa, O. L., Arango Tobón, O. E. y Martí Noguera, J. J. (2016). ¿Estrellas o constelaciones?: implicaciones de los estudios cognitivos para el modelo dimensional de la emoción. *Escritos de Psicología (Internet), 9*(2), 31-41.

Olthuis, J. V., Watt, M. C. y Stewart, S. H. (2014). Anxiety Sensitivity Index (ASI-3) subscales predict unique variance in anxiety and depressive symptoms. *Journal of Anxiety Disorders, 28*(2), 115-124.

Ong, C. W., Lee, E. B. y Twohig, M. P. (2018). A meta-analysis of dropout rates in acceptance and commitment therapy. *Behaviour research and therapy, 104,* 14-33.

Ong, C. W., Lee, E. B., Krafft, J., Terry, C. L., Barrett, T. S., Levin, M. E. y Twohig, M. P. (2019). A randomized controlled trial of acceptance and commitment therapy for clinical perfectionism. *Journal of Obsessive-Compulsive and Related Disorders, 22,* 100444.

Onken, L. S., Carroll, K. M., Shoham, V., Cuthbert, B. N. y Riddle, M. (2014). Reenvisioning clinical science: unifying the discipline to improve the public health. *Clinical Psychological Science, 2,* 22-34.

Oquendo, M. A., Halberstam, B. y Mann, J. J. (2003). Risk factors for suicidal behavior. *Standardized evaluation in clinical practice, 22,* 103-129.

Organización Mundial de la Salud (1992). CIE-10: *Trastornos mentales y del comportamiento. Descripciones clínicas y pautas para el diagnóstico.* Madrid: Meditor.

Organización Mundial de la Salud (1995a). *Clasificación Estadística Internacional de Enfermedades y Problemas Relacionados con la Salud. Décima Revisión* (CIE-10. Vol. 1). Washington, D. C.: Organización Panamericana de la Salud.

Organización Mundial de la Salud (1995b). *Clasificación Estadística Internacional de Enfermedades y Problemas Relacionados con la Salud. Décima Revisión* (CIE-10. Vol. 2). Washington, D. C.: Organización Panamericana de la Salud.

Organización Mundial de la Salud (1995c). *Clasificación Estadística Internacional de Enfermedades y Problemas Relacionados con la Salud. Décima Revisión* (CIE-10. Vol. 3). Washington, D. C.: Organización Panamericana de la Salud.

Organización Mundial de la Salud (2010). *Recomendaciones mundiales de actividad física para la salud.* Organización Mundial de la Salud. http://whqlibdoc.who.int/publications/2010/9789243599977_spa.pdf 2.

Organización Mundial de la Salud (2018). *International Classification of Diseases 11th Revision* (ICD-11). World Health Organization (WHO). https://icd.who.int/.

Orgilés, M. (2014). *Tratando... fobia a la oscuridad en la infancia y adolescencia.* Madrid: Pirámide.

Oros, L. B. (2005). Implicaciones del perfeccionismo infantil sobre el bienestar psicológico: Orientaciones para el diagnóstico y la práctica clínica. *Anales de Psicología/Annals of Psychology, 21*(2), 294-303.

Orozco, A., García, G., Venebra, A. y Aguilera, U. (2021). Propiedades psicométricas de la versión en español del Kentucky Inventory of Mindfulness Skills en población general mexicana. *Revista Latinoamericana de Psicología, 53,* 104-113.

Ortiz Fernández, C. (2016). *Hacia un diagnóstico fiable y eficiente del trastorno límite de la personalidad* (Tesis doctoral). Barcelona: Departamento de medicina y psiquiatría legal. Universidad Autonoma de Barcelona. https://www.tesisenred.net/bitstream/handle/10803/367918/cof1de1.pdf?sequence=1.

Ortiz González, V. (2013). *La entrevista motivacional. Elementos para su aplicación.* México, D. F.: Dirección de Tratamiento y Rehabilitación, Subdirección de Consulta Externa Departamento de Centros de Día. http://www.intranet.cij.gob.mx/Archivos/Pdf/MaterialDidacticoTratamiento/Manua_lEntrevista_Motivacional_Actualizacion_2013.pdf.

Ortuño Sierra, J., García Velasco, L., Inchausti, F., Debbané, M. y Pedrero, E. F. (2016). Nuevas aproximaciones en el estudio de las propiedades psicométricas del STAI. *Actas españolas de psiquiatría, 44*(3), 83-92.

O'Shea, G., Spence, S. H. y Donovan, C. L. (2014). Interpersonal factors associated with depression in adolescents: are these consistent with theories underpinning interpersonal psychotherapy? *Clinical psychology & psychotherapy, 21*(6), 548-558.

Oshiro, C. K. B., Kanter, J. y Meyer, S. B. (2012). A single-case experimental demonstration of Functional Analytic Psychotherapy with two clients with severe interpersonal problems. *International Journal of Behavioral Consultation and Therapy, 7*(2-3), 111-117.

Osma López, J. J., Díaz-García, A., Botella, C. y Barrada, J. R. (2014). Personalidad y sensibilidad a la ansiedad como factores de vulnerabilidad en el trastorno de pánico. *Behavioral Psychology / Psicología Conductual, 22*(2), 185-201.

Öst, L. G. (2008). Efficacy of the third wave of behavioral therapies: A systematic review and meta-analysis. *Behaviour Research & Therapy, 46,* 296-321.

Öst, L. G. (2014). The efficacy of acceptance and commitment therapy: an updated systematic review and meta-analysis. *Behaviour research and therapy, 61,* 105-121.

Öst, L. G. (2017). Rebuttal of Atkins et al. (2017) critique of the Öst (2014) meta-analysis of ACT. *Behaviour research and therapy, 97,* 273-281.

Owen, J. (2011). Transdiagnostic cognitive processes in high trait anger. *Clinical Psychology Review, 31,* 193-202.

Owens, M. D., Nason, E. y Yeater, E. (2018). Dialectical Behavior Therapy for multiple treatment targets: A case study of a male with comorbid personality and substance use disorders. *International Journal of Mental Health and Addiction, 16,* 436-450.

Öztekin, E. y Yılmaz, B. (2020). Examination of the phenomenological characteristics, reconsolidation update, and perceived temporal distance of intrusive memories in university students with high and low depressive symptoms. *Klinik Psikiyatri Dergisi, 23*(2), 142-152.

Páez, M. y Gutiérrez, O. (eds.) (2012). *Múltiples aplicaciones de Terapia de Aceptación y Compromiso.* Madrid: Pirámide.

Pagnini, F., Cavalera, C., Rovaris, M., Mendozzi, L., Molinari, E., Phillips, D. y Langer, E. (2019). Longitudinal associations between mindfulness and well-being in people with multiple sclerosis. *International Journal of Clinical and Health Psychology, 19,* 22-30.

Pajak, R., Langhoff, C., Watson, S. y Kamboj, S. K. (2013). Phenomenology and thematic content of intrusive imagery in bowel and bladder obsession. *Journal of Obsessive-Compulsive and Related Disorders, 2*(3), 233-240.

Palmer, D. C. (2010). Behavior under the microscope: Increasing the resolution of our experimental procedures. *The Behavior Analyst, 33,* 37-45.

Pamies, L. y Quiles, Y. (2014). Perfeccionismo y factores de riesgo para el desarrollo de trastornos alimentarios en adolescentes españoles de ambos géneros. *Anales de psicología, 30*(2), 620-626.

Panos, P. T., Jackson, J. W., Hasan, O. y Panos, A. (2014). Meta-analysis and systematic review assessing the efficacy of dialectical behavior therapy (DBT). *Research on Social Work Practice, 24*(2), 213-223.

Panter-Brick, C., Grimon, M. P., Kalin, M. y Eggerman, M. (2015). Trauma memories, mental health, and resilience: A prospective study of Afghan youth. *Journal of Child Psychology and Psychiatry, 56*(7), 814-825.

Pardos-Gascón, E. M., Narambuena, L., Leal-Costa, C. y van-der Hofstadt-Román, C. J. (2021). Differential efficacy between cognitive-behavioral therapy and mindfulness-based therapies for chronic pain: Systematic review. *International Journal of Clinical and Health Psychology, 21,* 100-117.

Park, T., Reilly-Spong, M. y Gross, C. R. (2013). Mindfulness: a systematic review of instruments to measure an emergent patient-reported outcome (PRO). *Quality of Life Research, 22*(10), 2639-2659.

Parsons, C. E., Crane, C., Parsons, L. J., Fjorback, L. O. y Kuyken, W. (2017). Home practice in Mindfulness-Based Cognitive Therapy and Mindfulness-Based Stress Reduction: A systematic review and meta-analysis of participants' mindfulness practice and its association with outcomes. *Behaviour Research and Therapy, 95,* 29-41.

Parsons, T. (1951). Illness and the role of the physician: a sociological perspective. *American Journal of orthopsychiatry, 21*(3), 452-460.

Pascual-Vera, B. y Belloch, A. (2018). El carácter transdiagnóstico de las intrusiones mentales: una revisión y una propuesta basada en datos. *Revista de Psicopatología y Psicología Clínica, 23*(2), 135-147.

Patrón-Espinosa, F. de J. (2013). La evitación experiencial como dimensión funcional de los trastornos de depresión, ansiedad y psicóticos. *Journal of Behavior, Health & Social Issues, 5,* 85-95.

Paul, G. L. (1966). *Insight versus desensitization in psychotherapy*. Stanford: Stanford University Press.

Paulik, G., Steel, C. y Arntz, A. (2019). Imagery rescripting for the treatment of trauma in voice hearers: a case series. *Behavioural and Cognitive Psychotherapy, 47*(6), 709-725.

Paus, T., Keshavan, M. y Giedd, J. N. (2008). Why do many psychiatric disorders emerge during adolescence? *Nature reviews neuroscience, 9*(12), 947-957.

Payne, A., Kralj, A., Young, J. y Meiser-Stedman, R. (2019). The prevalence of intrusive memories in adult depression: A meta-analysis. *Journal of Affective Disorders, 253,* 193-202.

Payne, L. A., Ellard, K. K., Farchione, T. J., Fairholme, C. P. y Barlow, D. H. (2014). *Emotional disorders: A unified transdiagnostic protocol.* En D. H. Barlow (ed.), *Clinical handbook of psychological disorders: A step-by-step treatment manual* (p. 237-274). Nueva York: The Guilford Press.

Payne, L. A., Ellard, K. K., Farchione, T. J., Fairholme, C. P. y Barlow, D. H (2018). Trastornos emocionales. Un protocolo transdiagnóstico unificado. En D. H. Barlow (ed.), *Manual clínico de trastornos psicológicos. Tratamiento paso a paso* (pp. 237-274). México, D. F.: Editorial Manual Moderno.

Pearson, J., Naselaris, T., Holmes, E. A. y Kosslyn, S. M. (2015). Mental imagery: functional mechanisms and clinical applications. *Trends in Cognitive Sciences, 19*(10), 590-602.

Pellizzer, M. L (2018). *Examination of a New, Shorter Cognitive Behavioural Therapy for Non-underweight Eating Disorders: Effectiveness and Predictive Role of Body Image* (Doctoral dissertation). Adelaida, Autralia del sur: Flinders University, College of Education, Psychology and Social Work.

Pellizzer, M. L., Waller, G. y Wade, T. D. (2019). Ten-session cognitive behaviour therapy for eating disorders: Outcomes from a pragmatic pilot study of Australian non-underweight clients. *Clinical Psychologist, 23*(2), 124-132.

Pepper, S. C. (1942). *World hypotheses. A study in evidence*. Berkeley, Los Ángeles: University of California Press.

Perea-Gil, L. F. (2017). La terapia de aceptación y compromiso para los trastornos por abuso y dependencia de sustancias psicoactivas: una revisión descriptiva. *Drugs and Addictive Behavior, 2,* 99-121.

Perepletchikova, F., Axelrod, S., Kaufman, J., Rounsaville, B., Douglas-Plumberi, H. y Miller, A. (2011). Adapting dialectical behaviour therapy for children: Towards a new research agenda for paediatric suicidal and non-suicidal self-injurious behaviours. *Child and Adolescent Mental Health, 16,* 116-121.

Perestelo-Pérez, L., Barraca, J., Peñate, W., Rivero-Santana, A. y Álvarez-Pérez, Y. (2017). Mindfulness-based interventions for the treatment of depressive rumination: Systematic review and meta-analysis. *International Journal of Clinical and Health Psychology, 17*(3), 282-295.

Pérez, V., Barrachina, J., Soler, J., Pascual, J. C., Campins, M. J., Puigdemont, D. y Álvarez, E. (2007). Impresión clínica global para pacientes con trastorno límite de la personalidad (ICG-TLP): una escala sensible al cambio. *Actas Españolas de Psiquiatría, 35*(4), 229-235.

Pérez-Álvarez, M. (1996a). *La psicoterapia desde el punto de vista conductista*. Madrid: Biblioteca Nueva.

Pérez Álvarez, M. (2004). *Contingencia y drama. La psicología según el conductismo.* Madrid: Minerva.

Pérez-Álvarez (2006a; 29 de noviembre). La activación conductual (AC): un nuevo acercamiento al tratamiento de la depresión. *Infocop* http://www.infocop.es/view_article.asp?id=1157.

Pérez-Álvarez, M. (2006b). La terapia de conducta de tercera generación. *EduPsykhé, 5,* 159-172.

Pérez-Álvarez, M. (2007a). La activación conductual. *Infocop, 31,* 41-53.

Pérez-Álvarez, M. (2007b). La activación conductual y la desmedicalización de la depresión. *Papeles del psicólogo, 28*(2), 97-110.

Pérez-Álvarez, M. (2012). *Las raíces de la psicopatología moderna*. Madrid: Pirámide.

Pérez-Álvarez (2013, 19 diciembre). «Alternativas a las clasificaciones diagnósticas no faltan» - Entrevista a M. Pérez Álvarez, catedrático de la Universidad de Oviedo. *Infocop*. http://www.infocop.es/view_article.asp?id=4884.

Pérez-Álvarez, M. (2014). *Las terapias de tercera generación como terapias contextuales*. Madrid: Síntesis.

Pérez-Álvarez, M. (2017). El turno transdiagnóstico y el retorno de la psicopatología: el tema de nuestro tiempo en psiquiatría. *Cuadernos de Psiquiatría Comunitaria, 14,* 35-52.

Pérez-Álvarez, M. (2018). La Psicología más allá del dualismo y el cerebrocentrismo. *Apuntes de Psicología, 36*(1-2), 7-20.

Pérez-Aranda, A., Feliu-Soler, A., Montero-Marín, J., García-Campayo, J., Andrés-Rodríguez, L., Borràs, X. ... y Luciano, J. V. (2019). A randomized controlled efficacy trial of mindfulness-based stress reduction compared with an active control group and usual care for fibromyalgia: The EUDAIMON study. *Pain, 160*(11), 2508-2523.

Pérez-Aranda, A., García-Campayo, J., Gude, F., Luciano, J. V., Feliu-Soler, A., González-Quintela, A. ... y Montero-Marin, J. (2021). Impact of mindfulness and self-compassion on anxiety and depression: The mediating role of resilience. *International Journal of Clinical and Health Psychology, 21*(2), 100229.

Pérez-Fuentes, M. D. C., Molero Jurado, M. D. M., Mercader Rubio, I., Soriano Sánchez, J. G. y Gázquez Linares, J. J. (2020). Mindfulness for preventing psychosocial risks in the workplace: A systematic review and meta-analysis. *Applied Sciences, 10*(5), 1851. https://doi.org/10.3390/app10051851.

Pérez Nieto, M. A., Redondo Delgado, M. M. y León, L. (2012). Aproximaciones a la emoción de ira: de la conceptualización a la intervención psicológica. *Revista de Motivación y Emoción, 1,* 66-81.

Pérez-Verduzco, G. y Laca-Arocena, F. A. (2017). Traducción y validación de la versión abreviada del Freiburg Mindfulness Inventory (FMI-14). *Revista Evaluar, 17,* 80-93.

Peters, J. R., Eisenlohr-Moul, T. A., Upton, B. T. y Baer, R. A. (2013). Nonjudgment as a moderator of the relationship between present-centered awareness and borderline features: Synergistic interactions in mindfulness assessment. *Personality and Individual Differences, 55,* 24-28.

Phan, K. L., Fitzgerald, D. A., Nathan, P. J. y Tancer, M. E. (2006). Association between amygdala hyperactivity to harsh faces and severity of social anxiety in generalized social phobia. *Biological Psychiatry, 59,* 424-429.

Piers, E. V. y Harris, D. B. (1984). *The Piers-Harris Children's SelfConcept scale*. Los Angeles: Western Psychological Corporation.

Piet, J. y Hougaard, E. (2011). The effect of mindfulness-based cognitive therapy for prevention of relapse in recurrent major depressive disorder: a systematic review and meta-analysis. *Clinical psychology review, 31*(6), 1032-1040.

Piet, J., Zachariae, R. y Würtzen, H. (2012). The effect of mindfulness-based therapy on symptoms of anxiety and depression in adult cancer patients and survivors: A systematic review and meta-analysis. *Journal of Consulting & Clinical Psychology, 80,* 1007-1020.

Pile, V. y Lau, J. Y. F. (2020). Intrusive images of a distressing future: links between prospective mental imagery, generalized anxiety and a tendency to suppress emotional experience in youth. *Behaviour Research and Therapy, 124,* 103508.

Pinillos, J. L. (1980). Observaciones sobre la psicología científica. *Análisis y Modificación de Conducta, 6*(13), 537-590.

Piqueras-Rodríguez, J. A., Ramos Linares, V., Martínez González, A. E. y Oblitas Guadalupe, L. A. (2009). Emociones negativas y su impacto en la salud mental y física. *Suma psicológica, 16*(2), 85-112.

Pizarro, C. A. (2014). La entrevista etnográfica como práctica discursiva. *Revista de antropología, 57,* 461-496.

Plener, P. L., Schumacher, T. S., Munz, L. M. y Groschwitz, R. C. (2015). The longitudinal course of non-suicidal self-injury and deliberate self-harm: a systematic review of the literature. *Borderline Personality Disorder and Emotion Dysregulation, 2,* 2. https://doi.org/10.1186/s40479-014-0024-3.

Poletti, S., Radaelli, D., Cucchi, M., Ricci, L., Vai, B., Smeraldi, E. y Benedetti, F. (2015). Neural correlates of anxiety sensitivity in panic disorder: a functional magnetic resonance imaging study. *Psychiatry Research: Neuroimaging, 233*(2), 95-101.

Polizzi, C., Gautam, A. y Lynn, S. J. (2018). Trait mindfulness: A multifaceted evaluation. *Imagination, Cognition and Personality, 38*(2), 106-138.

Polman, A., Bouman, T. K., Van Geert, P., de Jong, P. J. y den Boer, J. A. (2013). Las creencias disfuncionales en el proceso de cambio del tratamiento cognitivo en comprobadores obsesivo compulsivos. *RET: revista de toxicomanías, 68,* 3-19.

Porter, J. F. y Spates, C. R. (2014). Behavioral Activation Group Therapy. Therapist Manual. Kalamazoo, Michigan: Western Michigan University https://www.div12.org/wp-content/uploads/2014/11/Behavioral-Activation-Group-Therapy-Therapist-Manual.doc.

Porter, J. F., Spates, C. R. y Smitham, S. (2004). Behavioral activation group therapy in public mental health settings: a pilot investigation. *Professional Psychology: Research and Practice, 35*(3), 297-301.

Portero de la Cruz, S. (2019). *Estrés laboral, burnout, satisfacción, afrontamiento y salud general del personal sanitario de urgencias*. Tesis doctoral. Córdoba: Universidad de Córdoba. https://helvia.uco.es/xmlui/handle/10396/18579.

Posner, K., Brent, D., Lucas, C., Gould, M., Stanley, B., Brown, G., Fisher, P., Zelazny, J., Burke, A., Oquendo, M. y Mann, J. (2008). *Columbia-suicide severity rating scale (C-SSRS). Lifetime Recent - Clinical Version 1/14/09.* Nueva York, NY: Columbia University Medical Center. https://vtspc.org/wp-content/uploads/2016/12/C-SSRS-LifetimeRecent-Clinical.pdf

Posner, K., Brown, G. K., Stanley, B., Brent, D. A., Yershova, K. V., Oquendo, M. A. ... y Mann, J. J. (2011). The Columbia-Suicide Severity Rating Scale: initial validity and internal consistency findings from three multisite studies with adolescents and adults. *American journal of psychiatry, 168*(12), 1266-1277.

Potter, L. B., Kresnow, M., Powell, K. E., O'Carroll, P. W., Lee, R. K., Frankowski, R. F. … y Briscoe, M. G. (1998). Identification of nearly fatal suicide attempts: Self-inflicted injury severity form. *Suicide and Life-Threatening Behavior, 28,* 174-186.

Poulsen, S., Lunn, S., Daniel, S. I., Folke, S., Mathiesen, B. B., Katznelson, H. y Fairburn, C. G. (2014). A randomized controlled trial of psychoanalytic psychotherapy or cognitive-behavioral therapy for bulimia nervosa. *American Journal of Psychiatry, 171,* 109-116.

Power, M. B., Champion, L. A. y Aris, S. J. (1988). The development of a measure of social support: the Significant Others (SOS) Scale. *British Journal of Clinical Psychology, 27*(4), 349-358.

Powers, M. B., Smits, J. A., Whitley, D., Bystritsky, A. y Telch, M. J. (2008). The effect of attributional processes concerning medication taking on return of fear. *Journal of Consulting and Clinical Psychology, 76*(3), 478.

Powers, M. B., Vörding, M. B. Z. V. S. y Emmelkamp, P. M. (2009). Acceptance and commitment therapy: A meta-analytic review. *Psychotherapy and psychosomatics, 78*(2), 73-80.

Prochaska, J. O. y Diclemente, C. C. (2005). The transtheoretical approach. En J. C. Norcross y M. R. Goldfried (eds.), *Handbook of psychotherapy integration* (pp. 147-171). Nueva York: Oxford.

Pu, J., Zhou, X., Liu, L., Zhang, Y., Yang, L., Yuan, S. ... y Xie, P. (2017). Efficacy and acceptability of interpersonal psychotherapy for depression in adolescents: a meta-analysis of randomized controlled trials. *Psychiatry research, 253,* 226-232.

Qu, C. y Sas, C. (2018, julio). Exploring memory interventions in depression through lifelogging lens. En *Proceedings of the 32nd International BCS Human Computer Interaction Conference, 32* (pp. 1-6). https://www.scienceopen.com/document_file/ebd1230e-ad7c-4fcf-b481-903467c479b8/ScienceOpen/BHCI-2018_Qu.pdf.

Quaglia, J., Braun, S., Freeman, S., McDaniel, M. y Brown, K. (2016). Meta-analytic evidence for effects of mindfulness training on dimensions of self-reported mindfulness. *Psychological Assessment, 28*(7), 803-818.

Querstret, D., Morison, L., Dickinson, S., Cropley, M. y John, M. (2020). Mindfulness-based stress reduction and mindfulness-based cognitive therapy for psychological health and well-being in nonclinical samples: A systematic review and meta-analysis. *International Journal of Stress Management* (Accepted for publication). https://research.stmarys.ac.uk/id/eprint/3944/1/QuerstretEtAl_2020_IJSM_DraftAcceptedForPublication.pdf.

Quintana, M. y Rincón, M. E. (2011). Eficacia del entrenamiento mindfulness para pacientes con fibromialgia. *Clínica y Salud, 22,* 51-67.

Quintana Rodríguez, I. y Velazco Fajardo, Y. (2018). Reacciones adversas de los antidepresivos: consideraciones actuales. *Revista Médica Electrónica, 40*(2), 420-432.

Rafaeli, A. K. y Markowitz, J. C. (2011). Interpersonal psychotherapy (IPT) for PTSD: a case study. *American journal of psychotherapy, 65*(3), 205-223.

Ramírez-Pérez, J., Martínez-Cuervo, N., Rodríguez-Medina, D. A., Alfonso-Torres, I. y Becerra-Sánchez, D. (2021). Mindfulness infantil: efectos psicofisiológicos, cognitivos y psicosociales. *Revista de Psicología de la Universidad Autónoma del Estado de México, 10*(19), 86-106.

Ramón y Cajal, S. (1920). *Reglas y consejos sobre investigación científica (Los tónicos de la voluntad)* (5.ª edic.). *Istología del sistema nervioso del hombre y los vertebrados*. (Vol. I). Madrid: Imprenta y librería de Nicolás Moya http://www.ccapitalia.net/descarga/docs/1897-cajal-reglas-y-consejos.pdf -p. 6- y en https://ia600904.us.archive.org/25/items/ConsejosParaJovenesCientificosPorSantiagoRamonYCajal/reglas_y_consejos_cajal.pdf —pp. 15-16—).

Ramos-Brieva, J. A. y Cordero-Villafafila, A. A. (1986). Validación de la versión castellana de la Escala para la evaluación de la depresión de Hamilton (Ham-D). *Actas Luso Españolas de Neurología, Psiquiatría y Ciencias Afines, 14,* 324-334.

Ramos-Brieva, J. A. y Cordero-Villafafila, A. A. (1988). A new validation of the Hamilton Rating Scale for Depression. *Journal of psychiatric research, 22,* 21-28.

Ramos-Goñi, J. M., Craig, B. M., Oppe, M., Ramallo-Fariña, Y., Pinto-Prades, J. L., Luo, N. y Rivero-Arias, O. (2018). Handling data quality issues to estimate the Spanish EQ-5D-5L value set using a hybrid interval regression approach. *Value in Health, 21*(5), 596-604.

Rapee, R. M. y Heimberg, R. G. (1997). A cognitive-behavioral model of anxiety in social phobia. *Behaviour Research and Therapy, 35,* 741-756.

Rathus, J. H. y Miller, A. L. (2015). *DBT skills manual for adolescents*. Nueva York: Guilford Publications.

Ravitz, P. y Watson, P. (2014). Interpersonal psychotherapy: healing with a relational focus. *Focus, 12*(3), 275-284.

Ravitz, P., Watson, P., Lawson, A., Constantino, M. J., Bernecker, S., Park, J. y Swartz, H. A. (2019). Interpersonal psychotherapy: a scoping review and historical perspective (1974-2017). *Harvard review of psychiatry, 27*(3), 165-180.

Raykos, B. C., McEvoy, P. M., Erceg-Hurn, D., Byrne, S. M., Fursland, A. y Nathan, P. (2014). Therapeutic alliance in enhanced cognitive behavioural therapy for bulimia nervosa: probably necessary but definitely insufficient. *Behaviour Research and Therapy, 57,* 65-71.

Raykos, B. C., Watson, H. J., Fursland, A., Byrne, S. M. y Nathan, P. (2013). Prognostic value of rapid response to enhanced cognitive behavioral therapy in a routine clinic sample of eating disorder outpatients. *International Journal of Eating Disorders, 46,* 764-770.

Rebollo, P., Morís, J., Ortega, T., Valdés, C. y Ortega, F. (2007). Estimación de un índice de utilidad mediante el uso de la versión española del Cuestionario de Salud SF-36: validez del índice SF-6D frente al EQ-5D. *Medicina clínica, 128*(14), 536-537.

Reilly, E. D., Ritzert, T. R., Scoglio, A. A., Mote, J., Fukuda, S. D., Ahern, M. E. y Kelly, M. M. (2019). A systematic review of values measures in acceptance and commitment therapy research. *Journal of Contextual Behavioral Science, 12,* 290-304.

Reimer, S. G. y Moscovitch, D. A. (2015). The impact of imagery rescripting on memory appraisals and core beliefs in social anxiety disorder. *Behaviour Research and Therapy, 75,* 48-59.

Reinholt, N. y Krogh, J. (2014). Efficacy of transdiagnostic cognitive behaviour therapy for anxiety disorders: a systematic review and meta-analysis of published outcome studies. *Cognitive Behaviour Therapy, 43*(3), 171-184.

Reiss, S. y McNally, R. J. (1985). The expectancy model of fear. En S. Reiss y R. R. Bootzin (eds.), *Theoretical issues in behavior therapy* (pp. 107-121). Nueva York: Academic Press, 1985.

Remor, E. (2006). Psychometric properties of a European Spanish version of the Perceived Stress Scale (PSS). *The Spanish journal of psychology, 9,* 86-93.

Remor, E. y Carrobles, J. A. (2001). Versión española de la Escala de Estrés Percibido (PSS-14): estudio psicométrico en una muestra VIH+. *Ansiedad y Estrés, 7,* 195-201.

Renner, F., Murphy, F. C., Ji, J. L., Manly, T. y Holmes, E. A. (2019). Mental imagery as a «motivational amplifier» to promote activities. *Behaviour Research and Therapy, 114,* 51-59.

Reyes Buitrago, P. L. (2020). *Propiedades psicométricas del índice de probabilidad de recompensa (RPI) en población colombiana* (Tesis doctoral). Bogotá, DC: Fundación Universitaria Konrad Lorenz.

Reyher, J. (1978). Emergent uncovering psychotherapy: The use of imagoic and linguistic vehicles in objectifying psychodynamic processes. En J. L. Singer y K. S. Pope (eds.), *The Power of Human Imagination* (pp. 33-57). Nueva York: Plenum.

Reynolds III, C. F., Dew, M. A., Pollock, B. G., Mulsant, B. H., Frank, E., Miller, M. D. ... y Kupfer, D. J. (2006). Maintenance treatment of major depression in old age. *New England Journal of Medicine, 354*(11), 1130-1138.

Reynolds III, C. F., Lenze, E. y Mulsant, B. H. (2019). Assessment and treatment of major depression in older adults. *Handbook of clinical neurology, 167,* 429-435.

Ribeiro, J. D., Franklin, J. C., Fox, K. R., Bentley, K. H., Kleimman, E. M., Chang, B. P. y Nock, M. K. (2016). Self-injurious thoughts and behaviors as risk factors for future suicide ideation, attempts, and death: A meta-analysis of longitudinal studies. *Psychological Medicine, 46,* 225-236.

Ribes, E. (1990). *Psicología y salud: un análisis conceptual.* Barcelona: Martínez Roca.

Ribes, E. (2008). Conducta Verbal de BF Skinner: un análisis retrospectivo. *International Journal of Psychology and Psychological Therapy, 8*(3), 323-334.

Ricard, R., Lerma, E. y Heard, C. (2013). Piloting a dialectal behavioral therapy (DBT) infused skills group in a disciplinary alternative education program (DAEP). *The Journal for Specialists in Group Work, 38,* 285-306.

Richardson, L. P., McCauley, E., McCarty, C. A., Grossman, D. C., Myaing, M., Zhou, C., Richards, J., Rockhill, C. y Katon, W. (2012). Predictors of persistence after a positive depression screen among adolescents. *Pediatrics, 130*(6), e1541-e1548. https://doi.org/10.1542/peds.2012-0450.

Rippy, S. M. y Doughty, A. H. (2017). Adduction of untested derived stimulus relations depends on environmental complexity. *Behavioural Processes, 143,* 1-3.

Ritschel, L. A., Cheavens, J. S. y Nelson, J. (2012). Dialectical behavior therapy in an intensive outpatient program with a mixed-diagnostic sample. *Journal of clinical psychology, 68*(3), 221-235.

Ritschel, L., Miller, A. y Taylor, V. (2014). Dialectical Behavior therapy for emotion dysregulation. En J. Ehrenreich-May y B. Chu (eds.), *Transdiagnostic treatments for children and adolescents principles and practices* (pp. 203-232). Nueva York, NY: Guilford Press.

Roberts, R. E., Attkisson, C. C. y Mendias, R. M. (1984). Assessing the client satisfaction questionnaire in English and Spanish. *Hispanic Journal of Behavioral Sciences, 6*(4), 385-396.

Robins, C. J. y Chapman, A. L. (2004). Dialectical behavior therapy: Current status, recent developments, and future directions. *Journal of Personality Disorders, 18,* 73-89.

Robins, C. J., Schmidt, H. III y Linehan, M. M. (2004). Dialectical Behavior Therapy: Synthesizing Radical Acceptance with Skillful Means. En S. C. Hayes, V. M. Follette y M. M. Linehan (eds.), *Mindfulness and acceptance: Expanding the cognitive-behavioral tradition* (pp. 30-44). Nueva York: Guilford Press.

Robles, R. y Páez, F. (2003). Estudio sobre la traducción al español y las propiedades psicométricas de las escalas de afecto positivo y negativo (PANAS). *Salud mental, 26,* 69-75.

Rodebaugh, T. L., Holaway, R. M. y Heimberg, R. G. (2004). The treatment of social anxiety disorder. *Clinical Psychology Review, 24,* 883-908.

Rodham, K., Hawton, K. y Evans, E. (2003). Reasons for deliberate self-harm: Comparison of self-poisoners and self-cutters in a community sample of adolescents. *Journal of the Academy of Child and Adolescent Psychiatry, 43,* 80-87.

Rodríguez, N. (2017). Mindfulness: Instrumento de evaluación. Una revisión bibliográfica. *PSOCIAL, Revista de Investigación en Psicología Social, 3*(2), 46-65.

Rodríguez Jiménez, T., Blasco, L. y Piqueras, J. A. (2014). Relación entre subtipos de sintomatología obsesivo compulsiva y de perfeccionismo en adolescentes. *Behavioral Psychology / Psicología Conductual, 22*(2), 203-217.

Roeckelein, J. E. (2004). *Imagery in psychology: a reference guide.* Westport: Greenwood Publishing Group.

Roemer, L., Salters, K., Raffa, S. D. y Orsillo, S. M. (2005). Fear and avoidance of internal experiences in GAD: Preliminary tests of aconceptual model. *Cognitive Therapy and Research, 29,* 71-88.

Rogers, C. R. (1946). Significant aspects of client centered therapy. *American Psychologist, 1,* 415-422.

Rollnick, S. y Miller, W. R. (1995). What is motivational interviewing? *Behavioural and cognitive Psychotherapy, 23*(4), 325-334.

Romano, M., Moscovitch, D. A., Huppert, J. D., Reimer, S. G. y Moscovitch, M. (2020). The effects of imagery rescripting on memory outcomes in social anxiety disorder. *Journal of anxiety disorders, 69,* 102169. https://doi.org/10.1016/j.janxdis.2019.102169.

Roncero, D., Andreu, J. M. y Peña, M. E. (2016). Procesos cognitivos distorsionados en la conducta agresiva y antisocial en adolescentes. *Anuario de Psicología Jurídica, 26,* 88-101.

Rongen, A., Robroek, S. J. W., van Lenthe, F. J. y Burdorf, A. (2013). Workplace Health Promotion. A Meta-Analysis of Effectiveness. *American Journal of Preventive Medicine, 44,* 406-415.

Roos, C. R., Bowen, S. y Witkiewitz, K. (2017). Baseline patterns of substance use disorder severity and depression and anxiety symptoms moderate the efficacy of mindfulness-based relapse prevention. *Journal of consulting and clinical psychology, 85*(11), 1041-1051.

Rosa-Alcázar, Á., Olivares-Olivares, P. J., Martínez-Esparza, I. C., Parada-Navas, J. L., Rosa-Alcázar, A. I. y Olivares-Rodríguez, J. (2020). Cognitive flexibility and response inhibition in patients with Obsessive-Compulsive Disorder and Generalized Anxiety Disorder. *International Journal of Clinical and Health Psychology, 20,* 20-28.

Rose, L. C. (2010). *Consistency of Self-Reported Suicidal Intent Following a Suicide Attempt* (Doctoral dissertation). Dallas, TX: The University of Texas Southwestern Medical Center at Dallas. https://utswmed-ir.tdl.org/bitstream/handle/2152.5/701/roselindsey.pdf?sequence=4.

Rosen, G. M., Lohr, J. M., McNally, R. J. y Herbert, J. D. (1999). Power therapies: Evidence vs miraculous claims. *Behavioural and Cognitive Psychotherapy, 27,* 9-12.

Rosenkranz, M. A., Davidson, R. J., MacCoon, D. G., Sheridan, J. F., Kalin, N. H. y Lutz, A. (2013). A comparison of mindfulness-based stress reduction and an active control in modulation of neurogenic inflammation. *Brain, behavior, and immunity, 27,* 174-184.

Rosenzweig, S. (1936). Some implicit common factors in diverse methods of psychotherapy. *American Journal of Orthopsychiatry, 6,* 412-415.

Rosselló, J., Bernal, G. y Rivera-Medina, C. (2008). Individual and group CBT and IPT for Puerto Rican adolescents with depressive symptoms. *Cultural Diversity and Ethnic Minority Psychology, 14*(3), 234-245.

Roy-Byrne, P. (2017). Transdiagnostic cognitive behavioral therapy and the return of the repressed. *JAMA psychiatry, 74*(9), 867-868.

Ruiz, F. J. (2010). A review of Acceptance and Commitment Therapy (ACT) empirical evidence: correlational, experimental psychopathology, component and outcome studies. *International Journal of Psychology and Psychological Therapy, 10,* 125-162.

Ruiz, F. J. (2012). Acceptance and commitment therapy versus traditional cognitive behavioral therapy: A systematic review and meta-analysis of current empirical evidence. *International journal of psychology and psychological therapy, 12*(3), 333-358.

Ruiz, F. J., Langer, A. I., Luciano, C., Cangas, A. J. y Beltrán, I. (2013). Measuring experiential avoidance and psychological inflexibility: The Spanish version of the Acceptance and Action Questionnaire - II. Universidad de Almería. *Psicothema, 25,* 123-129.

Rüsch, N., Schiel, S., Corrigan, P. W., Leihener, F., Jacob, G. A., Olschewski, M. ... y Bohus, M. (2008). Predictors of dropout from inpatient dialectical behavior therapy among women with borderline personality disorder. *Journal of Behavior Therapy and Experimental Psychiatry, 39*(4), 497-503.

Ryan, C. T. (2012). *A Mindful Nation: How a Simple Practice Can Help Us Reduce Stress, Improve Performance, and Recapt ure the American Spirit.* Hay House, Inc. https://cloudmega.ga/?books5&k=1401939295&b=books&d=21-05-28&l=TM_pop_books_150k&fsig=ed28d5f&dm=d3d3Lmt1c3RueXR0LmZp.

Ryle, A. (2005). Cognitive analytic therapy. En J. C. Norcross y M. R. Goldfried (eds.), *Handbook of psychotherapy integration* (pp. 196-217). Nueva York: Oxford Press.

Saed, O., Masjedi, A., Taremian, F., Bakhtyari, M. y Morsali, Y. (2016). The efficacy of Transdiagnostic Cognitive Behavior therapy on reducing symptoms severity of Obsessive Compulsive Disorder with co-occurring anxiety and mood disorders. *International Journal of Applied Behavioral Sciences, 2*(4), 1-10.

Sagar, R., Dandona, R., Gururaj, G., Dhaliwal, R. S., Singh, A., Ferrari, A. ... y Dandona, L. (2020). The burden of mental disorders across the states of India: the Global Burden of Disease Study 1990-2017. *The Lancet Psychiatry, 7*(2), 148-161.

Sakaluk, J. K., Williams, A. J., Kilshaw, R. E. y Rhyner, K. T. (2019). Evaluating the evidential value of empirically supported psychological treatments (ESTs): A meta-scientific review. *Journal of Abnormal Psychology, 128*(6), 500-509.

Salbach-Andrae, H., Bohnekamp, I., Pfeiffer, E., Lehmkuhl, U. y Miller, A. (2008). Dialectical behavior therapy of anorexia and bulimia nervosa among adolescents: A case series. *Cognitive and Behavioral Practice, 15,* 415-425.

Saldaña, C. (coord. y dir.) (2002). *Detección y prevención en el aula de los problemas del adolescente* (pp.19-40). Madrid: Pirámide.

Salkovskis, P. M. (1999). Understanding and treating obsessive-compulsive disorder. *Behaviour Research and Therapy, 37,* S29-S52.

Salkovskis, P. M., Hackmann, W. A., Gelder, M. G. y Clark, D. A. (2006). Belief disconfirmation versus habituation approaches to situational exposure in panic disorder with agoraphobia: A pilot study. *Behaviour Research and Therapy, 45*(5), 877-885.

Salom Camarena, P. (2017). *Diseño de un banco de imágenes para la generación de emociones de intensidad definida para su empleo en estudios de neurociencia y diseño emotivo* (Tesis doctoral). Valencia, España: Universidad Politécnica de Valencia.

Samaan, Z., Dennis, B. B., Kalbfleisch, L., Bami, H., Zielinski, L., Bawor, M., Litke, K., McCabe, K., Whattam, J., Garrick, L., O'Neill, L., Tabak, T. A., Simons, S., Chalmers, S., Key, B., Vanstone, M., Xie, F., Guyatt, G. y Thabane, L. (2016). Behavioral activation group therapy for reducing depressive symptoms and improving quality of life: a feasibility study. *Pilot and feasibility studies, 2,* 22. https://doi.org/10.1186/s40814-016-0064-0.

Sánchez-Angulo, J., Barraca, J., Mora, E. J. y Reyes-Ortega, M. (2018). Propiedades psicométricas de la Escala de Activación Conductual para la Depresión (BADS) en una muestra mexicana. *Clínica y Salud, 293,* 151-155.

Sánchez Hernández, M. O., Delgado, B., Carrasco, M. Á. y Holgado-Tello, F. C. (2018). Facetas de la «escala de depresión del centro de estudios epidemiológicos para niños y adolescentes» (CES-DC) en españoles: validación empírica. *Behavioral Psychology/Psicologia Conductual, 26*(3), 495-512.

Sánchez-Teruel, D., García-León, A. y Muela-Martínez, J. A. (2014). Prevention, assessment and treatment of suicidal behavior. [Prevención, evaluación y tratamiento de la conducta suicida]. *Anales de Psicología/Annals of Psychology, 30*(3), 952-963.

Sandín, B. (2003). Escalas PANAS de afecto positivo y negativo para niños y adolescentes (PANASN). *Revista de psicopatología y psicología clínica, 8*(2), 173-182.

Sandín, B., Chorot, P. y Valiente, R. M. (2012). Transdiagnóstico: Nueva frontera en psicología clínica. *Revista de Psicopatología y Psicología Clínica, 17*(3), 185-203.

Sandín, B., Chorot, P., Lostao, L., Joiner, T. E., Santed, M. A. y Valiente, R. M. (1999). Escalas PANAS de afecto positivo y negativo: validación factorial y convergencia transcultural. *Psicothema, 11,* 37-51.

Sandín, B., Valiente, R. M., Chorot, P. y Santed, M. A. (2005). Propiedades psicométricas del índice de sensibilidad a la ansiedad. *Psicothema, 17*(3), 478-483.

Santed, M. A., Sandín, B., Chorot, P., Olmedo, M. y García-Campayo, J. (2003). The role of negative and positive affectivity on perceived stress-subjective health relationships. *Acta Neuropsychiatrica, 15,* 199-216.

Sanz, J. (2013). 50 años de los Inventarios de Depresión de Beck: Consejos para la utilización de la adaptación española del BDI-II en la práctica clínica. *Papeles del psicólogo, 34*(3), 161-168.

Sanz, J. y García-Vera, M. P. (2015). Técnicas para el análisis de diseños de caso único en la práctica clínica: ejemplos de aplicación en el tratamiento de víctimas de atentados terroristas. *Clínica y Salud, 26*(3), 167-180.

Sanz, J., Perdigón, A. L. y Vázquez, C. (2003). Adaptación española del Inventario para la Depresión de Beck-II (BDI-II): 2. Propiedades psicométricas en población general. *Clínica y salud, 14*(3), 249-280.

Sanz, J., García-Vera, M. P., Espinosa, R., Fortún, M. y Vázquez, C. (2005). Adaptación española del Inventario para la Depresión de Beck-II (BDI-II): 3. Propiedades psicométricas en pacientes con trastornos psicológicos. *Clínica y salud, 16*(2), 121-142.

Sanz Esteban, Á. (2019). *Evaluación de procesos transdiagnósticos desde el marco humanista experiencial.* Madrid: Universidad Pontificia de Comillas. https://repositorio.comillas.edu/xmlui/bitstream/

handle/11531/51062/TFM001184.pdf?sequence=1.

Sauer-Zavala, S. y Barlow, D. H. (2014). The case for borderline personality disorder as an emotional disorder: Implications for treatment. *Clinical Psychology: Science and Practice, 21,* 118-138.

Sauer-Zavala, S., Gutner, C. A., Farchione, T. J., Boettcher, H. T., Bullis, J. R. y Barlow, D. H. (2017). Current definitions of «transdiagnostic» in treatment development: A search for consensus. *Behavior therapy, 48,* 128-138.

Saulsman, L. M., Ji, J. L. y McEvoy, P. M. (2019). The essential role of mental imagery in cognitive behaviour therapy: what is old is new again. *Australian Psychologist, 54*(4), 237-244.

Sawyer, S. M., Afifi, R. A., Bearinger, L. H., Blakemore, S. J., Dick, B., Ezeh, A. C. y Patton, G. C. (2012). Adolescence: a foundation for future health. *The lancet, 379*(9826), 1630-1640.

Schacter, D. L., Addis, D. R., Hassabis, D., Martin, V. C., Spreng, R. N. y Szpunar, K. K. (2012). The future of memory: remembering, imagining, and the brain. *Neuron, 76*(4), 677-694.

Scheel, K. R. (2000). The empirical basis of dialectical behavioral therapy: Summary, critique, and implications. *Clinical Psychology: Science & Practice, 7,* 68-86.

Schensul, S. L., Schensul, J. J. y LeCompte, M. D. (1999). *Essential ethnographic methods: observations, interviews, and questionnaires Ethnographer's Toolkit 2*. Walnut Creek, CA: Alta Mira Press.

Schmidt, C. y Vinet, E. (2015). Atención Plena: Validación del Five Facet Mindfulness Questionnaire (FFMQ) en estudiantes universitarios chilenos. *Terapia psicológica, 33*(2), 93-102.

Schubert, T., Eloo, R., Scharfen, J. y Morina, N. (2020). How imagining personal future scenarios influences affect: Systematic review and meta-analysis. *Clinical psychology review, 75,* 101811. https://doi.org/10.1016/j.cpr.2019.101811.

Schulberg, H. C., Block, M. R., Madonia, M. J., Scott, C. P., Rodriguez, E., Imber, S. D. ... y Coulehan, J. L. (1996). Treating major depression in primary care practice: eight-month clinical outcomes. *Archives of General Psychiatry, 53*(10), 913-919.

Schuling, R., Huijbers, M. J., Van Ravesteijn, H., Donders, A., Kuyken, W. y Speckens, A. (2016). A parallel-group, randomized controlled trial into the of mindfulness-based compassionate living (MBCL) compared to treatment-as-usual in recurrent depression: Trial design and protocol. *Contemporary Clinical Trials, 50,* 77-83.

Schuling, R., Huijbers, M. J., van Ravesteijn, H., Donders, R., Cillessen, L., Kuyken, W. y Speckens, A. E. (2020). Recovery from recurrent depression: Randomized controlled trial of the efficacy of mindfulness-based compassionate living compared with treatment-as-usual on depressive symptoms and its consolidation at longer term follow-up. *Journal of affective disorders, 273,* 265-273.

Schuling, R., Huijbers, M., Jansen, H., Metzemaekers, R., Van Den Brink, E., Koster, F. ... y Speckens, A. (2018). The co-creation and feasibility of a compassion training as a follow-up to mindfulness-based cognitive therapy in patients with recurrent depression. *Mindfulness, 9*(2), 412-422.

Schuling, R., Huijbers, M. J., van Ravesteijn, H., Kuyken, W. y Speckens, A. E. (2021). Mindfulness-Based Compassionate Living (MBCL): a Qualitative Study into the Added Value of Compassion in Recurrent Depression. *Mindfulness, 12,* 2196-2206.

Schultz, J. H. (1932). *Das Autogene Training*. Thieme, Leipzig (Trabajo publicado en 1969 en castellano por la Editorial Científico-Médica, Barcelona).

Schumacher, S., Kemps, E. y Tiggemann, M. (2018). Cognitive defusion and guided imagery tasks reduce naturalistic food cravings and consumption: A field study. *Appetite, 127,* 393-399.

Schuppert, H. M., Bloo, J., Minderaa, R. B., Emmelkamp, P. M. y Nauta, M. H. (2012). Psychometric evaluation of the Borderline Personality Disorder Severity Index —IV— adolescent version and parent version. *Journal of personality disorders, 26*(4), 628-640.

Schweizer, S., Grahn, J., Hampshire, A., Mobbs, D. y Dalgleish, T. (2013). Training the emotional brain: improving affective control through emotional working memory training. *Journal of Neuroscience, 33*(12), 5301-5311.

Secinti, E., Tometich, D. B., Johns, S. A. y Mosher, C. E. (2019). The relationship between acceptance of cancer and distress: A meta-analytic review. *Clinical psychology review, 71,* 27-38.

Sedlmeier, P., Eberth, J., Schwarz, M., Zimmermann, D., Haarig, F., Jaeger, S. y Kunze, S. (2012). The psychological effects of meditation: a meta-analysis. *Psychological bulletin, 138*(6), 1139-1171.

Segal, Z. V., Williams, J. M. G. y Teasdale, J. D. (2002). *Mindfulness-based cognitive therapy for depression.* Nueva York: Guilford. (Trabajo editado en castellano por Desclée de Brower, Bilbao).

Selby, E. A. y Joiner, T. E. (2009). Cascades of emotion: The emergence of borderline personality disorder from emotional and behavioral dysregulation. *Review of General Psychology, 13*(3), 219-229. http://dx.doi.org/10.1037/ a0015687.

Selby, E. A. y Joiner, T. E. (2013). Emotional cascades as prospective predictors of dysregulated behaviors in borderline personality disorder. *Personality disorders: Theory, research, and treatment, 4*(2), 168-174.

Selby, E. A., Anestis, M. D. y Joiner, T. E., Jr. (2008). Understanding the relationship between emotional and behavioral dysregulation: Emotional cascades. *Behaviour Research and Therapy, 46,* 593-611.

Selby, E. A., Connell, L. D. y Joiner, T. E., Jr. (2010). The pernicious blend of rumination and fearlessness in non-suicidal self-injury. *Cognitive Therapy and Research, 34,* 421-428.

Selby, E. A., Anestis, M., Bender, T. y Joiner, T. E. (2009). An exploration of the emotional cascade model in borderline personality disorder. *Journal of Abnormal Psychology, 118*(2), 375-387.

Seligman, M. E. P. (1995). The effectiveness of psychotherapy. *American Psychologist, 50,* 965-974.

Seligman, M. y Csikszentmihalyi, M. (2000). Positive psychology: An introduction. *American Psychologist, 55,* 5-14.

Seminowicz, D. A., Burrowes, S. A., Kearson, A., Zhang, J., Krimmel, S. R., Samawi, L. ... y Haythornthwaite, J. A. (2020). Enhanced mindfulness-based stress reduction in episodic migraine: a randomized clinical trial with magnetic resonance imaging outcomes. *Pain, 161*(8), 1837-1846.

Serrani Azcurra, D. (2015). Traducción, adaptación al español y validación de la escala de bienestar mental de Warwick-Edinburgh en una muestra de adultos mayores argentinos. *Acta colombiana de psicología, 18,* 79-93.

Serrani Azcurra, D. (2017). Psychometric validation of the Columbia-Suicide Severity rating scale in Spanish-speaking adolescents. *Colombia medica, 48*(4), 174-182.

Servicio Andaluz de Salud (2010). Anexo 3.3 de la publicación «Desarrollo de Programas de Tratamiento Asertivo Comunitario en Andalucía. Documento marco». https://www.sspa.juntadeandalucia.es/servicioandaluzdesalud/sites/default/files/sincfiles/wsas-media-pdf_publicacion/2020/Anexo_3-3_CSQ.pdf.

Shafran, R., Clark, D. M., Fairburn, C. G., Arntz, A., Barlow, D. H., Ehlers, A. ... y Wilson, G. T. (2009). Mind the gap: Improving the dissemination of CBT. *Behaviour Research and Therapy, 47,* 902-909.

Shafran, R., Wade, T. D., Egan, S. J., Kothari, R., Allcott-Watson, H., Carlbring, P. ... y Andersson, G. (2017). Is the devil in the detail? A randomised controlled trial of guided internet-based CBT for perfectionism. *Behaviour Research and Therapy, 95,* 99-106.

Shearin, E. N. y Linehan, M. M. (1994). Dialectical behavior therapy for borderline personality disorder: Theoretical and empirical foundations. *Acta Psychiatrica Scandinavica, 89,* 61-68.

Sheaves, B., Holmes, E. A., Rek, S., Taylor, K. M., Nickless, A., Waite, F., Germain, A., Espie, C. A., Harrison, P. J., Foster, R. y Freeman, D. (2019). Cognitive behavioural therapy for nightmares for patients with persecutory delusions (Nites): an Assessor-Blind, Pilot Randomized Controlled Trial. Canadian Journal of Psychiatry. *Revue Canadienne de Psychiatrie, 64*(10), 686-696.

Sheehan, D. V., Lecrubier, Y., Sheehan, K. H., Amorim, P., Janavs, J., Weiller, E. ... y Dunbar, G. C. (1998). The Mini-International Neuropsychiatric Interview (MINI): the development and validation of a structured diagnostic psychiatric interview for DSM-IV and ICD-10. *Journal of clinical psychiatry, 59*(20), 22-33.

Shibuya, T., Seki, Y., Nagata, S., Murata, T., Hiramatsu, Y., Yamada, F. ... y Shimizu, E. (2018). Imagery rescripting of traumatic memories for panic disorder: an exploratory study. *the Cognitive Behaviour Therapist, 11,* e4 https://doi.org/10.1017/S1754470X18000028.

Shihata, S., McEvoy, P. M. y Mullan, B. A. (2017). Pathways from uncertainty to anxiety: An evaluation of a hierarchical model of trait and disorder-specific intolerance of uncertainty on anxiety disorder symptoms. *Journal of anxiety disorders, 45,* 72-79.

Shorr, J. E. (1972). *Psycho-imagination Therapy*. Nueva York: Intercontinental Medical Book Corporation.

Sidman, M. (1971). Reading and auditory-visual equivalences. *Journal of Speech and Hearing Research, 14,* 5-13.

Sidman, M. (1994). *Equivalence relations and behavior: A research story*. Boston: Authors Cooperative.

Siegesleitner, M., Strohm, M., Wittekind, C. E., Ehring, T. y Kunze, A. E. (2020). Improving imagery rescripting treatments: comparing an active versus passive approach. *Journal of Behavior Therapy and Experimental Psychiatry, 69,* 101578. https://doi.org/10.1016/j.jbtep.2020.101578.

Siegfried, E., Ayrolles, A. y Rahioui, H. (2018). Body dysmorphic disorder: Future prospects of medical care. *L'encephale, 44*(3), 288-290.

Siegle, G. J., Thompson, W., Carter, C. S., Steinhauer, S. R. y Thase, M. E. (2007). Increased amygdala and decreased dorsolateral prefrontal BOLD responses in unipolar depression: Related and independent features. *Biological Psychiatry, 61,* 198-209.

Silverman, W. K. y Albano, A. M. (1996). *Anxiety Disorders Interview Schedule for Children for DSM-IV: (Child and Parent Versions)*. San Antonio, Tejas: Psychological Corporation.

Simon, G. E. y Perlis, R. H. (2010). Personalized medicine for depression: can we match patients with treatments? *American Journal of Psychiatry, 167,* 1445-1455.

Simons, J. S. y Gaher, R. M. (2005). The Distress Tolerance Scale: Development and validation of a self-report measure. *Motivation and emotion, 29*(2), 83-102.

Singer, J. L. (1974). *Imagery and Daydream Methods in Psychotherapy and Behavior Modification*. Nueva York: Academic.

Singer, J. L. y Pope, K. S. (eds.) (1978). *The Power of Human Imagination: New Methods in Psychotherapy*. Berlín: Springer.

Singh, R. J. (2016). *A Meta-Analytic Review of Functional Analytic Psychotherapy Single-Subject Research* (Doctoral dissertation). Bowling Green, Ohio: Bowling Green State University.

Singh, S. K. y Gorey, K. M. (2018). Relative effectiveness of mindfulness and cognitive behavioral interventions for anxiety disorders: meta-analytic review. *Social Work in Mental Health, 16*(2), 238-251.

Singh, S. y O'Brien, W. H. (2017). Functional analytic psychotherapy for nursing home residents: A single-subject investigation of session-by-session changes. *Journal of Contemporary Psychotherapy, 47*(3), 173-180.

Skinner, B. F. (1935). The generic nature of the Concepts of stimulus and response. *Journal of General Psychology, 12,* 40-65.

Skinner, B. F. (1957). *Verbal behavior*. Acton, MA: Copley Publishing. (Publicación en castellano realizada en 1981 por Editorial Trillas).

Skodol, A. E., Gunderson, J. G., McGlashan, T. H., Dyck, I. R., Stout, R. L., Bender, D. S. ... y Oldham, J. M. (2002). Functional impairment in patients with schizotypal, borderline, avoidant, or obsessive-compulsive personality disorder. *American Journal of Psychiatry, 159*(2), 276-283.

Skodzik, T., Zettler, T., Topper, M., Blechert, J. y Ehring, T. (2016). The effect of verbal and imagery-based worry versus distraction on the emotional response to a stressful in-vivo situation. *Journal of behavior therapy and experimental psychiatry, 52,* 51-58.

Slade, E., Keeney, E., Mavranezouli, I., Dias, S., Fou, L., Stockton, S. ... y Kendall, T. (2018). Treatments for bulimia nervosa: a network meta-analysis. *Psychological medicine, 48*(16), 2629-2636.

Smallwood, J. y Schooler, J. W. (2006). The restless mind. *Psychological bulletin, 132*(6), 946-958.

Smits, J. A. y Hoffman, S. G. (2008). A meta-analytic review of the effects of psychotherapy control conditions for anxiety disorders. *Psychological Medicine, 39,* 229-239.

Smout, M., Davies, M., Burns, N. y Christie, A. (2014). Development of the Valuing Questionnaire (VQ). *Journal of Contextual Behavioral Science, 3*(3), 164-172.

Sockol, L. E. (2018). A systematic review and meta-analysis of interpersonal psychotherapy for perinatal women. *Journal of affective disorders, 232,* 316-328.

Soeteman, D. I., Verheul, R., Delimon, J., Meerman, A. M., van den Eijnden, E., Rossum, B. V. ... y Kim, J. J. (2010). Cost-effectiveness of psychotherapy for cluster B personality disorders. *The British Journal of Psychiatry, 196*(5), 396-403.

Soeter, M. y Kindt, M. (2012). Erasing fear for an imagined threat event. *Psychoneuroendocrinology, 37*(11), 1769-1779.

Solbrig, L., Whalley, B., Kavanagh, D. J., May, J., Parkin, T., Jones, R. y Andrade, J. (2018). Functional imagery training versus motivational interviewing for weight loss: a randomised controlled trial of brief individual interventions for overweight and obesity. *International Journal of Obesity, 43*(4), 883-894.

Soler, J., Tejedor, R., Feliu-Soler, A., Pascual, J. C, Cebolla, A., Álvarez, E. y Pérez, V. (2012). Propiedades psicométricas de la versión española de la escala Mindful Attention Awareness Scale (MAAS). *Actas Españolas de Psiquiatría, 40,* 18-25.

Soloff, P. H. y Chiappetta, L. (2012). Prospective predictors of suicidal behavior in borderline personality disorder at 6-year follow-up. *American Journal of psychiatry, 169*(5), 484-490.

Sosa Ochoa, M. P. (2019). *Propiedades psicométricas de la escala Five Factor Mindfulness Questionnaire FFMQ en una muestra Colombiana* (Doctoral dissertation). Bogotá, D. C.: Fundación Universitaria Konrad Lorenz.

Sotsky, J., Pessin, H. y Markowitz, J. C. (2021). Interpersonal Psychotherapy and Cancer. En W. Breitbart, P. Butow, P. Jacobsen, W. Lam, M. Lazenby y M. Loscalzo (eds.), *Psycho-Oncology* (4.ª ed.; pp. 459-469). Nueva York: Oxford Press.

Sotsky, S. M., Glass, D. R., Shea, M. T., Pilkonis, P. A., Collins, J. F., Elkin, I., Watkins, J. T., Imber, S. D., Leber, W. R., Moyer, J. y Oliveri, M. E. (1991). Patient predictions of response to psychotherapy and pharmacotherapy: Findings in the NIMH Treatment of Depression Collaborative Research Program. *American Journal of Psychiatry, 148,* 997-1008.

Speca, M., Carlson, L. E., Goodey, E. y Angen, M. (2000). A randomized, wait-list controlled clinical trial: the effect of a mindfulness meditation-based stress reduction program on mood and symptoms of stress in cancer outpatients. *Psychosomatic Medicine, 62*(5), 613-622.

Spence, S. H. y Shortt, A. L. (2007). Research Review: Can we justify the widespread dissemination of universal, school-based interventions for the prevention of depression among children and adolescents? *Journal of Child Psychology and Psychiatry, 48*(6), 526-542.

Spielberger, C. D. (1983). *Manual for the State-Trait Anxiety Inventory (STAI)*. Palo Alto: Consulting Psychologists Press.

Spielberger, C. D., Gorsuch, R. L. y Lushene, R. E. (2011). *STAI. Cuestionario de Ansiedad Estado-Rasgo* (8.ª ed.). Madrid: TEA.

Spielberger, C. D., Gorsuch, R. L., Luschene, R. E., Vagg, P. R. y Jacobs, G. A. (1993). *State-Trait Anxiety Inventory for adults.* Palo Alto: Mind Garden.

Spielmans, G. I., Spence-Sing, T. y Parry, P. (2020). Duty to warn: antidepressant black box suicidality warning is empirically justified. *Frontiers in psychiatry, 11,* 18. https://doi.org/10.3389/fpsyt.2020.00018.

Spirito, A., Brown, L., Overholser, J., Fritz, G. y Bond, A. (1991). Use of the Risk-Rescue Rating Scale with adolescent suicide attempters: A cautionary note. *Death studies, 15*(3), 269-280.

Spurr, J. M. y Stopa, L. (2003). The observer perspective: effects on social anxiety and performance. *Behaviour Research and Therapy, 41*(9), 1009-1028.

Staats, A. W. (1975). *Social behaviorism*. Homewood, Ill.: Dorsey (Publicación en español en 1979, México, DF: El Manual Moderno).

Stahl, B. y Goldstein, E. (2019). *A mindfulness-based stress reduction workbook*. New Harbinger Publications. https://www.newharbinger.com/9781684033553/a-mindfulness-based-stress-reduction-workbook/

Stallard, P., Phillips, R., Montgomery, A. A., Spears, M., Anderson, R., Taylor, J. ... y Sayal, K. (2013). A cluster randomised controlled trial to determine the clinical effectiveness and cost-effectiveness of classroom-based cognitive-behavioural therapy (CBT) in reducing symptoms of depression in high-risk adolescents. *Health Technology Assessment, 17*(47), vii-xvii.

Steer, R. A., Ranieri, W. F., Beck, A. T. y Clark D. A. (1993). Further evidence for the validity of the Beck Anxiety Inventory with psychiatric outpatients. *Journal of Anxiety Disorders, 7,* 195-205.

Stefansson, J., Nordström, P. y Jokinen, J. (2012). Suicide Intent Scale in the prediction of suicide. *Journal of affective disorders, 136*(1-2), 167-171.

Steinert, C., Munder, T., Rabung, S., Hoyer, J. y Leichsenring, F. (2017). Psychodynamic therapy: as efficacious as other empirically supported treatments? A meta-analysis testing equivalence of outcomes. *American Journal of Psychiatry, 174*(10), 943-953.

Stewart-Brown, S., Tennant, A., Tennant, R., Platt, S., Parkinson, J. y Weich, S. (2009). Internal construct validity of the Warwick-Edinburgh mental well-being scale (WEMWBS): a Rasch analysis using data from the Scottish health education population survey. *Health and quality of life outcomes, 7,* 1-8.

Stinson, J. D. y Clark, M. D. (2017). *Motivational interviewing with offenders: Engagement, rehabilitation, and reentry*. Nueva York: Guilford Publications.

Stoffers, J. M., Vollm, B. A., Rucker, G., Timmer, A., Huband, N. y Lieb, K. (2012). Psychological therapies for people with borderline personality disorder. *Cochrane Database Systematic Review, 8,* CD005652.

Stopa, L. (2009). How to use imagery in cognitive-behavioural therapy. En L. Stopa (ed.), *Imagery and the threatened self* (pp. 75-103). Nueva York: Routledge.

Strachan, L. P., Hyett, M. P. y McEvoy, P. M. (2020). Imagery rescripting for anxiety disorders and obsessive-compulsive disorder: recent advances and future directions. *Current Psychiatry Reports, 22*(4), 1-8.

Straube, T., Glauer, M., Dilger, S., Mentzel, H. J. y Miltner, W. H. (2006). Effects of cognitive-behavioral therapy on brain activation in specific phobia. *Neuroimage, 29,* 125-135.

Strauman, T. J. y Merrill, T. A. (2004). The basic science/clinical science interface and treatment development. *Clinical Psychology Science and Practice, 11*(3), 263-266.

Strauss, C., Cavanagh, K., Oliver, A. y Pettman, D. (2014). Mindfulness-based interventions for people diagnosed with a current episode of an anxiety or depressive disorder: a meta-analysis of randomised controlled trials. *PLOS one, 9*(4), e96110.

Strauss, C., Gu, J., Montero-Marín, J., Whittingtond, A., Chapmand, C. y Kuyken, W. (2021). Reducing stress and promoting well-being in healthcare workers using mindfulness-based cognitive therapy for life. *International Journal of Clinical and Health Psychology, 21*(2). 10.1016/j.ijchp.2021.100227.

Strauss, C., Gu, J., Pitman, N., Chapman, C., Kuyken, W. y Whittington, A. (2018). Evaluation of mindfulness-based cognitive therapy for life and a cognitive behavioural therapy stress-management workshop to improve healthcare staff stress: study protocol for two randomised controlled trials. *Trials, 19,* 1-10.

Strauss, C., Taylor, B. L., Gu, J., Kuyken, W., Baer, R., Jones, F. y Cavanagh, K. (2016). What is compassion and how can we measure it? A review of definitions and measures. *Clinical Psychology Review, 47,* 15-27.

Sturmey, P., Doran, E. y Ward-Horner, J. (2020). Advanced concepts and methods of intervention in behavioral approaches to psychopathology. En P. Sturmey (ed.), *Functional Analysis in Clinical Treatment* (2.ª ed., pp. 57-73). Nueva York: Academic Press.

Sullivan, H. S. (1953). *The interpersonal theory of psychiatry*. Nueva York: W. W. Norton & Co.

Swain, J., Hancock, K., Hainsworth, C. y Bowman, J. (2013). Acceptance and commitment therapy in the treatment of anxiety: A systematic review. *Clinical Psychology Review, 33*(8), 965-978.

Swales, M. y Dunkley, C. (2020). Principles of skills assessment in dialectical behavior therapy. *Cognitive and Behavioral Practice, 27,* 18-29.

Swan, W. B. y Read, S. J. (1981). Acquiring self-knowledge: The search for feedback that fits. *Journal of Personality and Social Psychology, 41,* 1119-1128.

Swartz, H. A. (2019). Interpersonal Psychotherapy (IPT) for depressed adults: Indications, theoretical foundation, general concepts, and efficacy. *UpToDate,* 1-30. https://www.uptodate.com/contents/interpersonal-psychotherapy-ipt-for-depressed-adults-indications-theoretical-foundation-general-concepts-and-efficacy.

Swartz, H. A. y Markowitz, J. C. (1998). Interpersonal psychotherapy for the treatment of depression in HIV-positive men and women. En J. C. Markowitz (ed.), *Interpersonal psychotherapy. Review of psychiatry series* (pp. 129-155). Washington D. C.: American Psychiatric Press, Inc.

Swartz, H. A., Grote, N. K. y Graham, P. (2014). Brief interpersonal psychotherapy (IPT-B): overview and review of evidence. *American journal of psychotherapy, 68*(4), 443-462.

Swartz, H. A., Frank, E., Shear, M. K., Thase, M. E., Fleming, M. D. y Scott, J. (2004). A pilot study of brief interpersonal psychotherapy for depression among women. *Psychiatric Services, 55*(4), 448-450.

Swartz, H. A., Frank, E., Zuckoff, A., Cyranowski, J. M., Houck, P. R., Cheng, Y. ... y Shear, M. K. (2008). Brief interpersonal psychotherapy for depressed mothers whose children are receiving psychiatric treatment. *American Journal of Psychiatry, 165*(9), 1155-1162.

Swartz, H. A., Shear, M. K., Frank, E., Cherry, C. R., Scholle, S. H. y Kupfer, D. J. (2002). A pilot study of community mental health care for depression in a supermarket setting. *Psychiatric Services, 53,* 1132-1137.

Swartz, H. A., Zuckoff, A., Grote, N. K., Spielvogle, H., Bledsoe, S. E., Shear, M. K. y Frank, E. (2007). Engaging depressed patients in psychotherapy: Integrating techniques from motivational interviewing and ethnographic interviewing to improve treatment participation. Professional Psychology: *Research and Practice, 38*(4), 430-439.

Swenson, C. R. (2016). *DBT principles in action: Acceptance, change, and dialectics*. Nueva York: Guilford Publications.

Tallon, K., Ovanessian, M. M., Koerner, N. y Dugas, M. J. (2020). Mental imagery in generalized anxiety disorder: a comparison with healthy control participants. *Behaviour Research and Therapy, 127,* 103571. https://doi.org/10.1016/j.brat.2020.103571.

Tanay, G. y Bernstein, A. (2013). State Mindfulness Scale (SMS): development and initial validation. *Psychological assessment, 25*(4), 1286-1299.

Tang, T. Z. y DeRubeis, R. J. (1999a). Reconsidering rapid early response in cognitive behavioral therapy for depression. *Clinical Psychology: Science and Practice, 6*(3), 283-288.

Tang, T. Z. y DeRubeis, R. J. (1999b). Sudden gains and critical sessions in cognitive-behavioral therapy for depression. *Journal of consulting and clinical psychology, 67*(6), 894-904.

Tang, Y. Y., Hölzel, B. K. y Posner, M. I. (2015). The neuroscience of mindfulness meditation. *Nature Reviews Neuroscience, 16,* 213-225.

Tarrier, N., Taylor, K. y Gooding, P. (2008). Cognitive-behavioral interventions to reduce suicide behavior: a systematic review and meta-analysis. *Behavior modification, 32,* 77-108.

Task Force on Promotion and Dissemination of Psychological Procedures (1995). Training and dissemination of empirically-validated psychosocial treatments: Report and recommendations. *The Clinical Psychologist, 48,* 3-23.

Tatham, M., Turner, H., Mountford, V. A., Tritt, A., Dyas, R. y Waller, G. (2015). Development, psychometric properties and preliminary clinical validation of a brief, session-by-session measure of eating disorder cognitions and behaviors: The ED-15. *International Journal of Eating Disorders, 48*(7), 1005-1015.

Tavoli, A., Allahyari, A. A., Azadfallah, P., Fathi Ashtiani, A. y Melyani, M. (2020). The Comparison of Group Interpersonal Therapy (IPT) and Group Cognitive Behavioral Therapy (CBT) Effectiveness in Reducing Depression Symptoms of Patient with Social Anxiety Disorder. *Clinical Psychology and Personality, 14*(2), 115-124.

Taylor, C. D. J., Bee, P. E., Kelly, J. y Haddock, G. (2019). iMAgery-focused psychological therapy for persecutory delusions in psychosis (iMAPS): a novel treatment approach. *Cognitive and Behavioral Practice, 26*(3), 575-588.

Taylor, J. J. y Ostroff, R. (2018). National Institute of Mental Health (NIMH) Treatment of Depression Collaborative Research Program. En I. P. Bhalla, R. R. Tampi y V. H. Srihari (eds.), *50 Studies Every Psychiatrist Should Know* (pp. 155-160). Nueva York: Oxford University Press.

Taylor, S. (ed.) (1999). *Anxiety sensitivity theory, research, and treatment of fear of anxiety*. Nueva Jersey: Erlbaum, Mahwah.

Teasdale, J. D. (1993). Emotion and two kinds of meaning: Cognitive therapy and applied cognitive science. *Behaviour Research andTherapy, 31,* 339-354.

Teasdale, J. D., Segal, Z. V., Williams, J. M. G., Ridgeway, V. A., Soulsby, J. M. y Lau, M. A. (2000). Prevention of relapse/recurrence in major depression by mindfulness-based cognitive therapy. *Journal of consulting and clinical psychology, 68*(4), 615-623.

Tebbett-Mock, A. A., Saito, E., McGee, M., Woloszyn, P. y Venuti, M. (2020). Efficacy of dialectical behavior therapy versus treatment as usual for acute-care inpatient adolescents. *Journal of the American Academy of Child & Adolescent Psychiatry, 59,* 149-156.

Teixeira, R. J., Ferreira, G. y Pereira, M. G. (2017). Portuguese validation of the cognitive and affective mindfulness scale-revised and the Philadelphia Mindfulness Scale. *Mindfulness & Compassion, 2,* 3-8.

Tejada, P. A. (2017). *The global mental health assessment tool primary care and general health setting version (GMHAT/ PC): A validity and feasibility study – Spanish version* (Doctoral dissertation). University of Chester, United Kingdom. https://chesterrep.openrepository.com/bitstream/handle/10034/620649/Thesis%20Final%20PAOLA%20-Jan%202017.pdf?sequence=1&isAllowed=y.

Tejedor Vinent, R. M. (2017). *Conciencia y aceptación en salud mental.* Tesis doctoral. Barcelona: Universidad Autónoma de Barcelona. https://www.tdx.cat/bitstream/handle/10803/454810/rmtv1de1.pdf?sequence=1.

Telch, C. F., Agras, W. S. y Linehan, M. M. (2001). Dialectical behavior therapy for binge eating disorder. *Journal of consulting and clinical psychology, 69*(6), 1061-1065.

Tennant, R., Hiller, L., Fishwick, R., Platt, S., Joseph, S., Weich, S. ... y Stewart-Brown, S. (2007). The Warwick-Edinburgh mental well-being scale (WEMWBS): development and UK validation. *Health and Quality of life Outcomes, 5,* 1-13.

Tennant, R., Joseph, S y Stewart-Brown, S. (2007). The Affectometer 2: A Measure of Positive Mental Health in UK Populations. *Quality of Life Research, 16*(4), 687-695.

Teper, R., Segal, Z. V. e Inzlicht, M. (2013). Inside the mindful mind: How mindfulness enhances emotion regulation through improvements in executive control. *Current Directions in Psychological Science, 22*(6), 449-454.

Thibodeau, M. A., Carleton, R. N., McEvoy, P. M., Zvolensky, M. J., Brandt, C. P., Boelen, P. A. ... y Asmundson, G. J. (2015). Developing scales measuring disorder-specific intolerance of uncertainty (DSIU): A new perspective on transdiagnostic. *Journal of anxiety disorders, 31,* 49-57.

Thompson, E. M., Destree, L., Albertella, L. y Fontenelle, L. F. (2021). Internet-based acceptance and commitment therapy: a transdiagnostic systematic review and meta-analysis for mental health outcomes. *Behavior Therapy, 52*(2), 492-507.

Tillfors, M., Furmark, T., Marteinsdottir, I. y Fredrikson, M. (2002). Cerebral blood flow during anticipation of public speaking insocial phobia: A PET study. *Biological Psychiatry, 52,* 1113-1119.

Timimi, S. (2014). No more psychiatric labels: Why formal psychiatric diagnostic systems should be abolished. *International Journal of Clinical and Health Psychology, 14*(3), 208-215.

Tobin, D. L., Banker, J. D., Weisberg, L. y Bowers, W. (2007). I know what you did last summer (and it was not CBT): a factor analytic model of international psychotherapeutic practice in the eating disorders. *International Journal of Eating Disorders, 40,* 754-757.

Tolin, D. F. (2014). Evidence-based practice: Three-legged stool or filter system? *The Clinical Psychologist, 67*(3), 1-3.

Tolin, D. F., McKay, D., Forman, E. M., Klonsky, E. D. y Thombs, B. D. (2015). Empirically supported treatment: Recommendations for a new model. *Clinical Psychology Science and Practice, 22*(4), 317-338.

Toro, R., Alzate, L., Santana, L. y Ramírez, I. (2018). Afecto negativo como mediador entre intolerancia a la incertidumbre, ansiedad y depresión. *Ansiedad y Estrés, 24*(2-3), 112-118.

Toro-Tobar, R. A., Beltrán-Aguirre, K. V., González-Gómez, L. J., Saboghal-Mancipe, Á. P., Reyes-Parra, K. y Guerrero-Ortiz, L. M. (2018). Variables transdiagnósticas predictoras de los problemas emocionales y afectivos en una muestra colombiana. *Duazary, 15*(2), 143-155.

Tower, R. B. (1981). Imagery measurement in clinical settings: Matching the method to the question. En E. Klinger (eds.), *Concepts, Results, and Applications* (pp. 79-92). Boston, MA: Springer.

Treadway, M. T. y Zald, D. H. (2011). Reconsidering anhedonia in depression: lessons from translational neuroscience. *Neuroscience & Biobehavioral Reviews, 35*(3), 537-555.

Trompetter, H. R., ten Klooster, P. M., Schreurs, K. M. G., Fledderus, M., Westerhof, G. J. y Bohlmeijer, E. T. (2013). Measuring values and committed action with the Engaged Living Scale (ELS): Psychometric evaluation in a nonclinical sample and a chronic pain sample. *Psychological Assessment, 25*(4), 1235-1246.

Trupin, E. W., Stewart, D. G., Beach, B. y Boesky, L. (2002). Effectiveness of a dialectical behaviour therapy program for incarcerated female juvenile offenders. *Journal of Child and Adolescent Mental Health, 7,* 121-127.

Tsai, M., Kohlenberg, R. J., Kanter, J. W., Kohlenberg, B., Follette, W. C. y Callaghan, G. M. (2009a). *A guide to functional analytic psychotherapy. Awareness, courage, love and behaviorism*. Nueva York: Springer.

Tsai, M., Kohlenberg, R. J., Kanter, J. W. y Waltz, J. (2009b). Therapeutic Technique: The Five Rules. En M. Tsai, R. J. Kohlenberg, J. W. Kanter, B. Kohlenberg, W. C. Follette y G. M. Callaghan (eds.), *A Guide to functional Analytic Psychotherapy. Awareness, courage, Love, and Behaviorism*. (pp. 61-102). Nueva York: Springer.

Turner, H., Marshall, E., Stopa, L. y Waller, G. (2015). Cognitive-behavioural therapy for outpatients with eating disorders: Effectiveness for a transdiagnostic group in a routine clinical setting. *Behaviour Research and Therapy, 68,* 70-75.

Turner, H., Tatham, M., Lant, M., Mountford, V. A. y Waller, G. (2014). Clinicians' concerns about delivering cognitive-behavioural therapy for eating disorders. *Behaviour Research and Therapy, 57,* 38-42.

Turner, J. S. y Leach, D. J. (2012). Behavioural activation therapy: Philosophy, concepts, and techniques. *Behaviour Change, 29*(2), 77-96.

Turpin, G., Richards, D., Hope, R., Duffy, R. y Programa IAPT (2008). Mejorando el acceso a las terapias psicológicas: una iniciativa nacional para asegurar la prestación de terapias de alta calidad basadas en la evidencia. *Papeles del Psicólogo, 29,* 271-280.

Uliaszek, A. A., Zinbarg, R. E., Mineka, S., Craske, M. G., Sutton, J. M., Griffith, J. W., Rose, R., Waters, A. y Hammen, C. (2010). The role of neuroticism and extraversión in the stress-anxiety and stress-depression relationships. *Anxiety, Stress & Coping, 23,* 363-381.

Ullrich-French, S., González Hernández, J. e Hidalgo Montesinos, M. D. (2017). Adaptación y validez de la State Mindfulness Scale for Physical Activity (SMS-PA) en jóvenes españoles. *Psicothema, 29,* 119-125.

Valderrama-Díaz, M. A., Bianchi-Salguero, J. M. y Villalba-Garzón, J. A. (2016). Validation of the Environmental Reward Observation Scale (EROS) in Colombian population. *Universitas Psychologica, 15*(4), 1-13.

Valdivieso-Jiménez, G. (2020). Severidad clínica en trastorno bipolar, trastorno límite de la personalidad y su comorbilidad. *Revista chilena de neuro-psiquiatría, 58,* 2-15.

Valentine, S. E., Bankoff, S. M., Poulin, R. M., Reidler, E. B y Pantalone, D. W. (2015). The use of dialectical behavior therapy skills training as stand-alone treatment: A systematic review of the treatment outcome literature. *Journal of clinical psychology, 71,* 1-20.

Valero-Aguayo, L. y Ferro-García, R. (2015). *Psicoterapia Analítica Funcional. El análisis funcional en la sesión clínica*. Madrid: Síntesis.

Valero-Aguayo, L. y Ferro-García (2017). *Tratando mediante la Psicoterapia Analítica Funcional.* Madrid: Pirámide.

Vallejo, M. A. (2006). Mindfulness (presencia reflexiva y atenta). *Psicología Conductual, 14*(3), 433-451.

Vallejo, M. A. (2007). Mindfulness y la «tercera generación de terapias psicológicas». www.infocop.es/view_article.asp?id=1465.

Van Aalderen, J. R., Donders, A. R. T., Giommi, F., Spinhoven, P., Barendregt, H. P. y Speckens, A. E. M. (2012). The efficacy of mindfulness-based cognitive therapy in recurrent depressed patients with and without a current depressive episode: a randomized controlled trial. *Psychological medicine, 42*(5), 989-1001.

Van Dam, N. T., Sheppard, S. C., Forsyth, J. P. y Earleywine, M. (2011). Self-compassion is a better predictor than mindfulness of symptom severity and quality of life in mixed anxiety and depression. *Journal of anxiety disorders, 25,* 123-130.

Van Dam, N. T., Van Vugt, M. K., Vago, D. R., Schmalzl, L., Saron, C. D., Olendzki, A. ... y Meyer, D. E. (2018). Mind the hype: A critical evaluation and prescriptive agenda for research on mindfulness and meditation. *Perspectives on psychological science, 13,* 36-61.

Van de Velde, S., Bracke, P. y Levecque, K. (2008, junio). The psychometric properties of the CES-D 8 depression inventory and the estimation of cross-national differences in the true prevalence of depression. En *International Conference on Survey Methods in Multinational, Multiregional, and Multicultural Contexts (3MC)* (Vol. 2528). http://citeseerx.ist.psu.edu/viewdoc/download?doi=10.1.1.485.1347&rep=rep1&type=pdf.

Van den Bosch, L. M., Koeter, M. W., Stijnen, T., Verheul, R. y van den Brink, W. (2005). Sustained efficacy of dialectical behaviour therapy for borderline personality disorder. *Behaviour Research and Therapy, 43*(9), 1231-1241.

Van den Bosch, L. M., Sinnaeve, R., Hakkaart-van Roijen, L. y van Furth, E. F. (2014). Efficacy and cost-effectiveness of an experimental short-term inpatient Dialectical Behavior Therapy (DBT) program: study protocol for a randomized controlled trial. *Trials, 15,* 1-9.

Van den Brink, E. y Koster, F. (2015). *Mindfulness-based compassionate living*. Londres: Routledge.

Van den Broucke, S., Vertommen, H. y Vandereycken, W. (1995). Construction and validation of a marital intimacy questionnaire. *Family Relations, 44,* 285-290.

Van den Hout, M. A. y Engelhard, I. M. (2012). How does EMDR work? *Journal of Experimental Psychopathology, 3*(5), 724-738.

Van der Velden, A. M., Kuyken, W., Wattar, U., Crane, C., Pallesen, K. J., Dahlgaard, J. ... y Piet, J. (2015). A systematic review of mechanisms of change in mindfulness-based cognitive therapy in the treatment of recurrent major depressive disorder. *Clinical psychology review, 37,* 26-39.

Van Dijk, S. y Zindel, V. S. (2009). *The Dialectical Behavior Therapy Skills Workbook for Bipolar Disorder.* Oakland: New Harbinger.

Van Dijk, S., Jeffrey, J. y Katz, M. R. (2013). A randomized, controlled, pilot study of dialectical behavior therapy skills in a psychoeducational group for individuals with bipolar disorder. *Journal of Affective Disorders, 145,* 386-393.

Van Os, J., Guloksuz, S., Vijn, T. W., Hafkenscheid, A. y Delespaul, P. (2019). The evidence based group level symptom reduction model as the organizing principle for mental health care: time for change? *World Psychiatry, 18,* 88-96.

Van Zoonen, K., Buntrock, C., Ebert, D. D., Smit, F., Reynolds III, C. F., Beekman, A. T. y Cuijpers, P. (2014). Preventing the onset of major depressive disorder: a meta-analytic review of psychological interventions. *International journal of epidemiology, 43*(2), 318-329.

Vargas de la Cruz, I. (2011). *Estudio de las reglas que emite el terapeuta durante la intervención clínica.* Tesis doctoral. Madrid: Universidad Autónoma de Madrid. https://repositorio.uam.es/bitstream/handle/10486/7742/42975_vargas_de_la_cruz_ivette.pdf?sequence=1.

Vázquez, C. y Sanz, J. (1997). Fiabilidad y valores normativos de la versión española del Inventario para la Depresión de Beck de 1978. *Clínica y Salud, 8,* 403-422.

Veale, D., Page, N., Woodward, E. y Salkovskis, P. (2015). Imagery Rescripting for obsessive compulsive disorder: a single case experimental design in 12 cases. *Journal of Behavior Therapy and Experimental Psychiatry, 49,* 230-236.

Veehof, M. M., Trompetter, H. R., Bohlmeijer, E. T. y Schreurs, K. M. G. (2016). Acceptance-and mindfulness-based interventions for the treatment of chronic pain: a meta-analytic review. *Cognitive behaviour therapy, 45,* 5-31.

Veneziani, C. A. y Voci, A. (2015). The Italian adaptation of the cognitive and affective mindfulness scale-revised. *TPM-Testing, Psychometrics, Methodology in Applied Psychology, 22,* 43-52.

Verheul, R., Van Den Bosch, L. M., Koeter, M. W., De Ridder, M. A., Stijnen, T. y Van Den Brink, W. (2003). Dialectical behaviour therapy for women with borderline personality disorder: 12-month, randomised clinical trial in The Netherlands. *The British journal of psychiatry, 182*(2), 135-140.

Veringa, I., de Bruin, E., Bardacke, N., Duncan, L., van Steensel, F., Dirksen, C. y Bögels, S. (2016). I've changed my mind', mindfulness-based childbirth and parenting (MBCP) for pregnant women with a high level of fear of childbirth and their partners: Study protocol of the quasi-experimental controlled trial. *BMC Psychiatry, 16,* 377.

Vigo, D., Thornicroft, G. y Atun, R. (2016). Estimating the true global burden of mental illness. *The Lancet Psychiatry, 3*(2), 171-178.

Vilagut, G., Ferrer, M., Rajmil, L., Rebollo, P., Permanyer-Miralda, G., Quintana, J. M. ... y Alonso, J. (2005). El Cuestionario de Salud SF-36 español: una década de experiencia y nuevos desarrollos. *Gaceta sanitaria, 19,* 135-150.

Villadeamigo, G. (2021). *Conducta verbal*. https://aprendizajeaba.com.ar/blog/conducta-verbal.

Villalobos-Galvis, F. H. y Ortiz-Delgado, L. (2012). Características psicométricas de la escala CES-D en adolescentes de San Juan de Pasto (Colombia). *Avances en Psicología Latinoamericana, 30*(2), 328-340.

Visted, E., Vøllestad, J., Nielsen, M. B. y Nielsen, G. H. (2015). The impact of group-based mindfulness training on self-reported mindfulness: a systematic review and meta-analysis. *Mindfulness, 6*(3), 501-522.

Vøllestad, J., Nielsen, M. B. y Nielsen, G. H. (2012). Mindfulness- and acceptance-based interventions for anxiety disorders: A systematic review and meta-analysis. *British Journal of Clinical Psychology, 51,* 239-260.

Vonderlin, R., Biermann, M., Bohus, M. y Lyssenko, L. (2020). Mindfulness-based programs in the workplace: a meta-analysis of randomized controlled trials. *Mindfulness, 11*(7), 1579-1598.

Vujanovic, A. A., Bonn-Miller, M. O., Bernstein, A., McKee, L. G. y Zvolensky, M. J. (2010). Incremental validity of mindfulness skills in relation to emotional dysregulation among a young adult community sample. *Cognitive Behaviour Therapy, 39*(3), 203-213.

Wainberg, M. L., Scorza, P., Shultz, J. M., Helpman, L., Mootz, J. J., Johnson, K. A. ... y Arbuckle, M. R. (2017). Challenges and opportunities in global mental health: a research-to-practice perspective. *Current psychiatry reports, 19*(5), 28. doi: 10.1007/s11920-017-0780-z.

Wake, S., Morriss, J., Johnstone, T., Van Reekum, C. M. y Dodd, H. (2021). Intolerance of uncertainty, and not social anxiety, is associated with compromised extinction of social threat. *Behaviour Research and Therapy, 139,* 103818.

Wakefield, S., Kellet, S., Simmonds-Buckley, M., Stockton, D., Bradbury, A. y Delgadillo, J. (2020). Improving Access to Psychological Therapies (IAPT) in the United Kingdom: A systematic review and meta-analysis of 10-years of practice-based evidence. *British Journal of Clinical Psychology, 60,* 1-37.

Waller, G. (2009). Evidence-based treatment and therapist drift. *Behaviour research and therapy, 47*(2), 119-127.

Waller, G., Corstorphine, E., Cordery, H., Hinrichsen, H., Lawson, R., Mountford, V. y Russell, K. (2007). *Cognitive-behavioral therapy for the eating disorders: A comprehensive treatment guide*. Cambridge, Reino Unido: Cambridge University Press.

Waller, G., Gray, E., Hinrichsen, H., Mountford, V., Lawson, R. y Patient, E. (2014). Cognitive-behavioral therapy for bulimia nervosa and atypical bulimic nervosa: effectiveness in clinical settings. *International Journal of Eating Disorders, 47,* 13-17.

Waller, G., Stringer, H. y Meyer, C. (2012). What cognitive-behavioral techniques do therapists report using when delivering cognitive-behavioral therapy for theeating disorders? *Journal of Consulting and Clinical Psychology, 80,* 171-175.

Waller, G., Tatham, M., Turner, H., Mountford, V. A., Bennetts, A., Bramwell, K. ... e Ingram, L. (2018). A 10-session cognitive behavioral therapy (CBT-T) for eating disorders: Outcomes from a case series of nonunderweight adult patients. *International Journal of Eating Disorders, 51,* 262-269.

Waller, G., Turner, H. M., Tatham, M., Mountford, V. A. y Wade, T. D. (2019). *Brief Cognitive Behavioural Therapy for Non-Underweight Patients: CBT-T for Eating Disorders* (1.ª ed.). Londres: Routledge.

Walser, R. D., Karlin, B. E., Trockel, M., Mazina, B. y Taylor, C. B. (2013). Training in and implementation of Acceptance and Commitment Therapy for depression in the Veterans Health Administration: Therapist and patient outcomes. *Behaviour Research and Therapy, 51*(9), 555-563.

Wampold, B. E. (2015). How important are the common factors in psychotherapy? An update. *World Psychiatry, 14,* 270-277.

Wampold, B. E., Flückiger, C., Del Re, A. C., Yulish, N. E., Frost, N. D., Pace, B. T. ... y Hilsenroth, M. J. (2017). In pursuit of truth: A critical examination of meta-analyses of cognitive behavior therapy. *Psychotherapy Research, 27,* 14-32.

Wampold, B. E. e Imel, Z. E. (2015). *The great psychotherapy debate: The evidence for what makes psychotherapy work*. Nueva York: Routledge.

Wampold, B. E., Imel, Z. E., Laska, K. M., Benish, S., Miller, S. D., Flűckiger, C. ... y Budge, S. (2010). Determining what works in the treatment of PTSD. *Clinical psychology review, 30*(8), 923-933.

Wang, R., Liu, Y. J., Yong E. H., Li, N. y Hui, R. (2017). Effects of Acceptance and Commitment

Therapy on Anxiety and Depression in Infertile Patients and Their Quality of Life. *Hebei Medical Journal, 39,* 3430-3432.

Ware Jr, J. E. y Sherbourne, C. D. (1992). The MOS 36-item short-form health survey (SF-36): I. Conceptual framework and item selection. *Medical care,* 473-483.

Warnock-Parkes, E., Wild, J., Stott, R., Grey, N., Ehlers, A. y Clark, D. M. (2017). Seeing is believing: using video feedback in cognitive therapy for social anxiety disorder. *Cognitive and Behavioral Practice, 24*(2), 245-255.

Wasser, T., Tyler, R., McIlhaney, K., Taplin, R. y Henderson, L. (2008). Effectiveness of dialectical behavior therapy (DBT) versus standard therapeutic milieu (STM) in a cohort of adolescents receiving residential treatment. *Best Practices in Mental Health, 2,* 114-126.

Watkins, E., Moberly, N. J. y Moulds, M. L. (2008). Processing mode causally influences emotional reactivity: Distinct effects of abstract versus concrete construal on emotional response. *Emotion, 8,* 364-378.

Watson, D. (2000). *Mood and temperament.* Nueva York: Guilford Press.

Watson, D. y Tellegen, A. (1985). Toward a consensual structure of mood. *Psychological Bulletin, 98,* 219-235.

Watson, D., Clark, L. A. y Tellegen, A. (1988). Development and validation of brief measures of positive and negative affect: The PANAS scales. *Journal of Personality and Social Psychology, 54,* 1063-1070.

Watson, D., O'Hara, M.W. y Stuart, S. (2008). Hierarchical structures of affect and psychopathology and their implications for the classification of emotional disorders. *Depression and Anxiety, 25,* 282-288.

Watts, R. E., Peluso, P. R. y Lewis, T. F. (2005). Expanding the Acting As If Technique: An Adlerian/Constructive Integration. *Journal of Individual Psychology, 61*(4), 380-387.

Watts, S., Turnell, A, Kladnitski, N., Newby, J. y Andrews, G. (2015). Treatment-as-usual (TAU) is anything but usual: A meta-analysis of CBT versus TAU for anxiety and depression. *Journal of Affective Disorders, 175,* 394-404.

Weare, K. (2018). *The evidence for mindfulness in schools for children and young people.* Manuscript, University of Southampton. https://ave-institut.de/wp-content/uploads/Weare-Evidence_for_mindfulness_in_schools.pdf.

Weck, F., Grikscheit, F., Jakob, M., Höfling, V. y Stangier, U. (2015). Treatment Failure in Cognitive-Behavioral Therapy: Therapeutic Alliance as a Precondition for an Adherent and Competent Implementation of Techniques. *British Journal of Clinical Psychology, 54,* 91-108.

Weeks, C. E., Kanter, J. W., Bonow, J. T., Landes, S. J. y Busch, A. M. (2012). Translating the theoretical into practical: A logical framework of functional analytic psychotherapy interactions for research, training, and clinical purposes. *Behavior modification, 36,* 87-119.

Weerman, A. y Arntz, A. (2007). Efectiveness of Treatment of Childhood Memories in Cognitive therapy for Personality Disorders: A Controlled Study Contrasting Methods Focusing on the Present and Methods Focusing on Childhood Memories. *Behavior Research and Therapy, 45*(9), 2133-2143.

Wegner, D. M. (1989). *White bears and other unwanted thoughts.* Nueva York: Viking.

Weisman, A. D. y Worden, J. W. (1972). Risk-rescue rating in suicide assessment. *Archives of general psychiatry, 26*(6), 553-560.

Weissman, M. M. (2020). Interpersonal psychotherapy: history and future. *American journal of psychotherapy, 73,* 3-7.

Weissman, M. M. y Markowitz, J. C. (1999). Interpersonal psycho therapy: current status. *Archives of General Psychiatry, 51,* 599-606.

Weissman, M., Markowitz, J. y Klerman, G. (2000). *Comprehensive guide to interpersonal psychotherapy.* Nueva York: Basic Books.

Weissman, M., Markowitz, J. y Klerman, G. (2007). *Clinician's quick guide to interpersonal psychotherapy.* Nueva York: Oxford Press.

Weissman, M. M., Klerman, G. L., Prusoff, B. A., Sholomskas, D. y Padian, N. (1981). Depressed outpatients: Results one year after treatment with drugs and/or interpersonal psychotherapy. *Archives of General Psychiatry, 38,* 51-55.

Weisz, J. R., Chorpita, B. F., Frye, A., Ng, M. Y., Lau, N., Bearman, S. K. ... y Hoagwood, K. E. (2011). Youth Top Problems: using idiographic, consumer-guided assessment to identify treatment needs and to track change during psychotherapy. *Journal of consulting and clinical psychology, 79*(3), 369-380.

Weisz, J. R., Kuppens, S., Eckshtain, D., Ugueto, A. M., Hawley, K. M. y Jensen-Doss, A. (2013). Performance of evidence-based youth psychotherapies compared with usual clinical care: A multilevel meta-analysis. *JAMA psychiatry, 70*(7), 750-761.

Weisz, J. R., Kuppens, S., Ng, M. Y., Eckshtain, D., Ugueto, A. M., Vaughn-Coaxum, R., Jensen-Doss, A., Hawley, K. M., Krumholz Marchette, L. S., Chu, B. C., Weersing, V. R. y Fordwood, S. R. (2017). What five decades of research tells us about the effects of youth psychological therapy: A multilevel meta-analysis and implications for science and practice. *American Psychologist, 72*(2), 79-117.

Wenzel, M., Rowland, Z. y Kubiak, T. (2020). How mindfulness shapes the situational use of emotion regulation strategies in daily life. *Cognition and Emotion, 34*(7), 1408-1422.

Weßlau, C. y Steil, R. (2014). Visual mental imagery in psychopathology-Implications for the maintenance and treatment of depression. *Clinical psychology review, 34*(4), 273-281.

Weßlau, C., Cloos, M., Höfling, V. y Steil, R. (2015). Visual mental imagery and symptoms of depression–results from a large-scale web-based study. *BMC psychiatry, 15,* 1-13.

Weßlau, C., Lieberz, K., Oertel-Knöchel, V. y Steil, R. (2016). Distressing visual mental images in depressed patients and healthy controls - are they one and the same? *Psychiatry Research, 246,* 341-347.

Westra, H. A. y Dozois, D. J. (2006). Preparing clients for cognitive behavioral therapy: A randomized pilot study of motivational interviewing for anxiety. *Cognitive Therapy and Research, 30*(4), 481-498.

Wetterneck, C. T. y Hart, J. M. (2012). Intimacy is a transdiagnostic problem for cognitive behavior therapy: Functional Analytical Psychotherapy is a solution. *International Journal of Behavioral Consultation and Therapy, 7*(2-3), 167-176.

Whiting, S. E., Jenkins, W. S., May, A. C., Rudy, B. M., Davis III, T. E. y Reuther, E. T. (2014). The role of intolerance of uncertainty in social anxiety subtypes. *Journal of Clinical Psychology, 70*(3), 260-272.

Wicken, M., Keogh, R. y Pearson, J. (2019). The critical role of mental imagery in human emotion: insights from Aphantasia. *BioRxiv, 726844*. https://doi.org/10.1101/726844.

Widiger, T. A. y Rogers, J. H. (1989). Prevalence and comorbidity of personality disorders. *Psychiatric Annals, 19*(3), 132-136.

Wilamowska, Z. A., Thompson-Hollands, J., Fairholme, C., Ellard, K., Farchione, T. y Barlow, D. H. (2010). Conceptual background, development, and preliminary data from the Unified Protocol for Transdiagnostic Treatment of emotional disorders. *Depression and Anxiety, 27,* 882-890.

Wild, B., Friederich, H. C., Zipfel, S., Resmark, G., Giel, K., Teufel, M. ... y Herzog, W. (2016). Predictors of outcomes in outpatients with anorexia nervosa-Results from the ANTOP study. *Psychiatry research, 244,* 45-50.

Wild, J. y Clark, D. M. (2011). Imagery rescripting of early traumatic memories in social phobia. *Cognitive and behavioral practice, 18*(4), 433-443.

Wild, J., Hackmann, A. y Clark, D. M. (2007). When the present visits the past: updating traumatic memories in social phobia. *Journal of Behavior Therapy and Experimental Psychiatry, 38*(4), 386-401.

Wilfley, D. E., Agras, W. S., Telch, C. F., Rossiter, E. M., Schneider, J. A., Cole, A. G. ... y Raeburn, S. D. (1993). Group cognitive-behavioral therapy and group interpersonal psychotherapy for the nonpurging bulimic individual: a controlled comparison. *Journal of consulting and clinical psychology, 61*(2), 296-305.

Wilfley, D., Frank, M., Welch, R., Spurrell, E. y Rounsaville, B. (1998). Adapting interpersonal psychotherapy to a group format (IPT-G) for binge eating disorder: Toward a model for adapting empirically supported treatments. *Psychotherapy Research, 8*(4), 379-391.

Wilkinson, P. O., Qiu, T., Neufeld, S., Jones, P. B. y Goodyer, I. M. (2018). Sporadic and recurrent non-suicidal self-injury before age 14 and incident onset of psychiatric disorders by 17 years: prospective cohort study. *The British Journal of Psychiatry, 212*(4), 222-226.

Williams, J. M. G. y Kabat-Zinn, J. (eds.) (2013). *Mindfulness: Diverse perspectives on its meaning, origins and applications*. Nueva York: Routledge.

Williams, J. M. G. y Kuyken, W. (2012). Mindfulness-based cognitive therapy: a promising new approach to preventing depressive relapse. *The British Journal of Psychiatry, 200*(5), 359-360.

Williams, J. M. G., Barnhofer, T., Crane, C., Duggan, D. S., Shah, D., Brennan, K. ... y Russell, I. T. (2012). Pre-adult onset and patterns of suicidality in patients with a history of recurrent depression. *Journal of Affective Disorders, 138*(1-2), 173-179.

Williams, J. M. G., Crane, C., Barnhofer, T., Brennan, K., Duggan, D. S., Fennell, M. J. V. ... y Russell, I. T. (2014). Mindfulness-based cognitive therapy for preventing relapse in recurrent depression: A randomized dismantling trial. *Journal of Consulting and Clinical Psychology, 82*(2), 275-286.

Williams, L. M., Kemp, A. H., Felmingham, K., Barton, M., Olivieri, G., Peduto, A. ... y Bryant, R. A. (2006). Trauma modulates amygdala and medial prefrontal responses to consciously attended fear. *Neuroimage, 29*(2), 347-357.

Williams, M., Teasdale, J., Segal, Z. y Kabat Zinn, J. (2010). *Vencer la depresión: Descubre el poder de las técnicas del mindfulness*. Barcelona: Paidós.

Wilson, G. T. (1998a). Manual-based treatment and clinical practice. *Clinical Psychology: Science and Practice, 5,* 363-375.

Wilson, G. T. (1998b). The clinical utility of randomized controlled trials. *International Journal of Eating Disorders, 24,* 13-29.

Wilson, G. T. (2007). Manual-Based Treatment: Evolution and Evaluation. En T. A. Treat, R. R. Bootzin y T. B. Baker (eds.), *Psychological clinical science: Papers in honor of Richard M. McFall* (pp. 105-132). Mahwah, NJ.: Lawrence Erlbaum.

Wilson, G. T., Fairburn, C. C., Agras, W. S., Walsh, B. T. y Kraemer, H. (2002). Cognitive-behavioral therapy for bulimia nervosa: Time course and mechanisms of change. *Journal of Consulting and Clinical Psychology, 70*(2), 267-274.

Wilson, G. T., Loeb, K. L., Walsh, B. T., Labouvie, E., Petkova, E., Lui, X. et al. (1999). Psychological versus pharmacological treatments of bulimia nervosa: predictors and processes of change. *Journal of Consulting and Clinical Psychology, 67,* 451-459.

Wilson, K. G. y Luciano, M. C. (2002). *Terapia de Aceptación y Compromiso (ACT): un tratamiento conductual orientado a los valores*. Madrid: Pirámide.

Wilson, K. G., Sandoz, E. K., Kitchens, J. y Roberts, M. (2010). The Valued Living Questionnaire: Defining and measuring valued action within a behavioral framework. *The Psychological Record, 60,* 249-272.

Wolpe, J. (1958) *Psychotherapy by reciprocal inhibition*. Standford, CA: Standford University Press (trad. D.D.B., 1981).

Wolpe, J. (1969). *The practice of behavior therapy*, Nueva York, Pergamon (trad. castellano, Trillas, 1977).

Wolpe, J. (1993). Commentary: The cognitivist oversell and comments on symposium contributions. *Journal of Behavior Therapy and Experimental Psychiatry, 24*(2), 141-147.

World Health Organization (2011). *Health statistics and information systems: disease burden*. Geneva: World Health Organization.

Wu, J. Q., Szpunar, K. K., Godovich, S. A., Schacter, D. L. y Hofmann, S. G. (2015). Episodic future thinking in generalized anxiety disorder. *Journal of Anxiety Disorders, 36,* 1-8.

Wyman, P. A. (2014). Developmental approach to prevent adolescent suicides: Research pathways to effective upstream preventive interventions. *American Journal of Preventive Medicine, 47*(3), S251-S256.

Xie, C., Dong, B., Wang, L., Jing, X., Wu, Y., Lin, L. y Tian, L. (2020). Mindfulness-based stress reduction can alleviate cancer-related fatigue: a meta-analysis. *Journal of psychosomatic research, 130,* 109916.

Yen, S., Johnson, J., Costello, E. y Simpson, E. (2009). A 5-day dialectical behavior therapy partial hospital program for women with borderline personality disorder: Predictors of outcome from a 3-month follow-up study. *Journal of Psychiatric Practice, 15,* 173-182.

Yoshida, K., Takeda, K., Kasai, T., Makinae, S., Murakami, Y., Hasegawa, A. y Sakai, S. (2020). Focused attention meditation training modifies neural activity and attention: longitudinal EEG data in non-meditators. *Social cognitive and affective neuroscience, 15*(2), 215-224.

Young, J. F., Benas, J. S., Schueler, C. M., Gallop, R., Gillham, J. E. y Mufson, L. (2016). A randomized depression prevention trial comparing interpersonal psychotherapy-Adolescent skills training to group counseling in schools. *Prevention Science, 17*(3), 314-324.

Young, J. F., Mufson, L. y Gallop, R. (2010). Preventing depression: A randomized trial of interpersonal psychotherapy-adolescent skills training. *Depression and anxiety, 27*(5), 426-433.

Yu, S., Rodriguez, M. A., Deng, Y., Xiao, L. y Liu, X. (2021). The Toronto Mindfulness Scale: Psychometric Properties of the Chinese Version. *Mindfulness, 12,* 1976-1984.

Yulish, N. E., Goldberg, S. B., Frost, N. D., Abbas, M., Oleen-Junk, N. A., Kring, M. ... y Wampold, B. E. (2017). The importance of problem-focused treatments: A meta-analysis of anxiety treatments. *Psychotherapy, 54*(4), 321-338.

Zanarini, M. C., Frankenburg, F. R., Reich, D. B. y Fitzmaurice, G. (2010). The 10-year course of psychosocial functioning among patients with borderline personality disorder and axis II comparison subjects. *Acta Psychiatrica Scandinavica, 122*(2), 103-109.

Zanarini, M. C., Frankenburg, F. R., Reich, D. B., Silk, K. R., Hudson, J. I. y McSweeney, L. B. (2007). The subsyndromal phenomenology of borderline personality disorder: a 10-year follow-up study. *American Journal of Psychiatry, 164*(6), 929-935.

Zanarini, M. C., Gunderson, J. G., Frankenburg, F. R. y Chauncey, D. L. (1989). The revised diagnostic interview for borderlines: discriminating BPD from other axis II disorders. *Journal of Personality Disorders, 3,* 10-18.

Zanarini, M. C., Horwood, J., Wolke, D., Waylen, A., Fitzmaurice, G. y Grant, B. F. (2011). Prevalence of DSM-IV borderline personality disorder in two community samples: 6,330 English 11-year-olds and 34,653 American adults. *Journal of Personality Disorders, 25*(5), 607-619.

Zelazo, P. D., Forston, J. L., Masten, A. S. y Carlson, S. M. (2018). Mindfulness plus reflection training: Effects on executive function in early childhood. *Frontiers in psychology, 9,* 208. https://doi.org/10.3389/fpsyg.2018.00208.

Zettle, R. (2007). *ACT for depression: A clinician's guide to using Acceptance & Commitment Therapy in treating depression.* Oakland, CA: Nueva Harbinger Publications.

Zhang, W., Ouyang, Y., Tang, F., Chen, J. y Li, H. (2019). Breath-focused mindfulness alters early and late components during emotion regulation. *Brain and cognition, 135,* 103585. https://doi.org/10.1016/j.bandc.2019.103585.

Zhang, Z., Song, Z., Li, N. y Hu, R. (2017). Effects of acceptance and commitment therapy on the diabetics' negative emotions: anxiety, depression, and the control effect of blood sugar. *Hebei Medical Journal, 39,* 3760-3762.

Zhou, S. G., Hou, Y. F., Liu, D. y Zhang, X. Y. (2017). Effect of cognitive behavioral therapy versus interpersonal psychotherapy in patients with major depressive disorder: a meta-analysis of randomized controlled trials. *Chinese medical journal, 130*(23), 2844-2851.

Zhou, X., Guo, J., Lu, G., Chen, C., Xie, Z., Liu, J. y Zhang, C. (2020). Effects of mindfulness-based stress reduction on anxiety symptoms in young people: A systematic review and meta-analysis. *Psychiatry Research, 289,* 113002.

Zipfel, S., Wild, B., Groß, G., Friederich, H. C., Teufel, M., Schellberg, D. ... y ANTOP Study Group (2014). Focal psychodynamic therapy, cognitive behaviour therapy, and optimised treatment as usual in outpatients with anorexia nervosa (ANTOP study): randomised controlled trial. *The Lancet, 383*(9912), 127-137.

Zuckoff, A., Swartz, H. A. y Grote, N. K. (2008). Motivational interviewing as a prelude to psychotherapy of depression. En H. Arkowitz, H. A. Westra, W. R. Miller y S. Rollnick (eds.), *Motivational Interviewing in the Treatment of Psychological Problems* (pp. 109-172). Nueva York: Guilford Press.

Glosario de acrónimos de uso frecuente en el texto

AC = Activación conductual.
ACT = Terapia de aceptación y compromiso («Acceptance and Commitment Therapy»).
AF = Análisis funcional.
AFa = Análisis funcional del papel de las variables independientes en las respuestas o reacciones en la actualidad.
AFh = Análisis funcional del papel de las circunstancias del pasado en el comportamiento (histórico).
AFN = Afecto negativo.
AFP = Afecto positivo.
AG = Agorafobia.
AN = Anorexia nerviosa.
ANAN/I = Dimensión integrada por las respuestas de ansiedad/neuroticismo/afecto negativo/inhibición conductual[1].
APA = Asociación americana de psicología.
APA = Asociación americana de psiquiatría.
AS = Ansiedad social/Fobia social.
BDI = Inventario de depresión de Beck («Beck Depression Inventory»).
BED = Trastorno por atracón («Binge eating disorder»).
BN = Bulimia nerviosa.
BSL-23 = «Borderline Symptom List-23».

[1] La conforman reacciones alteradas por exceso, propias del eje hipotálamo-pituitario-adrenocortical.

CBT-E = Terapia conductual-cognitiva mejorada («Cognitive behaviour therapy – Enhanced»).
CCR = Conductas clínicamente relevantes («Clinically relevant behavior» —CRB—).
C*func* = Contexto funcional.
CIE = Clasificación internacional de las enfermedades de la Organización Mundial de la Salud.
CORE-OM = Resultados clínicos en la evaluación rutinaria-Medida de resultados (Clinical Outcomes in Routine Evaluation-Outcome Measure).
C/P = Cliente/paciente.
C*rel* = Contexto relacional.
CSR = Índice de gravedad («Clinician Severity Ratings»).
DAN = Dimensión del AFN que se postula como factor general común a los constructos de ansiedad y de depresión.
DAP = Dimensión del afecto positivo[2].
DFC = Defusión cognitiva.
DIB-R = Entrevista diagnóstica para el trastorno límite – revisada («Revised Diagnostic Interview for Borderlines»).
DM = Depresión mayor.
DME = Diferencia media tipificada (por su nombre en inglés = Typified mean difference).

[2] Se considera un factor específico que por defecto está principalmente asociado con la depresión (en cuyo cuadro sus valores son muy bajos o inexistentes).

DSM = Manual diagnóstico y estadístico de los trastornos mentales.
DT = Desviación típica.
EAP/A = Dimensión integrada por las respuestas propias de la extraversión, el afecto positivo y la activación conductual[3].
ECA = Estudio(s) controlado(s) aleatorizado(s).
EDM = Episodio depresivo mayor.
EE = Evitación experiencial.
EM = Entrevista emocional.
EMDR = Desensibilización y reprocesamiento mediante movimientos oculares o estimulación bilateral («Eye Movement Desensitization and Reprocessing»).
EMFN = Entrenamiento en «mindfulness».
EPC = Grupo de control activo de naturaleza psicoeducativa.
EV = Evitación vivencial.
FC = Fusión cognitiva.
FE = Fobia específica.
FS = Fobia social.
GC = Grupo de control.
GCA = Grupo de control activo.
GCLE = Grupo de control de lista de espera.
Ham-D = Escala de calificación de la depresión de Hamilton («Hamilton Depression Rating Scale»).
HEP = Programa de mejora de la salud («Health-enhancement program» —HEP—).
HIP = Hipocondría.
IAPT = Programa para la mejora del acceso a las terapias psicológicas de la población adulta («Adult improving access to psychological therapies programme»).
IDB = Inventario de depresión de Beck.
IC = Inhibición conductual.
IC = Intervalo de confianza.
ICC = Intervención conductual-cognitiva.
ICC-T = Intervención conductual-cognitiva-transdiagnóstica.
IIN = Intolerancia a la incertidumbre.
IM = Intrusiones mentales.
IMC = Índice de masa corporal.
ImRs = Reescritura de imágenes cognitivas («Imagery Rescripting»).
IOP = Programa psicológico basado en la TCD que se desarrolla en el ámbito comunitario («Intensive Outpatient»)[4].
IPHP = Intervenciones psicológicas que se desarrollan en el marco de los programas de hospitalización parcial.
IPT = Terapia interpersonal («Interpersonal Therapy»).
ISIPT = Sociedad Internacional de Psicoterapia Interpersonal («International Society for Interpersonal Psychotherapy»).
IU = Intolerancia a la incertidumbre.
LB = Línea de base construida con las medidas obtenidas en la evaluación pretramiento.
M = Media aritmética.
MBCL = Terapia para la vida compasiva basada en la atención plena («Mindfulness-based compassionate living therapy»).
MBCT = Terapia cognitivo-conductual basada en el mindfulness («Mindfulness-based cognitive therapy»).
MBCT-L = Terapia cognitivo-conductual basada en el mindfulness para la vida («Mindfulness-based cognitive therapy for life»).
MBI = Intervenciones basadas en los programas centrados en el mindfulness («Mindfulness-based intervention»).
MBP = Programas basados en el mindfulness («Mindfulness-based program»).
MBSR = Programa para la reducción del estrés mediante la «atención plena» («Mindfulness Stress Reduction Program»).
MC = Modelo conductual.
MCC = Modelo conductual-cognitivo.
MCC-T = Modelo conductual-cognitivo-transdiagnóstico.
MC-C = Modelo conductual-contextual.

[3] Alcanza su máximo valor disfuncional en el constructo «pesimismo» y en el interés por el entorno.

[4] En los centros de salud públicos y de la práctica privada (asociaciones, fundaciones, particulares, etc.).

MFN = Mindfulness (mente atenta y despierta = atención plena).
MT = Movimiento transdiagnóstico.
N = Neuroticismo.
N=1 = Diseños clínicos de caso único.
NICE = Instituto Nacional para la Excelencia Sanitaria y Asistencial («National Institute for Health and Care Excellence»).
NIH = Instituto Nacional de Salud de EE.UU. («National Institute of Health»).
NIMH = Instituto Nacional de Salud Mental de EE.UU. («National Institute of Mental Health»).
NSSI = Autolesión que no conduce al suicidio («Non-suicidal self-injury»).
OCDE = Organización para la Cooperación y el Desarrollo Económico.
OMS = Organización Mundial de la Salud.
PAD = Programa de actividades diarias.
PAF = Psicoterapia analítica funcional.
PH = Programa de tratamiento psicológico intensivo basado en la TCD que se desarrolla en régimen de hospitalización parcial *(partial hospital)*.
P/C = Paciente/cliente.
P/T = Problema/trastorno del comportamiento.
PBE = Práctica basada en la evidencia.
PREE = Patrón de respuestas de escape/evitación.
RAD = Respuestas alteradas disfuncionales (desadaptadas).
RIE/EDB = Respuestas impulsadas por la emoción (EDB por su nombre en inglés).
SA = Sensibilidad a la ansiedad.
SCID-II = Entrevista Clínica Estructurada para los Trastornos de Personalidad del Eje II del DSM-IV («Structural Clinical Interview for DSM, Axis II»).
SNA = Sistema nervioso autónomo.
TAE = Tratamiento con apoyo empírico.
TAG = Trastorno de ansiedad generalizada.
TAP = Trastorno por ataques de pánico.
TAS = Trastorno por ansiedad social.
TAU = Tratamiento habitual («Treatment-as-usual»).
TB = Trastorno bipolar I.
TC = Tratamiento conductual.
TCA = Trastornos de la conducta alimentaria.
TCB = Terapia cognitiva de Beck.
tCBT = Protocolo para los trastornos de ansiedad.
TCc/sMFN = Tratamientos contextuales con/sin mindfulness.
TCC = Tratamiento conductual-cognitivo.
TCC-E = Terapia cognitivo-conductual mejorada para los trastornos alimentarios («Enhanced cognitive behavior therapy for eating disorders»).
TCC-T = Tratamiento conductual-cognitivo-transdiagnóstico.
TCD = Terapia conductual dialéctica.
TCD-A = Terapia conductual dialéctica para adolescentes.
TCD-Ai = Terapia de conducta dialéctica para adolescentes, breve e intensificada.
TCIP = Terapia conductual integrativa de pareja.
TDAH = déficit de atención con hiperactividad.
TDC = Trastorno dismórfico corporal.
TDM = Trastorno depresivo mayor.
TE = Tamaño del efecto atribuido al tratamiento psicológico aplicado.
TEE = Trastorno de evitación experiencial.
TEI = Trastorno explosivo intermitente.
TEPT = Trastorno por estrés postraumático.
TLP = Trastorno límite de la personalidad.
TMC = Trastornos mentales comunes (ansiedad y depresión).
TMR = Teoría del marco relacional.
TN = Trastorno narcisista.
TND = Trastorno negativista y desafiante.
TOC = Trastorno obsesivo-compulsivo.
TOD = Trastorno oposicionista desafiante.
TREC = Terapia racional-emotivo-conductual.
TTG = Tratamientos psicológicos de tercera generación.
UE = Unión europea.
UP = Protocolo unificado del tratamiento transdiagnóstico de los trastornos emocionales.

ANEXOS

De la tercera generación de tratamientos psicológicos

Índice de anexos

ANEXO I
El modelo transdiagnóstico de la «cascada emocional» en la explicación del trastorno límite de la personalidad

La asociación entre la desregulación de las respuestas que conforman las emociones negativas y el diálogo interno reiterativo sobre las mismas se postula como un componente importante de la psicopatología del TLP, pese a que generalmente cada uno de esos dos componentes se haya estudiado independientemente del otro. Por ello, el modelo de la «cascada emocional» propone su integración[1], en línea, por ejemplo, con Moberly y Watkins (2008), que verificaron que la rumiación[2] y la emoción negativa[3] se agravaban mutuamente con el paso del tiempo. La percepción de las respuestas alteradas desencadenaría la rumia, y esta intensificaría las dimensiones de aquellas.

Esta propuesta explicativa parte de que las personas pueden experimentar fluctuaciones extremas en su emoción negativa en el curso de un proceso llamado «cascada emocional». Durante esta, rumian intensamente sobre el acontecimiento que sitúan en el inicio de los sentimientos desagradables que conforman la emoción negativa. De ahí que los autores postulen que el resultado de este proceso («cascada emocional») sea un bucle de retroalimentación positiva entre la rumiación intensa y las emociones negativas, que se autoamplifica y produce un estado emocional que es extremadamente aversivo, doloroso y difícil de tolerar: a más rumiación, más intensificación del estado desagradable que conforman las respuestas somáticas alteradas (sensaciones), lo que, a su vez, genera una intensificación de la atención y el consiguiente incremento del diálogo interno (circular y repetitivo).

En este modelo, las respuestas alteradas o desreguladas pueden utilizarse para distraer la atención de la propia rumiación, desplazando su centro a la percepción de sensaciones físicas intensas. Estas sensaciones físicas generalmente varían en función de lo que se haga. Ejemplo de ello es lo que ocurre con la percepción del dolor o de la visión de la sangre durante la autolesión que no conduce al suicidio (NSSI —Non-suicidal self-injury—)[4], o con las sensaciones que desencadenan los sabores o las texturas de la comida y la saciedad en los atracones[5].

---

[1] Selby et al. (2008) y Selby y Joiner (2009).

[2] La rumiación se define como un proceso cognitivo que consiste en pensar repetidamente en una situación que es desagradable o molesta, centrándose el pensamiento en cómo se relaciona esta con problemas pasados y con los problemas que en el futuro podrían presentarse asociados a tal situación (Nolen-Hoeksema, 1991).

[3] Expresión con la que se denomina a los estados desagradables de malestar psicológico. Entre los estados más conocidos e investigados se hallan los relativos al constructo de ansiedad negativa o desadaptativa, al de la tristeza o al de la ira.

[4] Es un problema conductual prevalente en la adolescencia. Nock et al. (2006) la investigaron a partir de datos procedentes de entrevistas clínicas con adolescentes ingresados en una unidad de hospitalización psiquiátrica, con un historial de NSSI en los 12 meses previos. En esta, el 87,6 por 100 de los adolescentes que practicaban NSSI cumplían los criterios de un diagnóstico del Eje I del DSM-IV (M = 3,0, D.S. = 2,2, rango = 0 a 8 diagnósticos), incluyendo trastornos externalizados (62,9 por 100), internalizados (51,7 por 100) y de abuso del consumo de sustancias tóxicas (59,6 por 100). La mayoría también cumplían criterios para un trastorno de personalidad del Eje II (67,3 por 100) y el 70 por 100 informaron de un intento de suicidio en su vida frente al 55 por 100 que manifestaron múltiples intentos. Las características de la NSSI asociadas con la realización de intentos de suicidio incluían un historial más largo de autolesiones, métodos más variados y en mayor número y la ausencia de dolor físico durante la autolesión.

[5] Mitchell et al. (1999) estudiaron las diferencias en la hedónica de los atracones entre P/C con bulimia nerviosa (BN) y con trastorno por atracón (BED —«Binge eating disorder»—). Los P/C de ambos grupos informaron de variables precipitantes e intensidades similares de angustia asociadas a los atracones. Además, quienes cumplían los criterios para el diagnóstico de trastorno por déficit de atención e hiperactividad eran más propensos a informar que disfrutaban de la

Por ello, el grupo de Edwuard A. Selvy[6] postula que estas sensaciones se pueden emplear para romper el bucle de la «cascada emocional», para «cortocircuitarlo», disminuyendo la rumiación y la frecuencia, la duración y la intensidad de las respuestas somáticas que están alteradas (cuya percepción identificamos como «emoción negativa»), para producir alivio inmediato y los sentimientos asociados al decremento del estado desagradables de malestar.

Es importante destacar que la intensidad de las sensaciones asociadas a estas respuestas desreguladas puede ser la variable crítica para detener una «cascada emocional», porque una vez que esta entra en un ciclo completo de «autogeneración» («a full self-generating cycle»), puede ser difícil detenerla: la intensidad de la rumiación y las distracciones pueden dificultar/impedir que la atención deje de centrarse el tiempo suficiente en el estado generado como para que se produzca el alivio del malestar experimentado.

En cuanto al TLP, Selby y Joiner (2009) plantean que es un trastorno en el que gran parte de las alteraciones que conforman la psicopatología pueden estar ligadas a cascadas emocionales que, a su vez, pueden ocurrir con más frecuencia y quizá con más intensidad que en otros trastornos que también muestran una desregulación conductual. Por ejemplo, en los trastornos por uso y abuso del consumo de sustancias tóxicas y en los TCA. Sin embargo, dado que el TLP se caracteriza en gran medida por una amplia gama de respuestas desreguladas y una frecuente fragilidad de las emociones, podríamos considerarlo como el extremo del continuo de las cascadas emocionales.

En la actualidad, se han encontrado algunas pruebas que avalan la hipótesis de la cascada emocional en las respuestas alteradas e implicadas en el consumo de alcohol, en los atracones y las purgas, en las NSSI, en los intentos de suicidio y en el exceso de la búsqueda de consuelo[7].

Selby et al. (2009) también demostraron, utilizando un modelo de ecuaciones estructurales, que las cascadas emocionales mediaban completamente la relación entre las respuestas alteradas que conforman el TLP y una variable latente de desregulación conductual que resultaba de la asociación e interacción del exceso en la búsqueda de consuelo, las respuestas bulímicas, el exceso del consumo de alcohol para afrontar la situación, las autolesiones sin suicidio (NSSI) y las respuestas suicidas.

Los resultados de este estudio también mostraron que, tras instrucciones previas, la inducción de la rumiación durante cinco minutos sobre algo que les molestaba en su vida, las personas diagnosticadas con TLP mostraron más reactividad e intensidad de las respuestas que conforman la emoción negativa que los del grupo control, incluso después de que se hubiese controlado la depresión que presentaban.

No obstante, se necesitan más estudios sobre la capacidad explicativa de este modelo, por un lado, clarificando la relación temporal entre la «cascada emocional» y las respuestas alteradas/desreguladas y, por otro, incrementando la validez externa de las muestras que se utilicen en los mismos.

comida, de su sabor, de su olor y de su textura mientras comían compulsivamente. Asimismo, en relación con los atracones, los integrantes del grupo BED informaron más relajación y menos malestar físico y ansiedad que los del grupo BN. Por tanto, parece que existen diferencias potencialmente importantes entre los P/C con BN y los BED en sus respuestas cognitivas y motoras asociadas con los atracones.

[6] Véase, por ejemplo, Selby et al. (2009) y Selby y Joiner (2009 y 2013).

[7] Selby et al. (2008; 2009; 2010).

ANEXO II
La entrevista motivacional

¿Qué es la entrevista motivacional?

La entrevista motivacional (EM) es una estrategia construida a partir de los datos de la investigación y de la experiencia derivada de la práctica clínica. Su fin es generar estrategias motivacionales que faciliten el proceso de tratamiento[1].

Al respecto, Rollnick y Miller (1995) la delimitaban indicando que:

> «(...) es un estilo de asesoramiento directivo, centrado en el cliente, para provocar el cambio de conducta ayudando a los clientes a explorar y resolver la ambivalencia. En comparación con el asesoramiento no directivo, está más centrado y dirigido a un objetivo. El examen y la resolución de la ambivalencia es su propósito central, y el asesor es intencionalmente directivo en la búsqueda de este objetivo» (p. 326)[2, 3].

Posteriormente, con el paso del tiempo, los autores han ido introduciendo cambios en esta delimitación hasta proponer tres niveles de definición distintos. La primera es una definición, destinada al público general, que se centra en su objetivo al concretarla como «(...) un estilo de conversación colaborativo cuyo propósito es reforzar la motivación y el compromiso de la persona con el cambio» (Miller y Rollnick, 2015; p. 37).

De hecho, ellos mismos señalan que, de haber tenido que llamar a la EM de otra forma, probablemente el nombre más adecuado hubiera sido el de «conversación motivacional». Esta conversación puede ser corta o larga, entre dos o más personas y en distintos contextos, pero siendo siempre una conversación de colaboración, en la que se guía más que se dirije, y en la que se acompaña al otro u otros, con el propósito de reforzar la motivación para el cambio. Entienden los autores que la motivación requiere el compromiso; de ahí el valor de la planificación y el de su ejecución por el P/C.

Además, dado que consideran que la ambivalencia es un elemento normal del proceso de preparación para el cambio que puede perdurar en el tiempo, la EM ayuda a los P/C a explorarla y resolverla.

Desde la perspectiva conductual-cognitiva, se entiende la «ambivalencia» como la percepción que tiene el P/C del conflicto de contingencias que se produce cuando se tiene que elegir para realizar un cambio en nuestro comportamiento[4].

En palabras de Miller y Rollnick (2015), «la ambivalencia consiste en querer y no querer algo al mismo tiempo, o querer dos cosas incompatibles» (p. 29). Además, se trata de una experiencia habitual que forma parte del cambio. Se produce cuando los motivos o razones para cambiar no superan a los de permanecer igual en el balance cognitivo que realizamos.

De hecho, en la EM se considera que es uno de los pasos en el camino del cambio, por lo que, si se siente ambivalencia, se interpreta como el producto del primer paso para que se produzca el cambio en el comportamiento, con independencia de que la demanda del cambio provenga de uno mismo o desde fuera. La ambivalencia se considera una de las barreras habituales del curso

---

[1] Miller y Rollnick (2015).

[2] «(...) is a directive, client-centered counseling style for eliciting behavior change by helping clients to explore and resolve ambivalence. Compared with nondirective counselling, it is more focused and goal-directed. The examination and resolution of ambivalence is its central purpose, and the counselor is intentionally directive in pursuing this goal» (p. 326).

[3] Puede verse una síntesis de su aplicación al tratamiento del consumo de alcohol en https://multimediaext.sergas.es/web/curso_alcohol/07.mp4.

[4] Véase, por ejemplo, la problemática conductual-cognitiva asociada a la prevención en Olivares-Olivares et al. (2022).

del cambio del ser humano y, por tanto, consustancial a su naturaleza.

El conflicto se produce entre los argumentos del P/C en favor y en contra del cambio[5]: el de los argumentos a favor del mantenimiento del *estatu quo* y el del cambio. Si se escucha a un P/C ambivalente, ambos discursos se suceden alternativamente y generalmente dentro de un mismo razonamiento. Por ejemplo, cuando alguien dice «Tengo que ser capaz de decirle que "no" porque he de ser yo [discurso del cambio], pero como lo quiero mucho no he podido decírselo la mayoría de las veces, pese a que entiendo que he de comportarme asertivamente y decirle que no quiero o que no me apetece. Por supuesto que soy consciente de que tengo que ser capaz de hacerlo, porque no puedo ser tan incoherente conmigo, dado que luego lo paso muy mal (argumentos para el cambio], pero es que en esos momentos no he logrado soportar que pudiera pensar que no lo quiero si le digo que no me apetece o que no quiero hacerlo aunque me apetezca (argumentos para el estatu quo)».

Miller y Rollnick (2015) sintetizan este «tira y afloja» repetitivo en el «sí, pero» (le llaman «el estribillo de la ambivalencia»), e indican que cuando un P/C está ambivalente:

> «(...) Si defendemos una alternativa, lo más probable es que la persona ambivalente defienda la otra. A veces lo calificamos de «negación», «resistencia» u «oposición», pero estas respuestas no son en absoluto psicopatológicas. Forman parte natural de la ambivalencia y del debate. Este debate podría parecer terapéutico (una especie de psicodrama en el que la persona pone de manifiesto su ambivalencia con la ayuda del terapeuta, que representa la parte a favor del cambio), si no fuera por otro principio de la naturaleza humana: la mayoría de las personas tienden a creerse a sí mismos y a confiar más en sus propias opiniones que en las de los demás. Hacer que alguien verbalice los argumentos en favor de una postura tiende a inclinar la balanza de su opinión en ese sentido. En otras palabras, las personas aprenden sus actitudes y creencias del mismo modo que los demás: escuchándose hablar a sí mismas (...)» (p. 33).

En consecuencia, se sostiene que se ha de buscar que sea el P/C quien enuncie los argumentos en favor del cambio, porque generalmente ya habrá tenido muchas veces en el contexto de la ambivalencia estas conversaciones consigo mismo.

En este marco, dentro de la dinámica de las conversaciones de cambio, cuando «el reflejo de corrección»[6] se asocia con el estilo directivo, entonces tiende a instaurarse un patrón de conversación de oposición que no es precisamente un elemento favorable al cambio.

En la EM se parte de que los P/C son capaces percibir la realidad por sí mismos y pueden cambiar sin que nadie tenga que «derribar sus defensas "patológicas"» para ello. En consecuencia, se considera que no es una condición necesaria ni suficiente que el terapeuta confronte al P/C con la realidad, le ofrezca una solución e intensifique su discurso por el cambio cuando se produzca resistencia. Porque, aun cuando los P/C respondan del modo que había previsto, no se debería concluir que se debe a que «tienen una "personalidad inmadura"», se defienden y «se hallan en estado de negación»[7].

---

[5] Miller y Rollnick (1991) los llamaban entonces «afirmaciones automotivacionales».

[6] El «reflejo de corrección» se delimita como un componente de la creencia de que debemos convencer o persuadir al P/C para que actúe de acuerdo con lo que pensamos que es adecuado. Es decir, se parte del supuesto de que si hacemos las preguntas adecuadas, en el ámbito de la argumentación correcta y el curso de la lógica acertada, entonces la persona cambiará porque se producirá «el *insight*», es decir, se «percibirá la luz» y se desencadenará el entendimiento porque el P/C habrá captado, comprendido e internalizado la «verdad» revelada ... y cambiará. Pero la realidad es que «el reflejo de corrección» se asocia con sentirse mal, y este estado no es precisamente el mejor para disponernos y facilitar el cambio, es decir, generalmente no nos ayuda a cambiar.

[7] Para una reflexión puede verse Carr (2011).

De hecho, Miller y Rollnick (2015), para fundamentar la generalidad y naturalidad de esta reacción, invitan al lector a que piense en algo que desea cambiar, pero ante lo que se muestra ambivalente porque no termina de tenerlo claro. Asimismo, le piden que imagine que un «terapeuta» le explica su necesidad, utilizando todo tipo de motivos y argumentos por los que entiende que debe cambiar, enfatizando su relevancia, y que lo haga como le indica porque sabe que puede hacerlo. La variedad de posibles reacciones va desde alrededor del 5 por 100 que lo consideran útil hasta el 95 por 100 restante que suelen sentirse de una o varias de las formas siguientes: incomprendidos y enfadados (molestos, cabreados, no escuchados, etc.), incómodos (avergonzados, con ganas de escapar), a la defensiva (juzgados y no dispuestos a cambiar) e impotentes (desalentados, desconcertados, pasivos, etc.).

Para contrastar las consecuencias de que el terapeuta actúe de un modo u otro durante la EM, los autores plantean de nuevo al lector que realice el mismo ejercicio, pero esta vez sin que el terapeuta le dé ningún consejo, limitando su papel a realizarle preguntas y a escuchar el contenido de sus respuestas a las preguntas formuladas, que bien pudieran ser, por ejemplo, las que ellos refieren: ¿Por qué querría usted cambiar? ¿Qué cree que podría hacer para conseguirlo? ¿Cuáles son sus tres mejores motivos para cambiar? ¿Cuán importante es para usted el cambio y por qué? Tras escuchar cada una de sus respuestas, el terapeuta se limita a decirle «Entonces…, ¿qué piensa usted hacer? Estas preguntas, pese a no ser el método de la EM, sí se espera que ayuden a entender el fin que se persigue y el estilo de comportamiento que se espera del terapeuta cuando aplique la EM. De hecho, los autores indican que cuando el terapeuta actúa del modo sugerido, entonces el estado informado por los P/C general es de sentirse entendidos (escuchados), aceptados (cómodos, seguros, respetados) y abiertos a la posibilidad de cambio, con fuerza para intentar el cambio (esperanzados, optimistas) e implicados (interesados, con ganas de cooperar, con una visión positiva del terapeuta y con ganas de seguir hablando).

Miller y Rollnick (2015) subrayan que, pese a que el objeto de la conversación es el mismo (abordar el cambio cuando la persona no tiene claro que quiera cambiar), los efectos de un comportamiento u otro del terapeuta son muy distintos en función de la dinámica de la conversación, del modo como se interaccione con el P/C.

En un contexto clínico, la EM se delimita como una herramienta que se utiliza para el logro de objetivos concretos y considera muy importante el estilo y el lenguaje[8] que promueve el cambio. Esos objetivos son fortalecer la motivación y comprometer al P/C con su cambio, utilizando la inducción y la exploración de sus razones para modificar su modo actual de comportarse en un contexto de aceptación y compasión, de empatía y cordialidad[9].

La EM en una técnica que conlleva un estilo de relación con el P/C, porque el terapeuta se convierte en un colaborador en el proceso de cambio, ayudando a promover cambios que convengan a la salud del P/C en un clima de empatía y cordialidad[10].

Aspectos básicos de la entrevista motivacional

La filosofía en la que se sustenta la EM contempla cuatro pilares: colaborar, aceptar, compadecer(se) y evocar. Veámoslos.

Colaborar. Es el fundamento de la modalidad de relación que se pretende establecer entre el terapeuta y sus P/C, a modo de una colaboración

[8] Se parte del supuesto de que cuando el profesional aplica un estilo directivo y defiende el cambio ante un P/C que está ambivalente, entonces este reaccionará defendiendo los argumentos opuestos. En cambio, si facilita que la persona se escuche a sí misma entonces será más probable que esta se convenza e inicie el cambio al escucharse a sí mismas.

[9] Véase Arkowitz et al. (2015), Miller y Rollnick (2015), Ortiz González (2013), Stinson y Clark (2017).

[10] Véase Arkowitz et al. (2015).

activa entre dos expertos: uno que conoce su vida y el otro que le ayudará a explorarla, proporcionándole apoyo y creando un ambiente que incremente la probabilidad de que se produzca el cambio de comportamiento.

Ambos colaboran en la recogida de información, facilitando la fluidez de la relación y fomentando la comprensión por la situación que vive el P/C.

Aceptar. Es la actitud que el terapeuta debe desarrollar y en su caso fomentar. Miller y Rollnick (2015) consideran que se construye a partir de:

— Reconocer el valor de cada persona, en tanto que única y distinta a todas las demás.
— Empatizar con el otro. Para ello es una condición necesaria desarrollar y mantener el interés por comprender la perspectiva a través de la cual cada uno ve el mundo.
— Respetar la libertad y la autonomía del otro. Desarrollar y mantener el respeto al derecho de todos y cada uno de los seres humanos a dirigir su vida en la dirección que estimen adecuada.
— Reconocer el valor de los logros y el del esfuerzo. Se desarrolla y mantiene validando positivamente los logros, las fortalezas y los esfuerzos de los P/C durante el proceso de cambio que se inicia desde el primer contacto entre estos y el terapeuta.

Compadecer(se). En el marco de la EM, la compasión es una función de la promoción activa del bienestar de los otros y de uno mismo a través de dar prioridad a las necesidades propias y ajenas. No se trata pues de ningún tipo de conmiseración por el otro ni consigo mismo.

Evocar. El empleo de los recursos del P/C es una prioridad en la EM, dado que se parte de que la mayor probabilidad de cambio se asocia con el autodescubrimiento de las razones o motivaciones personales para hacerlo. Por ello, la labor del terapeuta habrá de ser la de promover la generación de autorreferencias (evocar pensamientos, sentimientos, recuerdos, etc., del P/C), antes que tratar de ayudar imponiendo sus puntos de vista sobre la cuestión cuyo cambio se aborda. Y en este marco, una cuestión principal es recordar las fortalezas y los recursos con los que cuenta el P/C para activarlos, fomentarlos y volver a ponerlos a disposición de la persona, para que pueda emplearlos en su propio cambio.

Principios clínicos

Como hemos indicado, el objetivo general o fin último de la EM es reducir la ambivalencia acerca de la conveniencia del cambio e incrementar la automotivación del P/C, para lograr que realice en su comportamiento los cambios que se consideran necesarios. Para el logro de este objetivo, Miller y Rollnick (2015) señalan cinco principios básicos (expresar empatía, introducir la discrepancia, controlar la intensidad de la resistencia, evitar la discusión y fomentar la confianza en el conocimiento y las destrezas propias) y las correspondientes habilidades y destrezas que los profesionales que aplican la EM deben contemplar durante su desarrollo. Veámoslas.

Expresar empatía. El entrevistador debe aceptar y tolerar la forma de pensar, expresarse, de vestir, etc., del P/C. Su escucha, además de reflexiva respecto de los contenidos del discurso del P/C, siempre que sea coherente y posible, ha de ser incluir gestos y expresiones que muestren una actitud comprensiva, de «solidaridad emocional», es decir, que reconoce y respeta los sentimientos y perspectivas de las personas sin juzgarlos, sin criticar ni buscar responsabilidades o culpas.

El P/C ha de tener muestras que le permitan inferir que el profesional intenta ver el mundo desde su perspectiva, validándolo comprensivamente en su conjunto.

Para su logro se sugiere que el profesional:

— Reaccione ante las posiciones del P/C de manera flexible, tolerante y variada.
— Acepte la posición ambivalente del P/C como un componente del cambio que es propio del ser humano.
— Considere, dentro de lo esperable, que el P/C pueda percibirse con dificultades o incluso «bloqueado» para tomar decisiones y actuar en consecuencia.
— Valore que el sentimiento de aceptación facilita el cambio personal.
— Sepa que es fundamental la escucha reflexiva, porque proporciona al P/C retroalimentación sobre su actitud durante el desarrollo de la EM.

Ejemplo

Entrevistador: Buenos días. Por favor, pasa y siéntate cómodamente.
Una vez que el P/C esté sentado proseguirá.
Entrevistador: ¿Cómo te encuentras? Por favor, si hay algo que te molesta puedes compartirlo conmigo si quieres. Has de saber que estoy obligado a guardar el secreto profesional y a ser escrupulosamente respetuoso con los puntos de vista de los demás. Por tanto, puedes contarme lo que quieras con plena confianza y sabiendo que haré todo lo que me resulte posible por ponerme en tu lugar y tratar de entenderte.

Introducir la discrepancia. Este principio descansa en el hecho de que percibir las discrepancias puede incrementar la motivación, y con ello la probabilidad y la intensidad del compromiso con el cambio. En consecuencia, crear y potenciar la discrepancia entre lo que se quiere y lo que se tiene, entre la posición real actual y la que se desea, es un componente importante del motor del cambio.

Para ello es necesario que, por una parte, los objetivos que se formulen sean significativos para el P/C y se operacionalicen de modo concreto y claro. Por otro, que estos se asienten en los resultados del análisis de las consecuencias que siguen a sus respuestas y que contradicen lo que se quiere conseguir (conflicto). Si se hace así, entonces es altamente probable que el P/C perciba o intensifique la conciencia de la necesidad del cambio sin que sienta que se le está coaccionando o presionando para que modifique su comportamiento.

Para su logro se sugiere que el profesional:

— Genere e intensifique, basándose en la evidencia, la discrepancia entre los pensamientos y sentimientos, entre los pensamientos y el comportamiento manifiesto del P/C, hasta que se rompa la asociación actual que sostiene la existencia de la discrepancia (fuerza del hábito, apego, etc.).
— Mantenga e intensifique las condiciones que hagan posible la aparición en el P/C del reconocimiento explícito y del sentido de la discrepancia entre su estado actual (producto del comportamiento que se quiere cambiar) y el que querría.
— Trabaje los contenidos emocionales que producen la duda, el conflicto y el estado desagradable asociado a ambos.
— Exprese explícitamente las razones por las que quiere modificar su comportamiento.

Ejemplo

Entrevistador: ¿Cómo te sientes cuando tu novia te obedece?
P/C: Me siento bien, porque me hace caso y eso me tranquiliza, me relaja y ya no pienso que puede dejarme por otro.
Entrevistador: ¿Qué te desagrada cuando le prohíbes que salga sola o que se ponga una falda?
P/C: Su cara y sus gestos de mala leche. Tengo la impresión de que no me quiere, de que no le importo tanto como ella a mí.
Entrevistador: ¿Y te gustaría sentirte diferente?
P/C: Sí.
Entrevistador: ¿Por qué?
P/C: Ninguno de los dos lo pasa bien. Tengo mucho miedo de que me deje por otro.

Controlar la intensidad de la resistencia. El incremento de la intensidad de la resistencia se postula inversamente proporcional a la probabilidad de cambio. De ahí su relevancia en la EM.

Como se ha indicado, la resistencia no es un obstáculo que hay que eliminar, sino una parte normal del proceso de cambio y una fuente de información de la experiencia del P/C. De ahí que una parte importante del entrevistador sea pensar cómo puede utilizar la circunstancia actual del P/C para maximizar la probabilidad del cambio, invirtiendo los valores de la percepción.

Para su logro, se sugiere que el profesional:

- Busque el modo de implicar activamente al P/C en el proceso de resolución de sus problemas y en el resto de las actividades beneficiosas para el cambio. No ha de proporcionarle soluciones, sino sugerirle puntos de vista.
- Consensue cualquier objetivo que se formule o cualquier punto de vista que se quiera adoptar.
- Invite al P/C a considerar cualquier información que sea nueva, invitándole a que la considere y valore a través de distintas alternativas que puedan ayudarle en su proceso de toma de decisiones para su cambio.

Ejemplo

Entrevistador: ¿Qué esperas obtener de los servicios de un servidor?

P/C: Que me ayude a encontrar la manera en la que puedo solucionar esto, porque no podemos seguir así.

Entrevistador: Excelente. Esa será mi tarea: ayudarte a que pongamos el problema en su sitio y tú puedas encontrar la solución que más y mejor te convenga para ser feliz con ella y ella contigo.

P/C: No sé si seré capaz.

Entrevistador: Existe una elevadísima probabilidad de que lo puedas conseguir si de verdad te comprometes conmigo para encontrar una solución que sea buena para los dos y para ponerla en práctica.

Evitar la discusión. Como hemos visto, en la EM el llamado «reflejo de corrección» se considera inadecuado porque incrementa la probabilidad de que se produzca el efecto contrario al que se busca con esta. Es decir, si el entrevistador utiliza un estilo directivo y defiende el cambio, ante un P/C que está ambivalente, se sostiene que es muy probable que este reaccione defendiendo las razones contrarias. En cambio, si lo motiva para que se analice a sí mismo, entonces será más probable que se convenza e inicie el cambio.

De ahí que se apueste abiertamente porque el entrevistador evite el enfrentamiento directo con el P/C (discusiones, cuestionamiento agresivo de su posición, observaciones y consideraciones de tipo moral, etc.). El objetivo en la EM es la colaboración, no la confrontación, y para ello persigue que la interacción entre el entrevistador y el P/C se desarrolle de manera agradable, predominando la persuasión como la principal característica de la comunicación.

Para su logro se sugiere que el profesional:

- Detecte y valore la resistencia del P/C como una señal que indica que las estrategias que está utilizando no son adecuadas, porque no están permitiendo que aflore la colaboración.
- Se centre en abordar lo que le ocurre y quiere ahora el P/C. Carece de sentido, en el marco de la EM, discutir sus pensamientos y emociones con el objetivo de cambiar su forma actual de percibir la realidad.
- Evite la defensa de sus argumentos. Debe mantenerse en el plano de la sugerencia y la propuesta.
- Incremente e intensifique la conciencia del P/C sobre sus problemas y la conveniencia de abordarlos y resolverlos del modo que entienda más pertinente.

Ejemplo

P/C: Sé que si no actúo con ella como lo hago, me va a dejar por otro más pronto que tarde, y eso no puedo permitirlo.

Entrevistador: Entiendo tu razonamiento, porque la quieres mucho y tienes miedo de perderla, pero ¿has puesto a prueba lo que me estás diciendo? Es decir, ¿has intentado actuar de otra manera y ver qué es lo que pasa realmente cuando la tratas de otra forma?

P/C: La verdad... No me he atrevido. Muchas veces lo he pensado, pero no me atrevo.

Entrevistador: ¿Qué podrías perder y qué podrías ganar si lo intentas? Todo lo que me has contado de tu vida dice de ti que eres un gran luchador, que no has dado una batalla por perdida sin antes poner en práctica todo lo que se te ha ocurrido.

Por tanto, sé que eres capaz de afrontar los problemas más difíciles que se te han presentado y generalmente resolverlos.

¿Te atreverías a hacer una relación de todas las formas que se te ocurran para afrontar esta relación con ella, desde las más tontas y absurdas hasta las que te parezcan más sensatas, y luego ir imaginando en cada caso cuáles serían las ventajas y los inconvenientes a corto, a medio y a largo plazo de actuar con ella así?

Fomentar la confianza en sí mismo. La EM no tiene entre sus objetivos el de fomentar en el P/C la confianza de que el terapeuta lo cambiará. En la EM, como ocurre generalmente con el tratamiento psicológico, el P/C ha de actuar como un elemento activo que participa implicándose en su cambio hasta convertirse en el actor principal del mismo.

Por tanto, una cuestión fundamental es desarrollar/fomentar la responsabilidad del P/C en su propio cambio, porque, en última instancia, solo si él/ella quiere podrá hacerlo. En la EM querer es una condición necesaria, pese a que se considere que por sí sola no es suficiente.

En términos conductual-cognitivos, la confianza puede operacionalizarse como una función de la percepción de autoeficacia, es decir, del historial de éxitos con el que cuenta el P/C. La percepción de autoeficacia va más allá de la expectativa de resultado. Así, pese a que la expectativa de resultado no sea halagüeña, si la percepción de autoeficacia es alta el P/C intentará el cambio. En cambio, si la confianza del P/C en sí mismo es baja o muy baja, pese a que la expectativa de resultado sea alta, es muy probable que no intente cambiar, pese a que lo considere necesario.

La autoeficacia se muestra como un factor motivacional con una gran influencia en el inicio, desarrollo y mantenimiento de nuevas respuestas. Por ello, en la EM se enfatiza la conveniencia de que se subrayen los logros pasados, se fomente la asunción de responsabilidad y se muestre la necesidad de centrarse en los pensamientos positivos que harán más probable que se produzca el cambio y sus consecuencias positivas en y para la vida del P/C.

En el contexto individual, Miller y Rollnick (2015) sugieren el empleo de expresiones de ánimo como: «Por supuesto que usted es capaz de hacerlo. Puede que no resulte fácil, pero es posible conseguirlo»; «Si lo desea puedo colaborar con usted y prestarle mi ayuda y sugerencias para que pueda conseguir modificar lo que quiere de su comportamiento». En el formato grupal, el relato de los integrantes de sus logros vitales al enfrentarse con dificultades que creían que no podían superar promueve el aprendizaje a través del modelado del enfrentamiento y estimula a los participantes en su papel de observadores para la acción.

Para su logro, se sugieren las siguientes recomendaciones al entrevistador:

- Evocar las experiencias vitales en las que, pese al esfuerzo, se han logrado los éxitos perseguidos.
- Resituar las experiencias negativas dentro del curso normal del aprendizaje que lleva a conseguir lo que se quiere. El objetivo es que el P/C las vuelva a conceptualizar en positivo, dejando de rexperimentarlas como fracasos y las valide como circuns-

tancias probables, pero no determinantes si se lucha por conseguir lo que se desea. Afrontar nuevas situaciones siempre conlleva asociado el riesgo de que se produzcan circunstancias adversas que, pese a no ser determinantes en sí mismas, pueden convertirse en barreras para el logro si el P/C no las percibe como accidentes y se enfrenta a ellas para vadearlas o superarlas dentro del proceso de actuaciones dirigidas a lograr el cambio.

- Motivar para que se generen tantas alternativas de solución como la creatividad permita, subrayando sus posibilidades como conjunto para tener siempre una opción preparada cuando falla otra, a fin de no cejar en el empeño de conseguir lo que se quiere.

Ejemplo

Entrevistador: Por favor X, si le parece bien podemos hacer un repaso de todas las situaciones adversas que usted daba por perdidas, y, pese a ello, no cejó en su empeño y terminó logrando lo que quería.

P/C: No se me ocurre ahora ninguna, doctor.

Entrevistador: Vamos a ir repasando detalladamente fases de su vida en la escuela, en el instituto, en su primer trabajo, la primera vez que salió con alguna chica que le dijo a su primer intento que no, etc. ¿Le parece bien? Además, también podemos anotar ejemplos de personas que usted conozca bien que hayan logrado cosas que parecían muy difíciles gracias a su sacrificio y esfuerzo.

Terminado este repaso, podemos abordar las experiencias negativas.

Entrevistador: Ahora me gustaría que, si a usted le parece bien, pudiéramos recordar experiencias que cuando las vivió le parecieron catastróficas y que con el paso del tiempo no solo dejaron de ser negativas, sino que hoy puede considerarlas incluso muy positivas, porque le permitieron aprender lo que de otra manera probablemente no habría podido saber. ¿Qué le parece? ¿Quiere que lo intentemos?

Si le parece bien también podemos ir valorando el papel de la ayuda que le prestaron en esos momentos otras personas, porque, aunque podemos hacer cosas solos, la verdad es que contar con el apoyo de alguien puede ser determinante en momentos concretos. De hecho, esa es parte de la labor del profesional en una situación como la nuestra: estar al lado de su P/C, prestándole la ayuda que le solicita y colaborando con él/ella para promover y estimular la puesta en práctica de soluciones viables.

Los procesos

Inicialmente Miller y Rollnick (1999) describieron dos fases dentro de la EM: *a*) la relativa a construir/desarrollar la motivación, y *b*) la de mantener/fortalecer el compromiso para el cambio. En ambas el proceso implícito que se hipotetizaba era lineal. Es decir, se hipotetizaba que los P/C percibían y desarrollaban la conciencia que producía la toma de la decisión de realizar un cambio y posteriormente la ponían en práctica. Actualmente Miller y Rollnick (2015) proponen que la respuesta a cómo y el por qué las personas cambian se produce en el curso de un proceso sujeto a reglas o pautas recurrentes, es decir, recursivo, en el que confluyen y se superponen cuatro procesos:

i) **Comprometerse.** El compromiso, en tanto que el primer proceso de la EM, se produce en el contexto de la relación colaborativa entre el P/C y el psicólogo, que se caracteriza por el trabajo y la búsqueda de la utilidad de la interacción.
ii) **Centrarse/enfocarse.** Su objetivo es ayudar a los P/C a clarificar y concretar sus objetivos. Tal ayuda se produce durante el proceso mediante el que el psicólogo desarrolla la conversación sobre el cambio.
iii) **Evocar.** El objetivo de este proceso es que el psicólogo induzca la motivación del P/C hacia y por el el cambio de su comportamiento.

iv) **Planear.** Tomada conciencia, concretados los objetivos y activada la motivación para el cambio, solo resta un último proceso: planificar la acción. En este puso el psicólogo ayuda a su P/C para que formule y especifique su plan de acción para lograr el cambio que desea en su comportamiento.

Se considera que, además de recursivos, los cuatro procesos son secuenciales, es decir, que cada uno de ellos se fundamenta en el que le precede y sirve de base para el siguiente (véase figura II.1).

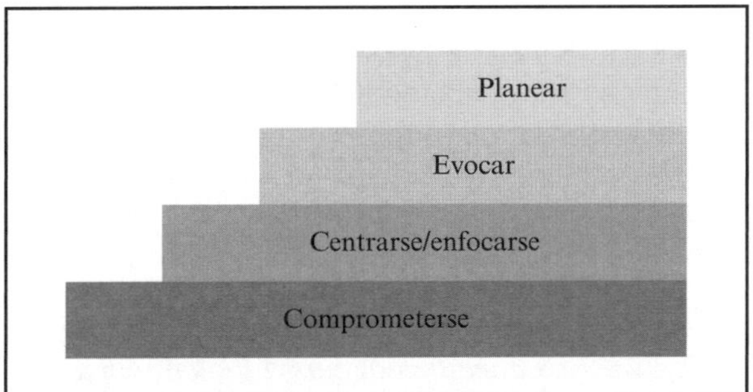

FUENTE: Modificado de Miller y Rollnick (2015).

Figura II.1.—Procesos implicados en la entrevista motivacional.

Estrategias básicas

Para activar y movilizar a los P/C en la dirección del cambio de comportamiento que desean, el psicólogo puede emplear algunas habilidades y estrategias de comunicación. Estas son: realizar preguntas abiertas que requieren respuestas largas o extensas; afirmar/validar; escuchar atentamente y responder reflexivamente; resumir, y proporcionar información. Veámoslas.

Realizar preguntas abiertas. Las preguntas abiertas son las que requieren de la reflexión de los P/C, dado que no pueden contestarse con respuestas cortas (monosílabos, expresiones hechas, etc.). Es decir, son las que, además de estimular la comunicación verbal, también propician el análisis del contenido de la pregunta y la síntesis para elaborar la respuesta (en este caso de los problemas sobre los que versa la entrevista), implicando la participación de los pensamientos en sí mismos y de las emociones en tanto que patrones de respuestas asociadas al comportamiento problemático (v. gr., el consumo de sustancias tóxicas).

Generalmente el estímulo discriminativo que utiliza el psicólogo como señal para dar entrada a este tipo de preguntas durante la EM es la manifestación por el P/C de preocupaciones o cuestiones sobre las que le interesa y quiere hablar. Tal manifestación puede producirse espontáneamente o ser motivada por las preguntas del psicólogo a partir de lo que le indica su intuición, o preguntando directamente cuáles son los aspectos que consideran positivos y cuáles los que entienden negativos de su comportamiento problemático.

Ejemplo

Entrevistador: ¿Si tu esposa se entera, qué crees que pasaría?
P/C: ¡Me echaría de casa! Me horroriza que pudiera pasar, pero no veo cómo puedo actuar, porque haber consumido antes me proporciona una gran seguridad en todo lo que hago.
Entrevistador: ¿Se te ocurre alguna forma de solucionarlo?
P/C: Sé que tengo que dejarlo, pero no sé cómo puedo hacerlo sin perder todo lo que me aporta consumir.

Afirmar/validar. Generalmente los seres humanos hacemos aquello que sabemos. Si se quiere ayudar a cambiar, es preciso que el P/C recuerde y vea reforzadas sus fortalezas, en las que puede apoyarse para hacer frente a sus comportamientos inadecuados que le producen sufrimiento a él/ella y/o a quienes le quieren. El psicólogo puede y debe buscar, identificar y reforzar las fortalezas del P/C, utilizando su posición de privilegio para validarlas basándose en el poder que le confiere su estatus de autoridad en materia del comportamiento humano.

Reconocer, afirmar y validar las fortalezas y los recursos del P/C permite al psicólogo contribuir a que aquel pueda verse a sí mismo desde una perspectiva distinta, en relación con la posibilidad de lograr el cambio que quiere, pese a que en su historial cuente con intentos fallidos. El refuerzo social que supone el reconocimiento, la afirmación y la validación por parte de una figura de autoridad incrementa la confianza del P/C, además del estado de bienestar que le produce sentirse escuchado y aceptado.

Ejemplo

Entrevistador: No es nada fácil perseverar hasta conseguir las metas que uno se propone. Y hay muchas metas que usted ha conseguido en su vida hasta ahora. No me cabe la menor duda de que es usted un gran luchador.

P/C: Sí, es cierto. A veces me olvido de todo lo que he tenido que luchar para conseguir llegar hasta aquí. La verdad es que generalmente los árboles me impiden ver el bosque. Gracias por ayudarme a recordarlo.

Entrevistador: Es cierto. Por eso no termino de entender cómo te ha podido doblegar el consumo de «coca» ¿Cree que va a poder seguir durante mucho tiempo con esta situación de consumo desmedido?

P/C: No. La verdad es que sé que no. Por eso estoy aquí. Pero me parece que después de que usted me haya recordado de todo lo que hasta ahora he sido capaz, pese a que en esto haya fracasado hasta ahora, creo que tengo la obligación de volver a intentarlo como he hecho tantas veces con otras cosas que no me han salido ni a la primera, ni a la segunda ni a la tercera.

Escuchar atentamente y responder reflexivamente. Es una estrategia básica para intentar averiguar lo que quiere decir el P/C y devolvérselo utilizando expresiones claras, concreta y afirmativas, sin que medie la duda. El psicólogo ha de escuchar al P/C desplegando toda su capacidad de atención para captar con el mayor detalle posible el contenido de su discurso. Ello le permitirá responder a las cuestiones que plantee el P/C o que aprehenda del curso del discurso de manera reflexiva, fundamentada, coherente con el contenido explícito e implícito del habla del P/C. Esta coherencia se entiende básica para que el P/C sienta que el psicólogo es capaz de ver y entender los problemas desde su perspectiva, es decir, de comprender su circunstancia vital y de orientarlo adecuadamente para que pueda resolver la situación de ambivalencia en la que se halla, centrándose y apoyándose en las consecuencias positivas del cambio de su comportamiento. No obstante, hay una serie de obstáculos o barreras que pueden dificultarla, cuando no impedirla (véase cuadro II.1).

CUADRO II.1

Barreras que dificultan/impiden la escucha reflexiva. Los doce obstáculos a la comunicación de Thomas Gordon

I.	Ordenar, dirigir o mandar.
II.	Avisar o amenazar.
III.	Dar consejo o soluciones no pedidas.
IV.	Persuadir, convencer.
V.	Moralizar, recalcar sus obligaciones.
VI.	Desacuerdo, juzgar, criticar, discrepar, culpar.
VII.	Estar de acuerdo, elogiar, aprobar.
VIII.	Culpabilizar, ridiculizar, avergonzar.
IX.	Interpretar, analizar.
X.	Reafirmar, consolar, confortar, compadecer.
XI.	Cuestionar o poner a prueba.
XII.	Retirarse, distraer, bromear, cambiar el tema.

FUENTE: Bobes Bascarán et al. (2021).

Por su parte, Arkowitz, Westra, Miller y Rollnick (2015) distinguen distintas modalidades de escucha reflexiva. Así, en el cuadro II.2 se muestran estas, con sus correspondientes respuestas/

comentarios al P/C, tomando como ejemplo un comentario en el que un P/C expresaba que *«A pesar de que no ha pasado nada, me ha sentido más deprimido últimamente»*.

CUADRO II.2

Modalidad	Delimitación	Respuesta del psicólogo al hilo del comentario del P/C
Repetir	Volver a decir lo que el P/C haya mencionado.	*Se ha sentido más deprimido últimamente.*
Reformular	Expresar los elementos básicos del contenido que ha expresado el P/C, pero de forma distinta.	*Entonces su tristeza ha empeorado sin que sepa realmente el porqué.*
Parafrasear	Expresar bajo el formato de una proposición, de manera concreta y clara, lo que se ha inferido a partir de lo expresado por el P/C.	*Entiendo que le gustaría comprender por qué cambia como lo hace su estado de ánimo.*
Reflejar el sentimiento	Subrayar el contenido emocional utilizando metáforas o sentencias emotivas que lo reflejen.	*Es así. En ocasiones da miedo no ser capaz de entender qué es lo que produce el cambio de nuestro estado de ánimo.*

FUENTE: Arkowitz et al. (2015).

Veámoslo también en el siguiente ejemplo.

Ejemplo

Entrevistador: Me parece percibir que te encantaría ser psicólogo. ¿Has reflexionado sobre el esfuerzo personal y económico que significa en una circunstancia como la tuya?
P/C: Sí. Sé que ello implicaría un gran esfuerzo por mi parte y por el de mi familia, porque ya no solo no dispondría de mis ingresos, sino que sería una fuente de gasto más. Pero es que quiero hacerlo y me gustaría al menos intentarlo.
Entrevistador: No seré yo quien te desanime después de conocer todo lo que has sido capaz de luchar para llegar hasta aquí. Pero ¿has pensado con detenimiento en cómo puedes hacerlo realidad y a qué te tienes que enfrentar?

Resumir. El psicólogo, tanto de vez en cuando (basándose en la relevancia de la información que ha proporcionado el P/C) como cuando termine la sesión, hará diversas síntesis que integren de modo reflexivo y estructurado lo dicho por este hasta ese momento. En dichas síntesis resaltará las cuestiones más relevantes, enfatizando su comprensión, así como la relevancia y el interés que confiere a las cuestiones que subraya.

Ejemplo

Entrevistador: Excelente. Vamos a realizar un pequeño alto en la conversación para contrastar con usted si realmente estoy entendiendo bien lo que me ha querido decir hasta el momento.
P/C: Sí, claro.
Entrevistador: Comenzó usted diciendo que en los tres intentos realizados para aprobar la oposición al cuerpo de..., en dos ocasiones no supo planificar adecuadamente la relación entre el estudio de los contenidos del programa y el tiempo que le tenía que dedicar, resultándole imposible prepararlo bien, de modo que cuando se dio cuenta ya era tarde. Pese a ello, parece que todavía no ha buscado el modo de prevenir que no le vuelva a ocurrir lo mismo, porque no me ha dicho que haya cambiado su plan de estudio.
P/C: Sí. Así es. Cada vez que me pongo a ello opto por seguir con la planificación que ya tenía, porque no sé cómo mejorarla.

Entrevistador: Sin que dejemos de resaltar y valorar el hecho de que usted no ha dejado de estudiar ni un solo día de los planificados, cumpliendo, salvo alguna excepción, con el horario programado, no es menos cierto que tal vez le pueda convenir contrastar su plan con el que le sugeriría un profesional de la psicología para ver y valorar las diferencias. ¿Qué le parece?

Es importante recordar que aprobar no es solo cuestión de esfuerzo personal. El esfuerzo es una condición necesaria, pero no suficiente. De hecho, su esfuerzo es magnífico y debe seguir realizándolo, pero acompañado de una estrategia distinta que le permita obtener en el examen una nota proporcional al mismo.

P/C: Tiene usted razón. Voy a ponerme en contacto con un profesional experto en preparar oposiciones a ver si así logro aprobar.

Proporcionar información. Esta es una opción que se contempla en el marco de la EM. Ahora bien, su aplicación se deja al criterio del P/C. Es decir, hay que esperar a que la persona lo solicite, directa o indirectamente.

Se sugiere que el entrevistador promueva que el P/C sea quien le formule las preguntas o le solicite consejo, así como que utilice la estrategia de dar consejo de forma impersonal, generando distintas alternativas, para que sea el P/C quien «descubra» cuál es el modo más eficiente de dar una respuesta adecuada a la situación problemática que está viviendo. De este último modo previene el «Sí, pero…», es decir, el rechazo de la potencial solución a la situación de ambivalencia, y maximiza la probabilidad de que la elección sea para el P/C la mejor entre las posibles.

Ejemplo

P/C: ¿Podría usted indicarme algún preparador de oposiciones del que le hayan hablado bien?

Entrevistador: Cualquier psicólogo educativo tiene la formación suficiente como para ayudarle a confeccionar el mejor plan de preparación de acuerdo con su circunstancia personal. En los colegios de psicólogos puede encontrar excelentes profesionales, aunque también puede usted informarse a través de personas que conozca que estén preparando su misma oposición o compañeros de trabajo que ya la hayan aprobado.

P/C: La verdad es que me da vergüenza preguntar, pero me parece que no me queda otro remedio. Voy a comenzar por los compañeros de trabajo y luego seguiré con quienes conozco que están preparándola y también suspendieron antes. Dejaré para el final llamar a los colegios de psicólogos.

Entrevistador: Excelente. Cualquier decisión es buena siempre que sea suya y que la ponga en práctica.

Trabajar con la resistencia

Las respuestas de escape/evitación se conceptualizan en la EM como «señales de resistencia» del P/C. Su manejo adecuado durante el desarrollo de la EM y del tratamiento se postula como un buen predictor de resultados muy probablemente exitosos, porque se supone que maximiza la probabilidad de adherencia. De ahí que se entienda que el reconocimiento de tales señales sea muy relevante para el desarrollo adecuado de los tratamientos en general y de la EM en particular, porque se pueden utilizar para intensificar la intensidad de la toma de decisiones del P/C, permiten que se generen estrategias para cambiar las percepciones actuales de la situación problemática, a partir de ellas se pueden fomentar nuevas perspectivas sin imponerlas, y se consideran, por tanto, un recurso muy valioso para hallar soluciones a los problemas.

Por todo ello, en la EM es importante que el psicólogo aprenda y comprenda la perspectiva del P/C y tome ese punto como el de partida, a fin de interpretar la resistencia como una señal que le marca la dirección que hay que seguir sin entrar en conflicto con el P/C.

La EM distingue las cuatro clases de resistencia en los P/C: argumentar, interrumpir, negar e ignorar (véase cuadro II.3).

CUADRO II.3

Clases de resistencia

Argumentar. El P/C pone en tela de juicio la precisión, la experiencia o la integridad del entrevistador sin utilizar necesariamente razones contrastadas para ello, con el fin de restar valor al juicio del entrevistador o de imponer su punto de vista. Esto lo puede hacer:

— *Retándolo*. Rechaza constantemente lo que le comenta.
— *Menospreciándolo*. Cuestiona su autoridad y su experiencia sin una razón clara, concreta y contrastada.
— *Mostrándose hostil*. Expresa su oposición o indiferencia hacia lo que dice el entrevistador.

Interrumpir. El P/C interrumpe al entrevistador cuando habla de cuestiones concretas, a fin de que deje de hacerlo. Para ello:

— *Discute*. Corta el discurso del entrevistador mientras está hablando, obstaculizándolo con intervenciones innecesarias, sin esperar a que se produzca un silencio, una pausa u otra circunstancia propia para hacerlo y sin tener una razón objetiva que lo justifique.
— *Entorpece*. Obstaculiza intencionadamente con palabras y expresiones el curso del habla del entrevistador.

Negar. El P/C se muestra reacio a cooperar, a reconocer los problemas y aceptar su responsabilidad o a admitir un consejo. Para ello:

— *Culpabiliza*. Responsabiliza a los demás de sus problemas.
— *Difiere tomar decisiones*. Se muestra en desacuerdo con todas las sugerencias que se le hacen, sin ofrecer otras opciones como alternativas constructivas.
— *Se excusa*. Su comportamiento inadecuado siempre cuenta con una razón que lo justifica en cualquier circunstancia.
— *Argumenta su modo de actuar pese a los problemas que le acarrea*. Sostiene absurdamente razones sin fundamente para su comportamiento problemático.
— *Minimiza los riesgos*. Insinúa que el entrevistador exagera los riesgos y los peligros de su comportamiento problemático.
— *Muestra una actitud pesimista*. Muestra una actitud derrotista sobre sí mismo y sobre los demás.
— *Se muestra renuente*. No se manifiesta reacción sobre el contenido de la información que aporta el entrevistador y respecto de los consejos que le da, expresándolo a través de su oposición y/o reserva acerca de ellos.
— *Desmotivación por el cambio*. Manifiesta reiteradamente falta de deseos y muestra su oposición al cambio de su comportamiento.

Ignorar. El P/C intencionadamente ignora o no presta atención al entrevistador mientras este habla. En relación con este, ello se pone en evidencia:

— *Desatendiéndolo*. No le presta atención o se la retira cuando habla de determinados contenidos.
— *Dando respuestas absurdas*. No contesta a lo que se le pide o responde reiteradamente de forma ilógica.
— *No responde verbalmente*. Ignora la respuesta oral. Las respuestas a las preguntas del entrevistador son reiteradamente no verbales (gestos, sonidos, movimientos, etc.).
— *Desviando el curso de la conversación*. Cambia la dirección de la conversación que plantea el entrevistador.

Entre las estrategias que se prevén en la EM y que puede utilizar el psicólogo para afrontar adecuadamente el reto que conllevan las resistencias del P/C, se hallan: la devolución simple, el reflejo de la resistencia desde distintos ángulos, la reformulación, el cambio de enfoque, el acuerdo, el reflejo ampliado y el manejo de la paradoja. Veámoslos.

Devolución simple. Se responde al P/C mostrándole comprensión pese a su desacuerdo con la respuesta que ha dado, con su contenido emocional o con la percepción de la realidad que implica. En este caso el objetivo es posibilitar un análisis posterior, antes que producir una reacción defensiva, evitando caer en la trampa de la confrontación/negación.

Ejemplo

P/C: No creo que en estas circunstancias en las que me hallo pueda dejar de consumir cocaína.
Entrevistador: Es cierto que te sería muy difícil, porque todavía no tienes las herramientas que, pese a que puedan no ser suficientes, sí son necesarias para conseguirlo. No obstante, dada tu condición de «luchador» que se ha puesto de manifiesto una y otra vez en tu constancia y sacrificio para conseguir tus metas, estoy convencido de que serás capaz de sacarle el mejor partido a todo lo que te vamos a enseñar para que te puedas enfrentar a este desafío con todas las posibilidades de lograrlo.

Reflejo desde otros ángulos. El entrevistador reconoce lo que el P/C dice, pero no se queda ahí, y aprovecha, por ejemplo, para señalar las contradicciones que el cambio de perspectiva permite constatar cuando se analizan los efectos del comportamiento problemático en el pasado.

Ejemplo

P/C: Sé que debo dejar de consumir, pero a la vez no quiero hacerlo, porque lo paso muy mal cuando no tomo mi dosis de coca, no soy capaz de trabajar como debería y el efecto de las dos cosas juntas me supera.
Entrevistador: Es cierto, pero también lo es que, pese a ello, ya ha perdido usted varios clientes importantes por el estado que le está provocando el consumo. Si lo piensa bien y hace cálculos, ¿realmente le compensa seguir consumiendo?
P/C: Económicamente no.
Entrevistador: ¿Entonces...?

Reformular. En vez de enfrentarse con la negación que realiza el P/C, el psicólogo genera una interpretación distinta, positiva, a partir de la información negativa de aquel.

Ejemplo

P/C: No, no es cierto que mi salud se resienta por el consumo. Todavía soy capaz de seguir haciéndolo todo. Por eso no entiendo ni la urgencia ni la necesidad de mi esposa porque venga a verlo.
Entrevistador: Nadie puede negar que usted cumple todavía sobradamente con sus obligaciones, pero recuerde que, por ejemplo, el cáncer de pulmón asociado al tabaco no se produce cuando uno consume los primeros cigarrillos, ni siquiera generalmente cuando uno lleva unos años fumando. Los efectos perversos de las drogas se producen casi siempre en el medio y largo plazo. En el corto plazo generalmente suelen ser muy placenteras las consecuencias que siguen al consumo. Por eso «enganchan» tanto. Por tanto, entiendo y comparto la preocupación de su esposa y la interpreto como una señal de que usted le importa y de que lo quiere.

Cambio de enfoque. Es una estrategia que persigue desviar al P/C de su trayectoria y de sus respectivas barreras y otros obstáculos, con el objetivo de que ello elimine o minimice su resistencia al cambio de su comportamiento.

Ejemplo

P/C: Sí, pero es que en mi círculo casi todos mis proveedores y clientes consumen, y pueden sentirse ofendidos o menospreciados si rechazo sus ofrecimientos. Yo dependo de ellos. Sin ellos mi negocio se iría a pique.
Entrevistador: Entiendo sus miedos al respecto, pero recuerde que cuando empezó no consumía y su negocio ha ido viento en popa. Ni sus proveedores ni sus clientes estaban interesados en que usted consumiera. Como usted me ha subrayado, cuando hemos hablado de esto, lo que les importaba es que usted cumple con su palabra.

No obstante, hay muchas formas de decir «no» para que la persona que le ofrece cocaína no se sienta ofendida ni rechazada. Si usted quiere aquí podemos enseñarle a hacerlo adecuadamente.

El acuerdo. Con este, el entrevistador trata de promover que se produzca un cambio de dirección que facilite posteriormente la discusión.

Ejemplo

P/C: Pese a todo, sigo sin entender la urgencia y la necesidad. ¿Es que usted no toma su medicación cuando le duele la cabeza? ¿Por qué yo no puedo tomar mi cocaína cuando me siento mal?

Entrevistador: Tiene usted razón. Yo también tomo medicación cuando me duele la cabeza y me siento mal, pero si no se me quita voy al médico y sigo sus instrucciones. ¿Hace usted lo mismo con la cocaína? Como ya hemos dicho, el consumo frecuente le puede causar problemas de salud física y psicológica muy importantes. ¿Qué le parece si acordamos que se haga un «chequeo» de cómo se encuentra tanto en el ámbito de la salud física como en el psicológico y luego discutimos acerca de los resultados?

El reflejo ampliado. Si se exagera, sin llegar a la parodia, el planteamiento del P/C, se maximiza la probabilidad de que este pueda ver lo que antes no veía o no quería ver en su comportamiento.

Ejemplo

P/C: Ya, pero yo no consumo más que los demás. Yo diría que incluso consumo menos que la mayoría de la gente de mi círculo.

Entrevistador: Entonces, ¿su esposa lo está pasando mal y se está preocupando absurdamente por usted?

El manejo de la paradoja. Para aplicar esta estrategia el entrevistador se pone en el lugar del P/C y defiende exageradamente su mismo argumento, oponiéndose al cambio del comportamiento problemático. El objetivo es provocar una intensificación de la reflexión.

Ejemplo

Entrevistador: Tiene usted razón. La verdad es que hemos perdido muchísimo tiempo investigando los efectos negativos del consumo de la cocaína cuando usted no lo considera realmente un problema relevante para su salud. En estas circunstancias la preocupación de su esposa se me antoja desproporcionada, porque parece claro que solo es un problema para ella y para nosotros. Por ello no tengo nada claro que, pese a su perfil de luchador, de no tirar la toalla en ningún caso, ahora sea capaz de afrontar esta circunstancia con la valentía que se requiere. Me parece que, aunque usted quisiera, esto «se le ha atragantado» y veo muy complicado que sea capaz de cambiar su consumo actual de cocaína.

ANEXO IIIa
Symptom Check List-90-Revised (SCL-90-R)[1]

Nombre.. **Edad**:........ **Fecha de hoy**:................

Marcar con una cruz las opciones que correspondan

Sexo:

❑ Mujer ❑ Varón

Grado educativo alcanzado: ....

Estado civil:

❑ Soltero ❑ Divorciado ❑ Viudo/a

❑ Casado ❑ Separado ❑ En pareja

Ocupación: ....

Lugar de nacimiento..

Lugar de residencia actual..

A continuación le presentamos una lista de problemas que tiene la gente.

Lea cada uno de ellos y marque su respuesta con una cruz en la casilla correspondiente, pensando en cómo se sintió, y en qué medida ese problema le ha preocupado o molestado durante la última semana (7 días).

Tiene cinco posibilidades de respuesta: **NADA - MUY POCO - POCO – BASTANTE – MUCHO.**

No hay respuestas buenas o malas: todas sirven. No deje frases sin responder.

---

[1] Versión y adaptación al español del Inventario SCL-90-R realizada en la Facultad de Psicología de la Universidad de Buenos Aires por los miembros de la Cátedra de la Prof. Marina Martina Casullo.

El SCL-90R fue diseñado en la Universidad Johns Hopkins para la evaluación de un espectro de dimensiones psicopatológicas. Su aplicación principal ha sido como herramienta para detectar en población comunitaria alteraciones desadaptativas del comportamiento y para valorar los cambios producidos en el P/C tras una intervención psicológica o tratamiento psiquiátrico.

Sus ítems se valoran de acuerdo con lo acontecido durante la última semana y siguiendo una escala tipo Likert de 4 puntos, en la que Nada = 0, Muy poco = 1, Poco = 2, Bastante = 3 y Mucho = 4.

Para una revisión de los estudios originales de esta versión del «Symptom Check List» véase Derogatis (1983), Derogatis y Cleary (1977), Derogatis, Lipman y Covi (1973) y Derogatis y Melisaratos (1983).

Para las traducciones y validaciones en población de habla española véase: Casullo (2008) en población argentina; Carrasco Ortiz, Sánchez Moral, Ciccotelli y Del Barrio (2003) estudiaron sus propiedades psicométricas en una muestra clínica, Casullo y Castro Solano (1999) en estudiantes adolescentes argentinos; Caparrós-Caparrós, Villar-Hoz, Juan-Ferrer y Viñas-Poch (2007) en población española; Gempp Fuentealba y Avendaño Bravo (2008) en estudiantes universitarios chilenos; González de Rivera, De las Cuevas, Rodríguez y Rodríguez (2002) tradujeron, adaptaron y publicaron en español la validación de la escala original mediante el proceso de detección y cuantificación de la morbilidad psiquiátrica en población general y en diferentes grupos clínicos, y Abuín y de Rivera (2014) han validado una versión breve (Listado de Síntomas Breve —LSB-50—) en población general y en muestras clínicas españolas, a fin de calcular su validez y fiabilidad en la tarea de despistaje o cribado.

	Nada	Muy poco	Poco	Bastante	Mucho
1. Dolores de cabeza.					
2. Nerviosismo.					
3. Pensamientos desagradables que no se iban de mi cabeza.					
4. Sensación de mareo o desmayo.					
5. Falta de interés en relaciones sexuales.					
6. Criticar a los demás.					
7. Sentir que otro puede controlar mis pensamientos.					
8. Sentir que otros son culpables de lo que me pasa.					
9. Tener dificultad para memorizar cosas.					
10. Estar preocupado/a por mi falta de ganas para hacer algo.					
11. Sentirme enojado/a, malhumorado/a.					
12. Dolores en el pecho.					
13. Miedo a los espacios abiertos o las calles.					
14. Sentirme con muy pocas energías.					
15. Pensar en quitarme la vida.					
16. Escuchar voces que otras personas no oyen.					
17. Temblores en mi cuerpo.					
18. Perder la confianza en la mayoría de las personas.					
19. No tener ganas de comer.					
20. Llorar por cualquier cosa.					
21. Sentirme incómodo/a con personas del otro sexo.					
22. Sentirme atrapada/o o encerrado/a.					
23. Asustarme de repente sin razón alguna.					
24. Explotar y no poder controlarme.					
25. Tener miedo a salir solo/a de mi casa.					
26. Sentirme culpable por cosas que ocurren.					
27. Dolores en la espalda.					
28. No poder terminar las cosas que empecé a hacer.					

	Nada	Muy poco	Poco	Bastante	Mucho
29. Sentirme solo/a.					
30. Sentirme triste.					
31. Preocuparme demasiado por todo lo que pasa.					
32. No tener interés por nada.					
33. Tener miedos.					
34. Sentirme herido en mis sentimientos.					
35. Creer que la gente sabe qué estoy pensando.					
36. Sentir que no me comprenden.					
37. Sentir que no caigo bien a la gente, que no les gusto.					
38. Tener que hacer las cosas muy despacio para estar seguro/a de que están bien hechas.					
39. Mi corazón late muy fuerte, se acelera.					
40. Náuseas o dolor de estómago.					
41. Sentirme inferior a los demás.					
42. Calambres en manos, brazos o piernas.					
43. Sentir que me vigilan o que hablan de mí.					
44. Tener problemas para dormirme.					
45. Tener que controlar una o más veces lo que hago.					
46. Tener dificultades para tomar decisiones.					
47. Tener miedo de viajar en tren, ómnibus o subterráneos.					
48. Tener dificultades para respirar bien.					
49. Ataques de frío o de calor.					
50. Tener que evitar acercarme a algunos lugares o actividades porque me dan miedo.					
51. Sentir que mi mente se queda en blanco.					
52. Hormigueos en alguna parte del cuerpo.					
53. Tener un nudo en la garganta.					
54. Perder las esperanzas en el futuro.					
55. Dificultades para concentrarme en lo que estoy haciendo.					

	Nada	Muy poco	Poco	Bastante	Mucho
56. Sentir flojedad, debilidad, en partes de mi cuerpo.					
57. Sentirme muy nervioso/a, agitado/a.					
58. Sentir mis brazos y piernas muy pesados.					
59. Pensar que me estoy muriendo.					
60. Comer demasiado.					
61. Sentirme incómodo/a cuando me miran o hablan de mí.					
62. Tener ideas, pensamientos que no son los míos.					
63. Necesitar golpear o lastimar a alguien.					
64. Despertarme muy temprano por la mañana sin necesidad.					
65. Repetir muchas veces algo que hago: contar, lavarme, tocar cosas.					
66. Dormir con problemas, muy inquieto/a.					
67. Necesitar romper o destrozar cosas.					
68. Tener ideas, pensamientos que los demás no entienden.					
69. Estar muy pendiente de lo que los demás puedan pensar de mí.					
70. Sentirme incómodo/a en lugares donde hay mucha gente.					
71. Sentir que todo me cuesta mucho esfuerzo.					
72. Tener ataques de mucho miedo o de pánico.					
73. Sentirme mal si estoy comiendo o bebiendo en público.					
74. Meterme muy seguido en discusiones.					
75. Ponerme nervioso/a cuando estoy solo/a.					
76. Sentir que los demás no me valoran como merezco.					
77. Sentirme solo/a aun estando con gente.					
78. Estar inquieto/a; no poder estar sentado/a sin moverme.					
79. Sentirme un/a inútil.					
80. Sentir que algo malo me va a pasar.					
81. Gritar o tirar cosas.					
82. Miedo a desmayarme en medio de la gente.					

	Nada	Muy poco	Poco	Bastante	Mucho
83. Sentir que se aprovechan de mí si los dejo.					
84. Pensar cosas sobre el sexo que me molestan.					
85. Sentir que debo ser castigado/a por mis pecados.					
86. Tener imágenes y pensamientos que me dan miedo.					
87. Sentir que algo anda mal en mi cuerpo.					
88. Sentirme alejado/a de las demás personas.					
89. Sentirme culpable.					
90. Pensar que en mi cabeza hay algo que no funciona bien.					

ANEXO IIIb
Factores del «Symptom Check List-90-Revised» en población española[1]

FACTOR I[2]

— Dolores en el corazón o en el pecho (S).
— Sensaciones de desmayo o mareo (S).
— Pesadez en los brazos o en las piernas (S).
— Temblores (A).
— Sentirse bajo de energías o decaído (D).
— Entumecimiento u hormigueo en alguna parte del cuerpo (S).
— Dolores de cabeza (S).
— Nerviosismo o agitación interior (A).
— Dificultad para conciliar el sueño (M).
— Sentir un nudo en la garganta (S).
— Dolores musculares (S).
— Sentir calor o frío de repente (S).
— Sentir que el corazón le palpita o le va muy deprisa (A).
— Sentirse triste (D).
— Náuseas o malestar en el estómago (S).
— Sentirse débil en alguna parte del cuerpo (S).
— Dificultad para respirar (S).
— Despertarse de madrugada (M).
— Dolores en la parte baja de la espalda (S).
— Sueño inquieto o perturbado (M).
— Dificultad para recordar las cosas (0).
— Llorar fácilmente (D).
— Tener la idea de que algo anda mal en su cuerpo (E).
— Falta de apetito (M).

FACTOR II[3]

— No sentirse cercano o íntimo con nadie (E).
— Tener pensamientos que no son suyos (E).
— Sentimientos de culpabilidad (M).
— Culparse a sí mismo de lo que pasa (D).
— Sentirse incapaz de lograr cosas (O).
— Sentirse solo, aunque esté con más gente (E).
— Tener dificultad para concentrarse (O).
— Sentirse tenso o agitado (A).
— Que se le quede la mente en blanco (O).
— La sensación de estar atrapado o como encerrado (D).
— La idea de que algo anda mal en su mente (E).
— Tener pensamientos sobre el sexo que le inquietan bastante (E).
— Tener ideas o creencias que los demás no comparten (P).
— Pensamientos, palabras o ideas no deseadas que no se le van de su mente (O).

---

[1] Los que presentamos aquí son lo que resultaron de la traducción y validación en población comunitaria española, de Tenerife, en el estudio realizado por De las Cuevas et al. (1991). Obtuvieron ocho factores similares a los obtenidos en otros estudios con la versión original. Las diferencias observadas en los que se obtuvieron se relacionaron con las de las muestras utilizadas (muestra española comunitaria *vs.* muestra psiquiátrica de los estudios originales).

En el estudio de Abuín y de Rivera (2014), sobre el Listado de Síntomas Breve (LSB-50) se describen nueve escalas y subescalas clínicas, un índice de riesgo psicopatológico, tres índices generales y dos escalas de validez.

[2] S = Somatización; A = Ansiedad; M = Escala Adicional; D = Depresión; E = Psicoticismo.

Incluyó todos los ítems que integraron la dimensión de somatización que hipotetizaron Derogatis y Cleary (1977), los cuales reflejan el malestar («distrés») que se origina tras percibir disfunciones corporales. Incluyó respuestas alteradas que se asocian con la ansiedad manifiesta, los trastornos del sueño y el apetito. Explicó el 7,837 por 100 de la varianza.

[3] E = Psicoticismo; M = Escala Adicional; D = Depresión; O = Obsesión-Compulsión; A = Ansiedad; P = Ideación Paranoide.

Incluyó principalmente ítems de la postulada dimensión sintomática de psicoticismo. Explicó el 5,916 por 100 de la varianza.

FACTOR III[4]

— La sensación de que los demás no le comprenden o no le hacen caso (I).
— La impresión de que otras personas son poco amistosas o que usted no les gusta (I).
— La impresión de que la mayoría de sus problemas son culpa de los demás (P).
— Sensación de que otras personas le miran o hablan de usted (P).
— La idea de que no se puede fiar de la mayoría de las personas (P).
— Pensamientos o ideas de acabar con su vida (D).
— La impresión de que los demás se dan cuenta de sus pensamientos (E).
— El que otros reconozcan adecuadamente sus logros (P).
— El hecho de juzgar a otras personas crítica o negativamente (I).

FACTOR IV[5]

— Sentir que todo requiere un gran esfuerzo (D).
— Pensamientos o imágenes estremecedoras que le dan miedo (A).
— Tener que comprobar una y otra vez lo que hace (O).
— Tener que hacer las cosas muy despacio para estar seguro de hacerlas bien (O).
— Tener que repetir las mismas acciones, tales como tocar, contar, lavar, etc. (O).
— Preocuparse demasiado por las cosas (D).
— Ser demasiado sensible o sentirse herido con facilidad (I).

FACTOR V[6]

— Sentir miedo de los espacios abiertos o de la calle (F).
— Ataques de terror o pánico (A).
— Miedo a salir de casa solo (F).
— Sentirse temeroso (A).
— Tener miedo de repente y sin razón (A).
— Sentir temor a viajar en coches, autobuses, metro, trenes, etc. (F).
— Oír voces que otras personas no oyen (E).
— Sentirse incómodo entre mucha gente, por ejemplo en el cine, en las tiendas, etc. (F).

FACTOR VI[7]

— Tener ganas de romper algo (H).
— Gritar o tirar cosas (H).
— Sentir el impulso de golpear, herir o hacer daño a alguien (H).
— Arrebatos de cólera o ataques de furia que no logra controlar (H).
— Sentirse fácilmente irritado o enfadado (H).
— Sentirse tan inquieto que no puede ni estar sentado tranquilo (A).

[4] I = Sensibilidad Interpersonal; P = Ideación Paranoide; D = Depresión; E = Psicoticismo.

Lo componen principalmente los ítems correspondientes a las dimensiones sintomáticas de la ideación paranoide y de la sensibilidad interpersonal. Explicó el 4,192 por 100 de la varianza.

[5] D = Depresión; A = Ansiedad; O = Obsesión-Compulsión: I = Sensibilidad Interpersonal

Incluye principalmente respuestas alteradas del orden obsesivo-compulsivo. Explicó el 3,225 por 100 de la varianza.

[6] F = Ansiedad Fóbica; A = Ansiedad; E = Psicoticismo.

Este factor reproduce con bastante fidelidad las alteraciones del comportamiento incluidas en el cuadro de agorafobia con trastorno de pánico. Explicó el 3,012 por 100 de la varianza.

[7] H = Hostilidad; A = Ansiedad; I = Sensibilidad Interpersonal.

Este sexto factor fue el que mejor replicó el equivalente de hostilidad y puso de manifiesto el papel de la irritabilidad y de la tendencia a la agresividad. Explicó el 3,012 de la varianza.

- Tener discusiones frecuentes (H).
- Sentirse muy cohibido entre otras personas (I).

FACTOR VII[8]

- La sensación de ser inútil o de no valer nada (D).
- Sentirse solo (D).
- Presentimientos de que va a pasar algo malo (A).
- Pensamientos sobre la muerte o el hecho de morir (M).
- Sentirse inferior a los demás (I).
- La idea de que debería ser castigado por sus pecados (E).
- Pérdida del deseo o del placer sexual (D).
- No sentir interés por las cosas (D).

FACTOR VIII[9]

- Sentirse incómodo comiendo o bebiendo en público (I).
- Timidez o incomodidad con el sexo opuesto (I).
- Tener que evitar ciertas cosas, lugares o actividades porque le dan miedo (F).
- Sentirse incómodo cuando la gente le mira o habla acerca de usted (I).
- Encontrar difícil el tomar decisiones (O).
- Sentirse nervioso cuando se encuentra solo (F).

[8] D = Depresión; A = Ansiedad; M = Escala Adicional; I = Sensibilidad Interpersonal; E = Psicoticismo.
Este factor explicó el 2,923 por 100 de la varianza e incluyó principalmente ítems de la dimensión de la depresión.

[9] I = Sensibilidad Interpersonal; F = Ansiedad Fóbica; O = Obsesión-Compulsión.
En este factor predominan los ítems de la dimensión de sensibilidad interpersonal y fue responsable del 2,282 por 100 de la varianza.

ANEXO IV

Versión en español del Inventario integral de experiencias de mindfulness[1] *(Comprehensive Inventory of Mindfulness Experience —CHIME—)*[2]

Este cuestionario incluye afirmaciones relacionadas con diferentes aspectos de la «atención plena» en la vida cotidiana. Por favor, responda espontáneamente, sin pensarlo mucho. No hay respuestas correctas o incorrectas, ni buenas ni malas. Lo realmente importante es su experiencia personal.

Por favor, responda a cada pregunta que se le formula marcando con una X la respuesta que más se ajuste a lo que le ha acontecido durante las dos últimas semanas de su vida.

	Casi nunca	Alguna vez	Varias veces	A menudo	Bastante	Casi siempre
1. Cuando cambia mi estado de ánimo lo noto inmediatamente.						
2. En los altibajos de la vida, soy amable conmigo mismo.						
3. Me doy cuenta de que, en la vida cotidiana, cuando una determinada situación se hace difícil, si no la acepto se complica todavía más.						
4. Soy consciente de que mis valoraciones sobre las situaciones o las personas pueden cambiar fácilmente.						
5. Cuando estoy sentado o acostado percibo las sensaciones de mi cuerpo.						
6. Tengo que sonreír cuando veo cómo a veces imagino que las cosas son mucho más complicadas de lo que realmente lo son.						

[1] Olivares y Olivares-Olivares (2017b).

[2] Bergomi, Tschacher y Kupper (2014).

La versión original puede solicitarse a Kontaktperson: Claudia Bergomi, bergomi@spk.unibe.ch, o descargarse de https://meditation-research.org.uk/knowledge/comprehensive-inventory-of-mindfulness-experiences-chime/.

El CHIME es un cuestionario para la autoevaluación de diferentes aspectos del MFN.

Comprende 37 ítems que pueden asignarse a ocho subescalas integradas por los ítems que se indican en cada una de ellas:

1) Conciencia de las experiencias internas: 1, 5, 14, 29, 34.
2) Conciencia de las experiencias externas: 9, 18, 21, 27.
3) Acción consciente, presencia: 10, 12, 17, 26.
4) Actitud de aceptación, de no juzgar, de compasión: 2, 7, 11, 32, 36.
5) Orientación no reactiva, descentrada: 8, 13, 16, 20, 25, 28.
6) Actitud abierta y no evasiva: 19, 22, 30, 33.
7) Relativización: 4, 23, 31, 35.
8) Comprensión profunda: 3, 6, 15, 24, 37.

Los ítems 7, 10, 17, 19, 22, 26, 30, 33 y 36 están redactados de forma negativa, por lo que el valor otorgado por el P/C debe invertirse cuando se cuantifiquen para su evaluación.

	Casi nunca	Alguna vez	Varias veces	A menudo	Bastante	Casi siempre
7. Soy duro conmigo mismo cuando cometo errores.						
8. Cuando tengo pensamientos o ideas estresantes, vuelvo a sentirme tranquilo con relativa rapidez.						
9. Percibo clara y conscientemente los colores y las formas de la naturaleza.						
10. Se me derraman líquidos y rompo objetos por descuido o porque estoy pensando en otras cosas.						
11. Me doy cuenta de mis errores y de mis dificultades sin juzgarme.						
12. Me resulta fácil centrarme en lo que estoy haciendo.						
13. Puedo darme cuenta de que tengo pensamientos o ideas estresantes sin tener que reaccionar a ellos de inmediato.						
14. Cuando hablo con otras personas puedo percibir los sentimientos que estoy experimentando.						
15. Cuando me complico innecesariamente la vida puedo darme cuenta e interpretarlo sin pasarme factura por ello, con una pizca de humor.						
16. En situaciones difíciles puedo detenerme un momento y no reaccionar inmediatamente.						
17. En el día a día me aparecen y distraen muchos recuerdos, imágenes o sueños.						
18. Cuando conduzco un coche o voy en un tren o autobús soy consciente de lo que hay u ocurre a mi alrededor. Por ejemplo, del paisaje.						
19. Intento mantenerme ocupado para no ser consciente de ciertos pensamientos y sentimientos.						
20. Cuando me dejo llevar por los pensamientos y los sentimientos, no suelo tardar en darme cuenta y vuelvo a distanciarme de ellos.						
21. Presto atención a sensaciones como las que produce el viento en mi pelo o el sol en mi cara.						
22. Intento distraerme cuando experimento sensaciones desagradables.						
23. En la vida cotidiana soy consciente de que muchos pensamientos son interpretaciones que no se corresponden necesariamente con la realidad.						

	Casi nunca	Alguna vez	Varias veces	A menudo	Bastante	Casi siempre
24. Puedo sonreír cuando veo que he hecho una montaña de un grano de arena, cuando hago un problema de una pequeña dificultad.						
25. Puedo observar mis pensamientos y mis sentimientos sin dejar que me embarguen.						
26. Cuando estoy leyendo tengo que volver a leer repetidamente párrafos porque estaba pensando en otra cosa.						
27. Percibo conscientemente los sonidos de mi entorno, como el canto de los pájaros o el paso de los coches.						
28. Percibo mis sentimientos y pensamientos, y al mismo tiempo puedo observarlos con cierta distancia.						
29. Noto claramente los cambios en mi cuerpo, por ejemplo, cuando respiro más rápidamente o más lentamente.						
30. No me gustan los sentimientos que se producen cuando estoy enfadado o ansioso, e intento apartarlos de mí cuando los detecto.						
31. En la vida cotidiana soy consciente de que mi visión de las cosas es subjetiva y que no se corresponde necesariamente con los hechos.						
32. Me trato de forma comprensiva incluso cuando cometo un error que considero importante.						
33. Cuando me duele algo intento evitar la percepción del dolor en la medida de lo posible.						
34. En el día a día soy consciente de cómo me siento en cada momento.						
35. Soy consciente de que en la vida cotidiana mis opiniones pueden cambiar significativamente de un momento a otro, pese a que me las tome muy en serio.						
36. Me incomodan mis debilidades y errores.						
37. Cuando me complico la vida innecesariamente me doy cuenta poco después.						

ANEXO Va
Cuestionario de las cinco facetas de la atención plena[1]
(«The Five Facet Mindfulness Questionnaire» —FFMQ—)[2]

	Nunca o muy rara vez	Rara vez	A veces	A menudo	Muy a menudo o siempre
1. Detecto deliberadamente las sensaciones de mi cuerpo cuando estoy caminando. (OBS)					
2. Se me da bien encontrar palabras para describir mis sentimientos. (D)					
3. Me critico por tener emociones irracionales o inapropiadas. (NJ-R)*					
4. Me doy cuenta de mis sentimientos y de emociones sin tener que reaccionar cuando se producen. (NR)					
5. Cuando hago cosas mi mente divaga y me distraigo fácilmente. (AA-R)*					
6. Cuando me ducho o me baño estoy atento a las sensaciones del agua en mi cuerpo. (OBS)					
7. Puedo expresar fácilmente con palabras mis creencias, mis opiniones y mis expectativas. (D)					
8. No presto atención a lo que estoy haciendo porque estoy «soñando despierto», estoy preocupado o estoy distraído. (AA-R)*					
9. Observo mis sentimientos sin enmarañarme ni perderme en ellos. (NR)					
10. Me digo a mí mismo que no debería sentirme como me siento. (NJ-R)*					
11. Me doy cuenta de cómo los alimentos y las bebidas afectan a mis pensamientos, a mis sensaciones corporales y a mis emociones. (OBS)					
12. Me cuesta encontrar las palabras para describir lo que estoy pensando. (D-R)*					

---

[1] Traducción de Olivares y Olivares-Olivares (2017a).

La versión en inglés del «Five Facet Mindfulness Questionnaire» está disponible en https://ogg.osu.edu/media/documents/MB%20Stream/FFMQ.pdf.

Las propiedades psicométricas en población española han sido estudiadas por Aguado et al. (2015).

[2] Véase Baer, Smith, Hopkins, Krietemeye y Toney (2006) y Baer et al. (2008).

	Nunca o muy rara vez	Rara vez	A veces	A menudo	Muy a menudo o siempre
13. Me distraigo fácilmente. (AA-R)*					
14. Creo que algunos de mis pensamientos son anormales o malos y que no debería pensar así. (NJ-R)*					
15. Presto atención a las sensaciones, como las que produce el viento en mi pelo o el sol en mi cara. (OBS)					
16. Me cuesta encontrar las palabras adecuadas para expresar lo que siento sobre las cosas. (D-R)*					
17. Reflexiono sobre si mis pensamientos son buenos o malos. (NJ-R)*					
18. Me cuesta mantenerme concentrado en lo que ocurre en el presente. (AAR)*					
19. Cuando tengo pensamientos o imágenes angustiantes «doy un paso atrás» y soy consciente del pensamiento o la imagen sin dejarme llevar por ellos. (NR)					
20. Presto atención a los sonidos como, por ejemplo, el tictac de los relojes, el piar de los pájaros o el paso de los coches. (OBS)					
21. En las situaciones complicadas puedo detenerme y hacer una pausa para no reaccionar inmediatamente. (NR)					
22. Cuando detecto una sensación en mi cuerpo me resulta difícil describirla porque no encuentro las palabras adecuadas. (D-R)*					
23. Parece que estoy «funcionando en modo automático», sin ser muy consciente de lo que estoy haciendo. (AA-R)*					
24. Tardo poco en volver a estar tranquilo cuando tengo pensamientos o imágenes angustiosas. (NR)					
25. Me digo a mí mismo que no debería estar pensando como estoy pensando. (NJ-R)*					
26. Me fijo en los olores y en los aromas de las cosas. (OBS)					
27. Soy capaz de expresar con palabras lo que siento incluso cuando me siento terriblemente molesto. (D)					
28. Me apresuro a realizar actividades sin estar realmente atento a lo que hago. (AA-R)*					
29. Soy capaz de darme cuenta de mis pensamientos y de mis imágenes angustiosas sin dejarme llevar por ellas, sin tener que reaccionar. (NR)					

	Nunca o muy rara vez	**Rara vez**	**A veces**	**A menudo**	**Muy a menudo o siempre**
30. Creo que algunas de mis emociones son malas o inapropiadas y que no debería sentirlas. (NJ-R)*					
31. Me fijo en los elementos visuales del arte o la naturaleza, como los colores, las formas, las texturas o las formas que producen las luces y las sombras. (OBS)					
32. Mi tendencia natural es traducir mis experiencias a palabras. (D)					
33. Cuando tengo pensamientos o imágenes angustiosas me doy cuenta y «las dejo pasar». (NR)					
34. Hago trabajos o tareas de forma automática, sin ser consciente de lo que estoy haciendo. (AA-R)*					
35. Cuando tengo pensamientos o imágenes angustiosas, me juzgo a mí mismo como bueno o como malo, dependiendo de lo que trate el pensamiento o la imagen. (NJ-R)*					
36. Presto atención a cómo mis emociones afectan a mis pensamientos y a mi comportamiento. (OBS)					
37. Normalmente puedo describir con bastante detalle cómo me siento en ese momento. (D)					
38. Me doy cuenta de que hago cosas sin prestarles atención. (AA-R)*					
39. Me repruebo a mí mismo cuando tengo ideas irracionales. (NJ-R)*					

Los 39 ítems evalúan cinco facetas, aspectos o factores de la «atención plena»: **AA** = Actuar conscientemente; **OBS** = Observar; **D** = Describir; **NJ** = No juzgar la experiencia interior; **NR** = No reaccionar a la experiencia interior.

Descripción:

— «Observación»: Detectar, notar o atender a experiencias internas y experiencias internas y externas, como las sensaciones, los pensamientos o emociones.

— «Describir»: Calificar o «etiquetar» las experiencias internas con palabras.

— «Actuar conscientemente, con conciencia»: Centrarse en las actividades que se están realizando, en el aquí y ahora (en lugar de comportarse «mecánicamente»).

— «No juzgar la experiencia interna»: Adoptar una postura de no evaluar los pensamientos y los sentimientos.

— «No reaccionar a la experiencia interior»: Permitir que los pensamientos y sentimientos vayan y vengan, sin dejarse atrapar, enmarañar o llevar por ellos.

Corrección invertida: ítems señalados con * y R (5 = Nunca o muy rara vez, 4 = Rara vez, 3 = A veces, 2 = A menudo, 1= Muy a menudo o siempre).

Corrección directa: 1 = Nunca o muy rara vez, 2 = Rara vez, 3 = A veces, 4 = A menudo, 5= Muy a menudo o siempre.

Direcciones o facetas que cuantifican las subescalas	Puntuación	
	Total	Promedio
Observar (Observing) = Suma de la puntuación de los ítems: 1 + 6 + 11 + 15 + 20 + + 26 + 31 + 36		
Describir (Describing) = Suma de la puntuación de los ítems: 2 + 7 + 12R + 16R + + 22R + 27 + 32 + 37		
Actuar conscientemente (Acting with Awareness) = Suma de la puntuación de los ítems: 5R + 8R + 13R + 18R + 23R + 28R + 34R + 38R.		
No juzgar la experiencia interior (Nonjudging of inner experience) = Suma de la puntuación de los ítems: 3R + 10R + 14R + 17R + 25R + 30R + 35R + 39R.		
No reaccionar a la experiencia interior (Nonreactivity to inner experience) = Suma de la puntuación de los ítems: 4 + 9 + 19 + 21 + 24 + 29 + 33		
PUNTUACIÓN TOTAL DEL FFMQ (Sumatorio de las puntuaciones de las subescalas)		

Nota: Algunos investigadores dividen el total de cada categoría por su número de elementos para obtener una puntuación media. La puntuación total del FFMQ puede dividirse entre 39 para obtener una puntuación media del conjunto de los ítems.

Notas para la reflexión

En el estudio realizado por Goldberg et al. (2016) se pone de manifiesto que no se hallaron resultados que avalaran la validez discriminante del FFMQ. Esta se evaluó a partir de la sensibilidad y especificidad del FFMQ al cambio producido por la aplicación del tratamiento para incrementar la «atención plena» (MBSR) frente a la asociada con un tratamiento inespecífico que fue diseñado concretamente para no influir en este constructo (HEP), y frente a una condición de control de lista de espera (GCLE).

Los resultados mostraron que, en consonancia con la investigación previa, las medidas de las facetas o aspectos que cuantifica el FFMQ aumentaron tras aplicar el MBSR desde el pretest hasta el postest, en las medidas *intragrupo* (pruebas ***t***) e *intergrupos* (frente al GCLE).

Sin embargo, los cambios medidos no pueden atribuirse específicamente al tratamiento mediante MFN, porque también se produjeron en la condición tratada con HEP. El tratamiento mediante HEP, diseñado explícitamente sin incluir ningún componente de MFN, también mostró aumentos pre-post en las facetas medidas por el FFMQ, cuando se analizaron las diferencias *intragrupo* entre las medidas pre-post de los participantes en el HEP y frente al GCLE.

Además, como señalan Goldberg et al. (2016), lo que más sorprende es que no se observaran diferencias en los cambios medidos por el FFMQ entre los efectos del MBSR y los del HEP cuando se compararon directamente.

Ahora bien, la falta de especificidad sugerida por los resultados de esta investigación no es un hecho aislado, porque está en línea y es coherente con los resultaos obtenidos al respecto por el metaanálisis realizado Goyal et al. (2014). Este incluyó veinte estudios que compararon una intervención de MFN con condiciones de comparación definidas como controles activos específicos; solo el 20 por 100, cuatro estudios con controles activos, informaron de la inclusión de una medida de MFN, y en ninguno de los cuatro se hallaron diferencias en la respuesta entre quienes habían sido tratados con MFN y los que lo habían sido con el CGA, según las mediciones del FFMQ, el Mindful Attention Awareness Scale (MAAS)[3] o el Cognitive and Affective Mindfulness Scale-Revised (CAMS-R)[4].

Resultados como estos se insertan dentro de lo que ya Cronbach y Meehl (1955) calificaron como «las complejas implicaciones de las pruebas negativas» (p. 295), cuando no se hallan resultados que confirmen la validez de constructo. Ellos señalaron tres posibles interpretaciones de esta circunstancia. En lo referente a los resultados de Goldberg et al. (2016) con el FFMQ, se traducen en que este instrumento no mida el constructo que pretende medir, en que la teoría desde la que derivó la hipótesis para su construcción no sea correcta o presente defectos importantes, o que el experimento que realizaron para poner a prueba su validez presente defectos metodológicos que pudieran invalidar sus conclusiones.

Goldberg et al. (2016) discuten pormenorizadamente estas tres posibilidades en su estudio, del modo que sigue.

Así, en cuanto a la primera interpretación, es posible que el FFMQ no mida realmente el constructo de MFN, a pesar que se haya aportado evidencia al respecto[5]. De hecho, el fracaso de una medida de autoinforme del MFN como esta, ya validada psicométricamente y muy utilizada, cuando tiene que diferenciar los efectos de dos modalidades muy distintas de tratamiento es un dato muy relevante al respecto. La aparente falta de sensibilidad del FFMQ a los cambios inducidos por el HEP (inespecífico) así parece ponerlo de manifiesto. Esto puede deberse a que detecta cambios en los constructos más allá de los previstos o a que el HEP produce cambios en los constructos más allá de lo esperado.

Respecto de la segunda y la tercera posibilidad explicativa, relativas a la comprensión teórica del MFN, la tercera alternativa puede considerarse un caso especial de la segunda en esta investigación, porque los dos tratamientos difieren de su comportamiento esperado para el MFN. Este hecho podría explicarse bien porque el MBSR no produjo la «atención plena» o porque el HEP la indujo. Parece poco probable que el MBSR no haya producido cambios en la mejora de la «atención plena», dado que está muy estructurado y ha sido reiteradamente puesto a prueba con resultados mejores que la ausencia de tratamiento (GCLE). Además, los instructores o coterapeutas de la investigación de Goldberg et al. (2016) ya habían participado en un ECA que demostró con éxito que la aplicación del MBSR en participantes sanos protege más que la HEP contra el estrés social, atendiendo a medidas tomadas a partir de biomarcadores inmunológicos e inflamatorios[6]. Además, los efectos medidos por el FFMQ en la condición MBSR, frente a GCLE, son similares a los derivados a través del metaanálisis ($g = 0{,}53$ para los estudios controlados con lista de espera)[7].

Desde el punto de vista teórico no es descabellado plantearse que podamos interpretar la «atención plena» como el resultado de un proceso en el que participan secuencias de cadenas de respuestas cognitivas, psicofisiológicas y motoras, con la participación de sus consiguientes estímulos y creando un conjunto de tendencias cognitivas, afectivas y conductuales (psicofisiológicas y motoras) orientadas hacia la conciencia centrada en el momento presente. Si esto fuese así, entonces la «atención plena» sería menos dependiente de la instrucción explícita y podría presentar mejoras por otras vías distintas a las que hasta ahora plantea la literatura y en las que se han basado las intervenciones diseñadas para mejorar la «atención plena», lo que explicaría que muchas y

[3] Brown y Ryan (2003).
[4] Feldman et al. (2007).
[5] Véase, por ejemplo, Baer et al. (2008).
[6] Rosenkranz et al. (2013).
[7] Khoury et al. (2013).

distintas intervenciones psicológicas puedan incrementarla.

En el diseño empleado por Goldberg et al. (2016), como señalan los autores, no parece descabellado pensar que las oportunidades de aprender MFN fuesen mayores en el grupo MBSR que en el grupo HEP, porque, entre otras cosas, los instructores del HEP no tenían experiencia en MFN ni el tratamiento incluía ninguna instrucción implícita o explícita sobre el mismo, mientras que quienes aplicaron el MFN sí la tenían y proporcionaron instrucciones implícitas y explícitas al respecto. Por tanto, no cabría esperar que la HEP indujera la «atención plena» más que pudiera hacerlo el efecto de una clase de ejercicio físico. Pese a ello, el HEP induce MFN, y el FFMQ, pese a ser un instrumento válido para medir la «atención plena», no se muestra capaz de diferenciar los cambios en del MBSR frente a los del HEP.

Por todo ello, Goldberg et al. (2016) señalan que su investigación señala una importante inconsistencia entre una medida de MFN, ampliamente utilizada, y los postulados teóricos del MFN y el MBSR (en el contexto de un ensayo aleatorio moderadamente grande y bien controlado), sin que se haya podido concretar que produce o está en el origen de esta dificultad, hecho que hace necesario proseguir la investigación *ad hoc* sobre la validez.

Además, entendemos que la discusión de los resultados de este estudio es muy relevante, principalmente por la investigación que sugiere.

Así, queda pendiente la validación de las medidas conductuales (respuestas motoras y psicofisiológicas) y de autoinforme de MFN para analizar separadamente el constructo MFN de los constructos y procesos cognitivos y afectivos relacionados. Para ello es muy importante que en las investigaciones se empleen GCA con ingredientes específicos, con el objetivo de producir cambios con significación clínica, cuyas medidas puedan compararse con las de la evaluación del efecto del MFN en la mejora de la «atención plena», en línea con lo sugerido por Goyal et al. (2014).

Además, resultaría muy interesante evaluar la validez de las medidas de autoinforme incorporando otras medidas convergentes como las de las tareas conductuales[8], las derivadas de las calificaciones otorgadas por personal especializado y no especializado (observadores, profesores, etc.), así como otras que no provengan del autoinforme sobre los constructos teóricamente relacionados con el MFN como, por ejemplo, las relativas a la regulación de la emoción y a la atención.

De igual modo, parece necesario:

— Clarificar los efectos de distintas modalidades de intervenciones psicológicas en la «atención plena», pese a que no incluyan entre sus objetivos la mejora de la misma, así como hacerlo tanto con muestras de población comunitaria como clínica.
— Investigar qué efectos se asocian con las interacciones que se producen entre las subescalas del FFMQ que se ha verificado que se relacionan con otros constructos[9], tras el entrenamiento del MFN y en los GCA.

[8] Levinson et al. (2014).
[9] Véase Eisenlohr-Moul et al. (2012) y Peters et al. (2013).

ANEXO Vb
Escala de atención y conciencia plena para adultos
(«The Mindful Attention Awareness Scale» —MAAS—)[1]

Instrucciones: A continuación, encontrará una serie de afirmaciones sobre su experiencia cotidiana. Utilizando la escala de 1 a 6 puntos que aparece a continuación, indique con qué frecuencia tiene usted actualmente la experiencia que se describe en cada ítem.

Por favor, responda cada ítem en sí mismo, como una experiencia separada de las demás, reflejando realmente su experiencia, lo que ha vivido y no con lo que cree que debería ser o haber sido.

Por favor, indique el grado en que está de acuerdo con cada uno de los siguientes puntos utilizando la siguiente escala.

1 = Casi siempre; **2** = Con mucha frecuencia; **3** = Con cierta frecuencia; **4** = Con poca frecuencia; **5** = Con muy poca frecuencia, y **6** = Casi nunca.

_____ 1. Podría sentir una emoción y no ser consciente de ella hasta más tarde.
_____ 2. Rompo o derramo cosas por descuido, por no poner atención o por estar pensando en otra cosa.
_____ 3. Encuentro difícil estar centrado en lo que está pasando en el presente.
_____ 4. Tiendo a caminar rápido para llegar adonde voy, sin prestar atención a lo que experimento durante el camino.
_____ 5. Tiendo a no darme cuenta de sensaciones de tensión física o incomodidad, hasta que realmente captan mi atención.
_____ 6. Me olvido del nombre de una persona tan pronto como me lo dicen por primera vez.
_____ 7. Parece como si «funcionara en automático», sin demasiada consciencia de lo que estoy haciendo.
_____ 8. Hago las actividades con prisas, sin estar realmente atento a ellas.
_____ 9. Me concentro tanto en la meta que deseo alcanzar, que pierdo contacto con lo que estoy haciendo ahora para alcanzarla.
_____ 10. Hago trabajos o tareas automáticamente, sin darme cuenta de lo que estoy haciendo.
_____ 11. Me encuentro a mí mismo escuchando a alguien y haciendo otra cosa al mismo tiempo.
_____ 12. Conduzco «en piloto automático» y luego me pregunto por qué fui allí.
_____ 13. Me encuentro absorto acerca del futuro o el pasado.
_____ 14. Me descubro haciendo cosas sin prestar atención.
_____ 15. Pico sin ser consciente de que estoy comiendo.

---

[1] Brown y Ryan (2003) y Carlson y Brown (2005).

Traducción, adaptación y validación para su aplicación en población adulta de habla española por Barajas y Garra (2014) y Soler et al. (2012).

Los 15 ítems se destinan a evaluar una característica central de la atención plena, a saber, el rasgo o el estado mental receptivo en el que la atención, informada por una consciencia sensible a lo que ocurre en el presente, que se limita a observar lo que está ocurriendo.

Puntuación: La puntuación alcanzada en la escala se calcula sumando las puntuaciones directas y calculando el promedio de los 15 ítems.

Anexo Vc
Escala de atención y conciencia plena para adolescentes[1] *(MAAS-A)*

Por favor, indica el grado en que estás de acuerdo con el contenido de cada una de las afirmaciones que se realizan utilizando la siguiente escala:

1 = Casi nunca; **2** = Con muy poca frecuencia; **3** = Con poca frecuencia; **4** = Con cierta frecuencia; **5** = Con mucha frecuencia, y **6** = Casi siempre.

_____ 1. Yo podría estar experimentando alguna emoción y no ser consciente de ella hasta más tarde.
_____ 2. Rompo o derramo cosas por descuido, por no prestar atención o por estar pensando en otra cosa.
_____ 3. Encuentro difícil estar centrada en lo que está pasando en el presente.
_____ 4. Tiendo a caminar rápidamente para llegar adonde voy sin prestar atención a lo que experimento durante el camino.
_____ 5. Tiendo a no darme cuenta de sensaciones de tensión o incomodidad física, hasta que realmente captan mi atención.
_____ 6. Me olvido del nombre de una persona casi tan pronto como me lo dicen por primera vez.
_____ 7. Parece como si funcionara con «piloto automático» sin mucha consciencia de lo que estoy haciendo.
_____ 8. Hago las actividades con prisas, sin estar realmente atenta a ellas.
_____ 9. Me concentro tanto en el objetivo que quiero lograr que pierdo contacto con lo que estoy haciendo en el momento para lograrlo.
_____ 10. Hago trabajos o tareas de forma automática, sin darme cuenta de lo que estoy haciendo.
_____ 11. Me encuentro a mí misma escuchando a alguien con una oreja mientras hago otra cosa al mismo tiempo.
_____ 12. Me encuentro preocupada por el futuro o el pasado.
_____ 13. Me descubro haciendo cosas sin prestar atención.
_____ 14. Picoteo sin ser consciente de que estoy comiendo.

---

[1] Brown, West, Loverich y Biegel (2011).

Traducción, adaptación y validación para su aplicación en población adolescente de habla española de Calvete, Sampedro y Orue (2014), que también ha sido adaptada y validada para su aplicación en población adolescentes chilena (Muñoz Cartes, 2019).

Los ítems corresponden a la versión para chicas. Miden el rasgo de conciencia plena a través de la frecuencia de la atención abierta y receptiva a los acontecimientos y las experiencias que acontecen. La puntuación total oscila entre 14 y 84. En el trabajo de Calvete et al. (2014) las puntuaciones de los ítems se recodificaron para que las puntuaciones más altas se correspondieran con un grado mayor de conciencia plena. Los ítems están redactados de manera que reflejan falta de conciencia plena.

ANEXO Vd
Escala para valorar la práctica del «mindfulness» en el ámbito escolar

Durante el curso	Nunca	Una vez	Dos o tres veces	Una vez a la semana	Varias veces a la semana	Casi todos los días
1. Te enseñaron y aprendiste una serie de prácticas de mindfulness. Desde entonces, ¿con qué frecuencia has utilizado estas prácticas?						
2. Se te sugirió hacer pausas y concentrarte en tu respiración, haciendo un «7-11» o un «.b» (es decir, «parar, respirar y ser»). ¿Con qué frecuencia lo has hecho desde el final del curso?						
3. Aprendiste a utilizar la meditación como una forma de ayudarte a conciliar el sueño. ¿Con qué frecuencia lo has hecho?						
4. Se te pidió que caminases una distancia corta prestándote atención, o que comieras masticando un bocado de comida con atención. ¿Con qué frecuencia lo has hecho?						
5. Se te pidió que te dieras cuenta de cómo respondía tu cuerpo ante el estrés provocado por los momentos complicados o difíciles, centrando tu atención para notar en qué parte del cuerpo lo sentías. ¿Con qué frecuencia lo has hecho?						

FUENTE: Traducido y modificado de Kuyken et al. (2013) por Olivares y Olivares-Olivares (2015).

ANEXO Ve
Escala del estado de mindfulness
(«State Mindfulness Scale»)[1]

A continuación se presenta una lista de afirmaciones. Por favor, utilice la escala de valoración que le presentamos para indicar en qué medida cada afirmación describe sus experiencias en los últimos 15 minutos:

1 = Nada o casi nada; 2 = Un poco; 3 = Bastante; 4 = Mucho, y 5 = Muchísimo

1.	He sido consciente de distintas emociones.	
2.	He intentado prestar atención a las sensaciones agradables y desagradables.	
3.	He encontrado interesantes algunas de mis experiencias.	
4.	Me he dado cuenta de muchos detalles pequeños de mi experiencia.	
5.	Me he sentido consciente de lo que estaba pasando dentro de mí.	
6.	He sentido emociones agradables y desagradables.	
7.	He explorado mi experiencia activamente en el momento.	
8.	He sentido claramente lo que estaba ocurriendo en mi cuerpo.	
9.	Cuando he cambiado de posición corporal he prestado atención al proceso físico del movimiento.	
10.	He sentido que estaba experimentando completamente el presente.	
11.	Me he dado cuenta de pensamientos agradables y desagradables.	
12.	He notado que las emociones iban y venían.	
13.	He notado distintas sensaciones causadas por mi alrededor (por ejemplo, calor, frialdad, el viento en mi cara).	
14.	He notado que las sensaciones físicas iban y venían.	
15.	He tenido momentos en los que estaba alerta y consciente.	
16.	Me he sentido muy conectado con el momento presente.	
17.	Me he dado cuenta de que los pensamientos iban y venían.	
18.	Me he sentido estrechamente conectado con mi cuerpo.	
19.	He sido consciente de lo que estaba pasando por mi mente.	
20.	Ha sido interesante ver los patrones de mi pensamiento.	
21.	He notado algunas sensaciones físicas agradables y desagradables.	

FUENTE: https://meditation-research.org.uk/knowledge/state-mindfulness-scale-sms/.
Traducción: Olivares y Olivares-Olivares (2020).

[1] Tanay y Bernstein (2013).
En el marco de las investigaciones, dependiendo del diseño del estudio y del contexto de interés, los investigadores pueden cambiar las instrucciones para rastrear otros periodos de tiempo (por ejemplo, 5, 10 o 20 minutos).
Los resultados de las respuestas a los ítems se pueden calcular agrupados en dos subescalas (escalas «mind» —1, 2, 3, 4, 5, 6, 7, 10, 11, 12, 15, 16, 17, 19 y 20— y «body» —8, 9, 13, 14, 18 y 21—) o como una puntuación total.
La interpretación de los resultados se realiza en función de la cuantía: a mayor puntuación, mayor intensidad del mindfulness.

ANEXO VI
Cuestionario de valores (CV)[1]
(The Valuing Questionnaire)[2]

Lea atentamente cada declaración y marque con un círculo el número que mejor describa lo que la afirmación supuso para usted DURANTE LA ÚLTIMA SEMANA, INCLUIDO EL DÍA DE HOY, de acuerdo con la siguiente escala: **0 1 2 3 4 5 6** (siendo **0** = No es cierto en absoluto y **6** = Es totalmente cierto).

1) Pasé mucho tiempo pensando en el pasado o en el futuro, en lugar de dedicarme a actividades que me importaban.
2) Estaba básicamente en «piloto automático» la mayor parte del tiempo.
3) Trabajé para conseguir mis objetivos, aunque no me sintiera motivado para ello.
4) Me sentía orgulloso de cómo vivía mi vida.
5) Hice progresos en las áreas de mi vida que más me importan.
6) Los pensamientos, sentimientos o recuerdos difíciles se interpusieron en el camino de lo que realmente quería hacer.
7) Seguí mejorando para ser el tipo de persona que quiero ser.
8) Cuando las cosas no salían según lo previsto, me rendía fácilmente.
9) Sentí que tenía un propósito en la vida.
10) Parecía que estaba «pasando por el aro», en lugar de centrarme en lo que era importante para mí.

Progreso:

Obstrucción:

[1] Traducción de Olivares y Olivares-Olivares (2017c).

[2] Smout, Davies, Burns y Christie (2014).

En el CV (Smout et al. 2014), los valores se delimitan como principios personales que se eligen para guiar el comportamiento. Es una escala de autoinforme de 10 ítems diseñada para medir la consistencia con la que un individuo vive sus valores. El CV estima el grado de la coherencia de vivir de acuerdo con los valores.

Mide dos constructos: Progreso y Obstrucción. El primero se define como la promulgación de valores, la perseverancia y la existencia de una conciencia clara de lo que es personalmente importante. El segundo permite estimar en qué medida impide y afecta al proyecto vital la evitación de experiencias que no se desean, así como el incumplimiento con los valores debido a la relajación con la coherencia personal o a prestar una atención desproporcionada a las RAD de ansiedad/angustia.

Las medidas de su validez y fiabilidad son buenas (Smout et al., 2014).

Puntuación e interpretación. Se obtienen tres puntuaciones: la total, más dos que se corresponden con las de las subescalas denominadas como Progreso y como Obstrucción, respectivamente, que suelen tener una correlación negativa. La subescala de Progreso (ítems, 3, 4, 5, 7 y 9: rango = 0-30) se define como la promulgación y perseverancia en vivir de forma coherente con los propios valores. Las puntuaciones más altas representan una mayor alineación entre los valores internos y las acciones. La subescala de Obstrucción (ítems 1, 2, 6, 8 y 10; rango = 0-30) representa el grado en que diversas interrupciones se interponen en la vida valorada. Las puntuaciones más altas representan una mayor interferencia en la vida coherente con los valores propios.

El estado psicológico saludable se operacionaliza como directamente proporcional a las puntuaciones altas en la subescala de Progreso e inversamente proporcionales a las puntuaciones bajas en la de Obstrucción.

ANEXO VII
Escala de compromiso con la vida (ECV)
(The Engaged Living Scale)[1]

1.	Tengo valores que dan sentido a mi vida (VV)
2.	Sé lo que me motiva en la vida (VV)
3.	Creo que he encontrado valores importantes con los que vivir (VV)
4.	Sé exactamente lo que quiero hacer con mi vida (VV)
5.	Tomo decisiones basadas en mis valores, aunque me resulte estresante (VV)
6.	Sé cómo quiero vivir mi vida (VV)
7.	Sé lo que quiero hacer con mi vida (VV)
8.	Creo que mis valores se reflejan realmente en mi comportamiento (VV)
9.	Creo que mi comportamiento se ajusta a mis deseos personales (VV)
10.	Mis emociones no me impiden hacer lo que es importante para mí (VV)
11.	Vivo como siempre quise vivir (RV)
12.	Estoy satisfecho con la forma en que vivo mi vida (RV)
13.	Nada puede impedirme hacer algo que es importante para mí (RV)
14.	Creo que estoy viviendo la vida plenamente en este momento (RV)
15.	Saco tiempo para las cosas que considero importantes (RV)
16.	Siento que estoy viviendo una vida plena (RV)

https://contextualscience.org/files/95%20Engaged%20Living%20Scale%20-%20Hester%20Trompetter.pdf.
Traducción Olivares y Olivares-Olivares (2021b).

FUENTE: Trompetter et al. (2013).

[1] Trompetter et al. (2013). Está integrada por 16 ítems que se agrupan en dos subescalas: la subescala de Valoración Vital (VV; ítems 1-10) y la de Realización Vital (RV; ítems 11-16). La VV mide el conocimiento y el reconocimiento de valores personales y la coherencia personal de actuar de acuerdo con ellos. La RV evalúa y estima la sensación de plenitud en la vida como una función del reconocimiento y la vida coherente con los valores personales. Las respuestas de la escala se presentan en formato tipo likert de 5 puntos (1 = Completamente desacuerdo, 5 = Completamente de acuerdo).

Dominguez-Rodríguez, Miragall, García-Campayo, Soler y Cebolla (2014) dieron a conocer los resultados de la evaluación de este instrumento con población adulta practicante de MFN (rango: 22-74 años; M = 44,39; DT = 10,79).

La ECV ha mostrado buenos valores para la consistencia interna para la puntuación total (α de Cronbach =0,93) y para las dos subescalas (α = 0,90 y α = 0,86 para VV y RV).

El análisis factorial mostró una configuración factorial similar a la validación original, a excepción del ítem 10 («Mis emociones no me impiden hacer lo que es importante parea mí»).

ANEXO VIIIa
Escala de valoración de la vida *(EVV)*[1]
(The Valued Living Scale —VLS—)

Nota preliminar de carácter general para los potenciales administradores de la VLS siguiendo las instrucciones de Jensen et al. (2015):

> **Descripción de los ítems de la VLS.** La VLS tiene 32 ítems, 8 que evalúan objetivos generales y 24 que evalúan objetivos específicos. A los informantes se les pide que valoren (a) la importancia del objetivo para ellos; (b) su confianza en lograr el objetivo, y (c) su éxito en el logro del objetivo.
>
> **Selección del grupo de ítems y de las opciones de respuesta.** La estructura en la que se presentan los ítems y las opciones de respuesta de la VLS están diseñadas para que el clínico y el investigador puedan utilizarlos con una gran flexibilidad. Así, en función del propósito clínico y/o de investigación, puede resultar muy útil el análisis de las respuestas a ítems concretos. Este sería el caso cuando, por ejemplo, el psicólogo quiere saber qué importancia tiene hacer ejercicio para un P/C que limita al máximo su actividad física. Bastaría con administrar el ítem de interés (por ejemplo, hacer ejercicio), y solo sería necesario solicitarle la respuesta en relación con la importancia que le concede.
>
> Ahora bien, las respuestas a los ítems de la VLS también pueden utilizarse con el fin de evaluar las ocho categorías de objetivos relativos, por ejemplo, a mantenerse sano, a sentirse bien, o los dos grupos de objetivos generales: (i) Objetivos de salud y productividad y (ii) Objetivos de actividad social y relacional. Si las circunstancias requieren una medida breve de estos dos grupos bastará con pedir que se responda a los ocho objetivos generales (elementos 1 a 8); si permiten una evaluación más exhaustiva, entonces se pueden administrar los 32 ítems.
>
> **Puntuación.** Si la atención se centra en los objetivos individuales, la puntuación es la que corresponde a la respuesta a los ítems de interés. Para crear una puntuación de la escala de Salud y Productividad utilizando las respuestas a los ítems de objetivos generales, calcule la media aritmética de los ítems 1, 2 y 7. La puntuación de la escala general de Actividades Sociales y Relativas se obtiene calculando la media de los ítems 3, 4, 5, 6 y 8. Para obtener la puntuación de la escala de Salud y Productividad se utilizan las puntuaciones otorgadas a las respuestas a los ítems de objetivos específicos que contribuyen a esta puntuación; se halla calculando la media de los ítems 1a-1d, 2a-2d, 7a y 7b. Para calcular la puntuación de la escala de objetivos específicos sociales y relacionales, se ha de calcular la media de la suma de los ítems 3a, 4a-4c, 5a-5c, 6a-6c, 8a y 8b. Asimismo, todas las puntuaciones de la VLS pueden calcularse por separado para obtener datos de la importancia, del éxito y/o de la confianza, dependiendo de los objetivos clínicos que estemos evaluando o de la respuesta a la pregunta que estamos investigando.

Instrucciones[2]

Este cuestionario enumera una serie de objetivos. Por favor, indique la importancia que tiene cada uno de ellos para usted (siendo 0 = nada importante; 10 = extremadamente importante), la confianza que tiene en que puede lograr o man-

[1] Jensen, Vowles, Johnson y Gertz (2015). Traducción de Olivares y Olivares-Olivares (2016).

Hemos optado por traducir «The Valued Living Scale» como «Escala de valoración de la vida», porque entendemos que «valued» es una variable dependiente de la función «valoración». En consecuencia, «Escala de la vida valiosa» no nos parecía que representase realmente la función del instrumento.

[2] Nota para el administrador: A menos que tenga la intención de utilizar todos los ítems para cada dominio o conjunto de valores, deberá editar las instrucciones para que sean consistentes con los ítems que planea aplicar y los dominios que quiere evaluar.

tener su actividad para lograr el objetivo (siendo 0 = nada seguro; 10 = muy seguro) y el éxito que ha tenido en lograr o en mantener su actividad para conseguir este objetivo durante la última semana (siendo 0 = nada seguro; 10 = muy seguro). También puede escribir «AN» si considera que el objetivo no tiene absolutamente nada que ver con usted.

Claves para cuantificar la respuesta[3]

— *Importancia:* 0 = Nada importante para mí; 10 = Extremadamente importante.
— *Confianza:* 0 = No confío en absoluto en que pueda alcanzar el objetivo; 10 = Extremadamente confiado.
— *Éxito:* 0 = No tengo ningún éxito en alcanzar o mantener el objetivo; 10 = Extremadamente exitoso.

[Nota para el administrador: Seleccione y formule la(s) pregunta(s) siguiente(s) adecuada(s) al ámbito de valores que está evaluando o al propósito de la evaluación:

— *¿Qué importancia tiene este objetivo para usted?*
— *¿Cuánta confianza tiene en que puede lograr o mantener su actividad para lograr este objetivo?*
— *¿Qué éxito ha tenido en su actividad para conseguir el logro de este objetivo en la última semana?]*

[3] [Nota para el administrador: Seleccione la(s) clave(s) a continuación que corresponda(n) al dominio(s) de valor que está(n) evaluando o al propósito de la evaluación. Si tiene previsto evaluar **los tres ámbitos** cuantificables, puede optar por permitir que los encuestados proporcionen sus respuestas **a las tres columnas** etiquetadas. **También puede eliminar una o varias columnas si tiene previsto evaluar un subconjunto de los ámbitos cuantificables**].

			Importancia (0-10, AN)	Confianza (0-10, AN)	Éxito (0-10, AN)
PARA TODOS LOS INFORMANTES...					
1.	En relación con el objetivo general de mantenerse sano/a				
	Valore los objetivos específicos de...				
	1a.	Comer cantidades adecuadas de alimentos saludables			
	1b.	Mantener la realización del ejercicio y de la actividad adecuados			
	1c.	Permitirse dormir lo necesario			
	1d.	Limitar el consumo de alimentos poco saludables			
2.	En relación con el objetivo general de sentirse bien				
	Valore los objetivos específicos de ...				
	2a.	Disminuir o minimizar el malestar y el dolor			
	2b.	Disminuir o minimizar la fatiga			
	2c.	Ser una persona satisfecha			
	2d.	Sentirse tranquilo/a y relajado/a			
SÓLO PARA LOS QUE SON PADRES....					
3.	En relación con el objetivo general de ser el tipo de padre que más quieres ser				
	Valora los objetivos específicos de ...				
	3a.	Pasar tiempo con mi/s hijo/s			
PARA LOS QUE SE CONSIDERAN CON CREENCIAS ESPIRITUALES...					
4.	En relación con el objetivo general de ser el tipo de persona espiritual que más desea ser				
	Valore los objetivos específicos de ...				
	4a.	Seguir los principios de mis creencias espirituales			
	4b.	Aprender o leer sobre creencias espirituales			
	4c.	Rezar o meditar			
PARA LOS QUE TIENEN CÓNYUGE O PAREJA...					

			Importancia (0-10, AN)	Confianza (0-10, AN)	Éxito (0-10, AN)
5.	En relación con el objetivo general de ser el tipo de cónyuge o pareja que más desea ser …				
	Valore los objetivos específicos de …				
	5a.	Pasar tiempo con mi cónyuge/pareja			
	5b.	Expresar afecto a mi cónyuge/pareja			
	5c.	Dar apoyo emocional a mi cónyuge/pareja			
PARA TODOS LOS INFORMANTES...					
6.	En relación con el objetivo general de ser el tipo de amigo que más desea ser …				
	Valore los objetivos específicos de …				
	6a.	Pasar tiempo con un/a amigo/a o amigos			
	6b.	Expresar afecto a un/a amigo/a o amigos			
	6c.	Dar apoyo emocional a un/a amigo/a o amigos			
7.	En relación con el objetivo general de ser productivo en la manera en que quiere serlo				
	Valore los objetivos específicos de …				
	7a.	Trabajar a tiempo completo o parcial para obtener ingresos			
	7b.	Terminar proyectos o tareas en el trabajo o en casa			
8.	En relación con el objetivo general de ser el ciudadano de la comunidad que más desea ser				
	Valore los objetivos específicos de …				
	8a.	Ser voluntario			
	8b.	Votar o realizar actividades para cambiar o influir en las leyes			

FUENTE: Traducido de Jensen, Vowles, Johnson y Gertz (2015) por Olivares y Olivares-Olivares (2022).

ANEXO VIIIb
Cuestionario de valores personales

Instrucciones

En las páginas que siguen a esta encontrará los valores que se enumeran a continuación, relativos a:

1. Relaciones familiares.
2. Amistades/Relaciones sociales.
3. Pareja/Relaciones románticas.
4. Trabajo/Carrera.
5. Educación/Crecimiento/Desarrollo personal.
6. Recreo/Ocio/Deporte.
7. Espiritualidad/Religión.
8. Comunidad/Ciudadanía.
9. Salud/Bienestar físico.

En cada página se incluye uno de estos ámbitos de los valores (relativos a cuestiones o áreas de su vida que quizá le resulten importantes). Por favor, lea detenidamente la descripción del ámbito de los valores que se abordan y escriba *sus* valores siguiendo las instrucciones que se le dan. Sus valores son sus formas de vivir y de hacer las cosas que son importantes para usted y que están relacionadas con esa parte de su vida o ámbito de valores.

Debajo de cada valor verá una serie de preguntas (9 en total) sobre diferentes aspectos de esos valores individuales. Responda a cada una marcando con un círculo los números que, según su valoración, estén más de acuerdo en su caso.

Relaciones familiares

***Instrucciones*: Si esta es un área de su vida que le resulta muy importante,** describa a *la persona que más le gustaría ser en sus relaciones con sus padres, hermanos y/o hijos* (no incluya parejas/relaciones románticas). Por ejemplo, algunas personas que desean relaciones cercanas con estos miembros de la familia valoran ser cariñosas, solidarias, abiertas, honestas, amables y atentas, pero deberá decidir por su cuenta qué tipo de persona valora ser en sus relaciones familiares.

Por favor, escriba sus valores de esta área aquí:

[1] Blackledge, Ciarrochi y Bailey (2006). Traducción del Equipo de Diseminación del Grupo ACT Argentina.

Hemos modificado la redacción de la introducción para adaptarla al español de España, hemos introducido alguna cursiva que no está en la traducción argentina y hemos modificado en algún caso el formato de presentación del ámbito del valor que se valora.

El CVP (PVQ, por su nombre en inglés) mide nueve conjuntos o dominios de valor: relaciones familiares, amistades/relaciones sociales, relaciones de pareja/románticas, trabajo/carrera, educación/desarrollo personal, ocio/recreación, espiritualidad/religión, comunidad/ciudadanía y salud/bienestar físico. Se pide a los encuestados que informen sobre las razones para valorar cada ámbito (por ejemplo, por evitarlo o por ser apetitoso), la importancia de cada ámbito, el éxito obtenido en ese ámbito en los últimos 30 días y el aumento de los comportamientos coherentes con su valor identificado, lo que da lugar a múltiples puntuaciones de subescala potenciales.

Ha sido utilizado en tres estudios, todos ellos con muestras de estudiantes universitarios. Martin et al. (2014) informaron de estimaciones de consistencia interna entre aceptables y pobres (Escala de valoración de las relaciones interpersonales $\alpha = 0,78$; Escala de consistencia para el éxito consistente con las relaciones interpersonales $\alpha = 0,61$). Además, Levin et al. (2014, 2016) han informado solo sobre las escalas de valoración de las relaciones y de la educación. En la primera investigación informaron de una fiabilidad aceptable en el test-retest realizado a las tres semanas, y en términos de prueba de hipótesis informaron de mejoras ($p < 0,10$) en cada una de las puntuaciones de la escala PVQ entre el pretest y el seguimiento.

Por favor, conteste las siguientes preguntas marcando con un círculo aquellas que le resulten más adecuadas:

	1 Nada	2 Un poco	3 Moderada-mente	4 Bastante	5 Extremada-mente
1. ¿Cuán importante es este valor para usted?	1	2	3	4	5
2. ¿Cuál es su nivel de compromiso para vivir de acuerdo a este valor?	1	2	3	4	5
3. Ahora mismo, ¿le gustaría mejorar su progreso en este valor?	1	2	3	4	5
4. En las últimas diez semanas he tenido el siguiente porcentaje de éxito en relación con vivir este valor	1 0-20%	2 21-40%	3 41-60%	4 61-80%	5 81-100%

5. Valoro esto porque:

	1 Fuerte-mente en desacuerdo	2 Modera-damente en desacuerdo	3 Ni acuerdo ni desacuerdo	4 Modera-damente de acuerdo	5 Fuerte-mente de acuerdo
a) Otras personas estarían disgustadas conmigo si estos valores no fueran importantes para mí.	1	2	3	4	5
b) Me sentiría culpable o me daría vergüenza si estos valores no fueran importantes para mí.	1	2	3	4	5
c) Estos valores son importantes para mí independientemente de lo que piensen los demás.	1	2	3	4	5
d) Vivir consistentemente con estos valores hace que mi vida sea más significativa.	1	2	3	4	5
e) Experimento diversión y disfrute cuando vivo de manera consistente con este valor.	1	2	3	4	5

Relaciones sociales y de amistad

Instrucciones: Si esta es un área de su vida que le resulta importante, describa a *la persona que más le gustaría ser en sus relaciones sociales y de amistad.* Por ejemplo, algunas personas que desean relaciones cercanas con sus amistades valoran ser cuidadosos, brindar apoyo, ser abiertas, honestas, amables y atentas, pero deberá decidir por su cuenta qué tipo de persona valora ser en sus relaciones de amistad.

Por favor, escriba sus valores de esta área aquí:

Por favor, conteste las siguientes preguntas marcando con un círculo aquellas que le resulten más adecuadas:

	1 **Nada**	**2** **Un poco**	**3** **Moderadamente**	**4** **Bastante**	**5** **Extremadamente**
1. ¿Cuán importante es este valor para usted?	1	2	3	4	5
2. ¿Cuál es su nivel de compromiso para vivir de acuerdo a este valor?	1	2	3	4	5
3. Ahora mismo, ¿le gustaría mejorar su progreso en este valor?	1	2	3	4	5
4. En las últimas diez semanas he tenido el siguiente porcentaje de éxito en relación con vivir este valor	1 0-20%	2 21-40%	3 41-60%	4 61-80%	5 81-100%

5. Valoro esto porque:

	1 **Fuertemente en desacuerdo**	**2** **Moderadamente en desacuerdo**	**3** **Ni acuerdo ni desacuerdo**	**4** **Moderadamente de acuerdo**	**5** **Fuertemente de acuerdo**
a) Otras personas estarían disgustadas conmigo si estos valores no fueran importantes para mí.	1	2	3	4	5
b) Me sentiría culpable o me daría vergüenza si estos valores no fueran importantes para mí.	1	2	3	4	5
c) Estos valores son importantes para mí independientemente de lo que piensen los demás.	1	2	3	4	5
d) Vivir consistentemente con estos valores hace que mi vida sea más significativa.	1	2	3	4	5
e) Experimento diversión y disfrute cuando vivo de manera consistente con este valor.	1	2	3	4	5

Relaciones románticas o de pareja

Instrucciones: Si esta es un área de su vida que le resulta importante, describa a *la persona que más le gustaría ser en una relación romántica o de pareja*. Por ejemplo, algunas personas que desean relaciones cercanas con sus parejas valoran ser cariñosas, solidarias, abiertas, honestas, amables y atentas, pero deberá decidir por su cuenta qué tipo de persona valora ser en sus relaciones románticas o de pareja.

Por favor, escriba sus valores de esta área aquí:

Por favor, conteste las siguientes preguntas marcando con un círculo aquellas que le resulten más adecuadas:

	1 Nada	**2 Un poco**	**3 Moderadamente**	**4 Bastante**	**5 Extremadamente**
1. ¿Cuán importante es este valor para usted?	1	2	3	4	5
2. ¿Cuál es su nivel de compromiso para vivir de acuerdo a este valor?	1	2	3	4	5
3. Ahora mismo, ¿le gustaría mejorar su progreso en este valor?	1	2	3	4	5
4. En las últimas diez semanas he tenido el siguiente porcentaje de éxito en relación con vivir este valor	1 0-20%	2 21-40%	3 41-60%	4 61-80%	5 81-100%

5. Valoro esto porque:

	1 Fuertemente en desacuerdo	**2 Moderadamente en desacuerdo**	**3 Ni acuerdo ni desacuerdo**	**4 Moderadamente de acuerdo**	**5 Fuertemente de acuerdo**
a) Otras personas estarían disgustadas conmigo si estos valores no fueran importantes para mí.	1	2	3	4	5
b) Me sentiría culpable o me daría vergüenza si estos valores no fueran importantes para mí.	1	2	3	4	5
c) Estos valores son importantes para mí independientemente de lo que piensen los demás.	1	2	3	4	5
d) Vivir consistentemente con estos valores hace que mi vida sea más significativa.	1	2	3	4	5
e) Experimento diversión y disfrute cuando vivo de manera consistente con este valor.	1	2	3	4	5

Ámbito laboral

Instrucciones: Si esta es un área de su vida que le resulta importante, describa a *la persona que más le gustaría ser en su carrera o trabajo*. Por ejemplo, algunas personas valoran ciertos trabajos que les permiten desarrollar su talento, o trabajos que les permiten expresarse, o trabajos que generan algún impacto o diferencia en las vidas de otras personas, pero deberá decidir por su cuenta qué tipo de persona valora ser en su trabajo o carrera.

Por favor, escriba sus valores de esta área aquí:

Por favor, conteste las siguientes preguntas marcando con un círculo aquellas que le resulten más adecuadas:

	1 Nada	**2** Un poco	**3** Moderadamente	**4** Bastante	**5** Extremadamente
1. ¿Cuán importante es este valor para usted?	1	2	3	4	5
2. ¿Cuál es su nivel de compromiso para vivir de acuerdo a este valor?	1	2	3	4	5
3. Ahora mismo, ¿le gustaría mejorar su progreso en este valor?	1	2	3	4	5
4. En las últimas diez semanas he tenido el siguiente porcentaje de éxito en relación con vivir este valor	1 0-20%	2 21-40%	3 41-60%	4 61-80%	5 81-100%

5. Valoro esto porque:

	1 Fuertemente en desacuerdo	**2** Moderadamente en desacuerdo	**3** Ni acuerdo ni desacuerdo	**4** Moderadamente de acuerdo	**5** Fuertemente de acuerdo
a) Otras personas estarían disgustadas conmigo si estos valores no fueran importantes para mí.	1	2	3	4	5
b) Me sentiría culpable o me daría vergüenza si estos valores no fueran importantes para mí.	1	2	3	4	5
c) Estos valores son importantes para mí independientemente de lo que piensen los demás.	1	2	3	4	5
d) Vivir consistentemente con estos valores hace que mi vida sea más significativa.	1	2	3	4	5
e) Experimento diversión y disfrute cuando vivo de manera consistente con este valor.	1	2	3	4	5

Educación o desarrollo personal

Instrucciones: Si esta es un área de su vida que le resulta importante, describa a *la persona que más le gustaría ser con respecto a su educación o desarrollo personal.* Por ejemplo, algunas personas valoran ser abiertas y receptivas a nuevas ideas y perspectivas, o valoran realizar contribuciones serias y cuidadosas sobre asuntos importantes, pero deberá decidir por su cuenta qué tipo de persona valora ser con respecto a su educación o desarrollo personal.

Por favor, escriba sus valores de esta área aquí:

Por favor, conteste las siguientes preguntas marcando con un círculo aquellas que le resulten más adecuadas:

	1 Nada	**2 Un poco**	**3 Moderadamente**	**4 Bastante**	**5 Extremadamente**
1. ¿Cuán importante es este valor para usted?	1	2	3	4	5
2. ¿Cuál es su nivel de compromiso para vivir de acuerdo a este valor?	1	2	3	4	5
3. Ahora mismo, ¿le gustaría mejorar su progreso en este valor?	1	2	3	4	5
4. En las últimas diez semanas he tenido el siguiente porcentaje de éxito en relación con vivir este valor	1 0-20%	2 21-40%	3 41-60%	4 61-80%	5 81-100%

5. Valoro esto porque:

	1 Fuertemente en desacuerdo	**2 Moderadamente en desacuerdo**	**3 Ni acuerdo ni desacuerdo**	**4 Moderadamente de acuerdo**	**5 Fuertemente de acuerdo**
a) Otras personas estarían disgustadas conmigo si estos valores no fueran importantes para mí.	1	2	3	4	5
b) Me sentiría culpable o me daría vergüenza si estos valores no fueran importantes para mí.	1	2	3	4	5
c) Estos valores son importantes para mí independientemente de lo que piensen los demás.	1	2	3	4	5
d) Vivir consistentemente con estos valores hace que mi vida sea más significativa.	1	2	3	4	5
e) Experimento diversión y disfrute cuando vivo de manera consistente con este valor.	1	2	3	4	5

Actividades de recreo, ocio o deporte

Instrucciones: Si esta es un área de su vida que le resulta importante, describa a *la persona que más le gustaría ser durante actividades de recreo, ocio o deporte*. Por ejemplo, algunas personas valoran descubrir o aprender nuevas cosas (o pasar más tiempo con la familia y amigos) durante su tiempo libre de recreo y ocio, o valoran mantenerse activas, competitivas, jugando juntas como parte de un equipo, pero deberá decidir por su cuenta qué tipo de persona valora ser con respecto a su recreo, ocio y deporte.

Por favor, escriba sus valores de esta área aquí:

Por favor, conteste las siguientes preguntas marcando con un círculo aquellas que le resulten más adecuadas:

	1 Nada	**2 Un poco**	**3 Moderadamente**	**4 Bastante**	**5 Extremadamente**
1. ¿Cuán importante es este valor para usted?	1	2	3	4	5
2. ¿Cuál es su nivel de compromiso para vivir de acuerdo a este valor?	1	2	3	4	5
3. Ahora mismo, ¿le gustaría mejorar su progreso en este valor?	1	2	3	4	5
4. En las últimas diez semanas he tenido el siguiente porcentaje de éxito en relación con vivir este valor	1 0-20%	2 21-40%	3 41-60%	4 61-80%	5 81-100%

5. Valoro esto porque:

	1 Fuertemente en desacuerdo	**2 Moderadamente en desacuerdo**	**3 Ni acuerdo ni desacuerdo**	**4 Moderadamente de acuerdo**	**5 Fuertemente de acuerdo**
a) Otras personas estarían disgustadas conmigo si estos valores no fueran importantes para mí.	1	2	3	4	5
b) Me sentiría culpable o me daría vergüenza si estos valores no fueran importantes para mí.	1	2	3	4	5
c) Estos valores son importantes para mí independientemente de lo que piensen los demás.	1	2	3	4	5
d) Vivir consistentemente con estos valores hace que mi vida sea más significativa.	1	2	3	4	5
e) Experimento diversión y disfrute cuando vivo de manera consistente con este valor.	1	2	3	4	5

Espiritualidad o religión

Instrucciones: Si esta es un área de su vida que le resulta importante, describa a *la persona que más le gustaría ser con respecto a su espiritualidad y/o religión*. Por ejemplo, algunas personas valoran conectar con la naturaleza y/o con la gente alrededor, conectar con Dios, ser parte de una iglesia, y/o vivir en relación con ciertos ideales religiosos, pero deberá decidir por su cuenta qué tipo de persona valora ser respecto a su espiritualidad o religión.

Por favor, escriba sus valores de esta área aquí:

Por favor, conteste las siguientes preguntas marcando con un círculo aquellas que le resulten más adecuadas:

	1 Nada	**2 Un poco**	**3 Moderadamente**	**4 Bastante**	**5 Extremadamente**
1. ¿Cuán importante es este valor para usted?	1	2	3	4	5
2. ¿Cuál es su nivel de compromiso para vivir de acuerdo a este valor?	1	2	3	4	5
3. Ahora mismo, ¿le gustaría mejorar su progreso en este valor?	1	2	3	4	5
4. En las últimas diez semanas he tenido el siguiente porcentaje de éxito en relación con vivir este valor	1 0-20%	2 21-40%	3 41-60%	4 61-80%	5 81-100%

5. Valoro esto porque:

	1 Fuertemente en desacuerdo	**2 Moderadamente en desacuerdo**	**3 Ni acuerdo ni desacuerdo**	**4 Moderadamente de acuerdo**	**5 Fuertemente de acuerdo**
a) Otras personas estarían disgustadas conmigo si estos valores no fueran importantes para mí.	1	2	3	4	5
b) Me sentiría culpable o me daría vergüenza si estos valores no fueran importantes para mí.	1	2	3	4	5
c) Estos valores son importantes para mí independientemente de lo que piensen los demás.	1	2	3	4	5
d) Vivir consistentemente con estos valores hace que mi vida sea más significativa.	1	2	3	4	5
e) Experimento diversión y disfrute cuando vivo de manera consistente con este valor.	1	2	3	4	5

Su comunidad o país

Instrucciones: Si esta es un área de su vida que le resulta importante, describa a *la persona que más le gustaría ser con respecto a su comunidad o país.* Por ejemplo, algunas personas valoran ayudar a otros en su comunidad, desarrollar y avanzar en sus ideas humanitarias o políticas en un nivel local o de mayor jerarquía, o ayudar a preservar ciertos espacios de valor, pero deberá decidir por su cuenta qué tipo de persona valora ser con respecto a su comunidad o a su papel como ciudadano.

Por favor, escriba sus valores de esta área aquí:

Por favor, conteste las siguientes preguntas marcando con un círculo aquellas que le resulten más adecuadas:

	1 Nada	2 Un poco	3 Moderadamente	4 Bastante	5 Extremadamente
1. ¿Cuán importante es este valor para usted?	1	2	3	4	5
2. ¿Cuál es su nivel de compromiso para vivir de acuerdo a este valor?	1	2	3	4	5
3. Ahora mismo, ¿le gustaría mejorar su progreso en este valor?	1	2	3	4	5
4. En las últimas diez semanas he tenido el siguiente porcentaje de éxito en relación con vivir este valor	1 0-20%	2 21-40%	3 41-60%	4 61-80%	5 81-100%

5. Valoro esto porque:

	1 Fuertemente en desacuerdo	2 Moderadamente en desacuerdo	3 Ni acuerdo ni desacuerdo	4 Moderadamente de acuerdo	5 Fuertemente de acuerdo
a) Otras personas estarían disgustadas conmigo si estos valores no fueran importantes para mí.	1	2	3	4	5
b) Me sentiría culpable o me daría vergüenza si estos valores no fueran importantes para mí.	1	2	3	4	5
c) Estos valores son importantes para mí independientemente de lo que piensen los demás.	1	2	3	4	5
d) Vivir consistentemente con estos valores hace que mi vida sea más significativa.	1	2	3	4	5
e) Experimento diversión y disfrute cuando vivo de manera consistente con este valor.	1	2	3	4	5

Salud personal

Instrucciones: Si esta es un área de su vida que le resulta importante, describa a *la persona que más le gustaría ser con respecto a su salud personal.* Por ejemplo, algunas personas valoran ser activas, comer saludable o ejercitar regularmente, pero deberá decidir por su cuenta qué tipo de persona valora ser en relación con su salud o a su bienestar físico.

Por favor, escriba sus valores de esta área aquí:

Por favor, conteste las siguientes preguntas marcando con un círculo aquellas que le resulten más adecuadas:

	1 Nada	2 Un poco	3 Moderadamente	4 Bastante	5 Extremadamente
1. ¿Cuán importante es este valor para usted?	1	2	3	4	5
2. ¿Cuál es su nivel de compromiso para vivir de acuerdo a este valor?	1	2	3	4	5
3. Ahora mismo, ¿le gustaría mejorar su progreso en este valor?	1	2	3	4	5
4. En las últimas diez semanas he tenido el siguiente porcentaje de éxito en relación con vivir este valor	1 0-20%	2 21-40%	3 41-60%	4 61-80%	5 81-100%

5. Valoro esto porque:

	1 Fuertemente en desacuerdo	2 Moderadamente en desacuerdo	3 Ni acuerdo ni desacuerdo	4 Moderadamente de acuerdo	5 Fuertemente de acuerdo
a) Otras personas estarían disgustadas conmigo si estos valores no fueran importantes para mí.	1	2	3	4	5
b) Me sentiría culpable o me daría vergüenza si estos valores no fueran importantes para mí.	1	2	3	4	5
c) Estos valores son importantes para mí independientemente de lo que piensen los demás.	1	2	3	4	5
d) Vivir consistentemente con estos valores hace que mi vida sea más significativa.	1	2	3	4	5
e) Experimento diversión y disfrute cuando vivo de manera consistente con este valor.	1	2	3	4	5

ANEXO IX
Cuestionario de aceptación y acción[1]
«Acceptance and Action Questionnaire II» (AAQ-II)

Valore en qué medida es cierta cada de una de las afirmaciones que se realizan a continuación, siendo:

1 = Nunca; **2** = Muy raramente; **3** = Raramente; **4** = A veces; **5** = Frecuentemente; **6** = Casi siempre, y **7** = Siempre.

1.	Mis experiencias y recuerdos dolorosos hacen que me sea difícil vivir la vida que quería.	
2.	Tengo miedo de mis sentimientos.	
3.	Me preocupa no ser capaz de controlar mis preocupaciones y sentimientos.	
4.	Mis recuerdos dolorosos me impiden llevar una vida plena.	
5.	Mis emociones interfieren en cómo me gustaría que fuera mi vida.	
6.	Parece que la mayoría de la gente lleva su vida mejor que yo.	
7.	Mis preocupaciones interfieren en el camino de lo que quiero conseguir.	

FUENTE: Ruiz et al. (2013).

[1] Durán Parra, Guerrero Santiesteban y Cárdenas (2015) la han validado para su uso en población colombiana, y Ruiz, Langer, Luciano, Cangas y Beltrán (2013) para población española de habla castellana.

El Acceptance and Action Questionnaire II (AAQ II; Hayes et al, 2004), fue diseñado para su aplicación a población adulta y anglófona de los EE.UU., con el fin de medir la Evitación Experiencial y la Inflexibilidad Psicológica.

Los resultados muestran que la consistencia interna encontrada en las distintas muestras fue buena (rango de los valores de α de Cronbach: 0,75-0,93), hallándose una estructura factorial integrada por un solo factor. La validación para su uso en población de habla española (Durán Parra et al., 2015; Ruiz et al., 2013) confirma su estructura y sus buenas propiedades psicométricas.

El cuestionario lo integran 7 ítems que hacen referencia a la actitud frente a la vida, ante la posibilidad de experimentar pensamientos y emociones no deseadas, a la hora de afrontar situaciones asociadas con malestar, así como la imposibilidad de alcanzar metas y valores personales relacionados con pensamientos, emociones o situaciones dolorosas o molestas.

Los ítems se contestan siguiendo una escala tipo Likert (rango: 1-7, siendo 1 = Nunca es verdad y 7 = Siempre es verdad).

ANEXO Xa
Escala de activación conductual para la depresión
(versión modificada en español)/ «Behavioral Activation for Depression Scale» (Modified Spanish version; BADS-MS$_v$)[1]

Por favor, indique marcando con una cruz la casilla cuya puntuación representa mejor en la actualidad cuánto le ocurre lo que se afirma en cada uno de los ítems, siendo Nada = 1, Poco = 2, Bastante = 3, Mucho = 4 y Muchísimo = 5.

	0	1	2	3	4
1. Me quedo en la cama demasiado tiempo, aunque tenga que hacer cosas.					
2. Tengo cosas que necesito hacer y no las hago.					
3. Estoy satisfecho con la cantidad y el tipo de cosas que hago.					
4. Participo en una amplia y diversa gama de actividades.					
5. Tomo buenas decisiones sobre el tipo de actividades y/o las situaciones en las que me implico.					
6. Estoy activo, pero no cumplo ninguno de mis objetivos diarios.					
7. Soy una persona activa y cumplo los objetivos que me propongo.					
8. La mayor parte de lo que hago es para escapar o evitar algo desagradable.					
9. Hago cosas para evitar sentir tristeza u otras emociones dolorosas.					
10. Intento no pensar en ciertas cosas.					
11. Hago cosas porque son coherentes con mis objetivos a largo plazo, aunque sean difíciles.					
12. Cuando termino de hacer alguna cosa que es difícil pienso que ha valido la pena.					
13. Paso mucho tiempo pensando una y otra vez en mis problemas.					
14. Trato de pensar en formas de resolver los problemas, pero nunca pruebo ninguna de las potenciales soluciones que encuentro.					

[1] Los resultados obtenidos por Kanter, Mulick, Busch, Berlin y Martell (2007) muestran que la BADS está integrada por cuatro subescalas o factores (Activación, Evitación/Rumiación, Deterioro laboral/escolar y Deterioro social), con buena estructura factorial, consistencia interna y fiabilidad test-retest, así como de su validez de constructo y predictiva.

La traducción, adaptación y el formato que se presentan fueron realizados por Olivares-Olivares y Olivares (2020).

La BADS se puede utilizar para evaluar el estado de nuestro P/C como medida pretratamiento o como medida complementaria a los autorregistros y registros de terceros, para ir disponiendo de datos de la evolución del comportamiento de los P/C en relación con la depresión. En este último caso, el objetivo es obtener indicios sobre cuándo, cómo y cuánto evoluciona su «activación» (implicación) durante el desarrollo del tratamiento.

	0	1	2	3	4
15. Frecuentemente paso tiempo pensando en mi pasado, en las personas que me han hecho daño, en los errores que he cometido y en otras cosas malas de mi historia.					
16. No veo a ninguno de mis amigos.					
17. Soy retraído y estoy callado, incluso con la gente que conozco bien.					
18. No me relaciono con los demás, pese a tener oportunidades para hacerlo.					
19. Alejo a la gente con mi negatividad.					
20. Hago cosas para aislarme de los demás.					
21. Me tomo tiempo libre del trabajo/de la escuela o del centro de estudios al que asisto, porque estoy demasiado cansado o porque no tengo ganas de ir.					
22. Mi trabajo/rendimiento escolar o académico/mis tareas/mis responsabilidades se ven afectadas porque no soy tan activo como requieren.					
23. Estructuro y planifico las actividades del día a día.					
24. Solo participo en actividades que me distraen para no sentirme mal.					
25. Empiezo a sentirme mal cuando otras personas de mi entorno expresan sentimientos o experiencias negativas.					

ANEXO Xb

Subescalas e ítems de la Escala de activación conductual para la depresión

(Los números que anteceden a la descripción son los que corresponden a los ítems que integran cada una de las subescalas)

Activación

3. Estoy satisfecho con la cantidad y el tipo de cosas que hice.
4. Participo en una amplia y diversa gama de actividades.
5. Tomo buenas decisiones sobre el tipo de actividades y/o las situaciones en las que me implico.
7. Soy una persona activa y cumplo los objetivos que me propongo.
11. Hago cosas porque son coherentes con mis objetivos a largo plazo, aunque sean difíciles.
12. Cuando termino de hacer alguna cosa que es difícil pienso que ha valido la pena.
23. Estructuro y planifico las actividades del día a día.

Evitación/Rumiación

8. La mayor parte de lo que hago es para escapar o evitar algo desagradable.
9. Hago cosas para evitar sentir tristeza u otras emociones dolorosas.
10. Intento no pensar en ciertas cosas.
13. Paso mucho tiempo pensando una y otra vez en mis problemas.
14. Trato de pensar en formas de resolver los problemas, pero nunca pruebo ninguna de las potenciales soluciones que encuentro.
15. Frecuentemente paso tiempo pensando en mi pasado, en las personas que me han hecho daño, en los errores que he cometido y en otras cosas malas de mi historia.
24. Solo participo en actividades que me distraen para no sentirme mal.
25. Empiezo a sentirme mal cuando otras personas de mi entorno expresan sentimientos o experiencias negativas.

Deterioro del trabajo/del rendimiento escolar o académico

1. Me quedo en la cama demasiado tiempo, aunque tenga que hacer cosas.
2. Tengo cosas que necesito hacer y no las hago.
6. Estoy activo, pero no cumplo ninguno de mis objetivos diarios.
21. Me tomo tiempo libre del trabajo/de la escuela o del centro de estudios al que asisto porque estoy demasiado cansado o porque no tengo ganas de ir.
22. Mi trabajo/rendimiento escolar o académico/mis tareas/mis responsabilidades se ven afectadas porque no soy tan activo como requieren.

Deterioro social

16. No veo a ninguno de mis amigos.
17. Soy retraído y estoy callado, incluso con la gente que conozco bien.
18. No me relaciono con los demás, pese a tener oportunidades para hacerlo.
19. Alejo a la gente con mi negatividad.
20. Hago cosas para aislarme de los demás.

ANEXO XIa
Ítems de la escala de Beck para la evaluación de la depresión[1]

Apellidos y nombre: ....

Edad: .... Profesión: .... Fecha: ....

A continuación presentamos, en cada uno de los 21 apartados, varias respuestas o estados posibles. Por favor, ponga una **X** en la opción que se corresponda con la respuesta o estado que mejor refleje su situación actual.

1.
- ❑ Esta tristeza me produce verdaderos sufrimientos.
- ❑ No me encuentro triste.
- ❑ Me siento algo triste y deprimido.
- ❑ Ya no puedo soportar esta pena.
- ❑ Tengo siempre como una pena encima que no me la puedo quitar.

2.
- ❑ Me siento desanimado cuando pienso en el futuro.
- ❑ Creo que nunca me recuperaré de mis penas.
- ❑ No soy especialmente pesimista, ni creo que las cosas me vayan a ir mal.
- ❑ No espero nada bueno de la vida.
- ❑ No espero nada. Esto no tiene remedio.

3.
- ❑ He fracasado totalmente como persona (padre, madre, marido, hijo, profesional, etc.).
- ❑ He tenido más fracasos que la mayoría de la gente.
- ❑ Siento que he hecho pocas cosas que valgan la pena.
- ❑ No me considero fracasado.
- ❑ Veo mi vida llena de fracasos.

4.
- ❑ Ya no me llena nada.
- ❑ Me encuentro insatisfecho conmigo mismo.
- ❑ Ya no me divierte lo que antes me divertía.
- ❑ No estoy especialmente insatisfecho.
- ❑ Estoy harto(a) de todo.

5.
- ❑ A veces me siento despreciable y mala persona.
- ❑ Me siento bastante culpable.
- ❑ Me siento mala persona y despreciable casi todo el tiempo.

---

[1] Se presentan a modo de ejemplo. En Beck, Steer y Brown (2011), en una adaptación de los profesores Jesús Sanz y Carmelo Vázquez, puede ver el lector la redacción de los ítems en español del IDB-II, así como las puntuaciones correspondientes a los intervalos de gravedad y los datos de sus propiedades psicométricas y estructura factorial.

El IDB es la quinta escala que más se utiliza entre los psicólogos españoles para evaluar la depresión (Sanz, 2013) y cuenta con adaptaciones de todas sus versiones al castellano: BDI-I (Conde y Useros, 1974), BDI-IA (Vázquez y Sanz, 1997) y BDI-II (Beck et., 2011).

Como recuerda Sanz (2013), la mayor parte de las características del BDI se han mantenido constantes en sus tres versiones. Así, todas contienen 21 ítems y cada uno de ellos está integrado por varias afirmaciones sobre una misma alteración, las cuales se presentan ordenadas de menor a mayor gravedad y entre las que el P/C debe escoger la que mejor describa su estado. Además, en cada ítem las diferentes afirmaciones se puntúan de 0 a 3, por lo que el rango de puntuación del inventario es el mismo, 0 a 63. Sin embargo, las tres versiones también presentan diferencias importantes en su contenido (p. ej., marco temporal de sus instrucciones, contenido de sus ítems, número de alternativas de cada ítem), que han dado lugar a diferencias en la interpretación de sus puntuaciones (p. ej., las puntuaciones de corte para los intervalos que estiman la gravedad son algo más altas en el BDI-II que en el BDI-I) o en sus propiedades psicométricas (así, los índices de consistencia interna y validez factorial del BDI-II son superiores a los del BDI-I y BDI-IA).

- ❑ Me siento muy infame (perverso, canalla) y despreciable.
- ❑ No me siento culpable.

6.

- ❑ Presiento que algo malo me puede suceder.
- ❑ Siento que merezco ser castigado.
- ❑ No pienso que esté siendo castigado.
- ❑ Siento que me están castigando o me castigarán.
- ❑ Quiero que me castiguen.

7.

- ❑ Estoy descontento conmigo mismo.
- ❑ No me aprecio.
- ❑ Me odio, me desprecio.
- ❑ Estoy asqueado de mí mismo.
- ❑ Estoy satisfecho de mí mismo.

8.

- ❑ No creo ser peor que otra persona.
- ❑ Me acuso a mí mismo de todo lo que va mal.
- ❑ Me siento culpable de todo lo malo que ocurre.
- ❑ Siento que tengo muchos defectos y muy graves.
- ❑ Me critico mucho a causa de mis debilidades y errores.

9.

- ❑ Tengo pensamientos de hacerme daño, pero no llegaría a hacerlo.
- ❑ Siento que estaría mejor muerto.
- ❑ Siento que mi familia estaría mejor si yo muriera.
- ❑ Tengo planes decididos de suicidarme.
- ❑ Me mataría si pudiera.
- ❑ No tengo pensamientos de hacerme daño.

10.

- ❑ No lloro más de lo habitual.
- ❑ Antes podía llorar. Ahora no lloro ni aun queriéndolo.
- ❑ Ahora lloro continuamente. No puedo evitarlo.
- ❑ Ahora lloro más de lo normal.

11.

- ❑ No estoy más irritable que normalmente.
- ❑ Me irrito con más facilidad que antes.
- ❑ Estoy siempre irritado.
- ❑ Ya no me irrita lo que antes me irritaba.

12.

- ❑ He perdido todo mi interés por los demás y no me importan en absoluto.
- ❑ Me intereso por la gente menos que antes.
- ❑ No he perdido mi interés por los demás.
- ❑ He perdido casi todo mi interés por los demás y apenas tengo sentimientos hacia ellos.

13.

- ❑ Ahora estoy inseguro de mí mismo y procuro evitar tomar decisiones.
- ❑ Tomo mis decisiones como siempre.
- ❑ Ya no puedo tomar decisiones en absoluto.
- ❑ Ya no puedo tomar decisiones sin ayuda.

14.

- ❑ Estoy preocupado porque me veo más viejo y desmejorado.
- ❑ Me siento feo y repulsivo.
- ❑ No me siento con peor aspecto que antes.
- ❑ Siento que hay cambios en mi aspecto físico que me hacen parecer desagradable (o menos atractivo/a).

15.

- ❑ Puedo trabajar también como antes.
- ❑ Tengo que esforzarme mucho para hacer cualquier cosa.
- ❑ No puedo trabajar en nada.
- ❑ Necesito un esfuerzo extra para empezar a hacer algo.
- ❑ No trabajo tan bien como hacía antes.

16.

- ❑ Duermo tan bien como antes.
- ❑ Me despierto más cansado por la mañana.
- ❑ Me despierto una o dos horas antes de lo normal y me resulta difícil volver a dormir.
- ❑ Tardo una o dos horas en dormirme por la noche.
- ❑ Me despierto sin motivo en mitad de la noche y tardo en volver a dormirme.
- ❑ Me despierto temprano todos los días y no duermo más de cinco horas.
- ❑ Tardo más de dos horas en dormirme y no duermo más de cinco horas.
- ❑ No logro dormir más de tres o cuatro horas seguidas.

17.

- ❑ Me canso más fácilmente que antes.
- ❑ Cualquier cosa que hago me fatiga.
- ❑ No me canso más de lo normal.
- ❑ Me canso tanto que no puedo hacer nada.

18.

- ❑ He perdido totalmente el apetito.
- ❑ Mi apetito no es tan bueno como antes.
- ❑ Mi apetito es ahora mucho menor.
- ❑ Tengo el mismo apetito de siempre.

19.

- ❑ Últimamente no he perdido peso.
- ❑ He perdido más de dos kilos y medio.
- ❑ He perdido más de cinco kilos.
- ❑ He perdido más de siete kilos y medio.

20.

- ❑ Estoy tan preocupado(a) por mi salud que me es difícil pensar en otra cosa.
- ❑ Estoy preocupado por dolores y trastornos.
- ❑ No me preocupa mi salud más de lo normal.
- ❑ Estoy constantemente pendiente de lo que me sucede y de cómo me encuentro.

21.

- ❑ Estoy menos interesado por el sexo que antes.
- ❑ He perdido todo mi interés por el sexo.
- ❑ Apenas me siento atraído sexualmente.
- ❑ No he notado ningún cambio en mi atracción por el sexo.

Observaciones: ....

....

....

ANEXO XIb
Formato simplificado del Inventario de depresión de Beck (BDI-II)[1]

Apellidos y nombre: ....

Edad: .... Profesión: .... Fecha: ....

Por favor, valore en qué medida le ocurre a usted lo que se afirma en cada una de las expresiones que presentamos a continuación. Marque con **X** la casilla de la respuesta que más se aproxime a lo que le ocurre a usted.

	Nada (0)	Poco (1)	Bastante (2)	Mucho (3)
1. Me siento triste				
2. Me siento desanimado/a de cara al futuro				
3. He fracasado más que la mayoría de las personas				
4. No disfruto de las cosas tanto como antes				
5. Me siento culpable en bastantes ocasiones				
6. Siento que quizá esté siendo castigado				
7. Estoy descontento/a conmigo mismo/a				
8. Me critico por mi debilidad o mis errores				
9. Pienso en suicidarme				
10. Ahora lloro más que antes				
11. Me molesto o irrito más fácilmente que antes				
12. Estoy menos interesado/a en los demás que antes				
13. Evito tomar decisiones más que antes				
14. Estoy preocupado/a porque parezco envejecido/a y poco atractivo/a				
15. Me cuesta más esfuerzo de lo habitual comenzar a hacer algo				
16. No duermo tan bien como antes				
17. Me canso más que antes				
18. No tengo tan buen apetito como antes				
19. He perdido más de dos kilos por falta de ganas de comer				
20. Estoy preocupado/a por mi salud				
21. La relación sexual me atrae menos que antes				

[1] Moral de la Rubia (2013).

Moral de la Rubia ha desarrollado en cada una de las tres versiones del BDI un formato simplificado para su administración. Habida cuenta del estado de las personas que presentan este trastorno, la reducción del tiempo de aplicación y la simplificación de la redacción de los ítems es una cuestión primordial. Basándose en ello, sustituyó las cuatro opciones de respuesta para cada uno de los 21 ítems por un enunciado que se responde de acuerdo con los valores de una escala tipo Likert de cuatro puntos (rango: 0 = No y 3 = Sí, mucho).

De los resultados que podemos considerar preliminares de esta investigación se concluyó la equivalencia de los valores de la consistencia interna y de la validez de la versión extensa y la simplificada. No obstante, el formato simplificado no solo reduce el tiempo de aplicación, sino que presenta otra ventaja añadida: resulta más sencillo de leer y más fácil de comprender, lo que es especialmente relevante cuando se evalúa a una población con problemas de atención y fatiga, como es el caso de los P/C con este P/T.

ANEXO XIIa
Listado de actividades para la activación conductual[1]

A continuación le mostramos algunos ejemplos de actividades que tienden a aumentar la satisfacción personal. Puede que se le ocurran otras que no están en la lista; de ser así, inclúyalas y luego subraye las que crea que pueden ayudarle sentirse mejor si las realiza.

1. Sumergirse en la bañera.
2. Escuchar música.
3. Soñar despierto.
4. Planear ir al colegio o a la universidad.
5. Ir a dar una vuelta en coche.
6. Escuchar música.
7. Reacondicionar los muebles.
8. Ver vídeos o DVD.
9. Hacer listas de tareas.
10. Ir a montar en bicicleta.
11. Paseos por la orilla del río/línea de costa.
12. Comprar regalos.
13. Pensar que he hecho un día completo de trabajo.
14. Viajar a los parques nacionales.
15. Terminar una tarea.
16. Pensar en mis logros.
17. Ir a un evento deportivo.
18. Comer alimentos pegajosos y que engordan.
19. Intercambiar correos electrónicos, chatear.
20. Fotografía.
21. Ir a pescar.
22. Pensar en acontecimientos agradables.
23. Seguir una dieta.
24. Recordar fiestas pasadas.
25. Mirar las estrellas.
26. Volar en avión.
27. Leer ficción.
28. Actuar.
29. Estar solo.
30. Escribir un diario o cartas.
31. Limpiar los techos de mi casa.
32. Leer libros de historia.
33. Llevar a los niños a lugares concretos.
34. Comprar aparatos domésticos.
35. Planificar un pícnic.
36. Pensar «lo he hecho bastante bien».
37. Meditar (ejercicios de mindfulness).
38. Jugar al voleibol.
39. Comer con un amigo.
40. Hacer una lista de personas a las que tengo algo que agradecer.
41. Pensar en tener una familia.
42. Pensar en los momentos felices de mi vida.
43. Derrochar una cantidad concreta de dinero.
44. Jugar a las cartas.
45. Tumbarme al sol.
46. Tener una discusión política.
47. Resolver acertijos mentalmente.
48. Jugar al tenis.
49. Ver y/o mostrar fotos o diapositivas.
50. Tejer.
51. Coser.
52. Hacer crucigramas.
53. Jugar al billar.
54. Vestirme y ponerme guapo/a.
55. Reflexionar sobre cómo he mejorado.
56. Comprar cosas para mí.
57. Planear un cambio de carrera.
58. Hablar por teléfono con amigos.
59. Ir a museos y galerías de arte.
60. Pensar en cosas religiosas.
61. Navegar por Internet.
62. Encender velas.
63. Escuchar la radio.

[1] En https://www.cci.health.wa.gov.au/-/media/CCI/Consumer-Modules/Back-from-The-Bluez/Back-from-the-Bluez--02---Behavioural-Strategies.pdf puede hallar el lector otra propuesta que contiene 365 sugerencias de otras tantas actividades (pp. 3-7).

64. Pasar tiempo en la naturaleza.
65. Tomar un café en una cafetería.
66. Recibir/dar un masaje.
67. Decir «te quiero».
68. Reírse.
69. Pensar en mis buenas cualidades.
70. Comprar libros.
71. Pensar que tengo un spa o una sauna.
72. Ir a esquiar.
73. Ir en canoa o hacer rafting.
74. Ir a la bolera.
75. Trabajar la madera.
76. Fantasear con el futuro.
77. Ir a bailar.
78. Debatir.
79. Pensar en mis viajes pasados.
80. Jugar a juegos de ordenador.
81. Tener un acuario.
82. Fantasear con libros de sexo y películas eróticas.
83. Montar a caballo.
84. Ir a escalar.
85. Hacer algo nuevo.
86. Hacer rompecabezas.
87. Pensar que soy una persona que puede hacer frente a esta situación.
88. Jugar con mis mascotas.
89. Escuchar a los demás.
90. Hacer una barbacoa.
91. Reorganizar los muebles de mi casa.
92. Comprar muebles nuevos.
93. Ir a mirar escaparates.
94. Decir sí a una oportunidad.
95. Leer revistas o periódicos.
96. Planificar el fin de semana.
97. Practicar alguna de mis aficiones.
98. Pasar una noche con buenos amigos.
99. Pasar una tarde con buenos amigos.
100. Planificar las actividades de un día.
101. Conocer gente nueva.
102. Recordar paisajes hermosos.
103. Planificar el ahorro de dinero.
104. Apostar a las quinielas.
105. Ir al gimnasio y hacer aerobic.
106. Comer golosinas.
107. Comer en un restaurante.
108. Pensar en qué bien me sentiré cuando termine de estudiar.
109. Coleccionar cosas (monedas, conchas, etc.).
110. Pensar en pagar las deudas.
111. Practicar kárate, yudo, yoga.
112. Pensar en la jubilación.
113. Reparar las cosas de la casa.
114. Limpiar mi coche.
115. Recordar palabras y acciones de mi infancia.
116. Recordar cosas agradables del trabajo.
117. Recordar hechos de mi juventud.
118. Llevar ropa sexi.
119. Tener tardes tranquilas.
120. Cuidar mis plantas.
121. Comprar y vender acciones y participaciones.
122. Ir de vacaciones.
123. Ir a nadar.
124. Hacer garabatos.
125. Hacer ejercicio.
126. Coleccionar cosas viejas.
127. Recoger cosas viejas.
128. Ir a una fiesta.
129. Pensar en comprar cosas.
130. Jugar al golf.
131. Jugar al fútbol.
132. Volar cometas.
133. Discutir con los amigos.
134. Reciclar objetos viejos.
135. Reunirse con la familia.
136. Ir en moto.
137. Montar en moto.
138. Tener sexo.
139. Jugar al squash.
140. Ir de camping.
141. Cantar en casa.
142. Arreglar las flores.
143. Ir a la iglesia y rezar.
144. Perder peso.
145. Ir a la playa.

146. Relajarse.
147. Pensar que soy una buena persona.
148. Un día sin nada que hacer.
149. Tener reuniones de clase.
150. Hacer patinaje (sobre ruedas, sobre hielo…).
151. Ir a navegar.
152. Viajar al extranjero o por el interior del país.
153. Dibujar, pintar.
154. Soplar burbujas.
155. Bordar o hacer punto de cruz.
156. Dormir.
157. Concertar una cita.
158. Conducir.
159. Ir a clubes (de jardinería, de costura, etc.).
160. Pensar en casarme.
161. Ir a ver pájaros.
162. Cantar en grupo.
163. Coquetear.
164. Tocar instrumentos musicales.
165. Hacer manualidades.
166. Hacer un regalo para alguien.
167. Ir al cine.
168. Comprar CD, cintas, discos...
169. Ver el boxeo, la lucha libre.
170. Planificar fiestas.
171. Cocinar, hornear.
172. Ir de excursión, pasear por el monte.
173. Escribir libros, poemas, artículos…
174. Coser.
175. Comprar ropa.
176. Trabajar.
177. Salir a cenar.
178. Correr, caminar.
179. Hablar de libros.
180. Hacer turismo.
181. Jardinería.
182. Ir al salón de belleza.
183. Pensar en el café de la mañana y el periódico.
184. Jugar al tenis.
185. Besar a mis seres queridos.
186. Jugar con mis hijos.
187. Hacer un listado de las muchas cosas que hay a mi favor.
188. Ir a obras de teatro y a conciertos.
189. Salir a caminar.
190. Observar el cielo estrellado por la noche.
191. Otros… (señalar cuáles).

ANEXO XIIb

Un ejemplo de intervención psicológica en grupo basada en la activación conductual[1]

El tratamiento de la depresión mediante la AC descansa en tres afirmaciones o supuestos sobre la depresión:

- Es el resultado de los cambios en las circunstancias de la vida del P/C, porque estos cambios en las circunstancias de la vida (es decir, cambios en el entorno) han provocado una reducción del refuerzo.
- Una vez que se inicia la manera en la que la persona afronta la depresión, ello suele privarla aún más del refuerzo, lo que empeora la depresión.
- No todas las personas son igualmente vulnerables a la depresión. La vulnerabilidad viene determinada tanto por el historial de aprendizaje previo como por la genética.

Por tanto, el psicólogo tiene que ser consciente de que: *a*) los factores de vulnerabilidad pueden deberse a la interacción entre la herencia biológica y el historial de aprendizaje; *b*) los cambios ambientales pueden desencadenar un episodio depresivo, y *c*) hay que analizar la forma en que el P/C se enfrenta a los cambios que se producen en su vida.

El objetivo de la AC es activar al P/C de manera que maximice las oportunidades de entrar en contacto con los reforzadores del entorno. Esto requiere que el P/C:

- Aprenda a enfrentarse de forma diferente, de manera que las oportunidades de refuerzo aumenten.
- Ha de actuar para modificar su entorno de manera que se incrementen las probabilidades de refuerzo.
- Debe desarrollar las habilidades y las destrezas necesarias para cortar de raíz futuros episodios, enfrentándose de forma más eficaz a los entornos adversos.

Se espera que en la relación terapéutica el psicólogo muestre empatía, cuidado y consideración por y hacia el P/C. Esta relación se califica como de «empirismo colaborativo», porque se espera que ambos trabajen juntos, como un «equipo científico», para identificar y modificar los aspectos problemáticos del entorno mediante cambios de respuesta. En esta relación el psicólogo no dirige al P/C respecto de lo que debe hacer para mejorar, sino que trabaja con él para determinar conjuntamente cuál de las diversas intervenciones posibles es la que le podría resultar más beneficiosa. Por ello, en ocasiones el psicólogo actuará limitándose a transmitir información (como un educador), por ejemplo informando sobre la relación entre la pérdida de refuerzo, la disminución de la respuesta y el estado que llamamos «depresión». Es decir, enseñando al P/C a convertirse en su propio orientador, promoviendo y facilitando que sea este quien planifique sus opciones de tratamiento.

Dado que esta modalidad de tratamiento es estrictamente conductual, es necesario que se cuente con directrices concretas sobre cómo manejar los pensamientos de los P/C. En este sentido, se espera que el psicólogo dé respuestas empáticas ante el pensamiento de sus P/C, a fin de que estos no perciban que su manera de pensar no es importante. En algunos casos puede ser necesario que el psicólogo haga algunas preguntas relacionadas con lo que piensan, a fin de desarrollar estrategias para tratar los problemas que el P/C está experimentando. Si este fuera el caso, las preguntas deberían orientarse a proporcionar información que permita comprender la funcionalidad de los diferentes patrones en los que se presentan los pensamientos. Un ejemplo puede verse en el guion de autorregistro que hemos incluido

[1] Modificado de Porter y Spates (2014).

ad hoc como parte de las estrategias e instrumentos de evaluación para recoger datos antes, durante y tras el tratamiento.

No debemos olvidar que en la AC, pese a que los pensamientos pueden abordarse con fines de evaluación, no se consideran objetos de tratamiento en sí mismos, por lo que no son una fuente de preocupación para el psicólogo.

El tratamiento se fundamenta en el AF de cómo las circunstancias vitales precipitan o desencadenan el episodio depresivo, cómo el P/C ha afrontado la experiencia de la depresión y las opciones con las que contamos para ponerlo en contacto con los aspectos del entorno que postulamos que probablemente reducirán/eliminarán sus respuestas depresivas y depresoras.

En síntesis, el psicólogo se mostrará ante el P/C como «un entrenador personal», cuyo fin es que este termine sabiendo analizar y cambiar las circunstancias de su vida para mejorarlas en el futuro, es decir, que se convierta en su propio entrenador. Su trabajo es ayudarle a identificar lo que va mal en su vida, así como orientarle y guiarle para que detecte, planifique y ejecute las acciones que le pueden ayudar a mejorar su situación vital. De ahí que se haga hincapié en identificar y concretar las respuestas y las actividades o secuencias de respuestas que proporcionan placer, y las que lo pueden producir pese a que en el momento presente no las contemplen. El psicólogo ha de ser portador de una posición realista, pero optimista, sobre el resultado del tratamiento, animando al P/C a que considere los cambios en su comportamiento como la clave para reducir el estado de malestar que le producen las respuestas depresivas y depresoras.

En línea con las estrategias de evaluación que hemos incluido al final del subepígrafe destinado a su abordaje, ahora vamos a proceder a inventariar y describir brevemente algunas de las estrategias y las técnicas que se utilizan con mayor frecuencia en el marco de la AC, como paso previo a presentar, en este anexo, la estructura y el desarrollo de las sesiones de tratamiento en grupo de la variante que presentamos. Pedimos al lector que reflexione sobre el nombre que usualmente les correspondería en el ámbito del MC y del MCC, pero que al formularse en el marco del MC-C se cambia para adaptarlo a la expresión que podría ser más coherente con esta perspectiva (por ejemplo, en la modalidad de la relación entre el psicólogo y el P/C o en la consideración de la experiencia que surge de la interacción entre la persona y los elementos de la situación de la que ella misma forma parte).

Veámoslas:

— **Aumentar la sensación de dominio y/o placer a través de la asignación de actividades**. El objetivo es activar al P/C de manera que se sienta más eficaz en su entorno y, en consecuencia, reciba más refuerzo de las actividades que realice. Para ello, las actividades han de ser susceptibles de incrementar la probabilidad de mejora de los aspectos negativos del entorno o han de formar parte del conjunto de las que de forma previa al inicio de la depresión ya contaban con una elevada probabilidad de ir seguidas de consecuencias reforzadoras.

Así, por ejemplo, si el/la P/C solía disfrutar tocando la armónica, pero desde que está deprimido ha dejado de hacerlo, entonces el psicólogo podría consensuar con él/ella que volviera a tocar y discutir los posibles inconvenientes y las ventajas que ello acarrearía, incluyendo todo aquello implicado en la merma generada por la falta de de práctica y que podrían afectar a la destreza en la interpretación (dominio) y a la calidad de la ejecución musical (intensidad de la sensación placentera). Es decir, las dificultades debidas a la disminución de la destreza por no haber tocado el instrumento durante mucho tiempo o por el propio estado depresivo, que actuaría a modo de barrera para la adecuada activación/implicación, para sentir las consecuencias placenteras asociadas a la actuación y también para concentrarse en la ejecución durante un periodo de tiempo grande. En este caso el psicólogo debería informar a su P/C que es probable que tales obstáculos puedan presentarse y que, por tanto, se consideran normales dentro de un estado depresivo como el que presenta en la actualidad.

Hemos de tener muy presentes las actividades consideradas de alta probabilidad de ocurrencia para el desarrollo de esta estrategia, porque, pese a que se puedan presentar aisladas, se pueden tomar como referencia para encadenarlas y conformar cadenas comportamentales más complejas.

Es importante que el psicólogo enfatice a sus P/C que nadie puede lograr tener un millón de euros sin haber partido de ser capaz de ahorrar el primero. Se ha de subrayar la cara amable que antecede y motiva al logro del éxito.

Podemos consensuar con él/ella que se comprometa a dar un paseo andando, un solo día y durante diez minutos, o que le prepare a su cónyuge o familia el postre que más les gusta.

Cuando las actividades impliquen la participación y la colaboración de otras personas se ha de proceder con cautela inicialmente, ya que la dependencia de otros incrementa la probabilidad del riesgo de fracaso.

Por último, para la puesta en marcha y el desarrollo de esta estrategia también podemos hacer uso de la actividades incluidas en las listas de eventos que son actualmente placenteros o que lo han sido en el pasado[2], así como de un listado elaborado *ad hoc* por el P/C como parte de los acuerdos incluidos en las «tareas para casa» bajo el formato, por ejemplo, de Agenda de eventos placenteros.

— **Analizar con el P/C el papel en los estados de ánimo negativos de las respuestas autodestructivas y el de los entornos aversivos**. Esta estrategia ha de facilitar al P/C la comprensión de la relación entre sus respuestas/acciones y sus estados de ánimo, así como entre estos y aquellas. Se espera que este AF de las relaciones le ayude a entender qué cambios son necesarios para mejorar su estado de ánimo y cómo podría hacerlos.

Un modo de hacerlo es utilizando el esquema o modelo **«ABC»,** siendo **A** el antecedente de la respuesta/reacción («lo que ocurrió justo antes de que se produjese su respuesta, es decir, lo que «la preparó» para que ocurriera), **B** la respuesta/reacción que sea observable y **C** las consecuencias que siempre se producen como efecto de la respuesta.

El análisis no puede centrarse en lo que deja de hacer el P/C (defecto) sino en lo que hace (reacción). Volviendo al ejemplo de «quedarse en la cama todo el día», si el P/C describe una situación en la que se quedó en la cama todo el día y «no hizo nada» el AF ha de centrarse en lo que hizo (v.gr., «Quedarse en casa tumbado en la cama, durmiendo y cuando estaba despierto mirando el techo, las paredes y los enseres de la habitación»).

En este caso **A** puede ser: (i) no sentir ningún interés por salir de la cama para hacer algo, (ii) estar cansado, (iii) evitar ver a otras personas, o (iv) no tiene compromisos que le hagan salir de la cama. En cambio, **B** será concreta (se acostó en la cama y se durmió) y **C** podría ser: (i) sentirse más deprimido, (ii) sentirse solo, culpable e inútil, o (iii) despreciarse y sentirse con muy baja autoestima.

— **Diferenciar las consecuencias del comportamiento constructivo *vs*. el destructivo, por su carácter pasivo o improductivo, y fomentar la implicación activa en situaciones específicas**.

El propósito de esta estrategia es doble. Por un lado, busca que el P/C vea con mayor claridad las consecuencias de su modo de reaccionar al entorno (actuar productiva o destructivamente) y, por otro, que este desarrolle una actitud de implicación activa en el afrontamiento de los retos que se plantea a sí mismo o que le plantea el medio en el que interactúa, en la función de un comportamiento en términos de ser productivo o destructivo.

[2] Véase Anexo XIIa.

El comportamiento «constructivo» lo integran las secuencias de estímulos y respuestas/acciones que generan experiencias placenteras o que son significativas para el P/C y, por tanto, sirven para contrarrestar el efecto de las experiencias aversivas o desagradables.

En este marco se definen los «comportamientos pasivos» como los que producen experiencias aversivas o desagradables. Por el contrario, los «comportamientos activos» se delimitan como las secuencias de respuestas/acciones que permiten que se solucione total o parcialmente una situación problemática.

Así, la secuencia de estímulos y respuestas (conductas) implicadas en el comportamiento de aplicar la técnica de «resolución de problemas» se considera un «comportamiento activo», mientras que expresar quejas, de modo persistente y reiterado, se considera un «comportamiento pasivo» porque no cambia el significado aversivo de una situación que se experimenta como problemática o aversiva.

Por ejemplo, si alguien tiene problemas, y en vez de afrontarlos allí donde se presentan, los traslada al ámbito familiar, a modo de desahogo reiterado y persistente que termina provocando las respuestas de escape/evitación de los miembros de la familia, el comportamiento implicado se considera «pasivo» respecto del problema porque no aborda el conflicto donde se presenta. Imaginemos que se tratase de problemas en el trabajo debidos a la falta de delimitación de las labores a desempeñar. En este caso, el comportamiento «activo» sería acudir al responsable del lugar en el que se tienen los problemas y pedirle que se las aclarase y delimitase con claridad. Es decir, actuar asertivamente.

— **Asignar tareas de dificultad creciente.** Esta estrategia trata de asegurar el éxito y combatir la sensación de agobio de los P/C. Para ello hay que procurar que las tareas sean factibles y los problemas manejables y solucionables.

Para ello se les enseña a definir operativamente los problemas, es decir, en términos de acciones y cantidades que estén referidas a algo concreto y específico.

La asignación escalonada de tareas, desde las más sencillas a las más complejas, referidas a objetivos concretos y específicos, ha de enmarcarse en un contexto de aclaración de dudas, de centrarse en los logros, por muy pequeños que sean, y en las reacciones pertinentes.

Esta estrategia requiere que el psicólogo divida las «tareas para casa» en partes que sean realizables. Por ejemplo, si un P/C informa de que ya no es capaz de seguir el ritmo diario que requieren las tareas domésticas, entonces podemos modificar el objetivo y centrarlo en realizar las que se consensuen como factibles dentro del conjunto que incluye la limpieza diaria que requiere el hogar. Se puede empezar con una tarea concreta y fácil de realizar (tanto en tiempo como en esfuerzo) y luego ir generalizando su aplicación y su duración. Así, el primer día se puede hacer la cama de una habitación, el segundo de dos... En la siguiente semana se puede unir a hacer las camas el realizar la limpieza de una habitación y luego de las dos, etc.

Es importante que se insista en que antes de pasar a la siguiente tarea se complete correctamente la primera. Además, también es muy importante que se reconozcan y celebren los logros por haber completado con éxito los objetivos, tanto del P/C consigo mismo como por parte de los demás, y muy especialmente cuando se está en los comienzos de la aplicación del tratamiento.

— **Ensayos cognitivos.** El empleo de esta estrategia permite que el P/C pueda anticiparse a las dificultades que pueden presentar y presentarse en la realización de las actividades que conforman las «tareas para casa».

El psicólogo puede exponer a sus P/C a la secuencia de los pasos de una actividad que se ha planificado para que se realice fuera del contexto clínico. Esto nos permitirá que, cuando se considere necesario, este reciba la ayuda pertinente sobre el modo de prevenir/afrontar y resolver los problemas que pudieran surgir.

Así, por ejemplo, imaginemos que la tarea es llamar a un amigo determinado para salir a andar con él. En ese caso el P/C visualizará toda la secuencia y la verbalizará ante el psicólogo, desde coger el teléfono para marcar el número hasta que cuelga la llamada. Durante el curso de la descripción verbal del conjunto del proceso el psicólogo le irá ayudando a ver cómo se pueden solucionar los problemas que el P/C plantea como posibles y, asimismo, le planteará otros potenciales escenarios problemáticos a través de preguntas como «¿y si no hay respuesta la primera vez que llamas?», «¿y si tu amigo no puede hablar, pero te pide que llames más tarde?» o «¿y si dice que tiene planes ese día?».

— **Examinar la funcionalidad de los comportamientos alternativos a los actuales en situaciones diferentes**. Se trata de que el P/C aprenda, desde sus propias experiencias, a manejar y afrontar mejor las situaciones actuales que le resultan problemáticas.

Así, ante una situación problemática ha de estudiar el incidente con el que se asocia, para aprender a generar otras alternativas de respuesta si se vuelve a producir, a fin de prevenir la reiteración de la experiencia aversiva. En consecuencia, el objetivo es identificar los comportamientos alternativos al empleado cuando se produjo el incidente, que se utilizarán en el futuro si se llegaran a producir situaciones similares.

Cuando se formulen los comportamientos alternativos es importante que se incluyan algunas que sean más inadecuadas que las que el P/C recuerda, a fin de maximizar la probabilidad de que pueda valorar su actuación desde una perspectiva realista. Es decir, para que perciba que, pese a que se podría haber actuado mejor, también podría haberse hecho peor. El objetivo es lograr que el P/C sustituya su experiencia de verse a sí mismo como una persona horrible, para contemplarse solo como alguien que podría haber tomado una decisión más adecuada a la situación en la que se hallaba.

De este modo, si un P/C informa que tuvo una discusión con su hijo adolescente en la que perdió el control y comenzó a gritarle e insultarlo, el trabajo del psicólogo es ayudarle a generar formas alternativas de manejar situaciones en las que se produzca la defensa de puntos de vista contrarios sobre un mismo asunto. En este caso, un comportamiento alternativo sería decir que está demasiado enfadado para hablar y que necesita tiempo para calmarse antes de abordar la situación problemática, pero también podría haberse retirado y no haber dicho nada, o pasar de las palabras a los hechos y haberlo agredido físicamente. Cada comportamiento alternativo al que se utilizó ha de valorarse en función de las consecuencias positivas y negativas a las que daría lugar, basándose en su capacidad para afrontar adecuadamente la situación y satisfacer las necesidades objetivas del P/C.

— **Ensayo de conducta o asignación de la realización de conductas que implican a otras personas en un contexto controlado**. El objetivo es que los P/C practiquen lo que quieren hacer en el medio real antes de ejecutarlo, y que lo hagan en el contexto seguro que es el ámbito clínico. Si los ensayos se realizan en medio del tratamiento en grupo entonces habrá de ponerse especial cuidado en el control del modelado negativo y sus potenciales efectos perversos.

En este último caso, una vez identificado el comportamiento que se quiere practicar, habrá que diseñar y planificar el desarrollo de la situación incorporando a la misma a otros miembros del grupo (si se considerara necesario o conveniente).

Tomemos como ejemplo el caso previo. El P/C manifiesta que no puede controlar a sus hijos y de que ellos dirigen la casa. Solicitando la participación de otros miembros del grupo, para que simulen como si fueran actores, se puede representar una situación que resulte probable y creíble en la que el P/C (el padre) pueda ensayar el comportamiento asertivo para, conjuntamente con sus hijos, establecer los límites que objetivamente son necesarios para un buen funcionamiento del hogar y del estado psicológico saludable de sus integrantes.

— **Aprender a anticiparse a las consecuencias de los comportamientos examinando sus resultados potenciales antes de que se produzcan y haciéndolo con distintas alternativas**.

El objetivo es que el P/C aprenda a valorar anticipadamente las distintas consecuencias que pueden seguir a diferentes respuestas o secuencias de estímulos y respuestas. Es decir, que aprenda a procesar la información de los posibles resultados asociados a diferentes comportamientos antes de que estos se ejecuten en la situación real. Este aprendizaje ayuda al P/C a tomar la mejor decisión sobre la alternativa de comportamiento más viable, dentro de las adecuadas, para afrontar con mayor probabilidad de éxito una situación, cuando esta se produzca realmente, basándose en la anticipación de los efectos potenciales de su comportamiento y del de los demás.

Se procede al entrenamiento hablando con el P/C sobre la situación concreta que se quiera abordar y haciéndole preguntas que le ayuden a explorar y valorar los posibles efectos que seguirían a la ejecución de comportamientos concretos. Es importante que se explore el mejor y el peor de los comportamientos, para que esté preparado para afrontar cualquiera de las dos situaciones extremas que pudieran producirse.

De este modo, si el objeto de preocupación del P/C es qué hacer durante el fin de semana, entonces el primer paso es generar una «tormenta de ideas» que le permita generar tantas alternativas como resulte posible sobre lo que podría hacer. Por ejemplo, realizar una actividad física como salir en bicicleta o por el contrario quedarse en la cama toda la mañana; hacer los trabajos que tiene pendientes para el adecuado cuidado de su jardín o ver una película en casa; comer con una amiga a la que hace tiempo que quiere ver o quedar con ella para ir al cine y ver juntas una película, etc. Una vez que dispone del listado, el paso siguiente es valorar los potenciales resultados, actuando de acuerdo con cada una de las posibilidades de actuación y cómo se sentiría, a fin de elegir la mejor combinación entre probabilidad y satisfacción. Hay que hacer hincapié en las cualidades que hacen que una actividad sea psicológicamente saludable (adecuada, adaptativa y coherente con los valores personales), para que la jerarquía que se establezca sea coherente con las posibilidades reales que ofrece la situación y sus valores.

— **Maximizar la probabilidad de éxito de las «tareas para casa»**.

El objetivo es prevenir las barreras y otros obstáculos que pueden dificultar/impedir la realización exitosa de las «tareas para casa», de modo que puedan completarse adecuadamente.

La estrategia en la que se inserta es la de hablar de la tarea concreta de la que se trate y de los posibles obstáculos que pueden presentarse. Además, es conveniente ayudar al P/C a aprender a resolver el tipo de problemas con los que se ha de enfrentar, con una elevada probabilidad, proponiéndole inicialmente tareas que cuenten con una alta probabilidad de éxito en su ejecución.

Así, si la tarea elegida por un P/C es hacer ejercicio todas las mañanas, durante una hora, pero sus mañanas son muy ajetreadas porque tiene niños con edades que requieren que haya que ayudarles para que se levanten, se arreglen, se preparen el desayuno y acompañarlos al colegio, entonces, dado que hay una alta probabilidad de que esta tarea fracase debido al elevado número de actividades que tiene que atender en su horario matutino, el psicólogo le podría sugerir considere la posibilidad de realizar el ejercicio vespertinamente, cuando la probabilidad de interrupción sea mucho menor.

— **Distracción de problemas o acontecimientos desagradables**. El uso de la distracción se emplea para ayudar al P/C a que desvíe su atención desde un problema o una experiencia desagradable hacia cuestiones que sean más productivas y psicológicamente saludables.

De hecho, es frecuente hallar que los P/Cs deprimidos perseveren en darles vueltas y vueltas a un problema. En este caso distraerlos es ayudarles a que se «descentren» o «desfocalicen» del mismo, porque esa desviación de la atención les ayuda a disminuir la intensidad, la frecuencia y la duración de los pensamientos inproductivos asociados a la misma y de las respuestas psicofisiológicas y motoras.

Para el logro de este objetivo se puede instruir al P/C para que idee comportamientos alternativos a los que dedicarse cuando surge una situación problemática. Lo ideal es que la respuesta de distracción sea incompatible con el comportamiento problemático.

Así, imaginemos que el P/C que tuvo el descontrol con su hijo adolescente informa que ha estado dándole vueltas al evento todo el fin de semana y pensando en lo mal que actuó. El psicólogo puede sugerirle algunas actividades que le sirvan para apartar de sus pensamientos el contenido relativo a tal suceso, como por ejemplo leer un libro, visitar a un amigo al que hace tiempo que no ve, hacer listados de las tareas que tiene pendientes y jerarquizarlas atendiendo a su urgencia, etc.

— **Evitar o reducir la exposición a situaciones o personas desagradables.** Es una estrategia momentánea que permite que no se presenten comportamientos autodestructivos que hacen que la persona se vea innecesariamente perjudicada cuando todavía no sabe cómo hacer frente a una situación problemática. En consecuencia, el objetivo es enseñar al P/C a evitar estas situaciones que pueden conducir a experiencias dolorosas o desagradables hasta que no haya aprendido habilidades de afrontamiento específicas para afrontarlas adecuadamente.

Por ejemplo, imaginemos que un P/C que está estudiando historia nos cuenta que cada fin de semana que vuelve a casa de sus padres, estos le insisten en que valore si no está desperdiciando su tiempo al estudiar estar carrera. Además le enfatizan que ellos creen que tiene un gran potencial para ser médico y una nota media que le garantiza la entrada en las facultades de medicina que quiera, sin atreverse a defender su elección ante ellos.

En un caso de esta naturaleza, se le puede sugerir al P/C que momentáneamente reduzca significativamente las visitas a casa de los padres, hasta tanto no haya aprendido a ser asertivo respecto de la defensa de su vocación por la historia. Esta reducción momentánea de las visitas también puede ayudar a que no se intensifique y consolide aún más la aversión hacia sus padres.

— **Responder de la manera menos perjudicial para sí mismo.** Cuando una determinada forma de responder le ocasiona consecuencias asociadas con la percepción de sufrimiento a nuestro P/C, entonces se le pueden enseñar respuestas alternativas que, permitiéndole satisfacer sus necesidades, no le producen o reducen significativamente el sufrimiento.

Tomando como ejemplo un caso de autolesiones, imaginemos que el P/C nos cuenta que cuando se enfada mucho se produce cortes en distintas partes de su cuerpo con una cuchilla de afeitar hasta que ve que brota la sangre. El objetivo sería ayudarle a identificar comportamientos alternativos e incompatibles con cortarse. Así, se le podría sugerir que llevase en los bolsillos varios bolígrafos y una libreta para que, cada vez que sienta el impulso, en vez de buscar la cuchilla en su bolsillo cogiese un bolígrafo para escribir en su diario lo que siente y lo que piensa, así como las consecuencias negativas que en ocasiones previas se han derivado de tales acciones autodestructivas.

— **Entrenamiento conductual.** Se aplica cuando hay que enseñar al P/C habilidades y/o destrezas que no tiene o no domina con el grado suficiente para que resulten adaptativas. Se realiza en el contexto clínico, que es percibido como seguro y permite realizar tantos ensayos como se requiera hasta asegurarse de que el conocimiento de la habilidad y el dominio de la destreza son suficientes para garantizar con una elevada probabilidad el éxito de la ejecución cuando se responda/actúe.

El entrenamiento puede realizarse en el formato individual o en el grupal, una vez que se ha identificado y concretado la habilidad concreta en la que el P/C es deficitario, o en cuya ejecución no muestra la destreza necesaria para ser eficaz. Si el formato es el grupal, entonces pueden participar en el contexto del entrenamiento otros miembros del grupo (modelando, ensayando, retroalimentando), pero siempre con el psicólogo presente, para detener la acción si fuese necesario, hacer sugerencias utilizando el modelado y/o proporcionar retroalimentación para que las respuestas terminen conformando un comportamiento productivo.

— **Focalizar la atención en sensaciones alternativas.** En este caso el cambio del centro de interés de la atención no es lo que se está haciendo (cómo y con qué intensidad, por ejemplo), sino las consecuencias que se perciben como producto de otras respuestas alternativas.

Así, si un P/C informa que tiene problemas con la intensidad de su excitación y/o con la duración de sus respuestas sexuales, entonces podemos ayudarle para que aprenda a cambiar el centro de interés de su atención desde sus respuestas sexuales deficitarias a otras que, siendo de interés sexual, sean consideradas por la persona «menos relevantes».

Si tomamos como referencia una pareja en la que uno de los dos informa que no tiene ningún apetito sexual, e incluso le da miedo acostarse con el otro por si se le insinúa y tiene que decirle que no le apetece, a lo que se suma que la pareja se queja reiteradamente y le echa en cara que nunca toma la iniciativa, en este caso se puede aplicar la estrategia de focalizar la atención en sensaciones alternativas utilizando las que producen las respuestas de acariciar zonas del cuerpo que no se asocian directamente con la relación coital, como, por ejemplo, masajear dulcemente el cuero cabelludo o la espalda.

Este cambio en la zona estimulada generalmente reduce la intensidad de atención que se produce en las respuestas asociadas con el acto sexual, lo que produce un decremento de los valores de las dimensiones de las respuestas de ansiedad e incrementa la probabilidad de que pueda desencadenarse el apetito sexual. Si así sucediera, hay que indicar explícitamente que no se tengan relaciones íntimas en ese momento, sino que se concentren en las sensaciones placenteras que produce el masaje de la zona del cuerpo que está siendo acariciada. Si siguen estas instrucciones habrán completado con éxito la tarea y se habrá producido el primer paso para que se pueda recuperar el interés por restablecer la intimidad física de la pareja.

— **Enseñar a los P/C a darse recompensas por sus logros.** El objetivo es que el P/C aprenda a recompensarse cuando logra un objetivo para incrementar su autoestima y su autoconcepto.

Cuando se detecta que un P/C presenta déficits en su autorrefuerzo, y el medio en el que desarrolla su actividad tampoco se prodiga en ello, es necesario enseñarle a recompensarse por la conquista de los logros que persigue.

Recordemos que generalmente las personas deprimidas no reconocen sus logros, porque los consideran parte de sus obligaciones, lo que generalmente produce el sesgo de estar muy centradas en detectar lo que no logra hacerse como debiera haber sido hecho.

Para corregir esta desviación desadaptativa se ayuda al P/C para que aprenda a definir las tareas secuencial y operativamente, en términos que le permitan hacer por partes una tarea y determinar fácilmente si se ha completado o no el conjunto de actividades requeridas para darla por concluida (la parte o el conjunto de la tarea). El segundo paso es ayudarle a que aprenda a identificar aquellas recompensas (materiales, de actividad, sociales) que pueden proporcionarle sensación de bienestar o placer, para otorgárselas a sí mismo cuando haya logrado una meta (v. gr., invitarse a ver una buena película o darse permiso para irse a realizar una excursión que le encanta).

— **Abordar respuestas manifiestas.** Para abordar los problemas que implican conductas manifiestas en la AC se aplica la realización del AF del comportamiento, con el fin de determinar y concretar específicamente los cambios que se pueden hacer y que muy probablemente aliviarán las consecuencias indeseadas del comportamiento problemático.

Así, en caso de que alguien manifieste que no puede conducir de noche, pese a que no haya nada en su visión que lo justifique, pero sí puede hacerlo sin ninguna dificultad durante el día, se ha de realizar un AF, detectar las relaciones desadaptativas y proponer/sugerir distintas estrategias para desarrollar una rutina que permita el disfrute de la conducción nocturna.

— **Superar los déficits de habilidades y destrezas.** En muchos casos los P/C no actúan porque no saben cómo hacerlo (habilidad o componente cognitivo) o porque son conscientes de que no lo hacen bien (destreza).

En estos casos el psicólogo informa sobre la naturaleza de tales carencias, sobre sus consecuencias y sobre por qué su aprendizaje hace tan eficaz su conocimiento y dominio, y posteriormente las modela ante sus P/C.

Así, en un caso de déficits en las habilidades de comunicación en el seno de una pareja que ha producido que ambos informen que ya no hay día que intenten hablar y que no se produzca una pelea, el psicólogo, tras la escucha del autoinforme y la observación directa del comportamiento durante la sesión (test situacional), confirma que las habilidades de comunicación son parte sustancial del problema porque, por ejemplo, utilizan inadecuadamente el reproche y no se retroalimentan sobre aquello en lo que se está de acuerdo. En un caso de esta índole, el psicólogo puede modelar una comunicación menos acusatoria y a continuación los P/C practicarla y ser retroalimentados por el primero.

EL DESARROLLO DE LAS SESIONES DE TRATAMIENTO

A continuación presentamos una muestra a título estrictamente orientativo del contenido y el desarrollo de la agenda de un protocolo integrado por diez sesiones de tratamiento[3], aplicadas a un grupo mediano (6-8 personas), con una duración de 80-90 minutos/sesión, a modo de ejemplo para que el lector tenga una idea aproximada de cómo se estructuran y cómo discurre la implementación de esta modalidad de tratamiento.

Primera sesión
Contenidos y actividades

Primera parte. Saludo y transmisión de información preliminar básica.
Duración: 5-10 minutos.
Contenidos y actividades:

i Bienvenida. Dé la bienvenida a los miembros del grupo y exprese su alegría por haber tomado la decisión de asistir.
ii Reglas de funcionamiento en grupo. Exponga brevemente las reglas básicas del funcionamiento en grupo que son comunes a todos los integrantes del grupo o grupos de tratamiento.
iii La confidencialidad y sus límites. Exprese con claridad la confidencialidad a la que todos los asistentes, incluidos los psicólogos, están obligados respecto de lo que ocurra dentro del contexto en el que se

[3] Modificado de Porter y Spates (2014).
Pueden verse los resultados de un estudio piloto realizado con una muestra clínica en Porter, Spates y Smitham (2004) y los criterios seguidos en la inclusión y exclusión de los participantes.

desarrolla la intervención. Subraye que la confidencialidad no impide que cada uno pueda contar a familiares y/o amigos su experiencia personal, pero sí obliga a que no hable de nadie ni de nada más de lo que ocurre en el grupo. Está prohibido hablar de las experiencias de otros miembros del grupo o identificarlos por su nombre a otras personas ajenas al grupo.

iv Las reacciones personales. Ha de aclararse que si un participante percibe que sus emociones pueden descontrolarse, pese a que está intentando hacerse con ellas, y ve que no lo consigue y se le están descontrolando, entonces debe hablar de ello ante los demás o abandonar temporalmente la sala donde se esté desarrollando el tratamiento.

v Las interrupciones. Nadie puede interrumpir a nadie. Todos los integrantes deben esperar su turno para replicar o aclarar cualquier cuestión. Todos los miembros del grupo merecen el mismo respeto y todos tendrán la oportunidad de participar.

vi Participación activa. Participar no es solo asistir a las sesiones de tratamiento (participación pasiva). La participación activa requiere implicación y, por tanto, en mayor o menor medida se espera la participación de todos los integrantes del grupo.

vii «Tareas para casa». Los asistentes deben saber que habrán de comprometerse con la realización de actividades entre una sesión de tratamiento y la siguiente.

viii [...]

ix Los beneficios del tratamiento en grupo. Describa algunos de los beneficios de esta modalidad de tratamiento, como, por ejemplo, disponer de la oportunidad de interactuar en un entorno seguro, de aprender de otros que han vivido y están viviendo experiencias similares, de recibir retroalimentación del psicólogo y de los compañeros, así como, en su caso, el apoyo que pudiera necesitar tanto del profesional como de sus pares.

Segunda parte. Presentación de los miembros del grupo y explicitación de las expectativas
Duración: 9-10 minutos.

i Cada integrante indica cómo quiere que le llamen y transmite brevemente la información personal que considere relevante sobre su P/T.

ii Cada uno de los miembros del grupo contesta a viva voz a la pregunta «¿Qué quieres que sea diferente al final de esta experiencia de diez semanas?».

Tercera parte. Transmisión de información sobre el concepto de depresión desde la AC, en relación con la AC y respecto del papel de psicólogo.
Duración: 15 minutos.

i Introduzca la teoría conductual de la depresión, enfatizando que la depresión:

a) Se caracteriza por sentirse mal, por la pérdida del interés o del placer que se experimentaba al realizar la mayoría de las actividades, la pérdida brusca de peso y alteración de los hábitos alimenticios, los cambios en el patrón de sueño, el sentirse permanentemente agotado, inútil y/o culpable, el pensar en la muerte, así como tener dificultades para concentrarse hasta en cosas nimias.

b) Se produce cuando hay cambios en la vida de una persona que reducen el número de experiencias placenteras y significativas. Esta merma ocasiona que la persona experimente algunas de las RAD que conforman la depresión. Además, una vez que la persona entra en el estado que calificamos como depresivo, entonces su forma de responder al mismo generalmente la incrementa y se produce el empeoramiento. Así, por ejemplo, en lugar de actuar para volver a disfrutar de las experiencias placenteras generalmente se retrae y las reduce aún más. No obstante, los motivos por los que se llega a tal estado pueden ser muy distintos, porque no todas las personas son igual de vulnerables a la depresión. Lo que posibilita que alguien se deprima puede no tener ningún efecto en otro, pero en cualquier caso no viene determinado por sus genes ni por su historial de experiencias previas.

ii Explique en qué se fundamenta y en qué consiste la AC, subrayando que:

a) El objetivo de esta modalidad de tratamiento es ayudar al P/C a realizar cambios en su manera de responder, que maximicen las oportunidades de tener experiencias placenteras o significativas para él/ella.

b) El tratamiento consiste en aprender a enfrentarse a las situaciones de forma diferente a como se está haciendo en la actualidad, de manera que aumenten las oportunidades de sentirse bien. Además, durante su aplicación se le sugiere al P/C, y en su caso se le ayuda, a cambiar partes de su entorno para que le sea más placentero. Por último, el P/C aprende a cortar de raíz los futuros episodios de depresión, afrontando mejor las adversidades y haciéndose así menos vulnerable a la depresión.

c) Aunque la AC ha demostrado ser eficaz para reducir la depresión, el cambio no se produce mágicamente. Es decir, los miembros del grupo deben ser conscientes de que se presentarán dificultades cuando realicen las tareas acordadas, especialmente al principio del tratamiento. La reducción del estado depresivo solo se percibe cuando han transcurrido varias semanas (generalmente entre cuatro y seis).

iii Exponga cuál es el papel de los psicólogos. Puede utilizar la analogía con los «entrenadores personales»: su trabajo es ayudar a los P/Cs a identificar lo que va mal en sus vidas, así como orientarles y guiarles respecto de lo que pueden hacer para que su estado cambie, para mejorar sus situaciones vitales y reducir progresivamente el estado deprimido en el que se hallan en la actualidad.

Cuarta parte. Introducción de las rondas de participación, el concepto de «tarea», el calendario de la planificación de las actividades y el papel de los «cuadernos de trabajo».

i Indique a cada miembro del grupo que dispone de unos 5-10 minutos para contar su historia sobre el motivo por el que está en el grupo y cómo ha sido su vida reciente.

ii Si participa más un psicólogo en la aplicación del tratamiento (coterapeutas), asígneles la tarea de turnarse en la recogida de la información relevante que proporcionen los participantes, así como en la introducción de preguntas aclaratorias, en el modelado de respuestas de empatía y en la introducción del concepto de «tarea».

iii Promueva y facilite que, tras cada intervención de los participantes, los demás puedan expresar y compartir también sus experiencias similares a la expuesta, explicitando que no se admiten consejos de nadie ni hacia nadie.

iv Introduzca el calendario o programación de las actividades, explicando su razón de ser y pidiendo a todos los miembros del grupo que elaboren uno para la semana siguiente.
v Introduzca los cuadernos de trabajo para los miembros del grupo. Explique el propósito de que cada miembro del grupo se familiarice con las diferentes técnicas de tratamiento. Pídale a cada miembro del grupo que lea su cuaderno de trabajo y que sea capaz de describir al grupo cómo y por qué se utilizará esta técnica durante la siguiente sesión.
vi Reserve unos 50 minutos a que cada participante asuma una tarea con la que iniciar su proceso de activación.
vii Termine la sesión:

a) Agradeciendo la participación y reconociendo la dificultad de compartir sentimientos personales en el contexto de un grupo de personas extrañas.
b) Reconociendo el modo como se han enfrentado a las actividades de la primera sesión.

Segunda sesión
Contenidos y actividades

Primera parte. Evaluación e introducción de la aplicación de las técnicas básicas.
Inicie la sesión con el entrenamiento en relajación muscular progresiva, en exposición en imaginación, etc.
Mientras tanto, un coterapeuta revisará el BDI que hayan cumplimentado los P/C.

Segunda parte. Presentación del conjunto de técnicas y las estrategias que se utilizarán.
Se presentan a los P/C las técnicas y las estrategias que se utilizarán durante el tratamiento, se formulan preguntas en línea con las mismas para fomentar la participación, y cuando se entienda necesario se ampliará la información que provean los participantes (por ejemplo, en relación con las potenciales dificultades de una técnica o estrategia concreta y el modo de afrontarlas).

Tercera parte. Puesta en común y asignación de «tareas para casa».

i Se invita a los participantes a participar activamente durante cinco minutos aproximadamente, para hablar de las experiencias de la semana que ha mediado entre la sesión previa y esta. El psicólogo debe incentivar la reflexión, fomentar la indagación y aclarar las dudas que se planteen o surjan en el curso de la identificación de los comportamientos que han de ser objeto de tratamiento durante el desarrollo de la sesión, al tiempo que servirán para motivar el acuerdo sobre las tareas para casa que se consensuen.
ii Las «tareas para casa» serán asignadas cuando el psicólogo esté seguro de que el participante cuenta con las habilidades y las destrezas que, con una elevada probabilidad, le permitirán ejecutarla adecuadamente.
iii Durante la primera fase del tratamiento el psicólogo es el eje que vertebra, fomenta y coordina la actividad del grupo y la de sus integrantes.

Cuarta parte
Se acuerdan con cada participante las tareas, estableciendo un compromiso verbal.

Sesiones 3-6
Contenidos y actividades

Primera parte. Evaluación y práctica de las técnicas básicas.
Realización de los ejercicios básicos (el entrenamiento en relajación muscular progresiva, en exposición en imaginación, etc.), indagación so-

bre las dificultades de su aplicación para realizar propuestas de solución y resolución de las dudas que surjan.

Mientras tanto, un coterapeuta revisará el BDI que hayan cumplimentado los P/C para valorar el estado en el que se hallan.

Segunda parte. Puesta en común de las experiencias producidas por la realización de las tareas para casa e incremento progresivo de los problemas abordados durante el desarrollo de la sesión y del traspaso de responsabilidades en el tratamiento.

i Cada miembro del grupo informa sobre las experiencias de la realización de la(s) actividad(s) acordada(s) como «tareas para casa» y de cualquier otra experiencia que estime relevante.

ii Se incrementan:

   a) La aplicación del tratamiento durante el desarrollo de las sesiones en la misma medida en que avanza la aplicación de las técnicas y se cuenta con más información sobre cada miembro del grupo.
   b) La dificultad y el número de las «tareas para casa», atendiendo a su dificultad (que ha de ser creciente) y al incremento potencial de su valor antidepresivo.
   c) El traspaso de responsabilidad en la gestión del tratamiento desde el psicólogo hasta el participante. A medida que avanza el tratamiento, el psicólogo debe ir cediendo en su papel directivo en la misma medida en que va responsabilizando progresivamente a cada uno de los participantes del tratamiento de su estado, a fin de ir progresando cada vez más en su papel de orientadores y facilitadores de la implicación del P/C en la responsabilidad del desarrollo y el cumplimiento de su (auto)tratamiento, tanto de ellos consigo mismos como respecto de la ayuda que puedan prestarse unos a otros.

Tercera parte. Acordar las «tareas para casa».
Acordar, reforzar y enfatizar la importancia de las tareas para casa.

Sesiones 7-9
Contenidos y actividades

Primera parte. Evaluación y práctica de las técnicas básicas.
Realización de los ejercicios básicos (el entrenamiento en relajación muscular progresiva, en exposición en imaginación, etc.), indagación sobre las dificultades de su aplicación para realizar propuestas de solución y resolución de las dudas que surjan.

Mientras tanto, un coterapeuta revisará el BDI que hayan cumplimentado los P/C para valorar el estado en el que se hallan.

Segunda parte. Puesta en común de las experiencias producidas por la realización de las las tareas para casa e intensificación del incremento progresivo de los de problemas abordados durante el desarrollo de la sesión y del traspaso de responsabilidades en el tratamiento.

i Los participantes reflexionan e informan sobre:

   a) Los cambios más significativos en sus respuestas a los ítems del BDI.
   b) Las experiencias con los deberes de las «tareas para casa» y otras que entiendan que son importantes.

ii Se incrementa el número y la relevancia de las actividades terapéuticas que se realizan durante el desarrollo de la sesión y de las incluidas como «tareas para casa».

iii Los miembros del grupo asumen cotas mayores de la responsabilidad tanto respecto de su propio tratamiento como de la ayuda que prestan a otros miembros del grupo.

Tercera parte. Prevención de «recaídas» y empoderamiento.

En relación con la prevención de potenciales retrocesos en el control de lo que se ha aprendido («recaídas»):

i Proporcione una justificación para significar la relevancia de la planificación de cualquier retroceso en el autocontrol de las reacciones antes o durante las situaciones que fueron problemáticas.
ii Revise con los participantes las experiencias que cada persona ha tenido durante el tratamiento, enfatizando el modo como han logrado sobreponerse hasta lograr tener éxito en la reducción significativa del estado depresivo.
iii Empodere a sus P/C. Haga hincapié en la importancia del papel que ha desempeñado cada participante como actor de su recuperación, y subraye que los psicólogos que han participado solo les han prestado su ayuda.

Cuarta parte. Acordar las «tareas para casa».

Acordar, reforzar y enfatizar la importancia de las tareas para casa.

Sesión 10

Primera parte. Evaluación y práctica de las técnicas básicas.

Realización de los ejercicios básicos (el entrenamiento en relajación muscular progresiva, en exposición en imaginación, etc.), indagación sobre las dificultades de su aplicación para realizar propuestas de solución y resolución de las dudas que surjan.

Mientras tanto, un coterapeuta revisará el BDI que hayan cumplimentado los P/C para valorar el estado en el que se hallan.

Segunda parte. Puesta en común.

Brevemente los participantes exponen y comparten las experiencias que entienden más significativas de lo que han vivido durante la última semana.

Tercera parte. Intensificación de la preparación para la prevención de «recaídas».

En esta última sesión se maximiza el tiempo dedicado a la preparación individualizada:

i Se repasa e identifica con cada participante sus experiencias significativas durante el desarrollo de la aplicación del tratamiento (en las sesiones clínicas y en la realización de las «tareas para casa» acordadas), haciendo hincapié en las que han sido particularmente eficaces con cada uno de ellos.
ii Se anima a cada participante a utilizar el conocimiento adquirido y la destreza conseguida en el manejo de las situaciones difíciles que puedan presentarse en el futuro para defenderse de la ocurrencia de potenciales estados depresivos.

Cuarta parte. Empoderamiento de los participantes y eficacia de la activación conductual.

Como paso previo a dar por terminado el tratamiento, el psicólogo hace un resumen de los logros alcanzados por los P/C, subrayando, mediante el empleo de algunos de los ejemplos que entienda que han sido los más significativos, el papel que ha desempeñado en este éxito la activación conductual.

ANEXO XIIc
Ejemplo de la estructura de las sesiones de tratamiento de un protocolo elaborado ad hoc para aplicar la activación conductual[1]

Como complemento de la información contenida en el Anexo XIIb, sobre contenidos y actividades de un protocolo para aplicar la AC, en este anexo incluimos una propuesta de estructura.

Sesión 1

Información sobre la depresión y la terapia de activación conductual[2].

Explicación del desarrollo del programa.

Tareas para casa.

Leer folleto de la AC.

Cumplimentar hoja con modelo de AC.

Preguntas y aclaraciones.

Despedida.

Sesión 2

Revisión del progreso desde la sesión anterior.

Elaborar la agenda de la sesión (primeros 5-10 minutos).

Revisión de las tareas para casa:

— Explicar los elementos clave de la estructura del tratamiento.
— Registro y control de actividades diarias.

Tarea para casa.

Despedida.

Sesión 3

Revisión del progreso desde la sesión anterior.

Elaborar la agenda de la sesión (primeros 5-10 minutos).

Revisión de las tareas para casa:

— Analizar funcionalmente las respuestas problemáticas.
— Programar y estructurar la actividad.

Tarea para casa:

— Registro y control de las actividades diarias.
— Análisis funcional de una conducta problemática.

Preguntas y aclaraciones.

Despedida.

Sesión 4

Elaborar la agenda de la sesión (primeros 5-10 minutos).

Revisión de las tareas para casa.

Programar y estructurar la actividad.

Establecer objetivos que sean significativos vitalmente.

Tareas para casa:

— Cumplimentar hoja de objetivos vitalmente significativos.
— Registro y control («monitorizar») de la actividad y del estado de ánimo.
— Realizar el análisis funcional.

Preguntas y aclaraciones.

Despedida.

[1] Diseñado a partir de la propuesta de la profesora Fernández-Rodríguez (2017).

Es muy importante que el psicólogo contemple y valore la viabilidad de su diseño y del papel de las variables que pueden actuar como barreras al desarrollo de la intervención (véase al respecto, por ejemplo, el trabajo de Samaan et al., 2016).

[2] Podemos utilizar, por ejemplo, la información sobre la AC y su desarrollo contenida en https://www.cci.health.wa.gov.au/-/media/CCI/Consumer-Modules/Back-from-The-Bluez/Back-from-the-Bluez---02---Behavioural-Strategies.pdf, o en https://medicine.umich.edu/sites/default/files/content/downloads/Behavioral-Activation-for-Depression.pdf, que ha sido diseñada con este fin. Además, esta información se puede complementar con otras actividades, como las de carácter generalista recogidas en https://www.therapistaid.com/therapy-worksheets.

Sesión 5

Elaborar la agenda de la sesión.

Revisión de la tarea para casa.

Programar y estructurar la actividad en torno a la creación de un contexto saludable a través de la reacción de allegados (familiares y amigos).

Proponer y consensuar «tareas para casa».

- — Registro de las respuestas de escape/evitación, por áreas de actividad que sean vitalmente relevantes.
- — Registro y control («monitorizar») de la actividad y del estado de ánimo.
- — Realizar el análisis funcional.

Preguntas y aclaraciones.

Despedida.

Sesión 6

Elaborar la agenda de la sesión.

Revisión de las tareas para casa.

Programar y estructurar la actividad en torno al escape/evitación contextual de situaciones sociales y a través de las respuestas cognitivas (pensamientos).

Tareas para casa:

- — Registro y control («monitorizar») de la actividad y del estado de ánimo.
- — Realizar el análisis funcional.

Despedida.

Sesión 7

Elaborar la agenda de la sesión.

Revisión de las tareas para casa.

Programar y estructurar la actividad en torno a ejercicios para crear un contexto saludable.

Tareas para casa:

- — Registro y control («monitorizar») de la actividad y del estado de ánimo.
- — Realizar el análisis funcional.

Despedida.

Sesión 8

Elaborar la agenda de la sesión.

Revisión de las tareas acordadas en la sesión previa.

Programar y estructurar la actividad en torno al pensamiento como problema («rumiar»).

Tareas para casa relacionadas con el pensamiento repetitivo («rumiación»):

- — Registro y control («monitorizar») de la actividad y del estado de ánimo.
- — Realizar el análisis funcional.

Preguntas y aclaraciones.

Despedida.

Sesión 9

Elaborar la agenda de la sesión.

Revisión de las tareas para casa.

Programar la actividad en torno a cómo elegir quehaceres en los que implicarse.

Prevención de recaídas.

Tareas para casa.

Elaborar una propuesta de guía a partir de lo aprendido.

Preguntas y aclaraciones.

Despedida.

Sesión 10

Revisión del progreso desde la sesión anterior.

Elaborar la agenda de la sesión.

Revisión de las tareas para casa.

Despedida y planificación de la programación y de los seguimientos.

ANEXO XIId
Material complementario para el diseño del programa de activación conductual

Cuando se está intensamente deprimido, cumplir con los requisitos de la AC puede percibirse como una tarea abrumadora. De ahí que la estrategia de dividir las tareas y actividades en partes de dificultad graduada, para que se puedan manejar sin mucha dificultad, sea importante para ayudar a nuestros P/C a superarla.

Una manera práctica de hacerlo es mediante el desarrollo de programaciones de tareas cortas y actividades concretas («Hojas de trabajo y registro»), que facilitan y fomentan la aplicación de técnicas de activación en la vida cotidiana, incrementando la probabilidad de que se motiven porque pueden seguir los registros de su progreso, y facilitar el uso del autorrefuerzo positivo, que, a su vez, puede motivarles a implantar otros comportamientos positivos.

Vamos a ejemplarizarlo a través de la promoción de la realización de actividad física de forma saludable, utilizando para ello cinco estrategias complementarias: formular objetivos con CALMA, la programación de las actividades, el «menú de actividades», el contrato de comportamiento y el diario de actividades placenteras.

Establecer objetivos con CALMA o de forma inteligente («SMART»)

Para que cualquier modalidad de tratamiento psicológico pueda probarse que es eficaz se requiere que se formulen los logros que se pretende conseguir (hitos). El hecho de formularlos ya supone aceptar la posibilidad de que pueda producirse un cambio, lo que se asocia con esperanza y con el decremento de la impotencia que surge ante las emociones que abruman y las situaciones que se nos antojan difíciles.

De hecho, muchas personas no pueden superar sus problemas porque formulan sus objetivos inadecuadamente, de manera genérica o de forma desproporcionadamente ambiciosa. Redactarlos sin prisas, dejándose orientar por el acrónimo CALMA (o en inglés por «SMART» —Specific, Measurable, Attainable, Realistic, Time-bound—) puede ayudar a ello. Así, en relación con CALMA, ello supone que estos objetivos deben ser:

— Concretos (específicos).
— Alcanzables (realistas).
— Mensurables (cuantificables).
— Acotados temporalmente, es decir, con una duración limitada, pero suficiente para que permita poder conseguirlos.

Redactarlos siguiendo estas cuatro pautas ayudará a los P/C a ser más autónomos cuando tengan que redactar los logros que quieren conseguir (hitos), sintiéndose más seguros y teniendo una mayor probabilidad de hacerlo adecuadamente.

El programa de actividades

Probablemente una de las formas más fáciles de programar actividades sea utilizando las hojas de nuestra agenda (tenga formato de papel o electrónico). Así, podemos programar actividades para cada día de la semana e incluso para cada una de las horas que queramos. Esta forma de programar las tareas diarias que consideremos básicas puede ayudar a nuestros P/C a «ponerse en marcha», a activarse.

Además, crear el hábito de esta rutina diaria puede ayudarles a regular los patrones de sueño y de alimentación, que generalmente están alterados. También puede ayudarles a enfrentarse gradualmente a las actividades que han estado evitando, como por ejemplo los compromisos sociales.

El «menú de actividades»

Cuando nuestros P/C están deprimidos, generalmente les suele ser difícil visualizar actividades que les resulten agradables, y hacerlas todavía mucho más. El «menú de actividades», como versión breve de los listados, puede ayudarles a identificar las tareas a las que pueden dedicarse cuando se empieza el desarrollo de la AC.

Los «menús de actividades» se desarrollan en áreas básicas de nuestra vida que pueden ayudarnos a sentirnos mejor. Ejemplos de estos conjuntos de actividades o áreas de actividad son:

- Conectar con los demás.
- Hacer ejercicio.
- Cultivar «la mente».
- Autocuidado.
- Escribir.
- Desarrollar nuestra creatividad.
- Cuidar de los demás.
- Inventariar actividades, planificarlas y establecer objetivos.

El «menú de actividades» es una herramienta útil para incorporar gradualmente las actividades favoritas del P/C en su programa diario.

El contrato de comportamiento

Como parte de la estrategia para promocionar las respuestas funcionales o saludables y reducir/eliminar las desadaptativas, es importante situarse en contextos y rodearse de personas que lo hagan más probable.

De hecho, Lejuez et al. (2001) sugieren que se hable con alguien de confianza, como amigos y familiares, para implicarlos en el incremento de los comportamientos saludables y evitar los que son perjudiciales para el bienestar. Los P/C pueden pedir a sus seres queridos, para que les ayuden a centrarse en las experiencias positivas, en lugar de en las negativas.

Así, por ejemplo, pueden pactar oralmente con sus amigos que solo les dejen hablar de sus problemas y de lo que les preocupa el 25 por 100 del tiempo que pasan juntos, dejando el resto del tiempo para hablar de experiencias positivas o de actividades divertidas que podrían hacer.

Esta modalidad de contrato comportamental es una herramienta útil para concretar acuerdos con amigos y familiares, una vez que se haya especificado cómo pueden ayudarle para mejorar su bienestar.

El diario de actividades placenteras

Cuando una persona está clínicamente deprimida, puede experimentar un estado que calificamos como anhedonia, es decir, como la ausencia de placer asociado a la realización de actividades en las que antes sí lo experimentaba.[1]

Los diarios de actividades placenteras pueden ayudar a conseguir que se vuelva a experimentar la sensación placentera y el estado de bienestar asociado a la realización de estas actividades. El P/C puede anotarlas en su diario para ir desarrollándolas progresivamente como parte de su plan de recuperación. Además, la anotación o registro de la intensidad del placer experimentado permite que se pueda realizar un seguimiento para controlar el progreso.

[1] Véase, por ejemplo, Treadway y Zald (2011).

ANEXO XIIIa
Evaluación de la intención suicida
(«Oxford Reasons for Parasuicide Interview»)[1]

Nombre ______________________________ Fecha __________

Edad ______ Género (ponga un círculo): **M** **F** Observaciones ______________________

TARJETAS DE INTENCIÓN

Las tarjetas de intención se utilizan para medir la intención: las respuestas se puntuaron en una escala de 0 a 2, siendo 0 «no quería morir», 1 «no me importaba vivir o morir» y 2 «quería morir». A cada participante se le dio una puntuación de intención en función de la tarjeta que eligiera. No se ha establecido la fiabilidad ni la validez de la entrevista, pero se ha utilizado en múltiples estudios durante más de tres décadas en el Reino Unido.

No quería morir	No me importaba si vivía o moría
Quería morir	

TARJETAS DE MOTIVOS

Las tarjetas de motivación y las de intención se utilizaron para probar las hipótesis presentadas en este estudio. Las tarjetas de motivación se utilizan para medir los motivos, y la importancia de la contribución de cada motivo a la decisión de actuar se codifica como un número entre 1-14.

Yo quería morir	Quería escapar de una situación inaceptable	Quería obtener ayuda de alguien	Quería saber si alguien realmente se preocupaba por mí
Quería hacer que alguien se sintiera culpable	Quería facilitar las cosas a los demás	Quería persuadir a alguien para que cambiara de opinión	Quería demostrarle a alguien lo mucho que le quiero
Quería dormir un rato	Quería que otros supieran lo desesperado que me siento	Quería que otros pagaran por la forma en que me trataron	Parecía que había perdido el control de mí mismo, y no sé por qué
	Mis pensamientos eran tan insoportables que no podía con ellos	La situación era tan insoportable que no podía pensar en una alternativa	

FUENTE: Rose (2010; p. 576).

---

[1] Bancroft et al. (1979).
Traducción al español de Olivares y Olivares-Olivares (2014b).

Anexo XIIIb
Escala de la ideación del suicidio
(«Suicide Intent Scale»)[1]

Nombre ______________________________ Fecha ____________

Edad ______ Género (ponga un círculo): **M** **F** Observaciones ______________________

CIRCUNSTANCIAS RELACIONADAS CON LA TENTATIVA

1. Aislamiento:
   0. Estaba alguien presente.
   1. Había alguien cerca o en contacto (por ejemplo, por teléfono).
   2. No había nadie cerca o ni en contacto.
2. Programación temporal:
   ( ) No se aplica.
   0. El intento se planificó para que la intervención fuera probable.
   1. El intento se planificó para que la intervención no fuera probable.
   2. El intento se planificó para que la intervención fuera altamente improbable.
3. Precauciones contra el descubrimiento y/o la intervención:
   0. Ninguna precaución.
   1. Precauciones pasivas, como evitar a los demás, pero sin hacer nada para prevenir su intervención (como cerrar la puerta de la habitación estando solo).
   2. Precauciones activas (puerta del cuarto o de la casa cerrada con llave).
4. Actuar para obtener ayuda durante/después del intento:
   ( ) No se aplica.
   0. Se lo comunicó a un potencial ayudante.
   1. Se puso en contacto, pero no le explicitó su intención al posible ayudante.
   2. No se lo dijo ni se lo notificó a nadie que pudiera acudir en su ayuda.
5. Realizar actos en previsión de que ocurriera la muerte:
   0. Ninguno.
   1. El P/C pensó en hacer o hizo algunos arreglos en anticipación a la muerte.
   2. Hizo planes concretos, como cambiar el testamento, regalos, contratar seguros, etc.
6. Grado de planificación del intento de suicidio:
   0. Sin preparación.
   1. Preparación mínima o moderada.
   2. Extensa preparación.
7. Nota de suicidio:
   0. Ausencia de nota.
   1. Nota escrita, pero tirada a la papelera o rota.
   2. Presencia de una nota escrita.
8. Comunicación sobre la intención suicida abierta antes del acto:
   0. Ninguna.
   1. Sí, pero equívoca.
   2. Sí e inequívoca.

[1] Beck (1974). Traducción al español de Olivares y Olivares-Olivares (2014a).

9. Objetivo del intento:

   0. Principalmente para cambiar o manipular el entorno.
   1. Quitarse la vida, pero sin estar completamente convencido/a.
   2. Principalmente para quitarse la vida.

AUTOINFORME

1. Expectativas respecto a la fatalidad del acto:

   0. Pensaba que la muerte era poco probable o no pensaba en ella.
   1. Pensaba que la muerte era posible pero no probable.
   2. Pensaba que la muerte era probable o segura.

2. Concepción de la letalidad del método:

   0. El P/C se hizo menos de lo que pensó que sería letal o no lo pensó.
   1. El P/C no estaba seguro o pensó que lo que hizo podría ser letal.
   2. El acto superó o igualó lo que el P/C pensaba que era letal.

3. Gravedad de la tentativa:

   0. El P/C no consideró el acto como un intento serio de acabar con su vida.
   1. El P/C no estaba seguro de si el acto era un intento serio de acabar con su vida.
   2. El P/C consideró que el acto era un intento serio de acabar con su vida.

4. Actitud ante la vida:

   0. No quería morir.
   1. No le importaba si vivía o moría.
   2. Quería morir.

5. Concepción de la reversibilidad:

   0. Pensó que la muerte sería poco probable si recibía atención médica.
   1. No estaba seguro de que la muerte pudiera evitarse con atención médica.
   2. Estaba seguro de que moriría incluso si recibía atención médica.

6. Grado de premeditación:

   0. Ninguno (impulsivo).
   1. Suicidio contemplado antes del intento (hasta durante tres horas consecutivas).
   2. Suicidio contemplado durante más de tres horas antes del intento.

FUENTE: Rose (2010; pp. 57-59).

ANEXO XIIIc
Escala del riesgo o gravedad del intento de suicidio
(«Risk-Rescue Rating»)[1]

Nombre____ Fecha______________

Edad_______ Género (ponga un círculo): **M** **F** Observaciones___________________________

FACTORES DE RIESGO

1. Procedimiento utilizado:

   1. Ingestión, corte, apuñalamiento.
   2. Ahogamiento, asfixia, estrangulamiento.
   3. Salto, disparo.

2. Deterioro de la conciencia:

   1. Ninguna evidencia.
   2. Confusión, semicoma.
   3. Coma, coma profundo.

3. Lesiones/Toxicidad:

   1. Leve.
   2. Moderado.
   3. Grave.

4. Reversibilidad:

   1. Buena, se espera una recuperación completa.
   2. Regular, se espera la recuperación con el tiempo.
   3. Pobre, se esperan problemas si se recupera.

5. Tratamiento requerido:

   1. Primeros auxilios, atención de urgencias.
   2. Ingreso en casa, tratamiento de rutina.
   3. Cuidados intensivos, tratamiento especial.

FACTORES DE SALVAMENTO/RESCATE

1. Ubicación:

   1. Conocida.
   2. Ni próxima ni lejana.
   3. Lejana.

2. Persona que inicia el rescate:

   1. Persona clave.
   2. Professional.
   3. Transeúnte.

3. Probabilidad de ser descubierto y ayudado:

   1. Alto, casi seguro.
   2. Descubrimiento incierto.

[1] Weisman y Worden (1972). Traducción al español de Olivares y Olivares-Olivares (2014c).

La escala incluye cinco factores de riesgo y cinco de rescate operacionalizados. Es una medida de diez ítems que administra el entrevistador. Cada ítem tiene valores específicos que van de 1 a 3. Los primeros cinco ítems miden el riesgo de suicidio y dan una puntuación de riesgo que va de 5 («bajo riesgo») a 15 («alto riesgo»). Los otros cinco ítems indican la probabilidad de intervención y dan una puntuación de rescate que va de 5 («menos rescatable») a 15 («más rescatable»). Se calcula una clasificación de riesgo-rescate {[puntuación de riesgo/(puntuación de riesgo + puntuación de rescate)] × 100} para medir la gravedad general del intento. La puntuación de riesgo-rescate tiene una alta fiabilidad entre los evaluadores, con valores que van desde $k = 0{,}88$ a $r = 0{,}93$.

Esta escala ha reportado un alto grado de acuerdo entre jueces (Kappa = 0,88).

   3. Descubrimiento accidental «Accessibility to rescue».

4. Probabilidad de recibir ayuda:
   1. Pide ayuda.
   2. Deja pistas para ser rescatado.
   3. No pide ayuda.

5. Demora entre el acto y el descubrimiento:
   1. Inmediato-1 hora.
   2. Entre 2 y 4 horas.
   3. Más de 4 horas.

FUENTE: Rose (2010; pp. 60-61).

ANEXO XIIId
Escala Columbia para evaluar el riesgo de suicidio
(«Columbia-Suicide Severity Rating Scale» —C-SSRS—)[1]

Nombre____ Fecha______________

Edad_______ Género (ponga un círculo): **M** **F** Observaciones__________________________

IDEACIÓN SUICIDA		
Haga las preguntas 1 y 2. Si ambas respuestas son negativas, pase a la sección de «Comportamiento suicida». Si la respuesta a la pregunta 2 es «sí», haga las preguntas 3, 4 y 5. Si la respuesta a la pregunta 1 y/o 2 es «sí», complete la sección «Intensidad de la ideación» más abajo.	**Desde la última visita**	
1. Deseos de morir El/la participante reconoce tener pensamientos sobre su deseo de morir o dejar de vivir o de quedarse dormido/a y no despertar. ***¿Has pensado en estar muerto/a o lo que sería estar muerto/a?*** ***¿Has deseado estar muerto/a o que pudieras quedarte dormido/a y nunca despertar? ¿Desearías dejar de vivir?*** Si la respuesta es afirmativa, descríbala:	**Sí** ❑	**No** ❑
2. Pensamientos suicidas activos no específicos Pensamientos generales, no específicos, de querer terminar con su vida/suicidarse (p. ej., *«He pensado en matarme»*), sin pensamientos sobre las maneras de matarse, métodos relacionados, intenciones o plan durante el período de evaluación. ***¿Has pensado en hacer algo para dejar de vivir? ¿Has pensado en matarte?*** Si la respuesta es afirmativa, descríbala:	**Sí** ❑	**No** ❑

[1] C-SSRS-Children-Since Last Visit - United States/Spanish - Version of 17 Feb 14 - Mapi.- CSRA ID7790/C-SSRS-Children-SinceLastVisit (US-Spanish) 3.0.doc

Autores: Posner et al. (2008).

Exención de responsabilidad: Esta escala debe ser usada por personas que hayan sido capacitadas para administrarla. Las preguntas de la Escala Columbia para evaluar la seriedad de la ideación suicida (C-SSRS) son pruebas sugeridas. En última instancia, la determinación de la presencia de ideación suicida o comportamiento suicida depende del criterio de la persona que administra la escala.

Las definiciones de las manifestaciones de comportamientos suicidas de esta escala se basan en las usadas en The Columbia Suicide History Form, elaborado por John Mann y Maria Oquendo en el Conte Center for the Neuroscience of Mental Disorders (CCNMD), del New York State Psychiatric Institute, 1051 Riverside Drive, Nueva York, NY, 10032. Véase Oquendo, Halberstam y Mann (2003).

Para información y requisitos de capacitación escriba a la siguiente dirección de correo electrónico: posnerk@nyspi.columbia.edu.

IDEACIÓN SUICIDA		
3. Ideación suicida activa con cualquier método (no un plan) sin intención de actuar El/la participante reconoce tener pensamientos suicidas y ha pensado en al menos un método durante el período de evaluación. Esto es diferente a un plan específico, con hora, lugar o detalles del método elaborado (p. ej., ha pensado en el método para suicidarse, pero no en un plan específico). Incluye a las personas que digan: *«He pensado en tomar una sobredosis, pero nunca he ideado un plan específico de cuándo, dónde o cómo lo haría…, y nunca lo llevaría a cabo».* ***¿Has pensado en cómo lo harías o qué harías para dejar de vivir (para matarte)? ¿En qué pensaste?*** Si la respuesta es afirmativa, descríbala:	Sí ❑	No ❑
4. Ideación suicida activa con cierta intención de actuar, pero sin un plan específico El/la participante tiene pensamientos suicidas activos e informa tener cierta intención de llevarlos a cabo, a diferencia de que dijera *«Tengo esos pensamientos, pero definitivamente no los voy a llevar a cabo».* ***Cuando pensaste hacer algo para dejar de vivir (o matarte), ¿pensaste que esto era algo que realmente podrías hacer? Esto es diferente de tener esos pensamientos, pero sabiendo que no los llevarías a cabo.*** Si la respuesta es afirmativa, descríbala:	Sí ❑	No ❑
5. Ideación suicida activa con un plan específico e intención Pensamientos de suicidio con detalles elaborados completa o parcialmente y el/la participante tiene cierta intención de llevarlos a cabo. ***¿Has decidido cómo o cuándo harías algo para dejar de vivirlmatarte? ¿Has planificado (elaboraste los detalles de) cómo lo harías?*** ***¿Cuál era tu plan?*** ***Cuando hiciste este plan (o elaboraste los detalles), ¿había alguna parte tuya pensando en hacerlo realmente?*** Si la respuesta es afirmativa, descríbala:	Sí ❑	No ❑
INTENSIDAD DE LA IDEACIÓN		
La siguiente característica debe ser evaluada con respecto al tipo más serio de ideación (p. ej., 1-5 de arriba, con 1 siendo el menos serio y 5 siendo el más serio). ***Ideación más seria:*** ______________________________ ***Tipo n.º (1-5)*** ***Descripción de la ideación***	Más seria	
Frecuencia ***¿Cuántas veces has tenido estos pensamientos? Escriba la respuesta*** ____________ ______________________________ (1) Solo una vez; (2) Unas pocas veces; (3) Muchas; (4) Todo el tiempo, y (0) No sabe/No corresponde	________	

<table>
<tr><th>COMPORTAMIENTO SUICIDA
(Marque todos los que correspondan, con tal de que sean eventos diferentes; debe preguntar sobre todos los tipos)</th><th>Desde la última visita</th></tr>
<tr><td>Intento real:

Un acto potencialmente autolesivo cometido por lo menos con un cierto deseo de morir como resultado del mismo. El comportamiento fue concebido en parte como un método para matarse. La intención no necesita ser al 100 por 100. Si hay cualquier intención o deseo de morirse asociado al acto, puede considerarse un intento suicida real. No es necesario que haya alguna herida o daño, solo el potencial de herirse o dañarse. Si la persona aprieta el gatillo con una pistola en la boca, pero la pistola no funciona y no se hiere, esto se considera un intento.
Intención inferida: aunque una persona niegue la intención o los deseos de morir, esta puede inferirse clínicamente por medio de la conducta o de las circunstancias. Por ejemplo, un acto letal muy grave que claramente no es un accidente, solamente puede inferirse que fue con intención de suicidio (p. ej., un balazo en la cabeza, saltar de una ventana de un piso alto). También, si alguien niega la intención de morir, pero pensó que lo que hizo podría ser letal, se puede inferir la intención.
¿Hiciste algo para tratar de matarte o para dejar de vivir? ¿Qué hiciste?
¿Te hiciste daño a propósito? ¿Por qué hiciste eso?
¿Hiciste ______ como una manera de poner fin a tu vida?
¿Querías morirte (aunque fuera un poco) cuando tú_____?
¿Estabas tratando dejar de vivir cuando tú_____?
¿O pensaste que era posible que podrías haber muerto por_____?
¿O lo hiciste por otras razones puramente, en absoluto para poner fin a tu vida o matarte (como para sentirte mejor, o para obtener que suceda algo)? (Comportamiento autolesivo sin intención suicida).
Si la respuesta es «sí», describa:
¿Ha tenido la persona un comportamiento autolesivo no suicida?
¿Ha tenido la persona un comportamiento autolesivo, con intención desconocida?</td><td>Sí No
❑ ❑

N.º total de intentos

____

Sí No
❑ ❑

Sí No
❑ ❑</td></tr>
<tr><td>Intento interrumpido:

Cuando la persona es interrumpida (por una circunstancia ajena a su voluntad) al empezar un acto potencialmente autolesivo (si no fuera por eso, el intento habría ocurrido).
Sobredosis: la persona tiene las pastillas en la mano, pero le impiden ingerirlas. Una vez que se ingiere cualquier pastilla, esto se convierte en un intento real más que en un intento interrumpido. Dispararse: la persona tiene una pistola apuntando hacia sí misma, otra persona le quita la pistola o evita de algún modo que la persona apriete el gatillo. Una vez que la persona aprieta el gatillo, aunque la pistola falle, es un intento. Saltar: la persona está por saltar, la sujetan y la retiran del borde. Ahorcarse: la persona tiene la soga en el cuello, pero no ha empezado a ahorcarse y algo o alguien la detiene.
¿Ha habido algún momento en que empezaste a hacer algo para dejar de vivir (para poner fin a tu vida o matarte), pero alguien o algo te detuvo antes de que hicieras realmente algo? ¿Qué hiciste?
Si la respuesta es afirmativa, descríbala:</td><td>Sí No
❑ ❑

N.º total de intentos interrumpidos

_________</td></tr>
<tr><td>Intento abortado:

Cuando la persona empieza a prepararse para un intento de suicidio, pero se detiene antes de tener un comportamiento autodestructivo. Los ejemplos se parecen a los del intento interrumpido, excepto que la persona se detiene por sí misma en lugar de ser detenida por otra cosa/persona.
¿Ha habido algún momento en que empezaste a hacer algo para dejar de vivir (para poner fin a tu vida o matarte), pero cambiaste de idea (te detuviste) antes de que hicieras realmente algo? ¿Qué hiciste?
Si la respuesta es «sí», describe:</td><td>Sí No
❑ ❑

N.º total de intentos abortados

_________</td></tr>
</table>

<table>
<tr><th>COMPORTAMIENTO SUICIDA
(Marque todos los que correspondan, con tal de que sean eventos diferentes; debe preguntar sobre todos los tipos)</th><th>Desde la última visita</th></tr>
<tr><td>Actos o comportamientos preparatorios:
Actos o preparativos para llevar a cabo un inminente intento de suicidio. Esto incluye algo más allá de las palabras o de los pensamientos, como estructurar un método específico (p. ej., comprar pastillas, comprar una pistola) o prepararse para su muerte por suicidio (p. ej., regalar sus cosas, escribir una nota suicida).
¿Has hecho algo para estar listo/a para dejar de vivir (para poner fin a tu vida o matarte), como regalar cosas, escribir una nota de despedida u obtener las cosas que tú necesitas para matarte?
Si la respuesta es afirmativa, descríbala:</td><td>Sí No
❑ ❑</td></tr>
<tr><td>Suicidio consumado:</td><td>Sí ❑ No ❑</td></tr>
<tr><td></td><td>Fecha del intento más letal:</td></tr>
<tr><td>Grado de letalidad y lesiones:
0. No hay daño físico o muy poco daño físico (p. ej., rasguños superficiales).
1. Daño físico menor (p. ej., habla aletargada, quemaduras de primer grado, sangrado ligero, esguinces).
2. Daño físico moderado: necesita atención médica (p. ej., está consciente pero somnoliento/a, responde un poco, quemaduras de segundo grado, sangrado de un vaso sanguíneo importante).
3. Daño físico moderadamente grave: necesita hospitalización médica y probable cuidado intensivo (p. ej., está en coma con reflejos intactos, quemaduras de tercer grado en menos del 20 por 100 del cuerpo, pérdida de sangre considerable, pero puede recuperarse, fracturas graves, etc.).
4. Daño físico grave: necesita hospitalización médica con cuidado intensivo (p. ej., está en coma sin reflejos, quemaduras de tercer grado en más del 20 por 100 del cuerpo, pérdida de sangre considerable con signos vitales inestables, daño grave en un área vital, etc.).
5. Muerte.</td><td>Ponga el código
________</td></tr>
<tr><td>Letalidad potencial: conteste solamente si la letalidad real = 0
Muerte probable en el intento real, aunque sin lesiones (los siguientes ejemplos, aunque no provocaran lesiones, tuvieron gran potencial letal: puso una pistola dentro de su boca y apretó el gatillo, pero la pistola falló, por lo que no hubo lesiones que requirieran atención médica; se acostó en las vías de un tren que estaba a punto de pasar pero se retiró antes de que el tren lo/la arrollara).
= Comportamiento con poca probabilidad de lesiones
0 = Comportamiento con probabilidad de lesiones, pero no de muerte.
1 = Comportamiento con probabilidad de muerte a pesar de atención médica disponible.</td><td>Ponga el código
________</td></tr>
</table>

FUENTE https://cssrs.columbia.edu/wp-content/uploads/C-SSRS-CognitivelyImpared-SinceLastContact-US-spanish.pdf.

ANEXO XIIIe
Borderline Symptom List 23 (BSL-23)[1]

Por favor, siga estas instrucciones cuando responda el cuestionario.

En la siguiente tabla encontrará una serie de dificultades y problemas que podrían describirle. Rellena detenidamente el cuestionario y decida en qué grado le afectó cada problema durante la semana pasada. En el caso de que no sienta nada en este momento, por favor, responda de acuerdo a cómo piensa *que podría haberse sentido*. Por favor, responda con sinceridad.

Todas las preguntas hacen referencia a la última semana. Si se ha sentido de diferente manera en diferentes momentos de la semana, haga una valoración promedio de cómo le fueron las cosas.

Por favor, asegúrese de responder a todas las preguntas.

	Durante la última semana...	Nunca	Algo	Bastante	Mucho	Muchísimo
1	Me resultaba difícil concentrarme.	0	1	2	3	4
2	Me sentí indefenso.	0	1	2	3	4
3	Estuve ausente e incapaz de recordar qué estaba haciendo en realidad.	0	1	2	3	4
4	Sentí asco.	0	1	2	3	4
5	Pensé en hacerme daño.	0	1	2	3	4
6	Desconfié de los demás.	0	1	2	3	4
7	No creía que tuviera derecho a vivir.	0	1	2	3	4
8	Me sentía solo.	0	1	2	3	4
9	Sentí una tensión interna estresante.	0	1	2	3	4
10	Sentí mucho miedo de imágenes que me vinieron a la cabeza.	0	1	2	3	4
11	Me odié a mí mismo.	0	1	2	3	4
12	Quise castigarme.	0	1	2	3	4
13	Sufrí vergüenza.	0	1	2	3	4
14	Mi humor oscilaba rápidamente entre la ansiedad, la rabia y la depresión.	0	1	2	3	4

[1] Recuperado de https://biadmin.cibersam.es/Intranet/Ficheros/GetFichero.aspx?FileName=338_3c13064e-cdcc-4613-8c67-f289d-d359bef.pdf.

(Véase la nota a pie de página en el Anexo XVI —Ham-D— sobre CIBERSAM).

En el Anexo IV del Grupo trabajo sobre atención a personas con trastorno límite de la personalidad del II PISMA (2012) también se incluye una traducción al español de este cuestionario.

En Feliu-Soler et al. (2012) pueden verse resultados preliminares de la validación al español, y en Ortiz Fernández (2016) las propiedades psicométricas del estudio de la validación en población española de este instrumento.

	Durante la última semana...	Nunca	Algo	Bastante	Mucho	Muchísimo
15	Sufrí al oír voces y ruidos procedentes de dentro o fuera de mi cabeza.	0	1	2	3	4
16	Las críticas tuvieron un efecto demoledor en mí.	0	1	2	3	4
17	Me sentí vulnerable.	0	1	2	3	4
18	La idea de morirme me causó una cierta fascinación.	0	1	2	3	4
19	Nada parecía tener sentido para mí.	0	1	2	3	4
20	Tuve miedo de perder el control.	0	1	2	3	4
21	Me di asco a mí mismo.	0	1	2	3	4
22	Tuve la sensación de salir de mí mismo.	0	1	2	3	4
23	Sentí que no valía nada.	0	1	2	3	4

Ahora nos interesaría conocer también la calidad de su estado **general** a lo largo de la última semana. 0 por 100 significa **absolutamente hundido,** 100 por 100 significa **excelente.** Por favor, señale el porcentaje que más se aproxime a su situación.

0%	10%	20%	30%	40%	50%	60%	70%	80%	90%	100%
(Absolutamente hundido)					⟶					(Excelente)

ANEXO XIIIf
Ítems suplementarios al BSL-23 para evaluar el comportamiento
(«BSL-Supplement: Items for Assessing Behavior»)

	Durante la última semana...	**Nada**	**Una vez**	**2- 3 veces**	**4-6 veces**	**Diariamente o más a menudo**
1	Me hice daño cortándome, quemándome, estrangulándome, dándome golpes con la cabeza, etc.	0	1	2	3	4
2	Dije a otras personas que iba a matarme.	0	1	2	3	4
3	Intenté suicidarme.	0	1	2	3	4
4	Tuve atracones de comida.	0	1	2	3	4
5	Me provoqué el vómito.	0	1	2	3	4
6	Realicé deliberadamente conductas arriesgadas, como conducir demasiado rápido o en dirección contraria, hacer equilibrios y juegos en lugares altos, en las vías de tren o con trenes en marcha, etc.	0	1	2	3	4
7	Me emborraché.	0	1	2	3	4
8	Tomé drogas.	0	1	2	3	4
9	Tomé medicación que no se me había recetado, o si se me había prescrito tomé más de la dosis recetada.	0	1	2	3	4
10	Tuve brotes de ira incontrolada o ataqué físicamente a otras personas.	0	1	2	3	4
11	Tuve relaciones sexuales que no pude controlar, de las cuales más tarde me sentí avergonzado/a o enfadado/a.	0	1	2	3	4

Por favor, compruebe que ha contestado a todas las preguntas.

Administración e interpretación

En el Anexo IV del Grupo de trabajo sobre atención a personas con trastorno límite de la personalidad del II PISMA (2012) se indica que:

> «El cuestionario BSL-23 es recomendable por su fiabilidad, validez, su sensibilidad al cambio y sobre todo por su buena relación entre tiempo empleado e información aportada (Bohus y cols., 2008) para evaluar la sintomatología en el trastorno límite de la personalidad (...) [Esta] versión traducida del original en inglés (...) incluye una escala básica con 23 ítems, una analógica visual de la percepción del estado general y una escala complementaria para una evaluación conductual, de 11 ítems. En esta versión traducida del original, la escala básica va de 0 a 92 puntos, la medida del estado general califica del 0 al 100 por 100 y la escala conductual puntúa de 0 a 44 puntos.
>
> Administración: autoadministrado.
>
> Puntuación: La puntuación por subescalas o global y los puntos de corte están pendientes de la validación de la versión española, actualmente pendiente de publicación. Hasta que estén disponibles dichos baremos en español, el grupo redactor de este documento recomienda usar los siguientes valores totales en la escala básica —23 ítems iniciales—, basados en la tabla de equiva-

lencia con el BSL 95, como puntos de corte orientativos (Central institute of mental health, 2007): 1. Hasta una puntuación total de 48: estado leve; 2. Entre 49 y 62: estado grave; 3. Puntuación mayor de 63: estado muy grave».

El BSL-23 como índice de gravedad del TLP

En la actualidad no existen distintas propuestas que puedan tomarse como referencia para establecer categorías de gravedad específicas del TLP, ni hay un «estándar de oro» al respecto.

En este contexto, el BSL-23 se ha mostrado como un instrumento que ha probado ser útil para evaluar la gravedad de las alteraciones psicopatológicas que conforman este trastorno, pero no podía ser utilizado como un índice porque no se disponía de una clasificación de los niveles de gravedad que mide que estuviese avalada empíricamente. Ese fue el objetivo de Kleindienst, Jungkunz y Bohus (2020). Partieron de que los ítems del BSL-23 se muestran muy homogéneos y se agrupan en una estructura de factor único, lo que les permitía obtener una clasificación de la gravedad a partir de la distribución empírica de las puntuaciones medias del instrumento en P/C con diagnóstico de TLP.

Tras establecer una propuesta de clasificación, tomando como referencia una amplia y variada muestra de P/C con TLP, reclutados en distintos ámbitos, se procedió a su validación externa. Para ello utilizaron tres muestras independientes:

- Una de P/C con diagnóstico de TLP que solicitaban tratamiento psicológico.
- Otra de P/C con un trastorno del Eje I, pero sin diagnóstico de TLP, que actuó como grupo de control clínico.
- Una tercera integrada por personas sin problemas psicológicos («sanos») en los que se había documentado la inexistencia de TLP a lo largo de sus vidas.

El proceso de validación externa se complementó con la caracterización de los niveles de gravedad en función del número de criterios diagnósticos de TLP (atendiendo a los contemplados en el Examen Internacional de Trastornos de la Personalidad —IPDE—)[1]. En la caracterización también utilizaron, entre otras, las medidas de la gravedad general de las alteraciones del comportamiento obtenidas a partir el Índice de Gravedad General (GSI) de la versión revisada del Symptom-Check-List (SCL-90-R)[2] y de la Evaluación Global del Funcionamiento (GAF)[3].

Por último, se calculó la capacidad del BSL-23 y de cada una de estas clases o niveles graduados de gravedad para discriminar a los P/C con TLP de los controles sanos y clínicos. Además, se calcularon las sensibilidades, las especificidades y los índices de Youden en varios niveles de las puntuaciones medias del BSL-23.

Se delimitaron seis grados o niveles de gravedad de las alteraciones para la puntuación media del BSL-23: Ninguno o bajo: 0-0,28; Leve: 0,28-1,07; Moderado: 1,07-1,87; Alto: 1,87-2,67; Muy alto: 2,67-3,47; Extremadamente alto: 3,47-4.

Se observó que los niveles de gravedad de las alteraciones del comportamiento que se situaban entre altos y extremadamente altos se presentaban en porcentajes mucho mayores en los P/C que buscaban tratamiento (70,0 por 100) que en los controles clínicos (17,6 por 100) y que en los sanos (0,0%).

La puntuación del BSL-23 que mejor discriminó entre P/C con TLP que buscaban tratamiento y los controles clínicos fue 1,50. Asimismo, la puntuación de 0,64 fue la que más claramente discriminó entre P/C con TLP y los controles sanos.

En consecuencia, los niveles del índice de gravedad de las alteraciones que conforman el TLP, derivados de la distribución de las puntuaciones de los ítems del BSL-23, recibieron una validación empírica consistente a partir de evaluaciones establecidas para la psicopatología.

[1] Loranger, Janca y Sartorius (1997).
[2] Derogatis y Unger (2010).
[3] Endicott et al. (1976).

ANEXO XIIIg
Impresión clínica de la gravedad y la mejoría del trastorno límite de la personalidad[4]

I. *Impresión clínica de la gravedad del trastorno límite de la personalidad*
(«Clinical Global Impression – BDP – Severity»)

Teniendo en cuenta su experiencia clínica con esta población en particular, ¿qué calificación le merece el estado del P/C en el momento presente en cada uno de los nueve ítems y en la valoración en general?

	Normal, no está trastornado	Está en el límite del trastorno	Está ligeramente trastornado	Está moderadamente trastornado	Está muy trastornado	Está gravemente trastornado	Está entre los más extremadamente trastornados
Miedo al abandono	1	2	3	4	5	6	7
Relaciones inestables	1	2	3	4	5	6	7
Identidad	1	2	3	4	5	6	7
Impulsividad	1	2	3	4	5	6	7
Suicidio	1	2	3	4	5	6	7
Inestabilidad afectiva	1	2	3	4	5	6	7
Vacío	1	2	3	4	5	6	7
Ira	1	2	3	4	5	6	7
Ideación paranoica	1	2	3	4	5	6	7
Estado global del TLP	1	2	3	4	5	6	7

[4] Véase Guy (1976), Guy y Bonato (1970) y Pérez et al. (2007).

La escala está compuesta por dos subescalas de 10 ítems cada una; en una se valora la severidad actual del TLP y en la otra la mejoría observada. En nueve ítems se puntúan categorías o grupos de alteraciones que se consideran psicopatológicamente relevantes en el TLP (miedo al abandono, relaciones inestables, alteración de la identidad, impulsividad, suicidio, inestabilidad afectiva, sensación crónica de vacío, ira e ideación paranoide) y en el décimo se otorga una puntuación al estado general del trastorno.

En cada ítem, el profesional de la psicología o la psiquiatría, tras obtener la información que entienda necesaria preguntando al P/C (o en su defecto a personas que interactúan cotidianamente con él/ella) le adjudica una puntuación (rango: 1-7).

En su adaptación y validación para población de habla española ha mostrado buena fiabilidad (0,89) y validez (0,85), con una correlación intraclase de 0,78 para la fiabilidad y de 0,86 en la validez, sensibilidad al cambio y una estructura factorial de dos factores que explican el 67,4 por 100 de la varianza total (véase Pérez et al., 2007).

II. *Impresión clínica general de la mejoría en el trastorno límite de la personalidad* («Clinical Global Impression-BPD-Improvement»)

Valore la mejoría total, independientemente de que, a su juicio, se deba enteramente al tratamiento.

En comparación con el estado del P/C en la línea de base, ¿cuánto ha cambiado?

	Está mucho mejor	**Está bastante mejor**	**Presenta poca mejoría**	**Sin cambios**	**Está un poco peor**	**Está bastante peor**	**Está mucho peor**
Miedo al abandono	1	2	3	4	5	6	7
Relaciones inestables	1	2	3	4	5	6	7
Identidad	1	2	3	4	5	6	7
Impulsividad	1	2	3	4	5	6	7
Suicidio	1	2	3	4	5	6	7
Inestabilidad afectiva	1	2	3	4	5	6	7
Vacío	1	2	3	4	5	6	7
Ira	1	2	3	4	5	6	7
Ideación paranoica	1	2	3	4	5	6	7

ANEXO XIIIh
Otros ejemplos de programas basados en la TCD que se han diseñado para ser aplicados en el ámbito hospitalario y comunitario

En este anexo presentamos brevemente tres programas basados en la TCD, de los que dos han sido diseñados para ser aplicados en el contexto hospitalario público y privado, en el modo conocido como «hospitalización a tiempo parcial u hospital de día» (PH por su nombre en inglés —«partial hospital»—) y otro en el ámbito comunitario (centro de salud) en régimen ambulatorio (IOP por su nombre en inglés «Intensive Outpatient»)[1], que generalmente difiere de los primeros en que el tiempo de aplicación del tratamiento suele ser más breve[2].

(i) Programas diseñados por Mochrie, John Lothes, Guender y John (2020)

Como ya se ha indicado, Mochrie et al. (2020) han dado a conocer el diseño y los resultados de dos variantes de la TCD estándar adaptadas para ser aplicadas, una en el marco de una intervención que se aplica en régimen de hospitalización parcial en el marco de un «hospital de día» (PH) y la otra en el contexto del quehacer cotidiano de un centro de salud comunitario (IOP).

En ambas los investigadores incluyeron los cinco principios básicos de la TCD[3], garantizando en sus protocolos el cumplimiento de los requisitos que garantizan la adherencia de los psicólogos a su aplicación rigurosa. Este énfasis en la escrupulosidad del desarrollo, de acuerdo con el programa del manual, se debe a que los resultados de la investigación muestran que es una de las cuestiones que resultan básicas para asegurar que cuando se cumple con los modos existe una alta probabilidad de que también se produzcan las funciones que se esperan de la TCD y de las que ya hemos dado cumplida cuenta[4].

Ambas variantes incluyen entre sus componentes el entrenamiento en habilidades generales propias de la TCD (módulos de tratamiento en grupo), el tratamiento psicológico individualizado, el entrenamiento («coaching») de habilidades en el momento que se requiera por el P/C (24 horas diarias los 7 días de la semana), la gestión de los casos y la reunión semanal del equipo de la TCD para supervisar la evolución de la aplicación del tratamiento y de sus efectos.

Además, ambos programas cumplen las siguientes funciones de la TCD: mejorar la motivación del P/C, generalizar la aplicación de las habilidades en el curso de la vida cotidiana, estructurar las relaciones con el entorno y mejorar las capacidades de los psicólogos que aplican el tratamiento, y mantener o incrementar su motivación.

Los pacientes inscritos en los programas PH e IOP también reciben terapia individual, siguiendo el procedimiento estándar que en cada sesión conlleva: comenzar con la revisión de las tarjetas del diario, centrar la atención en la jerarquía del tratamiento, analizar y buscar la potencial solución de cada una las conductas y comportamientos que son objeto del tratamiento[5], entrenar la generalización de la aplicación de las habilidades de la TCD[6], analizar el progreso en la consecu-

[1] Neuhaus (2006).

[2] En los programas IOP los P/C suelen reunirse tres días a la semana para el tratamiento en grupo (a razón de dos a tres horas cada día) y generalmente una vez a la semana para el tratamiento psicológico individual (una hora por sesión).

[3] Linehan (1993a y b).

[4] Véase Swenson (2016).

[5] Siempre siguiendo la secuencia ordenada según la complejidad o dificultad y el grado de abstracción, es decir, progresando desde lo más simple y fácil a los comportamientos más complejos.

[6] Entre sesión y sesión de tratamiento, como parte de las «tareas para casa» (desde el contexto clínico seguro hasta su aplicación en las situaciones de la vida cotidiana), siguiendo

ción de los objetivos secundarios del tratamiento, vigilar el empleo por los terapeutas de las estrategias dialécticas durante el desarrollo de las sesiones de tratamiento individual, mantener la atención telefónica de los P/C por sus psicólogos («entrenadores» las 24 horas diarias y los 7 días de la semana), y realizar una reunión semanal de 1,5 horas del equipo que participa en la aplicación del tratamiento.

Los dos programas también tienen entre sus objetivos el ayudar a los P/C a reducir las RAD de depresión, de ansiedad y la desesperanza, así como aumentar las habilidades de regulación de las emociones mediante las estrategias de cambio que se incluyen en la TCD cuando se aplica en el formato de grupo para tratar las habilidades y en las sesiones de tratamiento individual.

Durante el proceso de orientación (fase psicoeducativa del tratamiento) se presenta a los P/C el modelo explicativo biosocial de las emociones, así como los compromisos que requiere la TCD. La explicación que incluye el modelo biosocial también se discute durante el tratamiento en grupo de las habilidades, para ayudar a los P/C a desarrollar la comprensión de cómo su biología y las experiencias previas de invalidación, vividas por ellos en sus entornos, han podido influir en la merma de su capacidad para regular eficazmente sus emociones.

Programa para adultos aplicado en el marco de la hospitalización parcial

Su objetivo es abordar alteraciones del comportamiento mediante la aplicación de tratamiento psicológico intensivo en los hospitales de día para adultos.

Los P/C del PH reciben tratamiento en el hospital durante 5 días a la semana y 4 horas cada día. Este incluye entrenamiento en grupo de habilidades de MFN, regulación de las emociones, tolerancia a la angustia y eficacia interpersonal, así como tratamiento individual, consultas telefónicas de «coaching» (las 24 horas del día los 7 días de la semana), reuniones del equipo que aplica el PH, gestión de la medicación por parte del servicio médico del hospital y atención psiquiátrica (si se considerara necesaria).

Las 4 horas diarias se corresponden con cuatro sesiones de una hora de duración. En la primera sesión se realiza un trabajo de «control y aclaración de dudas» («check-in») que incluye la revisión de los «deberes» y la solución de cualquier duda sobre cómo aplicar la habilidad aprendida fuera del contexto clínico de tratamiento, es decir, entre sesión y sesión. Además, también se implanta durante esta una práctica breve de MFN cada día, a menos que las habilidades de MFN formen parte de los contenidos de aprendizaje de ese día, en cuyo caso este ejercicio se integra como una parte más del entrenamiento.

La segunda y la tercera sesión diaria versan sobre el tratamiento de habilidades específicas durante 50 minutos/sesión. En este tiempo se incluye el que se destina a preguntas para resolver dudas y a la asignación de las «tareas para casa». Por lo general, se enseñan una o dos habilidades generales de la TCD en cada sesión, de modo que cada día se incorporan al tratamiento habilidades de un módulo diferente hasta completar el entrenamiento del conjunto durante el período de seis semanas que se planifica.

La cuarta sesión del día se utiliza para abordar las barreras, obstáculos o dificultades que pueden presentarse a la hora de aplicar las habilidades entrenadas, entre esta sesión y la primera del día siguiente.

Además, los P/C se reúnen varias veces por semana con una enfermera y una vez a la semana con un médico para gestionar la medicación. Asimismo, como se ha indicado, se les anima a utilizar un teléfono al que pueden llamar las 24 horas del día. En estas llamadas reciben entrenamiento («coaching telefónico») para ayudarles en la reducción/eliminación de las respuestas suicidas y

---

el orden de dificultad ascendente en la jerarquía que se haya establecido.

en la promoción de la aplicación de las habilidades fuera del contexto clínico de las sesiones.

Los P/C también se reúnen individualmente con un psicólogo, una vez por semana. En estas reuniones se trabajan los objetivos específicos relativos al tratamiento de los pensamientos suicidas y a las autoagresiones, mediante el uso de las habilidades que se entrenan en el curso de la aplicación de la TCD.

Como requisitos para participar como psicólogo en la aplicación de este programa se requiere o bien formación previa y/o supervisión directa. Así, del conjunto de los psicólogos que participan, una parte de ellos tiene que tener una formación específica e intensiva en TCD (que se desarrolla durante 10 días), otra la que se considera «formación básica en TCD» (5 días) y el resto de los que participen sin tener la formación adicional han de ser supervisados individualmente una vez a la semana por un psicólogo con formación intensiva.

Programa para adultos aplicado en el contexto comunitario

El programa IOP es muy similar al PH, porque ambos se desarrollan del mismo modo respecto del proceso de las sesiones de aplicación del tratamiento es el mismo (incluida la práctica del MFN), del acceso al «coaching telefónico», de la supervisión médica de la medicación cuando es necesaria, de la sesión individual semanal de tratamiento psicológico y seguimiento del cumplimiento de los objetivos, así como de la formación de los psicólogos y la duración de las sesiones (1 hora/sesión).

No obstante, también difieren en el número de las sesiones y en la duración total de la intervención (12 semanas en la IOP frente a las 24 de la IPHP).[7]

Además, el IOP difiere también del PH en el desarrollo de la segunda sesión y en la tercera, porque en el IOP la segunda sesión y parte de la tercera se dedican a repasar las tareas asignadas y a enseñar-aprender las habilidades, mientras que la última parte de la tercera sesión se utiliza para enseñar una nueva habilidad y dejar tiempo para que los P/C pregunten sus dudas y resolverlas.

(ii) Programa del hospital de día para adolescentes de Gavà

Este programa se basa en el modelo de hospitalización parcial que se aplica en el hospital de día de la Fundació Orienta[8] (en adelante PHDAG).

Su objetivo es el tratamiento de P/C adolescentes con tendencia límite en sus comportamientos y con trastornos concurrentes («patología dual»).

Los adolescentes son derivados por los centros de salud, tras realizar una evaluación preliminar. Previamente al ingreso, en el hospital de día se realiza otra valoración en la que se explora detalladamente su historial clínico y su estado psicológico. Si se detectan situaciones de peligro vital inminente que requieren una hospitalización a tiempo completo, como una elevada probabilidad de suicidio[9], las derivadas de las pérdidas significativas de peso que comporten un riesgo físico u otras de índole similar, el criterio es excluir su participación en el PHDAG.

Otra cuestión importante para el PHDAG es la alianza terapéutica con el adolescente, para

[7] Así, por ejemplo, en la aplicación realizada por Mochrie et al. (2020) las sesiones del IOP se planificaron con una menor frecuencia y duración que las del PH: los P/C del primero se reunían tres días a la semana, tres horas al día para el grupo.

[8] Presentado por Gibert Clols (2015).

El PHP diseñado y aplicado por Lenz y Del Conte (2018) guarda una notable similitud con el PHDAG, porque ambos parten de la propuesta de Miller et al. (2006).

[9] Véanse en estos anexos las escalas, cuestionarios e inventarios para su detección y valoración.

intensificar el vínculo y facilitar su colaboración e implicación en el tratamiento. Por ello, una vez admitido se le informa a él/ella y a su familia sobre el plan de trabajo, el desarrollo y los contenidos de las sesiones de tratamiento tanto del grupo de formación en habilidades como de las del grupo de padres. Si aceptan comprometerse con el cumplimiento de los requisitos del plan de trabajo y con la normativa interna, entonces se firma el acuerdo (a modo de contrato terapéutico).

Como se ha explicitado, el PHDAG incluye un componente de tratamiento en grupo en el que se desarrolla, por una parte, la aplicación de la formación para los adolescentes en las habilidades generales de la TCD y específicas para el trastorno por abuso del consumo de sustancias tóxicas (P/C con «patología dual») y, por otra, la formación de habilidades para los padres de los adolescentes que son propias de la TCD.

El tratamiento en grupo se complementa con el desarrollo de la aplicación del tratamiento individual, el control de la psicofarmacología, el soporte telefónico a los adolescentes y a sus familias y una reunión semanal de supervisión del equipo de profesionales que participan en la aplicación del PHDAG. Estos componentes básicos se complementan con el de asistencia de los P/C al Aula Hospitalaria y el de seguimiento social de las familias.

Veámoslos:

— *Grupo de formación de habilidades generales*. Es un grupo abierto, integrado por 8-10 P/C, que reciben tratamiento en sesiones semanales de dos horas de duración y durante seis meses.

Se trabajan los cuatro módulos contemplados en la TCD estándar, con contenidos adaptados a la edad de los adolescentes. El tratamiento se inicia con el módulo MFN, porque las habilidades básicas implicadas en la toma de conciencia están presentes en el contenido de los tres módulos restantes, como ya hemos visto en los otros formatos para adultos y para adolescentes.

El tratamiento de las habilidades se realiza siguiendo el orden de las implicadas en los comportamientos que integran la siguiente jerarquía[10]:

(i) efectividad interpersonal,
(ii) regulación de las emociones y
(iii) habilidades de tolerancia al malestar.

Se parte de lo concreto y delimitado, para ascender progresivamente en la generalización y abstracción de los contenidos, al tiempo que se produce un decremento de la atención del psicólogo en la aplicación de la validación del «dolor emocional» que experimenta el adolescente.

Además, se incluye también el módulo específico de la TCD-A: «Ir por el camino del medio». En este se enfatiza la idea de que hay distintas formas de interpretar una situación o de resolver un problema concreto, pero que en todo caso hay que buscar siempre el logro del equilibrio entre la aceptación y el cambio en cada una de ellas.

— *Grupo de formación de habilidades específicas para afrontar el abuso en el consumo de sustancias tóxicas*.

La frecuencia de las sesiones es semanal y su duración de 90 minutos/sesión. En estas se trabajan los contenidos de los módulos de MFN y de tolerancia al malestar (de la TCD estándar), así como un módulo específico de habilidades para el trastorno por abuso del consumo de sustancias tóxicas.

A este grupo asisten tanto los adolescentes con TLP diagnosticados de «patología dual» y otros que también están ingresados que presentan otros P/T del comportamiento, entre los que se halla el abuso del consumo de sustancias tóxicas.

— *Grupo de formación de habilidades para padres.* Las sesiones tienen lugar cada tres semanas, con una duración de 90 minutos/sesión. Se traba-

[10] En línea, por ejemplo, con el criterio de Linehan y Dexter-Mazze (2008).

jan los mismos módulos y contenidos que en el grupo de formación de habilidades generales. El objetivo es que los padres aprendan y practiquen las habilidades que les permitirán afrontar las dificultades que encuentran en la relación con sus hijos y puedan hacer un mejor uso de sus recursos cuando se presenten estas situaciones problemáticas.

— *Tratamiento individual TCD*. Las sesiones tienen una periodicidad semanal y una hora de duración.

En el PHDAG, como en la TCD estándar, el tratamiento individual se considera el elemento clave de la intervención. Las habilidades que se aprenden en el marco del tratamiento en grupo se adaptan a las circunstancias de cada P/C, para que este pueda conseguir los cambios que precisa en su proceso de mejoría, como consecuencia del trabajo realizado en las sesiones.

Se contempla la participación de los padres durante el tratamiento individual de los adolescentes, en aquellos casos en los que se considere pertinente por el equipo psicológico.

— *Seguimiento social de las familias*. Debido a la relevancia del papel que pueden tener las familias en el tratamiento, el PHDAG contempla que un trabajador social coordine las necesidades que puedan tener estas con los servicios sociales de la zona en la que viven. Asimismo, el trabajador social se ocupa de la orientación laboral de los adolescentes.

— *Servicio telefónico a los adolescentes y a sus familias*.

Entre los objetivos de este servicio se halla el facilitar la generalización de las habilidades y destrezas aprendidas.

A diferencia de lo contemplado en los diseños para adultos de los programas PH e IOP, en este los adolescentes y sus familias pueden hacer uso de este servicio, para obtener asesoramiento y realizar consultas relacionadas con el tratamiento, solo en el horario de atención del hospital de día (de 9 a 17 horas).

— *El control del tratamiento farmacológico*. Este servicio incluye la valoración de la necesidad de prescripción de psicofármacos y, en caso de administración, su seguimiento.

— *Asistencia de los adolescentes al Aula Hospitalaria*.

Su función es que los adolescentes que lo precisen puedan proseguir con sus estudios durante el tiempo de ingreso en el hospital.

En el Aula Hospitalaria, el docente se coordina con los centros escolares de los pacientes a través de los EAP (equipos de asesoramiento y orientación pedagógica) y realiza el trabajo curricular específico que resulta de la adaptación específica a las necesidades concretas de cada adolescente.

— *Reunión semanal de supervisión del equipo terapéutico TCD*. Su periodicidad es semanal y su duración de 90 minutos. En esta se valora la evolución clínica de cada adolescente hospitalizado.

Al término de la aplicación del PHDAG, al igual que se hace en el inicio, se evalúa el estado psicológico de cada adolescente. La evaluación postratamiento se realiza por los integrantes del equipo terapéutico de manera consensuada en relación con los criterios de mejoría que el PHDAG tiene establecidos: estabilidad emocional, disminución o ausencia de hospitalizaciones, ausencia de intentos de suicidio, disminución o ausencia de respuestas autolesivas y, en general, disminución de la severidad de las RAD.

Cuando se constata la mejoría clínica se remiten a su centro de salud mental infantil y juvenil de referencia. Cuando no se verifican los avances esperados, se realiza un nuevo periodo en el PHDAG.

ANEXO XIV
Escala de intimidad de la psicoterapia analítica funcional[1]
(The Functional Analytic Psychotherapy Intimacy Scale —FAPIS—)

Nombre ______________________________ Fecha ____________

Edad _______ Género (ponga un círculo): **M** **F** Observaciones ____________________

Por favor, lea atentamente cada afirmación y luego marque con una X el grado que mejor describa en qué medida la afirmación que se presenta es cierta para usted DURANTE LA ÚLTIMA SEMANA, INCLUYENDO HOY, respecto de su relación con una persona que goce de su confianza y con la que usted tiene una relación de intimidad.

	Nada	Casi nada	Un poco	Mucho	Muchísimo	Completamente
1. Mostré mis verdaderos sentimientos y me comporté con total naturalidad con esta persona.						
2. Me sentí cómodo discutiendo problemas importantes con esta persona.						
3. Me sentí cómodo contando a esta persona cosas que no cuento a otras personas.						
4. Confié a esta persona mis pensamientos y sentimientos más profundos.						
5. Revelé a esta persona lo que considero que son mis defectos.						
6. Sentimientos de amor y cariño hacia esta persona.						
7. Fui abierto y cariñoso con esta persona.						
8. Intenté acercarme a esta persona.						
9. Expresé mis sentimientos sobre esta persona directamente a ella.						

[1] Traducción: Olivares, J. y Olivares-Olivares, P. J. (2021a). *La Escala de Intimidad de la Psicoterapia Analítica Funcional.* Documento no publicado. Unidad de Terapia de Conducta. Facultad de Psicología. Murcia: Universidad de Murcia.

El fin de la Escala de intimidad de la PAF (FAPIS) es que pueda ser utilizada por los clínicos de la PAF que quieran disponer de un instrumento de medida breve, rápido y fiable, sobre los cambios semanales que se producen en las respuestas incluidas en el constructo «intimidad» durante el tratamiento mediante la PAF, así como para los investigadores que quieran explorar cuestiones relativas a la moderación, mediación y resultados de esta modalidad de tratamiento frente a otros enfoques que también cuantifiquen el comportamiento de intimidad en las relaciones interpersonales.

	Nada	Casi nada	Un poco	Mucho	Muchísimo	Completamente
10. A veces me guardé mis opiniones para mí porque tenía miedo de cómo podría reaccionar esta persona.						
11. Me guardé información muy personal y no la compartí con esta persona.						
12. Cuando hablaba con esta persona, me ceñía a temas seguros.						
13. Hubo momentos en los que oculté información a esta persona.						
14. Oculté mis emociones a esta persona.						

FUENTE: Leonard et al. (2014).

Anexo XV
La terapia integral conductual de pareja[1]

La terapia integral conductual de pareja (TICP/IBCT) tiene sus precedentes en el trabajo publicado por Jacobson y Margolin (1979) sobre el papel de los principios del aprendizaje en el cambio de la conducta y en el estudio de revisión realizado por Jacobson y Addis (1993). Este último les permitió constatar, según informaron, que del total de parejas tratadas solo el 5 por 100 obtenía lo que inicialmente esperaba del tratamiento (resolver sus problemas de pareja), el 30 por 100 presentaba «retrocesos» a los dos años de terminado el tratamiento y el 38 por 100 se separaban cuatro años después de haberse sometido al tratamiento psicológico.

Delimitación

El estudio del porqué de estos resultados les llevó a sostener que el fracaso del tratamiento aplicado se debía a que (i) no se realizaba el análisis funcional, (ii) el papel de los reforzadores internos y externos pasaba desapercibido, (iii) se esperaba que los cambios en la actuación de los integrantes de la pareja se produjesen como resultado de la interiorización de los acuerdos o reglas, y (iv) se postulaba que la causa de los problemas en la pareja era la carencia de habilidades de comunicación, no del proceso de acomodación y comprensión (véase Morón, 2006).

La hipótesis de partida fue que los problemas en el marco de la pareja resultan de la interpretación emocional que hacen sus integrantes de las respuestas dadas por cada uno de ellos. En consecuencia, por una parte, no se contempla como muy relevante la hipótesis cuantitativa (el exceso o el defecto en la ocurrencia de determinadas respuestas) y, por otra, se entiende como condición necesaria la inclusión de la aceptación y la disminución de las reglas o acuerdos. Estas últimas se postulan muy importantes a la hora de explicar tanto la satisfacción de la pareja como el decremento del número de conflictos.

La intervención

Los objetivos de la intervención que se proponen ya no son enseñar a los integrantes de la pareja a comunicarse adecuadamente y cumplir las reglas y acuerdos. Para esta modalidad de intervención el acento hay que ponerlo en el refuerzo, mucho más que en las reglas o acuerdos; hay que ayudar a que los integrantes de la pareja aprendan a manejar sus respuestas siguiendo la comunicación que se da entre ambos, porque se supone que las respuestas de uno moldearán las del otro. Además, se sostiene que los conflictos están en función de la reactividad emocional a las acciones y omisiones de uno para con el otro y viceversa, por lo que es preciso enfatizar la relevancia del papel de las estrategias para lograr aceptación emocional junto a las destinadas al cambio.

Las estrategias de aceptación emocional implican un cambio de perspectiva respecto de las desavenencias y los problemas de pareja, ya que no se persigue su eliminación directa. Se espera que tal cambio de perspectiva termine con los intentos de cambiar al otro (en vez de aceptarlo), y que, a su vez, esta actitud incremente la probabilidad de que se produzcan los cambios en el otro por sí solos, de manera indirecta, como consecuencia de la nueva dinámica que se estable en la relación. Estas estrategias incluyen:

(i) La unión empática. Se expresa al otro el malestar o sufrimiento que se experimenta, pero sin acusarlo. Se espera que ello incremente la unión o conexión empática y disminuya la probabilidad de ocurrencia del impacto negativo que

[1] Jacobson y Christensen (1996a y b).

tiene en la relación la acusación. La TICP sustenta estas estrategias en dos algoritmos: sufrimiento + acusación = desavenencias en la pareja; sufrimiento - acusación = aceptación.

(ii) El distanciamiento del problema («desapego unificado»). Consiste en cambiar la perspectiva respecto del problema observándolo a distancia, desde fuera, para disminuir la implicación emocional, y analizándolo de tal modo que se haga patente la trampa de la polarización en la que pueden caer/caen las parejas cuando se implican emocionalmente, en vez de abordar los problemas con mesura y distancia.

(iii) La tolerancia. Es una estrategia que se utiliza cuando se constata que la unión empática y el «desapego unificado» no están al servicio del proceso de la aceptación y, además, los problemas no están generados por comportamientos ante los que la tolerancia ha de ser nula, no debe existir, como ha de ocurrir en los casos de violencia física. Se espera que una actitud tolerante por parte de ambos facilite tanto la unión empática como el distanciamiento emocional respecto del problema o problemas que estén afectando a la convivencia.

Las estrategias para el cambio de las respuestas inadecuadas son las propias de la terapia de conducta aplicadas a la pareja, destacando el énfasis puesto en el análisis funcional, en el entrenamiento en resolución de problemas y en habilidades/destrezas de comunicación. Con su aplicación se pretende incrementar la probabilidad de refuerzo mutuo mediante el intercambio de respuestas acordadas previamente.

El desarrollo de la intervención se adecua a cada caso en particular y se inicia con una evaluación que provee de información para constatar la existencia de los problemas en la pareja, y para realizar un análisis funcional de los mismos. Con la información recabada se explica a la pareja la naturaleza del conflicto, los objetivos, el proceso que seguiría el tratamiento y la duración media estimada para obtener éxito (26 sesiones incluyendo las de evaluación). Si la pareja da su consentimiento se inicia el tratamiento.

Evidencia empírica

Uno de los pocos estudios experimentales que existen es el realizado por Christensen, Atkins, Baucom y Yi (2010). Sus objetivos fueron comparar la TICP/IBCT con un tratamiento tradicional (TBCT)[2]. Asignaron al azar a las dos condiciones experimentales a 134 parejas con problemas relevantes.

La evolución del efecto del tratamiento en el estado y la satisfacción marital se evaluaron aproximadamente cada 3 meses y cada 6 meses durante el periodo de seguimiento, que duró 5 años.

Los resultados mostraron que cuando se calcularon los TE comparando el antes y el después del tratamiento los valores alcanzados por los TE para la satisfacción marital fueron d = 0,90 para el IBCT y d = 0,71 para el TBCT (no alcanzaron diferencias estadísticamente significativas).

Sin embargo, pese a que los datos de las medidas de seguimiento a los 2 años mostraron diferencias significativas a favor de la TICP/IBCT, a los 5 años estas diferencias habían desaparecido: los TE para la satisfacción marital en relación con el pretratamiento fueron d = 1,03 para la TICP/IBCT y d = 0,92 para la TBCT; el 50,0 por 100 de las parejas con IBCT y el 45,9 por 100 de las parejas con TBCT mostraron una mejora clínica significativa, mientras que el 25,7 por 100 de las parejas TICP/IBCT y el 27,9 por 100 de las parejas de TBCT estaban separadas o divorciadas.

Los investigadores concluyeron que ambas modalidades de tratamiento habían producido TE relevantes incluso en parejas con problemas graves y crónicos.

[2] Jacobson y Margolin (1979).

ANEXO XVI
Escala de evaluación para la depresión de Hamilton (Ham-D)
(Rating scale for depression)[1]

Nombre ______________________________ Fecha ______________

Edad ________ Género (ponga un círculo): **M** **F** Observaciones ______________________

Humor depresivo (tristeza, desesperanza, desamparo, sentimiento de inutilidad)	
— Ausente.	0
— Estas sensaciones las expresa solamente si le preguntan cómo se siente.	1
— Estas sensaciones las relata espontáneamente.	2
— Sensaciones no comunicadas verbalmente (expresión facial, postura, voz, tendencia al llanto).	3
— Manifiesta estas sensaciones en su comunicación verbal y no verbal de forma espontánea.	4
Sentimientos de culpa	
— Ausente.	0
— Se culpa a sí mismo, cree haber decepcionado a la gente.	1
— Tiene ideas de culpabilidad o medita sobre errores pasados o malas acciones.	2
— Siente que la enfermedad actual es un castigo.	3
— Oye voces acusatorias o de denuncia y/o experimenta alucinaciones visuales de amenaza.	4
Suicidio	
— Ausente.	0
— Le parece que la vida no vale la pena ser vivida.	1
— Desearía estar muerto o tiene pensamientos sobre la posibilidad de morirse.	2
— Ideas de suicidio o amenazas.	3
— Intentos de suicidio (cualquier intento serio).	4

[1] Hamilton (1960).

La Ham-D es una escala diseñada para ser aplicada en P/C diagnosticados de depresión. Su objetivo es estimar cuantitativamente la gravedad de las respuestas alteradas y valorar los cambios que se producen. La valoración se realiza a través de información que se obtiene en la entrevista clínica, pero también puede incluir otra complementaria que provenga de fuentes secundarias.

La versión recomendada por el Instituto Nacional de Salud Mental de los Estados Unidos es la que se presenta aquí (17 ítems). Su validación en lengua castellana se realizó en 1986 por Ramos-Brieva y Cordero (1986). Posteriormente, diferentes investigaciones con población española han verificado su validez discriminante, su fiabilidad y su sensibilidad al cambio terapéutico en población hospitalizada (Bobes et al., 2003; Ramos-Brieva y Cordero-Villafafila, 1988) y en la que recibe tratamiento en régimen ambulatorio (Bobes et al., 2003).

Cada ítem tiene entre tres y cinco posibles respuestas, con una puntuación cuyos rangos oscilan de 0 a 2 o de 0 a 4 respectivamente. La puntuación total va de 0 a 52. Pueden usarse diferentes puntos de corte a la hora de clasificar el cuadro depresivo. En la Guía de Práctica Clínica del NICE (2009) se presenta como un instrumento de alta calidad y «muy recomendada».

Presenta una excelente consistencia interna (alfa de Cronbach = 0,92) y una fiabilidad interobservador que oscila entre 0,65 y 0,9. Su validez convergente con otras escalas que miden la depresión se sitúa entre 0,8 y 0,9.

Se recomienda emplear los siguientes criterios (no hay puntos de corte porque su fin no es diagnósticos) para interpretar las puntuaciones: Ausencia de depresión (rango: 0-7), Depresión ligera/menor (rango: 8-13), moderada (rango: 14-18), severa (rango: 19-22) y muy severa (puntuación >23).

Para la evaluación de la sensibilidad terapéutica se ha delimitado la respuesta al tratamiento como un decremento de la puntuación inicial ≥ 50 por 100, la respuesta parcial como una disminución entre el 25 y el 49 por 100 y como ausencia de respuesta una reducción < del 25 por 100.

Insomnio precoz	
— No tiene dificultad.	0
— Dificultad ocasional para dormir, por ejemplo, tardar más de media hora en conciliar el sueño.	1
— Dificultad para dormir cada noche.	2
Insomnio intermedio	
— No hay dificultad.	0
Está desvelado e inquieto o se despierta varias veces durante la noche.	1
— Está despierto durante la noche. Cualquier ocasión de levantarse de la cama se clasifica en 2 (excepto por motivos de evacuar).	2
Insomnio tardío	
— No hay dificultad.	0
— Se despierta a primeras horas de la madrugada, pero se vuelve a dormir.	1
— No puede volver a dormirse si se levanta de la cama.	2
Trabajo y actividades	
— No hay dificultad.	0
— Ideas y sentimientos de incapacidad, fatiga o debilidad (trabajos, pasatiempos).	1
— Pérdida de interés en su actividad (disminución de la atención, indecisión y vacilación).	2
— Disminución del tiempo actual dedicado a actividades o disminución de la productividad.	3
— Dejó de trabajar por la presente enfermedad. Solo se compromete en las pequeñas tareas, o no puede realizar estas sin ayuda.	4
Inhibición psicomotora (lentitud de pensamiento y lenguaje, concentración disminuida, disminución de la actividad motora)	
— Palabra y pensamiento normales.	0
— Ligero retraso en el habla.	1
— Evidente retraso en el habla.	2
— Dificultad para expresarse.	3
— Incapacidad para expresarse.	4
Agitación psicomotora	
— Ninguna.	0
— Juega con sus dedos.	1
— Juega con sus manos, cabello, etc.	2
— No puede quedarse quieto ni permanecer sentado.	3
— Retuerce las manos, se muerde las uñas, se tira de los cabellos, se muerde los labios.	4
Ansiedad somática (signos físicos de ansiedad: gastrointestinales: sequedad de boca, diarrea, eructos, indigestión, etc.; cardiovasculares: palpitaciones, cefaleas; respiratorios: hiperventilación, suspiros; frecuencia de micción incrementada; transpiración)	
— Ausente.	0
— Ligera.	1
— Moderada.	2
— Severa.	3
— Incapacitante.	4

RAD somáticos gastrointestinales	
— Ninguno.	0
— Pérdida del apetito, pero come sin necesidad de que lo estimulen. Sensación de pesadez en el abdomen.	1
— Dificultad en comer si no se le insiste. Solicita laxantes o medicación intestinal para sus RAD gastrointestinales.	2
RAD somáticos generales	
— Ninguno.	0
— Pesadez en las extremidades, espalda o cabeza. Dorsalgias. Cefaleas, algias musculares.	1
— Pérdida de energía y fatigabilidad. Cualquier síntoma bien definido se clasifica en 2.	2
RAD genitales (como disminución de la libido o trastornos menstruales)	
— Ausente.	0
— Débil.	1
— Grave.	2
Hipocondría	
— Ausente.	0
— Preocupado de sí mismo (corporalmente).	1
— Preocupado por su salud.	2
— Se lamenta constantemente, solicita ayuda.	3
Pérdida de peso	
— Pérdida de peso inferior a 500 gr en una semana.	0
— Pérdida de más de 500 gr en una semana.	1
— Pérdida de más de 1 kg en una semana.	2
Introspección («insight»)	
— Se da cuenta que está deprimido y enfermo.	0
— Se da cuenta de su enfermedad, pero atribuye la causa a la mala alimentación, clima, exceso de trabajo, virus, necesidad de descanso, etc.	1
— No se da cuenta de que está enfermo.	2

FUENTE: https://bi.cibersam.es/busqueda-de-instrumentos/ficha?Id=28 [2].

[2] CIBERSAM (Centro de Investigación en Salud Mental) forma parte del Centro de Investigación Biomédica en Red (CIBER). Es un consorcio con sede en el Instituto de Salud Carlos III de Madrid.

Entre sus servicios se halla un Banco de instrumentos de evaluación. Está formado por 26 grupos de investigación clínica y básica pertenecientes a ocho Comunidades Autónomas (https://www.cibersam.es/grupos), que investigan principalmente trastornos del comportamiento como la depresión, la esquizofrenia, el trastorno bipolar, los de ansiedad, las alteraciones psicológicas en los niños y los adolescentes, en la tercera edad y, en general, cualquier aspecto psiconeurológico relacionado con la salud y los trastornos del comportamiento. Su objetivo es lograr la sinergia entre grupos que desarrollan su actividad en hospitales, centros de investigación y universidades.

Sus proyectos de investigación tienen un carácter multidisciplinar y multinstitucional e integran la investigación básica, la clínica y la poblacional. Persigue añadir valor al sistema de salud pública mediante la investigación de frontera en el campo de la psiquiatría y neurociencias afines.

Su fin es constituir un centro de grupos de investigación abierto a la comunidad científica, psicológica, biomédica, política y a la sociedad.

ANEXO XVIIa
Escala de depresión del Centro de Estudios Epidemiológicos
(Center for Epidemiologic Studies Depression Scale —CES-D—)

Nombre ____________________________________ Fecha ____________

Edad ______ Género (ponga un círculo): **M** **F** Observaciones __________________

Durante la última semana	Nunca	Casi nunca	De vez en cuando	A menudo	Muy a menudo
1. Me han molestado cosas que normalmente no me molestaban.					
2. No tenía ganas de comer: tenía poco apetito.					
3. Sentía que no podía deshacerme de la melancolía ni siquiera con la ayuda de mi familia o mis amigos.					
4. Sentía que estaba igual de bien que otras personas.					
5. Tenía problemas para mantener mi mente en lo que estaba haciendo.					
6. Me sentía deprimido.					
7. Sentía que todo lo tenía que hacer esforzándome.					
8. Me sentía esperanzado con el futuro.					
9. Pensaba que mi vida había sido un fracaso.					
10. Me he sentido temeroso.					
11. Mi sueño ha sido intranquilo.					
12. Me he sentido feliz.					
13. He hablado menos de lo habitual.					
14. Me he sentido solo.					
15. La gente era antipática.					
16. He disfrutado de la vida.					
17. He tenido ataques de llanto.					
18. Me he sentido triste.					
19. He sentido que le caía mal a la gente.					
20. No he podido «ponerme en marcha».					

FUENTE: Coyle y Roberge (1992).

ANEXO XVIIb
Versión breve de la Escala de depresión del Centro de Estudios Epidemiológicos
(Short version of the Center for Epidemiologic Studies Depression Scale)

Nombre ______________________________ Fecha ____________

Edad ______ Género (ponga un círculo): **M** **F** Observaciones ____________________

Durante la última semana	**Nunca**	**De vez en cuando**	**A menudo**	**Muy a menudo**
1. ¿Durmió bien?*				
2. ¿Se sintió feliz?*				
3. ¿Tuvo problemas de concentración?				
4. ¿Se sentía esperanzado sobre el futuro?*				
5. ¿Sentía que todo lo que hacía le suponía un esfuerzo?				
6. ¿Se sintió solo?				
7. ¿Se sintió deprimido?				
8. ¿Sintió que no podía ponerse en marcha?				
9. ¿Le molestaron cosas que normalmente no le molestan?				
10. ¿Sintió miedo?				

* Corrección inversa

En la versión breve, el rango de la puntuación total de esta versión de la CES-D va de 0 a 30. Cada ítem se contesta siguiendo una escala tipo Likert de cuatro puntos (rango: 0-3). Se considera que un joven está deprimido si su puntuación es igual o superior a 10 (Deprimido: S-CES-D $\geq$ 10).

Anexo XVIII
Escala de bienestar psicológico de Warwick-Edimburgo
(«The Warwick-Edinburgh Mental Well-being Scale» —WEMWB—)[1]

A continuación encontrará algunas afirmaciones sobre sentimientos y pensamientos. Por favor, marque la casilla que mejor describa su experiencia en cada una de ellas durante las dos últimas semanas.

AFIRMACIONES	Nunca	Raramente	Alguna vez	A menudo	Siempre
Me he sentido optimista sobre el futuro	1	2	3	4	5
Me he sentido útil	1	2	3	4	5
Me he sentido relajado	1	2	3	4	5
Me he sentido interesado por otras personas	1	2	3	4	5
He tenido energía de sobra	1	2	3	4	5
He lidiado bien con los problemas	1	2	3	4	5
He pensado con claridad	1	2	3	4	5
Me he sentido bien conmigo mismo	1	2	3	4	5
Me he sentido cerca de otras personas	1	2	3	4	5
Me he sentido confiado	1	2	3	4	5
He sido capaz de decidir por mí mismo sobre las cosas	1	2	3	4	5
Me he sentido querido	1	2	3	4	5
Me he interesado por cosas nuevas	1	2	3	4	5
Me he sentido alegre	1	2	3	4	5

FUENTE: Stewart-Brown et al. (2009).

[1] Tennantet et al. (2007).

La WEMWBS ha sido adaptada y validada para población de habla española por Castellvi et al. (2014) y López et al. (2013) en España, y por Serrani Azcurra (2015) con población colombiana.

La escala permite cuantificar las dimensiones cognitivas y el funcionamiento psicológico general. La puntuación total del bienestar estimado se obtiene sumando las de los 14 ítems (rango: 14-70).

ANEXO XIX
Escala de estrés percibido de Sheldon Cohen
(«Perceived Stress Scale» —PSS—)

Las preguntas de esta escala indagan sobre los sentimientos y pensamientos del P/C durante el último mes. En cada una se le pedirá que indique con una X la frecuencia con la que se ha sentido o ha pensado tal como se indica.

Nombre ______________________________ Fecha ____________

Edad _______ Género (ponga un círculo): **M F** Observaciones ______________________

0 = Nunca 1 = Casi nunca 2 = A veces 3 = Bastante a menudo 4 = Muy a menudo

		0	1	2	3	4
1.	En el último mes, ¿con qué frecuencia se ha sentido molesto por algo que ha sucedido de forma inesperada?					
2.	En el último mes, ¿con qué frecuencia ha sentido que no podía controlar las cosas importantes de su vida?					
3.	En el último mes, ¿con qué frecuencia se ha sentido nervioso y «estresado»?					
4.	En el último mes, ¿con qué frecuencia se ha sentido seguro de su capacidad para manejar sus problemas personales?					
5.	En el último mes, ¿cuántas veces ha sentido que las cosas iban a su favor?					
6.	En el último mes, ¿cuántas veces se ha encontrado con que no podía hacer frente a todas las cosas que tenía que hacer?					
7.	En el último mes, ¿con qué frecuencia ha logrado controlar no irritarse?					
8.	En el último mes, ¿con qué frecuencia ha sentido que estaba alerta ante lo que ocurría?					
9.	En el último mes, ¿cuántas veces se ha enfadado por cosas que estaban fuera de su control?					
10.	En el último mes, ¿cuántas veces ha sentido que las dificultades se acumulaban tanto que no podía superarlas?					

FUENTE: Cohen, Kamarck y Mermelstein (1983).

La puntuación total se obtiene sumando la puntuación de cada uno de los ítems (rango: 0-40).

ANEXO XX
European Spanish version of the Perceived Stress Scale[1]

Las preguntas en esta escala hacen referencia a sus sentimientos y pensamientos durante el **último mes**. En cada caso, por favor indique con una «X» cómo se ha sentido usted o ha pensado en cada situación.

Nombre____________________________________ Fecha____________

Edad______ Género (ponga un círculo): **M** **F** Observaciones____________________

			Nunca	Casi nunca	De vez en cuando	A menudo	Muy a menudo
	1.	En el último mes, ¿con qué frecuencia ha estado afectado por algo que ha ocurrido inesperadamente?					
	2.	En el último mes, ¿con qué frecuencia se ha sentido incapaz de controlar las cosas importantes en su vida?					
	3.	En el último mes, ¿con qué frecuencia se ha sentido nervioso o estresado?					
N	4.	En el último mes, ¿con qué frecuencia ha manejado con éxito los pequeños problemas irritantes de la vida?					
N	5.	En el último mes, ¿con qué frecuencia ha sentido que ha afrontado efectivamente los cambios importantes que han estado ocurriendo en su vida?					
	6.	En el último mes, ¿con qué frecuencia ha estado seguro sobre su capacidad para manejar sus problemas personales?					
	7.	En el último mes, ¿con qué frecuencia ha sentido que las cosas le van bien?					
	8.	En el último mes, ¿con qué frecuencia ha sentido que no podía afrontar todas las cosas que tenía que hacer?					
	9.	En el último mes, ¿con qué frecuencia ha podido controlar las dificultades de su vida?					
	10.	En el último mes, ¿con qué frecuencia se ha sentido al control de todo?					

[1] Remor (2006).

			Nunca	Casi nunca	De vez en cuando	A menudo	Muy a menudo
	11.	En el último mes, ¿con qué frecuencia ha estado enfadado porque las cosas que le han ocurrido estaban fuera de su control?					
N	12.	En el último mes, ¿con qué frecuencia ha pensado sobre las cosas que le quedan por lograr?					
N	13.	En el último mes, ¿con qué frecuencia ha podido controlar la forma de pasar el tiempo?					
	14.	En el último mes, ¿con qué frecuencia ha sentido que las dificultades se acumulan tanto que no puede superarlas?					

N = Nuevo ítem incorporado.

FUENTE: Remor (2006; p. 93).

ANEXO XXI
Escala de percepción del apoyo social de personas significativas[1]
(«Significant Others Scale» —SOS—)[2]

Nombre________________________________ Fecha____________

Edad_______ Género (ponga un círculo): **M** **F** Observaciones________________

Valore en qué medida las personas que le son significativas en sus relaciones sociales y emocionales[3] le resultan útiles o le permiten afrontar, resolver, obtener o sentir lo que se indica en cada una de las diez afirmaciones que se le presentan a continuación.

		Nada	Casi nada	Un poco	Bastante	Mucho	Muchísimo	Completamente
1.	Confiar, hablar con franqueza y compartir sentimientos							
2.	Tomar el pulso a situaciones y dirigirse a él/ella en momentos de dificultad							
3.	Conseguir interés, tranquilidad y una buena sensación de sí mismo							
4.	Conseguir confort físico							
5.	Resolver desacuerdos desagradables si se producen							
6.	Obtener ayuda económica y práctica							
7.	Obtener sugerencias, consejos y opiniones							
8.	Visitarlos o pasar tiempo con ellos							
9.	Obtener ayuda en caso de emergencia							
10.	Compartir intereses y aficiones y divertirse con ellos							

[1] Traducción y propuesta de presentación: Olivares y Olivares-Olivares (2019a).

[2] Power, Champion y Aris (1988).

[3] Cónyuge, madre, padre, el hijo más apegado, el mejor amigo, un familiar o un pariente importante, el mejor vecino, un profesional importante (v. gr., el psicólogo o el médico de familia), el jefe en el trabajo, un buen compañero de trabajo, el hermano o la hermana más apegados, «otros».

Los resultados del estudio de Power et al. (1988) diferenciaron entre apoyo real e ideal, así como entre apoyo emocional y práctico, y permitieron aislar tres factores que incluyeron los ítems que se indican y las varianzas que se transcriben:

Factor 1: «apoyo emocional»; 39,1 por 100 de la varianza. Items 1, 2, 3, 5, 7

Factor 2: «diversión social»; 14,8 por 100 de la varianza. Items 10, 8, 4, 3

Factor 3: «apoyo práctico»; 10,6 por 100 de la varianza. Items 9, 6, 7, 5.

La fiabilidad test-retest a los seis meses mostró que había un buen nivel de correlación para las medidas cualitativas y para las cuantitativas.

El SOS permite investigar relaciones de rol significativas que pueden ser relevantes para una población en particular, aunque no lo sean para otra. Está diseñado para permitir que el P/C informe sobre la intensidad del apoyo que percibe (sin imponer valores normativos sobre la cantidad de apoyo que debería tener) y tiene en cuenta la variabilidad de la percepción como una función de las personas significativas implicadas en las relaciones con el P/C.

ANEXO XXIIa
Cuestionario de satisfacción del cliente[1]
(Client Satisfaction Questionnaire –CSQ-8–)[2]

Para mejorar nuestro trabajo nos gustaría hacerle algunas preguntas sobre la atención que usted ha recibido.

Nos interesa conocer su opinión, sea positiva o negativa. Por favor, responda a todas las cuestiones que le planteamos. Si lo desea, una vez que termine de cumplimentar el cuestionario puede manifestarnos otras cosas a través de sus comentarios y sugerencias.

1. ¿Cómo evaluaría la calidad de los servicios que ha recibido?

4	3	2	1
Excelente	Buena	Regular	Mala

2. ¿Recibió la clase de servicio que usted requería?

4	3	2	1
No, en absoluto	En muy pocos casos	En general sí	Sí, completamente

3. ¿Hasta qué punto ha ayudado nuestro programa a solucionar sus problemas?

4	3	2	1
En casi todos	En la mayor parte	Solo en algunos	En ninguno

4. ¿Si un/a amigo/a estuviera en necesidad de ayuda similar, le recomendaría nuestro programa?

4	3	2	1
No, en absoluto	En la mayor parte	Sí, creo que sí	Sí, completamente

[1] FUENTE: la modificación de la redacción se ha realizado a partir de la versión contenida en http://www.juntadeandalucia.es/servicioandaluzdesalud/contenidos/publicaciones/Datos/426/pdf/Anexo_3-3_CSQ.pdf.

El CSQ-8 es una medida general, de ocho ítems que, en este caso, cuantifican la satisfacción con la intervención psicológica. Cada ítem contiene cuatro opciones de respuesta (rango: 1-4) siendo 1 = Mala y 4 = Excelente; a mayor puntuación total, mayor satisfacción del cliente (rango: 8-32).

Al aplicarlo y corregirlo téngase en cuenta que los ítems 2, 4, 5 y 8 tienen puntuación inversa. El CSQ ha demostrado tener buenas propiedades psicométricas, incluyendo una excelente consistencia interna (0,91) e indicios significativos respecto del uso del servicio y el resultado de la intervención (véase, por ejemplo, Attkisson y Zwick, 1982).

[2] Hargreaves y Attkisson (1978).

5. ¿Cuán satisfecho/a está usted con la cantidad de ayuda que ha recibido?

4	3	2	1
Nada satisfecho/a	Indiferente o moderadamente insatisfecho/a	Moderadamente satisfecho/a	Muy satisfecho/a

6. ¿Los servicios que ha recibido le han ayudado a enfrentarse mejor a sus problemas?

4	3	2	1
Sí, me ayudaron mucho	Sí, me ayudaron algo	No, realmente no me ayudaron	No, parecían poner las cosas peor

7. ¿En general, cuán satisfecho/a está usted con los servicios que ha recibido?

4	3	2	1
Muy satisfecho/a	Moderadamente satisfecho/a	Algo insatisfecho/a	Muy insatisfecho/a

8. ¿Si necesitara ayuda otra vez, volvería a nuestro programa?

4	3	2	1
No, en absoluto	Posiblemente no	Sí, creo que sí	Sí con seguridad

Por favor, escriba aquí sus comentarios y sugerencias:

— Lo que más me ha gustado de la atención que he recibido ha sido: ______________________

____

____

— Creo que se tendría que mejorar: ______________________________

____

MUCHAS GRACIAS POR SU COLABORACIÓN

ANEXO XXIIb
Evaluación breve de la satisfacción de los pacientes
(«Short Assessment of Patient Satisfaction» —SAPS—)[1]

		Muy satisfecho	Satisfecho	Ni satisfecho ni insatisfecho	Insatisfecho	Muy insatisfecho
1.	¿Cuán satisfecho está con el efecto de su tratamiento?					
2.	¿En qué medida está usted satisfecho con las explicaciones que le ha dado el médico/otro profesional sanitario sobre los resultados de su tratamiento/atención?					
3.	¿En qué medida está satisfecho con las opciones que tiene en las decisiones que afectan a su atención sanitaria?					
4.	¿Está usted satisfecho con la atención que ha recibido?					
		Muy de acuerdo	**De acuerdo**	**Ni de acuerdo ni en desacuerdo**	**En desacuerdo**	**Muy en desacuerdo**
5.	La persona que lo ha atendido (el psicólogo, el médico u otro profesional sanitario) ha comprobado cuidadosamente todo lo que le ha estudiado.					
6.	El tiempo que pasó con la persona que le ha atendido (el psicólogo, el médico u otro profesional sanitario) fue demasiado corto.					
		Siempre	**Casi siempre**	**Mitad y mitad**	**A veces**	**Ninguna vez**
7.	¿En qué medida se sintió respetado por el psicólogo, el médico u otros profesionales sanitarios?					

[1] Hawthorne et al. (2014).

Traducción de Olivares-Olivares y Olivares (2014).

La SAPS es una escala unidimensional que abarca las siete dimensiones de la satisfacción del paciente. Su fiabilidad es buena (α de Cronbach = 0,86) y discrimina al menos tan bien como otras medidas de satisfacción del paciente con la atención que recibe en el ámbito sanitario (véase Sansoni et al., 2014). No está validada para su empleo en población de habla española.

En esta versión en español nosotros hemos alterado el orden de la presentación de los ítems que se realiza en la versión inglesa. Por ello, cuando se realice su adaptación en este formato es necesario tener en cuenta que «los criterios de puntuación» han de adaptarse a lo que se indica en el apartado «Puntuación» que a continuación se incluye al final del epígrafe «Orden de los ítems en la redacción en inglés y su puntuación».

ORDEN DE LOS ÍTEMS EN LA REDACCIÓN EN INGLÉS DEL SAPS Y SU PUNTUACIÓN

Q1. ¿Cuán satisfecho está con el efecto de su tratamiento/cuidado?

Muy satisfecho 0
Satisfecho 1
Ni satisfecho ni insatisfecho 2
Insatisfecho 3
Muy insatisfecho 4

Q2. ¿En qué medida está usted satisfecho con las explicaciones que le ha dado el psicólogo, el médico u otro profesional sanitario sobre los resultados de su tratamiento/atención?

Muy insatisfecho 0
Insatisfecho 1
Ni satisfecho ni insatisfecho 2
Satisfecho 3
Muy satisfecho/a 4

Q3. El psicólogo, el médico u otro profesional sanitario comprobó cuidadosamente todo lo que le estudió.

Muy de acuerdo 0
De acuerdo 1
No estoy seguro/a 2
En desacuerdo 3
Muy en desacuerdo 4

Q4. ¿En qué medida está satisfecho con las opciones que tiene en las decisiones que afectan a su atención sanitaria?

Muy insatisfecho 0
Insatisfecho 1
Ni satisfecho ni insatisfecho 2
Satisfecho 3
Muy satisfecho 4

Q5. ¿Se sintió respetado por el psicólogo, el médico u otro profesional sanitario?

Todo el tiempo 0
La mayor parte del tiempo 1
Alrededor de la mitad del tiempo 2
Algo de tiempo 3
Ninguna vez 4

Q6. El tiempo que pasó con el psicólogo, el médico u otro profesional sanitario fue demasiado corto.

Muy de acuerdo 0
De acuerdo 1
No estoy seguro/a 2
En desacuerdo 3
Muy en desacuerdo 4

Q7. ¿Está usted satisfecho con la atención que ha recibido?

Muy satisfecho 0
Satisfecho 1
Ni satisfecho ni insatisfecho 2
Insatisfecho 3
Muy insatisfecho 4

Puntuación:

1. Puntúe cada ítem como se indica.
2 Invierta las puntuaciones de los ítems 1, 3, 5, 7.
3. Sume las puntuaciones de los ítems. El rango de puntuación es 0-28, donde las puntuaciones más altas representan niveles más altos de satisfacción.

Nota: Ante cualquier duda, consúltese la publicación de Hawthorne et al. (2014).

ANEXO XXIII
La investigación en el contexto de la búsqueda de los factores comunes

El quehacer científico en el ámbito de la psicología aplicada tiene entre sus objetivos la búsqueda de la mejora del proceso de evaluación y tratamiento. De ahí que, siguiendo a Paul (1969a), una vez detectadas las alteraciones de comportamiento, a través de la evaluación psicológica, nos sigamos formulando preguntas como ¿cuáles son los tratamientos que se han mostrado más eficaces para modificar/cambiar los procesos básicos implicados en el inicio y/o mantenimiento de las alteraciones del comportamiento, para qué personas y en qué circunstancias?

De la precisión de la respuesta dependerá que logremos elegir-adaptar o diseñar-confeccionar adecuadamente el tratamiento de la alteración del comportamiento y, con su aplicación, producir mayores tamaños del efecto en la reducción de la angustia/malestar. Es decir, el incremento del bienestar psicológico que perseguimos con nuestra intervención.

Los datos que generalmente utilizamos para documentar el progreso, y por tanto para respondernos a nuestra pregunta, son los que nos aportan las pruebas que se aplican en los estudios controlados y aleatorizados que realizamos en el contexto clínico, ya sea en el marco del laboratorio o en los estudios de campo.

Los ECA han sido la modalidad de investigación más utilizada hasta ahora para determinar la eficacia relativa de cada uno de los tratamientos que se han mostrado válidos para reducir/eliminar un P/T psicológico.

Ahora bien, los resultados no han sido ni son siempre concluyentes cuando se estudia la eficiencia de dos o más intervenciones psicológicas que se han mostrado eficaces para tratar un P/T del comportamiento.

La hipótesis de los factores comunes

El hecho al que nos acabamos de referir en el párrafo previo propició hace más de 60 años que Jerome Frank planteara y defendiera un factor común como principio psicológico: la implicación activa del P/C. Es decir, postuló que el éxito del tratamiento también dependía de los esfuerzos realizados por los P/C para implicarse y abordar determinadas áreas problemáticas de su vida[1].

No obstante, recordemos que la hipótesis de los «factores comunes» comienza en la literatura psicológica con Rosenzweig (1936), aunque no adquiera realmente relevancia hasta que Frank (1961) la retoma y propone la existencia de cuatro factores que suponía en la base de la eficacia de las distintas modalidades de tratamiento y psicoterapia:

(i) Una relación de confianza del P/C con el psicólogo, que se supone cimentada en la creencia/información del P/C en/sobre la competencia del profesional y en su afán de ayudar.
(ii) Un marco institucional que opera como estímulo discriminativo y desencadena las expectativas del P/C de que va a recibir la ayuda que cree que necesita, dado que está legitimado y aceptado socialmente.
(iii) La explicación del porqué y el cómo se puede lograr el cambio del comportamiento del P/C.
(iv) El comportamiento profesional del terapeuta, que se pone de manifiesto en las tareas o acciones que realiza y en los procedimientos que utiliza, mostrando su competencia y proporcionando al P/C un argumento o pretexto para cambiar.

[1] Véase Frank (1961) o Liberman (1978). Este factor común se corresponde abiertamente con el principio de exposición del modelo conductual.

Frank (1961) hizo extensivas estas hipótesis al conjunto de las prácticas que tienen un fin curativo. Desde entonces, el número de factores comunes que se han hipotetizado y descrito estaba ya próximo al centenar hace treinta años (Grencavage y Norcross, 1990), e incluso ya se le había asignado la parte de la varianza que le podría corresponder en la explicación de los resultados de los tratamientos psicológicos (alrededor del 45 por 100 frente al 15 por 100 de las técnicas concretas —Lambert, 1992—).

El «factor común» que cuenta con mayor evidencia empírica es «la alianza terapéutica», que ha sido propuesta como «el principal predictor del cambio» (véase Horvath et al., 2011).

Para una actualización y reflexión sobre esta cuestión y su problemática también pueden verse los trabajos Baardseth et al. (2013), Cuijpers et al. (2020), Olivares-Olivares et al. (2022), Steinert et al. (2017) y Wampold (2015).

En esta misma línea argumental, otros investigadores han enfatizado el valor del peso que los P/C atribuyen a sus esfuerzos para el logro de un buen resultado, cuando constatan cambios positivos en su comportamiento. Tal atribución se postula imprescindible para que superen las dificultades a las que han de hacer frente durante el desarrollo del tratamiento psicológico y para el mantenimiento posterior de los beneficios alcanzados[2].

En relación con los resultados del efecto del tratamiento psicológico, muchos de los modelos teóricos, que se han desarrollado para dar cuenta de la capacidad explicativa de los factores comunes, destacan la importancia de las acciones específicas que realizan el psicólogo y los P/C para resolver los problemas, pese al supuesto de que los factores comunes limitan el peso de los componentes de la relación[3].

Esto ha hecho que se haya realizado un número importante de investigaciones metaanalíticas, a partir de los resultados de los ECA diseñados para comparar dos o más tratamientos que se habían mostrado eficaces para tratar un mismo P/T. Estos estudios metaanalíticos han producido resultados variados y no siempre en la misma dirección. Es decir, en unos casos han confirmado la superioridad de un tratamiento concreto, y en otros, en cambio, no han encontrado diferencias significativas entre los efectos producidos. Esto es lo que se ha interpretado como un dato a favor de la hipótesis de los factores comunes[4].

Además, los resultados de algunos ECAs sobre la relación de eficiencia entre dos o más tratamientos muestran que cuando se detectan diferencias entre la magnitud de los TE, estas:

— No son siempre grandes.
— Generalmente no tienen en cuenta a quienes han abandonado el tratamiento *(dropouts)* y se limitan a las respuestas alteradas de los participantes que han terminado el tratamiento *(completers)*.
— Solo tienen en cuenta las medidas entre pretest y postest.
— Generalmente son favorables a los TCC[5].

Como recordaban Yulish et al. (2017), aunque el TCC se muestre superior (eficiencia), el hecho de que otras modalidades de intervención produzcan mejores resultados que la ausencia de tratamiento (eficacia), plantea la pregunta de si su mayor TE se debe a los componentes destinados a modificar las respuestas cognitivas, las motoras, las psicofisiológicas o al cambio que se produce en los factores comunes, como, por ejemplo, que se centren en los problemas concretos que preocupan a los P/C[6].

[2] Véase Liberman (1978) o Powers et al. (2008).

[3] Véase Wampold e Imel (2015).

[4] Véase, por ejemplo, Baardseth et al. (2013); Butler, Chapman, Forman y Beck (2006); Sakaluk, Williams, Kilshaw y Rhyner (2019); Wampold et al. (2017) o Weisz et al. (2017).

[5] Véase Marcus, O'Connell, Norris y Sawaqdeh (2014); Tolin (2014) o Wampold et al. (2017).

[6] La investigación de Yulish et al. (2017) es un ejemplo más de lo que se está haciendo, desde hace mucho tiempo, para conocer cuáles son las variables responsables del cambio

En este contexto, los estudios que comparan los tratamientos, diseñados dentro de distintos modelos para abordar un mismo P/T, pretenden averiguar cuáles son los llamados «factores comunes», a fin de concretarlos y determinar cuál es su contribución al TE que se logra.

Se trata de encontrar qué parte del cambio se debe a los componentes propios de cada modelo teórico (mecanismos, principios, etc.) y cuál a los elementos que supuestamente están presentes en todos los tratamientos (o en las terapias) que se muestran eficaces en la reducción/eliminación del P/T de que se trate, con independencia de su adscripción teórica.

La relevancia de la focalización del tratamiento

En línea con lo planteado en el párrafo previo, Marcus et al. (2014) advirtieron que, al estudiar cuatro investigaciones en las que se habían producido elevados TE, se podía constatar que estas se caracterizaban por centrarse más en la reducción/eliminación de los problemas concretos de los participantes que las que eran más generales o inespecíficas.

Marcus et al. (2014) constataron que en cada uno de los cuatro estudios había una condición experimental que se centraba en respuestas o en mecanismos concretos (como la inversión de hábitos, por ejemplo), que era la que asociaba un TE mayor que las que eran menos específicas como, por ejemplo la «terapia de apoyo», la «meditación» o la «aplicación de la relajación». Estas últimas no tenían entre sus objetivos ni reducir patrones concretos de RAD, como ocurre en los tics o los que conforman los «ataques de pánico», ni tampoco otros menos específicos, pero delimitados, como los que conforman el trastorno por ansiedad/fobia social.

En este contexto investigador se considera que se ha delimitado adecuadamente el constructo «la focalización de la intervención psicológica en el P/T que se aborda», cuando se explicita clara y concretamente a los P/C, por un lado, por qué les ocurre lo que les pasa (fase psicoeducativa o de explicación en el MCC) y, por otro, cuáles son las tareas o actividades de la intervención (la evaluación y el tratamiento) que ayudarán a que se produzca la reducción/eliminación del P/T y el malestar que produce.

En el ámbito del MCC estas acciones son, por ejemplo, cumplimentar autorregistros, destinar una parte de la sesión a preguntar dudas sobre lo que se ha hecho y lo que se debería de hacer (conocimiento o habilidad), o sobre cómo ha de hacerse (destreza), como parte del componente psicoeducativo, o programar «tareas para casa», entre sesión y sesión de entrenamiento en el contexto clínico, como componente de consolidación y generalización de los aprendizajes, entre otras.

Hemos de indicar que, en cambio, no se considera que una intervención psicológica esté «focalizada en el problema/trastorno del paciente» si solo se centra en las RAD, porque, siendo esta una condición necesaria, no se considera suficiente en la delimitación del constructo como «factor común»[7].

En otro estudio realizado en este ámbito de los «factores comunes», Poulsen et al. (2014) encontraron que el TCC era superior a la terapia psicoanalítica cuando se aplicaban a la BN. En esta investigación, que contrastó la propuesta por Christopher G. Fairburn (2008), se utilizó una versión «mejorada» de la TCC para los trastornos alimentarios. Esta se centraba exclusivamente en la modificación de las respuestas alteradas que conforman la BN, mientras que la terapia psico-

y qué peso le corresponde a cada una de ellas en los resultados que se obtienen, dentro del marco de cada modelo teórico y entre los tratamientos y terapias generados en distintas propuestas explicativas.

[7] En línea con lo recordado por Sauer-Zavala et al. (2017) respecto de los constructos transdiagnósticos.

analítica se desarrollaba en un contexto «no directivo». En esta última se invitaba al P/C a hablar con toda libertad sobre la función y las circunstancias que desencadenan las respuestas alteradas que conforman el trastorno, con la intención de producir un diálogo reflexivo y fluido entre psicólogo y P/C, dentro de un enfoque basado y centrado en la relación terapéutica. Es decir, las respuestas bulímicas no eran necesariamente objeto de discusión en cada en las sesiones.

La muestra utilizada en el ECA incluyó 70 P/C con BN que recibieron dos años de psicoterapia psicoanalítica o 20 sesiones de TCC durante cinco meses. En ambos casos la frecuencia de las sesiones fue de una por semana.

La principal medida del resultado fue la entrevista clínica, que se administró una vez finalizado el tratamiento a los integrantes de ambos grupos, sin tener en cuenta la adscripción a las dos modalidades de intervención. Es decir, en la condición TCC a los cinco meses y en la otra transcurridos los dos años. Los análisis de los resultados primarios se realizaron mediante un análisis de regresión logística.

Pese a que en la investigación de Poulsen et al. (2014) los resultados de ambas modalidades de intervención produjeron mejoras, se observaron diferencias notables entre ellas. Así, transcurridos 5 meses, el 42 por 100 de los P/C que recibieron TCC (n = 36) y el 6 por 100 de los P/C de la psicoterapia psicoanalítica (n = 34) habían dejado de comer compulsivamente y de purgarse (*odds ratio* = 13,40, intervalo de confianza del 95 por 100 [IC] = 2,45-73,42; p = 0,01). A los 24 meses el 44 por 100 de los participantes del grupo de TCC y el 15 por 100 del grupo de psicoterapia psicoanalítica no informaban ni atracones ni purgas (*odds ratio* = 4,34; IC del 95 por 100 = 1,33-14,21; p = 0,02). Al término del desarrollo de cada una de las modalidades de intervención se observaron mejoras sustanciales en las respuestas alteradas que conforman la BN y en las de los trastornos comórbidos, pero fueron muy superiores en el TCC tanto en la mejora como en el tiempo de demora entre la aplicación del tratamiento y el cambio en el comportamiento.

Poulsen et al. (2014) concluyeron que, pese a la marcada disparidad en el número de sesiones de tratamiento y de su duración, el TCC fue más eficaz para reducir los atracones y las purgas, así como para reducir/eliminar antes el padecimiento subjetivo. Ellos atribuyeron las diferencias en los resultados al grado de «focalización de la intervención en los problemas concretos de los P/C» con BN.

Nuestra interpretación es que detrás de los resultados que se atribuyen a la «focalización centrada en el problema del paciente» se hallan los mecanismos a través de los cuales se hace efectivo el principio de exposición: centrarse en el problema es exponerse, enfrentarse y abordarlo para reducirlo/eliminarlo. Por tanto, desde nuestro punto de vista, ese sería el «ingrediente común» que, junto a la gran cantidad de variables extrañas que se han debido de presentar a lo largo de los 24 meses de la intervención, daría cuenta con mayor probabilidad de los efectos benéficos que se asocian con esta modalidad de terapia psicodinámica.

No obstante, con buen criterio, la interpretación que realizaron Poulsen et al. (2014) sostenía que, pese a los beneficios que aparecen asociados a ambas intervenciones, quedaba por verificar todavía en qué medida era realmente correcta su explicación. Por ello indicaron que «los resultados indican la necesidad de desarrollar y poner a prueba una versión más estructurada y centrada en los síntomas de la psicoterapia psicoanalítica para la bulimia nerviosa» (p. 109)[8]. Nosotros entendemos que en este tipo de estudios es arriesgado hacer afirmaciones que vayan más allá del indicio. Metodológicamente, la disparidad en la duración de las intervenciones deja completamente abierta la posibilidad de que sean muchas las

[8] «The findings indicate the need to develop and test a more structured and symptom-focused version of psychoanalytic psychotherapy for bulimia nervosa» (p. 109).

variables no controladas que han podido participar (incluida la historia).

En el mismo contexto clínico, y casi al mismo tiempo, Zipfel et al. (2014) realizaron el estudio ANTOP («Anorexia Nervosa Treatment of Out-Patients»), cuyo objetivo fue evaluar la eficacia y la seguridad de tres modalidades de tratamiento ambulatorio para la anorexia nerviosa (AN) contenidas en sendos manuales: la terapia psicodinámica focalizada en aspectos concretos de la AN, el tratamiento conductual-cognitivo mejorado (similar a la intervención diseñada para el estudio de Poulsen et al., 2014) y el TAU optimizado, que incluía psicoterapia ambulatoria y la atención que le prestaba un médico de familia al P/C siguiendo un protocolo estructurado.

El diseño utilizado por Zipfel et al. (2014) permitía incluir en la comparación dos tratamientos fundamentados en dos posiciones teóricas muy distintas (psicoanálisis y MCC), pero ambos centrados en el problema concreto de los P/C (tal como se ha delimitado la «focalización» líneas atrás).

La muestra la integraron P/C de diez hospitales universitarios de Alemania (n = 727), de la que se extrajeron y asignaron aleatoriamente 242 a cada una de las tres condiciones experimentales mencionadas: terapia psicodinámica focal (n = 80), TCC mejorado (n = 80) y el TAU optimizado (n = 82).

Las intervenciones duraron diez meses. La variable dependiente principal fue el aumento de peso, que se operacionalizó como el incremento del IMC al final del tratamiento. Otra variable dependiente muy importante, pero secundaria, fue la tasa de recuperación, que se operacionalizó como el resultado de la interacción del aumento de peso con la reducción de las alteraciones cognitivas, psicofisiológicas y motoras inadecuadas, que son propias de la psicopatología de la AN.

El análisis de los datos se realizó bajo el procedimiento de «intención de tratar», es decir, asignando en el postest a quienes abandonaron las magnitudes de los valores de su estado en el pretest.

Entre el postest y la primera medida de seguimiento de los efectos se perdieron 54 P/C (22 por 100), y en la segunda, realizada a los 12 meses, no pudieron ser evaluados 73 (30 por 100). En total se perdieron 127 P/C en los seguimientos.

Los resultados mostraron que al final del tratamiento el IMC había aumentado en todos los grupos del estudio (terapia psicodinámica focal: 0-73 kg, el TCC mejorado: 0-93 kg, TAU optimizado y estructurado: 0-69 kg).

En el postest no se hallaron diferencias con significación estadística entre las tres modalidades de intervención, lo que se interpretó como fruto de la «focalización en el problema» presente en las tres condiciones experimentales (desde nuestro punto de vista como efecto de la exposición).

En la medida de seguimiento realizada a los 12 meses el aumento medio del IMC se había incrementado aún más (1-64 kg, 1-30 kg y 1-22 kg, respectivamente), pero no se registraron diferencias entre los grupos. El control de la variable «historia» permitió saber que no acontecieron circunstancias inesperadas y adversas a las que se les pudiera atribuir la pérdida de peso ni el abandono de la participación en el estudio.

Los investigadores concluyeron que:

(i) El TCC mejorado fue el más eficiente a la hora de conseguir que los P/C mejoraran más rápidamente en la recuperación/incremento del peso y en las mejoras de las respuestas alteradas que conforman la comorbilidad de la AN.
(ii) El tratamiento TAU optimizado debía de considerarse como un tratamiento de base sólido para los P/C adultos con AN que se tratan ambulatoriamente.
(iii) La terapia psicodinámica focalizada se mostró eficaz en la medida de seguimiento realizada a los 12 meses de haber terminado el tratamiento[9].

[9] Recordamos que el lapso de un año entre la medida postest y la de seguimiento no permite establecer con rigor

En una publicación posterior realizada por este mismo equipo[10], sobre los predictores del IMC y la recuperación de los 169 P/C que participaron en la medida de seguimiento realizada a los 12 meses, el predictor más robusto fue presentar un IMC basal alto. Los predictores negativos para el IMC y para la recuperación fueron que la duración del trastorno fuese superior a 6 años y que en el historial personal hubiera un diagnóstico de depresión al iniciarse la investigación.

Además, puntuar alto en dolor corporal se asoció significativamente con un IMC más bajo, y la autoestima se mostró como un factor predictivo positivo para la recuperación a los 12 meses de seguimiento (a más autoestima, mayor probabilidad de recuperación).

En síntesis, un mayor IMC inicial y una menor duración del trastorno, desde su inicio hasta el comienzo del tratamiento, se asoció con un mejor resultado en el seguimiento realizado 12 meses de haber finalizado el tratamiento.

Los dos estudios sobre trastornos alimentarios que acabamos de referir y los resultados de algunos metaanálisis[11] sugieren que el grado en el que el tratamiento se centra en los problemas de los P/C, es decir, en el que el P/C se ve expuesto a enfrentarse con su P/T, así como las acciones concretas que se realizan para superar estos problemas, por parte del P/C y del profesional que aplica el tratamiento estructurado, son variables importantes para la eficacia de la intervención en AN.

ningún vínculo de causalidad: la historia es una amenaza que compite plenamente en la explicación del cambio observado.

[10] Véase Wild et al. (2016).

[11] Véase Marcus et al. (2014) o Tolin (2014).

ANEXO XXIVa

Escala de afecto positivo y negativo («Positive and Negative Affect Scale» —PANAS—)[1]

Versión para población adulta

A continuación le presentamos una serie de palabras que describen sentimientos. Lea cada palabra e indique poniendo un círculo sobre el número que mejor refleje la intensidad con que ha sentido lo que se indica en cada ítem durante la última semana, incluido el día de hoy. Por favor, conteste lo más sinceramente posible. Hágalo de acuerdo con la siguiente escala:

1 = Nada o casi nada; 2 = Un poco; 3 = Bastante; 4 = Mucho, y 5 = Muchísimo

1. Interesado	1	2	3	4	5	11. Irritable	1	2	3	4	5
2. Tenso/a	1	2	3	4	5	12. Alerta	1	2	3	4	5
3. Estimulado/a	1	2	3	4	5	13. Avergonzado/a	1	2	3	4	5
4. Disgustado/a	1	2	3	4	5	14. Inspirado/a	1	2	3	4	5
5. Motivado	1	2	3	4	5	15. Nervioso/a	1	2	3	4	5
6. Culpable	1	2	3	4	5	16. Decidido/a	1	2	3	4	5
7. Asustado/a	1	2	3	4	5	17. Atento/a	1	2	3	4	5
8. Hostil	1	2	3	4	5	18. Miedoso/a	1	2	3	4	5
9. Entusiasmado/a	1	2	3	4	5	19. Activo/a	1	2	3	4	5
10. Orgulloso/a	1	2	3	4	5	20. Atemorizado/a	1	2	3	4	5

FUENTE: Moral de la Rubia (2011a).

[1] Watson, Clark y Tellegen (1988).

ANEXO XXIVb

Escala de afecto positivo y negativo («Positive and Negative Affect Scale» —PANAS—)

Versión para población infanto-juvenil

A continuación te presentamos una serie de expresiones que describen los sentimientos que solemos tener. Por favor, lee cada una de ellas con detenimiento y después, antes de pasar a la siguiente, pon un círculo sobre el número que mejor refleje cuánto has sentido lo que se indica en ella durante la última semana, incluido el día de hoy. Por favor, contesta lo más sinceramente que puedas, siguiendo la siguiente escala:

1 = No lo he sentido nada o casi nada; **2** = Lo he sentido un poco; **3** = Lo he sentido bastante; **4** = Lo he sentido mucho, y **5** = Lo he sentido muchísimo.

1. Me he sentido interesado/a por la gente o por las cosas	1	2	3	4	5
2. Me he sentido agobiado/a, angustiado/a	1	2	3	4	5
3. Me he sentido animado/a, estimulado/a	1	2	3	4	5
4. Me he sentido disgustado/a o molesto/a	1	2	3	4	5
5. Me he sentido con vitalidad o energía	1	2	3	4	5
6. Me he sentido culpable	1	2	3	4	5
7. Me he sentido asustado/a	1	2	3	4	5
8. Me he sentido hostil, furioso/a, o agresivo/a	1	2	3	4	5
9. Me he sentido entusiasmado/a (por cosas, personas, actividades, etc.)	1	2	3	4	5
10. Me he sentido orgulloso/a (de algo), satisfecho/a	1	2	3	4	5
11. Me he sentido malhumorado/a, alterado/a o irritado/a	1	2	3	4	5
12. Me he sentido despierto/a, alerta	1	2	3	4	5
13. Me he sentido avergonzado/a	1	2	3	4	5
14. Me he sentido inspirado/a	1	2	3	4	5
15. Me he sentido nervioso/a	1	2	3	4	5
16. Me he sentido decidido/a, atrevido/a	1	2	3	4	5
17. Me he sentido atento/a	1	2	3	4	5
18. Me he sentido con sensaciones de estar intranquilo/a o inquieto/a	1	2	3	4	5
19. Me he sentido activo/a	1	2	3	4	5
20. Me he sentido con miedo	1	2	3	4	5

NOTAS SOBRE LA ESCALA DEL AFECTO POSITIVO Y NEGATIVO

La Escala de afecto positivo y negativo para adultos (Watson et al., 1988) se compone de veinte ítems, de los cuales diez tienen el objetivo de medir el afecto positivo y los otros diez el afecto negativo[1]. Los ítems contienen adjetivos asociados a sentimientos y emociones habituales y se responden según una escala tipo Likert con 4 o 5 opciones de respuesta (rango: 0 = Muy ligeramente o nada en absoluto y 4 = Extremadamente; 1 = Nada o casi nada y 5 = Muchísimo).

Se pide a quienes la cumplimentan que informen sobre la frecuencia de su humor durante la última semana, incluyendo el día en el que se responde. De ahí que principalmente se utilice como una medida del estado afectivo y que generalmente no se emplee para estimar la disposición o rasgos (frecuencia del humor en general).

La consistencia interna fluctúa entre 0,86 a 0,90 para la escala del afecto positivo; y de 0,84 a 0,87 para la del afecto negativo (Watson et al., 1988).

Sus instrucciones se presentan en dos modalidades: las relativas al estado en el que la información solicitada está referida a lo acontecido durante la última semana (incluyendo el día en el que se responde) y las propias de la estimación del rasgo (referidas a lo que ocurre usualmente), aunque se puede cambiar el marco temporal de referencia (v.gr., «Último mes» o «Las últimas ocho semanas»). En ambas modalidades las correlaciones entre los ítems muestran una estructura subyacente de dos factores y estabilidad para la instrucción «¿Cómo te sientes en general?» (valores de correlación test-retest en torno a 0,70).

La correlación entre los dos factores del afecto (positivo y negativo) es baja, variando de −0,12 a −0,23, por lo que se interpretan como independientes (Watson et al., 1988). No obstante, el modelo de dos factores correlacionados muestra mejor ajuste a los datos que el de dos factores independientes (Sandín et al., 1999). En los estudios del estado del afecto no suele informarse la estabilidad temporal, y cuando esta se estima es más baja (entre 0,30 y 0,60 para la correlación test-retest), incrementándose a medida que se amplía la referencia temporal (Crawford y Henry, 2004).

La Escala de afecto positivo y negativo (PANAS) para niños y adolescentes, como se acaba de ver, es un instrumento de veinte de los cuales, al igual que en la de la población adulta, diez ítems evalúan el afecto positivo y otros diez el negativo. La respuesta sigue una escala tipo Likert con un rango 1-5. El valor hallado para estimar la consistencia interna mediante el alfa de Cronbach en población infanto-juvenil mexicana fue de 0,831 (González Arratia y Valdez Median, 2015).

---

[1] El afecto positivo representa la dimensión de la emocionalidad placentera que se expresa por medio de la motivación, la energía, el deseo de afiliación y los sentimientos de dominio, de logro o de éxito. Quienes puntúan alto en afecto positivo suelen experimentar sentimientos de satisfacción, placer, entusiasmo, energía, amistad, unión, afirmación y confianza. Esta dimensión se relaciona con la extraversión, con el optimismo, con la resiliencia, con la protección frente a los P/T y con la facilitación del rendimiento.

Por el contrario, el afecto negativo representa la dimensión de la emocionalidad del malestar, presente en las respuestas de escape/evitación que provocan los miedos, en las inhibiciones y en las inseguridades, frustración y fracaso. Quienes puntúan alto en ella suelen experimentar vergüenza, angustia, tristeza, desinterés, aburrimiento y envidia. Se asocia con la sensibilidad temperamental ante los estresores y ambientes desfavorables, ante los estímulos negativos y la labilidad vegetativa. Se hipotetiza como un factor de riesgo. El afecto positivo y el negativo no se formulan como dos polos de la misma dimensión, sino que se proponen como dos dimensiones diferenciadas e independientes.

ANEXO XXV
Síntesis sobre la terapia conductual-cognitiva breve para los trastornos del comportamiento alimentario
(A 10 session cognitive behavioral therapy for eating disorders —CBT-T—)[1]

Inicio

Como recuerda Pellizzer (2018), el TCCl para los trastornos alimentarios (TCC-ED) cuenta con la base de evidencia más sólida para abordar con mayor probabilidad de éxito los TCA no relacionados con el peso. Sin embargo, dada la duración del tratamiento (≤ 20 sesiones) y el requisito de contar con profesionales experimentados, al acceso a la TCC-ED suele estar limitado por la reducida disponibilidad de profesionales con la experiencia requerida, las largas listas de espera y los elevados costes que conlleva.

Para superar estas barreras sistémicas, Glenn Waller, Madeleine Tatham, Hannah Turner y Victoria A. Mountford, a partir de su experiencia clínica y de la evidencia sobre los elementos básicos de las modalidades de la TCC para el tratamiento de los trastornos del comportamiento alimentario de Fairburn (2008) y Waller et al. (2007), desarrollaron la terapia cognitivo-conductual de diez sesiones (TCC-T) como una terapia más corta, adecuada para ser administrada por psicólogos sin experiencia clínica pero bajo supervisión.

Una cuestión fundamental en el estudio del TCA es comprender el papel de la imagen corporal en la investigación de los trastornos alimentarios, dado que la sobrevaloración de la forma y el peso es fundamental para su psicopatología y un objetivo clave del tratamiento (como predictor y moderador de sus resultados). De igual modo, son importantes las variables implicadas en las cogniciones, las respuestas motoras y psicofisiológicas asociadas con la calidad de la vida, así como las relacionadas con la valoración de la calidad de vida y el AFN desde la línea de base hasta el postratamiento (especialmente en los estudios de series de casos de $N = 1$) y su mantenimiento en las medidas de seguimiento[2].

Contenidos y desarrollo

Esta modalidad de tratamiento se centra en el aquí y ahora y en las variables implicadas en el mantenimiento de los P/T, más que en el análisis de las experiencias pasadas. Las tareas básicas incluyen:

- El autocontrol de la ingesta de alimentos y el control semanal del peso.
- Una formulación del «aquí y ahora», basada en las cogniciones, las emociones, los comportamientos y la fisiología.
- El cambio conductual temprano como motor de los que han de producirse en todos los ámbitos.
- Restablecimiento temprano de la nutrición adecuada.
- Exposición con prevención de la respuesta para reducir el papel de las respuestas de evitación/escape («conductas de seguridad»).
- Experimentos conductuales para tratar las respuestas cognitivas distorsionadas.
- Revisión histórica del comportamiento pasado y análisis de sus vínculos con las variables que mantienen los P/T en la actualidad.
- Tratar la vinculación de la imagen corporal con las variables relevantes que participan en el mantenimiento del P/T a través de la exposición, los experimentos conductuales y las inspecciones.

[1] Véase Pellizzer (2018), Pellizzer, Waller y Wade (2019) y Waller et al. (2018; 2019).

[2] En la investigación de Pellizzer (2018) las tasas de abstinencia, remisión y otros resultados fueron comparables a las halladas en los estudios de los efectos asociados al TCC-ED.

— Preparación y aplicación de un plan de tratamiento para la prevención de recaídas.

A lo largo del desarrollo de la aplicación de la CBT-T está siempre presente el mantenimiento de la seguridad del P/C, el desarrollo de la alianza y de la motivación como motores del cambio, así como el fomento y desarrollo del sentido y el valor de la autonomía del P/C.

El progreso se supervisa permanentemente.

Expulsión del tratamiento

La CBT-T incluye la firma de un contrato terapéutico de cuatro sesiones (las primeras). Este contrato se prorrogará si y solo si el P/C realiza las tareas requeridas por el tratamiento. En caso de constatarse una merma reiterada en el compromiso y en la implicación activa, se interrumpe el tratamiento. Solo se contemplan y se exploran opciones alternativas si existe un riesgo considerable. En caso contrario se anima al P/C a volver a intentarlo en el futuro, cuando esté preparado para comprometerse e implicarse activamente.

Frecuencia y duración de las sesiones

La conforman diez sesiones individuales que pueden verse reducidas en su número si se acuerda terminar antes porque se ha dado cumplimiento al protocolo y se constata una reducción significativa de las RAD.

Las sesiones tienen generalmente una periodicidad semanal, pero pueden retrasarse hasta dos semanas si fuera necesario. Tal sería el caso, por ejemplo, por la ausencia imprevista del psicólogo por motivos de salud o por el disfrute de las vacaciones del P/C.

Se realizan dos medidas de seguimiento del efecto del tratamiento, la primera transcurrida un mes del término y la segunda a los tres meses de haber finalizado. Además de evaluar la estabilidad de los progresos se valora también la pertinencia de asesorar al P/C sobre cómo restablecer los beneficios del tratamiento.

Las sesiones duran entre 50 y 60 minutos, a menos que se acorten debido a que el P/C no complete las tareas establecidas.

El control de la adherencia al programa de tratamiento

El programa del CBT-T incluye una lista de comprobación de las tareas básicas, sesión por sesión, a fin de facilitar la adherencia. La lista de comprobación de las actividades programadas en el protocolo utilizada se presenta como material complementario en línea.

TÍTULOS RELACIONADOS

ACEPTACIÓN PSICOLÓGICA, *S. Valdivia-Salas y M. Páez Blarrina.*
ADICCIÓN A LA COMPRA, *R. Rodríguez, J. M. Otero y R. Rodríguez.*
ADICCIÓN A LAS NUEVAS TECNOLOGÍAS EN ADOLESCENTES Y JÓVENES, *E. Echeburúa, F. J. Labrador y E. Becoña.*
AGORAFOBIA Y ATAQUES DE PÁNICO, *A. Bados López.*
AGRESIÓN Y PSICOPATÍA, *J. Ortega y M. Á. Alcázar (coords.).*
ANÁLISIS FUNCIONAL DE LA CONDUCTA HUMANA, *M.ª X. Froxán.*
ANIMALES DE COMPAÑÍA Y SALUD, *J. López-Cepero Borrego (coord.).*
ATENCIÓN TEMPRANA EN EL ÁMBITO HOSPITALARIO, *J. Piñero, J. Pérez-López, F. Vargas y A. B. Candela.*
AVANCES EN EL TRATAMIENTO PSICOLÓGICO DE LOS TRASTORNOS DE ANSIEDAD, *E. Echeburúa.*
BUENAS PRÁCTICAS EN LA PREVENCIÓN DE TRASTORNOS DE LA CONDUCTA ALIMENTARIA, *P. M. Ruiz J. M. Velilla y E. González (Dirs.).*
CLAVES PSICOBIOLÓGICAS, DIAGNÓSTICAS Y DE INTERVENCIÓN EN EL AUTISMO, *J. Folch-Schulz y J. Iglesias Dorado.*
CÓMO ELEGIR EL MEJOR TRATAMIENTO PSICOLÓGICO, *S. N. Haynes, A. Godoy y A. Gavino.*
CONSULTORÍA CONDUCTUAL, *M.ª X. Froján Parga (coord.).*
DE LOS PRINCIPIOS DE LA PSICOLOGÍA A LA PRÁCTICA CLÍNICA, C. *Rodríguez-Naranjo.*
DETECCIÓN Y PREVENCIÓN EN EL AULA DE LOS PROBLEMAS DEL ADOLESCENTE, *C. Saldaña (coord.).*
DETECCIÓN Y PREVENCIÓN DE TRASTORNOS DE CONDUCTA EN LA INFANCIA Y LA ADOLESCENCIA, *M. R. Ruiz-Olivares (coord.).*
EL ADOLESCENTE EN SU MUNDO, *J. Toro Trallero.*
EL JUEGO PATOLÓGICO, *E. Echeburúa, E. Becoña, F. J. Labrador y Fundación Gaudium (coords.).*
ÉTICA PROFESIONAL EN SALUD MENTAL, *J. M. Pastor y C. del Río.*
FUNDAMENTOS Y APLICACIONES CLÍNICAS DE FACT, *J. J. Macías Morón y L. Valero Aguayo.*
GUÍA DE AYUDA AL TERAPEUTA COGNITIVO-CONDUCTUAL, *A. Gavino.*
GUÍA DE ÉTICA PROFESIONAL EN PSICOLOGÍA CLÍNICA, *C. del Río.*
GUÍA DE TRATAMIENTOS PSICOLÓGICOS EFICACES I, II Y III, *M. Pérez, J. R. Fernández, C. Fernández e I. Amigo (coords.).*
GUÍA PRÁCTICA DE EVALUACIÓN PSICOLÓGICA CLÍNICA, *C. Marín.*
HABILIDADES CLÍNICAS PARA APLICAR, CORREGIR E INTERPRETAR LAS ESCALAS DE INGELIGENCIA WECHSLER, *M.ª Forns i Santacana y J. A .Amador Campos.*
INTERVENCIÓN EN LOS TRASTORNOS DEL COMPORTAMIENTO INFANTIL, *M. Servera Barceló (coord.).*
INTERVENCIÓN PSICOLÓGICA, *J. Olivares, D. Macià, A. I. Rosa y P. J. Olivares.*
INTERVENCIÓN PSICOLÓGICA EN ACTIVIDAD FÍSICA Y DEPORTE, *P. J. Jiménez Martín.*
INTERVENCIÓN PSICOLÓGICA CONDUCTUAL Y CONDUCTUAL-COGNITIVA, *P. J. Olivares-Olivares, Á. Rosa, A. I. Rosa y J. Olivares.*
INTERVENCIÓN PSICOLÓGICA TRANSDIAGNÓSTICA, *J. Olivares. y P. J. Olivares-Olivares.*
INTERVENCIÓN PSICOLÓGICA Y EDUCATIVA CON NIÑOS Y ADOLESCENTES, *F. X. Méndez, J. P. Espada y M. Orgilés (coords.).*
LA INTERVENCIÓN ANTE EL MALTRATO INFANTIL, *J. Martín.*
LA INTERVENCIÓN PSICOEDUCATIVA DE FAWZY Y FAWZY PARA PACIENTES ONCOLÓGICOS, *P. Martínez, Y. Andreu y M.ª José Galdón.*
LA INTERVENCIÓN PSICOLÓGICA CONDUCTUAL Y CONDUCTUAL-COGNITIVA, *P. J. Olivares, Á. Rosa, A. I. Rosa y J. Olivares.*
LA VOZ Y LAS DISFONÍAS DISFUNCIONALES, *R. M.ª Rivas y M.ª J. Fiuza.*
LAS RAÍCES DE LA PSICOPATOLOGÍA MODERNA, *M. Pérez.*
LOS PROBLEMAS PSICOLÓGICOS NO SON ENFERMEDADES, *E. López y M. Costa.*
MANUAL DE EVALUACIÓN DEL RIESGO DE VIOLENCIA, *I. Loinaz.*
MANUAL DE PROMOCIÓN DE LA RESILIENCIA INFANTIL Y ADOLESCENTE, *M.ª de la F. Rodríguez, J. M. Morell y J. Fresneda (coords.).*
MANUAL DE PSICOLOGÍA CLÍNICA INFANTIL Y DEL ADOLESCENTE. Trastornos específicos, *V. E. Caballo y M. A. Simón (coords.).*
MANUAL DE PSICOLOGÍA CLÍNICA INFANTIL Y DEL ADOLESCENTE. Trastornos generales, *V. E. Caballo y M. A. Simón (coords.).*
MANUAL DE PSICOLOGÍA DE LA SALUD, *I. Amigo.*
MANUAL DE PSICOLOGÍA DE LA SALUD CON NIÑOS, ADOLESCENTES Y FAMILIA, *J. M. Ortigosa, M.ª J. Quiles y F. X. Méndez.*
MANUAL DE PSICOONCOLOGÍA, *J. A. Cruzado Rodríguez (Coord.).*
MANUAL DE PSICOPATOLOGÍA CLÍNICA, *J. F. Rodríguez y P. J. Mesa.*
MANUAL DE PSICOPATOLOGÍA GENERAL, *P. J. Mesa y J. F. Rodríguez.*
MANUAL DE PSICOPATOLOGÍA Y TRASTORNOS PSICOLÓGICOS, *V. E. Caballo, I. C. Salazar y J. A. Carrobles (dirs.)*
MANUAL DE TÉCNICAS DE MODIFICACIÓN Y TERAPIA DE CONDUCTA, *F. J. Labrador, J. A. Cruzado y M. Muñoz.*
MANUAL DE TELESALUD MENTAL, *J. J. Martí Noguera (coord.).*
MANUAL DE TRATAMIENTOS PSICOLÓGICOS. Adultos, *E. Fonseca (coord.).*
MANUAL DE TRATAMIENTOS PSICOLÓGICOS, *E. Fonseca (coord.).*
MANUAL DEL PSICÓLOGO DE FAMILIA *L. M.ª Llavona y F. X. Méndez.*
MANUAL PARA LA AYUDA PSICOLÓGICA, *M. Costa y E. López.*
MANUAL PARA EL TRATAMIENTO PSCOLÓGICO DE LOS DELINCUENTES, *S. Redondo Illescas.*
MANUAL PRÁCTICO DEL JUEGO PATOLÓGICO, *J. Fernández y E. Echeburúa.*
MEJORANDO LOS RESULTADOS EN PSICOTERAPIA, *A. Gimeno.*
MENORES EXPUESTOS A LA VIOLENCIA DE GÉNERO, *C. López Soler, M. Alcántara López, M. Castro Sáez y A. Martínez Pérez*
MODELOS DEL CAMBIO. Casos clínicos en psicosis, *J. A. Díaz Garrido, R. Zúñiga Costa, H. Laffite Cabrera y E. M. J. Morris (Coords.).*
MODIFICACIÓN DE CONDUCTA, *R. G. Miltenberger.*
MÚLTIPLES APLICACIONES DE LA TERAPIA DE ACEPTACIÓN Y COMPROMISO (ACT), *M. Páez Blarrina y O. Gutiérrez Martínez.*
MUTISMO SELECTIVO, *J. Olivares y P. J. Olivares-Olivares.*
NEUROCOGNICIÓN, COGNICIÓN SOCIAL Y METACOGNICIÓN EN PSICOSIS, *C. Rebolleda.*
PRESERVACIÓN FAMILIAR, *M.ª J. Rodrigo, M.ª L. Máiquez, J. C. Martín y S. Byrne.*
PREVENCIÓN DE LAS ALTERACIONES ALIMENTARIAS, *G. López-Guimerà y D. Sánchez-Carracedo.*
PREVENCIÓN DE DROGODEPENDENCIAS Y OTRAS CONDUCTAS ADICTIVAS, *M. Isorna Folgar y D. Saavedra Pino (coords.).*
PROGRAMACIÓN FETAL, *R. A. Caparros Gonzalez.*
PSICOLOGÍA APLICADA A LA ACTIVIDAD FÍSICO-DEPORTIVA, *J. A. Mora Mérida, J. García, S. Toro y J. A. Zarco.*
PSICOLOGÍA CLÍNICA DE LA INFANCIA Y LA ADOLESCENCIA, *M.ª T. González (coord.).*
PSICOLOGÍA CLÍNICA BASADA EN LA EVIDENCIA, *F. J. Labrador y M.ª Crespo.*
PSICOLOGÍA CLÍNICA INFANTO-JUVENIL, *R. González Barrón e I. Montoya-Castilla (coord..).*
PSICOLOGÍA DE LA SALUD, *J. Gil Roales-Nieto (dir.).*
PSICOLOGÍA DE LA SALUD EN LA INFANCIA Y ADOLESCENCIA, *A. I. Rosa Alcázar y P. J. Olivares Olivares (Coords.).*
PSICOLOGÍA DE LA VEJEZ, *R. Fernández-Ballesteros (dir.).*
PSICOLOGÍA PERINATAL, *M.ª de la F. Rodríguez Muñoz (coord.).*
PSICOLOGÍA PERINATAL EN ENTORNOS DE SALUD, *M.ª de la F. Rodríguez Muñoz y R. A. Caparros-Gonzalez (coords.).*
PSICOMOTRICIDAD, *M. Bernaldo de Quirós Aragón.*
PSICOPATOLOGÍA DEL NIÑO Y DEL ADOLESCENTE, *R. González (coord.).*
PSICOPATOLOGÍA CLÍNICA. Adaptado al DSM-5, *M. Ortiz-Tallo.*
PSICOPATOLOGÍA DEL DESARROLLO, *L. Ezpeleta y J. Toro.*
PSICOPATOLOGÍA GENERAL, *M.ª J. Fernández Guerrero.*
PSICOPATOLOGÍA INFANTIL BÁSICA, *J. Rodríguez Sacristán (dir.).*
PSICOTERAPIAS, *J. L. Martorell.*
REHABILITACIÓN PSICOSOCIAL DE PERSONAS CON TRASTORNOS MENTALES CRÓNICOS, *A. Rodríguez González (coord.).*
TDAH Y TRASTORNOS DEL COMPORTAMIENTO EN LA INFANCIA Y LA ADOLESCENCIA, *C. López y A. Romero (Coords.).*
TÉCNICAS DE MODIFICACIÓN DE CONDUCTA, *F. J. Labrador.*
TERAPIA DE ACEPTACIÓN Y COMPROMISO (ACT), *K. G. Wilson y M. C. Luciano Soriano.*
TERAPIA DE ACEPTACIÓN Y COMPROMISO EN PSICOSIS, *J. A. Díaz Garrido, H. Laffite Cabrera y R. Zúñiga Costa (coords.).*
TERAPIA DE CONDUCTA EN LA INFANCIA., *I. Moreno García.*
TERAPIA DE GRUPO PARA LOS TRASTORNOS POR CONSUMO DE SUSTANCIAS, *L. Carter Sobell y M. B. Sobell.*
TERAPIA PSICOLÓGICA, *J. P. Espada, J. Olivares y F. X. Méndez.*
TERAPIA PSICOLÓGICA CON NIÑOS Y ADOLESCENTES, *F. X. Méndez, J. P. Espada y M. Orgilés (coords.).*
TRASTORNO ESPECÍFICO DEL LENGUAJE (TEL), *E. Mendoza Lara.*
TRASTORNO DEL ESPECTRO AUTISTA, *M. Ojea Rúa.*
TRASTORNOS DEL ESPECTRO AUTISTA, *F. Alcantud Marín (coord.).*
TRATAMIENTO PSICOLÓGICO DE LA ADICCIÓN AL JUEGO ONLINE, *M. Chóliz Montañés Y M. Marcos Moliner.*
TRATAMIENTO DE LOS TRASTORNOS DEPRESIVOS Y DE ANSIEDAD EN NIÑOS Y ADOLESCENTES, *M.ª P. García y J. Sanz.*
TRATAMIENTO PSICOLÓGICO DEL MUTISMO SELECTIVO, *J. Olivares, A. I. Rosa y P. J. Olivares.*
TRATAMIENTOS CONDUCTUALES EN LA INFANCIA Y ADOLESCENCIA, *J. Olivares, F. X. Méndez y D. Macià.*
TRATAMIENTOS PSICOLÓGICOS, *J. Vila y M.ª del C. Fernández-Santaella.*
TRATAMIENTOS PSICOLÓGICOS PARA LA PSICOSIS, *E. Fonseca (coord.).*
TRATAMIENTOS PSICOLÓGICOS Y TRASTORNOS CLÍNICOS, *A. Gavino.*
VIGOREXIA, *A. García Alonso.*
VIOLENCIA Y TRASTORNOS MENTALES, *E. Echeburúa.*
VIVIR CON LA DROGA, *J. Valverde Molina.*